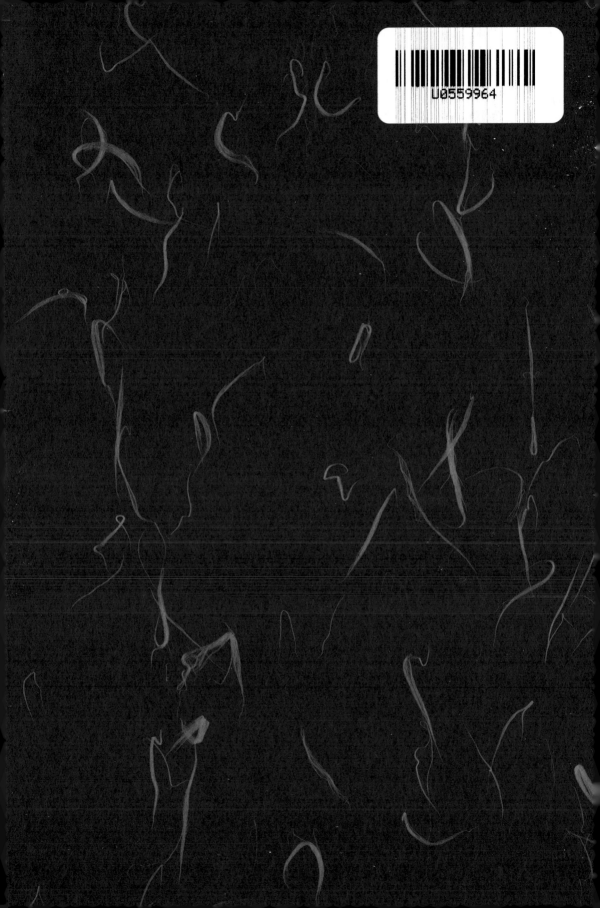

周易诠解

（上）

胡玉成 著

图书在版编目（ＣＩＰ）数据

周易诠解 / 胡玉成著. -- 北京 ：团结出版社，
2019.5（2021.9 重印）
　　ISBN 978-7-5126-7317-5

　　Ⅰ．①周… Ⅱ．①胡… Ⅲ．①《周易》－研究 Ⅳ.
① B221.5

　　中国版本图书馆 CIP 数据核字(2019)第 191753 号

出　版：团结出版社
　　　　（北京市东城区东皇城根南街 84 号　邮编：100006）
电　话：（010）65228880　65244790 　（出版社）
　　　　（010）65238766　85113874　65133603（发行部）
　　　　（010）65133603（邮购）
网　址：http://www.tjpress.com
E-mail：zb65244790@vip.163.com
　　　　tjcbsfxb@163.com（发行部邮购）
经　销：全国新华书店
印　装：三河市东方印刷有限公司

开　本：170mm×240mm　　　16 开
印　张：72.25
字　数：1140 千字
版　次：2020 年 5 月　第 1 版
印　次：2021 年 9 月　第 3 次印刷

书　号：978-7-5126-7317-5
定　价：128.00 元（全 2 册）

天行健君子以自强不息

地势坤君子以厚德载物

录周易乾卦大象象辞和坤卦大象象辞岁次乙亥桃月杜晓敏书

積善之家必有餘慶，積不善之家必有餘殃

易傳文言語 癸卯立春書

乙亥春 吳雲書

觀乎天文以察時變觀乎人文以化成天下

録賁卦彖辞语〔二〇〕附之己亥陸天艳

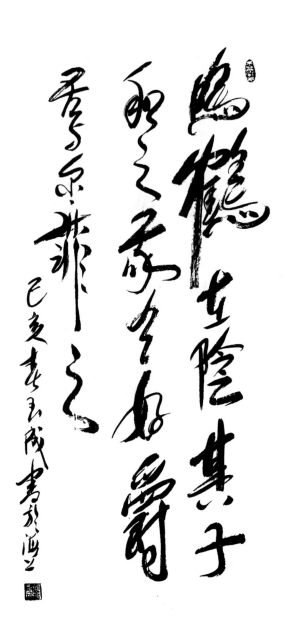

鸣鹤在阴其子和之我有好爵吾与尔靡之

己亥春玉成书于津沽

先天八卦图

后天八卦图

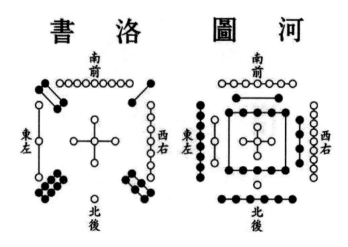

河图洛书

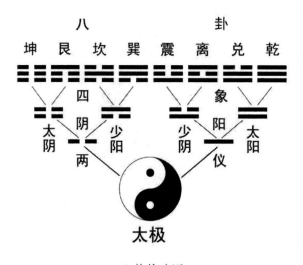

八卦推演图

《周易诠解》序

　　胡玉成先生解读《易经》的新作《周易诠解》即将付梓出版，嘱我为之作序。作为国际易学联合会秘书长，推动《易经》传播，为易学正本清源，是我分内之事，遂欣然从之。

　　与胡先生相识源于《易经》。胡先生在上海党政机关从事党务工作，作为资深易学爱好者，他利用业余时间，博采古今易学研究之精华，精研《易经》等中华优秀传统文化十余年，其解易文字已近八十万言。近两年，他利用业余时间，公益为大众解读《易经》，为易学正本清源，传播正能量。由于工作的关系，我经常前往上海进行易学讲学与交流活动，一次偶然机会，经由乡贤郭先生（郭先生亦在上海行政机关工作，聆听过胡先生的《易经》讲座）介绍，幸与胡先生相识，后常有微信互动。在了解了胡先生的学易经历，及其秉承张载"为天地立心、为生民立命、为往圣继绝学、为万世开太平"之情怀，继承与弘扬易学，传播中华优秀传统文化的事迹后，非常感佩。虽然现在中央大力提倡中华优秀传统文化，民间传统文化的传播亦蔚然成风，但在党政机关内有如此精研《易经》、并身体力行的，实不多见。

　　在认真拜读了胡先生的《易经》解读文章后，我认为胡先生对《易经》的解读有其鲜明的特点：

　　一、体系完整。胡先生在全面学习了当代易学名家著述的基础上，结合历代易学研究的精华，以及自身的人生和社会经验，形成了自成体系的解易思路，专注于《易经》经传本身所传达的原始涵义，以传解经，师古而不盲从。对于解读中的疑点和难点，胡先生进行了深入的研究与考据，形成了独特而又令人信服的观点；部分观点发前人之所未发，具有较高的参考和学术价值。

　　二、理象并重。研究《易经》回避不了的一个问题就是如何平衡象、数、理、占之间的关系，胡先生在研究过程中对此有着很清晰的认知。胡先生认为，义理为《易经》之本，但象、数不可偏废，结合象、数可以更好地阐述易理，而占作为《易经》的重要应用，是传播易理的很好平台与方式，对于占的结果不可迷信，应理性对待。

三、通俗易懂。与传统的学院派不同，胡先生作为半路出家的易学爱好者，自学成才，他对于易学初学者与爱好者的学习心理非常清楚，对于《易经》学习过程中的难点与重点也把握到位。因此，在充分理解《易经》义理的基础上，胡先生尽量通过浅显易懂的语言对易学内容进行阐释，避免了以玄解玄的弊端。

尤其值得一提的是，胡先生在为大众解读《易经》时，将传统的书法、中西音乐等艺术形式融入其中，既营造了很好的国学氛围，又使听众获得美的享受。

与胡先生相识不久，我即请胡先生担任"经典明解—周易学习群"（前身是"周易明解—易学与哲学"微信学习群，该群组织国内外多位易学大家与易学爱好者，每周五晚由两位导读老师逐卦导读《易经》）的导读老师，为广大易学爱好者讲解《易经》。每临导读，胡先生总以戒惧之心，认真备课，精心准备，务求为群内的师友提供最佳的精神食粮。胡老师的努力与付出得到群内广大师友的认可，他的辅导内容受到师友们的普遍好评。我甚为欣慰，也很感谢他为"经典明解—周易学习群"的付出。

胡先生的新作不久就将与大家见面。这对易学界以及广大易学爱好者而言是一大福音。党的十九大报告提出，要推动中华优秀传统文化的创造性转化、创新性发展，胡先生的这部新书正是其贯彻十九大精神的最好体现。中华优秀传统文化是一个巨大的宝库，《易经》是该宝库中璀璨的明珠，虽然现在中央大力提倡弘扬中华优秀传统文化，民间对于传统文化亦有很好的推动，但对于《易经》的推广传播、正本清源而言，我们还有很长的路要走，而胡先生新作的出版正是在这条路上迈出的坚实一步。作为国际易学联合会的秘书长，我愿与胡先生一起，沿着这条路坚定不移地走下去！

是为序。

中国人民大学哲学学院教授、博导

国际易学联合会秘书长兼学术部部长

温海明

己亥新春

致读者

胡玉成

亲爱的读者朋友：

你好！当你拿起这本书的时候，我们便以易经为媒结下了易缘。这部八十多万字的书我写了八年，如果要把它读完肯定需要花费很多时间，花这么多时间去看这部书值得吗？学习《易经》究竟有什么用？对这个问题的回答很难让人满意。打个比方，小孩上学天经地义，似乎没有人质疑小孩上学有什么用，十多年的学习生涯没有创造任何财富，但家长仍然愿意供孩子读书。等到孩子大学毕业进入社会，成为国家栋梁人才，这时读书的效益才开始显现出来。学《易经》也一样，它不可能给人带来立竿见影的效益，但它对人生事业的正面效应是不容低估的，就像怀孕一样日子久了才能看出来。《易经》是全人类文化瑰宝，价值连城，借用北京中医药大学张其成教授的二句话来说，《易经》揭示了宇宙周期变化的大规律，人类知变应变的大法则，人生为人谋事的大智慧。这样的宝书无论花多少精力去学习都是值得的。

一、《周易诠解》的机缘与由来

也许有人会问是什么机缘和原因促成我写这么一部书？我想主要有以下几方面因素：

首先，名字所蕴含的使命感是我研习《易经》的力量源泉。艰难困苦，玉汝于成。我的名字蕴含其中，其由来实属偶然所得。我祖籍浙江东阳，但出生于临安，父亲拟定的名字是玉仁，因为我排行老三，大哥玉明，二哥玉文，因此玉字是可以肯定的，之所以取仁是因为姑家三兄弟名字的后一个字是仁。按照当地习俗，小孩取名需要得到有学问的长者认可，于是父亲请教了一位长者，老先生问想取什么名字啊？父亲说请老先生看看叫玉仁怎么样？老先生年纪大了听不太清楚,反问:"你说什么,玉成啊?"父亲一听玉成也可以啊,那就叫玉成吧。于是伴我终身的名字就这样定了下来。

后来才知道北宋哲学家张载说过一句话:"贫贱忧戚,庸玉汝于成也。"庸是常常的意思,这句话的意思是说,贫穷、卑贱、忧愁、悲戚,往往是把一个人雕琢成一块美玉的方法途径。后来演变成"艰难困苦,玉汝于成"。张载是精通《易经》的,因是陕西眉县横渠镇人,因而也称其为横渠先生,他留下了著名的横渠四言:"为天地立心,为生民立命,为往圣继绝学,为万世开太平。"成为了历代仁人志士的座佑铭,也是儒家知识分子的一张亮丽名片,同时它也成了我的精神追求。为天地立心,就是要为人类社会建立一套道德规范;为生民立命,用现在的话来说就是要执政为民;为往圣继绝学,就是要传承中华优秀传统文化;为万世开太平,就是要为千秋万代长治久安提供正能量。

其次,胡氏先祖的精神风范是激励我研习《易经》的精神动力。胡氏宗祠供奉着胡村胡姓村民的先祖,人们尊称他实久公,名睦,字怡宗,号实久。生于北宋政和甲午年(公元1114年),卒于南宋淳熙丙申年(公元1176年)。他认为读书不是为了做官,主要是研究学问,付诸社会实践,在当地享有很高声望,被婺州(今金华)太爷聘为儒学教授。卸任后喜游历山水,见柏溪(今胡村)一带风景秀丽而迁此定居,并在雷岩创建"静栖书院",聘请远近名师授课。他的理念是"欲要子孙贤,必教子孙读",还建了个凉亭,题名为"实久",取诚实持久之意,其晚年的号也来于此。在胡氏宗祠的四根柱子上分别写有"欲要子孙贤,必教子孙读"、"造家以礼义为基础,承家以贤子孙为栋梁"。

胡村祖先可追溯到唐朝的胡禧,实久公是胡禧的第十四代子孙。胡禧从浙江天台迁至婺州,最后其后人来到东阳巍山光里湖村。开元二年,唐玄宗下诏任命胡禧为护国金紫光禄大夫,评价他"正直无阿,耿介无私"。到了宋朝宋太祖时期,胡禧第八代子孙胡汉担任镇辽总制,在一次出征中英勇牺牲。宋太祖下诏表彰其"尽忠尽职,忠勇贯日",并追封天下都总管。

到了革命战争年代胡氏宗族又出了一名重量级革命先驱。他叫胡阿林(1901—1933),乳名根敖,学名贤圭,1926年加入中国共产党,1927年在东阳建立第一个党组织——中共东阳独立支部,后在上海、杭州一带从事地下党的活动,1930年任上海曹家渡区委书记,不久调任中共杭州县委书记。后被国民党缉捕入狱。营救出狱后被党组织派到苏联学习军事。1932年回国任中国工农红军第一方面军一军团二师政委。参加了第四、五次反"围剿"，1933年12月7日在江西大雄关战斗中牺牲。中国工农红军政治部《红星报》评价："胡阿林同志不仅是苏维埃红军最英勇的战士，也是共产党最好的干部。"聂荣臻元帅题词："胡阿林烈士永垂不朽！"杨成武将军为胡阿林题词："功昭日月，魂系中华。"这两块牌匾挂在胡氏宗祠的栋梁上，为祠堂增添了熠熠光辉。

我写《周易诠解》是传承胡氏先祖优良家风和精神风范的具体行动。几年前我就有个愿望，等到作品完成后，就放两套在胡氏宗祠，一套精装封塑作为胡氏精神文化产品传承下去，一套供大家翻阅而使《易经》文化传播开来。

第三，走南闯北的生活体验是助我研习《易经》走向深入的拐杖。我的少年时期是在浙江农村度过的，是老家的山水养育了我历练了我。小时候拔过茅草，于是对《易经》中的"拔茅茹"有了切身感受；小时候放过牛，于是对《易经》的"童牛之牿"有了感性认识；小时候被恃强好斗的公羊攻击过，于是对《易经》为何用羊说事有了正确理解；少年时期参加过农业生产，于是对《易经》十二消息卦的内涵有了较深理解等等。我是江南人，当兵后辗转中部陕西，东北黑龙江、吉林，以及北京、上海多地，感受了全国各地不同的地理环境、气候状况、风土人情和风俗习惯等，丰富了阅历，开阔了视野，见识了世面。在部队21年，我在机关司令部当过作训参谋，也在基层业务单位做过工程师；我从事过科长、主任等行政管理工作，也从事过教导员、政委等思想政治工作。

2001年转业到地方后，先后在市级党政机关工作，在研究室为市领导起草过讲话稿调研稿，又担任过办公厅综合处处长，从事文字综合、信息编撰工作，还兼任某全国性报社的记者。五年后调至上海世博会事务协调局，参加了举世瞩目的上海世博会筹办工作。世博会由国家举办，上海承办，事业属性，企业化运作。我参与办博六七年，开阔了视野，增长了见识，提升了能力。世博结束后我到了区里，分别经历了劳动保障、群众路线教育督导、巡察组和机关党务等多个岗位。因此，从农村到城市，从南方到北方，从部队到地方，从机关到基层，这些经历和体验对于我深入、系统、准确地理解《易经》发挥了重要作用。

二、《周易诠解》的体例与特色

民间学者、军转干部和机关党务干部的角色使我的《易经》解读形成了鲜明风格。随着国家对中华优秀传统文化的重视和倡导，目前《易经》研究在大学发展势头良好，以大学文史哲教授和硕博生为研究的主力军，称其为学院派；还有一部分是道教、佛教等宗教界人士在研究，称其为寺庙派；再有就是民间机构社会团体的推动，称之为民团派。学院派的特征是规范、系统、典雅，引经据典，说古论今，论证科学，论据确凿，结构严谨，逻辑严密，具有学术性强、理论性强和哲学性强的特点；其不足是社会实践、生活体验和开拓创新有所欠缺，习惯于按部就班循规蹈矩，实践力、应用力和创新力相对薄弱。寺庙派的特征是清高、神秘、玄虚，这部分学者仙风道骨，言辞玄妙，装束奇特，行为怪异，捉摸不定，高深莫测，具有宗教性强、神秘性强和专业性强的特点；其不足是远离社会，远离生活，远离百姓，具有浓郁的宗教色彩，其学问道术只能在小众专业范围内切磋，不利于普遍推广交流。除了学院派和寺庙派之外，民间真正研习《易经》的机构团体有但不多见，处于良莠不齐、鱼龙混杂的态势，相当部分是打着《易经》旗号的各类数术培训班，以营利为目的，对弘扬《易经》文化作用不大，一些不法江湖术士玷污了《易经》的声誉。

我是一位民间学者，一位军转干部，一位机关党务干部，这种身份使我与一般民团派相区别，与寺庙派也无交集，而与学院派则相得益彰形成互补关系。如果说学院派是正规军，那么我就是土八路游击队。我以土八路的"土"而接地气，以游击队的"游"而彰显灵活，这样的定位为自己的《易经》解读找到了存在的价值。学院派的长处是我的短板，学院派的不足是我的优势，因此这部《周易诠解》与学院派的易学专著各有侧重，各具特色，应当相互融合、相互借鉴，相互包容、相互促进。首先，我是一位民间学者，没有陈规陋习要守，没有条条框框约束，我是自由的和自主的。其次，我是一位军转干部，长期的军旅生活锻造了我铁的意志，铁的纪律，铁的作风，立场坚定，爱憎分明，令行禁止，雷厉风行，字里行间透着军人的气息。第三，我是一位机关党务干部。我的第一身份是中共党员，理当以党员标准要求自己，并且要带头讲政治。在《易经》解读中我坚持以马克思主义、毛泽东思想、邓小平理论、三个代表重要思想、科学发展观和习近平新时代中国特色社会主义思想为指导，努力推动中华优秀传统文化创造性转化和创新性发展。因而我的《易经》解读具有鲜明的政治性。

我对《易经》六十四卦总共研习了三轮，最终形成了相对成熟的九部分解读框架，具有自己的鲜明特色。一是白话经文；二是经文原文；三是解读序言；四是卦名含义；五是卦象寓义；六是关联卦画；七是卦辞象辞；八是大象之辞；九是爻辞小象。为什么要把白话经文放在第一，不是因为经文原文不重要，恰恰是因为它太重要了，全篇解读均围绕经文原文来展开，但是原文晦涩难懂，如果将其放在最前面很可能把读者吓退了，因此我将白话经文放在前面，读者看后至少能明白个大概，以便激发他们继续往下阅读的兴趣。经文原文部分引用周易通行版的卦爻辞，看过白话经文后再来看原文至少能看懂一部分。解读序言部分介绍《序卦传》和《杂卦传》的相关解释，以及对该卦的背景和梗概情况作出交代，这样使读者对该卦的认识在白话经文基础上又往前进了一层。为了使初次接触《易经》的朋友能尽快看懂《易经》，我特意在乾坤两卦的解读序言部分对易学的基础知识、基本概念和基本规则等作了系统介绍。初步接触《易经》的朋友只要静下心来，认真仔细地把乾坤两卦学习三四遍，基本上可以入门了。卦名含义部分以《古代汉语词典》为主，以说文解字为辅，对卦名进行系统解释，使它成为对全卦理解的切入点。卦象寓义部分是这部书的特色部分，用一系列卦象来集中系统地解读卦画，这种形式是我研习实践中总结出来的，在外面并不多见。首轮解读时我只能看出三四个象，第二轮解读时能看出七八个象，第三轮解读时就能看出十多个象，至多达到十五六个象。它源自我对上古时期思维方式的推理和判断。

　　通常情况下，我们将思维分为形象思维和抽象思维两大类。形象思维是以具体事物景象作为思维基本介质，抽象思维是以语言文字概念作为思维基本介质。概念是以语言文字作为介质对具体事物景象特征进行概括的产物，因此概念的产生在语言文字之后，同理抽象思维也只有在有了语言文字之后才能产生。在上古时期祖先的思维方式跟现在的类人猿比较接近，类人猿不认识字，不会说话，也听不懂人话，因此如果没有经过训练它们不太可能使用抽象思维。上古先人们也是这样，那时只能采用电影场景式的思维方式。形象思维是抽象思维的前提和基础，抽象思维是在语言文字出现后由形象思维发展而来的。但是，现代人抽象思维用多了，反而将最基础最基本的形象思维淡忘了。因此，我在卦象寓义部分旨在力求再现上古人类的形象思维，再加上现代人类的抽象思维，寓抽象思维于形象思维之中，以求达到形象思维和抽象思维的协调融合，这样有助于读者更好的理解《易经》的智慧。

　　关联卦画部分是介绍卦画的卦际关系。世界万事万物都是相互联系的，作为反映客观规律的《易经》卦画卦象和卦爻辞内容也是相互关联的。这部分主要介绍综卦、交互卦、错卦关系。有些卦由其他卦演变而来，多数是从十二消息卦中演变过来的；有些卦存在相似的兄弟卦或亲属卦等等，也在这部分予以介绍。卦辞是理解卦画的主题思想或中心意思，对全卦起着提纲挈领的作用，其在《易经》中的地位非常重要；而象辞是易传用来详细解读卦辞的重要内容，体现了典型的儒家思想。大象之辞是易传中的象传对整个卦所代表的典型自然景象作出描绘，这是典型是形象思维，我的卦象寓义部分第一个象来源于大象。大象的前半部分描写自然景象，后半部分将其引入人文政治和社会生活领域，体现了自然世界与人文社会的融合、客观世界与主观世界的融合、形象思维和抽象思维的融合。爻辞是卦辞主题在六个爻位中的具体体现，通过对主体行为、自然景象、事物具象、生活现象、事态情境等多主体多领域多纬度的描写，反映了易作者的世界观、人生观、价值观，从而对事物作出是非吉凶的判断和评价，继而指导人们何去何从，以便适时调整自己的行为方式。小象部分是对爻辞所作的解释评判。

三、《周易诠解》的良师与益友

志同道合的良师益友是我研习《易经》的重要推动力量。曾仕强教授是我研习《易经》的启蒙老师。2011年无意中看到中央台百家讲坛曾仕强教授的《易经》讲座，他那深入浅出、通俗易懂的讲解引起了我的共鸣，并且完全颠覆了我此前对《易经》的认知。以前总觉得《易经》晦涩难懂，玄奥神秘，深不可测，原以为街头看相算命的就是《易经》，玄玄乎乎，神神叨叨。我不相信迷信，为此一直以来对《易经》持排斥态度。直到听了曾教授的讲座，我对《易经》才产生了浓厚兴趣，原来《易经》是群经之首，大道之源，中华文化的总源头，儒家、道家、佛家以及四书五经等，都与《易经》有着千丝万缕的联系。孔子说，得易而群毕。意思是说只要把《易经》弄懂了，其他诸子百家也就全部搞定了。曾教授写的《易经的奥秘》我看了四五遍，它让我对《易经》有了框架性了解并初步理解了《易经》的思维方式。接着我又系统学习了曾教授的视频系列讲座和《易经的智慧》系列丛书，我浸润在易学的海洋，感受着习易的乐趣，收获着《易经》的智慧。

在研习《易经》过程中，国内知名易学专家李守力先生是我《易经》研习提高阶段的又一位举足轻重的老师。他研习《易经》三十多年，辛勤耕耘，孜孜不倦，博古通今，学富五车，成果丰硕，出版了《易经诠释》、《易经密钥》等系列专著，并在新浪博客上无私分享了他的研究成果，我比较系统地学习了他的著作，对我《易经》研习的启发帮助都很大。傅佩荣教授是我研习《易经》升级过程中的又一位重量级老师。他有美国耶鲁大学哲学博士的背景,现任台湾大学哲学系教授,长期从事《易经》研究和教学,出版了《易经》译解、《易经入门》等专著,形成了系列成果,在象数和义理结合上形成了自己灵动务实的风格,他的许多讲课视频在网络上无偿分享,是《易经》智慧和易道精神的生动体现,我正是通过其专著和系列教学视频向傅教授学到很多知识,他成为了我不折不扣的私淑。

经易友热心介绍,有幸结识了中国人民大学的博导温海明教授,他的另一个身份是国际易学联合会秘书长兼学术部部长,开设了经典明解周易学习群,吸引了境内外四百八十多位易友进群学习。温教授给我提供了难得的学习交流机会,让我担任群内导读老师,与易友们分享了我的《易经》解读,得到了各位的热情鼓励。尤其令我感动的是温教授在教研任务十分繁忙的情况下,欣然为本书作序,热情向广大易友宣传推介,使我感激不尽。借此机会,谨向曾仕强、李守力、傅佩荣、温海明等老师致以诚挚感谢!

如东科技有限公司董事长金亚东先生、羽瓦台美术馆馆长陆天艳女士为我们"易道行"《易经》研学公益班无偿提供了教学场地。研学班班长秦砺锋先生、班委张小林先生和程纬光先生,为该班的筹备和推进付出了艰苦努力,作出了重大贡献。秦砺锋先生不仅自己学业精进,而且还动员妻子郑予光、儿子秦止一参加研学,甚至请年近七旬的岳父前来听课,秦止一同学还被评为年度优秀学员。浙江某建设集团有限公司总经理、中国书画家协会理事杜晓敏先生,上海某区人大社会建设委员会主任委员、人民艺术院上海分院名誉主席梁宏先生,上海羽瓦台美术馆馆长、上海市书法家协会会员陆天艳女士,欣然贡献了墨宝,为本书增添了国学底蕴和亮色。周易、龙和鸣鹤条幅由本人书写。六幅书法构成天火同人,综卦为火天大有,两者珠联璧合描绘了古代圣贤的社会理想大同世界,这既是《易经》的主旨,又是古代圣贤的理想,更是天下百姓的期盼,也是吾辈的共同追求。众人拾柴火焰高,诸君携手正事成。正是在广大朋友的热情支持,鼎力相助,共同努力,密切协作下,才使我在研习《易经》进程中能够逢山开路,遇水架桥,柳暗花明,开辟坦途。感谢朋友的真诚相助,感谢朋友的精湛书法,感谢朋友的辛勤付出!

人能弘道,非道弘人。正能量的事业需要更多正能量人士的积极参与。长期以来那些不论寒暑风雨无阻地来听课的易友让我格外感动,给我带来了极大的精神力量。他们是:陈群、陈伟军、施伟、吴美娟、王团、郭闽杰、王菲、卓伟静、靳欣华、周雪莲、袁鲁宁、包建明、王以栋、刘宇飞、许超哲、刘振伟、崔瑜、黄祥斌、单彩霞、徐培芝、李从新、琚雲、刘清水、秋成、朱福先、冒景辉、文艳嫦、杨瑛、王能长、杨轶深、索朗普次、次仁旺加、吴道群、柳焜耀、黄少华、赵松、冯磊、朱向怡、于超亚、丁文华、陈炳城、王庄、蔡情根、王林尚、黄秋风、郁双林、蔡芳芳、胡小春、杨清燕、许建斌、吴文生、黄秀萍、黄杜、王鹏、王革、陈高飞、张阳、任超群、冯军伟、李智健、郑田昌、罗伟等等。

还有以其他方式积极参与、热情鼓励和大力支持的朋友们让我心里暖暖的,成为助我一路前行的强劲动力。他们是:史国祥、朱良沪、陈云秋、王小柳、池捷、刘加华、褚凯华、顾耀军、吕苏宁、袁祥庆、潘秀珍、王秀红、傅蕾、肖景浩、张东平、魏红、汪全勇、王智华、严国生、马锦梅、张继芳、臧绮、丁国政、廖波、林际平、谈菊娣、路银生、王玉宝、张贵初、徐建康、程世荣、张志国、张义平、董自航、陈芳、谈一韵、凌妍、鞠昭、侯家平、魏国琳、李明政、郭正跃、王全有、刘旭、夏剑、杨艳、洪玉、邬杉、孙麟、刘斌、余旭波、陆云峰、张景善、孙广权、武焕兰、李刚、简军、毛仲明、陈凯、刘群、周桓、杨书琪、杨岩、石元杰、诸丽娜、陈立标、徐仁义、梁振杰、何祁湘、贾波、苏荣、唐梦华、张国明、执象乾坤、李细成、董静茹、吴敏宇、刘久红、姚利民、钱欣、孙玉虎、靳浩辉、韩盟、孙世柳、秦凯丽、尹海洋、周承旸、梁景瑜、卢学林、元融、罗仕平、王昌乐、孙跃敏、胡宁远、吕松茂、杜轶、胡文莲、胡沸阳、胡基炜、胡俊赟、邢生阳、赵洪瑶、赵敏瑶、赵根华、蔡齐伟、麻月英、胡团花、楼明光、胡立姣、金美光、胡瑶仙、胡惠芳、周琼瑶、吴向方、郭东方、孙凤仙、熊璟、徐怡靖、周韦英、冯贤军、张霜梅、白梅、吴文君、唐学先、梁树忠、周明德、马智、宋志福、朱喜磊、俞凯、庄伟林、章明、刘靖荣、孙惠宏、陶晨、谢卫东、张丽韫、袁炜娜、许芳、张慧、张彤、朱岩友、张明芳、缪琦、方克春、刘瑞玉、凌海燕、苏雅琦、冯迪尧、雷加能、陈芳、许国春、张志勇、纪中华、严晟荦、马佳芬、袁冰、钱萍、郭文瑞、石晓萌、孙汉建、王麒玉、董文江、易金淼、焉生、孙萍、陈红波、黄慰彬、刘华吉、郑向东、章琴新、杨海、吴蕊、张劼、李志华、李璠、张云强、于力强、苏学士等等。

还令我倍受鼓舞的是那些认识的和不认识的网友,对"易道行"公众号《易经》解读文章的慷慨赞赏。他们是：赵苗、熊璟、Bai、李俊、姚利民、huanyuElena、帝魔神王、上校、朱福先、清风、杨瑛、李永慈、许超哲、对方蛮横的吸走了你的欧气、姚一斗、竹、孙为民、Leizi、饶谦锋、YADong等等。

正是广大易友的积极参与、勤奋学习、热情鼓励和大力支持，才使得《易经》研习取得了初步成效。借此机会，谨向各位热心、真诚、可爱的朋友表示我最诚挚的感谢！

在此，还要郑重感谢团结出版社和编辑萧祥剑先生，他们为本书出版投入了很大精力，付出了辛勤劳动，充分展现了专业精神、敬业精神和精业精神。在我研习《易经》过程中，林甫主编的《周易全书》、浩之编著的《周易大全》、史冷金著的《易经的奥秘》、殷旵、珍泉合著的《易经的智慧》等著作，发挥了很好的学习借鉴作用，在此一并表示最衷心的感谢！

受人滴水之恩，当以涌泉相报。再多的道谢也表达不了我的感激之情，我只有将上述提到的或因疏忽或因篇幅有限没有提到的一路走来支持我、帮助我、鼓励我的良师益友铭记在心，感恩永远。

作者　胡玉成
2019年春写于上海

目 录

下　经

上

经

第一卦 乾卦的创始之道

【乾卦】

【白话经文】

乾卦, 创始、通达、适宜、正固。

初九, 潜于水下之龙, 不要急于发挥作用。

九二, 龙出现在田野上, 适宜拜见大德大能之人。

九三, 君子整日努力奋斗, 夜晚保持警惕姿态, 有风险, 没有灾祸。

九四, 带着疑惑如同龙在深渊跳跃, 没有灾祸。

九五, 龙在天空飞行, 适宜表现出大人物风范。

上九, 高空之龙存在悔恨之事。

用九, 呈现群龙无首境界, 吉祥。

【经文原文】

乾, 元、亨、利、贞。

初九, 潜龙勿用。

九二, 见龙在田, 利见大人。

九三, 君子终日乾乾, 夕惕若, 厉, 无咎。

九四, 或跃在渊, 无咎。

九五, 飞龙在天, 利见大人。

上九，亢龙有悔。

用九，见群龙无首，吉。

【解读序言】

乾卦位列周易第一卦，上卦下卦都是八卦系列中的乾卦，因此在六十四卦系列中仍称其为乾卦。尽管都叫乾卦，实际上是有区别的。六十四卦系列的卦由两个八卦系列的卦叠加而成。乾卦在八卦系列中是三个爻，在六十四卦系列中是六个爻。《序卦传》说："有天地，然后万物生焉。"焉，代词，那、那儿、那里等意思。序卦传说，天地形成之后，世上万事万物才得以在天地之间产生、成长和发展。《杂卦传》说："乾刚坤柔。"杂卦传说，乾卦代表阳刚或刚强，坤卦代表阴柔或柔弱。

《易经》总体上包括两大部分，一部分是经，另一部分是传，传是用来解释经文的，也叫易传。序卦传、杂卦传是易传的组织部分。乾坤两卦分别位列周易的第一、第二卦，地位非常重要。从卦画上看，乾坤是周易的两扇大门，进入大门之后其它六十二卦才能逐一呈现出来；从自然角度看，乾坤是天地，其它六十二卦代表世上万事万物，包括人类，都是天地的产物；从人文角度看，乾坤是父母，构成人类社会的芸芸众生都是父母所生。为使初学者尽快入门，特意在乾卦和坤卦的解读序言部分对《易经》的基础知识、基本概念和基本规则等作出解释。

〖易字含义〗

《易经》的易有多种意思，易字的上半个字为日，代表太阳；下半个字为月，代表月亮，因此易字本身就代表着太阳月亮一阳一阴、对立统一、阴阳调和的含义，太阳每时每刻都在移动，月亮每天都在圆缺盈亏，这些变化都是简单明了、有目共睹的，同时太阳月亮的变化都是有轨可循、有迹可查的，隐藏其背后的运行规律是永远不变的。太阳总是从东到西，而不会从西到东，更不可能从南到北或由北到南；月亮的变化也总是按照朔、上弦、望、下弦、晦的次序变化的，不会出现今天满月、明天月牙、后天又满月的现象。由太阳、月亮的上述运行规律和特征引申出易的三个基本意思：一是变易，太阳月亮斗转星移，在不断地变化之中；二是简易，日月轮替，周而复始，简单明了；三是不易，日月在变幻、在流逝, 但其运行规律是永远不变的。

〖八卦〗

《易经》有八卦和六十四卦之说, 通常我们所称的八卦是指八个基本卦, 也叫经卦、单卦, 每卦三个爻, 分别是乾、兑、离、震、巽、坎、艮、坤, 它代表八种自然现象或客观存在, 分别代表天、泽、火、雷、风、水、山、地。为什么一个卦要取两个名字? 为什么不用天、泽、火、雷、风、水、山、地来直接对卦命名? 这是因为如果用自然现象或客观存在直接对卦命名, 虽然意思是具体的、形象的、明确的, 但是其内涵被固化了, 适用范围被限定了, 难以满足用八种基本元素来解释天下万事万物的需要。因此, 必须将八种自然现象或客观存在的特性抽象出来, 分别用最能反映其特性的另一个抽象词来命名, 即分别用乾、兑、离、震、巽、坎、艮、坤来解释、说明、象征、反映、表示与天、泽、火、雷、风、水、山、地性质相类似的一系列一大类事物, 包括天地自然的事物和人文社会的事物, 这样用八卦来解释世界的适用性就大大增强了, 达到了内涵与外延、实与虚的完美结合。

〖六十四卦〗

六十四卦是由八个经卦发展推演而来的, 称其为别卦、重 (chong2) 卦。横坐标八个经卦、纵坐标八个经卦, 由纵横八个经卦两两叠加而得, 八八六十四, 因此共有六十四个别卦或重卦。别卦的每个卦为六个爻, 正好是经卦三个爻的两倍。也就是说别卦由上下两个经卦组成, 下卦叫内卦、主卦, 上卦叫外卦、客卦。经卦、单卦或别卦、重卦都可简称为卦, 分析卦画卦象时究竟指哪类卦要视具体情况而定。

〖纯卦〗

乾卦是周易六十四卦的第一卦, 上卦为乾, 下卦为乾, 称其为乾卦或重乾卦。在易学中称这种上下经卦相同的别卦为纯卦, 可见纯卦是针对别卦或重卦而言的。《易经》中有八个经卦, 相应的就有八个纯卦, 名称与经卦相同。如讲课时说到乾卦, 到底是指三爻乾卦, 还是指六爻乾卦, 要视具体语境而定。

〖阴爻阳爻〗

阴爻、阳爻是构成《易经》卦画的基本单位。《序卦传》说:"有天地,然后万物生焉。"意思是说,先有天地,然而万物才得以繁衍生长其间。按照自然世界的客观规律,天下万物由阴阳两种基本元素组成。孤阴不生,独阳不长,只有阴阳交互融合,生命才能得以繁衍生息。阳为主动力,是创造角色;阴为被动力,是配合角色。阴阳是相对的,阴中有阳,阳中有阴,相互渗透,相互融合,相互转化,阴极变阳,阳极变阴,两者相辅相成。现象千变万化,但万变不离其宗,隐藏其背后的规律是永远不变的。在《易经》中,阳爻用一根横线(—)来表示,阴爻用中间断开的横线(——)来表示。阳爻表示具有刚强有力、积极向上膨胀扩张等性质的一系列一大类事物,如太阳、男人、清气、大的、长的、宽的、重的、新的事物等等;阴爻表示具有柔弱乏力、消极向下、内敛收缩等性质的一系列一大类事物,如月亮、女人、浊气、小的、短的、窄的、轻的、旧的事物等等。并非越阳越好、越阴越差,凡事都要适可而止,只有阴阳平衡才是最适当的,这在现实生活中对于妥善处理矛盾和问题非常有用。

〖卦画卦象〗

卦画也叫卦图、卦形、卦符等,即画着六个爻的卦的图形,如乾卦卦画是六条横线。卦象是卦图所象征的自然景象和社会现象。如,比卦的卦象是地上有水,即大地上的低洼处聚集着一大滩水,类似水塘、水库、湖泊等自然景象。这种景象是形象具体的,看得见摸得着,可以感知的,这就是比卦所反映的卦象。卦画如同一座六层楼房,看卦要从下往上看,依次为第一爻至第六爻。以乾卦为例,一至六爻分别为"初九、九二、九三、九四、九五、上九",其中包含着时间、性质和位置三个基本要素,有机地融合在六爻的名称上。初是个时间概念,事物新生阶段,时间对其意义重大,所以突出"初"这一时间概念,第一爻阳爻叫初九,第一爻阴爻叫初六;上是个位置概念,第六爻事物已经发展到结束阶段,此时时间概念已经不太重要,但用来衡量事物发展程度的位置非常重要,所以此爻突出位的要素,因此称其为上九、上六。中间四个爻是事物的发展过程,此阶段性质非常重要,有快有慢,有顺有逆,反映事物过程中的处境和状态,阳爻用九表示,九是奇数代表阳爻;阴爻用六表示,六是偶数,代表阴爻。

〖易经作者〗

关于《易经》的作者和成书时间,古人云:"人更三圣,世历三古。"三圣就是说《易经》作者的代表性人物有三位圣人:伏羲、周文王周公父子俩、孔子。实际上《易经》的作者远不止三人,他们只是杰出的代表。一般认为,伏羲是创造八个经卦的人,也有学者认为六十四卦也是伏羲推演出来的,八卦的产生属于创造性发明,而六十四卦的产生属于推理、演绎、拓展的成果,是八卦的升级版;周文王姬昌、周公旦父子俩算一个作者,一般认为六十四卦的推演产生和卦辞是周文王的成果,是在周文王被商纣王囚禁在河南羑里(羑,you3,今河南汤阴)期间完成的,一说囚禁七年,一说囚禁一百天,还有说当时为七进制,实际被囚禁七七四十九天。一般认为爻辞是周公所作,爻辞中反映了周初及其之前的社会历史,特别是周朝创建发展过程中的重大事件,以此来阐述《易经》的哲理。孔子是易传作者的典型代表,是《易经》作者中第三位杰出代表人物,他率领众弟子着手易传的起草、梳理和编撰工作,这项工作可能延续至孔子去世后很长一段时间。三古是指远古伏羲时期(约6500年前)、中古周文王时期(约3000年前)、近古孔子时期(约2500年前);也可以称其为上古、中古、下古。

〖易经版本〗

《易经》有三个版本,分别是《连山易》、《归藏易》、《周易》。如今前两个版本作为完整的著作已经佚失,只剩下《周易》了,因此现在所称的《易经》一般指历代通行版《周易》而言,从这个意义上讲周易就是《易经》,《易经》就是周易。1973年从湖南马王堆出土的还有帛书版《周易》,与通行版《周易》内容大致相同,但也有不少地方文字不一,这种差异可以理解为流传过程中出现了内容调整,体现了作者的不同见解和功用,不能认定为两个完全不同的版本,从整体而言两者是统一的。据传,《连山易》为炎帝时代(约5300年前)的作品,炎帝也叫连山氏,所以称其为《连山易》,当时山是先民赖以生存的重要场所,在生活中具有重要地位,因此《连山易》的首卦为艮卦,在夏朝最为通行。《归藏易》为黄帝时代(约4800年前)的作品,黄帝也叫归藏氏,所以称其为《归藏易》,首卦为坤卦,在商朝最为通行。《归藏易》与商朝的社会状况紧密相关。坤卦代表母亲,商人的祖先是契,相传契的母亲简狄因吞食玄鸟(燕子)蛋而怀孕,因而在商朝母亲的地位受到格外尊崇,所以将象征母亲的坤卦放在了第一卦。这一现象很可能反映了原始社会后期由母系氏社会向父系氏社会过渡的社会生活现实。而《周易》始于约6500年前原始社会后期的伏羲时期，最终形成并通行于周朝，起源最早，通行最晚，但也最久远，一直流传至今。有易学者认为，《周易》中已经包含了其他两个版本的精华。伏羲并非是一个人，他是氏族首领的统称，有点类似酋长、首领、大王、总统，相传伏羲传承了十四世、约十七八个伏羲，少数为兄弟间传位。发明八卦的伏羲大约是三四世左右的伏羲。

〖易经易传〗

我们平常所称的《易经》分为两部分，一部分为经，另一部分是传，我们平常所说的名不见经传的说法来源于此。经是《易经》的主干，主要内容包括卦名、卦画、卦辞、爻辞，其作者是伏羲、周文王和周公；传是为解释经文服务的，称其为易传，共有十册，主要由孔子晚年率领众弟子完成的，甚至在孔子去世后这项工作还在延续。《史记·孔子世家》说："孔子晚而喜易，序象系象说卦文言，读易韦编三绝，曰假我数年，若是我于易则彬彬矣。"意即孔子晚年喜欢《易经》，写了《序卦传》、《象传》（上下册）、《系辞传》（上下册）、《象传》（大象小象）、《说卦传》、《文言传》，读易时反复翻阅竹简以至于穿竹简的牛皮绳都磨断了好几次，孔子说如果老天借给我数年寿命，那么我对《易经》的研究就能达到深邃丰厚的境界了。事实上老天确实给孔子留下了数年时间，孔子晚年研究《易经》的时间长达四五年，"七十从心所欲而不逾矩"，晚年得道成为圣人。彬彬，文采和质地兼备的样子，丰盛的样子。愚以为"序"有两种解释，一是指《序卦传》，古人常以名词用作动词，"序"就是写《序卦传》的意思。象、系、象、说卦、文言等也是这种情况，都是名词动词化。如此《史记》已经提及易传十本书中的九本，由此判断《杂卦传》可能成书最晚，在司马迁时代影响力不大，所以《史记》没有提及。以上说明这些易传主要为孔子及弟子所写。另一种理解，"序"是指已经存在的易传，经过孔子及弟子的整理，使其更加全面深入和明确贴切，更有逻辑性和条理性。这里的"序"就不是撰写而是梳理、整理的意思了，说明孔子及众弟子是编纂易传而非创作，情况与孔子删改整理《诗经》相仿，符合孔子述而不著的风格，只有易传中"子曰"部分才是引用了孔子的话，其他内容至多是体现了孔子思想或由孔子认可，但孔子的作用仍然意义重大。本人更倾向前一种解释。由于易传是十册书,因而也叫《十翼》,意即给《易经》安上了十只翅膀,对于《易经》的传播和发扬光大,起着十分关键的作用。《易经》之所以能传至今天,易传功不可没。这十册书分别是《系辞传》上下册、《彖传》上下册、《象传》上下册、《文言传》、《序卦传》、《说卦传》、《杂卦传》。孔子的儒家思想在易传中体现得淋漓尽致,所以说孔子的《易传》成就不在《论语》之下,只是知道的人不多而已。因此,要正确把握《易经》的精髓就要将《易经》与易传一起学,同样重要同样对待,如果厚此薄彼很可能会误入歧途。

【卦名含义】

乾,也叫健、键,在古代易学中互为通假字。从乾字的左半个字来看,中间是太阳,上下两个十字是用于测量的竖杆、测杆日影以及杆头上用来表示庄重吉祥的装饰物;乾的右半边,上面是人,代表社会活动、农业生产的主体,右下是乙,代表生长在田地里的农作物。可见,乾的原意是观测太阳运行,确定季节时令,用于指导农业生产的。从乾字原义中引申出植物破土而出,象征生命的始生、成长、壮大、衰老过程,继而进一步用来反映天地万物的产生、发展、高潮、衰落、结束等全过程。

《杂卦传》说:"乾刚坤柔"。意即乾卦象征阳刚、刚强,坤卦象征阴柔、柔弱。《杂卦传》是易传《十翼》之一,是用来简要解释六十四卦各卦入意的,总共两百多字,内容很简单,大致按照卦序前后排列,但又不完全按卦序排列,多数情况下是意思相反或相对的一对卦放在一起表述,如乾坤、师比、震艮、损益、剥复、涣节、蹇解、否泰、大壮遁、离坎、既济未济等;也有意思相近的一对卦放在一起表述,如临观、屯蒙、萃升、谦豫、咸恒、大有同人、革鼎等。

《说卦传》说,乾,健也;乾为马;乾为首;乾,天也,故称乎父;乾为天,为圆,为君,为父,为玉,为金,为寒,为冰,为大赤,为良马,为老马,为瘠马,为驳马,为木果。也就是说,乾在六十四卦中代表刚健、马、首、天、父、君、圆、金、玉、寒、冰、赤色、木果等。《说卦传》也为《十翼》之一,它是用来解释卦所代表哪些具体事物的,相当于汉语词典的词义解析功能,这对于正确解卦非常重要。

【卦象寓义】

一、两重天空之象。乾卦上卦为乾卦,下卦也为乾卦,呈现出天上有天、天外有天的自然景象,可理解为两重天空叠加在一起,用以表示天空的广大无边、浩瀚深邃。乾经卦三个阳爻本身就包含低空、中空、太空三个层面;两个乾经卦组成一个乾别卦,进一步彰显了天空的特征。

二、六龙御天之象。乾卦以龙作比喻阐述易理,写的是龙的事,说的是人的理,用龙的发展变化过程来反映人生事业的发展变化规律。我们可以把六个爻看成六条龙,也可以把六个爻看成是龙成长发展的六个阶段,继而用来比喻人生事业、自然万物、人文社会等发展变化的六个阶段。《易经》中说到天,就应当包含地,当然也包含人。御天就是遵守、维护、保卫天、地、人三个主体按照自然客观规律正常运行和谐共存的良好态势和局面。龙是中华民族的图腾,是亿万华夏儿女的精神化身。龙在不同爻位应当有不同的表现,人生事业也一样,应当根据每个阶段的不同情况不同要求做出阶段性调整。乾卦提示人类要像六龙御天那样尊重自然规律,按照客观规律办事,以尽可能维护好万事万物协调融合、各得其所、和谐共生的理想状态。

三、天地人位之象。《系辞下传》说:"易之为书也,广大悉备。有天道焉,有人道焉,有地道焉。兼三才而两之,故六。六者非它也,三才之道也。"意思是说,《易经》作为一部书,广大无边,内容齐备,无所不包,里面包括天体运行之道,人生发展之道,大地变化之道,兼顾了天、人、地三大主体,每个主体用两个爻来表示,因此总共要用六个爻来表示,六爻不是其他东西,讲的就是天、人、地的运行、发展、变化规律。初爻、二爻代表地,三爻、四爻代表人,五爻、上爻代表天。当然这只是六个爻所代表的众多意思里面的一种。这种天、地、人位的划分对于六十四卦具有普遍意义,后面不再重复说明。

四、纯阳纯刚之象。乾卦六个爻全部为阳爻,没有阴爻,非常纯粹。事实上,在现实世界里,阳阴刚柔是相对的,不存在纯阳纯刚或纯阴纯柔的事物。纯阳纯刚或纯阴纯柔只不过是一种理想状态,但可用来表示现实中阳刚或阴柔的极致状态。例如,乾卦可用来表示,一天中正午的太阳,一年中农历四月的气象,四季中夏天的季节,五行中的金玉之物等等。其实,午时太阳再明亮总还有阴影存在,农历四月阳气再盛总还有阴气存在,夏季气候再炎热总还有寒凉存在,五行中的金玉再纯粹也还有杂质存在。因此,理解乾卦纯阳纯刚意境时,一定要区分理论上和事实上两种状态的差异性，切莫绝对化。

五、农历四月之象。在十二消息卦中，乾卦代表农历四月。关于十二消息卦的概念将在坤卦解读中专门介绍。十二是指用十二个卦来表示农历十二个月份。消是减少，息是增加。消息主要是指阴气阳气的增加或减少，以此来反映四季的气象变化状况。农历正月用泰卦表示，上卦为地，下卦为天，称其为地天泰。泰卦有三个阴爻和三个阳爻，表明阴气阳气数量相同，古人以正月作为基准，每往前一个月，增加一个阳爻，同时减少一个阴爻，三个月之后，增加了三个阳爻，同时减少了三个阴爻，此时六个爻全为阳爻，也就是到了乾卦所代表的农历四月了。可见，古人认为，农历四月是阳气最盛的时候；五月之后，阴爻回归，六个月后六爻全部变为阴爻，也就是到了古人认为阴气最盛的坤卦所代表的农历十月了。最阳月份到最阴月份间隔正好六个月，这与实际季节性气象变化规律是一致的。

有三点值得与易友们共同探讨。一是古人认为的阳气最盛时期与我们感觉的温度最高时期并非同步出现，两者既有联系又有区别。感觉上实际气温相对于古人认为的阳气阴气最高值呈现出滞后性。阳气与气温是一个相同的概念还是一个不同但有关联的概念，是古人有意制造这种差异性还是因为古今气候状况发生了重大变化，这些问题有待易友们进一步深入探讨。二是卦画所表示的意思与气象实际状况不尽相同。虽然从卦画上看，乾卦没有一个阴爻，坤卦没有一个阳爻，只是表明古人认为农历四月阳气到了一年的最高值、农历十月阴气到了一年的最高值，但事实上并非农历四月阴气全无、农历十月阳气全无，这是易友们理解时需要注意把握的。三是本人判断十二消息卦与实际气象状况的非同步化，体现了古人的忧患意识和预警意识。一般来说，地球的阳气主要取决于日照状况，夏至日照时间最长，冬至黑夜时间最长，相应地夏至期间阳气应当最盛，冬至期间阴气应当最盛。通常夏至在阳历6月或农历五月，冬至在阳历12月或农历十一月。那么为什么不用乾卦来表示农历五月、坤卦来表示农历十一月？如果这样安排，非同步化滞后性问题不都将迎刃而解了吗？其实，我判断这是古人有意为之，其中蕴含着古人的大智慧。人误地一时，地误人一年。之所以卦画表示的月份要比实际气象状况提前一个月，很可能是因为担心百姓误了农时而影响粮食收成，因而有意设置一定的提前量，以便给百姓的农业生产提供充分的准备时间。真相是否如此，也请易友们进一步探索验证。

　　六、夏至白昼之象。古人认为夏至这天的白昼与黑夜的时间长度之比最能反映阳爻与阴爻的比例关系。阳爻用九表示，阴爻用六表示，有关"六九阴阳"的概念将在坤卦解读中介绍。阳爻与阴爻的数字比例是三比二。理论上，如果人们找到地球上理想的观测点，那么夏至这天在地球自转360度中，白天为216度，黑夜为144度；如果换成时间的话，每小时地球自转15度，白天14.4小时，黑夜9.6小时。可见，夏至这天白天与黑夜时长之比也为三比二，与阳爻阴爻所代表的数值比例完全一致。当然，冬至这天情况正好相反，这也是古人安排冬至祭祖的重要原因，因为黑夜属阴，冬至黑夜最长，人去世称归阴，先祖都在阴间。由乾卦表示夏至日白天、坤卦表示夏至日黑夜，进一步拓展覆盖全年，那么乾卦就用来表示白天，坤卦则用来表示黑夜。比如，乾卦九三爻辞"终日乾乾"，乾乾，指上卦乾卦和下卦乾卦，终日，指一整天，可见乾卦是代表白天的。

　　由此，本人提出另外一个观点供易友们探讨。那就是通常认为阴阳平衡应当是各占二分之一，但我认为阴阳的最佳比例应当是二比三，其商数约为0.667，与黄金分割率0.618比较接近。黄金分割率，是指把一条线段分成大小不等的两段，当大段长度与整段长度之比，等于小段长度与大段长度之比时最具美感，这个比值是0.618，因这样分割最美，所以称其为黄金分割，并不是指分割黄金的。因此，我认为，通常情况下，阴阳比例二比三是最恰当最协调最平衡的比例，而不是阴阳各占二分之一。当然，阴阳二比三的恰当比例不能简单地从数量上看，关键是要从综合要素中去考量。这一观点值得各位易友在实践中观察、体悟和验证。

　　七、南方西北之象。在先天八卦图中，乾卦位于正南方，坤卦位于正北方，因而自古以来有天南地北之称，《西游记》中孙悟空一个筋斗翻到了南天门，表明古人认为正南方向代表天的位置。而在后天八卦图中，八卦的位置全部发生了变化，坤卦位于西南方向，乾卦位于西北方向，阴卦在上，阳卦在下，两者具有对应性，但乾坤的位置已经不是先天八卦图中的正南正北了。坤卦卦辞说"利西南得朋"，这是因为西南是坤卦的方位。《说卦传》说："战乎乾，乾，西北之卦也，言阴阳相薄（bo2）也。"说卦传说，交战于乾卦位置，乾卦就是代表西北位置的卦，说的是阴阳相互迫近相互依附相互搏击。阴阳相搏于西北，是指太阳在西北方接近落山，是光明与黑暗的交战，光明为阳，黑暗为阴。薄（bo2），有多种意思，在此应当有三层意思，一是迫近，接近；二是依附；三是通"博"，搏击。这说明事物并非只有阴阳相吸定律，同时也存在阴阳相搏现象，比如，坤卦"龙战于野，其血玄黄"，就反映了天龙地龙搏击的情形。这是物唯辩证法矛盾的同一性和斗争性的体现。

八、内刚外刚之象。在《易经》中别卦（重卦）由上下两个经卦（单卦）组成，下卦为主卦、内卦，上卦为客卦、外卦。在乾卦的别卦中，上下经卦都是乾卦，这是易经六十四卦中的特例，我们称上下卦相同的卦为纯卦，有八个经卦，就有八个纯卦。乾卦的阳数是七，坤卦的阳数为零。乾卦在八卦中阳数最大，表明最具阳刚之气，因此乾卦在五行中代表金属。乾卦和兑卦共同对应五行的金，乾卦为阳卦，为阳金；兑卦为阴卦，为阴金，因为兑卦的阳数为六。也就是说，乾卦代表硬度、强度、刚度、密度等较大的金属；兑卦代表硬度、强度、刚度、密度较小的金属。可见，乾卦卦德（最显著的性质特征）为刚。如果将乾卦别卦视作一个单位，那么其单位内部和单位外部的合作伙伴、工作对象、环境条件等两大方面都表现出强硬的态势。这种情境有利也有弊，积极因素是双方实力都很强，合则两利；消极因素是双方容易对立，斗则两伤。这就要求人们运用《易经》思维，扬长避短，趋利避害，实行强强联合，避免对立对峙，善于化干戈为玉帛，从而使消极因素变为积极因素。

九、金金比和之象。从八卦与五行关系来看，乾卦、兑卦对应金，乾卦为阳卦，为阳金；兑卦为阴卦，为阴金。离卦对应火。震卦、巽卦对应木，震卦为阳卦，为阳木；巽卦为阴卦，为阴木。坎卦对应水。艮卦、坤卦对应土。艮卦为阳卦，为阳土；坤卦为阴卦，为阴土。五行的关系是相生相克关系，金生水，水生木，木生火，火生土，土生金；金克木，木克土，土克水，水克火，火克金。此外，如果两个同类元素的个体相互叠加在一起，其结果将呈现强强联合的强化效应。比如，两块金属融合在一起，形成合金，其性能将大为提升。在自然世界和人文社会中，异性相吸与同性相斥、同性比和与异性排异现象都是存在的。看起来好像是矛盾的，其实各种现象都有自己适应的环境条件，彼此协调，并行不悖。正如这个世界看起来杂乱无章混乱不堪，其实纷繁复杂的现象背后都存在着一个恒定不变的规律和法则。如果将乾卦的别卦视作一个单位，从五行角度考察，其实力将得到大幅强化。这种现象可以理解为主客双方强强联合的正面效应。

【关联卦画】

乾卦的错卦为坤卦。错卦的"错"不是错误，而是阴阳交错的意思。所谓错卦，是指两个别卦之间，六个爻呈阴阳相反关系的一对卦。乾卦的六个爻全为阳爻，坤卦的六个爻全为阴爻，这两个别卦相对应的六个爻阴阳性质完全相反。错卦关系对于研究观察事物之间的对立统一关系很有意义。就如同矛盾的两个方面，既有斗争性，又有同一性；既是对立的，又是统一的，两者相互对立，相互联系，相辅相成，并在一定条件下相互转化。错卦易理提示人们，要善于站在对方立场上进行换位思考，知己知彼，有利于矛盾的调和与问题的解决。

乾卦的综卦仍为乾卦。综卦也叫覆卦、镜卦，也就是一个卦画A，将其翻转一百八十度后得卦画B，即这两个卦呈现相综关系，我们将AB这两个卦称其为一对综卦或互为综卦。一般情况下，AB是不相同的，只有在特殊情况下，AB指向同一个卦，即本卦与综卦是同一个卦，乾卦就是这样的特例，乾卦再怎么颠倒还是乾卦。类似的情况还有坤卦、坎卦、离卦、中孚卦等等。综卦所反映的哲理是，对于同一个事物，观察角度不同所得到的结果也不同，事物具有一体两面性。同样是庐山，横看成岭侧成峰，只是因为观察的地点和角度不同，看到的现象就不一样，其实山还是那座山。所以，对于同样一件事情，不同人群有不同的看法是不难理解的，因为每个人的政治立场、社会地位、职业岗位、知识结构、经济状况等都不尽相同。尽管如此，毕竟所观察的是同一个事物，因此仍然会有许多共同点。综卦易理的意义在于告诫人们，要全方位、多角度、多途径来看问题，这样有利于全面、准确、深入地把握事物的本质。

乾卦的交互卦也为乾卦。交互卦是指一个别卦的六爻中，去掉第一、第六两爻，用剩余的中间四个爻重新组合成一个新卦。其重组的方法是，上三个爻为上卦，下三个爻为下卦，其中中间两爻重复使用了两次，上卦有这两个爻，下卦也有这两个爻，你中有我，我中有你，呈现出交互关系，所以称其为交互卦。有点类似于评审中，去掉一个最高分，去掉一个最低分，用中间的一组数据来计算成绩。其哲理意义是，提示人们在观察事物时，要排除极端因素，采用有代表性的事物作为观察研究的对象，这样更能接近事物原貌，更能反映事物本质。乾卦的交互卦仍然是乾卦，这是乾卦的特殊性，坤卦也存在类似情况。这说明独阳不长，孤阴不生，纯阳纯阴的状态比较稳定，只有阴阳交流才能产生万物。

乾卦演化三女。在八个经卦中，乾卦是父亲，阴阳发生交流后，在乾卦基础上演化出三个女儿，分别是长女巽卦、中女离卦、少女兑卦。同理，坤卦为母亲，阴阳交流后，在坤卦基础上演化出三个儿子，分别是长男震卦、中男坎卦、少男艮卦。从中可以看出，父亲与女儿的联系更多一些，母亲与儿子的联系更多一些，这与现实生活中的情形基本吻合。这是《易经》具有实践性和科学性的具体体现。

【卦辞象辞】

〖卦辞〗

"乾，元、亨、利、贞。"

【译文】"乾卦，创始，通达，适宜，正固。"

这是乾卦卦辞，用来说明乾卦主题思想。古人举行祭祀仪式时常用乾卦卦辞作为祝辞，可理解为《易经》在现实生活中的实践应用。"元"，原也，表示开始、开元、开头，由于乾卦代表主动力，具有创造精神，因此乾卦中的"元"其显著特点是具有创始、创造、开创等意；而在其他卦中，元仅仅表示开始、开头等意，而没有创造等意思。"亨"表示亨通、通达、顺达等意。"利"表示适宜、适合、利益、有利于等意。"贞"通"正"，表示正当、正固、正道、正义、守正等意思。

"正"是"一+止"组合，表达了"止于一"的意境，即止步停留于正确的方式方法和分寸程度上，既不过又无不及，与中庸思想的内涵一致。《大学》说："为人君，止于仁；为人臣，止于敬；为人子，止于孝；为人父，止于慈；与国人交，止于信。"这几句话就是"止于一"的最好例证。"止于一"的"一"就是代表"止"的目标指向，这个"一"就是仁、敬、孝、慈、信等美好品德。

《大学》开头说："大学之道，在明明德，在亲民，在止于至善。知止而后有定，定而后能静，静而后能安，安而后能虑，虑而后能得。"这里的"止于至善"就是"止于一"，这个"一"代表至善，至善不是最好，而是指最恰当的状态，即把你的言行举止停留在最合适最恰当的状态上。"明明德"第一个"明"为动词，是明白、知晓、懂得之意，第二个"明"为形容词，是光明、开明、明亮之意。"在亲民"的"亲"通假为"新"，更新、刷新的意思，即更新百姓的道德伦理和思想观念；但王阳明认为此"亲"应该是亲爱民众，与百姓亲近，可视为对"亲民"的进一步阐述。本人认为可以把更新与亲近两者意思兼顾起来。"知止而后有定",知止就是"止于一"得"正",把"正"放置于屋宇内,就是"定",因此"定"字含有"正"的意境。

〖彖传〗

"大哉乾元! 万物资始,乃统天。云行雨施,品物流形。大明终始,六位时成,时乘六龙以御天。乾道变化,各正性命,保合大和,乃利贞。首出庶物,万国咸宁。"

【译文】彖传说,乾天的初始创造力真是太伟大了,万物的生长由它提供滋养,于是万物统摄于天。云在飘行,雨在施洒,分辨事物种类,在流通中呈现各自形态。日月自始至终绽放光明,六个时间阶段自成其位,适时驭乘六龙维护天道。乾天之道呈现阶段性调整和变化,各自守正于天性和命理,保护融合以至大和,这便是适宜正固的内涵。周易首卦乾天之元创造出万物,天下万国一片安宁。

"时乘六龙以御天"。时,适时。乘,搭乘,乘坐。六龙,是用龙成长发展的六个阶段作比喻,表明人生事业和万事万物的产生成长和发展变化将经历六个阶段。御,侍奉;进用,奉献;抵挡,阻止,此处引申为维护,保卫。天,是指天所代表的大自然运行的客观规律。御天,是要求人们尊重自然客观规律,自觉按客观规律办事,而不能违反客观规律。"首出庶物"之"首",指周易首卦乾卦,由乾卦引申为天道、自然之道和客观规律。

《彖传》的"彖"是个象形加会意字,上部分代表猪的两排牙齿;下部分"豕"即为猪。猪牙特别是野猪獠牙相当锋利,可以在短时间内毫不费力地咬断碗口大树。同时"彖"与"断"发音相似。由此"彖"字引申为铁口直断、判断、论断等意。《易经》中的彖辞是对卦辞所作的进一步判断、说明和解释,体现了典型的儒家思想。

【大象小象】

《象》曰:"天行,健;君子以自强不息。"

【译文】大象说:"天体日月星辰的运行,这是乾卦所反映的自然景象;君子受此启发应当做到自强不息。"

这是乾卦的大象。健，通"乾"，指乾卦。有人将"健"解释为刚健也没有错，但在此处不是很妥当，在这里"健"是指卦名，与坤卦的大象"地势，坤；君子以厚德载物"相对应。乾卦的刚健之意是由乾卦的特征引申出来的。"自强不息，厚德载物"是清华大学的校训，反映了这座百年名校的办学宗旨和文化底蕴。

《象》曰："潜龙勿用，阳在下也；见龙在田，德施普也；终日乾乾，反复道也；或跃在渊，进无咎也；飞龙在天，大人造也；亢龙有悔，盈不可久也；用九，天德不可为首也。"

【译文】小象说："潜于水下之龙不要急于发挥作用，是因为初九阳爻处于最下位；龙出现在田野上，是因为其德行得到了普遍实施；整日努力奋斗，这反映了天体循环往复的运行规律；带着疑惑在深渊跳跃，它表明积极进取没有灾祸；龙在天空飞行，这是时势造就了大德大能之人；高空之龙有悔恨之事，这是由于满盈状态是不可持久的；适用于阳爻的规则，自然规律启示人们不要做群龙之首。"

《象传》是《易传》组成部分，分大象、小象两册，在《易经》表述时均为"象曰"。大象是用来解释全卦卦象的；小象是用来解释各爻、用九、用六等爻象的。一般来讲，大象放在彖辞之后，小象分别放在相应的爻辞之后。但是，乾卦是个例外，它将小象在大象之后，集中在一段表述，这是因为乾卦是首卦，显得与众不同。这种体例差异性不对内容解释构成影响，小象的内容仍然是针对相应的爻辞和用九的。

【乾卦爻辞】

全卦六爻表示龙的六个不同阶段，爻辞反映了龙在每个阶段的不同表现。泛指人或事物从无到有、自小到大、由低到高，自始至终的发展全过程及其规律。它适用于自然世界的发展规律，又适用于人文社会的发展规律。在人文社会，既可以适用于格物、致知、诚意、正心、修身、齐家、治国、平天下的从政之路，又可以适用于文化艺术、经商创业、科研技术等众多领域。龙是中华民族的图腾，是种神奇的动物，兼具了多种动物的特征，比如鹿角、马脸、鳄嘴、虎须、蛇身、蜥腿、鹰爪、鱼鳞、鳗鳍、鳗尾等等，水、陆、空三栖，上天入地，神通广大，神龙见首不见尾，在龙的图腾中寄托了我国古代劳动人民的理想和愿望。

乾卦揭示了龙的六种状态：潜龙、现龙、惕龙、跃龙、飞龙、亢龙。潜、现、惕、跃、飞、亢是乾卦的六个关键词，也是揭示六个阶段性特征的六个密码。若将人生分成六个阶段，则每个阶段约为10至20年。比如曾仕强教授将孔子的人生分为六个阶段，很有见地，非常符合孔子的人生轨迹。孔子说，吾十有五而有志于学；三十而立；四十而不惑；五十而知天命；六十而耳顺；七十而从心所欲不逾矩。这就是孔子自行划分的人生六个阶段。而每个阶段的特点也可以用六句话来表示：一是学而时习之，不亦说乎；二是有朋自远方来，不亦乐乎；三是人不知而不愠，不亦君子乎；四是发愤忘食；五是乐以忘忧；六是不知老之将至。《系辞下传》概括了易经的六爻规律是：初难知，上易知；二多誉，四多惧；三多凶，五多功。六爻规律也是人生事业六个阶段的规律，了解这一规律对于理解《易经》指导人生事业大有裨益。

"初九，潜龙勿用。"

【译文】"初九，潜于水下之龙，不要急于发挥作用。"

就龙而言，这是龙的初生成长阶段，虽然潜能很大，发展前景一片光明，但这时的龙并不具备广大神通，此时还是潜在水里比较安全，不至于受到其他天敌的伤害。换句话说，当龙威不足时不要急于表现，不要急于发挥作用。但勿用并非无所作为，只是暂时不用，不是永远不用。要处理好用与勿用的辩证关系，要站在不用的角度来用，站在用的角度来不用。现在的勿用是为了将来条件成熟时的大用；现在的用是为了提升能力而实践历练，是王阳明所称的"事上练"，不指望真正发挥多大作用。

这个阶段对于事物而言是初始阶段，比较稚嫩，是创建、培育、成长过程，而不能急功近利地要求其立竿见影马上产生效益，否则欲速则不达。就人生而言，这一阶段是指从出生至大学毕业前的阶段，它要求人们潜下心来，专心致志，学习知识，积蓄能量，学会本领，为将来出色表现打牢基础，而不要急于表现自己，急于建功立业或成名成家。虽然有人说"成名要趁早"，但这是特例，并不具有普遍适用性。

"潜"取象于巽卦。潜龙之"潜",潜水、潜入、入水等意。爻辞不是凭空产生的,它是观象所得,来自卦画卦象对人们的启示,卦画、卦象、爻辞卦辞是一个有机整体,体现了内容与形式、抽象与具体、文字与形象的高度融合。在析卦时要有变化意识,每个爻的阴阳性质是会随着环境条件的变化而变化的,也就是说阳爻可能会变成阴爻,阴爻可能会变成阳爻。乾卦下卦为乾卦,若初九发生爻变,就变成了初六,这样乾卦下卦就变成了巽卦。巽为风,春风吹过,禾苗、草木齐刷刷地向一边倾倒,因而巽有整齐、均匀、顺逊的意思,同时风是见缝就钻、无孔不入,因而巽卦又有"入"的意思。潜龙之"潜"是《易经》作者受巽卦的"入"的启发而产生的。在传统易学研究中分为象数派、义理派等多种学派,义理派注重义理,忽视象数,将卦爻辞与卦画卦象割裂开来,这是有缺陷的。

"九二,见龙在田,利见大人。"
【译文】"九二,龙出现在田野上,适宜拜见大德大能之人。"

该阶段龙逐渐长大,相当于青年时期,活动范围得以拓展,龙的身影已经出现在广阔的田野上,为它提供了一个初露身手、小试牛刀的舞台。如果把龙的这一阶段来比喻人的话,大概相当于大学毕业到工作十年左右的阶段。此时年轻人有理想、有干劲、有知识、有能力,积极进取,勤学好问,努力工作,才干得以充分展现,逐渐崭露头角,成为单位业务骨干和中坚力量。这时候,《易经》要求小伙子一方面在品德修养、学识能力、言行举止方面要表现得像个大德大能之人,另一方面要主动接近大德大能之人,特别是占居九五之尊位的大人物,这样有利于被上司了解和赏识,从而为自己的前程奠定基础和开辟道路。

"见龙在田"的"见",通"现",《易经》中的"见"大多数是这个意思。"利见大人"的"见",应作两方面理解,一是通"现",出现、表现、体现、展现、发现等意思,表现出大德大能之人的情怀和风范;二是看见、拜见,意思是去拜见大人、接近大人或跟随大人。解卦时用哪种意思视情而定,一般来说二爻解释"拜见",五爻解释"表现"。"利见大人"中的"大人"也作两种解释,一是有大德有大能的人,如九二,此时权力地位还比较低下,是基层干部的代表;二是有大德大能并有大位的人,如九五,九五为君王之位,是全卦的核心之爻,是一个国家、地区或单位的最高首领。

九五与九二的关系可用尧与舜的关系来比喻。尧当君王时，舜还是基层干部，舜有道德、有能力、有志向，得到百姓的高度认可，也引起了尧帝的关注。此时尧是九五大人，舜是九二大人。等到舜继承王位之后，那时舜便是九五大人了。因此，"利见大人"对于九二来说，不仅要使自己的思想品德、言行举止像个大人物，同时还要主动向大人物看齐靠拢；对于九五来说，要有大人物的风范和作为，有道德、有能力、有智慧、有责任，并且善于主动去发现位于九二的领导苗子，尽早为治国安邦培养接班人。

"见"取象于离卦。九二居下卦的中位，居中有德，表明其道德品行良好。如九二发生爻变，则变为六二，那么下卦乾卦就变成了离卦，根据《说卦传》，离，丽也；离为雉，离为目，离为火，为日，为电等等。可见"离"代表附丽、眼睛、火、太阳、电、山鸡等，这些都是引人注目的。离卦的卦德为明，所谓卦德是指每个经卦的显著特征。易作者通过离卦的"见"，来描述龙的出现。

"田"取象于爻位。初爻、九二代表大地，如果初爻代表水下的话，九二则代表陆地和田野。

"九三，君子终日乾乾，夕惕若，厉，无咎。"
【译文】"九三，君子整日努力奋斗，夜晚保持警惕姿态，有风险，没有灾祸。"

君子终日乾乾，这是大象自强不息精神的具体体现。它要求君子白天要发扬天体日月星辰刚健运行的精神，积极进取，努力奋斗，辛勤劳作，自强不息。夕惕若，要求君子晚上保持警惕的样子，防范可能来自四面八方的风险和打击。树大招风，枪打出头鸟，人一旦有出色表现，各种非议和打击就会接踵而至，这时必须保持清醒头脑和足够定力。一方面要意识到能成众矢之的说明自己很优秀，另一方面要注意表现的方式方法。尽量不要人为树敌结怨，不能不看时间场合一味表现。该表现时表现，把握时机，精心准备，当仁不让；该收敛时收敛，韬光养晦，谨言慎行，大智若愚。

终日、夕是泛指，并非只有白天劳作，有时晚上也要劳作；并非只有晚上要警惕，白天也要提高警惕。"厉"是有风险，《易经》中吉凶有九个等级，分别是吉、亨、利、无咎、悔、吝、厉、咎、凶。厉属于凶险范畴，处于中等风险程度。前面已经讲到，《易经》所揭示的规律是"三多凶"，就是说这个阶段风险因素很大，提示人们需要注重防范。并非看到凶就一定会发生凶的结果，就如同秋天干燥容易着火，只要重视防范，火灾完全可以避免。因此，看《易经》时不要看到凶就害怕，它只是反映事物的概率，适时予以风险提示，并非不可避免或不能改变。只要思想重视，措施到位，完全可以变坏事为好事，做到安然无恙。"无咎"，就是没有灾祸。《易经》追求的最高境界不是大吉大利，而是无咎，因为大吉大利的后面就是物极必反、泰极否来、乐极生悲。人非圣贤，孰能无过。无咎并非指没有过错，而是指即使有些小过失也能化险为夷，最终没有灾祸。

　　"终日乾乾"取象于离卦和乾卦。若九三发生爻变，则下交互卦变成离卦。离为日，为明，"终日"就是整个白天。"乾乾"是指下卦为乾卦、上卦也为乾卦，九三正好处于两个乾卦的联接处。乾卦卦德为刚，代表刚健有力。九三要求君子向日月星辰学习，发扬天体运行自强不息的进取精神。

　　"九四，或跃在渊，无咎。"
　　【译文】"九四，带着疑惑如同龙在深渊跳跃，没有灾祸。"

　　到了九四，从年龄上看大约为四五十岁，见多识广，经历了沧海桑田，具有丰富人生阅历；从成就上看，如果是个人才，此时应当在本系统本领域本行业崭露头角，星光熠熠，令人瞩目；从社会地位上看，如果是从政的应当是中高层官员了，如果是从事专业技术的则应当是业内知名专家权威了。因此，处于九四的人其社会地位和影响力都非同小可，这时已经具备冲击第五爻的实力了。

　　"或"有两种解释，一是"或"通"惑"，是疑惑、迷惑、蛊惑等意思；二是可能、也许、或者、或许、有的、有人等意思。《易经》的规律是"四多惧"。伴君如伴虎，九四是九五君王或老大身边的人，此位必须战战兢兢如履薄冰，稍不留意就可能搭上身家性命，危险系数很高，必须带着谨慎疑惧的心态来处事才可避祸。

　　俗语说，鲤鱼跳龙门。鲤鱼跳入了龙门，就完成了鱼向龙的华丽转身而使自己身价陡增，大多数鲤鱼都有这样的梦想，这并不奇怪。但是，毕竟跳入龙门的鲤鱼是少数，从九四到九五只是存在晋级的可能性，这种概率很小。因此，"或跃在渊"也可理解为存在跃上更高层次的可能性。跃上去了就成了飞龙，跃不上去也没有关系，大不了再回到渊里，等待时机以期再跃。

尽人事，听天命。人生大可不必人人都往金字塔尖上挤，有实力、有机会、有条件者要不失时机尽最大努力，不轻易放弃，即使未能如愿也不用遗憾，更不必怨天尤人，一切顺其自然，不以结果论成败，不以成败论英雄，自己坦然接受便好。不具备素质能力者也不要苛求自己勉为其难，合理定位，脚踏实地，做好本职工作，过好自己的小日子，也能做到洒脱快乐。

"渊"取意于初九之"潜"。九四与初九是位置对应的一对爻，分别是上下卦的初爻，初九龙潜于水下，九四龙跃在渊里，"渊"与"潜"都与水有关，构成了上下呼应关系。

"跃"取象于巽卦。人要跳跃离不开两条腿，龙要跳跃离不开龙爪，龙爪就是腿脚。若九四发生爻变，上卦乾卦就变为巽卦，根据《说传卦》，巽为股，就是人的大腿，当然也指龙爪，龙凭龙爪而"跃"。

"九五，飞龙在天，利见大人。"
【译文】"九五，龙在天空飞行，适宜表现出大人物风范。"

九五是君王之位，古代没有集体领导之说，至多是开明君王和昏庸君王的区别，开明君王善于听取民意，听得进大臣的意见建议，含有发挥集体智慧的意味，但与集体领导还是有本质区别的。"九五之尊"的出处即在于此。这是人生事业最辉煌的阶段，通常只有少数人才能达到这个境界。居九五之位的人是老大，天马行空，挥洒自如，呼风唤雨，左右逢源，可动用的人财物资源相当多，可活动的余地相当宽，可发挥的空间相当大。

此处"利见大人"与九二有所不同。九二是下卦的中心，九五是上卦的中心，也是全卦的核心，九五决定着九二的命运，因此九二的大人是九五，若能得到九五的赏识提拔，九二将前程光明。九五本身已是老大，"利见大人"应理解为要表现出大人物的风范，仁德慈爱，宽洪大量，尊重民意，体恤下属，公平正义，并且还要善于发现堪当老大的接班人，这样才有望实现政治清明，国家兴旺，社会安定，百姓幸福。当然，老大是个相对的概念，在这个体系里是九五，在更大体系里也许就是九二。

"天"取意于乾卦和九五爻位。"飞龙在天"之"天"为观象所得，本身上卦为乾卦,乾为天;同时,《易经》的五爻、上爻代表天,九五代表天空的下半部分,有空气,离地面相对较近,是龙飞行的理想区域。

"见"取象于离卦。"利见大人"之"见"也是观象所得,理由与九二相同,若九五发生爻变,上卦由乾卦变成离卦,离为火,为日,为目,与"见"意境吻合。

"上九,亢龙有悔。"

【译文】"上九,高空之龙存在悔恨之事。"

亢是高的意思。如果说九五是老大,那么上九就是大佬。比飞龙飞得更高,濒临太空,此时高处不胜寒,就可能发生令人懊悔的事。人生如能终止在九五则是完美的结局,可惜人心不足欲壑难填,这一人性缺陷会使人鬼迷心窍,一门心思贪大求高,最终导致积重难返悔恨终生。大佬作用的发挥完全取决于老大的态度,老大既可以让大佬继续发挥余热,使他保持一定的影响力;同时又可以架空大佬,不让其有丝毫施展余威的机会。

如果说九五是君王之位,上九就是宗庙之位,这是一个退位君王的群体,多数已不在人世,但其影响力还在,他的思想、理念、精神、品德等通过宗庙得以传承。也包括退位但仍在世的领导人。上九给人的启示是:世上没有后悔药,凡事宜适可而止,该止即止,该收则收,否则自取其辱、后悔莫及。

"亢"取意于上九爻位。"亢龙有悔"之"亢"系观象所得,上九居六个爻的最高位,上爻是天的上半部分。六爻处于事物发展的终结阶段。从《易经》吉凶"吉、亨、利、无咎、悔、吝、厉、咎、凶"九个等级来看,悔是凶的范畴,但程度较轻,表明当事人对某些事情的处理安排存在悔恨心理。

"用九,见群龙无首,吉。"

【译文】"用九,呈现群龙无首境界,吉祥。"

"用九",九代表阳爻,是阳刚、刚健、刚强等意。用九的意思就是适用于"九"的行为规则,在乾卦则适用于全卦各爻,也可理解为在六爻全为阳爻的情境中适用的规则。"见"是表现、出现、呈现、显现等意思,这句话的意思是当人们领悟群龙无首的实质和深意,并表现出群龙无首的时候是吉祥的。现在多用群龙无首来形容一个单位团体和组织机构混乱不堪,其实这是对群龙无首的曲解,是长期以来以讹传讹的结果,使它成了贬义词,但在《易经》中却是程度极佳的褒义词。

在乾卦,"群龙"是指龙六个阶段的不同形态,即潜龙、现龙、惕龙、跃龙、飞龙、亢龙等六条龙。由于龙在每个阶段的处境各不相同,在不同阶段需要有不同表现,因此"群龙无首"的真正含义是,要求人们对人生做出阶段性调整,而不能一条道走到黑而不思变通。从这个意义上讲,要有点"变色龙"的本领,善于适应不同的环境条件,针对不同情境采取相应的行动。当然这决不是教人圆滑世故投机取巧。内圆外圆的人是见风使舵的小人,内圆外方的人是道貌岸然的伪君子,内方外方的是不思变通的倔驴,只有内方外圆的人才是真丈夫。这是我们应当积极追求的理想人格,只有这样才能更好地适应社会、主持公道、服务百姓。用九还可解释为,一个群体在表现出群龙无首的时候,不要自行当头,只有众人推举你为首时才是吉祥的。

从哲学层面来理解,"群龙无首"是一种境界,标志着事物由必然王国进入自由王国的状态。重庆大足石刻有一组放牧图,大概可以表达这种境界的形成轨迹。该石刻所反映的是一头牛的成长历程。起初野牛桀骜不驯,人驾驭不了它,这时它是自由的;后来被人驯化,牛鼻子上被穿了绳子,尽管不情愿但也无可奈何,一个牧童就可以牵住它,只能偶尔发点牛脾气,这时的牛是不自由的;再后来,人与牛熟悉了,有了感情,建立了人牛和谐相处的关系,牛为人们耕地,人可以骑牛走路,人为牛提供草料和牛棚,这时牛是有价值的,也获得了些许尊重和自由;最终,人们放下牛绳将其缠在牛角上,甚至干脆去掉牛绳,将其放养在山坳里,牛不再外逃,也不再惹事伤人,成为了人类的忠实朋友,人们赞许它为老黄牛精神,此时牛是自由的。这便是一头牛的驯化过程,从野牛到老黄牛,经历了一个强制强迫的必然王国,最终到达了自由自在的自由王国。将对牛的驯化机理用于对儿童的教化,有重要的借鉴意义。喜欢自由是儿童的天性,若放任自流不加管束将难以成器。一个无知无畏的小玩童,必须经过长期的学习教育,才能使他成为一个知书达理有益于社会的人,这同样反映了由必然王国到自由王国的演变过程。

孔子的一生是对必然王国向自由王国转化的最好诠释。孔子自第一阶段"十有五而有志于学"，到第六阶段"七十从心所欲而不逾矩"。长期的学习、实践和历练是一个圣人的必经之路，这是一个漫长的过程，可能几年、十几年、几十年，甚至用一生的时间，这些都属于必然王国的内容。经过长期道德修养和自我完善，仁、义、礼、知、信等理念规范已深入骨髓，俨然成了圣人的精神和灵魂，内化于心，高度自觉；外见于行，合乎规范，从而达到了"从心所欲而不逾矩"的最高境界，想怎么做就怎么做，而且怎么做都不会违反社会的道德规范和礼仪规范，这时圣人便进入了自由王国的状态。

　　"见群龙无首"所描述的就是由必然王国进入自由王国后的崇高境界。《象传》说："大明终始，六位时成，时乘六龙以御天。"《文言传》说："时乘六龙，以御天也。"说的就是六龙御天的景象。时是适时，抓住合适时机。乘是登、升的意思。整句话的意思是，适时升腾六条飞龙，来维护捍卫天道规律。这时六条飞龙在天空形成圆圈，首尾相接，匀速飞行。此时六龙处于完全平等的状态，都是阳爻，都很有能力，谁都是头或谁都不是头，谁都是尾或谁都不是尾。这就是用九描述的"群龙无首"状态，围成圆圈，整齐化一，首尾呼应，共同护天，这是六龙的共识和自觉行为，无须外力监督、提醒和干预。这是一种圆满境界，一旦哪条龙不配合，要出来当头，那么这种平衡就会被打破。因此，在特殊情境中，相互尊重，保持主体间平等、均衡是极其重要的，只有做到这样才是吉祥的，否则就可能互不服气，互不买账，甚至相互撕打，就毫无吉祥可言。值得注意的是，群龙无首是对个体要求极高的一种境界，每条龙都要达到最高素养和要求。"用九"旨在倡导有理想、有道德、有能力、有智慧的君子要学习六龙御天的团队精神和决不当头的整体意识。决不当头不是无所事事，《易经》鼓励君子要积极作为、善于作为和智慧作为，但反对极权政治、独裁政治和霸干政治。

【文言传】

　　《文言》曰：元者，善之长也；亨者，嘉之会也；利者，义之和也；贞者，事之干也。君子体仁足以长人，嘉会足以合礼，利物足以和义，贞固足以干事。君子行此四德者，故曰：乾，元亨利贞。

　　【译文】文言传说，元是美善的起源，亨是美好的聚集，利是道义的融合，贞是事物的主干。君子施行仁德足以领导百姓，聚集美好足以合乎礼仪，适宜事物足以融合道义，固守正道足以干成事业。君子就是实行元、亨、利、贞四德的人，所以卦辞说：乾，元、亨、利、贞。

"善之长"之"长"，名词，家长、尊长，引申为开始、源头、本源、起源等；"长人"之"长"，动词，担任尊长的职责，引申为领导、带领、率领等。"事之干"之"干"，名词，植物的主干、身躯、根本等；"干事"之"干"，动词，干活、做事业等意思。

初九曰"潜龙勿用"，何谓也？子曰："龙，德而隐者也。不易乎世，不成乎名；遁世无闷，不见是而无闷；乐则行之，忧则违之，确乎其不可拔，潜龙也。"

【译文】初九说"潜龙勿用"，是什么意思啊？孔子说："这里的龙是指具有德行而隐身的人。在世上不改变自己主张，不追求功成名就；远离社会不觉得烦闷，不被现实社会承认也不烦闷；喜欢的事就去做，忧愁的事就避开，坚定的信念不可动摇，这就是潜龙！"

"不见是"是被动句式，意即不被社会认为是对的。

九二曰"见龙在田，利见大人"，何谓也？子曰："龙，德而正中者也。庸言之信，庸行之谨；闲邪存其诚，善世而不伐，德博而化。《易》曰：'见龙在田，利见大人。'君德也。"

【译文】九二说"见龙在田，利见大人"，是什么意思啊？孔子说："这里的龙是指有德行而坚守中正之道的人。平常的言辞诚信，平常的行为谨慎；阻隔邪恶保存其诚信，行善于世却不夸耀，品德高尚并能发扬光大。《易经》说：'见龙在田，利见大人。'这是君子之德啊。"

闲，限制，约束、阻隔等意思。有学者将"君德"译为君主之德或君王之德也可，但九二地处基层，还是理解为君子之德更妥。

九三曰"君子终日乾乾，夕惕若，厉，无咎"，何谓也？子曰："君子进德修业。忠信，所以进德也；修辞立其诚，所以居业也。知至至之，可与言几也。知终终之，可与存义也。是故居上位而不骄，在下位而不忧，故乾乾因其时而惕，虽危无咎矣。"

【译文】九三说"君子终日乾乾，夕惕若，厉，无咎"，说的是什么呀？孔子说："君子注重提升品德创建事业。忠信，是其提升道德的路径；用适当言辞树立诚信，这是创办事业的途径。知道该到达什么地方就到达什么地方，就可以与他谈论深奥的事情了；知道该什么地方终止就终止在什么地方，就可以与他共同保持道义了。因此，君子居于上层高位但不骄泰轻慢，处在下层低位却不怨恨忧愁，因而能天天勤奋努力，顺应时势保持警惕，尽管面临危险却能做到没有灾祸。"

几，隐微，机密等意思，引申为深奥、奥秘、玄妙等意思。

九四曰"或跃在渊，无咎"，何谓也？子曰："上下无常，非为邪也；进退无恒，非离群也。君子进德修业，欲及时也，故无咎。"

【译文】九四说"或跃在渊，无咎"，说的是什么呀？孔子说："上升下降存在不确定性，不是为了达到邪恶目的；前进后退没有恒常结果，不是为了离开原来群体。君子提升品德创建事业要抓住恰当时机，因而没有灾祸。

九五曰"飞龙在天，利见大人"，何谓也？子曰："同声相应，同气相求；水流湿，火就燥；云从龙，风从虎；圣人作而万物睹。本乎天者亲上，本乎地者亲下，则各从其类也。"

【译文】九五说"飞龙在天，利见大人"，说的是什么呀？孔子说："同频的声音相互感应，同类的气体相互吸引；水流向潮湿地，火亲近干燥处；云紧跟龙，风伴随虎；圣人问世而万物为人所见。本原来自天上的与上亲善，本原来自大地的与下亲善，于是事物各自跟随自己的群类。"

求，感应，招致，引申为吸引。"万物睹"可有两种理解，一是圣人问世受万人瞩目，二是圣人问世，表明社会进入治世，欣欣向荣，百业兴旺，万事万物纷纷出现，为众人所目睹。

上九曰"亢龙有悔"，何谓也？子曰："贵而无位，高而无民，贤人在下位而无辅，是以动而有悔也。"

【译文】上九说"亢龙有悔",何谓也?孔子说:"地位尊贵但没有职位,居于高处但没有百姓,贤能之人处在下位而无法辅佐他,所以一旦行动就有所悔恨。"

潜龙勿用,下也;见龙在田,时舍也;终日乾乾,行事也;或跃在渊,自试也;飞龙在天,上治也;亢龙有悔,穷之灾也;乾元用九,天下治也。

【译文】潜龙勿用,是因为处于最低下位置;见龙在田,是上天施舍时机;终日乾乾,是创建事业;或跃在渊,是自行尝试;飞龙在天,是君王治国理政取得成效;亢龙有悔,是穷途末路引起的灾祸;乾元用九,是因为这样做天下将得到有效治理。

潜龙勿用,阳气潜藏;见龙在田,天下文明;终日乾乾,与时偕行;或跃在渊,乾道乃革;飞龙在天,乃位乎天德;亢龙有悔,与时偕极;乾元用九,乃见天则。

【译文】潜龙勿用,是通过潜伏于水下阳气得以收藏积累;见龙在田,是由于天下彰显文采和光明;终日乾乾,是能够保持与时间同行;或跃在渊,是已经到了乾道所要求的变革时机;飞龙在天,是因为居此位者能按照天德要求履行职责;亢龙有悔,是因为与时间同行走到了尽头;乾元用九,是因为这样做体现了自然法则。

乾元者,始而亨者也。利贞者,性情也。乾始能以美利利天下,不言所利,大矣哉!大哉乾乎!刚健中正,纯粹精也。六爻发挥,旁通情也。时乘六龙,以御天也;云行雨施,天下平也。

【译文】乾元,就是创始并能通达的意思。利贞,是事物的天性和情态。乾卦之创始功能能够以美好适宜而给天下带来利益,但并不标榜为天下谋利益,多么伟大啊!伟大啊,乾道!刚强稳健而守中正固,多么纯正美好而洁精啊。六爻功用的起动发挥,形成了事物之间触类旁通的情态形状。顺应时序乘驭六条龙,是用来维护保卫天道自然法则的;云气飘移,雨水施洒,天下就和谐太平了。

现代人对性情、刚健、中正、纯粹、发挥等词语并不陌生,仿佛古人穿越到了现代，这恰恰说明了中华文化的穿透力和生命力。当然，这些词与现代词语略有区别，古代是两词的组合，可视为词组；而现代逐渐演变为一个词，原本两个词的意思逐渐趋同，现已合二为一。

君子以成德为行，日可见之行也。潜之为言也，隐而未见，行而未成，是以君子弗用也。君子学而聚之，问以辨之，宽以居之，仁以行之。《易》曰"见龙在田，利见大人"，君德也。九三重（chong2）刚而不中，上不在天，下不在田，故乾乾，因其时而惕，虽危无咎矣。九四重（chong2）刚而不中，上不在天，下不在田，中不在人，故或之。或之者，疑之也，故无咎。夫大人者，与天地合其德，与日月合其明，与四时合其序，与鬼神合其吉凶。先天而天弗违，后天而奉天时。天且弗违，而况于人乎？况于鬼神乎？亢之为言也，知进而不知退，知存而不知亡，知得而不知丧。其唯圣人乎？知进退存亡，而不失其正者，其唯圣人乎？

【译文】君子以品德养成作为其行为规范，每天都能在行为中表现出来。潜字的意思是隐身而没有出现，行动但没有达到道德标准，因此君子未能发挥作用。君子通过学习积累知识，通过提问辨明是非，以宽厚的态度处世，以仁爱之心行事。《易经》说"见龙在田，利见大人"，这是君子之德啊。九三处于双重乾卦交界的刚爻上但不能居中，往上看不在天的位置，往下看不在田的位置，所以要像两个乾卦那样勤奋努力，因能随时保持警惕，虽有危险却没有灾祸。九四处于双重乾卦交界的刚爻上但不能居中，上不在天的位置，下不在田的位置，中不在人的位置，因此对事物发生困惑。对事物发生困惑，就是对事物存在疑问，所以没有灾祸。所谓的大人，就是品德与天地相融合，内心与日月相辉映，行为与四季相适应，吉凶与鬼神相协调。其行为先于大自然但大自然不会阻碍他，其行为后于大自然却能奉行大自然时令法则。大自然都不难为他，何况人呢？更何况鬼神？上九亢龙这段话是说，懂得前进而不懂得后退，懂得生存而不懂得消亡，懂得获得而不懂得舍弃。大概只有圣人做得到吧？懂得前进或后退、生存或消亡，并且不失中正之道的人，大概只有圣人吧？

第二卦 坤卦的配合之道

【坤卦】

【白话经文】

坤卦，开始，通达，适宜，保持母马般正固。有所行动，领先会迷失方向，跟随能找到主人。适宜西南可找到同类，往东北会失去同类。安于正固，吉祥。

初六，踩着霜，预示坚冰将至。

六二，秉持正直、方正、广大，即使不练习也无不适宜。

六三，含蓄文采并保持正固，带着疑惑跟从他人从事公务，不自我标榜有成就，有正常结局。

六四，扎紧口袋，无灾祸无荣誉。

六五，甘当黄色下衣，最为吉祥。

上六，天龙地龙交战于原野，其血又赤又黄。

用六，适宜始终保持正固。

【经文原文】

坤，元、亨、利、牝马之贞。君子有攸往，先迷后得主，利西南得朋，东北丧朋。安贞，吉。

初六，履霜，坚冰至。

六二，直、方、大，不习无不利。

六三, 含章可贞, 或从王事, 无成有终。

六四, 括囊, 无咎无誉。

六五, 黄裳, 元吉。

上六, 龙战于野, 其血玄黄。

用六, 利永贞。

【解读序言】

《序卦传》说:"有天地, 然后万物生焉。"意即天地是天下万物之父母, 先有天地, 而后万物才得以生长其间。坤卦由六个阴爻组成, 六十四卦中, 除了乾卦全阳和坤卦全阴外, 其余六十二卦均是阴阳结合, 因此全阴卦虽仅坤卦一卦, 但它所代表的是一类特殊性质的卦。乾卦和坤卦被视为探究《易经》奥秘的两扇大门, 掌握了此两卦的易理, 就如同掌握了《易经》入门的钥匙, 对于了解其他各卦将有很大帮助。

《杂卦传》说:"乾刚坤柔。"意即乾卦的特征是阳刚, 坤卦的特征是阴柔。"乾"代表天、君、主、父、男人、白天、高、大、强、硬、重、长、厚、扩张、提升、生长、增加等阳性类事物;而"坤"则与乾相对, 代表地、臣、仆、母、女人、黑夜、低、小、弱、软、轻、短、薄、收缩、下降、萎缩、减少等阴性类事物等。

〖阴阳亲比〗

异性相吸、同性相斥的规律是世间万物的客观规律。从宏观到微观, 从自然世界到人类社会都是适用的, 比如, 正电子和负电子、公马与母马、男人与女人等。作为反映客观规律的《易经》当然也是遵循这一规律的, 即阴爻与阳爻具有亲比关系, 具有相互吸引、相互配合、相互支持、相互协调的关系。相反两个阳爻, 两个阴爻都不具有一对一的亲比关系, 甚至是相互排斥的。阴阳亲比定理在分析卦画时非常有用, 可以此衡量当事人的人际关系状况, 明白谁是可以求助的力量, 谁是存在竞争关系的对手。

〖爻位适当〗

《易经》中的别卦(重卦)共有六个爻, 六个爻中有阴爻和阳爻, 到底是阳爻合适、还是阴爻合适, 其要求是各不相同的。我们常说文武之道一张一弛, 引用到别卦(重卦)中道理也相同。一、三、五为阳数,因此称一、三、五爻为阳爻位。如果某个别卦(重卦)中,一、三、五爻是阳爻,称之为当位;如果一、三、五爻为阴爻,称之为不当位,因为它该阳时没阳。同理,二、四、六是阴数,因此称二、四、六为阴爻位。如果某个别卦(重卦)的二、四、六爻是阴爻,称之为当位;如果二、四、六爻是阳爻,称之为不当位,因为它该阴时没阴。换句话说,六个爻相当于事业或人生发展的六个阶段,不是每个阶段都平均用力的,一、三、五爻为阳爻位,要求人们表现出刚健有力的阳刚之气,二、四、六爻为阴爻位,要求人们适当控制、有所收敛。该阳时阳,该阴时阴,刚柔相济,阴阳平衡,这样的行为举止才是适当的。该阳时阴,该阴时阳,都是行为失当的表现。所以,当位、不当位是考察当事人行为举止是否适当的指标,当位即为有利因素,不当位则属不利因素。

〖上下对应〗

别卦(重卦)由上下两个经卦(单卦)组成,上卦的一二三爻与下卦的一二三爻之间具有对应关系,即初爻与四爻对应、二爻与五爻对应、三爻与上爻对应。根据异性相吸、同性相斥的原则,上下卦对应的爻之间,如果两者一个为阴爻、另一个为阳爻,则称之为有应、正应或相应;如果两者均为阳爻或均为阴爻,则称之为无应、敌应或不应。考察应与不应,主要目的在于分析上下级之间的人际关系环境,当事人对彼此的行为举止是持赞同、支持、配合态度,还是持无动于衷、漠不关心、甚至反对的态度。上下有应是积极因素,上下不应是消极因素。

〖阳乘阴承〗

乘,在古代汉语中有驾御,乘坐,治理;登,升;凌驾等意思。在《易经》中主要是居于或凌驾于某物之上的意思,但不含贬义。承,在古代汉语中有奉,捧;接受、承受;继承,接续;辅佐等意思。在《易经》中主要是承受、承接的意思。按照《易经》的分工,阳是创造力、主动力,阴是配合力、受动力。这是根据阴阳主体双方的性质特征来确定的,与男女歧视无关。如果在男女双方关系中,双方的特征正好相反,即女强男弱,那么角色分工倒过来也是可以的,可视为特例。在一般情况下,《易经》认为阳爻乘阴爻,即阳爻在阴爻之上是正常现象,阴爻在阳爻之上就不符常理了。鉴此,阳爻乘阴爻、阴爻承阳爻是有利因素；阴爻乘阳爻、阳爻承阴爻是不利因素。这在分析卦画时也是判断利害的因素。

〖居中有德〗

经卦（单卦）有三个爻，第二爻居于中位，不偏不倚，称其为中位，爻位居中用来表示道德品行良好，一方面中爻之位要求当事人道德品质良好，另一方面若当事人居于中爻表明其道德品质良好。别卦（重卦）上卦的第二爻即是全卦的第五爻，因此二、五爻表示当事人道德水准良好。如果既是中位，又是当位，称其为中正之位，如六二、九五。虽然居中位，但不当位，只能表明其道德品质没有问题，但能力或行为表现有问题。如，九二表明行为过于刚强；六五表明行为柔弱，能力、势力、力量等不足，这些都是不利因素。

〖天人地爻〗

别卦（重卦）六爻中，分别用两个爻代表天、人、地，五爻、上爻代表天，三爻、四爻代表人，初爻、二爻代表地。天地分居卦的两头，人是天地的产物居于中间。这在分析卦画时很有用，比如，乾卦九五飞龙在天、上九亢龙有悔，可见飞龙、亢龙的活动区域分别在低空和高空；九三君子终日乾乾、九四或跃在渊，九三出现君子，显然与人的爻位有关，九四表面上写龙跃，实则写人生事业的飞跃；初九潜龙勿用、九二见龙在田，其中的水下和田野都是大地的组成部分。当然，天、人、地爻位分布只是规则之一，并非唯一规则，《易经》的容量极大，还有好多其他规则。解卦时要综合运用，随机应变，切忌机械僵化、生搬硬套。

〖下主上客〗

组成别卦（重卦）的两个经卦（单卦）之间的地位是有区别的，通常情况下，下卦为主卦，上卦为客卦；下卦为内卦，上卦为外卦，由此构成别卦（重卦）的主客关系和内外关系。在分析卦画时，从内到外称往，由外到内称来。当然有例行必有例外，在特殊情况下反客为主的情况也是存在的。比如，占卦时占得动爻在下卦，那么主体就是上卦，下卦反而变成客体了。这种变化的理念和应变的思维对于理解《易经》非常重要。

〖卦有卦主〗

卦主就是一卦之主，经卦（单卦）有卦主，别卦（重卦）也有卦主。《系辞下传》说："阳卦多阴，阴卦多阳。""阳一君而二民，君子之道也；阴二君而一民，小人之道也。"学习《易经》当然要奉行君子之道，所以不能以小人之道来判断主次关系。对于经卦（单卦）来说，卦主就是中爻或少数爻，如乾、坤卦的卦主是中爻，震、坎、艮卦卦主分别是阳爻所在的初、中、上爻，巽、离、兑卦卦主分别是阴爻所在的初、中、上爻。对于别卦来说，确定卦主比较复杂，应当综合考虑以下几个因素：一是从六个爻的少数爻中找卦主，如蒙卦的阳爻只有九二、上九两个，这两个阳爻即为卦主；二是居中者优先确定为卦主，如蒙卦中，九二居中，故为主要卦主，上九不中为辅助卦主；三是从爻辞与卦辞意思关联最紧密的角度去确定卦主，如屯卦，卦辞和初九爻辞中均有"利建侯"的表述，可确定初九为卦主；四是在难以定夺的情况下，以普通标准去判断，如九五、六五为核心之爻即为卦主，当位者优先确定为卦主，等等。总之确定卦主要具体情况具体分析，不能认为只有阳爻才能当卦主，如火天大有，只有六五为阴爻，物以稀为贵，这唯一的六五即为卦主。正确判断卦主，对于分析理解卦义有重要作用。

〖六爻等级〗

常言道，人分三六九等。说的是社会现实，也许此说正是源于《易经》，经卦（单卦）为三个爻、别卦（重卦）为六个爻。六代表阴爻，九代表阳爻。爻位代表时间、年龄、社会地位等概念。现代观点是人自生下来就是平等的，政治上人人平等，法律面前人人平等，这些当然是对的，但只是停留在理论层面、法律层面、政治层面，而离真正落实到社会生活的方方面面却有遥不可及的距离。正因为存在种种的不平等，所以数十年、几百年来人们呼吁人人平等，追求人人平等，有进步，但进程是缓慢的。因此，事实上在社会生活中人们是存在等级的，其社会地位主要由经济地位决定，同时综合考虑出身、背景、政治、文化、职务、专业、知名度、影响力等因素。儒家文化主张社会是有等级的，《易经》的六爻是对社会等级状况的客观反映，认识这个规律有助于建立正确的社会治理秩序，因此《易经》的六爻等级理论对于今天仍然具有借鉴意义。以周朝时代行政序列和社会秩序为例，第五爻为全卦核心之爻，君王之位，即周天子；第六爻是宗庙，即已故君王或退位的君王，虽不在其位，但其精神、思想理念及影响力尚存; 第四爻是诸侯; 第三爻是三公 (丞相、太尉、御史大夫) 九卿 (奉常负责祭祀、廷尉负责司法、治粟内史负责税收、典客负责少数民族及外交、郎中令负责皇帝侍从警卫、少府负责专供皇室的山海地泽收入及官府手工业、卫尉负责宫廷警卫、太仆负责宫廷马车、宗正负责皇帝宗族事务); 第二爻是大夫; 第一爻是元士、庶民, 相当于知识分子及干部队伍后备力量和百姓。

〖**爻位特征**〗

别卦 (重卦) 的六个爻相当于人生事业或事物发展的六个阶段, 大致反映了开始、发展、高潮、持续、稳固、结束等整个过程。每个阶段的特征是各不相同的, 有时内外受困非常艰难, 有时左右逢源特别顺利。《易经》六爻的特征正是人生事业和事物发展变化的客观反映。《系辞传》说, 初难知, 上易知; 二多誉, 四多惧; 三多凶, 五多功。初难知, 即一个人一个事物开始时都很弱小很相似, 没有太大大区别, 究竟将来有多大出息多大造化, 发展到什么规模何种程度, 很难作出判断。上易知, 因为上是人生、事物的末端, 有多大成就、多大影响力已经显而易见了。二多誉, 是指这个阶段会得到许多赞誉, 相当于二十多岁的年轻人在机关部门、企事业单位发挥了骨干作用, 评上先进, 得到嘉奖, 受人称赞; 如果是创建事业, 到了这个阶段已初见成效, 也会赢得赞誉。四多惧, 一是因为此位是老大身边的角色, 伴君如伴虎; 二是因为这个阶段到了 "或跃在渊" 的关键阶段, 一旦跳跃成功就能跨上一个新台阶, 需要格外谨慎小心, 可谓一着不慎、全盘皆输, 所以此阶段的特点是谨惧。三多凶, 一是因为人生取得初步成绩, 事业初见成效, 容易骄傲自满, 容易被胜利冲昏头脑, 看不到风险, 听不见劝告, 非常危险; 二是因为枪打出头鸟, 当人们取得出色成就时, 给其他人带来了危机感和竞争压力, 容易成为别人的攻击目标。五多功, 五是所在系统或领域中的老大, 占居核心地位, 如果所辖范围内取得了成就, 人们往往归功于老大的正确领导。一个单位要成就事业, 一个下属要做出业绩, 自然离不开领导的指导和支持。

〖**六九阴阳**〗

为什么用九表示阳爻而不是其他奇数? 为什么用六表示阴爻而不是其他偶数? 有多种说法: 其一, 1、2、3、4、5是五个最基本的数, 奇数1、3、5之和为9, 所以用9表示阳数；偶数2、4之和为6，所以用6表示阴数。

其二，在八个经卦（单卦）中，代表地、母亲、纯阴的坤卦是典型的阴卦，用三根中间断开的横线表示，共有六根短划，因此用六来表示阴爻。在八个经卦（单卦）中，代表天、父亲、纯阳的乾卦是三根连续的横线，共三根短划。在《易经》中，以阳统阴，阳是主动力，阴是受动力，因此说阳的时候应当包括阴，说天的时候应当包括地，即所谓一阴一阳之谓道，亦阴亦阳，一分为二，合二为一，因此用三、六之和九来表示阳爻。最有力的证明是"阴阳"两字的构成，阴右边是月亮，阳右边是太阳，但是阳在古代繁体字是"陽"，右边是包含"易"字元素的，说明既包括太阳又包括月亮，只是变成简化字后，月亮的意思淡化了。

其三，根据《系辞上传》所介绍的"揲蓍成卦法"，所得四种结果分别是6、7、8、9，根据阴阳特性，阳数往上走，9是阳数中的最大数，称为老阳或太阳；阴数往下走，6是阴数中的最小数，称为老阴或太阴，所以分别以9代表阳爻，6代表阴爻。前三种说法都是相当靠谱的。

其四，古人已经知道地球自转一圈360策（度）。夏至这天，从日出到日落为216策（度），称其为乾之策，乾卦六个阳爻，每个阳爻36策（度）；而日落到次日日出为144策（度），称其为坤之策，坤卦六个阴爻，每个阴爻24策（度）。由此发现，阳爻数是9的4倍，阴爻数是6的4倍，可见9代表阳爻，6代表阴爻，与天体运行规律是吻合的。第四种说法可用来印证用9代表阳爻，用6代表阳爻的科学性。六十四卦中有384个爻，其中阳爻阴爻各占192个，每个阳爻为36度（策），每个阴爻为24度（策），192（36+24）=11520度（策），这便是天下万物的来历，表达了天地乾坤作为造物主孕育出世间万物的意境。

其五，1至10是最基本的10个数字，奇数最大是9，所以用9表示阳数；6是偶数的中间数，因此以6表示阴数。这种说法可视为一家之言，有些牵强，因为按同一逻辑推理的话，应以最小偶数来表示阴爻。

〖吉凶九等〗

《易经》中的吉凶按程度分为九个等级，分别为：吉、亨、利、无咎、悔、吝、厉、咎、凶。无咎是没有灾祸，不好不坏。此前吉、亨、利都是正面的。吉是吉祥，如果再细分，吉祥中最好的是"元吉"，可理解为一开始就吉祥，译成最为吉祥；其次是大吉；最后是普通的吉祥。后五个等级是负面的，从轻至重，风险程度越来越高。有人占到"凶"就非常紧张，其实大可不必。《易经》是讲究变的，结果"凶"只是提示可能出现凶险，需要谨慎防范。只要思想重视了凶险就能化解。相反，占得"吉"也不能得意忘形麻痹大意，否则吉也会变成凶。有人认为占得"凶"就一定会发生灾难，就不能改变了，这是宿命论，这才是迷信，非常有害。正确的《易经》占卦不是迷信，它是方法论，属于预测学的范畴。当然，打着《易经》旗号，以占卦为手段，靠迷信手法骗钱的确存在，应另当别论。

孔子说，吾百占而七十当，意思是说孔子占了百次有七十次是准确有效的，这说明占卦预测的实用性还是相当强的。同时也表明占卜预测存在局限性，既然是预测，就有可能准，有可能不准。预测方法优技术精准确率就高，预测方法劣技术差准确率就低。预测的结果可以信，也可以不信；可以参考，也可以置之不理，总之预测只是手段，占卦只是工具，要为我所用，决不能被它牵着鼻子走，从而成为它的奴隶，否则就是本末倒置了。所以说任何事物都有两面性，要善于发掘它的积极因素，抑制它的消极因素，善于把坏事变成好事，这才是《易经》的思维和智慧。

〖**时位性质**〗

一个别卦（重卦）卦画中包含着时间的信息、位置等级的信息，以及人生事业和事物发展过程中的性质信息，分别用初、上、九或六来表示。初看卦画会有疑问，为什么第 爻是"初爻"？如果按这一思路，那么第六爻应当是末爻；为什么第六爻是"上爻"？如果按此思路，第一爻应当是下爻；为什么初爻叫初九、初六，末爻叫上九、上六，而到了二至五爻却叫九二、九三、九四、九五，六二、六三、六四、六五了呢？是作者粗心疏忽吗？当然不是，事实正好相反，这样的安排恰恰是《易经》作者匠心独运的结果，他将原来的三张卦画整合成一张卦画了。对于人生、事物来讲，何时出生、啥时发生比较重要，所以有庆祝生日、开业典礼的习惯，初九、初六旨在突出事件发生之初的时间概念，至于是阳是阴倒在其次，因为每个事物开始时都是弱小的，因此将初写在前面。二至五爻是人生事业和事物发展的过程阶段，这个阶段人们更加关注发展得快慢、顺逆、好坏等性质和状态，用《易经》符号来表示就是是阳爻状态、还是阴爻状态，所以九、六在前，旨在突出人生事业和事物发展过程中的性质状态。到了第六爻，代表着人生、事物的终结阶段，此时人们更加关注最终结果，此人取得什么成就,此事有什么结局,因此将"上"放在前面,旨在突出其地位、位置和成就等信息。

〖综卦错卦〗

世界万物都是相互联系的,综卦、错卦主要用来表示卦画与卦画之间的关系,卦画之间的联系反映了事物之间的相互关系。所以,综卦、错卦的分析考察是有实际意义的,是解卦时用来分析卦画卦义的重要方法,它所体现的是观察事物的角度和方法,提示人们多角度、多方位、多立场、多途径、多形式地考察事物,这样才能更加准确地把握事物的本质。综卦、错卦是指一对卦而言的,我们可以说这对卦是综卦,这对卦是错卦,或者说A卦的综卦是B卦,C卦的错卦是D卦等等。

先说综卦,综卦也叫覆卦、镜卦。综卦是把一个卦画翻转一百八十度后得到的卦画,我们称这两个卦是对综卦。如,第三卦屯卦与第四卦蒙卦,屯卦上卦为水、下卦为雷,称其为水雷屯;蒙卦上卦为山、下卦为水,称其为山水蒙。可以说屯卦与蒙卦是对综卦,也可以说屯卦的综卦是蒙卦,蒙卦的综卦是屯卦。当然也有特例现象,比如乾卦、坤卦,再怎么翻转还是乾卦、坤卦,我们说乾卦的综卦还是乾卦,坤卦的综卦仍是坤卦。或者说像乾卦、坤卦之类的中轴对称型卦没有综卦。

再说错卦。错是交错、交叉、错位等意思,而不是错误、差错。也就是说,一个卦的六个爻与另一个卦的六个爻,其所对应的爻性质完全相反,我们称这两个卦是一对错卦。如,乾卦六个爻全是阳爻,坤卦六个爻全是阴爻,那么乾卦与坤卦就是一对错卦。这样,我们就理解了《易经》作者为何要提出综卦、错卦的概念了,其实与现在的换位思考法、比较分析法相类似。综卦是引导人们换个角度看问题,横看成岭侧成峰,立场角度不同,观察的结果也不同,这样人们思考问题时就能理解不同利益群体不同阶层的不同诉求了,从而采取兼顾各方利益的解决办法。错卦是引导人们要换位思考,要善于从事物的反面来看问题,要站在对方立场上来思考问题,不能只看到有利的一面,也要看到不利的一面,从事物正反两个方面、矛盾双方立场看问题,得出的结果就比较客观。

〖交互变卦〗

在考察卦际关系中，除了综卦、错卦外，还有两个概念比较重要，分别是交互卦和变卦。所谓交互卦，就是一个别卦（重卦）中，去掉初爻和上爻，剩下中间的二、三、四、五爻，用这四个爻重新组成一个卦，二、三、四爻作为下卦，三、四、五爻作为上卦，其中三、四爻重复使用了两次，上下卦均有，你中有我，我中有你，交互的概念即来自这里。我们将交互卦的母卦叫本卦，交互卦是本卦的进化形式。有点类似于评委集体评审中，去掉一个最高分，去掉一个最低分，最后得分由中间分数的平均值来计算。其原理是考察事物时，去除两头极端因素，用基础性、稳定性和常规性要素作为分析素材或数据来源。

所谓变卦，是指本卦中由于环境条件发生变化导致某一个爻或数个爻性质发生变化，即阴爻变阳爻、阳爻变阴爻后，形成一个新卦，这个新卦叫变卦。变卦是本卦的变体。在日常生活中经常听到，刚刚说好的事，过一会就变了，人们会说你说话不算数，说得好好的却突然变卦了。正所谓计划赶不上变化，变化赶不上电话。

本卦、交互卦、变卦三者既有区别又有联系，交互卦、变卦是在本卦基础上演变而来的，三者构成有机整体。它在占卦解卦中非常有用，本卦中的动爻爻辞和卦辞是判断占卜结果的主要依据，也就是说动爻所在的经卦（单卦）是客体或行为表现、吉凶结果，相应的没有动爻的另一经卦（单卦）代表请求占卜的人，或称其为占卜对象（非指占卜帅）。交互卦反映的是预测之事可能出现的过程性状态，变卦所反映的是预测之事可能出现的最终结果。然后，根据本卦、交互卦、变卦所含的六个经卦（单卦）的五行相生相克关系，来判断预测之事的吉凶情况。当然这样的预测结果并不代表宿命论，只要积极防范，正确应对，完全能够做到趋利避害逢凶化吉。

〖十二消息卦〗

十二消息卦是指用十二个别卦（重卦）来表示农历十二个月份，以阴爻、阳爻的多少、变化来衡量每个月份阳气阴气的高低和变化。消是减少，息是增加，指阳气阴气的增加或减少，因此称其为消息卦。比如，泰卦代表正月，称其为地天泰，下卦三个阳爻，上卦三个阴爻，正月的阴阳之气是平衡的，三阳开泰的说法来自于此；乾卦代表阳气最盛的四月；坤卦代表阴气最盛的十月。所以，十二消息卦用于指导农业生产有很强的针对性, 其功效作用与二十四节气差不多。十二消息卦分别是: 正月地天泰卦、二月雷天大壮卦、三月泽天夬卦、四月天天乾卦、五月天风姤卦、六月天山遁卦、七月天地否卦、八月风地观卦、九月山地剥卦、十月地地坤卦、十一月地雷复卦、十二月地泽临卦。十二消息卦也叫十二辟 (bi4, 法, 法度, 法律; 君主, 国君) 卦, 体现出时令节律的含义和每月轮值的君主含义。

〖五行生克〗

最早系统记载五行概念的是《尚书·洪范》, 书中说: "五行: 一曰水, 二曰火, 三曰木, 四曰金, 五曰土。水曰润下, 火曰炎上, 木曰曲直, 金曰从革, 土爱稼穑。润下作咸, 炎上作苦, 曲直作酸, 从革作辛, 稼穑作甘。"五行相生相克的规律是: 金克木、木克土、土克水、水克火、火克金; 金生水、水生木、木生火、火生土、土生金。这是古人对与人们生活关系最为密切的五大基本物质相互关系的认识。五行的学说与《易经》在发展过程中进行了深度融合。八卦与五行的关系如下: 乾1、兑2为金, 离3为火, 震4、巽5为木, 坎6为水, 艮7、坤8为土。其中的数字就是先天八卦图的顺序, 八卦与五行的关系非常有序。

2016年4月21日科技部、中宣部印发《关于中国公民科学素质基准》的通知, 要求公民"知道阴阳五行、天人合一、格物致知等中国传统哲学思想观念, 是中国古代朴素的唯物论和整体系统的方法论, 并具有现实意义。"事实上阴阳五行、天人合一就是《易经》的观点或由《易经》发展而来的观点。五行生克理论不仅对中医养生有指导作用, 而且对于占卦预测也格外重要。宋代易学家邵雍留下了不少经典案例, 笔者也实践了大量案例, 占卦的预测功能是显而易见的, 具有积极意义。当然要特别注意, 千万不能僵化, 不可迷信, 同时谨防上当, 打着《易经》旗号骗人钱财者的确不乏其人。

【卦名含义】

坤, 是个形声加会意的词。先说形声词, 坤的左边是土, 它的意思与土有关; 右边是申, 它的发音与申有关, 坤、申的韵母尾部相同。同时, 坤又是个会意词, 左边是土, 右的申可理解为在"田"字基础上向上下延伸、延长, 因而具有广大之意。因此, 坤的第一个意思代表大地, 与乾代表天的意思相对应; 坤代表母亲、女性、阴性，与乾代表父亲、男性、阳性相对应；坤代表西南方位，在后天八卦图中坤卦位于西南，如苏轼诗句："我本放浪人，家寄西南坤。"表明苏轼流放地为西南地区。坤代表坤道、坤德和妇女之德，引申为大地属性、为母之道、大地品德、慈母之德，包括柔顺、配合、承载、包容、忍耐等品格。

《系辞上传》说："天尊地卑，乾坤定矣。卑高以陈，贵贱位矣。"意思是天居尊贵之位，引领着大地，天是主动力、创造力，地是受动力、配合力，一主一辅，这是乾坤的定位。地位的高低清楚明白地陈列在我们面前，高贵和卑贱各自找到自己的位置。这便是天地的秩序。"乾道成男，坤道成女。"意思是男人要学习刚健有力、积极进取、勇于创造的天体运行精神，女人要学习大地柔顺包容、配合承受、乐于奉献的大地承载精神。这是《易经》根据男女生理特性所作的通常分工指南，与性别岐视无关。《易经》是讲求变化转化的，如果有的女性更有利于发挥乾道、有的男性更有利于发挥坤道，能够结合自身特点，扬长避短，实现自我发展自我完善的理想，也是件好事。

《说卦传》说："坤也者，地也，万物皆致养也，故曰：'致役乎坤'。"意思是说，坤就是大地，万物皆由大地提供滋养，所以说人们在大地上开展劳动生产获得食物。同时，"致役乎坤"还有另一层意思，在后天八卦图的十二时辰排列中，坤为未时，属午时后的一个时辰，午时太阳毒辣不适合劳动，过了午时太阳偏西，适合生产劳动。《说卦传》还说，"坤，顺也。""坤为牛。""坤为腹。""坤，地也，故称乎母。""坤为地，为母，为布，为釜，为吝啬，为均，为子母牛，为大舆，为文，为众，为柄，其于地也为黑。"可见，《说卦传》相当于《易经》的解卦词典，以上都是坤卦所象征的事物或表示的意思，其适用范围是相当广泛的。具体在哪个卦是哪个意思，考验的是解卦者的道行和功力。《杂卦传》说："乾刚坤柔。"只是描述了坤的柔顺之意，当然也是坤的要义所在。坤卦卦德为柔，所谓卦德就是这个卦的主要属性或最显著特征。

【卦象寓义】

一、大地广厚之象。别卦（重卦）的坤卦，由两个经卦（单卦）坤卦组成，上卦为坤卦，下卦为坤卦，看起来是六个阴爻，实际上是由两大部分叠加而成。所以坤卦所呈现出来的景象就是大地与大地的叠加。大地本身已经很广阔了，把两大片广阔的大地连在一起，从横向上看表达了大地的广阔无边，从纵向上看表达了大地的深厚。总之，坤卦象征的是整个地球上的大地，包括土地中的水域。坤卦每个爻中间是断开的，表明大地被江河湖泊隔断，而非一马平川、千里坦途。

二、广阔田野之象。 民以食为天，而农田是百姓的命根子，古代百姓的生活来源大部分来自农田，因此田野成为了大地的重要组成部分。从卦画上看，坤卦酷似经农夫耕耘而排列整齐的一大片农田。坤卦上卦下卦均为坤卦，相当于两大片农田组合在一起，呈现出一望无垠的大幅田野的景象。粮食及其他财富大多与田地有关，比如田猎，是在田野上狩猎获取猎物；铜钿（dian4）之钿是金与田的组合，表明田野粮食作物、经济作物或养殖牲畜等很值钱或可以用来换钱。

坤卦有牛、腹、布、文、众多等意思都与田地有关。牛是人们蓄养的牲畜，也是耕田的畜力；人身体的上腹的肋骨形状和下腹的柔软特征与田地相似；布是田里种植的棉花纺织的；文是花样、文采、纹路等，含有经过人工加工修饰和改造创造的音韵，比如文字、文化、文明、文饰等都离不开人的创造和参与，农田也是百姓对大自然的改造产物，形象地表达了文的意境；众多之意与田地所产的粮食财富众多不无关系。

三、纯阴纯柔之象。 坤卦由六个阴爻组成，没有一个阳爻。这种纯阴纯柔的事物在客观世界和现实生活中是不存在的，它只存在于人的主观世界和理想状态之中。主要是通过这种概念和意境来表现阴柔的极致状态。比如，事实上大地也不是至柔的，地壳中有坚硬的岩石，地面上有群山峻岭。

四、农历十月之象。 在十二消息卦中，坤卦用来表示农历十月。农历十月是阴气最盛的月份，但只是相对而言的，并不意味着农历十月没有一丝阳气。坤卦全为阴爻，是全部六十四卦中阴爻最多的卦，用它来表示一年中阴气最盛的月份是最合适不过的了。这样，阴爻阳爻的增减变化就能生动形象地反映出季节气象的变幻，对于指导农业生产意义非常重大。

五、夏至黑夜之象。 或者称其为夜间黑暗之象。古人将夏至这天的白天与黑夜时间之比视为比例适当的样板。如果对地球自转360度进行划分的话，夏至这天白天自转了216度，夜间自转了144度。于是，分别用乾卦和坤卦来表示夏至的白天和黑夜，而且这样做是有依据的。因为白天216度与黑夜144度的比例，同阳爻九与阴爻六的比例均为三比二。再在夏至这天基础上，进一步拓展乾卦和坤卦的应用范围,于是白天用乾卦来表示,黑夜则用坤卦来表示。白天有阳光属阳爻范畴,夜晚天色黑暗属阴爻范畴,卦画与天色竟然达到了高度契合。

六、北方西南之象。在先天八卦中,坤卦位于北方的位置。在后天八卦中坤卦位于西南的位置。因此坤卦在这两个不同体系中都用来表示方位,但是所代表的方位是有区别的。在分析卦象时,究竟表示北方,还是西南,要根据具体情境和其他综合要素来确定。

七、内柔外柔之象。如果将坤卦视作一个单位,无论是有法人资格,还是没有法人资格,这个单位作为现实生活中的民事主体总会与周围其他民事主体发生交往或产生利益关系。这时就有内部关系与外部关系之分了。下卦为内卦,代表内部关系状态;上卦为外卦,代表外部关系状态。坤卦的上卦下卦均为坤卦,坤卦卦德为柔,这表明这个单位的内部关系是柔顺包容配合的,外部关系也是柔顺包容配合的。这对单位的发展是非常有利的。

八、土土比和之象。在八卦与五行的关系中,坤卦、艮卦对应五行的土。坤卦为阴卦,为阴土;艮卦为阳卦,为阳土。这与人们的感觉是一致的。坤为地,土地是柔软的,阴性特征更加明显;艮为山,山上有岩石,相对于土地有硬度,阳性特征显而易见。下卦为主卦,上卦为客卦。坤卦的主卦客卦均为阴土。按照五行关系,属性相同的物质呈现联合强化的比和关系。也就是说,在坤卦情境中,主客双方形成了合力,它对于双方都是有利因素。

【关联卦画】

坤卦与乾卦是对错卦。坤卦的错卦为乾卦,或者说乾卦和坤卦是一对错卦。错卦之间对立统一,相互依存,相互转化,相辅相成,与辩证唯物主义原理是一致的。乾坤配合演绎出其他六十二卦,天地配合繁衍万物,父母配合孕育子女。乾坤对应天地、父母,乾坤之策总数11520对应万事万物、亿万子孙后代。这些都是阴阳配合交流的产物。

坤卦的综卦、交互卦均为坤卦。与乾卦情形相类似,坤卦也是个特殊的卦,其综卦、交互卦还是坤卦,或者说坤卦没有综卦和交互卦。由于坤卦六爻皆为阴爻,因此无论怎么颠倒卦画,或者去掉初爻上爻重新组成新卦,其结果仍为坤卦。它表明孤阴不生,独阳不长,纯阴纯阳的事物没有阴阳交流,不可能孕育繁衍出其他事物,事物性状形态非常稳定。

坤卦演化三子。在八个经卦（单卦）中，乾卦是父亲，演化出三个女儿，分别是长女巽卦、中女离卦、少女兑卦。坤卦为母亲，演化出三个儿子，分别是长男震卦、中男坎卦、少男艮卦。从中可以看出，父亲与女儿的关联更多一些，母亲与儿子的关联更多一些，这与现实生活中的情形也是吻合的。这是《易经》具有科学性和实践性的具体体现。

【卦辞象辞】

〖卦辞〗

"坤，元，亨，利，牝马之贞。君子有攸往，先迷后得主，利西南得朋，东北丧朋。安贞，吉。"

【译文】"坤卦，开始，通达，适宜，保持母马般正固。有所行动，领先会迷失方向，跟随能找到主人。适宜西南可找到同类，往东北会失去同类。安于正固，吉祥。"

"元，亨，利，贞"是乾卦的卦辞，经常用作古代祭祀时的祝词。"元"表示创始、开始，"亨"表示通达、亨通，"利"表示适宜、利益，"贞"表示正固、守正。坤卦与乾卦相比，卦辞略有区别，一是体现在"元"上，虽然字都一样，但只有乾卦有创造、创始之意，而在坤卦没有创始之意，只有配合创始之意，可称之开始。二是在"贞"前多了个限定语"牝马"。这个贞是有附加条件的，即坤道所倡导的原则是坚守牝马之贞。牝马即母马，母马最鲜明的品质是唯公马马首是瞻，忠诚而紧密地追随公马，竭力辅佐和顺从公马，决不会在关键时候背叛或扯后腿。

"利牝马之贞"旨在告诫人们，在人文政治和社会生活中扮演臣子、仆从、妻子等角色的人们要像母马追随公马一样，心悦诚服，心甘情愿地顺从并配合好君王、主子、丈夫等主体，这与男尊女卑无关，只是社会角色和分工的不同，如果女性颇具乾卦的特质，由男性来配合女性也是符合易理的。此处之所以适宜牝马之贞，而非牝牛之贞？这是因为牛有些盲从，原则性不够强，另外牛有时比较倔强，不够驯顺。而母马是有原则性的，当公马误入歧途时，母马能积极帮助其纠正错误，并一如既往地坚定相随。

"有攸往"，即有所往。表示甘当配角的君子要有所行动，但不是走到主人的前面,而是紧随主人的后面,要等主人有动作后再行动。"先迷后得主"之"先"有两层意思,一是时间之先,二是位置之先。从时间上看,主人没动你先动了,就容易迷失方向,迷惘不知所措;从位置上看,一群人在集体行动,如果随从走到主人前面去了,容易把队伍带上歧途。倘若能忠实地跟在主人后面行动,则如同迷途的羔羊找到了主人。

"利西南得朋,东北失朋。"意即适宜往西南方向,在那里能找到志同道合之人,往东北则会失去同道之人,为什么? 其一,这与周文王写《易经》时所处的方位有关。当时周文王为西伯侯,被商纣王囚禁在河南羑里,而周朝的发祥地在镐京(今西安),西安相对于商朝京都朝歌来说,正好处于西南方位,因此周文王号召仁人志士到西南去,志同道合,联合起来,共商推翻商朝残暴统治大计,与当年进步知识分子到延安投身革命同出一理。其二,从后天八卦图上看,西南为坤卦,后天八卦图的上半部分均为女性,东南为长女巽卦,正南为中女离卦,正西为少女兑卦,坤卦位于西南,正好与女性群体在一起。同时,坤卦代表柔顺,表明在西南方向做事会比较顺利。如果到东北方向,因为后天八卦的东北位是艮卦少男,正东是震卦长男,正北是坎卦中男,西北是乾卦父亲。坤卦母亲如果从西南到东北去,将会失去女性同类,并且艮卦卦德为止,代表静止、停止、阻止、制止等意,预示着行路艰难。"安贞,吉。"即安下心来,坚守正道,其前途是吉祥的。

〖**象传**〗

《象》曰:"至哉,坤元。万物资生,乃顺承天。坤厚载物,德合无疆。含弘光大,品物咸亨。牝马地类,行地无疆,柔顺利贞。君子攸行,先迷失道,后顺得常。西南得朋,乃与类行;东北丧朋,乃终有庆。安贞之吉,应地无疆。"

【译文】象传说,至广至厚呀,坤卦的初始。她为万物提供生命滋养,并顺从承接上天。大地敦厚承载万物,将德泽覆盖于无边无际的大地上。包容博大,光明正大,将事物分门别类都让其通达发展。母马在大地上同类聚集,骋驰在辽阔大地之上,温柔驯顺,适宜正固。君子朝着一定方向有所行动,领先于群体将迷失道路,顺从跟随其后可保常态。向西南行可得到同道之人,这是与同类偕行;向东北行将失去同道之人,但最终将有值得庆祝之事。安泰正固带来吉祥,顺应大地广阔无边。

《象传》是用来说明卦辞的，体现了典型的儒家思想。

【大象之辞】

《象》曰："地势，坤；君子以厚德载物。"

【译文】大象说："大地叠加形成态势，是坤卦所反映的自然景象；君子受此启示应当修养厚重品德，用以承载万物。"

大象的前一句是描绘坤卦所反映的自然景象，第二句将其引用至人文政治和社会生活领域，倡导君子学习大地柔顺、包容、配合、忍耐的敦厚品德和心甘情愿地承载万物的奉献精神，从而承担起自己应有的历史使命和社会责任。

【爻辞小象】

"初六，履霜，坚冰至。"

【译文】"初六，踩着霜，预示坚冰将至。"

按照气候变化的自然规律，当你踩到霜的时候，意味着天寒地冻的季节已经来临，并且要想到离冰冻的日子已经不远，为此要提前做好防御严寒的准备工作。这当然是种比喻的说法，如果将其引用到社会生活中，就是要求配角人物具备见微知著的预见能力，并及时做好有关预备工作。主角往往都是从配角做起的，比如，刚大学毕业的初入职者大多是从事辅助性工作的配角，要善于从爻辞中得到启示，增强工作的预见性和前瞻性，把眼光放长远些，考虑问题要想得更深更细更周全些，领导想到的他要提前想到，领导没想到的他也要想到。

具体来说，坤道要求配角具备三种能力：一是要有识别月晕而风、础润而雨的预见力。凡事预则立，不预则废。针对可能出现的问题，要提前做好预案，制订应对措施，做到有备无患，防患未然。二是要有见微知著、一叶知秋的洞察力。事物之间都是有因果联系的，有其因必有其果，有其果必有其因，重大事件发生之前都是有征兆的，初期的变化极其细微，一般人意识不到，一位出色的助手应当注意仔细观察，及时捕捉蛛丝马迹，并善于在事物初露端倪之时就能把握其发展趋势。三是要具备有的放矢、随机应变的应对力。当出现重大问题或矛盾激化时，应当沉着冷静，审时度势，及时应对，妥善处置。

"履霜"取象于坤卦、震卦和初六爻位。一是在十二消息卦中，坤卦代表农历十月，阴气最盛，天气寒冷，因此才会出现"霜"的表述，可见爻辞是观象所得。二是若初六发生爻变，则下卦变为震卦，震为动、为足，足动即为行走，故称"履"。三是从卦画与身体部位的对应来看，初爻代表人足。

《象》曰："履霜坚冰，阴始凝也。驯致其道，至坚冰也。"

【译文】小象说，踩到霜的时候，坚冰即将来临，因为此时阴气开始凝结了。顺着有霜冻的道路慢慢行进，就可以到达有坚冰的地方。

驯（xun4），渐进的意思。

"六二，直、方、大，不习无不利。"

【译文】"六二，秉持正直、方正、广大，即使不练习也无不适宜。"

"直"是正直向上，主持正义；"方"是方正、方向正确，引申为做事的原则，没有规矩不成方圆，要求人们坚定立场，坚持原则；"大"是广大、大气、有容量，听得见不同意见，善于学习他人的长处。大地与天不同之处在于土地厚实而有体积，直、方、大本来是用来描述大地形状的。自古以来有天圆地方之说，把大地看成一个很大的正方体，其显著特征便是直、方、大。

"习"的原意是鸟儿练习飞行，后延伸为学习复习，实践练习，习惯养成、培养技能等。六二是下卦中爻，居中有德，一是强调居此位的人必须品德良好，二是说明居此位的人品德良好。品德不是技术活，不是靠反复练习得来的；品德是自修课，是靠自觉涵养心灵获得的。对于配角来说，最重要的是做人要正直、方正和大气，把这些品德时刻装在心里，这样才不会发生诸如吃里扒外、反客为主、卖主求荣的事。一方面直、方、大不用练习便能做到，另一方面只要能做到直、方、大，即使不去学习其他技能，也没有不适宜的。也就是说，对于一个辅助配合的角色而言，品德比学识更重要，态度比能力更重要，并不是在否定学习的必要性，而是旨在突出品德的重要性。有学者将"不习"解释为不去养成不良嗜好和陋习，也讲得通。六二是基层干部的爻位，对于一个基层干部来说品德是至关重要的。

"直、方、大"取象于坤卦和六二爻位。自古有天圆地方、天高地厚之说。受科技水平所限，古人认为大地是个巨大立方体，直、方、大是其外形特征。引用到人文社会领域，是指人们应当具有的良好品德，包括正直、方正、广大、深厚、包容等。《易经》倡导人们学习大地品德，而这种品德的培养主要通过思考、自省和参悟方式，从而达到内化于心外见于行，就像王阳明龙场悟道一样，它不是通过简单模仿别人行为动作来获得，而是长期学思践悟的结果。六二为下卦中爻，阴爻居阴爻，当位，六二居于中正之位，表明道德品质过硬，能够主持公平正义，坚守中正之道，符合"直、方、大"的品德要求。

《象》曰："六二之动，直以方也。不习无不利，地道光也。"

【译文】小象说，六二的行为举止重在保持正直并坚持原则。即使不去练习也没有不适宜，因为大地品德得到了发扬光大。

"六三，含章可贞，或从王事，无成有终。"

【译文】"六三，含蓄文采并保持正固，带着疑惑跟从他人从事公务，不自我标榜有成就，有正常结局。"

"含"是把东西含在嘴里，不吐出，不嚼碎，不咽下，而是慢慢品味，细细体悟，引申为含蓄、内敛。"章"是文采，文章。"或"通"惑"，疑惑。"从"，跟从，不是从事。"从王事"是跟从君王处理公务。六三处于下卦上层，公卿之位，小有成就，容易恃才傲物，自以为是，因而此爻提出"含章可贞"是有针对性的。意思是要保持正固、坚守正道，有德行不要急于自我表白，有才华不要急于自我表现。要带着疑惑谨慎小心地跟从君王处理公务，并且还要谦虚低调不要自以为很有成就，要将成绩归功于领导，这样才能得到善终结果，而且能够享受人生无功之成的快乐。

当然含而不露，首先是要有东西可含，人有内涵才谈得上深藏不露；其次是含而不露不是一直不露，而是指要把握露的时机，须在适当时机，适当场合，以适当方式显露出来；最后是人生的成功标志并不取决于官位、地位、学位、金钱、财富等身外之物，更重要的是品德修养。前者的获得，是天时、地利、人和综合要素配合作用的结果，不全是靠自身努力奋斗就能实现的；只有品德修养不论贫富贵贱，都可以通过自身精进修为而获得，而且品德修养永无止境。

"含章"取象于坤卦和艮卦。下卦为坤卦，据《说卦传》，坤为文，即文采、文章、花纹等意思。若六三发生爻变，则下卦变为艮卦，卦德为止，有静止、停止、阻止、制止等意。阻止文采的外露，即为含章；含在嘴里不嚼不吐不咽，即为止。

"或"取象于坎卦和爻位。若六三发生爻变，则下交互卦变成坎卦。据《说卦传》，坎为加忧，为心病。与疑惑意境一致。按爻位特征，"三多凶"，充满风险，必须谨慎行事，只有带着疑惑做事，才能化解风险。

"从王事"取象于震卦、乾卦和坤卦。若六三发生爻变，则上交互卦变成震卦。据《说卦传》，震为足，为动，足动即为行走，引申为跟从、随从、跟随、追随等。乾卦第一，坤卦第二，乾坤是对错卦，两者关联密切。乾为主动方，坤为配合方；乾为君，坤为臣。臣属的职责是配合君王从事辅助性事务。

"终"取象于艮卦。若六三发生爻变，则下卦变为艮卦，卦德为止，有静止、停止、制止、阻止等意，引申为终止、终点之意。

《象》曰："含章可贞，以时发也。或从王事，知光大也。"
【译文】小象说，把华丽文采放在心中并保持正固，等待时机成熟时才展现出来。带着疑惑跟从君王处理公务，才能使智慧发扬光大。

"六四，括囊，无咎无誉。"
【译文】"六四，扎紧口袋，无灾祸无荣誉。"

"括"是结扎、捆束的意思。"囊"是口袋。六四是上卦的第一爻，其位置紧挨着六五。在坤卦组织序列中，六五是老大，居于上卦及全卦的核心位置，是主持全局的最高长官。六五的许多事情都是由六四经办的，六四对六五的情况了如指掌，这既是六四的优势所在，又是六四的风险所在。因为他是老大身边的人，许多人会向他打探消息，说了会得罪老大，不说会得罪他人。老大的性情像龙，变化多端，乖戾无常，说翻脸就翻脸，如果不了解这一点，六四的结局就不会太好。

六四的口风一定要紧，要像扎紧口袋一样把住自己的嘴，决不能随意泄露老大的底数。当然，括囊不是滴水不漏，有时需要过滤后主动适当地向外界传递些信息。既不能不说，又不能全说；既不能说谗（chan2）言，又不能说谄（chan3）言；既不能实话实说，又不能信口胡说。说什么，说到哪，怎么说，何时说，在哪说，向谁说，这是大有讲究的。只有这样，才能做到没有荣誉，也没有灾祸。根据爻位特征"四多惧"，此爻伴君王左右，伴君如伴虎，必须战战兢兢，如履薄冰，必须将口袋收紧。

"括"取象于艮卦。若六四发生爻变，则下交互卦为艮卦，艮为手，为止，有静止、停止、阻止、制止等意。因此，理解为用手将口袋扎紧，不使袋囊敞口。

"囊"取象于坤卦和震卦。上卦为坤卦，据《说卦传》，坤为布。布可以用来做袋囊。如果六四发生爻变，则上卦变成震卦，震为仰盂，容器，引申为布口袋。八卦口诀：乾三横，坤六段；离中虚，坎中满；兑上缺，巽下断；震仰盂，艮覆碗。震卦卦形像一个仰着的盆盂，如果它是用布制作的，当然就是袋囊了。

《象》曰："括囊无咎，慎不害也。"
【译文】小象说，收紧口袋没有灾祸，因为谨慎可以不受侵害。

"六五，黄裳，元吉。"
【译文】"六五，甘当黄色下衣，最为吉祥。"

"黄"是黄色，既是土地的颜色，又是国人的肤色。我国崇尚黄色，氏族社会的首领叫黄帝，用黄色代表皇权，宫廷御用服饰和日常用品以黄色为主色调。黄色在五色中最容易与其他颜色搭配，因此黄色又有协调和谐的意思。黄色在五色中，相当于土在五行中的地位，土在五行图中居中，起着重要的基础性作用。古代对衣着十分讲究，上下装的名称各不相同，衣为上装，裳为下装，有些类似裙裤的服饰。

六五是上卦的中爻、也是全卦的核心。居中有德，意味着六五是位道德良好的君王，阴爻居阳位，不当位，说明力量偏向柔弱。由于整个坤卦都是在讲配合之道、为臣之道、为母之道的，虽然六五处于君王之位，也要体现全卦的主旨。

实质上六五是代表坤卦，履行着对乾卦的配合之道。这层意思集中反映在"黄裳"上。黄色象征皇权，是坤卦作为配角所要维护的主体。裳为下衣，意味着不是主角上衣，而是为配合上衣服务的，发挥着绿叶配红花的衬托功效。这从裳字的结构上看得出来，衣字在下半部分，它明确告诉人们这是下身服饰。

此爻旨在提示六五，虽然是坤卦老大，但不是天下老大，前面还有个乾卦，为此要摆正位置，学习黄裳精神，善做黄裳，甘当绿叶，善处下位，心甘情愿并积极主动地做好辅助配合工作，这样做最为吉祥。元吉，是《易经》中最吉祥的等级。

"黄裳"取象于坤卦和爻位。据《说卦传》，坤为地，坤为布。坤卦对应五行之土，土的颜色是黄色的；布可以用来做衣裳。坤卦的职责是配合乾卦，如果乾卦是上衣，那么坤卦就是下裳。对于坤卦来说，最重要的品德是配合，因此履行好"下衣"角色是其职责要求。同时，六五为上卦中爻，土在五行图中居中央位置，与此相应，黄色在五色图中也居中央位置，三者意境吻合。

《象》曰："黄裳元吉，文在中也。"
【译文】小象说，甘当黄色下衣最为吉祥，因为漂亮的色彩就在其中。

"文"取象于坤卦和六五爻位。上卦为坤卦，据《说卦传》，坤为文。此"文"可理解为有花纹的布料或衣装中的色彩。六五为上卦中爻，能坚守中道，因此说"文在中也"，既指地理位置居中，又指思想品德居中。

"上六，龙战于野，其血玄黄。"
【译文】"上六，天龙地龙交战于原野，其血又赤又黄。"

"玄"是赤黑色，是天龙的血色；"黄"是地龙的血色。上六是本卦的最高位。全篇都在讲"马"，唯独此爻出现"龙"。原因在于物极必反，阴极变阳。此时的"马"积聚了足够能量，已具备向"龙"华丽转身的能力。乾卦的龙属天龙，坤卦的龙属地龙，两龙发展到最后势均力敌，旗鼓相当，相遇在荒郊野外，展开了一场你死我活的较量，直至昏天黑地，凄风惨雨，血流成河，两败俱伤。

此爻爻辞与乾卦上九爻辞"亢龙有悔"相对应。贪婪是人性的弱点，不少人最终被疯狂的欲望所吞噬。坏人各有各的坏法，但总根源在于欲壑难填的无限贪婪。坤卦一路走来顺风顺水，最终回头四顾，发现并无阳爻出现，于是内心萌生出做龙的念头，就像历史上位高权重的太监或重臣企图篡位一样。过犹不及，物极必反。坤道发挥到极致的时候，往往也是极其危险的时候，此时一场腥风血雨的阴谋正在酝酿着，野蛮地生长着，利令智昏，失去控制。比如，秦朝的赵高、明朝的魏忠贤、刘瑾等。

"龙战"取象于反震卦。若上六发生爻变，则为艮卦，艮为反震，据《说卦传》，震为龙，反震即反龙，意味着这不是一条规规矩矩的龙，而是一条反常之龙。阳极变阴，阴极变阳，坤卦走到尽头，由量变到质变，演变为一条向乾卦天龙发起挑战的地龙，因而天龙地龙战于野也是势所必然。

"野"取象于坤卦和上六爻位。全卦为坤卦，坤为地，引申为天下版图、国家领土、城邑等。按照古代区域划分，分别是都、城、郊、野。内圈是首都，次为城区，再次为郊区，最外圈为野。上六位于坤卦外卦的最边缘，与野的意境吻合。

《象》曰："龙战于野，其道穷也。"

【译文】小象说，天龙地龙交战于野，是因为坤道走到了尽头。

"用六，利永贞。"

【译文】"用六，适宜始终保持正固。"

"用六"就是用阴，用柔，用弱，适用坤卦情境，可理解为人们处于坤卦情境中的行为规范，也可视为阴爻或配角的行为规范。永，始终、总是。坤卦特性涵盖了阴爻所有特性，用六是对坤卦所作的结论性高度概括。旨在告诫人们，如果处于配合辅助角色，则适宜始终坚守正道，忠心耿耿，鞠躬尽瘁，死而后已，这样才能获得吉祥结局。比如，姜子牙、诸葛亮、张良、范蠡、曾国藩等。如果辅佐人员违反"利永贞"原则，存狼子野心，耍阴谋诡计，企图通过卑鄙手段夺权篡位，其结局往往是死无葬身之地。上六的后果就是最好的警示。

《象》曰："用六永贞，以大终也。"

【译文】小象说，用于阴爻的原则是始终保持正固，以求丰大的结局。

　　需要说明的是，为了把问题表述清楚，《易经》将乾卦、坤卦所代表的两大类事物分开叙述，但并不意味着天下事物只有这两大类型。事实上，有些人乾道特质更加明显，比较适合于走乾道；有些人坤道特质更加明显，比较适合于走坤道；而多数人乾道坤道特质并不明显或介于两者之间，既不能走乾道也不能走坤道，或者既可以走乾道又可以走坤道，最终选择要视客观情况而定。即便是一个人，其角色定位也不是一成不变的，有的人前半段走坤道，后半段走乾道；有的人前半段走乾道，后半段走坤道；有的人乾道坤道同时存在，在这个区域或体系里走乾道，在另外区域或体系里走坤道。所以，孔子讲君子不器，就是不能把自己局限于像某种器具那样的单一功能上，用网络语言来说就是不要"人设"，就是不能自我进行人格设定或角色定位，否则将影响潜能的充分发挥。做人需要有弹性，做到能曲能伸，需要走乾道时要当仁不让勇往直前，需要走坤道时要心甘情愿全力辅佐，这样才能更好地适应社会发展要求，才能更好地承担社会责任，才能更好地实现自身人生价值。

【文言传】

　　《文言》曰：坤至柔而动也刚，至静而德方。后得主而有常，含万物而化光。坤道其顺乎，承天而时行。

　　【译文】文言传说，坤卦最柔但行动起来却很刚强，最静但其品德却传遍四方。跟随他人后面能找到主人从而保持了正常状态，含章可贞可感化万物进而使教化发扬光大。坤道多么驯顺啊，承载上天而做到偕时而行。

　　积善之家必有余庆，积不善之家必有余殃。臣弑其君，子弑其父，非一朝一夕之故，其所由来者渐矣，由辨之不早辨也。《易》曰："履霜，坚冰至。"盖言顺也。

　　【译文】积善之家必然有许多欢庆之事，积不善之家必然有许多灾殃。臣子杀害君主，儿子杀害父亲，不是一朝一夕的缘故，它的由来是一个逐渐演变的过程，原本是有渠道辨别的，但是未能及早辨别。《易经》说："履霜，坚冰至。"大概说的是事物发展是有顺序的。

直其正也，方其义也。君子敬以直内，义以方外，敬义立而德不孤。"直、方、大，不习无不利。"则不疑其所行也。

【译文】直是多么正直，方是多么正义。君子以内心的正直来保持其仪态的庄重，用外在表现合乎规范来彰显其原则性，仪态庄重、原则性都建立起来了，进而便能做到有德者不孤单。"直、方、大，不习无不利。"就是不必怀疑这种良好行为。

阴虽有美，含之，以从王事，弗敢成也。地道也，妻道也，臣道也。地道无成，而代有终也。

【译文】阴性虽然柔美，并且含蓄收敛，用来跟从君王做事，不敢自认为有成就。这就是大地之道、为妻之道、为臣之道。地道的精髓在于不标榜自己有成就，只是代天做事，因此有正常结局。

天地变化，草木蕃；天地闭，贤人隐。《易》曰"括囊，无咎无誉"，盖言谨也。

【译文】天地有交流变化，草木就茂盛；天地如闭塞不通，贤人就隐居起来。《易经》说"括囊，无咎无誉。"大概说要谨慎吧。

君子黄中通理，正位居体，美在其中，而畅于四支，发于事业，美之至也。

【译文】君子要从黄色中通达事理，正确定位，置身其间，将美好放在心中，让它畅通到四肢，并在事业上表现出来，这实在是美极了。

阴凝于阳必战。为其嫌于无阳也，故称龙焉。犹未离其类也，故称血焉。夫玄黄者，天地之杂也。天玄而地黄。

【译文】阴气过分凝聚则阴极变阳，必有一战。因为上六嫌全卦没有阳爻，所以在爻辞里称其为龙。其实上六并未脱离阴性群类，因而在爻辞里写到了血。赤黑色与黄色是指天龙地龙的血混杂一起了。天龙的血是赤黑色的，而地龙的血是黄色的。

第三卦 屯卦的始生之道

【屯卦】

【白话经文】

屯卦,开始、通达、适宜、正固。不要有所前往,适宜建立诸侯基业。

初九,徘徊难进,适宜静处并保持正固,适宜建立诸侯基业。

六二,颠沛难行、徘徊不进,乘着马团团转,不是贼寇,是求婚队伍;女子正固不嫁人,十年后才许嫁。

六三,狩猎没有向导,直入丛林深处。君子见微知著,不如放弃,继续往前有小灾。

六四,骑着马团团转,是求婚队伍,往前走结果吉祥,没有不适宜之处。

九五,积聚财富,小规模正固吉祥,大规模固陋凶险。

上六,乘着马团团转,洒泪如雨哭红了眼睛。

【经文原文】

屯,元,亨,利,贞。勿用有攸往,利建侯。

初九,磐桓,利居贞,利建侯。

六二,屯如邅如,乘马班如,匪寇,婚媾;女子贞不字,十年乃字。

六三,即鹿无虞,惟入于林中;君子几,不如舍,往吝。

六四,乘马班如,求婚媾,往吉,无不利。

九五,屯其膏,小贞吉,大贞凶。

上六,乘马班如,泣血涟如。

【解读序言】

屯(zhun1)卦,上卦为水,下卦为雷,称其为水雷屯。《序卦传》说:"有天地,然后万物生焉,盈天地之间者唯万物,故受之以屯。屯者,盈也;屯者,物之始生也。"意思是说,有了天地,然后万物生育生长在那里,满盈于天地之间的只有万物,所以周易在乾坤之后安排了屯卦。屯就是满盈的意思,屯就是事物的始生状态。《系辞下传》子曰:"乾坤,其易之大门耶。"《系辞传》是孔子带领众弟子所作,并非孔子亲自执笔,但反映了孔子的思想,其中"子曰"部分为弟子引用孔子的原话,孔子认为乾坤就是《易经》的大门。入了乾坤大门,其余六十二卦才能按照自然发展规律得以陆续呈现出来。从大自然发展情况来看,天地形成以后,各种事物纷纷始生出现。

《中庸》说:"天地位焉,万物育焉。"即先有天地形成,然后万物生养其间,类似的表述方式在古书中时有出现,可见《易经》对于中华传统文化的影响是极其广泛极其深远的。《杂卦传》说:"屯见而不失其居。"意思是说,屯卦所象征的新生事物纷纷出现,应当具有各自生长发展的场所。因此,屯卦的功能是培元固本,为各种新生事物的发展成长打下坚实的基础。从人类社会领域来看,创建诸侯基业可视为国家形态的始生状态,这与周文王时任西伯侯的身份地位比较相符,屯卦隐含着周文王创建侯业的政治理想和创业艰难的深刻感悟。

【卦名含义】

《说文》:屯,难也;象草木之初生,屯然而难;一,地也;尾曲;《易》曰:"屯,刚柔始交而难生。"清段玉裁注,贯一者,木克土也;屈曲之者,未能申也。乙部曰,春草木冤屈而出;阴气尚强,其出乙乙;序卦传曰,屯者,盈也;不坚固,不满盈,则不能出。

《古代汉语词典》解释:屯,六十四卦之一;卦形为震上坎下;《周易·屯》:"~,刚柔始交而难生。"艰难。屯为开始、始生、艰难之意。

屯是个象形字,一横代表土地,向上小框表示培育种子的土壤空间,竖弯钩是一根稚嫩的小苗,根须单一,根基浅,露出小芽,非常稚嫩。新生事物既强大又脆弱,强大是因为它代表事物发展的方向,脆弱是因为事物始生之时很稚嫩。新生命的诞生,给人们带来了生机和希望,但同时初始生命生长艰难,极易受伤甚至夭折,需要格外小心、倍加呵护。

【卦象寓义】

一、黑云响雷之象。卦象是一个卦所代表或象征的自然景象。从卦象看,屯卦为风云雷电之象,上卦是水,水在天上为云,说明这是雷雨前的天象,此时雨并没有落下。下卦是雷,反映了打雷时震天动地的景象。属二十四节气中的惊蛰时节,春雷滚滚,大地复苏,种子破壳,草木发芽,呈现出万物始生、充满活力的自然景象。

二、禾苗初生之象。从卦画的形象上看,初九、九五两个阳爻组成一个容器,其余四个阴爻相当于小苗种植其间,六二、六三、六四是其根须,上六是刚刚出土的两瓣嫩牙。小苗非常纤细稚嫩,非常脆弱,所以用阴爻表示。禾苗初生之象与屯字字形结构非常吻合,换句话说,屯字极有可能是根据屯卦的卦符造出来的。

三、山石压树之象。初九爻辞有"磐桓"的表述。屯卦下卦为震,震为木,桓属树木的一种。屯卦的上交互卦为艮卦,艮为山,为小石,有山就有石头,磐即巨石。因此,屯卦反映了山上巨石压住桓树幼苗的自然景象。"磐桓"的表述来源此象,桓树苗遇到磐石压顶,只能迂回寻找生长空间,表明其成长不可能一帆风顺,在徘徊中行进。

四、马队行进之象。屯卦中二、四、六等三个阴爻中,均出现"乘马班如"的表述,意即乘着马团团打转,难以前行。屯卦下卦为震卦。震为马,根据《说卦传》,其于马也,为善鸣,为馵足,为作足,为的颡。意即震在《易经》中代表善于嘶鸣的马、左后足白色的马、马足在不停动作的马、额上有白毛的马。馵(zhu4),后左足白色的马。颡(sang3),"额;的(di4)颡,额上有白毛的马。屯卦上卦为坎卦。坎为马,根据《说卦传》,其于马也,为美脊,为亟心,为下首,为薄蹄,为曳,其于舆也,为多眚。"

五、长男遇险之象。屯卦下卦为震,震为长男;上卦为坎,坎为险。由此呈现出长男身陷险境景象。这正是当时周文王预料到并最为担心的事。周文王被拘时,再三告诫长子伯邑考不要来朝歌营救自己,否则性命堪忧。但是,伯邑考认为父有危难不救有违孝道, 仍坚持采取营救活动, 结果被商纣王所害。屯卦反映了当时周文王集团面临的危险处境。

六、中男为君之象。屯卦上卦为坎, 坎为中男。坎卦的中爻位于九五, 九五为君王之位。这个卦象与周武王的背景情况非常符合。周武王姬发为周文王的第二个儿子, 与坎卦中男角色相吻合; 周武王继承了周文王的爵位, 后来成为周王朝的君王, 这与九五之尊的爻位非常吻合。

七、骑马狩猎之象。屯卦六三有 "即鹿无虞" 的表述, 这是采用类比手法, 借用狩猎活动来阐述易理。前面已经说过, 屯卦的上下卦坎、震都指马或马车, 这是狩猎的交通工具。狩猎需要场所, 屯卦的下交互卦为坤, 坤为田野, 是田猎的场所; 上交互卦是艮, 艮为山, 山林也是一片狩猎场所。上卦为坎, 坎为弓轮; 一至五爻为大离卦, 离为戈兵、甲胄, 这些都是狩猎的工具。坎为猪, 离为雉鸡, 这些是猎物。

八、既济烹饪之象。屯卦的上卦为坎, 坎为水; 一至五爻组成大离卦, 离为火。水火相叠构成了既济卦。用火烧水煮汤构成了烹饪之象。并且离为雉鸡, 是烹饪的好食材。此象与九五 "屯其膏" 的表述十分契合。

九、诸侯征战之象。屯卦下卦为震, 震为长男, 古典书籍中常用震卦代表诸侯。上卦为坎, 坎为车。因此屯卦又呈现出诸侯驾车之象。诸侯国之间矛盾激化时, 往往通过战争手段解决问题, 在春秋战国时期达到了高峰。周文王作易时, 周武王正处在战争准备的情境中。诸侯征战与骑马狩猎活动要素相似, 有马车(震、坎), 有战场(坤、艮), 有弓轮(坎)、有兵器(离), 有铠甲(离), 有进攻(震), 有反击(艮), 有鼓声(震), 有火血(离、坎)等等, 构成一幅血雨腥风生动形象的战争场面。

十、内动外险之象。屯卦的下卦为震卦, 震卦的特征是动, 下卦又叫主卦和内卦, 表明主体内部有强烈的行动意识。上卦为坎, 坎卦的特征为险, 上卦又叫客卦和外卦, 表明主体所处的客观环境和行动对象具有危险性。此象表明万事万物始生的艰难, 也预示着创建事业的艰难。

十一、长男中男之象。在《易经》大家庭中, 震代表大男, 坎代表中男。从卦象上看, 大男居下, 主内, 居于下交互卦坤卦之下, 坤为众人, 泛指百姓, 说明大男甘居下位并且表现得非常逊顺; 中男居上, 主外, 而且阳爻居于上卦中爻之位和全卦的核心之爻, 说明中男是有道德有能力能够坚守中正之道的君子。这种人事结构是比较有利于创办基业的。

十二、坎水生木之象。屯卦上卦为坎，坎为水，在五行中也是水；下卦为震，震在五行中代表木。震为主卦、内卦，坎为客卦、外卦。按照五行规律，水生木。因此，这是一个客卦生扶主卦、外卦生扶内卦的卦象，对震卦非常有利。这在占卦预测、分析情势时非常有用。

【关联卦画】

屯卦的综卦是蒙卦。综卦也叫覆卦、镜卦，将屯卦卦画颠倒180度后得到的卦画，蒙卦排在周易的第四卦，紧接在屯卦之后。一般情况下两个综卦在周易中都是相邻排列的。综卦关系相当于事物的一体两面，同一个事物，从不同角度看问题，得到的结果既有联系又有区别。例如，屯卦可以代表婴儿出生状态，过一段时间进入儿童期，就要开始启蒙教育，开发智力，摆脱蒙昧状态。所以在屯卦之后安排蒙卦。反映了事物发展成长的逻辑关系。

屯卦的错卦是鼎卦。错卦就是一对卦所对应的爻阴阳性质完全相反。鼎卦上卦为火，下卦为风，称其为火风鼎。构成错卦的两个卦之间仍然是有区别有联系的。比如，从五行关系看，屯卦是水生木，上卦生扶下卦，上卦坎为水，下卦震为木；而在鼎卦是木生火，下卦生扶上卦，下卦巽为木，上卦离为火。两者呈现出相似或相反的规律性，分析错卦之间的关系也是考察事物的一种方法。

屯卦的交互卦是剥卦。其交互卦就是去掉屯卦的初九爻和上六爻，用剩下的中间四个爻重新组成一个新卦，用四个爻中的上三个爻作为上卦，用四个爻中的下三个爻作为下卦，其中中间的两个爻为上、下卦所共有。交互卦的意义在于观察分析事物时，去掉其极端情况，用多数中间段作为考察对象，深入事物内部进行探究，更加接近事物的本质。就像评委评分一样，去掉一个最高分，去掉一个最低分，用中间数的总分或平均分作为成绩，结果更加公平合理。剥卦只有上九一个阳爻，下面有五个阴爻，处于小人剥蚀君子的不利状态，表明阳爻的处境比较危险，说明屯卦内部蕴含着这种风险，这从另一个角度表达了屯卦的艰难性。

【卦辞象辞】

〖卦辞〗

"屯,元、亨、利、贞。勿用有攸往,利建侯。"

【译文】"屯卦,开始、通达、适宜、正固。不要有所前往,适宜建立诸侯基业。"

　　"元、亨、利、贞"的卦辞与乾卦、坤卦卦辞相似,但有所区别。乾卦的元除了有开始、初始、起始、开头的意思外,还有创始、创造、创新之意;坤卦的元除了开始、初始等之外,有成就创始之意,而其他卦的元只是开始、初始、起始、开头的意思,屯卦的元也如此。卦辞是对整个屯卦情境的总体判断,也常用作祭祀典礼场合的祝福赞美用辞。

　　"有攸往",有所往、有所行动。"勿用有攸往",与"潜龙勿用"意境相近,事物始生稚嫩弱小,注意能力能量的积累和培养,暂时不要有所往,不要有所行动。表明一个人、一个事物在初始阶段,不要急功近利、急于求成,而是要潜心学习,积累知识,掌握技能,储备能量。当然也不是完全不行动,不是毫无作为,如果新生事物初始阶段不作任何行动,就不可能发展壮大,更谈不上建立基业,只是需要结合自身的实际状况审时度势,量力而行,不宜动作过大,切忌盲目冒进。

　　"利建侯"是指适宜于建立一方诸侯基业。一张白纸可以画出美丽的图画,侯业是项伟大的事业,如果想建立基业,那么就需要在人生、事业的初始阶段就确立目标,规划蓝图,付诸行动,打好坚实的基础。

　　本人认为,周文王推演六十四卦、作卦辞时被商纣王囚禁在河南羑里,有些话不便明说,便用模棱两可的话来暗示,这是卦爻辞之所以生涩难懂的原因之一。卦辞在于提示长子(震卦)伯邑考不要轻举妄动,不要试图对我采取营救行动,只要把西岐侯业建设好,我便安全了。

〖彖传〗

《彖》曰:"屯,刚柔始交而难生,动乎险中,大亨贞。雷雨之动满盈,天造草昧,宜建侯而不宁。"

【译文】"屯卦,阳刚与阴柔开始交流互动从而产生险难,在充满风险的环境中实施行动,其结果大为通达正固。雷雨之时震动充盈弥漫在天地之间,自然造化正处于草创蒙昧时期,此时适宜创建诸侯基业,而不能贪图安逸康宁。"

象传主要是用来解释卦辞的。"刚柔始交",刚柔既指阳爻和阴爻,也指乾卦和坤卦,也指屯卦的下卦雷震为刚、上卦水的形态为柔,在乾坤两个卦里阳爻是阳爻,阴爻是阴爻,阴爻阳爻之间没有交流,而从屯卦起,阴爻阳爻开始交流了。在《易经》大家庭里,乾卦代表父亲、坤卦代表母亲,生下长男震卦、中男坎卦、少男艮卦;长女巽卦、中女离卦、少女兑卦。屯卦正好由下震上坎组成,是乾坤的老大、老二两个儿子,同时震代表行动、响动,坎代表风险、坎坷。"动乎险中",随着两个儿子的出世,引起全家震动的同时,困难和风险也随之而来,其行为动作处于风险环境之中。"大亨贞",是说最终结果是大为通达,"贞"是要坚守正道、出于正当动机。"雷雨之动满盈",是指下雷雨前天空乌云密布,弥满整个天空的充盈状态,动能充斥天地之间。屯卦的坎卦在上卦,代表天的位置,所以雨水没有落下,仍处于乌云聚集的水气形态。"天造草昧",天体造化处在初始草创和蒙昧不明的阶段。"宜建侯而不宁",适宜创建诸侯事业,但奋斗过程必定是艰难困苦的,不要贪图安逸,需要付出百倍的艰辛和努力。宁,安定、平息之意,引申为安逸、享乐。不宁,即不要追求安逸享乐。

【大象之辞】

象曰:"云雷屯,君子以经纶。"

【译文】"屯卦所反映的是打雷时乌云密布的天象,君子观此卦应当筹谋国家大事、经济苍生。"

《现代汉语词典》解释:经,纺织物上的纵线;纶,整理丝线。经纶,理出丝绪为经,编丝成绳为纶。比喻筹划国家大事。

【爻辞小象】

"初九,磐桓,利居贞,利建侯。"

【译文】"初九,如礐石压树彷徨难进,适宜居心正固,适宜建立诸侯基业。"

初九阳爻居阳位，虽是当位，但居于三个阴爻之下，孤立无助，进退维谷，颇受压抑。磐是磐石，扁厚的大石。桓是一种树，叶似柳叶，皮黄白色。"磐桓"原指扁厚的大石压着地下即将破土生长的桓树芽，表明始生事物在初期是相当艰难的。同时，树芽又是非常坚强的，有着顽强的生命力，它将绕开磐石迂回生长，从石头边缘破土而出。磐桓也叫盘桓，由上述意思引申出滞留不进、徘徊不前、艰难受阻的样子。"利居贞"，是指行为动作要出于正当动机，把心放置于公平正义之中。初九爻与六四有正应，说明他的行为得到上层的支持，这是创立基业的有利因素。

"磐桓"取象于震卦、艮卦及其爻位。首先，下卦震为木，这是桓树的来历；其次，上爻互卦为山，有山必有石，这是磐石的来历。同时，艮为止，静止、停止、阻止、制止之意，因此欲动想进而前有阻挡；上卦为坎，坎为水，表明创业艰难，过程坎坷，充斥风险，因而由盘桓引申出徘徊不前。所以爻辞为观象所得，它不是拍脑袋想出来的，源于对事物的观察、体验、提炼和升华，并将其与卦画、卦象有机结合起来。

"利建侯"取象于初九与九五的爻象。九五为君王之爻，居上卦中间，又是全卦的核心之爻，表明这是一个有道德、有能力、有魄力、有气度、有雅量的君王；其余五爻只有初九是阳爻，素质好、有能力，可以成为君王的重要辅佐力量。在这种情境中，初九是非常适合建立诸侯基业的，可谓天时、地理、人和三者占全了。

周武王继位几年后，曾经开展了灭商前的一次大规模军事演习，八百诸侯会聚孟津，史称"孟津观兵"。当时没有直接实施军事进攻，是因为战争条件尚不成熟，商纣王势力很大，军事实力很强，周文王去世没几年，周武王还年轻，其影响力和号召力如何不得而知，联盟军队的规模、战力如何不得而知，据说有些大诸侯国没有参加会盟行动。这次行动可理解为，周武王对初九"利居贞"、"利建侯"理念的遵循与实践。

据《左传》记载，战国时期，有个叫毕万的人，其先祖毕公高是周文王的庶子，受封毕国（今咸阳或西安），毕国被灭后其族人沦为平民，毕万流落到晋国。当时，他请大师占了一卦为屯卦，变爻为初九爻，变卦（也叫之卦）为比卦。初九爻辞"磐桓，利居贞，利建侯"即是对其命运的预测之言，数十年后果然应验。占卜后毕万在魏地任职，侍奉晋献公，公元前661年随晋献公灭耿、霍、魏三国，毕万因战功卓著被封魏国大夫,后来韩、赵、魏三家分晋,魏国成为战国七雄之一,晋身诸侯强国之列。

《象》曰:"虽盘桓,志行正也。以贵下贱,大得民也。"

【译文】小象说,"虽然徘徊不前,但是思想行为上坚守正道。以尊贵的身份甘居低下的位置,大得民心。"

《易经》中以阳为贵,阴为贱,因此初九阳爻身份尊贵。屯卦的下交互卦为坤,坤代表百姓、民众,初九君子处在百姓之下,这种低调谦虚的表现为民众欢迎,受百姓拥戴。

"六二,屯如邅如,乘马班如,匪寇,婚媾;女子贞不字,十年乃字。"

【译文】"六二,颠沛难行、徘徊不进,乘着马团团转,不是贼寇,是求婚队伍;女子坚守正道不嫁人,十年后才许嫁。"

屯是艰难,屯如是艰难的样子。《古代汉语词典》:邅(zhan1),徘徊不进。《周易·屯》:"屯如~如,乘马班如。"《说文》:邅,艰难,困顿;语出《周易·屯》:"屯如邅如"。《后汉书荀或传论》:"方时运之屯邅,非雄才无以济其溺。"邅如,徘徊不进的样子。《说文》:玭,分瑞玉,从珏从刀,尧典曰,班瑞于群后。清段玉裁注,会意;周礼以颁为班,古颁班同部。《古代汉语词典》:班,通"般",盘旋,徘徊不进,引申为返回、调回,如班师还营,调回出征的军队或出征的军队归来。匪,通"非"。《古代汉语词典》:字,生育、生子;女子许嫁,《周易·屯》:"十年乃字。"

"不字"是指小伙子底子薄,没有资本,女子不肯嫁给他。本爻的意思是,看似乘马前行,却又原地打转,如此徘徊不前、步伐凌乱的队伍看起来很像贼寇,其实不是,他们是来求婚的。由于初九小伙子初出茅庐,没有阅历,没有根基,没有功名,无法打动六二芳心。似乎可以听见六二对初九说,你现在还太嫩,什么也没有,能给我带来什么幸福?我现在不想嫁人,要嫁也许在十年以后吧。此爻说明婚姻不可急功近利,是需要一定经济条件和物质基础的,需要脚踏实地,发奋努力,攻坚克难,坚持不懈,只有这样才可能获得幸福的婚姻。

　　六二阴爻居阴位，说明行为举止得当。居下卦中爻，说明能坚守中道，道德品质良好。与九五有正应，说明她的行为能得到老大的支持和帮助，只是目前仍存在客观方面的困难。

　　"屯如邅如"取象震卦、坎卦和艮卦。屯卦下卦为震，震为马。上卦为坎，其于马也，为美脊，为亟心，为下首，为薄蹄，为曳，其于舆也，为多眚。坎为险，山路崎岖，骑行艰难。上交互卦为艮，艮为阻止，有高山阻挡。于是马欲快进而不能，只得原地转圈，表现出急切烦躁的心态。

　　"乘马"取象于震卦。因为震代表动，天上打雷，地动山摇。马处于动的状态，象征人在马上骑行。屯卦有三处"乘马班如"的表述，原因都是相似的，上下卦的马均处于震卦的动荡之中。

　　"女子贞"取象于六二爻位。六二是下卦震卦的中爻，表明其能够坚守中正之道。

　　"寇"取象于坎卦。上卦为坎，根据《说卦传》："坎为盗。"盗与寇意思相近。

　　"婚媾"取象于六二与九五有正应。六二本打算嫁给九五，但有上交互卦艮卦阻挡而未成。现在来求婚的却是初九小伙子，因此六二推脱说自己十年内不会嫁人，就跟现代的女孩子一样，如果相不中男方，那么她会委婉地说，我在家里还没呆够，还想跟妈妈再亲热几年。

　　"十年"取象于坤卦。下交互卦为坤卦，坤代表数量众多。十是基本常用数字一至十中的最大数，十年是泛指而非实指，表示一个漫长阶段。六二阴爻居阴位，说明行为举止得当。居下卦中爻，说明能坚守中道，道德品质良好。与九五有正应，说明她的行为能得到老大的支持和帮助，只是目前仍存在客观方面的困难。

《象》曰："六二之难，乘刚也。十年乃字，反常也。"
【译文】小象说，六二的困难障碍在于阴乘刚。十年后才嫁人，是因为这样才能返回到正常状态。

　　阴乘刚在《易经》中是一种不正常状态，正常情况应当是阳乘阴。
　　六二如果嫁给九五，那么就是阳在上、阴在下的正常状态了。这里的反常是返回到常态，而非现代意义的反常之意。

"六三，即鹿无虞，惟入于林中；君子几，不如舍，往吝。"

【译文】"六三，狩猎没有向导，直入丛林深处。君子见微知著，不如放弃，继续往前有小灾。"

即，靠近。即鹿，就是逐鹿，泛指打猎、围猎、捕猎、狩猎。虞，古时掌管山泽禽兽之官，狩猎时常作向导。几，隐微、机密。吝，悔恨、耻辱，在《易经》"吉、利、亨、悔、吝、厉、咎、凶"九个吉凶等级中属于小灾祸级别。

阴爻居阳位，与此爻位的阳刚要求相比，显得力量偏弱。在此，六三可视为力量弱小的小伙子。求婚遭拒后，小伙子急于想通过逐鹿来证明自己的实力，以获取姑娘的芳心，所以在没有向导的情况下，凭着一腔热血和匹夫之勇，冒冒失失地进入丛林深处，以致迷失方向，置自身于困境。

这时，小伙子必须坐下来冷静思考，观察一下天色，分析一下环境，辨别一下方向，与其急于求成，倒不如放弃这次逐鹿行动，以求尽快摆脱困境。如果执迷不悟继续前行，必定自掘泥坑，自食其果。此爻告诫人们，当身处不利境地时，要知难而退，切勿盲目自信，鲁莽冒进，从而避免情势恶化。

六三阴爻居阳位，不当位，力量偏弱。六三与上六没有正应，表明上层无人关照，所以打猎时没有向导，单枪匹马，势单力薄。从卦画上看，有能力担任虞官的只有阳爻九五，但九五与六三既无对应关系，又无相邻关系，中间隔着六四，所以与虞官无缘。

"即鹿"取象震卦、艮卦和离卦。通常打猎在山地丛林中进行，六三是下卦震的末爻，根据《说卦传》，"震，为敷竹，为萑苇。"敷（fu1），遍布、分布的意思，敷竹是指竹林、竹丛。萑（huan2），芦苇的一种。因此，震代表竹林、芦苇荡，这些地方都是禽兽出没的地方，根据八卦与五行关系，震为木，代表森林。同时，六三又是上爻互卦艮卦的初爻，艮卦就是山，有山有林、有竹有草，当然就是天然的打猎场所了。在古代打猎也叫逐鹿。"鹿"从何来？也是观卦所得，从初爻至五爻来看，如果将六二、六三、六四看成一个整体，即一个阴爻，那么它就变成一个大离卦，根据《说卦传》，"离，丽也；离为雉。"也就是说，离代表美丽，也代表美丽的雉鸡，一种羽毛艳丽的山鸡。古时丽的繁体字是"麗"，内藏一头鹿，这就是鹿的来历。古代以逐鹿这一具体打猎行为泛指狩猎活动。

《象》曰："即鹿无虞,以从禽也。君子舍之,往吝,穷也。"
【译文】小象说,狩猎没有向导,只能跟着禽兽追击。君子舍弃追赶,再往前将有小灾祸,因为即将进入穷途末路的境地。

从屯卦的交互卦情况看,上交互卦为艮卦,有阻止、停止之意,所以让六三不要追赶了,否则到了坎卦就有风险了。下交互卦是坤卦,坤代表柔顺,所以告诫小伙子停止追赶,往回返才是顺利的。

"六四,乘马班如,求婚媾,往吉,无不利。"
【译文】"六四,骑着马团团转,是求婚队伍,往前走结果吉祥,没有不适宜之处。"

爻辞"乘马班如"、"婚媾"与六二相同,所不同的是徘徊不进的状态有所缓解,"屯如邅如"已经不见,只留下"乘马班如",而往前走可以有吉祥结果。这是由六四所处的位置所决定的。六四阴爻居阴位,当位,说明其行为举止是适当的。六四许嫁的对象有两个,一个是初九,一个是九五。虽然六四与初九有正应,但是六四本身处于上交互卦艮卦之中,艮有停止、阻止的意思,因此六四与初九的婚姻被阻止了。虽然九五也在上交互卦艮卦中,但与六四在同一座山上,是相邻关系,近水楼台先得月,这桩婚姻容易成功,所以"往吉",意即往上走、往前进是吉祥的。也许有人会问,六四与九五结婚,那么九五与六二怎么办,他们不是有正应吗,当时六二不是因为九五才拒绝初九的吗? 没错,但那是六二的一厢情愿,事实上六二的上面就是交互卦艮卦,六二想嫁给九五的愿望,如同中间隔了座山,被生生地阻断了。

"马"取象于坎卦。上卦坎卦,根据《说卦传》,"其于马也,为美脊,为亟心,为下首,为薄蹄,为曳。"亟(ji2),急速、赶快。亟心,即心急、性急之意。坎对于马来说,分别代表脊背漂亮的马、性子急切的马、俯下脑袋的马、蹄掌较薄的马、拽拉着货物的马。这些马的形状都与坎卦"阴—阳—阴"的结构相似,如美脊马,脊背漂亮,表明此类马位于马背中间部位的脊背比两边漂亮;亟心马,心位于马腹中央,中央急切,相对于其他脏器,心是阳爻,其他是阴爻;下首马,与昂首的马不同，昂首马表明马头很有力量，但低头的马，头部显得力量不足，与尾巴一起组成两个阴爻，中间的马身就是阳爻。因此，六四的"乘马班如"也是有来历的。

《象》曰："求而往，明也。"
【译文】小象说，"求婚队伍往上走、往前进发，是明智的选择，前景光明。"

因为六四仍处于大离卦的中间部位，离卦象征着光明和希望。

"九五，屯其膏，小贞吉，大贞凶。"
【译文】"九五，积聚财富，小规模正固吉祥，大规模固陋凶险。"

屯（tun2），聚集，积聚。膏，脂肪，油脂，引伸为恩泽、财富，此处的读音和意思与卦名不同。首先，从创建基业的规模上看，控制在一定规模内是吉祥的，规模过大可能带来凶险。自初九开始，到现在九五，创建基业已初具规模。这时要保持足够清醒，不要被成绩冲昏头脑。特别注意适可而止，切忌一味贪大求全。此时需要理性地评估一下自己的客观条件和掌控能力，坚持走审慎稳健的发展之路，如果脱离实际好高骛远、盲目扩张是非常危险的，许多大企业的倒闭问题大多出在这里。此处的九五与乾卦的九五有所不同，虽然两者都是君王之位，乾卦的臣下皆为阳爻，能得到有力的辅助配合，而屯卦的臣下多为阴爻，骨干力量偏弱，实力不够强大，羽翼不够丰满，情势不够稳定，因此必须保持适度规模才是稳妥的。

其次，财富的积累在一定规模内是吉祥的，超出一定规模可能带来风险，《易经》提示积累财富要适可而止。九五为上卦中爻，说明积累财富必须坚守正道，积聚财富后要懂得与人分享，让周边众人随着你的事业发展而获益，这样你的事业将会得到大家的支持。上卦为坎，坎为水，天空中的水为云气状态，以云团的集聚象征财富的积聚，如果云气过于密集，达到黑云压城城欲摧的地步，那么很可能变成雨而落下，也就失去云团集聚的态势，象征着财富的消失。

第三，从施行恩泽的程度上讲，是小施则吉，大施则凶。屯卦的景象是电闪雷鸣，紧接着就是行云施雨，云气积累到一定时候就变成雨水普降大地。小雨可以缓解旱情，滋润禾苗，是吉祥有益的；但雨势过猛过多就可能洪灾泛滥，毁坏庄稼。以此表明施惠他人也要掌握一个度，既不能一毛不拔，又需要量力而行，小则有益，大则有害。俗话说：救急不救穷；授人以鱼，不如授人以渔。施援是辅助性的，不能替代受援者的自身努力，否则效果将适得其反。如果不顾自身实力，或为了面子，盲目慷慨，勉为其难，把家底都送人了，自身也就无法生存和发展了。

第四，从施惠的对象上看，九五对六二情有独钟，未能做到阳光普照、一碗水端平，未能完全坚守公平正义。在这样的心态下，办些小事是吉祥的，但要办大事就可能存在风险；对于少数人是吉祥的，对于多数人是凶险的。它表明施人恩惠也不能离开中正之道。九五从创业规模、积聚财富、施行恩泽、施惠对象等方面提示人们做事要把握好度，凡事适可而止，不要贪心。

"屯其膏"取象于卦形、坎卦、离卦。屯的意思来自于九五爻位，初九至九五相当于一个容器，初九是底部，九五就是容器的盖，把容器装满就是屯积之意。膏，脂肪，油脂，此处指鸡汤。前面已经讲到，初九至九五组成一个大离卦，离为雉，这是鸡汤的来历。如前所述屯卦内含水火既济烹饪之象，并且屯卦的错卦为火风鼎卦，鼎就是大锅，所以膏就是大火烧炖出来的山鸡汤。

《象》曰："屯其膏，施未光也。"
【译文】小象说，积聚财富，恩泽普施尚未发扬光大。

此处是指小伙子已积聚一定财富，但还不懂得行善施泽并发扬光大，表现出一种自私狭隘的小家子气。以这种心态去走江湖、闯天下、创基业、办事业，小打小闹是吉祥的，但要干大事却是行不通的。

人的格局决定着结局，格局有多大，成就就有多大。做大事必须进德修业，广施德泽，多结善缘。《大学》说："德者本也，财者末也。外本内末，争民施夺。是故财聚则民散，财散则民聚。"所以做大事者必须明白德与财的关系，事业只有得到众人的响应、参与和支持，才能众志成城，形成强大的凝聚力和向心力，才能逐步把它做成做大做强。

"上六，乘马班如，泣血涟如。"

【译文】"上六,乘着马团团转,洒泪如雨哭红了眼睛。"

上六已到屯卦的最高位,物极必反,有可能产生亢龙有悔、龙战于野的不利后果。在人生发展或事业创建过程中,如果能长时间停留在九五状态,结局将会良好。倘若不顾自身实力,疏于风险评估,急速扩张,就可能蹈入事与愿违的凄惨境地。上六阴爻居阴位,当位,虽然本身的行为举止没有太大问题,但位置过高,存在弊端。况且上六与六四没有正应,得不到来自下面的支持。在这种情况下,本应低调行事,以静制动,但上六仍然"乘马班如",行为张扬,这样出现"泣血涟如"结果就不奇怪了。

"乘马班如"取象于坎卦。一是坎为马,上六仍处于坎卦上;二是坎为坎坷,道路不平,行走艰难,以此表达创业、守业之艰难。

"泣血涟如"取象于离卦和坎卦。一至五爻组成大离卦,离为目。上卦为坎,坎为水,为血卦,为赤。不能理解为哭出了血,这不符合事实,但哭得眼睑红肿、眼球布满血丝是可能的。意即眼泪汪汪,悔不当初,把眼睛都哭红了。涟如,眼泪接连不断洒落的样子。在人生道路和创业过程中遇到些挫折是正常的,困顿的时间不会太长,这时要紧的是擦干眼泪,舐血抚伤,忍一忍,熬一熬,挺一挺,很快就能跨过这道坎。风雨过后见彩虹,是自然规律,也是人生规律。

《象》曰:"泣血涟如,何可长也?"
【译文】小象说,洒泪如雨哭红了眼睛,这种状况怎么会长久持续下去呢?

意即困难是暂时的,希望总在坚持中。

第四卦 蒙卦的启蒙之道

【蒙卦】

【白话经文】

蒙卦，通达。不是我求童蒙，而是童蒙求我。如同卜筮首次告知，反复占就不严肃，不严肃就不告知。适宜，正固。

初六，启发蒙昧，适宜运用法治手段，目的在于使其脱离枷锁。长此以往，有困难。

九二，包容启蒙，吉祥。迎娶媳妇，吉祥。儿子能够治家。

六三，不要娶这种女人，遇到大款，便失身。无所适宜。

六四，受困于蒙昧，有小灾。

六五，儿童蒙昧，吉祥。

上九，击走蒙昧，不使学生做盗贼，防御学生做盗贼。

【经文原文】

蒙，亨。匪我求童蒙，童蒙求我。初筮告，再三渎，渎则不告。利、贞。

初六，发蒙，利用刑人，用说桎梏。以往，吝。

九二，包蒙，吉。纳妇，吉。子克家。

六三，勿用取女，见金夫，不有躬，无攸利。

六四，困蒙，吝。

六五，童蒙，吉。

上九，击蒙，不利为寇，利御寇。

【解读序言】

蒙卦位列周易第四卦，上卦为山，下卦为水，称其为山水蒙。《序卦传》说："屯者，物之始生也。物生必蒙，故受之以蒙。蒙者蒙也，物之稚也。"《序卦传》说，屯卦是万物的始生状态。始生之物必定是蒙昧的，因而周易在屯卦之后安排了蒙卦。蒙就是指事物的蒙昧状态，是事物的稚嫩时期。《杂卦传》说："蒙杂而着。"着（zhuo2），本作"著"，附着、附上；穿着、穿戴；放置、安置。着（zhao1），下棋落子，引申为有着落。"蒙杂而着"是指，事物处于蒙昧阶段表现形式纷杂多样，应当各有归属和去处，让它们都有着落，各得其所。

蒙卦讲的是儿童启蒙教育问题，属于社会治理和社会教化范围。周公提出"明德慎罚"，明德是主要手段，慎罚是辅助手段。慎罚不是不罚，而是要罚，但是要慎重行使，不得滥用。"明德慎罚"可理解为德治为主，法治为辅。这一思想也体现在蒙卦之中。

孔子说："道之以政，齐之以刑，民免而无耻；道之以德，齐之以礼，有耻且格。"孔子说，以行政手段为先导，再用法治手段相配套，百姓虽然不去犯法，但对违法行为没有羞耻感；以德治为先导，再以礼仪规范相配合，百姓就有违法的羞耻感并且能够使民心归服。这是法治与德治相结合，一手硬，一手软，正所谓"一阴一阳之谓道"，体现了《易经》的思想。蒙卦就体现了这种思想。"包蒙"是齐之以礼，"击蒙"是齐之以刑，启发蒙昧必须刚柔相济、双管齐下，这样才能取到良好效果。

【卦名含义】

蒙，蒙的古体字为"冡"，是个象形加会意的字，下面是一头猪，上面盖着一条大布单。因此蒙的原意是遮盖、掩盖、覆盖、包裹、蒙蔽等意思，以此引申出不明、蒙昧、幼稚、愚昧、萌等义。

蒙卦所指的状态，对于动、植物来说，是刚过新生初始阶段，正在迈入前期快速生长时期，对未来生长趋势是良是莠不甚清楚，存在不确定性；对于人来说，是童蒙的幼稚时期，正是启蒙教育阶段；对于社会来说，是刚刚进入某种社会形态的初始阶段, 百姓的思想文化尚处于蒙昧待开发、待教化状态; 对于某项新生事物来说, 是刚刚筹建不长、开张不久, 基础较为薄弱, 发展前景尚不明朗, 犹如蒙着一层帷幔, 需要经过梳理启蒙, 找到推进发展之路。

【卦象寓义】

一、山下出泉之象。 蒙卦上卦是艮卦, 艮为山; 下卦是坎卦, 坎为水。蒙卦所描绘的自然景象便是崇山峻岭之间的涧水, 源源不断地流出山泉之水, 表明非常纯净自然, 清冽甘甜。泉水源头被山体遮挡而无法看见, 人们却能看见水流奔涌, 川流不息, 诸多细流汇集成河, 甚至形成百丈瀑布, 似琼花碎玉倾盆而下。如果用这一自然景象作比喻来说明儿童启蒙教育的话, 它旨在告诉人们, 人类本身是有智慧的, 只是儿童时期这些智慧被遮盖蒙蔽着, 需通过启蒙教育, 来发掘智慧之源。

二、蒙字所生之象。 "蒙" 字的产生应当与蒙卦的卦画有关联。蒙卦上卦为艮, 下卦为坎。古体字 "冡" 的上半部分, 与艮卦卦画相似, 即使演化为 "蒙" 后, 草字头与艮卦为山、山上有草木的意思相符; 下半部分为 "豖", 坎为豕, 字形与卦意完全吻合。因此, 笔者判断 "蒙" 字最早很可能由蒙卦卦画演变而来。

三、教室上课之象。 从卦画形状上看, 蒙卦酷似学校课堂上的教学场景。九二、上九两个阳爻好像两道边界线, 构成教室里的学生矩阵; 中间三个阴爻, 即上交互卦为坤卦, 坤为众人, 代表数量众多的学生, 坤卦卦形好像一排排学生整齐地坐在教室里。初六代表讲台和老师站立的位置, 因为是地理空间, 所以用阴爻表示。表明老师置身于学生之外, 以开放的态度广泛吸纳思想理念、文化知识, 向学生传道、授业、解惑, 忠实履行教育责任, 做到有教无类, 因地制宜, 因材施教, 因人化育。

四、中正为师之象。 全卦两个阳爻、四个阴爻, 按照物以稀为贵、扶阳抑阴原则, 卦主 (启蒙老师) 应从两个阳爻中产生。下卦是主卦, 九二居中, 道德品质良好, 刚健有力, 表明知识渊博, 符合老师资质要求, 因此九二应当是卦主, 即主要启蒙老师, "包蒙" 是老师的主要职责。卦主是卦中主角, 主角不一定是老大。上九虽是阳爻, 却未能居中, 说明在某方面素质有欠缺, 因此只能起辅助作用, 是位手持戒尺、站在教室后面的年长督学。

五、少男蒙昧之象。 蒙卦中上卦为艮, 艮为少男, 泛指少年儿童, 是蒙卦启蒙教育的对象。下卦为坎,坎为险,为沟渎,为矫輮,为加忧,为心病。这包含以下几层意思:一是少年儿童蒙昧存在着危险因素,需要大人看护,否则容易惹是生非,甚至导致惨剧发生;二是少年儿童成长道路是艰难曲折的,不可能一帆风顺;三是少年儿童可塑性很强,这为启蒙教育功能发挥提供可能;四是不受启蒙教育的少年儿童是无知蒙昧的,一方面自己困惑迷茫,另一方面也令家长忧心忡忡。因此,启蒙教育势在必行。

六、群童蒙昧之象。蒙卦六个爻只有六四是当位的,其余五爻均不当位,反映了启蒙前的儿童状况,其行为举止大都不恰当,迫切需要对其实施启蒙教育。如果说两个阳爻代表老师,那么四个阴爻就代表受启蒙的学生,初六是顽皮好动、坐不住的学生,需要用强制性手段来管束;六三是自身素质差、价值观不正确、行为有失检点的学生;六四是自身素质好、但地处边远、物质条件差的学生;六五是天时、地利、人和条件优越的学生。虽然学生们情况参差不齐,但都应纳入启蒙教育体系。

七、阻止盗寇之象。根据《说卦传》,坎为盗。盗、贼的意思在历史演变过程中,发生了词义交替互换现象,古时的盗多指小偷、贼多指强盗,而现在贼多指小偷、盗却多指强盗,并且盗贼常连在一起使用,用来表示强盗贼寇。在《易经》中,盗贼往往用"寇"表示,坎为盗的含义与"寇"一致。艮为山,有静止、停止、阻止、制止之意。因此,卦象传达的意境就是,要通过启蒙教育、社会教化,防止人们成为盗贼,这是教育本身的重要内容。因此,上九爻辞有"击蒙,不利为寇,利御寇"的表述。同时,坎为险,彖辞说"险而止",反映了蒙卦还有阻止危险之象,意即通过启蒙教育可以达到消除危险因素的目的。

八、内险外阻之象。下卦也叫主卦、内卦,下卦坎为水,象征坎坷和风险,风险因素来自内部,这是蒙昧主体自身情况所决定的,因此风险防范的重点要放在内部。上卦也叫客卦、外卦,上卦为艮,艮为山,有静止、停止、阻止、制止的意思,表明启蒙发蒙不容易,困难重重,阻碍颇多。也就是说,要想摆脱蒙昧状态,外部环境并不利,对此应有足够心理准备。从儿童来看,启蒙前言行举止失当,礼仪规范尚未建立;从事物、事业来看,蒙卦状态头绪不清,前景不明,找到合适切口相当困难;从社会形态看,蒙昧阶段表明,思想文化多元,行为表现失范,社会秩序杂乱,尚未形成社会主流意识、行为规范和法治体系,面临诸多困难。

　　九、中男少男之象。按照《易经》大家庭的角色分配，蒙卦的下卦坎为中男，居于内部当家作主，坎卦阳爻居中，说明道德品行是合格的，主持工作没有太大问题，但相对于大男，身心不够成熟，经验显得不足；上卦艮为少男，出门在外从事求学、生产、经营等活动，艮卦的阳爻在上爻，未居中位，说明年少气盛，性格特征有些任性，由于中男与少男年龄差距不大，少男不太顺从，常有推三阻四不服管束的现象，所以总体上看人员结构不太协调，反映出启蒙教学任重道远，步履艰难。

　　十、阳土克水之象。在八卦与五行关系中，艮卦和坤卦对应土。艮卦为阳卦，为阳土；坤卦为阴卦，为阴土。而坎卦与水属一一对应，因而水没有阴阳之分。在蒙卦中，上卦为艮卦，属阳土；下卦为坎卦，属水。两者构成阳土克水的五行相克关系。相对于阴土克水的情况而言，阳土克水要容易些。如果将蒙卦看成一个单位与外部的关系，那么情势对单位不利，主动权掌握在对方手里。

【关联卦画】

　　蒙卦与屯卦是对综卦。综卦也叫覆卦、镜卦，屯卦是周易的第三卦，蒙卦是第四卦，两者的卦画呈现相综关系，屯卦翻转180度是蒙卦，蒙卦翻转180度是屯卦。卦画的这种联系，反映了事物之间的联系，这是一个事物的一体两面，事物本身没有变，但观察者角度变了，观察角度不同所得到的结果也不同。从屯卦到蒙卦，从卦画上看是相综关系，从事物发展轨迹上看是前后发展传承关系。这一原理告诉我们，立场不同，对问题的看法也会不同，要求人们学会换位思考，将心比心，兼顾不同群体的利益。以这样的方式去处理矛盾和问题，就容易取得良好效果。

　　蒙卦与革卦是对错卦。错卦不是错误，而是这两个卦每个相应的爻都是相反的。蒙卦阳爻的地方，在革卦是阴爻；蒙卦阴爻的地方，在革卦是阳爻。考察错卦的意义在于从事物的对立面来看问题，正所谓知彼知己、百战不殆。具体来讲，蒙卦是新生事物的启蒙活动，建设性的成分居多；革卦是对阻碍生产力发展的旧事物进行改革创新，"破坏性"的成分居多，摧毁、革除消极落后的机制和因素。因此，两个卦画的六个爻性质相反，两个卦象代表的意境也具有反向属性，这是《易经》的高明之处，达到了形式与内容的高度契合。

　　蒙卦的交互卦是复卦。蒙卦的交互卦就是将蒙卦的初六、上九去掉，将剩下的四个爻重新组合,上面三个爻作为上卦,即坤卦,下面三个爻作下卦,即震卦,其中中间两个爻为上下卦所共有。复卦,称其为地雷复,讲的是事物或社会的复兴,复兴也可视为新的开始,这与蒙卦的启蒙意思关联紧密。可见,蒙卦中蕴含着事物复兴的内涵。交互卦的意义在于考察事物时,去除极端因素,用中间主体部分作为观察对象,相当于评审中去掉最高分和最低分,最后得分是中间段的平均分,这样的结果更加公平合理。

蒙卦由观卦演变而来。观卦为第二十卦,上卦为风,下卦为地,称其为风地观。观卦卦形犹如一扇大门,门楣上有书画、雕刻等供人观看。观卦:"初六,童观,小人无咎,君子吝。"意思是以儿童视角观察事物,对小人没有问题,而君子这样看事物就有问题了。因为小人的社会影响力不大,而君子是要引领社会风尚的。"六二,窥观,利女贞。"六二是从门缝里看人,不能全面正确地反映事物面貌,仅适合女性。因此对初六、六二这类人群必须按照启蒙要求实行社会教化,而君王就具有领导教化百姓的职责。"九五,观我生,君子无咎。"意即君王考察其生民状况,对君子没有灾祸。如果将观卦的九五与六二交换位置,就变成了蒙卦。可理解为君王来到基层,考察民情,实行社会教化。这意境就与蒙卦融汇一体了。此外,从观卦和蒙卦的大象也可以看出两者在社会教化上的联系。观卦大象:"风行地上,观。先王以省方观民设教。"蒙卦大象:"山下出泉,蒙。君子以果行育德。"可谓殊途同归。

【卦辞象辞】

〖卦辞〗

"蒙,亨。匪我求童蒙,童蒙求我。初筮告,再三渎,渎则不告。利、贞。"

【译文】"蒙卦,通达。不是我求童蒙,而是童蒙求我。如同卜筮首次告知,反复占就不严肃,不严肃就不告知。适宜,正固。"

亨,通达、顺达、亨通。匪,通"非"。我,指老师,即本卦的九二、上九,主要指九二。童蒙,童原指未成年的奴仆或奴隶,后来也指普通未成年人,即儿童。蒙指蒙昧幼稚,单独用童无法突出蒙昧,单独用蒙容易产生歧义,因此用两个字合成一个词,用来表达蒙昧儿童的意思,卦辞中的童蒙泛指幼稚不懂事的儿童,同时也引申指代不明事理、行为方式如同小孩的成年人。筮,占卜、卜筮。初，第一次。再，第二次。三，第三次。应注意古代的"再三"与现代的"再三"词义有所区别。渎，亵渎，不严肃。利，适宜。贞，正固。卦辞是对本卦主题思想的总体概述。屯卦卦辞有"元、亨、利、贞"四字，而蒙卦卦辞只有"亨、利、贞"三个字。与屯卦比，蒙卦卦辞少了个"元"字。原因在于屯卦描述的是水（云）雷天象，蒙卦描述的是山下之水的地势。天代表开元，地代表配合承接，所以卦辞中无"元"字，这与蒙卦卦象密不可分，水的源头被山体遮挡了，当然也就看不到了。由于屯蒙是对综卦，为前后排列，屯卦反映了事物之"元"的始生状态，而蒙卦反映了屯卦之后事物的接续状态，并且"亨"与"利、贞"没有排列在一起，说明"利、贞"是有前提条件的，只有满足这个条件，"利、贞"才有意义。

尽管儿童蒙昧无知，但其生命力旺盛，所以前景是亨通的。启蒙教育之道不是我求学生，而应该是学生求我。可见，现代填鸭式教学是违反教学规律的。老师的功能不是强行灌输，而应当是因势利导，重在激发学生的学习兴趣和求知欲望，当学生迫切想获得某种道理观念或文化知识而主动提问时，老师再循循善诱，把内容讲透，向学生系统传授，从而实现传道、授业、解惑的目的，这样就能起到事半功倍的效果。

"我"、"童蒙"和"筮"取象于九二、六五爻位和坎卦。蒙卦卦辞中的"我"为九二，"童蒙"指六五，两者有正应，这与爻辞相吻合，应当由童蒙求老师。从卦象上看，下卦坎是主卦，代表老师，据《说卦传》，坎为加忧，有忧虑就有疑惑，有疑惑就需要通过卜筮来帮助解惑，这是卦辞中以卜筮为例的缘由；上卦艮是客卦，艮为少男，代表接受启蒙教育的学生。

卜筮或占卜是古代常见的活动。用龟壳占叫卜，取意于龟壳烧裂时发出"卜、卜"之声；用蓍草占叫筮。"蓍"字结构是，草头，中间是"爻"，下面是"旨"，可理解为由神草做成的签策，按揲蓍成卦法生成爻卦，该卦所指示的卦爻辞，便视为神明的旨意。古人认为蓍草是有灵性的，能通天地之灵，多少被赋予了迷信色彩，其实只不过蓍草的枝杆又多又直特别适宜做占卜用的签策而已。当然，古代科学不发达，有这样的想法并不奇怪，不能用今天的眼光苛求古人。有些人对《易经》不了解，就以为占卜是《易经》的全部，并且认为占卜是迷信，这是对《易经》的重大误解，亟需正本清源。

《易经》有四大功能，分别是象、数、埋、占。象是指易象思维，类似现代的形象思维，许多科学技术发明都与易象思维有关，如特斯拉、达芬奇的诸多科技成果与发明。数是数学功能，古代的数学、天文学相当发达，与《易经》关系密切，现代的二进制产生于十八世纪，而《易经》早在6500年前就已经应用二进制了。阴阳是两种情况，单卦（经卦）为三个爻，2的3次方是8，阴阳八卦就体现了这一数学规律；8的平方是64，八卦到六十四卦的演变规律体现了数学规律；神奇的九宫格，口诀是："戴九履一，左三右七，四二肩比，八六足立，五居中地。"横、竖、斜线之和均为15，与后天八卦图排列完全一致，而且阴为6、阳为9，阴阳数之和为15，与九宫格的数字之和吻合。理就是易理，其实就是《易经》的哲学、文化属性，这是一种世界观方法论，这方面的内容更加博大精深，同时也为占卜奠定了哲理基础，哲理基础的客观性决定了占卜结果的客观性，因此占卜预测准确率高是有基础的。

　　占是占卜、卜筮，只是四大功能之一，占卜不是迷信，它属于预测学研究范畴。当然，有人打着《易经》旗号、用迷信手段骗钱，这是令人深恶痛绝的，它严重损害了《易经》的形象和声誉。荀子说："善易者不卜。"也就是说精通易理的人是不需要占卜的。只有在复杂情况、资讯不足、举棋不定、难以抉择时，才不妨试试。通过占卜活动，帮助人们进行深度思考，启发人的第六感官，从而找到一种妥善解决问题的方法。占卜有三个条件：一是不诚不占，二是不疑不占，三是不义不占。占卜的结果仅供参考，并非一定要照办，最终主意还是自己拿。古代占卜是件严肃的事，只能偶尔为之，态度必须恭敬虔诚，这样才能收到效果。如果占一个不满意，接着再占，再占不满意再接着占，这就把占卜视同儿戏了，是对占卜的一种亵渎。

　　蒙卦卦辞把占卜的态度要求应用到儿童的启蒙教学之中，旨在帮助学生端正学习态度，儿童初次求教问题时要耐心细致地告诉他，但是如果学生第二次、第三次都问同样的问题，就不要教他了，说明他没有用心，教了也白教，要等他端正态度后再教，或者迫使他自己思考回忆学过的知识。这种理念与《论语》的理念如出一辙。《论语》"述而第七"中写道："不愤不启，不悱不发。举一隅不以三隅反，则不复也。"愤，是烦闷，引申为因疑问未解而苦恼和郁闷。悱（fei3），想说但不能恰当地表达出来。反，通"返"。复，是再次、重复之意。这段话的意思是，学生不到因问题未解而郁闷时不要提示他，不到想说而说不出来时不要启发他。如果学生做不到举一反三，那么就不要再教下去了。而蒙卦与《论语》的理念一脉相承，从中可以感受到《论语》与《易经》的内在联系。利、贞，即儿童教育应当适宜、正固，启蒙教育非常适宜且很有必要；贞，通"正"，止于一为正，要教育学生坚守中正之道，将思想行为的落脚点放在正道上，这是教育的目的所在。

〖彖辞〗

《彖》曰："蒙，山下有险，险而止，蒙。蒙亨，以亨行时中也。匪我求童蒙，童蒙求我，志应也。初筮告，以刚中也。再三渎，渎则不告，渎蒙也。蒙以养正，圣功也。"

【译文】"蒙卦的卦象是山下有危险，有危险应当防范阻止，这就是蒙卦的主旨。蒙卦是亨通的，以通达的方式行动，做到及时适当。不是我求童蒙学习，而是童蒙求教于我，达到心灵感应。如同占卜首次告知结果，因为老师为阳刚之爻而且居于中位。接二连三的占就是亵渎，亵渎就不告知了，这是态度不端正的学生。启蒙教育重在培养中正品德，这是圣贤的功用。"

彖辞是对卦辞的进一步解释说明。

【大象之辞】

象曰："山下出泉，蒙。君子以果行育德。"

【译文】"山下流出泉水，是蒙卦的卦象。君子受此启示应当果断行动，注重品德修养。"

大象集中体现了儒家思想。儒家倡导人们向君子看齐，以君子的思想言行作为学习标杆，鼓励人们积极参与社会治理，注重知行合一，勤于社会实践，以良好的品德引领社会风尚。这与启蒙教育方向具有高度一致性。

【爻辞小象】

"初六，发蒙，利用刑人，用说桎梏。以往，吝。"

【译文】"初六，启发蒙昧，适宜运用法治手段，目的在于使其脱离枷锁。长此以往，有困难。"

刑人，用刑罚或体罚方式约束人，具有一定强制性，此处指对学生应加以管束。说，通"脱"。桎，铐在脚上的刑具；梏，铐在手上的刑具。用说桎梏，是说启蒙教育目的是用来解脱儿童的枷锁，一是指蒙昧像枷锁套在儿童身上，二是儿童如不教育将来可能犯罪而戴上枷锁。也就是说，通过启蒙教育，一是消除愚昧无知，二是预防违法犯罪。以往，长此以往，依靠单一的强制手段也是有后遗症的，将会出现小灾小难。吝，是吉凶"吉、亨、利、无咎、悔、吝、厉、咎、凶"九个等级中的第六位，小灾祸。初六阴爻居阳位，虽柔弱，但不乏阳刚之气。启发蒙昧，要用适当的方式管束儿童，使其养成一定的规矩、礼貌、习惯，小孩自制力差，不用一定强制手段，难以取得效果。当然，刑人、桎梏等都是一种比喻，借鉴这种思路来教育学生，并非真的对学生实施体罚，更不是实施类似刑罚的惩戒。适当管束是必要的，但必须注意分寸，过犹不及，过分了就会适得其反。对学生不管不行，但是管多管过了也不行，必须注意限度。初六与六四没有正应，说明初六势单力薄，得不到上层的关照。

因何有"刑人"之说？首先，对学生管束带有一定强制性，与"刑人"的强制性有相似之处。

其次，古人认为，在启蒙教育中适当的管束是必不可少的。这从学、教、觉三个字的繁体字、篆体字中可得到启示。学的繁体字是"學"，上面是老师双手拿着《易经》卦爻图，中间是老师的讲台，下面是学生，这说明在古代小学生就开始学习《易经》了，因此不要把《易经》看得那么高深难懂。教的古体字是"敎"，左上是爻，代表学习的内容是《易经》，这与学繁体字上头中间为爻字意义一致，左下是子，代表学生；教字的右边反文代表手执教鞭，是老师用来维持课堂纪律的。自古以来直至上世纪六七十年代，教室里都配有戒尺、戒策等，老师以打手掌的方式惩戒违纪违规的学生。觉的繁体字是"覺"，意思是经过学习，孩儿有眼看见了，领悟了其中的道理，从而达到了有所觉悟的状态。

第三，从蒙卦卦画的形状看，如同一座教室将学生圈在里面上课，这种情形酷似监狱关着囚犯，因此以"刑人"为例来说明管束学生的道理，是顺理成章的。民间也常把小孩上学戏称为被关起来了、坐牢了。

第四，从蒙卦的卦画卦象上看，下卦为坎，《说卦传》说："坎，陷也"、"为盗"，表明如果教育方式不当，放任放纵儿童的行为，将来可能成为盗寇，从而身陷囹圄，所以要未雨绸缪，用适当的法律手段管教学生，防止人生轨迹偏离正道。

　　"刑人"取象于坎卦。蒙卦下卦为坎。坎,为盗;坎,陷也。为盗就要受到刑法制裁,身陷囹圄即为陷。

　　"说"取象于兑卦。若初六发生爻变,则下卦变为兑卦,兑为说,通"脱";兑为毁折。用脱桎梏,即摧毁手铐脚镣。

　　"桎梏"取象于震卦、巽卦和兑卦。其一,初六是人脚的位置,戴上脚镣时,脚镣应在脚踝的位置,相当于九二位置。九二是下交互卦震卦的初爻,震为木,桎梏是用木材制作的,两者意思关联。其二,若初六发生爻变,下卦变为兑卦,兑为反巽,巽为木,桎梏由木制作。反巽可理解为桎梏消失,这与"用说桎梏"意思吻合。其三,桎梏以木材为基础,但含有部分金属材料。金取象于兑卦,兑为金。

　　《象》曰:"利用刑人,以正法也。"
　　【译文】小象说,"适宜运用法治手段管人,以便建立法律规范。"

　　"九二,包蒙,吉。纳妇,吉。子克家。"
　　【译文】"九二,包容启蒙,吉祥。迎娶媳妇,吉祥。儿子能够治家。"

　　包,包容、涵盖。克,能,治理。九二阳爻居阴位,不当位,说明其行为表现过于刚强;好在居于下卦中爻,能够坚守中正之道,说明道德品质没有问题。同时,九二与六五有正应,说明九二的行为能得到上层老大的支持。这是九二出现两个吉的重要因素。从本文前面"中正为师之象"中已经讲到,九二是启蒙教育的主要老师,肩负着启蒙、教化的重要使命。

　　孔子倡导"有教无类"、"君子不器"原则,一是其教育对象必须是大众主体,而非少数贵族阶层,二是教育的目的是为社会培养政治、伦理、行政方面的通才,而不是专业技术类专才。孔子的教学理念可视为是对"包蒙"所作的权威诠释。老师要对各类启蒙对象持包容、宽容的态度,尽可能将他们拉进课堂,而非拒之门外。

　　按照《易经》"阳包阴"的观点,九二应当包容初六、六三、六四、六五等不同阶层的启蒙群体,而不得实行性别歧视、区别对待的政策,只有以宽容、平和、耐心的态度去包容教育对象,其结果才是吉祥的。

妇,是已嫁女子的通称,也指妻子、儿媳。纳妇可有两种理解:其一,将"纳妇"理解为"娶妻",即长子娶妻,并且学习治家。九二除了代表老师以外,还可延伸代表家长,家长也是孩子的启蒙老师。除了学习,还应包括婆媳、治家。其二,纳妇可理解为把妇女纳入启蒙教学行列,这样的结果是吉祥的,因为母亲是子女的第一启蒙老师,母亲的言传身教对孩子成长至关重要。

"包蒙"取象于坤卦和艮卦。蒙卦的上卦为艮卦,艮代表童蒙;上交互卦是坤卦,坤为布,为众。综合起来就是用布包裹众多少年儿童,形象地反映了"包蒙"的涵义。

"纳妇"取象于震卦、坤卦和六五爻象。蒙卦的下交互卦为震卦,震为长子,代表大小伙子,正是娶媳妇的年龄。纳妇之"纳"也取象于震卦,震为仰盂,可理解为用容器收纳物品,从而引申出纳妇之"纳"。蒙卦的上交互卦为坤卦,坤为阴性,代表妇女、女性。此外,九二与六五有正应,九二纳妇的对象指六五女性。

"子克家"取象于震卦。这里的"家"有两层含义,一是普通的家;二是大夫管理范围的家。蒙卦的下交互卦为震卦,震为长子。九二为大夫之位,大夫管辖的采邑称为"家",相当于现代县级行政区域,比县规模略小,此家与现代家的概念有区别,所以古代齐家、治国、平天下所称的齐家,是指治理大夫的采邑。此处以大夫之"家"来指代普通之家。

《象》曰:"子克家,刚柔接也。"

【译文】小象说,"儿子能够治理家业,是因为阳刚与阴柔得到了有机衔接和配合。"

刚柔指两种情况,一指九二为刚,六五为柔;二是指下交互卦震卦为刚,代表长子;上交互卦坤卦为柔,代表母亲。刚柔接就是母子关系融洽协调,母慈子孝,教子有方。

"六三,勿用取女,见金夫,不有躬,无攸利。"

【译文】"六三,不要娶这种女人,遇到大款,便失身,无所适宜。"

取，通"娶"。见，可作两种理解，一是见（xian4）出现、遇见；二是见（jian4）见到、看到。金夫，美称，指有钱有势的男人。躬，亲身、自身、身体，弯腰。"不有躬"，意即连自己的人格、身体都不顾了，指不顾体统，见钱眼开，投怀送抱，委身于人，是动机不纯，利益观、价值观和爱情观存在问题。"无攸利"，无所利，利为适宜之意。六三阴爻居阳位，不当位，表明行为举止不当，这是缺点之一；位置不中，说明不能坚守中正之道，道德品质存在瑕疵，这是缺点之二；六三本来与上九有正应，正常情况下应嫁给上九，只因上九处在上卦艮卦之顶，艮有静止、停止、阻止、制止之意，六三与上九未能携手，于是六三转而向近邻九二发起进攻，爱情上朝三暮四不专一，这是缺点之三；同时六三在九二之上，这种阴乘阳的结构属于不正常现象，有凌驾于九二之上飞扬跋扈、颐指气使的味道，这是缺点之四。六三处在下卦坎卦的上爻，《说卦传》说，坎为盗，说明人品有问题，这是缺点之五。总之，六三是个没有德行的女人，集诸多缺点于一身，虽然此爻没见蒙字，实际上六三是没有经过启蒙教育的代表，蒙昧特征在六三身上暴露无遗。这从反面强调启蒙教育的重要性。

"勿用取女"取象艮卦。上卦为艮，艮有阻止、制止之意，与"勿用"意思吻合。"女"指六三。

"见金夫"取象于大离卦。九二至上九组成大离卦，六三、六四、六五可视为一个大阴爻，离为火，有光明显见之意。"金"取象于兑卦和巽卦。其一，若六三发生爻变，下爻互卦则变成兑卦，兑为金，金属，含金银，象征财富；其二，若六三发生爻变，下卦变为巽卦，《说卦传》说，巽为近利市三倍，代表获得大量钱财。同时，六三发生爻变后，蒙卦变成了山风蛊，含有六三之女蛊惑九二之男的意思，表明言行举止不正经。"夫"指九二。

"不有躬"取象艮卦和坤卦。上卦为艮，艮有阻止、制止之意，与"不有"意思吻合。上爻互卦为坤卦，《说卦传》说，坤为腹。腹指身体、弯下身体。六三试图嫁给九二，从而离开坤卦妇女群体，含有为了嫁给九二，不要同伴、不顾身体的意思，也就是不顾体统。

《象》曰："勿用取女，行不顺也。"

【译文】小象说，"不要娶这种女人，因为其行为不顺正统妇道。"

"行不顺"取象于坎卦。因为六三仍处于下卦坎卦之中,坎代表坎坷、风险。

"六四,困蒙,吝。"
【译文】"六四,受困于蒙昧,有小灾。"

六四阴爻居阴位,当位,是蒙卦中唯一一个当位的爻,表明其行为举止没有问题。但六四所处的位置不好,上下都是阴爻,同性相斥,孤立无援;六四与初六没有正应,得不到来自基层的支持和配合;而跟九二、上九两个阳爻都没有联系。所以,六四恰似一个困于孤岛中的遇险者。就像我国处于老少边穷地区的孩子,自然条件恶劣,信息闭塞,生活艰苦,学校师资缺乏,学习环境极差。学生处于这种状态,一开始就输在了起跑线上,其结果当然是举步维艰的。

"困"取象于六四爻位。从卦象上看,六四的下面是坎卦,表明下有风险;六四居于上卦艮卦的初爻,表明前有高山阻挡,六四处于前有阻、后有险的困境,要摆脱艰难困苦的境地不是一朝一夕的事,所以要作好吃苦耐劳、经受磨难的心理准备。

《象》曰:"困蒙之吝,独远实也。"
【译文】小象说,"受困于蒙昧的人有小灾祸,是因为孤独远离阳强实体的缘故。"

实,指刚强的阳爻,阳为实,阴为虚。

"六五,童蒙,吉。"
【译文】"六五,儿童蒙昧,吉祥。"

蒙卦的主爻是两个阳爻,分别代表老师。按《易经》一般通行体例,六五是全卦核心之爻,正好处于与九二主要老师相对应的位置,因此六五就是启蒙教育的主要对象,可视为学生群体的主要代表。六五阴爻居阳位,不当位,力量偏弱，这符合童蒙的身份。六五处于上卦正中位置，说明道德品质基础情况良好。六五可得到九二、上九两个老师的关照。六五与九二有正应，可得到九二的大力支持和关照，九二是主要老师，师生间心灵沟通达到了和谐共鸣，这是启蒙教育最为有利的条件。九二自身处于下卦正中位置，是老师群体的典型代表。六五与上九是相邻关系，近水楼台先得月，这也是六五的有利条件之一。六五学生本身所处环境良好，条件优越，又得到良好师资的教育指导，处于接受系统正规教育的学习环境，其前景自然是吉祥顺利的。

从爻位上看，六五是君王之爻，上九是宗庙之爻，也代表圣贤思想，六五对上九的亲比，表现了其尚贤崇教的思想。所以《象传》说："蒙以养正，圣功也。"通过启蒙教育培养学生的中正品德，这是圣贤的功用所在。

"童蒙"取象于艮卦。上卦为艮，艮为少男，代表接受启蒙教育的儿童群体。

《象》曰："童蒙之吉，顺以巽也。"
【译文】小象说，"童蒙之吉，是因为处于巽顺的位置。"

"巽"取象于巽卦。若六五发生爻变，则上卦由艮卦变成巽卦，巽为风，整齐，均匀，无孔不入，风吹草偃，最大特征是顺从、巽顺、逊顺。

"上九，击蒙，不利为寇，利御寇。"
【译文】"上九，击走蒙昧，不使学生做盗贼，防御学生做盗贼。"

击，打击，击打，敲打，击走，打走。击蒙就是动手击打童孩，目的是通过击打除去他的蒙昧，比如老师用戒尺打手掌心教训学生，既不致于打伤学生，又有一定威慑作用，能够起到教育效果。当然要注意分寸，应控制在社会、学生可接受的限度之内。如果升级为暴力行为就过火了，过犹不及，适得其反，尤其现代法律禁止体罚学生。击蒙是启蒙教育中的少数极端行为，不是通行教育方法，只能偶尔用之。这项职能只给位于最上面的上九使用，上九是辅助老师，因此只能作为教育的辅助手段，而非常规方法。对于个别学生保留这种略带强制力的教学方法也许是有效的。

利，适宜；不利，不适宜。"不利为寇，利御寇。"有两层意思：其一，击打学生的用意，在于不使学生将来成为盗贼，而在于通过教育防止学生将来成为盗贼。如果一个学生最终变成盗寇了，当然就是教育的失职和失败，其原因很可能是因为学生刚露苗头时未能得到及时矫正的缘故，错过了时机。教育的目的和方向是培养对国家对社会有用之才，而非危害国家危害社会之寇。启蒙教育重在培养中正品德，这是圣贤教化的功用。

其二，击打学生注意方式方法，不能采用像强盗抢劫、掠夺那样的暴力行径，而是要采用抵抗强盗时所用的防御性做法。击打的目的在于教育学生，不能为惩罚而惩罚，要将击打行为控制在安全、必要、适当的范围内。

"击蒙"取象于艮卦。蒙卦上卦为艮，艮为手，击打是由手来完成的；同时，艮为少男，泛指少年儿童，此处指击打对象。

"寇"取象于坎卦。蒙卦下卦为坎卦，坎为盗。

《象》曰："利用御寇，上下顺也。"

【译文】小象说，"适宜用于防范学生成为盗寇，是因为上下都处于巽顺状态。"

"上下顺"取象于坤卦、巽卦和爻位。一是上交互卦为坤，坤为柔顺。二是上九与六三有正应，表明上下能够配合协调。六三属于道德品质基础状况不佳的学生，上九如果对其进行严格教育，甚至采用带有体罚性质的"击蒙"行为，及时矫正其不良习惯，帮助学生建立正确的道德观念和行为规范，那么就能实现"御寇"的目的。三是从卦画上看，如果将六三通过启蒙教育变强变好，即由六三爻变为九三，那么下卦就变成了巽卦，巽即逊顺之意。如此，就上下皆顺了。

第五卦 需卦的等待之道

【需卦】

【白话经文】

需卦，有诚信，光大通达，坚守正道吉祥，适宜渡越大河。

初九，在郊野等待需求，适宜保持恒常心态，没有灾祸。

九二，在沙滩上等待需求，有些小抱怨，最终吉祥。

九三，在泥地中等待需求，招来了盗贼。

六四，在洒血之地等待需求，因为刚从洞穴中被赶了出来。

九五，在享用酒食中等待需求，坚守正固，吉祥。

上六，进入洞穴，三位不请自来的客人到来，相互敬重，最终吉祥。

【经文原文】

需，有孚，光亨，贞吉，利涉大川。

初九，需于郊，利用恒，无咎。

九二，需于沙，小有言，终吉。

九三，需于泥，致寇至。

六四，需于血，出自穴。

九五，需于酒食，贞吉。

上六，入于穴，有不速之客三人来，敬之，终吉。

【解读序言】

　　需卦位列周易第五卦，上卦为水，下卦为天，称其为水天需。《序卦传》说："蒙者，蒙也，物之稚也。物稚不可不养也，故受之以需。需者，饮食之道也。"序卦传说，蒙卦就是事物的蒙昧状态，是事物的幼稚时期。事物幼稚时期不可以不养育，因此周易在蒙卦之后安排了需卦。需卦讲的是饮食之道。《杂卦传》说："需，不进也。"杂卦传说，需就是停止不前的等待状态。这是从另一个角度解释需的含义。

　　从卦象上看，凡是有水的卦都包含着坎坷曲折的意思，需卦的外卦是水，表明外部存在风险，尽管结局不一定不好，但过程必然是艰难曲折的。下卦三个阳爻代表三个小伙子。这个卦的情境是：三个小伙子到城郊野外的水域去探险，目的是为了获取食物等生活资料，在探险过程中发生了跌宕起伏、险象环生的奇遇故事。用意在于，让人们从一个具体故事中获得如何等待时机、如何努力奋斗、如何获得需求的真谛和启示。

【卦名含义】

　　需卦的"需"，《古代汉语词典》解释："等待。《周易·需》：'～，须也。'""给用，需要。"从中可见，需主要有两层意思，一是等待。古时"需"通"须"，即等待之意。二是指维持生命所需的食物等生活资料。即人或动植物从艰难始生、启蒙发蒙后进入发展阶段，需要通过食物、营养物质获得生命所需的养分、能量，以及其他所需的生活资料。各种需求的满足不是轻而易举便可以得到的，需要等待时机，或由长辈抚养，或由大自然提供，或经过自身努力获取，或通过其他方式，总之是需要经过一段时间的等待或努力奋斗才能实现。此义对于儿童教育不乏启示，如果不管合理不合理一味满足儿童的愿望和需求，效果未必会好，其结局往往事与愿违。帮助孩子建立起需求的满足是需要等待的理念，对孩子的成长至关重要。

　　"需"字的含义经历了漫长的发展演变过程。甲骨文的需，上面是雨滴，下面是天，正是本卦水天需的卦象。其中"天"的形状又像一个人在祈雨，实际上甲骨文的"需"，描绘了干旱已久的人们祈祷上天降雨的祭祀仪式，商汤就有罪己祈雨的活动，古书中多有记载。可见，"需"的原义是求雨仪式，解决人们急需的缺水问题，后来"需"字由久旱急需降雨，引申为人们所需的各种生活资料，包括饮食、穿戴、娱乐等。求雨仪式是需要有主持人的，于是在"需"字边上加单人旁，即用"儒"来表示求雨仪式的主持人，此时的"儒"相当于"巫"，通常主持求雨仪式的是男人，古代对男巫的专有名词是"觋"（xi1），"觋"的词义是指走街窜巷经常出现在人们面前的巫人。因此，通常用"觋"代表男巫，用"巫"代表女巫，但这只是相对的用法，巫有时也指男性。

　　"巫"还指古代祈祷为人治疗的人，可以是男的，也可以是女的。《论语》记载，子曰："南人有言曰'人而无恒，不可以作巫医。'善夫！""不恒其德，或承其羞。"子曰："不占而已矣。"对这段话的解释有多种版本，可以互参，本人认为，恒的原意是恒久、恒常、平常，此处与恒德匹配，既指恒心、毅力，但主要是指恒常的品德行为。意思是说，南方人有句俗语，人没有恒常的德行不可以做巫医，说得太对了！《易经》恒卦的爻辞说，如果不能保持恒常的德行，也许将承受羞辱。孔子说这样的人是不必占卦的，换句话说，不用占就已经知道结果了。由此可见，古代巫、医不分家，用现在的话来说这个"巫"，就有点心理医生的味道了。

　　《庄子·田子方》认为，儒士头戴圆帽代表天，脚著方履代表地，取天圆地方之意，身上佩戴着用五彩线绳穿系的玉玦（jue2），代表测知天地，沟通天人。这时的儒士还是巫觋的形象。帛书《周易》记载，子曰："我观其义耳。吾与史巫同途而殊归。"孔子的意思是说，我考察其中的道理，我与占卜的史巫官走的是同一条道，但结果却是不一样的。这里的史巫官是指用占卜方式帮助君王决策的官吏，与记录历史的史官有所区别，或者可以视为记录历史史官的前身。后来，巫觋群体的发展形成了两大分支，一支向唯心方向发展，迷信色彩日渐浓厚，成为现代意义上的巫术、巫师、巫婆等职业；另一支向唯物方向发展，运用理性思维，逐渐形成完整的思想体系，最终发展为儒家学说，以孔子、孟子为代表人物。

　　古人云："需，即儒，儒者以道得民也。"意思是需就是儒，儒家以遵循天道规律而得到民众之心。这里的儒就与当代人认识的儒家基本一致了。儒家具有积极进取、普济天下、乐于奉献、舍身取义的人文精神，这与需卦体现的主旨是高度契合的。综上所述，需卦所反映的精神境界和思想理念，可视作儒家思想体系的滥觞。

【卦象寓义】

一、天上有云之象。需卦的上卦为坎，坎为水，水在天上为云。下卦为乾，乾为天。需卦反映的自然景象是，天上聚集云气。它不是风和日丽、蓝天白云，而是侧重指下雨前夕乌云密布的景象，但是此时离下雨还有一段时间。只有当综合气象条件都已具备时，乌云才能化云为雨，降临大地，滋润万物。

二、需求等待之象。需是大旱之时人们向天祈雨的情景，人们急切期盼一场甘霖缓解旱情，但是由乌云密布到降雨有个过程，意味着这种需求的满足是需要耐心等待的。由此启示我们，满足任何需求都是需要等待的，教育孩子更是如此，不能一有需求就立即满足，轻而易举就满足的需求往往不为人们所珍惜。即使是德才兼备的君子，有报效国家、服务社会远大志向和愿望需求，同样需要等待时机的到来。当然这种等待，不是无所作为的被动等待，它不否认人的主观能动作用，因为机会总是给有所准备的人。

三、三男探险之象。下卦乾卦为三个阳爻，三个阳爻可看成三位小伙子，同时阳爻也代表君子，三位小伙子具备君子气质，有君子的追求，有阳刚之气，富有正能量。上卦坎卦是三位小伙子的行动目标、行动区域和最终结果。既然是君子，他们的探索就不仅仅是为了满足自身的口腹，而应当是为百姓、为社会、为公共利益而从事的探险活动，目的是为百姓解决饮食生活所需。

四、健马涉水之象。下卦为乾，乾为马；上卦为坎，坎为水。这是一匹刚健有力的骏马正在跋山涉水的景象。马是胸怀远大、志存千里的君子化身，具有一往无前的大无畏精神，敢于迎接各种艰难险阻的挑战，因此卦辞有"利涉大川"的表述，它符合马和君子的共同特征。

五、需字来源之象。需字上卦为雨，雨为水，与坎卦相对应；需字下卦为乾，乾为天，为老人。古时"天"字酷似一个站立的人，因此这个乾卦既代表天，也代表老人。那么需字中的"而"与天、老人有什么联系呢？《说文解字》说，"而，颊毛也，象毛之形。"清代段玉裁注，须也，象形。可见"而"的原义是指老人胡须部位，胡须是男性老人的典型特征，因而"需"字完全反映了需卦的卦象，它象征老人在向天祈雨的情景。因此，本人认为需字是根据需卦卦象创造出来的。

六、三人祭祀之象。上卦为坎，坎为豕，即为猪。猪是古时常用的祭祀用品。

下卦乾，三个阳爻，代表三个男人或三个君子，三泛指众，三人也指众人。乾为君，为父，为老人。因此，可以看成君、父或长辈带领众人进行祭祀活动，把猪头放在上头作为献给上天的牺牲，众人在老大主持下虔诚祷告，祈求上天早降甘露。《吕氏春秋·顺民》记载了商汤祈雨的场景：汤克夏而正天下。天大旱，五年不收。汤乃以身祷于桑林曰："余一人有罪，无及万夫；万夫有罪，在余一人。无以一人之不敏，使上帝鬼神伤民之命！"于是翦其发，枥其手，以身为牺牲，用祈福于上帝。民乃甚说，雨乃大至。则汤达乎鬼神之化、人事之传也。桑林，地名。枥，枷锁。翦去头发，铐上双手，表明自己为有罪之人。说，通"悦"。

七、因需反目之象。需卦九二爻辞有"小有言"的表述，表明一个家庭、团队、单位中人们之间相互抱怨、埋怨、指责。这层意思来自需卦的交互卦睽卦，可参见"关联卦画"部分有关内容。需卦反映了人们对精神和物质需要的追求，由于资源匮乏，僧多粥少，其间发生争执、埋怨、指责在所难免。

八、烹饪饮食之象。大象有"君子以饮食宴乐"、九五爻辞有"需于酒食"的表述，这些都与饮食有关。需卦内含既济卦，上卦为水，上交互卦为火，构成水火既济，这是以火煮汤的烹饪之象。民以食为天，人的第一需求是维持生命的饮食所需。

九、内健外险之象。下卦也叫内卦、主卦，下卦是乾，代表刚健有力，就像天体中日月星辰日夜运行富有能量，表明行为主体具有阳刚之气，充满力量。上卦也叫外卦、客卦，上卦是坎，坎有风险、坎坷之意。代表主体的行动环境充满危险，过程将是曲折坎坷的。这正是探索者追求理想，创造财富，满足需求过程的写照。过程是艰难的，前途是光明的。需卦中含有希望之光，其上交互卦为离卦，离为火，代表光明和希望。

十、父亲中男之象。在《易经》大家庭中，下卦为主卦，主卦为乾卦，代表父亲。在需卦的情景中，表明父亲在家中坐镇指挥，组织协调着小伙子们的整个探险行动。上卦坎卦，代表中男。坎卦阳爻居中，表明二儿子道德品质没有问题。这样的组织结构其本是协调的，有利于开展探寻所需生活资料的行动，所以卦辞中有"利涉大川"的表述。

十一、阳金生水之象。下卦为乾，乾为金；上卦为坎，坎为水，需卦呈现出金生水之象。八卦中乾、兑两个卦都代表金，乾为阳卦，刚健有力，为阳金；兑为阴卦，阳数比乾卦稍小，为阴金。金生水，表明下卦主体在探险获取需求过程中, 需要付出一定成本和代价, 幸好乾卦力量强大, 这些支出不致大伤元气。

【关联卦画】

需卦与讼卦是对综卦。 需卦卦画翻转180度为讼卦, 讼卦卦画翻转180度为需卦。一对综卦的内部结构完全一样, 只是观察者的角度发生了变化, 得到的结果既有联系, 又有区别。需卦的后面紧接着就是讼卦, 需卦反映了人们通过探索创业满足生活资料的过程, 讼卦反映了在获取生活资料过程中因利益分配问题引起的争讼矛盾。这些都是社会生活的客观反映, 两者存在着内在逻辑性。

需卦与晋卦是对错卦。 需卦和晋卦相应的各爻性质完全相反, 即需卦是阳爻, 在晋卦为阴爻; 需卦是阴爻, 在晋卦为阳爻。需卦是乌云密布的情景, 晋卦是红日高升的情景。各爻的性质相反, 卦象反映的景象也有相反的特性。需卦上卦为水(云), 晋卦上卦为火, 水火有对抗性, 水克火, 也有同一性,《说卦传》说:"水火不相射。"意即水火不相侵害。比如既济卦水火既济, 火烧水泡茶、做汤可以供人饮用, 造福于民。需卦下卦为天, 晋卦下卦为地, 天地相对, 相互配合, 为万物提供生存环境。可见, 矛盾具有对立性, 又有同一性。错卦原理为我们更好地理解对立统一规律提供了有益启示。

需卦的交互卦是睽卦。 需卦卦画中, 去掉初九爻和上六爻, 剩下九二、九三、六四、九五四个爻, 用九二、九三、六四爻作为下卦, 用九三、六四、九五爻作为上卦, 重新组成一个卦, 这个卦是睽卦, 称其为火泽睽。上卦离代表中女, 下卦泽代表少女, 少女主内, 中女主外, 这样的结构是不合理的, 两女年龄差距不大, 加上少女有些任性, 中女也不甘示弱, 不会心甘情愿服从少女的管理, 所以容易出现睽和或违和现象。由此说明, 需卦内部存在着不和谐因素, 在探索创业过程中需要注意抑制和防范, 尽力减少因此而产生的消极作用。

需卦由大壮卦演变而来。 大壮卦上卦为雷, 下卦为天, 称其为雷天大壮, 在十二辟(bi4)卦中代表农历二月。如果将大壮卦的六五与九四交换位置, 就变成了需卦。大壮卦与需卦有区别又有联系。大壮讲的是天上打雷, 声势浩大, 农历二月正是禾苗大壮之时。而需卦卦象是天上之云, 打雷是风云际会、彼此激荡的结果。大壮卦大象:"君子以非礼勿履。"需卦大象:"君子以饮食宴乐。"君子之礼体现在各个方面, 其中包括餐饮酒食之礼。

【卦辞象辞】

〖卦辞〗

"需,有孚,光亨,贞吉,利涉大川。"

【译文】"需卦,有诚信,光大通达,坚守正道吉祥,适宜渡越大河。"

　　大川,大江、大河。卦辞是对需卦的概括性叙述。"有孚","有"为无实义的虚词,"孚"为诚信之义。光,光明,有人解释通"广"也可。"贞"相当于"正",守正,或预示。它告诉人们追求生活所需的行为必须出于正当的目的、动机和手段,始终坚持诚信的态度,大胆地走出家门,勇于闯荡天下,如此前程将一片光明。"光"取意于上交互卦离卦,离为光明之意。在六十四卦中,"利涉大川"出现在七个卦的卦辞中,分别是需、同人、蛊、大畜、益、涣、中孚。这七个卦的共同特点是都有乾卦或者巽卦,乾卦代表刚健有力,有足够的行动能力;巽代表顺利、顺风,有顺风顺水、扬帆启航的意思。它们从主体的自身条件和有利的外部环境角度,说明都是适宜于渡涉大江大河的。

　　〖象辞〗

　　《彖》曰:"需,须也,险在前也。刚健而不陷,其义不困穷矣。需有孚,光亨,贞吉。位乎天位,以正中也。利涉大川,往有功也。"

　　【译文】彖辞的意思是说,需就是等待的含义,危险就在前面。刚健有力而不致陷入其中,理当不会陷入穷途末路的困境。需卦有诚信,光大通达,坚守正道吉祥。坎卦位于天位,其阳爻居中正之位。适宜渡越大河,往前行动将能建功立业。

　　须,等待。"险在前也",是指上卦、外卦为坎卦,坎卦代表坎坷、风险。"刚健",指下卦乾卦,代表刚健有力。陷,代表坎卦。坎,《说卦传》说:"坎,陷也。"正因为乾卦刚健有力,尽管遇到风险,但仍未陷入坎卦之中。"义",作原则、合乎规律、理当等解。

【大象之辞】

　　《象》曰:"云上于天,需。君子以饮食宴乐。"

　　【译文】"云气上升并聚集于天空,这是需卦的卦象。君子受此启发应当发掘饮食资源为百姓提供美食之乐。"

宴，安逸、闲适，快乐，以酒食待客等，不要理解成现代的大型宴会，更不要理解成大吃大喝，无论现在还是古代，君子都是反对铺张浪费的。有人曾就大象的内容提出质疑，难道君子的责任就是为了自己的吃喝玩乐吗? 当然不是，君子应当视造福百姓为己任，先天下之忧而忧，后天下之乐而乐，所以对大象的理解，不应局限于君子个人的饮食宴乐，而是应当理解为君子为满足百姓的饮食需求而努力，这样才与君子的身份相匹配。程颐说："饮食以养其气体，宴乐以和其心志，所谓居易以俟命也。"第一句是讲饮食是为了满足生理需要；第二句是讲以酒食待客是为了满足心理需求，多少包含了些社交的成分；这里的第三句是引用了《中庸》的语句。《中庸》说："在上位不陵下，在下位不援上，正己而不求于人，则无怨。上不怨天，下不尤人。故君子居易以俟命，小人行险以徼幸。"意思是说，上位高官不要欺凌下属，下级官员也不要高攀上司，修正自己的行为而不要苛求他人，这样别人就无怨言。上不埋怨老天，下不责怪他人。所以，君子处在平易之地以等待历史赋予的使命，而小人却是带着侥幸心理去做些冒险行为。综上所述，需卦主要是描写君子为解决国计民生的饮食问题和社交所需而克服困难险阻所进行的探索奋斗历程。饮食宴乐不是为了填饱自己的口腹，而是为了解决百姓大众的生活社交所需。

【爻辞小象】

"初九，需于郊，利用恒，无咎。"

【译文】"初九，在郊野等待需求，适宜保持恒常心态，没有灾祸。"

初九是阳爻居阳位，当位，刚健有力，好似小伙子血气方刚，雄心勃勃，逞强好胜，初生牛犊不畏虎，此年龄段容易犯眼高手低、急功近利、盲目冒进的毛病。不过此时离危险地带还远，即使有这些毛病也不至于马上招来灾祸。小伙子自都城往外走，城门外是郊区，郊区再往外为野外，危险往往存在于荒郊野外的崇山峻岭、河谷沟壑之中。小伙子刚走到近郊，虽有些鲁莽冒失，但如能做到克制自己，耐心等待，并持之以恒，其结果不会有太大问题。爻辞描写郊区表明，小伙子是生活在城镇都市，走出城区，冒着风险，探寻所需的食物等生活资料。初九与六四有正应,说明初九的行为得到了上层的支持,这是他向前进发的重要动力。"郊"取象于爻位。初九为探险行为的初始阶段,三位小伙刚刚出走城外,离城最近,离探险地最远。

《象》曰:"需于郊,不犯难行也。利用恒,无咎,未失常也。"
【译文】小象说,"在郊区等待需求,没有冒犯险难而勉强行进。适宜保持恒常之心,没有灾祸,因为这样做没有离开通常的行为规则。"

"九二,需于沙,小有言,终吉。"
【译文】"九二,在沙滩上等待需求,有些小抱怨,最终吉祥。"

九二是阳爻居阴位,不当位,过于刚强,表明他存在急于行进的内心冲动。但他占居下卦中位,说明能够坚守中道,道德品质没有问题,这种优势可以弥补着急行进的缺点。此时三个小伙子已经来到野外接近水流的沙滩区域,虽然与初九相比它离水更近了一步,危险性有所增加,但相对而言沙滩区域比较宽阔,仍有较大回旋余地,即使出现一些危险因素,仍能做到可进可退。由于长途跋涉、困顿劳累,探险团队的三人之间出现了意见分歧,并相互埋怨指责。好在整体素质较好,懂得包容忍让,能够控制情绪,避免了矛盾的升级,因此结果仍是吉祥的。

"小有言"取象于兑卦和睽卦。下交互卦为兑卦,兑为口,为口舌,引申为说话、言语之意。九二与九五没有正应,说明他的行为未能得到老大的支持,这是"小有言"的缘由。需卦的交互卦为睽卦,上下违和睽离,互不通气,有怨气。

"沙"取象于九二爻位。上卦为坎,坎为水,指小伙子探险的水域。按照自然水域的地理特征,水边上为淤泥带,淤泥带之外接着是沙石带。因此,在需卦中九三是"需于泥",九二是"需于沙"。

《象》曰:"需于沙,衍在中也。虽小有言,以吉终也。"
【译文】小象说,"在沙滩上等待需求,因为沙洲居于水中央。这是虽有小怨言,却能以吉祥终结的原因。"

衍，丰饶，盛多；蔓延，扩大；传抄中多出来的字；平坦的地方；山坡等义。此处引申为水中的沙洲，这些沙洲是自然添附出来的，好像文章传抄中不经意间多出字来的原理一样。

小象的"沙"、"衍"取象于坎卦。若九二发生爻变，那么下交互卦变成坎卦。沙洲的形状像坎卦，呈阴、阳、阴结构，沙洲如同坎卦中间的阳爻。小象理解的"沙"与"需于沙"的"沙"在位置上稍有区别，一个指水中的沙洲，一个指大幅水域畔的大片沙滩，但无所谓对错，这些形态都是在大自然中存在的，都有道理。

"九三，需于泥，致寇至。"
【译文】"九三，在泥地中等待需求，招来了盗贼。"

此爻是阳爻居阳位，又是下卦的最高位，刚健有力，阳气旺盛，但位置不中不正，说明道德品质存在瑕疵，头脑一热很可能惹出麻烦。三位小伙子踩着沙滩继续行进，已经来到大片水域畔的淤泥地带。离水越近意味着越危险，而且淤泥不像沙滩那样松软，不仅泥泞溜滑，一不小心就可能滑入水里，而且还可能深陷泥淖难以自拔，其危险性比九二增加了许多。所幸，九三与上六有正应，说明他的行为得到了上层的支持，同时九三仍在内卦，代表风险的水在外卦，所以尽管危险已经逼近，但问题不是大人。正当小伙子们进退维谷、行路艰难之时，不料他们的举动招来了盗贼。也许这里是那伙盗贼的地盘，也许这伙人也是前来探险的，这些在爻辞中没有写，但可以想像，三位小伙子遭遇强盗免不了一场打斗，落个头破血流、鼻青脸肿也不奇怪。此爻提示人们，远离家园，到人生地不熟的异域他乡打拼，随时可能出现各种危险，必须保持高度警惕，谨防贼寇骚扰。

"泥"取象于九三爻位。理由上爻已述及。上卦为坎卦，坎代表野外水域，九三与坎卦相邻，指水边有淤泥围绕的区域。

"寇"取象于坎卦。上卦为坎，坎为盗；而九三与上六有正应，说明是九三自己的行为招致盗寇。

《象》曰："需于泥，灾在外也。自我致寇，敬慎不败也。"

【译文】小象说，"在泥地中等待需求，灾害风险就存在于野外，是九三自己招来贼寇，但只要保持认真谨慎就不会失败。"

九三处于上交互离卦的初爻，离为光明，说明心中充满希望之光；加上阳爻居阳位，当位，说明行为没有明显不当；再加上能得到上六爻的支持，所以本来九三爻极有可能出现凶险结果，但本爻却没有"凶"字出现，做到了有惊无险、虽险无凶，故而"敬慎不败"。也许有人疑惑，一会儿说九三与上六有正应，能得到上层支持；一会儿又说，是自己招致盗贼的到来，那么有正应究竟是好是坏啊？其实这是不奇怪的，因为任何事物都有两面性，有好的一面，就有不好的一面；有利的一面，就有不利的一面，学习《易经》后就要建立起辩证看问题的观念，不能简单地非白即黑、非是即非地看待事物。所谓的利与不利，是从不同角度看问题所得的结果，当把上卦看成是上级、长辈、高层时，有正应就是有利的；当把上卦看成是外卦象征的盗贼时，有正应就是不利的，跟盗贼有心灵默契不就等于内外勾结了吗？所以，在分析卦象时，视角必须是灵活多变的，一旦把卦象凝固僵化了，就很难对《易经》进行深入的理解。

"六四，需于血，出自穴。"

【译文】"六四，在洒血之地等待需求，因为刚从洞穴中被赶了出来。"

六四阴爻居阴位，当位，说明其行为举止适当。六四与初九有正应，说明能得到基层的支持。三个小伙子就是探穴之人，现在已经接近目的地了，可以想象洞穴位于水域畔的泥泞区域。洞穴里到底有什么，可能有他们所需的生活资料，但是常识告诉人们，成功不会那么顺利地到来，也许洞穴中潜伏着各种危险，其中包括遭遇盗寇。遭遇战发生在九三爻，结果延续至六四爻。探寻的所需之物在洞里，因此与盗寇的遭遇战极有可能发生在洞里，小伙子们在战斗中流血负伤，被强盗从洞穴中赶了出来。在这种情况下，只好带着伤、流着血在洞口附近等待时机了。此爻描绘三个小伙子探寻食物过程中的磨难与艰辛，说明任何需求的满足，都不是垂手可得、一蹴而就的，必须付出努力和代价，甚至是流血的代价。

还有一种解释值得重视。"血"字的甲骨文，是祭祀器皿中盛着酒水，酒水中滴上一滴血的情形，用于祭祀求雨，意思是水出于穴，升腾于天。这样，对爻辞的解释完全是另外一番意思了。这处的血就是祭祀之血，旨在通过祭祀仪式来彰显三个小伙子的诚信。例如，古代绿林好汉歃血为盟，割手指滴血；现在仍有人在祭祀时宰鸡滴血，以显示虔诚等。

"血"、"穴"取象于坎卦、兑卦。上卦为坎，坎为血卦，为赤。下交互卦为兑卦，兑为毁折，这是打斗出血的原因。坎，陷也，为沟渎，为隐伏，这些含义与洞穴意境吻合。

"出"取象反巽卦。下交互卦为兑卦，兑为反巽。巽为入，反巽则为出。

《象》曰："需于血，顺以听也。"
【译文】小象说，"在流血之地等待需求，是因为逊顺地听从了他人的意见。"

"听"取象于坎卦。上卦为坎，坎为耳，六四在坎卦的初爻，因而有"听"的表述。

"九五，需于酒食，贞吉。"
【译文】"九五，在享用酒食中等待需求，坚守正固，吉祥。"

九五是核心之爻，是君王之位，是老大的位置，九五之尊的说法来自于此。九五阳爻居阳位，当位，刚强有力，地位尊贵，气场大，影响大，无人能够撼动，表明其行为举止适当。他居于上卦的中位，也是全卦的主位，只有大德大能之人才能堪当此位。九五与九二没有正应，说明九五没有与部分人群保持亲近关系，对于三个小伙子是一视同仁的。在这种情境下，没有正应反而是件好事。三个小伙子探险寻找所需之物，虽然历经艰险，最终却意外地等来了一桌酒席，这是人们乐意看到的结果。究其原因主要有三个方面，一是九五老大坚守中正之道，是位有德有位的主人；二是三位小伙子奉行君子之道，探险是为了公共利益，非为一己之私；三是如卦辞所说"有孚"，小伙子们讲求诚信，诚信可以感化他人，以求趋利避害、奉凶化吉。我国为礼义之邦，向来热情好客，以礼待人，以和为贵。主人看到三个小伙子远道而来，举止得当，谦逊有礼，便以待客之道招待他们。主人正直有道，客人恭敬有礼，又出于正当动机，其结局必然是吉祥的。

"酒食"取象于坎卦和既济卦。上卦为水，可指代酒水。食来源于既济卦构成的烹饪之象；同时坎为豕，豕即猪，上交互卦为离，离为雉鸡，猪和鸡等为烹饪的食材。

《象》曰："酒食贞吉，以中正也。"
【译文】小象说，"酒食待客，坚守正道，吉祥，这是九五位置中正的结果。"

"上六，入于穴，有不速之客三人来，敬之，终吉。"
【译文】"上六，进入洞穴，三位不请自来的客人到来，相互敬重，最终吉祥。"

上六阴爻居阴位，当位，说明其行为举止并无不当。上六是全卦的最高位，扮演着大佬角色，她是洞穴的女主人，上六与九三有正应，说明她对小伙子有好感。虽然三位小伙子不请自来，但都是充满阳刚之气的君子，得到了女主人信任和热情接待，主客以礼相待，相互尊敬，结局当然是吉祥如意的。需卦给我们的启示是，满足需求是需求耐心等待的，必须坚守正道，必须付诸艰苦努力，必须百折不挠、坚韧不拔，必须保持恭敬、谦虚的态度。"入于穴"体现了儒生经世致用、挑战危机、敢于担当、乐于奉献、甚至勇于自我牺牲的思想情怀。

"入"取象于巽卦。若上六发生爻变，则上卦变为巽卦，巽为入，风具有无孔不入的特点。

"三人"取象于乾卦。下卦为乾，乾为三阳爻，代表三人或三君子。

《象》曰："不速之客来，敬之终吉，虽不当位，未大失也。"
【译文】小象说，"不请自来的客人到来，相互敬重，结果吉祥，虽然不当位，但也没有太大的过失。"

这里的不当位是指上六以阴乘刚，乘于九五之上，这是小过失，好在她态度恭敬，可以弥补缺点，所以说"未大失也"。

《高岛易断》记载了有关中日甲午战争的占卜案例。1894年（光绪二十年）

朝鲜爆发东学党起义，政府军节节败退，被迫向宗主国清政府求援。日本乘机派兵到朝鲜，以便伺机挑起战争。7月25日，甲午战争开始，清政府仓促应战，北洋水师全军覆没。1895月4月17日，清廷被迫签订了丧权辱国的《马关条约》。

为了这次战争，日本军国主义蓄谋已久，例一：东乡平八郎详细考察大清致远舰。他当时为校级军官，后来成为日本元帅海军大将，他的座佑铭是"一生俯首拜阳明"。大清当时从欧洲订购了巨大军舰，并巡游至各国港口以壮军威，却反被东乡平八郎找到了软肋。致远舰在日本巡游期间，日本少尉和军士看到后既震撼又惶恐，觉得大清真有钱，如此强大的军舰谁能打得过？这相当于观卦里的"童观"，而老道的东乡平八郎却意外发现清军军纪极其松弛，舰内有在大厅里赌博的，有楼道里吃面条的，栏杆上到处晾着衣服，环境阴暗脏乱，与威武的军舰外表形成了巨大反差。他告诉少尉和军士，打仗不光靠武器，而是靠人。

例二：在中日甲午战争开战前夕高岛通过占卜为对华侵略扩张提供了咨询，起到了心理宣传和舆论营造的重大作用。高岛筮得需卦，之卦为节卦。〖卦辞〗"需，有孚，光亨，贞吉，利涉大川。"《彖》曰："需，须也，险在前也。刚健而不陷，其义不困穷矣。需有孚，光亨，贞吉。位乎天位，以正中也。利涉大川，往有功也。"动爻爻辞曰："九三：需于泥，致寇致。"《象》曰："需于泥，灾在外也；自我致寇，敬慎不败也。"

断曰：此卦有水在天上之象，黑云在天，势将降雨，待时而举，必能奏功也。以内卦为我（指日本，下同），乘阳健而将进，外卦为清国，设坎险而陷我，唯我刚健不陷，故不致困穷，待五爻之时可以进师，谓之"需，有孚，光亨，贞吉，位乎天位，以正中也"。"天位"指九五之时；"利涉大川"者，谓海军必能获利；"往有功也"者，谓陆军必得成功。盖此卦五爻六爻阴阳各得其位，谓得天时之象；三爻以阳就阴，四爻以阴后阳，谓得人和之象；唯二爻阳在阴位，于地利大有所缺。今占得三爻，是本年六月份，已将向危险之地，谓之"需于泥"，《传》曰"自我致寇，敬慎不败也"。"需于泥"者，谓进退不得如意；"自我致寇"者，谓自我进入也。四爻当七月，辞曰"需于血，出自穴"，此爻居三与五之间，有火，谓穴出火而见血，当预防地雷。按凡四十日间，须择屯营要地，使敌不能袭我，八月上旬，待五爻之气运，一举可以奏大功也。反是而观，此卦于清国气运，将转入需之下卦为讼（中间内容略，将在解读讼卦时再续）。

呈此占于大本营某贵显，是月二十八日，《国民新闻》及《报知新闻》皆揭载之。我国得需之盛运,凡四十日后,陆军胜牙山及成欢之役,海军于丰岛及黄海得大捷。清国遭讼之逆运,陆军大败牙山及平壤,军舰致沉没,"入渊"之辞,为不虚也。就占后四十日计之,恰于三十九日得大胜也。又是此战终局,需之上六,"有不速之客三人来,敬之终吉",后果俄、英、美三国公使来议和,敬而容纳,则终吉也。

第六卦 讼卦的息讼之道

【讼卦】

【白话经文】

讼卦，诚信受阻，应予警惕，中途息讼吉祥，诉讼到底凶险。适宜见大德大能之人，不适宜渡涉大河。

初六，不要总是纠缠于争讼之事，虽有小抱怨，最终吉祥。

九二，诉讼失败，逃回老家。其三百户村庄，未受牵连。

六三，享用积攒之德，守正以防风险，最终吉祥。带着疑惑从事公务，不要归功于自己。

九四，诉讼失败，回头遵从王命，改变态度。安心守正，吉祥。

九五，处理争讼，最为吉祥。

上九，可能被赐于绶带，却在一堂朝议中被剥夺多次。

【经文原文】

讼，有孚窒，惕，中吉，终凶。利见大人，不利涉大川。

初六，不永所事，小有言，终吉。

九二，不克讼，归而逋；其邑三百户，无眚。

六三，食旧德，贞厉，终吉。或从王事，无成。

九四，不克讼，复即命，渝。安贞，吉。

九五,讼,元吉。

上九,或锡之鞶(pan2)带,终朝三褫(chi3)之。

【解读序言】

　　讼卦位列周易第六卦。上卦是天,下卦是水,称其为天水讼。《序卦传》说:"需者,饮食之道也。饮食必有讼,故受之以讼。"序卦传说,需卦是阐述饮食之道的,人们为了饮食资源必然会发生争讼,因此周易在需卦后面安排了讼卦。可见,周易的次序是按照事物发展客观规律排列的。讼卦与排序第五的需卦互为综卦,即两卦的卦画正好颠倒。在周易中,一对综卦是前后衔接排列的,卦画上呈现出关联性,卦象上呈现出逻辑性,符合事物发展的客观规律,这是周易精妙神奇的地方,中华祖先实在是太伟大了。《杂卦传》说:"讼,不亲也。"《杂卦传》说,争讼是因为人与人之间不能相互亲近关爱所致。俗话说,四海之内皆兄弟。人们将兄弟视为手足,兄弟之间亲情无价,因而在物质利益上谁多点、谁少点本是不必在乎的。之所以发生争讼,关键在于双方都没有把对方当兄弟。

　　《中庸》说:"天地位焉,万物育焉。"乾卦为天,坤卦为地,先有天地,后有万物。天地形成后,万物从屯卦艰难始生,到蒙卦接受启蒙教育,再到需卦等待食物需求,再后来发展至讼卦因需求引发争讼,各卦之间有着很强的逻辑关系。讼卦产生的背景是,人们不断增长的物质需求与资源相对短缺之间形成的供需矛盾,人们往往因自身利益与他人发生争执甚至惹上官司。讼卦就是反映这种情境并告诫人们应当采取什么样的态度与对策。

　　《论语》孔子曰:"听讼,吾犹人也,必也使无讼。"孔子说,我听取和处理争讼事务,也像别人一样,如果一定要说有所不同,那么就是要使双方最终没有争讼。也就是说,要做到案结事了,息讼宁人。之所以这么说,是因为并非所有的判决都能让双方心服口服的。孔子的话可以用来理解讼卦所要传递的主题思想就是息讼,最佳的结果是争取无讼,奉劝人们不要没完没了地纠缠于争讼之中。

【卦名含义】

　　《说文解字》说:"讼,争也,公言之也。"又说:"以手曰争,以言曰讼。"意即讼就是争执,双方自认为占着公道正理而用语言表达出来;争执双方动手了就是争斗、打斗，争所突出的是肢体动作，这是争字的本义，争字的篆体是两只叠加的手在抢一件东西。如果争执只限于言语，而没有动手，就称其为讼，讼比打斗相对文明些。争是以力取胜，讼是据理力争。当然，争讼双方对公的理解是不同的，由于立场不同、利益不同、角度不同、内容不同、理由不同、依据不同，所以认识有很大分歧，可谓公说公有理，婆说婆有理，对公的各自表述是引起争执的主要原因。

《古代汉语词典》解释：讼，争辩，争论；诉讼，打官司；为人辩冤；责备，埋怨；六十四卦之一，等。从讼字的结构分析，从言从公，一是其主要表现形式是说话，二是其主要诉求是追求公道，都有坚守公道、仗义执言的意愿。所以解释争讼的关键问题在于，使双方相去甚远的公道正理尽可能趋于一致，形成共识。

动物实行的是丛林法则，只有弱肉强食；人类倡导的是公平正义，合乎天道人伦。讲道理是人类区别动物的重要标志。但是，人类是由动物进化而来的，所以至今仍然会保留着禽兽的某些特性，以大欺小，以强凌弱，狗仗人势，仗势欺人等等，这些人不是不懂道理，而是自恃刚强根本不想讲道理。不少争讼均由此引起，这是人类进化不完善的表现，可见对人类社会实行教化是多么重要。多一分理性，多一分文明；多一分文明，少一分蛮横；少一分蛮横，少一分争讼；少一分争讼，多一分和谐。

【卦象寓义】

一、天水违行之象。这是大象描述的自然景象，大象说"天与水违行"，意思是天体运行，与水流的运行，两者的运行轨迹是不一致的，出现相互违逆、背离的现象。能代表天体运行的主要标志物是太阳，太阳的运行轨迹是从东到西；我国的水流以长江、黄河为代表，是中华民族的母亲河，它们的发源地都在青海，由西部流向东部进入东海和渤海。易作者由这种自然现象得到启示，用来解释人文社会现象，就如同争讼双方，立场不同，利益冲突，意见分歧。

二、以弱诉强之象。上面讲到天水违行之象，利益主体发生了争讼案件。但是双方的身份、地位、权势、实力等综合因素往往是不平等的。通常主诉方处于弱势地位，凭借自身能力无法达到利益诉求，因此需要找到能够代表公平正义的第三方来主持公道。假如主诉方势力很强，自己就能把事情摆平，用不着寻求第三方的帮助。这个第三方就是类似于现在的法院，上海人称作老娘舅，原因是外甥之间有了纷争，让舅舅来协调处理能够做到相对公正。被诉方往往比较强势，凭借自己各方面独特优势涉嫌对他方利益构成损害。这种主被诉双方的关系如同水与天的关系，主诉方犹如江河，被诉方犹如太阳，水在地，日在天，天尊地卑，两者地位是不同的。

三、寻求公道之象。讼卦下卦为坎，坎为水，水的特性是公平性，水往低处流，一碗水端平，因此水代表公平、平等、均衡。上卦为乾，乾为天，天的特性是公正性，人们生活在同一片蓝天下，无论男女老少、贵贱贫富，人们见到的天基本是相同的，享受同样的阳光，经受同样的风雨，感受同样的冷暖，体现了一视同仁的公平正义。因此，人们倡导天下为公，当冤案平反昭雪时称苍天有眼。讼卦的天、水之象，反映了人们在诉讼中寻求公平正义的愿望。

四、上下阻塞之象。讼卦上卦为天，下卦为水。天的特性是向上扩张，水的特性是向下渗透，因此讼卦的上下是相互分离的，不能充分地沟通交流，预示着矛盾难以调和，这是引起争讼的主要原因。将上述自然景象移植到社会生活领域，相应的情景便是，主方与客方发生纷争，主方从自己立场和利益出发提出了诉求，客方认为诉求太过分，没有道理，凭借自己强势地位不肯让步，双方又不愿意坐下来心平气和地进行沟通，在这种情况下引发争讼就是在所难免的了。其实许多纷争都源于误解，其中互不信任、互不包容、互不服气、互不沟通，是症结所在。如果双方能做到及时沟通，相当部分争讼是可以避免的。

五、外强中干之象。如果把讼卦整个卦象来比喻主诉一方，那么内卦坎卦代表主诉方内心想法，外卦乾卦代表其外在行为表现。一般情况下内外表里应当是一致的，但在发生争讼的特殊情境中，主诉方往往表现出内外表里的严重背离。在讼卦，乾的阳数为7，坎的阳数为2，内外阳数对比比较悬殊。可以理解为，主诉方只有2分实力却要表现出7分架势；内心发虚没底气，嘴上却不依不饶、不肯服输，有些外强中干、虚张声势的意味。主诉方所表现出来的执念执着、死磕到底的气势，是许多争讼久拖不决的关键因素。这种执念执着对于说不清、道不明的物质性争讼弊多利少，因此不到万不得已最好不要发起争讼。当然，对于大是大非的原则性问题应当坚持原则，据理力争，有时明知不可为而为之，体现出的是君子的风骨和担当，如王阳明对刘瑾的弹劾。

六、枷锁戴身之象。如果将整个讼卦看成是一个人，上卦为乾，乾为首，那么上卦就代表人的脑袋。下卦坎自然就代表人的身体。初六为腿脚部位。同时，据《说卦传》，坎，为沟渎，陷也。陷，陷阱，引申为身陷囹圄，因此古时常将坎解为枷锁，讼卦的坎卦，好比套在人脚脖子上的枷锁。这里有周文王被商纣王囚禁羑里的影子，乾为君，为老人，与西伯侯身份年龄吻合。可见，争讼是有风险的，民事诉讼表现为经济损失；刑事诉讼就可能涉及刑法惩处。坎，其于舆也，为多眚。意即多灾异的车辆，预示着诉讼之路的曲折艰难。

七、木舟搁浅之象。 周易中有七个卦是"利涉大川"，因为其中都有乾卦或巽卦。按这一规则，讼卦有乾、有巽、有水，也应该"利涉大川"才是，事实上，卦辞却说"不利涉大川"。可见，并非所有有乾或巽卦的卦都是利涉大川的，讼卦便是个例外。象辞说"入于渊也"，上交互卦为巽，巽为木，为风，巽的卦德为入。下卦为坎，坎为水，为陷，为沟渎。可理解为大风吹翻了舟船，搁浅于沟坎之中。因而其行进之路将十分艰难，《易经》不建议勉为其难。

八、未济败诉之象。 卦爻辞中有"终凶"、"不永所事"、"复即命，渝"等表述。目的是劝谕人们对于诉讼之路应当适可而止，当止则止，不要过于执着，否则结局将呈现凶兆。讼卦下卦为坎，下交互卦为离，两者构成未济卦，上卦为火，下卦为水，称其为火水未济，未济是周易最后的第六十四卦，讲的是小狐未能成功渡河或正处于艰难涉渡之中，在讼卦可理解为诉讼失败或难以胜诉。

九、息诉为吉之象。 摊上争讼纠纷是件麻烦而棘手的事，爻辞两次提到"不克讼"、一次提到"三褫之"，也就是说打赢官司的可能性很小。但是，卦爻辞所反映的结局却不像讼卦名称给人的感觉那样。卦爻辞中有一个"元吉"、四个"吉"、一个无眚，这样的卦是不多见的。卦爻辞中有"中吉"、"不永所事，小有言，终吉"、"不克讼，复即命。渝，安贞，吉"等表述，均反映了撤拆、息诉、避诉才能吉祥的意境。反过来说诉讼到底的结局并不好，它启示人们，官司如能审前和解是最佳选择。下面将会讲到，讼卦的交互卦为家人卦，这说明如果讼诉双方共同努力，就存在修复家人般关系的可能性，也许这就是中止诉讼的结果。

十、以和为贵之象。《中庸》说："喜怒哀乐之未发，谓之中；发而皆中节，谓之和。中也者，天下之大本也；和也者，天下之达道也。致中和，天地位焉，万物育焉。"中华文化倡导"和为贵"，这是精华所在。讼卦中蕴含着与"和"有关的两个卦象，一个是涣卦，另一个是同人卦。上交互卦为巽，巽为风；下卦为坎，坎为水, 构成风水涣。风把水吹散, 象征人心涣散, 这是不好的, 因此其大象说"先王以享于帝, 立庙", 目的在于通过祭祀重新将人心聚集起来。讼卦上卦为乾, 乾为天; 下交互卦为离, 离为火, 构成天火同人。目的是团结起来, 求同存异, 相互包容, 和谐相处。先有风水涣, 后有天火同人。体现了由涣散到和同的趋势。如果双方都能求同存异, 以和为贵, 那么争讼之事自然就平息了。

十一、内险外健之象。从卦象看, 下卦 (内卦、主卦) 是水, 坎为险, 坎为心病、加忧, 说明风险存在于内部, 主因在于主方内心存在引发凶险的想法, 有着不切实际的要求, 因此争讼的主要原因来自主诉方的主观方面。如果主诉方作些妥协让步, 便能做到波澜不惊、退一步海阔天空了。可是, 人在情绪激愤之时要做到冷静理性并非易事, 不少人就是觉得咽不下这口气, 不蒸馒头争口气, 非要争个你高我低、鱼死网破才肯罢休, 结果往往是两败俱伤、得不偿失。上卦 (外卦、客卦) 为乾卦, 乾为健, 刚强有力, 表明所面对的被诉方、客观环境都对主诉方不利。但是, 险在内部, 原因在于自身不切实际的诉求。只要自己想明白了, 内心息诉了, 外部争讼就会自然停息。从这个意义上讲息讼也不难, 只需自己撤诉, 主动权掌握在主诉方手里。

此外, 内险外健之象, 还反映了西伯集团与商纣王朝的处境, 乾卦代表商纣王朝, 居于强势地位; 坎卦代表西伯集团, 在先天八卦中坎为西方, 这与西伯岐山部落吻合, 坎为险表明西伯集团遇到险难了。

十二、中男父亲之象。下卦也叫主卦和内卦, 下卦为坎, 在《易经》大家庭中, 坎为中男, 中男居于主卦的位置; 上卦也叫客卦、外卦, 上卦为乾, 乾为父亲, 居于客卦的位置。什么样的组织结构决定着什么性质的矛盾。在一个组织结构中, 中男主内, 父亲主外, 父亲受中男调遣指挥, 这是不太符合常理的, 在协作过程中必然会出现分歧, 这为争讼埋下了祸根。中男支配父亲, 父亲予以拒绝, 于是引发中男诉讼父亲的纷争, 这也是对讼卦所处争讼状态的形象表达, 有助于更好地理解讼卦内涵。

十三、阳金生水之象。从五行关系考察, 上卦为乾, 乾为金; 下卦为坎, 坎为水。上下卦呈现金生水的关系。由于与金对应的卦有两个, 一个是乾, 一个是兑。乾为阳卦, 阳数为7; 兑为阴卦, 阳数为6, 因此乾为阳金, 兑为阴金。阳金生水的含义, 表明在讼卦情境中, 强势被诉方应当给弱势主诉方支付一定的财物或费用, 一是被诉方有支付能力; 二是体现对弱势方的同情; 三是这样做有利于争讼问题的解决。

【关联卦画】

讼卦由遁卦演变而来。大多数卦都由十二消息卦演变而来。遁卦上卦为天，下卦为山，称其为天山遁。本卦与变卦的演变原则是只作一次变动。如果将遁卦的九三与六二交换位置，其下卦艮卦就变成了坎卦，于是遁卦也就变成了讼卦。这从象辞中可以得到印证。《象》曰："刚来而得中。"意即九三这个阳刚之爻从九三来到了中爻。

讼卦的综卦是需卦。周易的第五卦为需卦，第六卦为讼卦。在卦画上两者呈现颠倒关系，在事物发展逻辑上呈现前后衔接关系。综卦也叫覆卦、镜卦，反映了事物的一体两面。内部结构没有变化，但观察角度发生了变化。说明立场不同，所观察事物的结果就不同，仁者见仁，智者见智，这是认识层面的多样性。要求人们观察处理问题时必须将心比心，进行多角度全方位地观察分析和系统思考。

讼卦的交互卦是家人卦。讼卦去掉初六、上九，把剩下的四个爻重新组成一个卦，上三爻为上卦，下三爻为下卦，上卦为巽，巽为风；下卦为离，离为火，构成风火家人。家人是团热火，象征光明、热情，在外来之风的吹拂下，越吹越旺，象征家庭事业兴旺发达。这说明讼卦内含着光明和情感温度，存在可以通过理性恰当的方式妥善处理好争讼矛盾的可能性。交互卦反映了事物发展的过程性状况。常言道，不打不相识，通过争讼化干戈为玉帛、化敌为友，甚至打官司打成俩口子的事例还是存在的。

讼卦的错卦是明夷卦。一对错卦的六个爻性质完全相反。讼卦是天水讼，明夷卦是地火明夷。讼卦的天水与明夷的地火完全相反，明夷的卦象是地下之日，太阳躲到地下去了，象征光明的消失，正义的蒙蔽。讼卦是内心凶险的弱者诉讼刚健的强者，明夷卦是内心光明的人，屈居于大众之下。虽然卦画相错，但共同点是两个主体都处于困难处境，所不同的是讼卦主要是当事人自己原因造成的，而明夷卦是外界黑暗政治生态导致的。

【卦辞象辞】

〖卦辞〗

"讼，有孚窒，惕，中吉，终凶。利见大人，不利涉大川。"

【译文】"讼卦，诚信受阻，应予警惕，中途息讼吉祥，诉讼到底凶险。适宜见大德大能之人，不适宜渡涉大河。"

有孚，诚信；窒，阻塞、阻止、抑制。卦辞是对讼卦主题思想的概括。打官司是需要讲诚信的，凭天地良心、依事实根据、靠法律证据说话。双方都认为自己是诚信的，都认为自己的主张要求都是合情合理合法的。双方都是站在自己的立场上，对对方的诚信和证据表示怀疑，对对方所说的话不相信也不认可，分歧很大，僵持不下。上面分析的"上下阻塞之象"正好反映了争讼双方互不信任的状况。双方在对簿公堂时很难取得对方信任，诚信窒息是引起争讼的重要原因，诚信被阻止和抑制是非常危险的，对此必须予以足够警惕。

"中吉"是表示诉讼过程中，中途和解或撤诉中止是吉祥的，双方心平气和地达成谅解与和解，通过协商解决问题是解决争讼的最佳方式。"终凶"是指官司打到底结果往往是凶险的，很可能是两败俱伤，谁也占不到便宜。有时可能赢了官司、得到了利益，却输了道义、伤了感情，最终不见得是件好事，如果遇到对方报复，结局将是充满凶险的。因此，俗话说"气死不告状"不是完全没有道理。

"利见大人，不利涉大川"是指面对争讼，可行的做法是请出"老娘舅"这类大德大能之人，主持公道，解决纷争，如公平正义的地方长官或司法机构；或者说自己的言行举止要表现得有大人风范，而不应该一意孤行斤斤计较，更不宜采取渡涉大河的做法去冒更大的风险。这是一种《易经》式的比喻，表示不要逞强显能、意气用事，不能破釜沉舟、同归于尽。条件能力不具备时去渡涉大河是把自己置于危险境地，明智的做法是暂且老老实实地呆在家里，不去做无谓的牺牲。

"有孚窒惕"取象于离卦和九二、九五爻位。下交互卦为离卦，离为火，为明，内心光明为有孚。九二、九五居于上下卦中爻，表明能够坚守中道，道德品质没有问题。但是，九二阳居阴位，过于逞强，行为方式存在问题。两者没有正应，说明诚信受"窒"，上下互不信任。

"惕"取象于坎卦。下卦为坎，据《说卦传》，坎为加忧、心病，与"惕"意思吻合。有忧愁、有心病，就应当予以警惕。如能消除心病，这场官司也许就此化解了。

〖彖辞〗

《彖》曰："讼，上刚下险，险而健，讼。讼有孚，窒惕，中吉，刚来而得中也。终凶，讼不可成也。利见大人，尚中正也。不利涉大川，入于渊也。"

【译文】彖传说，讼卦上卦刚健有力，下卦蕴藏凶险，这是讼卦的卦象。争讼要讲求诚信，但是这种诚信往往不被对方信任，中止争讼达成和解是吉祥的，阳刚之爻由外而来得中正之位。争讼到底最终将有凶险，因为争讼本身不可能成就任何事情。适宜进见大德大能之人，因为人们崇尚中正之道。不适宜渡涉大河，是为了谨防坠入深渊。

"刚来而得中也"取象于"讼卦由遁卦演变而来"，遁卦的九三来到讼卦的九二，阳爻的位置由原来的不中不正变成了中正之位。

【大象之辞】

《象》曰："天与水违行，讼。君子以做事谋始。"

【译文】"天体日月的运行轨迹，与地上水流背道而驰，这是讼卦的卦象。君子由此得到启发，做事情时应当一开始就把问题想得缜密周全些。"

天体运行主要是指太阳的运行轨迹自东到西，水的流向由西到东，两者方向相反，看起来步调不够一致。当然这只是人的感觉，实际上天地运行规律是天衣无缝的，这里大象作者只是借景说理。古学者说，天道尚左，日月西移；地道尚右，水道东流，一左一右，其行相违，故讼。天在上面，水在下面，运行方向相悖逆。这种自然景象，用于解释社会生活，就表明两者缺乏沟通交流，所以才会有争讼之事出现。君子看到讼卦所反映的自然景象应当有所感悟。凡事预则立，不预则废。开始做事时，应当先小人后君子，要把各种因素和困难想清楚，把可能遇到的争讼矛盾想在前面，并且采取针对性防范措施，比如合作开公司、办事业，就要把投资股份、利润分配、债务风险等问题考虑明白，并以合约的形式固化下来，以便出现纠纷按照约定得以解决，这是预防争讼的有效办法。

【爻辞小象】

"初六，不永所事，小有言，终吉。"

【译文】"初六，不要总是纠缠于争讼之事，虽有小抱怨，但最终吉祥。"

初六阴爻居阳位，不当位，力量偏弱，阳刚之气显得不足。但初六与九四有正应，说明能得到上层的理解和关照，问题不大，也就是说只要主诉方不是没完没了，上层可能会考虑他的诉求。本爻的意思是说，只要不是长时间陷入没完没了的争讼之中，该中止时及时中止，就能做到退一步海阔天空。相互之间即便有些指责或争辩，只要言之有理，依理诉讼，有分寸地表达不满，有节制地作些抱怨，都属正常现象，不会有严重后果。如果双方都能保持克制，恰当地表达诉求，不使矛盾激化升级，其结局还是吉祥的。

"不永所事"、"小有言"取象于兑卦。若初六发生爻变，下卦坎卦就变成了兑卦。据《说卦传》，兑为毁折，毁折了就意味着中止，不能总是这样、不能长久持续下去、不能没完没了地进行下去。同时，兑为言，爻辞中表现为抱怨、怨言、非议、责难等。爻变的意义在于指给人们解决问题的方法，告诫人们注意提升自己，使得自己更加理性，更加智慧，更加有力量，从而使自己由软弱的初六变成自强不息的初九。阳爻代表君子、有力量，如果自身足够强大，也许不屑于与人争讼；即使有了争讼，如能以君子的姿态去处理，问题也不难解决。事实上，初六变成初九后，讼卦就变成了履卦。上卦为天，下卦为泽，称其为天泽履。履者，礼也。换句话说，能以君子的姿态，以礼相待，以理服人，争讼还会旷日持久吗？

《象》曰："不永所事，讼不可长也。虽小有言，其明辨也。"

【译文】小象说，"不执念于争讼之事，争讼就不会拖得太长。虽然有些责难，但终究是能够明辨是非的。"

"其明辨也"取象于离卦。下交互卦为离卦，据《说卦传》，离为火，卦德为明。心中有光明，说明还是能够讲通道理的。

"九二，不克讼，归而逋。其邑三百户，无眚。"

【译文】"九二，诉讼失败，逃回老家。其三百户村庄，未受牵连。"

逋（bu1），逃亡；眚（sheng3）疾病，灾祸。九二阳爻居阴位，不当位，行为举止过于刚强，这是引发争讼的原因。九二与九五没有正应，说明两者矛盾很大，主诉方不太站得住脚的动机，与强势的被诉方形成对峙，九二处于不利境地。九二爻辞的大意是，主方与客方发生争讼之事，因主方理亏，客方强势，导致争讼失败。

主诉方面临着被诉方的反诉或追诉，有可能偷鸡不成蚀把米。如果赔点钱能息事宁人算是好的，如果涉及行政责任、刑事责任等麻烦就大了。此时，明智的选择，是赶快离开是非之地，暂时躲到外面去避下风头，回老家是个合适的去处，在那里占尽天时、地利、人和。老家是人们的故土福地，是最好的避难所，是温馨的港湾，也是养心疗伤的最佳之地。九二居于中位，尽管行为举止不恰当，但道德品质没有太大问题，所以不会连累老家的亲戚族人，三百来户的村庄不会受到牵连。

"不克讼"取象于艮卦和反兑卦。其一，若九二发生爻变，则下交互卦为艮卦，艮有静止、停止、阻止、制止之意，与"不"吻合。其二，九二的诉讼对象是九五，九五所在的上交互卦为巽卦，巽为反兑，即对于九二是反兑，但站在九五爻位上看却是正兑，兑为口舌，引申为讼辩。卦象反映的情势显然对九五有利，对九二不利，因而九二败诉。

"归而逋"取象于遁卦和巽卦。前面已讲到，讼卦是由遁卦演变而来，讼卦的九二是遁卦的九三，讼卦因九二而产生，因此九二是讼卦的卦主。"归"就是回归、回复到原来的位置，也就是让九二退回到原来九三的位置，这样讼卦的情境就不存在了，就回到了原来的遁卦情境，遁就是隐退、躲避、逃避等意思，这就与"逋"意境完全重合了。讼卦上交互卦为巽卦，如果九二回归到遁卦状态，九二变为六二，六三变九三，遁卦的下交互卦也为巽卦，六二正好在巽卦上，巽为股，六二好似两条腿，与逃跑的行为完全吻合。

"邑"取象于九二爻位和坤卦。其一，九二为大夫之位，邑为大夫管辖的属地。根据六爻爻位分布，上爻宗庙、五爻君王、四爻诸侯、三爻三公、二爻大夫、初爻元士。士本义为读书人，是后备干部梯队，也指下级官吏。元士特指天子任命的士，为了区分于诸侯之士，所以加了"元"字，以示尊荣。九二是大夫的爻位，大夫的领地称为采邑，有点类似于现在的县级行政区域，比县稍小。《大学》修齐治平八条目"格物、致知、诚意、正心、修身、齐家、治国、平天下"中的"齐家"，就是指管理大夫的采邑事务，而非现代意义的家庭管理。九二之"邑"系借用大夫之"邑"，非实指，因为大夫之"邑"的规模应远大于三百户。其二，若九二发生爻变，则下卦变为坤卦，坤为土，为地，引申为领土、领地、村落等。"三百户"取象于坤卦的三个阴爻。

"无眚"取意于坎卦和九二变爻。下卦为坎，其于舆也，为多眚。本来坎是多灾异的马车，但是九二外逃后变成六二，下卦坎卦变为坤卦，坤为柔顺，坎卦消失后由"多眚"变为"无眚"。

《象》曰："不克讼，归逋窜也。自下讼上，患至掇（duo1）也。"

【译文】小象说，"败诉了，回家后只能出逃了。以下层的身份诉讼上层，这种祸患隐忧是自己招来的。"

九二与九五没有正应，说明双方没有沟通，当然也就不能得到谅解。但是，惹不起可以躲得起，三十六计走为上计。

"六三，食旧德，贞厉，终吉。或从王事，无成。"

【译文】"六三，享用积攒之德，守正以防风险，最终吉祥。带着疑惑从事公务，不要归功于自己。"

食旧德：有两种理解。其一，指以旧德为食，即享受祖辈恩德爵禄或自己以往创下的基业；其二，指反思自己以往的德行，食通"饬"，修整、整顿之意。贞，通"正"，坚守正道。厉，危险，"悔、吝、厉、咎、凶"中的中等程度。或，通"惑"，解释为带着疑惑。六三阴爻居阳位，不当位，过于柔弱，但它与上九有正应，能够得到大佬的支持，这使得此爻情况尚可。本爻的意思是，吃老本，享用祖辈或自己先前攒下的积蓄，并坚守正道，虽然过程中会遇到一些风险，但最终结果还是吉祥的。如果到官府从事公务工作，则宜谨慎小心，为人要谦虚低调，有成绩要归功领导和同事，不要据为己有。

"食旧德"取象六三爻位、遁卦和巽卦。其一，六三为"公"之位，周代爵位有公、侯、伯、子、男，三公均有封地，所以有旧德可食。其二，取意于讼卦由遁卦演变而来。讼卦的六三在遁卦是六二，原先六二与九五是有正应的，现在虽然变了，但原先的情分或多或少地留着一些，这些情分恩德就是旧德。其三，取意于讼卦的上交互卦巽卦。据《说卦传》，巽为木，为长，为高，为风，绳直，为近利市三倍。所以巽本身含有传承发扬祖宗品德、精神和家风的意思（参见本人涣卦解读篇），同时又有获利赚到钱财的意思，因而有旧德余荫可以享用。同时，巽的卦德为入，入与"食"意思关联。若将"食"解为"饬"，则与巽更贴切，巽有整齐、均匀的特征，大风吹过，草木齐刷刷地向一边倾斜。

"或从王事"取象于坎卦和卦乾。下卦为坎，坎为加忧、心病，因而心中有疑惑，引申为带着疑惑、谨慎小心从事公务。上卦为乾，乾为君，为君做事即从事王事。

"无成"取象于巽卦。上交互卦为巽卦，巽"为不果"，没有果实，也就没有成果。意即不要表功，有成绩归于上司和同事。

《象》曰："食旧德，从上吉也。"
【译文】小象说，"享用旧时恩德，是因为顺从上层获得吉祥。

因为六三与上九有正应，能得到上九大佬的关照。"

"九四，不克讼，复即命，渝。安贞，吉。"
【译文】"九四，诉讼失败，回头遵从王命，改变自己的态度。安下心来坚守正道，吉祥。"

复，回复，回过头来。即命，顺从正理，遵从王命，或者乐天安命，接受命运安排和客观现实。渝，违背，改变。九四是客卦初爻，阳爻居阴位，不当位，力量过于刚强，不中不正，表明此位的客方是不安分的，对主方不利。而九四与初六有正应，说明初六对九四的强硬态度给予了迁就和妥协。本爻的大意是，主方在与强势客方的争讼中落败，只得回过头来顺从九五老大之命，改变自己想通过打官司达到不太正当目的的想法，老老实实，安分守己，坚守正道，只有这样结果才是吉祥的。

"不克讼"取意于艮卦和反兑卦。若九四发生爻变，则上交互卦变为艮卦，艮有静止、停止、阻止、制止之意。上面已讲到，九四在上交互卦巽卦中，巽为反兑，表明以下诉上不能成功。

"复即命"取象于乾卦和巽卦。上卦为乾，乾为天，为君。上交互卦为巽卦，巽为风，风行天下，象征传递天命或君命。乾、巽组合在一起，就是传递君命的意思。

"渝"取象于巽卦和震卦。若九四发生爻变，则上卦变为巽卦，下交互卦变为震卦。两者构成风雷益卦。益的原义为溢，水满则溢之意。《古代汉语词典》解释：渝，改变，违背；泛滥，有词语渝溢。可见，渝与溢为近义词，溢字取意于益卦，而讼卦中恰恰蕴藏着益卦。

《象》曰："复即命，渝安贞，不失也。"

【译文】小象说，"回头遵从王命，改变态度而安心地坚守正道，其行为没有丧失常理正道。"

"九五，讼，元吉。"

【译文】"九五，处理争讼，最为吉祥。"

九五的爻辞非常简单，只一个"讼"字，便"元吉"了，其实其内涵并不简单。九二、九四爻辞均为"不克讼"，而九五为"讼"，两相对比，可理解为九二、九四是争讼中的败诉方，九五是争讼中的胜诉方，原因在于九五的素质、品德、行为均无太大问题，败诉败在没理，胜诉胜在有理。

九五阳爻居阳位，当位，居上卦中正之位，也为全卦核心之位。阳爻说明能力出众，当位表明行为举止适当，居中表明道德品质良好。可以说这是一位大德大能的君主，值得百姓的信赖。九五有双重身份，一是被诉方，二是争讼案件审判员，当然这两个身份是不兼容的，每次只能取其一，不能在同一个案子上既是当事人、又是审判员。九五作为被诉方胜诉了，结果当然是吉祥的；但百姓更希望九五是主持公平正义的审判员，能够坚持原则，主持公道，依法审判，维护百姓正当权益。这样的判决结果是诉讼双方都可以接受的，这才是真正意义的"元吉"。

元吉，是吉凶十一或九个等级中最为吉祥的，十一等级的说法是：元吉、大吉、吉、亨、利、无咎、悔、吝、厉、咎、凶；九等级的说法是：吉（元吉、大吉、吉）、亨、利、无咎、悔、吝、厉、咎、凶。

作为被诉对象，九五与九二没有正应，这是引起诉讼的原因，但主要责任不在九五，因为险在内。这场诉讼是由内卦九二发起的，表明九二有些不切实际的想法和动机。然而，九五对于争讼的解决至关重要，如果九五稍作些让步，也许就能促进争讼的化解，客观上九五具备这样的条件。

从九五爻位和职责角度考察，更适宜把九五视为主审争讼案件的大人、法官、老娘舅或中间人，通过公堂审案、开庭审理或其他方式，分别进行起诉、答辩、质询、调查、取证、适法、调解、裁定、判决等环节和内容，从而达到案结事了的目的。九五是大德大能的老大、君王形象，他所作的裁判具有公正性和公信力。

《易经》的容量非常大，卦象、爻象的象征意义存在多重性、广泛性和延展性，因此在解卦时，应视情灵活转换角色和角度，而不能将其固化在某个意思上难以自拔，这方面的应变能力是对易学者道行深浅的一种检验。

《系辞下传》说："易之为书也不可远，为道也屡迁，变动不居，周流六虚，上下无常，刚柔相易，不可为典要，唯变所适。"

译成白话义是：《易经》作为人们学习研究和指导应用的书籍，是人们生活实践不可以远离的，用《易经》指导人们育德修道的内容、方法和途径等在屡次三番不断地变迁，事物始终处于动态变化之中而永不停息，运动变化覆盖并流通于六爻所象征的东、南、西、北、上、下六个方位，阴阳爻上下变化所代表的事物往上发展、还是往下运行都没有固定模式，阳爻代表的刚强事物与阴爻代表的柔弱事物会相互变化转换，不能把《易经》看成是教条典籍和僵化法则而生搬硬套，只有视具体情况随机应变才是践行易道的恰当做法。

《象》曰："讼，元吉，以中正也。"

【译文】小象说，"处理争讼，最为元吉，因为九五能以中正之道处理争讼事务。"

"上九，或锡之鞶（pan2）带，终朝三褫（chi3）之。"

【译文】"上九，可能被赐于绶带，却在一堂朝议中被剥夺多次。"

或，或许、可能、也许。锡通"赐"。鞶带，鞶，革带，大带，衣带。古代按照官阶佩戴的腰带，上镶有金玉饰物。也可理解为宗庙祭祀服饰，因为上九为宗庙之位。终朝，古时皇帝与朝廷官员议事放在早上称为早朝，终朝是指从朝议开始到结束的全过程。褫，剥夺。上九阳爻居阴位，不当位，力量过于刚强，不中不正，居于大佬位置。大佬作用的发挥取决于老大的态度，老大信任他，影响力可以很大；老大限制他，他就是个空架子。上九是讼卦的最后一爻，说明官司已近尾声，此时当事人被授予鞶带，并不是得到官职，而是指赢得了官司，得到了有利于他的判决。这里以皇帝给官员授鞶带作比喻，表明上九在打官司中胜诉了。但是，事情往往是变幻莫测的，打赢官司的成果并不牢靠，很可能因为败诉方不服提出上诉而使案件翻转，以致于煮熟的鸭子也能飞走。

比如，明武宗朱厚照十五岁刚继位时，以奸佞宦官刘瑾为首的八虎引诱皇上声色犬马、骄奢淫逸，刘瑾借此把持朝纲，飞扬跋扈，残害忠良，恶贯满盈。三位辅政大臣刘健、谢迁和李东阳联合太监王岳发起了搬倒刘瑾的政治斗争，朱厚照采纳了他们的意见，决定发派刘瑾八虎到南京守太祖陵。刘健非常高兴，但谢迁却担忧说高兴得太早了，随即写信给朱厚照表明不杀八虎天理不容，朱厚照回信表示明天早朝宣布。可谁知刘瑾得到内线通风报信后，连夜率八虎到朱厚照前哭诉，使得案情彻底反翻。结果刘瑾不但没被杀反而升了官，三位辅政大臣只好辞职隐退，王岳也因此被发配去守太祖陵。

因此，诉讼结果的反复无常是司空见惯的。一会儿官司赢了，就像被授予了绶带；一会儿官司又输了，如同被剥夺了绶带。三泛指多次。官司的胜败难料就像皇上对待臣子一般，可以授予官爵，也可以剥夺官爵，以致于一次早朝就反复多次，使得当事人尴尬不已，颜面扫地。因此，靠打官司是挣不了面子的，因为主动权不在自己手里，即便是赢了官司，也往往输了面子，更可悲的是因此伤害了亲情、友情或人际感情。它启示人们，面对纠纷争讼应当以和为贵，能和则和，尽可能和解才是明智之举。"鞶带"取意于上卦乾卦。乾为上衣，坤为下裳。鞶带，是上衣的衣带；同时，鞶带是皮革制品，乾为马，马革为制作材料。

"终朝"取意于上九爻位和乾卦。因为上九为宗庙之位,朝既可指君王早朝,也可指宗庙祭祀仪式。上卦为乾,乾为天,代表白天,即一整天。

"三褫之"取象乾卦和兑卦。乾卦有三个阳爻。若上九爻变为上六,则上卦变成兑卦,兑为毁折,故有褫夺之谓。

《象》曰:"以讼受福,亦不足敬也。"
【译文】小象说,"靠与人争讼获得福祉,是不值得人尊敬的。"

上九居乾卦末爻,也是全卦末爻,刚强过头,即使争讼取胜也必定与人结怨,借着争讼获取财富利益并不是什么光彩的事情。

【讼卦占卜案例】

《高岛易断》记载了关于中日甲午战争的占卜案例。开战前夕,高岛筮得需卦,之卦为节卦。大部分内容已在《需卦的等待之道》中介绍。关于讼卦部分,该文这样写道:

反是而观,此卦于清国气运,将转入需之下卦为讼。如左:

《卦辞》曰:"讼,有孚窒,惕中吉,终凶。利见大人,不利涉大川。"

《彖传》曰:"讼,上刚下险,险而健,讼。讼有孚窒,惕中吉,刚来而得中也;终凶,讼不可成也。利见大人,尚中正也;不利涉大川,入渊也。"

此卦上卦天为日本,下卦水为清国,天气上腾,水流陷下,以卦象见之。天者刚健而威,水者陷下而危险困难。然困而思奋,欲藉公言而争是,是以得占讼卦也。清国遭此逆运,计谋筹策悉不达,谓之"讼,有孚窒"。天运如此,故曰"惕中吉,终凶"。且讼之时,非成事之时,故曰"讼不可成也";但至五爻之时,从大人之意而处事则可,故曰"利见大人"。又于此卦用海军则大败,有军舰覆没之患,故曰"不利涉大川,入于渊也。"

《易经》是一部伟大哲学,是世界观方法论,是中华民族的文化瑰宝。遗憾的是,日本人学了《易经》,使它沦为侵略我国的工具,让伟大的《易经》蒙了羞,这是日本军国主义的罪过。就像当年中越自卫反击战,越军用我国援助的军用物资来打中国人。近代日本的快速发展,得益于从中华优秀传统文化汲取营养,《易经》、明代圣贤王阳明的心学、清代思想家魏源的《海国图志》等都对日本产生过重大影响。虽然日本人民是善良友好的,但是日本军国主义却是忘恩负义之辈,喝了母亲的奶,却回头来打母亲,彰显出它的狼子野心和恩将仇报的丑恶嘴脸。

日本海军大将、元帅东乡平八郎,有日本军国主义海军军神之称。中日甲午战争期间,1894年7月25日他因指挥"浪速号"巡洋舰击沉"高升号"侵占我澎湖而一举成名,"高升号"是清政府雇用的英国商船,运载着去朝鲜牙山的中国士兵,途中遭日本海军伏击,大部分官兵殉国。1905年东乡平八郎在对马海峡海战中击败了俄国海军,被称为东方威尔逊。但是,东乡平八郎的本事却是在王阳明身上学到的,他一生崇拜王阳明,学习王阳明,随身携带一枚印章刻着七个字"一生俯首拜阳明",可见他对王阳明五体投地,时刻提醒自己要以王阳明为榜样,强大自己内心,提升军事谋略。

1840年鸦片战争开始后,清政府屡吃败仗,思想家魏源悲愤填膺,毅然弃笔从戎,到定海前线参谋战事,1842年写成50卷《海国图志》,"海国"是指海外之国,"图"是地图,"志"是我国古代的一种文体。魏源在《序》中开宗明义提出,写书的目的是"帅夷长技以制夷"。该书系统介绍了西方国家的地理历史、气候特产、风俗人情、经济政治、宗教历法、文化教育、科学技术、武器装备、工业商业、铁路交通等内容,还有80幅世界各国地图。

1851年在日本长崎港,一艘来自中国的商船被查出违禁品,有关财物被日本海关没收,其中包括三本《海国图志》。开始并没有人在意,谁知不久此书在日本民间迅速流传开来,政府三令五申禁止也没有效果,后来干脆公开发行,掀起了一场全民阅读《海国图志》的热潮,逐渐成为促进日本经济社会发展的重要推力。

文化是一个国家、一个民族的灵魂。文化兴国运兴,文化强民族强。《易经》、王阳明心学、《海国图志》等都是中华优秀传统文化的瑰宝。作为中国人理应传承和弘扬中华优秀传统文化,为百姓幸福、民族复兴、世界和平作出自己的努力,而决不能让那些敌对国家和敌对势力利用中华优秀传统文化和智慧祸害中国的悲剧再度重演。

需要说明的是,关于《高岛易断》介绍的中日甲午战争案例,千万不要被他为日本军国主义侵略行为张目的言论所蒙蔽,他的解卦也有诸多漏洞,我们站在捍卫中华民族主权和尊严的立场上,完全可以作出正义的与其相反的解释。

这就是《易经》综卦、错卦的原理，立场不同、角度不同得到的卦象有本质不同。关于占卜问题。

九点体悟与各位分享：

一、是占卜不是迷信。不存在与神灵沟通的情况，但占卜高手确实可有神奇的表现，这是对《易经》娴熟运用的结果，如同神助，但非真有神助，因此以迷信心态对待占卜有害。

二、是占卜是预测的方法、手段和工具。它的科学性建立在《易经》本身的实践性、科学性和理论性之上，《易经》是经过几千年观测、探究天地万物运行规律而形成的哲学。孔子说，吾百占而七十当。说明孔子认为占卜预测的有效率约70%，已属相当高了。这也反证了占卜不是神灵的旨意，若是应为100%。

三、是占卜结果仅供参考。结果可以用，也可以不用，它只为决策服务，而不能受其所累。不能被它牵着鼻子走，不要成为它的奴隶。

四、是占卜结果是可以改变的。《易经》告诉我们吉凶是动态变化的，如果占得凶，只要克服致凶的因素就能趋吉，如果占得吉，若忘乎所以马上会变凶。

五、是对占卜结果的解析因人而异。占卜的方法有很多，不同的方法对相同的事物占得的结论不尽相同；对同一卦象，因解卦者道行参差不齐而使结果五花八门，准与不准大相径庭。

六、是善易者不卜。这是荀子说的。精通易理就等于掌握了天道规律，按客观规律办事就吉，违反客观规律就凶。林则徐说："苟利国家生死以，岂因祸福避趋之。"职责和道义要求做的事，即便凶险也要毅然决然、义无反顾。

七、是解卦的要旨在于发掘积极因素。物质决定精神，但精神有反作用力，后者往往被人们所忽视。俗话说，仁者见仁，智者见智。对同一件事，乐观者看到的是光明、希望和正能量，悲观者看到的灰暗、失望和负能量。前者带着积极心态做事，后者带着消极心态做事，两者结局将有天壤之别。

八、是解卦必须与求占者实际情况相结合。所获信息资料越多越好，原理类似现代云数据。通过借助《易经》卦爻辞和卦象这一大容量载体和超强的适用性，激发求占者积极暗示的心理潜能，增强做事的精神动力。

九、是学易者应该懂得占卜。《易经》有象、数、理、占四大功能，占卜是对易理的实践与应用，也是传承《易经》文化的重要途径和方式。毕竟精通《易经》

的人不多,百姓日用而不知,但百姓对占卜很有兴趣,这时向他传授《易经》文化思想往往可起到事半功倍的效果。

第七卦 师卦的用兵之道

【师卦】

【白话经文】

师卦，坚守正道，任用大丈夫统兵吉祥，没有灾祸。

初六，出动军队必须严明纪律，如不服从，凶险。

九二，统领军队并坚守中正之道吉祥，没有灾祸。君王多次发布命令。

六三，将士因疑惑导致载尸而归，凶险。

六四，部队撤退安营扎寨，没有灾祸。

六五，田地遭猛禽侵害，适宜仗义执言，没有灾祸。派长子率领军队，派小人将运载尸体，守正以防凶险。

上六，君王颁布命令，分封诸侯开创国家基业，授予大夫建承封邑事业，不可重用小人。

【经文原文】

师，贞，丈人吉，无咎。

初六，师出以律，否臧，凶。

九二，在师中，吉，无咎；王三锡命。

六三，师或舆尸，凶。

六四，师左次，无咎。

六五，田有禽，利执言，无咎。长子帅师，弟子舆尸，贞凶。

上六，大君有命，开国承家，小人勿用。

【解读序言】

师卦位列周易第七卦，上卦为地，下卦为水，称其为地水师。《序卦传》说："讼必有众起，故受之以师。师者，众也。"序卦传说，争讼必定引起众人兴起事端，因此周易在讼卦之后安排了师卦。师就是人数众多的意思。师卦的前面一卦是讼卦，讲的是争讼之事，如果败诉方对结果不服，那么必定会纠集众人起来闹事。师卦讲的是因某事争讼升级为武力冲突或军事行动及其用兵之道。《杂卦传》说："比乐师忧。"意即师卦的后一卦是比卦，与人亲比是令人高兴的事，但是师卦所讲的与人打仗却是令人担忧的。师卦虽然讲的是用兵之道，但其功能和原理可应用到广泛领域。不仅应用于军事领域，也可应用于机关、企事业单位、院校和其他社会组织的团队管理。比如，如何合理配置领导班子，如何开展分工协作，如何以身作则带好头，如何调动骨干积极性带好班子，如何鼓舞士气带好队伍等等。

《易经》六十四卦的次序排列是有严密逻辑关系的。《易经》的基本观点认为，世界万物都由阴阳两种基本元素构成，所以周易第一卦乾卦和第二卦坤卦分别概述纯阳元素和纯阴元素的特性，这两个卦是整个《易经》的大门，统领着其他六十二卦。纯阳纯阴的事物只在理论上存在，现实中几乎都是阴阳相间夹杂的事物，阴中有阳，阳中有阴，阴极变阳，阳极变阴。后面六十二卦就反映了这种事物状态。第三卦屯卦讲述万物始生艰难，第四卦蒙卦讲述启蒙状态，第五卦需卦讲述事物生长对资源的需求，第六卦讼卦讲述因争夺资源发生争执，第七卦师卦讲述由争执发展为团体冲突、暴力行为，甚至上升为军事行动。

师卦揭示了八条军事原则：一是一切行动听指挥；二是要为正义而战；三是统帅必须是大丈夫；四是纪律是军队的生命；五是对军事统帅必须充分授权；六是军令混乱必败；七是正义之战必胜；八是论功行赏小人勿用。这些军事原则将在下面逐一分析。

【卦名含义】

《古代汉语词典》解释: 师, 古代军队编制单位之一, 以二千五百人为师。《周礼·地官·小司徒》:"五人为伍, 五伍为两, 四两为卒, 五卒为旅, 五旅为师, 五师为军。"泛指军队。由此可见, 从伍到军多为五五关系, 唯独从两到卒为四倍关系, 这一特例主要为了方便计算和管理, 因为一卒正好百人, 最适合作为统计的基准单位。由此推算一旅五百人, 一师二千五百人, 一军一万两千五百人。古时实行寓兵于农政策, 平时以此编制进行农耕, 战时以此编制组织军事行动。此外, 师还有众人、老师、有专门技艺的人、官、长等意思。众人的意思与军队人数众多有关, 后面几个意思似乎与掌控军队的统帅有关。

【卦象寓义】

一、地下有水之象。师卦的上卦为大地, 下卦为水。水在土地之中, 或者说水在地表之下, 实际上就是地下水。这说明古人已经发现地面之下蕴含着大量的水。一般来说, 地上的水容易分散, 而地下水具有汇集积聚的特点。分散的水力量微不足道, 汇集一起就可能是一股巨大力量, 足以影响人身事物的安危。用地下之水来比喻军队是最恰当不过了, 散兵游勇力量有限不足为惧, 但是成千上万的军队聚集起来就能排山倒海、无坚不摧。

二、寓兵于民之象。大象说:"君子以容民畜众。"意即君子要包容民众, 要把百姓群众组织起来, 蓄积力量, 平时发展生产, 战时保家卫国。上卦、上交互卦皆为坤卦, 坤卦代表百姓民众, 两个坤代表人数众多。下卦为坎卦, 代表军队。根据《说卦传》, 坎有许多军队的特征, 如马车、弓轮、血卦、多灾难的车等。水在地下是看不见的, 与藏兵于民意境相当吻合, 平时军兵蕴藏在百姓之中不显山露水, 亦兵亦民, 藏兵于民, 军民结合, 平战结合, 训练与劳动相结合, 一旦发生战争, 立即组建部队迅速应战。

三、君子率众之象。全卦只有九二一个阳爻, 是统领全卦的主爻。阳爻代表君子, 象征刚健有力; 居于下卦中间, 说明他坚守中正之道, 道德品质没有问题。坤, 代表众人、百姓。师卦中的五个阴爻代表小人, 象征百姓大众群体。小人与君子相对应, 小人并非坏人, 只是力量偏弱、道德品质一般的普通群体。卦象所反映的是一个君子率领广大民众加强道德文化建设、组织农业生产、创建和谐社会的情景。

四、统帅率师之象。如果将君子率众人之象引用到军事领域，便是统帅率师之象。一个年轻有为、有中正之德的统帅统领着大部队，指挥众将士与敌军开展各种军事行动。九二代表军队统帅，初六、六三相当于四个警卫或参谋辅助人员。下卦为坎卦，坎，其于马也，为美脊，为亟心，为下首，为薄蹄，为曳，其于舆也，为多眚。坎卦可理解为统帅乘坐的用来指挥作战的马车。上卦为坤，上交互卦也为坤，坤为师众，坤卦的三个阴爻就像六列军阵，两个坤卦代表众多一线作战部队。下卦为主卦，意味着享有军事指挥权，发号施令，排兵布阵，调动军队。虽然受命于君王，但将在外君命有所不受。上卦为客卦，客卦为坤，代表柔顺，表明全体将士必须无条件服从统帅的指挥调遣。由此可得出结论，师卦的军事原则之一是一切行动听指挥。

五、驰骋疆场之象。古时作战通常在广阔平原地带进行，双方列队，摆开阵势，先是将对将骑马交战，几个回合后才大部队之间短兵相接，混战一团。而如关羽、赵云之类的神勇将军，挥舞刀戟，驰骋疆场，手起刀落，削铁如泥，杀进突出，如入无人之境。师卦便蕴藏着这样的战争画面。上卦为坤卦，上交互卦也为坤卦，坤为土，为地，引申为大片的原野疆土，这是战争所处的地理环境。同时，两个坤还代表众多将士兵众。下卦为坎卦，坎，其于马也，为美脊，为亟心，为下首，为薄蹄，为曳，其于舆也，为多眚，统帅战车多灾多难多风险是符合实际情况的。下交互卦为震卦，震为车，为善鸣，为作足，为的颡，为馵足。这些马车是冲在前面的主力作战部队，战马嘶鸣，风驰电掣。

六、长子率师之象。六五有"长子帅师"的爻辞。下卦为坎，坎为中男，此处代表指挥作战的军事统帅。下交互卦为震卦，震为长子，这是听命于统帅，直接带兵作战的将军形象，同时，震为马，将军骑马领兵打仗。上卦、上交互卦两个坤卦代表众多作战部队。因此，这是长男带领部队进行对敌作战的场景。

七、大车运尸之象。六三有"师或舆尸"、六五有"弟子舆尸"的爻辞。上卦、上交互卦皆为坤卦，全为阴爻，在特殊情境中代表没有阳气、没有生命，坤还代表腹，引申为无生命的身体，即尸体；坤又有数量众多的意思，两者加起来可表达众多牺牲在战场的将士。一将功成万骨枯，打仗没有不死人的，一名将军的卓著功勋是由万名士卒的生命换来的。同时，坤为牛，古代称牛拉的车为大车，这是因为牛力气大，载重量大，运送战场尸体通常由牛车来进行。

八、君封诸侯之象。上六有"大君有命，开国承家"的爻辞。这是指战争结束后，君主任用诸侯治国理政，或者君王任命大夫治理家邑行政区域。师卦中六五为君王之位，九二是师卦的唯一阳爻，代表君子，国家要任用干部首选是任用君子，因此九二是治国理政的最佳人选。九二有两种身份，一是诸侯，二是大夫。如果是天子任命，则九二为诸侯，取象于下交互卦震卦，震为诸侯；如果是国君任命，则九二为大夫，因为九二是大夫之位，他所管辖的区域叫做家，也叫大夫采邑，相当于当今县级行政单位，与家庭的概念有所区别。

九、内险外柔之象。下卦也称内卦，内卦为坎，坎为险，坎坷难行。说明领兵打仗是充满危险的，而且这种风险主要存在于军队内部，比如，将帅不和、利益冲突、军纪松弛、管理不当、作风散漫、战力低下等等，哪个环节出现问题，都可能引发风险，因此应着重防范内部风险。坤为地，地为柔顺、包容、承载。说明外部环境因素比较理想，有利于组织指挥，沟通协调，采取行动。

十、中男母亲之象。下卦也叫主卦、内卦，下卦为坎，在易经大家庭中，坎为中男；上卦也叫客卦、外卦，上卦为坤，坤为母亲。在这个组织结构中，中男居主卦位置，起着主导支配、组织指挥、沟通协调的作用。母亲虽然是长辈，但在素质能力、专业技术、精力体力等方面无法胜任艰难险重的工作需要，所以甘愿居于从属地位，听从儿子的安排和调遣。这关系就如同软弱的君王与有能力的将军之间的关系，总体还算是一个和谐协调的组织结构。

十一、阴土克水之象。在八卦与五行关系中，艮卦和坤卦对应土。艮卦为阳卦，为阳土；坤卦为阴卦，为阴土。而坎卦与水属一一对应，因而水没有阴阳之分。在师卦中，上卦为坤卦，属阴土；下卦为坎卦，属水。两者构成阴土克水的五行相克关系。相对于阳土克水的情况而言，阴土克水要困难些。如果将师卦看成一个单位与外部的关系，那么情势对单位不利，主动权掌握在对方手里，好在对方力量偏柔，程度并不严重。

【关联卦画】

师卦由复卦演变而来。大部分卦由十二消息卦演变而来，演变的规则是只能变动一次。复卦是地雷复，只有初九一个阳爻，其余均为阴爻。只要将初九与六二的位置进行交换，复卦就变成了师卦。复卦在十二消息卦中，代表农历十一月。阴气最盛的季节是农历十月，为坤卦，是个纯阴卦，上下六个爻全为阴爻，没有一点阳气。按照阴极变阳的规律，到了复卦十一月才开始逐渐恢复阳气。复卦应用到人类社会，就是刚刚经历生灵涂炭、民不聊生的乱世，正在开启向正常社会秩序恢复的进程。在社会复兴过程中，客观上迫切需要年轻有为、坚持公平正义、坚守中正之道，并受百姓拥戴的青年领袖。也就是说，要把能够代表时代前进方向、品德中正、能够担当复兴重任的青年精英推到重要岗位。

师卦的综卦是比卦。师卦颠倒180度就是比卦，比卦颠倒180度就是师卦。比卦紧接师卦之后，位列周易第八卦。综卦反映了两个卦的区别和联系，也反映了两卦所代表的自然现象和社会现象的区别和联系。一对综卦的内部结构完全相同，只是卦画颠倒了一下，相当于人们看卦的角度发生了变化。卦画内部结构没有变，但是观察者立场、角度发生了变化，卦画所代表的卦象或事物随之发生了相应的变化，得到的结果也就不同了。即所谓横看成岭侧成峰，仁者见仁、智者见智。这说明不同阶层、不同群体对同一件事的看法是不同的，事物之间既有联系，又有区别，这种世界观与马克思辩证唯物主义是吻合的。

师卦所反映的是两国交战、两军对垒，而比卦所反映是两国建交、两军协同，战了和、和了战，分了合、合了分，分分合合、战战和和，社会历史正是在这样连横合纵、纵横捭阖中发展的。阴中有阳、阳中有阴、阴阳互变是《易经》揭示的规律，由此我们可以得到许多启示，比如分中有合、合中有分；斗中有和、和中有斗；泰中有否、否中有泰；成中有败、败中有成；难中有易、易中有难；危中有安、安中有危等等，不一而足。这与老子倡导的理念完全相通。比如，祸兮福所倚、福兮祸所伏；有无相生，难易相成，长短相形，高下相倾，音声相和，前后相随等。有了这样的世界观，人们在顺境中不会洋洋自得、忘乎所以，在逆境中不会心灰意冷、自暴自弃，就能把握规律性，增强预见性，扬长避短，趋利避害，发掘积极因素，汲取正能量，最终赢得丰盈的人生。

师卦的交互卦是复卦。师卦去掉初六、上六两爻，用中间的四爻重新组成一个新卦，上三个爻组成上卦，下三个爻组成下卦，其中中间两个爻为上下卦皆有，体现上下交互的意思，这个卦便是师卦的交互卦。交互卦是隐藏在本卦内部的一个卦。师卦的交互卦是复卦，说明师卦内部蕴含着复卦因素，两者在一定条件下可以相互转化，这也就解释了为什么师卦是由复卦演变而来的。心理学上有"共时性"、"有意义的偶然"等理论，看起来同个时段存在的两个事物是孤立的，毫不相干，其实其背后也许存在千丝万缕的联系。这与马克思主义中世界万物都是有联系的，矛盾无处不在、无时不有的理论是一致的。交互卦应用在占卜预测上，代表所测事物发展过程中下一步可能出现的状态。

师卦的错卦是同人卦。一对错卦的六个爻性质完全相反，师卦九二一个阳爻带五个阴爻，同人卦六二一个阴爻带五个阳爻。师卦上卦是地，同人卦上卦是天；师卦下卦是水，同人卦下卦是火；师卦是地下有大量的水，同人卦是天下有一堆火。两者呈现对称反向性。与此相适应，两个卦所反映的社会现象也存在类似特性。师卦反映的是两军打仗，同人卦反映的却是建立大同世界。这与综卦的现象有些相似，虽然综卦和错卦的考察路径不同，但揭示出来的规律有时是殊途同归的。

【卦辞象辞】

〖卦辞〗

"师，贞，丈人吉，无咎。"

【译文】"师卦，坚守正道，任用大丈夫统兵吉祥，没有灾祸。"

卦辞用来概括该卦的主题思想。贞，通"正"，坚守正道。丈人，《古代汉语词典》解释，一是对年长人的尊称；二是丈夫；三是岳父。此处指德高望重的长者，引申为代表坚守公平正义、有能力、有气度、有智慧的军事统帅。咎，灾祸，程度上比厉要重一点，比凶要轻一点，介于厉、凶之间。卦辞大意是，要出师有名，采取军事行动要出于正义，坚守正道，统帅要表现得公道仗义有正气，足智多谋有主见，刚毅果决有胆略，体恤部属有人性和胸怀宽广有气度，只有具备这种素质的统帅去领兵打仗，才能做到所向无敌，战无不胜，最终结果就能吉祥没有灾祸。由卦辞得出的军事原则之二是要为正义而战，必须师出有名。军事原则之三是统帅必须是大丈夫，要有正义感、有智慧、有能力、有气度。

〖象辞〗

《彖》曰："师，众也；贞，正也。能以众正，可以王矣。刚中而应，行险而顺，以此毒天下，而民从之，吉又何咎矣？"

【译文】象辞说，师就是兵士大众；贞就是坚守正道。如果能够以大众之正为正，就可以治理国家了。刚爻居中而与上有正应，行动充满风险却能顺利推进，以此率领天下，百姓跟从，结果吉祥，又能有什么灾祸呢？

可以王矣之"王",动词,音为四声,称王之意,即治理国家。行险而顺,指下卦坎为险,军事行动充满风险;上卦坤为柔顺。坤为地,有柔顺、配合、包容之德;坤代表百姓,此处代表全体将士,部队讲求服从命令听指挥,步调一致、令行禁止,充分体现了"顺"的内涵。毒,荼毒,引申为役使、治疗,领导百姓、治理社会。

【大象之辞】

《象》曰:"地中有水,师。君子以容民畜众。"

【译文】"大地内层有水,这是师卦所反映的自然场景。君子受此启发用以包容百姓养兵于民。"

地中,不是指地面上的中央位置,而是指地表以下有一定纵深的部分,可理解为地下水系为地表所覆盖和遮挡。所以,"地中有水"与比卦的"地上有水"相对应。师卦是水在地面之下,通常是看不见的;比卦是水在地面之上,通常是可以看见的。相比较之下,地面之水容易分散,而地下之水容易汇聚,因此地下之水更有力量。《易经》以地下之水,来比喻数以万计的军队、全国亿万百姓所蕴含的巨大力量。而军队正是来自百姓大众,统治者对百姓好,就能得到百姓的拥护,兵员就能得到源源不断的补充,正所谓养兵于民、寓兵于农。可见,我国古代圣贤几千年前就意识到人民群众的伟大力量了,后来出现的民为贵、社稷次之、君为轻,水能载舟、亦能覆舟,防民之口甚于防川等理念,正是民本思想长期发展的结果。

【爻辞小象】

"初六,师出以律。否(pi3)臧(zang1),凶。"

【译文】"初六,出动军队必须严明纪律,如不服从,凶险。"

律,原义为音律,部队进攻或撤退时吹奏的旋律,后引申为军纪、法令、法律。否臧,也叫臧否,臧为善、好,否为恶、坏,臧否即为善恶、得失,此处"否"作"不"解,否臧即不善、不好之意,指违反纪律、没有按照军乐律令进行军事活动。初六阴爻居阳位，不当位，力量过于柔弱，容易出现军纪松懈现象，反映了部队建立初期的状况，纪律意识淡漠，软弱涣散，因此爻辞提出警示，必须注意克服这个问题。初六与六四敌应，没有正应，得不到上层六四的支持，两者不能相互配合协调。该爻的大意是，出兵打仗必须严明军纪，严格要求，严肃执纪，做到步调一致、令行禁止。若出现纪律涣散，我行我素，有禁不止，有令不行，则必定是一盘散沙，后果危险。此爻得出的军事原则之四是纪律是军队的生命。

"师" 取象于坤卦、震卦和坎卦。上卦为坤，根据《说卦传》，坤为众、为大舆，有大车、有众人，这是部队的特征；下卦坎卦。根据《说卦传》，坎为弓轮，为血卦，其于马也，为美脊，为亟心，为下首，为薄蹄，为曳，其于舆也，为多眚。下交互卦为震卦，震为雷，为动，为鸣鼓，为车，为长男，其于马也，为善鸣，为馵足，为作足，为的颡。这些含义，大多与部队行军作战相联系。

"律" 取象于坎卦和兑卦。下卦为坎，坎为水，引申为水平、标准、整齐、命令和纪律，纪律是部队的生命，部队要求令行禁止，一切行动听指挥。若初六发生爻变，即通过采取措施改变初六力量过于柔弱状态，提高战斗力，那么初六就变成了初九，下卦就由坎卦变成了兑卦。根据《说卦传》，兑为口，声从口出，此处引申为军乐律音之声。同时，兑为兵戈、为毁折，如果不严明纪律，就容易出现损兵折将的凶险之象。

"否臧" 取象于反巽卦。若初六发生爻变，则下卦变为兑卦，兑为反巽，巽为逊顺，反巽即为不顺从不配合。同时，巽为风，风声为号，引申为传达统帅命令，反巽则为不听命令，违反军纪。

《象》曰："师出以律，失律凶也。"
【译文】小象说，出动军队必须严明纪律，丧失军纪将有凶险。

"九二，在师中，吉，无咎。王三锡命。"
【译文】"九二，统领军队并坚守中正之道，吉祥，没有灾祸。君王多次发布命令。"

锡，通 "赐"，赐予。九二是师卦的唯一阳爻，是全卦的卦主，担任主角，虽然爵位级别不是最高的，但是被君王授予重任，在师卦中担任统帅之职。本来九二阳爻居阴位不当位，是不利因素，但在其余五爻均为阴爻的情况下，反而堪当重任，义不容辞。九二是阳爻，说明有能力；九二居中位，说明有品德，坚守中正之道。因此，九二是统帅军队的最适宜人选。九二与六五有正应，六五代表君王，有正应说明上下信任，配合协调，这是统帅履行职责的重要条件和天然优势。君王柔和，统帅刚健，阴阳互补而且和谐。统帅是君王任命的，自然会听命于君王。

该爻大意是，统帅在率领部队、坚守中正之道是吉祥的，没有灾祸。君王发布多道命令，三是泛指多次。既然是任命统帅就要依程序发布命令。根据《周礼》规定，一命受职，二命受服，三命受位。受，通"授"，授予职位、服饰和爵位。当然不局限于三道命令，还有兵力、军需给养等指令。此时的统帅深得君王宠信，可谓春风得意，结果当然不错。无咎的意思是，本来是有咎的，比如不当位是个不利因素，可能带来咎害，但是君王的信任这一大好的有利因素，以及九二居中位，品德良好，消弭了不利因素，所以没有灾祸。此爻得出的军事原则之五是对军事统帅必须充分授权。

"在师中"取象于爻位。九二在下卦坎卦的中爻，这个中不是指统帅这个人在军队中间，统帅在军中是不言而喻的，而是指统帅能以中正之道率领军队。在师卦，坎卦象征前线作战司令部，初六、六三两个阴爻如同四个卫士或辅助军士。

"王三锡命"取象六五爻位和震卦。六五与九二有正应，六五为君王之位，而且中间隔着三个爻的距离，泛指多次。下交互卦为震卦，九二正好是震卦的初爻。表明君王的命令象雷鸣闪电般迅速传达到了统帅那里，君命如雷贯耳，必须雷厉风行地去执行。

《象》曰："在师中吉，承天宠也。王三锡命，怀万邦也。"

【译文】小象说，统帅率领部队坚守正道是吉祥的，因为他承蒙天子的宠信。君王多次赐授命令，因为他心系众多邦国生灵的安危啊。

"万邦"取象坤卦。万邦，指众多国家。上卦为坤卦，上交互卦也为坤卦。坤为众多，为百姓，为土，为地，象征国家领土，合称万邦，包括邦国的百姓。

"六三，师或舆尸，凶。"

【译文】"六三，将士因疑惑导致载尸而归，凶险。"

或，通"惑"；有的解释为或许、可能，也可，但不如解为"惑"更加妥当。舆，车厢、运载，此处用作动词。六三阴爻居阳位，行为举止不当，能力偏弱；不中不正，表明其道德素质能力不佳，心术不正；同时六三又阴乘阳，属反常举动，正常情况应该是阳乘阴，即阳爻负责开创性工作，阴爻负责配合性事务。

此处，六三犹如君王派来的督军，不懂军事，不学无术，居三公之位，职级在统帅之上，自恃有身份有背景，常常自以为是，居高临下，对统帅指手划脚，严重干扰了统帅的作战部署。类似的情节在古代军事题材的影视剧中司空见惯。此爻的大意是，因督军与统帅认识不同，意见不能统一，政出多门，军令混乱，导致部队无所适从，战斗失败，伤亡惨重，用马车运载士兵尸体，结果凶险，这与爻位规律"三多凶"相吻合。此爻得出的军事原则之六是军令混乱必败。

有人将"舆尸"解释为用车拉着先人的塑像或牌位。古代文献确有记载周武王伐纣时，用马车运载周文王塑像，称其为"舆尸"。旨在高举周文王旗帜，为实现先王遗愿而战，目的在于凝聚人心，鼓舞士气，提高战斗力。《尚书》中也有记载，在祭祀时，用活人扮演已故先祖，接受后辈人的朝拜，古人称这位扮演者为"尸"。但从师卦的实际情况看，不宜作如此解释。六三、六五两次出现"舆尸"，均与君王派人用人不当有关，打仗失利与将士牺牲存在因果关系。而作运载先人塑像解，则看不出两次重复出现"舆尸"的重要性和必要性。

"或"取象坎卦。下卦为坎卦，因为六三仍在坎卦上。根据《说卦传》，坎，其于人也，为加忧，为心病，为耳痛，为血卦、为赤。内心有忧虑、有毛病，当然就会疑惑不定了。表明统帅与督军号令不一致，将士们不知道听谁的，心里就迷惑了。

"舆"取象坤卦、坎卦和震卦。上卦为坤卦，坤为子母牛，为大舆，即为大车，古时称用牛拉的车为大车，载重量较大。下卦为坎卦，坎为弓轮，为血卦，其于马也，为美脊，为亟心，为下首，为薄蹄，为曳，其于舆也，为多眚（sheng3，灾异、过失、错误、疾病），为通。可见，坎可以代表轱辘、马、车、流血、灾难等，反映了战场上两军对垒、流血牺牲、伤亡重大的场景。在初六已讲过，震可解释为马车，与舆意相符。

"尸"取象于坤卦。上卦为坤，坤为纯阴卦，没有阳气说明没有生命；坤为腹，指身体，没有生命的身体即为尸体；坤为众，可理解为众多尸体。

《象》曰："师或舆尸，大无功也。"

【译文】小象说，将士因疑惑导致载尸而归，这是重大的失利。

"六四，师左次，无咎。"

【译文】"六四，部队撤退安营扎寨，没有灾祸。"

左，本义为左方、左侧、左面等，古代军事尚右，右为前进、进攻，左为后退、撤退。次，指古代部队安营扎寨，《左传》说："凡师，一宿为舍，再宿为信，过信为次"，驻扎一天叫舍，驻扎两天叫信，驻扎两天以上叫次。也有将次解释为次等，地势稍低，指军营适宜驻扎在左侧或左前方地势稍低、右侧或右后方地势较高的地区，遇到敌军袭击时，左侧或左前方稍低有利于部队迅速出击，右侧或右后方地势高可作天然屏障，并留有回旋余地，可居高临下，有利于阻击敌人进攻，这也是有道理的。

六四阴爻居阴位，当位，说明行为举止适当。六三刚刚败下阵来，六四将部队撤到安全地带。由于六四处于外卦的下位，此时已经脱离了坎卦，表明暂时脱离了险境。六四力量柔弱，因为部队刚刚经历了重大伤亡，暂时没有能力发起进攻，只得临时找一处安全之地作些休整。按爻位特点"四多惧"，部队安营扎寨，自然是令人忧虑戒惧的。但是，只要提高警惕，加强警戒，按照兵法要求去扎营，不会有太大闪失，所以没有灾祸。无咎表明本来是有咎的，由于思想重视、方法得当等原因，有效地避免了不利因素。其不利因素就是六四与初六敌应，没有配合协调，其行为得不到来自基层民众的支持。

"左"取象于离卦。如果六四发生爻变，那么九二、六三、九四就构成为下交互卦离卦。按照先天八卦图，离居东方，按古代地图的方位，上南下北，左东右西，与现代地图正好相反，但就整个地理布局而言两者完全一致，只是观察习惯不同而已。所以，此处离卦代表左，由左引申出撤退。

《象》曰："左次无咎，未失常也。"

【译文】小象说，部队撤退安营扎寨没有灾祸，因为这样做没有违反常规。

"六五，田有禽，利执言，无咎。长子帅师，弟子舆尸，贞凶。"

【译文】"六五，田地遭猛禽侵害，适宜仗义执言，没有灾祸。派长子率领军队，如派小人将运载尸体，守正以防凶险。"

田，田野，田地，庄稼地。禽，指侵害庄稼的猛禽。利，适宜。执言，执是逮捕、捉拿，握、持，掌握、控制，执言即仗义执言，可理解为揪住不放、毫不妥协，引申为理直气壮、义正辞严、据理力争。此爻以猛禽侵害庄稼来比喻敌军侵犯本国领土和财产。说明敌方侵犯是非正义的，我方应战抗击是保家卫国的正义行为。"田有禽，利执言，无咎。"与卦辞相呼应，进一步表明正义战争不会有灾祸。无咎，说明本来是有咎害的，这个潜在的不利因素是，六五阴爻居阳位，不当位，力量显得过于柔弱。但是六五居上卦中爻位置，能够坚守中正之道，说明品德没有问题；六五与九二有正应，说明上下同心，君王对统帅信任，统帅对君王忠诚，再加上战争的正义性，足够弥补君王在能力上的不足。君王坚守中正之道、能力又偏于柔弱，意味着他不会主动向别国发动军事行动，眼前的战事只是在迫不得已的情况下实施防御应战而已。由此得出军事原则之七是正义战争必胜。

"长子帅师，弟子舆尸"与六三爻辞相呼应。长子是指丈人、统帅，弟子是统帅的随从、下属、督军，暗指六三是个小人。君王派出长子堪当统帅，有利于指挥作战，但派一个奸佞小人作督军，却导致了运送成批尸体的惨象，战争进入异常艰难的低谷。这两句爻辞反思了战争失利受挫的原因。君王既然派出有能力、有气度、有魄力的长子、丈人作统帅，就不应该再派奸佞小人去做督军，这恐怕是导致战争失利的主要因素，这种状况如果不加改变，那么结果必定是凶险的。

"田"取象于坤卦。上卦、上交互卦均为坤，坤为地，即田地。

"禽"取象于离卦。如果六五发生爻变，将六三、六四视为一个大阴爻，那么中间就成了大离卦。根据《说卦传》，离为雉鸡，禽鸟类，引申为猛禽。

"言"取象于震卦。下交互卦为震卦,九二为震卦初爻,六五与九二有正应。震为雷,雷声隆隆,表明仗义执言、理直气壮、大声如雷。

"长子"取象于震卦。下交互卦是震卦,震为长子。代表卦中的统帅、丈人。

"弟子"取象于坎卦和艮卦。下卦坎卦,坎为中男,排在长子之后,所以称其为弟子。坎为险,代表阴险小人,用以指代督军。弟子,取象于坎卦,却用来指代六三小人。六三不中不正,与上六敌应,乘刚九二,居三公之位,视为君王派出的督军再合适不过,其小人嘴脸形象逼真。若六五发生爻变,则上交互卦变成艮卦,艮为少男,泛指少年儿童,引申为小人,六三是艮卦的初爻,表明六三为奸佞小人。

《象》曰:"长子帅师,以中行也。弟子舆尸,使不当也。"
【译文】小象说,长子统领军队,是因为九二统帅居于中位,能够坚守中正之道。派弟子导致出现运载大批将士尸体,是因为君王用人不当。

这里的"不当"包含几层意思,一是指君王派督军的行为不当,用人不疑,疑人不用,既然任命了统帅,就该信任他,而不要再派人督战;二是虽然君王派督军无可厚非,但君王任人不当,所派之人不合适;三是指督军在前线军营中的行为不当,其所作所为严重干扰了统帅的战略部署。

"上六,大君有命,开国承家,小人勿用。"
【译文】"上六,君王颁布命令,分封诸侯开创国家基业,授予大夫建承封邑事业,不可重用小人。"

这是战争结束后,君王颁布命令论功行赏的情景。承家之家,不是现在家庭的概念,而是指大夫所管辖的领地,叫采邑、封邑,属地的税收用作大夫的行政费用。这与《大学》八条目"格物、致知、诚意、正心、修身、齐家、治国、平天下"的概念是一致的。开国与治国的国概念相同,承家与齐家的家概念一致。上六阴爻居阴位,当位,说明其行为举止是适当的。上六与六三敌应,说明上六属于正统的大佬,对六三这种小人保持距离,划清界限,不受小人影响。大君,是君王、君主，指六五老大。本来没有正应是不利因素，但是六三是个品行不端的小人，与小人不正应反而是件好事。

上六是师卦的最后一爻，此时战争基本结束，正义之战必定取得最后胜利。按照战功封侯予爵是符合常理的，有的封为诸侯，有的封为大夫，分别拥有自己的国土和采邑。同时，必须吸取战争期间血的教训，千万不能重用小人，否则后果不堪设想。此时，战争仍未走远，说明君王是开明和清醒的。当然，小人勿用不是绝对不用，只是不能重用，不能把小人放在重要岗位，否则会付出惨重代价。

小人与君子是对矛盾，相互依存、相互转化，小人没有了，君子也就消失了，完全排斥小人不仅没必要，而且不太可能。对于有功绩的小人可以给予适当的物质利益，却不可授以重权。此爻得出军事原则之八是，论功行赏小人勿用。

"大君有命"取象于爻位。按照爻位分布，初爻为元士、二爻为大夫、三爻为三公、四爻为诸侯、五爻天子、上爻为宗庙。上六为宗庙之位，战争结束后，论功行赏通常在宗庙举行，主导论功行赏者为六五君王，称为大君。

"小人勿用"取象于艮卦。如上六发生爻变，则上卦变为艮卦，艮为少男、儿童，引申为奸佞小人。同时，艮为止，止即勿用。

《象》曰："大君有命，以正功也。小人勿用，必乱邦也。"

【译文】小象说，君王命令，按照公正合理的原则，根据每个人的战功封侯予爵、论功行赏。不能重用小人，否则必然搞乱国家。

邦，古代诸侯的封国。

第八卦 比卦的亲比之道

【比卦】

【白话经文】

比（bǐ4）卦，吉祥。以原野为卜筮标的，自始至终坚守正道，没有灾祸。不安宁部落前来亲比，滞后者凶险。

初六，带着诚信与人亲比，没有灾祸。保持诚信如同瓦罐盛满酒水，最终将带来其他收获，吉祥。

六二，实行内部亲比，坚守正道，吉祥。

六三，亲比了不该亲比之人。

六四，实行外部亲比，坚守正道，吉祥。

九五，大张旗鼓地亲比。君王采用三驱法围猎，舍弃逃窜在前面的禽兽；不训诫当地百姓，吉祥。

上六，欲亲比却找不到首领，凶险。

【经文原文】

比，吉。原筮，元永贞，无咎。不宁方来，后夫凶。

初六，有孚比之，无咎。有孚盈缶，终来有它，吉。

六二，比之自内，贞吉。

六三，比之匪人。

六四，外比之，贞吉。

九五，显比。王用三驱，失前禽；邑人不诫，吉。

上六，比之无首，凶。

【解读序言】

比卦位列周易第八卦，上卦为水，下卦为地，称其为水地比。《序卦传》说："师，众也。众必有所比，故受之以比。比者，比也。"序卦传说，师卦所反映的是众人聚集，众人汇聚必然发生相互亲比的现象，因此周易在师卦之后安排了比卦。《杂卦传》说："比乐师忧。"亲比令人高兴，而行师打仗却令人担忧。

综观比卦，有以下几个观点应予着重把握：一是亲比要诚心诚意，不要三心二意；二是亲比要主动及时，不要犹豫迟疑；三是亲比要顺其自然，不要强人所难；四是亲比要选择贤良，不要亲比不当之人；五是亲比要内外结合，不要自我孤立。

【卦名含义】

《古代汉语词典》解释，比（bi4）：亲，亲近；接近，靠近，挨着；并列，并排；齐等，同样；协调，配合一致；勾结；合，适合；辅助，佐助；密，密集；连，连续，接连；皆，都，到处；近来；及，等到；六十四卦之一等。从"比"的字形看，一个人在前面走，另一个人紧随其后，跟从者与前行者保持同心同向、亦步亦趋，以表示主动亲近、亲比和追随之意。比与"北"正好相反，北通"背"，两人彼此相背、离背，离心离德，背道而驰。虽然《古代汉语词典》"勾结"含贬义但就"比"字的总体含义并结合比卦意境来讲，它不是贬义词，至少是个中性词，甚至倾向于褒义词。

【卦象寓义】

一、地上有水之象。卦象就是卦画所反映出来的自然景象，比卦的卦象是池塘、水库、湖泊等地上较大面积的水域。水有汇聚特性，往低处流淌，通过涓涓细流汇集成大面积水域。比卦假借这一自然景象来阐述道理，一是表现为水与地之间的亲比，大地包容、承载水，水滋润、渗透大地，养育万物，说明水与大地是亲密无间的；二是表现为水与水之间的亲比，湖泊之水来自四面八方，汇流成湖，积小水为大水，并且水滴之间具有相互吸引的亲比特性。如果在一个平面上有两滴水，只要距离足够近，最后两滴水就能够瞬间吸附在一起。

地上有水之象引申出水水亲比、水地亲比之象，地承载水，水滋润地，两者保持相互依存的亲比关系。比卦就是假借水与大地的亲比现象、水与水的亲比现象来告诉人们人与人团结一心、共同协作的重要性和必要性，彰显团结就是力量的道理。分散的水是没有力量的，汇聚一起就力量巨大；分散的人是没有力量的，团结一心就能干成大事。

二、君子率众之象。全卦仅九五一个阳爻，其余皆为阴爻。阳爻代表君子，一是九五居上卦坎卦的中爻，同时九五又是全卦的核心之爻、君王之爻。居中，说明其道德水准高，能够坚守中正之道，主持公平正义；二是阳爻说明刚健有力，这是有能力的表现。阴爻代表小人，小人并不等于坏人，坏人肯定是小人，但小人不一定都是坏人，有的因为能力弱，有的因为年龄小，有的因为志向不大，有的因为品行一般等等，小人中的大多数都是普通人，比卦的诸阴爻代表百姓、众人。因此，观察比卦的卦象，就是一个君子带领众人以德化人、丰衣足食、创造和谐美好生活的情景。

三、君临天下之象。从国家大格局上看，君子率众之象就是君临天下之象。九五代表君王或国家领袖，五个阴爻是全国各阶层的百姓，阴爻阳爻的属性是个相对的概念，无论官爵多高、财富多广，相对于君王而言都是阴爻。比卦由水水亲比、水地亲比、君子小人亲比，引申出全国百姓与君王或领袖亲比的主旨。

《论语》说："君子周而不比，小人比而不周。"一般都将其解释为，君子讲团结不勾结，小人只勾结不团结，当然没有错，具有正面积极意义。但愚以为这样解释不符合孔子的原意。

易为群经之首、大道之源、诸子百家之宗，中华文化总源头，《论语》部分内容与《易经》关联密切，或者说是对《易经》的进一步阐释。孔子年轻时就了解《易经》，晚年更是对《易经》有过专门、深入、系统的研究，他的言论思想中处处闪耀着易道的光芒。"君子周而不比，小人比而不周"可理解为是孔子研究比卦后的体悟和评析。从君临天下角度考察比卦，可得出以下几点：

首先，比卦对君王或领袖的道德、素质、能力提出了很高要求。九五阳爻居中位，就是要求君王或领袖必须是君子，秉持中正之德，同时必须像阳爻般刚健有力，其能力和智慧要符合职位要求，因此只有大德、大能、大智慧之人才有资格当君王或领袖。

其次，"君子周而不比"是指，君王或领袖必须周全、周密、周到地兼顾好全国各个阶层的利益，而不能只满足自己家族或小团体的利益。职位要求君王或领袖必须大公无私，任何以权谋私的行为均与职位不相兼容。否则就违背了"君子周而不比"的原则。

再次，"小人比而不周"是指，既然大德、大能、大智慧的君王或领袖能够代表并维护全国百姓的利益，那么作为百姓来讲，就要主动亲比君王或领袖，接受、拥护其领导，支持、配合其治国理政的行为。因为百姓没有职责、也没有能力去谋划全国的大事，这是百姓"不周"的内涵。那么，百姓只要亲比君王或领袖就可以了，支持君王或领袖公平正义地行使职权，也就等于维护了百姓自身的利益。

四、协和万邦之象。从国际关系层面考察，唐、虞、夏、商、周是我国国家产生和形成的初期阶段，表现为一个大国统辖着周边成千上万个原始部落。这个大国叫宗主国，这些原始部落叫附属国，又称其为邦国、方国、部落、酋长国等。由于大禹时期，邦国多达万个，所以也称万国，实际上古代的邦国绝大多数规模都很小，有的比现代的县还要小。正因为如此，后来称为宗主国的大国为万邦之国，意思是统辖着上万个小邦国的大国家。比卦就反映了大国协和万邦、万国来朝的情景。宗主国坚守公平正义，周全地照应协调着成千上万个邦国的利益，万国主动亲比宗主国，向宗主国纳贡，并接受宗主国的帮助和保护。

五、瓦罐盛酒之象。初六有"有孚盈缶（fou3）"的表述。《易经》不会无缘无故地冒出这句爻辞，卦爻辞皆为"观象所得"。也就是说，比卦中一定包含着相应的卦象。比卦下卦为坤，坤为釜（fu3），釜为古代的炊具，类似锅。同时，坤为地，为土，将两者意思整合起来就是用泥土制作类似锅之类的陶器，这样就找到了"缶"的来源。上卦为坎，坎为水，引申为酒水；而且九五是阳爻，说明水位很高，水的特性之一是水平，表明酒水装满了整个容器，如此"盈"的意思也很好地表达出来了。再用比卦所反映的瓦罐盛满酒水这一具体景象，来表达内心充满虔诚的态度，就非常贴切和自然了。

六、田野狩猎之象。九五有"王用三驱，失前禽"的表述。这是《易经》用狩猎活动作比喻，表明协和万邦决不是强人所难，而是采用"顺取逆舍"的自愿方式，愿意加入宗主国国际俱乐部的举双手欢迎，不愿意加入的就像狩猎时网开一面放它一条生路,当然若是誓与宗主国为敌的自然也不会有好果子吃。在比卦中,下卦、下交互卦皆为坤,坤为地,引申为大片田野;上交互卦为艮,艮为山。田野和山构成了狩猎场所。上卦为坎,其于马也,为美脊,为亟(ji2,急切地)心,为下首,为薄蹄,为曳(ye4,拖、拉、牵引),其于舆也,为多眚(sheng3,灾异)。这样,狩猎用的马与车都有了。坎为弓轮,其于木也,为坚多心,可用硬木制作箭或其他狩猎工具;艮为狗,这是狩猎的武器和猎犬。坎为豕,为血卦,用来表示被捕杀的野猪。因此,比卦中的狩猎场景图也是形象生动的。

七、水山蹇难之象。比卦中蕴含着蹇卦之象,上卦为坎,坎为水;上交互卦为艮,艮为山,两者构成水山蹇。蹇卦是四大难卦(屯、习坎、蹇、困)之一,前有水险,后有山阻,进退维谷,坎坷艰难,表明人生事业遇到重大磨难和挫折。蹇字由寒+足两部分组成,意即足被严寒冻伤了,走路一瘸一拐,以行路艰难来比喻人生事业之艰难。从比卦卦象看,前半部分是柔顺的,下卦为坤、下交互卦为坤,坤为大地,为众,意即数量众多的国土版图,两坤叠加象征万国的绝大多数,这些万国处于"阴承阳"的态势,定位准确,行动配合,主动亲比宗主国,因此情势顺遂。而对少数不顺从的邦国来说,情况就大不一样了,上六就是它们的代表,阴乘阳,行为反常,对宗主国不友好也不配合。蹇难就反映了这部分邦国部落的命运,同时也表明宗主国在处理不顺从甚至敌对的方国部落时将遇到麻烦,我国边境长期遭受少数民族部落的侵扰就是真实案例。这与蹇卦卦象出现在比卦上半部分所传达出来的意境是一致的。

八、内柔外险之象。从卦画结构上看,下卦为坤卦,是主卦、内卦,坤卦代表柔顺、包容、承载、配合,表明组织内部是柔顺的。上卦是坎卦,是客卦、外卦,坎卦为风险、坎坷、心病、加忧,表明外部环境或外部对象存在风险因素。从卦画阴阳爻角度考察,全卦只有九五一个阳爻,理所当然成为卦主,其余五个阴爻从属于卦主。下卦为主卦、九五为卦主,看起来好象有些矛盾,其实是辩证统一的。考察卦象不能固定视角,而应多角度转换,需要综合各种卦象,并将其有机结合起来。内顺,表明代表君王、宗主国、君子的九五内部组织机构比较协调和谐;外险,表明在亲比过程中亲比了不该亲比的人、不顺从、甚至敌对势力等,因而存在风险因素。

九、母亲中男之象。在《易经》大家庭中,坤为母,坎为中男。在比卦中,下卦为坤,母亲主内,烧火做饭,料理家务;上卦为坎,中男主外,有德行,有能力,能够配合顺从母亲的安排,支持母亲掌管家政事务,保持了与母亲协调和谐的亲比关系。母亲表现为柔顺包容,中男表现为刚健有力,这样的组织结构无论在家庭,还是在机关、企事业单位和各种社会团体里,都是有利于人生幸福和事业发展的。

十、阴土克水之象。 从五行关系上看,八个经卦对应五行水、火、金、木、土,除了坎对水、离对火外,其余六个经卦两个对应一个五行元素。震巽对木,乾兑对金,艮坤对土。由于艮为阳卦,坤为阴卦,因此坤为阴土,土的特性是中和,坤土比起艮山来更加柔顺。上卦为坎,坎为水;下卦为坤,坤为土。按照五行关系,比卦呈现出土克水的态势。从主客卦角度来考察,下卦是主卦,代表宗主国;上卦是客卦,代表万邦部落。因此,土克水正好反映了宗主国与附属国之间的国际关系。

【关联卦画】

比卦的综卦是师卦。 师卦在前,比卦在后。师卦的卦画颠倒180度是比卦,比卦颠倒180度是师卦。卦画的内部结构没有变化,但是结果却发生了变化。从哲学角度看,就是观察问题的视角发生了变化,得到的结论也不相同,这也就可以理解为什么不同利益群体看同一件事情,其认识、观点是不尽相同的。互为综卦的两个卦既有联系又有区别,联系是内部结构没有变,卦象中都是地与水两种自然物质,前后存在逻辑关系,反映了事物发展的客观规律性;区别是卦象发生了变化,师卦是地中之水,比卦是地上之水,水与地的位置发生了变化,卦象所反映的自然景象和人类社会活动也发生了变化,师卦与行师打仗关联度更强,比卦与进德修业、治国理政、处理国际关系更加密切。

比卦的交互卦是剥卦。 比卦去掉初六、上六后,用中间的四个爻重新组成一个卦,上三爻为上卦艮卦、下三爻为下卦坤卦,艮为山,坤为地,两者构成比卦的交互卦山地剥。剥卦的卦象是,由于山体受到风吹、雨淋、日晒、冰冻等自然气象因素的影响,山石泥土被不断侵蚀,泄落到大地。这种自然景象反映到社会生活中,比如,油漆大门、门框、窗户等年长月久被逐渐剥蚀,成为斑驳破旧的样子;一些贪官侵吞国家集体的钱财,剥蚀着国家集体这座大厦。剥卦只有上九一个阳爻,下面是一群小人,小人人多势众,君子势单力薄,处于穷途末路、猛虎架不住群狼的不利境地。

从消息卦角度来看，剥卦代表农历九月，天气转冷，阴气步步逼近，仅剩一点阳气，如果将这点阳气都剥尽了，就进入了十月全阴的季节。因此剥卦反映的是阴剥阳、小人剥君子的社会现象。比卦的交互卦是剥卦，其寓意在于告诉人们一个道理，比卦反映的是和谐协调的社会景象，但切不可高枕无忧、万事大吉，一不小心，很可能进入小人剥君子、贪污盛行的剥卦状态。因此，为政者对于比卦中蕴含着剥卦因素，必须引起高度警惕。如能思想重视，加强防范，就可有效避免进入剥卦的积弊状态。

交互卦所反映的是，在本卦基础上再往前发展可能出现的过程性状况，它揭示了事物发展的规律。虽然人们不能改变客观规律，但是可以认识规律，顺应规律，利用规律，从而采取有效措施，做到扬长避短、趋利避害。从这个意义上看，用《易经》指导人生事业具有非常重要的现实意义。对于掌握公共权力和资源的人来说，尤其重要。

比卦的错卦是大有卦。如果将比卦的每个爻性质相反，阳爻变阴爻，阴爻变阳爻，那么得到的卦便是大有卦，上卦为火，下卦为天，称其为火天大有。其卦象是天上之日，天空中艳阳高照，光明灿烂，象征着阳光普照，恩泽普惠，百姓拥有大量财富，生活富裕。比卦是地上之水，大有卦是天上之火，卦象所反映的自然存在、自然现象刚好相反。两个卦反映的是不同的自然景象，解释的是不同的社会生活。比卦强调团结就是力量，大有卦突出阳光普照天下，但是它们对于促进人类社会健康发展的正面积极的作用是相通的，可以理解为大有卦是比卦行为的积极成果。一对错卦之间可以双向互变，两者相辅相成，相互依存，有时表现为矛盾对立，有时表现为协调统一。

【卦辞象辞】

〖卦辞〗

"比，吉。原筮，元永贞，无咎。不宁方来，后夫凶。"

【译文】"比卦，吉祥。以原野为卜筮标的，自始至终坚守正道，没有灾祸。不安宁部落前来亲比，滞后者凶险。"

这是卦辞，用来概括该卦的主要内容和主题思想。原，一说原野；二说探究，推理，考察。都有道理，本人认同原野说，因为原野与卦象关联更加密切。

下卦为坤,下交互卦也为坤,坤为大地、原野,坤为众,与天下邦国的卦意吻合。原筮,就是将原野大地作为卜筮的占问对象。方,区域,地域,此处指邦国、方国、部落、酋长国等。夫,虚词,起到缓冲语气作用,无实义。大意是,内心忐忑不宁、无安全感的邦国前来亲比,将得到宗主国的庇护和扶持,但态度犹豫、迟疑不决、行动滞后的邦国就可能面临被其他邦国吞并或征伐的危险。比卦的上六就是反面例子,他因行动迟缓,错过了与九五亲比的机会,因而结局是凶险的。

古代有宁侯和不宁侯之分,一般来说,向宗主国朝贡,得到庇护的诸侯是安宁的,称为宁侯;而没有与宗主国建交,甚至为敌的部落方国,没有安全感,随时有被其他邦国侵吞或征讨的危险,称为不宁侯。屯卦的卦辞有"利建侯"的表述,两者"侯"的意思相同,是指诸侯基业,即创建原始部落、酋长国。

古典记载,禹合诸侯于涂山,执玉帛者万国。也就是说夏禹时期,万邦来朝的盛况是可能存在的。但也有不顺从不配合甚至暗中作梗的部落首领,比如在涂山之会上,部落首领防风氏就成了刀下之鬼。这个防风氏就是"后夫凶"的典型案例。夏禹是个大德、大能、大智慧之君,决不会仅仅因为防风氏迟到这单个原因要他的命。

涂山之会,万邦来朝,说明夏禹王朝国力强盛,夏禹的影响力、号召力空前强大;防风氏被杀,说明夏王朝前面存在一股逆流甚至是敌对的势力,尽管当时成不了大气候,但不可等闲视之、坐等做大,于是夏禹采用杀鸡给猴看方式,杀一个防风氏,教育一大片部落首领,从而起到惩戒、威慑、警示的作用。表面上看是因为迟到,这不过是个借口,其实与夏王朝作对才是实质所在。

"筮"取象于上卦坎卦。坎为加忧、为心病,心里不安宁就有疑虑,需要通过占卜解疑释惑,以求心灵安宁。

"不宁方来"取象于下卦坤卦和下交互卦坤卦,坤代表大地、众多,象征方国、邦国、部落、酋长国、万国。"不宁方来"的"来",其参照物是九五阳爻,众阴爻从下卦前来亲比,或者说其余五个阴爻从四面八方纷纷前来亲比九五。

〖彖辞〗

《彖》曰:"比,吉也。比,辅也,下顺从也。原筮,元永贞,无咎,以刚中也。不宁方来,上下应也。后夫凶,其道穷也。"

【译文】象辞说,比卦,吉祥。比就是辅佐,下卦所代表的百姓大众顺从君王,或者万国顺从宗主国。以原野作为卜筮标的,只要自始至终坚守正道,就没有灾祸,因为九五代表的君王或宗主国以刚健有力的君子形象居于上卦中爻,表明能够坚守中正之道。没有安全感的方国、部落前来称臣,是因为宗主国与方国、部落上下之间心灵相通、相互感应。态度暧昧行动滞后者凶险,因为它处于穷途末路处境。

【大象之辞】

《象》曰:"地上有水,比。先王以建万国,亲诸侯。"

【译文】"地面上有水域,是比卦的卦象。历代君王由此领悟,要创建万邦之国,亲近诸侯。"

先王,指夏禹、商汤、周文王、周武王等有作为的君王。据古书记载,古时原始部落星罗棋布,也叫小诸侯国、邦国、方国、酋长国等,夏朝有近万个,故叫万国、万邦。商朝有近八千个,周朝有近两千个。说明在历史发展中各部落在逐渐融合,数量在减少,规模在扩大。这些成千上万的邦国,如众星拱月,向夏、商、周王朝俯首称臣,岁岁朝拜天子,进贡纳宝,以求安宁,同时宗主国也为众邦国的安全和生存发展提供必要的指导协调和物质援助。

【爻辞小象】

"初六,有孚比之,无咎。有孚盈缶,终来有它,吉。"

【译文】"初六,带着诚信与人亲比,没有灾祸。保持诚信如同瓦罐盛满酒水,最终将带来其他收获,吉祥。"

有,虚词,无实义。孚,诚信。盈,满。缶,瓦器,大腹小口,有盖,两边有环,用来盛酒、水。它,为"蛇"的原字,古篆它的字形活像一条蛇。"它"字源于上帝创造世界的神话,伊甸园中有亚当、夏娃和蛇三个主体,这是西域民族对神话人物的称谓。据说,实际上亚当、夏娃就是我国的伏羲和女娲,而夏娃与女娲名称相近。当时,他们因在蛇的诱惑下偷吃禁果,被上帝赶出了伊甸园,他们自东方出走下凡至人间。西域所称的东方,正是我国西北甘肃一带,而伏羲故里就在甘肃。因此,愚以为这则关于人类起源的神话,很可能反映了中西方文化的早期融合现象。"它"就是伊甸园里的那条蛇,用花言巧语诱惑亚当、夏娃。由于蛇是伊甸园的第三者,后来就用"它"指代第三人称,有它、他、其它人、其他人等意思,这时"蛇"的本义反而淡化了,于是人们在它的前面加个虫字旁以表示其原始本义并与第三人称相区别。文字演变过程中,这种鸠占鹊巢的现象不乏其例,比如孚与孵、益与溢等,存在类似情况。

初六阴爻居阳位,不当位,力量偏弱,这是第一个不利因素。初六与六四敌应,上下没有协调配合,得不到上层六四的帮助,这是第二个不利因素。无咎的意思是,本来是有咎的,后来因为某种积极因素抵消了可能带来灾祸的不利因素,因此最终结果为无咎。初六的积极因素就是两个"有孚",诚信可以使人趋利避害、逢凶化吉,这就是诚信的力量。诚心诚意与人亲比,或与其他邦国亲比,就没有灾祸。心中怀着诚信,就像瓦瓮盛满酒水一样,虽然外表粗朴,但里面的美酒香醇浓郁,带着如此美好的善意和诚意去亲比,最终将迎来意想不到的收获,结果自然是吉祥的。有人将"有它吉"连在一起解释,把"它"作为"吉"的定语,即有意外的吉祥,似与古语习惯不符,《易经》中的吉或凶多为独自成词。

"有孚"取象于离卦。若初六发生爻变,那么初六至九五构成大离卦。中间三个阴爻为坤,数量众多,表明虚怀若谷,内心空间很大,因此出现两个"有孚"。

"盈缶"取象请参见前面的"瓦罐盛酒之象"。

"终来有它"取象于震卦。若初六发生爻变,下卦坤卦成为震卦,初九与六四有正应,初九通过六四与九五的亲近关系而完成间接亲比。因此,初六最终亲比九五是通过第三者"它"的介绍而完成的,这个"它"就是六四。

初六变成初九后,比卦就成了水雷屯了,屯卦卦辞有"利建侯"的表述,屯卦所建的侯就是不宁侯,需要得到宗主国的保护,因而应当主动亲比。综上所述,终来有它之"它",一是表示有意外的其他收获;二是通过间接的其他方式完成与九五的亲比。

"缶"取象于震卦和艮卦组合。八卦口诀:"乾三连,坤六断;震仰盂,艮覆碗;离中虚,坎中满;兑上缺,巽下断。"初六变为初九后,下卦变成震卦。震仰盂;上交互卦为艮,艮覆碗。两者组合一起就是完整瓦罐的形状。

《象》曰:"比之初六,有它吉也。"

【译文】小象说，九五与初六亲比，是通过第三者间接完成的，因而吉祥。

"六二，比之自内，贞吉。"
【译文】"六二，实行内部亲比，坚守正道，吉祥。"

六二阴爻居阴位，当位，表明其行为举止适当。六二处于下卦中爻，表明其道德品质没有问题，能够坚守中正之道。比之自内的"内"有两层意思，一是实行内部亲比，六二与上卦对应的爻是九五，与其他爻相比，属于内部关系；其他爻与九五的关系属于外部关系。二是发自内心，以真诚的态度去亲比君王，因为六二居下卦中爻，居中有德。六二与九五有正应，说明能得到九五君王的信任和支持。六二在客观上占尽天时、地利、人和等有利因素，主观上又能发自内心地亲比君王，其结果当然是吉祥的。

《象》曰："比之自内，不自失也。"
【译文】小象说，实行内部亲比，没有自我失责失德。

"六三，比之匪人。"
【译文】"六三，亲比了不该亲比之人。"

匪，通"非"，非人即不是人、不是正经人，引申为不该亲比之人。六三阴爻居阳位，不当位，不中不正，而且力量偏弱，说明无论是品行还是能力都存在缺陷。六三与上六没有正应，表明得不到上六大佬的支持和帮助。而想跟九五亲比，中间又有六四阻隔，更何况六三处于上交互卦艮卦的初爻，艮有静止、停止、阻止、制止等意，因而九五阻止了六三的亲比。在这种背景下，六三只好去结交其他对象，因此很可能结交了不该结交的人，亲比了不三不四、品行不端的人，后果不堪设想。俗话说，近朱者赤，近墨者黑。君子应当慎交朋友，许多危险和灾难都是由交友不慎引起的。

《象》曰："比之匪人，不亦伤乎？"
【译文】小象说，亲比了不该亲比之人，难道不令人伤心吗？

　　"伤"取象于坎卦。上卦为坎,六三与坎相邻。坎为加忧、心病、血卦,引申为伤心。

　　"六四,外比之,贞吉。"
　　【译文】"六四,实行外部亲比,坚守正道,吉祥。"

　　六四阴爻居阴位,当位,说明其行为举止得当。为何"外比之"而不是"内比之"?从内部关系来说,六四与初六是对应的爻,但是两者阴阴相斥,没有正应,同时更因为六四处于上交互卦艮卦中,阻止了与初六的亲比之路,因而六四无法与初六进行内部亲比,只好转向对外亲比。由于六四紧挨九五,阴阳相吸,六四又顺承九五,主动亲比九五,得到了九五的接纳和关照。君王接纳臣子,臣子辅佐君王,两者刚柔相济,配合协调,结局自然吉祥。当然,外比必须坚守正道,并且应当是有选择的,如像六三那样比之匪人,结局也不会好,所以向外亲比时应选择公道正派有德行的贤良之士。"外比之"之"外"还有一层意思是,六四处于外卦之上。上卦也叫客卦、外卦,六四为外卦初爻。

　　《象》曰:"外比于贤,以从上也。"
　　【译文】小象说,向外亲比于贤德之人,这是因为六四顺从于上面的九五。

　　"九五,显比。王用三驱,失前禽;邑人不诫,吉。"
　　【译文】"九五,大张旗鼓地亲比。君王采用三驱法围猎,舍弃逃窜在前面的禽兽;不训诫当地百姓,吉祥。"

　　此爻大意是,作为君王要大张旗鼓地公开亲比。君王应采用"三驱之礼"来对待亲比之事,如同围猎时逃窜在前面的禽兽逃了就让它逃了吧,并且不要板起面孔对所辖城镇村庄的百姓进行训诫使他们恐惧,这样的君王深得民心,结局当然是吉祥的。
　　显,明显、公开、大张旗鼓、营造声势,与"隐"相反。"三驱"是古代的打猎方式,把猎物所在区域三面用人墙或栅栏围起来,特意留出一面,即所谓网开一面。这种做法体现了古人的智慧和良好的生态观：

一是为了保护猎物头部完整。古时狩猎不仅仅是为了获取食物，重要的功能之一是猎获祭祀的动物，把禽兽的头供奉于宗庙，用破相的兽头祭祀被视为不尊不敬，不适合用作祭祀，采取"三驱"法，驱赶禽兽朝没有网的方向逃生，然后在后面用刀枪、弓箭将其擒获，这叫舍逆取顺，也含有顺其自然的意思。

二是为了减少人员伤亡。俗话说困兽犹斗，如果将禽兽的四面都包围起来，它将直接面临死亡威胁，这种情境将刺激其疯狂反击，对人的危险性大大增强，就像关门打狗，其凶残程度堪比豺狼。

三是体现了可持续发展的生态观。虽然当时没有这种提法，却客观反映了物竞天择、优胜劣汰的自然法则。矫健敏捷的禽兽凭借自身强壮的优势通过生门逃过一劫，而反应慢、行动迟缓的动物则成了淘汰的牺牲品。这样，优质动物得以繁衍生息，普通动物为人类生活提供资源，形成了人与自然良性循环、和谐共存的局面。类似的理念在古代社会生活中有诸多表现，比如，禁止在动物繁殖季节打猎、禁止用小眼渔网捕鱼、禁止夜间网鸟等等。

在获取猎物后，用一等猎物祭祀宗庙，二等猎物招待宾客，三等猎物自己食用，古人假借"三驱之礼"来表明君王贤达开明，体恤百姓。

本爻描述"三驱"围猎法，主要用来比喻，旨在突出"舍逆取顺"的道理。将此原理引用到君王或领袖治国理政、宗主国协调处理与众附属国的关系事务上，就是亲比时应当采取"舍逆取顺"的方式，顺其自然，而不强人所难、逼人就范。

九五是本卦唯一的阳爻，阳爻居阳位，当位，表明其行为举止适当。九五与六二有正应，说明君王能够得到基层干部的拥戴和支持。居于上卦中爻，说明能够坚守中正之道，道德品行高尚。九五属全卦的核心之爻，对其他五个阴爻都能包容和照应。

以周朝的行政序列为例，社会各阶层分布情况如下：初爻是元士、百姓，二爻是大夫、基层干部，三爻是公卿、基层实力阶层，四爻是诸侯，五爻是天子、君王，上爻是宗庙、退位君王。实际上比卦反映了天子、君王与百姓的关系。相对天子、君王而言，全国各个阶层人群均为其百姓。九五对天子、君王或领袖的道德水准和整体素质提出了很高要求，居中就是要坚守中正之道，坚守公平正义，对全国百姓要一碗水端平；阳爻是刚健有力，说明对天子、君王或领袖的能力、智慧要求非常高；阴阳相吸，与其余五个阴爻都能够和睦亲比，说明天子、君王或领袖要博大胸怀，心中要有苍生黎民，对百姓要有真感情。

《象》曰："显比之吉，位正中也。舍逆取顺，失前禽也；邑人不诫，上使中也。"

【译文】小象说，大张旗鼓地亲比吉祥，因为九五居于中正之位。舍弃悖逆的，获取顺从的，这是有意放走逃窜在前面的禽兽；不惊扰当地百姓，这是因为上位之人行使中正之道。

"王用三驱"可参见前面"田野狩猎之象"。九五之尊代表天子、君王，因而整个卦象所反映的是天子、君王驾着马车田猎的场景。

"失前禽"之"禽"，取意于师卦的六五"田有禽"，因为师卦与比卦是对综卦，内容上发生关联是自然而然的，而且爻位也相对应。前禽跑了，当然就是"比之无首"，失去了亲比机会，也体现了"舍逆取顺"的理念。

"邑人"取象于坤卦和爻位。下卦为坤，坤为地，为众，引申为城镇村庄和居民群众。九五与六二有正应，六二是大夫之位，大夫管辖的领地称采邑、封邑，称其居民为邑人。

"上六，比之无首，凶。"

【译文】"上六，欲亲比却找不到首领，凶险。"

首，头，头部，脑袋，引申为首领、头领，如乾卦中"见群龙无首"。有人解释为"始"有待商榷，《易经》中"始"一般用"初"、"元"等表示。

上六阴爻居阴位，当位，表明其行为本身没有太大问题。但是，上六有多个不利因素：一是与六三没有正应，得不到六三基层实力阶层的支持；二是处于上卦坎卦上，坎，陷也，为沟渎，为加忧，为心病，本身充满坎坷风险，同时又优柔寡断、犹豫不决，错失了亲比良机；三是阴乘刚，违反常理，而且九五处于上交互卦的艮卦上，阻止了上六的亲比；四是上六居于全卦的末尾，失去了多次亲比的机会。综上所述，上六"比之无首"，其结局必然是"后夫凶"了，其命运就像大禹涂山之会那个迟到的防风氏，极有可能成为牺牲品。

上六还代表退位的君王，上六与唯一的阳爻九五错失了亲比机会，表明与现任君王关系紧张，这个名义上的大佬成了孤家寡人，贵而无位，高而无民，其结局当然会比较凄惨。

《象》曰："比之无首，无所终也。"

【译文】小象说，欲亲比却找不到首领，导致其不得善终。

第九卦 小畜卦的积蓄之道

【小畜卦】

【白话经文】

小畜，通达。乌云密布未雨，云气自我西郊飘过。

初九，回复到自己正道上，有何灾祸? 吉祥。

九二，牵手初九回复，吉祥。

九三，马车脱落辐条，夫妻反目。

六四，诚信，避免流血，走出忧惧，没有灾祸。

九五，诚信如五指握拳，因邻里帮助致富。

上九，时雨时停，崇尚德行用车载，妇人固陋有风险。接近满月，君子主动出击有凶险。

【经文原文】

小畜，亨。密云不雨，自我西郊。

初九，复自道，何其咎? 吉。

九二，牵复，吉。

九三，舆说辐，夫妻反目。

六四，有孚，血去，惕出，无咎。

九五，有孚挛如，富以其邻。

上九，既雨既处，尚德载，妇贞厉。月几望，君子征凶。

【解读序言】

小畜卦位列周易第九卦，上卦为风，下卦为天，称其为风天小畜。《序卦传》曰："比必有所畜，故受之以小畜。"意即与人亲比合作必然会带来一些财物方面的收获与储蓄，因此周易在比卦之后安排了小畜卦。《易经》的排序揭示了事物发展的客观规律。小畜卦之小畜，是小规模积蓄、初步积蓄，还没有达到大畜程度。《杂卦传》说："小畜，寡也。"杂卦传说，小畜是指拥有少量财产。

小畜卦只有六四一个阴爻，它自然成为该卦卦主。六四为诸侯之位，可理解为指代西伯侯姬昌。推演周易时，西伯侯被囚禁在河南羑里，对于建立周朝大业来说，此时只是小畜阶段，必须谨慎行事。当然，《易经》的适用范围非常宽泛，不仅适用于王道霸业，还适用于从政、经商、为学、创业等众多方面。小畜卦就是揭示小畜状态下的处事原则和行为方式。

【卦名含义】

《古代汉语词典》解释：畜（chu4），人饲养的禽兽，《管子·牧民》："藏于不竭之府者，养桑麻育六~也。"（六畜：马、牛、羊、鸡、狗、猪）畜（xu4），饲养，《周易·离》："亨，~牝牛吉。"引申为养育，又有培养之意，《周易·大畜》："君子以多识前言往行，以~其德；容纳，收容；喜爱；积蓄，储蓄，又写作"蓄"，引申为蕴蓄。蓄，积聚，储存；蓄养，蕴蓄；饲养等等。小畜卦的"畜"读音应为xu4。

《说文解字》解释：田畜也，《淮南子》曰："玄田为畜。"《鲁郊礼》曰："畜，从田，从兹（兹），兹（兹），益也。"清段玉裁注，畜与蓄义略同，畜从田，其源也；蓄从艸（cao3草的异体字），其委（积）也，俗用畜（chu4）为六兽字。段注：田畜，为力田之畜积也；玄，小篆乃省其半（即取"兹（兹）"的一半）。力田，尽力种田所得的积蓄；兹（兹）是增益的意思。因此，《说文解字》主要将"畜"解释为田地所产粮食果蔬作物的储藏和积蓄。

另有一种解释："畜"是个象形加会意的词，上半部分"玄"是绳索，下半部分"田"是指田猎到的动物。有时一次性捕获得多，暂时将它蓄养起来，装在笼子里把它挂起来，因此此解就是蓄养禽兽猎物。田地用来种庄稼，禽兽是庄稼的天敌，因而在田野上捕捉毁坏庄稼的禽兽也是狩猎的组成部分，为此狩猎也叫田猎，后来发展成为田径体育运动大概也源于此。

蓄养的禽兽多了，慢慢地就产生了六畜（chu4），即人饲养的禽兽，分别是马、牛、羊、鸡、狗、猪，这是人们捕猎后通过长期蓄养驯化而成的。每户人家拥有六畜的数量是古时衡量财富多寡的重要标准。由于这些捕捉到的禽兽需要用围栏或笼子蓄养，因此"畜"的原本意思就是蓄养，后来慢慢地演变成指代人们所蓄养的禽兽，称其为家畜、牲畜、六畜等，为使畜与蓄养的"蓄"有所区别，将"畜"读作chu4，而用"畜"字上面加个草头，来表示畜的原本意思，颇有点鸠占鹊巢的味道。这是汉字演变发展中的有趣现象，畜（chu4）与蓄鸠占鹊巢相类似的关联词还有好几对，比如，益与溢、孚与孵、它与蛇、莫与暮等。

积蓄的对象泛指各类财富。饲养家畜是积蓄财富，储藏粮食也是积蓄财富，储藏水果、蔬菜、药材及其他各类经济作物也是积蓄财富，人们常用六畜兴旺、五谷丰登来形容百姓的富裕生活，以至于将积蓄用于所有值钱的财物，特别是金银财宝成了积蓄的重要内容。财富之间是可以交换流通的，比如卖了粮食就能得到金币、银元、铜钿等货币或其等价物。我们浙江东阳老家称铜钱、铜板为铜钿，钿，一方面表明与金属有关；另一方面表明田地所产可以卖钱。

为什么称其为小畜？有两种说法：一是以阴爻畜阳爻。全卦只六四一个阴爻，为卦主，其余五爻为阳爻，以一阴畜五阳。二是以阴卦畜阳卦。上卦为巽，巽为阴卦，巽有"入"的特性，入即为收藏、畜养之意；下卦为乾，乾为阳卦，乾为玉、为金，泛指金银财宝。因此，无论从爻象考察，还是从卦象考察，卦画所呈现的都是以阴畜阳的景象。阴为小，阳为大，以小畜大，故称其为小畜。

【卦象寓义】

一、风行天上之象。 小畜卦下卦为乾，乾为天，乾为健，日月星辰在天空中刚健运行；上卦为巽，巽为风，风的特点是柔顺、均匀、无孔不入，在天上刮风更是畅通无阻，这是人们可以直接感受到的。由天上刮风引申出社会风气、风尚等意思。风气有好坏之分，而风尚是正面积极的。因此，应当将"天"理解为晴朗之天、蔚蓝之天，应当将"风行天上"之"风"理解为惠风、和风、春风、金风、清风，比如惠风和畅、风和日丽、春风得意、金风送爽、风清云淡等。

二、吹散云气之象。 小畜卦有"密云不雨"的卦辞，这是因为风行天上吹散了云气的缘故。阴阳云团积聚到一定规模，才可能相遇而下雨。风吹散了聚集在一起的云团,或者减缓了云团聚集的进度,因而也就阻止了雨水的形成。如果将云团比作积蓄对象,由于天上有风,难以积蓄形成整体大面积大云团,至多能积蓄形成局部小规模小云团。若要下雨,需要等待很长一段时间。也就是说小积蓄要产生大功效还需要等待很长时日。继而可理解为,此时西伯侯基业只是小畜,离创业成功还有很长路要走,仍需要长期坚持,努力奋斗。

三、畜字来源之象。或称绳索悬物之象。有一种解释是,"畜"字上半部分"玄"为绳索,这从"弦"字的意思上可以得到印证,"弦"就是弓上的丝线、绳索。"畜"的下半部分为"田",指田地中收获的财物,可以是粮食果蔬,可以是用田地饲养的家畜,也可以是田猎的禽兽等,因此"田"代表粮食、蔬菜、瓜果、六畜、禽兽等。比如,"钿"(tian2)的意思是钱、硬币,就包含着田为财富的意思。小畜所表达的绳索悬物之象,正是小畜的原始形式。小畜卦上卦为巽,巽为绳直,代表绳索,与"玄"字意思吻合;小畜卦下卦为乾,乾为圜(huan2,环绕;yuan2,通"圆"),为玉,为金,为木果,与粮食果蔬的形状、财富性质相一致,并且天与"田"谐音。绳索所悬之物,可以通过市场交易变成金银财宝,金银财宝也可以换取粮食果蔬。因此,"畜"字的产生应当与小畜卦有关联。由于"玄"取"兹(zi1,异体字为"兹",益的意思)"字的一半,表明数量不多,规模不大。

四、纳藏金玉之象。小畜卦上卦为巽,巽为绳直,为入,也就是说巽除了绳索的意思外,还有收入、纳入、进入、收纳、纳藏、蕴藏、积蓄等意思。小畜卦下卦为乾,乾为天,为玉,为金,是金银财宝的象征,泛指所有财富。因此,小畜卦反映了纳藏金玉之象,泛指对所有财富的逐步储蓄与积累。

五、火天大有之象。小畜卦包含着火天大有之象。小畜卦上交互卦为离,离为火;下卦为乾,乾为天,两者构成火天大有。大有卦位列周易第十四卦,与第十三卦同人卦构成古代圣贤"大同世界"的社会理想。大有卦表明财富极大丰富,而小畜卦只是表明财富的少量积蓄,可视为大有卦的早期积累。大有卦上卦离卦,离为网罗,寓意网罗天下财富;小畜卦上卦巽为绳索,寓意用绳索悬挂部分财富,因此两者在程度上是不同的。小畜卦蕴含大有卦,表明大有自小畜开始,积少成多,汇流成河,纳川为海,其前景可期。

六、风泽中孚之象。六四、九五分别出现两处"有孚"。"孚"即诚信,表明内心真诚。直接取象于上交互卦离卦,离为明,此心光明即为诚信。同时,更重要的是小畜卦中蕴含着中孚卦。小畜卦上卦为巽，巽为风；下交互卦为兑，兑为泽，两者构成风泽中孚。中孚卦位列周易第六十一卦，缩小就是个大离卦，中间两爻为阴爻，两边各两个阳爻，代表虚怀若谷，没有诸多欲望与企图。位置居中，并且低调谦虚，象征诚信。诚信是获得财富、积蓄财富的基石。没有诚信，财富终究是守不住的。

七、家人失和之象。小畜卦九三有"舆脱辐，夫妻反目"的爻辞，一是表明与家庭生活有关，二是表明家人关系不和谐。这是因为小畜卦中包含着家人卦和睽卦。小畜卦上卦为巽，巽为风；上交互卦为离，离为火，两者构成风火家人。小畜的交互卦为睽卦，睽为睽离、违和。卦中有父亲和三个女儿卦象，缺少母亲和三个儿子卦象。三女儿相处，容易产生矛盾，这也是引起夫妻失和的重要因素。

八、驱赶小人之象。小畜卦包含着夬卦。夬卦上卦为泽，下卦为天，称其为泽天夬，呈现出五君子驱赶一小人之象。小畜卦下交互卦为兑，兑为泽；下卦为乾，乾为天，两者构成夬卦。天泽履，泽天夬，乾为父亲，兑为少女，表明父亲与少女的位置不同，决定着情境性质的不同。履卦父亲在上少女在下，只要依礼行事，谨慎小心，虽然身处险境但可以避祸；夬卦少女在上父亲在下，有违常理，故君子与小人必有一决。上九有"妇贞厉"爻辞，应与夬卦有关。此处"贞"作正固解，除了正直、正心、端正、正统、正规等意思外，还有固化、固执、固陋等含义。正直应当秉持，固陋应当调整。驱赶小人不一定单指人的躯体，也可用来指小人固陋的思想观念。

九、内健外顺之象。小畜卦下卦为乾，乾卦三爻均为阳爻，乾卦《象》曰："天行，健，君子以自强不息。"乾通"健"，因此"健"的本义是乾，引申义为刚健有力，刚健有力之义是由乾卦卦象引申出来的。下卦是主卦，也是内卦，也就是说在一个单位、团体、机构里，其内部组织刚健有力，充满力量。上卦为巽，巽为逊顺，就像风吹草原，茅草齐刷刷地向一边倾倒，表现出顺从、均匀、整齐的特点，上卦也叫外卦、客卦，就外部环境、客观条件而言，客方是顺从配合的。这种组织结构处在这样的环境条件之中是有利于财富储蓄积累的。也许有人会问，小畜卦卦主不是六四吗，六四在上卦，为何上卦又成客卦了呢？这涉及到矛盾的普遍性与特殊性的关系。物以稀为贵，全卦只有六四一个阴爻，六四即是卦主，这是矛盾的特殊性，只有在少数卦画的特殊情境中，六四才能成为卦主；同时，下卦是主卦，上卦是客卦，这是矛盾的普遍性，它是卦画结构的一般规律。矛盾的普遍性寓于特殊性之中，在分析卦象时应当将两者有机结合起来。

十、父亲长女之象。 在《易经》大家庭里，乾为父，巽为长女。这是天下万物角色定位在家庭中的反映。天体具有创造精神，刚健有力，积极进取，自强不息，与家庭中父亲的角色相匹配，因此人们常说父亲是天；风是柔和逊顺的，与长女的性格特征非常相像。下卦为乾，表明父居主卦、内卦的位置；上卦为巽，表明长女处外，虽然在能力、力量上柔弱些，但长女孝顺听话，执行力较强。因此，这种单位、团体、机构的组织结构是比较合理的。

十一、金克阴木之象。 在八卦与五行关系中，坎、离对应水、火，其余六卦每卦对应一个五行元素，乾、兑对应金，乾为阳卦，为阳金，兑为阴卦，为阴金；震、巽对应木，震为阳卦，为阳木，巽为阴卦，为阴木；艮、坤对应土，艮为阳卦，为阳土，坤为阴卦，为阴土。小畜卦中，下卦为乾，乾为阳金；上卦为巽，巽为阴木。小畜卦呈现出阳金克阴木的态势。金克木为一般五行关系，而阳金克阴木，更不在话下，总体形势对主卦非常有利。

【关联卦画】

小畜卦由姤卦演变而来。 姤卦上卦为天，下卦为风，称其为天风姤，在十二消息卦中代表农历五月，五月是即将入夏的月份，姤卦是风行天下，万物因刮风而相遇，也指男女偶遇，讲的是一女与五男邂逅的故事。如果将姤卦的九四与初六位置互换，便得到了小畜卦，可理解为爱情受挫的小伙子走上创业小畜之路的励志故事。为何九四会爱情受挫，在下面分析初九爻辞时将详解。姤卦所代表的农历五月非同寻常。民间有"五毒月"、"九毒日"之说，认为农历五月的初五、六、七、十五、十六、十七、二十五、二十六、二十七，为"九毒日"，再加上五月十四为天地交泰日，这十天是不宜男女同房的，否则会对健康有影响。抛开迷信因素，这种做法也许有几分道理：在十二消息卦里，五月用天风姤来表示，表明五月阴气开始回复。从气象季节角度考察，五月份多半是霉雨季节，空气闷热潮湿，极易发霉，病菌活跃，容易致人生病，因此端午有喝雄黄酒、撒雄黄粉、插艾蒿、挂香囊的习俗，主要功能也是为了杀菌避邪。从社交层面看，姤卦讲的是一女与五男交往的故事，古人对男女交往比较敏感，女方过于主动被认为不庄重，由此厌恶五月也情有可原了。

　　小畜卦的综卦是履卦。把小畜卦颠倒180度得到履卦，把履卦颠倒180度得到小畜卦。履卦上卦为天，下卦为泽，称其为天泽履。卦画内部结构没有变化，只是观察者角度发生了变化，所得到的卦画发生了变化，两者既有联系又有区别，可谓横看成岭侧成峰。履卦讲的是实践、践行，并且必须讲求社交的礼仪规范，依礼践行，才能取得成功。小畜卦讲的是等待时机，不可操之过急，要行走在正道上，才能走向成功。小畜在前，履卦在后，有了小畜的第一桶金，才可能在创业道路上走得更加坚实，因此小畜卦与履卦之间存在着事物发展的内在逻辑。

　　小畜卦的交互卦是睽卦。将小畜卦初九、上九去掉，用剩下的四个爻重新组成一个卦，上卦为上三爻，下卦为下三爻，其中中间两爻为上下卦皆有，这个卦便是其交互卦睽卦。上卦为火，下卦为泽，称其为火泽睽。泽为少女，火为中女，少女主内，中女主外，这种组织结构是有缺陷的。中女不服少女指派，互不相让，互不通气，容易发生冲突，形成违和的睽离状态。小畜卦是以小畜大，正如交互卦的以小使大，两者有类似的短板。以此提示人们，在小畜卦情境的发展过程中，内部潜在着睽离违和因素，要注意坚守中道，上下沟通，尽力避免。爻辞中出现"夫妻反目"与睽卦有关。

　　小畜卦的错卦是豫卦。错卦就是两个卦相应的每对爻都是阴阳相反的。小畜是一阴五阳，豫卦是一阳五阴。小畜卦下乾上巽，豫卦下坤上震，一个是风天小畜，一个是雷地豫，两者既有联系又有区别。天与地相对，风与雷相对，阴阳性质完全相反，小畜是令人喜悦的，以小畜大宜谨慎行事；豫的大象说"雷出地奋"，既表达了愉悦之意，又有防雷电灾害的预防之意，两者可谓殊途同归。

　　小畜卦与大畜、大有卦是兄弟。三个卦下卦均为乾，乾为金、为玉，代表金银财宝等财富，也可指重要人才、人力资源等，这是积蓄的对象。小畜上卦为巽卦，巽为入，故有积蓄的意思，巽为阴卦，阴为小，故称其为小畜。大畜卦上卦为山，山为止，止有积蓄的意思，下卦为天，称其为山天大畜，由于上卦艮卦为阳卦，阳为大，故称其为大畜。大有卦上卦为火，下卦为天，称其为火天大有，"离"通"篱"，为捕猎之网，意即网罗天下贵重物品，因此称其为大有。

【卦辞象辞】

〖卦辞〗

"小畜，亨。密云不雨，自我西郊。"

【译文】"小畜。通达。乌云密布未雨，云气自我西郊飘过。"

这是卦辞，是对全卦主旨的概括性表述。小畜是财富积少成多逐步积聚的过程，说明数量不多、规模不大。积聚财富，表现为由分散到集中、由少到多、由动态到静态的过程，因此小畜又隐含"止"的意思，即停止、节制之意，它告诉人们要懂得节制才能富有，富了以后更要节制，否则富不持久，即使富起来也守不住。只要懂得这个道理，结果当然是亨通的。

"密云不雨，自我西郊"。这两句借用自然气象来阐述生活哲理，这是古人常用手法。密云表明云气积聚，之所以暂时没有下雨，是因为风从西郊吹来，延缓了云气的聚集速度。自我西郊，是因为《易经》作者西伯侯姬昌所在的岐山地区处在我国西部。从卦象上看，全卦只有六四是阴爻，其余全为阳爻，过于刚强。主卦是天，终日乾乾，刚健有力。如果不加限制，物极必反，容易招致不利后果。客卦为风，是阴卦，具有柔顺特点，巽为不果，说明云气暂时聚集不到下雨的程度，对天的迅猛强劲势头起一定的限制作用，为的是使其运行更加稳健。

俗话说：云往东，一场空；云往西，马溅泥。按照气象常识，由东向西吹的风降雨概率较高，由西向东吹的风降雨概率较低，而小畜卦的风就是由西向东吹的，因此不太可能下大雨，说明只能是小畜，而不是大畜，大畜的时机尚未成熟。

"密云不雨，自我西郊"取象于兑卦。下交互卦为兑卦，兑在后天八卦中属西方，用于指代西伯侯所在的岐山地区。第六十二卦小过卦也有相同的爻辞，也取象于其上交互卦兑卦。

〖象辞〗

《象》曰："小畜，柔得位而上下应之，曰小畜。健而巽，刚中而志行，乃亨。密云不雨，尚往也。自我西郊，施未行也。

【译文】象传说，小畜卦，六四阴柔之爻定位恰当，上下诸阳爻均与之呼应，称其为小规模积蓄。内部刚健而外面逊顺，刚健之爻居于九五、九二中正之位，其心愿得以实行，于是通达。密云不雨，是崇尚积极进取。云气自我西郊飘过，施雨尚未进行。

【大象之辞】

《象》曰："风行天上，小畜。君子以懿文德。"

【译文】"风拂行于天上，是小畜卦反映的自然景象。君子受此启示，应当注重涵养自身的文采和品德。"

懿，美好，美德，深，在此以名词用作动词。

【爻辞小象】

"初九，复自道，何其咎？吉。"

【译文】"初九，回复到自己正道上，有何灾祸？吉祥。"

初九阳爻居阳位，当位，同时初九又与六四有正应，两爻阴阳调和，配合协调，能得到来自六四的关照，这是有利因素。初九好比初出茅庐的年轻小伙，雄心勃勃，急于建功立业，势头勇猛。复，是再次、重新之意。为何不能急于求成？这是因为人际关系复杂、环境条件不太具备，初九与六四中间隔着二个阳爻，初九职位最低、资历最浅，虽然为六四上层看中，但必须顾忌九二、九三的感受。初九的上面是下交互卦兑卦，兑为有言，毁折，上交互卦为离，离为戈兵，这说明初九如不注意自己的言行举止，九二、九三会出来说话；如果矛盾升级还可能大动干戈。因此，此爻在于告诫有志于建功立业的小伙子要耐得住性子，不要盲目冒进，急于求成，要妥善处理好各方面的关系，必须回复到自己原先的正确轨道上来。此爻已经初露"止"的端倪。

"复"字取象于小畜卦由姤卦演变而来。姤卦是一女五男，其中的曲折复杂关系可想而知，不言自明。"九四，包无鱼，起凶。"包，通"庖"，厨房。鱼，水产品，代表阴性物品，在此指代初六女子，鱼、女发音相近。厨房里本来是应该有鱼的，但现在这条鱼被人拦截而没有了，开始呈现凶兆。爻辞以厨房有鱼无鱼来作比喻论事理，九四本该得到初六的，因为九四与初六是有正应的匹配之爻。可是，少女的心，六月的天，说变就变，初六看上了更加年轻、并能坚守中道的九二了。"九二，包有鱼，无咎，不利宾。"意即九二得到了初六，没有灾祸，因为是初六自愿的，九二没有不道德行为，当然无可指责。但是客观上九二的行为却对九四不利，因而有"不利宾"之说。在姤卦中，九四是个经受爱情创伤的人，一番痛定思痛之后，九四决心暂时告别爱情，调整心态，振作精神，于是学习复卦精神，一切清零，从头再来，义无反顾地开启了自主创业的小畜征程。九四本来已经走到了高位，现在重新开始创业，这便是"回复"正道的意义所在。同时，"复自道"之"复"取意于复卦，复卦上卦为地，下卦为雷，称其为地雷复。复卦反映了阴极变阳、一阳来复、君子回归的意境。

《象》曰："复自道，其义吉也。"
【译文】小象说，回复到自己正道上来，道义原则带给他吉祥。

"九二，牵复，吉。"
【译文】"九二，牵手初九回复，吉祥。"

九二阳爻居阴位，不当位，刚强有余，阴柔不足，与九五没有正应，得不到来自九五老大的支持。九二欲往上走，但九五对年轻人的急切冒进未予理会。同时，九二居下卦的中爻位置，位置优越，品行端正，这是保持其吉祥的重要因素。牵，手牵手。复，回复，与初九之复同义。九二若要牵手也只能牵初九之手，因为九三乘乎其上，盲目冒进的势头更加汹猛，不会顾及九二的举动。九二牵着初九同心同向，共进共退，同步回复到正常轨道上来。从初九"复自道"、九二"牵复"的表述上看，也是初九、九二相互牵手。

"牵"取象于离卦。一是九二的上面是上交互卦离卦，二是九二发生爻变后，下卦成为离卦。离为附离、依附，表达了手拉手的意思。

《象》曰："牵复在中，亦不自失也。"
【译文】小象说，牵着初九之手回复到中道，因为这样做自己没有过失。

"九三，舆说辐，夫妻反目。"

【译文】"九三，马车脱落辐条，夫妻反目。"

九三阳爻居阳位，当位，刚健有力，但面临诸多不利因素，一是不在中位，人品有欠缺；二是与上九无正应，得不到上九大佬的支持；三是与相邻九二两阳相斥，不相协调；四是被六四以阴乘阳，看似与六四阴阳相配，其实分属上下两卦，六四地位高，又靠近九五老大，因此九三得不到六四的支持；五是九三无法与老大抗衡，得不到老大的支持。在这样的情况下，九三注定是凶多吉少。舆，车厢，泛指车。说，通"脱"。辐，车轮的辐条。反目，失和。以大车脱落了辐条难以行进，来比喻夫妻反目干扰了家庭生活的正常秩序。这是由于阳气过旺、过于刚强、阴阳失调而引发的不协调不和谐的状态。虽然没有写"凶"，其实结果已经无需多言了。

"舆"取象于震卦和乾卦。如果九三发生爻变，那么下交互卦便为震卦，震为车，为舆。虽然《说卦传》并没有直接讲震为车为舆，但古代易学家经常解震为车，可视为对《说卦传》的拓展和补充。《说卦传》说，震"其于马也，为善鸣，为馵（zhu4）足，为作足，为的颡。"震对于马来说，代表善于嘶鸣的马，左后足白色的马，为马蹄在不断活动的马，为额头上有白斑的马。震在五行中属木，古代用木制作车体和车轮，由马+木组合引申出马车。同时，乾为马，也与马车关联。

"说"取象于兑卦。说，通"脱"。下交互卦为兑卦，兑为说（悦），通"脱"；兑为毁折，故"舆说辐"。

"辐"取象于巽卦。上卦为巽，巽为木，车幅为木料制作。

"夫妻"取象于爻位及家人卦。六四、九三为阴乘阳，属于夫妻关系不正常，家庭结构不合理，导致夫妻反目。前面已经讲到，小畜卦含有家人卦，夫妻是家庭的重要角色。

"反目"取象于离卦、巽卦、反巽卦及睽卦。上交互卦为离，离为目；上卦为巽，巽为多白眼；下交互卦为兑，兑为反巽，可理解为翻白眼。三者组合起来即生动形象地表现出了夫妻反目不和的情形。更何况小畜卦的交互卦为睽卦，夫妻睽违即为反目，互不沟通交流。

《象》曰："夫妻反目，不能正室也。"

【译文】小象说，夫妻反目，不能维持家庭的正常秩序。

"六四，有孚，血去，惕出，无咎。"
【译文】"六四，诚信，避免流血，走出忧惧，没有灾祸。"

有，虚词。孚，诚信。血，流血，伤害，危险。另有说法也可，血，通"恤"，忧虑、担忧，将"血去"理解成因诚信消除忧虑。惕，警惕，谨慎小心，惶恐。六四阴爻居阴位，当位，表明六四行为举止得当，女子低调、收敛、沉稳的性格特点适得其位。六四与初九有正应，阴阳匹配，相互呼应，行动协调，六四能够得到初九的响应和大力支持。同时，六四又靠近九五，位居老大之侧，阴承阳为有利因素，可得到老大的青睐和提携。这些都是六四的天然优势。六四为全卦唯一的阴爻，如果将其换成阳爻，那么该卦六个爻就全是阳爻了，即变成了乾卦。所以，六四在小畜卦中具有决定性作用，是全卦卦主，在该卦担任主角。

老大与卦主并不矛盾，两者关系是从不同角度观察得出的。比如地水师，六五是老大，卦主是九二，他们是君王与前线统帅的关系，将在外君命有所不授，指挥作战的主角是统帅而不是君王。从一般意义和爻位上讲，五爻老大是主爻，当然就是卦主，这是矛盾的普遍性；但在特定的卦里，比如只有一个阳爻或一个阴爻时，这个唯一阳爻或阴爻就是卦主，这是从特定情境中考量的，属于矛盾的特殊性。

六四的角色特征表现在，一方面该卦具有乾卦的多种特性，另一方面又与乾卦相区别。上交互卦是离卦，六四位于全卦的中间部位，离为甲胄、为戈兵，好比一个穿着盔甲、拿着武器的人挡住九三的冒进之路，起到了减震缓冲的作用，修正了其偏离的轨道，降低了行动风险。

本来六四阻止九三冒进行为是有风险的，容易招来血光之灾，但由于六四自身为人低调、温和、谨慎，处于离卦中爻，内心光明，动机良好，又得到九五领导和初九百姓的响应支持，所以流血事件没有出现，惶恐的心境终成过去。

"有孚"取象于离卦和中孚卦。上交互卦为离卦，离为光明，内心光明即为诚信。前面讲到小畜卦包含着中孚卦，中孚卦是放大的离卦，离卦是缩小的中孚卦。

"血"、"惕"取象于离卦、兑卦、坎卦。上交互卦为离卦，下交互卦为兑卦，离为戈兵，兑为毁折，在交战的状态下，极易导致负伤流血。上交互卦为离，离的错卦为坎卦。坎为水，为血卦，对此必须予以警惕。同时，坎为加忧，为心病。好在诚信威力巨大，消除了可能流血的忧虑。

《象》曰："有孚惕出，上合志也。"
【译文】小象说，因诚信走出了忧惧心境，因为这样做符合上面九五老大的心意。

"九五，有孚挛如，富以其邻。"
【译文】"九五，诚信如五指握拳，因邻里帮助致富。"

九五阳爻居阳位，当位，表明其行为举止适当。九五既是上卦的中爻，也是全卦的核心，扮演着老大角色，居中说明道德品质高尚，阳爻说明刚健有力，是个公道正派的老大，他以自己的诚信赢得邻里邻国的信任和支持，从而变得富裕。九五与九二没有正应，说明得不到基层干部的理解和支持，同时也说明对自己家族或利益集团没有私心。九五与六四阳乘阴、阴承阳，阳阴匹配，行动默契，六四是个得力的辅佐大臣，给予了九五极大的支持。

挛，联系、连在一起，蜷曲、不能伸开，引申为手指并拢握紧。挛如，就是五个手指捏在一起形成拳头的样子，人们通常用握拳来表明决心和信心，在此用来说明为人做事诚信可靠、值得信赖。同时，拳头中间是空的，就像离卦中间是阴爻，因此以"挛如"修饰诚信效果明显。富以其邻，富，积蓄后变富；"以其邻"是介词结构，代表致富的手段、方法、途径，凭借邻里邻国的信任、支持、合作而增加财富。此爻的意思是，内心始终保持诚信，就像五个指头不能分离一样，诚信是一种力量，可以吸引财富聚集。

"富"取象于巽卦。上卦为巽，巽为近利市三倍。

"挛如"取象于艮卦。若九五发生爻变，上卦变为艮，艮为手；还取意于九五为第五爻，"挛如"是五个指头握在一起，第五爻与五个指头数字关联。

"有孚"取象于离卦和中孚卦。九五在上交互卦离卦上，且居上卦中正之位，既中正又光明，自然充满诚信。六四也在上交互卦离卦上，因此也有"有孚"的爻辞。同时，小畜卦包含着中孚卦。

《象》曰:"有孚挛如,不独富也。"

【译文】小象说,怀有诚信如同五指握拳,没有独自富裕。

与邻里邻国的合作是双向的,应当平等互利,合作共赢,在自身获得财富的同时,也要给合作方创设机会获得利益。做人、做事、创业、经商皆是如此,不能独自富有,要学会与邻居分享财富,共同致富,这样的事业、幸福、富裕才会持久。

"上九,既雨既处,尚德载,妇贞厉。月几望,君子征凶。"

【译文】"上九,时雨时停,崇尚德行用车载,妇人固陋有风险。接近满月,君子主动出击有凶险。"

既,尽,完了,已经,表示动作已经完成。处,是居、停止的意思。妇,妇人,指该卦的六四。几,是接近、几乎。望,月圆满月之时称望。征,前往,主动出击。上九阳爻居阴位,不当位,说明行为过于刚猛。上九与九三没有正应,得不到基层实力阶层的支持。上九居全卦最高的大佬之位,高处不胜寒,高而无位,贵而无民,多少有些乾卦上九"亢龙有悔"的意味,人生事业鼎盛之时,便是开始衰败之时。因此要特别注意持盈保泰,防止物极必反,尽可能延长鼎盛时间,延缓衰败进程。要取得这样的效果,就必须注重加强品德修养,懂得适可而止,有时守业比创业更加需要智慧,切不可贪得无厌、贪大求全。

此爻大意是,时雨时停,小畜的目标已经实现,因为已经小规模积云成雨,而要保持这种小畜状态,就要崇尚道德修养,要多到用马车来载的程度。六四代表妇人,是小畜卦的卦主,在社会现实中,未必就是妇女,它可以指白手起家、小有成就的创业者,比如西伯侯创建周朝基业当时的处境和状况,有远大理想,但力量不够强大,用妇女创小畜之业来比喻是贴切的。妇人坚守正道历尽艰辛,在九五、初九通力协作下,才换来了今天的小畜局面。厉,在于提示前途有不测风云,必须重视风险防范,不能固执己见,因循守旧,要不断加强品德修养,才能守住这份基业。

月盈之时也是月亏之时。君子要有所领悟,世界舞台不总是属于你的,阳极变阴，风水轮转，三十年河东三十年河西。当月亮接近圆满之时，离再度缺损也就近在咫尺了。此时君子应当乐天安命，顺时而为，适可而止，不可主动出击，以守成为重。这些居安思危，见微知著，预防在先的观点正是易的精妙之处。

"雨"、"载"取象于坎卦。若上九发生爻变，那么上卦就是坎卦，坎为水，雨即为水。坎为弓轮，代表美脊马，也代表车舆。

"尚德"取象于巽卦。巽为风，为绳直，为长，为高等。风，引申为家风、风尚，泛指祖先的优良传统和作风；长、高，都说明了先辈尊长的高尚品德、高风亮节、为人风范；绳，继承、传承之意。因此，巽卦往往表达了通过祭祀继承祖先良好风尚和高尚品德的意境。比如，风水涣、风地观等，都表达了类似的主题。

"月几望"取象于上卦巽卦。在周易里，爻辞中出现"月几望"的有三处，分别在小畜卦、归妹卦和中孚卦，而且都与巽卦有关，归妹卦六五爻变后其交互卦也为巽卦。在先天八卦中，离卦代表太阳、坎卦代表月亮。剩下六个卦用来描述每月月亮的盈亏变化状态，月亮变化分为六个阶段：朔--上弦--望--初亏--下弦--晦。月初看不到月亮叫朔，月末看不到月亮叫晦，上弦是指月亮出现半圆时弓弦朝上，望是指满月的状态。

十五的月亮十六圆，这是由于日月历与实际月亮运行的误差导致的，理论上自十六起月亮开始亏损，下弦是弓弦朝下。由于在晦、朔期间，月亮与太阳是同时升起同时落山的，所以看不到月亮，此后月亮每天以50分钟左右为间隔推迟升起，月亮升起或落下的方位在不断位移。

震卦代表初三的月亮，与"朔"接近，因为震卦初爻为阳爻，表明月亮刚露出小月牙，只有一个阳爻；兑卦代表初八的月亮，相当于"上弦"，初爻、中爻均为阳爻，有两个阳爻，此时月亮已经露出一大半了；乾卦代表十五的月亮"望"，此时三爻均为阳爻，表明月亮完全圆满了；巽卦代表十六的月亮"初亏"，初爻变成阴爻了，表明月亮的下半部分开始亏损；艮卦代表二十三的月亮，相当于"下弦"，这时只剩下三爻一个阳爻了，月亮只剩半圆，弓弦向下；坤卦代表三十的月亮"晦"，这时月亮完全看不到了。

这六个卦形象生动地描述了月亮的盈亏变化状态，但是按照这六个卦在先天八卦中所代表的方位，与月亮升起或下落的实际方位就不一致了。也就是说，这六个卦虽然解决了描述月亮的盈亏变化问题,但其通常所表示的方位对月亮出没并不适用。这样就要另行找出一套方法来表示月亮的方位,而纳甲法就具备这样的功能。

"纳甲"学说通行于西汉,分两大学派,代表人物是京房和虞翻。所谓"纳甲",就是把"甲、乙、丙、丁、戊、己、庚、辛、壬、癸"十个天干和"子、丑、寅、卯、辰、巳、午、未、申、酉、戌、亥",十二地支,"金、木、水、火、土"五行纳入八卦体系。由于这些内容以"甲"开头,因此就以"纳甲"作为学说名称。纳甲学说可视为《易经》的发展,是《易经》与历法、五行等其他学科领域的融合与应用。

五行相生相克理论产生于纳甲说之前,最早在《尚书·洪范》中已有记载。十天干与八卦方位、五行关系在此前也早已存在,甲乙为东方,属木;丙丁为南方,属火;戊己为中央,属土;庚辛为西方,属金;壬癸为北方,属水。纳甲说正是建立在这些已有理论基础之上的。

虞翻认为"日月悬天成八卦象",按其纳甲说,坎纳戊、离纳己,分别象征月亮、太阳,方位为居中,五行为土;乾纳甲、壬,方位为东方、北方,五行为阳木、阳水;坤纳乙、癸,方位为东方、北方,五行为阴木、阴水;震纳庚,方位为西方,五行为阳金;巽纳辛,方位为西方,五行为阴金;艮纳丙,方位为南方,五行为阳火;兑纳丁,方位为南方,五行为阴火。当然,虞翻还把十二地支纳入八个纯卦的各个爻。如此组成了复杂庞大的学说系统,应用领域非常广泛,但掌握操作也困难繁琐。

有了纳甲学说之后,就比较容易解释月亮盈亏变化规律了。比如,震卦代表初三的新月,震纳庚,表明初三月亮升起于庚位西方;兑卦代表初八上弦月,兑纳丁,表明初八月亮升起于丁位南方;乾卦代表十五望,乾纳甲、壬,表明满月升起东方、降落在北方;巽卦代表十六,月由圆满开始亏损,巽纳辛,表明最终月亮落没于辛位西方,当然十五十六只差一天,月亮落没不可能一下子由北方转至西方,这是一个变化趋势,是个渐进的过程;艮卦代表二十三下弦月,艮纳丙,表明月亮落没于丙位南方。每月分为六候,每五日为一候。望前的阶段称其为"望前三候",是个"阳息阴消"的过程,即光亮部分在逐渐增加,阴影部分在逐渐减少,月亮在慢慢变圆,此时侧重关注月亮升起时间;望后的阶段称其为"望后三候",是个"阴息阳消"的过程,即阴影部分在逐渐增加,光亮部分在逐渐减少,月亮在渐渐变没,此时侧重关注月亮的落没时间。可见,纳甲学说是建立在一定理论基础之上,用于描述月亮运行变化规律的学说,被逐渐应用于多个领域。

那么问题来了,纳甲说在西汉之后,卦爻辞在周初,在爻辞中出现纳甲的内容,是不是自相矛盾呢?其实不矛盾。卦辞、爻辞为周文王、周公所作没有错,纳甲学说通行于西汉也没有错,但是作为纳甲说的渊源却早已存在。就像《三国演义》、《西游记》的故事早在民间流传,只是罗贯中、吴承恩作了系统的梳理和深度再创作而已,因此后人借助《三国演义》、《西游记》就很方便地了解了三国和西天取经的故事,但在罗贯中和吴承恩之前,这两个故事的内容应当早在民间流传。同理,人们借助纳甲说很方便地了解了月亮盈亏变化规律,但这不等于说周初不存在以震、兑、乾、巽、艮、坤,分别表示月亮朔、上弦、望、初亏、下弦、晦的学说。也可以说,震为初三之月,兑为初八之月,乾为十五之月,巽为十六之月,艮为二十三之月,坤为三十之月,这一说法在周初应当已经存在。"月既望"的爻辞正是取象于巽卦所表示的十六之月,此时初亏,与巽卦形状高度契合。

《象》曰:"既雨既处,德积载也。君子征凶,有所疑也。"
【译文】小象说,时雨时停,多积德多到用车来载。君子主动出击凶险,因为其内心充满疑虑。

"疑"取象于坎卦。上九爻变后变为坎卦,坎为加忧,心病。

第十卦 履卦的践礼之道

【履卦】

【白话经文】

踩着老虎尾巴，不咬人，通达。

初九，穿着平常鞋子往前走，没有灾祸。

九二，行走在平坦大道上，隐幽之人坚守正道吉祥。

六三，单眼盲还能视物，一脚跛还能行走。踩着老虎尾巴，咬人，凶险。武将效命于君王。

九四，踩着老虎尾巴，瑟瑟发抖，最终吉祥。

九五，果决行进，固陋有风险。

上九，审视走过的足迹，考量吉凶状况，返回最为吉祥。

【经文原文】

履虎尾，不咥（die2）人，亨。

初九，素履往，无咎。

九二，履道坦坦，幽人贞吉。

六三，眇能视，跛能履。履虎尾，咥人，凶。武人为于大君。

九四，履虎尾，愬愬（su4），终吉。

九五，夬履，贞厉。

上九，视履考祥，其旋元吉。

【解读序言】

履卦位列周易第十卦，上卦为天，下卦为泽，称其为天泽履。《序卦传》说："物畜然后有礼，故受之以履。"序卦传说，人们积蓄了物质财富，然后具备了讲求礼仪的基础条件，因此周易在小畜卦之后安排了履卦。

《杂卦传》说："小畜，寡也；履，不处也。"杂卦传说，小畜是物质财富少，履就是不停止脚步。处，停止、滞留、居处。履的基本含义是行走，引申为履行、行进、实践。不处，就是人的腿脚处在持续不断的运动之中。

管仲说："仓廪实，知礼节；衣食足，知荣辱。"这与《易经》的观点是一脉相承的。积蓄物质财富是物质层面，属于经济基础范畴；讲求礼仪是精神层面，属于上层建筑范畴，上层建筑建立在经济基础之上。因此，"物畜然后有礼"与辩证唯物主义原理也是相通的。

《论语·颜渊》子曰："克己复礼为仁"；"非礼勿视，非礼勿听，非礼勿言，非礼勿动"；"博学于文，约之以礼，亦可以弗畔矣夫。"对于"克己复礼"的解释版本很多，我的解释是：为了弘扬仁爱精神人们应当克制自己恢复周礼。《古代汉语词典》对"克"的解释之一是：克制，《后汉书·周泽传》："奉公克己，矜恤孤羸。"奉公克己与克己复礼中的"克己"意思相通。"非礼勿视，非礼勿听，非礼勿言，非礼勿动。"意思是不符合礼法规范的东西不看、不听、不说、不做，或者说不去行动实践。"博学于义，约之以礼，亦可以弗畔矣夫。"意即从古典文籍中修习渊博学问，用礼法约束自己的言行，这样就可以达到不背叛天道的状态。可，可以；以，用来；畔，通"叛"，背叛，引申为离经判道。

我国古代称"仁、义、礼、智、信"为"五常"。礼在古代是个重要概念，它是人们在政治领域或社会生活中形成共识、普遍适用、必须遵守的行为规范。既有思想道德、意识形态建设的带有倡导性质的柔性特征，又有法律制度、行政法规带有一定强制性的刚性特征。

【卦名含义】

《古代汉语词典》解释：履，鞋；穿鞋；践踏，踩，引申疆界；步履，行走，引申经历，到达；实践，执行；福禄；六十四卦之一，卦形为兑下乾上。词语履虎，同"履尾";履尾,踩着虎尾,比喻处境危急,《周易·履》:"履虎尾,咥人。"

《说文解字》解释:履,足所依也。从尸,从彳,从夂,舟象履形。一曰,尸声。凡履之属皆从履。古文履,从页,从足。另《说文解字》:禮,履也。所以事神致福也。从示,从豊,豊亦声。注:履:履而行之,即施行、实行。按照《说文解字》的解释"禮,履也",我们也可以反过来说:履,礼也。即礼就是履行一定仪式和程序的祭祀活动,或者说履行一定仪式和程序的祭祀活动就是祭礼。礼最早是用来祭祀神灵祈求获得福祉的,在古代原本是指庄严、肃穆、神圣的祭祀仪式,后来发展为官方政治的礼制和社会人际交往的礼仪、礼节、礼貌等。礼的繁体字是"禮",最早写作"豊",两者音义相同。"豆"本身就表示祭祀用礼器。"曲"表示一个筐里装满用来祭祀的玉器,再后来左边加"示"字旁,以彰显其祭祀特征,其实"豆"已表明祭祀的性质,加"示"字旁后只是强化一下而已。

【卦象寓义】

一、天下有泽之象。这是大象所描绘的自然景象。《象》曰:"上天下泽,履。"履卦上卦为乾,乾为天;下卦为兑,兑为泽,即湖泊、沼泽之类。因此,由履卦直接联想到的自然景象是,风和日丽、蓝天白云之下,一派美丽的湖泽景色,人们行走其间心情是轻松愉悦的。天在上,积极进取,刚健运行;泽在下,安静恬淡,以悦待人,天泽上下有秩,各得其位。

二、尊卑有序之象。在单卦中,阴卦多阳,阳卦多阴。履卦下卦兑卦为阴卦,代表柔弱和卑下;上卦乾卦为纯阳卦,代表刚强尊上。在八卦所代表的八种自然现象和客观存在中,天最高,泽最低。在《易经》大家庭中,乾为父亲,兑为少女,在家庭中的角色地位显而易见。因此,无论从卦的阴阳属性、自然景象,还是家庭角色,都体现出上下、尊卑错落有秩的情景和状态。这便与儒家倡导的礼仪等级制度彼此融合了。尊老爱幼,敬重师长,父慈子孝,君仁臣敬,朋友诚信,等等,都有上下尊卑、内外亲疏、左右平衡的区别,这些人际交往的秩序构成了礼仪规范的重要内容。

三、女巫祭天之象。上卦乾为天,下卦兑为少女、为巫、为羊。古人崇敬上天,凡是与祭祀有关的卦,大都与天有关,比如需卦的需字,就是原始意义的儒生祭天祈雨的场景,最早的儒生角色与巫相似。此卦天可视为祭祀对象,而下卦就是祭祀主体女巫,古时祭祀用牲口祭祀称其为牺牲,牛、羊、猪是常用的祭品。祭品取象于兑卦、离卦和坎卦。下卦为兑,兑为羊;下交互卦为离,离为雉,雉为山鸡,离卦与坤卦特性相似,如离为大腹,坤为腹,都有孕育功能或均可代表有身孕,因此坤为牛,离也可以表示牛,这在古典文献中也常能见到;若初九爻变为初六,则下卦为坎,坎为豕,豕为猪。有祭祀对象天,有祭祀主体女巫,有牺牲祭品牛、羊、猪、鸡等,生动形象地描绘了祭祀的场景。而祭祀是讲究仪式和程序的,这些仪式和程序便是礼的内容。可见,履卦与礼的关联相当紧密。

四、礼法治国之象。《系辞上传》说:"大衍之数五十,其用四十有九。"履卦中蕴藏着一个革卦,革卦位列周易第四十九卦,鼎卦位列周易第五十卦。革故鼎新,通过变革或革命,建立新国家或新秩序。五十可分解为一加四十九,一是体,四十九是用,实行变革或进行革命的目的正是建立新的国家体制或新社会制度。革卦上卦为火,下卦为泽,称其为火泽革。在履卦中,下交互卦为离,离为火,下卦为兑,兑为泽,两者构成革卦。礼法制度的改革是治国理政的重要内容。鼎卦是国家主权的象征,革卦的目的是建立新政权、新秩序、新体系,礼法制度是维护新政权、新秩序、新体系的重要手段。礼制是德与法的集合体,可视为以德治国与依法治国相结合的滥觞,既有德治的涵义,又有法治的内容。

五、诚信光明之象。履卦中蕴藏着一个中孚卦。中孚卦位列周易第六十一卦,上卦为风,下卦为泽,称其为风泽中孚。在履卦中,上交互卦为巽,巽为风,下卦为兑,兑为泽,两者构成中孚卦。若将中孚卦缩小就变成大离卦,若将离卦放大便是中孚卦。离为火,为日,为明,为目,为丽等,离卦卦德为光明,内心光明便为诚信。《中庸》说:"自诚明,谓之性;自明诚,谓之教。诚则明矣,明则诚矣。"说的就是离卦诚信光明的属性。卦爻辞中没有直接描写诚信的"孚"字,但是从"素履"、"履道坦坦"、"愬愬"、"夬履"等爻辞后面可以读出诚信光明的意韵。礼制一旦离开了诚信,便变成了作秀,就不可能做到"履虎尾,不咥人"。

六、鞋履形状之象。履卦之"履"作动词解释是穿鞋、践踏、踩、行走、到达、实践、执行、履行等意思。如果把它作名词解释,履就是鞋子。从履卦卦画形状上看,相当于简笔画的一只鞋子模样,六三是鞋的口子,初九、九二是鞋后跟,九四、九五、上九是鞋的前面部分。这种联想是有其现实意义的,有助于加深对卦画、卦名与卦爻辞内容的整体记忆。

七、女遇五男之象。象辞有"柔履刚也"的表述。意思是阴柔的人或物与阳刚的人或物相遇，如果不用礼法约束，就很可能发生危险。履卦中蕴藏着一个姤卦，上卦为天，下卦为风，称其为天风姤。姤卦反映了一女与五男的邂逅故事，与象辞表述的"柔履刚也"的意境一致。履卦上卦为乾，乾为天，上交互卦为巽，巽为风，两者构成姤卦。此卦通常被认为女方行为不够检点，或者说一女与五男交往容易产生桃色新闻。古人主张男女交往要发乎情，止乎礼。只有符合礼仪规范和法律规定的交往才可以避免风险。

八、与人和同之象。履卦中蕴藏着一个同人卦。同人卦上卦为天，下卦为火，称其为天火同人。履卦上卦为乾，乾为天，下交互卦为离，离为火，两者构成同人卦。同人就是团结他人，在共同的目标或价值观的引领下，把分散的不同人群组织起来，建立起彼此协作、守望相助、和谐共存的集体。礼在同人过程中起到了行为规范的作用。《古代汉语词典》解释：和，音乐和谐，引申调和；又和顺，和谐；又和睦，融洽；温和，喜悦；天气暖和；舒适；适中，恰到好处，《论语·学而》："礼之用，~为贵"；和平，又和解，讲和；古哲学术语，与"同"相对，有相反相成之意，即在矛盾对立诸因素的作用下实现真正的和谐和统一，《论语·子路》："君子~而不同，小人同而不~。"所谓"和同"，就是将原本存在差异性的不同事物有机组织起来，成为一个整体，使它们各得其所，彼此包容，和谐相处。要达到和同的目标，没有礼法是行不通的。

九、悦待尊长之象。履卦的上卦为乾，乾为天，为君，为父，引申为尊长、老人、长辈等。下卦为兑，兑为泽；兑，说也，说通"悦"，喜悦，愉悦。下卦也叫主卦、内卦，可理解为居于主位或内部的当事人主体；上卦也叫客卦、外卦，可理解为居于客位或外部的行为对象和环境条件。因此，履卦所反映的的卦象之一是，当事人以喜悦的态度对待尊长者。相对而言，主方的年龄、资历、地位等比客方要低，因此也体现出以柔履刚的意境。敬重长者正是礼制的内容和要求。

十、西伯礼纣之象。履卦只有六三是唯一阴爻，物以稀为贵，理所当然地成为了履卦卦主，可理解为它是履卦情境中的主人公。这是由履卦一阴五阳的特殊性决定的。假如有两个阴爻，阴爻就不足为贵了。兑卦在方位上为西方，在商朝姬昌是西伯，位于西部。因此，兑卦可视为西伯歧山部落的象征。上卦为乾，乾为君，是商纣王的象征。周文王、周公作卦爻辞时，西伯集团处于异常危险的境地。西伯伴君如伴虎，其处境与六三有相似之处，危险系数极高，随时都可能被虎所"咥"。这时，对商纣王表现出恭敬顺从的态度和礼仪十分有必要。周文王以柔履刚，以礼敬长，不但自己这样做，还特别告诫自己家人和大臣们千万要谨慎小心，不要蛮干，君不密则失臣，臣不密则失身，几事不密则害成，要特别小心谨防不当言行招来杀身之祸。

十一、刚凶柔吉之象。履卦的特征是阳位凶、阴位吉。初九、六三、九五均为阳位，初九事情刚刚开始无咎，危险性还不大；六三凶，九五厉。九二、九四、上九三个阴位，尽管都是阳爻居阴位不当位，但结果却都是吉或元吉。阳爻代表能力强，阴爻代表能力弱；阳位代表运动，阴位代表静止。一般情况下，阳爻居阳位、阴爻居阴位是当位，表明其行为举止是适当的。但是，阴爻居阳位，表明一个能力弱的人在勉为其难地作出行动；阳爻居阴位，表明一个能力强的人处于静观其变的状态。在危险情境中，如果盲目行动，极易导致危险变成现实。在履卦危险情境中，九二、九四、上九可视为三个能力强的人，他们善于审时度势，顺应了客观情势要求，做到了沉着冷静，谨慎细心，低调收敛。这是他们化险为夷的原因，同时也是礼仪规范的应有之义。

十二、内悦外刚之象。所谓卦德，通常是指八个经卦而言，一个经卦可以表示多种、十几种、甚至几十种意思，这些诸多的意思之间既有区别又有联系，其中最能反映这个经卦本质特征的意思叫卦德。比如乾刚坤柔，巽顺震动，离明坎险，兑悦艮止。下卦、主卦、内卦为兑，其卦德为喜悦；上卦、客卦、外卦为乾，乾卦卦德为刚。如果把履卦的情境视为一个单位的话，那么就是指单位内部呈现出喜悦的氛围，也许单位遇到了值得庆贺的喜事，可以判断单位状况不错；而这个单位的合作方或工作对象可能是个有实力的大单位大公司。这个单位要与大公司长期合作下去，必须在礼仪礼节方面做得更加到位，否则就容易被对方所抛弃。

十三、少女父亲之象。在《易经》大家庭中，乾为父，兑为少女。下卦是内卦、主卦，上卦为外卦、客卦。下卦为兑，上卦为乾。表明少女主内，在家里当家作主，安排和协调家政事务，负责一家人的吃喝拉撒等后勤保障工作；父亲主外，为养家糊口从事体力劳动和粮食生产，主要解决家庭的经济来源和物质保障。这是一个特殊的家庭，这种角色分工存在着缺陷。虽然父亲通常宠爱少女，但少女有些任性，并且年轻缺乏阅历和生活经验，要想达到协调稳定的状态，必须满足一定条件，那就是主内的少女必须孝敬父亲，以礼相待，多请示求教于父亲，这样才能胜任这个家庭主妇的角色。

十四、金金比和之象。在八卦与五行关系中，乾兑对应金，乾为阳卦为阳金，兑为阴卦为阴金；震巽对应木，震为阳卦为阳木，巽为阴卦为阴木；坤艮对应土，坤为阴卦为阴土，艮为阳卦为阳土；离对应火，坎对应水。在精神心理或人际关系层面，异性相吸，同性相斥；但在物质材料层面，却呈现同性比和的现象，相同性质的物质材料容易融合，从而使性能得到进一步强化。但不同性质的物质材料之间关系稍微复杂些，有的相得益彰，有的不能融合。履卦的上下、主客、内外都属金属类别，一个硬度大，一个硬度小，比和之后可以产生倍增的效果，就像有些合金材料混合之后硬度上有质的飞跃。

【关联卦画】

履卦由夬卦演变而来。我们知道，在六十四卦中，有十二消息卦，其余大部分卦都由十二消息卦演变而来。夬卦、姤卦都是一阴五阳结构的消息卦。那么履卦是哪个卦演变而来的？姤卦上卦为天，下卦为风，称其为天风姤。姤初六与九三不是对应的爻位，两者互换位置缺乏逻辑依据。相比之下，夬卦的理由要充分许多。一是履卦九五"夬履，贞厉"爻辞与夬卦卦名相同。夬是坚决的意思，表明君子群体与高位小人决战决裂的坚定态度。夬不是高频词，两者相同决非偶然。二是夬卦中上六与九三有正应，按照正常规律上六小人必定被驱赶出历史舞台，但是如果上六意识到了这一点，利用与九三的良好关系，进行位置互换的话，就变成了履卦。这一动作彻底改变了卦象结构，夬卦少女在上父亲在下，这是不符合礼法的；但在履卦中变成了父亲在上，少女处下，体现出少女尊重父亲、父亲在上少女在下的礼制关系。正是心态礼仪上的这种改变，挽救了上六的悲剧命运。三是象辞说"说而应乎乾"可用来说明这种演变轨迹。夬卦中上卦是兑，兑为悦；下卦为乾，乾为君，上六与九三互换位置，就是上六主动取悦君王的行为，因此与象辞的表述相吻合。

履卦的综卦是小畜卦。履卦卦画颠倒一百八十度为小畜卦，小畜卦卦画颠倒一百八十度为履卦，两者互为综卦。综卦也叫覆卦、镜卦。综卦卦画内部结构没有变化，只是转了个方向。换句话说，卦画没有变，只是观察角度发生了变化，所得到的卦画和卦象随之发生了变化，综卦双方既有联系又有区别。联系是卦画内部结构相似，呈现出事物发展的前后逻辑关系，小畜卦后是履卦，财富的积蓄为礼仪的履行创造了条件。区别是名称、卦画、卦象都发生了变化。

　　履卦的交互卦是家人卦。履卦的卦画中，去掉初九、上九后，用剩下的四个爻重新组成一个卦，用上三个爻组成上卦，用下三个爻组成下卦，其中中间两爻是重叠的，也就是说上卦的下面两个爻，与下卦的上面两个爻是一样的，呈现出重叠交互关系，所以叫交互卦。交互卦反映了事物发展的过程状态。履卦的交互卦是家人卦，两者既有联系又有区别。联系是家人卦由履卦内部四爻重新组织而成，说明注重礼仪，上下有序，就能得到家人卦这样的良好结果，反映了礼在家庭建设中的重要作用。区别是两者名称、卦画、卦象均不相同。

　　履卦的错卦是谦卦。与履卦各爻阴阳性质完全相反的卦是谦卦，这样的一对卦叫错卦，它反映了事物的对立统一规律，提示人们考虑问题时要进行换位思考，不仅要从自身立场考虑得失，还要站在对方角度考虑后果。错卦双方也是既有联系又有区别。联系是两者上下卦之间具有阴阳相对的匹配性，上卦一个是天、一个是地，下卦一个是泽、一个是山，也可理解为父与母、少女与少男的关系；履卦以礼待人，可以避开灾祸，具有正面作用，谦卦低调谦和赢得吉祥局面，也具正面作用。区别是两者名称、卦画、卦象均不同，上下卦的性质完全相反。

【卦辞象辞】

〖卦辞〗

"履虎尾，不咥人，亨。"

【译文】"踩着老虎尾巴，不咬人，通达。"

　　履虎尾，是一种比喻，表示人在被迫无奈的情况下处于某种危险的情境。咥（die2），咬，从字面上可以理解，口加至就是张口咬到东西了。卦辞用来说明全卦的主旨。意思是说，人处在危险境地时，要谨慎小心，依礼行事，可以免除灾祸。从卦象上看，下卦主方是泽，上卦客方是天，主方阴卦柔弱，客方阳卦刚强，形势对主方相当不利。好在客方是正直讲道理的人，因此只要主方自身小心翼翼，礼仪到位，还是可以避免伤害的。

　　"虎"取象于兑卦和乾卦。从五行风水角度而言，在后天八卦图中，兑卦位于右边西方的位置，右为白虎，五行为金，这是引出虎这一概念的缘由；从履卦卦象分析，上卦为乾，代表刚健有力，老虎自然与乾卦的特征最为接近，这时就应该将下卦兑卦理解为少女或羊,犹如羊立虎旁,伴君如伴虎,面临着老虎咥人的危险。在解卦时,要灵活转换角度,转变思路,不能拘泥僵化。

"咥"取象于兑卦。下卦为兑卦,兑为口、为毁折,象征虎口、咬人至伤。

〖彖辞〗

《彖》曰:"履,柔履刚也。说而应乎乾,是以履虎尾,不咥人,亨。刚中正,履帝位而不疚,光明也。"

【译文】彖辞说,履卦卦象是以柔踩刚,以喜悦的态度与乾卦发生感应,因此踩到老虎尾巴,没有被咬,通达。阳刚之爻居于中位并且九五既中又正,履行着天帝赋予的职责与定位而没有瘣疚之心,因为其内心怀有光明之德。

"柔履刚也"取象于兑卦和乾卦。下卦兑卦是阴卦,有阴柔特点,上卦乾卦为阳卦,有刚健特点。它与人踩虎尾的情境相对应。

"说而应乎乾"取象于履卦由夬卦演变而来。说,通"悦",履卦下卦为兑,夬卦上卦为兑,兑为悦,无论是上兑、下兑,两者取悦的对象都是乾卦,表明少女与君王有心灵感应。比喻柔弱的主方以喜悦的心态与刚健强势的客方保持良好的沟通和感情联系。因此做到了虽然踩着虎尾,却没有被咬,结果是通达的。

"刚中正",是指九五居中正之位,九五是君王之位,履行着天帝赋予君王的职责没有愧疚,因为内心充满光明。同时,"刚中"还指九二居中,但九二阳居阴位,不当位,力量过刚,不宜称其为正。

"光明"取象于离卦。下交互卦为离,离为火,为日,为目,为丽,象征光明。

【大象之辞】

《象》曰:"上天下泽,履。君子以辨上下,定民志。"

【译文】"上面是天,下面为湖泽,这是履卦反映的自然景象。君子受此卦启示,要分辨长幼、高低、上下关系,以安定百姓人心。"

【爻辞小象】

"初九,素履往,无咎。"

【译文】"初九，穿着平常鞋子往前走，没有灾祸。"

素，白色、质朴，朴素，引申为平素、素时、平常。初九阳爻居阳位，当位，表明行为举止适当。与九四没有正应，得不到九四上层的支持。初九可视作初出茅庐积极进取的小伙子，年轻人容易犯眼高手低、心浮气躁、鲁莽粗糙、急于求成的毛病，但这个初九小伙较好地克服了这些毛病，做人行事质朴自然，朴素踏实，不做作、不修饰、不虚伪，以质朴自然的态度往前行进，没有灾祸。素履表明不张扬，低调收敛。这符合履卦主旨。

"素"取象于兑卦。下卦为兑卦，在后天八卦图与五行、五色关系中，兑为金，颜色为白，白引申为素色，普通平常的颜色。

《象》曰："素履之往，独行愿也。"
【译文】小象说，穿着平常鞋子往前走，独自实行自己的愿望。

"九二，履道坦坦，幽人贞吉。"
【译文】"九二，行走在平坦大道上，隐幽之人坚守正道吉祥。"

幽人，隐士，隐幽之人，低调处世之人，在本卦中与武人相对应。九二阳爻居阴位，不当位。此爻位要求是行为阴柔，但九二却是阳爻，过于刚强，与爻位要求不匹配，因此爻辞提示要对行为进行修正，只有在阴阳平衡的情况下方能吉祥，而幽人恰恰具有阴柔低调的特质，比较符合爻位要求，因此爻辞说"幽人贞吉"，也就是说这种吉祥是有条件的，只是对于幽人而言是吉祥的，对于高调的人并不吉祥。九二是下卦的正中位置，表明其品德公道正派，结果一般不会太差。九二与九五没有正应，表明九二得不到九五的支持，一定程度上抑制了九二的阳刚行为，客观上反而对九二有好处，因为这一爻所要求的正是低调行事、不事张扬。

"履道坦坦"取象于震卦。如九二发生爻变，则下卦变为震卦。震为大涂，涂通"途"，大涂即为平坦大道。

"幽人"取象于兑卦、离卦、艮卦和巽卦。幽人，即隐幽之人、低调处世之人，不为他人察觉其存在。其一，下卦为兑，兑为泽，湖泽地势低洼，泽中之人可理解为幽人。其二，幽人也指幽禁之人，下交互卦为离，离为罗网，上交互卦为巽，巽为绳直，两者合起来引申为幽禁之人。其三，巽为木、为入；若九二爻变，下交互卦为艮，艮为山，为门。组合起来又有两个卦象，一个是遁入山林之人为幽人；另一个是，九二爻变后，初九至九四构成一个庭院的形状，引申为幽人生活居所。

《象》曰："幽人贞吉，中不自乱也。"

【译文】小象说，隐幽之人坚守正道吉祥，因为他能坚守中道而不恣意妄为。

"六三，眇能视，跛能履。履虎尾，咥人，凶。武人为于大君。"

【译文】"六三，单眼盲还能视物，一脚跛还能行走。踩着老虎尾巴，咬人，凶险。武将效命于君王。"

眇，少目，瞎了一只眼睛。跛，瘸，因腿脚有毛病，通常是一只脚有毛病，行走不能平衡，从跛字的左右结构可见，它是从破字演变而来的，左偏旁变成足后，表明脚是破残的。六三阴爻居阳位，不当位，此爻要求刚强有力，但六三却是柔弱的，表现为能力不足。同时六三又是下卦主方的上爻，不中不正，说明问题出在主方本身。六三与上九有正应，六三的行为得到了上九大佬的支持。武人，武士，将军，与幽人相对，表示勇猛有余、智谋不足的人。单眼盲、一脚跛，是指存在生理缺陷的人，此处用来指代武人。在一个要求当事人战战兢兢、谨小慎微的情境中，武人恐怕很难做到。在这种危险情境中，对幽人是吉祥的，那么对于武人自然是异常凶险的。六三自身有身体缺陷，还冒险去踩老虎的尾巴，其危险性可想可知。

正如孔子所言："德薄而位尊，知小而谋大，力小而任重，鲜不及矣。"孔子说，德行低下而职位很高，智力有限而野心很大，力量很小而负荷很重，这三种情况是很少不招致灾祸的。履卦的六三就面临着这样的危险处境。俗话说，伴君如伴虎，其出处也许就来自于此。六三正是公卿之位，属于君王身边的人，重臣、武将为君王做事，稍有不慎将招致杀身之祸。六三爻辞有明显的警示告诫意味，旨在警告那些在君王身边做事的武将们，千万小心，否则就将大祸临头。

"眇"取象于离卦和兑卦。下交互卦为离卦，离为目；下卦为兑，兑为毁折，眼睛被毁损，就是眇的状况，损坏了一只眼睛，还剩下一只眼睛，勉强能看范本，即"眇能视"，但已经不是太清晰了。

"跛"取象于巽卦和兑卦。上交互卦为巽卦，巽为股即大腿；下卦为兑，兑为毁折，大腿有缺陷，一只腿好，一只腿坏，两条腿翘脚，一瘸一拐，勉强能走，即"跛能履"，但是已经行动不便，走不快也走不远。

"虎尾"取象于六三爻位。上卦乾为虎，六三紧挨着虎的身后，而且是阴爻，虎的尾巴相对于虎头、虎身属于小部位，用阴爻表示比较适当。

"咥人"取象于兑卦。下卦为兑卦，上九爻变后也为兑卦。兑为口，代表虎口。老虎的尾巴六三被踩，上九虎头回头咬人，因为上九与六三有正应，头尾相互呼应。

"武人为于大君"取象于离卦和乾卦。六三位于下交互卦离卦的中爻，离为戈兵，手持戈兵者即为武人。上卦为乾，乾为君。武将立在君王身边，表明效命于君王。

《象》曰："眇能视，不足以有明也。跛能履，不足以与行也。咥人之凶，位不当也。武人为于大君，志刚也。"

【译文】小象说，少只眼睛虽然还能看东西，但视物已不清晰；跛足虽然能走，但已不完全胜任行走的功能。存在被虎咬的危险，是因为六三阴爻居阳位不当位。武将效命于君王之侧，其性格意志过于刚强（这是招致危险的重要原因）。

"九四，履虎尾，愬（su4）愬，终吉。"
【译文】"九四，踩着老虎尾巴，瑟瑟发抖，最终吉祥。"

愬愬（su4），惊恐的样子。九四阳爻居阴位，不当位，其行为过于刚强；与初九不相应，得不到来自基层的支持，力量因此受到了削弱。这是九四的不利因素。同时，九四位于上卦乾卦的下爻，其行为还受到九五的抑制，行动进一步受阻。来自上下两方面的制约，使得九四的阳刚势头得到遏制，反而呈现出谨慎小心的阴柔性格，正好修正了过于刚强的缺陷，这对九四反而是坏事变成了好事。九四阳爻居阴位，与六三阴爻居阳位有所不同，九四是有能力不显示，刚中有柔；六三是没有力量而逞强，外强中干，因而结果是不同的。此爻的意思是，虽然踩着了老虎的尾巴，但是只要以诚惶诚恐的谨慎心态行事，最终的结局还是吉祥的。

"虎尾"取象于九四爻位。九四是上卦乾卦的初爻，相当于老虎尾巴部位。此时踩虎尾没有被咬，是因为已经脱离了下卦兑卦，相当于脱离了虎口和毁折。

"愬愬"取象于震卦。若九四发生爻变，那么下交互卦就为震卦，震卦的卦辞中有"震来虩虩（xi4）"的表述。天上打雷，地下震动，使人害怕，虩虩，就是令人恐惧的样子。有观点认为"愬愬"通"虩虩"，都是害怕恐惧的样子，这是有道理的。

《象》曰："愬愬终吉，志行也。"

【译文】小象说，嗦嗦打抖但最终吉祥，这是谨慎小心的意愿得以实行的结果。

"九五，夬履，贞厉。"

【译文】"九五，果决行进，固陋有风险。"

夬（guai4），决定，刚决。贞，正固，引申为固陋。厉，危险，其危险等级中等，凶分为五级：悔、吝、厉、咎、凶。九五阳爻居阳位，当位，说明行为举止适当。九五居上卦乾卦的中正位置，又是全卦的核心之位，说明九五道德品行端正，能够主持公平正义，是位有大德、大能、大位的君王，他本身就是老虎的角色，乾卦象征刚健有力，所以九五才会坚定果敢、毅然决然地往前行进。此处的"履"是老虎自己"履"了，当年的弱者现在已经成为像"老虎"一样的君王了，不再是那个面对强者谨小慎微、小心翼翼地"履虎尾"的弱者了。九五与九二没有正应，得不到九二这一基层干部的支持，又与相邻的九四、上九同性相斥，得不到有效配合。在缺少周边有效配合、上下又不沟通的情况下，君王以强硬的姿态武断地向前冒进，当然存在很大风险。

"夬"取象于履卦由夬卦演变而来。详情参见前面有关部分。

"厉"取象于坎卦。若九五发生爻变，则上交互卦变成坎卦，坎意味着路途坎坷、存在风险。

《象》曰:"夬履贞厉,位正当也。"

【译文】小象说,果决前行,固陋有风险,但九五之位既中正又适当。

正,九五居上卦中爻,为中正之位;当,阳爻居阳位,称为当位,表明行为举止适当。

"上九,视履考祥,其旋元吉。"

【译文】"上九,审视走过的足迹,考量吉凶状况,返回最为吉祥。"

考,考察。祥,吉凶征兆。旋,旋转、回旋、周旋、返回。上九阳爻居阴位,不当位,表明行为举止过于刚强。上九与六三有正应,上九的行动得到了六三的支持和配合。一般来说,上九不是凶,就是厉,多半带有"亢龙有悔"的意味,但履卦的上九却是元吉。上爻为元吉的卦只有两个,另一个是井卦。两卦的相同点是上爻与三爻都有正应,履卦是上九与六三正应,井卦是上六与九三正应。

是什么原因使得履卦上九取得元吉结果呢?其一,虽然上九不中不正,却占居最高位,站得高、看得远,此时履行已近尾声,有利于居高临下回顾审视整个行进的足迹,以明得失是非。其二,虽然行为过于刚强,但其着力点在于回顾审视、考察吉凶,身居高位却尚能做到反思,这是非常难能可贵的品质。任务履行完毕后,能审时度势决定返回,这是大智慧大格局的表现。这样的行为用力越大,下功夫越深,益处越多。

"视、考"取象于离卦。履卦的下爻互卦为离卦,离为目,离也为龟,为占卜,引申为考祥。六三为离卦的中爻,上九与六三有正应,说明上九对视、考工作相当投入。

"祥"取象于兑卦。履卦下卦为兑,若上九发生爻变,则上卦也为兑,兑为羊,用羊祭祀则为"祥",引申为吉祥之意。

《象》曰:"元吉在上,大有庆也。"

【译文】小象说,元吉出现在上九,这是因为有值得大庆的事情。

"大有庆"取象于兑卦。即下卦之兑、上九爻变之兑，兑为口，为悦，大庆之时人们相互祝贺，说些吉祥话，人们内心也是轻松喜悦的。

第十一卦 泰卦的通达之道

【泰卦】

【白话经文】

泰卦,小的往外,大的到来,吉祥,通达。

初九,拔除根须牵连的茅草时,要捏在一起拔,主动出征吉祥。

九二,包容荒秽,徒步过河,不遗漏边远,不结党营私,循中道而行获得赞赏。

九三,没有一块平地是没有坡度的,没有一种前往是不返回的,在艰难中守正,没有灾祸。不用担心对方诚信,有口福可享。

六四,轻松前行,不从友邻处获得财富,诚信相待不必戒备。

六五,帝乙嫁妹给诸侯,获得福祉最为吉祥。

上六,城墙倾覆在壕沟上,不要派兵交战,这是传自都邑的命令。固陋有风险。

【经文原文】

泰,小往大来,吉,亨。

初九,拔茅茹,以其汇,征吉。

九二,包荒,用冯(ping2)河,不遐遗,朋亡,得尚于中行。

九三,无平不陂(bei1),无往不复,艰贞无咎。勿恤其孚,于食有福。

六四，翩翩，不富以其邻，不戒以孚。

六五，帝乙归妹，以祉元吉。

上六，城复于隍，勿用师，自邑告命。贞吝。

【解读序言】

泰卦位列周易第十一卦，上卦为地，下卦为天，称其为地天泰。《序卦传》说："履而泰，然后安，故受之以泰。泰者，通也。"序卦传说，因践行礼法而获得通达，然后迎来安宁气象，因此周易在履卦后面安排了泰卦，泰就是通达的意思。

《杂卦传》说："否泰，反其类也。"杂卦传说，否卦与泰卦，两者性质种类相反。也就是说泰是通达，否是阻塞。泰极否来，否极泰来。两者相互排斥，相互依存，相互转化，对立统一，相辅相成。

卦辞揭示，按照泰卦规则运作，可以起到小投入、大产出的效果，结果吉祥、通达；初九讲三人要凝心聚力，主动出击；九二讲要坚守正道，包容大度、身体力行、统筹兼顾各阶层利益、不结党营私；九三讲成功来自艰苦奋斗，并保持诚信，才能换来口福；六四讲要放平心态，保持诚信，不损人利己；六五讲联姻方式将有助于保持人生事业的内外通达；上六讲尽量用小代价获取大成果，注重避免更大牺牲，并提出警示固陋有风险。

【卦名含义】

《古代汉语词典》解释：泰，通达，通畅，《周易·序卦》："履而泰，然后安，故受之以--者，通也。"安宁，又安舒；好、美好；宽裕，又奢侈；骄纵，傲慢；大，极大，《礼记·曲礼上》："假尔~龟有常，假尔~筮有常。"副词，表示程度，同"太"；六十四卦之一；古代的酒器；山名，泰山。

《说文解字》解释：泰，滑也。夳，古文泰。清段玉裁注：水在手中，下溜甚利也。与达字义近。周易泰，通也；否，塞也。滑则宽裕自如，故引申为纵泰，如论语泰而不骄是也。又引申为奢侈。古文泰为"夳"，取滑之意也。转写恐失其真也。后世凡言大而以为形容未尽则作太，如大宰俗作太宰，大子俗作太子，周大王俗作太王是也。谓太即说文夳字。夳即泰，则又用泰为太。由《说文解字》的解释可见，泰、夳、太，读音相同，词义关联。

【卦象寓义】

一、天地交流之象。泰卦地在上、天在下，与实际景象正好相反，为什么这样才能安泰呢？学习《易经》不仅要观察卦所象征的自然景象，更要探究其内在蕴含的易理。天代表刚健、阳气、轻清之气，地代表柔顺、阴气、重浊之气，两者都是重要元素，无所谓是非好坏。按照《易经》原理，阳气、轻清之气上升，阴气、重浊之气下沉，因而只有在泰卦这种结构时，天地之气才能交流融合，继而普降甘露，孕育万物。如果乾卦在上、坤卦在下，则阳气、清气向上，阴气、浊气向下，阴阳相互分离，上下就没有交流，这其实就是否卦的状态了。

二、君民沟通之象。在国家治理体系中，乾卦代表君王，与天的特征比较相似；坤卦代表百姓，与地的特征比较接近。泰卦的结构揭示了君王与民众的关系，要求君王降低姿态，来到百姓之下。换句话说，领导人要深入基层，接触群众，了解民情，为民所想，为民所忧，为民排忧解难。只有这样，领导人才会与人民群众有思想感情的交流和融合，才能了解百姓的喜怒哀乐和人民最关心、最直接、最现实的利益问题，才能了解群众的艰难困苦。一个君王或领导人能这样去做，就定能换来国泰民安的祥和景象。

三、农历正月之象。或称三阳开泰之象。在十二消息卦中，泰卦代表农历正月，是春季的第一个月，此时阴气阳气基本平衡，三个阴爻，三个阳爻。正月正是春回大地，万物复苏，阳光明媚，生机勃发的时节。三阳开泰的成语即来源于泰卦，三阳是指泰卦的三个阳爻，在季节气象方面代表阳气充盈春光无限，在人文政治和社会生活领域又代表三个君子组成的团体回归历史舞台。因此，泰卦既代表气象意义的春天，又代表人文政治的春天。人们期盼国泰民安，其实就是期盼清明、暖心的政治生态和社会生态。

四、阳气萌动之象。泰卦中蕴含着一个复卦。复卦上卦为地，下卦为雷，称其为地雷复。泰卦上卦为坤，坤为地；上交互卦震，震为雷，两者构成复卦。在消息卦中，复卦代表农历十一月，反映了继农历十月天寒地冻之后，一阳复始，万物体内阳气萌动的自然景象。泰卦代表农历正月，复为泰之始，泰为复之续。泰卦的气象发源于复卦，是复卦逐渐向前发展过程中必然出现的结果或状态。

五、冬春之交之象。泰卦中蕴含着一个临卦。临卦上卦为地，下卦为泽，称其为地泽临。泰卦上卦为坤，坤为地；下交互卦为兑，兑为泽，两者构成临卦。在消息卦中,临卦代表农历十二月,反映了冬季与春季交替、临界这一时期或阶段的自然气象。临卦是复卦的进一步发展,它离泰卦越来越近。泰卦气象正是通过临卦过渡期,才实现了由冬天向春天的季节转换与更迭,从而表现了通达的主旨。

六、春禾大壮之象。泰卦中蕴含着一个大壮卦。大壮卦上卦为雷,下卦为天,称其为雷天大壮。泰卦的上交互卦为震,震为雷;下卦为乾,乾为天,两者构成大壮卦。在消息卦中,大壮卦代表农历二月,反映了春季草木万物、粮食作物,在雷震下获得能量,得到振奋,并在阳光雨露的滋润下,迅速茁壮成长的自然景象。泰卦气象是大壮卦的基础,大壮气象是泰卦的继续。

七、春夏之交之象。泰卦中蕴含着一个夬卦。夬卦上卦为泽,下卦为天,称其为泽天夬。泰卦的下交互卦为兑,兑为泽;下卦为乾,乾为天,两者构成夬卦。夬卦反映了五君子与占居高位的小人展开最后决战的故事。反映在季节气象方面,夬卦代表农历三月,阳气充盈,阴气所剩无几,处于众阳气与残余阴气进行对决的阶段,到了农历四月就是乾卦所表示的全阳季节。因此,夬卦在气象方面反映了由春季转到夏季的过渡阶段,同样表现出了通达的意境。

八、阳进阴退之象。按照大自然四季变化规律,自复卦十一月开始,然后进入临卦十二月,再到泰卦正月,以及往后相继经历大壮卦二月、夬卦三月,最终到乾卦四月全阳鼎盛气象。阳气逐步加强,阴气逐步减弱,呈现出阳息阴消的趋势。息是增加,如利息、孳息;消是减弱,如消亡、消失,阴阳之气有增就有减,此消彼长,双方处于不断的消息、减增变化之中,这便是消息卦名称的由来。阳气不断前进,阴气逐渐后退。将其引入人文政治和社会生活领域,便呈现出君子进小人退、小往大来的发展变化趋势。

九、三男创业之象。泰卦下卦为乾卦,阳数为七,阳刚指数最大,代表日月星辰刚健运行,从不停息。可理解为这是由三位小伙子或君子组成的创业团体,积极上进,充满生机,富有创造力。上卦为坤,坤为大地,引申为小伙子或君子创建基业的场所和环境。下卦为主卦、内卦,上卦为客卦、外卦。泰卦描绘了三个小伙子或君子自内而外勇敢地走出去,到广阔的天地中去建功立业的故事。它与三阳开泰的意境也相融合,三阳开泰也可理解为,三个阳刚乐观、积极进取的小伙子开疆辟土,创办事业,建设家园,为百姓大众创造安宁通达的幸福生活。

十、阴阳调和之象。泰卦的特点：一是阴爻阳爻数量相同。三个阴爻，三个阳爻，阴阳平衡，这是《易经》倡导的比较理想的状态。二是三对爻全部有正应。下卦三个阳爻，与上卦三个阴爻，爻位相应的一对爻，均呈现上下阴阳正应的情形。表明阴阳交流充分顺畅，体现了"泰"字通达的意境，也体现了卦辞"亨"的主旨。不仅阴阳平衡，而且阴阳全部正应，形成阴阳调和之象。三是六个爻中有四爻当位，分别是初、三、四、上爻；另两爻九二、六五，虽不当位，但分居上下卦中位，表明道德品行良好，道德的力量是无穷的，足以弥补能力和行为上存在的短板或缺陷。

十一、内刚外柔之象。下卦也叫内卦、主卦，上卦也叫外卦、客卦。乾卦卦德是刚，积极进取，刚健有力，自强不息；坤卦卦德为柔，柔顺、配合、包容、顺承，厚德载物。如果将泰卦比作一个单位、团体或组织机构，其特点是单位内部阳刚强大，表明颇具实力，在人才、经费、资料、技术等诸方面都有相当优势，基础良好；而该单位所面临的外部条件、工作对象或市场环境等方面表现出顺从配合。因此，这种组织结构非常有利于事业的创建、开拓和发展。

十二、父母沟通之象。在《易经》大家庭中，乾卦代表父亲，坤卦代表母亲。在古代通常父亲是一家之主，是家庭重大事务的决策者和主导者，相对强势；母亲处于从属配合的辅助地位，相对弱势。父母的关系与天地、君臣关系相仿，如果强势方的父亲能够屈尊俯就，主动与母亲商议家庭事务，那么就容易建立起家和万事兴的良好氛围。在长期演变过程中，现代家庭的父母关系已经出现微妙变化，在某些地区呈现出阴盛阳衰的迹象，部分女性的阴柔之美、贤淑之德在渐渐丧失，其中的得失利弊值得人们细细思量。

十三、阴土生金之象。在八卦与五行关系中，乾、兑对应金，乾为阳卦，为阳金，兑为阴卦，为阴金；坤、艮对应土，坤为阴卦，为阴土，艮为阳卦，为阳土。按照五行相生相克关系，土能生金。泰卦的五行关系呈现出阴土生扶阳金的关系。相对而言，阳土生阴金比较容易，阳土生阳金、阴土生阴金次之，而阴土生阳金难度稍大，这表明创立基业并非是一蹴而就的事，美好的生活需要努力奋斗才能获得。

【关联卦画】

泰卦的综卦是否卦。泰卦卦画翻转一百八十度为否卦，否卦卦画翻转一百八十度为泰卦。这样的一对卦叫综卦，也叫覆卦、镜卦。这对卦的内部结构没有变化，只是调了个，反映出观察的角度进行了调整。卦画是同样的卦画，只因观卦的人位置变化了，得到的结果就发生了变化。综卦的原理告诉人们，观察事物、处理问题必须进行多角度观察、全方位思考，才能客观、全面、准确地把握事物的本质和问题的关键。泰卦与否卦既有联系，又有区别。泰卦的后面是否卦，说明安泰局面转换到危否状态只需一步之遥，而从否卦状态再回到安泰的局面却需要经历漫长时间。

泰卦的交互卦是归妹卦。 把泰卦的初九、上六去掉，用剩余的中间四个爻重新组成一个卦，上三个爻震卦为上卦，下三个爻兑卦为下卦，其中中间两个爻是上下卦皆有，你中有我，我中有你，这就是交互的由来。归妹卦上卦为雷、下卦为泽，称其为雷泽归妹，它反映少女远嫁给外地长男的场景。泰卦六五爻辞中有"帝乙归妹"的表述，反映出泰卦中包含着归妹卦的内容。交互卦的意义在于透过现象看本质，交互卦反映了事物发展变化中的过程性状态。懂得这一易理，在处理问题时，就能对事物发展变化的过程性状态作出预断，从而采取相应的措施，就能获得趋利避害、逢凶化吉的效果。

泰卦的错卦是否卦。 把泰卦的每个爻阴阳相反，得到的卦就是错卦，也就是说一对错卦之间相应的每个爻阴阳相反，呈现出阴阳交错的关系，因而这个错是交错，而不是错误的意思。一般情况下，一个卦的综卦和错卦是不同的，但泰卦却是个特例，其综卦、错卦均为否卦。这说明泰否之间的联系更加紧密。泰是良好状态，否是不良状态，两者性质相反，泰卦地在上、天在下，否卦天在上、地在下，泰卦是上下有沟通交流的状态，否卦中天往上走，地往下走，天地分离，互不交流，处于一种上下信息不通的闭塞状态。决定泰、否两种状态的关键在于领导层对于民众的态度，位置摆正，与民交流，就安泰；高高在上，与民隔绝，就危否。

【卦辞象辞】

〖卦辞〗

"泰，小往大来，吉，亨。"

【译文】 "泰卦，小的往外，大的到来，吉祥，通达。"

卦辞用以说明卦名和全卦主旨。前面在"阳进阴退之象"中已对"小往大来"作了分析。小代表阴爻,阴爻居外卦;大代表阳爻,阳爻居内卦。随着时间推移,阳爻在逐步增多,阴爻在逐步减少,内卦多一个阳爻,外卦就少一个阴爻,由内向外是往,由外向内是来,阴爻往外退出,阳爻来到增加,这便是"小往大来"的态势。

在泰卦中,下卦乾卦是主方,像三位想干一番事业的小伙子,刚健有力,积极进取。上卦坤卦是客方,坤为大地,为三位小伙子创业提供施展的空间和舞台;坤为民众,是小伙子创业的人力资源;坤为三位少女,阴柔平和,顺从配合。

前面已经述及,在泰卦六个爻中,只有二、五爻是不当位的,其余四爻都当位,而且上下三对爻全部有正应,这种情势对三位小伙子建功立业是非常有利的。

〖彖辞〗

《彖》曰:"泰,小往大来,吉,亨。则是天地交而万物通也,上下交而其志同也。内阳而外阴,内健而外顺,内君子而外小人,君子道长、小人道消也。"

【译文】彖传说,泰卦小往大来,吉祥、通达。之所以如此是因为天地有交流从而使万物生长发展通行无阻,上层领导与基层民众有交流从而使人们思想认识趋于一致。泰卦阳在内卦、阴在外卦,内部刚健有力、外部顺从配合,君子在内、小人在外,君子之道在增长发展、小人之道在消减削弱。

【大象之辞】

《象》曰:"天地交,泰。后以财成天地之道,辅相天地之宜,以左右民。"

【译文】大象说:"天地交流,是泰卦的卦象。君王受此启发,按照天地自然规律对事物作出裁判,以顺应天地自然规律方式对事物进行辅助帮扶,并以此辅佐保佑民众。"

后,君王,是先王之后继者的意思,而非指皇后。财,通"裁",裁决、裁判、裁定、仲裁、决策、决定等意思。左右,一是指左右他人,左右局势,有指使、掌控、驾驭、摆布、役使等意思;二是通"佐佑",佐是辅佐,佑是护佑、保佑等。从以人民为中心、执政为民的语境来理解，后者更有现实意义。国家领导人曾在近期的重要讲话中引用了"财成天地之道，辅相天地之宜"的内容。

【爻辞小象】

"初九，拔茅茹，以其汇，征吉。"

【译文】"初九，拔除根须牵连的茅草时，要捏在一起拔，主动出征吉祥。"

茅，是茅草，山坡路边常见细长剑状的草，春夏绿色，秋冬泛黄，丛生植物，叶边稍显锋利，开花为白色，因此也叫白茅，古今百姓经常就地取材用它捆扎柴禾、庄稼等，这是古文中经常提及拔茅的原因。拔茅草要讲究技巧，由于其根系发达，连成一体，如果一根一根拔，不仅容易拔断，而且还可能划破手指，再说效率也不高，因此必须把一丛茅草捏在一起才能连根拔起。茹，茅草根须相互交错牵连的样子。

此爻以现实生活中常见的拔茅作比喻，揭示出只有团结协作，形成合力，才能攻坚克难，推进人生事业走向成功的哲理。如果用拔茅来比喻人生事业，把茅草连根拔起，表明事业成功，但并非什么人都能做到这一点，小孩或没干过农活的人就很难做到。以其汇，是指拔茅的方式方法，干过农活或有经验的人把一丛茅草捏在一起同时往外拔才能如愿，不仅效率高，而且质量好，主要用来说明做事必须讲求方式方法，只有方式方法对头了，工作成效才能显现出来。

茅茹，茅草根系发达而且相互牵连，可理解为两层意思，一是茅草根须的分散个体非常柔弱，但一旦连成一体就相当坚韧，从中可以悟出团结就是力量的道理；二是用来说明社会关系错综复杂、各种利益交织一起，要妥善处理这些社会关系，协调好各种利益关系难度很大，表明人生事业会遇到各种各样的挫折和困难。本爻应侧重作后者理解。

以其汇，就是通过成功拔出茅草的方式方法，提示人们面对艰难险重工作任务，必须团结一心，密切配合，形成合力，才能完成任务。分散用力，拔茅失败；汇集力量，拔茅成功。这既是技术方法层面的问题，同时又是团队集体主义精神层面的问题。

此爻，对于三个小伙子创业的启示是：一是要坚持以公共利益为重，应认识到三个人是利益共同体，而不能过于注重个人私利；二是要善于发挥集体智慧和力量，须凝聚共识，步调一致，而不能我行我素，各行其事；三是要兼顾各方利益，要认识到主方利益与客方利益是联系在一起的，就像茅草的根须相互交叉牵连，做事时必须统筹考虑主方各个体之间、主客之间的各方面利益关系，这样才能获得各方面的支持，事业才能顺利发展。

征，是出征，往外行动、主动出击、积极行动，不能狭义地理解为与敌方征战或征服对方。初九阳爻居阳位，当位，表明其行为刚健有力并且是适当的。初九与六四有正应，说明其行为能得到六四上层领导的支持和帮助。

"茅"取象于巽卦。若初九发生爻变，则下卦乾卦变成巽卦，巽为木，草木同属。

《象》曰："拔茅征吉，志在外也。"

【译文】小象说，拔茅草并主动出征吉祥，是因为团队的志向在于往外创办事业。

"九二，包荒，用冯河，不遐遗，朋亡，得尚于中行。"

【译文】"九二，包容荒秽，徒步过河，不遗漏边远，不结党营私，循中道而行获得赞赏。"

荒，荒地、荒野、荒原、荒秽等。包荒，包容接纳荒秽。指度量宽大，能容人。冯（ping2），通"凭"；徒涉，蹚水，即不借助于舟船、拐棍等工具徒步涉水，其表面意思与"暴虎冯河"中的"冯河"大致相同，但两者的实际意思有很大区别。暴虎是空手搏虎，冯河是徒步过河，暴虎冯河形容有勇无谋、鲁莽冒险的行为，比如，孔子说子路就属于"暴虎冯河，死而无悔者"。而九二爻辞中的"冯河"却不是这个意思，它主要指身体力行，勇于实践。

不遐遗，不因为距离遥远而遗忘或遗弃。朋，是同师同道之人，同师为朋即同学。亡，通"无"。得尚，得到崇尚、赞赏。中行，指九二位于下卦中爻，表明道德品质良好，能够坚守中道。九二的中道行为得到了六五老大的赞赏，因为九二与六五有正应，相互心灵相通，能够配合协作。

此爻旨在告诫致力于创业的基层干部，要胸怀宽广有包容性，要亲身实践敢于担当,要统筹兼顾各方利益,不要遗漏老少边穷弱势群体,要天下为公,不要结党营私,不能只顾小团体利益。九二阳爻居阴位,不当位,力量显得过于刚强,好在九二居于主卦中位,尚能主持公道,而且与六五有正应,弥补了行为过刚的不足。

"包荒"、"遐"取象于离卦和坤卦。若九二发生爻变,则下卦变为离卦。离通"罹",有网罗之意,引申为包容接纳。上卦坤卦,坤为大地,广阔无垠,当然包括蛮荒、边远之地;坤为布,引申为包裹。九二与六五有正应,体现了以阳包阴的意思。

"冯河"取象于坎卦和反巽卦。若九二发生爻变,下交互卦为坎卦,坎为水,引申为河。下交互卦为兑,兑为反巽,巽为木,以木作舟,用以渡河。反巽,表明舟船反扣沉入水底,因此没有舟船可以借助,只能徒步涉水了。

"遗"也取象于坎卦。坎为盗,为隐伏。财物被盗或隐伏不见,则为遗。

"朋亡"取象于离卦,若九二发生爻变,则下卦乾卦变为离卦,离为日,为火,象征光明,如果内心光明就不会勾结朋党了。乾卦三个阳爻相当于三人结为朋党,现在九二爻变为六二,三人朋党就消亡了。当然,乾卦的主要意义是代表三人创业团队,这是其正面象征。从另外一个角度看,乾卦三人又以指代朋党,这是负面象征。因此,在分析卦画和卦象时,要灵活运用,善于多角度、多角色转换,这一点非常重要。

《象》曰:"包荒,得尚于中行,以光大也。"

【译文】小象说,包纳荒秽,坚守中道而行获得赞赏,是因为其美好品行得到了发扬光大。

"光大"取象于离卦。离卦同上所述,是九二发生爻变的结果。

《论语》关于"暴虎冯河"的记载。子谓颜渊曰:"用之则行,舍之则藏,惟我与尔有是夫!"子路曰:"子行三军,则谁与?"子曰:"暴虎冯河,死而无悔者,吾不与也。必也临事而惧,好谋而成者也。"这段话的意思是说,孔子对颜渊说,国家用我们就出来做事,不用我们就隐居起来,恐怕只有我和你能做到吧。子路似乎对孔子如此看重颜渊的做法,有些吃醋。意思是说老师您别一天到晚说颜渊这也好那也好,要是打起仗来,颜渊不行,您老人家还得用我子路。

于是，子路冷不丁地说，假如老师您来统领三军，那么您会与谁合作呢? 孔子说，空手搏虎，徒步过河，死都不觉得后悔的人，我是不会与他共事的。如果一定要找个合作者，那必定是临事感到害怕，善于智谋并能做成事的人。没曾想，子路的小九九被孔子识破了，结果还是碰了一鼻子灰。

"九三，无平不陂(bei1)，无往不复，艰贞无咎。勿恤其孚，于食有福。"
【译文】"九三，没有一块平地是没有坡度的，没有一种前往是不返回的，在艰难中守正，没有灾祸。不用担心对方诚信，有口福可享。"

陂，bei1或bi4，山坡、斜坡。恤，忧虑，担忧。孚，诚信。九三阳爻居阳位，当位，说明其行为举止刚健有力并且得当。九三与上六有正应，说明其行为得到了上层大佬的关照和支持。此爻的意思是说，平与坡都是相对的，有些地方看起来很平坦，但仔细看或放大了看，都是有坡度和凹凸不平的;有往就有返，没有人只往前走而从不返回的。"无平不陂，无往不复"实际上讲的是生活中的辩证法，矛盾都是因对立统一而存在，同时还揭示了事物发展过程的曲折性，呈现一种螺旋式向前发展的轨迹。看似一马平川实则沟沟坎坎，看似风平浪静实则波浪起伏，看似平整如镜实则坑坑洼洼。人生如此，干事业如此，做学问也是如此，做任何事情都不会是一帆风顺没有曲折的。艰难困苦，玉汝于成。只有历经磨难，百折不挠，攻坚克难，坚忍不拔者，才能做到"艰贞无咎"和"于食有福"，从而获得丰盈的人生。

"无平不陂"取象于坤卦。上卦为坤卦，坤为大地，广袤无垠的大地，有些地方看起来很平，有些地方却是坡峰陡峭。

"无往不复"取象于震卦和泰卦本身。九三处于上交互卦震卦的初爻，震为动，有强烈的往外走的愿望和动能。在十二消息卦中，泰卦代表正月，往前发展是阳爻逐步增多，表明阳气越来越盛，阴爻一个个走了，到了农历四月，是六爻皆阳的乾卦状态，但农历五月开始阴爻又回来了。前面阴爻往外走，现在阴爻又回复了，这是一种无往不复的例证。阳爻的轨迹也是如此。

"艰"取象于九三爻位和兑卦。按照爻位"三多凶"特点，第三爻遇到困难和风险的概率会比较高。下交互卦为兑，九三恰好在兑卦上，兑为毁折，引申为遭受挫折。

"于食有福"取象于兑卦。下交互卦兑卦，兑为口，引申为有口福；兑为羊，羊肉为美食。同时，九三与上卦坤卦毗邻。坤为地，为牛，田地生产粮食瓜果，牛肉为美味佳肴，这些都为享受口福提供了资源。

《象》曰："无往不复，天地际也。"
【译文】小象说，没有一种前往是不返回的，因为九三位于天地交界地带。

九三处于天地相接部位，其潜台词是大地是有边界的，既然人们不可上天，也不可能入地，那么就只能在地面上行走，你不可能只往不复，当你走到大地尽头的时候总归是要返回的。

"六四，翩翩，不富以其邻，不戒以孚。"
【译文】"六四，轻松前行，不从友邻处获得财富，诚信相待不必戒备。"

翩翩，鸟儿轻快飞翔的样子。戒，一是戒备、警戒、警惕等意思；二是通"诫"，告诫的意思。六四阴爻居阴位，当位，表明其行为举止是适当的。六四与初九有正应，说明双方有感应有交流，上层六四支持初九小伙子创业行动，同时自己的行为也能得到基层百姓的支持。泰卦的主方是三个阳爻组成的创业团队，客方是三个阴爻组成的协作对象，其特殊性在于三个阳爻与三个阴爻全部有正应，这是非常有利于创业的环境和氛围。因此，创业者心情像鸟儿一样翩翩起舞，轻松欢快。

对于主方乾卦来说，坤卦客方是其邻居，六四是坤卦的初爻，表明创业活动进入了客方领域。虽然财富的积累对于创业活动的推进至关重要，但是乾卦象征日月天体运行，代表依天道而行，也就是说具有乾道精神的创业团队奉行的是"不富以其邻"原则，不会为富不仁，不会不择手段地捞取财富，更不会损害友邻利益作为自己致富手段。

为了保持来之不易的良好创业环境，在确保不损害客方利益的同时，还要讲求诚信，及时消除合作对方的疑虑和戒心，或者不等到对方发出疑问就要以实际行动体现出诚信，从而赢得客方的充分信任。

此爻启示我们，在从事创业活动时，要保持正当动机，坚持正确利义观，做到君子爱财取之有道，不义之财不得，要充分考虑合作方或周边邻里的感受，决不能为富不仁损人利己，同时必须坚守诚信，兼顾主客双方利益，从而推进事业稳步健康发展，保持安泰和谐的良好局面。

"翩翩"取象于震卦、坤卦和兑卦。上交互卦为震卦，六四处于震卦中爻；若六四发生爻变，则上卦也变为震卦，且处于震卦初爻。震上加震，表明六四的行动意愿非常强烈，像鸟儿一样翩翩飞行正好与震卦吻合。同时，上卦为坤，坤为柔顺，下交互卦为兑，兑为悦。翩翩，代表创业活动顺利，心情轻松愉悦。

"富"取象于乾卦。下卦为乾，乾为金，为玉，为木果等，象征财富。

"邻"取象于六四爻位。六四为上下卦的交界处，天与地的毗邻区，主方与客方的联接区域。

"戒"取象于爻位和兑卦。此爻为第四爻，爻位特征为"四多惧"，因惧而戒，符合常理。若作"诚"解，下交互卦为兑卦，兑为口、为言，引申为诉说、告诫。

《象》曰："翩翩不富，皆失实也。不戒以孚，中心愿也。"
【译文】小象说，轻快的样子但不富裕，因为六四以上都失去了阳爻之实。以诚相待不必戒备，这是因为内心怀有坚守中道的心愿。

"六五，帝乙归妹，以祉元吉。"
【译文】"六五，帝乙嫁妹给诸侯，获得福祉最为吉祥。"

《古代汉语词典》解释：归，出嫁、嫁，《诗经·周南·桃夭》："之子于归，宜其室家。"又有使出嫁，娶的意思。古代礼法奉行夫为妻纲，女子地位低，嫁给了男人，算是找到了自己的归宿，就如同出门在外的人回到了家里。此处的归妹可有两种理解，一种是帝乙将自己的妹妹嫁给诸侯；另一种是指古代婚姻陪嫁制度，是指女子出嫁时，她的亲妹或者表妹、堂妹也跟着陪嫁过去，既可以伺候这位新娘，又可作为婚姻备份，一旦姐姐病故或不能生育，则可由陪嫁的妹妹协助完成使命。由于古时的贵族婚姻大都与政治、经济利益交织在一起，婚姻关系的变动将带来一系列连锁反应，陪嫁制度含有一些肥水不流外人田的意思，它对于维护婚姻与政治、经济利益关系起到了稳定器作用。

关于"帝乙"存在几种说法，有的认为是指商汤，有的认为是指微子，比较通行的观点是指商纣王的父亲。古书记载帝乙把亲妹嫁给西伯侯季历,季历是周文王的父亲。六五阴爻居阳位,不当位,表明力量过于柔弱。六五与九二有正应,表明两者能够配合协调。六五与九二的关系反映了当时商王朝与西部岐山诸侯的关系。商王朝政治黑暗,腐朽奢靡,气数将尽;岐山部落政治清明,国泰民安,正在崛起。六五代表商王,九二代表西伯。六五阴爻居阳位,说明素质能力与职位要求不相匹配;九二阳爻居阴位,能力超出职位要求,过于刚强。在这种特殊背景下,帝乙归妹的目的在于以婚姻为纽带,联络感情,收买人心,以求得在政治上获得诸侯的支持,从而换来短暂的安泰稳定。

此爻以帝乙与西伯联姻为例,启示人们当柔弱的客方遭遇刚强的主方时,主动采取示好求和的方法,可以化险为夷,遇难呈祥。值得注意的是,六五该强反弱,九二该弱反强,都是有缺陷的,虽然总体形势对九二有利,但也为日后遭遇埋下了祸根。后来,由于西伯侯姬昌声名日盛,给商纣王带来了威胁,最终姬昌被商纣王以莫须有罪名囚禁在河南羑里长达七年之久,还导致长子伯邑考被杀,自己也岌岌可危命悬一线。

"归妹"取象于归妹卦。前面"关联卦画"部分已经讲过,泰卦的交互卦为归妹卦,上卦为雷,下卦为泽,称其为雷泽归妹。归妹卦的上卦震卦代表大男,下卦兑卦代表少女,少女往外远嫁给长男,就是归妹卦所反映的生活景象。可见,"帝乙归妹"是观象所得。在古代神话故事中,伏羲的母亲就是来到一个叫雷泽的地方,遇到了天上打雷,回家后发现怀孕了,后来便生下了伏羲。其出处便来自雷泽归妹。

《象》曰:"以祉元吉,中以行愿也。"
【译文】小象说,获得福泽最为吉祥,这是因为能够坚守中道,遂行了心中的愿望。

"上六,城复于隍,勿用师,自邑告命。贞吝。"
【译文】"上六,城墙倾覆在壕沟上,不要派兵交战,这是传自都邑的命令。固陋有风险。"

城,城墙。复,通"覆",倾覆,倒塌。隍,护城的壕沟,无水称隍,有水称池。师, 军队, 军事, 战争。邑, 国都, 建都, 封邑, 采邑, 城镇等, 此处指被攻打的城邑。告命, 发布命令, 报告情况。吝, 悔恨, 耻辱, 小凶险, 在《易经》中凶险分为 "悔、吝、厉、咎、凶" 五个等级, 吝位列第二, 属轻度凶险。上六阴爻居阴位, 当位, 表明其行为举止是适当的。上六与九三有正应, 说明两者能够配合协调。

　全卦仅此爻出现 "师" 字, 涉及到了军队, 自然与商周交替时期的战争有关, 正是攻城掠地的战争导致城墙倒塌在护城壕沟里。进攻方士气旺盛, 势如破竹, 瞬间将城墙推倒在壕沟里, 眼看都城沦陷, 无力抵挡。这时, 进攻方接到传自都邑的消息, 被攻方称愿意认输投降, 并已经向本辖区下达命令不得抵抗。这样可避免更多将士伤亡和百姓遭殃。对进攻方而言, 虽然出于正义之战, 赢得了胜利, 但仍要警惕出现凶险结果, 战争获胜后不要沾沾自喜, 不能盲目乐观, 要防止乐极生悲或由泰转否。

　贞厉, 旨在提示攻城方, 既然城内愿意投降, 情势发生了根本变化, 就要及时调整军事策略, 改变军事行动, 千万不能固执己见地把既定方案执行到底。否则, 后果是危险的, 因为在对方已经表示投降的情况下, 如果还要将他们赶尽杀绝的话, 对方只能孤注一掷, 作最后一搏。困兽犹斗, 哀兵必胜, 最终胜败吉凶很难预料。

　"城" 取象于艮卦。若上六发生爻变, 则上卦坤卦变为艮卦, 艮为山, 为门阙, 五行属土, 城墙有门楼, 由泥土沙石构筑。上六爻变后, 三至六爻构成长方形, 与城邑形状吻合。

　"复" 取象于艮卦和兑卦。艮为覆碗, 艮卦卦形像倒扣的一只碗, 或者像容器的盖子, 与覆的意思关联。此外, 上六与九三有正应, 下爻互卦为兑卦, 九三在兑卦的中爻, 兑为毁折, 与城墙倾覆的意思相吻合。

　"隍" 取象于爻位。上六为坤卦的上爻, 坤为土, 为地。如果将坤视为一座城池的话, 那么上六相当于城池的边缘部位, 与 "隍" 的位置相吻合, 也与 "隍" 字的结构相吻合, 耳朵旁, 表明护城壕沟在皇城的旁边。

　"勿用" 取象于艮卦。若上六发生爻变, 则上卦变为艮卦。艮有静止、停止、制止、阻止等意。

　"师"、"邑" 取象于坤卦。上卦为坤卦, 坤为兵众, 象征军队; 同时, 坤为土, 为地, 引申为城邑。

"告命"取象于兑卦。下交互卦兑卦，兑为口，为言，命自口出。

《象》曰："城复于隍，其命乱也。"
【译文】小象说，城墙倾覆于壕沟，因为其命令发生了紊乱。

可以理解为被攻打城邑的统治者昏庸无能，不得人心，军队没有战斗力，也得不到百姓的支持，发号施令紊乱，既无号召力，又也无战斗力，导致"城复于隍"有其必然性。

第十二卦 否卦的处厄之道

【否卦】

【白话经文】

阻塞困穷非人生正常状态，不适宜于君子，守正，大的前往，小的到来。

初六，拔除根须牵连的茅草时，要捏在一起拔，正固吉祥，通达。

六二，包容承接者，小人吉祥，大人困穷，通达。

六三，包容羞辱。

九四，传达君命，没有灾祸，百姓因此获得福祉。

九五，停止阻塞困穷，大人吉祥。小心灭亡、小心灭亡，犹如命悬席草根茎或桑树枝条。

上九，倾覆阻塞困穷状态，先阻塞困穷后喜悦。

【经文原文】

否（pi3）之匪人，不利君子，贞，大往小来。

初六，拔茅茹，以其汇，贞吉，亨。

六二，包承，小人吉，大人否，亨。

六三，包羞。

九四，有命，无咎，畴（chou2）离祉。

九五，休否，大人吉。其亡其亡，系于苞桑。

上九, 倾否, 先否后喜。

【解读序言】

否卦位列周易第十二卦, 上卦为天, 下卦为地, 称其为天地否。《序卦传》说: "泰者, 通也。物不可以终通, 故受之以否。" 序卦传说, 泰卦是通达状态, 事物不可能始终保持通达, 因此周易在泰卦之后安排了否卦。《杂卦传》说: "否泰, 反其类也。" 杂卦传说, 否卦与泰卦, 两者的性质、状态和类别正好相反。泰卦位列周易第十一卦, 否卦紧随其后。这表明事物从泰到否只有一步之遥, 它已被诸多历史事实和社会实践所证实。《序卦传》不仅反映了周易的排序状况, 同时也揭示了事物发展变化的客观规律。

否卦提出了人们处于阻塞困厄情境中, 如何应对、如何摆脱困境的思路和行动指南。卦辞讲, 阻塞困厄不是人生的正常状态, 大环境对君子不适宜, 但再难也必须坚守正道, 只能以大代价换取小利益。初六讲, 应对困穷逆境, 必须加强团结, 讲究方法, 形成合力; 六二讲, 君子要包容顺承者, 因为小气候对小人吉祥, 对大人不利, 只有这样才能通达; 六三讲, 君子应包容来自小人的羞辱; 九四讲, 传达君王命令没有灾祸, 百姓能够享受福祉; 九五讲, 停止了阻塞困厄状态, 对于大人吉祥, 但仍要时刻保持警惕, 居安思危; 上九讲, 终于倾覆了阻塞困厄状态, 先阻塞困厄然后令人喜悦。

【卦名含义】

《古代汉语词典》解释: 否(pi3), 阻隔不通, 闭塞, 《后汉书·蔡邕传》: "是故天地~闭, 圣哲潜形。" 困穷, 不顺, 《墨子·非儒下》: "穷达赏罚幸~有极, 人之知力不能为焉。" 参见 "否极泰来"; 恶, 《左传·隐公十一年》: "师出臧~, 亦如之。"《后汉书·仲长统传》: "善者早登, ~者早去。" 六十四卦之一; 鄙陋无知, 如 "否妇"。词语有否隔、否塞、否泰、否极泰来等。否隔, 也作 "否鬲", 隔绝不通; 否塞, 闭塞, 困厄; 否泰, 《周易》中的卦名, 天地不交, 闭塞谓之否, 天地相交, 亨通谓之泰, 后用以指世道的盛衰, 命运的顺逆; 否极泰来, 意思是厄运到了尽头, 好运就来了, 也作 "否极泰回"。

《辞海》解释: 贬, 非议, 《世说新语·德行》: "每与之言, 言皆玄远, 未尝臧否人物。" 六十四卦之一; 穷, 不通; 恶, 不善; 通 "鄙", 《书·尧典》: "否德,忝帝位。"《史记·五帝本纪》"否"作"鄙"。

　　泰卦与否卦分别象征治世、乱世两种社会现象。否与泰意思相反,泰是通达,和顺,安泰;否是闭塞,困厄,危否。两者对立统一,相辅相成,并相互转化,泰极否来,否极泰来,循环变化,反映了《易经》所揭示的阴中有阳、阳中有阴、阴极变阳、阳极变阴、阴阳不断相互转化的事物发展变化的客观规律。

　　【卦象寓义】

　　一、天地不交之象。否卦上卦为乾,乾为天,纯阳之卦,阳气清轻往上升;下卦为坤,坤为地,纯阴之卦,阴气浊重往下降,否卦呈现出阴阳分离、天地不交的现象。孤阴不生,独阳不长。在否卦情境中,上下卦之间是隔绝的,没有阴阳之气的交流,事物处于停滞、阻隔和困厄的状态。由上下卦分离引申出天地分离、君臣分离、君民分离、父母分离等情形,无论对于自然环境,还是对于国家、社会和家庭,都将是艰难时世。

　　二、君民隔阂之象。从治国理政方面看,乾为君,上卦乾卦代表君王,坤为众,下卦坤卦代表百姓。否卦中君与民的关系正好与泰卦相反。在泰卦中,君王谦虚低调,放下身段,深入群众,礼贤下士,把百姓放在心中崇高的位置,及时了解民意,关心百姓疾苦,因此呈现了国泰民安的局面;而在否卦中,君王高高在上,宠幸奸佞,听信小人,阻断了与百姓的感情联系和信息沟通,只顾自己享受,不顾百姓死活,不了解民情,漠视百姓疾苦。因此,否卦情境中的君王与百姓关系处于势不两立、完全隔绝的乱世状态,国家和百姓都处于水深火热之中。

　　三、农历七月之象。在《易经》十二消息卦中,泰卦代表农历正月,而否卦则代表农历七月,两者间隔六个月,正好走过六个爻时间。泰卦、否卦虽然都是三阳三阴,处于阴阳平衡的状态,但是发展趋势是相反的,泰卦中是阳进阴退,气温由低到高,因而称之为"小往大来";而在否卦中是阴进阳退,气温由高到低,所以称之为"大往小来"。自农历七月开始,阴气将逐渐趋盛。

　　四、小人得势之象。按照十二消息卦气象变化轨迹,如果将其应用于人文政治和社会生活领域,就是一种内小人、外君子;小人得势,君子失势的非正常现象。国家政治昏暗,奸佞把持朝纲,小人得志;社会风气恶化,小人钻营猖獗,而君子生存空间受到挤压,好人直士逐渐被排挤在外。政治生态呈现出逆淘汰趋势,即君子被小人淘汰。孔子说:"邦有道则仕,邦无道则可卷而怀之。"意思是说,君子遇治世就出来做官,如逢乱世则宁可把才能卷起来抱在怀里弃之不用。

五、佻(tiao1)女惑男之象。否卦中蕴藏着一个姤卦。姤卦上卦为天,下卦为风,称其为天风姤。否卦上卦为乾,乾为天,上交互卦为巽,巽为风,两者构成姤卦。姤卦反映在季节气象上,是农历五月,阴气开始返回,再过两个月便进入否卦农历七月。从气象意义上讲,姤卦是否卦的开始,否卦是姤卦的继续。反映在人文社会领域,姤是一女与五男交往的故事,通常被认为女方在生活作风方面不够检点。如果不加以戒备和防范,任其发展下去,将出现不可收拾的困厄窘境。

六、君子隐遁之象。否卦中蕴含着一个遁卦。遁卦上卦为天,下卦为山,称其为天山遁。否卦上卦为乾,乾为天,下交互卦为艮,艮为山,两者构成遁卦。在十二消息卦中,遁卦代表农历六月,阴气较农历五月又进了一步,它离否卦农历七月只一步之遥。反映在人文社会领域,则小人势力得到扩张。乾卦代表年长者、老年人,艮卦代表少男,青年小伙,反映出青年取代老年、小人驱赶君子的态势。孔子说:"邦有道,谷;邦无道,谷,耻也。"意思是说,在治世,可以做官挣俸禄;如果在乱世还做官挣俸禄,那就是可耻的事了。孔子主张"用之则行,舍之则藏"。这里,孔子是顺势而为,与时偕行,没有号召君子在乱世勇敢地站出来与小人争锋相对、死磕到底,这里蕴含着孔子对人文政治规律的洞察和处事智慧。需要注意的是,我们不能就此草率地得出结论说,孔子纵容小人、不敢与坏人坏事作斗争。有时"见义智为"比"见义勇为"更有意义,王阳明就说过,对待恶人要想方设法使他弃恶从善,而不能激发他的恶性。两者可谓殊途同归。

七、祭祀教化之象。否卦中蕴藏着一个观卦。观卦上卦为风,下卦为地,称其为风地观。否卦上交互卦为巽,巽为风,下卦为坤,坤为地,两者构成观卦。在十二消息卦中,观卦代表农历八月,此时已到中秋,阴气在否卦农历七月基础上得到进一步壮大。观卦缩小是艮卦,艮卦放大是观卦。艮为门阙,引申为有大门的高大建筑物,有可用来观瞻的景物。观卦又有庙宇祭祀之象,巽为木,树冠为貌,貌与"庙"谐音,因而用巽卦指代庙中的先祖、神灵的塑像,供人观瞻、参拜和开展祭祀活动。巽为风,与家风家训、先辈精神风范有关联;巽为绳直,为继承之意，继承家风、优良传统和美德，这些正是祭祀的重要内容。观卦在于告诫人们，否卦是乱世状态，要通过观卦的祭祀功能和途径，加强思想道德教化和意识形态建设，逐步正本清源，拨乱反正。

八、小人剥蚀之象。否卦中蕴藏着一个剥卦。剥卦上卦为山，下卦为地，称其为山地剥。否卦下交互卦为艮，艮为山，下卦为坤，坤为地，两者构成剥卦。剥卦反映了山体在狂风暴雨、霜雪严冻的摧残下，风化剥落变成地上之沙土的情形。同时，剥卦是五个小人剥蚀一个君子之象。艮为门，引申为高楼大厦，因此剥卦还反映了楼房建筑因年久失修导致剥蚀脱落的情形。由此引申出国家和社会腐败盛行，小人剥蚀侵吞国家和集体资金和财富。否卦中蕴藏着剥卦表明，否卦是上下分离、互不沟通的不良状态，如果放任其继续发展下去，则必然发展到腐败盛行、危及国家大厦根基的境地。否卦是剥卦的凶兆，剥卦是否卦的恶果。认识到这一规律，有助于采取措施，防止事态进一步恶化。

九、秩序混乱之象。否卦的六个爻中，仅二、五爻当位，说明君王和基层干部的行为举止是适当的，并且居于上下卦的中位，表明能够主持公平正义，其道德品行没有问题。其余四爻均不当位，君王周边的九四近臣、上九大佬阳爻居阴位，其行为本该柔弱，却显得过于强势；而基层的初六元士百姓、六三公卿阴爻居阳位，本要求行为阳刚，却表现出过于柔弱。因此，除了君王和基层干部以外，其余各阶层人士的行为都是反常的，代表着社会秩序和行为举止的混乱，可视为乱世之象。如何使社会各阶层各得其位，行为适当，彻底扭转社会风气，这是摆在君王和基层干部面前的繁重而复杂的艰巨任务。

十、内柔外刚之象。下卦是内卦、也是主卦，上卦是外卦、也是客卦，坤卦代表阴柔、包容；乾卦代表阳刚、进取，否卦的结构呈现出主柔客刚、内柔外刚的状态。如果将否卦看成一个小社会，那么就是阴柔者占居内部主导地位，刚强者处于外部从属地位。也许有人会问，既然是刚强之人，怎么反被柔弱者所排挤呢？其实，这种反常现象在历史上和现实生活中是司空见惯的。形成各自社会角色的因素很复杂，是天时、地利、人和等多方面综合因素相互作用的结果。西晋左思的《咏史》即是例证："郁郁涧底松，离离山上苗。以彼径寸茎，荫此百尺条。世胄蹑（nie4）高位，英俊沉下僚。地势使之然，由来非一朝。金张藉旧业，七叶珥汉貂。冯公岂不伟？白首不见招。"

十一、母亲父亲之象。在《易经》大家庭中，坤为母亲，乾为父亲。否卦的家庭分工表现为，母亲在内主持家政，负责家庭事务的总体筹划和决策；父亲在外从事体力劳动，处于从属辅助配合的地位。女主内、男主外符合传统的家庭角色，但是从传统角度上讲，一家之主通常是父亲，大事当由父亲最终决定。而否卦中的父亲并不具备一家之主的职能。因此，这种家庭结构是存在缺陷的。一方面母亲当家作主，另一方面父亲处于上卦位置，表明其能力、智力、资源、财富等综合实力在母亲之上，小事上可能配合母亲，但在大事上未必顺从。这为家庭矛盾埋下了隐患。现代不少家庭存在类似于否卦的结构倾向，女方在家庭生活中显得过于强势，而男方却并不买账，诸多家庭纠纷便由此产生。

十二、阴土生金之象。 在八卦与五行关系中，坤、艮对应土，坤为阴卦，为阴土，艮为阳卦，为阳土；乾、兑对应金，乾为阳卦，为阳金，兑为阴卦，为阴金。通常阳土生阴金要容易些；阳土生阳金，阴土生阴金，次之；阴土生阳金，相对难度要大些。否卦就是阴土生阳金的状况，难度较大。在否卦状态下，虽然上下卦每对爻都有正应，只能表明在局部或小事上有配合协调，但在总体上看，上卦阳气往上升，下卦阴气往下降，呈现出分离迹象，往往在大事上出现分歧。因此，在否卦大环境里，主方生扶客方是有难度的。

【关联卦画】

否卦的综卦是泰卦。 否卦与泰卦上下卦位置正好颠倒，互为综卦。综卦的意义在于，帮助人们建立起这样的一种理念，对于同一个事物，观察者的立场不同、角度不同，所得到的景象和结果也是不同的，启示人们处理问题时要多角度、多路径、全方位思考。从周易排序上看，泰卦位列十一，否卦位列十二，说明从泰到否只有一步之遥，而从否到泰则须经过漫长时间才能完成。可见，从泰变否易，由否变泰难，告诫人们要珍惜来之不易的安泰局面，尽最大努力持盈保泰，让泰卦状态尽可能保持得更久些。万一陷入否卦境地也要有耐心和毅力，经过持之以恒的不懈努力，最终必定能走出困境，达到否极泰来。

否卦的错卦是泰卦。 否卦与泰卦是对特殊的卦，两者互为综卦，并互为错卦。所谓错卦，就是两个卦之间，每对相应的爻性质正好相反。否卦是阳爻的地方，泰卦为阴爻；否卦为阴爻的地方，泰卦为阳爻。错卦的意义在于，站在矛盾的对立面看问题，事物都是一分为二、对立统一的，矛盾双方互为存在的前提，有阴就有阳，有是就有非，并且矛盾双方是可以相互转化的，阴极变阳，阳极变阴。否卦的错卦是泰卦，启示人们当你处于否卦之时，要树立信心，耐心等待，正确用力，总有一天可以变否为泰。而当你处于泰卦时，必须牢固树立危机意识、风险意识，防止安泰局面昙花一现、由泰变否。

否卦的交互卦是渐卦。去掉否卦的初六、上九，用余下的四个爻重新组成一个卦，上面三爻为上卦，下面三爻为下卦，其中中间的两个爻是重叠的，为上下卦皆有，体现出交互的意义。这个重新组成的卦便是否卦的交互卦渐卦。上卦为风，下卦为山，称其为风山渐。其大象为"山上有木"，艮为山，巽为木，大意是如同山上的树木，逐渐长大、长高、长茂密，由苗木变成树木，由树木变成树林，由树林变成森林，其中反映出逐渐演变、循序渐进、变得越来越好的过程。交互卦的意义在于反映事物发展的过程性状态，告知人们由否变泰是个循序渐进的过程，一是要有信心，相信否卦状态是可以慢慢改变的；二是要有耐心，切忌急于求成，要尊重客观规律并按客观规律办事。

【卦辞象辞】

〖卦辞〗

"否之匪人，不利君子，贞，大往小来。"

【译文】"阻塞困穷非人生正常状态，不适宜于君子，守正，大的前往，小的到来。"

匪，通"非"。匪人，是指否卦不是人际关系的正常状态，它不符合伦理道德和人的本性。上下隔阂、互不沟通、信息阻塞，这是一种不良人际关系，易作者对此持否定态度。贞，即正，守正，坚守正道。卦辞用来阐明全卦的主旨。

从卦象看，外卦阳气上升，内卦阴气下降，天地分离，相互隔绝。主卦（内卦）为坤，代表三个小人，客卦（外卦）为乾，代表三个君子。与泰卦天地之气交融、呈现畅通安泰之象相反，否卦则天地之气分离，呈现阻塞困顿之态。

"大往小来"与泰卦"小往大来"的卦辞正好相反。阳爻为大，阴爻为小，否卦中三个阳爻将逐渐被阴爻群体所取代，是指代表正义的君子受小人排挤逐步离开政治舞台，代表邪恶的小人却步步紧逼，总体形势对小人有利，对君子不利，主动权掌握在小人手里。表明这是一个奸佞当道、小人得志的乱世时期。从六爻的性质来看，只有二、五爻是当位的，其他四爻都不当位，说明鸠占鹊巢、小人得志, 偏偏三对爻都有正应, 表明君子不得不迁就、容忍小人的行径, 客观上也助长了小人的嚣张气焰。

在天地不交、上下闭塞的社会环境中, 君子岌岌可危, 难以自保, 但仍然要坚守正道, 必须格外的谨慎小心, 付出更大的代价, 才能换来些小效果, 从而避开灾祸, 摆脱困境。因此, "大往小来"除了客观描述君子、小人态势外, 其所含另一层意思是, 君子处于一个大代价小利益、大投入小产出、大牺牲小安宁的无奈境地, 只有这样才能在小人当道的困境中得以生存。

否卦卦辞: "否, 比之匪人, 不利君子, 贞, 大往小来。"泰卦卦辞: "泰, 小往大来, 吉, 亨。"两相比较, 除了"小往大来"和"大往小来"的区别外, 还存在两处明显不同, 一是泰卦有"吉、亨", 而否卦无"吉、亨"; 二是否卦有"贞", 泰卦无"贞"。前者是由泰否卦的大环境所决定的, 泰卦天地、君民、上下、父母等均有交流, 因此取得吉祥、通达结果顺理成章, 否卦反其道而行之, 当然不可能有如此结果。后者是因为, 在泰卦情境中守正不是突出问题, 而在否卦情境中要做到正固却不容易, 因此需要特别强调。这一用意还体现在泰卦与否卦初爻爻辞的区别上, 以下还将进一步分析。

〖彖辞〗

《彖》曰: "否之匪人, 不利君子, 贞, 大往小来。则是天地不交而万物不通也, 上下不交而天下无邦也。内阴而外阳, 内柔而外刚, 内小人而外君子。小人道长, 君子道消也。"

【译文】彖辞说, 阻塞困穷非人生正常状态, 不适宜于君子, 守正, 大的往外, 小的到来。这是因为天地不交流从而导致万物不流通, 君民上下没有交流从而导致天下没有安泰的邦国。阴爻居内而阳爻处外, 柔弱者居内而刚强者处外, 小人居内而君子处外。这是一种小人之道在增长、君子之道在消减的不良状态。

【大象之辞】

《象》曰: "天地不交, 否。君子以俭德辟难, 不可荣以禄。"

【译文】大象说: "天地没有交流是否卦所反映的自然景象。君子受此启示应保持勤俭克艰之德避开险难, 不可以追逐荣华厚禄。"

　　辟,通"避",避开,规避。大象是对否卦卦象作出描述,并倡导君子处在类似否卦这种上下阻塞、互不交流的大环境大气候中,要静以养心,俭以养德,以此应对困境,度过时艰,切不可在这种国难乱世之时,不合时宜地去追求个人荣华富贵和高官厚禄。

　　如果泰卦代表政治开明、社会风气良好的治世,那么否卦就是政治黑暗、社会风气污浊的乱世。按照孔子的观点,君子应当"用之则行、舍之则藏",做到"穷则独善其身,达则兼善天下",应当在艰难时世中保持低调收敛并坚守中正之道。"俭德辟难,不可荣以禄"与孔子的观点完全一致。

　　乍一看,孔子好像缺乏一种与腐朽没落的统治阶级进行坚决斗争的战斗精神和反抗精神。的确,给人们的印象,孔子是个道德淳厚、修养笃深、性情温和的圣人,对上恭敬,对下仁慈,对平辈彬彬有礼,甚至对于其内心所不齿的乱臣贼子阳货,一个鲁国季氏大夫的家臣,飞扬跋扈,狐假虎威,鱼肉百姓,为所欲为的小人,孔子也只是极力躲避而已,并未对阳货的行径作出当面抨击或与其展开正面冲突。孔子至多只是偶尔对几个有些小毛小病的弟子如子路、宰我之类的训斥几句。相对而言,孟子个性更加鲜明,性格中有些倔强元素,骨子里颇具孤傲基因,时不时表现出对权贵的不屑,特别是民为贵、社稷次之、君为轻的理念深得人心,多少弥补了一些儒家思想体系中斗争性的欠缺。

　　正如每件器物都有自己的独特功能和适用范围一样,以孔子为旗帜的儒家思想不是万能的,它不是革命的理论,不适用于改朝换代激进式的武装斗争和暴力革命,它是一种柔性的渐进式的改良理论,是为历朝历代治国理政服务的。因此,孔子历来被百姓特别是统治阶级所推崇。如果说革命理论像西医的话,那么儒家思想更像中医,西医剖腹开颅动大手术,而中医望闻问切注重调理;西医适用于重症疾病,中医重在治未病。两者不是水火不融,非此即彼,而是各有其适应症或适用范围,不能用革命理论来否定儒家思想,也不能用儒家思想来否定革命理论,两者尺有所短,寸有所长,各有适用的历史阶段和社会环境,正如中西医结合取得成功的探索一样,如能用辩证的观点看待问题,扬长避短,因病施治,就能达到融为一体、相得益彰的效果。因此,我们应坚持文化自信,客观、理性、辩证地看待儒家思想的是非长短、功过利弊,既不爱屋及乌,也不苛求古人,而是要取其精华,去其糟粕,创造性地转化,创新性地发展,让它在中华民族伟大复兴征程中发挥出勃勃生机和青春活力。

儒家思想的核心是"仁"。仁是从果仁、果核中引申出来的。果仁集中了植物的遗传基因，在合适的土壤和气候条件下，果仁可以破壳、发芽、出土、生长，从而完成传种接代、生生不息的使命。儒家将自然中的果仁，引用到人文社会领域，就赋予了其丰富的思想内涵。首先，"仁"字的古时写法是一长竖两短横，一为阳，二为阴；竖为阳，横为阴；长为阳，短为阴，总之"仁"字体现了阴阳的观点。其次，果仁的形状酷似人心；果仁是柔软的，人心也是柔软的；果仁蕴含着遗传密码和生命信息，植物由此繁衍，人心（连同大脑）承载着思想思维和精神意识，文化思想、精神财富等由人心传承。第三，"仁"与离卦卦德高度契合。两者可谓天衣无缝，天合之作。果核的结构是两爿果壳中间夹着一颗果仁，果壳质地是坚硬的，好似盔甲保护着果仁，果仁是柔软的，居于果核中央，受到两边外壳的保护。这与离卦的阳爻——阴爻——阳爻结构非常相似，也与"离为甲胄"的意境相当吻合。这是从外部形态和物质层面上来观察"仁"与离卦的联系。如果进一步将其上升为思想道德和精神层面，"仁"与离卦的联系就更加紧密了。离为火，为日，为明，为目等，引申出光明诚信、阳光洁净、坦荡大度、虚怀若谷、谦逊包容、节制欲望等人格品质，与"仁"的内涵与外延达到了水乳交融的程度。

王阳明心学正是"仁"的种子在心田里不断生根发芽、苗壮成长的结果。因此王阳明认为心即理，心外无物，心外无事，此心光明，亦复何言，可以把王阳明心学理解为"仁"与离卦深度融合的结晶。王阳明的"阳"与乾卦高度契合，王阳明的"明"与离卦高度契合，乾卦为天，离卦为火，五行之火对应人体之心，反映了天人合一的理念。火天构成大有卦，天火构成同人卦，大有、同人两卦构成古代圣贤的社会理想"大同世界"，因此不管王阳明有意无意，他的名字就蕴含着历代圣贤为之不懈奋斗的构建"大同世界"的社会理想，而王阳明的心学便是通向"大同世界"的桥梁和舟船。

【爻辞小象】

"初六，拔茅茹，以其汇，贞吉，亨。"

【译文】"初六，拔除根须牵连的茅草时，要捏在一起拔，正固吉祥，通达。"

茅，茅草；茹，茅草的根须相互纠缠牵连一体的样子，引申情况错综复杂、矛盾利益相互交织。拔茅草要讲究技巧，由于其根系发达，连成一体，必须把数根茅草捏在一起才能把它们连根拔起。如果一根一根拔，就很容易拔断，根仍留在泥土中，也表明问题没有彻底解决，只是治标不治本。《易经》以拔茅作比喻，一方面，告诉人们做事创业，无论在通泰环境、还是阻塞状态下，必须认识到创业团队各成员的利益是关联一体的、主方利益与客方利益是联系在一起的，就像茅草的根须一样相互交叉牵连，必须统筹考虑各方利益和多方面因素才能获得发展；另一方面，告诉人们处理复杂问题时，不能单枪匹马、单兵作战，而是要形成合力，步调一致，同时使劲，才能解决问题，收到良好效果。

泰卦初九爻辞："初九，拔茅茹，以其汇，征吉。"与否卦初六相比在于"征吉"与"贞吉，亨"的区别。可以从两方面来理解：其一，从爻位上看，都是初爻，无论是泰卦的情境，还是否卦的情境，都只是刚刚开始，通泰和闭塞的特征尚未充分表现出来，因此两者结果都还不错。两者的差异性在于，泰卦初爻是阳爻，与九二、九三组成了强势团队；否卦初爻是阴爻，与六二、六三组成弱势团队，既然都是团队，不论强弱，其遵循的原则都是相通的，这就是都有"拔茅茹，以其汇"的原因。但是，毕竟阴阳有别，阳爻刚健有力，具备行动能力，而且外部环境良好，因而泰卦初九爻辞中有"征吉"，鼓励出征前行能够带来吉祥；阴爻力量弱小，不宜主动出击，而且否卦的外部环境也不利于其主动行为，因而要求其正固，这样也能吉祥和通达，这里的"贞"包含坚守正道和固守现状的意味，"征"是行动，而"贞"相对于"征"来说有静止的意思。

其二，否卦有"贞"字，而泰卦无"贞"，还体现了易作者另一层良苦用心。泰卦是上下充分交流的良好状态，而且初九阳爻居阳位，当位。也就是说，本身状态良好，外部环境也良好，守正之"贞"不成问题，无须突出强调对"贞"的要求。而否卦的情形就不同了，处于上下阻隔、互不沟通的不良环境，初六自身又是阴爻居阳位，不当位。也就是说，能力有限，自身行为不佳，所处的大环境也不好，在这种情况下，要做到守正之"贞"是相当困难的，相当部分人会随波逐流、破罐子破摔。因此，易作者有针对性地提示当事人必须坚守正道并持之以恒，才能达到吉祥、通达，否则就不可能取得这样的结果。初六与九四有正应，表明能得到九四上层的支持，多少弥补了一些不够阳刚的缺陷。

"拔"取象于艮卦。下交互卦为艮，艮为手，初六紧挨艮卦之下，反映了用手拔茅的情形。

"茅"取象于震卦。若初六发生爻变,则下卦为震卦,震为萑(huan2)苇,与茅草形态和性状都比较相似。

"贞"取象于艮卦。一方面,若初六爻变,下卦变为震,震为动,表明初爻力量柔弱,内心却有强烈行动的意愿,有些"力小而任重"的意味,容易发生危险;另一方面,下交互卦为艮,艮为静止、停止、阻止、制止等意,旨在提示初六要保持正固,不可盲目行动。

"以其汇"取象于坤卦。下卦为坤,坤为众,卦德为柔,茅草为柔软之物,把数量众多的茅草捏在一起,与坤卦意境相合。

《象》曰:"拔茅贞吉,志在君也。"
【译文】小象说,捏在一起拔茅,正固,吉祥,因为初爻的心意在于君王。

"志在君也"取象于乾卦。上卦为乾,乾为君。九四为乾卦的初爻,初六与九四有正应,就等于与君王有正应。

"六二,包承,小人吉,大人否,亨。"
【译文】"六二,包容承接者,小人吉祥,大人困穷,通达。"

包,包容,这里指阳爻包容阴爻,即九五包容六二,这是《易经》倡导的正常状态。承,承接,承受,承载,这里指阴爻承接阳爻,六二居于下位,对应的九五居于上位,阴承阳是《易经》倡导的正常状态。包承,是指九五君王包容顺承的六二基层干部。

六二阴爻居阴位,当位,表明其行为举止得当。居于下卦中位,表明能够坚守中正之道,道德品质没有问题。六二与九五有正应,说明其行为得到了九五君王的支持。全卦只有六二、九五两爻是当位的。其余四个爻均不当位,说明否卦的大环境是混乱的。在这种情境下,对于小人是吉祥的,对于大人却是不利的。

"包承"取象于卦象结构和坤卦。泰卦"包荒",是下卦九二阳爻包容上卦六五所处的蛮荒之地。否卦"包承",是上卦九五阳爻包容下卦六二顺承者。包是阳包阴,承是阴承阳,此处指顺承者。"包"还取象于坤卦,坤为布,引申为用布包裹之意。

"小人吉，大人否"取象于消息卦。在《易经》十二消息卦中，否卦代表农历七月，其气象变化趋势是阴气增强，阳气减弱，即阴爻在进逼，阳爻在退却。至农历八月是风地观，阴爻多了一个，阳爻少了一个；至农历九月是山地剥，五个阴爻，仅剩一个阳爻；至农历十月是坤卦，则呈现出全阴状态。《易经》中以阴为小，阳为大。易作者以否卦所代表的七月份气象变化趋势，来告诉人们一个道理，在阻塞困厄的大环境中，情势对小人有利，而对大人不利。当然，这并不是教大家去做小人，而是在于提示大人或君子处在阻塞困厄的大环境中，要提高警惕，谨慎行事，防范风险。

《象》曰："大人否，亨，不乱群也。"

【译文】小象说，大人困穷，却仍能取得通达结果，是因为没有扰乱整个群体。

前面说过，否卦的大环境是混乱的，但是六二作为基层干部是当位的，且居于中位；九五作为君王是当位的，居于中位，并且两者上下有正应，这是在混乱环境中，没有完全失控的主要原因，因而能做到"不乱群也"。表明六二与九五能够配合协作，保持定力，尚能控制否危局势。

"六三，包羞。"

【译文】"六三，包容羞耻。"

包，包容。羞，羞耻，羞辱。此爻爻辞仅两个字，并未交待吉凶状况，无所谓所好，无所谓不好。人处在危否困顿之时，并非都能做到泰然处之、无愧于心的。一方面，有些小人可能会做出一些令人羞耻的事情，为大人所不齿；另一方面，极有可能发生小人羞辱大人之事，因为大环境对小人有利，大人如果不能阻止小人的行径，这时就需要忍辱负重，包容小人的羞辱行为。俗话说，小不忍则乱大谋。作为君子要放眼全局，从长计议，不可因小失大，切忌逞匹夫之勇。

"羞"取象于六三爻位。六三处于上交互卦巽卦中，巽为风，为进退，引申为没有原则，立场不坚定，随风摇摆不定。比喻小人趋炎附势，巴结权贵，不知羞耻。六三、九四均不当位，不中不正，且阴阳相邻，有暧昧之嫌，属于羞耻行为。

《象》曰："包羞，位不当也。"

【译文】小象说，包容羞耻，是因为爻位不当。

"九四，有命，无咎，畴（chou2）离祉。"

【译文】"九四，传达君命，没有灾祸，百姓因此获得福祉。"

　　九四阳爻居阴位，不当位，行为举止过于刚强。但九四与初六有正应，能得到基层百姓的支持。命，天命，君命，君王之命。因为九四离九五君王最近，接受并传达君王的命令。畴，通"俦"，同类，众人。离，丽也，附丽、依附之意；或通"罹"，遭遇，逢遇。祉，福。离祉，直译为依附于福祉，或相遇于福祉，引申为获得福祉。否卦处于阻塞不通、困厄多难的不良情境之中，但九五阳爻居阳位，当位，表明君王有德行有能力，能够坚守中正之道，按照这样的君命行事，自然可以做到无咎。

　　"有命"取象于巽卦。上交互卦为巽卦，君命传来如同风行天下。九四接受君王旨意而向全国百姓传达命令。

　　"畴"取象于坤卦。下卦为坤，坤卦代表百姓大众，九四与坤卦相邻，并居坤卦之上，相当于把君王的命令传递到百姓中去。

　　"离"取象于坤卦。坤为母，为腹；离为大腹，大腹即有身孕，因此在一定条件下，"坤"与"离"可以互通象意。

　　"祉"取象于巽卦、坤卦和观卦。上交互卦为巽，九四正好在巽卦上，巽为近利市三倍，在市场交易中获得丰厚利润，这是福祉的体现；坤卦为众，引申为数量众多，与巽卦近利市三倍意思叠加，即为财富众多；并且九四在乾卦之内，乾为金，坤为土，土能生金，因此九四可以获得数量众多的财富；同时，前面已经讲到，否卦的初到五爻构成观卦，巽坤构成风地观，即呈现"祭祀教化之象"，通过祭祀教化，使得先祖的人文精神和优良家风得到传承，从而获得更大福祉。

《象》曰："有命，无咎，志行也。"

【译文】小象说，遵君命行事，没有灾祸，因为君王的意志得到了施行。

九四与初六有正应，上下你有呼，我有应，表明君王的命令得到了人民群众的响应、支持和配合，因而称其为"志行也"。

"九五，休否，大人吉。其亡其亡，系于苞桑。"
【译文】"九五，停止阻塞困穷，大人吉祥。小心灭亡、小心灭亡，犹如命悬席草根茎或桑树枝条。"

休，停止、休止、休息。苞桑，也作"包桑"，《古代汉语词典》解释：丛生的桑树，桑树之本，表示根基稳固。孔颖达疏："苞，本也。凡物系于桑之苞本，则牢固也。"《古代汉语词典》另一种解释是"比喻不牢固"，苞，席草，草木的根和茎，草木丛生、茂盛。桑，桑树。席草柔软细小，难以承受重物；桑树质地脆弱，俗语说桑木扁担宁折不弯，说明柔韧性差，容易折断，如果将自己的生命安全维系在席草根茎和桑树枝条上是靠不住的，随时可能出现危险。以上两种理解皆可，本人倾向于后一种意见，因为这种意见的警示意义更强，旨在警示人们不要好了伤疤忘了疼，必须时刻警惕因上下阻塞而导致的危险性。

九五阳爻居阳位，当位，表明其行为举止得当；居上卦中爻，表明其道德品质没有问题；九五与六二有正应，表明能够得到基层干部六二的支持。可见，九五是一个称职的君王，居全卦核心位置，能够主持公道正义，因此这时终于停止了阻塞困厄的局面，对于九五大人来说是吉祥的。但是，应当痛定思痛，回顾艰难历程，不能忘却血的教训，要居安思危，强化危机意识，防止重蹈覆辙。小心灭亡，毕竟将生命安危系于席草根茎和桑树枝条是不牢靠的。

"休否"取象于艮卦。下交互卦为艮卦，艮为静止、停止、阻止、制止等意。九五与艮卦为邻。引申为有效阻止困厄局面的继续发展，困穷境况得以缓解。

"其亡其亡"取象于坎卦。若九五发生爻变，则上交互卦为坎卦，坎为险，表明要始终警惕危险的存在。

"系于苞桑"取象于巽卦。上交互卦为巽卦，巽为绳直，用绳索拴系；巽为木，引申为席草和桑树。

《象》曰："大人之吉，位正当也。"

【译文】小象说，大人的吉祥，是因为九五位置正当。

　　九五阳爻居阳位，称其为正当，行为与其职位相匹配、相适应。更重要的是九五居上卦中位，也是全卦的核心之位。对君王而言，居中是最基本、最重要的品德和素质要求。

"上九，倾否，先否后喜。"

【译文】"上九，倾覆困穷状态，先阻塞困穷后喜悦。"

　　上九阳爻居阴位，不当位，表明其行为举止过于刚强。上九与六三有正应，表明能得到基层实力阶层六三的支持。一般来说，上九、上六结局都不太好，要么亢龙有悔，要么龙战于野。但在否卦中坏事反而变成了好事，因为否卦全卦代表阻塞、困穷的不良状态，上九到了这种不良状态的结束阶段，意味着正常状态的到来。因此，否卦的上九反而情况良好。此爻的意思是，困顿不顺的状态已被倾覆，在整个否卦阻塞困厄的情境中，先前阶段是困厄不顺状态，但最后终于摆脱了危否穷困，结局还是令人欣喜的。

　　"倾否"取象于兑卦和否卦。若上九发生爻变，则上卦变为兑卦，兑为毁折，倾覆与毁折意思相合。否，指整个否卦所代表的困穷情境。

　　"喜"取象于兑卦。若上九爻变，上卦变为兑卦，兑为悦。度过困厄时艰，终于迎来了喜悦时光。

《象》曰："否终则倾，何可长也？"

【译文】小象说，阻塞困厄走到了终点则意味着否危之象的倾覆，这种阻塞困厄状况怎么可能长久持续下去呢？

第十三卦 同人卦的和合之道

【同人卦】

【白话经文】

在野外和合众人，通达。适宜渡涉大河，适宜君子坚守正道。

初九，在门外和合众人，没有灾祸。

六二，在宗族里和合众人，有小灾。

九三，潜伏军队于草莽之中，移升至丘陵高地，多年没有出击。

九四，登上对方城墙，攻克不下，吉祥。

九五，和合众人，先号啕大哭而后欢笑，大部队终于会合。

上九，在郊区和合众人，没有悔恨。

【经文原文】

同人于野，亨。利涉大川，利君子贞。

初九，同人于门，无咎。

六二，同人于宗，吝。

九三，伏戎于莽，升其高陵，三岁不兴。

九四，乘其墉，弗克攻，吉。

九五，同人，先号咷而后笑，大师克相遇。

上九，同人于郊，无悔。

【解读序言】

同人卦位列周易第十三卦,上卦为天,下卦为火,称其为天火同人。《序卦传》说:"物不可以终否(pi3),故受之以同人。"全卦只有六二一个阴爻,六二即为卦主,在同人过程中,起着主导作用。其他五个阳爻与六二的交集过程,便是凝聚人心、和合众人的同人过程。全卦描述了同人事业的全过程和其间所发生的矛盾冲突甚至战争,九三、九四、九五可理解为以炎帝部落与黄帝部落的阪泉之战为背景,描写了战争过程及炎帝部落失利的情景,揭示了同人事业的艰难曲折性。

初九讲在家门之外与人和合,提示同人要打破门户之见,体现公开性、公共性和包容性,立意较高,因而没有灾祸;六二讲在宗族范围内和合众人,显得狭隘并掺杂了私心,结果有小灾;九三讲同人过程中,理念不同,利益不同,发生军事冲突,伏兵登高并处于战争前期,终因势均力敌,持续多年处于对峙状态;九四讲虽然登上了对方城墙,但防守坚固无法攻克,这时如能激流勇退返回到正常轨道上来反而是吉祥的;九五讲经过艰难险阻、浴血奋战,大部队终于合会,人们喜极而泣,就像红军井冈山胜利会师;上九讲在郊外和合众人,郊区再往外就是野了,已经接近卦辞"同人于野"的目标,因此没有悔恨。

【卦名含义】

《古代汉语词典》解释:同,聚集,会合;相同,一样;共,共同;统一,齐一;共同参与;古代诸侯共同朝见天子;同盟之国;随合,附合;和谐,和睦,太平,《礼记·礼运》:"是故谋闭而不兴,盗窃乱贼而不作,故外户而不闭,是谓大~";偕同;赞同,同意;等等。同人,就是凝聚人,团结人,和合人,是指领袖人物按照一定的思想理念、奋斗目标和方法途径,将社会上离散的人们组织起来,将人心凝聚起来,由单个个体变成庞大的群体组织,这个群体可能是松散自由的,也可能是严密规范的,还可能是介于两者之间的。同人卦反映了古人的社会理想。同人卦与大有卦是一对综卦,可视为事物的一体两面,同人卦和大有卦共同构成了古代圣贤理想中的"大同世界"。

《礼记·礼运》说:"大道之行也,天下为公。选贤与(ju3,通"举")能,讲信修睦,故人不独亲其亲,不独子其子,使老有所终,壮有所用,幼有所长,矜

（通"鳏"）寡孤独（年老无子女）废疾者，皆有所养。男有分，女有归（出嫁）。货恶（厌恶、不愿意，引申不会）其弃于地也，不必藏于己；力恶（厌恶，引申为害怕、担心）其不出于身也（人们担心有力气没地方用），不必为己（不是为了自己）。是故谋（阴谋诡计）闭而不兴，盗窃乱贼而不作，故外户（庭院之门）而不闭，是谓大同。"这段话是《礼记》对"大同世界"这一社会理想所作的描述，可视作对同人卦和大有卦的生动诠释，对于今后人类社会的发展也不无借鉴。现代提出的"幼有所育，学有所教，劳有所得，病有所医，老有所养，住有所居，弱有所扶"理念与上述内容有相通之处，实际上"大同世界"社会理想与今天所追求的和谐社会建设，具有异曲同土之妙。

《礼记·礼运》还有一段话对"小康社会"的描述，就当时社会现实来看，作者认为大道未能得以通行，自然离"大同社会"的目标相去甚远，于是退而求其次，提出了"小康社会"的概念。书中说："今大道既隐，天下为家（应广义理解为诸侯之家、大夫之家），各亲其亲，各子其子，货力为己，大人世及以为礼（官员世袭成为制度）。城郭沟池以为固，礼义以为纪（纲纪）。以正君臣，以笃父子，以睦兄弟，以和夫妇，以设制度，以立田里，以贤（尊重、礼遇）勇知，以功为己（为自己建功立业）。故谋用（运用阴谋诡计）是作，而兵由此起。禹、汤、文、武、成王、周公，由此其选也（成为选取的典型代表）。此六君子者，未有不谨于礼者也。以着（着力彰显）其义，以考其信，着有过（着力揭露有过错的人），刑仁（用司法手段推崇仁德）讲（讲求）仁，示民有常（为百姓树立学习的榜样）。如有不由此者，在势者去（斥责退却），众以为殃，是谓小康。"当然，今天率领全国人民奔小康的"小康"，与上述小康的概念虽然文字相同，但内涵已经有了本质区别，对此应当正确理解和把握。

【卦象寓义】

一、天火和同之象。大象说"天与火，同人"。这里的"与（yu3）"可作两种解释：一是给予，二是连词，相当于"和"、"同"。多数易学者作后者解。《周易正义》注云：天体在上，而火炎上，同人之义也。将"天"与"火"视为并列关系。天在上，火焰向上，有火亲和于天之象，表达了火向天看齐、主动与天和同的意境。如果将"与"解为给予，"天与火"就变主、谓、宾结构了，意即天将太阳之火给予人间，给万物生长提供能量，反映了天人合一、万物一体、人与自然和同、人与万物和同的意境。

二、天下有日之象。上卦为乾, 乾为天; 下卦为离, 离为日。这是一片晴空万里的景象, 阳光灿烂, 普照天下。太阳是无私的, 阳光给人以温暖, 促进万物生长; 阳光是公平的, 不因为富有多给一些, 不因为贫穷少给一些, 它尽其所能, 对待万物一视同仁, 机会均等; 阳光是公正的, 做事公开透明, 见不得人的事就无法做成, 权力在阳光下运行, 腐败行为就无所遁形。同人卦的主题是和同天下众人, 人们为了共同目标和利益和同于同一片蓝天、同一片白云、同一片阳光下。因而能否做到阳光普照、一视同仁对于同人事业的成败至关重要。

三、君庇天下之象。上卦为乾, 乾为君, 代表君王、领袖; 下卦为离, 离通 "篱", 引申为罗网, 意即君王网罗天下众人。要网罗天下众人, 就要凝聚天下众人之心; 要凝聚天下众人之心, 就要为天下众人谋幸福, 将天下大众在共同的旗帜下团结起来, 凝聚起来。离为火、为明, 象征光明, 意味着这种团结凝聚是光明正大的事业, 它要求君王和领袖之心是光明的, 百姓大众之心是光明的, 同人事业为的是大众公共利益, 而不是为了谋取私利, 君王和领袖的神圣职责就是率领天下百姓走上光明幸福大道。

四、天下有火之象。上卦为乾, 乾为天; 下卦为离, 离为火, 火代表光明、美丽和热烈。可以想象古时候在重大节庆的夜晚, 众人在星光闪烁的蓝天下, 围着熊熊燃烧的大堆篝火载歌载舞的欢快场面。篝火为物质之火, 亮丽的篝火越烧越旺可以吸引众人围观; 激情是精神之火, 光明的激情越烧越旺有助于更加凝聚人心。

五、阴聚众阳之象。同人卦的特点是一阴五阳, 物以稀为贵, 六二成了同人卦卦主。五个阳爻虽为同类, 其特点是刚健有力, 但同类未必能做到团结一心, 强迫他们和同往往事与愿违。俗话说, 卤水点豆腐, 一物降一物。六二这个唯一阴爻在和同众阳爻上起到了关键作用。六二居下卦中爻, 居中有德, 表明其道德品质良好, 五个阳爻虽然层次不同、身份各异, 却能在六二努力下达到集体和同, 这是以柔克刚的效果, 在强求未果的情况下, 实行柔性和同, 却能做到事半功倍。

六、群龙无首之象。同人卦中蕴藏着一个重乾卦。八卦叫经卦、单卦; 六十四卦叫别卦、重卦。重乾卦乾下乾上, 上下均为乾卦。同人卦的上卦为乾卦, 上交互卦也为乾卦, 两者构成重乾卦。重乾卦六爻皆阳, 可视为六条不同阶段、不同地位、不同状态的龙，最终形成首尾相接、环形排列的"六龙御天"局面。龙生九子，子子不同。龙的性情暴烈，要建立团结和同的团队决非易事。乾卦"用九，见（xian4）群龙无首，吉。"意思是适用于六爻纯阳重乾卦的规则是，表现出群龙无首是吉祥的。现代用群龙无首形容团队秩序混乱，但在《易经》中却表现为高度自觉秩序井然。六龙围成圆圈，每条龙地位都是平等的，既是首也是尾，从整个团队来看没有首也没有尾。这里旨在强调当事人主体的平等性，并非没有组织者和主持人，而在于创设平等参与组织管理的公平机制。联合国圆桌会议和轮值主席机制与此有些类似。以上表明，同人必须坚持以人为本，尊重人，相信人，关心人，做到平等参与，民主协商，一视同仁。这样才能实现真正的和同。

七、四海一家之象。同人卦中蕴藏着一个家人卦。家人卦上卦为风，下卦为火，称其为风火家人。同人卦下交互卦为巽，巽为风；下卦为离，离为火，两者构成家人卦。家庭是社会的细胞，是国家的最小单元。同人应从家庭做起，只有家人团结凝聚了，才能实现社会团结凝聚；只有社会团结凝聚了，才能实现国家民族团结凝聚；只有国家民族团结凝聚了，才能实现世界天下团结凝聚。同人卦中蕴藏着家人卦表明，就是要求当事人像对待家人亲人一样地对待别人，这是实行同人的根本原则。

八、内明外健之象。下卦也叫内卦、主卦，上卦也叫外卦、客卦。同人卦下卦为离，离为火，卦德为明，象征光明。表明主方内心光明，没有阴谋诡计，值得信任。同人卦上卦为乾，乾为天，卦德为健，表明刚健有力，积极进取，如同日月星辰刚健运行，日复一日，从不停息。表明主方所面临的客方强劲有力，实力雄厚。同人卦内明外健之象，反映了一个组织、一个单位、甚至一个国家，与周边强势的邻里、合作对象、市场环境等相处时，要坚持内心光明，胸怀坦荡，这样才能达到团结人凝聚人，赢得对方的信任、尊重和配合。

九、中女父亲之象。在《易经》大家庭中，离卦为中女，乾卦为父亲。同人的卦象结构是，中女主内，占居主方位置；父亲主外，处于客方地位。从八卦构成可以看出，长女巽、中女离、少女兑都是在父亲乾卦基础上演变而来的，因此一般来讲父亲与女儿的联系更加紧密些，感情容易融通。就同人卦而言，离卦的中爻六二与乾卦的中爻九五有正应，上下能够沟通交流和配合协调，说明父亲与女儿有心灵感应、心意相通，行动比较合拍。因此，这种组织结构总体是协调的。

十、火克阳金之象。在八卦与五行关系中，与金对应的卦有两个，分别是乾卦与兑卦，乾为阳卦，阳刚指数为七，为阳金；兑为阴卦，阳刚指数为六，为阴金。同人卦呈现火克阳金之象。相对而言，火克阴金稍微容易些，火克阳金难度稍大。这是一个以柔克刚的案例，如果把同人卦比作一个单位，虽然客方实力强大，但主方内心光明，仍然可以克制客方，掌握双方关系的主动权。克制客方不是消灭客方，而应理解为主导对方、支配客方、制约客方，使客方自愿顺从和协助配合。

【关联卦画】

同人卦由姤卦演变而来。同人卦的交互卦为姤卦，上卦与下交互卦也构成姤卦，表明同人卦与姤卦关系非常密切。多数卦都由十二消息卦演变而来，从理论上讲姤卦或夬卦都可能演变为同人卦。如果夬卦演变为同人卦，则需上六与九二交换位置，上六贵而无位、高而无民，与九二缺乏关联要素；相比之下，姤卦与同人卦关系就要近得多，姤卦演变为同人卦，只需初六与九二交换位置，因两者为相邻关系，也可视为夫妻关系，将初六升格为基层干部并非难事。从象辞"柔得中位而应乎乾"可以印证这种演变轨迹，初六到六二，是柔爻获得中正之位，可理解为从基层提拔了一位女干部，九五为君王之位，乾为君，六二与九五有正应，即等同于与乾卦有正应。

同人卦的综卦为大有卦。将同人卦颠倒一百八十度即为大有卦，将大有卦颠倒一百八十度即为同人卦，两者互为综卦。综卦也叫镜卦、覆卦。同人卦是天火同人，大有卦是火天大有。综卦的意义在于，从不同角度看同一事物或同一问题，所得到的结果是不一样的。启示人们思考问题要多角度、全方位、广视野，才能全面准确把握事物本质或问题关键。同人卦与大有卦既有联系，又有区别，两者有机融合构成了古代圣贤的社会理想"大同世界"。世界那么大是很难统一的，但是完全有可能以《易经》文化一统天下，它对于现代国际政治、经济、文化等发展具有重要的借鉴意义。

同人卦的交互卦为姤卦。将同人卦的初九、上九去掉，用剩下的四个爻重新组成一个卦，九三、九四、九五为上卦，六二、九三、九四为下卦，这个卦就是同人卦的交互卦姤卦。上卦为天，下卦为风，称其为天风姤，是风行天下之象。

在风行天下的背景下，万物相遇的机率大为增加，姤卦是一阴与五阳相遇的情景，这一情景蕴含在同人卦中。这说明在同人过程中，人与人之间、物与物之间相遇的概率很高，从而使得同人过程丰富多彩，曲折多变。

同人卦的错卦为师卦。将同人卦六个爻的性质全部变成相反，即阳爻变成阴爻，阴爻变成阳爻，这样所得到的卦叫错卦，是阴阳性质反向交错之意，而不是错误的意思。这与辩证唯物主义对立统一规律相类似，矛盾双方相辅相成，互为存在转化的条件，皮之不存，毛将焉附，一方消亡了，另一方也将随之消亡。错卦的意义在于，提示人们考虑问题时要站在对方立场上进行换位思考，矛盾双方是会发展变化的，阴中有阳，阳中有阴，阴极变阳，阳极变阴，阴阳同时共存，不可分割，处于同一个矛盾体系之中。同人卦讲求凝聚融合，师卦却讲求用兵打仗，看起来是矛盾的，但他们统一于同一个体系中，同人是为了不打仗，打仗却是为了同人。由此说明在同人过程中，有时不排除采取军事手段，这是一阴一阳、柔刚并济的综合运用。这就可以解释为何在同人卦中，九三、九四、九五描述的是军事对峙和两军作战的情形了。

【卦辞象辞】

〖卦辞〗

"同人于野，亨。利涉大川，利君子贞。"

【译文】"在野外和合众人，通达。适宜渡涉大河，适宜君子坚守正道。"

这是同人卦卦辞，用于说明卦名和全卦主旨。从卦象上看，同人卦上卦是天，下卦是火，古时候火对于人们的日常生活有着重大意义。可以想象，人们劳作一天后，晚上众人在月亮弯弯、星星闪烁的夜空下，围坐在一堆篝火旁，共同感受着火的光明和温暖，共同享受着劳动成果和食物，共同分享着劳作过程中的快乐和趣事，这就是同人卦所要表达的相互友好、彼此合作、其乐融融的意境。

同人是凝聚他人，亲近他人，和同他人，是求大同存小异，具有很强的包容性，目的不是统一世界，不是排斥异己，而是通过不断的融合交流，求同存异，取长补短，从而形成共同的价值观，建立起普遍认同、众人受益、和谐相处的大同世界。

野是远离都城的区域，卦辞中的"同人于野"表明是与众人进行远距离的和同融合。聚合的发起人应当是大格局、大志向、大胸怀的人，突破狭隘的门户之见，不为蝇头私利所扰，所追求的是远大理想和崇高目标，在广大范围内去凝聚人、融合人、团结人，让众人相聚在共同的价值观和共同的旗帜下。利涉大川就是鼓励人们走出去，积极开创同人事业；贞就是同人事业必须出于公平正义的公益目的。

"利涉大川"取象于乾卦和巽卦。上卦为乾卦，表明刚健有力，具有积极进取、勇往直前的精神；下交互卦为巽卦，巽为木，象征舟船；巽为风，风吹舟行，借助舟船有利于渡涉江河。

〔彖辞〕

《彖》曰："同人，柔得位得中而应乎乾，曰同人。同人曰：'同人于野，亨。利涉大川。'乾行也。文明以健，中正而应，君子正也。唯君子为能通天下之志。"

【译文】彖传说，同人卦是六二柔爻获得中正之位，并且与上卦乾卦有正应，因而称其为同人卦。同人卦说："在野外和合众人，通达，适宜于渡涉大河。"乾卦所代表的日月星辰天体刚健运行。以文采光明应对刚健，六二与九五皆居中正之位而能上下感应，标志着君子主持公平正义。只有君子才能够感通并践行天下人的共同心愿。

【大象之辞】

《象》曰："天与火，同人。君子以类族辨物。"

【译文】大象说："天与火融会一体是同人卦反映的自然景象。君子受此启示应当对宗族进行分类、对事物种类作出辨别。"

天空在上，燃烧时火焰往上蹿，这是大象描写的自然景象，体现出火主动和同天的主题。人们对火光冲天的场景并不陌生；有时天上出现火烧云，远远望去就像天空下面的云彩正在燃烧。类似的现象都反映了天火一色、浑然一体的和同意境。大象前半句描写自然景象，后半句将其中蕴含的哲理引入人文政治和社会生活领域。

同人事业不是一项简单的事业,不是采取单一模式所能实现的,必须针对不同地区、不同阶层、不同背景的人群进行梳理和区分,然后采用灵活多样富有个性化的方式方法,才能实现凝聚众人的目标。就像毛泽东所撰《湖南农民运动考察报告》,科学分析了农民中的贫农、中农和富农的阶级特点,提出依靠贫农,团结中农的阶级路线。毛泽东在《中国社会各阶级的分析》中深刻地分析了地主阶级和买办阶级、中产阶级、小资产阶级、半无产阶级(半自耕农、贫农、小手工业者、店员、小贩)和无产阶级等阶级特征,提出了一切勾结帝国主义的军阀、官僚、买办阶级、大地主阶级以及附属于他们的一部分反动知识界,是我们的敌人。工业无产阶级是我们革命的领导力量。一切半无产阶级、小资产阶级,是我们最接近的朋友。那些动摇不定的中产阶级,其右翼可能是我们的敌人,其左翼可能是我们的朋友——但我们要时常提防他们,不要让他们扰乱了我们的阵线。毛泽东的阶级分析可视为对同人卦大象的经典注解。

【爻辞小象】

"初九,同人于门,无咎。"

【译文】"初九,在门外和合众人,没有灾祸。"

门,大门、院门、门庭,门阙、门楼等,这里指门外周遍区域。同人于门表明不是在家里,也不同于六二的宗。宗指向第二爻大夫之家,与现代意义的家概念不同,它指大夫管辖的领地范围,主要是基于血缘联系而形成的社会关系;而门外区域带有公共性、群众性和随机性,其和合对象是动态变化的,具有不确定性。

为什么要把门解释成门外、而不是门内呢? 一是因为初九是元士之位,属知识分子阶层,是干部的后备队伍,这时不是大夫,还没有自己管辖的属地,因此只能在家门之外;二是如果将其解释成门内,那么就没有必要以门作为表述对象,直接用同人于家、同人于室、同人于庭、同人于屋等表述更加明确;三是小象明确表述"出门同人",说明是指门外区域,学习《易经》应当经、传并重,两者具有同等地位,小象观点值得尊重。

初九阳爻居阳位,当位,表明其行为举止是适当的。初九与九四不相应,表明未能得到上层九四的支持。由于初九处于同人事业的初始阶级,即使行为措施方面有所欠缺，也不至于马上暴露出来；其同人的目的带有公益性质，不是为了谋取私利，具有正当性；此时初九小伙子还在门外，尚未建立自己的家族，可以避免门户偏见，能够做到相对公允，因而结果没有灾祸。

同人于门的"门"取象于艮卦。若初九发生爻变，则下卦由离卦变为艮卦，艮为门阙、门楼，杭州有个艮山门，即为此意。

《象》曰："出门同人，又谁咎也？"
【译文】小象说，出门与众人和合，又有谁归咎于他呢？

"六二，同人于宗，吝。"
【译文】"六二，在宗族里和合众人，有小灾。"

宗，宗族，宗亲，宗庙，宗祠。吝，吝啬、小气、悔恨，在悔、吝、厉、咎、凶五个凶险等级中排第二，程度较轻，可解释为小灾难、遗憾。六二阴爻居阴位，当位，表明行为举止没有问题。六二居于下卦中爻，表明能够坚守中正之道，道德品行没有问题。六二与九五有正应，其行为能够得到九五君王的关照和支持。全卦只有六二一个阴爻，按照物以稀为贵原则，六二就是同人卦的卦主，在周遍均为阳爻的环境里，阴爻就显示出了独特优势，这是她开展同人事业得天独厚的宝贵资源。

同一宗族的人彼此存在血缘关系，通过长幼辈份维持着组织秩序。从宗族内部看，血缘、情感、利益和权力往往纠结在一起，通常人们对族外人比较客气，而对自家人反而刻薄吝啬、斤斤计较，使得家族矛盾错综复杂难以厘清，即所谓清官难断家务事，而偏偏六二这位当家人过于柔弱，不太容易摆平内部矛盾，在家族内部发生兄弟阋墙、同室操戈的事司空见惯。

从外部情况看，同人于宗的行为容易引起异姓宗族的不满，不同宗族之间因利益纷争引发冲突乃至战争也不乏其例。因此，同人于宗的行为有诸多后遗症。

该爻可视为对同人事业提出的注意事项，告诫人们在同人和合过程中，要防止狭隘的门户之见和小团体、小圈子的宗派主义倾向。有观点认为，六二所指的是炎帝部落和黄帝部落历史传说，炎帝与黄帝本为亲兄弟，同根同宗，随着一代代发展壮大, 逐渐形成两大部落, 为以后发生战争埋下了伏笔。

"同人于宗"取象于乾卦、离卦和爻位。若六二发生爻变, 则下卦为乾卦, 乾为父, 即同宗的人们可以追溯至同一个父亲。下卦为离, 离为大腹, 象征母亲怀孕, 繁育同根同宗的后辈族人。同人于宗还取象于六二爻位。六二为大夫之家, 这个家不是现代意义的家庭, 也不等同于家族, 是指大夫管辖的区域范围, 相当于现代的县级行政区, 规模比县稍小, 家人以同宗同姓的族人为主。

《象》曰: "同人于宗, 吝道也。"

【译文】小象说, 在宗族里和合众人, 这是有小灾之道。

格局决定结局, 格局不大, 结局也就不会太好, 因为仅仅与自己宗族的人和合, 显得过于狭隘和小架子气了。

"九三, 伏戎于莽, 升其高陵, 三岁不兴。"

【译文】"九三, 潜伏军队于草莽之中, 随后移升至丘陵高地, 多年没有出击。"

戎, 军队。陵, 大土山, 丘陵。三岁, 不是实数, 指多年。兴, 兴兵出击, 发起进攻, 两军交战。九三阳爻居阳位, 当位, 刚健有力, 行为得当, 具有积极进取精神。九三与上九没有正应, 说明其行为得不到大佬的支持。从全卦的情况看, 客方是天, 力量强大, 主方的行动时时受到客方的制约, 但主方三爻都当位, 说明其行动是正当的, 能够坚守正道, 主持公平正义; 客方力量虽强, 但并非蛮不讲理, 居中的君王也能主持公平正义。此爻主客双方暂时处于一种势均力敌的对峙状态。

此爻表明在同人过程中并非一帆风顺, 当主客双方矛盾不可调和时, 必须做好军事斗争和军事防御准备。交战对方可能是利益冲突的强悍异族, 如苗族的祖先蚩尤; 也可能是同室操戈的同宗兄弟, 如炎帝部落和黄帝部落。

"伏戎"取象于巽卦和离卦。下交互卦为巽, 巽为入, 与"伏"意思吻合。下卦为离卦, 离为甲胄、戈兵, 因为古代士兵身着盔甲, 前后盔甲坚硬, 中间身体柔软, 就像离卦阳、阴、阳的卦画结构, 这种象征是形象生动的。

"莽"、"高"取象于巽卦。下交互卦为巽卦，巽为木，与"莽"同类；同时巽为高。

"陵"取象于艮卦。若九三发生爻变，那么下交互卦就变为艮卦。艮为山，与"陵"同属。

"三岁"取象于爻位。此爻为九三，用第三爻指代三岁；也可理解为九三上面有三个阳爻，是强劲的对手，需要经过多年的较量才有结果。三岁表示多年，并非实指。

"不兴"取象于艮卦。若九三爻变，则下交互卦变为艮卦。艮为静止、停止、制止、阻止等意。

《象》曰："伏戎于莽，敌刚也。三岁不兴，安行也？"
【译文】小象说，潜伏兵戎于草莽之中，是因为抗衡相敌的对手非常刚强。三岁不出击，哪里有合适的路可行。

安，疑问代词，何，怎么，哪里。从卦象结构分析，主卦离卦，客卦乾卦，将其视为两军对垒的话，乾卦为敌方，刚健强劲，难以对付，因此伏兵三年也没有行动的机会。

"九四，乘其墉，弗克攻，吉。"
【译文】"九四，登上对方城墙，攻克不下，吉祥。"

乘，登，升。墉，城墙。九四阳爻居阴位，不当位，行为过于刚强，缺乏沉着、冷静和理性，有些盲目冒失的意味。九四与初九没有正应，其行为得不到基层初九的支持协助。乘其墉，进攻方登上了对方的城墙，但遭到顽强抵抗，久攻不克。这时，部队只能撤退。虽然战争失利，但结果却是吉祥的，因为军事统帅能够视时度势、知难而退，从而避免了更大的伤亡。否则，极有可能两败俱伤，双方都将付出沉重代价，百姓大众更是将沦陷于战争的灾难之中。从这个角度上讲，战争并没有真正的赢家，它只能是同人事业的辅助手段，而不是同人的目的，尽可能通过非战争手段解决同人过程中的矛盾是最好的选择。

"墉"取象于巽卦和艮卦。墉为高大城墙，下交互卦为巽卦，若九四发生爻变，上卦也变为巽，巽为绳直，为高。九四没有直接的艮卦之象，只能借用九三用过的艮卦，艮为门阙，为山，引申为城墙。

"弗克攻"取象于坎卦。若九四发生爻变，则下交互卦为坎卦，坎为坎坷、艰难险阻，表示攻克不下。

《象》曰："乘其墉，义弗克也。其吉，则困而反则也。"

【译文】小象说，登上敌方城墙，从道理上讲不可能被攻克。其结果吉祥，是因为陷于困境后能够返回到正常轨道上来。

为何"义弗克也"？从主客双方来看，第一，主方是离卦，离为光明，内心有光明就是要打正义之战，不兴不义之师；第二，对方的核心是九五，九五阳爻居阳位，居中正之位，且与六二有正应，无论从品德、能力和情感上讲，都没有重大过错，不应成为你死我活、势不两立的对手。

除了战争，也许还有更好的解决方式，比如相互结盟，相互信任，互不侵犯。就像我国在处理国际事务中的"和平共处五项原则"：互相尊重主权和领土完整；互不侵犯；互不干涉内政；平等互利；和平共处。这是1953年12月我国就西藏问题与印度进行会谈时，周恩来总理首次对印度代表团提出来的。

从九四与九五竞争关系来看，如上所述，九五与六二有正应，而且阳爻居阳位，又居上卦中爻，具有得天独厚的优势；而九四自身存在诸多缺陷，一是阳爻居阴位，行为过于刚强；二是位置不中不正；三是与初九没有正应。也就是说这场战争的正当性值得怀疑，因此返回到正常轨道才是明智的。

"九五，同人，先号咷而后笑，大师克相遇。"

【译文】"九五，和合众人，先号啕大哭而后欢笑，大部队终于会合。"

号咷，即为号啕，咷，为啕的异体字。师，军队，部队。九五阳爻居阳位，当位，表明行为举止适当；九五君王居中正之位，说明道德品行没有问题，能够主持公平正义。九五与六二有正应，表明其行动受到基层干部的支持和配合。全卦唯独此爻的同人没有后缀，表明君王的同人立意更高，和合众人的范围是全方位的，没有地域、宗族的限制。此爻可以理解为炎黄部落联手打败蚩尤部落、或者黄帝部落打败炎帝部落，最终获胜的情景。战争结束后人们喜极而泣，这是通过战争手段解决同人过程中的矛盾冲突的情形。

《系辞下传》说，"同人，先号啕而后笑。"子曰："君子之道，或出或处，或默或语，二人同心，其利断金；同心之言，其臭如兰。"孔子针对同人卦九五爻辞由感而发，他认为君子之道应该这样，无论是出来做官、还是隐居不仕，无论是不说、还是说，如果两人能够做到同心，就好比锋利的刀可以斩断金属；同心之人所说的话，其气味就像兰花那样幽香。

"号啕"取象于巽卦。下交互卦为巽卦，巽为号，风号的声音像人的哭声。因为九五与六二有正应，而六二正好在巽卦上。

"笑"取象于兑卦。若九五发生爻变，则上交互卦为兑卦，兑为悦，为笑。

"大师克，相遇"取象于乾卦和离卦。上卦乾卦为大，乾为马，若九五发生爻变，上卦变为离卦，离为甲胄、戈兵，马与兵器的组合象征部队。相遇，是指九五与六二有正应，终于走到一起，也表明实现了上下和合的愿望。

《象》曰："同人之先，以中直也。大师相遇，言相克也。"
【译文】小象说，同人过程中先号啕后笑，是因为九五占居中正之位，行为正直。大部队获胜、上下相遇，说的是九五大军取得了胜利。

"上九，同人于郊，无悔。"
【译文】"上九，在郊区和合众人，没有悔恨。"

上九阳爻居阴位，不当位，行为过于刚强。上九与九三没有正应，表明其行为得不到基层实力阶层的支持。同人卦涉及同人的场所有三处，卦辞"同人于野"，初九"同人于门"，上九"同人于郊"。古时以统治者政治机构为中心，分别将周边地区划分为都、城、郊、野等几个区域，郊区位于城门与荒野之间。城门以内本来就从属于同一个首领，"同人于郊"相当于把同人的范围从城门拓展到了郊区并接近荒野，与卦辞设立的"同人于野"目标已经不远。

《象》曰："同人于郊，志未得也。"
【译文】小象说，在郊区和合众人，想与六二结为盟好，但其愿望未能实现。

这是因为上九与六二没有正应。再说郊与野尚有一段距离，同人的目标尚未完全实现，因此同志尚须努力。

第十四卦 大有卦的治世之道

【大有卦】

【白话经文】

大有卦，自始通达。

初九，没有交往之害，非灾祸；经历艰难岁月没有灾祸。

九二，用牛车运载，有所前往，没有灾祸。

九三，公卿享受天子宴食，不能让小人参加。

九四，只要不妄自尊大，没有灾祸。

六五，以诚信与人交往，威严庄重，吉祥。

上九，来自老天保佑，吉祥无所不宜。

【经文原文】

大有，元亨。

初九，无交害，匪咎；艰则无咎。

九二，大车以载，有攸往，无咎。

九三，公用亨于天子，小人弗克。

九四，匪其彭（pang2），无咎。

六五，厥孚交如，威如，吉。

上九，自天佑之，吉无不利。

【解读序言】

大有卦位列周易第十四卦,上卦为火,下卦为天,称其为火天大有。《序卦传》说:"与人同者,物必归焉,故受之以大有。"序卦传说,与众人和同,财物也必将随之归拢,因此周易在同人卦后安排了大有卦。同人卦与大有卦是一对综卦,属于一体两面,共同构成"大同世界"社会理想。同人卦反映了聚合众人、建立邦国的过程,而大有卦则反映了物阜民丰、安居乐业的治世之象。

对治世的理解,一是治国理政,治理社会的意思;二是相对于乱世而言,当社会处于五谷丰登、百业兴旺的治世时期,统治者应该如何施政,才能保持长治久安的良好局面。从大有卦的卦象看,火在天之上,寓意太阳高悬蓝天,阳光普照大地,百姓勤劳耕作,万物茁壮成长,社会和谐安定的繁荣景象。

初九讲,没有因为人际交往引发咎害,只要保持"同人"过程中的艰苦奋斗作风,就没有灾祸;九二讲,用牛车运载,有所前往,表明物质丰富、财富众多,没有灾祸,此爻可理解为百姓丰收后运送粮食、财物等向国家缴税进贡的场景,用以维持国家机器的正常运行;九三讲,公卿接受天子的宴食,但强调只能是德、能、绩突出的仁人君子参加,而应将小人拒之门外,体现奖优罚劣原则;九四讲,各方诸侯只要不是自高自大、盛气凌人,就没有灾祸;六五讲,君王以诚信结交君子群体,就能树立威信,结果吉祥;上九讲,只要实行仁德之政,上天就会护佑国运昌盛,结果将吉祥如意,没有不适宜之事。

由大有卦、同人卦构成的"大同世界"社会理想,使我联想到了五百年圣贤王阳明。本人推测,王阳明的名字取象于大有卦和同人卦。它反映了王阳明矢志成为圣贤的崇高理想,也承载着中华古代圣贤的社会理想。大有卦讲的是物质文明和精神文明双丰收,同人卦讲的是构建人类命运共同体,两者组合恰好表达了"大同世界"的内涵。

据记载,王阳明奶奶梦见云中仙子下凡送子给她,因而王阳明出生后取名为王云,可直到五岁还不会说话,一云游僧人摸了摸王阳明的头说,好一个孩儿,可惜道破。王阳明爷爷王天叙突然悟到,云有说之意,王阳明不说话的原因是因为道破了天机,于是马上改名为守仁,从此王阳明便开口说话了。这段故事当然有作者演绎的成分。

但有一点可以肯定,此前王阳明不叫王阳阴,至于何时起叫王阳明不得而知。但本人判断应该是在王阳明研习《易经》之后。在王阳明的先祖中有好几位是精通《易经》的，习易是王家的文化传统。1507年王阳明在锦衣卫监狱时曾跟着狱友林富学习《易经》，林富后来担任广西布政司，相当于现在的省长。从王阳明在狱中写的《读易》诗可见，当时35岁的王阳明对《易经》研究已经达到了相当深度（对《读易》的详细分析，请参阅《震卦的继位之道》）。

关于阳明之"阳"，八卦中最能代表阳刚含义的是乾卦，三爻全为阳爻；关于阳明之"明"，离卦卦德为明，离代表内心光明和诚信，这是王阳明心学"心即理"、"致良知"的源泉。据此，"阳明"二字构成的卦画应为乾卦与离卦的组合，一是火天大有，二是天火同人，两相组合正好构成"大同世界"社会理想。如果是王阳明有意为之，但其用意尚不为世人所广知，今天算是还原了王阳明的本意；如果是王阳明无意为之，那么阳明的名字就可理解为老天的安排，天将降大任于斯人也，堪称天合之作。王阳明一生的辉煌，正如"阳明"微言大义所焕发出来的千古荣光。

【卦名含义】

《古代汉语词典》对"大有"未作专门解释，但是"大"的意思容易理解，表明在事物之间的对比中，其大小、多少、厚薄、轻重关系中占有优势的一方称其为"大"，此处为对"有"起修饰作用，理解了"有"的含义，也就理解了"大有"的含义。

《古代汉语词典》解释：有，有，与"无"相对，表示领有；藏有；占有，引申保有；富有，引申丰收；得有；只有；有，与"无"相对，表示存在；发生；为；助词，放在名词、单音形容词、动词前，无实义；尚，仍；有的人；通"域"；通"佑（you4）"，通"又"。词典对"大有年"作了解释，大丰收，《穀梁传·宣公十六年》："五谷大熟，为～～～。"

综上，大有卦之"大有"，指物质丰富，财富众多，生活富有等。在我国古代，大有卦所描述的情景主要是指农业生产获得大丰收，仓廪殷实，百姓生活富裕，社会稳定和谐，泛指拥有大量的积蓄和财富。当然，按照马克思主义原理，物质决定精神，精神对物质有反作用力；生产力决定生产关系，经济基础决定上层建筑，同时后两者又有反作用力。因此，由物质财富的大有，可引申出精神财富的大有。大有应包括物质、精神两大方面。

我国是农业大国，自古以来强调民以食为天，古代农业主要是自然农业，生产力低下，靠天吃饭，能不能取得丰收要视气候和年庚状况而定，只有在风调雨顺，天时、地利、人和的情况下才能获得好收成，因而结果具有不确定性和不可控制性，很大程度上要看老天的脸色，因此丰收年份不是太多，也正因为如此老百姓追求大有的愿望更加热切。

大有也作"大右"，"右"通"佑"、"祐"，古代卜辞中以天为大，以大代表天，因此"大右"可视为"天右"，也就是上九爻辞"自天佑之"的意思，如天佑中华。这里的"天"既可理解为自然之天，代表自然规律；又可理解为精神之天，剔除其迷信色彩，它反映了劳动人民的理想和愿望。

【卦象寓义】

一、火在天上之象。这是大有卦大象所描述的自然景象。上卦为离卦，离为火，下卦为乾卦，乾为天，构成火在天上之象。它所反映的就是天空上面有一团火，火可理解为火红的太阳，即天上有日，阳光普照，天下一片光明；火也可以理解为雷电之火，电闪雷鸣之后，雨水洒下大地，滋润万物茁壮成长，呈现出物阜民丰之象。太阳、雷电合起来就是阳光雨露，风调雨顺，百姓富有，国泰民安。

二、柔君良民之象。全卦只有六五为阴爻，物以稀为贵，六五成为全卦卦主。同时，六五本身为君王之位、全卦核心之位；更可贵的是六五居上卦中位，表明能够坚守中道，主持公平正义。六五虽柔，但君王之位无可撼动，因此有"威如"的爻辞，在百姓中享有崇高威望。五个阳爻代表五个君子，相对于六五君王而言，其余五爻就是百姓，五爻全为阳爻表明治世时期全国民风淳朴，通行君子之风。

三、尚德尊贤之象。大有卦与鼎卦有诸多共同点，其中均表达了尊贤尚德的意境，主要体现在两卦的象辞和上九爻辞上。其一，在象辞中体现了顺天"尚德"的主题。"大有，柔得尊位，大中而上下应之，曰大有。其德刚健而文明，应乎天而时行，是以元亨。""鼎，象也。以木巽火，亨饪也。圣人亨以享上帝，而大亨以养圣贤。巽而耳目聪明，柔进而上行，得中而应乎刚，是以元亨。"一个是"其德刚健而文明，应乎天而时行"；另一个是"圣人亨以享上帝，而大亨以养圣贤。"圣贤是道德的化身，"应乎天"与"享上帝"同义。

其二，在上九爻辞中体现了谦恭"尊贤"的主题。大有卦"上九自天佑之，吉无不利。"鼎卦"上九鼎玉铉，大吉，无不利。"两者的爻象结构完全相同，都是六五、上九，呈现出阴承阳的合理结构，君王阴柔居中，表明低调谦和，居中有德，自身能力虽弱却能坚守中道，道德品质良好。上九虽阳爻居阴位，不当位，但在君王柔弱的情况下，圣贤被推至崇高位置，自应义不容辞、当仁不让，着力发挥其思想道德的教化引领作用。

四、网罗财富之象。大有卦的"大有"主要指财富丰富，此处的财富作广义讲，包括物质财富和精神财富，也就是物质文明和精神文明双丰收。这是每个时代所追求的目标。下卦为乾，乾为天，为玉，为金，为良马，为木果等，可理解为乾是天下财富的象征。上卦为离，离为目，为日，为电，为大腹，为乾卦，为鳖，为蚌，为龟。

一是离通"篱"，有篱网、罗网之意，罗网的网眼也叫目，与人眼之目有关联之义，离之大腹有容纳、收藏之意；

二是离本身也有财富的意思，离为乾卦，乾卦的寓义包含在离卦之中，龟鳖属贵重之物，蚌代表贝币；

三是离在古典文献中常解为牛，这是因为坤为牛，而离为大腹与坤为腹意思关联。牛也属牲畜之财。因此，大有卦呈现出网罗天下财富的意境。与大畜、小畜卦意境相似。大有卦为火天大有，大畜卦为山天大畜，小畜卦为风天小畜，三者的共同特征是下卦均为象征财富的乾卦。三者卦名相似，卦画相似，卦象相似，意境相似。

五、占卜祈福之象。上九爻辞是"自天佑之，吉无不利"，此处包含百姓向天祈福，保佑丰年的意思。正如"卦名含义"中分析的那样，自然农业靠天吃饭，具有收成不确定性和风险不可控制性，在自身能力不足、对大自然无法掌控的情况下，人们自然会求助于神灵，于是祭祀、祈福等活动便应运而生。今人不应用现代眼光评判古人的行为，更不能苛求古人。

大有卦蕴含着为天下祈福求老天保佑的意境。下卦为乾，乾为天，是祈福求佑的对象；上卦为离，离为龟；乾为大，乾为金，两者构成金龟、大龟、神龟。同时，离为火，火焚龟壳出现裂纹形成占卜的卦符。同时，上交互卦为兑，兑为巫，古代设有巫史官，专为君王占卜预测。

六、天子宴公之象。九三有"公用享于天子"的爻辞。这里的"公"来自九三爻位，九三为公卿之位，引申为公卿、公爵、三公等意；六五为天子之位。其一，上交互卦为兑卦，兑为口，为悦，引申为有口福之享，因为九三、六五正好都在兑卦上。其二，若九三发生爻变，那么上交互卦变为坎卦，坎为水；下交互卦变为离卦，离为火，两者构成水火既济，即用火烧水、炒菜、做饭，具有烹饪之象。形象地反映了天子宴请公卿大臣的情景。

七、乾天刚健之象。大有卦下卦为乾，下交互卦也为乾，两者构成六十四卦首卦乾卦。正如乾卦大象所说："天行，健，君子以自强不息。"此"健"，通"键"，通"乾"。意即天体刚健运行是乾卦的大象。大有卦初至四爻就蕴藏着乾卦，这说明治理社会、教化百姓，需要有乾卦的积极进取精神，做到"终日乾乾"；同时，必须小心谨慎，做到"夕惕若"。这一乾卦特征在大有卦社会情境的前大半程表现得更加明显，要不然也做不到大有。但到了后期乾卦精神有所弱化，预示着此时大有颠峰期已过。

八、火泽睽违之象。如果说大有卦社会情境的前大半程表现为乾卦特征，那么中后期则出现阻塞睽违的睽卦状态，并呈现加剧趋势。上卦为离，离为火；上交互卦为兑，兑为泽，两者构成火泽睽。离为中女，性格特征表现为美丽、自负；兑为少女，性格特征表现为喜悦、任性。少女居主位、中女居客位，这是一种最难相处的家庭关系，两者针尖对麦芒，争锋相对，势均力敌，谁也不服谁，谁也不让谁。大有卦蕴藏睽卦，说明社会治理的中后期潜在的矛盾积累到一定程度，容易激化并以各种方式表现出来。其根源在于上下沟通不畅、情感隔阂，这是需要施政者力求避免的问题。

九、老来得子之象。大有卦下卦为乾，乾为君，为父，古人在解读卦象时常常指代老年人。上卦为离，离为中女，为大腹。因此离可引申为年龄适中的姑娘。从年龄上看，大有卦是少女与老年男性的结构，不是现实生活中家庭的常态。因此，应当将离侧重理解为大腹，女性大腹的最常见含义是怀有身孕。如果一位老年人的妻子有喜了，便有可能使老来得子成为现实。孩子是家庭的最大财富，表明家庭事业后继有人，这与大有卦卦意也相当吻合。

十、内刚外明之象。下卦也叫主卦、内卦，下卦为乾，乾卦卦德为刚，代表内部主体刚健有力，充满力量；上卦也叫外卦、客卦，上卦为离，离卦卦德为明，象征外部环境光明正大，阳光灿烂。在大有卦的组织结构中，内部刚强，外部光明，上下卦均富有正能量。阴卦少阳，离卦属阴卦，阴气往下走；乾卦为阳卦，阳气往上走。阴阳交流，孕育万物，与大有的卦意融为贯通。

十一、父亲中女之象。在《易经》大家庭中，下卦为乾卦，乾为父，父亲占居内卦、主卦的位置，担任主方、主动、主导等角色；上卦为离卦，离为中女，处于外卦、客卦的位置，充当客方、受动、从属等角色。从家庭角色分工和卦象特征看，这种组织结构是协调合理的，不会引起主客方激烈的矛盾冲突。

十二、火克阳金之象。在《易经》八卦与五行关系中，乾卦、兑卦对应金。乾为阳卦，属阳金；兑为阴卦，属阴金。金在金、木、土、水、火五行中，质地最为刚强坚硬，而乾兑两卦在八卦中阳数最大，两者在性质特征上是非常吻合的。先天八卦按阳数高低排列，阳数用二进制计算，计算公式为：阳数=2的（n-1）次方。乾阳数为七、兑阳数为六、离阳数为五、震阳数为四、巽阳数为三、坎阳数为二、艮阳数为一、坤阳数为零。在大有卦中，上卦为离，离为火，阳数为五；下卦为乾，乾为金，阳数为七。从火克阳金的关系来看，小阳数之物反而克制了大阳数之物，呈现出"以柔克刚"的态势。可见，大小是相对的，并非大的一定能胜小的，这就是四两拨千斤的道理。《易经》告诉人们，优势劣势是相对的，只要时机方法得当，在某种条件下劣势可以转化为优势。

【关联卦画】

大有卦的综卦是同人卦。同人卦是第十三卦，大有卦是第十四卦，两者互为综卦，综卦也叫覆卦、镜卦。同人卦卦画翻转180度为大有卦，大有卦翻转180度为同人卦。反映了事物的一体两面，观察角度不同，得到的结果也不相同。综卦之间既有联系，又有区别，同人卦是大有卦的基础，大有卦是同人卦的继续。它启示我们考察问题要多角度、全方位、广路径进行，这样才能全面准确地把握事物的本质。大有卦，同人卦共同构成古代人民群众的社会理想"大同世界"。

大有卦的交互卦是夬卦。将大有卦的初九、上九去掉，用剩下四个爻重新组成一个新卦，上三爻为上卦，下三爻为下卦，其中中间两爻为上下卦皆有，体现出交互的涵义，这个新卦就是交互卦。夬卦是个君子驱赶小人的卦，五个阳爻顶着上六一个阴爻。在十二消息卦里，夬卦代表农历三月，按照发展趋势，下一个月就是六爻全阳的农历四月。这说明在大有卦的大环境中，是不能让小人得势的，必须对小人的行为加以约束和控制，才能保持大有的良好局面。

大有卦的错卦是比卦。将大有卦每个爻变成相反的爻，即阴爻变阳爻，阳爻变阴爻，那么得到的卦是它的错卦比卦。比卦是百姓亲比君王、万邦亲比宗主国等意思，全国百姓团结在君王周围，周边众邦国和部落众星拱月般与宗主国搞好关系。而大有卦也有类似意境，作为全国百姓的五个阳爻，与光明正大的六五君王呈现出彼此响应的亲比关系。错卦之间也是既有区别、又有联系，两者对立统一，又相互办调，并在一定条件下相互转化。

从大有卦和比卦呈现出来的卦象可以看出，当某个事物内部诸要素全部出现相反变化的时候，变化前后的结果却具有一致性，其中蕴含着矛盾的斗争性和同一性特征。可见，《易经》的错卦原理与现代的矛盾对立统一规律可谓是殊途同归。其哲学意义在于，站在对方立场看问题，通过换位思考来感同身受，以求知彼知己，有助于问题的妥善解决。

大有、大壮卦合为乾卦。乾卦卦辞是：元、亨、利、贞。大有卦卦辞是：元、亨，大壮卦卦辞是：利、贞。这不是卦辞的偶然巧合，而是《易经》作者匠心独运的结果。大有卦与乾卦，区别在于六五与九五的不同，六五代表柔弱，九五代表刚强。但六五在离卦的中爻，说明光明正大，坚守中正之道，貌似柔弱，其实极富正能量和感召力，为此爻辞中出现"威如"的表述。由此可见，六五实质与九五相差无几，因此大有卦具备乾卦的基本特征。

在大有卦的基础上，只要将上九变成上六，那么大有卦就变成了大壮卦。这说明大有卦中隐含着大壮卦的影子。大壮卦上卦为雷，下卦为天，称其为雷天大壮，象征着雷震振作万物，雷雨滋润万物，庄稼茁壮成长，粮食获得丰收，百姓拥有财富，呈现出大有卦的意境。所以，大有、大壮卦好像一对兄弟，共同体现了乾卦的特征。

大有卦与鼎卦是近亲。大有卦与鼎卦内容、意境关联紧密，大有卦讲物阜民丰，鼎卦讲治国理政，两者都事关国计民生，长治久安。这种内容和意境的关联取决于卦形卦象的相似。大有卦上卦为火，下卦为天，称其为火天大有；鼎卦上卦为火，下卦为风，称其为火风鼎。两者的区别只在初爻。其内容关联表现为下列诸方面：一是卦辞相似。"大有。元，亨。""鼎。元，吉，亨。"二是象辞相似。前面在"尚德尊贤之象"中已经述及。三是象辞相似。"火在天上，大有。君子以遏恶扬善，顺天休命。""木上有火，鼎。君子以正位凝命。"四是爻辞相似。前面在"尚德尊贤之象"中也已谈到。

【卦辞彖辞】

〖卦辞〗

"大有, 元、亨。"

【译文】"大有卦, 自始通达。"

大有卦卦辞用来说明卦名和全卦主旨。从字面上看, "元、亨"与乾卦"元、亨、利、贞"的前两个字相同, 但两者有所区别, 乾卦的"元"为创始之意, 而大有的"元"只代表开始、开头, 没有创造的意思。一说"元亨"之"元"为大, 元亨, 即大亨, 最为通达之意。

〖彖辞〗

《彖》曰: "大有, 柔得尊位, 大中而上下应之, 曰大有。其德刚健而文明, 应乎天而时行, 是以元亨。"

【译文】彖传说, 大有卦, 柔弱者得到尊贵之位, 太阳居中而上下皆有正应, 因此称其为大有。大有卦卦德刚健有力并且多彩光明, 顺应天道规律并能依四时节令运行, 因此自始通达。

彖辞是对卦辞所作的阐释。"柔"指的是六五, "大"指的是下卦乾为天, 天为大; 上卦离为日即太阳, 天以太阳作为象征, 这时乾离、天日合二为一, 是个有机整体。"上下应之", 六五与九二有正应, 也泛指全卦五个阳爻与六五阴阳亲比, 你有呼, 我有应, 表明天人感应, 人与万物一体。"刚健"为内卦乾卦卦德, "文明"为外卦离卦卦德。

【大象之辞】

《象》曰: "火在天上, 大有。君子以遏恶扬善, 顺天休命。"

【译文】大象说: "火在天上, 是大有卦所反映的自然景象。君子受此启示, 应当抑制邪恶, 弘扬美善, 遵从自然规律, 顺应上天美善的命令。"

如何会关联到"遏恶扬善"? 一是遏恶扬善是君子的追求, 人民的愿望; 二是大有卦卦德的体现, 乾卦积极进取, 离卦光明正大, 符合遏恶扬善的理念;

三是来自交互卦夬卦的启示，夬卦是驱赶小人之卦，可视为遏恶扬善的具体行为。

《古代汉语词典》解释：休命，美善的命令，《周易·大有》："君子以遏恶扬善，顺天～～。"休命可引申为天道、自然规律。"顺天休命"与《论语》中描述孔子"六十而（耳）顺"的意思相同，括号内的耳字疑为衍字。孔子说的"顺"就是顺应天道，也就是说孔子到了六十岁时能够做到事事处处顺着天道，完全遵循自然规律，这已经成为其行为习惯，近乎无意识的高度自觉。

【爻辞小象】

"初九，无交害，匪咎；艰则无咎。"

【译文】"初九，没有交往之害，非灾祸；经历艰难岁月没有灾祸。"

交，交叉、交互、交往。匪，通"非"。交害，既指人与人之间交往过程中因利害冲突引发的人为侵害，也指事物之间交换流通中产生的危害，比如财产、财富、农作物等，在物与物交互流动中遭受损害，包括财产损失、自然灾害、病虫害等。初九阳爻居阳位，当位，说明其行为举止适当。初九与九四没有正应，说明两者并没有正常交往，也不能相互配合协调。

由于初九是大有卦的初始阶段，所以财富积聚还不多。初九与九四没有来往，与六五距离又远，想交往而不能，社会关系比较简单。没有人际交往和物质交换，自然不会产生交害，并非有灾祸性结果。但要想最终没有灾祸，仅仅无交害还不够。大有初期，物质基础比较薄弱，必须坚持艰苦奋斗，善过苦日子和紧日子，要通过辛勤劳作，经受各种艰难险阻的磨练，才能最终摆脱灾祸。

"无交害"取象于反兑卦。若初九发生爻变，则下卦变为巽卦，巽卦可视为颠倒过来的兑卦，兑为毁折、损坏，反兑也就是没有毁折或损坏。无交是由初九爻位所决定的，初九与九四没有正应，相互没有交流交往。全卦仅有六五一个阴爻，初九地位低下，离六五最远，所以上下没有交往。

"艰"取象于坎卦。若初九发生爻变，初九变成初六，将九二、九三、九四视为一个大阳爻，那么初爻至五爻就构成一个大坎卦，坎为坎坷，寓艰难困苦之意。

《象》曰："大有初九，无交害也。"
【译文】小象说，大有卦初九，没有交往之害。

"九二，大车以载，有攸往，无咎。"
【译文】"九二，用牛车运载，有所前往，没有灾祸。"

大车，是指用牛拉的车，即牛车。马的特点是跑得快，但力气不及牛，所以马车体积不大，载重量比牛车小；牛跑得慢，但力气大，适合运载货物，所以牛车的体积大，拉得多，因此称牛车为大车。有攸往，即有所往，有明确的方向或目的地。在古代以自然农业为主的社会里，统治阶段靠收缴农民的赋税维持运转，因此九二可理解为百姓用牛车拉粮食物资缴税的情景。虽然爻辞中没有直接讲税，但与九三联系起来看，还是有道理的。百姓自家留用的粮食用不着用牛车通过长途跋涉拉到遥远的地方。

九二阳爻居阴位，不当位，其行为举止显得过于刚强，好在居于下卦中爻之位，代表基层干部的中坚力量。九二与六五有正应，表明他与君王上下呼应，能够配合协调，其行为得到了六五君王的支持，因此情况不会太差。

"大车"取象于乾卦和坎卦。其一，下卦为乾卦，乾的错卦为坤卦，坤为牛，为大舆；其二，下卦为乾，乾为大，为圜，圜是圆形之物，可视为车轮；其三，若九二发生爻变，将九三、九四视为一个阳爻，则二、三、四、五爻构成坎卦，坎为矫輮，为弓轮，其于舆也，为多眚，可见坎可以代表车辆，与乾卦搭配，即为大车。其四，九二若发生爻变，下卦变为离卦，据《左传》、《梅花易数》等记载，古时离卦有代表牛的意思，牛拉的车即为大车。

《象》曰："大车以载，积中不败也。"
【译文】小象说，用牛车运载，把货物放在大车中央，就不会损坏了。

"九三，公用亨于天子，小人弗克。"
【译文】"九三，公卿享受天子宴食，不能让小人参加。"

公，公卿贵族，有三公九卿之称，不同时期职位名称不同，如，有指太师、太傅、太保为三公的，有指太尉、丞相、监察御史为三公的，有司马、司空、司徒为三公的，泛指君王周边的重臣、要臣、权臣，一人之下万人之上，他们有爵位，也有封地，只是封地没有诸侯的大，其地位仅次于诸侯，有的与诸侯平起平坐，甚至超过诸侯。因此有的易学者将九三列为诸侯之位、九四列为公卿之位，也是有道理的。

九卿，是指奉常、郎中令、卫尉、太仆、廷尉、典客、宗正、治粟内史和少府，其职能相当于现在的国务院各部委。亨，通"享"，飨宴，酒食款待，宴享。天子，指君王，意即上天之子，依天命行事，因此在影视剧中可以看到在宣读圣旨时，开头语是"奉天承运，皇帝昭曰"。克，能够，胜任。

为何不让小人参加宴食？这是因为小人品行差，如果让他参加天子宴食，他很可能四处炫耀，借以招摇撞骗。同时，还会导致是非、功过混淆。大有卦君王居离卦中爻，代表内心光明，坚守中道，主持公平正义，这样的君王自然不能允许小人上蹿下跳。

九三阳爻居阳位，当位，表明其行为举止是适当的。但九三与上九没有正应，说明其行为得不到上九大佬的支持。

"公"取象于九三爻位。第三爻为公卿之位。按照周易爻位体例，通常情况下，一元士，二大夫，三公卿，四诸侯，五君王，六宗庙。

"亨"取象于兑卦和既济卦。上交互卦为兑，兑为口，有口福之享。若九三爻变，则上交互卦为坎，坎为水；下交互卦为离，离为火，两者构成水火既济，即为烹饪之象。意思是：用火烧水做汤，烹饪饭菜，为人们提供美味佳肴。

《象》曰："公用享于天子，小人害也。"
【译文】小象说，公卿享用天子宴食，小人参加是有害的。

"九四，匪其彭（pang2），无咎。"
【译文】"九四，只要不妄自尊大，没有灾祸。"

彭（pang2），诗经里有"行人彭彭（bang1bang1）"诗句，意即盛多、盛大、壮盛的样子，引申为妄自尊大、盛气凌人。九四是诸侯之位，掌管着一方军政大权，统治着百里之地。对于君王来说，诸侯是个敏感的职位，力量过弱，没有份量;力量过强,遭君王猜忌,因此诸侯必须把握好行为举止的度,要有实力,但要低调,不要张扬,不可妄自尊大、盛气凌人,否则就会招来祸殃。

九四爻辞可理解为对诸侯行为表现进行风险提示。古汉语词典将"彭(pang2)"解释为"旁"、"近",并将"匪其彭"写成"匪在彭",有可商榷之处。有的将"彭"理解为像声词,即敲鼓的声音,将此句译成不是军队战鼓砰砰的声音,而是交军粮车队发出的砰砰声音,勉强说得通,但车队出现在九二,当中隔着九三,到了九四还去描写九二的声音,似乎有些牵强。

九四阳爻居阴位,行为过刚,应收敛自己的言行,防止出现自以为是、自高自大毛病。九四与初九没有正应,未能得到基层初九的支持,在一定程度上抑制了其过于刚强的势头。

"匪其彭"取象于反巽卦。九四处于上交互卦兑卦的中爻,兑卦的反向卦是巽卦,巽为绳直、为高,反巽即为不高之意,即不要自高自大、盛气凌人。

《象》曰:"匪其彭,无咎,明辨晢也。"
【译文】小象说,不要妄自尊大,就没有灾祸,这是因为明白自己的地位处境,能够辨别是非吉凶。

"明辨晢也"取象于离卦。上卦为离,离为目,为明。而九四正是离卦的初爻。

"六五,厥孚交如,威如,吉。"
【译文】"六五,以诚信与人交往,威严庄重,吉祥。"

厥,代词,其,他的,他们的,那,那个。孚,诚信。交如,相互交往、交流、交融的样子。威如,威严庄重的样子。六五是全卦唯一阴爻。六五阴爻居阳位,阳刚不足,力量过于柔弱,这是劣势。但是,六五具有诸多优势,一是六五居于全卦核心之位、君王之位、上卦离卦的中位,离卦象征光明正大,表明其道德品质高尚,内心充满光明和诚信,能够坚守中正之道,这在很大程度上弥补了力量的不足,说明道德的力量是异常强大的。

二是六五与九二有正应,说明上下一心,心灵感通,你有呼、我有应,君王的行为得到了基层干部九二的全力配合和支持。三是在其他爻均为阳爻的特殊情况下，阴爻反而显示出物以稀为贵的优势，根据阴阳亲比规律，六五与其他各爻都能亲和协调，这说明在特定环境里，某些貌似劣势的因素，反而会成为独特的优势，劣势与优势是同时存在并相互转化的，只要运用得当，就能做到扬长避短，化劣势为优势，变优势为胜势。

大有卦可视为君王怀柔而治的典型案例，与老子的守柔、用弱、处下的思想非常吻合，也可理解为老子将《易经》的哲理进一步发扬光大了。但是爻辞提示，可以适当示弱但不能一味示弱，一阴一阳之谓道，君王要刚柔相济、恩威并施，在奉行诚信、主持公道的同时，还要显示出必要的庄重和威严，只有这样结果才是吉祥的，这是由君王职位本身的阳刚基因所决定的。

"厥孚"取象于离卦。离为大腹，为明，引申为内心光明，正如王阳明所言"此心光明"。内心光明，自然诚信。

"威如"取象于兑卦和乾卦。上交互卦为兑卦，在风水学中，前朱雀、后玄武、左青龙、右白虎、中明堂。兑卦在后天八卦图中位于西方，位处右侧，因而称右白虎，虎虎生威，故有"威如"之辞。下卦为乾，乾为君，君有君威。

《象》曰："厥孚交如，信以发志也。威如之吉，易而无备也。"

【译文】小象说，带着诚信交往，因为诚信可以激发精神意志。庄重威严带来吉祥，因为这种改变是自然而然的，而不是刻意准备、做作的结果。

易，更改、改变、变易等意。

"上九，自天佑之，吉无不利。"

【译文】"上九，来自老天保佑，吉祥无所不宜。"

上九阳爻居阴位，不当位，其行为举止过于刚强。与九三没有正应，其行动得不到基层实力阶层九三的支持。上九与相邻的六五君王能够协调配合，上九阳乘阴，六五阴承阳，两者在总体上是协调的，这是重要的有利条件。上九大佬得到了六五君王的配合支持，此处上九侧重指圣贤的象征，因此使得上九的结果一反常态、出乎意料的好，因为上交的结局通常是不好的，不是亢龙有悔，就是龙战于野，而类似于此爻的爻辞确实难得一见。

当然，自天佑之并非自己不努力不行动，坐着躺着等老天掉下馅饼来。自天佑之不是迷信，它是有前提条件的，天助自助之人，人品好而且又努力进取，才会得到老天的护佑帮忙。这个天不是高深莫测有意志的冥冥之天，而是人们周边客观存在的自然环境和社会环境的统称。只有把人做好了，天时、地利、人和这些环境因素才会配合你、成全你。老天不会没有原则、没有是非、不辨善恶，去帮助那些好吃懒做、偷奸耍滑、阴险歹毒之人。

《系辞传》说，"自天佑之，吉无不利。"子曰："佑者，助也。天之所助者顺也，人之所助者信也。履信思乎顺，又以尚贤也。是以自天佑之，吉无不利也。"《系辞传》是易传之一，是孔子率领弟子所作。在谈到大有卦上九这句爻辞时，孔子说，佑是帮助的意思，天乐意帮助的对象是顺应自然规律的人，人们愿意帮助的对象是值得信任的人。践行诚实信用，按照自然规律来思考问题，同时又能崇尚贤良。所以才有自天佑之、吉无不利的好结果。

"自天佑之，吉无不利"取象于大壮卦。若上九发生爻变，那么大有卦就变成大壮卦了。前面已经讲到，大有卦、大壮卦好似一对兄弟，卦名相近，卦辞也有关联，大有卦卦辞为"元、亨"，大壮卦卦辞为"利、贞"，合起来就是"元、亨、利、贞"，也就是乾卦卦辞。由此可见，大有、大壮合二为一具有与乾卦相似的特性，所以"自天佑之"的天是指乾卦，乾为天。大有卦上卦为离卦，离为心，用心思考问题，所以孔子说"思乎顺"；大壮卦的上卦为震，震为动，象征挪动脚步行走，因此孔子说"履信"。

《象》曰："大有上吉，自天佑也。"

【译文】小象说，大有卦上九吉祥，是因为有乾天的护佑和帮助的结果。

上九爻辞的意境，与"人在做，天在看"，"抬头三尺有神灵"等意境是相通的。用现在的话来说就是，你尽管好好做人，老天自有安排。

第十五卦 谦卦的谦逊之道

【谦卦】

【白话经文】

谦卦，通达，君子有善终。

初六，谦而又谦，君子以此渡涉大河，吉祥。

六二，响应谦逊，守正吉祥。

九三，劳而有功却能谦逊，如此君子将得善终，吉祥。

六四，没有不适宜之事，只要将谦德发扬光大。

六五，不凭借邻邦致富，适宜征伐，没有不适宜之事。

上六，号召谦逊，适宜用于行兵打仗，征讨城邑邦国。

【经文原文】

谦，亨，君子有终。

初六，谦谦，君子用涉大川，吉。

六二，鸣谦，贞吉。

九三，劳谦，君子有终，吉。

六四，无不利，撝谦。

六五，不富以其邻，利用侵伐，无不利。

上六，鸣谦，利用行师，征邑国。

【解读序言】

谦卦位列周易第十五卦,上卦是地,下卦是山,称其为地山谦。《序卦传》说:"有大者不可以盈,故受之以谦。"序卦传说,拥有大量财富者不可能始终保持丰盈状态,因此周易在大有卦之后安排了谦卦。可见,设置谦卦的目的之一,是为了尽可能长时间保持大有卦的丰盈状态。俗话说,财大气粗。这是暴发户的通病,因而大多数暴发户都是昙花一现,这是因为他们不懂越富越要谦逊的道理。

一般来说,卦本身无所谓好坏,它只是客观地反映了人生万物发展变化的自然规律,正如"人生不如意事十常八九",因此大多数卦是喜忧参半,有吉也有凶,吉凶交织在一起。如果一定要说有好卦,那么谦卦就是六十四卦中唯一的好卦,全卦六爻都是非吉即利,前三爻为吉,四五爻为无不利,上六为利用行师,卦爻辞中没有出现悔、吝、厉、咎、凶等负面判断。由此足以说明谦卦精神应当成为为人处世追求的境界。

谦卦全卦仅有九三为阳爻,是全卦卦主,下卦艮卦为少男,因此九三代表男青年。谦卦反映了小伙子以谦卦精神到广阔天地中建功立业的过程,最终获得成功。谦卦涉及的"谦"有五种类型,分别是初六谦谦(谦中之谦)、六二鸣谦(响应谦德)、九三劳谦(劳而能谦)、六四撝谦(发扬谦德)、上六鸣谦(倡导谦德),鸣谦出现了两次,但意思不尽相同。

初六讲小伙子以谦谦之德外出建功立业;六二讲大张旗鼓地响应谦逊精神;九三讲积极进取埋头苦干,创立业绩但能保持谦逊,取得初步成功;六四讲没有出现不适宜之事,因为小伙子能够将谦德发扬光大;六五讲没有凭借邻邦致富的不良动机,适宜征伐不谦逊部落,没有什么不适宜之事。上六讲营造声势、号召民众倡导谦逊精神,适宜兴兵打仗,征讨无道的大夫采邑和诸侯国。

从中,隐约可见周文王弘扬谦卦精神,带领西部岐山部落建立王道霸业的影子。一是周文王为人谦逊,道德高尚,声望极高,与谦卦中的少男吻合;二是周文王、周公等倡导德治、建立礼仪规范,与谦卦精神吻合;三是周文王注意处理好邻国关系,不损害邻邦利益,与谦卦精神一致;四是周文王率师讨伐为非作歹的部落确有史实记载,也与谦卦描述的情形相仿;五是周文王的德望和事业,得到了老百姓的大力支持和积极响应;六是君子有终的判断与建立大周王朝的结局也颇为相符。

【卦名含义】

《说文解字》:谦,敬也。从言,兼声。汤可敬注释:敬,张舜徽《说文解字约注》:"谦必以敬为本,始不流于虚伪,故许君直以敬训谦也。"兼声:声中有义,杨树达《积微居小学述林》:"愚以兼声声类求之,谦盖谓之不自足也。知者,兼声之字多含薄小不足之义。"因此可见,《说文解字》解"谦"主要为恭敬、不自满之意。

《古代汉语词典》解释:谦,谦逊,《尚书·大禹谟》:"满招损,~受益。"引申虚,丧失;六十四卦之一;谦(xian2)通"嫌",嫌疑;谦(jian1)通"兼",同时涉及;谦(qie4)通"慊",满足,满意,《礼记·大学》:"所谓诚其意者,毋自欺也,如恶恶臭,如好好色,此之谓自~。""慊"另有读音为qian4,不满足,遗憾;不足,少,引申贫乏等。古代汉语中同字不同音而意思相反的情形并不鲜见,需留意区分。在这些意思中,谦与"兼"的关联更加密切,可理解为谦逊之道就是要兼顾事物的方方面面和不同阶层、不同群体甚至是矛盾双方的利益或感受。

词语"谦光",《周易·谦》"谦尊而光",指尊者因谦让而愈光明盛大;"谦谦",谦逊的样子,慊慊(qian1qian1)通"谦谦";另慊慊(qian4qian4),不满足或遗憾的样子;"谦损",谦逊之意。其他与谦有关的词语还有谦虚、谦让、谦和、谦恭、谦卑、谦逊等,引申为甘愿居下、处低、处后、与世无争,不显山,不露水。谦卦下卦为艮卦,艮为山,山在大地下面,这是不显山;谦卦下交互卦为坎卦,坎为水,这个水也在大地低洼位置,这是不露水。

【卦象寓义】

一、地中有山之象。这是大象描绘的景象,此处"地中"是指地面以下部分,而非指某地面区域的中央。可将地中有山理解为山在地下。从卦象上看,上卦为地,广大辽阔,承载万物,卦德是柔,具有承载、包容、柔顺和配合精神;下卦是山,高大雄伟,富含宝藏,内涵深邃,其卦德是止,静止、停止、阻止、制止等意思,引申为知止、节制、适可而止。谦卦的直观景象就是一座大山躲藏在大地下面。

山在古代有特别意义，它是人类生存发展的重要基地，山上有森林木材、矿产资源、飞禽走兽，有丰富的生产、生活资源，山在人们心目中占居重要地位。如果用山来比喻人，那么像大山一样的人是值得敬重的，如父爱如山，说明父爱像山一样伟大；我们敬重一个人品德高尚、学识渊博，就用高山仰止来形容，表示难以企及。像山一样的人格，至少应有这样几个特质：一是像山一样崇高伟大；二是像山那样冷静稳重；三是像山一样坚定坚毅坚韧；四是像山一样富有内涵等。大山本来在地上，是众人仰视的对象，但它没有自高自大，而是将自身隐形于地面之下，根本看不出地面之下有大山的存在。但是，山还是那座山，内涵没有发生丝毫变化。其中的寓义不难理解，就是倡导人们要学习谦逊精神，就算你是一座高山，但看起来好像什么也没有；就算你是一个品德高尚、学识渊博的人，但看起来与普遍人没啥两样。这就是谦卦要传达的意境。同时，也说明谦逊是要有本钱的，前提是你必须是一座山，如果本身什么也没有，那就是地地道道的平庸，便无谦逊可言了。

二、青年创业之象。上卦、外卦、客卦为坤卦，坤为众人、为师众、为百姓，是人数众多的团队、团体的集合概念。下卦、内卦、主卦为艮卦。艮卦居主卦之位，表明青年小伙是行为主体。可理解为有为青年作为首领，带领众人进行某项大事业。艮卦在下卦，表明小伙子主动降低姿态，放下身段，甘居众人之下，以谦逊恭敬的态度对待众人，颇有深入群众，了解民情，与群众肩并肩、心连心的意思。这样谦逊恭敬、积极有为的青年领袖自然能够得到百姓的热情拥护和大力支持，这就为开创事业打造了良好的环境氛围。

三、君子回归之象。谦卦中蕴含着一个复卦。复卦上卦为地，下卦为雷，称其为地雷复。谦卦上卦为坤卦，坤为地，上交互卦为震卦，震为雷，两者构成复卦。复卦讲一阳来复，阳爻代表君子，表明君子回归社会，开启了复兴之路。谦卦精神正是作为君子必须具备的思想道德素养。谦卦下卦为艮卦，艮为少男，少男长大即为长男，少男凭借谦卦精神开疆拓土，长男秉持谦卦精神去实施伟大复兴的使命。

四、率师征战之象。谦卦爻辞中有"利用侵伐"、"利用行师，征邑国"等与战争有关的内容，这是因为谦卦中蕴含着一个师卦。师卦上卦为地，下卦为水，称其为地水师。谦卦上卦为坤卦，坤为地，下交互卦为坎卦，坎为水，两者构成地水师。师卦下卦为坎卦,坎为中男,居主卦中位,居中有德。表明这是一位德才兼备的军事统帅,谦卦反映了中男率领部队行军作战的情形。

五、艰阻困顿之象。 谦卦中蕴含着一个蹇卦。蹇卦上卦为水,下卦为山,称其为水山蹇。谦卦下交互卦为坎卦,坎为水,下卦为艮卦,艮为山,两者构成蹇卦。蹇字由寒+足组成,表明脚被严寒冻伤走路艰难;蹇卦前有水险,后有山阻,当事人处于进退两难的困境,以此引申人生事业艰难困苦。君子固穷,谦逊为君子之德,《易经》赋予君子更大历史使命和社会责任,因而其人生事业必然要经历艰难险阻的考验。

六、君子自律之象。 谦卦中蕴含着一个小过卦。小过卦上卦为雷,下卦为山,称其为雷山小过。谦卦上交互卦为震卦,震为雷;下卦为艮卦,艮为山,两者构成小过卦。小过卦卦形是小鸟展翅之象,其大象说:"山上有雷,小过;君子以行过乎恭,丧过乎哀,用过乎俭。"可理解为,山上有雷,表明雷霆过低,非常危险,对人畜财产安全构成威胁。对此,君子要有所敬畏,要自警自省自重自律,行为举止要比常人更加恭敬,办理丧事要比常人更加哀伤,吃穿用度要比常人更加节俭。这些都体现出《易经》对君子的更高标准和更严要求。

七、内止外柔之象。 下卦也叫内卦、主卦,代表行为的主体;上卦也叫外卦、客卦,代表主体所处的客观环境或行为所涉对象。内卦为艮卦,艮为山,卦德为止,有静止、停止、阻止、制止等意,引申为适可而止、节制,表明在谦卦情境中,主人公懂得自我约束、自我节制,自律意识和自制能力很强。外卦为坤卦,坤为地,卦德为柔,象征柔顺、包容、承载和配合。如果将谦卦看作一个单位组织,其内部懂得适可而止,其外部环境是柔顺的,这种结构状态非常有利于主人公建功立业。

八、少男母亲之象。 在《易经》大家庭中,艮卦为少男,代表青年、小伙子;坤卦为母亲。少男主内,母亲主外。表明在家庭事业分工上,少男年轻有为,有激情,有能力,是创业的主角;母亲细心包容,吃苦耐劳,善于配合,是很好的辅助力量。因此,像谦卦这样的家庭结构没有太大问题。从上下卦象结构来看,母亲在上,少男在下,也代表少男以恭敬谦卑的态度对待母亲,母子关系融洽和谐。

九、土土比和之象。 在八卦与五行关系中,坤卦、艮卦对应土,因坤为阴卦,属阴土;艮为阳卦,属阳土。在五行相生相克关系中,同类物质组合在一起,呈现出叠加、融合、强化的比和效果。如果将谦卦视作一个单位组织,那么它的主方与客方、内部与外部之间呈现出比和关系,再加上阴土、阳土中包含着异性相吸因素。因此,处于谦卦状态的单位组织,其状态是和谐良好的。

【关联卦画】

谦卦由剥卦演变而来。剥卦上卦为山,下卦为地,称其为山地剥。从六个爻的情况看,仅有上九一个阳爻,其他五爻均为阴爻,五个阴爻剥蚀一个阳爻。在十二消息卦中,剥卦代表农历九月,时令季节的趋势是,九月过后进入全阴的坤卦十月,因此,剥卦的阳爻终究被五个阴爻所剥蚀。从剥卦的结构上看,上卦是山,下卦是地,其寓意是大山经过风吹雨淋、霜冻日晒等自然风化,山石脱落至山脚下变成大地的组成部分。那么上九有没有可以改变被剥蚀命运的办法?办法是有的,就是将艮卦由上面,挪到坤卦之下,即由山地剥变成地山谦,命运就此改变。其变化过程并不复杂,上九与六三是对应的一对爻,而且相互阴阳相吸,只要彼此交换位置,剥卦便变成了谦卦。象辞"天道下济而光明,地道卑而上行"与这一演变相吻合。

谦卦的综卦是豫卦。谦卦翻转一百八十度得到豫卦,豫卦翻转一百八十度得到谦卦,两者互为综卦,综卦也叫覆卦、镜卦。在周易中,豫卦位列谦卦之后,排序第十六卦。综卦反映了一个事物的一体两面,卦画的内部结构没有变化,但相当于观察者角度发生了变化,因此得到的结果也就发生了变化。谦卦与豫卦之间既有联系,又有区别。豫卦有愉悦、安逸、预备、预防、预警等意思,说明谦卦中蕴含着谦逊愉悦、居安思危、防患未然等思想。

谦卦的交互卦是解卦。将谦卦的初六、上六去掉,用剩下的四个爻重新组成一个卦,上三爻为上卦,下三爻为下卦,其中中间两个爻是重叠的,为上下卦皆有,这个卦便是其交互卦解卦。解卦上卦为雷,下卦为水,称其为雷水解。解为缓解、解救之意。其意境是雷雨前乌云密布,气压偏低,体感闷热,有种黑云压城城欲摧的压迫感。一旦雷雨倾盆而下后,天气放晴,云消雾散,天空明朗起来,雷雨前的那种压抑感、紧张感瞬间得到了释放,这就是解卦要传达的意境。谦卦的交互卦是解卦,说明谦卦的情境中包含着艰难险阻的化解机制。

谦卦的错卦是履卦。将谦卦的六个爻全部变成性质相反的爻,即原先阳爻变成阴爻,原先阴爻变成阳爻,所得到的卦就是谦卦的错卦履卦。履卦上卦为天,下卦为泽,称其为天泽履。履是讲践行、实践、付诸行动的一个卦,同时又是注重礼节礼仪的一个卦,告诉人们只要按礼仪规范付诸行动,即使遇到危险也能化险为夷。依礼行动和谦恭待人实质上是相通的。这说明各爻性质完全相反的一对错卦之间,也是既有联系、又有区别的关系。区别在于各爻性质完全相反,天、泽与地、山具有对立性;联系在于两者行为特征非常相似,对立中包含着统一性,礼中有谦,谦中有礼,谦是礼的重要内容,礼是谦的外在表现。

【卦辞象辞】

〖卦辞〗

"谦,亨,君子有终。"

【译文】"谦卦,通达,君子有善终。"

卦辞用来说明卦名和解释全卦的主题。卦辞直接引自九三爻辞,因为九三是全卦的唯一阳爻,是全卦卦主,起着主导作用。谦逊不是轻易可以做到的,只有内有大德大能经世之才,而在外面表现得虚怀若谷,与凡人没有两样,这样才称得上谦虚。有的人有点小聪明或雕虫小技,却恃才傲物、目中无人,虽然嘴上也貌似谦虚,但行为举止却表现出洋洋自得,这不是真正的谦虚,而是故作谦逊。只有从内心思想到言行举止表里如一的谦逊才是真正的谦逊,就像孔子每入太庙都要请教祭祀的程序一样,不是孔子不懂,而是孔子能以小学生的心态不耻下问,不放过每次学习提升的机会。

"终"取象于艮卦和坎卦。谦卦下卦为艮卦,艮为静止、停止、阻止、制止、终止等意,有终就是有善终,有一个好的结局,与艮卦卦德"止"相吻合。《说卦传》说:"艮,东北之卦也,万物之所成终而所成始也,故曰:'成言乎艮。'"在后天八卦中,艮卦位于东北方,山是万物孕育开始的地方,也是万物终老结束的地方,因此,就形成了这样一种说法,即世上万物凭借艮山完成由始至终的全过程,这便是"有终"的来历。

谦卦的下交互卦为坎卦。《说卦传》说:"坎者,水也,正北方之卦也,劳卦也,万物之所归也,故曰:'劳乎坎'。"意即坎就是水,位于正北方,是个劳作并有成果的卦,万物因此归集于此,所以说劳作于坎水之中。这里的"归"就有终结、终了的意思。从方位上看,坎卦为北方;从季节上讲,坎卦属于冬季,无论是东南西北、春夏秋冬,坎卦都代表终结者,因此,古代的冬也通"终",这也

是 "终" 的渊源。

〖象辞〗

《彖》曰:"谦亨。天道下济而光明,地道卑而上行。天道亏盈而益谦,地道变盈而流谦,鬼神害盈而福谦,人道恶盈而好谦。谦尊而光,卑而不可逾,君子之终也。"

【译文】彖辞说,谦卦通达。天体运行的自然规律是将阳光雨露往下照射、布洒使万物生长而呈现光明,大地承载的自然规律是处于卑下之位的万物努力向上行进发展。天道是减少丰盈者而增益谦逊者,地道是改变丰盈者而流向谦逊者,鬼神是祸害丰盈者而造福谦逊者,人道是厌恶丰盈者而善待谦逊者。谦逊使尊者人格品德崇高而光芒四射,处低下之位却为常人所不可逾越,这是君子的终极状态。

可见,谦逊是人见人爱的好品质,苍天、大地、鬼神、人类都在帮助和成全谦逊者。有学者认为 "尊而光" 的 "光" 通 "广",广大之意,也可。谦逊的人看起来谦卑得像平地,其实其人格像山一样高大,是常人不可逾越的。谦逊之德是君子的人生目标和终极追求,也可理解为拥有谦逊之德的君子终究是有好结局的。

"天道下济而光明,地道卑而上行" 取象于谦卦由剥卦演变而来。按照大自然规律,天体中的日月星辰、阳光雨露洒向大地滋润万物,大地万物欣欣向荣,努力向上,积极进取。表现在卦变上,可有两种途径来理解。其一,剥卦是艮卦在上,坤卦在下,而谦卦是坤卦在上,艮卦在下,两者位置正好相反。艮为阳卦,坤为阴卦,阳卦的行为规则适用天道,阴卦的行为规则适用地道。剥卦原本是不太好的社会状态,但是经过调整可以转化为良好状态。剥卦艮卦由上卦来到下卦是 "下济",坤卦由下卦进到上卦是 "上行"。其二,从爻象上观察,剥卦仅上九一个阳爻,居于天位;与其对应的六三居于人位,是人位、地位的交界处,由于人生活在大地上,应当归属大地,六三原本就在坤卦之中,坤为大地,因而六三为大地组成部分。上九与六三交换位置后,等于上九按照天道要求履行了 "下济" 职责,六三按地道要求履行了 "上行" 义务。

彖辞中 "谦" 与 "盈" 成为了一对反义词,谦是谦逊,盈是自满。然而,天道、地道、鬼神、人道共同的做法就是,抑制丰盈者,充实谦逊者,使谦盈尽可能处于协调和谐的平衡状态, 这时谦的 "兼" 字均衡、兼顾的意思就充分表达了出来。《道德经·第七十七章》说: "天之道, 损有余而补不足; 人之道则不然, 损不足以奉有余。" 可视为老子对《易经》理论的传承和发展。象辞主要反映了儒家思想, 按照儒家观点, 人道应当与天道一样, 损有余而补不足; 但是老子没有这么说, 这并不意味老子不认同儒家观点, 老子擅长 "正话反说" 的修辞手法, 它反映了老子对当时现实社会的失望和不满, "损不足以奉有余" 既可视为对当时社会现实的写实, 也可视为对有悖天道的不公平、不合理社会制度的抨击。

《道德经》关于 "上善若水" 的论述与谦卦精神高度契合。《道德经》第八章说: "上善若水。水善利万物而不争, 处众人之所恶, 故几于道。居善地, 心善渊, 与善仁, 言善信, 正善治, 事善能, 动善时。夫唯不争, 故无尤。"《道德经》说, 品德高尚的人就像水一样。水善于施益于万物而与世无争, 处于众人所厌恶的地方, 因而接近于道。君子静止时善于处在低洼之地, 内心如水渊般清澈包容, 与人交往善于以仁爱之心相待, 善于言而有信, 善于处理政事, 善于办理事务, 善于适时行动。正因为不争, 因此才不会招致怨尤。

【大象之辞】

《象》曰: "地中有山, 谦。君子以裒 (pou2, 减少) 多益寡, 称物平施。"

【译文】大象说: "地层中有大山, 是谦卦反映的景象。君子受此启示应当削减多的、增益少的, 权衡事物, 施行公平。"

称, 动词, 称物体的重量, 引申为权衡、测量、掂量、估摸、估计等。施, 动词, 实施、施行、践行、行使。

【爻辞小象】

"初六, 谦谦, 君子用涉大川, 吉。"

【译文】"初六, 谦而又谦, 君子凭此渡涉大河, 吉祥。"

多数易学者将 "谦谦君子" 连在一起, 而且传统习惯上也有 "谦谦君子" 之说, 但愚以为不符合易作者原意, 断句在谦谦后比较合理。从全卦爻辞看, 除了六五没有谦字外，其余五爻均有"某谦"的表述，如六二、上六为鸣谦，九三为劳谦，六四为㧑（hui1）谦，按照这个思路将"谦谦"单独断成短句是合乎情理的。用涉大川是一种比喻，表明具备谦谦之德的君子是可以用来开创基业的，将呈现吉祥前景。

初六阴爻居阳位，不当位，偏于柔弱，与六四没有正应，未能得到高层六四的支持。此爻的弱是貌似弱，不是真正的弱，这是因为君子谦逊的表现给人的印象好像有些柔弱，其实其内心是强大的，因为初六在艮卦的初爻，相当于山脚地带，具备山的根基和内涵。

"谦谦"取象于初六爻位和上下卦象。"谦谦"可理解为谦中之谦、谦而又谦，是谦逊类别中最为谦卑的状态。可有两种解释。第一，初六处于全卦最底层，是谦卦中最谦卑的一个阴爻，可理解为最谦卑的谦逊状态，故称其为谦谦。第二，谦谦分别代表上卦之谦、下卦之谦两种状态，即下谦和上谦，或者内谦和外谦，虽然都是谦，但性质层次略有区别，下谦或内谦的品德所指是像山一样的高大、稳重、安静、富有内涵和节制；上谦或外谦的品德所指是像大地一样的承载、包容、配合和柔顺。

"用涉大川"取象于坎卦和震卦。谦卦的交互卦为雷水解卦，上卦为震卦，下卦为坎卦，震为木，代表舟；坎为水，代表大河，木舟在河水中行进，即为用涉大川。跋山涉水表明征途艰难，内含解卦表明这种困境是可以化解的。没有舟船大河就是拦路虎，有了舟船大河就是康庄道。

《象》曰："谦谦君子，卑以自牧也。"
【译文】小象说，谦而又谦的君子，是因为能以谦卑心态严格自律。

牧，放牧，整治、治理，古时州官名，如荆州牧。小象中的"牧"主要是指自我管理、自我约束、自我节制等意思。在小象中将"谦谦"与"君子"连成一体，这是对初六爻辞缩写所致，这也是一些易学者将初六爻辞也连成一体的原因。

"六二，鸣谦，贞吉。"
【译文】"六二，响应谦逊，守正吉祥。"

鸣,鸟鸣、啼鸣、和鸣、共鸣,此处引申为响应、呼应之意。鸣谦之"鸣"与中孚卦有关联。中孚卦"九二,鸣鹤在阴,其子和之;我有好爵,吾与尔靡之。"这是《易经》中最温馨的爻辞了,大意是大鹤在树荫下呼唤小鹤,小鹤随声应答;这是借景抒情,目的是表现中孚卦的诚信主题,易作者将大小鹤亲子间的呼鸣、应和场景引用到人际关系上,提示人们诚信应当达到这样的程度,彼此不分你我,有福同享、有难同担,我有好酒,与你一起分享。

孔子在评价这段爻辞时说:"君子·居其室,出其言善,则千里之外应之,况其迩者乎?居其室,出其言不善,则千里之外违之,况其迩者乎?言出乎身,加乎民;行发乎迩,见乎远。言行,君子之枢机。枢机之发,荣辱之主也。"孔子说,君子身处一室之内,如果他说得有道理,那么千里之外的人都会来响应他,更何况附近的人呢?君子身处一室之内,如果他说得没道理,那么千里之外的人都会来反对他,更何况周遍的人呢?言辞出于君子之口,其影响力却施加在百姓身上。君子的行为虽然发生于眼前,但其影响可以很远很久。言行举止是君子的关键。关键机关一旦触发,就主导了最终的荣辱结果。

谦卦六二之"鸣"与中孚卦九二之"鸣"意思相同,都是和鸣、呼应、响应等意思。理由体现在三个方面:一是两者都是下卦中爻,居于中正之位;二是中孚卦与谦卦的六二都与震卦、巽卦和兑卦有关联,这些卦象都与声音有关;三是谦卦谦逊品质和中孚卦的诚信品格都是君子品德的重要内容,德不孤,必有邻;得道多助,失道寡助,诚信品德能够得到人民大众的积极响应,谦逊品德更能得到人民大众的积极响应。

那么,六二的"鸣谦"响应谁呢?六二的响应对象是九三,因为九三是谦卦唯一阳爻,也是谦卦卦主。六二位于九三之下,阳乘阴、阴承阳、阴阳相吸,阴阳结构呈现和谐状态。六二阴爻居阴位,当位,表明其行为举止适当。六二与六五没有正应,得不到六五君王的支持,这反映了当时西伯姬昌诸侯与商朝天子的关系。但是,六二居于下卦中爻,表明能够坚守中正之道。

"鸣"取象于震卦、巽卦和兑卦。六二紧挨着上交互卦震卦,震为动,为雷,雷鸣声震天动地;若六二发生爻变,则下卦变为巽卦,巽为风,风号出声;若六二发生爻变,则下交互卦变为兑卦,兑为口,鸣声、应和声自口而出。

《象》曰:"鸣谦,贞吉,中心得也。"

【译文】小象说，响应谦逊精神，坚守正道吉祥，这是因为六二居于中正之位很得人心。

"九三，劳谦，君子有终，吉。"
【译文】"九三，劳而有功却能谦逊，这样的君子将得善终，吉祥。"

劳，劳作、辛劳、功劳，劳而有功。九三是全卦唯一阳爻，为一卦之主。九三阳爻居阳位，当位，且与上六有正应，能够得到上六大佬的支持。九三与其他五个阴爻都能阴阳相吸，配合默契，和谐共处。如果九三发生爻变，由阳爻变成阴爻，那么谦卦就变成坤卦了，坤卦代表广袤大地。其寓意是，九三像一位君子辛勤劳作，默默耕耘在广袤的田野上，创造出丰硕成果。它体现了乾卦"九三，君子终日乾乾"、自强不息的积极进取精神，这是中华民族的传统美德。卦辞中的"君子有终"来源于此爻。

劳谦之"劳"的含义之一是功劳，通过辛勤劳作，有了收获和业绩，但是从不自夸和自满，这是难能可贵的。《系辞传》在谈到该爻爻辞时，孔子说："劳而不伐，有功而不德，厚之至也。语以其功下人者。德言盛，礼言恭。谦也者，致恭以存其位者也。"孔子说，付出辛劳但不自我标榜，有功劳但不自以为很有品德，可谓厚道之至了，九三的爻辞是说有功劳而居于人下的人，品德美好称其为盛，礼仪到位称其为恭敬。谦逊的人，就是以恭敬态度拥有其位的人。

"劳"取象于九三爻位和坎卦。其一，谦卦的九三与乾卦的九三意思彼此呼应，相互吻合。乾卦："九三，君子终日乾乾，夕惕若，厉，无咎。"描述君子学习天体日月星辰刚健运行、永不停息、积极进取的精神，以天道精神激励自己勤劳创业、艰苦奋斗。其二，谦卦下交互卦为坎卦，《说卦传》说："帝出乎震，齐乎巽，相见乎离，致役乎坤，说言乎兑，战乎乾，劳乎坎，成言乎艮。"这里讲的八句话是针对后天八卦所处方位而言的。"坎者，水也，正北方之卦也，劳卦也，万物之所归也，故曰：'劳乎坎'。"坎代表北方，是劳作之卦，也是劳而有功之卦，万物因劳作而归集，从而使得粮食丰收、物质丰富。

《象》曰："劳谦君子，万民服也。"
【译文】小象说，劳而有功却能谦逊的君子，令百姓尊敬和诚服。

"万民服也"取象于坤卦和坎卦。上卦坤卦，坤为众人、百姓，即为万民；同时，若九三发生爻变，则谦卦变为坤卦，坤为众人、万民。九三为下交互卦坎卦的中爻，《说卦传》说，坎者"万物之所归也"，"万物之所归"既是辛勤劳动的成果，也是万民服的原因。

"六四，无不利，撝谦。"
【译文】"六四，没有不适宜之事，只要将谦德发扬光大。"

撝（hui1），剖裂、破开，谦逊，通"挥"，是发挥，发扬、传播的意思。谦逊是中华民族传统美德，但是，光自己谦逊还不够，因为独木难支；只有少数人谦逊也不够，因为难成气候；仅一个时代谦逊仍不够，因为难以为继。因此，对于谦逊美德，需要承前启后，薪火相传，发扬光大，蔚然成风。六四阴爻居阴位，当位，表明行为举止得当。与初六没有正应，未能得到基层初六的支持。这说明对谦德精神的宣传力度还不够，发挥谦德精神的任务显得更加必要和紧迫。

"撝"取象于震卦和巽卦。谦卦上交互卦为震卦，震为动，引申为发挥；若六四发生爻变，那么下交互卦变为巽卦，巽为风，有传播、发扬之意。震卦和巽卦合起来就是雷厉风行，使得谦逊美德传扬四面八方。

《象》曰："无不利，撝谦，不违则也。"
【译文】小象说，没有不适宜之事，只要将谦德发扬光大，因为这样做没有违反社会道德规范和行为规则。

"六五，不富以其邻，利用侵伐，无不利。"
【译文】"六五，不凭借邻邦致富，适宜征伐，没有不适宜之事。"

对于"不富以其邻"有诸多不同解释，有的说不富有状况延伸到了邻里，有的说不用耗费财富就得到邻里帮助，有的说不富有是因为邻里都是阴爻没有财富，等等。可以视为一家之言，但都不够准确。"不富以其邻"实际上是不以其邻为富的倒装，使自己富有是主干，以其邻是手段、方式、途径，意思是不是凭借邻里、依仗邻里、更不是损害邻里利益来达到自己富有的目的。这是由六五爻位所决定的。六五是君王之位，又是上卦中爻，居于中位，本卦又是弘扬谦逊之德的谦卦，说明六五道德水准良好，能够坚守中道，致富必定采用正当手段，不会通过踩着邻里的肩膀达到目的，更不会损人利己不择手段。

愚以为，"不富以其邻"的说法与商汤征伐葛伯的历史事件有关。当时百姓评价说："非富天下也，为匹夫匹妇复雠也。"意思是说商汤征伐葛伯不是为了使自己成为天下富有的人，而是为了替失去子女的夫妇报仇雪恨。此内容来自《孟子》，后面将详细表述。"不富以其邻"与"非富天下"结构相似，非富天下"可视为"非富以天下"的省略，而葛部落正好是商汤部落的相邻地区，"非富天下"说法产生于商朝，爻辞产生于周朝，因此可以将"不富以其邻"视为对"非富天下"的借鉴和引用。

六五阴爻居阳位，不当位，力量偏弱，这是不利因素。六五与六二没有正应，得不到来自基层干部的支持，这也是不利因素。但是，六五居上卦中位，居中有德，道德力量可以弥补上述缺陷。表面上六五是柔弱君王，实际上王权的影响力和道德上的感召力都是极大的，同时又与卦主九三阴阳相吸，两者能够配合支持，因此六五实则上是柔中带刚的君王，受到百姓的拥戴和支持。这也是"利用侵伐"的重要条件。

"利用侵伐"，侵，侵犯、侵略、侵入，属非正义性。伐，讨伐、征伐，有正义性。但是《易经》不会倡导人们侵犯别国，因而此处的"侵"要理解为主动出击的军事行动，或者将"侵伐"理解为对入侵之敌的讨伐行动，主要意思落在"伐"字上，是正义之师征伐非正义对象的行为。全卦前四爻都在讲谦逊，为什么在六五、上六会出现侵伐、行师、征邑国等战争行为呢？这与谦卦倡导的谦逊品德是否自相矛盾呢？其实两者并不矛盾，这是两个层面的问题。其一，谦虚并不等于软弱无能，不等于没有是非原则而一味迁就退让，不等于不去维护自己的正当权益，甘受恶人歹徒摆布欺凌，谦逊之人不是窝囊废的代名词。其二，战争有正义战争和非正义战争，支持或实施一场正义战争也是谦谦君子应有的态度和表现。国家间的纷争冲突是客观存在的，战争是古代解决纷争的重要形式。君子不应当去挑起非正义战争，但是对于正义战争却应当旗帜鲜明理直气壮。如果带着"富以其邻"的目的去发动一场战争，那么这场战争就是非正义的，如果出于"不富以其邻"的动机，而是为了实现正义的目的，比如抵抗侵略、讨伐残害百姓的残暴行径、惩罚国际安全秩序破坏者等，这样的战争就是正义战争。君王出于正义的战争目的，并且委派有谦卦之德的统帅去实施，这样的战争行为就是最为适宜恰当的，有谦德精神的军队不会滥杀无辜，也不会对老百姓实施烧杀掳掠，因此战争的后果也没有什么不适宜之事。

《孟子》(滕文公下)记载：孟子曰："汤居亳，与葛为邻。葛伯放而不祀，汤使人问之曰：'何为不祀？'曰：'无以供牺牲也。'汤使遣之牛羊，葛伯食之，又不以祀。汤又使人问之曰：'何为不祀？'曰：'无以供粢盛也。'汤使亳众往为之耕，老弱馈食。葛伯率其民，要其有酒食黍稻者夺之，不授者杀之。有童子以黍肉饷，杀而夺之。《书》曰：'葛伯仇饷。'此之谓也。为其杀是童子而征之，四海之内皆曰：'非富天下也，为匹夫匹妇复雠也。'汤始征，自葛载。十一征而无敌于天下。东面而征，西夷怨。南面而征，北狄怨。曰："奚为后我？"'民之望之，若大旱之望雨也，归市者弗止，芸者不变。诛其君，吊其民，如时雨降，民大悦。"

这段文章翻译过来是：商汤居在亳地的时候，与葛部落为邻。葛地头领葛伯生性放荡不行祭祀之礼，商汤派人问："为何不祭祀？"葛伯回答："没有祭祀用的牛羊。"商汤派人给他们送去牛羊，居然被葛伯吃掉了，还是不祭祀。商汤又派人问："为什么还不祭祀？"葛伯说："没有可以供祭祀用的五谷。"商汤派出亳地民众为他们耕作，并安排年老体弱者为耕作者送饭。葛伯却率领当地百姓，半路拦截抢夺了酒食和黄米饭白米饭，如果不给就把他们杀死。有个儿童在给田间送黄米饭和肉食的时候，被葛伯他们杀死并夺去了食物。《尚书》记载："葛伯因田间饭食与人结仇。"讲的就是这件事。因为葛伯杀害了送饭儿童，商汤为此兴兵征伐了葛伯，天下人都说："商汤不是为了使自己成为天下富有者去征伐葛伯的，而是为了给失去子女的夫妇报仇雪恨。"尚书记载："商汤的征伐行动自葛伯开始，总共十一次征伐，天下无敌。征伐东面时，西面少数民族部落有怨言；征伐南面时，北方少数民族部落有怨言。说：'为什么把我们安排在后面？'百姓盼望商汤，犹如大旱盼降雨，经商者看到商汤的队伍照样经营生意，耕地者看到商汤的队伍照样干活。商汤在征伐中诛杀暴君，慰问百姓，就像降下及时雨，百姓大为喜悦。"可见，商汤率领的是正义之师、仁义之师、谦逊之师，老百姓盼他们到来如久旱盼甘霖。谦卦六五爻辞正是描写了与此相似的征伐行动。历史上，商汤、周文王均被评价为圣人级别的创始君王。

　　六五爻辞与泰卦也有相似的表述。泰卦"六四,翩翩,不富以其邻,不戒以孚。"爻辞的相似性来源于卦画的相似性,谦卦和泰卦的上面四个爻都是一样的,上卦都是一个坤卦,坤卦代表土地、邦国;两者的上交互卦都是震卦,震卦的特征是行动,到一个邦国去采取行动,实际上就是军事行动。因此,谦卦六五、上六都有战争内容的爻辞,泰卦上六也有"城复于隍,勿用师"的战争内容。谦卦六五的"邻"是指六四、上六两个爻。有观点认为,因为六四、上六都是阴爻,所以不富,这样解释有些牵强。因为按这个逻辑去解释泰卦就解释不通,在泰卦中,六四的相邻方是九三、六五。可见,并非因为相邻两爻为阴爻才有"不富"的表述。发动正义战争的目的是为了主持公道,伸张正义,保护人民,维护国家安全,并不是为了从邻邦处获得财富,这跟邻邦富与不富没有直接关系。

　　"利用侵伐"取象于坎卦、离卦和师卦。若六五发生爻变,那么上卦变为坎卦,上交互卦变为离卦。坎为弓轮,为血卦,其于马也,为美脊,为亟心,为下首,为薄蹄,为曳,其于舆也,为多眚(sheng3,灾祸),象征弓箭和马车;离为戈兵、甲胄,两者合起来勾画了形象生动的战争场景。谦卦上卦为坤,下交互卦为坎,两者合起来就是地水师,代表军队。可理解为谦卦中蕴含着战争基因。

　　《象》曰:"利用侵伐,征不服也。"
　　【译文】小象说,适宜用于征伐,去征伐那些不服的城邑和邦国。

　　当然,不服是需要有具体表现和具体事实根据的,而不能仅仅以"不服"作为借口,只有这样才符合"不富以其邻"的征伐动机。

　　"上六,鸣谦,利用行师,征邑国。"
　　【译文】"上六,号召谦逊,适宜用于行兵打仗,征讨城邑邦国。"

　　邑,采邑、封邑、邑县、城邑等,是古时大夫的属地,相当于现代的县级行政区划,规模比县稍小。国,邦国、诸侯国、酋长国、部落,多指古时诸侯的领地。在上六,邑、国是征伐的对象,指不谦逊、不友好、行不正义勾当的城邑和诸侯国。上六阴爻居阴位,当位,表明其行为举止适当。同时,上六与九三有正应,表明其行为受到九三这个唯一阳爻的大力支持。上六的鸣谦与六二有所不同。六二处于下卦中位,相当于基层干部去响应九三的谦逊之德,其影响力有限。而上六处于大佬之位,与九三卦主保持正应、呼应、协同关系,因此这位大佬德高望重,有极强的号召力和影响力,他号召全国军民弘扬谦德精神,高举正义大旗,共同征伐那些干尽坏事的城邑和邦国。刚中有柔,柔中有刚,刚柔在一定条件下相互转化,刚极变柔,柔极变刚,只有刚柔相济才符合易道规律。谦德属阴柔的范畴,上六为谦卦的末尾,有些柔极变刚的意味,征伐属于阳刚行动,因此出现了行师、征邑国等刚性十足的军事行动。

"利用行师"取象于坎卦、离卦和师卦。理由同六五的解读。

"鸣"取象于震卦。上交互卦为震卦,震为雷,雷鸣震天动地。上六坚挨着震卦,并且与震卦初爻有正应。

"师"、"邑国"取象于坤卦。上卦为坤卦,代表众人、民众、兵众、师众、军队等;同时,代表大地、土地、领土、疆土等,引申为城邑邦国。

《象》曰:"鸣谦,志未得也。可用行师,征邑国也。"

【译文】小象说,号召谦逊,因为心中的愿望尚未实现。可用来兴兵打仗,目的是征伐无道的城邑和邦国。

第十六卦 豫卦的预见之道

【豫卦】

【白话经文】

豫卦，适宜创建诸侯基业和行军作战。

初六，大张旗鼓寻欢作乐或张扬预见之事，凶险。

六二，用石碑确定边界，不用一整天，守正吉祥。

六三，眼眼向上取悦上司，将有悔恨；行为迟疑，将有悔恨。

九四，正确适当的愉悦和预见，将大有所获。不用怀疑，志同道合之人将像发簪归拢头发一样聚集。

六五，诊治疾病，长久不死。

上六，在昏暗中愉悦和预见，改变既定预案，没有灾祸。

【经文原文】

豫，利建侯行师。

初六，鸣豫，凶。

六二，介于石，不终日。贞吉。

六三，盱豫，悔。迟有悔。

九四，由豫，大有得。勿疑，朋盍簪。

六五，贞疾，恒不死。

上六，冥豫，成有渝，无咎。

【解读序言】

豫卦位列周易第十六卦，上卦为雷，下卦为地，称其为雷地豫。《序卦传》说："有大而能谦必豫，故受之以豫。"序卦传说，拥有大量财富而且能够做到谦逊的人必定是乐观并有预见力的，因此周易在谦卦后面安排了豫卦。《杂卦传》说："谦轻，而豫怠也。"杂卦传说，谦逊使人轻松，而娱乐容易让人懈怠。可见，杂卦传里的豫是侧重指愉悦安乐之意。

豫卦反映了青年领袖率领众人创立诸侯基业过程。初六讲，大张旗鼓地倡导享乐，或者宣扬自己的预见之事，有凶险；六二讲，以界石划定边界，启示人们为人做事要把握分寸，防止越界，明白这种道理是用不了一整天的，娱乐应当适度，做好预警、预备、预防很有必要，只有坚守正道才能吉祥；六三讲，看领导脸色行事，刻意取悦上司，或者预防措施仅仅是做给领导看的，必将产生悔恨，对预见到的事犹豫不决、行动迟缓也将带来悔恨；九四讲，找到适度愉悦和预警、预备、预防的正确方法和途径，将有重大收获，不用疑虑，志同道合的人就会像发簪归拢头发一样汇集到你周围；六五讲，因安逸享乐不节制，或者担心忧虑、操劳过度而患病，这时要正确治疗可无生命之虞；上六讲，在昏暗中愉悦和预见，及时改变陈规陋习或不合时宜的对策预案，将没有灾祸。

【卦名含义】

《说文解字》解释："豫，象之大者。贾侍中说：'不害于物。'从象，予声。"清段玉裁注："贾侍中名逵，许所从受古学者也。侍中说：豫虽大，而不害于物。故宽大舒缓之义取此字。"本人认为，从中可引申出豫有宽裕、从容、休闲、悠闲、闲暇、闲适、惬意、安逸等意思。

《古代汉语词典》解释：豫，大象，《说文·象部》说："豫，象之大也。"安乐、安逸，又喜欢、快乐；巡游；厌烦；预备，事先准备；迟疑不决；欺诈；通"与"，参与；地名，古九州之一；六十四卦之一；等等。词语"豫附"，心悦而归附；"豫贾（jia4）"，虚定高价以欺骗顾客，贾，通"价"；"豫言"，同"预言"，事未至而先言；"豫政"，参与政事。

由上可见，豫原指大型动物大象，豫在本卦主要有两方面意思，一是愉悦、安逸、娱乐、享乐等意思；二是预见、预知、预备、预防等意思。解卦时应将两方面意思融合起来理解，不能简单地二选一或非此即彼，更不能把它们割裂开来或对立起来。豫的这些意思大都是从大象的习性中引申而来的。

其一，大象智商很高，性情温和，好嬉水打闹，在人们眼里，大象的生活是安逸、悠闲和快乐的。其二，古代典籍记载在周武王伐纣战争中，创作了以象为名称和主题的舞蹈和音乐，称之为象舞象乐，既有娱乐性，又有预警性和战斗性，以此鼓舞斗志，提振士气。鼓舞这个词就是在擂鼓助舞的军事行动中产生的。象舞象乐兼具娱乐、预警预备预防两种功能，一是给人愉悦，使人兴奋；二是发出预警，防御敌人偷袭，随时准备抗击敌军。其三，大象非常谨慎和敏感，对周边环境保持着高度警惕，时刻预防可能发生的各种危险。大象过河时会用鼻子试探深浅；吃食物前会用鼻子嗅一嗅，以判断食物是否安全；据说换象牙时会找一个隐秘的地方，并把换下的象牙埋藏起来；当大象预感到生命行将结束的时候，它会到达事先选定的归宿之地，然后安静地离世，这就是大象的预见功能，由此引申出预见、预知、预感、预测、预料、预示、预警、预备、预防、预案等意思。

【卦象寓义】

一、雷出地奋之象。这是大象描绘的雷霆振奋大地万物的景象。豫卦上卦是震卦，震为雷，下卦是坤卦，坤为地。打雷时电闪雷鸣，声势浩大，动地山摇，雨水滋润大地，雷霆震惊虫蛇走兽，万物因此兴奋振作。打雷时大自然释放出巨大能量，人们听到雷声会感到紧张、恐惧，雷声过后紧张感瞬间解除，感觉如释重负，这也是一种兴奋愉悦的感觉。雷雨前乌云密布，天色昏暗，气压偏低，感觉躁闷压抑；雷雨过后天色变亮，空气清新，负离子增多，让人感觉心旷神怡。因此雷雨能给人带来兴奋和愉悦。同时，豫卦上卦为震卦，卦德为动；下交互卦为艮卦，卦德为止。豫卦提示人们，精神要振奋，但愉悦安逸不可过度，要懂得适可而止。

二、石碑定界之象。六二有"介于石"的爻辞。介，通"界"，此石为划分地界的界石。"介于石"即以石碑记载、确定地域界线。豫卦上交互卦为坎卦，坎为水，可理解为河流，这条河流便成为划分上下卦地域的分界线。如果没有九四这条分界线，或者将九四变为六四，那么豫卦就变成了坤卦，坤卦就是一片大地。有了九四后就将大地划分为两大部分,并以传统的河流为界。为了把这条边界固化下来,就在附近设置界石,刻上国别或地域名称。这块石碑取象于艮卦。豫卦下交互卦为艮卦,艮为山,山上有石,就代表镌刻疆界的石碑,这块石头就是介石或界石。

三、惊雷反省之象。豫卦上卦为震卦,震为雷,为龙;下卦为坤卦,坤为百姓、天下众人;坤为土,土为思,引申为反思省悟。根据《尚书·洪范》五行与五事的关系,土与思相对应,详情可参阅临卦“思取象于坤卦”部分。因此,豫卦反映了百姓民众面对雷霆进行内省反思的情形,比如思考老天为何发怒,自己有什么过失,是否做错了什么,以便及时补救改正。民间有“雷公”之说,古代文学作品有“雷神”形象,雷霆已被人们人格化和神化了。再加上震为龙,龙是中华民族的图腾和理想中的神物,与雷霆关系密切,古书将皇帝发怒称作龙颜震怒。人在做,天在看。在古代百姓心目中,雷霆就是庄重威严、主持正义、铁面无私的天神,代表上天裁决人间是非善恶,雷霆的出现自然而然地会让人们联想到人间过错和罪恶。这种文化意识的形成有古代科技不够发达的因素,但这种内省反思精神是有益的,其中也体现了豫卦的自警、自省、自励和自律功能。

四、预见预备之象。豫卦的直观景象就是天上打雷,地下震动,震感相当强烈。这说明天地是一个有机整体,相互联系,相互依存,相互影响,相互制约,对立统一,不能割裂、孤立地看待。人生活在天地之间,人与自然也是个有机整体,人不能创造自然规律,必须按自然规律办事,但能认识并利用自然规律。打雷时,由于光声传播速度不同,闪电在前,雷鸣在后,当人们看见闪电的时候,就能预见到巨大雷声将接踵而至,从而提前做好掩耳、避险准备;出现电闪雷鸣之时,人们就能预知到瓢泼大雨即将从天而降,继而迅速抢收晾晒的粮食、衣物等;当人们听到首次春雷的时候,意识到惊蛰节气到了,该准备种子安排春耕生产了。这是豫卦传递出来的预见和预备的意境。凡事预则立,不预则废。当观察到某种自然现象和征兆的时候,就要预见到接下来可能出现的气象状况;当要开创某项事业的时候,就要事先进行调研分析,预判可能遇到的困难和问题,从而提前拟定预案,及时有效地应对困难并解决问题。

五、创建侯业之象。全卦仅九四为阳爻,九四成为豫卦卦主。按照一元士、二大夫、三公卿、四诸侯、五君王、六宗庙的爻位分布,九四为诸侯之位。上卦为震卦,震为长男,由长男作为创建诸侯基业的主体是非常合适的。豫卦卦辞是"利建侯行师"，意即适宜创建诸侯基业和行军作战。于是九四成了创建侯业的理所当然的不二人选，这里有周文王自己的身影。豫卦下卦为坤卦，坤为土，为大地，引申为城邑、邦国、版图，既代表九四长男在这片大地上开疆拓土，创建基业；又代表这是诸侯国的版图和疆土。

六、长男率众之象。也可理解为君子率众小人之象、诸侯率众国民之象。上卦为震卦，震为长男，引申指理想远大、德能兼备、老成稳重、坚韧不拔的青年领袖。下卦为坤卦，代表百姓民众、军队兵众。从上下卦结构来看，这是长男率领百姓军众开创事业的景象；从六爻阴阳属性看，九四是唯一阳爻，阳爻代表君子，这是君子率领众小人开创事业的景象；从爻位上看，九四居于诸侯之位，可理解为诸侯统领国民众人创建美好生活的景象。

七、木槌击鼓之象。《系辞下传》记载："重门击柝(tuo4，梆子，古代巡夜时用以报更的木梆)以待暴客，盖取诸豫。"意即重复往返于各家门前，敲击梆子，防止坏人抢击偷盗，大概是受豫卦的启示。豫卦上卦为震卦，震为木，代表鼓槌。同时，震为雷，代表鼓声，木槌击鼓，发出声响；下卦为坤卦，坤为腹，为釜，泛指中间空虚、外形长圆的物体，此处引申为鼓。击鼓用手，手取象于艮卦，豫卦下交互卦为艮卦。民间用击鼓敲梆方式提醒民众防火防盗，这就表现了豫卦的预警预防意境。古时更夫以击梆作为报时手段，从一庚到五庚，几庚敲几下，告知人们到什么时辰了，可以准备做哪些事情了，这里体现了豫卦的预见预备意境。人们载歌载舞开展文艺活动时离不开鼓，由此体现了豫卦的娱乐愉悦意境。在两军对垒中，击鼓是发起进攻的信号，一方面告知将士们做好准备向敌军发起进攻，另一方面起到鼓舞士气，激发斗志的功能，这里充分体现了豫卦的预警预备和提振信心鼓舞士气的意境。

八、蹇难可解之象。豫卦中蕴含着一个解卦。解卦上卦为雷，下卦为水，称其为雷水解。在豫卦中，上卦为震卦，震为雷；上交互卦为坎卦，坎为水，两者构成雷水解。解卦反映了雷雨前后两种气象状况，下雨前黑云压城城欲摧，昏暗、恐惧、烦闷；下雨后烟消云散，明亮、清新、愉悦，打雷时的紧张恐惧因雷雨落下而得以缓解。这是一种比喻手法。将自然气象引入人文政治和社会生活，主要指艰难困顿的状况得到了缓解。豫卦的交互卦是蹇卦，前有水险，后有山阻，表明人生事业进退维谷，陷于困境。但是，豫卦告诉人们这种困境是可以破解的：一是保持愉悦乐观心态；二是做好思想准备，及时预测预见，早作预备预防；三是振奋精神，提振信心，坚定信念。

九、预防小过之象。豫卦中蕴含着一个小过卦。小过卦上卦为雷，下卦为山，称其为雷山小过。在豫卦中，上卦为震卦，震为雷；下交互卦为艮卦，艮为山，两者构成小过卦。小过卦卦形为小鸟飞行之象，小鸟为小事物，小鸟飞行在眼前一闪而过，表明影响不大且时间很短。小过表明是小过错、小过失，通常没有大问题。但是，小洞不补，大洞吃苦，对小过也不能放任自流，小过卦的交互卦是大过卦，说明小过也会演变成大过的。豫卦有愉悦娱乐之意，乐极生悲，易产生小过；豫卦有预防之意，重视预警预防非常必要，预防大过须从预防小过做起。

十、预防腐败之象。豫卦中蕴含着一个剥卦。剥卦上卦为山，下卦为地，称其为山地剥。在豫卦中，下交互卦为艮卦，艮为山；下卦为坤卦，坤为地，两者构成剥卦。剥卦可视为五阴剥一阳，阳爻被剥尽便成为坤卦，阳气全无；剥卦也可理解为山体被风霜雪雨剥蚀成为泥土。在家庭，剥卦表现为房屋年久失修斑驳脱落，也可理解为少辈不劳而获的啃老行为；在单位表现为硕鼠侵害公共财产行为；在国家表现为老虎苍蝇鲸吞国家财富、危害国家大厦的腐败行为。豫卦中有剥卦，说明在豫卦情境中存在剥蚀腐败行为；豫卦有预警预防意境，告诫人们预防腐败要抓细抓小抓早。

十一、亲比愉悦之象。豫卦中蕴含着一个比卦。比卦上卦为水，下卦为地，称其为水地比。在豫卦中，上交互卦为坎卦，坎为水；下卦为坤卦，坤为地，两者构成比卦。比读第四声，在甲古文中是两个人肩并肩、并排站立的样子，两个肩膀一般高，就像队列中的两个人一样，表明行动协调，步调一致，呈现出两人彼此亲近、团结友好、合作协调的关系。《杂卦传》说，师忧比乐。即打仗令人忧愁，而团结亲比却令人高兴。从中体现出豫卦的愉悦快乐意境，表明与人团结亲比是愉悦的渊源之一。

十二、内顺外动之象。上卦也叫外卦，豫卦外卦为震卦，震为雷，打雷时地动山摇，动静很大，因而震卦卦德为动；下卦也叫内卦，豫卦内卦为坤卦，坤为土，表示柔顺、包容、承载、忍耐、配合等意思，因而坤卦卦德为柔。一阴一阳之谓道，震卦是阳卦，能量极大，处于不断的行动之中；坤卦是阴卦，利牝马之贞，像母马紧随公马般主动配合当事人行动。假如把豫卦视为单位组织，单位外部表现为正在进行的动态性事业，单位内部则表现为积极配合行动，做好后勤保障工作。这种组织结构分工合理、阴阳平衡并且配合协调。

十三、母亲长男之象。在《易经》大家庭中，坤为母亲；震为长男。在豫卦结构中，母亲在内，长男在外。可理解为母亲温柔、体贴、耐心、包容，留在家里炒菜做饭，操持家务，为儿子创建事业做好后勤保障和辅助配合工作。长男经历世面，老成持重，吃苦耐劳，积极进取，带领众人在外面广阔天地中艰苦奋斗，建功立业。这样的家庭分工是合理的，因此卦辞揭示适宜建立诸侯基业和行军作战。

十四、木克阴土之象。在八卦与五行关系中，震卦、巽卦对应木，震为阳卦，为阳木；巽为阴卦，为阴木。坤卦、艮卦对应土，坤为阴卦为阴土，艮为阳卦，为阳土。按照五行生克关系，木克土，阳木克阳土，阴木克阴土是正常状态，阴木克阳土是困难状态，而阳木克阴土是容易状态。而豫卦正是阳木克阴土的状态。如果将豫卦视作一个单位组织的话，主方居于受克的不利地位，而主动权掌握在客方手中。这对单位的业务发展极为不利，对此应当及早预见并采取有效防范对策和措施。

【关联卦画】

豫卦由复卦演变而来。复卦上卦为地，下卦为雷，称其为地雷复。在十二消息卦中，复卦代表农历十一月份，表明阳气回复之象。在复卦中，初九与六四具有对应性，初九为下卦初爻，六四为上卦初爻，并且两者有正应，表明初九与六四上下沟通，彼此交流，心灵感应。关联如此密切的一对爻之间相互交换位置是完全可能的。一旦互换爻位，复卦便演变成为豫卦。在复卦时长男在下卦，在豫卦时长男在上卦，豫卦可视为复卦情境的继续和发展。社会复兴时，君子刚刚回归，需要放低姿态动员民众一起干；等到建设事业到了一定时期，长男被推举到诸侯的位置，成为治理国家的诸侯国君。

豫卦的综卦是谦卦。将豫卦卦画倒过来是谦卦，将谦卦卦画倒过来是豫卦，豫卦和谦卦互为综卦。综卦也叫覆卦、镜卦，覆和镜都形象地反映了一对综卦之间的相互关系。综卦反映了事物的一体两面，表明事物本身没有变化，只是观察者的角度发生了变化，但得到的结果已经发生了变化。谦卦在前，豫卦随后，两者既有联系，又有区别。谦卦非吉则利，而豫卦却有凶有悔。

豫卦的交互卦是蹇卦。如果将豫卦两端的初六、上六去掉，用剩下的二至五爻重新组成一个卦，三四五爻为上卦，二三四爻为下卦，那么这个卦就是豫卦的交互卦, 交互卦的特点是三四爻是重叠的, 分别为上下卦所皆有。交互卦的意义在于揭示了事物的发展趋势, 它所反映的是事物的过程性状态。豫卦交互卦是蹇卦, 上卦为水, 下卦为山, 称其为水山蹇。蹇字由寒+足构成, 意思是脚被冻伤了, 难以行走, 以此表明人生事业发展所经历的艰难困苦, 创建诸侯基业和行军征战的过程注定是艰难曲折的。

　　豫卦的错卦是小畜卦。将豫卦的各爻性质反过来, 原来阳爻的变成阴爻, 原来阴爻的变成阳爻, 这样得到的卦是豫卦的错卦小畜卦。其哲学意义在于从相反的角度、从矛盾对立面的角度来考察事物。错卦之间也是既有联系又有区别。区别在于豫卦上卦代表雷、长男, 小畜卦上卦代表风、长女, 雷风相搏, 男女有别; 豫卦下卦为地、母亲, 小畜卦下卦为天、父亲, 天地之别, 父刚母柔。两者联系是, 如果将豫卦和小畜卦叠加在一起, 那么就是天合之作, 父母本一家, 长男配长女, 正合一阴一阳之谓道。从卦象来看, 豫卦是地上有雷, 是阴阳云气积聚后的碰撞放电; 小畜卦是天上有风, 阻止了云气的大量聚集, 只能是小规模聚集, 这也是小畜名称的由来。

【卦辞象辞】

〖卦辞〗

"豫, 利建侯行师。"

【译文】"豫卦, 适宜创建诸侯基业和行军作战。"

　　卦辞用来说明卦名和全卦主旨。利, 适宜。"建侯行师"的主题取意于九四爻位, 九四是诸侯之位, 是全卦唯一阳爻, 代表德能兼备的君子, 是全卦卦主, 全卦围绕九四创建诸侯基业和行军作战而展开, 提示人们从中应当把握什么原则、需要注意哪些方面。

〖象辞〗

　　《象》曰: "豫, 刚应而志行, 顺以动, 豫。豫, 顺以动, 故天地如之, 而况建侯行师乎? 天地以顺动, 故日月不过而四时不忒。圣人以顺动, 则刑罚清而民服。豫之时义大矣哉!"

　　【译文】象传说, 豫卦, 九四阳刚之爻得到众阴爻响应而使其内心愿望得以实

行，内部顺从配合外部行动，这是豫卦的特征。豫卦内部能够顺从配合外部行动，
天地之间的配合不过如此，更何况创建诸侯基业和行军作战呢？天地之间顺势配
合协调运动，因而太阳月亮运行没有过失，四季没有差错。圣贤志士以逊顺态度配
合行动，那么刑事处罚清明而百姓信服。豫卦所表达的适时、及时的意义实在太重
大了。

忒（te4），差错、误差、错误。象辞是针对卦辞所作的阐述。刚应，是指九四
阳爻与五个阴爻有感应，得到众阴爻的配合支持，阳爻代表君子，从而使得君子
内心的愿望志向得以实行。顺，下卦坤卦以柔顺态度配合上卦震卦行动。动，震
卦卦德为动，引申行动、运动。日月不过，是指日月运行均有自己的固有轨迹，从
不跨越界限。

《易经》非常重视"时"的重要意义，象辞中说到"之时义大矣哉"的卦有
五个，分别是豫（第十六卦）、随（第十七卦）、遁（第三十三卦）、姤（第四十四
卦）、旅（第五十六卦）。此外涉及"时"的卦还有坎、睽、蹇、颐、大过、解、革
等。时机对了，做事情就能事半功倍；时机错了，做得再对也徒劳无益。

【大象之辞】
《象》曰："雷出地奋，豫。先王以作乐崇德，殷荐之上帝，以配祖考。"
【译文】"雷霆出现，大地振奋，这是豫卦所反映的自然景象。以往君王受
此启示，制作舞乐推崇德政，用隆重仪式祭祀天帝，使祭礼与先祖品德风范相匹
配。"

殷，盛大，众多；荐，祭祀。祖，祖父、祖辈、祖先等；考，父亲，特指死去的
父亲，泛指祖先。祖考，合为先祖之意。"乐"取意于豫的愉悦之意，受周武王制
作象舞象乐的启发，因而有此表述。舞蹈的动作取象于震卦卦德为动，音乐的
声音取象于震卦表示的雷声。

【爻辞小象】
"初六，鸣豫，凶。"
【译文】"初六，大张旗鼓寻欢作乐或张扬预见之事，凶险。"

鸣，是鸟叫声，此处指大声说话，四处宣扬。初六阴爻居阳位，不当位，力量过于柔弱，在自身有缺陷的情况下，高调行事、四处张扬是极不明智的。初六与九四有正应，初六得到了卦主九四的支持和关照，这本是初六的优势，但是初六对自身能力偏弱没有自知之明，反而依仗着有靠山沾沾自喜，这样也就失去了原有的优势。初六，豫卦刚刚开始，刚开始就追求享乐、贪图安逸，是非常有害的，在创建诸侯基业和行军作战过程中，高调宣扬安逸享乐，必定会给事业带来重大阻碍。愉悦安逸本是人所向往的，但应适可而止，过则有害。

对于预见、预知、预测事情也是这样，预知信息并不是什么都可以公开宣扬的，应当注意信息公开后将带来的消极后果。比如，对于像地震、海啸之类的自然灾害，禽流感、萨斯等流行病的预测就不宜大张旗鼓地公开宣染，否则会使人心惶惶，不利于社会安定。有时社会心理恐慌的危害比灾难本身更加严重。有些预测带有保密性，一旦公开便失去了应有价值，比如科学研究成果，特别是军事科技成果，如果因泄密为敌方掌握，优势便不复存在。如果将掌握的预知信息作为炫耀的资本，就更容易引火烧身，甚至丢掉小命。三国的杨修就是因为"鸣豫"而送命的例子。

杨修是曹操的谋士，极其聪明，但恃才傲物，不知深浅，善耍小聪明，最终聪明反被聪明误。一次有人送给曹操一合桃酥，曹操随手在纸片上写下"一合酥"三个字，放在点心盒上。杨修见此二话没说，就拆开点心分给同僚品尝。曹操问其故，杨修说您不是写着"一人一口酥"么。因为"一合"拆开来便是"一人一口"。又有一次，曹操建造了一座花园，竣工验收之时，曹操看了看没说话，只在大门上写个"活"字，工匠不明其意，杨修便告诉他们丞相嫌大门太宽了，因为"门+活"便是"阔"字。还有一次，曹操因生性多疑，怕遭人暗杀，故意放话说自己好"梦中杀人"，吓唬别人在他睡觉时切勿靠近。结果曹操杀了一名为他盖被子的侍从，故意装作梦中误杀，其实他的伎俩全被杨修识破。在杨修面前，曹操就像被脱光了衣服的人，心思全被杨修看透，因此心里早就想除掉他。在后来与蜀国的一次战斗中，双方呈现胶着状态，想进攻却遭马超强力抵挡，欲收兵打道回府，又恐被蜀军耻笑，曹操进退两难，举棋不定。一天天色将暗，夏侯惇请示曹操今夜口令是什么时，曹操正在喝鸡汤，发现汤里有根鸡肋，便随口说"鸡肋"。杨修得知这一消息后，马上联想到鸡肋食之无肉、弃之有味，意思是吃它吧没多少肉，丢弃它吧又好像有些肉味而不舍，使人左右为难，难以取舍。杨修因此预测曹操要撤退，于是便自作主张吩咐手下人打点行装。曹操得知后恼羞成怒，质问杨修："汝怎敢造言乱我军心？"随即命人将杨修砍了。其实，杀掉杨修的不是曹操，而是杨修自己，聪明不是罪过，但自作聪明，就离灾祸不远了。因此，要记取"鸣豫"的恶果，有时在领导面前装傻是必要的。

"鸣"取象于震卦。一是若初六发生爻变，则下卦变为震卦，震为雷，由雷鸣引申而来；二是上卦为震卦，九四为阳爻，表明震动发生在九四，而初六与九四有正应，因而初六因响应九四而鸣。上下皆震，雷上加雷，引起共鸣，大张旗鼓，动静不小。

《象》曰："初六，鸣豫，志穷凶也。"

【译文】小象说，初六，大张旗鼓宣扬安逸享乐或者将预见消息四处张扬，这是由于缺乏心志而导致凶险。

"六二，介于石，不终日，贞吉。"

【译文】"六二，用石碑确定边界，不用一整天，守正吉祥。"

《说文解字》解释：介，画也。从八，从人，人各有介。汤可敬注：从八，八表示分别相同；介，"界"的古字。译文为"介，界画。由八、由人会意，表示人各守自己的分界。"《古代汉语词典》解释：介，划分田界；边际、侧畔；处于中间；隔开、间隔等，引申为石碑、界石。古人在划分地域时习惯以水为界，然后在石碑上刻上地界名称，这一做法沿用至今，比如在吉林珲春地区，中、朝、俄三国交界地区就以三国交汇的河流为界，分别在岸边山坡上设置界碑，写上各国名称。据说《归藏易》中称豫卦为"介卦"，因此界石、分界、界限等应成为豫卦的关键词。

六二爻辞从传统界石中予人以启示。界石用来确定国与国、地区与地区的边界，谁的领土，谁的属地，在界石上写得明白清楚。国家行使主权不得越界，地区行政管理不得越界。象辞关于"日月不过而四时不忒"的表述，也表达了日月、春夏秋冬履行各自职责、守住自己界线的意境。由此领悟到，娱乐欢愉是有边界的，应当节制有度，适可而止，否则将乐极生悲；为人处事、人际交往也是有边界的，要注重分寸，不可逾越界限，否则将咎由自取，因此必须做好预见、预警和预防工作。理解这些道理并不难，根本不需要一整天，这便是"介于石，不终日"的意韵。

《系辞下传》说，子曰："知几其神乎！君子上交不谄，下交不渎，其知几乎？几者，动之微，吉之先见者也。君子见几而作，不俟终日。易曰：'介于石，不终日。贞吉。'介如石焉，宁用终日，断可识矣。君子知微知彰，知柔知刚，万夫之望。"

孔子说，知悉事物之微奥是多么神奇啊！君子与上层交往不谄媚讨好，与下层交往不傲慢懈怠，算得上知悉事物之微奥了吧？所谓微奥，是指事物发生细微变化，吉祥乍现的征兆。君子发现细微变化随即采取相应行动，而不需要再观望等待一整天。《易经》说："以石碑确定边界，用不了一整天，守正吉祥。"界碑就像石头那样立在那里，哪里用得了一天时间？一定可以识别边界线就在那里。君子善知细微之物和明显之物，善知柔弱之物和刚强之物，这是万民所期望的。

"君子上交不谄，下交不渎，其知几乎？"这三句话是孔子针对"介于石"的界碑功能而有感而发，表明做人要正确定位，明确行为界线。以自身作基准，对上对下都是有边界的，对上该怎么做，对下该怎么做，是有行为规范的。能够按照君子标准去处理上下关系的人，便是知道人际交往边界的人。界石设在两个地界之间中正直立，不偏不倚，用以指代人格要中正耿直；界石可用来识别地域界线，用以指代为人处世也要明确自己行为的界限。

"几者，动之微，吉之先见者也。"这几句讲的是孔子要求君子具备预判能力，善于见微知著，从细微变化的征兆中正确判断事物发展趋势，这与豫卦的预见、预警、预备、预防等含义完全吻合。"君子见几而作，不俟终日。"是指孔子要求君子捕捉到事物变化的征兆和苗头后，要及时行动，不要犹豫不决，延误时机。孔子十分重视"时"的重大意义，因此在象辞中说"豫之时义大矣哉！"

有学者将"介于石"解释为"耿介如石"，意即像石头那样耿介正直，铁面无私，虽然有积极意义，也与石头特征相符，但忽视了界石的深层涵义。孔子想要表达的侧重点是，君子要从界石功能中受到启示，知道事物边界和做事分寸，并培养善于见微知著的洞察力和预见力，看准时机及时行动。耿介如石的说法，显然无法涵盖这些意思。有的将六二爻辞解释为，军队夹于石头之间，可以躲避敌方伤害，但没吃没喝坚持不了一天，这种解释与"贞吉"结果有矛盾，难以自圆其说。

六二的中正公道和为人处事的分寸感由其爻位所决定。六二阴爻居阴位，当位，表明其行为举止是适当的。六二是下卦的中爻，居中有德，表明能够坚守中正之道，其道德品行没有问题。这与界石的中立中正的含义相吻合，象征不偏不倚，坚守公平正义。六二与六五没有正应，得不到六五老大的支持，这可视为是"上交不谄"的表现。九四是五个阴爻的亲比对象，但是六二与九四同处于互艮中，艮为阻止，六二的亲比遭到了九四的阻止。再加上六二与九四中间隔着六三，三四五爻构成坎卦，横在六二前面，表明六二前途艰难坎坷。因此，六二没有外部力量可以依靠，必须自信自强自立，用公平正义的道德力量使内心变得更加强大。

"介于石"取象于坎卦和艮卦。参见"卦象寓义"关于"石碑定界之象"部分。

"不终日"取象于坤卦、坎卦。可有三种解释：一是豫卦下卦为坤卦，坤的错卦为乾卦，乾代表天，指一整天，乾卦有"终日乾乾"的爻辞，此爻"终日"为乾卦爻辞的引用。坤为乾的相对方，乾是"终日"，那么坤即是"不终日"。二是若六二发生爻变，那么下卦为坎卦，坎卦的错卦为离卦，离为日，错离则为"不终日"。三是若六二发生爻变，则下交互卦由艮卦变为离卦，艮为静止、停止、阻止、制止等意，离为日，组合在一起即为"不终日"。

《象曰》："不终日，贞吉，以中正也。"
【译文】小象说，用不了一整天，守正吉祥，因为六二居于中正之位。

中正是因为六二处于下卦中爻。蒋介石先生的名字取意于此爻，"介石"是"介于石"的简称，是其青年时期用的笔名，"中正"是其追随孙中山先生革命后起的名字。

"六三，盱豫，悔。迟有悔。"
【译文】"六三，眼眼向上取悦上司，将有悔恨；行为迟疑，将有悔恨。"

盱（xu1），张目，大，盱眙（chi4，作地名时读yi2），张大眼睛向上看，此处指六三取悦上司，对九四献媚讨好。第一个悔，从愉悦角度看，六三只把眼睛盯在上面，唯上是从，投其所好，这种愉悦带有功利性，不是真正愉悦，一旦被人识破，必将自取其辱。从预警、预见、预防角度看，如果仅仅是为了做给领导看，就会忽视实际效果，流于形式，作表面文章，而不会在预警、预见、预防上下真功夫，一旦危险来临就会露出马脚。六三不中不正，表明思想品德不佳，又是阴爻居阳位，不当位，表明能力有限。品德、能力都不行，光靠讨好上司是靠不住的，难以避免悔恨发生。第二个悔，是指事情预见到了，但态度犹豫不决，行动迟疑缓慢。彖辞说："豫之时义大矣哉！"机不可失，时不再来，如果不能有效把握时机，未能及时采取有效措施，那么一旦灾祸降临，悔之晚矣。

"盱"取象于艮卦。下交互卦为艮卦，艮与眼睛关联密切。《说文解字》说："艮，很也。从匕目。匕目，犹目相匕，不相下也。《易》曰：'艮其限'。"此处艮引申为目，例如"眼"字即是目+艮的组合体。

"迟"取象于艮卦和巽卦。其一，豫卦下交互卦为艮卦，艮为静止、停止、阻止，制止等意；若六三发生爻变，那么下交互卦就变成了巽卦，巽为风，风行不止，巽为进退。六三在止与不止之间难以选择，从而导致迟疑不决。其二，若六三发生爻变，则下卦为艮卦，艮为反震，震为动，反震就是不动，而上卦又是震卦，在动与不动之间犹豫不决即为迟。

《象》曰："盱豫有悔，位不当也。"
【译文】小象说，眼睛向上取悦上司将有悔恨，因为六三爻位不恰当。

世上没有后悔药，只有把悔的后果想在事前，才可以避免后悔发生。

"九四，由豫，大有得。勿疑，朋盍簪。"
【译文】"九四，正确适当的愉悦和预见，将大有所获。不用怀疑，志同道合之人将像发簪归拢头发一样聚集。"

由，路由、路径、途径、渠道、经过，此处指实行愉悦和预警、预见、预防的正确适当的方式方法。朋，师出同门，也指同师同道之人，与现在的朋友略有区别。盍，即阖、合、聚拢、集合之意。簪，是发簪。"朋盍簪"，就是借用发簪聚拢头发的功能，来说明人们在共同的理想和目标下聚集在一起，用发簪比喻共同的理想和目标，表明人们志同道合，用头发的梳拢来比喻志同道合人群的聚集。

九四是诸侯之位，为全卦唯一阳爻，与其他五爻阴阳相吸，成了全卦卦主。九四像一把发簪将五个阴爻串联起来，这里有周文王的影子，当时为西伯侯，他理想远大，政治清明，礼贤下士，深得民心，号召天下仁人志士到岐山共创诸侯基业。由豫，可理解为从方式方法、形式途径、渠道路由等方面来确保愉悦的合理性、适当性，以及预测、预知、预见的科学性、正确性。由于方法得当，符合实际，效果明显，从而积聚人气，大有收获。九四阳爻居阴位，不当位，力量过于刚强，本来这是不利因素，但在全卦其他五爻都是阴爻的情况下，反而成了独特优势。九四与初六有正应，表明其行为得到了基层百姓的大力支持。

"由"取象于震卦和艮卦。上卦为震卦，震为大涂，即"大途"，是道路、渠道等意思。下交互卦为艮卦，艮为小径，是小路、途径等意思。

"大有得"取象于坤卦。若九四发生爻变，则豫卦变成坤卦，坤为田地，财富的象征；坤为众，数量众多之意，与大有得意思相符。

"勿疑"取象于艮卦和坎卦。豫卦上交互卦为坎卦，坎为加忧，心病；同时，下交互卦为艮卦，九四在艮卦上，艮为静止、停止、阻止、制止等意。阻止加忧，即为"勿疑"。

"朋"取象于坤卦。若九四发生爻变，则豫卦变成坤卦，坤卦"西南得朋"，这个"朋"指同类，引申为志同道合。在后天八卦中西南为坤卦方位，意即坤卦类型的人到坤卦方向就找到了同类。西南也是西伯岐山部落相对于殷商朝歌的方位，含有倡导志同道合的人到岐山部落的意境。

"簪"取象于卦画和九四爻位。在豫卦卦画中五个阴爻相当于垂下的两束头发，唯一的九四阳爻如同一把簪子横插在发间，使散乱的头发变得整齐美观。因此，整个卦画就是一幅横簪插发的图画。

《象》曰："由豫大有得，志大行也。"

【译文】小象说，正确适当的愉悦和预警预见预防方法将带来很大收获，因为其意志愿望得到了充分实行。

"六五，贞疾，恒不死。"

【译文】"六五，诊治疾病，长久不死。"

贞，通"正"；贞疾，即"正疾"，引申为诊治疾病。恒，长久、恒常、经常。死，死亡、消亡、终了。六五为君王之位，六五阴爻居阳位，不当位，力量偏弱，这与君王身患疾病相一致。六五与六二没有正应，表明得不到来自基层干部的支持。

"贞"取意于六五爻位。六五为上卦中爻，居中正之位，能够坚守正道，这是有疾不死的重要因素。

"疾"取象于坎卦。豫卦上交互卦为坎卦，坎为加忧，为心病，为耳痛，为血卦，引申为疾病。

"不死"取象于震卦。上卦为震卦，震为木、为反生，代表东方、春季，树木欣欣向荣，生命力旺盛，因而虽有疾不至于死。反生，是指先往地下生根，然后再往上长。

《象》曰："六五贞疾，乘刚也。恒不死，中未亡也。"

【译文】小象说，六五需要诊治疾病，其疾病是由柔乘刚的不当行为引起的。能保持长久不至于死亡，是因为尚未丢弃中正之道。

"上六，冥豫，成有渝，无咎。"

【译文】"上六，在昏暗中愉悦和预见，改变既定预案，没有灾祸。"

冥，昏暗、黑暗、幽深。渝，改变、变更的意思。"冥豫"可以作多种理解，一是指在昏暗环境中愉悦享乐，含有不正当寻欢作乐的意思；二是指在形势不太明朗的情况下作出预测预判，含有可能误判和盲目乐观的意思；三是指过分相信、过分依赖预测预案，含有不思变通、僵化机械的意思等等。与由豫相比，冥豫带有一定模糊性和盲目性，其路径、方法、措施等很可能存在错误。

"成有渝"，即是对既定预案、对策措施和习惯做法作出调整和改变。事有经，也有权。有例行必有例外。一切都会发生变化，煮熟的鸭子也能飞走。由于情势发生了变化, 原有计划、方案或安排不符合实际情况, 失去了继续实施的条件和意义。这时就必须根据新形势新情况新要求作出调整。不能过分迷信预测结果, 不能照老规矩老办法办事, 也不能一意孤行地推行既定方案。只有坚持具体情况具体分析, 根据情况变化采取相应措施, 才能避免因冥豫导致的灾祸。

"渝" 取象于震卦。豫卦上卦为震卦, 震为动, 引申为改变、变更。

《象》曰: "冥豫在上, 何可长也? "

【译文】小象说, 在昏暗中愉悦和预见的行为发生在豫卦上爻, 怎么可能持久呢?

第十七卦 随卦的追随之道

【随卦】

【白话经文】

随卦，开始、通达、适宜、正固，没有灾祸。

初九，官府发生重大变故，守正吉祥。走出大门交往，将取得明显成效。

六二，系随小伙子，失去大丈夫。

六三，系随大丈夫，失去小伙子。因追随而求有所得，适宜静处守正。

九四，追随有收获，固陋凶险。诚信，以光明态度践行正道，有什么灾祸？

九五，怀着诚信参加朝会，吉祥。

上六，捆绑系随，于是随从维系主人。君王任用他们在西山开展祭祀活动。

【经文原文】

随，元、亨、利、贞，无咎。

初九，官有渝，贞吉。出门交，有功。

六二，系小子，失丈夫。

六三，系丈夫，失小子。随有求得，利居贞。

九四，随有获，贞凶。有孚，在道以明，何咎？

九五，孚于嘉，吉。

上六，拘系之，乃从维之。王用亨于西山。

【解读序言】

随卦位列周易第十七卦，上卦为泽，下卦为雷，称其为泽雷随。《序卦传》说："豫必有随，故受之以随。"《序卦传》说，愉悦且有预见力的人必定有人追随，因此周易在豫卦后面安排了随卦。随就是追随、跟随、随从等意思。"官有渝"是引起系列追随行为的前提，官是官家、官府、政权组织，渝是改变、变更。政权发生重大变动，比如领导人去世、重病无法执政、发生政变等，围绕新权力中心产生问题，各种政治势力展开角逐和较量，这时作为局中人就面临着追随谁的问题。随卦反映了追随的原则要求和方法途径。《杂卦传》说："随，无故也。"这里的"故"，按照《古代汉语词典》解释，应解作"事"，引申变故、事故。《杂卦传》说，跟随，可以避免意外变故。

初九讲，官场政权发生了重大变故，坚守正道吉祥。走出门外与众人光明正大交往，将取得成效。六二讲，系随小伙子，便失去大丈夫。六三讲，系随大丈夫，就会失去小伙子。追随他人可以求有所得，但要出于正当动机，把自己的行为举止放在正道上。九四讲，追随主人会有收获，但固陋刻板会有凶险。保持诚信，光明磊落地行走在正道上，不会有灾祸。九五讲，以诚信的态度参加朝会，吉祥。上六讲，采取约束性方式使某些知名人士进入追随者行列，使他们随从并维护君王权威。君王任用他们在西山和他一起开展祭祀活动。

全卦六爻阐述了追随的原则和要求：一是追随他人要出于正当动机；二是要正确选择追随对象；三是追随他人不能机械呆板；四是追随中取财有道，不义之财不得；五是追随要秉持诚信；六是邀请有声望人士进入追随者行列等。

【卦名含义】

《古代汉语词典》解释：随，随从，跟随，引申为照着样子办；沿着，顺着，引申为依，靠；听任，任从；追寻，追逐；接着，随即；足趾，《周易·艮》："艮其腓，不拯其～。"六十四卦之一等，还可引申出追随、随时、随地、随意、随和、随缘等意思。

【卦象寓义】

一、泽中有雷之象。这是大象所反映的自然景象，也可称其为泽影随雷之象。有种说法叫做如影随形、形影不离，雷与泽就反映了这种关系。湖泽好比一面镜子，蓝天白云的倒影会清晰地呈现在湖面上，天上云彩飘移，湖面云彩也跟着飘移，这时随的意思已经表达出来。如果将蓝天白云换成乌云雷电，情况也类似。当湖泽上空乌云密布，电闪雷鸣的时候，湖泽中的倒影也上演相同的一幕，人们只需看湖中倒影，就知道天上雷电的情况。由此，随的意境体现在三个方面：一是天上出现什么样的雷电气象，湖泽倒影就反映什么样的雷电气象，湖泽倒影因随天上气象而呈现出来；二是闪电出现之后，雷声随即出现，由于光传播速度快，声音传播速度慢，给人感觉是雷声跟随着闪电而发生；三是电闪雷鸣之后，大多数情况下狂风暴雨随即来临，暴雨跟随着雷电而发生。以上"影随形"、"声随电"、"雨随雷"等自然现象都表现了随卦的意境。

二、泽随水流之象。据李守力先生《周易诠释》介绍，北京大学考古系雷兴山教授在讲解陕西周公庙遗址西周古墓群情况时，谈及并展示了周代陶制下水管道，上面刻有随卦卦画。这说明《系辞传》有关观象制器的说法是可信的，而学术界对此多不认可。其实《易经》作为一部哲学，产生于对自然规律的观察实践和总结提炼，同时反过来也指导服务于生产生活和社会实践，这种实践认识，再实践再认识，是双向交互同时进行的。在随卦中，上卦为兑卦，兑为泽水，下卦为震卦，震卦卦德为动，引申为流动。随卦反映了泽水源源不断流淌的自然景象。前面的泽水流出去，后面的泽水紧随其后，体现了随波逐流、"随大流"等意境。而下水管道为泽水流淌提供了路径。

三、阴爻随阳之象。一阴一阳之谓道。《易经》主张阴阳平衡，同时也倡导扶阳抑阴，正如老子所说万物负阴而抱阳，也就是说阴阳的角色分工和功能作用是不相同的。阳为主动力，阴为受动力；阳为领导主体，阴为配合主体；阳起主导作用，阴起辅助作用。阴阳关系体现在社会生活中便是君臣关系、父子关系、夫妻关系、主仆关系等等。现代社会在政治上、法律上男女平等无疑是极大进步，但阴阳主次、分工配合仍然很有必要。值得注意的是，不能简单地视阴阳为性别，有时也指能力，把能力强的女性视为阳、把能力弱的男性视为阴也未尝不可。从随卦上看，三个阳爻三个阴爻，阴阳是平衡的，但是阴阳地位并非完全平等，其中的主辅关系非常明显。六二、六三、上六三个阴爻爻辞中均有"系"的表述，而三个阳爻却无"系"字，"系"含有依附、维系、系挂在某物的意思。三个阴爻分别维系着三个阳爻，表明阳爻为主要主体，阴爻为辅助主体。六二系随于初九,六三系随于九四,上六被迫系随于九五。因有阴爻追随,阳爻因此有所收获,初九为"有功",九四为"有获",九五是"吉"。

四、雷震随时之象。随卦下卦为震卦,震为雷,为春季;初至四爻为大离卦,离为明,为夏季;上卦为兑卦,兑为毁折,为秋季;四至上爻为大坎卦,坎为水,为冬季。雷始于春季,多发于夏季,延续于秋季,消弭于冬季。兑为毁折,可理解为使雷电消失,自中秋开始直到春天来临这段时间里雷电基本处于潜藏状态。这一脉络在随卦卦象上清晰可见。汉代诗歌《上邪》写道:"上邪,我欲与君相知,长命无绝衰。山无陵,江水为竭;冬雷震震,夏雨雪;天地合,乃敢与君绝。"诗中列举了几种不可能出现的反常现象来表明对爱情的忠贞不渝。山不可能无陵,江水不会枯竭,夏天不可能下雪,冬天通常不打雷,即使偶尔有也不可能惊天动地。这里所传递的是随卦的"随时"内涵,雷震随季节时序而发生、发展、收尾和消亡。

五、西山祭祀之象。上六有"王用亨于西山"的爻辞,可从随卦卦象上找到依据。上卦为兑卦,兑为西方,下交互卦为艮卦,艮为山,两者组合构成西山;兑为口,引申为口福之享。"王"取象于九五爻位和震卦,九五为君王之位,下卦为震卦,震为长男,古典常解为诸侯。在随卦中蕴含着一个颐卦,颐卦上卦为山,下卦为雷,称其为山雷颐。随卦下交互卦为艮卦,艮为山;下卦为震卦,震为雷,两者构成颐卦。颐卦卦形像张开的嘴巴,有口福之享。这与祭祀的意境十分吻合。西山祭祀之象表达了人事随天的主题,人在做,天在看,抬头三尺有神灵,不是教人迷信,而是强调人要有所敬畏,敬畏天,敬畏地,敬畏自然,必须按客观规律办事。

六、春行秋随之象。下卦为主卦,主卦为震卦,震代表春季;上卦为客卦,客卦为兑卦,兑代表秋季。春、秋是一年中具有代表性的季节,因此春秋也代表一整年,比如人们说度过十八个春秋,就是指十八岁、十八年;古代以春秋作为历史的别名,也是把春秋作为一整年来看待,如鲁国春秋。从四季运行的时间上看,春季在前,秋季随后。这里突出了一年四季"随时"变化的含义。俗话说,春发、夏长、秋收、冬藏,季节是随时的,农耕也是随时进行。人误地一时,地误人一年,必须不误农时,及时做好春耕秋收。如前面所述,在随卦中,不仅有春、秋之象,还蕴含夏、冬之象。一年四季春、夏、秋、冬,春季领头,夏、秋、冬跟随,一季接着一季,其"随时"的特征十分明显。

七、**随和息怒之象**。此象反映了宾客善于以随和愉悦的态度化解主人的愤怒情绪。下卦是主卦，为震卦，震为雷，为长男。一是表示震动，表明主方处于动荡不稳定状态；二是表示愤怒，如果将雷电与人的情绪联系起来，则代表愤怒，暴跳如雷，怒不可遏；三是表示震惊恐惧，在科技尚不发达的古代，打雷时人们惊恐不安，焦躁不宁。上卦是客卦，为兑卦，兑为泽，为少女，它所表示的意思与雷电正好相反。一是表示宁静，多数情况下湖泽是安宁静谧的；二是表示稳定，湖泽的颜色、形状、深度不会在短期内发生明显变化；三是表示喜悦，人行走在风景秀丽的湖边泽畔，心情是轻松愉快的。长男少女的性格特征与雷泽相仿。当主方正处在愤怒情绪时，客方如能随机应变，以随和愉悦态度相迎，也许可以起到卤水点豆腐的效果。可见，湖泽包容了雷雨，湖泽便是雷雨的最好归宿，泽水随流汇入大海，成就了海的浩瀚。少女喜悦是安抚平息长男震怒的特效药。

八、**追随获益之象**。随卦中蕴含着一个益卦。益卦上卦为风，下卦为雷，称其为风雷益。随卦上交互卦为巽卦，巽为风；下卦为震卦，震为雷，两者构成益卦。益卦由否卦演变而来，否卦初六与九四交换位置即成益卦，这是在否卦基础上，损上益下形成的，体现了《易经》的损益观和民本思想。《说卦传》说，"雷风相薄"，"雷以动之，风以散之，雨以润之"。"薄"，一是接近、逼近，如日薄西山；二是通"博"，搏击。雷风搏击成雨，雨降大地，施益万物。毛主席诗句："四海翻腾云水怒，五洲震荡风雷激。"与益卦关联密切。同时，风雷激荡也形容风起云涌、惊天动地的革命斗争，这与初六"官有渝"的意境相吻合。在政权动荡更迭过程中，只要追随正确的领导人，就能因此获益良多。

九、**追随致险之象**。随卦中蕴含着一个大过卦。大过卦上卦为泽，下卦为风，称其为泽风大过。在随卦中，上卦为兑卦，兑为泽；上交互卦为巽卦，巽为风，两者构成大过卦。大过卦有舟船沉入泽底之象，通常是处置不当引起的，是重大过失导致了严重后果。同时，大过卦卦形既有棺材之象，又有桥梁之象。闯关失败便是棺材，闯关成功便是桥梁。可理解为人们面对重大危机，有危也有机，危中有机，机中寓危。人们面临"官有渝"的政权变动，就如同置身于大过卦情境，跟随对了就是机遇，正如"追随获益之象"，跟随错了就是灾难，"追随致险"之象也许因此既成事实。

十、**追求爱情之象**。随卦中蕴含着一个咸卦。咸卦上卦为泽，下卦为山，称其为泽山咸。在随卦中，上卦为兑卦，兑为泽，为少女；下交互卦为艮卦，艮为山，为少男，两者构成咸卦。咸为无心之感，这是最质朴最纯真的情感。谈恋爱时，应当少男主动追随少女，而不能倒过来；如果少女主动追随少男，便是山泽损，可能使双方都受损害。在随卦中，上卦兑卦为少女，下卦震卦为长男，是长男追求少女；若上下卦交换位置，长男在上，少女在下，这是雷泽归妹，表明少女主动外嫁给长男。随卦的交互卦为渐卦，上卦为风，下卦为山，称其为风山渐。渐卦反映了古代婚嫁纳采、问名、纳吉、纳征、请期、亲迎"六礼"程序。以上卦象都与婚姻有关，体现出男女情感上的追求和随嫁之意。

十一、内动外悦之象。下卦也叫内卦，上卦也叫外卦。随卦下卦为震卦，震为雷，长男，为龙等，其卦德为动；上卦为兑卦，兑为泽，少女，为羊等，其卦德为悦。如果把随卦视作一个单位组织，那么其内部表现为动荡、变动、变更、调整等特征，处于一种不太稳定的状态，这与"官有渝"意境相符；单位外部环境、合作伙伴或业务对象处于一种愉悦相待的状态，表现出乐观其成、客随主变的态度。

十二、长男少女之象。在《易经》大家庭中，震为长男，兑为少女。在随卦中，主卦、内卦为震卦，即长男在家庭内部主持家政事务；客卦、外卦为兑卦，表明少女在家庭外部从事劳动生产等辅助事务，听从长男的组织指挥。这是一个男女年龄差别较大的家庭组合，长男的特点是吃苦耐劳，厚道诚实，老成持重；少女的特点是天真浪漫，活泼可爱，青春乐观。随卦反映了少女跟随长男从事家庭事务的生活场景，少女居上但为客位，说明少女家庭地位高但不起主导作用，长男居下但为主位，说明长男放低姿态，主动承担家庭责任，这种家庭结构没有太大问题。

十三、阴金克木之象。在八卦与五行关系中，乾卦、兑卦对应金，震卦、巽卦对应木。按照五行生克关系，金克木。阳金克阳木、阴金克阴木为正常状态，阳金克阴木为容易状态，阴金克阳木为困难状态。随卦为后一种困难状态。如果将随卦视作一个单位组织，按照金克木关系，主方处于受克被动状态，情势对主方不利；客方居于主导地位，掌控着主客关系的主动权，情势对客方有利。

【关联卦画】

随卦由否卦演变而来。否卦上卦为天，下卦为地，称其为天地否。上九与初爻交换位置后得随卦。上九为刚爻，上九放低姿态，放弃高位，由上而下，来到百姓中间，因而《象辞》称"刚来而下柔"。《系辞下传》："服牛乘马，引重致远以利天下，盖取诸随。"牛马是古时的主要交通工具，坤为牛，乾为马，牛马取象于否卦的坤卦和乾卦。若要降服野牛载货，使野马为人所骑，则必须采取措施，就是要使牛马跟随主人行走，随卦下卦为震卦，震为足，为动，代表行走，因此随卦反映了古人"服牛乘马"的驯化过程。同时，也反映了牛马运输团队，领头者在前面走，大队伍跟随其后迤逦而行的情景。从组织结构上看，否卦反映了政权组织的不合理性、不协调性和不稳定性，上下不通气不交流，必定难以长久，只有变革才能改变否危状态。易穷则变，变则通，通则久。这是"官有渝"的形势背景。

　　随卦的综卦、错卦皆为蛊卦。随卦卦画颠倒一百八十度得到蛊卦，蛊卦卦画颠倒一百八十度得到随卦，随卦、蛊卦互为综卦，两者为相综关系，综卦也叫覆卦、镜卦。将随卦各爻性质相反，得到的卦是蛊卦，将蛊卦各爻性质相反得到随卦，两者各爻为相错关系，互为错卦。通常一个卦的综卦和错卦是两个不同的卦，但在随卦两者相同，这是特例。相综、相错均为蛊卦，表明随卦与蛊卦关系十分紧密，跟随极易产生蛊祸弊端。随卦状态向纵向发展，若放松警惕不加防范，很可能演变成蛊卦状态；向横向发展，若把握不好度，极有可能走向随卦的反面，也出现蛊卦状态。这是人们在追随时需要注重防范的弊端。

　　随卦的交互卦为渐卦。将随卦的初九、上六去掉，用中间四爻重新组成一个卦，二三四爻为下卦，三四五爻为上卦，这个卦是随卦的交互卦，上卦为风，下卦为山，称其为风山渐。渐卦上卦为巽卦，巽为木；下卦为艮卦，艮为山，它反映了山上的植被由小长大、由少成多、由稀变密，两木成林，三木为森，逐渐发展为成片茂密森林的过程。也表明古代婚嫁"六礼"也必须按程序循序渐进。交互卦反映了事物发展的过程性状态，它说明在随卦的发展过程中将呈现出渐卦特征，例如，随卦向蛊卦的演变，这是个潜移默化、由量变到质变的渐进过程。

【卦辞象辞】

〖卦辞〗

"随，元、亨、利、贞，无咎。"

【译文】"随卦，开始、通达、适宜、正固，没有灾祸。"

卦辞用来说明卦名和全卦主旨。"元、亨、利、贞"在《易经》中多次出现，与乾卦卦辞基本一致，所不同的是"元"在乾卦卦辞中有创造、创始、开创之意，而在其他卦辞里仅仅是开始、开头的意思，而无创造之意。

"元、亨、利、贞"取象于震、离、兑、坎卦。历来有春发、夏长、秋收、冬藏之说，"元、亨、利、贞"分别代表春、夏、秋、冬和东、南、西、北，在后天八卦中分别由震、离、兑、坎来表示。随卦下卦为震，震为东，为春、为木，意即旭日东升，春回大地，万木葱茏，充满生机活力；随卦一至四爻构成大离卦，离为南，为火，为夏，夏天万物生长；随卦上卦为兑卦，兑为西、为秋，为金，秋天是收获季节，用镰刀收割禾苗即为"利"；随卦的三至六爻构成大坎卦，坎为北，为水，为冬，是四季的终点，收藏粮食，坚守正道，准备过冬。

〖彖辞〗

《彖》曰："随，刚来而下柔，动而说随。大亨贞，无咎，而天下随时。随时之义大矣哉。"

【译文】彖传说：随卦，刚爻来到初爻居于柔爻之下，主方行动而客方喜悦跟随。大为通达、正固，没有灾祸，因为天下万物能随着时间推移自然发展。随时而为的意义实在是太重大了。

"刚来而下柔"，一是指随卦由否卦演变而来，否卦的上九来到坤卦初爻变为随卦；二是指阳卦震卦位于阴卦兑卦之下，因为阳卦代表刚，阴卦代表柔。随卦所包含的春、夏、秋、冬四季卦象突出了时间、四季、节律等概念，它着重强调了"随时"对于生产生活或实施其他行为的重要性，因此《彖辞》说"随时之义大矣哉"。

【大象之辞】

《象》曰："泽中有雷，随。君子以向晦入宴息。"

【译文】大象说："泽水中呈现雷电倒影，这是随卦所反映的自然景象。君子受此启发，应当随着黄昏来临而进入晚间休息状态。"

　　向晦，向是接近，晦是昏暗、黄昏，向晦是接近黄昏、傍晚的意思。本人认为"向晦"与打雷时乌云密布、天色昏暗的天色气象有关。宴，安逸，闲适；快乐；以酒食待客；通"晏"，晚。与宴有关的词有：宴安，安逸之意；宴居，退朝而居、闲居；宴坐，闲坐、坐而闲谈；宴语，闲谈；宴飨，宴请宾客、鬼神接受享用祭祀的酒食等。在这些词中多数是闲适的意思，只有宴飨与酒食有关，但这里酒食的意思主要来自飨字。因此，将宴息解释闲歇、歇息、休息比较妥当，当然也包括吃家常晚餐，但与现代的宴席含义有很大区别。大象提示人们遵守自然规律，按时间节点安排作息，这就是"随时"的本义。《黄帝内经》说，饮食有节，起居有常，不妄作劳，也表达了与"随时"类似的意思。现代人深夜不眠，早晨不起，是违反自然规律的，终将为之付出代价。

【爻辞小象】

"初九，官有渝，贞吉。出门交，有功。"

【译文】"初九，官府发生重大变故，守正吉祥。走出大门交往，将取得明显成效。"

　　前面讲到，随卦由否卦演变而来。否卦上九来到初九，由此引发了权力体系的重大更变，官场内部至少分化出两派以上的势力，于是就发生了应该跟随什么人的问题。可见，初九是关键人物，成为主爻，是本卦卦主。渝，改变，此处指官府或宫廷内发生政变、兵变、事变之类的重大变故。交，交往，结交。历史的规律是胜则王侯败则贼，这时作为身处政治风云之中的当事人必须作出正确抉择，可谓一着不慎、全盘皆输。正确的做法就是识别正义，选择正义，追随正义。走出大门，意味着秉持开放包容的心态，光明正大地与更广泛的大众结交，这样可以避免陷入少数人不正当的利益集团，可以结交更多仁人志士，从而取得明显成效。初九阳爻居阳位，当位，说明行为举止是适当的。初九与九四没有正应，说明得不到高层九四的支持和关照。

　　如果官府或政权机构中出现了否卦状态，表明上下阻塞不通，没有沟通交流，没有信任，相互猜忌，如此恶劣的政治生态，亟需进行变革或生态重建，其中也包括改朝换代。当时，殷商朝廷政治就处于否卦状态，纣王荒淫残暴，昏庸无道，猜忌姬昌并将其囚禁在羑里，这就为"官有渝"埋下了祸根。因此，可以将随卦理解为西伯姬昌不满商纣王的否卦政治, 率领岐山部落开启了开创周朝基业的新征程。有人在前面领头开疆拓土, 开创事业, 在他身后就有众人何去何从、是否追随、如何追随的问题。

"出门"取象于震卦和艮卦。下卦为震卦, 震为动, 为足, 为大涂(通"途")。足动即为行走, 因而有出门行走的表述。下交互卦为艮卦, 艮为门, 如杭州艮山门, 既有山的意思, 也有门的意思, 行走经过大门, 即为出门。

"出门交"取象于大离卦、震卦和坤卦。如果把六二、六三视为一个大阴爻, 那么一至四爻组成了大离卦, 离为离开, 为光明, 代表当事人离开家里, 来到外面与大众交往。在家族内部只能与少数人交往, 而到外面则可与大众交往, 不是为了个人私利, 而是为了大众利益, 因而这种交往是光明正大、公开透明的, 没有阴谋和地下交易。"出门交"是指初九长男与百姓、众人的交往。随卦下卦为震卦, 震为长男, 初九在震卦初爻。坤为百姓、众人, 一是随卦前身为否卦, 否卦下卦为坤卦, 坤为众人、百姓, 否卦上九来到坤卦初爻, 表明其主动降低姿态与百姓大众交往; 二是若初九发生爻变, 则下卦变为坤卦, 表明长男作为青年领袖与百姓大众打成一片, 合二为一。

《象》曰: "官有渝, 从正吉也。出门交有功, 不失也。"

【译文】小象说, 官府有重大变故, 跟随正义者吉祥。出门交往能取得明显成效, 因为没有失去为人处世的原则和底线。

"六二, 系小子, 失丈夫。"

【译文】"六二, 系随小伙子, 失去大丈夫。"

系, 留意, 挂念, 维系。小子, 子弟, 晚辈, 男孩, 与大丈夫相对应, 此处不是指小儿子, 而是指年轻小伙子。丈夫, 男子, 大丈夫、有志气有作为的男子, 女子配偶, 此处指大丈夫, 与小子相对应, 并非指女子配偶, 而是指有抱负、有能力、有担当的成熟男子。小子、丈夫是人们的追随对象, 两者不可兼得, 只能选择其一, 如果想追随小伙子就得放弃大丈夫, 如果想追随大丈夫就得放弃小伙子。在此爻小子指初九, 丈夫指九五。六二与九五有正应, 本应追随九五, 但是六二处于下交互卦艮卦之中, 艮为静止、停止、阻止、制止等意思, 即六二追随九五遇到了阻碍, 于是只能"系小子", 也就是只能去依靠跟随比自己年轻的初九小伙了。

这是指有两个以上领头人的时候, 去跟随哪个, 应当视情作出正确合理的选择。此爻虽未出现随字, 但系字已表达了随的意向, "系小子"说明追随者看好领头小伙子, 对其前景充满信心, 但同时也夹杂着一份无奈, 因为六二想系随九五而不能。六二阴爻居阴位, 当位, 又居下卦中爻, 说明其行为举止、道德品质没有问题。六二与九五有正应, 能够得到九五的支持和关照, 只是有人从中作梗而未果。

"系"取象于巽卦和离卦。上爻互卦为巽卦, 巽为绳直; 若六二发生爻变, 则下爻互卦变为离卦, 离有依附之意, 将绳与依附组合起来就表达了"系"字的含义。

"小子"取象于初九。从爻位上看, 初九比六二年轻, 因此对六二而言, 初九为"小子", 同时下卦为震卦, 震为长男, 初九正好在震卦的初爻上, 因此这位"小子"是个素质能力良好的小伙子。

"丈夫"取象于九五。六二与九五有正应, 本来六二应当追随九五, 可惜受下爻互卦艮卦阻挡, 客观上存在诸多障碍, 六二不得不放弃跟随。九五是君王之位, 又居上卦中位, 还是全卦核心之位, 因此对六二而言, 九五便是"丈夫"。

《象》曰:"系小子, 弗兼与也。"
【译文】小象说, 系随小伙子就会失去大丈夫, 因为两者不可兼得。

"六三, 系丈夫, 失小子。随有求得, 利居贞。"
【译文】"六三, 系随大丈夫, 失去小伙子。因追随而求有所得, 适宜静处守正。"

利, 适宜。居, 所处的地位, 安居, 处于, 停留、止息等意思。六三"系丈夫, 失小子"是由其爻位所决定的。在此爻小子指初九, 丈夫指九四。六三所对应的爻是上六, 两者同性没有正应, 不是跟随的对象。六三离初九较远, 中间有六二间隔, 离九五也较远, 中间有九四间隔, 因此只有九四是其合适的追随对象, 而且两者阳乘阴、阴承阳, 结构合理, 因而此爻又"系"又"随"。追随对象如果比较合适, 就能做到求有所得, 但应当注意必须出乎正当动机、坚守正道、避免获取不正当利益。这种提示是有针对性的: 一是六三阴爻居阳爻, 不当位, 力量偏弱; 二是六三与上六没有正应, 得不到大佬支持; 三是六三所处爻位, 不中不正, 品行存在缺陷, 做到守正有难度。

"系"取象于巽卦和离卦。情况与六二有些相似, 上交互卦为巽卦, 巽为绳直; 若六三爻变, 则下卦变为离卦, 离为依附, 通"罹", 为网罗, 两者意思相加便是"系"的含义。

"丈夫"取象于九四。六三与九四为相邻关系, 近水楼台先得月, 对六三而言, 九四地位更高、年龄更长, 又是诸侯之位, 因而九四为"丈夫"。两者阳乘阴、阴承阳的结构正常合理。

"失小子"取象初九。情况类似六二, 六三与初九距离较远, 中间有六二间隔, 又不属于对应的爻位, 因此失去系随小子的条件。

"有求得"取象于巽卦。随卦上交互卦为巽卦, 巽为近利市三倍, 有利可图即为有得。

"居"取象于艮卦。居为停止、静处之意。下交互卦为艮卦, 艮为静止、停止、阻止和制止等意思。

《象》曰: "系丈夫, 志舍下也。"
【译文】小象说, 系随大丈夫, 失去小伙子, 因为她内心已决定舍弃下面的初九。

"九四, 随有获, 贞凶。有孚, 在道以明, 何咎?"
【译文】"九四, 追随有收获, 固陋凶险。诚信, 以光明精神践行正道, 有什么灾祸?"

贞, 通"正", 守正, 正固, 此爻引申为固陋, 墨守成规, 不思变通。有孚, 诚信。此爻讲追随的正义性和获利的正当性, 提示追随存在风险, 不义之财不得, 不当得利不得, 并强调要始终保持诚信, 为人处世要光明磊落, 合乎道义。九四阳爻居阴位, 不当位, 过于刚强或行为表现过猛。九四与初九没有正应, 得不到初九的配合和支持。

与九四爻象关联密切的有两个案例。其一，是周文王自身案例。九四为诸侯之位，当时周文王任西伯，是西部岐山部落诸侯。六三追随九四反映出当时有许多仁人志士追随周文王，必然会引起商纣王的猜忌。于是遭受了七年囚禁之灾，长子伯邑考被商纣王杀害，自己也险些丧命，这些都是追随与被追随中出现的风险。其二，是周公旦辅佐成王摄政案例。九四是诸侯之位，周公的封地在鲁国，周公排行老四，是周武王的兄弟，周武王去世后幼小的成王继位，周公作为君王的追随者，忠心耿耿地辅佐周武王父子成就王道霸业，同时也实现了自身的理想和价值，成为重要历史人物。但是周公的追随行为也引起了他人的猜忌和嫉妒，结果发生了"三监之乱"，周公的兄弟管叔、蔡叔、霍叔，本来是监督管理商朝遗臣先民的，结果反而监守自盗，鼓动商纣王之子武庚共同叛乱。周公领兵平叛，诛管叔，杀武庚，流放蔡叔、霍叔，将他们贬为庶民，成功平叛，取得胜利，功高盖世。可见，追随他人有收获也有凶险，但是只要出于公心、坚守正道，就可以趋利避害、"逢凶化吉"最终没有灾祸。

"随有获"取象于益卦。前面"追随获益之象"已经分析。下卦为震卦，震为足，为动，为行，足动即为行走；上交互卦为巽卦，卦德为顺，顺着他人行走即为追随。巽为近利市三倍，这是收获、获益的体现。

"凶"取意于震卦、巽卦和艮卦。下卦为震卦，震为动，有强烈的行动愿望；上交互卦是巽卦，巽为进退；下交互卦为艮卦，艮为静止、停止、阻止和制止等意。一方面九四要行动要进退，另一方面有人阻止行动进退，使九四处于进退两难境地，因此凶险。

"有孚"、"明"取象于离卦。随卦一至四爻构成大离卦，离为火，为日，为丽，为目，卦德为明，内心光明即为"有孚"，内心诚信则外在表现出光明。

"道"取象于震卦和艮卦。下卦为震卦，震为大涂，即大途，大道。下交互卦为艮卦，艮为小径。此爻由具体的道路引申出抽象的大道。

《象》曰："随有获，其义凶也。有孚在道，明功也。"
【译文】小象说，追随有收获，但规律告诉人们追随有凶险。以诚信践行正道，这是光明带来的功效。

"九五，孚于嘉，吉。"

【译文】"九五，怀着诚信参加朝会，吉祥。"

孚，诚信。嘉，美，善；嘉礼，古代朝聘之礼；嘉事，指古代的朝会；嘉会，祭祀集会。古人在祭天祭祖时，常常吟诵"元、亨、利、贞"等卦词。九五是君王之位，是人们的追随对象。如果说九五自身要追随他人，那只能是追随先王的足迹。这种追随通过朝会或祭祀的形式来实现，以此传承发扬先王品德精神和优良传统。

此爻虽未出现"随"字，实则"随天"的意思已经表达出来。一是这是天子之位、君王之位，应当奉行天道精神，这个天道不是神秘、迷信、宿命的天道，而是指天地良心、自然规律、人性规律和人文精神，是真、善、美的象征。君王带着诚信，按规律治理社会，就能深得民心，得到百姓支持，其结果必然是吉祥的。

九五阳爻居阳位，当位，既是君王之位，又是上卦中爻，表明其道德品行、行为举止没有问题。而且九五与六二有正应，表明其行为得到了基层干部的拥护和支持。

"嘉"取象于兑卦。随卦上卦为兑卦，兑为悦，为羊。嘉为美、善，美、善都与羊有关，羊大为美，美字由羊+大叠加而成；羊喜为善，将喜字上半部分吉换成羊则为善。因此，嘉由兑卦引申而来。

《象》曰："孚于嘉吉，位正中也。"
【译文】小象说，怀着诚信参加朝会吉祥，因为九五阳爻居阳位而且居上卦中位。

"上六，拘系之，乃从维之。王用亨于西山。"
【译文】"上六，捆绑系随，于是随从维系主人。君王任用他们在西山开展祭祀活动。"

拘，拘禁，扣押；限制，拘泥，拘束；固守，谨慎。维，维持，维护，维系等。王，指周文王。亨，同"享"，祭祀。西山，西部岐山，西伯姬昌部落所在地区。上六是随卦的最末爻，显示出物极必反的迹象。随本来是自愿行为，而上六的"拘系之"却带有一定强制性,已经偏离了随的常态。但是,事有例行就有例外,在某些特殊情境中,采取适当强制性手段使他人跟随是必要的。我国历史上有许多高人隐士,声望很大,却隐居山林,不愿出山做官。统治者为了稳固政权或沽名钓誉,有时会千方百计请隐士出仕,甚至不惜动用武力。这些隐士是当时天下公认的君子,君王用他们来主持祭祀,配合自己举行祭祀活动是比较合适的。上六阴爻居阴位,当位,表明行为举止适当。上六与六三没有正应,表明未能得到基层实力阶层的支持配合。

"拘系之,乃从维之"取象于巽卦和否卦。随卦上交互卦为巽卦,巽为绳直,可用于捆绑;巽卦卦德为顺,与"从"的顺从、跟从、随从、服从、听从等意思相同;维为大绳,与巽卦吻合。此外,随卦由否卦演变而来,《系辞下传》说"服牛乘马"是受随卦卦象启发而为,人们驯化野马野牛必须采取强制手段,然后才能迫使它们跟随人类,听从人类,为人类服务。同时,牛肉还成为主打祭品。这种方法与请隐居林泉高人出山有异曲同工之妙。对上六爻辞可作一明一暗两条线索来理解:一是明线,人们要野牛跟随配合人们生产生活,野牛不顺从,只得采取强制手段,将其捆绑使其就范,并且君王用牛肉作为牺牲来进行祭祀;二是暗线,高人贤士不愿入仕,统治者采取强制手段请其出山,迫使其为朝廷效力,君王用他们装点门面,令他们一起参与祭祀活动。与之相关的例子,如王阳明的先祖王与准精通《易经》,学问渊博,声名远扬,但他遵守祖训誓不为官,官差追至深山老林请他出仕,情急之下他宁可跳崖致残也不愿做官。

"王"取象于乾卦。其一,若上六发生爻变,则上卦变为乾卦,乾代表君王。其二,随卦由否卦演变而来,否卦上卦本来就是乾卦,乾代表君王。此处的"王"指周文王,《易经》中西山之王专指周文王。

"用亨"取象于兑卦。"用亨",即"用享",用牛羊、五谷、酒食祭祀上天、先祖和神灵。随卦上卦为兑卦,兑为羊,代表牛羊等祭祀用品;兑为口,代表受祭者有口福。初九至九四组成小颐卦,颐卦有口福之象。

"西山"取象于兑卦和艮卦。上卦为兑卦,兑为西方;下交互卦为艮卦,艮为山,两者组合即为西山。周文王岐山部落位于我国西部,谓之西山。

《象》曰:"拘系之,上穷也。"

【译文】小象说,捆绑系随,因为上六到了随卦的穷尽处。

第十八卦 蛊卦的治弊之道

【蛊卦】

【白话经文】

蛊卦,开始,通达,适宜渡涉大河。甲日之前三天,甲日之后三天。

初六,治理父亲积弊,是儿子的责任,先父不会责备,虽有风险,最终吉祥。

九二,治理母亲积弊,不可固陋刻板。

九三,治理父亲积弊,会有小遗憾,但无大灾祸。

六四,纵容父亲积弊,长此以往将有小灾祸。

六五,治理父亲积弊,要善用其良好声誉。

上九,不插手王侯政事,去过超凡脱俗的生活。

【经文原文】

蛊,元亨,利涉大川。先甲三日,后甲三日。

初六,干(gan1)父之蛊,有子,考无咎,厉,终吉。

九二,干母之蛊,不可贞。

九三,干父之蛊,小有悔,无大咎。

六四,裕父之蛊,往见吝。

六五,干父之蛊,用誉。

上九,不事王侯,高尚其事。

【解读序言】

蛊卦位列周易第十八卦，上卦为山，下卦为风，称其为山风蛊。《序卦传》说："以喜随人者必有事，故受之以蛊。蛊者，事也。"序卦传说，以寻欢作乐为目的跟随主人的人必然会惹出事端，因此周易在随卦后面安排了蛊卦。《杂卦传》说："随，无故也；蛊则饬（chi4）也。"杂卦传说，随卦情境没有事，而蛊卦情境就需要整治了。故，事，引申事故、变故。饬（chi4），整治，整顿；告诫。人们因长期追求欢娱、娱乐、享乐等，会累积一些时弊陋习，如放任自流，长年累月，就会败坏社会风气，因此必须及时进行整顿治理。蛊卦以儿子纠正父母遗留弊病为线索，告诉人们兴利除弊的原则要求和方法途径。由亲子关系可以引申至人文政治和社会生活的方方面面，如，现王与先王、现任与前任、后辈与前辈、新家庭与旧家庭、新组织与老组织等之间的关系。

初六讲，治理父亲遗留下来的弊病，是儿子应尽的责任，目的是弥补父亲的短板或过失，从而维护好父亲的正面形象，因此先父是不会责怪的。在整治积弊过程中，很可能遇到风险，但最终吉祥。九二讲，纠正母亲弊病，不可固执僵化。清官难断家务事，母亲遗留的弊病大多与闺房私密生活有关，不宜公布张扬，要考虑社会影响，视具体情况妥善处理；九三讲，整治父亲弊病，也许会有些小遗憾，但没有大灾祸。六四讲，如果纵容父亲遗留的弊病，尾大不掉，积重难返，长此以往将有小灾祸。六五讲，整治父亲遗留的弊病，要善用父亲的良好声誉，应当在总体正面评价充分肯定的情况下指出需改进的地方，而不是全盘否定，一棍子打死。上九讲，整治弊病告一段落后要功成身退，不要再留恋君王、诸侯之位，不要再插手现任君王、诸侯之事，去过一种超脱潇洒、高雅美善的晚年生活。

【卦名含义】

古汉语词典解释：蛊，腹中的寄生虫；相传为人工培殖毒虫，用以害人；积谷所生的飞虫（飞蛾）；毒热恶气；诱惑、迷惑；巫术中用来害人的东西等。与蛊相关的词有：蛊道，用诅咒等邪术加害于人；蛊疾，神经错乱的病；蛊媚，以媚态迷惑人。

在汉朝，后宫各派为争夺王位继承权，频频发生巫蛊事件，即采用针扎小木头人的巫术,试图达到害人的目的,或者用这种方法制造冤假错案,清除竞争对手,比如太子的竞争对手将象征皇帝的木头人藏在太子卧室,然后向皇帝告发,导致太子被废或被杀。

蛊的繁体字上面是三个虫字,古代以三表示多,三个虫叠加代表很多虫。甲骨文中的蛊就是在类似灯台的器皿里装着两条虫。从蛊卦来看,蛊主要是指毒害、蛊惑、迷惑等意思,用来比喻年长月久形成的社会弊病。古时有人将毒蛇、蜈蚣、蝎子、蜘蛛等上百条毒虫放在一个密封的器皿里,埋入地下,任其大虫吃小虫,弱肉强食,物竞天择,两三年后里面只有一条毒虫存活下来,这条虫就是蛊,此蛊集百毒于一身,常被人用于祸害他人。

表面上看来,这个器皿是安静的,实际上其内部时刻发生着你死我活的激烈搏杀。这个器皿好比整个社会或单位,看似风平浪静,一片祥和,其实社会弊病正是在貌似平静的环境中悄悄演变的,毒虫们暗中较劲,相互厮杀,经过日积月累,愈演愈烈,由小毒变成大毒,由小弊变成大弊,最终形成难以铲除的痼疾。

周易从第十三卦同人卦开始,分别经过第十四卦大有卦、第十五卦谦卦、第十六卦豫卦,到第十七随卦,再到本卦蛊卦,所反映的是时代发展中的权力政治和现实生活状况,社会弊端就是在潜移默化中慢慢累积而成的。社会发展不会停止,时弊产生就不会停止,决定着改革治理就不能停止。兴利除弊、改革时弊是继任者的职责,但如何改革很有讲究,事关改革的成败。

【卦象寓义】

一、山下有风之象。这是大象所反映的自然景象。从卦象上看,上卦为艮卦,艮为山,下卦为巽卦,巽为风,呈现出来的直观景象是:风在山下流通拂行。风是由于空气流通所致,但是山风的路径与平地中的风向有所不同。平地中没有遮挡物,风以直线为主,人们对此习以为常,无论大风小风都不会引起太大注意。山中刮风会受山体阻挡,气流在山谷中形成旋风,来无踪、去无影,经过多次折返,风向飘忽不定,人们往往因不明白山风形成的机理而心生疑惑,继而因疑生鬼,容易把山风与阴风、邪风和妖风联系起来,怀疑背后有鬼妖作祟,因而惶恐不安。例如,有人在山上坟前烧纸,一阵旋风刮过,引发了山火,会误以为是先祖对其表示不满。其实世上本无鬼,只是因心疑而生鬼。这是蛊卦要表达的意境之一，以山下的歪风邪气，来比喻丑陋的社会弊端。

　　二、山阻风行之象。蛊卦由泰卦演变而来，由泰卦初九与上六交换位置所致，表明安泰环境容易生蛊，因此上九为主爻，成为卦主，相应的上卦艮卦成为主卦，下卦巽卦成为客卦，这与通常的下卦为主卦、上卦为客卦有所不同。主卦为艮卦，艮为山，山有静止、停止、阻止、制止等意思。客卦为巽卦，巽为风，风是流动的。这样主客方之间便形成了矛盾冲突，风要流动，山要阻止。气流被高山阻挡之后，强度变弱，风向变散，导致山谷、山坳或山洞里某些区域空气不流通，时间一长有毒物质在此逐渐积累，形成瘴疠毒气。人畜进入这些地方，或者偶尔有微弱山风使它们扩散开来与人畜相遇，便可导致中毒。这是山体阻挡风行之后产生的蛊毒之害。

　　三、虫咬瓜果之象。蛊卦上卦为艮卦，艮为果蓏（luo3），为瓜果的总称；下卦为巽卦，巽为风，风为虫，《说文解字》说，风，八风也，故虫八日而化，风动虫生。因此，繁体字"風"中有一个"虫"字。蛊卦反映了山上瓜果遭受虫害侵蚀的情形。瓜果代表正当利益，虫害代表蛊毒，当正当利益遭受不法侵害的时候，就应当及时采取防治措施，否则丰硕果实将付诸东流。瓜果受到虫灾侵害是植物的不良状态，社会风气受到时弊毒害是社会的不良状态，两者原理是相通的，都要采取防治手段，使其恢复到正常生长和良好发展状态。

　　四、蛊弊致损之象。蛊卦中蕴含着一个损卦。损卦上卦为山，下卦为泽，称其为山泽损。蛊卦上卦为艮卦，艮为山；下交互卦为兑卦，兑为泽，两者构成损卦。损卦也由泰卦演变而来，泰卦九三与上六交换位置变成损卦，下卦减损一个阳爻，上卦增益一个阳爻，损下益上谓之损，它体现了《易经》的民本思想。蛊卦中蕴含着一个损卦，表明蛊卦所反映的时弊陋习，对于国家和社会的精神文明建设、作风建设和家风家训建设等，都是有损害作用的。

　　五、享乐致蛊之象。蛊卦中蕴含着一个颐卦。颐卦上卦为山，下卦为雷，称其为山雷颐。在蛊卦中，上卦为艮卦，艮为山；上交互卦为震卦，震为雷，两者构成颐卦。颐卦卦形像一个张开的大口，这是一个关于养生享乐、有口福的卦。俗话说，温饱思淫欲。人的欲望很多，有正常的欲望，也有过度的欲望；有好的欲望，也有坏的欲望，特别是随着物质生活的提高，面对五光十色、纸醉金迷的诱惑，欲望会越来越多，正可谓欲壑难填。当人们吃不饱饭的时候，会把主要精力集中在生产粮食、创造财富上，而一旦解决了温饱问题，过上了衣食无忧的生活之后，欲望对于某些人如同打开了潘多拉魔盒，一些不良风气和丑恶现象正是那些吃饱了撑的人制造出来的。

六、蛊致大过之象。蛊卦中蕴含着一个大过卦。大过卦上卦为泽，下卦为风，称其为泽风大过。在蛊卦中，下交互卦为兑卦，兑为泽；下卦为巽卦，巽为风，两者构成大过卦。大过卦有舟沉泽底之象，通常是由于操作不当的重大过失造成的。蛊与大过都是负面现象，大都由主观人为因素导致的。蛊卦中蕴含着一个大过卦，表明一个国家如果对于社会风气恶化听之任之，熟视无睹，必将愈演愈烈，最终形成野火燎原、恶浪滔天之势而不可收拾，这无疑是国家管理和社会治理中的重大过失。可以理解为，大过卦状态正是蛊卦情境不断恶化蔓延的结果。

七、内顺外止之象。下卦也叫内卦，上卦也叫外卦。通常情况下下卦为主卦，上卦为客卦，但在蛊卦特殊情境中，上卦艮卦为主卦，下卦巽卦为客卦。蛊卦内卦是巽卦，巽为风，风无空不入，风吹草偃，齐刷刷倒向一边，引申为均匀、整齐、纳入，巽卦卦德为顺；外卦是艮卦，艮为山，为门阙，为小径等，艮卦卦德为止，引申静止、停止、阻止、制止等意思。如果将蛊卦视作一个单位，那么表现为，单位外部环境、合作伙伴或交易市场等制约阻碍单位的行为，而单位内部则顺从、接受、默认、迁就这种状态，对此缩手无策，无所作为。可视为这是导致蛊卦非正常现象的原因之一。

八、佻女惑男之象。由于蛊卦由泰卦演变而来，泰卦上卦为地，下卦为天，称其为地天泰。三阳开泰，象征三个小伙子在广阔大地上开创事业。泰卦初九与上六交换位置后变成蛊卦，可理解为小伙子年轻有为取得成就后，被不恰当地推到了高位。蛊卦上卦为艮卦，艮为少男，随着地位大幅提升，少年不知深浅，自负任性，胆大妄为，缺乏自律的缺点逐渐暴露出来；蛊卦下卦为巽卦，巽为长女，甘居下位，顺从配合，有些盲从、纵容的意味。而且在蛊卦的特殊情境中，少男居主位，长女居客位，长女对少男无原则顺从和迁就，使得少男在错误之路上越滑越远，最终形成积弊之害。少男血气方刚，情窦初开，少不谙事；蛊卦中的长女懂得风情，举止轻浮，一味顺从，两者勾搭形成了佻女惑男的不良现象。

九、阴木克土之象。在八卦与五行关系中，震、巽对应木，震为阳卦为阳木，巽为阴卦为阴木；艮、坤对应土，艮为阳卦为阳土，坤为阴卦为阴土。按照五行生克关系，木克土。阳木克阳土、阴木克阴土是正常状态，阳木克阴土是容易状态，阴木克阳土是困难状态。蛊卦属阴木克阳土的困难状态。由于蛊卦所反映的是负面非正常的社会状态，并且主卦是上卦，因而尽管理论上讲木能克土，但实际上会大打折扣。

【关联卦画】

蛊卦由泰卦演变而来。这与随卦由否卦演变而来的情况相对应。随卦是由否卦的不良状态演变为良好状态，蛊卦是由泰卦的良好状态演变为不良状态。由好变坏、由坏变好，皆反映了事物发展变化的辩证规律。泰卦下卦为乾卦、上卦为坤卦，如果将初九与上六对调，就形成了蛊卦。这说明长期安泰、愉悦的生活，容易产生积弊，必须居安思危，及时兴利除弊。

蛊卦的综卦、错卦均为随卦。蛊卦与随卦的关系比较特殊，无论是综卦，还是错卦，都是同一个卦，而一般情况下某卦的错卦和综卦是两个不同的卦。其一，它反映了蛊卦与随卦之间的内在联系更加紧密，追随过度极可能出现弊端，而这些弊端反过来会吸引更多臭味相投的追随者，这种追随的动机往往不正，反过来又加剧积弊的产生，从而形成恶性循环。其二，它反映了两者的对立统一性，蛊卦是长女迷惑少男，随卦是长男追求少女、少女随从长男，如果追随的动机不良，那么两者的后果几乎是殊途同归。因此，无论是随卦情境，还是蛊卦情境，认清行为人的动机非常重要，只有识人准、见事早，才能有效减少积弊和蛊害。

蛊卦的交互卦是归妹卦。若将蛊卦的初六、上九去掉，用剩下的四个爻重新组成一个卦，二三四爻为下卦，三四五爻为上卦，这个卦就是蛊卦的交互卦归妹卦，上卦为雷，下卦为泽，称其为雷泽归妹，归妹卦反映了少女作为主体远嫁给诸侯长男的情景，震的阳爻处于第四爻，为诸侯之位。因此，归妹与婚姻有关。而蛊卦反映的轻佻长女迷惑少男的情景多少与婚姻有些关联，两者皆关乎男女感情之事，双方年龄差异均较悬殊，一个侧重指社会生活中的非正常现象，另一个侧重指婚姻家庭中的非常态状况。

蛊卦与巽卦关联密切。蛊是不良风气，巽是风，都与风有关。蛊卦卦辞说："蛊，元亨，利涉大川。先甲三日，后甲三日。"巽卦说："九五，贞吉悔亡，无不利。无初有终，先庚三日，后庚三日。"句式结构相似，只是甲日与庚日的区别。这种内容的相似来源于卦画的相似，蛊卦与巽卦只有九五不同，其他五爻完全相同。如果巽卦的九五发生爻变，那么巽卦就变成了蛊卦；如果蛊卦的六五发生爻变，那么蛊卦就变成了巽卦。这是在巽卦九五爻辞中出现类似句式结构和内容的原因。

那么蛊卦与巽卦为何有甲日与庚日的区别呢？这要从天干的次序来看，甲、乙、丙、丁、戊、己、庚、辛、壬、癸，可见庚后的三日正好是甲前的三日，甲后的三日与庚前的三日正好相互衔接，由此体现出甲与庚在天干大循环中的关联性，除此之外，其他任何一个日期都无法与甲构成这样的首尾循环关系。蛊卦以天干之首甲为基点，所以有"元、亨"表述，"元"的意思来源于"甲"；巽卦以庚为基点，庚后三日的癸为天干之尾，所以有"无初有终"的表述，"终"的意思来源于"癸"。

《易经》的这种安排意在告诫人们，积弊形成和整治行动循环往复，交替进行，兴利除弊不可能一劳永逸，毕其功于一役，必须以作风建设永远在路上的态度，持之以恒，与时俱进。东汉郑玄认为，先甲三日为辛、壬、癸，取辛的谐音"新"之意，即对旧弊进行革新；后甲三日为乙、丙、丁，取丁的谐音"叮"，即对革新之事需要常叮咛、勤作为，这样解释也是合理的。

【卦辞象辞】

〖卦辞〗

"蛊，元亨，利涉大川。先甲三日，后甲三日。"

【译文】"蛊卦，开始，通达，适宜渡涉大河。甲日之前三天，甲日之后三天。"

这是卦辞，用来说明卦名和全卦主旨。甲是十天干甲、乙、丙、丁、戊、己、庚、辛、壬、癸之首，每月三旬，一旬十天，循环计时。甲前三天加甲后三天，一共是七天，正好是现在的一个星期，此处并非实指七天，而是比喻整治积弊需要长期进行，具体时间应视弊端的严重复杂程度而定。治弊活动应当立足现实现时，往前追溯一段时间，找到源头成因；往后延续一段时间，整治积弊陋习，巩固成效。这个时间段可长可短，可以是一个阶段、一个时期或一个时代。要正确理解，合理解释，灵活运用，根据不同时期、不同场合、不同要求来确定。

积弊陋习有多样性、反复性和顽固性。一种弊端治理了，还会产生另外一种弊端,因此需要循环往复、持续进行。弊端形成的周期性,决定了治理弊端的周期性,兴利治弊需要一代又一代人的接力行动和不懈努力。"先甲三日,后甲三日"的说法可能来源于夏禹娶妻事件,卦辞只是引用这种说法来阐述治弊除害需要长期坚持、前后接力的道理。

根据李守力先生的《周易诠释》,"先甲三日"的说法与夏禹娶涂山氏的日期有关。《史记·夏本纪》载:"禹曰:予娶涂山,辛壬癸甲。生启,予不子,以故能成水土功。"意思是,夏禹说,我娶涂山氏为妻,只在家里呆了辛壬癸甲四天,便奔赴抗洪前线治水了,一直持续到儿子启出生也未曾回家,因此没有给儿子取名字,正是在这样的情况下才成就了修渠治水的功业。《连山易》、《归藏易》均有相关内容表述。大禹治理洪水与治理社会积弊的道理相通。夏禹三过家门而不入,舍小家为大家,治理蛊弊也需要学习和发扬夏禹这种大公无私、锲而不舍、坚韧不拔的精神。

"利涉大川"取象于巽卦。《易经》中卦辞为"利涉大川"的有七个卦,其共同特点是都有乾卦或巽卦,乾卦代表有力量适合渡涉大河,巽卦代表有风有舟、风吹舟行。蛊卦下卦为巽卦,巽为木,木可作舟,下交互卦为泽水,舟行水上,有利于渡涉大河。巽还表示逊顺、顺从,有渡河顺利之意。

〖彖辞〗

《彖》曰:"蛊,刚上而柔下,巽而止,蛊。蛊,元亨而天下治也。利涉大川,往有事也。先甲三日,后甲三日,终则有始,天行也。"

【译文】彖传说,蛊卦,刚爻在上、柔爻在下,风行受阻,这是蛊卦所反映的自然景象。蛊,开始、通达而天下得到治理。适宜渡涉大河,因为需要前往去治理积弊。甲日之前三天,甲日之后三天,一轮终结后又开启新一轮治弊行动,这是自然规律。

"刚上而柔下"有两种解释,一是蛊卦由泰卦演变而来,泰卦中的初九刚爻上升到蛊卦的上九,而泰卦中的上六下降到蛊卦的初六。二是艮卦为阳卦,为阳刚之卦,居于上卦;巽卦为阴卦,为阴柔之卦,居于下卦。

"终则有始"是指天干以甲为始,以癸为终。也有两种解释:其一,从天干的纪日角度看,先甲三日的第三天是癸,是十天干的终点。但接下来又从甲为起点开始了新一轮的循环。其二,从天干的季度表示来看,甲乙代表春季,一年之初；壬癸为冬季，代表一年之终，冬季过后，春季重新开始，循环往复，这也是"终则有始"。

【大象之辞】

《象》曰："山下有风，蛊。君子以振民育德。"

【译文】"山下有阴邪之风，是蛊卦所反映的自然景象。君子受此启示，应重振民风注重道德培育。"

大象分两部分，前部分反映蛊卦所反映的自然景象；后部分将自然景象的机理应用于人文政治和社会生活。风有好风，如风尚、风范、风格、家风、高风亮节等；也有坏风，如歪风邪气、阴风鬼火、妖风惑人等。山下之风侧重指后者。为此，大象赋予君子更大责任，要求君子教育引领百姓提升道德水准，共同抵制歪风邪气，营造风清气正的社会环境。

【爻辞小象】

"初六，干（gan1）父之蛊，有子，考无咎，厉，终吉。"

【译文】"初六，治理父亲积弊，是儿子的责任，先父不会责备，虽有风险，最终吉祥。"

干父之蛊的主词是干蛊，干（gan1），干预，解决，治理。有子，是指有好儿子，有出息儿子，治理父亲的积弊，既是儿子责任能力的体现，也是儿子孝敬父亲的体现，其目的不是全盘否定父亲，而是在尊重父亲、孝敬父亲的前提下纠正和弥补父亲累积的错误和过失。考，先父，古时父亲死后称其为考，母亲死后称其为妣（bi3）。这里，对父亲应作广义理解，既指尚在世的父亲，又指先父，因为爻辞中"父"、"考"并存；还引申指前任当事人，即现任当事人有责任治理前任留下的积弊，也就是新官要理旧账的意思，要求现任者要像儿子对待父亲积弊一样对待前任的遗留问题，充分肯定成绩，不搞全盘否定，采取与人为善的态度治理弊端，这样不会给前任带来灾祸，也不会招致前任的责备。在兴利除弊的改革中必然会遇到阻力和风险，但最终结果吉祥。初六阴爻居阳位，不当位，表明现任当事人的力量还偏弱。初六与六四没有正应，得不到来自上层六四的支持和帮助。

　　"干"取象于乾卦、艮卦。蛊卦共有四个"干"，都是动词。初九"干"取象于乾卦，若初六发生爻变，则下卦为乾卦，乾卦刚健有力，而"干"的繁体字即为"乾"，与乾卦之"乾"同字不同音；九二"干"取象于艮卦，若九二发生爻变，则下卦变为艮卦，艮为手，与"干"意思吻合；九三"干"取象于震卦，上交互卦为震卦，震为动，引申为行动，与"干"意思关联，况且九三为震卦初爻；六五"干"取象于艮卦，上卦为艮卦，六五在艮卦中爻。

　　"有子"取象于艮卦。蛊卦上卦为艮卦，代表少男。上九由泰卦初九与上六互换而得，因此艮卦为本卦的主卦，是治理弊端的主要主体。蛊卦上九原先就在初爻位置，因此才会在初六出现"有子"爻辞。蛊卦上交互卦是震卦，代表长男。初六至六四组成大坎卦，坎为中男。因此，蛊卦中有三个儿子的身影。

　　"考"取象于乾卦。泰卦下卦为乾卦，代表父亲。变为蛊卦后，乾卦消失，因此父亲变成了先父"考"。

　　《象》曰："干父之蛊，意承考也。"
　　【译文】小象说，治理父亲的积弊，其目的是继承先父好的品德和作风。

　　"九二，干母之蛊，不可贞。"
　　【译文】"九二，治理母亲积弊，不可固陋刻板。"

　　贞，即"正"，正统，正当，正经，正固，引申为固陋、不思变通。按照古代家庭分工，通常男主外，女主内，这是比较合理的，这与男女生理特征有关，与男尊女卑无关。如果女子能力超强，倒过来也是可以的，如武则天、花木兰、穆桂英等。在一般情况下，父亲的事务与政治、社会关联性较大，如有积弊其影响范围相对较大；而母亲的事务与家庭、婚姻关联较大，其影响范围只局限于家庭内部，其积弊的影响面相对小些。因此，母亲之事，可理解为家庭事务和闺房之事，并且闺房之事也不宜公开张扬，适宜小范围低调处置。

　　俗话说，清官难断家务事，家里不是说理的地方，因为这些事与家人亲情交织在一起，很难用处理公务的方式来处理家务，做子女的如何对待母亲的积弊，的确是件棘手的事，既不能视而不见，又不能一本正经，如何用柔性手段达到"干母之蛊"的目的,这是对儿子智慧和能力的考验。

九二阳爻居阴位,不当位,表明其行为过于刚强,有些年轻气盛、容易冲动的特点,做事容易过火,过犹不及,必须注意克服,因此爻辞提出"不可贞"是有针对性的。九二与六五有正应,能得到六五君王的支持。九二居下卦中位,表明能够主持公道,实行公平正义。

"母"取象于坤卦。蛊卦由泰卦演变而来,泰卦上卦为坤卦,代表母亲。干母之蛊的"母"是指尚在世的母亲、还是先母没有明说,但按逻辑推理应当两者兼顾,既代表在世的母亲、也代表故去的母亲。泰卦演变成蛊卦后,不仅乾卦不复存在,坤卦也不复存在,因此,既然初九包括先父,那么九二包括先母也是顺理成章的。九二与六五有正应,两者能够交流感应和配合协调,六五为坤卦中爻,并且九二为阴爻位,因此九二出现"母"是有依据的。

《象》曰:"干母之蛊,得中道也。"
【译文】小象说,治理母亲和积弊不可固陋刻板,这样做才是符合中道要求的。

理解小象时,应视为小象省略了"不可贞"这句话。

"九三,干父之蛊,小有悔,无大咎。"
【译文】"九三,治理父亲弊病,会有小遗憾,但无大灾祸。"

小有悔,表明改革治理不会一帆风顺,将遇到各种各样的阻力、障碍和风险,有时矛盾还比较激烈,进程也将是曲折的,特别是调整限制那些既得利益者的利益时,有时反扑可能是凶残的。在这种情况下,力主改革治弊者遇到些懊悔遗憾的事情在所难免。在悔、吝、厉、咎、凶五个凶险等级中,悔程度最轻,小悔更轻。无大咎,表明道路是曲折的,前途却是光明的,只要改革治理的思路对头,方向正确,就一定能得善终。九三阳爻居阳位,当位,表明其行为举止适当,是一位年富力强的改革者形象。九三与上九没有正应,其行为得不到上九大佬的支持。

"父"取象于乾卦。蛊卦由泰卦演变而来,泰卦下卦为乾卦,九三原为乾卦上爻, 乾为父, 变成蛊卦后乾卦消失, 因而变成了"先父"。

"小有悔"取象于坎卦。若九三发生爻变, 则下卦为坎卦; 若将九二、九三视为一个大阳爻, 那么一至四爻组成大坎卦。坎为加忧, 为心病, 故有"小有悔"之辞。

《象》曰:"干父之蛊, 终无咎也。"

【译文】小象说, 治理父亲积弊, 虽有小遗憾, 但最终没有灾祸。

失道寡助, 得道多助。因为治理积弊的行为是光明正大、符合道义之事。

"六四, 裕父之蛊, 往见吝。"

【译文】"六四, 纵容父亲积弊, 长此以往将有小灾祸。"

裕, 是富裕, 引申为宽宥, 纵容, 宽容。见, 通"现"。吝, 小气, 吝啬, 悔恨, 耻辱, 引申为小灾祸, 吝在凶险五个等级中排序第二, 程度较轻, 小气的人不招人待见, 结局自然不会太好。六四阴爻居阴位, 当位, 力量柔弱, 其行为举止没有问题。六四与初六没有正应, 得不到基层民众的支持, 因此没有足够勇气和能力去治理父亲的积弊。此爻所反映的, 是改革治理前任积弊的另一种有代表性的态度, 那就是放任纵容前任的积弊, 持一种睁只眼闭只眼、得过且过的消极心态。短期内可能不会有太大问题, 但长期放任自流, 积弊终将变成沉疴, 小洞不补大洞吃苦, 从而出现小灾祸。此爻意在告诫现任者对长期累积的弊病不能妥协纵容, 应下大力进行改革治理。

孟子曰:"《凯风》, 亲之过小者也;《小弁 (bian4, 又读pan2)》, 亲之过大者也。亲之过大而不怨, 是愈疏也。亲之过小而怨, 是不可矶 (通"激") 也。愈疏, 不孝也; 不可矶, 亦不孝也。"孟子说, 诗经《凯风》所描述的是双亲有小过失者,《小弁》描述的是双亲有大过失者。双亲有大过失而不加责备, 这是更加疏远双亲的行为。对双亲小过失予以埋怨的人, 是承受不了双亲的刺激 (对双亲不够宽容)。更加疏远双亲是不孝行为, 不能承受双亲带来的小委屈, 也是不孝的表现。可见, 孟子认为对双亲的小过行为应当宽容, 而对双亲的大过行为应当及时指出并帮助其纠正。由此推理, 裕父之蛊也属于不孝行为, 应当力求避免。

"裕父之蛊"取象于坤卦和艮卦。蛊卦由泰卦演变而来，蛊卦上卦原先为坤卦，坤为布，引申为包裹、包容；蛊卦上卦为艮卦，艮为覆碗，布+覆即为遮盖、覆盖之意；原先下卦为乾卦，乾为父。用大块"幕布"覆盖父亲，即为"裕父之蛊"，父亲的积弊被遮盖了。

《象》曰："裕父之蛊，往未得也。"
【译文】小象说，纵容父亲的积弊，继续放任就是未尽子女的应尽责任。

"六五，干父之蛊，用誉。"
【译文】"六五，治理父亲积弊，要善用其良好声誉。"

誉，声誉，荣誉，名誉，可理解为前任的旗帜，代表前任的奋斗目标、思想理念、行为规范和处事原则等。用是使用、运用、凭借，用誉就是要高举前任旗帜，走前任实践证明的正确道路，继承前任好的经验和做法。此爻告诉人们，要以扬弃的态度继承前任的事业，既不是原封不动地整体接受，又不是一古脑儿地全盘否定，该坚持的坚定不移，该改革的稳妥推进。

另一种解释是，改革治理父亲积弊，因此获得世人赞誉，有些道理，但是与"用誉"表述不甚相符。六五是君王之位，阴爻居阳位，不当位，表明是一位柔弱的君王，但六五是上卦的中爻，表明道德品行没有问题，能够坚守中道。六五与九二有正应，说明其行为能够得到基层干部的支持和配合。

有学者认为既然是纠蛊之卦，就无誉可用、无德可承，这是有失偏颇的。事物都是阴中有阳、阳中有阴的复合体。父亲有积弊，并不等于说他没做过好事，父亲有弊的一面，也有利的一面，在治理其积弊时，如果将弘扬美德善行和良好家风结合起来，既除弊，又兴利，效果可能会更好。

"用誉"取象于巽卦和兑卦。若六五发生爻变，则上卦变为巽卦，巽为近利市三倍，象征正当利益；巽为绳直，有继承先王先父传统美德的意思；巽是风，引申先祖先父的良好风范，也代表风行天下，象征君命得到遵从和履行，君王号召全国大众继承先王遗志和优良作风。这些要继承的传统作风就是先王先父为人称道的声誉。蛊卦下交互卦为兑卦，六五居兑卦之上并与其相邻，兑为悦，为口，有喜悦并交口称赞之意，与"誉"意境吻合。

《象》曰："干父用誉，承以德也。"

【译文】小象说，治理父亲积弊要善用其良好声誉，这是继承先王先父道德风范的行为。

"上九，不事王侯，高尚其事。"

【译文】"上九，不插手王侯政事，去过超凡脱俗的生活。"

上九是本卦最后爻，也是蛊卦的主爻，因为蛊卦是由泰卦的初九与上六互换而来，因而上九成为本卦卦主。按照物极必反的原理，本轮改革治理已近尾声，标志着现任者任期行将结束，预示着新一任改革治理即将开始，这与治弊工作"先甲三日，后甲三日"、"先庚三日、后庚三日"的循环规律非常吻合。长江后浪推前浪，世上新人换旧人，每任都有每任的使命，一旦使命完成就要激流勇退，适时让位于后来贤者，不要过分留恋权力和地位，把纷繁复杂的事务留给继任者去处理。要明白时势造英雄、英雄造时势的道理，从来没有哪个时代是隔代向历史或未来借人才的，相信后继者有智慧有能力处理好一切事务。

选择功成身退是种智慧，完成自己的使命以后就要退出江湖，远离权力中心，避开是非之地。要转变角色，涵养闲情逸致，做到自由自在、超然物外，去做自己喜欢做的事，去见自己喜欢见的人，去吃自己喜欢吃的美食，去过自己喜欢过的生活，如练功养生、琴棋书画、游历山水等等，这些都是清新脱俗、情趣高雅的美善之事，何乐而不为。范蠡、文种都是辅佐勾践复兴越国的功臣。张良、韩信都是辅佐刘邦建立汉朝的功臣。范蠡、张良功成身退，享受了幸福的晚年生活；文种、韩信选择继续从事王侯之事，结果均以谋反的罪名被杀，也许这是不懂《易经》哲理的悲剧吧。王阳明高度认同上九爻辞，他在《读易》诗中说"蛊上庸自保"，庸，即"用"，他认为蛊卦上九是用来自保的正确理念和做法。

"不事王侯"取象于艮卦。上卦为艮卦，艮为手，为静止、停止、阻止、制止等意思，表示"不事"之意。上九居艮卦上爻；艮卦中爻是蛊卦的第五爻，为君王之位；艮卦初爻是蛊卦的第四爻，为诸侯之位。对于君王之位、诸侯之位，采用阻止、停止的态度和行为，即为"不事王侯"。可有两种理解：一是原来是王侯，结束任期或完成使命后从位置上退下来；二是原来可能是君王、诸侯的重臣，完成改革创新和整治积弊的重任后，全身告退。

《象》曰："不事王侯，志可则也。"

【译文】小象说，不插手王侯政事，开启高雅美善生活，这种理念做法是可以作为榜样来学习的。

第十九卦 临卦的统领之道

【临卦】

【白话经文】

临卦，有始、通达、适宜、正固。到八月有凶险。

初九，心意相通实施统领，正固，吉祥。

九二，心意相通实施统领，吉祥，没有不适宜之事。

六三，给点甜头实施统领，无所适宜。若对此已有忧虑，则没有灾祸。

六四，抵近统领，没有灾祸。

六五，智慧统领，伟大君主适宜之法，吉祥。

上六，以敦厚态度实施统领，吉祥，没有灾祸。

【经文原文】

临，元、亨、利、贞。至八月有凶。

初九，咸临，贞吉。

九二，咸临，吉，无不利。

六三，甘临，无攸利。既忧之，无咎。

六四，至临，无咎。

六五，知临，大君之宜，吉。

上六，敦临，吉，无咎。

【解读序言】

临卦位列周易第十九卦,上卦为地,下卦为泽,称其为地泽临。《序卦传》说:"蛊者,事也,有事而后可大,故受之以临,临者,大也。"序卦传说,蛊卦讲的是治理弊病之事,经过治理可将事业做大,因此周易在蛊卦之后安排了临卦,临卦讲的是统领百姓的天下大事。《杂卦传》说:"临观之义,或与或求。"杂卦传说,临卦、观卦这对综卦要表达的含义,要么是给予利益,要么是提出要求。

在《易经》中,阳爻代表君子,表示阳刚强大;阴爻代表小人,表示阴柔弱小。在正常状态下应当以阳统阴,以君子统小人。临卦旨在告诉人们,作为君王、领袖或领导者如何统领民众的原则要求和方法途径。初九、九二讲,心心相印,以情感人,以心统心,必定吉祥;六三讲,甜言蜜语,华而不实,这样统领民众没有好处。若能对此有所忧虑就没有灾祸;六四讲,面对面近距离统领民众,与百姓手拉手、心贴心,没有灾祸;六五讲,用智慧统领民众,这是伟大君主最适宜采用的方式,结果吉祥;上六讲,诚实厚道统领民众,必获吉祥。

【卦名含义】

《古代汉语词典》解释,临:站在高处看低处;降临,由上到下;监察、统管,《史记·教武本纪》:"朕临天下二十有八年。"面对;接近,将近;到;临摹,摹写字画等。本卦主要是"监察、统管"的意思,这是由其他意思发展而来的,多个意思之间相互联系,理解时要综合考虑。有关的词语有:临朝,天子或太后上朝处理国政。临政,执掌朝政。

看到临字,自然会想到居高临下,站在上面往下看,通常是以阳临阴、以大临小、以刚临柔、以强临弱,因此临卦的临主要是面临、面对、监察、统管、统领、领导等意思,如君子引领民众、君王领导百姓、将帅统领部队、上级统管属部、老板管理员工、老师监管学生、家长监管孩子等。

【卦象寓义】

一、泽上有地之象。这是大象描绘的自然景象。实际上是大地上有泽,即位于大地低洼地区的湖泊、沼泽、水库、池塘等。从上下卦结构上看,上卦是地,下卦是泽，陆地比湖泽要高，具有居高临下的地理优势，站得高，看得远，可任意选择地点和角度去欣赏风景，兑卦有喜悦之意，欣赏湖景时心情是轻松愉悦的。

兑泽与坎水的区别在于，坎水侧重于动态，兑泽侧重于静态；坎水水域不确定，范围很广，兑泽水域有限；坎水主要强调其性，兑泽主要强调其形。因而水为险，兑为悦。于是，地水师反映了领兵打仗的场景，风险极大；而地泽临却像一幅风景画，湖岸泽水错落有秩，人们居高临下将风景尽收眼底，有种君临天下的感觉。

二、君临天下之象。在临卦六个爻中，初九、九二为两个阳爻，其余四个为阴爻，两个阳爻代表两个君子，四个阴爻代表天下百姓，四个阴爻可视为两个坤卦叠加，上卦为坤，上交互卦为坤，坤卦代表百姓大众。在君子与百姓的关系中，君子犹如岸上观景者，天下百姓就是湖泽之水。君临天下的"君"可理解为天子、君王，也可理解为君子，从理论上讲两者是一致的。古代词语词典解释：君子，古代统治者和一般贵族男子的统称；有道德的人；妻称夫或青年女子称男恋人。君子也可理解为国君之子，从小受到良好教育，后来引申为有道德、有智慧、有作为的一类人。君临天下的"临"也可理解为来临、莅临。坤卦代表农历十月，又代表天下百姓；复卦代表农历十一月，又代表君子回归实行复兴；临卦代表十二月，又代表统领天下。从阳长阴消的趋势和进程中，表达了君临天下的意境。君子回归，实行复兴，统领天下，使百姓安居乐业。虽然从爻位上看，两阳爻处于下位，但从大环境和总趋势上看，君子统领着百姓。两阳爻居众阴爻之下，可理解为君子低调谦卑、放下身段、降尊处下的亲民风范。

三、农历腊月之象。十二消息卦，也叫十二辟（bi4）卦，就是用十二个卦来表示农历十二个月份，形象地反映了月份气候的阴阳变化状况。泰（正月）、大壮（二月）、夬（三月）、乾（四月）、姤（五月）、遁（六月）、否（七月）、观（八月）、剥（九月）、坤（十月）、复（十一月）、临（十二月）。十二消息卦，消是消减，息是增长，如利息、加息。消息，是指阴气阳气的逐步减少或逐步增长的变化趋势。

四、阳长阴消之象。临卦代表农历十二月。按照四季变化特点，临卦后面接着就是泰卦所代表的正月，三阳开泰的说法源于此，表明在气象上进入了春季。这一季节春暖花开，阳光明媚，阳气旺盛，势头正劲。此阶段，阳气逐渐增长，阴气逐渐消退，呈现出阳进阴退的态势。引用到社会人文领域，代表国家政治正处于君子道长、小人道消的上升时期，君子正能量在逐渐增长，而小人势力正在逐渐削弱，总体形势有利于君子群体的成长、发展和有所作为。

五、冬季临春之象。冬天到了，春天还会远吗? 十月为全阴状态; 十一月阳气回归，十二月阳气进一步增长。临卦代表农历十二月，是冬季最后一个月份，此月虽然感觉上仍然很寒冷，但是万物已经进入复苏萌动的前奏。临卦正好处于冬春之交的时段，是季节的临界月，反映了冬季将尽、临近春季的意境。在自然气象方面，出现由阳气统摄阴气的状态，这与君临天下的意境高度吻合。每季度第三个月具有临界交融的特点，很可能是在五行中把它所对应的地支(丑、辰、未、戌)归为土的原因，因为它与土的中和融合特点相吻合。

六、夏季临秋之象。从后天八卦图上看，春、夏、秋、冬四季分别由震、离、兑、坎来表示。春天是雷震惊蛰，万物复苏，草木吐绿的季节，故用震卦表示;夏季骄阳似火，天气炎热，万物速长，故用离卦表示; 秋季作物成熟，草木萧瑟，收割庄稼，故用兑卦表示。冬季天寒地冻，万物蛰伏，历经艰难，故用坎卦表示。而坤卦处于夏与秋之间。临卦上卦为坤，下卦为兑，正好反映了由夏季转向秋季，逐渐濒临秋天的时节。秋天是收获季节，也是多事之秋，这对治国理政有重要警示作用。也许有人会有疑问，冬季临春、夏季临秋是不同概念，两者不矛盾吗? 其实不矛盾，这是因为考察路径不同，得到卦象自然不同，但都反映了临的意境，这一点是相同的，这正是《易经》大容量的体现。

七、以南临西之象。在后天八卦图中，东为震，南为离，西为兑，北为坎; 东南为巽，东北为艮，西南为坤，西北为乾。临卦下卦为兑，代表西方; 上卦为坤，代表西南。从地理位置上看，殷商都城朝歌在岐山的东北方向，西伯侯部落岐山在朝歌的西南方向，因此坤卦位置就代表西伯侯君临天下的岐山基地。按照东南西北的习惯说法，西南正是由南到西的过度方位，体现出由南临西、由南方统领西方的寓意，在此西南居于主体地位。将方位关系引入政治领域，可理解为西伯侯处于君临天下的态势。

八、归妹长男之象。初九、九二均有"咸临"的表述，正如咸卦一样，咸是无心之感，少男少女感情最自然、最纯正、最真实。初九、九二是临卦的两个阳爻，均用"咸临"表述应与男女感情有关联，有观点将"咸临"解释为都临、一起临也可，但本人倾向于将"咸"解释为无心之感，这是因为临卦中蕴含着归妹卦。临卦下交互卦为震，震为雷; 下卦为兑，兑为泽，两者构成雷泽归妹。归妹卦反映少女远嫁长男，关涉男女感情问题，虽不乏利益婚姻，但也不排除真心相爱。

九、以羊祭祀之象。《左传·成公十三年》说："国之大事，在祀与戎。"祀用于解决精神和心安问题，戎用于解决物质和身安问题。与祭祀有关的字多为示字旁，比如祥、神、祀、禅、祈、祷、祝、福、祉、祸、祖、宗、祭、禁、崇等。初九、九二"咸临"，在帛书中为"禁林"，咸临、禁林音近义通，"禁林"表示巫术、宗教中的禁忌或禁地，不是现在禁止砍伐林木的意思。咸临与禁林并不矛盾，咸临表示人与人心灵感应，从而延伸到人与万物的天人感应。禁林表明，按照天人感应要求，要顺应天道规律而行，而对不符合天道规律的言行应当严格禁忌。临卦下卦为兑，兑为巫，为羊，因此祭祀多用羊；上卦为坤，坤为全阴，可理解为祭祀的对象是先祖、神灵。

十、内悦外顺之象。如果将社会发展历史分为治世、乱世的话，临卦所代表的社会就是治世。全卦除了卦辞中出现凶字外，其余六个爻中没有一个悔、吝、厉、咎、凶字，总共有四个吉、三个无咎、一个无不利、一个无攸利。如果将无不利、无攸利抵消掉，综合起来看这是吉祥程度仅次于谦卦的卦。下卦也叫内卦，下卦为兑卦，兑为悦，代表内部环境充满喜悦；上卦也叫外卦，上卦为坤卦，坤为柔顺、包容、承载，代表外部环境柔顺配合。君临天下，加上内悦外顺，天下百姓喜悦而顺从，这是社会治理处于良好和谐状态的反映。

十一、少女母亲之象。在《易经》大家庭中，坤为母亲，兑为少女。在临卦情境中，少女居内，主持家政事务；母亲在外，从事辅助配合工作。少女精明能干，手脚麻利，母亲吃苦耐劳，忍辱负重，这种组织结构虽欠合理但基本协调。如果将其反过来也没有问题，母亲主内，少女主外，母亲主持家务，少女愉悦配合，这是萃卦的卦象，萃是聚集的意思，能吸引人们喜悦地聚集起来，这种组织结构也是受人欢迎的。

十二、土生阴金之象。在八卦与五行关系中，坎、离对应水、火，乾、兑对应金，震、巽对应木，艮、坤对应土。金克木，木克土，土克水，水克火，火克金；金生水，水生木，木生火，火生土，土生金。临卦上卦为坤，坤为阴卦，故为阴土；下卦为兑，兑为阴卦，故为阴金。因此，临卦呈现出阴土生阴金的相生关系。情势对主体有利，主体的统领行为将得到客体或民众的支持。

【关联卦画】

临卦的综卦是观卦。临卦颠倒180度是观卦，观卦颠倒180度是临卦。两者互为综卦，综卦也叫覆卦、镜卦。两者既有联系、又有区别。联系在于，临卦位列周易第十九卦，观卦位列周易第二十卦，两卦处于前后衔接关系；临卦讲君临天下治国理政之事，观卦讲观察社会，体察民情，重视民风教化引导问题，两者都围绕治国理政这一主题而展开。区别也是显而易见的，卦画卦象不同，关注的侧重点不同。

临卦的交互卦是复卦。将临卦的初九、上六去掉，用剩下的四个爻重新组成一个卦，上三爻为上卦，下三爻为下卦，其中中间两爻为上下卦皆有，体现出交互特征，这个卦就是临卦的交互卦复卦。上卦为地，下卦为雷，称其为地雷复。交互卦不是互为关系，临卦交互卦是复卦，但复卦交互卦不是临卦而是坤卦。临卦与复卦也是既有联系、又有区别。区别是明显的。联系在于，交互卦是在本卦基础上演变而来的，复卦代表农历十一月，临卦代表农历十二月，两者呈现时序上的前后关系；如果用来描述社会状况，复卦代表社会复兴时期，临卦代表社会中兴时期。

交互卦反映了事物发展的过程性状态，这种过程性状态是种可能性、或然性，并非必然性、唯一性。本卦与交互卦这两种情境，有时是可逆的，有时是不可逆的。比如，复卦代表农历十一月，其交互卦坤卦代表农历十月，从气温变化状况考察，两者是可逆的，十一月份部分日子气象情况可能与十月份差不多。但从时序上看，却是不可逆的。复卦十一月往下发展的过程性状态不是坤卦十月，这是由时间的不可逆性所决定的。交互卦是事物在本卦状态基础上，继续向前发展最有可能出现的状态，它可能是好的，也可能是坏的。但可以通过改变某些条件因素，对这种最有可能出现的状态作出调整，以达到趋利避害、逢凶化吉的效果。

临卦的错卦是遁卦。如果将临卦六个爻性质相反，将阳爻变成阴爻，将阴爻变成阳爻，那么得到的卦就是其错卦遁卦，两者阴阳相错，互为错卦。临卦与遁卦也是既有联系、又有区别。联系在于，其结构具有反向相似性，临卦两阳爻四阴爻，遁卦两阴爻四阳爻，两者对立统一，相互依存、相互转化。区别在于，卦画、卦象不同，表达的意境不同。

临卦十二月向前发展是泰卦正月，阳气在逐渐增长，泰卦代表上下交流畅通，所反映的是君子道长、小人道消的社会状况，发展趋势是国泰民安的治世景象，小人被君子逼退，政治生态良好，君子来临，所以称其为"临"；遁卦代表六月，往前发展是否卦七月，阴气在逐渐增长，否卦代表上下闭塞不通，所反映的是小人道长、君子道消的乱世景象，君子受小人排挤，政治生态恶化，君子隐退，所以称其为"遁"。

《论语·卫灵公》孔子说："君子哉，蘧（qu2）伯玉！邦有道，则仕，邦无道，则可卷而怀之。"孔子说，蘧伯玉是位君子，邦国处于治世时出来做官，邦国处于乱世时，则收卷起自己的才华抱在怀里。《论语·述而》："宪问耻。子曰：'邦有道，谷；邦无道，谷，耻也。'"有个叫宪的弟子问孔子什么叫耻辱，孔子说，在治世时去做官拿取俸禄是正常的，如果在统治者昏庸无道的乱世还去做官拿俸禄，这就是耻辱。在乱世做官拿俸禄就有点为虎作伥、做坏人帮凶的味道了。孔子所说的有道、无道的社会状况，就是临卦和遁卦描述的两种相对立的社会状况。

【卦辞象辞】

〖卦辞〗

"临，元、亨、利、贞。至八月有凶。"

【译文】"临卦，有始、通达、适宜、正固。到八月有凶险。"

卦辞用来说明卦名、主题和特征。元、亨、利、贞与乾卦卦辞相同，这说明临卦与乾卦具有相似的性质特征，乾卦六龙御天的积极进取精神，在临卦君临天下中也是十分需要的。所不同的是，乾卦之"元"有创造的意思，而临卦之"元"只表明开头、开始、开元等意思，带有循环传承、周而复始的意思，没有创造之意。

"八月有凶"的说法取意于十二消息卦。临卦是农历十二月，严寒的冬季即将结束，春暖花开的日子即将来临，阳气逐渐增长，阴气逐渐减少，运用到社会领域，便是政治生态良好，社会风气清正，是有利于君子发挥作用，施展才干的治世社会。而八月是观卦，八月的情况正好与临卦相反，是天气开始转凉变冷，逐渐进入冬季的时段，这时阴气在增长，阳气被逼退，寒冷即将降临。如果运用到社会领域，表明进入了政治生态恶化，小人猖獗，君子受到排挤的乱世社会。这对君子来说前途充满凶险,因而称"八月有凶"。

【彖辞】

《彖》曰:"临,刚浸而长,说而顺,刚中而应。大亨以正,天之道也。至于八月有凶,消不久也。"

【译文】彖辞说,临卦,阳刚力量在逐渐增长,内卦喜悦而外卦柔顺,九二阳刚居中而与六五有正应。以坚守正道获得大通达,这是自然规律。到农历八月有凶险,是因为阳爻处于消退阶段,存在时间不长了。

浸,通"渐",逐渐、渐渐之意。

【大象之辞】

《象》曰:"泽上有地,临。君子以教思无穷,容保民无疆。"

【译文】大象说:"湖泽上方是大地,这是临卦所反映的自然景象。君子受此启示应当不断地教化思考,永远容纳并保障民生。"

对民众进行教化是君子的责任,为百姓谋幸福,为民族谋复兴,是领袖和君子群体的神圣职责。

"思"取象于坤卦。上卦为坤,上交互卦也为坤,坤为地,为土。而"思"与土相关联。《尚书·洪范》说:"五行:一曰水,二曰火,三曰木,四曰金,五曰土。水曰润下,火曰炎上,木曰曲直,金曰从革(顺从、变革),土爰(为,曰)稼穑。润下作咸,炎上作苦,曲直作酸,从革作辛,稼穑作甘。""五事:一曰貌,二曰言,三曰视,四曰听,五曰思。貌曰恭,言曰从(顺从),视曰明,听曰聪,思曰睿。恭作肃,从作乂(yi4,治理、安定),明作哲,聪作谋,睿作圣。"

此文提出了"五行":水、火、木、金、土,"五行"对应了"五味":咸、苦、酸、辛、甘。还提出了"五事":貌、言、视、听、思。文中虽然对五事作了解释,但并未直接与五行关联起来。后来学者结合《易经》、五行和五事的特点进行了对应,貌、言、视、听、思,分别对应木、金、火、水、土。

"貌"作为人的外形面貌,与树的形状最为接近;人的行为举止等外在表现,与木也最贴近。据《说卦传》,巽为木,巽的卦德是逊顺恭敬,因此貌与木对应最合适，文中"貌曰恭"就表达了这层意思。

"言"是说话，是内心想法的表达。据《说卦传》，兑为口，为言，在五行中兑为金，古人非常看重诚实信用，言为心声，说话算数，所以有一诺千金、一言九鼎、斩钉截铁、铿锵有力、声若洪钟等说法，都与金属有关，突出了金属的声音的悦耳性和性状的坚固性、稳定性、庄重性和严肃性。同时，金属还有很强的延展性，晋代刘琨有"何意百炼钢，化为绕指柔"的诗句，说明金属能按人的意愿制作成各种形状的工具，由此引申出顺从、服从的意思。兑为言，为口，为金，"金曰从革"。因此，言语也要顺从，文中"言曰从"所表达的就是这个意思。

"视"是眼睛的功能，是对事物形状、景象等信息的感知器官。据《说卦传》，离为火，离为目，火既是危险的，又是亮丽的，"明"字反映了火的光明特征，因此文中指出"视曰明"，视与火的联系是显而易见的。

"听"是耳朵的功能，是对声音信息的接收。据《说卦传》，坎为水，为耳，一双耳朵在头部的位置结构与坎卦酷似，而且流水发出的各种各样声音，都是耳朵听到的。之所以坎为耳，是因为坎与耳具有共同特征。坎卦中间为阳，两边为阴，这与观察河流的结果是吻合的，河中央之水流速快，用阳爻表示；河两侧的之水流速慢，用阴爻表示。如果将坎卦竖起来，那么竖坎的形状，与脑袋耳朵的形状就非常像了，脑袋为主体结构，形体大，为阳；耳朵为辅助结构，形体小，为阴。

"思"是指思虑、思考、思念、思慕、思恋、思路、思维、思想等意，思与土的对应关系体现在五个方面：

一是思路要像大地一样宽广。据《说卦传》，坤为土，为地，大地广阔无边，启示人们思考问题要思路开阔、胸襟广阔，文中"思曰睿"、"思作圣"就传递了这种意境。睿，通达，思虑广远；睿智，思虑深广，明智；睿圣，思虑深远，无事不通。圣，通达事理，具有最高智慧和道德的人，旧称学问技能达到极高水平的人。因此，睿、圣都与大地的辽阔和深厚相联系。

二是坤土可以理解为思维的载体。思是个会意字，上半为田，下半为心，按照古代观念，思考的心理活动是在心田里进行的，心田位于腹内，据《说卦传》，坤为腹，为土，以此达到了思与土的关联。

三是母亲是最让人思念的对象。思的含义之一是思念，据《说卦传》，坤为母，为土，因而思与土发生了关联。

四是土是黄色中和之物。在五行中，土居中，与其他各元素都能匹配；在五色中黄色与其他各种颜色都能搭配。因此，思考问题必须从中和立场出发，坚守正道，公平正义，统筹兼顾，以和为贵，以达到人与人、人与万事万物的融通和合。

五是思考问题要立足现实、切合实际。人生活在大地上，思考任何问题都要脚踏实地，离不开这片生于斯长于斯的土地。

"无穷"、"无疆"取象于坤卦。由于上卦和上交互卦皆为坤，坤为地，为土，两坤相叠，代表大地广阔无垠，故有无穷、无疆之说。

"保民"取象于兑卦。下卦为兑卦，兑为巫，巫乃人与神沟通的媒介，因此通过类似宗教的仪式达到教思、保民的功能。

【爻辞小象】

"初九，咸临，贞吉。"

【译文】"初九，心意相通实施统领，正固，吉祥。"

咸，通"感"，为无心之感，不是刻意装出来的，是在不经意间自然而然流露出来的真实感情。初九阳爻居阳位，当位，表明有力量，而且行为举止适当。初九与六四有正应，说明初九能得到高层六四的支持和关照，六四能得到基层群众的支持和配合。得民心者得天下，上下心有灵犀，沟通顺畅，治国理政就具备了良好坚实的思想感情基础。

"咸"取象于归妹卦和咸卦。下交互卦震卦，与下卦兑卦，两者构成归妹卦。由归妹卦可以联想到咸卦，两者都是讲男女婚恋关系的。咸为无心之感，就是男女真心相爱的状态。咸卦为泽山咸，下卦艮的三爻，与上卦泽的三爻均有正应，表明少男与少女心有灵犀，彼此吸引。临卦四个爻有正应，初九与六四、九二与六五皆有正应，心灵相通，相互感应，因此初九、九二皆有咸临的说法。虽然在程度上与咸卦有些差异，但在性质上相当接近。

《象》曰："咸临贞吉，志行正也。"

【译文】小象说，心意相通实施统领，正固吉祥，这是因为初九心愿得以实行并合乎中正之道。

"九二，咸临，吉，无不利。"

【译文】"九二，心意相通实施统领，吉祥，没有不适宜之事。"

咸临的意思与初九同。全卦只有初九、九二两个阳爻，其所对应的六四、六五皆为阴爻，彼此都有正应。九二与初九不同之处在于，九二阳爻居阴位，不当位，其行为举止表现得过于刚强，这本是不利因素，但是恰恰与九二对应的六五是阴爻居阳位，能力显得不足，一方是能力过强，另一方是能力偏弱，两者正好起到互补作用。可见，两个各有缺陷的单体进行组合，只要匹配恰当，仍然可以成为最佳搭档，从而做到扬长避短、变劣势为优势。九二居下卦中爻，表明能够坚守中道，道德品行没有问题，良好的道德素质足以弥补诸多缺陷。这也是吉、无不利的重要原因。

"咸临"也取象于归妹卦。理由同初九解读。咸卦之"咸"，与五味之"咸"，为同一个字。那么这两个"咸"意思是否关联呢？本人认为是有关联的，少男少女无心之感是"咸"，把恋爱生活过得有滋有味并且将来很可能一起过柴米油盐的生活，这也是"咸"。只不过现代人改了口味，把古代恋爱的咸味改成了酸酸甜甜或者再加点苦涩的味道罢了。

《象》曰："咸临，吉，无不利，未顺命也。"

【译文】小象说，心意相通实施统领，吉祥，没有不适宜之事，这不是顺从命令的行为。

意即这是自觉自愿的行为，并非出于被迫无奈地服从命令，而是心心相印、彼此感应的主动行为。

"六三，甘临，无攸利。既忧之，无咎。"

【译文】"六三，给点甜头实施统领，无所适宜。若对此已有忧虑，则没有灾祸。"

甘，美好，甜蜜，引申为小恩小惠，给点甜头尝尝，没有多少实惠；或者是甜言蜜语,口惠而实不至,只是说话好听,并无实质性内容,刚开始可能会有点作用,但当民众回过味来就没有好处可言了。无攸利,即无所利,利解为适宜。既,已经,作副词,既忧,已经忧虑,已经意识到这种做法不妥了。

六三阴爻居阳位,不当位,表明力量过于柔弱,位置又不中不正,与上六没有正应,得不到上六大佬的支持。其自身的缺陷是明显的,不具备统领民众的优势和能力,因此只能是小打小闹、在嘴上说些好听的话,行动上并没有能力实际兑现。如果六三能认识到自己的缺陷,及早防范和应对,其结果就不会有太大问题,毕竟给点甜头虽意思不大但也没有恶意。

"甘"取象于坤卦和兑卦。上卦为坤卦,坤为大地,为土。《尚书·洪范》说,"土爱(为、曰)稼穑","稼穑作甘",意思是说,土地的功能是用来种植庄稼的,粮食丰收了就能过上幸福甜蜜的生活,因此五行中的土所对应的五味是甘。下卦为兑卦,六三为兑卦主爻,兑为口,坤兑组合在一起便是口享甘甜之意。

《象》曰:"甘临,位不当也。既忧之,咎不长也。"

【译文】小象说,给予甜头实施统领,六三阴爻居阳位定位不当。既然已经意识到问题所在了,即使有灾时间也不会太长。

"六四,至临,无咎。"

【译文】"六四,抵近统领,没有灾祸。"

至,到,到达了极点,在此引申为站在离湖水最近的位置。上卦为坤,代表陆地岸边,六四是坤卦最下爻,距离下卦兑卦湖泽最近。如果说站在湖岸上居高临下观风景,那么六四就是离湖泽最近的岸边。离得近,看得清,欣赏湖景效果最佳。以此来比喻君王或领袖统领天下百姓,就是要坚持以人民为中心,坚持走群众路线,深入基层,深入群众,亲临一线,实施靠前指挥,善与群众打成一片,到离老百姓最近的地方去调查研究,掌握第一手材料,了解真实社情民意,切实为民排忧解难。这种亲民做法能给百姓带来实惠,当然就没有灾祸了。六四阴爻居阴位,当位,表明其行为举止适当,且与初九有正应,说明其至临行为深得民心,得到基层百姓的大力支持。

　　"至临"取象于震卦。下交互卦为震卦，六四正好处于震卦上。震为动，为足，足动即为行走。从爻位上看，初九与六四有正应，说明领导与群众心意相通，没有感情隔阂，没有沟通障碍。从卦象上看，初九君子主动往前行进，抵近六四，相当于抵近百姓聚集区。上卦为坤，上交互卦也为坤，两者构成六爻坤卦，代表百姓大众。君子行至六四，可理解为走到离百姓最近的地方，故有"至临"之说。

　　《象》曰："至临无咎，位当也。"
　　【译文】小象说，抵近统领没有灾祸，因为其行为与其位置相适应。

　　"六五，知临，大君之宜，吉。"
　　【译文】"六五，用智慧统领，伟大君主适宜之法，吉祥。"

　　知，通"智"，智慧，睿智。六五是君王之位，阴爻居阳位，不当位，说明君王的力量偏于柔弱，好在居于上卦中位，表明能够坚守中道，道德品行公道正派，同时与九二有正应，其行为能够得到九二基层干部的拥护和支持。在自身能力不足的情况下，君王若要有所作为，就要以更大的智慧去统领百姓，这样才能收到事半功倍的效果。

　　纵观中华上下五千年历史，君弱臣强的乾坤搭档不胜枚举，比如刘备与诸葛亮、刘邦与张良、朱元璋与刘伯温、宋江与吴用等。毛主席说，政治路线确定之后，干部就是决定因素；领导的主要两个工作，一是出主意，二是用干部。因此，作为君王、领袖或者领导干部，自身具备良好素质与能力是必须的，但不是主要的，关键在于用好有德行、有智慧和有能力的大批人才，把他们放在重要岗位，委以重任，给以信任，予以支持，为他们建功立业创造良好条件，这才是领导者至关重要的职责。领导自身本领高超但不善用人，那只是匹夫之能，比如吕布；用好贤能志士，人尽其才，就能产生无人匹敌的强大正能量，就能所向披靡，无往而不胜，比如刘备、曹操。

　　"知"取象于坤卦。如在大象章节分析的那样，坤为土，五行之"土"，与五事之"思"相匹配。《尚书·洪范》说："思曰睿。"善思则智。

《象》曰:"大君之宜,行中之谓也。"

【译文】小象说,伟大君主所适宜的统领方法,说的是实行中正之道。

因为只有实行中正之道,才能得到基层干部和百姓大众的真心拥护和热情支持。

"上六,敦临,吉,无咎。"

【译文】"上六,以敦厚态度实施统领,吉祥,没有灾祸。"

敦,敦厚,诚实。上六阴爻居阴位,当位,表明其行为举止是适当的。上六与六三没有正应,得不到基层实力派的支持和配合。无咎,可理解为本来是有咎的,通常上六因为处于卦画的最末爻,多少有些物极必反的弊病,但是由于敦厚、诚实带来了强大的正能量,使得灾祸得以有效避免。从统领艺术层级来看,可视为最高等级的领导艺术。

初九、九二是以情感人,六三是小恩小惠,六四是近距离接触,六五是发挥智慧的力量,上六是强调诚实的威力。这些统领方式是在实践中一步步摸索着走过来的,多数是有效的,也有效果不明显的,前两爻在感情层面,中间两爻在技术层面,六五在智慧层面,上六在道德层面。到了六五、上六统领艺术走向成熟。道德的力量是无穷的,厚道诚实是最基本的,也是最可贵的品质,它最容易做但最难做到。

"敦"取象于坤卦。坤为地,为土,为母,为柔等。历来有天高地厚之说;大地、母亲具有敦厚、包容、柔顺、承载、忍耐等优秀品质。

《象》曰:"敦临之吉,志在内也。"

【译文】小象说,以敦厚态度实施统领吉祥,因为其心愿在于期盼内部出现更多君子。

"志在内"取象于泰卦。在临卦情境中,上六与内卦六三没有正应,"志在内"肯定不是指心里维系着六三。但是,作为阴爻,六三可能倾心于初九、九二,可是初九、九二已经分别与六四、六五发生正应,因此上六的"志在内"也不是指心系初九、九二。

临卦为农历十二月，其发展趋势就是进入农历正月的泰卦，这是阳爻力量不断壮大的结果，也是人们所期盼的局面。泰卦也是上六期盼出现的局面，因为在泰卦中上六与九三有正应。因此，"志在内"所指的是上六对前途的憧憬，寄托着让内部君子群体更加发展壮大的愿景。虽然目前尚未如愿，但只要心中有梦，美梦成真就有可能实现。

按照物以稀为贵原则，临卦卦主应当是两个阳爻，初九当位但位阶低，九二居中但不当位，居中表明道德素质良好，阳爻居阴位，本是不利因素，但在阴爻居多的特殊情境中，反而是积极因素，阳爻说明能力强。因此九二应作为主要卦主，初九可视为辅助卦主。也许有人会发出疑问，初九、九二处于基层下位，为何能统领民众呢？

这是因为考察角度不同的缘故。从六个爻位上看，初九、九二处于下位，四个阴爻居于上位，要说居高临下的话，似乎应当阴爻居高临下，但这只是表面现象。一是初九与六四有正应，九二与六五有正应，上下心灵相通，初九、九二通过六四、六五可实现实质上的统领。二是下卦为主卦，上卦为客卦，初九、九二均在主卦上，以主统客也是顺理成章的事。三是从发展趋势看，当前形势和环境对君子有利，对小人不利，处于阳长阴消的通道中，以阳统阴势所必然。四是在特定情境中统领与地位呈现出不一致性。比如在师卦中，实际统兵带队的将帅是九二，而不是六五。临卦与师卦在结构上有相似之处，区别仅在于初爻，其余五爻完全相同。因此，考察卦象、分析易理要全方位、多角度、多路径综合考量，结合实际，灵活运用，合理解释，"不可为典要，惟变所适"，既要钻得进去，还要跳得出来，要善于看大势，把握全局，不可钻牛角尖，防止一叶障目不见泰山。

第二十卦 观卦的观察之道

【观卦】

【白话经文】

观卦，在祭祀前洗手时，内心便充满虔诚。

初六，用儿童眼光观察事物，普通人无灾祸，但对于君子有小灾。

六二，从门缝里观看，适宜女性，但要守正。

六三，考察自己人生和社会民生，须知进退。

六四，看到国家政治清明之光，适宜做君王座上宾。

九五，君王审视自己人生和民生，君子没有灾祸。

上九，观察君王及其社会民生，君子没有灾祸。

【经文原文】

观，盥（guan4）而不荐，有孚颙（yong2）若。

初六，童观，小人无咎，君子吝。

六二，闚（kui1）观，利女，贞。

六三，观我生，进退。

六四，观国之光，利用宾于王。

九五，观我生，君子无咎。

上九，观其生，君子无咎。

【解读序言】

观卦位列周易第二十卦，上卦是风，下卦是地，称其为风地观。《序卦传》说："临者，大也，物大然后可观，故受之以观。"序卦传说，临卦讲述的是君临天下把事业做大，事物变大以后可供人观瞻，因此周易在临卦之后安排了观卦。临卦与观卦是对综卦，前后衔接排列，两者既有联系又有区别。如果说临卦侧重于"得江山"，反映君子统领众人创建天下的过程，那么观卦就是侧重于"坐江山"，反映君子居君王之位观民生、察民风，对天下进行治理的情形。观卦反映了社会各阶层包括君王如何观察、审视、评价自己人生和社会民生，从而用以指导修正自己的行为。《杂卦传》说："临观之义，或与或求。"杂卦传说，临卦与观卦的含义，可能是给予百姓利益，也可能是对百姓提出要求。

卦辞表达了全卦主题，要求以虔诚态度对待祭祀，在祭祀前洗手时，内心就要充满诚信。初六讲，用儿童眼光看问题，对普通人问题不大，但是对于负有重大使命和责任的君子来说，如果也这样看问题情况就不妙了；六二讲，隔着门缝观察事物，这是适宜妇女的观看方式，没有什么不可以，但这种闚视必须坚守正道，要出于正当动机，而不能用于偷闚别人的隐私；六三讲，考察自己的过往人生和社会民生，从而决定进退；六四讲，看到国家政治清明的希望之光，适宜做君王的座上宾，辅助君王治国理政；九五讲，君王审视自己人生和社会民生，对于君子而言没有灾祸，提示君王应当具备君子品德；上九讲，俯视君王治理下的民生状况，对于君子来说没有灾祸，也就是说退位的君王也应当具备君子品德方能无祸。仁者见仁，智者见智。社会各个阶层从不同立场、不同视角、不同高度，对自己人生和国家政治、思想文化和社会生活等作出评价，他们的总和构成社会的主流意识和核心价值观，体现出一个时期的意识形态和舆论状况。

举行祭祀仪式不在于祭品如何丰盛，关键在于内心的虔诚态度。既济卦有类似的表述："九五，东邻杀牛，不如西邻之禴（yue4）祭，实受其福。"杀牛代表牺牲丰盛，属大祭；禴祭是用时鲜蔬菜祭祀，属小祭。之所以祭品简单反而"实受其福"，主要是因为西邻祭祀的态度更加虔诚，西邻代表姬昌西部岐山部落。在这点上，治国理政与祭祀具有相似之处。无论是君王、退位君王、诸侯公卿，还是基层干部、普通百姓、妇女儿童，因受个人经历和客观条件限制，看问题的角度、深度、实际效果等都不相同，但有一点是共同的，那就是都要有一颗真诚之心。

【卦名含义】

《古代汉语词典》解释：观，细看、观察；游览；外观、景象；显示、给人看等等。读音为去声时，有以下与高大建筑相关的意思：宫庭或宗庙门前两旁高大建筑；台榭；祭神的高大建筑；道教的庙宇等等。与观在本卦意思相关的词语有：观察，审视、仔细察看；观风，观察民风、观察动向相机行事；观光，观察一国或一地的政教风俗等；观化，观察教化、观察变化；观览，观察、阅览；观望，观看、外观、观察动向犹豫不决；观瞻，瞻望、观赏、显露于外的景观。观止，所闻见的事物已达到最高境界，无以复加。可见，观卦与宗庙祭祀密切相关，后来的道教庙宇名称，如白云观，其出处来自观卦。

综上所述，观最常用的意思是观看，观察，瞻仰，根据观察者的高低位置不同，可以分为仰视、平视和俯视；根据观察者距离不同，可以是远观、中观、近观；根据被观察对象范围不同，还可以分为宏观、中观、微观。根据观察者处所方位不同，可以分为由内往外看，由外向内看；如果把观察者自身也作为观察对象，既可以向内审视内心世界和心理变化，也可以向外看人间百态和世界万象。因此，由观卦引申出人的一系列观察行为，比如，放眼世界、着眼长远、考察政治、审视文化、洞察奥秘、明察秋毫、观察社会、体察民情、看待人生和透视内心，等等。

【卦象寓义】

一、风行地上之象。这是大象所描述的自然景象。观卦上卦为巽卦，巽为风；下卦为坤卦，坤为地，最直观的自然景象就是风在大地上吹拂。空气流通形成风，虽然风本身看不见摸不着，但人们可以感觉得到，同时也可以观察到刮风的景象，风吹走轻薄之物，沙尘飞扬，草木摇曳，庄稼此起彼伏如同波浪荡漾，等等。风行地上有几个特点：一是风是移动的，从一个地方吹向另一个地方；二是风是有方向性的，被吹拂对象呈现齐刷刷一边倒的状态；三是风是均匀的，几乎无孔不入。

由风行地上的自然景象，延伸至人文政治和社会生活领域，可以派生出诸多与风相关联的概念，如，领导到某地巡视、巡察、视察、考察；君王的命令由上至下、由内而外、由近及远像风一样传送、传播、传达、传递；良好的社会风尚像风行地上蔚然成风；思想教化像风一样无孔不入可渗透至每个角落；哪阵风把你吹来了？这是人们的风趣说法，用来比喻某个人突然出现；人们还用雷厉风行来比喻做事风格爽快、利索，等等。

《论语·颜渊》说，孔子曰："君子之德风，小人之德草，草上之风，必偃。"意思是说，君子的道德品格像风，小人的举止品行像草，大风吹过之后，大片的草木就会齐刷刷地向一个方向倾斜。其实就是君子在思想道德方面的示范引领作用，体现出君子风范与自然之风的关联，这是自然之风在人文政治和社会生活领域的实践应用。

二、农历八月之象。在十二消息卦中，观卦代表农历八月。观卦与临卦是对综卦，临卦卦辞有"至于八月有凶"的表述，这个"八月"指的就是观卦。之所以说"至于八月有凶"，主要是指两卦的情境呈现相反状态。临卦是农历十二月，其趋势是越来越暖和，阳气不断壮大，代表情势对君子有利；而八月开始天气越来越冷，阳气不断减少，代表君子的处境越来越难，并不是本月气候本身不好，而是指其所象征的社会政治生态处在恶化之中，这对君子就有凶险了。因此，在类似于观卦的社会情境中，阴气成分处于优势，寺庙道观都是涉及阴间冥届之事，与八月的天气发展趋势和象征意义相吻合。

三、儿童观门之象。观卦中蕴含着一个大艮卦。将观卦缩小是艮卦，将艮卦放大便是观卦，观卦与艮卦存在内在联系。一是艮卦代表少男。代表观察事物的主体是少年儿童，少年儿童的特点是天真幼稚，并且具有逆反、固执、执拗等特点，"艮"字词义就包含着这层意思。东北话说这孩子贼艮，就是指这孩子倔头倔脑、很不听话。二是"艮"字有观看之意。《说文解字》解释：艮，很也。从匕目，犹目相匕，不相下也。《易》曰："～其限。"匕目为艮，匕目为眞也。段注：很者，不听从也。即目相匕，谓若怒目相视也。艮其限，限指身之中，即腰，艮指目光集中注视。与"艮"有关的字如很、狠、跟等都与怒目而视、注目、盯着看等意思有关联。三是艮卦表示门庭。艮卦卦形像一扇门，据说卦传，艮为门阙，即道路两旁门楼建筑。因此，艮卦形象生动地反映了一个儿童站在门楼前观看的情形。当然儿童只是图个新鲜，看个热闹，看不出什么门道。

四、妇女窥观之象。观卦中蕴含着一个坤卦。观卦的下交互卦为坤卦，下卦为坤卦,两者构成别卦坤卦。坤为母,为众,六爻皆阴,代表妇女。从观卦上下卦卦象看,下卦为坤卦,坤为母;上卦为巽卦,巽为长女,上下卦均为阴卦,也代表妇女。同时,上交互卦为艮卦,艮为门;观卦缩小为大艮卦,为大门之意。两者组合反映了妇女隔着门缝看人观事的生活现象,这是易作者对女性行为习惯观察了解的结果。

五、楼宇大门之象。 从卦画的形状上看,一至四爻是阴爻,就像两扇敞开的大门,五六爻是阳爻,看上去就像大门顶部的门楣。我国有在门楣门侧贴楹联的习惯,两侧是对联,门楣中间是横批,比较考究的人家还会在门楣上方悬挂书画牌匾、镌刻作品等等,往往吸引人们驻足观赏。中国人非常注重门面,门面就是一家人的脸面,集中反映了这家人的物质经济、文化修养、气质兴趣等状况。一扇门就是一个大千世界,可谓外行看热闹,内行看门道,不同的视角可以看到不同的景象,不同的阅历可以得到不同的见解,不同的层次可以得到不同的体验。

六、道观寺庙之象。 道观之观(guan4)正是来源于观卦之观(guan1)。古人非常重视祭祀场所建设,道观寺庙在意识形态领域发挥着重要的教化功能。观卦上卦为巽卦,巽为木,为风,为绳直,为长,为高等;下卦为坤卦,坤为地,为众人,为柔顺等。由巽为木的树木状貌引申出人、先祖、神灵等相貌,由巽为风引申出风范、风尚、家风等意,由巽为绳直引申出继承传承、发扬光大等意。根据以上这些丰富内容,观卦可以联想出多个景象或情形:一是在一块土地上建有一座木结构的道观或寺庙,正敞开大门供人参观;二是先祖、先王、神灵等塑像居于正中高台,供众人观瞻参拜;三是通过祭祀仪式将主流意识、圣贤风范、良好风尚和优良家风发扬光大,起到了引导、渗透、潜移默化的教化作用。这样,道观寺庙的物理形态和宗教文化形态便得到了生动的呈现。

《尚书·洪范》讲了五行、五味和五事:一、五行:一曰水,二曰火,三曰木,四曰金,五曰土。水曰润下,火曰炎上,木曰曲直,金曰从革,土爰(连词,于是)稼穑。润下作咸,炎上作苦,曲直作酸,从(顺从)革作辛,稼穑作甘。二、五事:一曰貌(面貌,态度),二曰言,三曰视,四曰听,五曰思。貌曰恭,言曰从(正当合理),视曰明,听曰聪,思曰睿。恭作肃,从作义(yi4,安定,治理),明作哲,聪作谋,睿作圣。

五事、五行与八卦是个有机整体,彼此存在着密切联系。我们已经知道,八卦与五行的关系是：乾卦、兑卦对应金，震卦、巽卦对应木，坤卦、艮卦对应土，坎卦对应水，离卦对应火。本人发现，五事与八卦、五行存在如下关系：

一是五事之貌对应八卦之巽、五行之木。洪范说"貌曰恭"，从外形上看，貌与木的形状最为接近，但木所对应的有震、巽两卦。从表示人的情绪态度上看，震卦为雷，为怒，如暴跳如雷、大发雷霆，与恭的意思不合；巽卦为风，为恭敬、顺从、谦逊等意，与恭的意思完全一致，因此可理解为五事之"貌"对应巽卦，也可以反过来说，巽卦代表五事之"貌"，既代表形状之貌，指人的容貌形象，又代表态度之恭，指谦逊恭敬的态度。引申指道观、寺庙、宗庙等宗教场所中的神灵、佛祖、先祖等塑像和参拜者的恭敬态度。

二是五事之言对应八卦之兑、五行之金。洪范说"金曰从革"、"言曰从"，前者从是顺从，后者从解释为正当合理，两者意思有所区别，但有关联。可见，言与金相对应，如铁嘴直断、钢齿铜牙，形容言辞犀利口才超群。金所对应的有乾、兑两卦，又因兑为口，言自口出，因此言与兑卦的联系更加紧密。

三是五事之视对应八卦之离、五行之火。洪范说"视作明"，视为眼睛功能，离卦为目，为日，为丽，为明，为火等，与视有直接联系。又因为五行之火为八卦之离卦，以离卦作为媒介，将五行之火与五事之视对应起来，如火眼金睛、真知灼见、两眼冒火、火辣辣的眼光等，反映了火与视不同寻常的关联性。

四是五事之听对应八卦之坎、五行之水。洪范说"听作聪"，听为耳朵功能，而据说卦传，坎为耳，这是因为双耳在头部的位置，与坎卦卦形极为相似，将坎卦卦画竖起来，呈现出阴爻、阳爻、阴爻的结构，阴为小，阳为大，两耳与头部相比，耳朵为小，头部为大，因此耳朵与头部也是阴爻、阳爻、阴爻的结构，可见五事之听与坎卦相对应。又因坎为水，使得五事之听与五行之水关联起来。听作聪，据《说文解字》，聪，察也，从耳恖声。听人之言若能做到像水一样清澈透明，也就达到了聪的标准。

五是五事之思对应八卦之坤、五行之土。洪范说"思曰睿"，按照古人观点，思为心的功能。《说文解字》解释，思，容也。从思字的结构看，由田+心组合而成。可见，思与坤卦相对应，一是坤为土，为地，与田意思吻合；二是坤为布，坤德为柔，引申为包容；三是坤为腹，心置腹内，古人将心腹视为一体，因此坤卦与五事之思相对应。同时，坤卦为五行之土，以坤卦为媒介可知，五事之思对应五行之土。土在五行之中具有基础性重要地位，与其他元素皆能搭配融合，由此引申出五行之"思"在五事中的基础性重要地位，要求思考问题抓住重点统筹兼顾，照顾到上下左右前后各阶层利益和各方面因素，以此来体现睿智的内涵。

七、君王祭祀之象。古代最高规格的祭祀是国祭，由君王主导，庄严肃穆，场面恢宏，盛大而隆重。君王往往借助大型祭祀仪式大肆宣扬君权天授，表明自己得到先王正传，其君位具有正统性和正当性，以此进一步宣示、强化和巩固其统治地位。在观卦中，上九为宗庙之位，代表已故诸王，在宗庙内设有塑像牌位。阳爻居阴住，表明先王地位重要，获得尊重，受到推崇，反映了君王尊崇先王的姿态。九五为君王之位，享有九五之尊，是率领群臣、民众代表举行祭祀的主体。下交互卦为坤卦，下卦也为坤卦，坤为众人、百姓，代表随君王参加祭祀大典的群臣和百姓代表。

八、教化渐进之象。观卦中蕴含着一个渐卦。渐卦上卦为风，下卦为山，称其为风山渐。在观卦中，上卦为巽卦，巽为风；上交互卦为艮卦，艮为山，两者构成渐卦。渐卦有山上有木之象，反映了山上泽被由苗到木、由木成林、由林变森、由小森林变成大森林的过程，这种变化不是突变完成的，而是经过长年累月逐渐演变而成的。渐卦还反映了古代婚嫁"六礼"程序，分别是纳采、问名、纳吉、纳征、请期、亲迎等六个环节，既不能颠倒，也不能逾越。观卦中寓有渐卦，表明观卦所反映的对百姓在思想道德方面的教化作用也是潜移默化、循序渐进的过程。

九、地上有树之象。观卦下卦为坤卦，坤为土，为地；上卦为巽卦，巽为木，为长，为高。给人的直观印象就是大地上长着一棵高大的树。这种自然景观对于理解观卦是有意义的，树作为自然景观是人们的观赏对象，具有审美价值并引发人们思考，如《白杨礼赞》中的白杨树，给人以积极向上的精神力量；陈毅在《青松》诗中写道"大雪压青松，青松挺且直；要知松高洁，待到雪化时"，以拟人化笔法讴歌了青松的高洁。从五行与五事关系看，土对应思，木对应貌。为此，地上有树，又可理解为人们通过对树木的观察欣赏，引发思考获得睿智启迪和真知灼见。思为内心思考，貌为内心的外化，内心精神思想通过容貌表情及行为举止表现出来。这样的理解使得观卦更具现实意义。

十、内柔外顺之象。下卦也叫主卦、内卦，内卦为坤卦，坤为地，坤卦卦德为柔，引申为柔顺、包容、承载、配合等意思，与天的阳刚特性相比，地是阴柔的，大地承载万物，海纳百川，提供人类衣食住行所需一切物质资源，承受着人类砍伐、挖掘、排放和污染等破坏性行为，极具包容性、坚韧性和忍耐力。上卦也叫客卦、外卦，外卦为巽卦，巽为风，巽卦卦德为顺，引申为谦逊、顺从、均匀、进入等意思。大风吹过，田野里成片庄稼、草木齐刷刷顺风倾倒，并且风是无孔不入的，彰显了风的顺从、整齐、均匀等特征。若将观卦代表一个单位，其主方内部表现为柔顺配合，而其客方外部环境表现为恭敬顺从。没有冲突，总体比较和谐。

十一、母亲长女之象。在《易经》大家庭中，坤卦代表母亲，巽卦代表长女，民间有长女如母之说，两者性格特征比较相近。在观卦情境中，母亲勤劳节俭，细心体贴，吃苦耐劳，在家主持家政，操持家务，尽心尽力为全家人做好衣食住行等后勤保障工作。长女朴实厚道，顺从听话，勤劳能干，在外从事劳动生产，为家人提供物质生活资料，兢兢业业地履行着自己的职责和义务。这样的家庭分工合情合理，有利于发挥各自特长优势，表明处于观卦情境中的家庭注重家庭家教，使家风家训得到继承发扬，这对家庭建设是非常有益的。

十二、阴木克土之象。在八卦与五行关系中，震卦、巽卦对应五行之木，艮卦、坤卦对应五行之土。震卦为阳卦为阳木，巽卦为阴卦为阴木；艮卦为阳卦为阳土，坤卦为阴卦为阴土。按照五行关系木克土，阳木克阳土、阴木克阴土是正状态，阳木克阴土是容易状态，阴木克阳土是困难状态。观卦中为阴木克阴土，属于正常状态。如果将观卦视作一个单位，那么意味着单位主方受制于客方，主方处于被动受制状态，客方居主导控制地位，主动权掌握在客方手里。分析清楚了主客关系，就应采取柔顺配合、恭敬谦逊的态度去处理才能取得成效。

【关联卦画】

观卦的综卦是临卦。观卦卦画颠倒一百八十度为临卦，临卦卦画颠倒一百八十度为观卦。综卦又叫覆卦、镜卦，互为综卦。两者既有联系、又有区别。临卦为周易第十九卦，观卦为周易第二十卦，卦序上是前后关系。季节、情态上是相反关系，临卦十二月临近春天，阳气越来越盛；观卦八月临近冬天，阴气越来越盛。临卦多指居高临下，观卦多指以下观上。

观卦的交互卦是剥卦。将观卦的初六、上九去掉，用剩下的四爻重新组成一个卦，二三四爻为下卦，三四五爻为上卦，三四爻为上下卦所共有，这个卦就是交互卦剥卦。交互卦反映事物发展过程中最可能演变出现的状态。观卦代表农历八月，剥卦代表农历九月，也就是说八月天气再往前发展，就进入了九月份凉寒的时节。

观卦的错卦是大壮卦。一对错卦之间，相对应的各爻性质完全相反，阴阳相互交错，互为错卦。观卦是风地观，代表农历八月；大壮卦是雷天大壮，代表农历二月。两者相隔六个月。错卦之间也是既有联系、又有区别。联系是互为对应，各爻性质相反呈现出一致性，风与雷、地与天构成对立统一。区别是卦画、卦象、结构、卦意均不相同，观卦八月天气趋凉，阴气不断增多，所象征的社会情境对君子不利；大壮卦二月天气趋暖，阳气不断壮大，所象征的社会情境对小人不利。

观卦与涣卦关联密切。观卦的卦画与涣卦非常接近，观卦是风地观，涣卦是风水涣，只有六二与九二是不同的，其他各爻均相同。如果说观卦是建造在土地上的道观，那么涣卦就是建造在水畔的寺庙。其寓意、功能有诸多相似之处，两个卦中都述及了宗庙祭祀方面的内容。祭祀宗庙在古代政治、文化和社会生活中占居重要地位，起到了统一思想，形成共识，凝聚人心，凝聚力量的功效。庙为"貌"的谐音，是指先祖形象在宗庙得以展现。《诗经》有"绳其祖武"诗句。绳，继承，就是继承先祖周武王的美德，后来用绳祖、绳武来表示继承先祖之志。巽，为绳直。因此，涣卦中巽卦象征先祖，观卦中的巽卦意义相同，观卦的巽也是先祖、天尊、老君等朝拜对象的象征。详情请参阅涣卦解读。

【卦辞象辞】

〖卦辞〗

"观，盥（guan4）而不荐，有孚颙（yong2）若。

【译文】"观卦，在祭祀前洗手时，内心便充满虔诚。"

卦辞用来解释卦名，阐述全卦主题思想。盥（guan4），是洗（手、脸），洗漱、清洗。荐，是享祭，祭祀，进献牛、羊肉祭品、礼物。孚，是诚信。颙（yong2），严正的样子；若，像什么一样，什么的样子。这与孔子倡导的"祭如在，祭神如神在"的态度一脉相承，即在祭祀祖先的时候要像祖先就在眼前、祭祀神灵时要像神灵就在身旁一样。它强调祭祀时人的态度和心境，关键在于内心是否虔诚，而不在于进献的是什么供品、程序如何繁琐讲究。祭祀中有灌、荐环节，灌是把酒洒在茅草或地上，表明向地神敬酒；荐是献上牛、羊等牺牲祭品，表示请天神和祭祀对象享用。在此之前，先把手洗干净，以表示对神灵和祭奠对象的尊重。有观点认为盥即为灌，也有道理。

"盥"取象于艮卦。盥是洗手之意。观卦是放大了的艮卦，观卦缩小即为艮卦，艮为手。

〖彖辞〗

《彖》曰："大观在上，顺而巽，中正以观天下，观。盥而不荐，有孚颙若，下观而化也。观天之神道，而四时不忒。圣人以神道设教，而天下服矣。"

【译文】彖传说，可供观赏的大件物体处于上方，下卦柔顺而上卦顺从，九五君王居上卦中爻并且阳爻居阳位，以中正之道观察天下。自洗手尚未开始祭祀之时，内心就充满虔诚，这是居于下位的百姓通过观瞻祭拜达到内化于心的体现。观察天体自然神奇的运行规律，四季准时更替不出差错。圣人受此启示按照自然运行规律实施教化，天下百姓都信服顺从。

"神道设教"取象于艮卦和巽卦。观卦全卦相当于艮卦的放大，观卦缩小即为艮卦，艮为门阙，引申为庙宇建筑。上卦为巽卦，巽为木，为绳直，为长，为高等，巽卦与五事之"貌"相对应，引申为先祖、先王、道佛神灵等塑像。

【大象之辞】

《象》曰："风行地上，观。先王以省方观民设教。"

【译文】大象说："风在大地上拂行，是观卦所描绘的自然景象。以往君王受此启示巡视全国各地、考察民情并建造设施实行教化。"

【爻辞小象】

"初六，童观，小人无咎，君子吝。"

【译文】"初六，用儿童眼光观察事物，普通人无灾祸，但对于君子有小灾。"

吝，是吝啬、小气，耻辱，悔恨。初六相当于人生少年儿童时期，少不谙事，天真幼稚，看事情只是浅层次和表象化的，无法透过现象看本质，这是一种小孩的眼光，这对于小孩是正常的，甚至觉得可爱，如果成人这样看问题就有些可笑了。这种事发生在普通人身上问题不大，但是如果发生在君子身上就有问题了。因为君子是公平正义的化身，肩负着比普通人更多的使命和更大的责任，在社会上影响力大，君子的态度、看法、观点、理念具有引领社会风气的作用，如果君子也用儿童眼光看待事物，就会引来社会舆论的质疑，百姓会对其失去信任，这对君子无疑是极为不利的。初六阴爻居阳位，不当位，显得过于柔弱，同时初六离上卦最远，难免看不真切。这是初六只能用儿童视角观察事物的主要原因。初六与六四没有正应，得不到高层六四的关照和支持。

"童"取象于艮卦。艮为少男，代表儿童，涉世不深，观察事物的角度还比较幼稚。观卦是放大了的艮卦，将观卦缩小便成艮卦。

《象》曰："初六童观，小人道也。"
【译文】小象说，初六用儿童眼光看问题，这是小人物观察事物的方式。

"六二，阚（kui1）观，利女，贞。"
【译文】"六二，从门缝里观看，适宜女性，但要守正。"

阚（kui1），即窥，是指从门缝里看人，从小孔、缝隙或隐蔽处偷看，阅观。窥观，比较符合女性行为特征，特别是少女，心理活动细腻而敏感，常装作若无其事的样子，却偷偷地隔着门缝看着大人的一举一动，只是出于好奇，并无恶意。这样的观看方式只要没有不良动机，并无大碍。童观讲的是心智尚不成熟，观察事物受到限制。阚观讲的是女性的观看方式，门缝狭窄，视野受到限制，难免看不真切、看不全面。其重要原因是，古代女性受客观条件限制，多数没有受到良好教育，也很少四处走动，多数时间呆在家里学女工、做针线、干家务，见识不够广，看问题不太深，容易出现门缝里看人把人看扁了的现象。女性的窥看行为与女性的生活习惯和做事方式是吻合的，对于女性是适合的，但对于君子用这样的方式去观察事物却是不适宜的。童观、窥观都是有缺陷的观察方式，如果成年人、君子也这么观察事物，就将带来诸多弊端和不良后果。六二阴爻居阴位，当位，说明行为举止是适当的。居下卦中爻，表明能够坚守中正之道。六二与九五有正应，能够得到九五君王的大力支持。

"阒"取象于六二爻位和艮卦。按照六爻分布, 初爻为元士, 二爻为大夫, 三爻为公卿, 四爻为诸侯, 五爻为君王, 上爻为宗庙。六二是大夫之位, 大夫管辖的属地称家, 相当于现在县级行政单位, 比县稍小。修身、齐家、治国、平天下中的齐家, 就是指治理大夫的属地, 而不是管理现代概念的家庭。大夫有家就有大门, 有门内门外之分。另外, 观卦缩小为艮卦, 艮为门阙。六二爻辞是借门的概念阐述易理。

"女"取象于坤卦。下卦为坤卦, 坤为女。古代女子受教育有限, 又很少出门, 见识不广, 看问题不够深刻、不够全面, 这是客观原因造成的, 情有可原。现代女性与此完全不同。

《象》曰: "阒观女贞, 亦可丑也。"
【译文】小象说, 从门缝里观看, 适宜女性但要守正, 如果君子或男人也门缝里观看事物就显得丑陋了。

"六三, 观我生, 进退。"
【译文】"六三, 考察自己人生和社会民生, 须知进退。"

生, 人生, 生灵, 百姓、民众。"我生"包含两层意思, 一是指自己的人生; 二是指自己所管理的生民众人, 六三为公卿之位, 有自己的封地和百姓。这两层意思应当综合理解。六三阶段相当于人生三四十岁, 这时实力还不够强, 必须量力而行, 有进有退, 有所为有所不为, 否则可能会摔跟头。例如, 新东方创始人俞敏洪就是懂得进退的人, 他的成功关键在于: 一是有成就事业的强烈信念, 二是有咬定青山不放松的坚韧性。他两次高考落榜并没有气馁, 坚持第三次参加高考, 终于考进北大, 而与他有相似经历考分比他高的同村人却放弃了。进入北大后还来不及欣喜便坠入了灰色的人生阶段, 学习吃力, 经济拮据, 没有女生正眼瞧他, 还不幸得了肺结核, 不得不休学一年, 这是他当时抉择的一进一退。在治病期间, 他反思人生, 学会了豁达, 没有因此畏缩不前, 反而愈挫弥坚, 最终他成功了, 艰苦努力终于得到了回报, 他不是个走得快的人, 但是个走得远的人。无论是自己的过往人生, 还是管理生民的现实状况, 都是当事人所处的现实环境和客观条件。要成就人生事业, 就必须懂得进退, 必须正视自身状况和这些客观因素，正确分析主客观情况，选定奋斗目标，把握前进方向，选择适当行动方式，妥善处理进与退的关系，该进时则努力进取，该退时则激流勇退，有时退却就是为了更好地行进。六三阴爻居阳位，不当位，刚强不足，力量过于柔弱，这也是他不得不又进又退的原因。六三与上九有正应，能够得到上九大佬的关照和支持，这说明其进退行为符合宗庙承载的思想理念和精神要求的。

"生"取象于坤卦。下卦为坤卦，下交互卦也为坤卦，坤为众人，为百姓，引申为生民、生灵。坤为母，为腹，母腹为生命之源，引申为生命、人生。

"进退"取象于巽卦。观卦上卦为巽卦，巽为进退。

《象》曰："观我生进退，未失道也。"

【译文】小象说，观察自己的人生和所属生民状况来决定进退，因为这样做没有违背自然规律。

"六四，观国之光，利用宾于王。"

【译文】"六四，看到国家政治清明之光，适宜做君王座上宾。"

光，是光明，曙光，希望。国之光，是指国家政治清明、君王闪现道德之光，表明处于君王开明、政治清明、官员清廉、社会稳定、百姓安居乐业的治世时期。利，适宜，有利于。宾，宾客。用宾，做宾客，做君王的宾客，即为君王所用，做君王的臣僚，这是古人的习惯说法。为开明君王做事，于国、于己、于社会、于百姓都是好事。六四相当于人生四五十岁时期，综合素质、学识、能力及经验都到了鼎盛时期，此时看问题更加全面，更加深刻，更加准确。六四是诸侯之位或是君王的亲近重臣，离君王最近，这位君王是明君、是庸君，还是昏君，六四看得很清楚。如果是贤德君王就极力辅佐他，如果不是则应早作打算。六四阴爻居阴位，当位，说明其行为举止是适当的。六四与初六没有正应，未能得到基层初六的支持和配合。

"国"取象于坤卦。观卦下卦为坤卦，下交互卦也为坤卦，坤为大地、疆土，引申为邑、国。

《象》曰："观国之光，尚宾也。"

【译文】小象说，看到国家政治清明之光，适宜做君王的座上宾，这是因为君王崇尚待宾之道。

"九五，观我生，君子无咎。"
【译文】"九五，君王审视自己人生和民生，君子没有灾祸。"

生，生民、百姓。九五为君王之位，因此有九五之尊之说。此处的"观我生"与六三的"观我生"有所区别，六三是人生四十左右时期，尚处于人生发展前期，才过了人生的一半，从地位而言六三是公卿之位，他管理的生民范围不是很大。九五是君王之位，已在人生巅峰状态，大部分人生已成历史，管理的范围是全国百姓。"观民生"如同照镜子一样，通过观察社会民生、百姓市井的生活状况来检验执政的得失。国泰民安、社会繁荣表明君王治国有方；民不聊生、社会动乱表明君王政治黑暗。君王若能以史为鉴、以民为鉴、以过为鉴，做到自省、自警、自重、自励，按君子的标准治国理政，其结果就没有灾祸。当然，九五的主体不仅仅指君王，还可引申指大单位、大企业、大行政区域的主要领导。九五阳爻居阳位，当位，表明其行为举止适当。九五与六二有正应，能够得到基层干部的支持和配合。

《象》曰："观我生，观民也。"
【译文】小象说，君王审视自己的人生和民生，其实就是观察百姓生活和社会状况。

"上九，观其生，君子无咎。"
【译文】"上九，观察君王及其社会民生，君子没有灾祸。"

上九是宗庙之位，是退出政坛前台的君王或领导，俗称大佬，他的作用发挥可大可小，取决于九五的态度。观其生，是从退居二线的大佬视角观察民生，评价现任君王治国理政的功过得失，只要奉行君子之道，其结局也是没有灾祸。反之，他的表现如果不像君子，其结果就可能有咎。上九阳爻居阴位，不当位，力量过刚过猛，阴柔不足，刚强有余。上九与六三有正应，能够得到基层实力派的支持配合。

《象》曰:"观其生,志未平也。"

【译文】小象说,观察君王治理下的社会民生,虽然按君子之道行事没有灾祸,但他的内心愿望并未完全实现。

可理解为,一是君王的治国理政和民生工作仍有不尽如人意的地方;二是上九作为退位的君王对自己在任时的治国理政和民生工作存在遗憾。

第二十一卦 噬嗑卦的法治之道

【噬嗑卦】

【白话经文】

噬嗑卦，通达。宜适用于案件办理。

初九，脚戴锁镣掩没了双脚，没有灾祸。

六二，大口吃肥肉掩没鼻子，没有灾祸。

六三，吃腊肉，遇到毒素，有小麻烦，但无灾祸。

九四，吃带骨肉脯，如同咬铜箭头，适宜艰苦奋斗并坚守正道，吉祥。

六五，吃烘烤肉食，就像咬黄金，固陋有危险，没有灾祸。

上九，肩扛枷锁遮蔽耳朵，凶险。

【经文原文】

噬嗑，亨。利用狱。

初九，屦（ju4）校（jiao4）灭趾，无咎。

六二，噬肤灭鼻，无咎。

六三，噬腊肉，遇毒，小吝，无咎。

九四，噬干姊（zi3），得金矢，利艰贞，吉。

六五，噬干肉，得黄金，贞厉，无咎。

上九，何校灭耳，凶。

【解读序言】

噬嗑卦位列周易第二十一卦，上卦为火，下卦为雷，称其为火雷噬嗑。《序卦传》说："可观而后有所合，故受之以噬嗑。嗑者，合也。"序卦传说，敞开两扇大门可供人们观看，然而有开启就有闭合，因此周易在观卦之后安排了噬嗑卦，嗑就是闭合的意思。噬嗑卦的前一卦是观卦，童观、窥观、下层观、上层观等代表社会不同利益阶层的视角和观点，矛盾纠葛错综复杂，利益关系难以调和，刑事犯罪频发，和谐稳定的社会秩序受到挑战。这时国家行政主体就要出面实施社会治理，平衡各阶层或团体的利益关系。这个过程就相当于社会各阶层利益的协调调整过程和各种复杂社会关系的相互磨合过程。《易经》的特色是善于用日常生活中司空见惯的现象来阐述为人处世的深刻哲理，噬嗑卦就是用人们日常生活中的吃肉作比喻来阐发社会治理的机理。

整个噬嗑卦就像一张大嘴，上九、初九是上下两排牙齿，中间四个爻是口中的食物，因而二至五爻爻辞中均有"噬"字，以吃食物来比喻社会治理，九四是横在口中的骨头或坚硬食物，用以比喻社会治理中的顽症难点。初九代表轻微违法行为，上九代表严重犯罪行为，表明治理社会失当或公民无视法律，小过终将演变为重罪。

【卦名含义】

《古代汉语词典》解释：噬（shi4），咬，又侵吞；涉及。嗑（he2），合，闭，《周易·噬嗑》："噬~，亨，利用狱。"（王弼注："嗑，合也。"）同"嗑"。噬嗑，指人们吃食物时，嘴巴一开一合的咀嚼动作，引申为磨合的意思。《说卦传》说："噬嗑，食也。"可见，噬嗑卦是一个跟饮食有关的卦。它以吃喝为例，说明主政者应协调利益关系，磨合矛盾各方，消除彼此隔阂，从而对社会实行有效治理。根据《古代汉语词典》解释：嗑字另有两个读音，一个读"xia1"，笑声，《庄子·天地》："则~然而笑。"另一个读音为"ke4"，闲谈，说话；咬开；同"磕"。词组嗑嗑（ke4 ke4），多言的样子；嗑（ke4）牙，也作磕牙，多嘴，闲谈。因此，噬嗑还有借吃喝饮食的机会，相互唠嗑，互通信息，达到交流观点、增进理解、磨合关系、化解矛盾的意思。

【卦象寓义】

一、电闪雷鸣之象。上卦为离卦，离为火，为电，代表闪电；下卦为震卦，震为雷。噬嗑卦反映了日常生活中常见的电闪雷鸣这一自然气象。电闪雷鸣之时，声色俱厉，让人震惊恐惧；雷霆代表老天发怒，对人间之事表达不满；闪电代表光明，对是非曲直明察秋毫。因此，雷电常与法治相联系，以此象征法治的公正性、严肃性和威慑性。

二、口中有食之象。噬嗑卦像一张张开的大嘴巴，上九和初九为上下嘴唇。中间四个爻代表食物，阴爻代表柔软食物，阳爻代表坚硬食物。噬嗑卦上交互卦为坎卦，坎为水，坎为豕，引申为汤水类食物、猪肉等肉食；下交互卦为艮卦，艮为狗，为果蓏，引申为狗肉等肉食、蔬果类食物等。阴爻代表柔软食物，阳爻代表骨头类坚硬食物。二至五爻四个"噬"字，表明这些食物正在被食用。

三、大骨磕牙之象。在噬嗑卦这张大嘴巴中，二至五爻代表口中食物，其中三个是阴爻，代表柔软食物，食用起来比较方便，不会遇到障碍。只有九四一个阳爻，代表坚硬食物。其形状极像一根长长的肉骨头，味道虽美，但肉都长在骨头夹缝里，要吃到它并非易事，因而我们常用啃硬骨头来表明做事困难。《易经》以啃硬骨头来比喻社会治理中的难点问题，如城市违建、乱设摊点、黄牛倒票、黑车营运、假药坑人、网络诈骗、偷盗抢劫等行政管理和社会治安中的顽症。之所以称其为顽症，一是有顽固性，二是有危害性，三是有多发性，四是有反复性，治理顽症非下功夫不可。

四、上下隔阂之象。九四将上下分隔成两部分，表明不同阶层因地位、利益、立场、观点不同形成心理隔阂。如果没有九四阻隔，原本上下是颐卦享受口福状态，颐卦上卦为艮卦，艮为止，下卦为震卦，震为动，口中上下两排牙齿一静一动、一阴一阳配合得非常协调。有了九四以后，被分割成上下两部分，形成了上流社会、下层社会两大阵营。噬嗑卦上交互卦为坎卦，坎为加忧，为心病，表明社会充斥风险因素，令人忧虑；下交互卦为艮卦，艮为山，为止，表明上下之间有山阻隔，沟通交流非常困难。噬嗑卦三对爻中，有两对没有正应，表明上下互不通气，没有心灵感情的融通。这些都预示着社会矛盾易发和多发。

五、集市交易之象。《系辞下传》说："日中为市，致天下之民，聚天下之货，交易而退，各得其所，盖取诸噬嗑。"意思是说，在指定日期中午开设交易市场，四面八方百姓汇聚此地，品类丰富、数量众多的商品汇集在市场，人们完成交易后离开市场，各自采购所需商品，这种交易市场的设立大概是受噬嗑卦启示的结果。从噬嗑卦卦画上看，初九、上九构成了市场区域，九四为不同种类商品的分界线，三个阴爻好似各种商铺摊位。交易市场也是社会生活的缩影，市场管理与社会治理的原理都是相通的。"日中"取象于离卦。上卦为离卦，离为日，在后天八卦图中代表中午。

六、始生艰难之象。 噬嗑卦中蕴藏着一个屯卦。屯卦上卦为水，下卦为雷，称其为水雷屯。在噬嗑卦中，上交互卦为坎卦，坎为水；下卦为震卦，震为雷，两者构成屯卦。屯卦反映万事万物初生之始艰难困苦、多灾多难的情形。屯卦寓于噬嗑卦之中，可视为在新兴国家和新型社会发展和治理过程中，必然会遇到各种各样的困难和阻碍，这时就需要拿出蚂蚁啃骨头的精神去治国理政。

七、颐养生民之象。 噬嗑卦中蕴藏着一个颐卦。颐卦上卦为山，下卦为雷，称其为山雷颐。在噬嗑卦中，下交互卦为艮卦，艮为山；下卦为震卦，震为雷，两者构成颐卦。颐卦是个关于颐养生命、享受口福的卦。治国理政的目的就是为民族谋复兴，为人民谋幸福，由颐卦的养生功能拓展为颐养全国生民。让老百姓吃饱吃好、吃得安全、吃得放心，便成了治国理政的重要职责。对社会顽症的有效治理正是服务民生、保障民生的重要手段和途径。噬嗑卦初至四爻为颐卦，表明国家新建之初，社会风气治安状况比较正常，一些顽症在国家和社会发展到了一定时期后才陆续出现。

八、治理未济之象。 噬嗑卦中蕴藏着一个未济卦。未济卦上卦为火，下卦为水，称其为火水未济。在噬嗑卦中，上卦为离卦，离为火；上交互卦为坎卦，坎为水，两者构成未济卦。未济卦虽然三对爻均有正应，但是六个爻全部不当位，相当于一个团体中每个人的行为举止都是失当的，可想而知在这种背景下要想成就事业是很难的。未济是渡河行为尚未完成的意思，未完成不等于失败，可能成功，可能失败，具有不确定性，关键要看当事人如何作为。正确作为可能成功，错误作为必然失败。治国理政也是这样，不要试图一劳永逸而毕其功于一役，而是要有永远在路上的态度和决心付诸实践。

九、刚柔并济之象。 一阴一阳之谓道。噬嗑卦下卦为震卦，为阳卦；上卦为离卦，为阴卦。阳代表刚强，阴代表柔弱。由此表明吃饭饮食、治国理政都应实行刚柔并济。如果将噬嗑卦看成一个社会，那么口中食物就好比社会不同阶层和利益团体, 地位不同, 实力各异, 利益多元; 牙齿、舌头好比行政职能部门和司法部门, 食物有粗细、荤素、软硬之分, 对不同食物就该有不同的吃法, 对于坚硬之物就需用力噬咬, 才能与其他食物融为一体, 共同为身体提供营养。与此同理, 行政部门和司法机构对于民事关系的调节通常应当采用柔性手段, 而对于违法犯罪行为的打击则必须采取强硬措施, 当然也不排斥教育感化手段。因此, 治国理政必须恩威并重, 刚柔并济, 实行以德治国和依法治国相结合。

十、颠沛流离之象。噬嗑卦中蕴藏着一个旅卦。旅卦上卦为火, 下卦为山, 称其为火山旅。在噬嗑卦中, 上卦为离卦, 离为火; 下交互卦为艮卦, 艮为山, 两者构成旅卦。旅有祭祀天地神灵之意, 历代君王常有旅祭泰山的举动。祭山时要离开京城长途旅行, 在外地住宿, 于是引申出旅行、旅游的意思, 但古时的"旅"侧重于被迫流落他乡之意, 如孔子周游列国之旅, 古时之"旅"与现代旅游之"旅"有很大区别。旅卦寓于噬嗑卦之中, 意味着那些不讲公德, 我行我素, 不守规矩, 专与社会作梗的人, 最终可能是颠沛流离的结局。

十一、内动外明之象。下卦是内卦, 内卦为震卦, 震为雷, 为足, 震卦卦德为动, 表明其行动能力很强, 有外往行走的强烈愿望和动力; 上卦是外卦, 外卦为离卦, 离为火, 为日, 为电, 为目, 离卦卦德为明, 代表光明与希望。内动外明的卦象结构表明, 向外行动, 勇往直前, 前程一片灿烂。

十二、长男中女之象。在《易经》大家庭中, 震为长男, 离为中女。下卦为主卦、内卦, 通常起着主导作用; 上卦为客卦、外卦, 扮演着辅助、配合角色。在噬嗑卦情境中, 长男稳重厚道, 健壮有力, 吃苦耐劳, 主持家政事务, 当家作主, 决定家庭重要事项; 中女美丽贤淑, 善良真诚, 心灵手巧, 在外从事生产劳动或其他辅助工作。这样的家庭分工是不太合理的, 双方的长处未能得到有效发挥, 各自在不擅长的岗位上勉为其难。因此, 需要对其进行合理调整, 也就是对不合理的家政事务实行治理。如果将长男、中女上下交换位置, 得到的卦是丰卦, 情况则大为改善。丰为丰收、丰硕、丰富、丰盈、圆满等意, 丰卦位列第五十五卦, 与天地之数总和为五十五吻合。

十三、阳木生火之象。在八卦与五行关系中, 震卦、巽卦对应木, 震为阳卦为阳木, 巽为阴卦为阴木。按照五行生克关系: 木生火, 噬嗑卦呈现阳木生火之象。如果将噬嗑卦视作一个单位, 那么情势对客方有利, 对主方不利。主方是施益方, 意味着成本支出, 利益减损; 客方是受益方, 意味着获得好处, 利益增加。

【关联卦画】

噬嗑卦由否卦演变而来。否卦上卦为天，下卦为地，称其为天地否。若初六与九五交换位置，否卦则变成为噬嗑卦。否卦是乱世社会，存在许多社会问题，因此治国理政显得更为迫切。噬嗑卦讲的就是如何治理否卦乱象。噬嗑卦改变了否卦上下不通气的阻塞状态。在否卦中，乾卦在上，坤卦在下，乾卦为阳卦，阳气往上升，坤卦为阴卦，阴气往下降，阴阳分离互不交流，因此上下闭塞。而噬嗑卦中，离卦为阴卦，阴气往下走，震卦为阳卦，阳气向上走，阴阳相遇互有交流，因此对于否卦情境是种进步。

噬嗑卦的综卦是贲（bi4）卦。噬嗑卦颠倒一百八十度得贲卦，贲卦颠倒一百八十度得噬嗑卦，两者互为综卦。一对综卦之间既有联系，又有区别。噬嗑卦位列周易第二十一卦，贲卦位列周易第二十二卦，前后衔接排列反映了事物发展变化的逻辑规律。噬嗑卦讲的是社会治理，而贲卦讲的是修饰社会；一个致力于协调社会运行的内在机制，一个着力于社会形象的装饰美化，两者都是社会建设发展所需要的，但要把握分寸，防止过犹不及，并且应注重两者的配合协调。任何单一举措效果都是有限的，只有综合施政才能产生事半功倍的效果。

噬嗑卦的交互卦是蹇卦。将噬嗑卦的初九、上九去掉，用剩下的四个爻重新组成一个新卦，上三爻为上卦，下三爻为下卦，其中三四爻为上下卦所皆有，体现出其交互的意义。噬嗑卦的交互卦是蹇卦，蹇卦上卦为水，下卦为山，称其为水山蹇。蹇字由寒+足组成，意思是脚被冻伤了，一瘸一拐行走困难，蹇卦的上卦坎表示路途坎坷，下卦艮表示前有高山阻挡，蹇卦表明行动艰难，阻碍重重。交互卦反映本卦情境继续发展的过程性状态。这说明在治理社会顽疾过程中，肯定不会是一帆风顺的，必定会遭遇千难万险的阻碍，治理主体需要有充分的思想准备和坚定的决心毅力。本卦与交互卦之间也是既有联系，又有区别的关系。

噬嗑卦的错卦是井卦。将噬嗑卦各爻相反，得到的卦便是它的错卦井卦。错是交叉、交错、反错之意。一对错卦是互为错卦，彼此之间也是既有联系、又有区别。区别是显而易见的，卦名、卦画、卦象、内容都不一样。同时，又有诸多联系。表现在：一是卦象的对应性，火雷噬嗑，水风井，火与水、雷与风相对应；二是功能的一致性。都涉及社会公共利益，噬嗑卦是治理社会，惩处违法犯罪，稳定社会；井卦是修缮旧井，服务百姓，改善民生。

噬嗑卦与颐卦关联密切。从卦名上看都与吃饭饮食有关，颐是享受美食，大快朵颐；噬嗑是吃咬咀嚼食物。从卦画上看，两个卦形状相似，六个爻中有五个爻是相同的，只有第四爻有区别，在颐卦是六四，在噬嗑卦是九四，这也是区别两卦不同点的关键所在。六四代表柔软食物，因此颐卦可以悠闲自在、顺顺当当地享受美味，而噬嗑卦要咬下骨头里的肉却不那么容易。用日常生活中吃饭饮食上的不同情景，分别阐述颐养生民和社会治理的道理。

【卦辞象辞】

〖卦辞〗

"噬嗑，亨。利用狱。"

【译文】"噬嗑卦，通达。宜适用于案件办理。"

《古代汉语词典》解释：狱，争讼；诉讼案件；罪，过失；牢房，监狱。狱在本卦辞中应作广义理解，既指办理司法案件，又指行政处理案件。从当今社会情况而言，司法案件包括诉讼申请、立案受理、开庭审理、法庭调查、法庭辩论、判决执行等各个环节，分为民事和刑事两大部分。行政处理，主要是政府职能部门依法对市场主体、行政对象等违法行为实施管理，如罚款、没收违法所得、吊销执照、撤销许可等。

明朝学者李舜臣说："噬嗑以去颐中之梗，雷电以去天地之梗，刑狱以去天下之梗。"梗，挺直，强硬；抗御，阻塞等。这段话的意思是说，吃咬是用来去除口中的阻碍，雷电是用来去除天地间的阻碍，刑狱是用来去除社会的阻碍。雷电是噬嗑卦卦象之一，本人认为这段话讲得很有道理，有学者对此不以为然，认为天下之梗仅仅靠刑狱是不够的，还要配以德治。此论出发点是好的，但犯了逻辑错误，因为李舜臣提出"刑狱以去天下之梗"，并未排斥或否定以德治国的作用。此李舜臣并非朝鲜海军将领李舜臣，两人年龄相差四十余年。

〖象辞〗

"颐中有物，曰噬嗑。噬嗑而亨，刚柔分，动而明，雷电合而章。柔得中而上行，虽不当位，利用狱也。"

【译文】象传说，腮帮子里有坚硬食物，这是噬嗑卦所反映的生活景象。因咬合食物从而通达，刚强柔弱相互分开，内部行动而外部光明，雷鸣和闪电交互融合而彰显气象。柔爻为获得中位而向上行动，虽然阴爻居阳位不当位，却适宜用于治理社会。

"刚柔分"是指下卦震卦为阳卦，代表刚健有力；上卦离卦为阴卦，代表柔软弱小，其分界线便是九四，将其刚柔分开。"动而明"是指下卦为震卦，震为动，为足，代表行动；上卦为离卦，离为火，为明，代表光明。"柔得中而上行"可视为"柔上行而得中"的倒装句，得中是目的，上行是手段，源于噬嗑卦由否卦演变而来。否卦上卦为天，下卦为地，称其为天地否。否卦初六上行到五爻、九五下到初爻即变成噬嗑卦。六五是中爻，因此得中。否卦上卦为乾卦，代表刚健有力的君王，变成噬嗑卦后上卦变为离卦，虽然力量由刚变柔，但是离为明，表明君王内心光明，坚守中道，明察秋毫。这是治国理政的重要条件和积极因素。

"颐中有物"有两层意思：一是颐指身体的部位，即下巴，腮，腮帮子，引申为口腔内、嘴巴里，颐中有物就是嘴巴里有坚硬的食物，如大骨头、鱼刺等；二是颐指颐卦，颐卦与噬嗑卦非常相似，仅为九四与六四不同，颐卦卦画是张开的嘴巴形状，噬嗑卦是张开的嘴巴中横着一根类似骨头的坚硬食物，这是卦画中的颐中有物。

"噬嗑而亨"，通过嘴的咀嚼功能，将不同类的食物咬碎研细，然后达到和同的目的，一起为身体提供营养和能量，这样有益身体健康，过程有些艰难，但结果是通达的。用这种原理去治理社会、化解纠纷也不失为一种好办法。君以民为天，民以食为天，以食入手化解社会矛盾，可谓抓住了根本。一是直接用宴食和乐的办法解决问题，请争执双方当事人一起饮酒吃饭，举杯泯恩仇，通过饮食，去掉心中之梗；二是用咀嚼食物的机理协调关系，惩治违法犯罪分子，拔除钉子户，平衡社会利益，化解矛盾纠纷。

【大象之辞】

《象》曰："雷电，噬嗑。先王以明罚敕法。"

【译文】大象说："雷鸣电闪是噬嗑卦描绘的自然气象。以往君王受此启示做到公正清明办案，用法律制度规范社会秩序。"

敕（chi4），通"饬"，整饬、谨饬。雷电强烈震动而且光明，象征公正、威严、震慑、威慑，表明断案公正公平，清楚明白，是非分明，雷厉风行。

【爻辞小象】

"初九，屦（ju4）校（jiao4）灭趾，无咎。"

【译文】"初九，脚戴锁镣掩没双脚，没有灾祸。"

屦（ju4），用麻葛等物制成的鞋，类似草鞋；践踏。屦校，给脚戴上刑具。校，一种刑具，桎梏（gu4）之类，桎为脚上刑具，梏为手上刑具。灭趾，灭为没，趾为脚，即覆盖了脚，类似于戴上脚镣强迫劳动之类的刑罚，属于轻微刑事处罚。需要注意的是，灭趾不是指剔除膝盖骨的刖刑，刖刑属重刑，如孙膑遭庞涓陷害所受的即为刖刑，后果很严重，决不可能是无咎。屦校的目的是通过处罚轻微的违法犯罪行为，使其回复到正常人生道路上来，有校正行为之意，有点像劳动教养或做义工之类的处罚。现在校正之"校"大概来源于此。初九的违法行为情节轻微，因此"无咎"，没有太大问题。初九阳爻居阳位，当位，表明其此时行为举止正常，不是指违法行为正常。初九与九四没有正应，表明得不到上层九四的支持。

《系辞下传》说："子曰：'小人不耻不仁，不畏不义，不见利不劝，不威不惩。小惩而大诫，此小人之福也。'易曰：'屦校灭趾，无咎。'此之谓也。"这段话是孔子对初九爻辞的阐述，孔子说，小人没有羞耻没有仁德，无所敬畏不讲道义，若没有现显出好处就不会受到教化，不施以威严就起不到惩戒效果，施以小的惩罚而给以大的训诫，这是小人的福气，《易经》里讲到戴着脚镣遮没脚，没有灾祸，说的就是这个意思。

"校"取象于震卦和坤卦。校为桎梏、枷锁之类的刑具，由木材制作。噬嗑卦下卦为震卦，震在五行中代表木。由木指代木制的刑具，桎是锁住双脚的刑具，梏（gu4）是铐住双手的刑具。若初九发生爻变，则下卦变为坤卦。坤为布，引申为包裹；坤全部为阴爻，代表黑夜、黑色、看不见、掩没、遮盖等意。

"趾"取象于震卦和初爻爻位。根据《说卦传》，震，动也，为足，脚动即为行走。如果将卦形看成一个人，初爻就相当于脚部。因此，这是一个犯人戴着脚镣行走的情景。

《象》曰:"屦校灭趾,不行也。"
【译文】小象说,戴着脚镣遮盖了脚,没有灾祸,是因为及时制止了他的违法犯罪行为。

"不行也"不是指不让犯人行走,而是指不让犯人继续实施违法犯罪行为。

"行"与"不行"取象于震卦、艮卦和坤卦。下卦为震卦,震,动也,为足,足动即为行走之意。下交互卦为艮卦,艮为止,停止、静止、阻止、制止等意,阻止行走即为"不行也",阻止其继续违法犯罪。若初九发生爻变,则下卦变为坤卦,坤为柔顺、顺从,表明经过轻度刑罚和严厉训诫不再行恶。

"六二,噬肤灭鼻,无咎。"
【译文】"六二,大口吃肥肉掩没鼻子,没有灾祸。"

《古代汉语词典》解释:肤,人体表面的皮;禽兽的肉;切细的肉,此处指不带骨头的肥肉。六二、六三、九四、六五等四个爻代表口中的食物,因此爻辞中都出现"噬"字。六二是阴爻居阴位,当位,表明行为举止适当。六二与六五没有正应,说明其行为得不到君王的支持。六二阴爻意味着食物是柔软的,与肥肉的性状吻合。六二虽然有些贪吃,但居于中爻之位,表明能够坚守中正之道,这是结果无咎的主要原因,在客观上没有碰到难啃的骨头,而是得到了大肥肉,不仅香而且吃起来不费劲,因此大快朵颐没有问题。将此原理运用到社会治理,告诫施政者能力大小不是最重要的,关键是居于中正之位,坚守公平正义。六二之所以"无咎",还可理解为,在治理社会的前期没有遇到很大困难,就像人吃肥肉一样轻松享受,推进比较顺利,成效比较明显。

"噬肤灭鼻"取象于艮卦和离卦。下交互卦为艮卦,古人有时将艮卦解为肥肉,主要是因为艮卦卦形与肥肉相似,艮卦上爻为阳爻,阳爻代表坚硬,好比肥肉的肉皮外层坚硬;艮卦初爻、中爻为阴爻,阴爻代表柔软,恰似肥肉里层厚软。人吃肥肉时一大口下去就有可能把鼻子都遮没了,反映出六二正在享受美味肉食和美好生活。灭鼻取象可表现为两个方面：

其一，灭鼻取象于艮卦和离卦。古人常将艮卦解为鼻子，这是由"艮为山"引申而来的，鼻子在面部是最突出的器官，如同山梁山脉矗立于大地；噬嗑卦上卦为离卦，离通"篱"，篱笆、网罗之意。篱笆遮盖鼻子，即为"灭鼻"。

其二，噬肤灭鼻借鉴了黔喙属类动物的特征。艮为黔喙之属，指长有黑色鸟嘴之类的禽类动物，其特点是鼻孔离鸟嘴很近，啄食物或饮水时往往淹没了鼻孔。噬嗑卦上交互卦为坎卦，坎为水，艮卦与坎卦相连接，反映了鼻子浸在水中的情形。《易经》借用鸟喝水时灭鼻的情景，来比拟人吃肥肉时灭鼻的情形，两者具有相似性和可比性。

《象》曰："噬肤灭鼻，乘刚也。"
【译文】小象说，大口吃肥肉遮没鼻子，是因为六二凌驾于刚爻之上。

刚，即为初九阳爻。《易经》的观点是阳乘阴、阴承阳，而乘刚就是六二以阴乘阳，属于反常行为，有些行为放肆的意味，因此六二才会旁若无人大口吃肉。但六二的总体表现还不错，坚守正道是其最可贵的品德，除了乘刚有些瑕疵，阴爻居阴位尚属适当。

"六三，噬腊肉，遇毒，小吝，无咎。"
【译文】"六三，吃腊肉，遇到毒素，有小麻烦，但无灾祸。"

《古代汉语词典》解释：腊肉，为夏历腊月或冬季腌制的肉品，腊月指夏历十二月，通常腊肉经过烘烤或日光曝晒，可以长期保存。腊肉与肥肉相比，虽独具风味，但吃起来比肥肉要费点劲，而且潜在着中毒风险。遇毒之"毒"并非人为投毒，不是指砒霜、敌敌畏、乐果之类的毒药，而是指腊肉加工制作、长期贮存过程中产生的有害物质，毒性不大，人吃后可能出现呕吐、拉肚子之类的症状，不至于危及生命。这表明在社会治理过程中开始遇到了难题，但程度是轻微的。小吝，指小灾小祸。《易经》中凶分为悔、吝、厉、咎、凶五个等级，吝属于第二等级，情节较轻。六三阴爻居阳位，力量偏弱，也表明身体抵抗力差，容易食物中毒。六三与上九有正应，表明其行为能够得到上九大佬的支持和关照。

这是在常规"三多凶"的情况下，只是小吝、无咎的重要原因。

"腊肉"取象于艮卦和离卦。噬嗑卦下交互卦为艮卦，艮为肥肉。初九至九四构成大离卦，上卦也是离卦，若九三发生爻变，下卦还是离卦。离为火，为日，用阳光晒、用火烘烤的腌肉，即为腊肉。

"遇毒"、"小吝"取象于坎卦和兑卦。六三处于上交互卦坎卦之中，坎为加忧、为心病，为血卦，卦德为险，引申为遇到危险和麻烦；若六三发生爻变，上交互卦变为兑卦，兑为毁折，引申为有缺口、缺陷、残缺、不完全、不适等，表明身体有小恙。上述卦象与遇毒、小吝意思吻合。

《象》曰："遇毒，位不当也。"

【译文】小象说，遇到毒素，因为六三所处的位置不当。

吃腊肉之所以中毒，可能与清洗、蒸烧不得当有关。

"九四，噬干胏（zi3），得金矢。利艰贞，吉。"

【译文】"九四，吃带骨肉脯，如同咬铜箭头。适宜艰苦奋斗并坚守正道，吉祥。"

胏（zi3），带骨的肉脯，因为九四为阳爻，所以肉中带有坚硬的骨头。金矢，金属箭头，商周时期青铜器制造业发达，金矢主要指黄铜一类材料制作的箭头。这些肉脯是用狩猎获得的禽兽肉制作的，肉质更加坚硬，食用难度更大，肉中有骨头，还夹杂金属箭头，弄得不好还可能磕伤牙齿。易作者以"噬干胏"来比喻社会治理中碰到了硬钉子，处理起来难度最大，就像当今各地整治违章建筑，边整治边违建，建了拆，拆了建，反复胶着，久治不愈，久攻不下。对此必须坚定决心，迎难而上，攻坚克难，持续用力，最终才能取得吉祥结果。九四阳爻居阴位，不当位，力量过于刚猛。九四与初九没有正应，得不到来自基层民众的支持和配合。

"干胏"取象于坎卦和离卦。噬嗑卦上交互卦为坎卦，坎为豕，豕为猪，代表猪肉。上卦为离卦，离为雉，即为野鸡。同时，离为火，猪肉、山鸡肉经过烘烤后成为干胏。

　　"金矢"取象于坎卦和离卦。上交互卦为坎卦,坎为弓轮;上卦为离卦,离为戈兵,弓上有兵器,即为箭头。"金"为金属类坚硬之物,因为九四为阳爻,代表坚硬刚强。此处"金矢"不宜理解为现代贵金属金饰品,人们不可能用金子做箭头,否则得不偿失。而是应将"得金矢"与"遇毒"作类似的理解,都是指吃肉过程中遇到的麻烦,而且风险程度的加剧,引申指社会治理充满风险,面临的任务异常艰巨。

　　"艰贞"取象于坎卦。上交互卦为坎卦,在后天八卦中坎代表北方。《说卦传》说:"坎者,水也,正北方之卦也,劳卦也,万物之所归也,故曰:'劳乎坎。'"因为劳作辛苦,所以有艰贞之谓。贞,通"正",中正之道。艰贞就是坚守正道,艰苦奋斗,攻坚克难,度过艰难时世。

　　《象》曰:"利艰贞吉,未光也。"
　　【译文】小象说,适宜艰苦奋斗并坚守正道,因为光芒未得到绽放。

　　上卦为离卦,离为火,呈现光明;但九四又在下交互卦艮卦上,艮为阻止、停止,光明受到阻挡,因而有"未光也"之说。

　　"六五,噬干肉,得黄金,贞厉,无咎。"
　　【译文】"六五,吃烘烤肉食,就像咬黄金,固陋有危险,没有灾祸。"

　　此黄金与现代意义的黄金相同,作为贵金属的黄金自夏朝就已经存在。九四的"金矢"为铜质,狩猎箭头不可能用真黄金来制作,九四为阳爻,表明金属质地坚硬。六五为阴爻,代表黄金在金属中相对柔软,但用来比作食物,仍然是相当坚韧的。"贞厉",贞,通"正",守正、正固之意,此处引申为固陋、不知变通。厉,在悔、吝、厉、咎、凶五个凶险等级中属于中等程度。虽然过程中经受了种种风险考验,但结果不错。在吃肉的四个爻中,六二噬肤、六三噬腊肉、九四噬干胏、六五噬干肉,九四难度最大,六三其次,六五再次,六二最容易吃。六五是君王之位,阴爻居阳位,不当位,表明其力量过于柔弱,这是缺陷,但君王作为全卦核心居于中爻位置,表明其道德品德没有问题,能够主持公平正义,足以弥补力量的柔弱。社会治理到了六五,已经进入成熟阶段,治理效果取得成效。"黄金"一语双关，一方面用黄金来形容干肉难咬，另一方面黄金是财富的象征，用来说明经过社会治理而带来了百姓安居乐业、物阜民丰的财富效应。

"干肉"取象于坎卦和离卦。与九四"干胏"相似，坎为豕，代表猪肉；干，是因为经过离火烘烤。所不同的是，九四是阳爻，六五是阴爻，相应的情况就是九四肉脯中带有骨头，骨头硬得像铜箭头，而六五干肉中没有骨头，但像黄金般坚韧难咬。

"黄金"取象于坤卦和乾卦。因为噬嗑卦由否卦演变而来，否卦上卦为乾卦，乾为金，金属，此处指代黄金，黄金也为金属之一。否卦演变成噬嗑卦后，初六前往六五的位置，初六原本是坤卦的初爻，坤为土，为黄色，并且六五是上卦中爻，中爻具有包容中和的特性，与黄色的性能十分相似，黄色与其他颜色均可协调搭配。

《象》曰："贞厉无咎，得当也。"

【译文】小象说，固陋有风险，但结果没有灾祸，是因为六五居于中位，行为表现得当。

虽然君王能力偏弱，但居中有德，而道德的力量是无穷的，态度比能力更重要。

"上九，何（he4）校灭耳，凶。"

【译文】"上九，肩扛枷锁遮蔽耳朵，凶险。"

何校，何，通"荷"，负荷，指肩上扛着枷锁，枷锁套在脖子上并上了锁，遮挡了耳朵，只露出脑袋，这是一种重罪刑罚。如果说初九是轻微违法行为，尚有悔改的机会，那么到了上九就是罪大恶极，没有回头路了，因此结果为"凶"，在五个凶险等级中凶是最重的。这是治理社会过程中，对重刑犯处以极刑的反映，警示意义深远而重大，告诫人们世上没有后悔药，千万别走到这一步，否则谁来也救不了。

《系辞下传》说："善不积不足以成名，恶不积不足以灭身。小人以小善为无益而弗为也，以小恶为无伤而弗去也。故恶积而不可掩，罪大而不可解。易曰：'何校灭耳，凶。'"这段话的意思是说，不积累善行不足以成就良善贤名，不积累恶行不足以自取灭亡，小人以为小善没有益处而不去做，以为小恶没有害处而不去除，因此累积恶行大到难以掩盖，罪责大到没有化解办法，这便是《易经》所说肩扛枷锁遮蔽耳朵、凶险的含义。刘备临死对儿子刘禅说："勿以善小而不为，勿以恶小而为之。"其出处便来自于此。

"何校"取象于震卦、乾卦和离卦。若上九发生爻变，上卦变为震卦，震为木，用来制作枷锁。噬嗑卦由否卦演变而来，否卦上卦为乾卦，乾为首，即脑袋。否卦变成噬嗑卦后，上卦由乾卦变成离卦，离卦卦形像枷锁，套在脖子上部分脑袋被遮挡了，与乾卦消失意境吻合；同时，离，通"罹"，为罗网之意，表明当事人身陷牢笼。

"灭耳"取象于离卦和坎卦。上卦为离卦，离卦的错卦为坎卦，坎为耳，错坎即看不见耳，故称灭耳，意思是把耳朵遮蔽了。不是指割掉耳朵的刵刑，割耳朵属轻刑，与卦意不符。此外，上交互卦为坎卦，坎为耳，坎卦在上九的下面，从卦画上看，上九如同戴着的枷锁，将耳朵遮住了。

《象》曰："何校灭耳，聪不明也。"

【译文】小象说，肩扛枷锁遮蔽耳朵，虽然耳朵能听到声音，但眼睛是看不清东西的。

不明是指视力不好，这里是一种比喻，表明犯罪之人的内心思想糊涂之极。

第二十二卦 贲卦的文饰之道

【贲卦】

【白话经文】

贲（bì4）卦，通达，在小事上适宜有所前往。

初九，文饰脚部，舍弃乘车徒步而行。

六二，修饰胡须。

九三，修饰得润泽光鲜，始终守正吉祥。

六四，浑身白色装束，白马如飞，不是贼寇，而是求婚队伍。

六五，装饰山坡园林，只用少量丝帛聘礼，虽小有遗憾，但结局吉祥。

上九，素白本色文饰，没有灾祸。

【经文原文】

贲，亨，小利有攸往。

初九，贲其趾，舍车而徒。

六二，贲其须。

九三，贲如濡如，永贞吉。

六四，贲如皤如，白马翰如，匪寇，婚媾。

六五，贲于丘园，束帛戋戋，吝，终吉。

上九，白贲，无咎。

【解读序言】

贲卦位列周易第二十二卦，上卦为山，下卦为火，称其为山火贲。《序卦传》说："嗑（he2）者，合也，物不可以苟合而已，故受之以贲。贲者，饰也。"序卦传说，噬嗑（shi4 he2）卦的嗑是咬合、闭合、结合等意思，事物不可能总是停留在草率结合、随便凑合的状态，因此周易在噬嗑卦后面安排了贲卦，贲就是文饰、修饰、装饰、化妆、打扮等意思。噬嗑卦与贲卦一前一后，互为综卦。噬嗑卦侧重讲用法治手段打击违法犯罪实行社会治理，带有一定强制性；而贲卦则侧重通过文化建设和精神文明建设，来实行对社会的治理，它所采用的是柔性方式。如，音乐、戏剧、歌舞、绘画、文学等艺术形式，在社会治理中发挥着以美育人、以情感人、以文化人的教育文饰功能。一阴一阳之谓道，贲卦与噬嗑卦充分展现了《易经》刚柔相济、阴阳协调的理念。

《杂卦传》说："贲，无色也。"杂卦传说，贲，就是没有夹杂其他人为颜色。无色，是指修饰时保持原来本色，通过修饰使其光鲜亮丽，而不是对原有颜色加以改变。"无色"表明修饰的真谛是保持本色，反过来说明现代浓墨重彩、光怪陆离的装饰已经背离了贲卦初衷。

从全卦六爻的装饰程度上看，从下卦离火的美丽、张扬，到上卦艮山的适可而止，是一个从注重形式到逐步返璞归真的过程，这种演变过程主要通过婚姻嫁娶展现出来。下卦主要讲青年男女婚礼前的化妆情景，如，文饰脚指、美化胡须、化妆面容、涂抹嘴唇等；上卦主要描写迎亲过程、婚礼场面等。初九讲，给新娘脚指进行修饰，为了显示效果，放弃乘车徒步而行；六二讲，给新郎修饰胡须，以彰显新郎的精气神；九三讲，把面部、嘴唇打扮得润泽鲜亮，温润如玉。到了上卦"止"的意味越来越浓，强调了文饰的主基调为白色，素雅、质朴、高贵，象征感情的纯洁。六四讲，白衣白马，迎亲队伍高贵典雅，协调统一；六五讲，对山坡园林婚礼现场进行装饰布置，人们赠送新人的礼物只是少量丝帛，此处应指参加婚礼亲友所赠的贺礼，而非指男方向女方所送的聘礼，按"六礼"纳采、问名、纳吉、纳征、请期、亲迎，聘礼在纳征环节已经完成，而非发生在婚礼之时；上九讲，不显山露水，不浓黑重彩，"白贲"达到了文饰的最高境界。贲卦总体表达的主题是，文饰是必要的，但必须适度；文饰要为主体服务，形式应为内容服务，两者必须相互适应，彼此协调。贲卦易理对今天仍具有很强现实意义。

【卦名含义】

《古代汉语词典》解释：贲（bi4），文饰，装饰华美之意。《诗经·小雅·白驹》："皎皎白驹，贲然来思。"郝经《丰县汉祖庙碑》："有所毁缺，辄为增贲，故常焕若一新。"六十四卦之一，卦形为离下艮上。《周易·贲》"象曰：'山下有火，贲。'"《文心雕龙·情采》："贲象穷白，贵乎反本。"从以上《古代汉语词典》的解释，可以得出"贲"有几层意思：一是通过添加饰品对主体进行装饰，使其看起来更加华美漂亮，如对白驹进行装饰；二是对缺损部位进行修复，如对汉祖庙碑毁缺部分进行增补；三是保持本色为文饰的最高境界，如"贲象穷白，贵乎反本"，意思是说，贲卦卦象终结于上九"白贲"，最高贵的装饰是返回到事物的根本。白，为素白之意；本，即本色、本质、本来面貌；反，通"返"，返回之意。千万别理解为反对，否则意思全反了。

贲字的上半部分是花卉之卉，花卉非常漂亮，通常是少女的装饰物，因此常用鲜花来比喻少女；贲字下半部分是贝，即贝壳，将贝壳串起来带在脖子上或手腕上也很漂亮，花卉和贝壳都是用来修饰打扮的。装饰、修饰与"文"密切相关，贲的主要意思就是文饰，即用彩色、花纹、花朵等来修饰美化。文，异体字为"彣"，一是彩色交错，《周易·系辞下》："物相杂，故曰文。"引申为花纹，异体字所表示的象形意义非常明显。二是文采、文饰，与"质"相对。三是外表、形式。理解"文"字含义有助于加深对"贲"字的理解。

【卦象寓义】

一、山下有火之象。这是贲卦大象所描述的景象。贲卦上卦是艮卦，艮为山，下卦是离卦，离为火，给人的直观印象就是山下有一堆燃烧着的篝火。离卦居于内卦和主卦，是贲卦的主角。除火外，离为日，为雉，为丽，为中女等。篝火是美丽的，太阳是美丽的，雉鸡是美丽的，中女是美丽的，离卦各个意思之间相互关联。通常人们在重大节假日或喜庆的时候，点起篝火营造欢快热烈的氛围。下卦是中女、上卦是少男，可理解为在火光映照下，少男少女围着篝火载歌载舞的场面，这一刻是温暖而欢快、温馨而美妙的。这种喜庆氛围对于百姓日常生活是一种极好的点缀，有利于人们放松身心，缓解劳累，调节单调乏味的生活，这对于社会治理也非常有益。

二、山花烂漫之象。贲卦上卦为艮卦,艮为山;下卦为离卦,离,丽也,引申为"文",即文采、花纹、美丽花朵等。山峦之贲就是满山满坡山花怒放、活力四射、生机无限的自然景象,这是造化赐予人间的天然之饰。春暖花开,山花烂漫,杜鹃盛开,满山红遍,间杂着五颜六色有名的无名的各种各样的花朵,绚丽多彩,景色如画,沁人心脾,令人陶醉。烂漫怒放的山花对于山峦是一种装饰,繁花似锦的春季对于全年时令季节是一种点缀,人们欣赏山花烂漫美景对于单调乏味的日常生活是一种调节。

三、人文自然之象。贲卦下卦为离卦,代表富有人文精神的社会生活。离为文饰之意,是人们追求真、善、美的主动的、有目的、有意识的社会活动,其人为、人工的特征非常明显,人们文饰行为的变迁反映了不同历史时代审美观念的变迁。贲卦上卦为艮卦,艮为山,山是远古人类生活的重要基地和客观环境,同时它是大自然的产物,与人文社会相对应。因此,贲卦可视作人文社会和自然环境的组合,两者相互联系,相辅相成,协调统一,不可分割。如果把自然与人文截然分开,人文便失去依托,人类将无法繁衍发展;自然若不为人类所用,自然也将失去价值和意义。因此,易理提示人们要正确处理人文与自然的关系,用人文融合自然,以自然指导人文,最终达到天人合一,和谐共存。

四、欢庆丰年之象。贲卦中蕴含着一个丰卦。丰卦上卦为雷,下卦为火,称其为雷火丰。在贲卦中,上交互卦为震卦,震为雷;下卦为离卦,离为火,两者构成丰卦。丰卦位列周易第五十五卦,五十五是天数1、3、5、7、9和地数2、4、6、8、10的总和,有天地圆满的寓意。丰就是丰收、丰大、丰硕等意。粮食丰收、业绩丰大、成果丰硕等都是值得庆贺的。比如,对联"百鸟和鸣歌序曲,万民欢愉庆丰年",描绘了热闹欢快的喜庆场景,而庆典的氛围是人为装饰出来的,富有文化韵味,体现了贲卦文饰的意境,而这些文饰场景反过来增进人们的内心愉悦。

五、刚柔互饰之象。刚柔互文就是以刚饰柔、以柔饰刚,互为文饰主体和对象。象辞中讲到"柔来而文刚"和"分刚上而文柔",这是针对贲卦是由泰卦演变而来的情况而言的。以泰卦为基准,九二与上六互换位置,把九二上往上九,使上六来到六二,即演变成了贲卦。泰卦虽然代表国泰民安的治世社会,但是阴爻集中在上卦,阳爻集中在下卦,显得单调呆板。贲卦对泰卦作出了微调,使社会生活变得生动有趣、丰富多彩。上六是阴爻,来到下卦乾卦纯阳之中,起到了以柔爻文饰刚爻的作用，有些绿叶丛中一点红的意境，因此说"柔来而文刚"；九二是阳爻，从乾卦中分离出来，上升到坤卦中间，改变了原来上卦全阴纯柔的局面，起到了以刚爻文饰柔爻的作用，有些红花尚须绿叶配的意境，因此说"分刚上而文柔"。

六、文饰适当之象。下卦离卦，离为文饰；上卦艮卦，艮为止。由此引申出文饰要适可而止的理念。文饰是为了突出主体的美，而不是取代主体的美，它与主体的关系是内容与形式的关系，形式必须为内容服务，而不能抛开内容，为形式而形式，否则就是喧宾夺主，本末倒置。化妆要结合人的外貌、气质、年龄、职业等因素顺势而为，化妆过分了就像上舞台表演一般，反显得粗俗可笑；房屋的装修过于华丽，反而会影响居家生活的自然与舒适；礼品包装过度，不仅浪费资源，反而会因华而不实被认为不够真诚。

七、儒道共存之象。虽然周文王、周公时期没有儒道之分，但儒家、道家的发展皆源自《易经》。到了春秋时期，以孔子、老子为代表，才逐渐形成了儒、道各俱特色的哲学思想体系，孔子明解《易经》形成儒家，老子暗解《易经》形成道家，两者殊途同归。由上述人文、自然之象，可以引申出礼乐、山水之象。离卦所代表的礼乐是社会发展的产物，是儒家致力的方向，儒家倡导穷则独善其身，达则兼善天下，强调君子的社会责任，引领社会风尚，以文化人，以礼约人，把礼乐作为教化的重要形式和手段。山水是自然的标志，是道家文化发掘的重点，强调道法自然，用自然法则养生，远离世俗，崇尚个体的洒脱自由。这样离卦与艮卦的关系，就反映了儒家与道家的关系。两者各有价值与功能，既有区别，风格迥异，各有侧重，自成体系；又彼此联系，融合协调，优势互补，和谐共存。

八、启蒙文身之象。贲卦中蕴含着一个蒙卦。蒙卦上卦为山，下卦为水，称其为山水蒙。在贲卦中，上卦为艮卦，艮为山；下交互卦为坎卦，坎为水，两者构成蒙卦。蒙卦有山下有水之象；贲卦三至上爻构成一个完整的容器，上交互卦震卦像一个容器，上卦艮卦像容器盖子，下交互卦为坎卦，坎为水，装在容器的底部。水代表人的智慧，无论是山下之水，还是容器之水，都不为人所见，启蒙就是将看不见的水引导出来，将智慧发掘出来，也就是通过启蒙教育让孩子们由懵懂无知的"野蛮人"变成有道德、有知识、有涵养的文明人。《大学》说："富润屋，德润身，心广体胖（pan2，安泰舒适），故君子必诚其意。"贲卦下卦为离卦, 离为文, 文化是思想道德的载体, 文明是文化高度发达的结果, "德润身" 就是以文化人, 温润滋养, 是人们对高尚思想道德、文明成果的传承和发展。因此, 启蒙文身之象可理解为, 启蒙教育是用优秀思想文化武装修饰少年儿童的有效途径和重要手段。

九、以文养生之象。 贲卦中蕴含着一个颐卦。颐卦上卦为山, 下卦为雷, 称其为山雷颐。在贲卦中, 上卦为艮卦, 艮为山; 上交互卦为震卦, 震为雷, 两者构成颐卦。颐卦卦形为一张张开的大口, 这是个关于享口福、养生的卦。贲卦三至上爻构成颐卦, 位居贲卦上部, 从时间顺序上讲, 是贲卦情境的后期, 表明文饰对于养生产生积极作用, 应当是在文饰行为日臻成熟的后期。从位置上讲, 颐卦处于中高层级, 表明这种颐养不是物质层面的, 而是精神思想道德层面的。如果说初期之 "文" 表现为人的外表穿着打扮, 而后期之 "文" 则侧重于文化对人的涵养, 它建立在物质颐养基础之上, 而高于物质颐养。

十、以文助成之象。 贲卦中蕴含着一个既济卦。既济卦上卦为水, 下卦为火, 称其为水火既济。在贲卦中, 下交互卦为坎卦, 坎为水; 下卦为离卦, 离为火, 两者构成既济卦。济是渡河, 既是完成, 既济表明渡河行为已经完成, 引申为事业成功、事情办成等意。既济卦六爻均当位, 阳爻居阳位, 阴爻居阴位, 各居其位; 三对爻均有正应, 上下心灵感应, 沟通交流畅通, 可以说这是人生事业处于天时、地利、人和的理想状态, 何愁事业不成? 以文助成之象表明, 必要适当的形式是帮助人生事业走向成功的重要推力。比如, 品牌包装、衣着打扮、宣传推介、装饰美化、氛围烘托、美誉传播等等, 都可归属文饰范畴。品质过硬是基础, 适当文饰是关键, 无论人品还是产品, 机理是相通的。

十一、内明外阻之象。 下卦为离卦, 离为日、为火, 象征光明; 上卦为艮卦, 艮为静止、停止、阻止、制止等意。下卦也叫内卦、主卦, 上卦也叫外卦、客卦。离卦代表行为主体、单位内部, 艮卦代表行为对象、合作伙伴、客观环境、外部条件等。贲卦的组织结构表明, 其内部是光明的, 充满火一样的热情和希望; 而其所面临的外部力量却阻碍着光明火焰的继续扩张。艮卦的阻止使得这堆篝火被限制在一定的范围内, 而不至于蔓延成漫山的火灾, 从这个意义上讲这种限制是必要的。

十二、中女少男之象。 在《易经》大家庭中, 离为中女, 艮为少男。贲卦中下卦为离卦, 上卦为艮卦, 离卦居主位, 艮卦居客位, 表明行为主体是中女, 姑娘由内往外嫁给青年小伙,它是贲卦的主角。贲卦通过青年男女嫁娶为例,以案说法,阐述了文饰的必要性、适当性和正当性。新郎新娘的化妆是文饰,婚礼场景的布置是装饰,热闹喜庆的婚礼对于社会是种修饰,三者都体现了贲卦的意境。在贲卦结构中,中女在家主持家庭事务,做饭洗衣,从事管理和后勤保障工作;少男在外生产劳动,挣钱养家,从事体力活动。这样的家庭分工与各自身份角色及生理特点基本相符,不会发生太大矛盾冲突。

十三、火生阳土之象。在八卦与五行关系中,艮卦、坤卦对应土,艮卦为阳卦,为阳土,坤卦为阴卦,为阴土。离卦对应火。按照五行生克关系:火生土。火燃烧后变成灰土,多为阴柔之土,因此火生阴土易,火生阳土难。贲卦呈现火生阳土之象。如果将贲卦视作一个单位,那么情势对单位不利,单位作为内部主体处于生扶外部客体的状态,生扶他人就是施益于他人,施益是需要耗费成本的,表现为主方利益的减少;外部客方处于有利地位,客方可理解为单位所处的市场环境、合作伙伴、工作对象等,是生扶对象,作为受益方表现为利益的增加。

【关联卦画】

贲卦由泰卦演变而来。泰卦的上卦为地,下卦为天,称其为地天泰。其特点是上卦三个阴爻,下卦三个阳爻,如果将泰卦的九二与上六进行位置对调,所得到的卦即为贲卦,上卦为山,下卦为火,称其为山火贲。彖辞"柔来而文刚","分刚上而文柔"印证了上述演变。泰卦代表国泰民安的治世,世治社会有条件也有必要进行适当文饰教化,要善于运用文化、艺术、礼乐等提升人们的精神世界,满足人民群众的精神文化需求。

贲卦的综卦是噬嗑卦。综卦也叫覆卦、镜卦,将贲卦卦画翻转一百八十度得到噬嗑卦,将噬嗑卦卦画翻转一百八十度得到贲卦,两者互为综卦,呈现相综关系或相覆关系,综卦在周易中的排列为前后相随,既有区别又有联系。噬嗑卦在前,贲卦随后。联系在于两者卦画内部结构相同,只是颠倒了一下,表明观察角度发生了变化,两者一前一后有发展顺序上的逻辑联系,两者都反映社会治理内容。区别在于卦名、卦象、卦意均发生了变化,噬嗑卦突出了社会治理中的强制手段;贲卦体现了社会治理中柔性手法,一阴一阳,相辅相成,有机融合,殊途同归。

贲卦的交互卦是解卦。上交互卦为雷,下交互卦为水,称其为雷水解。解卦主要反映的是，电闪雷鸣给人以压迫感和恐惧感，因酣畅淋漓的暴雨倾盆而降而得以缓解或解脱。说明贲卦蕴涵着解卦的机理，可用来缓解社会治理中过刚、过柔带来的困境问题。由于贲卦是由泰卦演变而来，泰卦中阴爻集中在上卦，阳爻集中在下卦，稳定是稳定了，但阴阳过于集中缺少活力，需要刚柔互换，以柔文刚，以刚文柔，以求最佳效果。贲卦的交互卦是解卦，表明贲卦在社会治理中化解困境的功能是可以实现的。

贲卦的错卦是困卦。如果将贲卦的六个爻分别换成相反的爻，得到的卦便是贲卦的错卦困卦。错为阴阳交错，而不是错误的意思。困卦上卦为泽，下卦为水，称其为泽水困，水在泽下，反映了水被困在湖泽之中的意境。错卦的哲学意义在于启示人们，要善于从对立面或反面看问题，把握事物变化规律，预见事物发展趋势，从而采取有效的应对措施。贲卦的错卦为困卦，警示人们物极必反，文饰不可过度，过度必受困，告诫人们应力戒奢靡浮华，防止过度追求表面虚荣。

【卦辞象辞】

〖卦辞〗

"贲，亨，小利有攸往。"

【译文】"贲卦，通达，在小事上适宜有所前往。"

有攸往，即有所往，可理解为外出行动。卦辞用来说明卦名及全卦主旨。在小事方面有所行动，意味着不适合在大事上有大动作。由于贲卦主要讲的是文饰修饰、装点打扮的问题，意味着必须把握好分寸，不可兴师动众，不要大张旗鼓，不能搞得太过火，文饰只能是辅助性手段，而不能把它当成中心工作，更不能以形式手段取代内容主体。

〖象辞〗

《象》曰："贲，亨，柔来而文刚，故亨。分刚上而文柔，故小利有攸往，天文也。文明以止，人文也。观乎天文，以察时变；观乎人文，以化成天下。"

【译文】象传说，贲卦是通达的，柔爻从上卦下来文饰刚爻，因此通达。从下卦分出刚爻往上文饰柔爻，因此说小事上适宜前往行动，它反映了天地自然的文采和花样。文采明丽而应适可而止，它反映了人类社会的文采和花样。观察天地自然文采和花样,可以察觉时令节气的变化;观察人类社会的文采和花样,可以用来教化百姓成就治理天下的大业。

刚柔交错是天地自然的规律,贲卦情境是泰卦情境演化发展的形态之一。天地为万物之父母,天地的充分交流演化出万事万物各种形态,贲卦形态包含其中。

"分刚上而文柔",贲卦由泰卦演变而来,将九二刚爻在乾卦中分离出来,上行前往坤卦,以刚爻去文饰柔卦。因此对于阴爻来说,是适宜刚爻前往行动的,这样可以改变原来纯阴那种缺乏生机活力的格局。这种文饰对阴爻群体非常有利,阴爻代表小事情,所以卦辞中有"小利有攸往"的表述。

"文明以止",下卦离卦,离为文,为明,即色彩明亮、文饰、修饰;上卦艮卦,艮为止,引申为适可而止,当止则止,或者止于最恰当的状态上。文是文采、花样,明是光明、亮丽,文明是指人类文化光辉灿烂,文采和花样向前发展形成文化,文化高度发展形成文明。以止,不是指文化、文明本身适可而止,而应理解为:一是精神文化发展应与物质经济发展相协调,也就是辩证唯物主义所要求的上层建筑应与经济基础相适应,生产关系应与生产力相适应;二是形式与内容要相适应,妥善处理文与质的关系,做到文质融合,彼此协调,防止重形式,轻内容,形式超越内容;三是人的欲望要做到适可而止,《易经》中的"止"主要是遏制人的过分欲望,"文明以止"也可理解为,以思想道德和文化规范约束人们的行为,从文化中汲取智慧,获得启迪,从而达到节制欲望,使其停留在恰当的程度上。"文明以止"还可以理解为止于文明,使人们的行为停留于文明适当的状态上,与"正"字"止于一"的含义相类似,将自己言行停留在最恰当的层面上。

《大学》说:"大学之道,在明明德,在亲民,在止于至善。""为人君止于仁,为人臣止于敬;为人子止于孝,为人父止于慈;与国人交,止于信。"可视为对"文明以止"的深入阐述和拓展。

我国主要领导人在系列重要讲话中高频次地引用《易经》内容,其中就有贲卦"观乎天文,以察时变;观乎人文,以化成天下"的象辞内容。这说明《易经》对于治国理政具有重要的指导意义。现代天文、人文、文明、文化等词汇即来源于此。

【大象之辞】

《象》曰:"山下有火,贲。君子以明庶政,无敢折狱。"

【译文】"山下燃烧着篝火,这是贲卦所反映的景象。君子受此启示,要实行阳光施政,不能文饰办案。"

折,为断。折狱,审理、判决、断案。办理案件讲求以事实为依据,以法律为准绳,这一点古今相通。办理案件必须坚持实事求是,而不能对案情加以人为文饰、修饰或掩饰、隐瞒,否则必然导致冤假错案。无敢,就是人命关天,必须慎重办案,公正断案,千万不能草菅(jian1)人命,轻率断案。

"明"取象于离卦。下卦为离卦,离为火,为日,为丽,为目等,卦德为明。

"无敢折狱"取象于离卦和艮卦。其一,下卦为离卦,离通"篱",有篱笆、罗网等意,引申为牢狱、官司、办案等意;上卦为艮卦,艮为静止、停止、阻止、制止,两者组合即为"无敢折狱"。其二,下卦为离卦,离为反坎,坎,陷也,引申为身陷牢狱、官司等意,"反坎"即不陷入牢狱。

【爻辞小象】

"初九,贲其趾,舍车而徒。"

【译文】"初九,文饰脚部,舍弃乘车徒步而行。"

《古代汉语词典》解释,趾,脚、踪迹;《现代汉语词典》解释:脚指头。可见,在古代趾主要指脚,而不是指脚指头,脚指头的意思是现代才有的。下卦为离卦,代表即将出嫁的新娘,此爻描绘了姑娘出嫁前的化妆情景,从脚部开始打扮。贲其趾,对脚部进行修饰美化,应作广义理解,可以是脚上画上花纹,可以是脚指甲盖上涂抹彩色,可以将饰品套在脚脖子上,也可以是穿着彩色袜子、绣花鞋等等。初九是阳爻居阳位,当位,表明其行为举止是适当的。而且初九与六四有正应,能得到上层的支持和关照,初九对上层六四也予以支持和配合。

那么,初九是否一定代表小伙子呢?其实不尽然。除个别少数民族可能存在男性对脚部位进行文饰外,通常情况下,这种脚部文饰只适合女性。贲卦下卦是离卦,代表中女,因此初九应当理解为女性的脚部,初九表明这双脚比较秀美，类似东北所称的"大脚"，也可理解为对脚部修饰下了很大功夫，形象效果非常明显。爱美之心，人皆有之，因此对脚部进行文饰自古就有，小象作了正面解释，认为舍车而徒理所应当，并无不当之处，不能认定为过度追求虚荣和过分炫耀，因为贲卦讲的是文饰之道的，初九只是文饰的开始，如果一开始就认为过度了，不太符合常理。

"舍车而徒"取象于坎卦、爻位和震卦。贲卦下交互卦为坎卦，坎为弓轮，"其于舆也，为多眚（sheng3，灾异）"，坎卦代表车。若初九发生爻变，则下卦为艮卦，艮为静止、停止、阻止、制止等意。阻止+车辆即为"舍车"。初九在坎卦以下，挨着车，但没在车上。从身体部位而言，初九是脚部，本身有行走能力，徒即为徒步行走之意，不需要坐车。

《象》曰："舍车而徒，义弗乘也。"
【译文】小象说，舍弃乘车而徒步行走，在道理上讲本来就不需要乘车。

从社会地位上看，初九是平民阶层，通常没车可乘；从年龄上看，中女，属年轻女性，徒步行走没有问题；从实际效果来看，徒步行走更能吸引路人关注，有利于文饰效果的充分展现；更主要的是新郎家住在山丘，行车不便，因为上卦为艮卦，艮为山，从六五爻辞可知婚礼在山坡丘园中进行，所以步行比坐车更合适。综上所述，这便是"义弗乘也"的理由。

"六二，贲其须。"
【译文】"六二，修饰胡须。"

六二主要讲对新郎的胡须进行修饰打扮。爻辞很简单，装饰胡须的对象必定是成年男性。由于六二是阴爻，阴爻通常代表女性，那么六二女性角色与爻辞男性胡须是否发生矛盾了呢？其实并不矛盾。

其一，六二的使命是以柔爻文饰刚爻。上面讲过，贲卦是由泰卦演变而来的，在泰卦本来下卦是个乾卦，乾为首，此处指新郎的头部，六二从泰卦上六的位置下来，目的是文饰美化这位小伙的头部，给他增加些柔和美感，并不是要改变小伙的性别。美化新郎最简便有效的方法就是文饰胡须，使其看起来更有艺术效果。这样就不难理解,六二代表给小伙增添的那些柔性元素,与六二特征相符。

其二,从另一个角度看,上六来到六二后,下卦变成了离卦,离为中女,六二就是中女,既用以指代新娘,又用以指代为新郎文饰胡须的女性。这从爻辞表述方式上可以看出,"贲其须"是帮别人文饰美化,而不是给自己美化。古人是比较重视胡须修饰的,透过胡须文饰状况大致可以判断一个人的身份地位、学识修养和职业行当等情况,胡须装饰的方式可以多种多样,或长须胡(如美髯ran2公),或八字胡、或山羊胡,或给长须结辫,或给胡须染色,等等。

其三,胡须毕竟是身体小部件,对其文饰也只能是小修饰而不是大动作,因此用阴爻来表示是适当的。对于男人而言,化妆不是常态,只限于婚礼等特定时机场合偶而为之,与女性化妆相比,男性装扮的部位是有限的,程度也是有限的,风格是简朴内敛的,这与六二阴爻特征相吻合。

六二阴爻居阴位,当位,表明行为举止没有问题。六二与六五没有正应,说明得不到六五老大的支持。

"贲其须"取象于爻位和离卦、乾卦。贲卦从九三至上九构成小颐卦,颐卦卦形是张开的嘴巴,而六二位于嘴巴下面,即为胡须部位。贲卦下卦为离卦,离引申为文,在贲卦即为修饰胡须的意思。若六二发生爻变,则下卦为乾卦,或者说泰卦在演变成贲卦前下卦本来就是乾卦,乾为首,引申为新郎头部,胡须当然是男人头部的主要特征之一。

《象》曰:"贲其须,与上兴也。"
【译文】小象说,美化他的胡须,与上面共同兴办事业。

"与上兴也"包含两层意思:第一,六二与九三,阴承阳、阳乘阴符合易理,阴阳处于呼应协调状态,因此,"上"的第一层意思是指九三,而不是指六五,因为六二与六五同性相斥,不可能共同兴事。第二,"与上兴也"取意于贲卦由泰卦演变而来。贲卦六二、上九是由泰卦的九二、上六交换而成。《易经》的规则是阳统阴,因此,九二变成上九是主动的,而上六变成六二是被动的,"与上兴也"就是指六二必须保持与上九同步行动,才能完成由泰卦向贲卦的演变。

"九三，贲如濡如，永贞吉。"

【译文】"九三，修饰得润泽光鲜，始终守正吉祥。"

第一个"如"，是装饰得像什么；第二个"如"，是什么的样子。濡，沾湿，潮湿，湿润。初九，装饰新娘脚部，六二装饰新郎胡须，此爻只讲鲜亮润泽的状态，没有讲具体部位。通常可以解释为嘴唇、脸蛋、手背等皮肤外露部位。古代的化妆品大都是自然物中提取的，比如花露、胭脂、动物油等，比现代的化学品效果更佳。

九三为阳爻，当然不能就此理解为男人在搽脂抹粉，九三还在下卦，下卦为离卦，离为中女，因此应理解为女性在修饰化妆。九三虽为阳爻，但并非所有阳爻都指男性，它可以指行为积极主动。此爻可理解为女性对上述部位的修饰化妆态度积极，舍得投入，肯花功夫。化妆打扮符合女性爱美心理，无可厚非，但《易经》提示要"永贞"，始终保持正当动机，才有吉祥结果。反过来说，如果搽脂抹粉是为了别有用心，勾引别人，当然不可能有好结果。九三阳爻居阳位，当位，表明其行为举止没有问题。与上九没有正应，不能得到上九大佬的支持和关照。

"贲如濡如"取象于小颐卦和坎卦。九三是小颐卦的下嘴唇部位，让嘴唇看起来湿润亮泽，正是修饰效果的体现，由此可见润泽的部位主要是指嘴唇。濡是湿润鲜亮的样子，与水有关，贲卦下交互卦为坎卦，坎为水。

《象》曰："永贞之吉，终莫之陵也。"

【译文】小象说，始终坚守正道能带来吉祥，因为终究没有人能对她进行欺凌。

陵，通"凌"，欺凌、凌辱等意。"莫之陵"取象于震卦和艮卦。九三是阳爻，刚健有力，又处在上交互卦震卦上，本来是要往上走的，但是上卦艮卦阻止了九三的上行。九三至上九还可视为一个大离卦，这样九三止步于两个离卦之间，上下充满光明，因此没有人会对其实施欺凌。

"六四，贲如皤如，白马翰如，匪寇，婚媾。"

【译文】"六四，浑身白色装束，白马如飞，不是贼寇，而是求婚队伍。"

"贲如皤如"与九三"贲如濡如"结构相同，意即文饰打扮成什么样子。皤（po2），白。皤如，很白的样子。翰，通"鶾"，赤羽的山鸡，又叫锦鸡。翰如，像飞鸟一样，形容白马跑得轻快。从六四开始进入上卦，其文饰风格是以白色为主基调，它反映了古人的审美取向，也反映了古人追求素雅质朴的文饰理念。此爻讲的是求婚娶亲的队伍，六五讲的是举行婚礼的场景。六四阴爻居阴位，当位，表明其举行举止是适当的，在此表明新郎的求婚迎娶行为是得当的，并未兴师动众、奢华铺张，因此这里的六四不是指女性，而是指新郎求婚迎亲行为低调、朴实、内敛。六四与初九有正应，这说明六四与初九心有灵犀、心心相印。因为初九是离卦的初爻，离为中女，代表新娘；六四是艮卦的初爻，艮为少男，代表新郎。新郎着白色礼服，骑白马，整个场景彰显了白色格调，白色代表高贵神圣、洁白无暇、质朴无华，象征对爱情的纯洁忠贞和礼婚风格的简约质朴。

"皤、白"取象于兑卦。若六四发生爻变，则上交互卦变为兑卦。兑在五行中为金，五色中为白色。

"马"取象于坎卦和震卦。下交互卦为坎卦，坎为美脊马，即脊背很漂亮的马，坎卦中间的阳爻代表马脊，因脊背漂亮而引人注目，具有阳爻特征，这与坎卦结构吻合。上交互卦为震卦，震为龙，其于马也，为善鸣，为馵（zhu4，后左足白色的马），为作足。震代表龙、也代表马，因此古代龙马并提，如龙马精神。

"匪寇"取象于坎卦。其一，下交互卦为坎卦，六四在坎卦之中，坎为心病，为加忧，为盗等。加上第四爻"四多惧"特征，因此疑虑重重，以为是盗寇来了。由于上卦为艮卦，艮为手，艮为止，受到抵挡阻止后盗寇难以进来，能让他们进来的肯定不是盗寇。其二，三至上爻组成大离卦，离为反坎，坎为盗，反坎即不是盗寇。

"婚媾"取象于爻位。六四与初九有正应，六四是艮卦初爻，艮代表少男新郎；初九是离卦初爻，离代表中女新娘。有正应，说明男女有心灵感应，为婚媾奠定了基础。

《象》曰："六四，当位疑也。匪寇婚媾，终无尤也。"
【译文】小象说，六四是爻位本身理当令人多疑的。不是贼寇而是娶亲队伍，最终没有担忧。

　　"六五, 贲于丘园, 束帛戋戋, 吝, 终吉。"
　　【译文】"六五, 装饰山坡园林, 只用少量丝帛聘礼, 虽小有遗憾, 但结局吉祥。"

　　丘, 小土山; 村落; 田地单位。园, 园子, 园林。丘园, 指天然质朴之地, 蕴涵俭朴之义, 也指隐居的地方, 也可指陵墓, 此处指用来举办婚礼的自然山地或园林。六五为君王之位, 此处指新郎方家长, 丘园可理解为其住所周边的小土山或园林。帛, 是丝织品的总称, 束帛, 一捆五匹, 用作于聘问或祭祀的礼品。戋戋 (jian1), 少量、微量的意思, 如, 水少了是浅; 丝少了是线; 只用少量贝币就能买到是贱; 用少量竹子制造出来的是笺; 用简单饭菜招待或只是少量食用是饯, 如饯行、蜜饯等; 用少量木材构建的馆舍是客栈, 用少量木头铺成的是栈道; 金子少了是钱, 钱在古代多指铜钱, 金子用没了, 只是余下点铜钱。《古代汉语词典》将"戋戋"解释为"众多的样子"值得商榷。
　　"束帛戋戋", 不是指用捆扎的丝织品来对园林进行装饰, 而是指办事节俭、花费很少。一是指古时婚姻纳采、问名、纳吉、纳征、请期、亲迎"六礼"中的纳征聘礼花费不多; 二是指前来参加婚礼的亲友所携贺礼简约不奢华, 礼轻情义重, 重意不重财; 三是指整个婚礼费用花费不多, 体现出节俭办婚礼的精神。由于束帛的颜色是素白的, 与节俭办事、俭朴风格相协调, 体现了素白本色的理念, 此处白色侧重象征意义, 而非指把丘园装扮成素白色调, 否则就有些治丧的味道了, 不符合我国办喜事崇尚红色的传统习惯。
　　六五阴爻居阳位, 不当位, 表明其力量过于柔弱, 可理解为主人公能力财力有限, 难免遭遇困难, 因此出现"吝"。吝在悔、吝、厉、咎、凶五个等级中排第二位, 属于轻度风险。六五的可贵之处在于居中位而且节俭, 居中有德, 节俭为我国传统美德, 足以弥补能力财力不足的缺陷, 对于个人、家庭如此, 对于社会、国家也是如此, 因此其结局是吉祥的。六五与六二没有正应, 表明得不到来自基层干部的支持和配合。
　　文饰节俭是《易经》和儒家的重要观点, 六五为君王之位, 有引领风尚的职责和功用, 倡导节俭, 功德无量, 因此此爻"束帛戋戋", 花费很少, 虽吝终吉。

《礼记·檀弓上》子路曰："吾闻诸夫子：丧礼，与其哀不足而礼有馀也，不若礼不足而哀有馀也；祭礼，与其敬不足而礼有馀也，不若礼不足而敬有馀也。"大意是，子路说，我听孔老夫子说过，举办丧礼时与其悲痛不足而礼仪有余，还不如礼仪不足而悲痛有余；参加祭祀时，与其恭敬不足而礼仪有余，还不如礼仪不足而恭敬有余。在孔子这段话中，重态度、轻程序，重精神、轻物质，重内容、轻形式的理念非常明确，对今天仍有教育指导意义。

"丘园"取象于艮卦和坤卦。贲卦的上卦为艮卦，艮为山、丘山；由于贲卦是由泰卦演变而来的，泰卦上卦为坤卦，坤为地，田地、田园。丘山+田园即为"丘园"。

"束帛"取象于艮卦、坤卦和巽卦。上卦为艮卦，艮为手，束是用手捆扎。演变为贲卦前的泰卦，上卦为坤卦，坤为布，布帛同类。若六五发生爻变，则上卦变为巽卦，巽为白，为绳直。帛是白色的，绳子用来捆扎布帛，即为"束帛"，帛是丝织品的总称，古代以束帛作为聘礼，一束为五匹帛。

《象》曰："六五之吉，有喜也。"
【译文】小象说，六五结局吉祥，因为有结婚喜庆之事。

"上九，白贲，无咎。"
【译文】"上九，素白本色文饰，没有灾祸。"

上九由泰卦九二往上行进而来，上九的行动改变了泰卦格局，可谓举足轻重，因而成了贲卦卦主。上九揭示了文饰的最高境界是"白贲"，白贲集中体现了贲的本质和神韵。白色也是五色之一，而不是无色，古人以白色为素色，蕴含着本色、朴素、质朴等意，引申为事物的天然本色和原有面貌，而不是人为添加的色彩，代表着原始正统的文饰理念，白贲是一个区别于其他颜色或其他装饰风格与流派的相对概念。

"清水出芙蓉，天然去雕饰。"可视为对白贲的注解，这是素雅简约的装饰风格，看不出装饰的痕迹，如同天然浑成，是一种低调的奢华，这种奢华不是体现在钱财物质层面上，而是体现在用心设计、匠心独运的精神文化层面上，这是装饰的最高境界。上九是贲卦的最高位，寓意文饰的最高水准即是白贲。

上九阳爻居阴位，不当位，表明力量过于刚强，但这种刚强表现在文饰的境界和能力上，再加上上九前身是泰卦九二，居中有德，道德品质良好，因此没有灾祸。通常上爻结局大多不太好，而贲卦却是个例外。可理解为思想境界、文化境界、艺术境界永无止境，鼓励人们永攀高峰，永不停步。

《象》曰："白贲无咎，上得志也。"

【译文】小象说，素白本色的文饰没有灾祸，因为上九实现了以刚文柔的心愿。

"上得志也"取象于泰卦演变为贲卦。依据"分刚上而文柔"象辞，泰卦九二前往贲卦上九，实现了用刚爻文饰坤卦的目的，心意得以实现，故称"上得志也"。

简约本色的文饰理念也是孔子着力倡导的，从"绘事后素"、文质关系和自占贲卦等内容中，可以看出贲卦与孔子的不解之缘。《论语·八佾（yi4）》子夏问曰："'巧笑倩兮，美目盼兮，素以为绚兮'，何谓也？"子曰："绘事后素。"曰："礼后乎？"子曰："起予者商也！始可与言《诗》已矣。"盼：眼睛黑白分明。前两句诗出自《诗经·卫风·硕人》，第三句诗可能来自佚诗。这三句诗原义是赞美女子美丽容貌。起：启发。商：姓卜，名商，字子夏。孔子一般当面称弟子的名。这段话的意思是，子夏问孔子说："'漂亮的脸蛋笑得甜啊，美丽的眼睛真清澈啊，洁白的粉脂多灿烂啊'，它说的是什么意思呀？"孔子回答说："绘画时最后用白色修饰。"子夏问："礼乐的产生也在仁义之后吧？"孔子说："启发我的是商啊！现在开始可以与你谈论《诗经》了。"

不难发现，上述孔子与子夏的对话，传递出来的意思是明确的，用笔和颜料作画基本完成后，最后用白色颜料进行修饰，使画作看起来更加自然、协调、鲜亮、生动。画作是主体、内容，白色是手段、形式，形式为内容服务，手段为主体服务。子夏受作画过程的启发，联想到仁义与礼乐也是内容和形式的关系，或者说是主体的思想道德修养境界与行为表现的关系，于是向孔子求证"礼乐的产生也在仁义之后吧？"得到了孔子的高度赞许。

对于"绘事后素"有一种相反的理解。朱熹《四书集注》解释："绘事，绘画之事也；后素，后于素也。"朱熹的意思是作画时，先用白色作底稿，再在白色基础上画。但是,画家黄宾虹持不同意见。他于1948年8月15日在上海美术茶话会上说:"孔子所说的'绘事后素',也是讲绘画方法。宋人解释为先有素而后有绘,以为彩色还在素绢之后,这是一种误解。实际上那时代有色的绢居多,而且没有纯白色的绢,后来直到唐代还是淡黄色。'绘画后素'的意思,乃是先绘彩色,然后再加上一种白粉,这和西洋画法相同,日本画也是如此。"黄宾虹先生所述的情况在出土的两汉绘画中得到了证实。

本人赞同黄宾虹先生的说法。对于君子而言,最根本的是要有仁义之心,这是内容实质;礼乐只是君子的外在行为表现,先有内容、后有形式才合乎逻辑,也是孔子所竭力倡导的。对于社会思想文化和意识形态领域而言,以仁义为核心的思想道德是根本,礼乐是弘扬仁义道德的形式和手段,只有建立在仁义基础上的礼乐才是积极向上、健康有益的。悖离仁义的礼乐必将是无本之木、无源之水,甚至可能沦为低级趣味、消磨意志、危害社会的精神鸦片。历史上因君王纵情欢娱、沉溺声色犬马而误国亡国的案例俯拾皆是。

《论语·雍也》孔子说:"质胜文则野,文胜质则史。文质彬彬,然后君子。"孔子说,质地超过文采则显得粗野,文采超过质地则显得浮华。只有质地与文采协调统一,才能称得上君子。这段话可视作孔子对贲卦的解读,他认为适当的文采是必要的,但不可过度,过犹不及,不及与过都是有缺陷的,只有将两者有机协调起来,水乳交融,浑然一体,才能称其为君子。这与中庸"执其两端,用其中于民"的思想高度契合。

《孔子家语·好生第十》记载:"孔子尝自筮其卦,得《贲》焉,愀(qiao3,容色变得忧惧或严肃)然有不平之状。子张进曰:'师闻,卜者得《贲》卦,吉也,而夫子之色有不平,何也?'孔子对曰:'以其离耶!在《周易》,山下有火谓之《贲》,非正色之卦也。夫质也,白宜正白,黑宜正黑,今得《贲》,非吾吉也。吾闻丹漆不文,白玉不雕,何也?质有余不受饰故也。'"

这段话的意思是说,孔子曾经自行占卜,得到贲卦,为此忧心忡忡。子张(名师)走近孔子说,我听说占得贲卦是吉祥的,而看到您老人家有不安神色,为什么呀?孔子答道,因为贲卦中有个离卦啊,在周易中山下有火称作贲卦,这不是正宗颜色的卦啊。就事物实质而言,白要白得正宗,黑要黑得正宗,现在占得贲卦,不是我理解的吉祥。我听说红色的油漆是不需要文饰的,白玉是不需要再雕琢的,这是为什么?因为品质上佳的材料是不需要修饰的缘故。可见,孔子对自己思想品德要求是极其严酷的,他认为占得贲卦,说明自己的品德才能不够完善,还要用外在办法加以修饰。从中也可以看出孔子对文饰的态度,重实质、轻修饰,重内容、轻形式,反对华而不实,厌恶沽名钓誉。

据传,孔子四十多岁时原打算出仕做事,占得贲卦后,认为时机不够成熟,便继续编辑整理诗经、春秋等古籍。直到五十出头才到鲁国朝中任职,四五年间官至司寇,但终因与鲁君执政理念不同而辞职,从而开启长达十四年颠沛流离的周游列国行动。从孔子短暂的从政经历看,他作为当时影响极大的著名思想家和儒家创始人,终究没能实现自己的政治理想,只是起到了鲁君花瓶的文饰作用。

第二十三卦 剥卦的防腐之道

【剥卦】

【白话经文】

剥卦，不适宜有所前往。

初六，剥蚀床脚，损灭其正常功能，凶险。

六二，剥蚀床垫，损灭其正常功能，凶险。

六三，剥蚀床体，没有灾祸。

六四，剥蚀床席，凶险。

六五，像穿鱼串一样把众小人如同宫人般宠养起来，没有不适宜之事。

上九，硕大果实未被吞食，对于君子如获大车，对于小人则会揭掉房顶。

【经文原文】

剥，不利有攸往。

初六，剥床以足，蔑贞，凶。

六二，剥床以辨，蔑贞，凶。

六三，剥之，无咎。

六四，剥床以肤，凶。

六五，贯鱼以宫人宠，无不利。

上九，硕果不食，君子得舆，小人剥庐。

【解读序言】

剥卦，在周易中排序第二十三卦，上卦是山，下卦是地，称其为山地剥。《序卦传》说："贲者，饰也，致饰，然后亨则尽矣，故受之以剥。剥者，剥也。"序卦传说，贲卦说的是装饰，完成装饰以后，事物的通达状态已走到了尽头，因此周易在贲卦之后安排了剥卦，剥卦就是剥蚀的意思。"亨则尽"不是指事物发展到了尽头，而是指事物的最佳巅峰状态即将终结。通常装饰都是有期限的，装饰刚完成时焕然一新，光鲜亮丽，时间一长暗然失色，风光不再，再到后来以至于斑驳脱落，腐朽破败。《杂卦传》说："剥，烂也。"杂卦传说，剥卦，事物处于腐烂衰败状态。

剥卦紧接贲卦之后，两者存在事物发展时序上的逻辑关系。贲卦是装饰、修饰、文饰，剥卦是剥落、剥蚀、腐败。就像新做的家俱，给它刷上油漆是贲，焕然一新，光彩照人；用久变旧了便是剥，光泽暗淡，漆面斑驳。它反映了事物的两个方面，提醒人们适当装饰是必要的，但不可过，过犹不及；剥蚀是事物发展的必然趋势，对此要有预见有准备，采取必要措施，防止事物过早过快地进入剥蚀腐败状态。《朱子家训》说："一粥一饭当思来之不易；半丝半缕恒念物力维艰。"它告诫人们要勤俭持家，物尽其用，爱惜使用，尽量延长事物的功能效用，谨防破窗效应，避免事物因防护迅速失去价值。对待器物如此，对待养生也是如此，对待人文政治和社会生活更是如此。

剥卦以日常生活中天天使用的床为例，描绘了事物逐渐被剥蚀的过程。初六讲，剥蚀床脚，灭其正常功能，结果凶险；六二讲，剥蚀床垫，也是灭其正常功能，结果凶险；六三讲，剥蚀整个床身，没有灾祸；六四讲，剥蚀床上席子，结果凶险；六五讲，像鱼串一样，对剥蚀小人实施宠养和监管，没有不适宜之事；上九讲，硕大果实没被蚕食，对君子而言就像得到了承载百姓的大车，而对小人而言就会像简易房舍受到剥蚀一样将其剥蚀。

由上可见，一至四爻所描写的剥蚀部位依次是床足、床垫、床身、床席，呈现出由下至上的逻辑顺序，四个爻中有三个凶，这在《易经》中是不多见的，说明剥卦情境的凶险程度极高。只有六三无咎，因为仅六三与上九有正应，其他四爻均无正应；五爻提出了如何预防小人剥蚀行为的方法措施，加强对贪腐小人的监督管理；上爻反映了君子和小人对于仅存硕果的迥然不同两种态度，君子用它为百姓大众谋利益，而小人只会侵吞公共财产中饱私囊，倡导人们学做君子，谨防小人。

【卦名含义】

《古代汉语词典》解释：剥，割裂；削，剖开；脱落；侵蚀；掠夺，强制除去；动乱，扰乱；六十四卦之一；读作pu1时，通"扑"，打，击，《诗经·豳（bin1）风·七月》："八月~枣，十月获稻。"剥卦几乎涵盖了上述全部意思，理解时应融会贯通，灵活运用。

【卦象寓义】

一、山附于地之象。这是大象所描绘的自然景象。上卦为艮卦，艮为山；下卦为坤卦，坤为地。山附于地，说明主体是大地，坤卦，承载、包容、柔顺、配合，卦德为柔，表明大地具有厚德载物的品质。山是大地的承载对象，艮卦，静止、停止、阻止、制止等意，卦德为止，如果没有大地承载，高山也就失去了依托，是大地的博大成就了山的巍峨。山附于地之象，立意在于提示统治者，要善待百姓，只有让百姓安居乐业，国家大厦才能长治久安。

二、山体剥落之象。上卦是艮卦，艮是山；下卦是坤卦，坤是大地。直观景象就是大地之上矗立着一座高山，这与现实生活中看到的景象是一致的。由于日晒雨淋、霜雪严冻、自然风化等原因，山体会发生剥落现象，不断有石子泥土泻落至地面，有时甚至发生大面积塌方或泥石流。这是一种自然现象，给人感觉是大山被各种各样负面因素侵扰而不断遭受剥蚀。但毕竟山体是巨大的，剥蚀行为再严重，终究难以将大山夷为平地。在社会领域，也存在着类似的剥蚀现象。比如，爻辞里提到的床受剥蚀，还有家具受剥蚀、房舍受剥蚀、公共财产受剥蚀、国家利益受剥蚀，等等。

三、农历九月之象。在十二消息卦中，剥卦代表农历九月，仅剩一根阳爻，表明阳气越来越少。四季气象的进程是不可逆的，九月之后必然进入十月，十月用坤卦表示，六爻全阴，没有一点阳气，气象进入一年中全阴的底谷。值得注意的是，阴气与寒冷关联密切，但并不完全等同，最阴的时候不一定是最冷的，最冷的时候不一定是最阴的，两者存在非同步性。剥卦中蕴藏着多个坤卦，交互卦是坤卦，上交互卦与下卦构成坤卦，下交互卦与下卦构成坤卦，表明剥卦与坤卦联系非常紧密。季节变换是个渐进的过程，阴极变阳，阳极变阴，寒来暑往，暑来寒往，这是自然规律的反映和体现。

四、握柄击果之象。九月是秋天的开始，是瓜果成熟的季节，也是收获的季节。上卦是艮卦，艮为果蓏（luo3），蓏是瓜果的总称，艮为手；下卦是坤卦，坤为地，为柄。因此，剥卦所反映的是一个人站在野地上，手持棍棒击打着树上果实的情景。对于人类而言，收获果实是幸福时刻；而对于果树而言，果实成熟之时便是其衰败之时。如果用阳爻表示果实，果实被人们打落后，阳爻消失，剥卦便变成了坤卦。采摘果实时枝叶受到伤害，采摘果实后不再为人所关注，从而失去昔日的辉煌，此时果树便处于剥卦情境。

五、深秋凋敝之象。剥卦代表农历九月，时值深秋。对人类而言，这是粮食、瓜果的收获季节；而对植物而言，树叶凋零，百草泛黄，秸秆枯萎，正处于遭受自然气象剥蚀的敝败状态。剥卦上卦为艮卦，艮为山，山中必有草木；下卦为坤卦，六爻全阴，象征没有生机。两者组合起来便表达了深秋凋敝的景象。文人墨客触景生情，悲天悯人，留下了许多脍炙人口的悲秋诗句，如，秋风萧瑟，洪波涌起；况属高风晚，山山黄叶飞；无边落木潇潇下，不尽长江滚滚来；删繁就简三秋树，领异标新二月花，等等。这些诗句一方面表达了诗人对遭受剥蚀的植物的爱怜和同情，另一方面更重要的是借景抒情，托物言志，表达了诗人对遭受岁月剥蚀的人们的爱怜和同情。

六、庐舍剥蚀之象。上卦为艮卦，艮为门阙，为阍寺，引申为楼宇房屋，如果一个爻代表一层，那么剥卦就代表六层楼。在十二消息卦中，乾卦代表农历四月，相当于全新的六层楼；坤卦代表农历十月，相当于破烂不堪的六层楼。从五月起阳爻依次消失，五月初九变初六，六月九二变六二，七月九三变六三，八月九四变六四，九月九五变六五。就好比一座新装修的六层楼，由于风吹雨淋，年久失修，墙体逐渐剥落，剥了一层又一层，最终剥得只剩上九房顶了。如果此时及时加固修复，勉强可以住人；如果放任自流，房盖被剥，那么这座楼房也就寿终正寝了。

七、众阴剥阳之象。从剥卦的卦符上看，五个阴爻，一个阳爻，阴爻代表小人，阳爻代表君子，形成了众阴剥阳，众小人剥独君子的景象。人们常说，风水轮流转，三十年河东、三十年河西，说的就是阴阳变化，君子与小人的关系也逃不出阴阳变化的规律。在一个国家、一个系统、一个单位的组织机构中，有君子,也有小人,有时君子占上风,有时小人占上风,沉沉浮浮,起起落落,经常处在动态变化之中。在剥卦情境中,君子可以像高山一样巍然屹立,挽狂澜于既倒,扶大厦于将倾;也可能像农历九月进入十月,被众小人驱逐,从而淡出历史舞台。对此,君子应审时度势,顺势而为。

八、内柔外止之象。下卦是主卦,也叫内卦,下卦是坤卦,坤代表柔顺、承载、包容、配合等;上卦是客卦,也叫外卦,上卦是艮卦,艮代表静止、停止、阻止、制止等意,代表适可而止。在剥卦中,如果说坤卦代表行为主体,那么艮卦就代表行为对象、合作伙伴、外部条和客观环境。内柔外止就是组织内部是柔顺的,但外部面临阻碍,成为主体人生事业发展的不利因素,正如卦辞所言"不利有攸往",不适宜往前有所行动。

九、母亲少男之象。在《易经》大家庭中,坤为母亲,艮为少男。在剥卦中,母亲居内,操持家庭事务,安排好衣、食、住、行等后勤保障工作;少男处外,从事生产劳动等体力活动,为家庭生活创造财富。这样的组织结构和分工基本是合理的。但是,如果将两者视作婚姻关系,即老妇与少男结婚组合成家庭,那么就很可能发生老妇对少男进行剥蚀的行为,无论是物质经济方面,还是婚姻生活方面,情形都对少男不利,老妇是得益者,少男是受损者。

十、土土比和之象。在八卦与五行关系中,艮卦、坤卦对应土,艮卦为阳卦,为阳土;坤卦为阴卦,为阴土。按照五行生克关系,两者呈现比和关系。同类叠加,形成合力,性能得到进一步强化。贲卦下卦为阴土,上卦为阳土,除了土土比和外,还包含着阴阳相吸、彼此协调的因素,相对于普通的比和关系又深入了一层。如果将剥卦视作一个单位,那么其内外关系总体是协调的。那么,内外关系的总体协调,是否与"不利有攸往"矛盾呢?其实不矛盾,因为两者侧重点不同,前者表达了单位不适宜对外开展行动,后者讲单位顺从默认这种状态,审时度势,安于现状,待时而动,顺势而为。所以,并不会因此妨碍内外关系的总体协调。

【关联卦画】

剥卦的综卦是复卦。综卦,也叫覆卦、镜卦。剥卦颠倒一百八十度变成复卦,复卦颠倒一百八十度变成剥卦,其内部结构没有变化,只是人们考察问题的角度发生了变化,表明不同立场、不同角度、不同利益阶层看同一个问题,得到不同结果。两卦既有联系,又有区别。联系在于,在时序上呈现前后衔接关系,剥卦为周易第二十三卦,复卦为第二十四卦,也就是说事物经过剥蚀阶段后,可通过自身具有或其他介入机制进行修复或复兴。如,人体感染得病可以通过激活自身免疫系统或打针服药而得以康复;国家遭受严重的腐败侵蚀濒临崩溃,通过重拳出击,重典治腐,机制重建,重新焕发出生机活力,从而实现伟大复兴。剥蚀、复兴呈现出交替循环的周期性规律。其区别在于,剥卦是众阴剥阳,是人文政治和社会生活中的不良状态;复卦是阳气复兴,君子回归,是人文政治和社会生活中的良性状态。如果剥卦代表乱世,那么复卦就代表治世。

剥卦交互卦是坤卦。一个卦的交互卦,就是去掉该卦的初、上两爻,用剩下的四个爻重新组成一个卦,二三四爻为下卦,三四五爻为上卦,其中三四为上下卦皆有,体现上下交互的含义,因此称其为交互卦。交互卦代表事物发展的过程性状态。事物如果正处在剥卦情境,再往下发展,其过程性状态极有可能出现坤卦情境。一旦上九阳爻被众阴爻彻底剥蚀殆尽就形成坤卦,如剥卦是农历九月,再往下发展便是坤卦农历十月。因此,本卦剥卦与交互卦坤卦之间的关系也是既有联系,又有区别。联系在于,事物发展存在内在逻辑,剥卦中包含坤卦基因,认清这种规律,对于预防剥蚀、延长事物寿命,或者促进剥蚀速度、促其灭亡,有着重要的现实指导意义;区别在于,它体现事物发展进程中的两个不同阶段。

剥卦的错卦是夬卦。如果将一个卦的各个爻相反,将阴爻变阳爻,将阳爻变阴爻,那么得到的卦便是它的错卦,剥卦的错卦是夬卦。剥卦是众阴剥阳,五个小人剥蚀一个君子,情势对君子不利;夬卦是众阳驱阴,五个君子驱赶一个小人,情势对小人不利。剥卦代表农历九月,秋天;夬卦代表农历三月,春天,两者相差六个月。剥卦结构是地、山、母亲、少男;夬卦是天、泽、父亲、少女。在这对错卦中,无论是君子、小人,秋天、春天,还是天、地,山、泽,父、母,少男、少女,都呈现着反向关系。这便是这对错卦的联系与区别。错卦的哲学意义在于,从矛盾的对立面上考虑问题,站在对方立场进行换位思考,有助于完整把握事物的实质,找到解决矛盾的办法。因为矛盾是对立统一的,相互对立,相互依存,相互转化,认识到这一规律就等于找到了解决矛盾的钥匙。

【卦辞象辞】

〖卦辞〗

"剥，不利有攸往。"

【译文】"剥卦，不适宜有所前往。"

卦辞用来说明卦的主题。不适宜有所前往，就是不要采取大的行动，适宜静观其变，沉着应对。在剥卦情境中，阴盛阳衰，小人得志，形成气候，君子势单力簿，被一群剥蚀小人所包围，盲目行动将遭致小人围攻。此时，君子应该审时度势，以静制动，等待机会，待条件成熟时再采取行动。比如，在一个国家、单位、团体中，如果势单力薄的君子四周都是小人，那么为人处事就要格外谨慎了，猛虎架不住群狼，应对众多小人，只可智为，不可硬拼。

〖象辞〗

《彖》曰："剥，剥也，柔变刚也。不利有攸往，小人长也。顺而止也，观象也。君子尚消息盈虚，天行也。"

【译文】象辞说：剥卦讲的是剥蚀问题，阴柔者要改变阳刚者。不适宜有所前往，因为小人的势力在增长。以柔性方式而加以阻止，这是通过观察由观卦演变成剥卦景象得到的启示。君子善于把握减少和增加、充盈和空虚，因为这是天地自然的法则。

"柔变刚也"，变是使动用法，使改变、变更、变化等意，剥卦五个柔爻处于强势，一个阳爻处于弱势，众多阴爻要剥蚀单个阳爻，从而改变阳爻的性质。

"顺而止也"，是指下卦为坤卦，坤为柔顺；上卦为艮卦，艮为止。这是《易经》对君子提出的建议和忠告，因为君子居于不利处境，只能采用柔顺方式阻止小人集团的剥蚀行为，而不适宜采用强硬方式。否则可能刺激小人群体的恶性，变本加利地实施剥蚀，并对君子进行疯狂反扑和围攻，导致君子迅速被小人驱逐出历史舞台，后果不堪设想。这种政治黑暗时期在我国历史上并不鲜见。

"观象也"，可有两种理解或包含两层意思，一是观剥卦之象，下柔上止，意思吻合；二是观察由观卦演变成剥卦之象，"观"字一语双关，观卦代表农历八月, 剥卦代表农历九月, 两者卦象相似, 前后有逻辑关联, 从气象意义上讲观卦演变成剥卦是必然趋势, 阳爻在减少, 阴爻在增长, 这与后句象辞"君子尚消息盈虚"所表达的意境高度契合。本人认为两层意思结合起来理解更加合理、适当和深刻。

【大象之辞】

《象》曰:"山附于地, 剥。上以厚下安宅。"

【译文】"高山附着于大地, 是剥卦呈现的自然景象。受此启示君王应当以仁厚之心对待臣下百姓, 使其居有所安。"

笔者老家浙江东阳胡村与嵊州交界, 嵊州邻村便叫安宅。安宅, 包含两层意思, 一是安百姓之家居, 二是安国家之大厦, 两者相辅相成。百姓是国家的根本, 家庭是社会的细胞, 社会是国家的根基, 人民安居乐业, 国家才能长治久安。

大象所描绘的剥卦景象, 是从国家与社会、君王与百姓的关系角度考虑的。上卦艮卦代表国家大厦和政权系统, 交互卦坤卦、上交互卦与下卦构成的坤卦、下交互卦与下卦构成的坤卦等, 代表整个社会和百姓群体, 因此此处小人非指贪腐小人。大象的主旨在于告诫统治者, 水能载舟亦能覆舟, 对老百姓要宽厚仁爱, 让他们安居乐业, 这样君王之位才能稳固, 国家大厦才能稳固, 江山社稷才能稳固。否则, 天下百姓必将奋起反抗, 摧枯拉朽, 改天换地, 推翻旧世界, 建立新世界。武王伐纣以周代商便是最好例证, 因为纣王暴虐, 失去民心; 西伯仁爱, 得到民心。民心向背才是决定政权的终极因素。

【爻辞小象】

"初六, 剥床以足, 蔑贞, 凶。"

【译文】"初六, 剥蚀床脚, 损灭其正常功能, 凶险。"

蔑, 通"灭", 毁灭、消灭、损灭、灭失、灭亡等。贞, 即正, 正义、正气、正直、正当、正常等, 引申为床脚支撑床体的正常功能。灭贞, 就是灭正、灭阳, 此爻指: 一是损灭事物的正常功能, 二是损灭良好的环境条件。初六阴爻居阳位,不当位, 表明力量偏弱, 指床脚抵抗剥蚀能力差。阳爻代表通风、干燥、明亮; 阴爻代表封闭、潮湿、阴暗, 初六意味着床脚处于不良环境。床脚在干燥、通风、明亮的环境里是不易被腐蚀的, 之所以被腐蚀, 是因为处在封闭、潮湿、阴暗的环境里, 容易滋生霉菌, 导致床脚朽蚀。初六与六四没有正应, 得不到六四高层的关照和支持。

　　"床"取象于姤卦和巽卦。在十二消息卦中, 农历四月是全阳乾卦, 从五月姤卦起, 进入阴进阳退模式。最先由阳爻变成阴爻的是初九变成初六, 因此初六成为姤卦五月的主爻和标志。姤卦上卦为天, 下卦为风, 称其为天风姤。姤卦下卦为巽卦, 巽为木, 是制床的材料。同时, 巽卦的阴爻犹如床的两只脚。因此有关床的内容大多与巽卦有关联, 比如第五十七卦巽卦, 上下卦均为巽卦, 其九二、上九都有"巽在床下"的爻辞。

　　"足"取象于震卦。若初六发生爻变, 则下卦变为震卦, 震为足, 震为动, 有行走的意思, 此处指床脚。

　　《象》曰:"剥床以足, 以灭下也。"
　　【译文】小象说, 剥蚀床脚, 这是损灭床体下部的功能。

　　"六二, 剥床以辨, 蔑贞, 凶。"
　　【译文】"六二, 剥蚀床垫, 损灭其正常功能, 凶险。"

　　该爻句式结构与初六相同, 只是一字之别。古今学者对"辨"字的解释众说纷纭, 莫衷一是。有的认为是床脚; 有的认为是足部以上、床板以下部位; 有的认为是分割上下两半的部件, 理由是辨字左右两半是对称的; 有的认为是床板; 等等, 都有些道理, 但都依据不足。从出土文物的床形看, 周朝时期的床很矮, 只有床体和床足, 床足部位不高, 没有像现代床铺一样有明显的床脚。相对而言, 以下两种解释更加合理, 一种解释是通"辫", 辫是编织、交织, 将头发编成辫子, 引申为纺织而成的床垫。少时曾见家人用稻草编织床垫, 采用结辫子的方式, 织起来的床垫厚实、规整、实用, 这种方法应当自古就有。另一种解释是通"遍", 《古代汉语词典》就有这种解释, 引申指床的全身。本人倾向于第一种意见, 从床脚到床垫更能反映剥蚀的渐进过程, 若从床脚一下子到整个床身,发展似乎过快了些,有种跳跃的感觉。六二阴爻居阴位,当位,与六五没有正应,得不到六五老大的关照和支持。通常情况下,六二出现凶的情况不多,在剥卦特定情境中有此凶险值得重视。

"辨"取象于遁卦和巽卦。农历五月姤卦之后,时序进入农历六月遁卦,遁卦上卦为天,下卦为山,称其为天山遁。因此六二意义非同寻常,成为了遁卦的重要标志。遁卦的下交互卦为巽卦,巽为木。在八卦与五行关系中,震卦、巽卦都对应木,震卦为阳卦,为阳木;巽卦为阴卦,为阴木。阳木指高大、粗壮、坚硬的乔木,阴木指低矮、细小、柔软的灌木或草本之木,因此巽指芦苇、茅草、稻草之类的植物,质地坚韧、蓬松、柔软,非常适合制作床垫、座垫等用具。

《象》曰:"剥床以辨,未有与也。"
【译文】小象说,剥蚀床垫,这是因为上下没有互动参与。

"六三,剥之,无咎。"
【译文】"六三,剥蚀床体,没有灾祸。"

六三爻辞很简单,没有指明具体剥蚀床的哪个部位,而是笼统地剥之,之是代词,可以指床脚、床垫,继续剥蚀的状态,也可以指整个床的任何部位。此处在于表达剥蚀行为在持续进行,并且剥蚀范围在逐步扩大蔓延。无咎,表明本来是有咎的,由于存在某种积极因素,从而避免了不利后果。六三阴爻居阳位,不当位,力量偏弱,引申为抵抗剥蚀能力差。但是,六三的优势在于,与本卦唯一的阳爻有正应,其行为能够得到上九大佬的关照和支持。上九代表君子,是正义的化身,有正义力量的干预,遏制了小人的剥蚀行径,因此结果还不错。上卦为艮卦,艮有静止、停止、阻止、制止等意,表明君子对小人的剥蚀行为、通气明亮环境对霉菌的腐蚀行为起到了阻止作用,至少延缓了剥蚀的进程。

《象》曰:"剥之无咎,失上下也。"
【译文】小象说,剥蚀床体,没有灾祸,因为六三未与上下小人同流合污。

"失上下也"是指六三听从了上九君子的劝告,从六四、六二小人团体中撤出，不同它们继续勾联。

　　"六四，剥床以肤，凶。"
　　【译文】"六四，剥蚀床席，凶险。"

　　古今学者对"肤"的理解，成为争论的焦点。肤虽然与肥肉、皮肤有关，但这里只是个比喻，将其解释为席子比较合乎情理。剥卦前四爻中出现了三个凶，说明凶险系数极高，尽管六四阴爻居阴位，当位，其行为举止本身没有问题，但它与初六没有正应，得不到来自基层的支持，身处剥卦情境中，处境是相当危险的。好在六四是上卦艮卦的初爻，艮有静止、停止、阻止、制止等意，剥蚀得厉害了就要采取措施阻止它继续恶化蔓延，从而为六五、上九换来相对缓解的局面。六四彰显了对剥蚀后果的警示意义。

　　"肤"取象于艮卦。与噬嗑卦原理相同，噬嗑卦下交互卦为艮卦，六二是艮卦的初爻，"六二，噬肤灭鼻，无咎。"这里的肤是肥肉的意思，肥肉结构与艮卦卦开结构相似，肉皮坚硬，用阳爻表示，中间层肥肉厚嫩，用两个阴爻表示。《古代汉语词典》解释，肤，人体表面的皮；禽兽的肉；切细的肉等。在剥卦中，肤虽然含有人体表皮、肥肉等意思，但并非实指，而是借用坚韧的肉皮来比喻床上的席子。皮肤在身体上的功能作用，与席子在床中的功能作用具有相似性。

　　席子在古代叫做"簀（ze3）"，竹席之意。《礼季·檀弓上》记载，曾子临死时，床上的席子是季孙氏送他的高级席子，所以执烛照明的童子发出质疑："华而睆，大夫之簀与？"意即这么华贵明亮的竹席是大夫应该享用的吗？曾子在弥留之际闻声惊醒，执意叫儿子立即撤换，刚换好席曾子即亡。可见，竹席在古时已经普遍使用。相对而言，床垫是厚的、软的，竹席是薄的、硬的，与艮卦卦形、肥肉的结构一致。因此，用肤来指代竹席是合理的。

　　有观点认为肤指人体皮肤，到了六四已经剥蚀到人体皮肤了。这种观点有待商榷。一方面，剥卦的爻辞结构是"剥床以"某，后面所接的应当是床的具体部位，如剥床以足、剥床以辨等，前面足、辨都是指床的构件，唯独到了这里讲人体皮肤，思维上有突兀跳跃之感，从逻辑上讲不通，从内容上前后不成体系；另一方面，可以用反证法来排除人体皮肤的解释，如果六四之肤指人体皮肤，那么为何初六要指床足而不是指人足呢？这不是自相矛盾吗？因此，不宜将肤解释为人体皮肤，而应当解释为席子。

《象》曰："剥床以肤，切近灾也。"
【译文】小象说，剥蚀床上席子，因为它离灾祸已经很近了。

由此也可印证肤并非皮肤，如果皮肤被剥蚀，那么灾祸已经上身而不是近身了。

"六五，贯鱼以宫人宠，无不利。"
【译文】"六五，像穿鱼串一样把众小人如同宫人般宠养起来，没有不适宜之事。"

《古代汉语词典》解释：贯，穿钱的绳子，引申为穿成串的钱，一千钱为一贯，又指穿成串的东西；穿连；贯通，通晓；条理；事，例；服事，事奉，《诗经·魏风·硕鼠》："三岁～女，莫我肯顾。"惯，习惯；籍贯等。词语贯鱼，穿成串的鱼，比喻前后有秩序。《晋书·蔡谟传》："今猥以轻鄙，超伦逾等，上乱圣朝～～之序，下违群士准平之论。"元稹《遣行》诗："每逢危栈处，须作～～行。"摸过鱼的人都知道，用柳条或茅草，可将鱼从嘴上穿入、腮下穿出，一条条地串起来。由此引申出鱼贯而行，意指几条鱼好像被串起来一样，一条接着一条有秩序地衔接游动。

六五是君王之位，阴爻居阳位，不当位，表明力量偏弱；而且又与六二没有正应，得不到基层干部六二的支持。君王能力不足，但居于上卦中位，表明能够坚守中道，道德品行没有问题。孔子说："君子喻于义，小人喻于利。"只要给小人甜头，小人就会听从使唤。为此，君王应当根据小人贪婪这一特点，采用利益调节的手段，把他们像穿鱼串一样组织起来，从而达到对小人行为进行控制的目的。宫人，通常指宫女和太监群体，均用阴爻表示。太监虽为男性，但因阉割丧失了阳刚特征，古时宫刑也与此类似。此处用宫人来比喻贪腐剥蚀的奸佞小人，这些小人不一定指能力弱，而是指道德品质差，可能占居高位，手握重权，而且数量不少。君王无法清除他们，但可以对他们加强有效监督和管理。

《大学》说："与其有聚敛之臣，宁有盗臣。"盗臣是偷盗之臣，盗是明显的犯罪行为，而且偷盗的次数毕竟是有限的，被发现的概率也高，因此盗臣并不多见，君王对此并不担心；倒是聚敛之臣，面广量大，防不胜防，成了君王的心腹之患。聚敛之臣就是卦中所指的剥蚀小人。君王虽力量不足，却是有智慧的。象辞说"顺而止也"，既然没有能力采用强硬手段扳倒他们，那就不如采用柔性手法，给以小恩小惠把他们豢养起来，不使他们胡作非为，这不失为明智之法。

"贯鱼"取象于剥卦卦形、坤卦和巽卦。整个六爻卦形就像一根柳条穿着五条鱼。鱼为水中阴凉之物，代表阴性事物，本卦五个阴爻即为五条鱼，鱼与女谐音，古时常用鱼指代女性。同时，剥卦的交互卦等存在多个坤卦，坤为全阴，代表女性，与鱼意思关联。上九一个阳爻如同柳条，可用它把五条鱼穿起来。若六五发生爻变，则上卦变成巽卦，巽为木，而且为阴木，引申指用来贯鱼的柳条或其他柔韧的草木。

"宫"取象于爻位和艮卦。六五为君王之位，宫廷是君王的生活工作场所；上卦为艮卦，艮为门阙、大道两侧塔楼状建筑。君王与门楼组合表达了宫廷之意。"宫人"取象于坤卦。

《象》曰："以宫人宠，终无尤也。"
【译文】小象说，像宫人一样将剥蚀小人宠养起来，最终没有后顾之忧了。

"上九，硕果不食，君子得舆，小人剥庐。"
【译文】"上九，硕大果实未被吞食，对于君子如获大车，对于小人则会揭掉房顶。"

舆，大车。硕果不食，因为上卦是艮卦，艮为山，为果蓏（luo3），山是巍峨巨大的，虽会被剥蚀，但终究难以剥蚀殆尽，表明硕果虽被剥蚀但主体尚在，成语"硕果仅存"来自于此，上九阳爻表示仅有的阳爻硕果留存了下来。不食，是指没有被完全吞食，非指不能食用。君子得舆，就是君子面对硕大果实，就像得到一辆牛拉的大车，他能用这辆大车承载百姓，匡济天下，为百姓谋幸福。上九是全卦唯一的阳爻，是君子、正义的象征，也是百姓大众的希望所在。一旦小人见到这一硕果，由于他们贪婪成性，见利忘义，其贪腐剥蚀行为将更加肆无忌惮，为所欲为，最终将掀翻楼宇的屋顶。

"硕果不食"取象于艮卦。上卦为艮卦。硕是大的意思,由石、页两部分组成,《说文解字》解释,页,头也。艮为山、为小石,剥卦的上九为头部位置,因此硕取意于石与头的组合。艮为果蓏(luo3),蓏是瓜果的总称;艮为止,静止、停止、阻止、制止等意。阻止硕大的果实被食用,即"硕果不食",含有上九君子保护硕果不受小人吞食的意思。

"舆"取象于坤卦。下卦为坤卦;若上九发生爻变,上卦也变为坤。坤为牛,牛拉的车为大车。坤为众,百姓,表明大车可承载众人。

"庐"取象于艮卦。上卦为艮卦。艮为门阙、阍寺。古代宫中掌握门禁的官叫阍人、寺人。由门阙、阍寺引申为庐,庐是房屋,多指临时性房舍,如窝棚、丧棚;官员值班室;途中的招待所等,可见庐不是很正规很高大的楼宇,而是一种相对简易的房舍。

《象》曰:"君子得舆,民所载也。小人剥庐,终不可用也。"

【译文】小象说,君子得到大车,百姓有了承载之所。小人将揭掉房顶,终究是不可重用的。

"小人剥庐"取象于上九爻位和坤卦。若上九发生爻变,剥卦就变成了坤卦,剥卦将不复存在,就像庐舍被小人剥尽。因此小人"终不可用也",千万不能重用小人。小人揭掉屋顶的后果是,别人住不了,自己也丧失容身之所,最终害了国家,害了百姓,也害了自己。

第二十四卦 复卦的复兴之道

【复卦】

【白话经文】

复卦，通达。出入没有疾病。同道之人到来没有灾祸，返回到正道，历经七天回到原来位置，适宜往前行动。

初九，离开不远便回复到正道上来，没有大悔，最为吉祥。

六二，休养生息喜悦复兴，吉祥。

六三，皱着眉头复兴，有风险，没有灾祸。

六四，依中道而行，独自复兴。

六五，以敦厚态度复兴，没有悔恨。

上六，在迷失中复兴，凶险，有灾祸。若用于行兵打仗，终将大败，并殃及国家和君主，凶险，以至于征战十年，不能取胜。

【经文原文】

复，亨。出入无疾。朋来无咎，反复其道，七日来复，利有攸往。

初九，不远复，无祇（qi2）悔，元吉。

六二，休复，吉。

六三，频复，厉，无咎。

六四，中行独复。

六五，敦复，无悔。

上六，迷复，凶，有灾眚（sheng3）。用行师，终有大败，以其国君，凶，至于十年，不克征。

【解读序言】

复卦位列周易第二十四卦，上卦为地，下卦为雷，称其为地雷复。《序卦传》说："剥者，剥也。物不可以终尽，剥穷上反下，故受之以复。"序卦传说，剥卦讲的是事物遭受剥蚀情形，事物不可能终结于被剥蚀殆尽的状态，剥卦上九阳爻被剥蚀穷尽之后，将返回到下位重新开启新的发展历程，因此周易在剥卦之后安排了复卦。《杂卦传》说："复，反也。"杂卦传说，复，就是返回。即事物返回到被剥蚀以前的状态。

剥卦与复卦是对综卦，两者存在时序上的前后衔接关系。假如剥卦的上九被剥蚀了，上九就变成了上六，剥卦就成了六爻全为阴爻的坤卦，继坤卦之后，从坤卦第一爻变成阳爻开始，又进入新一轮逐个由阴爻回复到阳爻的过程，复卦揭示了事物周而复始、循环往复的自然发展规律和人文社会发展规律。

坤卦是全阴状态，代表大地、母亲，表明将孕育新的生命。复卦便是坤卦新生命诞生的象征。作为事物，代表新生事物出现，进入新一轮发展，呈现周而复始的自然更迭；作为人类，则代表子孙后代的出生，从而得以循环往复地繁衍；作为一个国家一个民族，则是朝着历史上曾经有过的辉煌盛世开启复兴之路。比如，我国历史上的周武王周公时期、汉武帝文帝景帝时期、唐太宗时期、宋太祖时期，等等。如今我们中华民族正在摆脱贪污腐败盛行的剥卦状态，坚定地走在实现中国梦的伟大复兴之路上。

【卦名含义】

《古代汉语词典》解释：复，返回，还；反覆；恢复；恢复元气、复原；履行，实践；六十四卦之一，卦形为震下坤上；等等。在复卦中主要是复兴、复苏、恢复、反复等意思，使事物由阳气被完全剥蚀，回复到阳气重新出现的状态。从季节更替角度看，复卦代表冬季阴气最盛的时间刚过，慢慢进入阳气复苏的上行通道。

【卦象寓义】

一、雷在地中之象。这是大象所描绘的自然景象。从复卦结构上看，上卦是坤卦，坤为大地，下卦为震卦，震为雷。按照自然现象，通常冬季是不打雷的，因此代表农历十一月的复卦"雷在地中"，是指雷潜藏在大地土壤层的中间，还没到发作表现的时候。此时，雷在地下积聚能量，为春雷一声震天响作充分的酝酿和准备。有点黎明前黑暗、大战前宁静的味道。按照《易经》观点，天地一体，相互感应，大自然是个有机整体。打雷虽然发生在天上，但雷电的发生与季节变化、大地万物的运动有着千丝万缕的联系，因此雷在地中的说法蕴涵着科学的道理。

二、农历十一月之象。按照十二消息卦，剥卦是农历九月，仅剩上九一个阳爻，表明阳气已经很少，被阴气剥蚀得所剩无几；坤卦十月，是六爻全阴状态，表明阴气到了最盛状态；复卦十一月，出现初九阳爻，表明阳气开始周而复始。冬至在阳历十二月，通常是农历十一月，因而农历十一月也称冬月，冬至这一天白天时间最短，过了冬至白天慢慢变长，黑夜代表阴，白天代表阳，表明阳气在逐渐回归恢复。自十一月起大地奏响了春天的序曲，万物开始了缓慢的复苏。

三、君子创业之象。乾卦自强不息的精神代表了君子精神，君子有社会责任感，公正无私，积极进取。复卦的初九代表君子，从季节顺序的趋势看，阳爻不断增多，在逐渐向上推进。下卦为震卦，震为足，为动，足动即为行走进发之意。同时，震为长男，在古典书籍中多指诸侯，代表君子积极进取，努力开创诸侯基业。上卦为坤卦，上下交互卦均为坤卦，坤为土，为地，代表长男、诸侯、君子活动的舞台很大，有广阔天地，并且坤卦代表承载、包容、顺柔、配合等意，象征君子善于学习厚德载物的大地精神，决心在广阔天地里干出一番伟大事业。

四、地下萌动之象。坤卦六爻皆阴，代表农历十月，是一年中阴气最盛时期，这时野外大地中万物处于死气沉沉的冬眠状态。到了复卦农历十一月，一阳复始，代表阳气开始回复，尽管非常弱小，但已处于能量逐渐积累的上升通道之中。也可理解为雷藏地中，尚未到暴发的程度。在复卦中，上卦为坤卦，坤为地；下卦为震卦，震卦卦德为动。复卦反映了地下开始萌动的自然景象。也就是说农历十月地下很安静，而到了农历十一月地下显示了萌动迹象。是什么在动呢？是植物根须，是种子，是百虫等，这种萌动是悄无声息，潜移默化的，由渐变到突变，由量变到质变。就像雷藏地中，未发之时人们感觉不到它的存在，一旦暴发便震天动地，正可谓不鸣则已，一鸣惊人。

五、春回大地之象。在后天八卦图中，一年四季春、夏、秋、冬，分别用震、离、兑、坎表示，震卦代表春季，一年之计在于春，春天是一年的开始，象征着万象更新，万物复兴。复卦下卦为震卦，代表春季。震为雷，惊蛰节气通常在阳历三月，春雷震惊蛰伏地下的植物根须、种子和百虫，提示它们春回大地了，阳气非常充盈，应当振作精神，奋发向上，积极取进，有所作为。复卦上卦为坤卦，坤为土，为地，代表广袤大地；坤为众，引申指蛰伏冬眠的万物，春雷将它们唤醒，给它们能量，使它们振作。惊蛰、春回大地之象，可视为农历十一月继续向前发展的必然结果。

六、树木生长之象。在八卦与五行关系中，震卦、巽卦对应木，震为阳卦，为阳木；巽为阴卦，为阴木。春季树木吸收天地之气和大自然养分，充满着生机和活力，发新芽，抽新枝，鲜黄嫩绿，苗壮成长，体现出树木周而复始的复兴轨迹，开启了新一轮生长旅程。年轮的概念便与树木有关，树木横截面由诸多同心圆纹路组成，一个圆圈代表一年树龄。对于树木生长之象可从两个层面来理解：一是从复卦卦形上看，将初九视作大地，五个阴爻是新长出的树叶，树干被茂盛的叶片所遮蔽，犹如一幅传统的写意画。二是复卦上卦为坤卦，坤为大地；下卦为震卦，震为木，为苍筤（lang2）竹，为萑（huan2）苇，为反生，为蕃鲜等，震卦卦德为动，引申为树木生长。树木生长之象反映了小树苗往地下扎深根、发根须，然后往上生长的自然情形。

七、夯实基础之象。从卦形上看，复卦像座六层楼，只有初爻是阳爻，其余五爻均为阴爻，相当于造楼工程刚刚开始基础建设。从一层建到六层，相当于从农历十一月建到四月，如果一个月建一层，则需要五个月时间。用建楼作比喻，说明复兴任重道远，不可能一蹴而就，需要时间，需要奋斗，需要攻坚克难，需要花大气力一步一步扎实推进。基础不牢，地动山摇。只有基础筑得实，打得牢，大厦才能屹立不倒。夯实基础之象赋予了君子更大更多的责任和义务，伟大复兴必须从基层、基础、基本做起。

八、兴兵征战之象。上六爻辞中包含着战争的内容。这是因为复卦与师卦具有近亲关系。师卦中蕴含着一个复卦，师卦上卦为地，下卦为水，称其为地水师。师卦上卦为坤卦，坤为地；下交互卦为震卦，震为雷，两者构成地雷复卦。这说明师卦与复卦之间存在着内在联系，事物很有可能在两种情境之间相互转化。可理解为战争的目的是为了维护本国本民族的安全和利益,从而推进本国本民族的伟大复兴;在本国本民族的伟大复兴过程中也不排除采用战争手段的可能性。但是,打仗必须打正义之战。战争是把双刃剑,必须慎之又慎,不到万不得已不能使用,一旦决策失误,必将导致灾难性后果。

九、内动外顺之象。下卦也叫主卦、内卦,复卦的内卦是震卦,震为雷,卦德为动,表明充满能量,有向外行动的强烈愿望和能力。上卦也叫客卦、外卦,复卦的外卦是坤卦,坤卦有承载、包容、柔顺、配合等特征,卦德为柔。如果说内卦代表行为主体,那么外卦就是主体所涉的行为对象、外部环境和背景条件。在复卦情境中,主体富有能量,有强烈的行动愿望,表明能力强大,而外部环境是柔顺配合的,这对主体创业非常有利。

十、长男母亲之象。在《易经》大家庭中,震为长男,坤为母亲。如果将复卦视作一个家庭组合,就相当于长男处于主卦位置,在家庭内部当家作主,决定家政事务;母亲处于客卦位置,在外面从事辅助性生产劳动或后勤保障工作。长男是有追求、有品德、有能力的青年代表,母亲是吃苦耐劳、任劳负重的长辈代表。长男居主位、有能力,但甘愿放低姿态,表明对母亲非常尊重;母亲虽处客位、力量有限,但在家里有较高地位,受到尊重。这种家庭结构和分工是稳定协调的。

十一、阳木克土之象。在八卦与五行关系中,震卦、巽卦对应木,震为阳卦,为阳木,指高大、粗壮、坚硬的乔木之类;巽为阴卦,为阴木,指低矮、纤细、柔软的灌木和藤草之类。坤卦、艮卦对应土,坤为阴卦,为阴土,指柔软的泥沙之土;艮卦为阳卦,为阳土,指带石头的坚硬之土。阳木克阳土、阴木克阴土是正常状态,阴木克阳土是困难状态,阳木克阴土是容易状态。复卦便是阳木克阴土的容易状态。如果将复卦比作一个国家一个单位,主体处于主导支配地位,客体处于服从受支配地位,情势对主体有利。

【关联卦画】
复卦的综卦是剥卦。综卦也叫覆卦、镜卦。复卦卦符倒过来是剥卦,剥卦卦符倒过来是复卦。复卦、剥卦互为综卦,两者既有联系,又有区别。周易中综卦往往是前后衔接排列的,它反映了事物发展时序上的逻辑关系。剥尽则复,复尽则剥,事物发展呈现出周期性变化。

复卦的交互卦是坤卦。去掉剥卦的初九和上六，用剩下的中间四爻重新组成一个卦，二三四爻为下卦，三四五爻为上卦，其中三四爻为上下卦所皆有，这个卦便是其交互卦坤卦。交互卦反映了事物发展中最有可能出现的过程性状态。复卦虽然处于内动外顺的上升通道中，但从微观、中观层面看，出现曲折反复是难免的。尽管初九阳爻已经复现，总趋势是阳气越来越盛，阳进阴退趋势无法改变；但是，阴爻势力并不甘心退出历史舞台，在特殊情况下，情况出现反复是完全可能的，甚至出现疯狂反扑。因此，在复兴过程中极有可能出现暂时倒退到全阴坤卦状态的情形。

复卦的错卦是姤卦。将复卦每个爻相反，即阴爻变阳爻，阳爻变阴爻，得到的卦便是其错卦姤卦，错是交错、交叉之意。一对错卦既有联系，又有区别。复卦反映了事物从全阴状态之后，阳气逐渐回复并呈现出阳进阴退的状态；姤卦反映了事物从全阳状态之后，阴气逐渐回复并呈现出阴进阳退的状态。错卦的上下卦也呈现出对称反向关系，复卦下卦为震卦、长男，姤卦下卦为巽卦、长女；复卦上卦为坤卦、母亲，姤卦上卦为乾卦、父亲。

【卦辞象辞】

〖卦辞〗

"复，亨。出入无疾。朋来无咎，反复其道，七日来复，利有攸往。"

【译文】"复卦，通达。出入没有疾病。同道之人到来没有灾祸，返回到正道，历经七天回到原来位置，适宜往前行动。"

《古代汉语词典》解释：疾，疾病，引申为病人，疾苦，缺点，毛病，坏人；生病；损害；憎恶，怨恨等。朋，同师为朋，同志为友，朋指同学，同道之人，泛指朋友。反，通"返"，返回、回复之意。

"七日来复"取象于坤卦并取意于北斗星。复卦上卦为坤卦，交互卦也为坤卦，而且复卦农历十一月是由坤卦农历十月发展而来，因此进入复卦之前原本下卦也为坤卦。在先天八卦中坤卦代表北方，正是北斗星的位置。《说卦传》说："坤为釜，为子母牛，为大舆，为文，为众，为柄。"坤为釜，釜就是锅，北斗七星的形状像只大锅；坤为子母牛，牛拉的车为大车，北斗七星的形状又像一辆大车；坤为文，文是花纹、花样、文采，北斗七星等星宿是天空的文采和花样,即天文;坤为众,数量众多,北斗星由七颗星组成,属于众多;坤为柄,柄即汤匙、勺把,北斗星就像一把大汤勺。从上述《说卦传》释义可见,坤卦的许多含义来自古人对北斗七星的观察和领悟,反之也可以说,易作者赋予坤卦以北斗七星相关的诸多涵义。七日来复之"七",一是取意于七颗北斗星之"七"。二是取意于阳气从乾卦(农历四月)全盛时期开始,到被剥蚀殆尽,再到一阳复始的复卦(农历十一月),总共经历了七个爻位(七个月)。七日代表一个周期,是泛指,并非实指,表明事物发展都是有周期性规律的。

七日为大自然基本周期之一,动物怀孕时间大都以七日为基本单位,可作为对"七日来复"的例证。比如,鸡的孵化期是21天,鸭子是28天,鹅是35天;家畜与人的孕期,以月(28天)为单位计算,分别是猫三、狗四、猪五、羊六、牛七、马八、驴九、人十,即人的孕期是280天。以上人和动物的孕期都与七有关,表明七日是大自然赋予的周期性节律。

《易经》六十四卦是对自然规律的观察和反映,因此七日一周期的自然规律通过卦画表示出来,也是顺理成章的事。七日可来表示时间不长的一个周期,可以实指七日,也可以虚指七月,其至七年,泛指一个时间周期,事物通常呈现出周期性变化规律。《易经》六爻的周期性变化规律与大自然发展的周期性变化规律是高度契合的。后来,人们用七日来作为一星期的概念,原理也基本相同。

〖象辞〗

《象》曰:"复,亨。刚反,动而以顺行,是以出入无疾,朋来无咎。反复其道,七日来复,天行也。利有攸往,刚长也。复其见天地之心乎?"

【译文】象传说,复卦是通达的。阳刚之爻返回,内部行动因外部配合而得以顺利实行,所以出入没有疾病,同道之人到来没有灾祸。返回到正道,历经七日回复至原先位置,这是天地自然规律。适宜往前行动,因为阳刚之气在增长。复卦恐怕体现了天地自然的用意了吧?

象辞是象传对卦辞所作的进一步阐释。刚反,刚,阳爻;刚反,是指阳爻在剥卦上九被剥蚀后,又返回到了复卦初九的位置。动而以顺行,动、行是指下卦震卦,震为动,为足,引申为行走、行动;顺是指上卦为坤卦,坤为柔顺。行走与出入相关联，有行走就有出入。朋来，指复卦情境有利于君子，阳爻所代表的君子将一个接着一个陆续到来，就像志同道合之人相继来临。最后句的"其"，语气词，相当于难道、恐怕、也许、大概等意。

【大象之辞】

《象》曰："雷在地中，复。先王以至日闭关，商旅不行，后不省方。"

【译文】"雷潜藏于大地之下，这是复卦的自然景象。以往君王受此启发，在冬至日关闭城门关卡，停止经商旅行，君王不到四方巡察。"

至日，冬至日，在阳历十二月，相当于复卦所代表的农历十一月。《古代汉语词典》解释：后，君主；诸侯；君主的正妻；土神。此处指君主、君王、诸侯等。

【爻辞小象】

"初九，不远复，无祇（qi2）悔，元吉。"

【译文】"初九，离开不远便回复到正道上来，没有大悔，最为吉祥。"

不远，是相对于前面剥卦而言的，剥卦中阳爻君子处于被剥蚀排挤的非正常情境，在复卦中阳爻君子终于王者归来，此时距离剥蚀的情形还不算远。可理解为，君子经历了一段艰难岁月，曾被小人群体排挤出历史舞台，现在终于重新回复到有利于君子的正道上来，实现了由歧路转向正道、由逆境转向顺境的回复。《古代汉语词典》解释：祇（qi2），地神；大，《周易·复》："不远复，无祇悔，元吉。"通"疧"（qi2），病，《周易·坎》："祇（qi2）既平，无咎。"另读音为zhi3，仅仅、恰好。可见，祇在此爻的读音为qi2，应解释为"大"的意思。地神的意思也与大地的广阔博大关联密切。

初九阳爻居阳位，当位，表明其行为举止适当。初九与六四有正应，能够得到高层六四的关照和支持，因此君子的复兴之路一开始走得吉祥顺利。值得注意的是，初九是复卦的唯一阳爻，是当然的卦主，也就是说初九是复兴的主体和主角，寓意君子推动社会复兴，其复兴行动得到六四高层的赞赏和支持，这是元吉的重要因素。还需说明的是，主角与君王老大是两个概念，不能混淆。

《系辞下传》说，子曰："颜氏之子，其殆庶几乎！有不善未尝不知，知之未尝复行也。"易曰："不远复，无祇悔，元吉。"这段话的意思是，孔子说颜家孩子颜回，他恐怕称得上贤者吧！自己有不好的地方没有不知道的，知道了就没有重复发生的。《易经》说："行走不远便回复正道，没有大悔，最为吉祥。"颜回是孔子最得意的学生，这里孔子夸奖他注重修身立德，知错就改，不二过，不重蹈覆辙，不在同一个坑里摔倒两次。这与小象所言"以修身也"完全吻合。《古代汉语词典》解释：殆，危险；疑惑；近，接近；大概、恐怕；必，一定；等等。庶几，或许、可能、差不多，表示可能；但愿，表示希望；借指贤者，语出自《周易·系辞下》："颜氏之子，其殆庶几乎！"可见，此处的庶几专指贤者，表示贤者的人格接近完美。

　　"不远复"取象于震卦和剥卦。下卦为震卦，震为足，为动，引申为行走及返回、回归、复出等行为。复卦的综卦是剥卦，剥卦在前，复卦在后，两者首尾相接，相继出现，间隔时间不长，因而称其"不远"。

　　《象》曰："不远之复，以修身也。"
　　【译文】小象说，离开不远便回复到正道上来，这是用来修身立德的好方法。

　　"修身"取象于震卦和坤卦。下卦为震卦，震为动，引申为修身的行为。若初九发生爻变，则下卦震卦变为坤卦，坤为腹，引申为身体。

　　"六二，休复，吉。"
　　【译文】"六二，休养生息喜悦复兴，吉祥。"

　　《古代汉语词典》解释：休，休息；停止，罢休；莫，不要；辞退官职；封建社会丈夫离弃妻子称休；树荫；美善，吉庆；语气词。此爻作美善、吉庆、休息解，引申为喜悦、休养生息等，因为美善、喜悦、休养生息等意思均有关联。如，休戚与共，就是两人或多人一起喜悦一起忧虑。因此，休复之"休"应当理解为，包括喜悦、休养生息两层意思。

　　事物在剥卦情境中经历了被剥蚀、腐败的痛苦过程，好比一个国家经历了奸臣弄权、小人盘剥、君子幽藏、生灵涂炭的动荡混乱时期，迫切需要休养生息来恢复元气。这样的休息、休养或休整是必要的，只有在休养生息的基础上，才可能实现美善和喜悦。人的精力体力在过分透支后需要休养恢复；牧场经过一段时间放牧后需要养护恢复；自然生态遭到过度开采或破坏后需要养护修复；国家经历战乱后需要休养生息，等等，世上万事万物的原理都是相通的。

六二阴爻居阴位，当位，休养生息与六二性质相符，表明其行为举止是适当的。六二居下卦中正之位，居中有德，这是吉祥的重要原因。六二与六五没有正应，得不到六五老大的支持，好在处于休养生息调整期间，影响不大。

"休"取象于兑卦。若六二发生爻变，则下卦变为兑卦。兑为羊，美善吉祥的象征；兑，说也，说通"悦"，喜悦之意。

《象》曰："休复之吉，以下仁也。"
【译文】小象说，休养生息喜悦复兴带来吉祥，这是因为六二主动亲近下面初九的仁德。

以下仁也，是指初九阳爻代表君子，六二亲近初九，就是亲近仁德。

"六三，频复，厉，无咎。"
【译文】"六三，皱着眉头复兴，有风险，没有灾祸。"

频，通"颦"，皱眉。厉，危险、艰难险阻。六三阴爻居阳位，不当位，力量过于柔弱，而复兴工作任重道远，千头万绪。任务繁重和能力不足之间发生矛盾，况且六三与上六没有正应，得不到来自上六大佬的支持，这是容易出现危险令六三忧心忡忡的重要原因。好在六三处在下卦震卦内，震本身是有行动能力的，六三虽然自身力量偏弱，但仍然可以凭借有利地势借势借力，因此结果没太大问题。

"频"取象于坎卦。若六三发生爻变，则下交互卦变为坎卦，坎，陷也，为沟渎，引申坎坷、曲折、艰难；坎，为加忧，为心病。因此，六三会患得患失，愁眉不展，惶恐不安，显示出信心和能力的不足。带着这种心态去复兴，推进过程中可能会遇到较大风险。

古今学者对六三"频复"的解释分歧很大，另有一个比较集中的观点是理解为"频繁复兴"，有一定道理，这样理解也是可以的。为何需要频繁复兴？一是说明复兴的任务很艰巨，满目疮痍，百废待兴，任重道远，复兴的过程是个反复漫长的过程；二是剥蚀现象不会自动退出舞台，剥蚀与复兴这对矛盾此消彼长，形成对峙，虽然大气候有利于复兴，但剥蚀仍会顽抗挣扎，有时阻力还很大；三是复兴的力量还比较薄弱，因为六三是阴爻居阳位，缺乏阳刚之气，能力偏弱，与岗位职责要求有差距。因此，复兴过程是艰难曲折的，必须鼓足干劲，迎难而上。如果抱着畏难情绪和退缩的心态对待复兴，不但无济于事，反而会增加危险因素。复兴是大势所趋，只要坚韧不拔，艰苦奋斗，持续用力，结果就没有灾祸。

《象》曰："频复之厉，义无咎也。"

【译文】小象说，皱着眉头去复兴，虽有危险，但从道义规律上讲应当没有灾祸。

"六四，中行独复。"

【译文】"六四，依中道而行，独自复兴。"

中行，就是行走在中正之道。六四在卦画中不是中正之位，为何称其为中行？这是因为，第一，复卦中有五个阴爻，六四在五个阴爻里居中间的位置。第二，六四阴爻居阴位，当位，表明其行为举止是适当的，符合"中行"要求；第三，六四与唯一的阳爻初九有正应，阳爻代表君子，与君子上下呼应，彼此配合，相互支持，表明其行为得到了基层百姓的大力支持，这是六四虽处阴爻群体却能"中行独复"的力量之源，正所谓得道多助，失道寡助；第四，六四是上交互卦坤卦的中爻，能够坚守中道，并且六四还处在三个坤卦之列，即上卦坤卦，上交互卦坤卦，下交互卦坤卦，六四与这三个坤卦均有关联。坤卦代表柔顺、承载、配合、包容等意，利牝马之贞，她像母马跟随公马一般紧随其后，心甘情愿，忠心耿耿，密切配合，尽力辅佐，其行为中规中矩，堪称中行典范。因此，与其他四个阴爻相比，六四具备独特优势。

《象》曰："中行独复，以从道也。"

【译文】小象说，依中道而行，独自复兴，主要是为了追随君子中正之道。

"中行"取象于六四爻位。六四位于五个阴爻的正中位置,而且居上交互卦坤卦之中爻位置,并与代表君子的初九有正应。

"独复"取象于只有六四与初九有正应。五个阴爻中只有六四与初九有正应,这是独一无二的。也唯独六四得到基层民众的支持,这是得以独复的力量之源。

"六五,敦复,无悔。"
【译文】"六五,以敦厚态度复兴,没有悔恨。"

敦,敦厚。六五是上卦坤卦的中正之位,也是全卦的君王之位。虽然在复卦情境中,复兴的标志表现为初九阳爻的回归和重现,初九是复兴事业的主力军,六四是重要支持者,但作为老大君王的态度对复兴事业成败举足轻重。老大如果反对,初九将遭遇挫折,六四也自身难保,复兴进程就将停滞甚至倒退;老大如果积极支持或者主动领导推进,则复兴事业就能迅速发展。在复卦,六五虽然没有直接支持,但也没有反对,而是以大地般敦厚的态度对待复兴,体现了开明仁厚,这就等于以间接方式支持了复兴事业。坤卦的大象说:"地势坤,君子以厚德载物。"坤卦之厚德载物在此爻得到了充分体现。作为君王,若能以高尚厚道的品德去推进复兴事业,就有望真正实现。因此,君王的敦复成了实现复兴的关键因素。六五阴爻居阳位,不当位,力量略显柔弱。六五与六二不相应,未能得到六二基层干部的配合和支持,这恐怕是结果仅仅为"无悔"的原因。按理说六五居中位、又有敦厚品行,结局应当比"无悔"更好些。这说明复兴之初,基层干部的思想觉悟和认识水平有待发动、引导和提升。

"敦"取象于坤卦。复卦中有三个坤卦,分别是上卦、上交互卦、下交互卦,敦厚是坤德的显著特征。坤卦大象强调厚德载物,古人讲天高地厚,三个坤卦表明敦厚之极。

"无悔"取象于坎卦和艮卦。无悔就是本来是有悔恨的,后来因某种积极因素出现,从而避免了悔恨的发生。悔在"悔、吝、厉、咎、凶"五个凶险等级中程度最轻。若六五发生爻变,则上卦为坎卦,坎,陷也,为沟渎,引申为坎坷、曲折,这是导致悔的因素。但是,若六五发生爻变,上交互卦则变为艮卦,艮为静止、停止、阻止、制止等意,两者组合即表达了阻止悔恨发生之意。由于六五居上卦中位,能够坚守中道,并且态度敦厚,因此结果"无悔"。

《象》曰:"敦复无悔,中以自考也。"

【译文】小象说,秉持敦厚态度复兴,没有悔恨。因为君王奉行中道并以此来自我反省和对照检查。

"自考"取象于坤卦和坎卦。上卦为坤卦,坤为腹,引申为身体、自身等。若六五发生爻变,则上卦变为坎卦,坎,为加忧,为心病,引申为自我反省考量。

"上六,迷复,凶,有灾眚(sheng3)。用行师,终有大败,以其国君,凶,至于十年,不克征。"

【译文】"上六,在迷失中复兴,凶险,有灾祸。若用于行兵打仗,终将大败,并殃及国家和君主,凶险,以至于征战十年,不能取胜。"

迷,迷失、迷惑,引申为在复兴过程中迷失方向。眚(sheng3),眼睛上长翳(yi4)子,疾病,灾异。灾眚,灾是外部灾祸,眚是内部灾患,指内忧外患,灾眚连在一起表明灾祸复杂而且严重。要复兴却迷失了方向,盲目复兴是非常危险的,就如同眼睛上长了翳子,看不清方向,结果必定凶险。上六用了两个"凶"、两个"灾"(灾、眚),来说明迷复的严重后果,它把国家拖到连年战争的泥潭之中,对于国家、君主和百姓都是重大灾难。十年未必是实数,表明战争时间之长,应当与岐山部落长年处于水深火热战争状态的痛苦经历有关。上六是复卦的最后一爻,复兴到了尽头,远离初心,迷失了方向,物极必反,过犹不及,事情做过了头,走错了方向,必然带来严重的后果。在国家刚刚国力有所增长、元气初步恢复之时,发起一场战争或陷入战争旋涡,其结果相当于发生一场重大灾难,此爻的警示意义和现实意义极其深刻。

目前,我国正处于实现中国梦的伟大复兴征程之中,周边形势并不太平。昔日霸主决不甘心坐视中国的强大,挖空心思,寻找借口,制造事端,妄图阻止拖延我国的伟大复兴进程。比如,宣扬中国威胁论、挑起贸易战、拘捕华为高管等,还包括怂恿某些国家在有争议地区采取军事行动,故意挑起事端,企图将我国拉进战争泥潭。对此国人必须保持清醒认识和高度警惕。一方面，我们要积极做好军事斗争准备；另一方面，我们要十分珍惜难得的和平发展良机，决不主动挑起战争。备战的最高境界是无战，手段形式是以战止战，以强大的正义力量和过硬的军事实力，消除暴发大规模战争的危险性，从而达到维护国家主权、领土完整和亿万人民利益的目的。

"迷复"取象于师卦。如果复卦的上六盲目地"迷复"，即由卦的末尾来到卦的初爻位置，则复卦就变成了师卦，上卦为地，下卦为水，称其为地水师，这是一个关于行军打仗的卦，充满凶险。战争本身要伤亡很多人，这是客观的灾难；更加可悲的是，如果这场战争是由上六大佬盲目决策发起的，那就是人为的灾祸。两者加起来就是天灾人祸。

"行师"取象于震卦、坤卦、离卦。下卦为震卦，震为动，震为足，足动即为行进、行动；上卦为坤卦，坤为众、师众，代表军队、部队。上下卦相加即为"行师"。若上六发生爻变，则复卦变为颐卦，颐卦为大离卦，离为戈兵，为甲胄，与行师打仗关联密切。

"国君"取象于震卦和坤卦。国君，指国家和君主。上卦为坤卦，坤为地，引申为国土、疆土。下卦为震卦，震为长男，为诸侯，诸侯即诸侯国的君主。

"十年"取象于坤卦。上卦为坤卦，据说古音坤与十读音近似，故坤为十。此爻非实指，表示战争延续年头长久。

"不克征"取象于离卦和艮卦。若上六发生爻变，全卦变为大离卦（颐卦），离为戈兵，为甲胄，为火，象征发生战争、战火纷飞。上下交互卦均为坤卦，表明两国交战，纵横千里，狼烟四起，金戈铁马，刀光剑影，两军在广袤的大地上展开厮杀。同时，若上六发生爻变，则上卦变为艮卦，艮为停止、阻止、制止，表明主方未能在战争中获胜。正义战争必胜，非正义战争必败。也许战争一开始就已经注定迷复战争的悲惨结局。

《象》曰："迷复之凶，反君道也。"

【译文】小象说，在迷失中复兴带来凶险，因为这是违反君王之道的。

因为，在复卦中，六五"敦复"代表君王之道，而上六"迷复"主动发起战争，是有悖君王之道的。

第二十五卦 无妄卦的处变之道

【无妄卦】

【白话经文】

无妄卦,开始、通达、适宜、正固。若不守正则有灾祸,不宜有所前往。

初九,不乱作为,前往行动吉祥。

六二,不耕作却有收获,不开垦却得到熟田,这是特例法则,适宜有所前往。

六三,意外之灾。有人栓牛在外,行人牵牛得利,村民遭受冤枉之灾。

九四,可凭借守正,避免灾祸。

九五,意外疾病,不必吃药且有欣喜。

上九,不乱作为,行动将致灾祸,无适宜之事。

【经文原文】

无妄,元、亨、利、贞。其匪正有眚(sheng3),不利有攸往。

初九,无妄,往吉。

六二,不耕获,不菑(zi1)畬(yu2),则,利有攸往。

六三,无妄之灾。或系之牛,行人之得,邑人之灾。

九四,可贞,无咎。

九五,无妄之疾,勿药有喜。

上九,无妄,行有眚,无攸利。

【解读序言】

无妄卦位列周易第二十五卦,上卦为天,下卦为雷,称其为天雷无妄。《序卦传》说:"复则不妄矣,故受之以无妄。"序卦传说,事物复兴就不虚幻不妄为了,于是周易在复卦后面安排了无妄卦。可见无妄即为不妄。《杂卦传》说:"无妄,灾也。"杂卦传说无妄卦讲的是灾祸。此处指无妄之灾、意外之灾,是意想不到,没有征兆,突然降临,猝不及防的灾祸。

卦辞表达了该卦的主题思想:无妄卦就像乾卦一样开始、通达、适宜、正固,所不同的是乾卦之元为创始,其他之元仅为开始而无创造之意;假如不能坚守中正之道就将自行招致灾祸,这种情况下是不适宜往前行动的。

初九讲,不乱作为,前往行动是吉祥的。看起来好像与卦辞有矛盾,其实两者有所区别。卦辞指全卦情境,初九仅讲开始情境,《易经》倡导初始时期应当开展行动。六二讲,不耕作有收获,不开垦有熟田,这是很少见的反常现象,是个特例,发生概率不高,但不是没有。它也属于天地自然法则的一部分,即所谓有例行必有例外,这时适宜当事人有所前往开展行动,因为情势对当事人有利,此时采取行动也许能够收到事半功倍的效果。六三讲,意想不到的灾难发生了,有人顺手牵走了系在外面的牛,过路行人得到了牛,而对于丢失地村民来说却是个灾难,一是这头牛可能就是他们的,二是失主可能会怀疑是村里人偷的。这说明有得就有失,有人欢喜有人忧,有被冤枉者就有侥幸者。六二与六三讲的都是反常现象,六二不该得的得了,六三不该失的失了,虽然这是小概率事件,但还是客观存在的,这是天地自然现象的一部分,有好的,也有坏的。既然如此,万一遇上了就该坦然接受,妥善处置,特别是面对无妄之灾,不必怨天尤人,既来之则安之,学一学苏东坡的胸襟,做到"卒然临之而不惊,无故加之而不怒",苏东坡是精通《易经》的,这两句话可作为他对无妄卦的注释。九四讲,可以通过坚守正道,避免灾祸发生。九五讲,得了意想不到的疾病,不用服药就有欣喜之事。这说明得的不是生理疾病,而可能是心病,心病要靠心药治;也有可能误将怀孕当成疾病,如果真是这样的话,喜就是怀孕有喜了。上九讲,不要乱作为,如果采取行动可能招来灾祸,没有适宜之事。上九与卦辞关联密切,卦辞讲如果不守正道将自取其祸,不适宜有所前往;上九讲要是行动的话可能招致人为灾祸,没有适宜之事。两者意思高度一致。

为何初九"往吉"、六二"利有攸往",而上九却"行有眚"呢? 这是因为无妄卦讲的是事物处于特定环境中的反常例子,往往事与愿违,行为与结果具有不一致性,也就是说好的行为不一定有好的结果,不经意的行为反而可能带来意外的收获。初九、六二处于事物初始阶段,刚开始这种反常现象不会表现得那么充分,因此适当行动有好处,更何况下卦震卦有付诸行动的强烈愿望和较强能力。到了九五、上九,这种反常现象表现得淋漓尽致,处于反常高峰,出现荒诞的概率明显提高,凶险程度随之加剧,这时如还盲目行动的话,极有可能招致更大的无妄之灾。无妄卦旨在告诫人们,处于非正常情境之中,最好不要轻举妄动,越到后面越要注意。

【卦名含义】

《古代汉语词典》解释: 妄,乱,胡乱,引申为不法、胡作非为;荒诞,无根据;任意,随便;平庸,寻常。词语有: 妄动,轻率行动,胡乱行动;妄进,非分图进,指钻营;妄人,荒诞无知之人,行为随便之人;妄生,凭空而生;妄想,空想,虚幻之想;妄行,无一定方向随意而行,胡作非为;妄言,无根据地随意乱说,谎言、假话;等等。由此可见,妄是一个负面意思居多的贬义词。胡乱、荒诞、虚幻等都是人们所排斥的,随便、平庸也不受人们待见。

无妄,从《序卦传》"复则不妄"的表述看,无妄就是不妄,就是对妄诸多负面内容的否定。可理解为: 不乱作为,即不胡作非为;不荒诞,即内心真诚,做事妥帖靠谱;不虚幻,即真实具体;不是没根据,即有事实根据;不寻常,即异常情况,非正常状态等等。本卦提到的"无妄之灾"、"无妄之疾",是指非正常状态下的灾祸和疾病,这不是当事人主观过错和主观原因造成的,而是某些不可控的外部因素导致的。可以理解为灾祸、疾病意想不到、毫无征兆、无缘无故地突然在某个人身上发生了。无妄多数情况下指灾祸的意外发生,少数情况下也指财富、福祉和荣誉等的意外到来,如,不虞之誉。

【卦象寓义】

一、天下雷行之象。这是大象描述的自然景象。从无妄卦的结构上看,上卦是乾卦,乾为天;下卦是震卦,震为雷。它所描绘的直观景象是,在天空云气不多、并没有多少雷雨征兆的情况下,冷不丁天空砸下一个响雷,有些晴空霹雳的味道,这是极其反常的,使人震惊、恐惧、猝不及防,也是人们事先意想不到的。《易经》借用晴空霹雳般的自然现象,来说明无妄之灾、无妄之疾的道理,这是客观存在的反常现象和特例,它是不以人们意志为转移的。比如,人们常说有意栽花花不开、无心插柳柳成荫;运退黄金失色、运来铁也生辉等,指的就是这种现象。这里的运是机遇,而不是迷信意义的运气。

二、龙行天下之象。无妄卦下卦为震卦,震为龙;上卦为乾卦,乾为天,因此无妄卦呈现出龙行天下的景象。龙是远古时期就已经出现的中华民族的图腾,由多种动物组合而成,属海陆空三栖动物,神龙见首不见尾,性情怪异,上天入地,独往独来,变化无常。《易经》借用龙的这些特征,来说明世事万物的变化无常,上天入地,翻云覆雨,变幻莫测,一切皆有可能,煮熟的鸭子都可能飞走。有好的,也有坏的,有不虞之誉,也有求全之毁,包括无妄之灾、无妄之疾、无妄之失、无妄之冤,无妄之福、无妄之誉、无妄之得、无妄之喜等等。

三、随时无妄之象。在后天八卦图中,震卦居东方位置,代表春季。乾卦处于西北的位置,代表秋季与冬季之间的时段。无妄卦下卦为震卦,震在五行中为木,因而春季为树木的旺季,草木欣欣向荣,枝繁叶茂;而震为足,为动,为行走、行进之意,由行走引申为树木生长。因此,在下卦时,"往吉"、"利有攸往"无妄卦上卦为乾卦,乾在五行中为金,金属有收缩、内敛、萧条的特征,与秋天的萧瑟景象相吻合,作为主体的树木到了秋天就相当于进入了困境,树叶泛黄枯萎,脱落凋零,蕴涵着金克木的道理。因此,无妄卦呈现出下卦动吉居凶、上卦居吉动凶的特征,这个居是停止、静止的意思,也就是说在下卦环境对树木有利,行动有益;上卦环境对树木不利,还是老老实实呆着为妥。随时无妄之象提示人们要适应季节变化,偕时而行,顺势而为,而不能无作非为,否则就有无妄之灾。《黄帝内经》说,起居有常,饮食有节,不妄作劳。其中蕴含着无妄卦精神。

四、诸侯君王之象。下卦为震卦,震为长男,在古代典籍中,震卦常用来代表诸侯,原因在于诸侯在天下的地位,如同家中的长男,两者地位类似。上卦为乾卦,乾为君,居于上位,与家中父亲的地位相似,有地位,但在无妄卦情境中处于从属角色;诸侯地位低,但占居主导位置。这与当时商纣王帝辛与西伯侯姬昌的处境非常接近。纣王残暴无道,不得人心,政权摇摇欲坠;西伯侯政通人和,百姓拥护,事业如日中天,直接对商纣王构成威胁。在这样的背景下,商纣王想治西伯侯，又没有明显把柄和充分理由，那就只能捏造事实、制造借口，就跟后来秦桧诬陷岳飞"莫须有"的荒诞逻辑一样，于是，82岁高龄的西伯侯便有了囚禁羑里七年之久的无妄之灾。但是，《易经》是讲求变化的，好事会变成坏事，坏事会变成好事，正是这七年囚禁之苦成就了姬昌，成就了周朝，也成就了《易经》。

五、太阳轨迹之象。太阳从东方升起，至西北方落山。无妄卦下卦为震卦，上卦为乾卦。在后天八卦图中，震为东方，乾为西北方，因此无妄卦反映了太阳卯时升于东方、戌时彻底落没于西北的轨迹。按照八卦万物类象图，八卦与十二时辰的对应关系为：坎卦（子时23：00-01：00），艮卦（丑时01：00-03：00、寅时03：00-05：00），震卦（卯时05：00-07：00），巽卦（辰时07：00-09：00、巳时09：00-11：00），离卦（午时11：00-13：00），坤卦（未时13：00-15：00、申时15：00-17：00），兑卦（酉时17：00-19：00），乾卦（戌时19：00-21：00、亥时21：00-23：00）。

《说卦传》说："帝出乎震，齐乎巽，相见乎离，致役乎坤，说言乎兑，战乎乾，劳乎坎，成言乎艮。"这段话如果用描述太阳一天的轨迹是说，太阳卯时在东方升起；辰时、巳时，阳光均匀地普照万物；午时太阳最为明亮，万物竞相呈现出其形态和色彩；到了未时、申时，太阳偏西，光照减弱，适合人们在田野里劳作，因为坤卦还代表土地、田野；到了酉时，人们收工了，愉快地交谈着一天的劳动收获，说通"悦"，喜悦；戌时、亥时是白天与夜晚、光明与黑暗的"交战"阶段，因为此时太阳已经下山，余辉尚存，天空仍然持续保持着一些光亮，天色逐渐变得黑暗，人们喜欢光明，不喜欢黑夜，因此想象成天帝与魔鬼、光明与黑暗在进行激烈交战；到了子时，太阳在战斗中用尽了最后气力，处于十分劳累的状态，需要静养休息恢复力量；到了丑时、寅时，太阳完全恢复能量，元气满满，精神抖擞，开启了新的一天的征程。

从上述太阳运行轨迹可以看出，在下卦震卦所代表的卯时，旭日东升，刚健运行，普照大地，德泽万物，这是人们日出而作、付诸行动的适当时间；而到了乾卦所代表的戌时、亥时，太阳下山，天色昏暗，人们应当日落而息，收工歇息，而不宜作过多的行动。这与无妄卦所体现的下卦动吉居凶、上卦居吉动凶的特征相符合。因此，太阳轨迹之象也反映了顺时作息不妄作劳的无妄卦易理。

六、女遇五男之象。无妄卦中蕴藏着一个姤卦。姤卦上卦为天,下卦为风,称其为天风姤。在无妄卦中,上卦为乾卦,乾为天;上交互卦为巽卦,巽为风,两者构成姤卦。姤卦表示天下有风的自然景象,在大风吹拂下,众多事物碰撞相遇,增加了彼此交互结合的机会。姤卦一个阴爻五个阳爻,象征一女与五男交往的情形。男女艳遇具有偶然性,属于意料之外的无妄之事。而一女与多位男士交往,必将演绎出诸多爱恨情仇的故事,男女故事多了就容易酿成事故。因此,艳遇后面随之而来的极有可能是无妄之灾。

七、君子遭遣之象。无妄卦中蕴藏着一个遁卦。遁卦上卦为天,下卦为山,称其为天山遁。在无妄卦中,上卦为乾卦,乾为天;下交互卦为艮卦,艮为山,两者构成遁卦。遁卦下卦为艮卦,艮为少男;上卦为乾卦,乾为老人,呈现出年轻小伙排挤老人之象。从十二消息上看,遁卦代表农历六月,正处于阴气前进、阳气后退的运行通道之中,表明情势对小人有利,对君子不利。君子遭小人逆淘汰是非正常状态,符合无妄卦的意境。在遁卦情境中,君子虽居高位却不安全,一旦遭到小人暗算,便将被迫退出历史舞台。这无论对于君子自身,还是对于国家社稷,都将是无妄之灾。

八、意外口福之象。无妄卦中蕴藏着一个颐卦。颐卦上卦为山,下卦为雷,称其为山雷颐。在无妄卦中,下交互卦为艮卦,艮为山;下卦为震卦,震为雷,两者构成颐卦。颐卦卦形像一张张开的大口,这是一个关于享口福、颐养生灵的卦。颐卦寓于无妄卦之中,表明某些意想不到事情的发生与颐卦有关。可作两方面来理解,一是有无妄之灾,便有无妄之福,天上掉馅饼的事很少,但偶尔也有,诸如古典小说描写的看热闹者被招驸马的绣球砸中,现代人买彩票中大奖之类。二是颐卦卦形像口,福祸同源,食从口入是口福,祸从口出却成灾殃。无妄卦、大有卦、颐卦、大过卦分别位列周易的第二十五、二十六、二十七、二十八卦,其中所蕴藏的客观规律和易理脉络清晰可见。无妄之灾给人带来不幸,无妄之福却给人带来财富,幸与不幸难解难分糅合在一起;大有财富为人们口福之享奠定了经济基础,吃饱穿暖的生活是惬意幸福的,但是吃了几顿饱饭,日子好过了,人们往往就不知自己吃了几碗干饭,便会忘乎所以,或口无遮拦,或信口雌黄,或口出狂言,最终覆水难收,犯下大过,追悔莫及。正如老子所言"祸兮福之所倚,福兮祸之所伏",它与无妄卦易理一脉相承。

九、意外获益之象。无妄卦中蕴藏着一个益卦。益卦上卦为风,下卦为雷,称其为风雷益。在无妄卦中，上交互卦为巽卦，巽为风；下卦为震卦，震为雷，两者构成益卦。益卦反映了大自然风雷相激，振作万物，布云施雨，从而滋润增益万物茁壮成长的情形。益卦寓于无妄卦之中，表明无妄的结果具有随机性和不确定性。有坏的，也有好的；有负的，也有正的；有损的，也有益的，而且彼此是可以转化的，大可不必谈"妄"色变，以平和理性的心态对待无妄之事，就能趋利避害，逢凶化吉。如，苏东坡遭贬是无妄之灾，但也因此成就千古美名；王阳明屡遭奸佞诬陷是无妄之灾，但也因此成就千秋功业。历史上这样的例子不一而足。

无妄是超出人们想象的小概率事件，只是偶尔发生，具有不可预见性、不可控制性和不可复制性，但它是客观存在的，并未违反客观规律，而是客观规律的组成部分。事有例行必有例外，有必然必有偶然，有常态必有非常态。对世界万物构建起这样一种辩证认知，就能进一步增强认识规律、运用规律和按规律办事的意识和能力。比如，守株待兔的事故，这是例外、偶然和非常态，具有不可重复性和再现性，如果误把它视为例行、必然和常态的，就显得迂腐可笑了。

如果将无妄卦的易理引用到科学研究领域，就能帮助人们建立起理性的科学的态度。比如量子通信研究，近些年取得了丰硕成果，但时至今日仍然争议不断，主要是因为凭借现有科学理论和科技水平尚不足以彻底弄清量子运动的机理，毕竟人类历史还不长，对宇宙的认知也很有限，人们能感知的事物仅仅是极少部分，但不能说人类还不知道的事物就不存在。如果一定要认为只有反复实验只能得到唯一结果才是科学，那么这种科学定义本身是否科学值得人们深思。

十、内动外刚之象。下卦也叫主卦、内卦；上卦也叫客卦、外卦。无妄卦的内卦为震卦，震，动也；无妄卦的外卦为乾卦，乾，健也，刚健有力之意。因此，无妄卦的卦象可理解为，主人公坐镇在组织机构内部，有往外行动的强烈愿望，浑身上下充满力量，有强大的行动能力；而他的竞争对手、工作对象或他所面临的客观环境等却是刚强有力。上下、内外都是阳卦，蕴含着强大能量，其运动变化将异常剧烈，往往出乎意料之外。这样一种态势对于主方而言是不利的，有诸多不可控因素，结果随客方态度不同而迥异。若客方主动配合，主方则可能会有意想不到的收获；若客方故意阻碍，主方则可能将有意想不到的灾难。因此，特定的组织结构可导致无妄之灾或无妄之福。例如，当今中美贸易战便存在着无妄卦的不确定性，主客双方可互换角色，都处于类似的情境之中，斗则两伤，和则两利，不能不慎。

十一、长男父亲之象。 在《易经》大家庭中，乾为父亲，震为长男。在无妄卦结构中，上卦为乾卦，说明父亲居于上层地位，这是他的优势。但是，上卦为外卦、客卦，终究不是主角，处于从属角色，这是他的劣势。下卦为震卦，表明长男居于下位，这是他的劣势。但是，下卦为内卦、主卦，民间有长子为父之说，长男占居主体地位，主持着家政事务，这是他的优势。在无妄卦情境中，父亲地位高但处于从属地位，长男地位低但占居主导地位。这样的组织结构是不稳定的甚至是危险的，容易发生权力冲突，它为无妄之灾、无妄之疾埋下了祸根。

十二、阳金克木之象。 在八卦与五行关系中，乾卦、兑卦对应五行之金，乾为阳卦为阳金，兑为阴卦为阴金。震卦、巽卦对应木，震为阳卦为阳木，巽为阴卦为阴木。按照五行生克关系，金克木。阳金克阳木、阴金克阴木为正常状态，阴金克阳木为困难状态，阳金克阴木为容易状态。在无妄卦中，上卦为乾卦，乾为阳金；下卦为震卦，震为阳木，两者呈现出阳金克阳木的正常状态。情势对客方乾卦有利，而对震卦主方不利，主方受制于客方。在这种情况下，发生无妄之灾、无妄之疾，不足为奇。

五行相生相克关系，反映了古人的朴素唯物论思想，它把世界万物分成五大类物质，分别是金、木、水、火、土，其相克关系是金克木、木克土、土克水、水克火、火克金，构成一个相克的回路，有点"卤水点豆腐，一物降一物"的味道，民间游戏"人抓鸡、鸡啄蜂、蜂叮癞头、癞头背枪、枪打虎、虎吞人"以及大自然的生物链结构，与五行相克思路基本一致。相克关系反映了事物之间的对立性和矛盾性。事物都有两面性，有相克、对立、矛盾的一面，也有相生、统一、和谐的一面，其相生关系是金生水、水生木、木生火、火生土、土生金，相生关系反映事物的同一性和关联性。

本人在研习无妄卦时发现，后天八卦图与五行相生相克图完全吻合，后天八卦图八卦排列本身已经体现了五行的相生相克关系，这也许就是无妄卦带来的无妄之得吧。为了在后天八卦图基础上，画出这张五行相生相克图，事先只需作点小变通。由于坤卦、艮卦同为土，分别位于后天八卦图的西南、东北，两者连线贯穿后天八卦图的圆圈，这表明土为五行的基础，也可用来说明黄色为五色基础。如果在坤卦和艮卦上只能二选一来代表五行之土,那么选择坤卦最为合适,因为坤卦最能代表土的特征,况且山在大地之上,山为大地所承载和包容。因此,在后天八卦图中,我们以坤卦代表五行之土。巽卦、震卦紧挨着排列,就取两者之间的中心点代表五行之木;兑卦、乾卦紧挨着排列,也取其中心点代表五行之金。离卦为五行之火,坎卦为五行之水。这样,后天八卦所代表的五行金、木、水、火、土就呈现在后天八卦图的大圆圈上了。从顺时针看,相邻关系表现为相生关系,相间关系表现为相克关系。如果将五个点画成一个五角星,那么与目前常见的"大圆圈+五角星"的五行相生相克图就几乎重合了,只是五角星不太规整而已,只要稍加调整两张图就完全吻合了。

五行概念在《尚书·洪范》中已经提到,这是箕子向周武王介绍治国理政的理论。这说明五行理论至少在殷商时期已经形成,周文王作为殷商的西伯侯,完全有机会接触到五行内容。在这样的背景下,周文王研究《易经》时将八卦图与五行理论融会贯通,应当是顺理成章的事。

【关联卦画】

无妄卦由遁卦演变而来。遁卦上卦为天,下卦为山,称其为天山遁,在十二消息卦中代表农历六月。六十四卦中的大部分卦都由十二消息卦演变而来,如果将遁卦的九三与初六交换位置,得到的卦便是无妄卦。可理解为,原先父亲下面是个少男,经过几年历练,逐渐成长为成熟老练的长男。遁卦是少男逼退父亲之象,无妄卦是长男在父亲眼皮底下主政之象,两者有逻辑上的关联。古今学者对于遁卦演变无妄卦问题分歧很大,否认者主要理由是象辞"刚自外来而为主于内"的表述,认为遁卦的九三居于内卦,与此不符。要解释这种困惑,本人认为不妨换种思路。仍将遁卦作为参照样本,遁卦呈现少男逼退父亲之象,从阴进阳退的趋势看,遁卦上九最先被挤出历史舞台,而后其他五爻依次上升一位,于是初爻出现空缺。倘若被逼退的上九返回到初爻,用以填补这个空缺,那么这个重新组合的卦就变成了无妄卦。从上九到初九,幅度之大超乎想像,正好表达了无妄卦的意境。而且与象辞内容也相协调。

无妄卦的综卦是大畜卦。将无妄卦卦画倒过来便是大畜卦,将大畜卦卦画倒过来便是无妄卦,两者互为综卦。综卦在周易中前后衔接排列,无妄卦为第二十五卦,大畜卦为第二十六卦。两者既有联系又有区别。可从三方面来理解,一是按客观规律办事，不乱作为，踏踏实实，勤勤恳恳，创建事业，可以积累大量财富，这是通行规律；二是受幸运之神眷顾，遇到了无妄之福，倏忽之间拥有了大量财富，尽管概率极低，但仍偶有闻说；三是当事人遭受了无妄之灾，不气馁，不放弃，艰难困苦，坚韧不拔，经受了考验，最终迎来大畜结局。天助自助之人，老天格外厚爱那些历尽磨难不改初心的人，周文王的事业就是历经无妄之灾成就大畜事业的典范。

无妄卦的交互卦是渐卦。如果将无妄卦的初九、上九去掉，用剩下的四个爻重新组成一个卦，用二三四爻作下卦，用三四五爻作上卦，其中三四爻为上下卦皆有，体现出交互的含义，这个卦就是无妄卦的交互卦渐卦。渐卦上卦为风，下卦为山，称其为风山渐。巽为风，也为木，渐卦反映山上的树木由树苗长成树木、由独木长成树林、由树林长成森林的自然景象发展过程，也是一个积小成多、由弱变强、循序渐进的过程。渐卦还反映古代婚姻"六礼"分别经历纳采、问名、纳吉、纳征、请期、亲迎等六个步骤，必须循序渐进不能乱来。交互卦代表本卦继续向前发展最有可能出现的过程性状况。无妄是无序，渐卦是有序。无妄卦的交互卦为渐卦，一是表明无妄之灾、无妄之福虽表现为偶然性，但其背后蕴藏着必然性规律。二是表明无妄之灾、无妄之福很可能与婚姻有关，婚姻对于有些人是无妄之福，而对有些人却是无妄之灾。

无妄卦的错卦是升卦。将无妄卦每个爻的性质相反，即原来阳爻变成阴爻，原来阴爻变成阳爻，这样形成的卦便是其错卦升卦。升卦上卦为地，下卦为风，称其为地风升。升是升迁、上升、升高、长高等意思。升卦下卦为巽卦，巽为风，为木。风不可能吹到地下，因此此处应当理解为木，树木在地下就能吸吮大地的滋养茁壮成长，这是升卦所蕴含的意境。错卦之间既有区别又有联系，是矛盾的两个方面，既对立又统一，并在一定条件下相互转化。无妄卦是天雷、父亲长男，升卦是地风、母亲长女，两卦结构具有相对性；无妄卦是不乱作为，升卦是渐渐生长，都是符合自然规律的，这是两者的联系。同时，两者的卦画、卦象、内容均不相同；无妄卦是无妄之灾，不寻常灾祸福祉难以预料，升卦地下之木，其生长情势是可以预见的，这些两者的区别。重要的是两者是可以转化的，比如，无妄之福可表现为突然得到提拔升迁；职位升迁也并非都是好事，权力大了责任也大了，地位高了风险也大了，若贪婪腐败说不定哪一天会大祸临头。

【卦辞象辞】

〖卦辞〗

"无妄，元、亨、利、贞。其匪正有眚（sheng3），不利有攸往。"

【译文】"无妄卦，开始、通达、适宜、正固。若不守正则有灾祸，不宜有所前往。"

　　眚（sheng3），眼睛长翳（yi4）子，灾祸，倾向指内部灾祸、人为灾祸。卦辞用于说明本卦主旨。元、亨、利、贞，是对无妄卦发展情境的判断和展望，与乾卦卦辞元、亨、利、贞相同，略有区别的是乾卦之"元"为创始，其他卦辞之"元"仅为开始而无创造之意。一天有元、亨、利、贞四个时段，一年也有元、亨、利、贞四个季节，接连不断，循环往复。这一自然规律也适合人的事业、学问、艺术、仕途、婚姻、经营等活动。元是有一个好的开始，一个好的开头就等于成功了一半；好的开头，加上脚踏实地努力行动，人生事业就能通达；接着就会进入适宜状态，左右逢源，顺畅协调；要发展并巩固元、亨、利的状态，就必须坚守正道，否则到手的利益也将丧失，贞是元、亨、利的重要保障。然后就是贞下启元，人生事业进入第二轮更大规模的发展壮大。

　　其，是虚词，假如的意思。《易经》的结果不是一成不变的，它所提供的是一种可能，假如这样会怎样，假如那样又会怎样，它是有选择性的，结果不是天定的，不同的思想行为有不同的结果，因此《易经》是科学的、辩证的。天命是不能改的，天地自然客观运行规律不以人们意志为转移，是不能改变的；但人命是可以改的，只要保持善良，奉行诚信，坚守正道，接受《易经》指引，按客观规律办事，就能改变命运，最大限度地将命运掌握在自己的手里。匪，通"非"。如果不正就有灾祸，这种灾祸是他自己招致的。"不利有攸往"，在无妄卦情境中不适宜做大动作大行动。

〖象辞〗

　　《象》曰："无妄，刚自外来而为主于内，动而健，刚中而应，大亨以正，天之命也。其匪正有眚，不利有攸往。无妄之往，何之矣？天命不佑，行矣哉？"

【译文】象传说：无妄卦，阳刚之爻从外面来到内部当家作主，主方震卦代表行动，而客方乾卦彰显刚健，上卦阳刚九五居中位而与下卦六二有正应，凭借中正之道开创了大为通达的局面，这是天地自然的命理法则。若不守中正之道就有灾祸，不适宜有所前往。不符常理的前往，能去哪里呢？天地自然命理法则都不予保佑，能行得通吗？

【大象之辞】

《象》曰："天下雷行，物与，无妄。先王以茂对时，育万物。"

【译文】大象说："天空之下打雷，万物响应参与，这是无妄卦所反映的自然景象。先前君王受此启示，集中精力准确对接时令季节，养育万物。"

茂，是茂盛，引申为精力旺盛、集中精力等。对，是校对、校正、对正、对准、对接等。时，时令节气、四时季节、节律等。就是不失时节安排农业生产，季节不能错过，正所谓人误地一时，地误人一年。

"茂"取象于震卦。无妄卦下卦为震卦，震为木，在后天八卦图中震代表春季，春季是树木的旺季，欣欣向荣，枝叶茂密。

《易经》为群经之首，大道之源，诸子百家之宗，是中华文化的总源头，孔子明解《易经》形成儒家，老子暗解《易经》形成道家。《老子》中有段话就是老子针对剥卦、复卦和无妄卦而有感而发的。《老子·第十六章》说："致虚极，守静笃。万物并作，吾以观复。夫物芸芸，各复归其根。归根曰静，是谓复命。复命曰常，知常曰明，不知常，妄作凶。知常容，容乃公，公乃全，全乃天，天乃道，道乃久，没身不殆。"

老子说，事物发展到了阴虚极致状态，要深厚坚实地坚守这种静态。等到万物集中萌生之时，我用来观察事物的复兴。众多事物，各自回复归结到它的根本。回归到根本叫静，这就叫重新开启事物的命理。重启命理称其为常态，明白事物发展变化的常态叫做明白事理，不明白事物发展变化的常态，胡作非为就会导致凶险。明白事物发展变化的常态就能从容和包容，能从容和包容就能做到公正，能公正就能周全，周全体现天地自然法则，天地自然法则就是大道，依大道为人处世就能长久，到死也不会发生危险。

"致虚极，守静笃"是指事物处于剥卦状态，众阴剥阳，最终被剥得只剩一个阳爻，如果这一仅存硕果也被剥没了，就进入了"致虚极"的坤卦状态，坤卦六爻全是阴爻，表明阴虚到了极致状态。这时要求君子不要绝望，不要气馁，不要自暴自弃，而是要咬紧牙关，坚守在极其困窘的静止状态，耐心地等待复兴时机的到来。同时，坤为地，为母，代表大地和母亲，标志着事物正处在复兴前的孕育准备阶段。周易在剥卦之后出现复卦，此时事物开始复苏复兴，因此老子描写"万物并作，吾以观复"。复兴意味着事物进入新一轮发展变化，这种发展变化都是遵循天地自然法则进行的，人们可以认识、顺应并运用自然规律，而不能违反、创造自然规律。因此，复兴卦之后，周易安排了无妄卦，警告人们不能胡作非为，否则会受到大自然的惩罚，这就是老子所说的"妄作凶"。

【爻辞小象】

"初九，无妄，往吉。"

【译文】"初九，不乱作为，前往行动吉祥。"

初九是主卦唯一阳爻，具有积极进取精神，只要按自然规律办事，不胡作非为，结果是吉祥的。初九阳爻居阳位，当位，表明其行为举行是适当的。初九与九四没有正应，得不到高层九四的支持，因此只能靠自身的力量去行动。

"往"取象于震卦。无妄卦下卦为震卦，震为足，为动，足动即为行走、行动。

《象》曰："无妄之往，得志也。"

【译文】小象说，不乱作为的前往，是符合初九心意的。

"六二，不耕获，不菑畬，则利有攸往。"

【译文】"六二，不耕作却有收获，不开垦却得到熟田，这是特例法则，适宜有所前往。"

菑（zi1），开荒，初耕一年的生田。畬（yu2），开垦后种了三年的熟田。不耕作有收获，不开垦有良田，这是不符常理的，但现实生活中偏偏有这种天上掉馅饼的好事，想什么有什么，要什么来什么，左右逢源，有如神助，以至于有人误认为是神灵护佑。这些生活中的小概率事件的确客观存在。如果发生在自己身上，你可以理解为老天在帮你，这是积极的心理暗示，怀着这样积极愉悦的心态去做事,成功的概率就相当高,正所谓天道无亲,常与善人;人勤快,天帮忙。因此,人处于这种出乎意料地无妄之福的情境之中,积极主动前往行动是有利的,否则就是天上掉下馅饼也早被人拣走了。

"则"字可作两种理解,一是自然法则,天地运行自然规律,小概率事件作为自然规律一部分是客观存在的,无妄现象也是天地自然法则的组成部分;二是作为连接词,相当于那么、于是等,表示意思的承接。"则"前的内容是条件,"则"后的内容是行为指引。意即如果情势对你有利,就积极行劝;换句话说,如果情势对你不利,那么就不必如此。《易经》并不鼓励人们以不劳而获的心态去撞大运,成天做梦天上掉馅饼。但是,假如老天真的给你这种机会,一定要不失时机地抓住它,机不可失,时不再来,毕竟这样的机会不会经常出现,过了这个村就没有这个店,机会稍纵即逝。两种理解都可以,表达的主旨是一致的。

六二阴爻居阴位,当位,表明其行为举止是适当的。六二居下卦中位,能够坚守中正之道,表明其道德品行没有问题,运气好也属正常。六二与九五有正应,能得到九五君王的关照和支持,因此得到无妄之福,收获意想不到的利益也好理解。

"耕"取象于益卦。初九至九五构成益卦,上交互卦为巽卦,巽为风;下卦为震卦,震为雷,称其为风雷益。《系辞下传》:"包牺氏没,神农氏作,斲(zhuo2)木为耜(si4),揉木为耒(lei3),耒耨(nou4)之利以教天下,盖取诸益。"这段话说,伏羲氏去世后,神农氏统治天下,削木作为锄头,矫燥木棍制作翻土工具,把使用农具的好处教给百姓,这种情形大概是受到益卦启示的结果。

包牺氏,即伏羲氏,三皇五帝之首,《易经》的主要作者,八卦的发明者。神农氏,即炎帝,华夏民族的共同祖先之一。斲(zhuo2),砍,削。耜(si4),古代一种农具,安在耒(lei3)的下端,形状如锹,用于翻土。耒,古时木制翻土工具,叉形,尖头;耒耜的曲柄。耨(nou4),除草的农具。

益卦有木动于田的耕作之象。益卦下交互卦为坤卦,坤为地,即田野土地,坤为牛;上卦为巽卦,巽为木,指用木头制作的耕地农具;下卦为震卦,震为足,为动,足动即为行走;上交互卦为艮卦,艮为手。牛在田里耕地,人在后边随行,手里扶着耕地犁具,描绘了人们在田地里耕作的劳动景象。

"不"取象于艮卦。下交互卦为艮卦,艮为止,有静止、停止、阻止、制止等意, 因而引申出"不耕"、"不菑"之意。

"获" 取象于巽卦。上交互卦为巽卦, 与六二相邻。巽为近利市三倍, 引申为有收获。

"菑" 取象于坤卦。初九到九五构成益卦, 益卦下交互卦为坤卦, 坤为地, 引申为田地、田野等。

《象》曰: "不耕获, 未富也。"
【译文】小象说, 不耕作有收获, 但尚未达到富有程度。

"未富" 取象于六二爻位。上交互卦为巽卦, 巽为近利市三倍。六二虽与巽卦相邻, 但毕竟不在巽卦之内, 因此虽有收获, 但终究不能靠它致富。有学者将"未富也"解释为其主观上没有不劳而获致富的意图, 有些道理, 可作为一家之言。

"六三, 无妄之灾。或系之牛, 行人之得, 邑人之灾。"
【译文】"六三, 意外之灾。有人栓牛在外, 行人牵牛得利, 村民遭受冤枉之灾。"

或, 可有两种解释, 一是指有的, 有人; 二是指可能, 相当于比如、例如、譬如等, 举例说明无妄之灾的情况, 可译成"可能存在这样一种情况"。邑, 村落、城镇; 古代行政区域单位, 九夫为井, 四井为邑, 此处作村庄解。牛被人牵走了, 一种可能是牛是这个村庄村民的, 遭受了财产损失, 当然是灾了; 另一种解释是牛不是村民的, 现在牛不见了, 失主怀疑村民所为, 因而向村民索要, 其实村民是被冤枉的, 这就是意想不到的灾祸, 此解更符合无妄卦要表达的主旨。此爻以丢牛为例, 来说明无妄之灾的现象。

六三阴爻居阳位, 不当位, 表明力量偏弱, 能力有限, 遭受无妄之灾、不白之冤的事情相对会多些。六三与上九有正应, 能得到上九的支持, 但上九物极必反, 自身可能遭遇灾祸, 因此它所支持的效果可能适得其反, 不能给六三带来多少益处。

"行人" 取象于震卦。下卦为震卦, 震为足, 为动, 为长男, 足动即为行走,引申指行人。

"系"取象于巽卦和艮卦。无妄卦上交互卦为巽卦，巽为绳直，巽为木，引申指系牛之绳。下交互卦为艮卦，艮为手，手加上牛绳，引申出两层意思，一是牛主人将牛绳系在外面树上，二是行人将牛牵走。

"牛"、"邑人"均取象于坤卦。《说卦传》说："乾，天也，故称乎父。坤，地也，故称乎母。震，一索而得男，故谓之长男；巽，一索而得女，故谓之长女……"意即坤卦母亲初六变初九得到震卦长男，乾卦父亲初九变初六得到巽卦长女。可见，震卦是由坤卦衍生而来的，无妄卦下卦为震卦，震卦脱胎于坤卦。坤为牛，是"牛"的来历；坤为地，引申为村落，是"邑"的来历。由于震卦的出现，坤卦不见。反映在六三爻辞上，就是震卦所代表的行人出现，牛被牵走不见了，邑人因此受到财产损失或遭受索赔。

"牛"还取象于离卦。若六三发生爻变，则下卦变为离卦。离在《说卦传》中没有牛的意思，但是在古代典籍中离卦常解为牛，其依据来自：一是周易第三十卦离卦的卦辞："离，利贞，亨。畜牝牛，吉。"二是《说卦传》说："离，为大腹。"因为离为阴性之卦，此大腹可理解为有孕之腹；《说卦传》又说："坤为腹。"坤也为阴性之卦，为母亲，为子母牛。因此，离卦与坤卦有诸多相似之处，两者都指母牛或牛是有道理的。

《象》曰："行人得牛，邑人灾也。"
【译文】小象说，行人得了牛，对于村民却是无妄之灾。

"九四，可贞，无咎。"
【译文】"九四，可凭借守正，避免灾祸。"

贞，通"正"，坚守中正之道。九四是外卦乾卦的初爻，整个乾卦阳刚之气十足，积极进取，充满正能量，象征做事动机正当，坚持公平正义，这样结果就不会太差。九四阳爻居阴位，力量过于刚强，而且九四又不在中位，因此爻辞提示"可贞"是有针对性的。九四与初九没有正应，未能得到基层百姓的支持，在非正常情境中，反倒不是件坏事。从全卦看只有初九、九四的爻辞是正常状态，其余四爻均为非正常状态，原因在于初九是下卦初爻，九四是上卦初爻，在无妄卦情境的初始阶段这种反常现象尚未充分表现出来，况且两者没有正应，减少了发生无妄事件的可能性。而其余四爻，不仅都在无妄情境之中，而且相互均有正应，增加了发生非正常状态的可能性。

《象》曰："可贞无咎，固有之也。"

【译文】小象说，凭借坚守正道没有灾祸，本来就该有这样的结果。

固，本来、原有、旧有等意思。

"九五，无妄之疾，勿药有喜。"

【译文】"九五，意外疾病，不必吃药且有欣喜。"

疾病来得意外，好得也意外，非常之疾，必用非常之法。这是无妄卦反映的特殊现象。九五是君王之位，这个病来得莫名其妙，去得也莫名其妙，可理解为非生理性疾病，而是心理精神上的疾病，心病还须心药治，不宜通过服用普通药物来治疗，只要去除无妄之疾的病因，病也就不药而治了。有喜，通常指有喜事，还特指怀孕。九五阳爻居阳位，当位，表明行为举止是适当的，居上卦中爻，表明道德品行没有问题。九五与六二有正应，能得到六二基层干部的支持和配合。因此，尽管患有无妄之疾，但不用吃药即能痊愈，结果还好。

"疾"取象于坎卦。若九五发生爻变，则上交互卦为坎卦。坎，为加忧，为心病，为耳痛，为血卦，引申为疾病，侧重指心理疾病。

"勿药"取象于巽卦和艮卦。上交互卦为巽卦，巽为木，引申为草药、药材。"勿药"之"勿"取象于下交互卦艮卦，艮为止，有静止、阻止、停止、制止等意。上下交互卦是交互在一起的，你中有我，我中有你，停止药材即为"勿药"。

《象》曰："无妄之药，不可试也。"

【译文】小象说，非同寻常的药物别去试用。

可能是因为是药三分毒的原因。

"上九，无妄，行有眚，无攸利。"

【译文】"上九，不乱作为，行动将致灾祸，无适宜之事。"

无攸利，即无所利。上九是最后一爻，按照物极必反规律，无妄卦的非正常状态即将结束，应该回复到正常状态，意外的好事和意外的坏事差不多见不到了。尽管上九没有乱作为，但上九与初九的要求不同，初九鼓励行动，因而"往吉"；上九应当收敛，否则就有"行有眚"的结果。上九的警示意义很浓，告诫人们该行则行，当止则止。

上九阳爻居阴位，力量过于刚强，有行动的愿望，有些不服老、好逞强的意味；上九与六三有正应，六三的情况非常糟糕，上九如果仍要一意孤行，很可能陷入与六三类似的泥潭。因此，爻辞告诫上九不要有非分之想，不要擅自行动，如果采取行动则很有可能招致灾祸，决不会有好结果。

"眚"取象于兑卦。若上九发生爻变，则上卦变为兑卦，兑为毁折，缺损，即为灾祸。

"无攸利"取象于上九爻位和巽卦。上交互卦为巽卦，巽为顺，为近利市三倍，上九在巽卦之上，与巽卦无缘，因而无所适宜或无可得利。

《象》曰："无妄之行，穷之灾也。"

【译文】小象说，非正常行动，就会陷入走投无路的灾祸。

穷，穷尽，无路可走，这是一意孤行最有可能到达的地方。

第二十六卦 大畜卦的蓄养之道

【大畜卦】

【白话经文】

大畜卦，适宜守正。不在家里吃闲饭，吉祥。适宜渡涉大河。

初九，有危险，适宜停止行动。

九二，车轮脱落辐条。

九三，骏马骋驰，适宜艰苦奋斗坚守正道。如果说驾车护卫技能娴熟，就适宜前往行动。

六四，将新牛牛角绑上短木，最为吉祥。

六五，阉割猪崽以防长出獠牙伤人，吉祥。

上九，承荷（he4）通天大道，通达。

【经文原文】

大畜，利贞。不家食，吉。利涉大川。

初九，有厉，利已。

九二，舆说辐。

九三，良马逐，利艰贞。曰闲舆卫，利有攸往。

六四，童牛之牯（gu4），元吉。

六五，豮（fen2）豕之牙，吉。

上九，何（he4）天之衢，亨。

【解读序言】

大畜卦位列周易第二十六卦，上卦是山，下卦是天，称其为山天大畜。《序卦传》说："有无妄然后可畜，故受之以大畜。"序卦传说，只有不乱作为，然后才可能有大积蓄，因此周易在无妄卦之后安排了大畜卦。《杂卦传》说："大畜，时也。"杂卦传说，大畜要抓住时机。大畜的对象可以是物质的，也可以是精神的，比如，积蓄资金、财富、人脉、学问、才能、德行等。

大畜之畜，与牲畜有关，古时蓄养了牲畜就等于积累了财富。在成为财富之前，原本这些牲畜都是野生动物，只有经过驯化以后，才能为人所用，才能变成财富。驯化的方法手段就是对动物加以管束和限制，以减少其野性，从而变成人们的劳动工具或财富。对动物野性的限制驯化过程，也就是财富的繁殖积累过程。因此，大畜卦以马、牛、猪等牲畜为例，阐述如何逐步积蓄的道理，由牲畜积蓄引申到其他财富的积蓄，由物质财富积蓄引申到精神财富的积蓄。

卦辞揭示了大畜卦的主旨，强调积蓄要坚守正道，君子要蓄养德行为国家出力，不能只呆在家里吃闲饭，适宜外出行动去开创事业。初九讲，前途有风险，适宜停止行动。万事开头难，初九揭示了创造财富前的决策风险，应当冷静、谨慎、全面、深度地进行反复思考，只有在深思熟虑之后才能作出决定，切勿盲目上马。九二讲，车轮的条辐脱落，无法前行。它反映了创业初期遇到的缺资金、缺资源、缺技术、缺人才等种种困难。九三讲，骏马奔驰，适宜艰苦奋斗坚守正道。如果能够娴熟驾车和熟练护卫的话，就适宜有所前往。此阶段事业稍有起色，但仍然举步维艰，要耐得住寂寞，守得住清贫，扛得住重压，忍得住困厄，只有在摸爬滚打中增强才干，练就金刚不败之身，才能将事业推向前进。九四讲，将新牛牛角绑上横木，最为吉祥。六五讲，阉割猪崽限制獠牙生长是吉祥的。九四、六五情况类似，就是要运用智慧，兴利除害，变废为宝。上九讲，肩负大道使命，结果通达。上九将大畜境界提升到更高的精神层面，强调君子的责任是实现国家富强，民族复兴，百姓幸福。上九揭示了大畜的终极意义。可见，财富的大畜过程既是艰苦奋斗的创业历程，也是精神文明的发展历程。

【卦名含义】

大畜，大字好理解。《古代汉语词典》解释："畜"（xu4），饲养，饲养牲畜，引申为养育，培养，《周易·大畜》："君子以多识前言往行，以畜其德。"容纳，收容；喜爱；积聚，储藏，又写作"蓄"，引申为蕴蓄。"蓄"字应由"畜"字演变而来，最早人们将捕获的野兽进行训养，从而使禽兽变成了牲畜，牲畜是用草料饲养的，于是"畜"便变成了"蓄"，牲畜蓄养得越多，意味着财富越多，于是蓄养又引申出积累财富的积蓄、储蓄等意。后来又用财富蓄养，引申出品德涵养。在解读小畜卦时，对"畜"字作了比较系统的解释，可参阅理解。

【卦象寓义】

一、天在山中之象。这是大象所描述的自然景象。可有几种理解：一是天被包裹在山体里面。天至高无上、无边无际、无所不覆，客观上山只能在天底下，不可能在山之内，因此这只能是人们想象出来的虚幻情景，用意在于强调积蓄之大，是种夸张的表现手法。二是天在山的半山腰，山峰已经直插云霄，云彩是天的标志物，如果云彩飘浮在半山腰，那么可以认为山峰已经在天上，反过来说，天在山下或半山腰，这种情景在古代文学作品中是经常出现的，比如，李白的《梦游天姥吟留别》写道："脚著谢公屐，身登青云梯；半壁见海日，空中闻天鸡；千岩万转路不定，迷花倚石忽已暝；熊咆龙吟殷岩泉，栗深林兮惊层巅。"这便是山在空中、天在山中的情景。这种山与天倒置的感觉，也来自于人的主观感受。三是群山包围之中只露出部分天空。比如，在张家界景区，群峰林立，剑劈刀削，高耸入云，人如果站在谷底，只能看到部分天空。有个成语叫别有洞天，就是在洞内观天，犹如天在山中。总之，无论怎样理解，都在突出山之高大，蕴含宝藏之丰富，博大到可以蓄纳苍天的意境。

二、山藏金玉之象。大畜卦下卦为乾卦，乾为金，为玉，泛指金银宝贝、财富。上卦为艮卦，艮为止，静止、停止、阻止、制止等意，在大畜卦里，这个"止"又引申出积蓄、蓄养，意即把财富集中一起，保存起来，不使用，不花费，让其处于静止储蓄状态。大畜卦所反映出来的自然景象，就是一座大山里面蕴藏着许多金银宝藏。而后通过自然的具体景象来表达蓄积大量财富的抽象意境。

三、少男养德之象。如果将山藏金玉的自然景象，引用到人文政治和社会生活领域，就表达了涵养天德的意象。大畜卦上卦为艮卦，艮为少男，代表年轻有为、想干一番事业的小伙子；同时，艮为止，积蓄之意。对于人类而言最大的财富就是高尚的品德修养，因此我们可以把积蓄对象理解为思想道德和精神追求。下卦为乾卦，乾为天，代表天命或天道规律，这个天命不是唯心主义所指的天的意志，而是指天地自然运行的客观规律。按照天地自然规律为人处世，这是君子行为规范的必然要求。

四、养圣尊贤之象。大畜卦是难得的吉祥之卦，卦爻辞中有两个吉、一个元吉、两个利、一个亨，这是不多见的。特别是上九为亨，比较少见。一般来说，上爻为事物之末端，乾卦是"亢龙有悔"、坤卦是"龙战于野"，均有些悲剧色彩。这说明大畜卦中的上九不同寻常。从一般规律上看，下卦为主卦，上卦为客卦；但在大畜卦的特殊情境来看，大多情况下主体是艮卦，乾卦是其积蓄、蓄养的对象或内容。艮卦作为主体而言，上九便成了举足轻重的主爻，因而也成了大畜卦的主爻。换句话说，主爻的性质、品行决定着全卦的状况；上九的吉凶决定着大畜卦的吉凶，这样就容易理解上九为什么与众不同了。

在诸多六五、上九结构中，大多含有养圣尊贤之意。六五为君王之位，但力量偏弱，或能力不够，或年龄幼小，或受人牵制等，原因是多方面的；上九为顾命大臣、前朝元老、辅政大臣、摄政大臣等，其中有忠廉之臣，也有奸佞之臣。养圣尊贤的对象当然专指忠臣，如，周公辅佐成王。历史上有多位小皇帝，在德高望重的忠能之臣辅佐下，实现了政通人和的治世局面。六五代表君王，上九代表圣贤，两者阴承阳，阳乘阴，配合默契。表明君王尊崇圣贤，将圣贤放在崇高的位置，积极创造条件，倡导和支持圣贤教化民众的行为。我们可以理解为，这是圣贤在君王支持下为国家储蓄精神财富。

五、敛其锋芒之象。从大畜卦上下、内外、主客关系来看，显示了内刚外止的结构特征，这是从宏观层面看问题。如果将视角放到微观层面，"六四，童牛之牿，元吉。"、"六五，豮豕之牙，吉。"这两爻是全卦主旨的集中体现和典型代表。半大的牛，未阉割的猪，特别是野生的或者未完全驯化的牛和猪，凶猛异常，力大无比，具有攻击性。不用说不能成为人类的财富，甚至连生命安全都会受到威胁。这种野牛野猪就具备乾卦的特征，并非任何时候都是越乾越好，越阳越好，物极必反，过犹不及。

为了限制半大牛的野性，要给它刚刚长成的牛角绑上横木，以防牛角伤人；为了限制猪的野性，要给它实施阉割，以防长出獠牙伤人。这些都是按照"内刚外止"易理而采取的措施,从而使得牛猪由伤人的动物变成了人们的劳动工具和物质财富。从六四、六五爻辞内容充分体现了锋芒内敛、防止毕露的特征,体现了阴阳、矛盾、攻防的平衡与协调。

六、蓄财适度之象。大畜卦下卦为乾卦,乾为金玉,代表财富;上卦为艮卦,艮有两层意思,一层是积蓄、储蓄之意;另一层意思是静止、停止、阻止、制止等意,引申为适可而止,也就是说对财富的蓄积应适可而止。不仅指君子爱财取之有道,不义之财不得;而且强调即使是正当的财富也要适度控制。物质财富的集聚如同野牛野猪一样蕴藏着风险,疯狂地聚财过程就是危险的递增过程,财富多到失去控制的时候正是当事人最为危险的时候。因此,财富不是越多越好,要采取适当措施适度控制扩张规模,就像给牛角绑横木、给猪阉割一样,能够掌控的财富才是安全有益的财富。这是大畜卦给人类的启示。

七、大畜养生之象。大畜卦中蕴藏着一个颐卦。颐卦上卦为山,下卦为雷,称其为山雷颐。在大畜卦中,上卦是艮卦,艮为山;上交互卦为震卦,震为雷,两者构成颐卦。颐卦卦形像张开的大口,是个关于享口福和颐养生灵的卦。颐养生灵以物质财富和精神财富作为基础。大畜卦的财富积蓄,为颐养生灵提供了物质保障和精神准备。颐卦由大畜卦上面四爻组成,时间上靠后,表明颐养生灵应当是在具备一定物质基础之后。

八、大壮丰年之象。大畜卦中蕴藏着一个大壮卦。大壮卦上卦为雷,下卦为天,称其为雷天大壮。在大畜卦中,上交互卦为震卦,震为雷;下卦为乾卦,乾为天,两者构成大壮卦。大壮卦在十二消息卦中代表农历二月,这是春雷轰鸣,行云施雨,春苗大壮的景象。我国是农业社会,民以食为天。俗话说,人勤春早,一年之计在于春。人们只有不失时机地抓好春耕生产,才能为全年粮食丰收奠定良好基础。粮食丰收意味着大畜目标的实现。

九、财富减损之象。大畜卦中蕴藏着一个损卦。损卦上卦为山,下卦为泽,称其为山泽损。在大畜卦中,上卦为艮卦,艮为山;下交互卦为兑卦,兑为泽,两者构成损卦。损卦由泰卦演变而来,由泰卦九三与上六交换位置而成,损下益上谓之损,体现了《易经》以民为本的损益观。在湖光山色自然景象中,山体因泽水浸泡冲蚀而受损,山石、泥土、草木、昆虫等流入湖泽之中,为湖泽水生物提供了食物。山是受损对象,泽是受益主体,这与五行土生金的生扶关系也相吻合。财富有动态流动的特点,如果管理不善,财富就会流失。此象在于提示人们，要警惕和谨防因主观原因造成财富的损失。

十、戒防小人之象。大畜卦中蕴藏着一个夬卦。夬卦上卦为泽，下卦为天，称其为泽天夬。在大畜卦中，下交互卦为兑卦，兑为泽；下卦为乾卦，乾为天，两者构成夬卦。夬卦是一个五君子驱赶一小人的卦，而且要毅然决然，态度必须坚决。这说明在创造财富过程中，必须确保财富的正当性和合法性。不义之财不得，君子爱财取之有道。只有正道得来的财富才是真正的财富，否则就是赃款赃物，他怎么吞进去，老天就会让他怎么吐出来，这一点被留置的人恐怕最有体会。大畜卦中蕴含夬卦，一方面提示创造财富中不要用小人的手段，另一方面志明如果干了不法之事，得了不义之财，终究会被正义的力量赶出历史舞台。夬卦由初至四爻构成，位于大畜卦的靠前位置，表明在财富积累的初期就要摒弃小人的心思和行径。

十一、内刚外止之象。大畜卦上下两卦均为阳卦，整个卦充满阳刚之气。下卦是乾卦，乾为天，按一般析卦原则，下卦乾卦为主卦，天有"天行健，君子以自强不息""君子终日乾乾"的积极进取精神，以旭日东升、刚健运行来比喻君子追求理想、积极探索、勇于实践、努力奋斗的精神。上卦是艮卦，艮为山，是大畜卦的客卦。其地位相当人主方的合作伙伴、竞争对手、行为对象或外部环境等。艮为止，静止、停止、阻止、制止等意，它对乾卦的勇猛行进势头起到限制、阻碍或缓冲、修正作用。有时限制和修正是必要的，既要低头拉车，又要抬头看路，大畜之路更应如此，一旦发现路线偏离，就要及时刹车与校正，为的是走得更稳更实更远。六四"童牛之牿"、六五"豮豕之牙"，就充分体现了这种限速约束功能，不放纵其野性恣意妄为，这样才能走向"何天之衢"，凭借天地自然大道，实现通达的目标。

十二、父亲少男之象。在《易经》大家庭中，乾为父亲，艮为少男。按照例行分析方法，在大畜卦结构中，下卦、内卦、主卦为乾卦，父亲占居家庭内部主导地位，主持着家政事务。少男在外面从事生产劳动，创造财富，为家庭提供物质生活保障。这种组织结构基本上是合理的。这种例行分析法，应与大畜卦个性化情况综合起来运用。即对主客卦的认定，在特殊情况下，需要根据不同卦象、不同情境作出适当调整。比如，在大畜卦中，上九是主爻，与之相适应，上卦也就具有了主卦地位。通常下卦为主卦，这是矛盾的普遍性；有时上卦为主卦，这是矛盾的特殊性。两者并不矛盾，应视情而定，灵活运用。

十三、阳土生金之象。在八卦与五行关系中, 乾卦、兑卦对应金, 乾卦为阳卦, 为阳金; 兑卦为阴卦, 为阴金。艮卦、坤卦对应土, 艮卦为阳卦, 为阳土; 坤卦为阴卦, 为阴土。根据五行相生关系, 土生金, 大畜卦呈现阳土生阳金关系。客方艮卦是生扶主体, 施益方, 表现为成本的支出; 主方乾卦是生扶对象, 是受益方, 表现为利益的增多。因此, 在大畜卦中, 情势对主方非常有利。

【关联卦画】

大畜卦由大壮卦演变而来。大壮卦上卦为雷, 下卦为天, 称其为雷天大壮。大壮卦代表农历二月, 天上有春雷, 振奋了万物, 滋润了土地, 草木禾苗茁壮成长。如果将其九四与上六交换位置, 就变成了大畜卦。象辞说: "其德刚上而尚贤。"意思是说, 大畜卦的主旨是让刚爻九四往上到上九位置, 体现了六五君王"尚贤"的重大举措。

大畜卦的综卦是无妄卦。大畜卦与第二十五卦无妄卦互为综卦。综卦也叫覆卦、镜卦。大畜卦卦画翻转一百八十度成为无妄卦, 无妄卦卦画翻转一百八十度成为大畜卦。两者之间既有区别, 又有联系。意在引导人们在观察事物、分析问题时, 要作换位思考, 广角度、全方位、多途径进行考察。两者的区别是显而易见的, 两者的联系体现在, 一是两者存在事物发展变化的逻辑关系, 正如《序卦传》所言, 不乱作为而后可以大畜; 二是获得意外财富的现象是客观存在的, 有意外的灾祸, 就有意外的福祉, 大畜卦的财富也不排除属意外所得。

大畜卦的交互卦是归妹卦。归妹卦上卦为雷, 下卦为泽, 称其为雷泽归妹。雷泽是神话故事里经常提到的地方, 国王、首领往往在雷泽地区与仙女佳人相遇, 原因便是归妹卦是个少女远嫁的卦。震为长男、诸侯, 兑为少女, 归妹卦反映了少女出嫁给长男或远嫁给诸侯的情形。交互卦是从本卦中派生出来的, 说明你中有我, 我中有你, 两者关系非常紧密。交互卦反映事物发展变化的过程性状态, 如果本卦代表事物的目前状态, 那么交互卦就代表事物继续往前发展最可能出现的情形。从大畜卦而言, 大畜之后拥有财富, 再往前发展, 涉及谈婚论嫁也在情理之中。

大畜卦的错卦为萃卦。错卦又称对卦, 是阴阳交错或相对的意思。将大畜卦各爻性质相反, 得到的卦便是其错卦萃卦, 两者互为错卦。上卦为泽, 下卦为地, 称其为泽地萃。错卦之间也是既有联系又有区别的关系。萃有荟萃、聚集的意思。大畜也是积蓄、蓄养、聚集的意思。但又有所区别，萃卦侧重于人的聚集、人心的聚集，通过祭祀和凭借诚信将分散的力量凝聚起来；而大畜卦的聚集是指财富的积蓄，有物质财富，也有精神财富。错卦之间，不仅爻的性质对应，上下卦所代表的事物也相对应，大畜卦是山天，萃卦是泽地；大畜卦是父亲少男，萃卦是母亲少女等。可见，错卦之间也呈现出事物的对立统一规律。

大畜卦与小畜卦是对兄弟。大畜卦与小畜卦不仅名称相近，而且卦形也相似。大畜卦上卦为山，下卦为天，称其为山天大畜；小畜卦上卦为风，下卦为天，称其为风天小畜，两个卦唯一不同的是第五爻，而且爻辞中均有"舆说辐"的表述。关于"大"与"小"的由来，有两种说法：其一，乾为金，为玉，是积蓄的对象，大畜卦上卦艮卦为积蓄主体，艮为阳卦，阳为大，故称大畜；小畜卦上卦巽卦为阴卦，阴为小，故称小畜。其二，在《易经》里阳爻称大，阴爻称小。在大畜卦里，四个阳爻，两个阴爻，阴爻被阳爻所包裹，形成以阳包阴、以大畜小格局，因而称其为大畜；而在小畜卦里只有六四一个阴爻，这个六四就是卦主，反而是以小畜大，因而称其为小畜。

【卦辞象辞】

〖卦辞〗

"大畜，利贞。不家食，吉。利涉大川。"

【译文】"大畜卦，适宜守正。不在家里吃闲饭，吉祥。适宜渡涉大河。"

卦辞用来说明卦名和主题思想。利，适宜。贞，通"正"，坚守正道。不家食，是指不要呆在家里吃闲饭，要走出家门为国家和百姓做事。而对君王而言，要崇尚圣贤，重用圣贤，真心实意请他们出山为国家做事、为百姓造福，而不能让圣贤闲居在家，浪费人才资源。利涉大川，利，适宜；涉，渡越；大川，大河。凡卦辞中出现"利涉大川"的表述，通常卦中有个乾卦或巽卦。乾卦表明力量强大，巽卦表明有舟船，巽为木，以木作舟；巽为风，风吹舟行。利涉大川是种比喻，旨在鼓励人们外出创业，开辟一片天地。辛勤劳作，努力奋斗之后，创造出财富，从而实现大畜，这是顺理成章的。

《礼记·表记》记载，子曰："事君大言入则望大利，小言入则望小利。故君子不以小言受大禄，不以大言受小禄。《易》曰：'不家食，吉。'"这是孔子对"不家食，吉"的阐释，这段话大意是，君子为君王出主意，大主意被采纳将带来大利益，小主意被采纳将带来小利益。所以君子不能因为小主意被采纳而去接受大的俸禄，也不能因为大主意被采纳而接受小俸禄。因此《易经》说，不在家里吃闲饭是吉祥的。可见，不家食，就是吃官家饭，吃公家饭，即现在所称的铁饭碗。这是一种委婉的说法，实则就是要为君王所用，为国家出力，为百姓做事。

"不家食"取象于兑卦和艮卦。大畜卦下交互卦为兑卦，兑为口，饭由口入为食。上卦为艮卦，艮为果蓏（luo2，瓜果总称），引申为五谷杂粮；艮为门阙，为阍寺，引申为家。以上合起来就是在家吃饭。不家食之"不"，也取象于艮卦。上卦为艮卦，艮为止，有静止、停止、阻止、制止等意，反映了"不家食"的意思。

"利涉大川"取象于乾卦。大畜卦下卦为乾卦，乾卦刚健有力，积极进取，自强不息，适宜渡涉大河。

〖彖辞〗

《彖》曰："大畜，刚健笃实，辉光日新，其德刚上而尚贤。能止健，大正也。不家食吉，养贤也。利涉大川，应乎天也。"

【译文】彖传说，大畜卦，刚健有力，深厚坚实，绽放光芒，每日更新，其品德体现为，阳刚君子奋发向上，而君王能够尊崇圣贤。能够控制乾卦刚猛势头，这是最大的正道。不在家里吃闲饭，吉祥，这是国家尊崇圣贤的好风尚。适宜涉渡大河，这是顺应天地自然规律的行为。

刚健指下卦乾卦而言，笃实是指上卦艮卦而言的。笃（du3），厚，深厚；淳厚，诚信；坚定等。笃实，厚重实在。其德，大畜卦表现出来的人文品德，即大畜的主旨、特征、中心意思、主题思想等。刚上而尚贤，指阳刚九四往上到上九位置。上九代表圣贤，为六五君王所尊崇，而君王也有尚贤之心和尚贤之行。"能止健"之"健"，通"乾"，指乾卦，与乾卦大象"天行健"之"健"意思相同。能止健，是上卦艮卦阻止乾卦过猛的势头。

"辉光日新"取象于离卦和乾卦。大畜卦上面四爻构成大离卦，离为日，为光明；离，丽也，引申为新。下卦为乾卦，乾为天，也代表白天。

【大象之辞】

《象》曰:"天在山中,大畜。君子以多识(zhì)前言往行,以畜其德。"

【译文】"天在山体之中,这是大畜卦所反映的景象。君子受此启示,应该多学习借鉴古代圣贤的言行,用来涵养自己的品德。"

识(zhì),记住。前言往行,以前古人的话语和以往古人的行为,即古代圣贤的言行。天在山中可有多种理解,参见前面"天在山中之象"部分。

【爻辞小象】

"初九,有厉,利已。"

【译文】"初九,有危险,适宜停止行动。"

厉,危险,在凶险"悔、吝、厉、咎、凶"中处于中等程度。已,停止。乾卦刚健有力,并且初九与六四有正应,两者能够相互支持和配合。初九有强烈的行动愿望和能力,但在大畜卦情境中,刚开始不宜盲目行动,一旦决策错误行动风险就很大,因此适宜暂停行动,想清楚看准了再说。初九阳爻居阳位,当位。表明其行为本身没有问题,但在存在风险因素的情况下,应当收敛自己的行为。

大畜卦下卦为乾卦,乾卦初九为"潜龙勿用",因为这是人生事业打基础阶段,重在知识能力的积累,不要急于表现,不要冒然前行,应该审时度势,待时而动。知难而进需要勇气,知难而退需要智慧。明知不可为而为,有时是职责所趋敢于担当的表现,有时却是逞匹夫之勇鲁莽草率的表现;知其不可为而不为,有时是不敢担当逃避责任的表现,有时却是避免无谓牺牲理性智慧的表现。为与不为,是与非,要具体情况具体分析,不能一概而论。

《象》曰:"有厉利已,不犯灾也。"

【译文】小象说,有危险适宜暂停行动,这样就不会招致灾祸了。

"九二,舆说辐。"

【译文】"九二,车轮脱落辐条。"

　　舆，车辆，多指马车。说，通"脱"。《古代汉语词典》解释：辐，车轮的辐条。"舆脱辐"，车辆故障不能前行。九二爻辞简单，以车辆故障为例，表明事业发展过程中遇到了阻碍和挫折。这是朝着大畜目标奋斗过程中必然会遇到的情形，说明前途是光明的，道路是曲折的。九二阳爻居阴位，不当位，用力过刚过猛，这是年轻人容易犯的毛病，最后导致欲速则不达。好在九二与六五有正应，两者能够相互支持和配合，并且居于中位，居中有德，表明道德品质良好。品德比能力更重要，良好道德可以弥补行动的失当，这是九二遇到障碍但结果无凶的原因所在。

　　"说辐"取象于震卦、乾卦和兑卦。大畜卦上交互卦为震卦，震为雷，为动；其于马也，为善鸣，为馵（zhu4）足，为作足，为的颡。意思是说，震卦所代表的马是善于嘶鸣的马，因为雷鸣与马鸣相通；左后足为白色的马；为四足运动着的马；为额头上有一撮白毛的马。同时，"震仰盂、艮覆碗。"震卦卦形像一只仰着的容器，也像马车的车厢，因此尽管《说卦传》没有明确说震卦为马车，但在古代典籍中常将震卦解作马车。九二在震卦之下，所以不在车上，无法搭上这驾马车。下卦为乾卦，乾为圜，圆形，此处代表车轮。正好与上卦的车厢配套。下交互卦为兑卦，兑为毁折、缺损，九二正好在兑卦之内，就好象车辆损坏无法乘车前行。

　　《象》曰："舆说辐，中无尤也。"
　　【译文】小象说，车轮脱落条辐，但因为九二居于中位，因而无须担忧。

　　"九三，良马逐，利艰贞。曰闲舆卫，利有攸往。"
　　【译文】"九三，骏马骋驰，适宜艰苦奋斗坚守正道。如果说驾车护卫技能娴熟，就适宜前往行动。"

　　对"曰"字的理解，古今学者分成两派，一派认为是"曰"，意思相当于如果说、假如说、什么什么的话等，这是条件状语句式，如果满足一定条件，那么可以去实施某种行为。另一派以朱熹为代表，认为应该是"日"，每天，经常，也解释得通，两者没有本质区别。闲，通"娴"，练习至技艺娴熟。舆，驾车者；卫，护卫，卫士。舆，卫，都是社会地位卑微的底层人员，此处作为骑马主人的随从人员身份出现。

九三的意思是，主人配备精良装备良马，配备训练有素、技术娴熟的辅助人员，朝着既定的目标，历尽艰险，勇往直前，终究会有所收获的。九三阳爻居阳位，当位，表明其行为举止没有问题，此阶段正是主人公放开手脚，施展才华，大干快上的好时机。九三与上九没有正应，表明得不到上九大佬的支持，两者属于竞争关系，所以才会有"良马逐"的表述，有些你追我赶、相互竞技的意味。当然上九是"何天之衢"，追求的目标是天之大道，因此两者追逐的道路、方向和目标都是积极正当的，最终将殊途同归。

"良马逐"取象于乾卦和震卦。下卦为乾卦，乾为马。九三又在上交互卦震卦中，震为动，其于马也，为善鸣，为馵（zhu4）足，为作足，为的颡。因此这是一匹后左足白色或者前额有撮白毛、奔跑中的马。

"艰"取象于艮卦和兑卦。大畜卦上卦为艮卦，艰字右边为艮，说明艮有艰难之意，马匹在山上奔跑，道路崎岖坎坷，行程异常艰难。下交互卦为兑卦，兑为毁折，引申为挫折，加剧了艰难程度。

"曰"取象于兑卦。下交互卦为兑卦，兑为口，口言为曰。

"舆卫"取象于震卦。上交互卦为震卦，震为马车，驾车人即为舆。震为诸侯，是天子的守护者，引申为护卫。

《象》曰："利有攸往，上合志也。"
【译文】小象说，适宜有所前往，因为与上层心愿相合。

"上合志"取象于震卦。可有两种理解：一种是指九三与六四、六五阴阳亲比，共同组成上交互卦震卦，三个爻都有向前行动的愿望，但两个阴爻有愿望没力量，她们的动力来自九三，九三像一驾马车载着六四、六五往前行动，正好符合六四、六五的心意。另一种是，"上合志"是指九三与上九合志，虽然两个阳爻相互排斥，形式上不合志，但在义理上却十分契合，上九是"何天之衢，亨"，上交互卦为震卦，震除了行动和马车的意思外，还为大涂，即大道。这驾马车沿着大道奔向前方，与上九圣贤所倡导的思想完全一致。

"六四，童牛之牿，元吉。"

【译文】"六四，将新牛牛角绑上短木，最为吉祥。"

童牛，牛犊，小牛，既指家养牛犊，也可指捕获的野生小牛。对牛犊的驯化要有一个过程，无论是家养的，还是野生的。为了约束小牛、防止它用牛角伤人，古人将其牛角上绑上短木。如此既可防止牛角伤人，又可将其作为畜力和财富。牿（gu4），缚于牛角以防止触人的横木。本人判断此字应由"梏"字演变而来。梏是木制手铐，用来约束人，现将它用来约束牛，自然应是牛字旁的"牿"了。

有观点认为童牛无角，因此牿不是绑牛角的横木，而是指罩住牛嘴的牛篓斗，本人少时放过牛，见过这些东西。个人认为，这种判断不够严谨，童牛无角不假，但从无角到有角总是有个生长过程，成年牛不是一夜长成的，当牛角长出一半、或者接近长成之时，仍可称其为童牛。正如艮卦泛指少年一样，年龄跨度可以很大，既可指几岁小孩，也可指二十几岁小伙。再说，牛篓斗的解释与大畜卦要表达的主旨不相符合。

牛角是伤人的利器，猪的獠牙也是伤人的利器，易作者的用意在于针对这些危险利器，采取防控反制措施，从而变危险为财富。对牛而言，牛犊虽不谙世事，到处乱蹿，但无牛角，不会对人构成威胁；老牛老成持重，吃苦耐劳，完全被人驯服，也不会攻击人们；只有半大的牛体壮力大，牛角初步长成，桀骜不驯，有股子牛脾气，容易伤人，必须对其有所管束，而在其角上绑上横木是古人智慧的体现。我们老家对这个年龄段的牛称之为新牛，介与牛犊与老牛之间。很显然，仅仅罩住牛嘴，只是防住了牛偷吃庄稼，并不能防止牛对人身的伤害。

大畜卦上卦为艮卦，六四是艮卦初爻，"止"的意思已经开始显现。从宏观上看，要学习乾卦精神，积极进取，艰苦创业，努力奋斗，从而逐步积蓄财富，驯养童牛即是财富积蓄的具体形式和具体表现，这时的"止"是蓄止、积蓄等意；从微观上看，将牛角绑上短木就是阻止危险、消除风险的措施，这时的"止"是阻止、控制等意。宏观上的"止"（积蓄）的目标，是在微观上的"止"（控制风险）的辅助下实现的。

六四阴爻居阴位，当位，表明其行为举止没有问题。六四与初九有正应，表明六四能得到基层百姓的支持，两者心灵相通，配合协调。六四身处艮卦，肩负使命，向初九发出适可而止的信号，初九心领神会，放弃冒进的念头，听从"利已"建议，暂时停止行动。

"童牛"取象于离卦和艮卦。若六四发生爻变,则上卦为离卦;九三至上九也构成大离卦,离为牛,参见无妄卦六三"或系之牛"的解读;艮为少男,年轻小伙子。两者合在一起即为童牛。

"牿"取象于震卦。上交互卦为震卦,震为木,引申为绑在牛角上的横木。

《象》曰:"六四元吉,有喜也。"
【译文】小象说,六四最为吉祥,这是值得高兴的事。

"有喜"取象于兑卦。下交互卦为兑卦,兑为悦,喜悦之意。

"六五,豮(fen2)豕之牙,吉。"
【译文】"六五,阉割猪崽以防长出獠牙伤人,吉祥。"

豮(fen2),阉割过的猪。豕(shi3),猪。大家知道,野猪长有獠牙,性情暴躁,相当凶猛,杀伤力极大。但经过阉割的猪,性情就比较温顺,特别是作为攻击利器的獠牙停止了生长。说明我国古代劳动人民非常有智慧,很早就懂得了趋利避害,采取了阉割措施后,将猪由野兽驯化成了家畜财富。

六五、六四在内容上有相似之处,都是通过"止"的办法,来达到积蓄财富、消除风险的目的。牛和猪作为最早驯养动物,是财富的象征,大畜卦借用这两种动物驯化为家畜作为例子来阐述观点,其原理对于财富积累具有普遍意义。既要通过"止"来积累财富,又要通过"止"来消除风险。六五阴爻居阳位,不当位,力量偏向柔弱,但在大畜卦情境中是有益的,是艮卦控制意图的体现。六五与九二有正应,六五得到了九二基层干部的支持和配合。而且六五为上卦中爻,居中有德,能够坚守中道,这些综合因素的作用,使六五获得了吉祥结果。

"豮豕之牙"取象于艮卦、震卦和颐卦。大畜卦上卦为艮卦,艮为黔喙之属,黔为黑色,黑;喙。《古代汉语词典》解释:喙,为鸟兽的嘴,《国语·晋语八》:"是虎目而豕喙",借指人的嘴;器物的尖端。可见猪嘴属于黔喙之列,从器物的尖端的意思来看,喙侧重指那些往前伸出的鸟兽之嘴,不光指鸟禽之嘴,也指兽畜之嘴。上交互卦为震卦,震为动,此处引申指猪的獠牙不断生长;同时，艮为止，静止、停止、阻止、制止等意，即阻止獠牙生长和獠牙伤人，因为阉割的猪性格温顺。另外，上卦艮卦与上交互卦震卦还组成颐卦，艮卦代表上牙，震卦代表下牙。

《象》曰："六五之吉，有庆也。"
【译文】小象说，六五吉祥，是值得庆贺的。

"上九，何（he4）天之衢，亨。"
【译文】"上九，承荷（he4）通天大道，通达。"

何，通"荷"，负荷，承荷，荷蒙，此处指圣贤肩负着使命与责任。衢，四通八达的道路，大路。天之衢，就是通天大道，这是一种比拟手法，引申为天地大道、天地自然运行规律，表明要奉行天理，做符合自然规律和人伦道德的事情，其结果当然是通达的。

上九是大畜卦的主爻，是圣贤的象征，圣贤使命神圣，责任重大。上九阳爻居阴位，行为过刚，有些冒进，本来这是缺点，但在大畜卦特殊情境中反而是优点。如果上九变成阴爻，则大畜卦就变成了泰卦，泰卦也很好，但财富还不丰富，大畜卦很好地解决了物资短缺的问题。上九阳爻消除了财富积累中的风险，为人们的行为规范提供了示范引领。只要做事合乎天理，在精神财富的创造方面略为冒进些仍然是通达的。上九与九三没有正应，其冒进行为没能得到基层实力阶层九三的形式支持，因此没有酿成不良后果。其实，正如上面分析的那样，九三对上九在实质上支持力度很大，比如它们共同构成的颐卦，一动一止，一张一合，配合得十分协调。上九为"亨"的卦并不多见，这也是重要因素。

"天之衢"取象于上九爻位和震卦。上九为天之位；上交互卦为震卦，震为大涂，涂通"途"，即宽大道路。天加道路合起来即为"天之衢"，即为天地之道或客观规律。此外，从大畜卦卦象上看，山在天之上，上九代表山顶，天衢意境显而易见。

《象》曰："何天之衢，道大行也。"
【译文】小象说，承荷通天大道，自然天地之道从而得以大行于天下。

第二十七卦 颐卦的颐养之道

【颐卦】

【白话经文】

颐卦，守正吉祥。观察养生，自求口中食粮。

初九，舍弃你的灵龟，看我吃饭，凶险。

六二，求下赡养，违背常理。在丘田中颐养，出征往外凶险。

六三，求上抚养，固陋凶险。十年没有效用，无所适宜。

六四，求下赡养，吉祥。如老虎般注视对方，欲望迫切，没有灾祸。

六五，违背常理，静处守正吉祥，不可渡涉大河。

上九，由其颐养天下，有风险，吉祥，适宜渡涉大河。

【经文原文】

颐，贞吉。观颐，自求口实。

初九，舍尔灵龟，观我朵颐，凶。

六二，颠颐，拂经。于丘颐，征凶。

六三，拂颐，贞凶。十年勿用，无攸利。

六四，颠颐，吉。虎视眈眈，其欲逐逐，无咎。

六五，拂经，居贞吉，不可涉大川。

上九，由颐，厉，吉，利涉大川。

【解读序言】

颐卦位列周易第二十七卦，上卦是山，下卦是雷，称其为山雷颐。《序卦传》说："物畜然后可养，故受之以颐。颐者，养也。"序卦传说，事物有了积蓄，然后可用来养育，因此周易在大畜卦后面安排了颐卦。颐卦讲的是养生内容。《杂卦传》说："颐，养正也。"杂卦传说，颐卦讲的是涵养正气和正确养生之法。

可见，颐卦是一个关于养生的卦，既有用正确方法养育生民生灵的意思，用物质食粮供养身体，维持生命所需的营养能量；又有现代意义的养生意思，即用正确适当的方法保养身体，使身心发展符合自然规律，从而达到健康长寿的目的。由物质颐养引申出精神颐养，包括道德涵养、情操修养和心理疗养等，类似于现代的核心价值观、意识形态、精神文明、社会公德、公序良俗等方面的建设。

颐卦提到了两个概念，分别是"颠颐"和"拂颐"，古今学者对此众说纷纭，莫衷一是。本人认为，"颠颐"是以颠倒的方式颐养，也就是向下求养；"拂颐"是以逆拂的方式颐养，也就是向上求养。

"颠颐"的实质是百姓养活统治集团，而统治集团却反过来统治百姓，看起来似乎是极不合理的。但事实上，不这样做就难以维持社会的正常运行。因此，统治集团与百姓是一对相互对立、相互依存的矛盾，或者说是社会角色和社会分工的不同，只是统治集团占居主导地位，是矛盾的强势方，百姓处于从属地位，是矛盾的弱势方。大多数历史时期这种角色分工是不平等也不合理的，但也不乏一些清明的统治集团在平等合理、公平正义方面作了一定的努力。

历史事实证明，只有在矛盾双方保持相对平衡的时期，社会结构才是安定稳固的。如果统治集团不履行自己应尽的职责和义务，反而穷凶极恶，贪得无厌，致使百姓生灵涂炭，那么社会就会通过激烈冲突甚至武装斗争的形式达到新的平衡，社会更迭就是在这样的背景下发生和实现的。

"拂颐"主要表现为百姓对精神文化生活的需求。思想道德、精神文明、文化艺术等是广大劳动人民创造的。虽然统治集团不直接生产精神文化产品，但他们是责任主体。因此从这个意义上讲，是统治集团或由他们推崇的圣贤群体涵养了百姓。当然，拂颐也可体现在物质资料方面，如国家对困难群体的救济,这是来自于民用之于民,可视为国家在财富的再次分配中履行了管理职能。

颐卦四个阴爻,不是向下求养,就是向上求养。六二、六四是"颠颐",六二下求是因为与初九相邻,近水楼台先得月,六四下求是因为六四与初九有正应。六三、六五是"拂颐"、"拂经",六三上求是因为六三与上九有正应,六五上求是因为六五紧挨上九,大树底下好乘凉。

如果说物质颐养是条主线,那么精神颐养就是条副线;如果说物质颐养是条明线,那么精神颐养就是条暗线。而精神颐养是通过大象、象辞和对卦爻辞的深层领悟中表现出来的。

值得注意的是,《易经》并不把向下求养和向上求养作为主要颐养方式,而是鼓励和倡导"自求口实",就是要通过自食其力方式解决自身的口粮问题。在颐养多种方式渠道中,首先是要自养,自力更生,丰衣足食。只有在自养不足或有余时,才上下求养、他养、养他作为补充,天助自助之人,完全指望别人颐养是靠不住的。

【卦名含义】

《古代汉语词典》解释:颐,下巴,《战国策·秦策四》:"刳腹折~,身首分离。"又腮,《孙子·九地》:"偃卧者涕交~。"韩愈《上宰相书》:"中夜涕泗交~。"保养,《后汉书·汉光武帝纪下》:"愿~爱精神,优游自宁。"弓名,《战国策·韩策一》:"贯~奋戟者,至不可胜计也。"语气词。六十四卦之一,卦形为震下艮上。有词语:颐神,即养神;颐养,即保养;颐指,以面颊示意以指使人。《现代汉语词典》解释:颊;腮;保养。

"颐"最早古字写法没有后边之"页",只有左半部分,而且写法没现在这么规整,小口的左边"竖"是上下顶框的,两短"竖"与小口剩余部分是连续的弓形笔划,也是上下顶框的,这也许就是颐有"弓名"意思的原因吧。《说文解字》对"颐"古字的解释:颐(han4,通"颔",下巴,点头)也,象形。篆文(小篆)在古字右边加了"頁",与现代"颐"比较接近,"頁"是头的意思。其籀(zhou4)文(即大篆)的写法是,"頁"旁在古字的左边,从首。清段玉裁注:口下为车,口上为辅,合口、车、辅三者为颐。此文当横视之,横视之则口上、口下、口中之形俱见矣。

综上所述，颐主要有三个意思，一是指下巴、面颊、腮帮子。二是指物质保养。以食物滋养身体，提供生命能量，引申为养生、养育、供养、自养、养人、养民等，比如吃饭饮食，咀嚼食物，享受口福，供养身体，大快朵颐，此处的"朵"是动的意思，"朵颐"是指鼓动腮颊，即咀嚼。三是指精神涵养。由物质保养引申出精神涵养，比如养德、养气、养性、养情，修养、涵养、培养、养贤等意思。天地养育万物，圣贤教养万民，百姓供养贵族。

【卦象寓义】

一、山下有雷之象。这是颐卦大象所描绘的自然景象。上卦为艮卦，艮为山；下卦为震卦，震为雷。直观景象是，电闪雷鸣虽然发生在天上，但人站在山上的感觉是，好象雷在山下震动。这与惊蛰前后打雷情形相似，雷霆的巨大能量由天上传导到大地，地动山摇，势不可挡，雷声震惊着蛰伏的动植物，提示他们春天即将来临，作好行动准备。打雷反映了大自然季节变换规律，惊天动地，振作万物，行云施雨，滋润万物，促进万物茁壮生长，体现了天地自然颐养万物的意境。

二、大快朵颐之象。从卦画形状上看，颐卦像一张张开的大口，上九、初九是上下两片嘴唇，四五爻是上排牙齿，二三爻是下排牙齿，用以咀嚼食物。同时，四个阴爻还代表口中正在咀嚼中的食物，为身体提供营养，阴爻表明食物已被嚼碎，这与噬嗑卦那根代表坚硬骨头的九四有所区别。大快朵颐就是张开大口吃饭的快乐情形。《古代汉语词典》解释，朵，花朵；量词，一朵花；动，这是由开花这一动作派生出来的。朵颐，鼓动腮颊，指咀嚼。吃饭时上巴是静止不动的，下巴在不停地运动。这与颐卦的上下结构完全吻合，上卦艮卦代表静止，下卦震卦代表运动，并且震为雷，表明有声音。可见，吃饭就是一个太极，一静一动，一阴一阳，动静结合，阴阳配合才能完成咀嚼动作。由此可给人们一些生活启示，吃饭时若一点都不出声，显得过于拘谨，不够自然；若咀嚼动静太大，又显得没有教养，对声音必须作适当控制，达到以静制动的效果。正确的做法就是既不要不出声，又不要出大声，择其两端用其中，这个中不是正中心，而是两端之间的适当位置，也就是中庸的智慧。

三、车辅骨骼之象。《古代汉语词典》解释：车，车，又兵车；车士，驾车的人；用轮子·转动的机械；牙床骨，《左传·僖公五年》："辅~相依，唇亡齿寒。"

韩愈《与崔群书》："近者尤衰惫，左~第二牙无故动摇脱去。"辅，加在车轮外的两根直木，以加强车辐的承受力，引申为从旁帮助、辅助；辅佐之臣；颊骨，面颊等。词语"车辅"，牙床与面颊，比喻相互依赖，关系密切。成语"辅车相依"，面颊与牙床骨相连，比喻互相依存，不可分离。

由上可见，先有作为运载工具的车辆之车和车辐之辅，后有指人体面部骨骼的车辅，这说明后者之意是由前者发展、拓展和引申而来的。通常车指牙床，辅指面颊骨。但是，清段玉裁对《说文解字》的"颐"的古字作《注》说："口下为车，口上为辅，合口、车、辅三者为颐。此文当横视之，横视之则口上、口下、口中之形俱见矣。"由段注可见，古人将下牙床称为车，上牙床称为辅。这与《古代汉语词典》的通行解释有联系也有区别，相比较而言，下牙床是相对独立并且是活动的，而上牙床与面颊骨连成一体并且是固定的，把它视作一个整体统称为辅也合乎情理。这种词义的出入或演变在汉字发展史上并不鲜见。从韩愈《与崔群书》的表述中也可知，"左车第二牙"应当指下牙床左侧第二个牙齿。假如将车笼统地指牙床，那么人们就不明白韩愈脱落的究竟是上牙还是下牙了。韩愈作为大文豪语言表述当是严谨的，他之所以没有写上车或下车，可以反证车应当仅指下牙床。

车辅，本来指车辆以及辅助部件，后来却被用来指代牙床与面颊骨，或者下牙床与上牙床连同面颊骨。本人判断，车辅词义的这种大跨度借鉴互通，是通过颐卦卦画和卦象这一纽带来实现的，或者说车辅用于指代面部特定部位的缘由源自颐卦。理由如下：一是颐卦下卦为震，震为动，上卦为艮，艮为止。下巴运动、上巴静止，动为阳，静为阴，故阳为主，阴为辅，这与上牙床称"辅"意思吻合。二是震为仰盂，与下牙床形状酷似；艮为覆碗，与上牙床形状酷似，两者组合起来与颐卦卦形以及嘴巴形状一致。三是震为马，而且是运动中的马，引申为马车，下牙床似车厢形状，震卦、马车、车厢、下牙床等多个概念意思关联，浑然一体。震为下卦、内卦、主卦，可理解为车是主体；艮为上卦、外卦、客卦，上牙床似车顶棚，或者像车的其他辅件，处于辅助配合地位。如此，车与辅，一主一辅；与颐卦震与艮，一主一客，达到了融会贯通。

四、百姓耕作之象。《系辞下传》："包牺氏没，神农氏作，斲（zhuo2）木为耜（si4），揉木为耒（lei3），耒耨（nou4）之利以教天下，盖取诸益。"斲，砍，削。耜，古代一种农具，安在耒的下端，形状如锹，用于翻土。耒，古时木制翻土工具，叉形，尖头；耒耜的曲柄。耨，除草的农具（参见无妄卦六二爻辞的解读"耕取象于益卦"）。益卦有木动于田的耕作之象。益卦，风雷益；无妄卦，天雷无妄；颐卦，山雷颐。其共同特点是下卦都是震卦，反映了年轻力壮的小伙子在广阔田野里耕作的情形，牛在前面走，人在后面随，手扶犁耙，不停地前行劳作。益卦，《系辞传》直接说耕作之象来自于益卦；无妄卦，六二说不耕种有收获，不开垦有熟田；颐卦，青年小伙率领百姓进行耕作，是为了向社会提供粮食资源。颐卦的交互卦为坤卦，代表土地田野、百姓众人和耕地的牛，下卦震卦为木，用木头制作耕地工具；震为足，为动，足动即为行走；上卦艮卦为手，手扶犁耙，描绘了人们在田里赶牛耕地的劳动场景。

五、养贤重教之象。养生养育包括精神、物质两个方面。上九代表圣贤，为精神养育的主体，主要生产精神产品，在思想文化、道德情操、意识形态和价值观等方面，涵养天下，教化百姓。颐卦的交互卦为坤卦，位于上九之下，代表全国百姓大众接受圣贤的教化。《易经》中有几处六五、上九的结构有尚贤养贤、圣贤教化民众的意境。如，大畜卦象辞有"不家食吉，养贤也"、蒙卦象辞有"蒙以养正，圣功也"、鼎卦象辞有"大亨以养圣贤"等表述，当然并非所有六五、上九都作这样的解释，应具体情况具体分析，不可机械僵化。

六、君子养民之象。颐卦中有两个阳爻、四个阴爻。阳爻代表君子，阴爻代表平民。《易经》的通例是以阳养阴。两个阳爻代表肩负社会使命和责任的君子，不是说只有两位君子在干活，而是指两大类君子群体带领全社会组织劳动生产。颐养分为物质颐养和精神颐养两大领域，相应地社会需要物质和精神两大类产品。初九代表基层君子，带领百姓开展体力劳动，从事物质资料生产，主要解决百姓的温饱生计问题；上九代表上层圣贤，主要从事脑力劳动，负责组织精神产品生产，教化百姓大众，主要解决社会意识形态问题。中间四个阴爻组成交互卦坤卦，分别代表百姓大众、城镇村邑、土地、国家疆土等内容，既是劳动主体，又是消费主体；既是治理客体，又是教化客体。

七、慎言节食之象。嘴巴的主要功能是言语、饮食。颐卦下卦为震卦，震为动，表示人是要讲话、吃饭的，语言是人与人之间沟通交流的主要工具，饮食是养生所需，也是人们获得快乐满足的重要方式。上卦为艮卦，艮为停止、静止、阻止、制止之意，引申出要节制有度，控制分寸。因此，颐卦要传递的信息是，嘴巴的重要功能就是说话，该说的话一定要说，但不该说的话一定要闭嘴，说话必须注意对象、场合和分寸，防止发出雷人之声、抛出雷人之语，提醒人们说话谨慎，避免祸从口出。饮食是每天的必修课，也是人生的乐处所在，吃点喜欢的，喝点爱喝的，只要与自身的经济状况相适应，都是人之常情、无可厚非，但是饮食也要节制有度，如果暴饮暴食，偏饮偏食，食不定时，或有其他不良嗜好，都会对身体造成伤害。

八、节制欲望之象。颐卦反映了由颐养产生的生理心理欲望与必须对这些欲望作适当控制之间的矛盾。震卦与艮卦一动一静，一行一止，一欲一节，是一对矛盾的统一体。震卦代表人不断增长的欲望，而艮卦表明对欲望必须予以适当控制。欲望是客观存在的，有自身的合理性，谁也不能否认和剥夺；但欲望又是充满风险的，欲壑难填，人心不足蛇吞象，必须对其有所节制。这一深层哲理在颐卦上得到了集中反映。颐卦下卦为震卦，震为动，代表欲望蠢蠢欲动，充满危险，因此下卦三个爻连续出现三个"凶"，旨在进行风险提示；颐卦上卦为艮卦，艮为止，代表对欲望的节制和控制，节制欲望对人、对社会、对国家都是有益的，因此上卦三爻皆吉，旨在鼓励节制欲望的行为。吉、凶代表《易经》的价值观和是非判断，旨在引导人们弃恶向善，避凶趋吉。

孟子说："养心莫善于寡欲。"人有欲望是正常的，不然人生失去乐趣，但欲望必须适当，过多的欲望是产生烦恼的主要根源。《四十二章经》说："欲念之人犹如执炬，逆风而行，必有烧手之患。"拿着火把在大风中逆行，很可能烧到自己的手，这是贪欲之害。本人曾写过一则《节制欲望》的人生感悟："欲念似水又如火，适则乃福过则祸；滔滔浊浪猛于虎，熊熊烈焰甚乎魔。"暗合颐卦的意境，颐卦表明，颐养要适可而止，切不可花天酒地，暴殄（tian3，尽，绝）天物。

九、观察养生之象。颐卦是个放大的离卦，如果将颐卦中间四个阴爻看成一个大阴爻，那么颐卦就变成了大离卦。离为火，光明之意；离为目，可用来观察事物。因而卦辞中有"观颐"、初九有"观我朵颐"、六四有"虎视眈眈"的表述。观察他人的颐养之道，有助于学习借鉴，吸取教训，获得启迪，目的在于建立正确的养生观。

十、谨防啃老之象。颐卦中蕴藏着两个剥卦。剥卦上卦为山，下卦为地，称其为山地剥。在颐卦中，上卦为艮卦，艮为山，上交互卦为坤卦，坤为地，两者构成剥卦；同时，下交互卦也为坤卦，坤为地，与上卦也构成剥卦。表明颐卦与剥卦的联系非常紧密。剥卦反映了山体受风雨霜雪等自然气象或地震、泥石流等自然灾害影响，山石、植被等发生剥落，从而增益大地的自然景象；也可理解为一群贪腐小人剥蚀国家大厦的情形；还可视为众小人剥蚀一君子的情形等等。如果将剥卦原理引用到家庭抚养方面，家长抚养未成年或丧失劳动能力的子女是天经地义的，但是当今社会存在的一些"啃老"现象就不正常了，一是由长辈惯出来的，二是子女好吃懒做，三是社会不良风气影响。啃老不符合颐卦精神，害人害己害社会，必须予以重视并做好防范工作。

十一、复兴养民之象。颐卦中蕴藏着两个复卦。复卦上卦为地，下卦为雷，称其为地雷复。在颐卦中，上交互卦、下交互卦均为坤卦，坤为地，下卦为震卦，震为雷，分别组成一个复卦。表明复卦与颐卦联系非同寻常。复卦代表农历十一月，一阳回复，表明天地之间阳气开始回归。在人文社会领域，这是乱世将尽君子回归社会开启民族复兴之路的情形。复兴促进物质资料生产和精神文明建设快速发展，它为全国百姓的物质颐养和精神颐养创造了条件，夯实了基础。

十二、内动外止之象。下卦为内卦、主卦，内卦为震卦，震为动，为决躁，决躁是迅疾的意思，王引之《经义述闻·周易》说："决、躁，皆疾也。像雷之迅，故为决躁。"《说文》也说，躁，疾也；上卦为外卦、客卦，外卦为艮卦，艮为止，因此颐卦呈现出内动外止、下动上静的结构特征。从通常的主客体关系来看，作为主体的震卦有强烈的行动愿望和行动能力，而作为客体、行为对象、合作伙伴或客观环境的艮卦，却不允许主体有过分积极主动的行为，千方百计设置障碍予以阻止，客体对主体行为起着牵制作用。

十三、长男少男之象。在《易经》大家庭中，震卦代表长男，艮卦代表少男。在颐卦的结构中，长男居于下卦、内卦、主卦的位置；少男居于上卦、外卦、客卦的位置。长男在家里当家作主，主持家政事务；少男在外从事生产劳动，提供家庭生活所需。这样的组织结构和职责分工是基本合理的，不会发生太大的冲突。

十四、阳木克土之象。在八卦与五行关系中，木克土。颐卦下卦为震卦，震为阳卦，为阳木；上卦为艮卦，艮为阳卦，为阳土，两者呈现出下卦之木克上卦之土的关系。在颐卦情境中，下卦为主方，上卦为客方，情势对主方有利，对客方不利。主方居于支配客方的主导地位，客方处于受制于主方的辅助地位。

【关联卦画】

颐卦与噬嗑卦是对兄弟。颐卦与噬嗑卦卦形非常相似，所不同的只有六四与九四的区别。因此，两个卦都与吃饭有关。颐卦的侧重点不在于食物本身，而在于物质颐养和精神颐养；噬嗑卦的侧重点在于如何应对不同性质种类的食物，九四代表坚硬之物，表明碰到了难啃的骨头，并以此为例说明治理社会的顽症痼疾必须恩威兼施，刚柔并济，既要耐心说服教育，又要采取强硬手段。

颐卦的交互卦为坤卦。去掉颐卦的初九、上九，用剩下的中间四个爻重新组成一个卦，下卦为二三四爻，上卦为三四五爻，其中三四爻是重叠的，因此称其为交互卦，颐卦的交互卦为坤卦。交互卦与本卦既有联系，又有区别，且相互转化。坤卦代表大地田野、百姓众人、国家疆土、城镇村邑，说明颐养所需的粮食是田地里生产的，颐养的客体是天下、诸侯国、城乡社会，劳动主体、养育对象、教化对象主要是百姓大众。

颐卦的错卦是大过卦。将颐卦各爻性质相反，阳爻变阴爻，阴爻变阳爻，得到的卦是颐卦的错卦大过卦。错是阴阳交错的意思。一对错卦相当于矛盾的两个对立面，既有联系，又有区别，在一定条件下相互转化。比如，颐卦描述嘴巴功能，本来是用于吃饭享口福、用以表达和交流的，但是饮食不当，言语不慎，就可能导致病从口入、祸从口出，从而犯下大过，招致灾祸。这样，颐卦的情境就可能转化为大过卦情境。

研习到这里发现颐卦与大过卦这对错卦是紧挨着排列的，颐卦为第二十七卦，大过卦为第二十八卦。为此，我举一反三，仔细观察了周易六十四卦的排列次序，居然有一些重要发现。周易中有二十八对综卦、四对特殊错卦，其中还包含一对既相综又相错的卦。为何称其为特殊错卦？这是因为，从一般情况而言每个卦都有相应的错卦，也就是说六十四卦由三十二对错卦组成，但其中有一类错卦十分特别，它的卦形上下呈现对称型结构，这四对特殊错卦分别是乾与坤，颐与大过，习坎与离；中孚与小过，这八个卦的共同特点是上下结构对称，即颠倒一百八十度后还是原来的卦形，比如颐卦，倒过来还是颐卦，可以说这八个卦的综卦即是其本身，或者说这八个卦没有综卦。还有一对既相综又相错的卦是既济卦和未济卦。

观察发现周易的排序规律表现为以下几个特点：

　　第一，综卦之间都是两两前后相综排列的。共二十八对五十六卦，这一点学易的人都是知道的。

　　第二，四对特殊错卦也是两两前后相错排列的。它与二十八对综卦排序的区别在于，一个是相综排列，一个是相错排列，主要原因是这些特殊错卦没有综卦。

　　第三，特殊错卦分别分布在周易六十四卦的头、中、尾，具有重要的划界意义。这应当成为本次重要发现的亮点。第一对特殊错卦是乾卦与坤卦，排序第一、第二，居于六十四卦之首；紧接着，第二、第三对特殊错卦分别是颐卦与大过卦、习坎卦与离卦，排序为第二十七、第二十八、第二十九、第三十，正好是上经结尾的四个卦；最后，第四对特殊错卦是中孚卦、小过卦，唯一既相综又相错的一对卦是既济卦、未济卦，分别排序第六十一、第六十二、第六十三、第六十四，正好是下经三十四卦结尾的四个卦。本人判断这应当是上经三十卦、下经三十四卦的依据，充分体现了周易作者的匠心独运。

　　第四，特殊错卦在周易中有特殊意义。开头乾坤两卦，一个纯阳，阳爻位全部当位，阴爻位全部不当位；一个纯阴，阴爻位全部当位，阳爻位全部不当位，并且乾坤两卦横向两两阴阳相错，这在六十四卦中是唯一的。乾坤开启了周易大门，表明世界万物皆由天地孕育而生。结尾一对卦既济卦和未济卦也非常特别，卦画本身纵向阴阳交错，相邻横向阴阳交错，既济卦六爻全部当位，未济卦六爻全部不当位，这对卦既相综又相错，这在六十四卦中也是唯一的。开头、结尾两对卦都是唯一独特的，显示出周易首尾的不同凡响。开头阴阳是分开的，到结尾阴阳是融合的，反映了事物发展阴阳交互融合的轨迹和状态。

　　第五，上经、下经最后四卦具有对应关系。一是上经倒数第四卦颐卦、下经倒数第四卦中孚卦卦形相似，都是两头阳爻包裹着阴爻，两头实中间虚，缩小后都是大离卦，所不同的只是中间四个阴爻与两个阴爻的区别。二是上经倒数第三卦大过卦、下经倒数第三卦小过卦卦名相近，卦形相似，都是中间实两头虚的结构，所不同的只是四个阳爻与两个阳爻的区别。小过、大过卦名相似，卦画结构相似，排列位置相似，卦象、卦爻辞、内容意境浑然一体，这是《易经》博大精深、洁静精微的绝妙体现。颐卦胡吃海塞、胡言乱语终将导致大过；中孚卦心有诚信，诚信的力量是无穷的，不管遇到多大困难，结果也只是小过。三是上经倒数第一、第二卦是离卦和习坎卦，是火与水，但火是火，水是水，两者是分开的；到了下经倒数第一、第二卦是未济卦、既济卦，也是火与水，但是水火已经达到深度交融了，水跑到火的上面为水火既济，火跑到水的上面为火水未济。水火两大元素从上经结尾的分开到下经结尾的融合过程，也充分揭示了事物发展的趋势和规律。

【卦辞象辞】

〖卦辞〗

"颐，贞吉。观颐，自求口实。"

【译文】"颐卦，守正吉祥。观察养生，自求口中食粮。"

观，观察。口实，口中的食物。卦辞用来说明卦名和卦的主旨。颐卦是讲颐养、享口福的卦，自古以来强调民以食为天，颐养在国人生活中占居重要地位。但我国传统文化同时强调，君子爱财取之有道，财富和食物的获取应当采取正当的方法和途径，要坚守正道，光明正大的获得才符合道德规范，只有按照取之有道原则获得的财富和食物，其结果才是吉祥的。反之，那些通过邪门歪道获得的财富和食物就是不吉祥的，必将招致灾祸。

"自求口实"，就是自力更生，丰衣足食，这是卦辞要传达的主题思想和颐养的基本原则。除没有劳动能力、丧失劳动能力或其他特殊原因外，不劳而获，靠别人养活，不是正常的颐养状态，是违反颐养规律和原则的。因此，六二、六三、六四、六五四爻中均有"颠颐"和"拂颐"的表述，颠、拂都有违背常理常规的意思。

"观颐"取象于离卦。前面"观察养生之象"一节已经讲到，整个颐卦浓缩后就是个大离卦，离为目，用于观察事物，包括观察别人的养生方法，审视自己的养生方法。

"口实"取象于艮卦和坤卦。颐卦上卦为艮卦，艮为果蓏（luo3），引申为粮食果蔬。颐卦的交互卦为坤卦，坤为地，引申为田野，口中食粮均生产自田野。

〖象辞〗

《象》曰："颐，贞吉，养正则吉也。观颐，观其所养也。自求口实，观其自养也。天地养万物，圣人养贤以及万民，颐之时大矣哉。"

【译文】象传说，颐卦，坚守正道吉祥，表明只有采用正确、正当的方法和途径来养生才能够吉祥。观察养生状况，就是观察养生的内容、方法和途径。自食其力谋求口中食粮，这是观察自己的养生状况。天地自然养育万物，圣人涵养教化贤良和百姓大众，颐卦所反映的及时、适时、顺时对于养生来说，意义实在是太重大了。

【大象之辞】
《象》曰："山下有雷，颐。君子以慎言语，节饮食。"
【译文】大象说："山下有雷震，这是颐卦所反映的自然景象。君子受此启示要谨慎说话，节制饮食。"

震雷，代表老天发怒，具有威慑力。提示人们对天地自然要有所敬畏，畏天畏地畏圣人之言，做到谨言慎行，拿捏有度，而不能天不怕地不怕，出言不逊，胡言乱语。否则，就会天怒人怨，自招祸殃。

"慎言语"、"节饮食"取象于艮卦和颐卦卦形。颐卦上卦为艮卦，艮为静止、停止、阻止、制止、限制、节制等意思，慎、节来自此意。因颐卦卦形像嘴巴，言语、饮食是嘴巴的主要功能，对此必须有所节制。

【爻辞小象】
"初九，舍尔灵龟，观我朵颐，凶。"
【译文】"初九，舍弃你的灵龟，看我吃饭，凶险。"

龟，被视为善于养生的长寿之物，灵龟即通灵之龟，还有吉祥的喻意。朵颐，朵是动的意思，颐是腮帮子，朵颐即为鼓动腮颊，指咀嚼。此爻的"尔"、"我"即你我。"我"指初九，为震卦初爻，震为动，初九爻位相当于腮帮子部位，也就是我正在咀嚼食物，腮帮子正在运动。"尔"指六四，六四占居高位，颐养条件自然比基层百姓要优越许多，因为六四为艮卦初爻，艮为果蓏（luo3），引申为粮食果蔬，因此六四不缺养生食物，同时山脚下还是乌龟活动的场所，若六四发生爻变，则上卦变为离卦，离为龟，因此六四有食物、有龟，与"舍尔灵龟"关联最为密切。

由于六四与初九有正应，因而六四非常关注初九的养生行为，其实她是生在福中不知福，捧着金饭碗要饭，有点现代社会雍容华贵的富婆羡慕打工小夫妻粗茶淡饭简朴生活的味道。初九的"观我朵颐"与六四的"虎视眈眈"相互呼应。初九用灵龟来比喻富有优越的颐养条件，用朵颐比喻普通的饮食养生方式，相当于你放着自己的细粮白面不吃，反而盯着我的粗茶淡饭。弱势者被强势者盯住是件很麻烦的事，因此这对初九来说是凶险的。初九阳爻居阳位，当位，表明行为本身没有问题，关键是他的咀嚼行为被上层盯上了，应当有所收敛，咀嚼声响不宜过大，吃法不能过于张扬，否则容易招来灾祸。

"舍"取象于艮卦。上卦为艮卦，艮为静止、停止、阻止、制止等意，引申为舍弃、放着、搁置、闲置等意。

"龟"、"观"取象于离卦。若将中间四爻视为一个大阴爻，则颐卦为一个大离卦；若六四发生爻变，则上卦变为离卦。据《说卦传》，离为龟，离为目。

"朵颐"取象于初九爻位和震卦。如果说颐卦是个大嘴巴，那么初九就是下巴、腮帮、脸颊的部位；而且下卦为震卦，震为仰盂，与下巴的形状相似；震为动，侧重指物体的下面部分在动。动与部位结合起来，朵颐行为就生动地展现了出来。

《象》曰："观我朵颐，亦不足贵也。"

【译文】小象说，看我吃饭，这是不太自重的行为。

值得指出的是，苏东坡及部分易学家对"尔"、"我"的角色定位正好与上述相反，认为"尔"指初九、"我"指六四，初九爻辞是说，初九放着自己的灵龟，去看六四吃东西。本人认为这种理解是不正确的。理由如下：一是这种解释不符合国人思维习惯。初九的爻辞，我为本方，本方理当为初九自身，与初九正应的六四作为对方"尔"，顺理成章。二是"灵龟"与初九不匹配。尽管有诸如一阳在四阴之下、犹如龟伏山脚地下之类的解释，毕竟初九代表最基层民众，没有丰富资源和优越条件，离"灵龟"养生条件相距较远，而六四占居高位完全具备这种条件。三是"朵颐"与六四不匹配。六四是艮卦的初爻，艮为停止、静止、阻止、制止等意，"朵颐"与艮卦卦德不符，而与震卦卦德却格外吻合。

"六二，颠颐，拂经。于丘颐，征凶。"

【译文】"六二，求下赡养，违背常理。在丘田中颐养，出征往外凶险。"

颠，《古代汉语词典》与此有关的解释有两个意思，而且意思相反。一是头额，引申为顶部、高处；一是颠倒，上下倒置。本人主张后一种解释，即颠倒之意。理由有二，一是颠倒是古代典籍中比较通行的解释；二是解释为顶部高层上九来颐养与六二爻位不符。六二居于下卦，是四个阴爻中的最下位，中间隔着三个阴爻，指望上九养她不现实，自己能力弱不说，首先出来反对的就是六五，六五是君王之位，六二与六五没有正应，不仅彼此不能配合协调，反而是同性相斥，将极力阻止六二往前行动，更何况上卦为艮卦，艮有静止、停止、阻止、制止等意。因此，无论自身条件，还是竞争对手、大环境，都不适宜六二往前行动，如果一意孤行，那么情景就非常凶险。

六二向上求养不成，转而向下求养。因为初九是阳爻，有能力，有动力，六二又与初九挨得很近，近水楼台先得月，这就是六二"颠颐"的理由。向下求养，以下养上，这是颠倒的做法，不合乎常理，因此爻辞评价"颠颐"的行为是"拂经"的行为。拂，悖逆。经，《古代汉语词典》解释与此爻相关的有诸多意思：道，正道，根本；常规，原则；规律；常，时常；古代经典或某些专门性著作，等等。拂经，就是违反常理、原则、规律和规范等的行为。

《古代汉语词典》解释：丘，小土山；坟墓；废墟；古代田里区划单位等意思，结合颐卦卦象判断，应当理解为田野荒地为宜，因为六二还在下卦，离上卦艮卦有些距离，不宜解释为小土山、丘山之类的。六二正处于交互卦坤卦之内，坤为大地、田野，因此作丘田解释是合理的。

六二阴爻居阴位，当位，行为举止没有太大问题。阴爻能力稍弱，但并不等于可以坐享其成，正确的做法仍然要通过自己的劳动解决生计问题，立足自身，自力更生，自食其力，求上求下都不太可靠。

"丘"取象于坤卦。颐卦的交互卦为坤卦，坤为大地、田野，引申为丘田荒地。

"征"取象于震卦。下卦为震卦，震为长男，为足，为动，长男脚在活动，即往前出击进发。

《象》曰："六二征凶，行失类也。"

【译文】小象说，六二往前行动凶险，如果行动将丧失阴爻的品类特征。

不少学者将"行失类也"解释为失去同类，我认为并非最佳解释。因为四个阴爻连在一体，又同在交互坤卦之内，坤本来就是一群人、众人，六二出征就失去同类理由比较牵强，如果六二向上，则其他阴爻也可以向上；如果六二向下，则其他阴爻也可以向下，更何况六四与初九有正应，关系比六二与初九的相邻关系更铁，怎样会失同类呢？因此，"行失类也"之"类"要解释为阴爻的性格、行为特征等，阴爻本来应当是安静安分的，出征就是有阳爻倾向了，与阴爻的身份、性格、能力、行为特征等不相符合。

"六三，拂颐，贞凶。十年勿用，无攸利。"

【译文】"六三，求上抚养，固陋凶险。十年没有效用，无所适宜。"

拂，违逆，不顺，掠击，有掠夺的意思。颠颐，是向下求养；拂颐，就是向上求养。在颐卦中，初九、上九是四个阴爻的求养对象，其实初九年纪轻，地位低，底子薄，能做到自养已经很不错了，没有更多的能力和条件去颐养别人。上九，虽然地位很高，但高而无位，能动用的资源也有限，况且年事已高，因此也没有更多的财力、物力和精力去颐养他人。因此，对于四个阴爻而言，应当立足自身，自食其力，丰衣足食，"自求口实"。当然，有困难时适当求助上下是可以的，但只能是辅助手段，完全依赖别人总究是要落空的，天上不会掉馅饼，即使等上十年八年也无济于事。

六三阴爻居阳位，不当位，表明力量过于弱柔，缺乏自强不息的积极进取精神。六三与上九有正应，能够得到上九的照顾和帮助，这是六三指望上九"拂颐"的主要原因，因此爻辞提示动机要正当，不能完全依赖别人，否则会有凶险，对此必须予以警惕。"无攸利"就是无所利，利是适宜的意思，即无所适宜。

"十年勿用"取象于坤卦和艮卦。颐卦的交互卦为坤卦，坤为众多，十年非实指，泛指多年、十多年。上卦为艮卦，艮为静止、停止、阻止、制止等意，引申为"勿用"之意。

《象》曰："十年勿用，道大悖也。"

【译文】小象说，十年没有效用，这是因为其处世之道违背了常规。

"六四，颠颐，吉。虎视眈眈，其欲逐逐，无咎。"

【译文】"六四，求下赡养，吉祥。如老虎般注视对方，欲望迫切，没有灾祸。"

《古代汉语词典》解释：眈眈，瞪目逼视的样子。《周易·颐》："虎视眈眈，其欲逐逐。"威武庄重的样子；深邃的样子。欲，欲望，愿望。逐逐（zhu2 zhu2，又读di2di2），急于得到的样子。六四的颠颐与六二的颠颐意思相同，背景有所不同。两个颠颐都是向下求养，但两者地位不一样，六二是基层干部，六四属诸侯阶层，紧挨九五君王之位，颐养资源虽然是老百姓供给的，但诸侯不缺资源，相反在自己管辖的范围内享有资源配置权。

六四阴爻居阴位，当位，表明其行为举止没有太大问题。六四与初九有正应，说明双方能够彼此配合、相互支持，诸侯与百姓的关系还算协调，这是六四发生"颠颐"和"虎视眈眈，其欲逐逐"行为的重要原因。可理解为，六四诸侯在收取百姓的租税、资源和将部分粮食救济给百姓的时候，睁大眼睛，严肃审视，观察百姓是否都交租税了、数量够不够，分配得是否公平合理，有没有人贪污克扣，等等。这种在颐养资源再分配时所体现的公平正义、合情合理原则，实质上已经体现出物质颐养和精神德养的有机融合了。

六四与六二都是"颠颐"，为何一个为"吉"，另一个却为"凶"？原因有三：一是六四与初九有正应，心灵相通，彼此理解，相互支持，而六二乘初九之上，违反了阳乘阴、阴承阳的原则；二是六四处于上卦艮卦的初爻，止的意味已经比较明显，节制行为和欲望，能够得到民众的认可和支持，而六二处于下卦震卦，有强烈的向前行动的愿望，当然会受到上层的打压；三是六四具有地位职权优势，享有更多的资源支配权，而六二处于基层，能调用的资源非常有限。

"虎视眈眈"取象于艮卦和离卦。上卦为艮卦，艮为山，山中之王为虎。据《说卦传》："艮为黔喙之属。"虎豹豺狼之类均属黔喙类别。若六四发生爻变，则上卦变为离卦，颐卦本身就是个大离卦，离为目，为明，虎目明即"虎视眈眈"。

"其欲逐逐"取象于坎卦。若六四发生爻变,则上交互卦变为坎卦,坎为加忧,为心病,坎为盗,有极强的占有欲,引申为欲望急切强烈,当然欲望也有正当非正当之分。

《象》曰:"颠颐之吉,上施光也。"
【译文】小象说,颠倒颐养能够吉祥,因为阳光雨露由上施下彰显了人性光芒。

六四为诸侯之位,"颠颐"表明他是由百姓供养的。"上施光也"表明来之于民用之于民,统治者将部分资源以救济、奖励等方式反馈于民。

"六五,拂经,居贞吉,不可涉大川。"
【译文】"六五,违背常理,静处守正吉祥,不可渡涉大河。"

拂经,与六二意思相同,都是有悖常理的行为。六五、六二的相同点在于都位于上下卦的中位,表明总体上道德品质没有太大问题。但是两者又有区别,六二是"征凶",六五是"居贞吉"。这种区别来自两个拂经的内涵有所不同。六二的"拂经"表现在,它有田地,应当自食其力,却指望初九提供颐养,而初九本身是基层百姓,资源有限,这种行为当然会遭到百姓的抵制。又因为六二与六五没有正应,其行为也将受到六五的制止,因此六二的行为如果过于主动,结果将充满凶险。

六五是君王之位,除了满足自身颐养条件外,还肩负着协调平衡颐养全国百姓的生计问题。六五的"拂经"表现在,它是阴爻居阳位,能力不足,任重力小,为了解决百姓的生计问题必须向上求助上九,向上求助就是拂颐,也是与自食其力原则不相符合的,但六五的行为带有公益性,是为百姓生计而向上求助的,尽管与六二没有正应,得不到基层干部的配合支持,但能够得到百姓的支持和拥护。因此,六五是"居贞吉",意即静处守正,为百姓谋福祉,吉祥。

不可涉大川,是因为六五为阴爻,力量柔弱,又处于艮卦的大环境之中,艮有静止、停止、阻止、制止等意思,不宜外出实施大动作。不可涉大川是一种比喻,意即告诫现任君王,在老百姓生活比较艰难的情况下,要懂得勤俭建国,不要声色犬马、游山玩水，也不要大兴土木、耗空国库民财。

从六五、上九两爻情况看，六五这位现任君王比较柔弱，颐养百姓的条件有限，而上九是退位的君王，相对实力雄厚，积攒着不少民脂民膏，理应来之于民而用之于民。前面"养贤重教之象"一节中已经讲到，六五、上九表现为阳乘阴、阴承阳，表明君王崇尚圣贤，尊养圣贤，将圣贤放在最高的位置，因此除了物质颐养方面求助上九外，关键在于精神思想、道德教化方面，由上九担负起颐养全国百姓的责任。虽然君王求助于圣贤是"拂经"，但结果并不坏。

"不可涉大川"取象于巽卦和艮卦。如果六五发生爻变，则上卦变为巽卦，巽为木、为风，木可制作舟船，有舟有风本来是适宜渡大河的，但是，六五能力偏弱，虽有舟船却不适宜付诸实施。"不可"取象于上卦艮卦，艮为止。

《象》曰："居贞之吉，顺以从上也。"
【译文】小象说，静处守正吉祥，因为顺从了上九圣贤之道。

"上九，由颐，厉，吉，利涉大川。"
【译文】"上九，由其颐养天下，有风险，吉祥，适宜渡涉大河。"

由，《古代汉语词典》与此相关的解释有，做，实行；经过，通过，如必由之路；听命，照着办，引申为遵循；用，任用；凭，靠着；听凭，任随；等等。由颐，天下由其所养、靠其所养、凭其所养、随其所养等意思，主要指思想道德、精神文明的涵养，如养德、养心、养性、养情等等。上九作为圣贤代表，有教化民众的责任和使命，因而上九成为颐卦的主爻，是本卦的卦主。厉，危险。上九是退位的君王，可指太上皇、皇太后，也可指宗庙。如果说六五是老大，那么上九就是大佬。大佬的作用可大可小，取决于老大的态度和能力。在颐卦中，老大能力过于柔弱，而大佬却是阳爻居阴位，能量很大，享有对颐养资源的支配权，因而只有他具备颐养天下百姓的能力，连老大都要向其求助。

天地颐养万物，圣贤颐养万民，不仅需要物质颐养，同时也需要精神颐养。这里寄寓着易作者的政治理想和美好愿景。实质上统治者是靠老百姓供养的，统治者只不过是凭借统治地位实行财富集聚和对财富进行再分配而已。在再分配过程中，如能做到公平正义、合乎天理、顺乎民心，则百姓安居乐业、天下太平,反之则百姓造反、天下动荡。因此,颐养天下过程中充满着风险,只有充分认识到这种风险,才能获得吉祥结果。

此爻"利涉大川"与其他卦"利涉大川"有所不同,通常取象于巽卦或乾卦,但颐卦上九并无此象,这是例外。主要是因为上九是本卦卦主,具备强大实力,这一点颇具乾卦特征,并能自我节制,因而有能力渡涉大河,兴办事业,造福百姓。上九阳爻居阴位,不当位,行为过于刚强,但在老大偏弱的情况下,这种异常表现反而有益。上九与六三有正应,表明能够关照六三,并能得到六三的支持。

《象》曰:"由颐厉吉,大有庆也。"

【译文】小象说,由其颐养天下,虽有风险但结果吉祥,这是值得大加庆贺的事。

第二十八卦　大过卦的处危之道

【大过卦】

【白话经文】

大过卦，栋梁向下弯曲，适宜有所行动，通达。

初六，用白茅草垫垫在祭器下面，没有灾祸。

九二，枯老杨树长出嫩叶，老夫娶少妻，没有不适宜的。

九三，栋梁向下弯曲，凶险。

九四，栋梁向上隆起，吉祥，但有其他懊悔之事。

九五，枯老杨树开花，老妇得少夫，无灾祸无赞誉。

上六，渡涉深水淹没了头顶，过程凶险，最终无灾祸。

【经文原文】

大过，栋桡，利有攸往，亨。

初六，藉用白茅，无咎。

九二，枯杨生梯(ti2)，老夫得其女妻，无不利。

九三，栋桡，凶。

九四，栋隆，吉，有它吝。

九五，枯杨生华，老妇得其士夫，无咎无誉。

上六，过涉灭顶，凶，无咎。

【解读序言】

大过卦位列周易第二十八卦，上卦为泽，下卦为风，称其为泽风大过。《序卦传》说："不养则不可动，故受之以大过。"意思是说，不颐养则没有力气可以行动，因此周易在颐卦之后安排了大过卦。反过来说，颐卦是颐养万物的，万物得到颐养后就具备了行动能力，而万物一旦行动起来就容易出现行为过度的过失。其潜台词就是人们吃饱喝足了，有精力和体力了，就会开展一些行动，一旦行动就可能因动作过大、用力过猛而犯下大的过错，相当于俗语"吃饱了撑的"。大过卦紧随第二十七卦颐卦之后，两卦存在着内在联系。

在颐卦中已有详细介绍，颐卦与大过卦是对错卦（也叫对卦），我们把一对卦中相应的爻性质完全相反的卦称为错卦，这里的错是交错，而非错误，即阴阳交错，这个卦是阴爻的地方，在另一个卦是阳爻；这个卦是阳爻的地方，在另一个卦是阴爻。在周易中，通常卦序是相综排列的，两个综卦前后排列在一起。但是，颐卦、大过卦的上下卦是对称的，无论怎样颠倒，都不会发生变化，也等于说颐卦、大过卦没有综卦，因此也就不存在相综排列的问题，于是只好将这类特殊的卦进行前后相错排列。

在周易中，这类特殊错卦有四对共八个卦，分别是乾卦、坤卦；颐卦、大过卦；习坎卦、离卦；中孚卦、小过卦，这八个对称型重卦与八个单卦是有联系的，每个单卦正好在其中各出现两次。此外，还有一对特殊的卦，既相综又相错，这对特殊的卦是既济卦、未济卦。本人研习后发现，这五对特殊卦分别占居着周易六十四卦序列中的重要位置，它们是这支队伍的领队和骨干。

乾、坤为周易卦首，是班主任。颐、大过；习坎、离为上经结尾的两对卦，相当于一班班长、副班长。中孚、小过；既济、未济为下经结尾的两对卦，相当于二班的班长、副班长。这也许就解释了为什么周易上经为三十卦，下经为三十四卦的"千古之谜"了，或者至少为其提供了重要佐证。而且上下经结尾的四对卦存在着明显的关联性：上经倒数一二卦是火火、水水，下经倒数一二卦是火水、水火。由此可见，在事物发展过程中，水火由原先分离，到最后发生了融合。上经倒数第三卦是大过卦，下经倒数第三卦是小过卦，不仅名称相似，而且卦形也相似，都是中间实两头虚的形状；上经倒数第四卦是颐卦，下经倒数第四卦是中孚卦，其卦形相似，都是中间虚两头实的形状。

关于周易卦序排列问题，通常情况下是相综排列的，特殊情况下是相错排列的，这两种排列方式相互衔接但不重叠，然而到了最终一对卦既济卦和未济卦中，却出现了融综卦、错卦于一体的状态，它们既是相综排列的，同时又是相错排列的，体现了周易卦序排列由分到合，始分终合，殊途同归的特征。这一特征还体现在阴阳爻的关系上，第一卦乾卦六爻纯阳，第二卦坤卦六爻纯阴，各成体系，相互没有交流，它反映了宇宙形成的早期状态。自第三卦屯卦起阴阳开始交流，此后陆续产生了六十二卦，表明通过阴阳交流，孕育出世上万物，以及万事万物的六十二种情境。可见，周易卦序排列是《易经》作者匠心独运的结果，其中蕴藏着博大精深的奥秘，着实令人叹为观止。

《杂卦传》曰："大过，颠也。"杂卦传说，大过就是颠覆之意。这说明在大过卦情境中存在着颠覆的风险，同时也预示其中蕴藏着翻天覆地的重大机遇。风险总是与机遇为伴，希望始终与挑战为伍。

【卦名含义】

过，在古汉语词典里的意思很多，与大过卦相关的意思主要有三：一是超过、胜过。做事差一口气是不及，事情做过了头就是过分，其结果是过犹不及，做过了与做得不到位都是不恰当。比如，矫枉过正，本来向左歪，矫枉过正了就是向右歪；本来向下弯曲，矫枉过正就是向上隆起，其结果是过犹不及，过与不及的后果类似。二是过失、犯错误。比如，纪律处分中的记过、记大过，当然此大过与大过卦中的大过有联系也有区别。孔子的爱徒颜回是"不二过"的典范，"不二过"就是不重复犯同样的过错，也就是不在同一个坑内跌倒两次。上述第二个意思是从第一个意思中发展而来的，即事情做过了头就会有不良后果，成为一种过失。三是罪，罪过，事情做过头，如果后果很严重就变成了罪过。因此，这三种意思都是相互关联的。

为什么称此卦为大过卦？其一，阳爻的数量多过阴爻。从卦像上看，阳爻阴爻的比例是2：1，该卦有4个阳爻，2个阴爻，阳代表大，阴代表小，阳爻代表的大远远超过了阴爻代表的小，因此叫大过。而位列周易第六十二卦的小过卦正好相反，4个阴爻，2个阳爻，即阴爻代表的小远远超过阳爻代表的大，因而叫小过。

有学者不赞同这个说法，认为阳爻多过阴爻的情况多得是，为何独称此为大过,而不称其他卦为大过,因而认为大过是九二、九五阳爻无正应带来的刚爻之过,故称大过。那么,就让我们来以子之矛攻子之盾吧。九二、九五无正应的卦也有不少,为何只称此卦为大过,而不称其他卦为大过?其实,阳爻多于阴爻的说法是对的,刚爻之过的说法也是对的,这不是和稀泥,因为《易经》的包容性是很大的,一个结果是由众多要素相互作用形成的,一个问题并非只有一个答案,一个矛盾也并非只有一种解决办法,事情往往存在一果多因或者一因多果的现象,完全不必在这个问题上纠缠不清。如果在这个问题上非得来个你对我错,势不两立,说明并没有完全理解《易经》的哲理。

大过卦的名称是其卦形、卦象、卦意等多重因素综合而成的产物,但并不能反过来说,大过卦有的因素,其他卦就不能有。打个比方说,甲说,小明被人称为"快乐小王子",因为他长得高,长得帅,性格阳光,乐于助人。可是,乙反驳说,这个说法不准确,小强比小明长得高,小壮比小明性格阳光,小强、小壮都没被称为"快乐小王子",那么小明被称为"快乐小王子"肯定不是因为长得高、性格阳光。显然,乙的反驳存在逻辑问题。小强长得高、小壮性格阳光是事实,小明长得高、性格阳光也是事实。小明是因为长得帅、乐于助人,同时兼有长得高、性情阳光等综合因素,才赢得了"快乐小王子"的美称。乙的说法犯了以次要否定主要、以局部否定全部的毛病。这种思维是线性简单思维,不是《易经》的思维。看懂了这个例子,再来理解大过卦名称的由来,就不至于犯非黑即白的逻辑错误了。

其二,是阳刚之爻犯下的过错。上下卦的中爻均为阳爻,九五为君王之位,九二为基层干部之位,均为阳爻,相互之间没有正应,上下没有沟通,行动难以协调,由此出现大的过错。《易经》以阳为大,阳爻犯的过错就叫大过。

其三,客卦的阳数大大超过主卦的阳数。上卦(外卦、客卦)的阳数是6,下卦(内卦、主卦)的阳数是3,上下卦的阳数之比是2∶1,外部环境十分刚健强硬,而主卦则相对柔弱,也就是说客方的力量大大超过主方,主方面临着以柔弱应对刚强的局面,这是一种危险情境,蕴含着风险,但也蕴含着机遇。从阳数角度去分析卦形是有意义的,以客观的数据来支持和阐释卦爻辞的观点,两者意境吻合。因此,阳数6∶3也是大过名称的依据之一。

关于阳数问题。它是针对由三个爻构成的八个经卦(单卦)而言的,阳数用来衡量这个经卦(单卦)的强弱、刚柔、大小等性质的指数。阳数的计算与二进

制算法完全一致，因为八卦就是按照二进制原理编制而成的。二进制作为数学
计算方法是莱布尼茨在1679年发明的，直至1703年他看到好友在中国的传教士
白晋给他的《易经》卦图后，才惊讶地发现我国二进制的应用早在伏羲时期就
开始了，距今已经6500年了，于是他信心满满地发表了二进制。虽然二进制不是
专为计算机发明的，但是无心插柳柳成荫，二进制的产生为现代计算机技术奠
定了重要基础。

　　可见，《易经》的排列组合是科学的，无论是阴阳两种状态构成的八卦（2
的3次方是8）、还是八卦演化而成的64卦（8的平方是64），都是符合数学排列
组合规律的，这是《易经》具有科学性的体现。学过二进制的对阳数的计算小
菜一碟，而没学过二进制的也不要紧，记住阳数是如何算出来的即可，不必急
于深究其中的机理，时间长了就能慢慢理解。就大过卦而言，上卦是兑卦，从下
往上，第一层是阳爻（—），第二层是阳爻（—），第三层是阴爻（――），按照二进
制数字编码兑卦应为110。二进制110换成十进制是6，即上卦兑卦的阳数是6。
如果用二进制0、1来表示八个经卦（单卦），或者说把八卦转换成二进制，则分
别是乾111、兑110、离101、震100、巽011、坎010、艮001、坤000，其阳数分别是
7、6、5、4、3、2、1、0，按照阳数大小排序，先天八卦就是乾一、兑二、离三、震
四、巽五、坎六、艮七、坤八。占卦的原理，就是根据各种方法得出数字，再找到
对应序号的卦。先天八卦的排序依据就是阳数，而这个阳数是根据数列规律得
出来的，具有客观性和科学性。

　　我们不妨把单卦的三个爻看成是一座三层楼，分步计算过程如下，从第三
层至第一层，按照二进制1、2、4权的规律，即2的n-1次方，n-1是零，2的零次方
是1，二位数2的1次方是2，三位数2的2次方是4，三数之和即为阳数。阳数的计
算对象当然只是阳爻了，阴爻的阳数为0，0的任何次方都是0，因此计算阳数时
不必考虑阴爻。需要注意的是次序不能颠倒，《易经》是从基层往上看的，所以
阳数的比重是基层大、中层次之、上层小，即最基层（第一层）的阳爻阳数是4，
中层（第二层）阳爻的阳数是2，上层（第三层）阳爻的阳数是1。据此，兑卦的第
三层是阴爻，阳数是0，第二层阳爻的阳数是2，第一层阳爻的阳数是4，所以兑
卦的阳数之和是6。同理可以算出下卦巽卦的阳数是3。

【卦象寓义】

一、泽水没树之象。这是大象所描述的"泽灭木"的自然景象。凡事适则有益、过则有害,泽水本来是可以用于滋养树木的,但是如果泽水在树木之上,淹没了树木,那么对于树木来说就是一种劫难了。大过卦用树木浸泡在泽水之中,来比喻当事人身陷类似的情境之中。这让人联想到发生特大洪灾时的场景,洪水漫溢,冲垮堤坝,泽水泛滥,一片汪洋,平时高大的行道树只露出树梢。面对天灾危急关头,提示人们要当机立断,抓住时机,处置得当转危为机,处置不当很可能因重大过失导致重大损失。

二、舟沉湖底之象。大象所反映的"泽灭木"之象,也可理解为舟船在湖泽中翻沉的情形。此时的"泽灭木"之"木"指木舟、舟船等。在《易经》中,巽为木,木可制舟,因此舟船是巽卦的通常解释之一。正常的情形是舟行水上,但水能载舟、也能覆舟,覆舟就等于发生航行事故了。大过卦的卦象就反映了舟船沉没在泽水之下的情境,以此比喻当事人身处沉船事故的危险情境之中。例如,泰坦尼克号沉船事故,有海域情况复杂的客观因素,也有重大人为过失的主观因素。其中发生的可歌可泣的故事,至今仍然动人心弦。

三、狂风掀湖之象。按照通常的自然现象,风只能在湖泽水面上掠过,吹起层层涟漪或小小波澜,但也不能排除偶尔出现狂风大作的场景。台风袭来时,整个水域像煮沸的开水,排山倒海,上下翻腾,浊浪淘天。激荡的湖水时而抛洒空中,时而撞向礁石,时而露出浅底,就好像大风要把湖底掀翻。一方面说明风力太大了,呈现出狂风入湖、上水下风的景象;另一方面说明充满凶险,提示人们要正确应对,保持高度警惕,及时消除危险的威胁。

四、栋端柔弱之象。从大过卦的卦形来看,如果将其横过来,就像一根栋梁,中间四个阳爻表明栋梁中部粗壮结实,两头阴爻表明栋梁两端比较柔弱。古代都用木头做栋梁,木头都有本末,本是树根,末是树梢,树梢口径小、不结实可以理解,但根部不是很粗大吗,为何也会柔弱? 其实不难理解,也许这根栋梁已有年头,木头两头蛀虫的可能性较大;也许此处遭受屋漏侵害,根部发生霉变;也许树木根部早期受到过重创,等等。总之,栋梁两端弱、中段强的情况是完全可能存在的,因而带来了房屋安全方面的隐患,随时有坍塌的危险。大过卦以此作比喻,表明当事人面临着类似的风险。

五、棺椁桥梁之象。《系辞下传》说:"古之葬者,厚衣之以薪,葬之中野,不封不树,丧期无数;后世圣人易之以棺椁,盖取诸大过。"系辞下传说,远古时代人死后,让其裹上厚厚的柴草,葬在野外空地,不封土也不立碑,丧期不固定;后代的圣人改变了埋葬方式,换成棺椁,里面有棺木外面套着椁,这种改变大概是因为受到了大过卦的启示。其缘由主要是因为大过卦的卦象像一具棺材,两头两个阴爻像四个钉子。棺材的出现意味着当事人生命的终结,以此表明当事人陷于生死考验的危急情境之中。

有些人临危不惧,当机立断,力挽狂澜,建立丰功伟绩;有些人不成功便成仁,视死如归,舍身取义,受人敬仰;有些人时运不济,回天乏术,结局让人惋惜;有些人为了个人富贵,丧失气节,遭人唾弃;有些人贪生怕死,背叛国家,留下千古骂名,等等。如果这一步跨不过去,大过卦也许就是棺材,中间四个阳爻是具棺材,两头两个阴爻是钉棺材的四个钉子;如果跨过去了,大过卦就是通向成功的桥梁,中间四个阳爻是桥板,两头两个阴爻是两组桥墩。大过卦无论从卦形卦象,还是内容意境,都是极其形象生动的。

风险与机遇并存,挑战与希望同在。在人的一生中,这种大过卦的情境是不太容易遇到的,若是遇到了便是上苍对你的眷顾和考验,是危机,还是良机,取决于当事人的综合表现,是良知、品德、意志、智慧和行为等诸要素综合作用的结果。君子在大是大非面前应当大义凛然,义无反顾,具有不成功便成仁的气概,采取尽人事、听天命的理性态度,放弃抱怨,积极行动,只要有一分希望就当作百分之百的努力,把该做的做到极致。如果竭尽了全力,仍不能成功便是天意,非人力可以挽回,如此便可坦然面对,无怨无悔,不留遗憾。有时奋斗的过程比结果更见精神、更加精彩、更有意义。

六、君子临危之象。栋梁在楼房中起着承重稳固作用,栋梁一旦出现问题,整幢楼房将岌岌可危,问题很可能出现在栋梁两头过于薄弱上。一个国家好像一幢楼房,君子是国家的栋梁,君子如果不堪重负,国家将面临危险,其中原因很可能是小人作乱迫害君子引起的。从卦形上看,初爻、上爻为阴爻,中间四个为阳爻,阴爻代表小人,阳爻代表君子,表明君子群体被小人所包围。也就是说,小人的行径使君子置于危险的境地,这对君子既是考验又是机遇。比如,王阳明在平息宁王叛乱危局中,既要面对比自己数十倍兵力的朱宸濠的巨大威胁,又要谨防朝中奸佞小人的诬陷迫害。君子小人相辅相成。没有君子便没有小人,没有小人便没有君子。君子因小人而成为君子,小人因君子而成为小人。疾风知劲草，板荡见忠臣，危急关头方显英雄本色。大过卦情境表明，君子面临着危局，要像卦辞所说"利有攸往"，勇于承担起国家和民族的责任，彰显英勇本色，毅然决然作出选择，并及时采取果敢行动。

七、巫术蛊惑之象。大过卦上卦为兑卦，下卦为巽卦。根据《说卦传》，兑为巫，巫本为古代官府中的正当职业，从事占卜预测，以及负责人与神的沟通对话等工作，但在发展过程中发生了变异，民间出现不少巫婆神汉的营生，甚至有人专干骗钱勾当，产生了蛊惑人心的危害，这是社会生活中的弊端。巽为风，有风气之意。表明年长月久、日积月累，装神弄鬼、骗人钱财之巫术形成了不良风气，成为社会痼疾。表现在大过卦情境中，君子可能因小人心术不正，蛊惑人心，面临着重大压力和重大危机。

八、对决奸佞之象。大过卦中蕴含着两个夬卦。夬卦上卦为泽，下卦为天，称其为泽天夬。大过卦上卦为兑卦，兑为泽；上交互卦为乾卦，下交互卦也为乾卦，乾为天。上卦与上交互卦、上卦与下交互卦分别构成一个夬卦。夬卦是五君子驱赶一小人的卦，全卦只有上六一个阴爻，但阴爻居于最高位，犹如朝中窃取高位的奸佞，如赵高、刘瑾、魏忠贤、和珅之流。夬卦寓于大过卦之中，提示人们，一是自己决不做小人；二是要与小人作坚决斗争。虽然君子与奸佞对决风险与难度都很大，但同时又孕育着机会和希望，因为历史上的奸佞最后终究会被钉在耻辱柱上。比如，以王阳明为代表的君子群体与刘瑾的斗争，他们冒着割职、下大狱、砍头的危险，但最终刘瑾被凌迟处死，罪有应得，咎由自取；与此同时，王阳明也因此走上了通往圣贤的道路。

九、艳遇防过之象。大过卦中蕴含着两个姤卦。姤卦上卦为天，下卦为风，称其为天风姤。大过卦上交互卦、下交互卦均为乾卦，乾为天；下卦为巽卦，巽为风，上交互卦与下卦、下交互卦与下卦分别构成一个姤卦。姤卦是天下有风之象，一阵大风刮过，各种物体随风飘走，增加了随机相遇的机会。姤卦一阴爻五阳爻，可理解为一女与五男邂逅，一个女子与多位男士交往，在古代被认为有不贞之嫌。可能会发生一些凄婉甜美的爱情故事，也可能会发生一些家破人亡的恶性事故。姤卦寓于大过卦之中，表明一是获得难得机遇，二是要谨防大过。男女邂逅是把双刃剑，希望与挑战同在，机遇与风险并存，只有备加小心，谨慎防范，才能避免大过结局。

十、内顺外悦之象。大过卦下卦为巽卦，德卦是逊顺，就像大风吹拂，草木禾苗齐刷刷顺风倒伏的景致，看起来整齐、顺从、驯服和柔顺。上卦为兑卦，兑为悦，如同人们行走在湖光山色之间，心情格外愉悦。下卦是内卦，上卦是外卦。如果把大过卦视作一个单位，其内部表现为整齐顺从，而其工作对象、合作伙伴或周遍环境等是轻松愉悦的，这是一种内外关系良好的状态。但是，千万不能因此忘乎所以，祸兮福所倚，福兮祸所伏，《易经》告诉我们，太顺利、太喜悦的时候，往往就是容易犯大过的时候。

十一、长女少女之象。在《易经》大家庭中，巽为长女，兑为少女。大过卦下卦、主卦、内卦为巽卦，上卦、客卦、外卦为兑卦，表明长女主内，主持家政事务，负责油盐酱醋、衣食住行等后勤保障工作；少女客外，从事劳动生产，负责提供粮食果蔬等物质资源。从总体上讲是合理的。但由于巽卦的阳数为3，长女过于柔顺，而兑卦的阳数为6，少女有时会表现出任性刁蛮的特征，很可能因为长女溺爱、迁就少女而产生大过的后果，这是需要注意防范的。

十二、金克阴木之象。从八卦与五行的关系考察，表明主体面临着金克木的风险和压力。在无妄卦的解读中，本人已经揭示了后天八卦图与五行相生相克图的关系，而进一步观察发现，在先天八卦图中，八卦与五行也存在紧密联系，八卦的阳数与五行的性质特征呈现出一致性。换句话说，阳数反映了五行的性质特征，五行按照阳数大小排列应当是金、火、木、水、土，这跟生活中人们的感受是一致的，体现了八卦、五行理论的关联性、实践性和科学性。先天八卦乾卦、兑卦为金，阳数分别为7、6，如果将金分为阴阳的话，可将乾卦称为阳金，兑卦称为阴金，金不光是指金子，主要指金属大类，金属也有刚柔之分；离卦为火，阳数为5；震卦、巽卦为木，阳数分别是4、3，两木也是前后衔接排列的，震卦为阳木，巽卦为阴木，木也有软硬之别；坎卦为水，阳数为2；艮卦、坤卦为土，阳数分别为1、0，艮卦为阳土、坤卦为阴土，纯的泥土相当柔软，可以加工成各种形状，而山中的土夹杂着沙石，是土中的阳刚之物。由此可知，两金、两木、两土再分阴阳时与卦的特性完全相符。

五行具有相生相克的特点，反映了五种基本元素之间对立统一的矛盾规律，金生水，水生木，木生火，火生土，土生金；金克木，木克土，土克水，水克火，火克金。这种相生相克关系在先天八卦图中已经存在，但图形还不太规则，其规范性主要体现在八卦按阳数大小排列上。但在后天八卦图中，八卦就不再按阳数大小排列了，每个卦的阳数、序号仍然不变，这体现了对先天八卦理论成果的继承性，八卦位置的变化标志着八卦五行理论进入了社会实践的应用阶段。在后天八卦图中，五行相生相克图相当规则，达到了后天八卦图与五行相生相克图的完美重合，或者说五行相生相克图脱胎于后天八卦图，只是许多人不知道罢了。为此，可以推测，将五行生克关系与八卦图进行有机整合，是周文王制作后天八卦图的目的之一，这是本人在研习无妄卦时所得的意外收获，也算是无妄之果吧，与无妄卦卦意十分吻合，让人不可思议。

在大过卦中，上卦是兑卦，代表五行中的金，下卦是巽卦，代表五行中的木。按照金克木的原理，主卦之木受到了客卦之金的克制，承受着巨大压力。这从五行关系角度揭示出大过卦的情境充满着风险，可见正确的理论总是殊途同归的。对木而言，金克木是灾难性的，但并不意味着一筹莫展，只能坐以待毙，只要应对得当，完全可能化危为机，变危机为契机；而对金而言，金克木是占居主动的，有很多成长发展的机会，但是如果疏忽大意也可能坐失良机，甚至把契机变成危机。

【关联卦画】

大过卦的错卦是颐卦。大过卦上下卦形呈对称性结构，也就是说大过卦的综卦还是大过卦，或者说大过卦没有综卦。因此，也就不存在相综排列的问题。大过卦与前一卦颐卦是对错卦，相应的六个爻性质正好相反。这两个错卦之间既有区别，又有联系。区别是明显的，联系在于事物发展的逻辑。颐卦是颐养，解决温饱口腹等生理和心理的需求问题。吃饱穿暖以后就要行动，一旦行动就有可能带来大的过失。

大过卦的交互卦是乾卦。把大过的两头两个阴爻去掉，用剩下的中间四个阳爻重新组成一个卦，上三爻为上卦，下三爻为下卦，其中中间两个阳爻为上下卦所皆有，体现出交互的含义。大过卦的交互卦是乾卦。乾卦充满阳刚之气，富有创造力，具有积极进取精神，正如大象所言"天行健，君子以自强不息"。这说明处于大过卦情境之中的君子具有乾卦精神，只要坚守正道，不畏艰险，把握危机，处理得当，完全有可能摆脱险境，把大过卦情境转变为乾卦的情境，从而使危机转化为契机，创造人生事业的成功与辉煌。交互卦揭示了事物发展的过程性状态，大过卦之后，很有可能出现乾卦的情境。

小过卦的交互卦是大过卦。表明大过与小过之间存在内在联系，不仅有形

式上的联系,比如名称相似,结构相似,更有内容上的联系,形式的联系源于
内容的联系。小过与大过之间是会发生转化的,处理得当大过转为小过甚至无
过,处理得不当小过也会变成大过。人处在小过卦情境时,本来如果面对现实,
正视问题,诚实守信,稳妥处理,不会有太严重的后果。偏偏有些人讳疾忌医,
自作聪明,抱着侥幸心理,编造谎言、混淆视听,企图瞒天过海、蒙混过关,结
果东窗事发,小过变成大过,小错变成大错,甚至由违法变成犯罪;还有些人自
以为是,刚愎自用,草率处置,结果扩大事态,酿成大过,可谓小洞不补、大洞
吃苦,一着不慎,全盘皆输。从某种意义上讲,对小过的处理,同样适合细节决
定成败。揭示小过卦与大过卦关系的目的在于警示人们引起足够注意,防止因
主观原因处理不当、导致小过变成大过。

大过卦缩小后是个坎卦。如果将大过卦中间四个阳爻视为一个大阳爻,那
么大过卦就变成了大坎卦,为此大过卦具有坎卦的某些特性。《说卦传》:"坎
为矫輮;其于木也,坚多心。"因此,卦辞、爻辞中出现"栋桡"的表述,与坎卦
的卦意是吻合的。坎,陷也,代表坎坷,事情进展不顺利,大过卦所代表的情境
正是面临重大的危机事件,也可能因此名垂青史,也可能因此遗憾终身,甚至遗
臭万年。从这个意义上讲,大过卦就是大坎卦,不成功便成仁,跨过去了就大获
成功,跨不过去可能因此献身成仁,也可能成为千夫所指。当然,出现大过卦情
境的概率是很小的,只有极少数人才会遇到,一旦遇到,君子与小人的选择将泾
渭分明,结果自然也会大相径庭。

【卦辞象辞】

〖卦辞〗

"大过,栋桡,利有攸往,亨。"

【译文】"大过卦,栋梁向下弯曲,适宜有所行动,通达。"

卦辞用以说明卦名,并揭示全卦的主旨。桡(nao2),曲木,弯曲。此处借栋
桡来阐述大过卦的生活哲理。栋梁是房屋中的关键构件,对房屋起重要支撑作
用,正常情况下栋梁应该是平直的,如果栋梁往下弯曲,说明栋梁承受重力过
大了,对房屋安全构成威胁。对此,若能予以谨慎关注,及时采取适当措施和行
动,就可避免严重后果。引申至人文社会领域,表明当事人所承受的压力过大,

力小而任重，不堪重负。有攸往，即有所往。危机关头无所作为是难以过关的，乱作为将十分危险，只有选择积极主动、大胆心细而又审慎妥帖的行动，才能化危为机，遇难逞祥。

〖彖辞〗

《彖》曰："大过，大者过也。栋桡，本末弱也。刚过而中，巽而说行，利有攸往，用亨。大过之时大矣哉。"

【译文】彖传说：大过就是代表大的阳刚者发生的过错。栋梁向下弯曲，表明栋梁的根部和树梢承重能力偏弱。阳刚者有过错但能坚守中道，巽风逊顺而喜悦地拂行，适宜有所前往，因此是通达的。在大过卦情境中如何把握时机意义非常重大。

"刚过而中"，刚过，一是指阳爻的过失，二是指阳爻超过阴爻；而中，是指九二、九五两个阳爻居于上、下卦的中爻，表明道德品行良好。"巽而说行"，巽，代表主卦巽卦；说，通"悦"，代表上卦兑卦的喜悦之意，也代表主体的行为对象和外部环境，表明外部环境对其行为持喜悦支持态度。"大过之时大矣哉"，颐卦也有类似表述："颐之时大矣哉。"，一是说明两者存在内在联系；二是说明时机的把握对这两个卦的情境非常重要，危急关头，机会稍纵即逝，及时、适时显得特别重要。

有学者认为不少先儒对"本末"都解释错了，认为本末不是指栋梁的两端，而应该指栋梁的底面部、上面部，并用力学原理、空心梁作论据进行论述。本人认为有点想当然了，未必妥当。自古以来，本末即指木头的根部和树梢，用以指代栋梁的两端是非常贴切的，而且与整个卦形也相当吻合，因为大过卦的初爻、末爻均为阴爻，表明两端很弱。栋梁有问题十有八九出在两端，这与现实生活的实际情况相符。末端弱是因为树梢偏细而且质地柔软；本端弱是因为树根部接近地面，容易受到虫蚁侵蚀，导致先天不足；同时，栋梁的两端架在墙头，容易受到雨淋、霉菌和白蚁等侵蚀。

【大象之辞】

《象》曰："泽灭木，大过。君子以独立不惧，遁世无闷。"

【译文】大象说："泽水淹没树木，这是大过卦所反映的自然景象。君子受此启示应当独立自主而无所畏惧，即使隐遁于世也不觉郁闷。"

大象描绘了大过卦所代表的自然景象。泽水淹没了树木或者木舟，说明泽水太多了，或者舟沉入泽水之中，对树木或舟上的人而言他们正处于灾难性情境之中。君子看到这种情境，应当有所启示，即使自己陷入类似的困境，也不能放弃理想、道义和原则，不能失去独立思考和自主行动的能力，正如陈云所说："不惟上，不惟书，只为实。"即使没有被现世重用，隐居山野市井，照样坦然、充实、淡定，而不是愤愤不平，郁郁寡欢，烦闷不已。这与儒家观点是一脉相承的，比如，《论语·泰伯第八》："笃信好学，死守善道。危邦不入，乱邦不居，天下有道则见，无道则隐。邦有道，贫且贱焉，耻也；邦无道，富且贵焉，耻也。"还比如，穷则独善其身，达则兼善天下；邦有道，谷；邦无道，谷，耻也；邦有道，如矢；邦无道，如矢；邦有道，则仕；邦无道，则可卷而怀之；邦有道则智，邦无道则愚等等，都体现了"君子独立不惧，遁世无闷"的精神内涵。

【爻辞小象】

"初六，藉（jie4）用白茅，无咎。"

【译文】"初六，用白茅草垫垫在祭器下面，没有灾祸。"

藉，草垫，垫着。藉用白茅，是指用白茅草编织成的草垫作垫子，类似于现代农村老一辈农民用稻草编织的圆形草团座垫，结实而且柔软，笔者少时在家乡随处可见，如见已少有人编织了。白茅，是长在山坡、路边的长条剑状的草，因其絮为白色而得名，质地有柔韧性，农民常用它来捆扎柴禾等物。

此句描写古代的祭祀场景，取意于上卦兑卦，兑为巫，为羊，为口等，与祭祀关联密切。古时对祭祀相当庄重和虔诚，祭祀前会把环境清扫得干干净净，把每个祭祀器皿放在茅草垫上，增强了仪式感，显示出谨慎和庄重，程序意义大于实用意义，象征意义大于实际意义，类似于当今领导人瞻仰人民英雄纪念碑，献上花篮，领导人总要庄重地上前缓慢沉稳地整理缎带，其实缎带本身是妥贴的，形式上看不出来有整理的必要，但是这种整理是必不可少的，充分体现了领导人对英雄的崇敬心情。

在祭祀下面垫茅草垫的行为有着相似的意义，垫与不垫效果大不相同，直接反映了祭祀者当时心理的虔诚庄重状态。如果单从保护祭器角度看，即使把器皿直接放在地上也不会有问题，正如孔子在《系辞上传》中所说："苟错诸地而可矣。藉之用茅，何咎之有？慎之至也。"孔子说，如果将祭器放在地上也是说得过去的。现在用茅草垫垫着，还能有什么灾祸呢？可谓谨慎到极点了。

这里的慎有两层含义，一层是小心翼翼保护器皿，所谓小心不为过、小心驶得万年船；更重要的深层含义是用以表达保持虔诚恭敬的态度，用茅草垫垫祭器充分展现了主人公郑重其事的心境。初六阴爻居阳位，不当位，过于柔弱，表明其行为举止能力的缺失。但初六与九四有正应，两者能够相互配合和照应。"藉以白茅"是种比喻，借事说理，它传导给人们的理念是，在大过情境下，处置危机时态度必须庄重、真诚和谨慎。

"藉用白茅"取象于初六爻位和巽卦。藉与初六爻位关联。从卦画上看，第一爻是阴爻，代表柔；二至五爻是阳爻，代表刚，它所呈现的就是刚上柔下的状态。初六就是垫在下面的茅草垫，而二至五爻代表祭祀用的各种器皿。白茅与巽卦有关联。根据《说卦传》，巽为木，为雚苇，为白，为长，为高，白絮的茅草与此最为吻合。

《象》曰："藉用白茅，柔在下也。"
【译文】用白茅草垫垫着，这是柔软之物铺在下面。

"柔在下也"，意即把柔软的东西垫在下面。

"九二，枯杨生稊（ti2），老夫得其女妻，无不利。"
【译文】"九二，枯老杨树长出嫩叶，老夫娶少妻，没有不适宜的。"

枯杨，指枯老的杨树，有些枯树几年都不长叶，看起来好像死了，其实没有完全枯死，等到出现一定气象条件时，便可以重新焕发生机长出叶子，即所谓枯木逢春，这种现象在大自然里并不鲜见。稊（ti2），通"荑"（ti2）。这个字没有收录在《古代汉语词典》中，但在其他字里有相关解释：荑，茅草的嫩芽；通"稊"，形似稗子的草。荑稗，草名，一种类似稗子的草。《孟子·告子上》："五谷者，种之美者也。苟为不熟，不如荑稗。"此处用茅草嫩芽、稗草引申为树的嫩叶，指枯杨树重新长出了嫩叶，尤其是靠近枯杨的根部，枯而不死，仍能枯木逢春，发出新芽。这个根部非指地下部分，通常指树的主干接近地面部位。有些树木树冠、枝头都枯死腐烂了，但其根部仍保持着生命力。

用枯杨生嫩叶来比喻"老夫少妻"现象是再形象不过的了。大自然里的枯杨嫩叶和社会生活中老夫少妻，都不是正常的配置，都有些太老、太过、老得有些过、年龄差过大等意思，但只要处理得当，仍然可以避免发生不利后果。爻辞中可以感觉到易作者对老夫少妻现象只是客观描述，没有贬损，也没有鼓励。九五将讲到少夫老妻现象，之所以这样安排是由卦象结构所决定的。从卦画上看，按照时间顺序，从初爻到末爻是一个年龄逐渐递增的过程，全卦两个阴爻，初六代表少女，上六代表老妇。九二和初六是老夫少妻，上六与九五便是老妇少夫了。

相对于老妇少夫现象，老夫少妻的情况要稍好一些，老夫少妻仍有可能生育后代，但老妇少夫生育后代的难度明显加大。从男女生理规律看，男人与8有关，女人与7有关。男人16岁进入青春期，女人14岁进入青春期；男人生育可持续至8的平方64岁甚至以上，女人通常7的平方49岁左右就逐渐丧失生育能力。可见，通常情况下男方比女方年龄稍大的夫妻结构是合理的。

现实生活中六七十岁的富翁娶二三十岁少女是非正常状态，甚至是一种时弊，它不符合《易经》所揭示的自然规律，不符自然规律的事物通常都不会久长。九二阳爻居阴位，不当位，过于刚强。与九五没有正应，两者不能相互配合协调。好在九二居于下卦中爻，能够坚守中道，这是后果还过得去的重要原因。

"枯杨"取象于巽卦、兑卦和乾卦。上卦为兑卦，兑为泽，下卦为巽，巽为木，近湖泽之木多为杨树，与现实生活景象吻合，故用杨树来比喻，生动形象贴切。大过卦的下交互卦为乾卦，乾为老人，此处引申为老杨树，同时又由老杨树指代老人。

"无不利"取象于咸卦。若九二发生爻变，则大过卦变为咸卦。上卦为泽，下卦为山，称其为泽山咸。艮为少男，兑为少女，彼此有心灵感应，这说明老夫少妻可以有爱情，也能结婚生子。

《象》曰:"老夫女妻,过以相与也。"

【译文】小象说,老夫少妻,虽然年龄差有些过分,但彼此仍然可以有情感交流的。

"九三,栋桡,凶。"

【译文】"九三,栋梁向下弯曲,凶险。"

桡(nao2),曲木,弯曲或使之弯曲。在大过卦里,桡与隆相对应,隆是向上弯曲,桡是向下弯曲。栋梁是房屋的重要支撑,如果把全卦看成是一根栋梁的话,九三是接近栋梁的中部,直接承受房顶的沉重压力,栋梁向下弯曲表明栋梁承受了不堪承受之重,房屋已经出现危险征兆,以此提醒人们必须正视危险,采取措施,谨慎处置,或减轻重压,或加固栋梁,或更换栋梁。

在现实生活中,家长经常教育孩子长大要成为国家的栋梁之才,栋梁的位置很重要,但承受的压力也最大,因此不是什么木头都可以做栋梁的,若要堪当栋梁重任,必须具备栋梁的材质。就人才而言,必须品德、志向、心理、生理、能力、智慧等各方面具备素质条件,才能成为国家栋梁之才,否则既是害了国家,也是害了自己,正如《系辞下传》孔子所言:"位尊而德薄,智小而谋大,力小而任重,鲜不及矣。"孔子是说,官位很高而品德很差,智慧很小而野心很大,力量很小而负荷很重,这种情况下灾祸是很少不近身的。

九三阳爻居阳位,当位,表明九三本身的行为举止是适当的,只是处在大过卦的情境中客观上负荷实在过于沉重、压力实在太大,超出了九三的能力,因此结果出现凶险。九三与上六有正应,行动上有配合意愿,存在着情感利益上的牵连关系,正能量的配合彰显的是成果,负能量的配合凸显的是恶果,对九三而言,成也上六、败也上六,九三之凶与上六之凶是有内在联系的。

"栋"取象于巽卦。下卦为巽卦,巽为木,代表栋梁,同时在八卦中震、巽都代表五行中的木,但震为阳木,巽为阴木,因此这根栋梁的材质存在先天不足,为桡埋下了隐患。

"桡"取象于坎卦。若九三发生爻变,那么下卦变为坎卦。坎,陷也,为矫輮,为弓轮。引申为栋梁往下弯曲或凹陷。

《象》曰："栋桡之凶，不可以有辅也。"

【译文】小象说，栋梁向下弯曲引发了凶险，九三不该有指望上六辅助的想法。

虽然九三与上六有正应，但大过卦是因为过于阳刚而呈现出了弊端，上六顺从九三，更激发出九三逞强的特性，加剧了九三出现过错的可能性。同时，上六与九五亲比，九五之尊，君王之位，有独特优势，九三在与九五的竞争中处于下风。在这种情况下，九三激流勇退是明智的选择，不应当盲目冒进，否则极有可能成为君王的牺牲品，因此九三"不可以有辅也"，应当放弃指望上六大佬援助的念头。

"九四，栋隆，吉，有它吝。"

【译文】"九四，栋梁向上隆起，吉祥，但有其他懊悔之事。"

它，其他不利因素。吝，顾惜，舍不得；吝啬，小气；耻辱；悔恨。在《易经》悔、吝、厉、咎、凶五个凶险等级中属较轻程度，比后悔程度稍重，比危险稍低，尚未到危险的程度。本来栋梁是向下弯曲的，经过采取措施，或减负，或加固，或支撑，使栋梁由向下弯曲变成向上隆起，有些矫枉过正的意味，虽然过了些，而后果还好。但也不能因此麻痹大意，还可能存在其他诸多不利因素，如不注重防范，仍会发生让人后悔的事情。

九四阳爻居阴位，不当位，刚强有余，阴柔不足，表明九四的行为举止过了些，做事有点过，其警示意义显而易见。九四与初六有正应，其行为得到来自初六的支持，两者能够相互配合与协调。

"栋隆"取象于九四爻位和巽卦。九四为上卦初爻，与下卦紧挨着。下卦为巽卦，巽为木，为长，为高，相当于支撑栋梁的柱子，也许柱子稍高了些，这是引起栋隆的原因。

"有它吝"取意于九四爻位。九四与初六有正应，容易受初六诱惑，而初六与九二有亲比关系并已与九二结合，这种情况下九四如再对初六有所企图，容易招致麻烦，爻辞提示要谨慎从事。

《象》曰："栋隆之吉，不桡乎下也。"

【译文】小象说，栋梁隆起是吉祥的，因为不再往下弯曲了。

"九五，枯杨生华，老妇得其士夫，无咎无誉。"

【译文】"九五，枯老杨树开花，老妇得少夫，无灾祸无赞誉。"

华，花。士夫，年轻的丈夫。老妇，指上六，末爻代表进入老年期。九五与上六有亲比关系，九五代表丈夫，丈夫比妻子年轻，这也是一种反常状态。九五是君王之位，是全卦的核心。由于该卦阐述是"大过"现象，全卦的主旨在此爻得以充分集中的体现，意即阳刚之爻犯下的过错。

爻辞以枯老杨树开出新花，来比喻老妇得了少夫，这是自然生态和社会生活中一种例外现象，这种现象是客观存在的，无所谓好，也无所谓不好，存在了就让它存在吧，用不着指责，也没必要倡导。九五阳爻居阳位，当位，表明九五本身行为举止没有什么问题，问题出在强势的老妇身上。九五与九二没有正应，两者不相协调，其行为得不到来自基层干部的支持。

相对于杨树的树叶，杨花的花期很短，很快就会谢败，因此人们常称爱情不忠的女人为水性杨花之人，感情不专一不长久，像杨花一样很快随水流走了，以此比喻老妇少夫的结局不会太好，而且不大可能有生儿育女的结果。相对而言，老夫少妻情景要好些，因为树叶的长生期显然比花期要长得多，表明老夫少妻婚姻相对较长，且有可能生儿育女。体现在爻辞的评价方面，一个是"无咎无誉"，一个是"无不利"，无不利比无咎无誉的结果要好些。

"枯杨"取象于乾卦、震卦和兑卦。上爻互卦为乾卦，乾为老人。若九五发生爻变，则上卦变为震卦，震为木。上卦为兑卦，兑为泽。三者意思组合起来便呈现出了湖边"枯杨"的意境。

"华"取象于九五爻位。如果将大过卦看成一棵杨树，那么九五正是树冠下垂的杨花位置。

"老妇得其士夫"取象于震卦和恒卦。若九五发生爻变，则上卦变为震卦，震卦与下卦巽卦组成了恒卦，上卦为雷，下卦为风，称其为雷风恒，呈现出恒常的夫妻之象，引申为老妇与士夫组成的婚姻家庭。

《象》曰："枯杨生华,何可久也? 老妇士夫,亦可丑也。"

【译文】小象说,枯老杨树开花,怎么可能长久呢? 老妇少夫,也是件颇为尴尬的事。

丑,丑恶,不好; 厌恶; 以为羞耻,羞愧等。

"上六,过涉灭顶,凶,无咎。"

【译文】"上六,渡涉深水淹没了头顶,过程凶险,最终无灾祸。"

过、涉,是过越、横渡的意思。灭顶,水很深没过了头顶。总的来说,大过卦所描述的情境充斥着危险,但是《易经》讲的是变化和转化,安全与危险、危机与良机、成功与失败是对矛盾,存在着辩证逻辑关系。在某些意义上说,最安全的也是最危险的,最危险的也是最安全的。面对危局或不利处境,只要秉持良知,坚守正义,保持警惕,谨慎以对,最终大多能够逢凶化吉、化险为夷的,正所谓老天关上一扇门,总会留下一扇窗,天无绝人之路,路就在每个人的脚下。上六阴爻居阴位,当位,表明上六的行为举止基本适当。上六与九三有正应,表明两者能够相互沟通协调。

"过涉灭顶"取象于兑卦、乾卦。上卦为兑卦,兑为泽。"过涉",要渡涉的湖泽水域储水大,而且水很深。上交互卦为乾卦,乾为首。首在上六之下,即泽水灭顶之象,表示当事人处于一种危险的情境。

《象》曰:"过涉之凶,不可咎也。"

【译文】小象说,渡涉泽水有灭顶之凶,应当谨慎防范、避免灾祸发生。

第二十九卦 习坎卦的涉险之道

【习坎卦】

【白话经文】

习坎卦,保持内心诚信,通达,行动可获赞赏。

初六,水流叠加,淌入深坑,凶险。

九二,坎水有风险,主动追求小有所获。

六三,来去都是深水坑,两头枕着风险。流入深坑,不要试图有作为。

六四,一盅酒,两盘菜,用瓦盆盛饭,在窗下举行祈求婚约的祭礼,最终没有灾祸。

九五,深坑水不满盈,沙洲被水冲平,没有灾祸。

上六,五花大绑,投入监牢,如果三年得不到释放,凶险。

【经文原文】

习坎,有孚,维心,亨,行有尚。

初六,习坎,入于坎窞(dan4),凶。

九二,坎有险,求小得。

六三,来之坎坎,险且枕。入于坎窞,勿用。

六四,樽酒,簋(gui3)贰,用缶(fou3),纳约自牖(you3),终无咎。

九五,坎不盈,祇(chi2)既平,无咎。

上六，系用徽纆（mo4），寘（zhi4）于丛棘，三岁不得，凶。

【解读序言】

习坎卦位列周易第二十九卦，因上下皆为坎卦，称其为习坎。《序卦传》说："物不可以终过，故受之以坎。坎者，陷也。"序卦传说，事物不可能终结于大过的状态，因此《周易》在大过卦之后安排了坎卦。坎就是凹陷的意思。人行走在凹陷的地面上是艰难的，《易经》把地理上的凹陷引申到人生道路上的坎坷，反映了人生之路的艰难困苦，揭示了身处险境时如何应对的原则、方法和注意事项。只有内心诚信，态度谨慎，方向正确，行为得当，才能化险为夷，度过难关。

在《易经》八卦中，坎卦代表大自然的基本物质水，水是生命之源，生活必需之物，同时又充满风险，无论是江河湖泊之水，还是汹涌洪水，对于人类都是危险的。那么《易经》为什么不用水来作卦名，而非要用坎来作为卦名呢？这是因为水是一种具体的物质形态，我们说水充满危险，那也只能说明水这一种物质的危险性。为了扩大该卦在大自然和社会生活中的适用范围，《易经》将危险的含义从水中抽象出来，并把它赋予给"坎"字，坎在《易经》中应属抽象名词，它用来表示具有像水这样危险性的一大类事物，这样坎字的内涵就大大丰富了。

坎和水的基本意思都表示危险，一方面水即是坎，坎即是水，两者是一致的；另一方面，两者意思又有所区别，水是危险的，坎是水流冲刷的结果，但危险的却不只是水，如果用坎来表示危险事物，则能涵盖包括水在内的一大类危险事物，包括人生坎坷之路。用坎代替水对卦画命名后，坎仍能代表水，但坎卦的适用范围得到了极大拓展，人们看到坎卦就会联想到其中所蕴含的危险内涵。其他七个经卦的情形也相类似。这就是《易经》只用八个简单的经卦，却拥有巨大容量和承载能力，能够解释世上万事万物运行规律的重要原因。

【卦名含义】

习坎。习，原意是小鸟在父母指导下一遍又一遍地重复练习飞行的情形，从而引申出重复、重叠、叠加、再三、多次等意思。从坎字的结构上可以看出，坎是欠土的意思，《古代汉语词典》里将其常用义解释为："坑，地面低陷的地方"。欠土是由于水流冲刷的结果,水土流失后地面就变得坑坑洼洼高低不平了,同时坎又是积水的地方,天上下雨,有坑的地方就有积水。因此,坎在《易经》里代表水、危险。

坎卦还能引申出其他含义,比如,表示男女交媾,一个阳爻在两个阴爻中间,这是非常形象的。其实阳爻(—)、阴爻(— —)符号本身就是男女特征的形象表达。男女结合在一起是幸福和快乐的,同时也可能伴之以痛苦和风险。其中有女性生育风险,有感情冲突风险,有道德良俗风险,还有法律纪律风险。最初写完这段文字的次日,就得知身边一名公职人员因嫖娼被抓,他将为自己的行为付出高昂的代价。这是坎卦带给我们的重要启示。

在《易经》中,将上下卦相同的卦称为纯卦,有八个经卦,当然就有八个纯卦,分别是乾、兑、离、震、巽、习坎、艮、坤。其余七个纯卦名称均与经卦相同,唯独习坎卦多了个习字,这是有独特含义。八个经卦的基本特征分别是:乾刚、兑悦、离明、震动、巽顺、坎险、艮止、坤柔。其余七个经卦的特性都不存在急难危险的特点,那怕做得不到位没有可怕后果,而坎险就不同了,人们处在危险情境之时,如果处置不当、应对错误,很可能导致灾难性后果,甚至丢掉生命。因此,易作者在坎纯卦上特意加上习字,旨在突出它的风险提示和预警,以便引起人们高度的关注和重视。

此外,在颐卦和大过卦的解读中已经讲到,坎卦是上下卦对称性的卦,这类特殊卦的综卦是其自身,或者说没有综卦,在卦序中具有划界标识功能。在周易的上经中,如果说乾、坤两卦是班主任,那么颐、大过两卦就是班长,习坎、离两卦就是副班长,这对错卦居于上经结尾的位置。

【卦象寓义】

一、天地合水之象。上卦之水是天上之水,比如,久旱甘霖、和风细雨、毛毛雨、小雨、中雨、大雨、雷阵雨、暴风骤雨等等,还包括其他形态的水,如白云、乌云、黑云、冰雹、雪霜等等。下卦之水是大地之水,比如,江河溪流、水库水塘、海洋湖泊、地下、山泉之水等等。没有水,生命生活难以为继;水过多,又给生命财产构成威胁。习坎卦代表水量过多,风险加剧,必须谨慎处置。

二、天地重险之象。坎在《易经》中代表水,由水的特性引申出泛指一切危险。习坎卦的上下卦都是坎卦,上卦之坎代表天险,下卦之坎代表地险,它所表达的意境是天上地上险上之险，危险一个接着一个，方才逃出虎口，继而又进入狼窝，天塌地陷，险象环生。这类现象在生活中是存在的，比如，新司机上路，发生碰擦是难免的，一旦发生磕碰，如果处置不当，慌乱之中将油门当成刹车，那么小风险便将变成大灾难。

三、蒙昧致险之象。习坎卦中蕴藏着一个蒙卦。蒙卦上卦为山，下卦为水，称其为山水蒙。在习坎卦中，上交互卦为艮卦，艮为山；下卦为坎卦，坎为水，两者构成蒙卦。蒙的古字没有草头，《说文解字》解释：冡，覆也，从冖。相当于在猪或猪肉上面盖着一块布，表达了蒙昧不明的意境。蒙卦位列周易第四卦，主要讲儿童的启蒙教育问题，上卦为艮卦，艮为少男，代表少年儿童；下卦为坎卦，坎为水，代表智慧之源。在启蒙教育之前，儿童智慧就像山泉之水被山体覆盖着，艮覆碗，如同容器的盖子覆盖着智慧之源。启蒙的目的就是将儿童的智慧像山泉之水那样把它引导出来。蒙卦寓于习坎卦之中，坎卦卦德为险，表明蒙昧不明是导致各种危险的重要原因，比如法盲、文盲、科盲等人群发生违法犯罪、上当受骗、安全事故的概率相对较高。同时，表明加强启蒙教育和社会教化是防范风险的重要手段和途径。

四、坎中有坎之象。坎卦卦德为险，但不限于险，还可理解为艰难曲折，多指道路崎岖险阻，人生命运之路坎坷，引申指人生事业发展过程中的各种不顺与艰难，犹如面临一道又一道的坎。比如，时运不济，命运多舛，颠沛流离，雪上加霜，屋漏偏逢连夜雨，喝凉水都塞牙等等。习坎意味着上下、左右、内外、前后困难重重，道路曲折。困难是懦弱者的拦路虎，同时又是勇敢者的垫脚石。孟子说："天将降大任于斯人也，必先苦其心志，劳其筋骨，饿其体肤，空乏其身，行拂乱其所为，所以动心忍性，曾益其所不能。"艰难困苦，玉汝于成。只有经受得起艰难卓绝考验的人，才能取得常人难以企及的非凡成就。

五、艰阻困顿之象。习坎卦中蕴藏着一个蹇卦。蹇卦上卦为水，下卦为山，称其为水山蹇。在习坎卦中，上卦为坎卦，坎为水；上交互卦为艮卦，艮为山，两者构成蹇卦。蹇字由寒+足构成，表明脚被严寒冻伤了，行走非常艰难。蹇卦下卦为艮卦，卦德为止；上卦为坎卦，卦德为险，表明当事人处于前有水险，后有山阻，进退两难，行路艰难的困境之中。蹇卦与习坎卦的意境非常相似，蹇卦寓于习坎卦之中，表明两个难卦叠加一起，难上加难，艰阻异常，加剧了困顿窘迫的程度。

　　六、创业艰难之象。习坎卦中蕴藏着一个屯卦。屯卦上卦为水，下卦为雷，称其为水雷屯。在习坎卦中，上卦为坎卦，坎为水；下交互卦为震卦，震为雷，两者构成屯卦。屯字像一根幼苗在土壤里刚刚开始生根露头，非常稚嫩，经受不起任何外来侵扰和打击，随时可能夭折。表明万事万物的初生初创期是异常艰难的，屯卦位列周易第三卦，是乾坤父母的第一个孩子，父母要把孩子培养成人需要经历许多艰辛曲折。养儿育女如此，创办事业也如此，大都创业者都经历过风餐露宿、筚路蓝缕的艰辛曲折历程。屯卦寓于习坎卦之中，既反映了卦画卦象之间的联系，又反映了内容意境上的内在逻辑关系。

　　七、内险外险之象。险上加险是从连环险角度而言的，主要以时间作为顺序，接连发生。而从地理方位、组织机构角度而言，可将事物分为内部、外部。下卦也叫内卦，上卦也叫外卦。习坎卦反映了人生事业内忧外患、内外交困的情形。内卦之险，表明机构自身内部存在风险；外卦之险，表明主体所处的外部环境、合作伙伴、行为对象等蕴藏着风险。比如，在封建社会里，朝廷内部存在权力斗争的政治风险，国家外部存在着敌国的侵犯之险。

　　八、危险可解之象。习坎卦中蕴藏着一个解卦。解卦上卦为雷，下卦为水，称其为雷水解。在习坎卦中，下交互卦为震卦，震为雷；下卦为坎卦，坎为水，两者构成解卦。解是缓解、化解等意。反映雷雨天气，下雨前天上乌云密布，电闪雷鸣，气压偏低，感觉躁闷，给人以恐惧感、紧张感和压抑感；接着雷雨倾盆而下，酣畅淋漓，施洒万物，雨水漫溢；雷雨过后天色明亮，空气清新，雨前的恐惧感、紧张感和压抑感彻底消失，人们感觉轻松愉悦。这便是解卦传导给我们的意境。解卦寓于习坎卦之中，表明艰难险阻的困境是可以化解的，提示人们在艰难时刻，要鼓足勇气，增强信心，咬紧牙关，坚持到底，天助自助之人，天下没有过不去的坎。

　　九、以险止险之象。坎为水，水为险，坎卦卦德为险。习坎卦上下卦均为坎卦，均为风险之意，对此除了险上加险、内外皆险外，还可以理解为以险制险。面对危急关头，在没有更好办法、迫不得已的情况下，只能采取危险的方式应对危险的情势。这是一种险招、一步险棋，成功了可以化险为夷，失败了可能全军覆没。用不用、如何用、后果怎样，对当事人是个严峻挑战和生死考验。如，诸葛亮的空城计广为人知。汉武帝时期抗击匈奴名将李广卸马鞍疑兵之计就是典型范例。有次李广率数骑追击匈奴三个散兵，打死两人，活捉一人，但此时已远离大本营, 在返回途中偶遇匈奴一支大部队, 要躲避已经来不及了。这时, 李广急中生智, 命令众人解下盔甲, 卸下马鞍, 躺在草地上休息, 一副诱敌深入的样子。匈奴将军不敢轻举妄动, 其中一人在暗处抽弓搭箭准备偷袭, 被李广一箭射杀。之后, 李广仍然躺回草地以静制动。这时天色已暗, 匈奴怕中埋伏不敢擅动, 最后悄悄撤离。等到天亮李广等人便成功脱险, 急中生智, 以险制险, 迷惑敌人, 取得成功。

十、内外中男之象。 在《易经》大家庭中, 坎为中男, 下卦也叫内卦, 上卦也叫外卦, 这是一个内外皆由中男坐阵的家庭结构。中男是基本成熟的年轻人, 虽不像长男那样老成持重, 却也不像少男那样冲动鲁莽。内外主人公均处于同等水平, 这种组织结构协调起来有些难度, 受支配者和支配者之间势均力敌, 有些不受调遣、不服管束的意味, 容易发生对峙和冲突。八个纯卦都程度不同地存在类似问题, 既然上下卦相同, 就意味着三对爻均无正应, 也就是说上下没有沟通交流, 彼此不能协调配合。

十一、水水比和之象。 在八卦与五行关系中, 坎卦对应水。按照五行理论, 同类物质相互之间呈现亲比和合的关系, 两者相加在性能和力量上形成叠加效应, 正如《系辞上传》所说"方以类聚, 物以群分"。习坎卦上下、内外、主客均为水, 从五行角度来看, 两者呈现性能叠加形成合力的比和状态。同类比和现象与阴阳相吸、同性相斥的原理有所不同, 两者都是自然规律的组成部分, 同时存在于自然世界和人文社会之中, 只是适用的范围各有侧重, 彼此和谐共存并不矛盾。阴阳相吸、同性相斥规律, 可理解为矛盾的对立统一规律在事物内部关系方面的体现; 五行相生相克及同类比和关系, 可理解为唯物辩证法在事物外部关系方面的体现。万事万物都是有联系的, 矛盾无处不在无时不有, 矛盾具有斗争性, 也有同一性, 双方相互联系, 相辅相成, 对立统一, 相互转化。因此, 我认为优秀的文化与先进的理论总是相通的。

【关联卦画】

习坎由临卦演变而来。 临卦上卦为地, 下卦为泽, 称其为地泽临。如果将临卦的初九与六五对调一下, 初九前往变成九五, 六五下来变成初六, 那么临卦就变成了习坎卦。因此, 象辞中有"行有尚"的表述, 意即初九前行得到赞赏。临卦与习坎卦有联系有区别, 临是君临天下治国理政, 习坎是由临卦演变派生出来的险难与坎坷，表明治国理政必然会遇到风险、困难和挫折。

习坎卦的错卦是离卦。如果将习坎卦的每个爻变成相反的爻，阴爻变成阳爻，阳爻变成阴爻，得到的卦是其错卦离卦。离卦与习坎卦一样都是没有综卦的，或者说离卦的综卦还是离卦。这类卦在六十四卦中属于比较特殊的卦，排列方式为相错前后排列，因此习坎卦为第二十九，离卦为第三十，而且两者共同作为上经的结尾，有特殊的划分标记意义。习坎卦与离卦是对矛盾，呈现对立统一关系，其区别与联系显而易见。水克火、水火不相容是指它的对立性，火能煮水、火水配合施益人类，这是它的统一性。

习坎卦的交互卦是颐卦。如果将习坎卦的初六、上六去掉，用留下的中间四爻作为基础，重新组成一个卦。上三爻为上卦，下三爻为下卦，其中中间两爻为上下卦所皆有，体现了交互的含义，这个新组建的卦就是习坎卦的交互卦颐卦。颐卦是习坎卦中演化出来的，颐卦为享口福、颐养生灵的卦，包括物质、精神两大方面。这表明习坎卦中蕴含着颐养的内容，这两个卦之间存在着内在联系。幸福是奋斗出来的。人类要创造物质文明、精神文明，以满足广大人民群众的需要，就必须经过艰难困苦的奋斗历程。

习坎卦与困卦是对难兄难弟。习坎卦与困卦卦形非常相似，习坎卦上下皆为水；困卦上卦为泽，下卦为水，称其为泽水困。从卦画上看，只有六四与九四不同，其他五爻完全相同。从事物性质上讲，泽与水属性非常接近。从爻辞上看，两卦存在内容关联，比如，习坎卦初六"入于坎窞"，困卦初六"入于幽谷"；习坎卦上六"系用徽纆（mo4，绳索），寘（zhi4，同"置"）于丛棘"，困卦上六"困于葛藟（lei3藤类植物），于臲卼（nie4wu4，高危之地）"；习坎九四"樽酒簋（gui3，盛食物容器）贰，用缶，纳约自牖（you3，窗户）"，隐含着西伯被商纣王囚禁时窗口递食的意境，困卦九四"困于金车"，两者内容相似；习坎卦有"三岁不得"，困卦有"三岁不觌（di2，相见）"；习坎有"樽酒簋贰，用缶，纳约自牖"所涉祭祀的描述；困卦有"利用享祀"、"利用祭祀"的描述。总之，《易经》的四大难卦：屯卦、习坎卦、蹇卦、困卦，在习坎卦中都可以找到它的身影，屯卦、蹇卦寓于习坎卦之中，习坎卦与困卦这对难兄难弟关联密切难舍难分。四个难卦的卦画卦象、卦辞爻辞、意境义理等达到了高度的融会贯通，《易经》的博大精深，洁静精微，由此可见一斑。

【卦辞象辞】

〖卦辞〗

"习坎,有孚,维心,亨,行有尚。"

【译文】"习坎卦,保持内心诚信,通达,行动可获赞赏。"

习,原指小鸟练习飞翔的动作,指重复反复练习,引申出重复重叠的意思。习坎,即两个坎卦上下重叠。孚,诚信。维,维护、维持、维系。尚,崇尚,也通"赏"。这是坎卦的卦辞,用来说明卦名和全卦的主旨。告诉人们身处险境时,必须秉持诚信,这是破解风险摆脱困境的关键。只有这样,其行为才能得到人们赞许,得到人们支持和帮助,从而走向通达之路。置身险境,这是老天对其意志、品德、气节、毅力等的重大考验。身处险境,仍要保持诚信不是人人可以做得到的,在险境中有的屈膝变节,有的出卖亲友,有的苟且偷生,有的损人利己等等。因此,只有经得起考验的人才能在历史长河中大浪淘沙,以其高尚的人格为众人称颂和敬仰。

〖象辞〗

《彖》曰:"习坎,重险也。水流而不盈,行险而不失其信。维心,亨,乃以刚中也。行有尚,往有功也。天险,不可升也;地险,山川丘陵也。王公设险以守其国。险之时用大矣哉。"

【译文】象传说:习坎卦,双重危险。水流进入沟坎而没有外溢,在危险情况下采取应对行动但不丧失诚信。维系内心,带来通达,因为刚爻居于上下卦的中位。行动可获赞赏,是因为往前行动将取得成效。天险是不可能逾越的;地险是高山大河和丘陵。君王、诸侯可凭借地理险隘守卫国家安全。处理危险事务时正确把握时机至关重要。

【大象之辞】

《象》曰:"水洊(jian4)至,习坎。君子以常德行,习教事。"

【译文】大象说:"水流叠加而至,是习坎卦所描绘的自然景象。君子受此启示应当经常性施行合乎道德的行为,努力实践教化事业。"

洊（jian4），再，重。大象蕴含着上善若水，从善如流；启蒙教化，发掘智慧源泉的含义。老子暗解《易经》形成《道德经》，把水的处下谦逊特性描绘得淋漓尽致。《道德经》多处以水说理：比如，"上善若水。水善利万物而不争，处众人之所恶，故几於道。居善地（静处时善于处低洼之地），心善渊（内心善于像渊潭一般深厚、清澈、广阔），与善仁（与人交往善于秉持仁义之心），言善信，正（通"政"，施政，行政管理等）善治，事善能，动善时。夫唯不争，故无尤。""江海之所以能为百谷王者，以其善下之，故能为百谷王……以其不争，故天下莫能与之争。""天下莫柔弱于水。而攻坚强者，莫之能胜。"

水有很多特性，可以给我们为人处世诸多启示：一是水有坚韧性，水滴石穿，持之以恒；二是水有坚定性，奔流到海，百折不挠；三是水有包容性，海纳百川，兼收并蓄；四是水有凝聚性，涓涓细流，汇成江河；五是水有亲和性，柔情似水，水乳交融；六是水有公平性，一碗水端平，客观公正；七是水有谦让性，水往低流，甘居下位；八是水有利他性，上善若水，滋润万物；九是水有变通性，升腾为云，寒冻成冰。

因此，习坎卦的上下之水与"常德行"、"习教事"关联非常紧密。"常德行"就是学习水的诸多品质和精神；"习教事"除了水是智慧象征之外，还与蒙卦相关联，因为习坎卦蕴藏着一个蒙卦，"习教事"与启蒙教育完全吻合。

【爻辞小象】

"初六，习坎，入于坎窞，凶。"

【译文】"初六，水流叠加，淌入深坑，凶险。"

窞（dan4），坎中小坎，深坑。坎窞，即坑中有坑、大坑底部。坎卦反映了人生事业进入低谷状态，处境艰难，进退维谷。从全卦六爻情况看，两头是凶险的，这也好理解，人处于大水深坑边缘时是危险的，到了深水坑底部情况更加危险，初六就相当于深坑底部，人处于其中，想摆脱困境异常艰难，并且时刻充满危险。

不过，看到"凶"未必都是坏事，并不代表结果难以更改。它只是告诉人们，如果人生事业陷入坑中有坑的时候，风险系数是相当高的，应予高度警惕，必须及时、正确、积极应对。当人们意识到危险的时候，危险也就化解了一半，只要应对得当，就可以化危为机、化险为夷。不知危险的危险是最危险的。比如温水煮青蛙。古人云，善游者溺，善骑者堕。许多人发生危险事故只是由于麻痹大意，危险降临而不自知，待到危险发生时，根本来不及自救或等不到救援便成了牺牲品。初六阴爻居阳位，不当位，力量过于柔弱。初六与六四没有正应，两者不能配合协调，得不到来自上层的关照帮助。

"入于坎窞"取象于坎卦及其爻位。下卦为坎卦，据《说卦传》，坎，陷也；为沟渎。初六为全卦底部，相当于坎窞位置。

《象》曰："习坎入坎，失道凶也。"
【译文】小象说，水流叠加淌入深水坑，这是因为丧失正道导致凶险。

其失道表现在，一是阴爻居阳位，不当位，能力不足；二是与六四上层没有正应，上下关系不够协调；三是亲比了不该亲比的人，九二本身阳爻居阴位，不当位，而初六顺承迁就了九二的失当行为。

"九二，坎有险，求小得。"
【译文】"九二，坎水有风险，主动追求小有所获。"

九二阳爻居阴位，不当位，表明其行为举止过于逞强，这是导致风险存在的因素之一。按照《易经》的规律，奇数代表阳，偶数代表阴，一个卦六个爻最理想的阴阳爻分布是，一三五该阳的全阳，二四六该阴的全阴，这就是第六十三卦既济卦的情形，上卦是水、下卦是火，既济就是完成的意思，每个爻都是当位的，表明每个主体的行为举止都是得当的，事情进展自然会顺利完成。但客观规律是不以人们意志为转移的，阴爻居阳位和阳爻居阴位的事是经常发生的，阴爻居阳位是阴柔有余、刚强不足，阳爻居阴位是刚强有余、阴柔不足。这两种行为都是有缺陷的，但一般来说阳爻居阴位，比阴爻居阳位的情况要好一些。因此，尽管坎卦情境危机四伏，困顿不堪，但九二的状况还不错。九二与九五没有正应，两者不能配合与协调，九二得不到九五的关照。

"求小得"取象于震卦和艮卦。本来，二爻是阴爻位，要求此爻少些积极行动。但是，九二处于下交互卦震卦的初爻，震为动，有强烈的行动愿望和能力，这是"求"的缘由。面对艰难险阻，九二没有畏葸不前，而是以积极的态度求解危机，最终努力没有白费，得到了小收获，这对于提振化解危机的信心是极其重要的，危机中的小得有时比顺境中的大得还有意义。为何只有小得? 一是处于危机之中，能避免灾祸已属大幸，更不能指望大得；二是上交互卦为艮卦，艮为止，有停止、静止、阻止、制止等意，九二想动但受到外力制约，终究不可能大动，因此也只能小得。

《象》曰:"求小得，未出中也。"

【译文】小象说，主动追求小有所获，这是因为九二没有偏离中道。

九二居下卦坎卦的中爻，居中有德，表明能够坚守中道，品德没有问题。

"六三，来之坎坎，险且枕。入于坎窞，勿用。"

【译文】"六三，来去都是深水坑，两头枕着风险。流入深坑，不要试图有作为。"

之，去的意思，来之即来去、进退。枕，是动词，把头放在枕头或其他东西上躺着。六三是下坎卦的最后一爻，紧挨着上坎卦，因此六三连接着下坎卦与上坎卦，坎为险，相当于两头枕着危险，表明六三所处的情境是坎中有坎、险上加险。尽管九二"求小得"，但要完全摆脱风险却非易事，六三仍处于深水坑中，人处于危险境地之时往往六神无主，手足无措，想急于摆脱危机，从而导致错误行动，结果小险变成了中险、中险变成了大险、大险变成了丧命，可谓一着不慎全盘皆输，现实生活中这样的例子并不鲜见。

"勿用"不是绝对不作为，经过冷静理性分析，采取正确适当行动，可以缓解危险的威胁。但是，由于六三是阴爻居阳位，不当位，力量偏弱，客观上不具备大作为的条件和能力，这时最好不要乱作为，这样可以避免盲目行动造成更大伤害或出现更加严重后果。身置险境在不具备自救条件和能力时，等待救援也许是最佳方式，免得雪上加霜，弄巧成拙。

"勿用"的另外一种理解，与"潜龙勿用"意思相近。六三与上六没有正应，两者不能配合协调，得不到大佬上六的关照。而且六三头枕两险，身陷坎窞，正处于焦头烂额，自顾不暇，自身难保的困境之中。这时，根本别指望能得到上司的重用，还是先想方设法摆脱眼前的困境再说。

"来之坎坎"等取象于震卦、艮卦和爻位。六三正处于下交互卦震卦和上交互卦艮卦之中。震为足，为动，足动即为行走，往前走或往上去是"之"；艮为反震，即往回走或往下来是"来"。同时，六三承上启下，两头连接着坎卦，好似沦陷于两个相连的深水坑之中。

《象》曰："来之坎坎，终无功也。"
【译文】小象说，来去都是深水坑，终究是徒劳无功的。

"六四，樽酒，簋（gui3）贰，用缶（fou3），纳约自牖（you3），终无咎。"
【译文】"六四，一盅酒，两盘菜，用瓦盆盛饭，在窗下举行祈求婚约的祭礼，最终没有灾祸。"

樽，酒杯。簋（gui3），古代盛食物的器皿，竹制品，多为圆形。缶（fou3），瓦器，大腹小口，有盖，两边有环，用来盛酒水、汤、饭或其他食物。约，一是指简单、简要、简约、节俭，二是预先用语言或文字规定的必须共同遵守的条件。此爻指婚约。古代贵族女子闺中待嫁期间，通常在户外窗下举行简单的祭礼，祈求老天安排如意郎君来娶她。祭品比较简单，仪式也很简约，两盘菜，一盅酒，摆放在窗台上，重在心诚。牖（you3），窗子，祭祀用的酒食是经窗户递出去的。

此爻以少女为祈求佳美姻缘而进行简约祭祀为比喻，旨在突出少女祭祀时的诚信。六四是君王身边的大臣，伴君如伴虎，一着不慎便可能丢了性命。当六四麻烦缠身危险到来之时，应当学习借鉴少女祭祀时的诚信，用诚信打动君王，也许可以帮他度过难关。这里有西伯姬昌自己的身影，西伯与商纣王的关系就是九五与六四的关系；当他被商纣王囚禁在羑里的时候，就如同身陷习坎卦的情境之中，处境十分危险；简单的酒食从窗口递进去，与他的囚禁生活颇为相似。正是西伯诚信、顺从、恭敬的表现，才帮助他躲过一劫。

在突出少女祭祀诚信的同时，还有一个特点是简约，形式简单易行。它告示人们，大礼不辞小让，大行不顾细谨，身处险境之中，形式要简洁，重在突出诚信，不要拘泥于鸡毛蒜皮和细枝末节，非常时期非常手段，特殊情况特殊对待，能简则简,重在内容和效果。

六四阴爻居阴位,当位,表明其行为举止是得当的,因此结果还不错。当然,在危险情境中最终没有灾祸,主要是依靠诚信的力量,再加上用适当行为把它表现出来。六四与初六没有正应,两者不相配合协调,得不到来自基层的支持,因此陷入困境之时只能自己救自己。

"樽酒"取象于震卦和坎卦。六四处在下交互卦震卦中,震为木,可用来制樽,同时震卦的形状为仰盂,形似酒樽。上卦为坎卦,坎为水,水酒同类,此处以水指代酒。

"簋"取象于震卦与艮卦。簋为圆形的竹木容器,由主体与盖子两部分组成。习坎卦二至五爻卦形如同一只容器,簋字即由此卦形引申而来。簋字为上、中、下结构,竹字头代表制作材料为竹木,取象于震卦,下交互卦为震卦,震为木;艮代表盖子,取象于艮卦,偏旁与卦名相同不是巧合,表明簋字很可能受卦画启发而产生,上交互卦为艮卦,艮为覆碗,与盖子形状相似,艮还可视为反震,震为仰盂,反震就是覆盂,与盖子相似;皿代表容器主体,取象于震卦。

"缶"、"牖"取象于卦形和艮卦。习坎卦中间四个爻构成的形状既像缶,又像窗户。同时,牖还取象于艮卦,上交互卦为艮卦,艮为门阙,门与窗意思关联。

"樽酒、簋贰"的酒食之意取象于颐卦。习坎卦的交互卦是颐卦。颐是关于享口福、饮食养生之卦,六四祭祀所用酒食即取象于颐卦。

《象》曰:"樽酒簋贰,刚柔际也。"
【译文】小象说,用简单酒菜祭祀,这是刚柔相接的边缘区域。

因为六四是阴爻,九五是阳爻,呈现阴承阳态势,正合刚柔际会,以诚信侍奉君王,可获得君王的信任,因而结果没有灾祸。

"九五,坎不盈,祗(chi2)既平,无咎。"
【译文】"九五,深坑水不满盈,沙洲被水冲平,没有灾祸。"

《古代汉语词典》解释:祗(qi2),地神;大,《周易·复》:"不远复,无~悔。"通"疧",病,《周易·坎》:"~既平,无咎。"祗(zhi1),仅仅,恰好。另有一种说法，祗，通"坻"（chi2），这不是《古代汉语词典》的解释，但《古代汉语词典》对"坻"（chi2）的解释是：水中小洲或高地，《诗经·秦风·蒹葭》："遡游从之，宛在水中~。"又岸，又山。本人认同水中沙洲说，同时兼顾恰好说，因为九五从爻位上看接近水平面；九五为阳爻，与水平面意境吻合；沙洲与坎水的关联非常密切，而且"岸"、"山"与上交互卦艮卦意境吻合，九五正好是艮卦的第三爻。

九五代表君王，身处险境的君王以追求国泰民安为目标，要有所为、有所不为，不宜采取大动作、大作为，努力保持"坎不盈，祗既平"的中庸适当状态，这样就没有灾祸，无咎应成为人们追求的最高境界，因为大吉大凶都不是人生的常态，人生的大多数时间表现为不好不坏的无咎状态，这是经过努力可以实现和保持的常态，人的一生如能始终处于无咎状态应当就是幸福惬意的人生。

坎是深坑，坎不盈，就是深坑里的水没有满，意味着危险处于可控状态；如果深坑水满外溢，就表明危险随时可能发生。祗与坎相对应，坎是低洼凹陷，祗是高地凸现，水中的高地也存在一定危险性，因为四周都是水，稍不留神可能被水弄湿衣服鞋子，甚至被洪水卷走。坎不盈是接近水平状态，祗既平也是接近水平状态，这正是"祗（zhi1）"字恰好之意所要表达的意境。

作为九五之尊的君王，在身处险境之时，如能适当作为，将行为和事态控制在不高不低、不偏不倚的平稳状态，其结果自然是好的。九五阳爻居阳位，当位，表明其行为举止适当。与九二没有正应，两者不相配合与协调，得不到来自基层干部的支持。

"坎不盈"取象于坎卦和艮卦。上卦为坎卦，坎，陷也，为水。上交互卦为艮卦，艮为止，为静止、阻止、停止、制止等意，水因受到节制而不盈。

"祗（chi2）既平"取象于艮卦和坎卦。上交互卦为艮卦，艮为山，引申为祗所代表的沙洲；上卦为坎卦，坎为水，水有水平之意。

《象》曰："坎不盈，中未大也。"
【译文】小象说，深坑水不满盈，是因为居于中正之位没有实施大动作。

九五居上卦中爻，居中有德，表明道德品质良好；没有大动作，是因为君王知道逆境中平安稳定最重要，对行为必须有所节制。平稳取象于坎卦，坎为水，有水平之意；节制取象于艮卦，艮为止。

"上六，系用徽纆，寘于丛棘，三岁不得，凶。"
【译文】"上六，五花大绑，投入监牢，如果三年得不到释放，凶险。"

徽纆，绳索，徽指三股搓成的绳子，纆指两股搓成的绳子。丛棘，是荆棘丛中，引申指监狱牢笼。三岁，泛指三岁左右的时间。得，是得到释放，获得自由。按照古代条件和规矩，犯人如果三年以上仍不能出狱的话，国家不能老是养着，很可能被处死，这样的结局当然是凶的，这是一种警告性提示，目的是告诫人们不要走到这一步。

尽管从九二至九五，危险基本处于无咎的可控状态，但到坎卦的末爻，危险终究还是发生了。当事人或是吃了官司，或是战斗失败成了俘虏，或是受人陷害，被投进了监牢，甚至面临着三年后被处死的威胁。之所以会有这种处境，当事人极有可能冒着风险，干了违法乱纪的事，也可能得罪了人被人陷害。若要避免这种恶果，只有在源头上及早预防。

此爻以投入监牢的囚犯作比喻，来说明人们涉险后可能出现的结果，风险很大，但也有一线生机，关键看三年之内能否出狱。如果三年之内出不去，那么结果就不妙了；如果三年之内出来了，那么结果还算不错，也许是因为违法犯罪情节轻微，也许遇上了清官，冤案得以平反，甚至官复原职。上六已经处于习坎卦的尽头，到了该显示结果的时候了，爻辞正是反映了这种状态，其结果具有不确定性。这与西伯姬昌被商纣王囚禁的情形非常接近，他随时面临着死亡的威胁。

"凶"字具有极强的警示意义：一是千万不要去做违法乱纪、伤天害理的事；二是如果已经做错不可挽回，那么要正确处置，不要错上加错；三是如果是蒙冤的，那么要抓紧时间，主动作为，力争在三年内寻找平反昭雪的机会。

从习坎全卦看，初六、上六两头为凶，中间四爻多为无咎。初六是进入坎坷曲折困境的前奏，倒霉厄运将要发生时情况当然是凶的；陷入艰难岁月之后，只要按照易理处置，情况终究是可以控制的；到了上六将要结束这段艰难时世的时候，有两种可能，一是因问题解决而终结，二是因生命终结而终结。因此上六之凶是附条件的，超过三年如果仍然得不到释放，后果将十分凶险。

　　"系用徽纆"、"丛棘"取象于巽卦。若上六发生爻变,则上卦变为巽卦,巽为绳直,与系、徽纆意思吻合;巽为木,丛棘属木科,两者意思吻合。

　　《象》曰:"上六失道,凶三岁也。"
　　【译文】小象说,上六的行为丧失道德规范,凶险将持续多年。

第三十卦 离卦的附丽之道

【离卦】

【白话经文】

离卦,适宜、正固、通达。蓄养母牛,吉祥。

初九,步履交错,有燃眉之急。恭敬对待,没有灾祸。

六二,黄色之明,最为吉祥。

九三,面对斜阳之明,若不敲击瓦瓮歌吟,到了耄耋之年就会徒生叹息,凶险。

九四,不孝子突发谋逆,该处焚刑、死刑或流放之刑。

六五,呈现痛哭流涕泪水滂沱之状,忧愁嗟叹的样子,吉祥。

上九,受君王指派出征作战,灭敌首获得奖赏,俘获敌人,没有灾祸。

【经文原文】

离,利、贞、亨。畜牝牛,吉。

初九,履错,然。敬之,无咎。

六二,黄离,元吉。

九三,日昃(ze4)之离,不鼓缶(fou3)而歌,则大耋(die2)之嗟(jie1),凶。

九四,突如其来如,焚如,死如,弃如。

六五，出涕沱（tuo2）若，戚嗟若，吉。

上九，王用出征，有嘉折首，获匪其丑，无咎。

【解读序言】

离卦位列周易第三十卦，为上经最后一卦。《序卦传》说："陷必有所丽，故受之以离。离者，丽也。"序卦传说，坎卦代表人或事物陷入深坑，要摆脱深陷的困境就必须有所依附或凭借其他事物，因此周易在习坎卦之后安排了离卦。离就是附丽、依附等意思。《杂卦传》说："离上而坎下也。"杂卦传说，离火火焰向上，坎水水润地下。这与《尚书·洪范》中的"火炎上，水润下"的观点相同。同时，"离上而坎下也"也可以理解为太阳冉冉升起，月亮渐渐落下的情景。因为离为日，代表太阳；坎为月，代表月亮。它反映了早晨旭日东升，月亮隐没的景象。

周易上经部分主要描述了天地自然的交互融合、产生万物和演化发展的过程。侧重点在于揭示万物是如何产生的？人类怎样赖以生存？如何持续繁衍发展？分别关涉哲学的有关问题，即人是从哪里来的；人来到世界上干什么（生命的意义）；人们如何生产生活（生产方式、生活方式）等等。周易由乾坤开启天地大门，继而乾坤发生交互融合，产生万物，包括人类自身，周易上经最终以习坎、离卦作为乾坤交互的产物作为上经的终结。

在我国人类远古历史上，曾经发生过两次大规模的洪水灾害。一次发生在华胥氏时期，其后代为伏羲和女娲，传说洪灾过后地球上只剩下他们兄妹俩，因此才有女娲炼五彩石补天的神话，可见那次特大洪水对人类造成的灾难是毁灭性的。第二次大洪灾发生在舜禹时期，禹的父亲鲧因治水不力丢了命，而大禹却以三过家门而不入的敬业精神，历尽艰险终于成功地完成了治水大业。

在《圣经》中也记载了诺亚方舟的故事，可以用来印证古代曾经发生过的世界性大洪灾。这就是为什么周易自第三卦屯卦开始，接着蒙卦、需卦、讼卦、师卦、比卦等连续六个卦都有坎水的原因，如水雷屯、山水蒙、水天需、天水讼、地水师，水地比。从中也可以看出，天地分别与水相融合的鲜明特点。

水灾给人类毁灭性打击的恐怖记忆太深刻了，以至于代代相传，谈水色变，突出强调了水的危险特征。这也许是称坎纯卦为"习坎"的原因之一，以此显示出它的与众不同，而其余七个纯卦均与经卦同名，只有一个字。

屯卦是事物始生状态，也指长子创业的故事，引申为建立诸侯基业或年轻人创业；蒙卦是启蒙教育，摆脱蒙昧无知状态；需卦是人们为了生存，探险解决生活所需；讼卦反映在获取生活资料过程中，因资源匮乏发生争讼；师卦反映争讼协商未果，以战争武力解决矛盾；比卦反映由战争敌对状态走向睦邻友好。这六个卦都是围绕人们的生存来进行安排的。

接着，小畜卦反映人们稍有积蓄；履卦反映基本解决温饱后，人们开始讲求礼仪了，从物质需求延伸到精神需求；泰卦反映社会进入初步安泰局面；否卦反映社会因安泰放松警惕，导致上下出现阻塞状态；同人卦反映加强民族团结与协作；大有卦反映物质财富的明显积聚；谦卦反映只有保持低调谦虚，才能保持大有局面，正所谓满招损、谦受益，和气生财；豫卦反映为人处世要有前瞻性和预见性。

随卦反映人们如何追随君子或老大的问题；蛊卦反映追随过程中容易出现蛊惑人心的弊端；临卦反映如何君临天下，面向百姓，治国理政；观卦反映如何观察社会民风和事物情态；噬嗑卦反映破解社会治理中的顽症和实行法治问题；贲卦反映由装饰美化引申出加强社会文化建设问题；剥卦反映事物朽蚀脱落现象和社会防治腐败问题；复卦反映对剥落事物的修复和社会如何复兴问题。

无妄卦反映事物发展过程中的意外事件，有无妄之灾，也有无妄之福，出现概率不高，但都是生活的组成部分；大畜卦反映财富的大量蓄积；颐卦反映人们的物质颐养和精神涵养问题；大过卦反映有了钱、吃饱了饭，容易犯大过；习坎卦反映人们生存过程中面临着曲折和风险的考验；离卦反映政权继承中的革故鼎新问题。

如果说周易上经侧重从国家社会的角度，探讨人类的产生、教育、生存和安全问题；那么到了下经，则侧重从家庭个人角度，探讨个人自身发展规律，以及与他人之间错综复杂的社会关系问题。从咸卦少男少女恋爱、恒卦男女青年成家立业，到家人卦建立人伦秩序、睽卦产生家庭矛盾；再从渐卦婚姻"六礼"步骤、归妹卦少女远嫁长男的特殊婚姻问题，再终到既济卦首轮创业完成、未济卦新一轮创业再起航。从中可见，家庭婚姻内容占居较大篇幅。而个人作为家庭婚姻的主体更是下经探讨的重点问题，比如，遁卦、大壮卦；晋卦、明夷卦；蹇卦、解卦；萃卦、升卦；困卦、井卦；丰卦、旅卦；中孚卦、小过卦等多对综卦或错卦，着重从个人角度反映了人生事业的顺逆、得失、苦乐等轨迹和遭遇。

当然这种划分是相对的，不能绝对化。《易经》本身就是个有机整体，你中有我，我中有你；阴中有阳，阳中有阴。上下经的划分只是种形式，形式是要为内容服务的。划分的目的是为了帮助人们更好地理解义理，而决不能割裂和损害义理。

【卦名含义】

《古代汉语词典》解释：离，鸟名，黄莺，离也作"鹂"；分开，分散，引申脱离，离开；割裂，断绝，引申离间，又绝交；差别；陈列，引申为并列；经历；大琴；八卦之一，象征火，六十四卦之一，象征光明；离（li4），通"丽"，附著、依附；离（li4），月亮运行的轨道等等。据《说卦传》：离，丽也；离为雉；离为目；离为火，为日，为电，为中女，为甲胄，为戈兵；其于人也，为大腹；为乾卦，为鳖，为蟹，为蠃（luo3），为蚌，为龟；其为木也，为科上槁（gao3）。"科上槁"是指树干上光秃秃的，没有枝叶，表达了枝叶已脱离树干而去的意境。在古籍中离卦常被解为牛。此外，在《易经》中离还有罗网之意。

可见，离的涵义非常丰富。主要是太阳、依附、光明、美丽，包含着离开的意思。离代表太阳，许多意思都是从太阳中引申出来的。比如，太阳是光明的，太阳是美丽的，太阳从东方升起那刻开始，便逐渐离开东方，向西方移动。与此同时，太阳每天由东方升起，从西边下山，这一轨迹始终没有改变，因此太阳必须依附于这条看不见的轨迹。太阳悬挂空中，也可理解为太阳依附于浩瀚的天空。离开与依附这对矛盾在太阳刚健运行中得以统一。

由太阳火红引申出火的意思，燃烧着的火是光明的，火焰是热烈绚丽的，火焰也呈现出附依和分离的对立统一。火必须依附于被燃烧的物质才能维持燃烧状态，灯火必须依附于灯芯，篝火必须依附于火把，灶火必须依附于柴草。一旦把火焰与燃烧物完全隔离，那么火焰也就不复存在了。火的分离之义是指火焰与燃烧物之间存在着一定空间，火焰在这个区间的温度相对较低，看起来火焰貌似游离于被燃烧的物体，事实上又是离不开的。从太阳、火的这些特性可见，离卦蕴含着对立统一的规律，附中有离，离中有附，既相互排斥，又相互依存，两者相辅相成。

由美丽的太阳引申出美丽的鸟，雉鸡是漂亮的，黄鹂也是漂亮的。人的漂亮也体现在眼睛上，同时眼睛的黑眸与眼白是分离的，眼睛呈现出"白—黑—白"的结构；如果将白视为阳，黑视为阴，那么眼睛就是"阳—阴—阳"结构，恰好与离卦卦形完全吻合。为什么离卦代表甲胄（zhou4，盔，古代作战时戴的帽子）、戈兵？这是因为将士的铠甲披挂在身体前后，铠甲是硬的，身体是软的，形成了硬、软、硬的组织结构，与离卦卦形吻合。由铠甲可以引申出戈兵的意思，身着铠甲当然是为了打仗，打仗需要兵器，戈兵指的是像长矛一类的兵器。

　　为何离卦为乾卦，一是，乾是天，离是日，天、日意思关联紧密，在后天八卦图中离卦的位置，正是先天八卦图乾卦的位置；二是，乾（gan1）是干的古体字，离为火为日，火烤日晒使物体干燥，因此离卦是干燥的卦。鳖、蟹、蠃（luo3）、蚌、龟等水产品的身体结构特点，与离卦卦形非常相似，甲背、甲腹都是硬壳，中间肉身是软的。古籍中为何把离卦解释为牛，这是因为离卦是乾坤交互而成的产物，中间阴爻代表坤卦，由坤为牛引申出离为牛，离卦作为乾坤的后代自然具有父母的基因，这就不难理解为什么会"离为乾卦"和"离为牛"了。同时，坤为母，为腹，母腹是子女的来源地；离卦为阴卦，离为大腹，可见离卦与坤卦有诸多共同特征，既然坤为牛，自然离也可代表牛了。火字是由离卦卦符演变而来。两边两点原先代表两个阳爻，中间人字代表折断的横划，表示阴爻，火字"阳—阴—阳"的结构与离卦卦形吻合。

　　离有网罗之义。《系辞下传》说："作结绳而为罔罟（gu3，鱼网），以佃（dian4，耕作）以渔，盖取诸离。"意思是说，用绳索编结成罗鸟捕鱼的网，一边开展农业耕作，一边开展渔业捕捞，大概是受离卦启发的结果。可作两方面理解：一是离卦卦形像一张张开的网，离本身就有鸟的意思，既然可以用来捕鱼，当然也可以用来捕鸟，还可以用来捕兽。二是罗网的实物结构与离卦卦形相吻合。罗网的两边通常由竹木条或金属丝制成，便于抓握，如果用缆绳将其穿起来便形成罗网的纲，因而两边用阳爻；罗网中间的网眼部分是丝绳组织，是软的，用阴爻表示。

【卦象寓义】

一、太阳重升之象。"明两作"是大象所反映的自然景象。太阳是人类生活的主要光源，阳光照射大地，给人间带来光明，此"明"引申指太阳。可以理解为，太阳每天重复升起。"两"既是实指，指本卦上下两个离卦；又是泛指，指太阳日复一日, 循环往复, 永不停息。

二、君主继位之象。 如将太阳重升之象表现出来的日以继日原理, 应用到人文社会领域, 便得到君主继位之象。通常, 百姓用太阳代表领袖、君王、诸侯或部落首领。如, "东方红, 太阳升, 中国出了个毛泽东", 人民敬仰毛主席, 将他视为红太阳。在古代, 百姓痛恨夏桀: "时日曷 (he2) 丧, 予及汝偕亡。" 时, 通 "是", 指示代词, 这个。曷, 通 "何", 什么时候。亡, 消失、消亡, 引申为死亡。这两句话的意思是说, 这个太阳何时死啊, 我与你同归于尽算了。好领袖是红太阳, 坏君王也用太阳来代表。因此, 太阳一个接着一个, 每天轮替; 用它来比喻政权更迭, 就表现为新旧君主的继位和更换。

三、革除故弊之象。 离卦中蕴含着一个革卦。革卦上卦为泽, 下卦为火, 称其为泽火革。在离卦中, 上交互卦为兑卦, 兑为泽; 下卦为离卦, 离为火, 两者构成革卦。革卦有泽下有火之象, 可理解为湖泽底下火山爆发, 这是大自然的灾害性变动。革卦还有火烧泽水之象, 它反映了皮革的制作过程。先将水烧开, 再把刚剥的牛皮、羊皮、猪皮等在沸水中浸泡, 去毛洗净, 然后经晾干和软化处理, 最终制成坚实的皮革产品。皮革制作过程就是材料的变革过程。将革卦原理应用到人文政治和社会生活领域, 表现为社会革命和制度变革, 如武装革命、暴力革命、改朝换代、体制改革、政治改革、经济改革、机构改革等等。革卦寓于离卦之中, 预示着君主继位问题往往与革命或变革联系在一起。

四、鼎立新政之象。 离卦中蕴含着一个鼎卦。鼎卦上卦为火, 下卦为风, 称其为火风鼎。在离卦中, 上卦为离卦, 离为火; 下交互卦为巽卦, 巽为风, 两者构成鼎卦。鼎为大锅, 用于烧煮饭食, 烹饪菜肴。上卦离卦为火, 用火烧菜做饭; 下卦巽卦为木, 用木烧火。同时鼎又是国家权力的象征, 比如大禹制九鼎, 象征统治天下九州; 楚庄王问鼎中原, 反映了其试图代周号令天下的野心。鼎卦寓于离卦之中, 表明新君继位之后, 需要建立巩固新的政权体系和制度体系。

五、日月映照之象。 据《说卦传》, 离为日, 坎为月。上下、内外、主客均为离卦, 代表太阳, 因此太阳的特征在离卦得到充分展现。同时, 离卦中也包含着坎卦要素。如果将离卦的三四爻视为一个大阳爻, 那么六二至六五就构成了坎卦, 坎代表月亮。因此, 离卦中同时存在着日月之象, 一个以明的方式存在, 一个以隐的方式存在。一阳一阴、一刚一柔、一明一暗, 构成日月对立统一的太极, 呈现出日月映照之象。

六、**两火叠加之象**。离为火，离卦就像上下两堆熊熊燃烧的烈火，光辉灿烂，火红炽热，竞相释放着火焰和能量。火有炎上的特点，将其应用到人文社会领域，象征热情奔放、积极进取。但是凡事都有两面性，火可以造福于人类，也可以危害人类。水火无情，水的危险性在习坎卦中得到充分体现，而火的危险性也是显而易见的。可见，火本身就是一个阴阳合体的太极。因此，要充分发掘火的积极因素，同时谨防火的危险因素。

七、**两阳附阴之象**。离卦上下均为离卦，从单个离卦的情况来看，两边两个阳爻，中间一个阴爻。两边力量刚健强大，中间相对柔弱空虚。阴爻力量虽弱，但能居中，表明其道德品行好，能够坚守中道，彰显阴柔之美，对两个阳爻具有很大吸引力，两个阳爻正因为依附于中间阴爻，才使得阴阳相得益彰，绽放美丽。离卦的卦形揭示了火的特性，火必须依附于一定介质才能存在，一旦介质消失，火也就一并消失。这说明阴阳是不可分离的，"分离"本身就是离卦之"离"的基本意思之一，分离与难以分离在离卦中是同时存在的。

八、**天罗地网之象**。上卦代表天，下卦代表地。而离卦有罗网的意思，离卦卦形酷似一张捕猎的大网。为此，可以将离卦视为天罗地网。一是可以理解为作为劳动捕猎工具的具体罗网；二是作为覆盖天地的抽象罗网，可以理解为将文明火种和文化光源像撒网一样笼罩天下，传遍世界的各个角落。

九、**如日中天之象**。据《说卦传》，离为乾卦。这是指在后天八卦图中，离卦的位置在正南方，相当于先天八卦图中乾卦的位置。乾为天，离为日，因而乾卦与离卦关联密切，就像天空中悬挂着太阳。坐北朝南是风水学中的理想方位，面南而治也是古代百姓对君王的期盼，因为南面代表太阳的位置，代表最光明的方位。同时，就一天十二时辰看，离卦正是午时，正午恰恰是太阳最明亮最温暖的时候，因而人们常用如日中天来形容人生事业到了颠峰状态。六二爻辞"黄离"正好反映了正午之阳绽放金色光芒的情形。

十、**清明治世之象**。由于离卦是乾坤交互而成的产物，因此离卦兼有乾坤两卦的特征。一是离为乾卦。《说卦传》说，离为日，为乾卦，这是因为太阳悬挂于天，是天体中的主角，因而从这种意义上讲乾即是离、离即是乾，此时突出了离的正大光明、刚健有力、积极进取的特征。二是离为坤。《说卦传》说，离为大腹，即怀孕之女；坤为腹，坤为母，也属怀孕生子之意。从这个意义上讲，离即是坤、坤即是离。乾为天，坤为地。若将上离视为坤，下离视为乾，两者即构成泰卦,为国泰民安的治世之象。当然如果上下换位,则变为否卦,这是应当努力避免的乱世之象。

十一、乾坤交合之象。周易上经始于乾坤天地,终于习坎离日月。习坎、离卦可视为乾、坤两卦发生交互作用之后形成的产物。《说卦传》说,乾,天也,故称乎父;坤,地也,故称乎母,震一索而得男,故谓之长男,巽一索而得女,故谓之长女;坎再索而得男,故谓之中男,离再索而得女,故谓之中女;艮三索而得男,故谓之少男,兑三索而得女,故谓之少女。可见,坎卦先天为坤体,与乾卦发生交互作用后,以乾卦的阳爻作为其中爻;离卦的先天为乾体,与坤卦发生交互作用后,以坤卦的阴爻作为其中爻。习坎卦、离卦体现了阳中有阴、阴中有阳的乾坤交互与融合,反映了天地生万物的客观规律。

十二、家人兴旺之象。离卦中蕴含着一个家人卦。家人卦上卦为风,下卦为火,称其为风火家人。在离卦,下交互卦为巽卦,巽为风;下卦为离卦,离为火,两者构成家人卦。家人卦有风吹火旺、点火燃木之象。表明火是家庭生活的重要元素,一天三顿饭离不开火,古代天寒取暖也离不开火,人们常用红红火火来象征家庭生活的丰富多彩,兴旺发达。家人卦寓于离卦之中,反映了人们对家庭幸福生活的美好愿望和积极追求。

十三、主客不应之象。下卦是主卦,上卦是客卦。离卦的主卦、客卦都是离卦,三对爻都没有正应,阳爻对阳爻,阴爻对阴爻,相互之间没有配合与协调,阳爻之间的对立可能激化矛盾;阴爻之间虽然没表现得那么尖锐,但也彼此对立,没有感应,没有沟通交流和配合协调。八个纯卦都存在着类似的问题。主客不应状态对于主客双方都将产生不利影响,这是双方开展行动时需要注意克服的问题。

十四、上下睽违之象。离卦中蕴含着一个睽卦。睽卦上卦为火,下卦为泽,称其为火泽睽。在离卦,上卦为离卦,离为火;上交互卦为兑卦,兑为泽,两者构成睽卦。睽卦有二女反目之象。在家庭中,女儿之间的关系是难以处理的,尤其是少女与中女的关系最难处理。少女在上,中女在下,是泽火革,变革意味着矛盾尖锐,充满风险。少女在下,中女在上,即是睽卦情境。可理解为少女在内主持家政,中女在外从事生产劳动,少女可爱但任性,中女漂亮却自负,两者互不服气,互不相让,容易发生谁也不理谁的睽违状况。睽卦寓于离卦之中,表明在家庭生活中要注意处理好成员之间的关系,积极预防睽违现象的发生。

十五、内外光明之象。下卦是内卦，上卦是外卦，上下皆为离卦，离为光明。如果将离卦视作一个单位，那么可理解为单位内部，以及与其关联的合作伙伴、行为对象、周边环境、外部条件等都呈现出光明的特征。光明就代表不黑暗，表明其行为没有见不得人的地方，光明磊落，表面如一。因此，离卦可理解为内外君子关系。君子坦荡荡，小人常戚戚。只要内心充满光明，其行为就会绽放诚信之光，这样的人都是值得敬重的。

十六、火火比和之象。在八卦与五行关系中，金、木、土分别有两个卦与其对应，只有水、火是一一对应，坎卦对应水，离卦对应火。由此表明水、火概念集中明确，特征非常明显，与八卦坎离具有高度契合性。水、火是人们日常生活中每天离不开的物质。离卦上卦下卦均为五行之火，星星之火，可以燎原。两者叠加呈现出强化扩大效应，两小火叠加变成中火，两中火叠加变成大火，两大火叠加变成火海。如果将离卦视作一个单位，那么其内外、上下关系呈现出火火比和之象，资源、人力、财力、物力等要素将得到规模化增长，如同熊熊火焰兴旺发达，势不可挡。

【关联卦画】

离卦与坎卦是一对错卦。错，是交错，两个卦相对应的爻呈现出阴阳交错关系，即两个卦所对应的爻都是相反的。错卦反映了事物的对立统一关系。在大自然，水与火是两大基本物质形态，水火不相容，在五行相生相克关系中，水能克火，同时它们又是相辅相成的，在不同条件下可以表现出不同的交互结果。火在水之上是未济卦，表明行为尚未完成，通常水上之火是难以燃烧的，这时水火是相克的；而水在火之上却是既济卦，表明行为已经完成，比如，把盛水的壶在炉火上烧，烧开后人们可以喝上热水热汤，这时水火是相济的。无论是离卦含义中的依附与离开，还是水火的相克与相济，都透视出对立统一的辩证法思想。

离卦的交互卦是大过卦。如果去掉离卦的初九和上九，用剩下的中间四个爻重新组成一个卦，上三爻兑卦为上卦，下三爻巽卦为下卦，其中中间九三九四为上下卦皆有，显示了交互的含义，这个卦就是大过。因上卦为泽，下卦为风，称其为泽风大过。这说明离卦内部蕴藏着犯大过的风险因素。这是潜在危险，如果懂得这一易理，思想重视，谨慎防范，就能消除这一危险因素。如果听之任之，放任自流，那么出现大过的概率就非常高。习坎卦的交互卦是颐卦，离卦的交互卦是大过卦，习坎卦、离卦前后排列；颐卦、大过也前后排列。这种卦画排列中的先后次序，反映了事物发展中的逻辑规律。颐卦是讲养生的，吃饱穿暖后很容易犯大过，这就很好理解为什么有"吃饱了撑的"说法了；水的风险过后很可能会出现火的风险，因此也就有耳熟能详的水深火热之说。

习坎、离卦与既济、未济卦是近亲。习坎卦是水水相叠，离卦是火火相加；既济卦是水火结构，未济卦是火水组合。四个卦的基本元素是水火，它反映了水与火的辩证关系。习坎卦、离卦是周易上经最末的两个卦；既济卦、未济卦是周易下经最末的两个卦。其关联性体现在：一是都是水火作为基本元素；二是反映了水火相互关系；三是在周易安排上体现了位置的对应性；四是揭示了事物由分散到融合的发展规律，上经水火是分开的，到了下经水火实现了融合。

【卦辞象辞】

〖卦辞〗

"离，利、贞、亨。畜牝牛，吉。"

【译文】"离卦，适宜、正固、通达。蓄养母牛，吉祥。"

畜，通"蓄"，蓄养，饲养。牝牛，即母牛。卦辞用来说明离卦主题思想。蓄养母牛是一个比喻，母牛可以生产小牛或牛奶，能够给主人带来财富效益，但对"畜牝牛"不能作狭义的理解，不仅指采用类似蓄养母牛的生产生活方式，更主要的是指要像母牛怀小牛一样，蓄养自身的品德修养。

〖象辞〗

《象》曰："离，丽也。日月丽乎天，百谷草木丽乎土。重明以丽乎正，乃化成天下。柔丽乎中正，故亨，是以畜牝牛吉也。"

【译文】象传说，离，就是依附的意思。太阳月亮依附于天，庄稼草木依附于土地。多重光明依附于正道，这样方能成就天下教化。阴柔依附于中正之道，因而通达，所以像母牛怀小牛般蓄养德行是吉祥的。

丽，《古代汉语词典》相关解释有两个，一是两相并连，成对。《周易·

兑》："丽泽兑,君子以朋友讲习。"二是附着,依附。

【大象之辞】

《象》曰:"明两作,离。大人以继明照于四方。"

【译文】大象说:"光明两次出现,是离卦所反映的自然景象。大人受此启示应当继承光明之德,照耀四方百姓。"

　　大人,泛指有大德、大能、大智慧的人,或者是有大德、大位、大权力的人。无德之人那怕是位高权重,仍免不了小人角色。两,泛指重复、多次。通常大象中多以"君子"作为主体,但此象却用"大人",这是由离卦的特殊情境所决定的。离卦卦象之一是君主继位之象,也可以拓展至诸侯继位,部落首领继位,单位一把手更换等,这些当事人的共同特点是大权在握。君子侧重于品德高尚,但不一定拥有权力;而大人则要求品德过硬并且往往握有重权。总之,大人应该是君子,但君子不一定是大人。

【爻辞小象】

"初九,履错,然。敬之,无咎。"

【译文】"初九,步履交错,有燃眉之急。恭敬应对,没有灾祸。"

　　错,交错、错杂。履,步履,行走。然,通"燃",与离为火意思吻合。"燃"本为"然",意思是用火烧烤犬肉,也包括烧烤其他禽兽之肉。后来用烧烤后的禽兽模样固化,不再活龙活现,引申出"什么的样子",这时含义发生了演变,于是只好加个"火"字旁,来表示原先燃烧的意思了。这种鸠占鹊巢的现象在古代文字中并不鲜见。如,它与蛇,孚与孵,益与溢,莫与暮,畜与蓄等。此爻的"然",为烟薰火燎,心急如焚,事情紧急,火烧眉毛,引申为有燃眉之急。

　　不少版本将此"然"解释为"什么的样子",未必妥当。《易经》中的"什么的样子"通常用"如"、"若"来表示,例如本卦九四用四个"如",六五用两个"若","然"作为"什么的样子"的意思,大约是《诗经》之后才出现的。敬,恭敬。有人说,敬通"谨",也说得通,意思相近,恭敬的心态也是谨慎的心态,谨慎的心态所表现出来的形式近似恭敬的心态。

步履交错或错乱属非正常行走方式。之所以出现步履错乱，背后有多种原因，或身负重物，肩扛背驮，步履摇晃；或遇上急难之事，烟熏火燎，走路慌乱；或身患疾病，头重脚轻，脚步蹒跚；或喝醉了酒，东倒西歪，踉踉跄跄，等等。总之，由于外力因素，此时当事人无法完全控制自己的步履。此时可有两种选择，一种是毫不在乎，继续冒冒失失、跌跌撞撞地走着，不能说一定会出事，但出事的概率会比较高。另一种态度就是该爻所提示的"敬之"，采用比平时更加恭敬和谨慎的态度，小心翼翼，诚惶诚恐，战战兢兢，如履薄冰，正所谓小心驶得万年船，这样就能远离灾祸。

将上述情形移植到年轻人身上很有教育意义，由走现实之路提升到人生之路，可以得到深刻启迪。年轻人涉世不深，急于求成，步态不够稳健，步履容易错乱，难免走点弯路。如果懂得用恭敬心态去纠偏，就可避免不良后果，就能越走越实越稳。初九阳爻居阳位，当位，表明其行为举止得当。初九与九四没有正应，得不到来自上层的帮助，因此只能靠自己调整心态，解决困难和问题。

离卦与履卦内容有关联。离卦爻辞："初九，履错，然。敬之，无咎。"其中的"履"字与履卦卦名相同。同时，离卦初九爻辞与履卦九四爻辞在内容上非常相似。履卦："九四，履虎尾，愬愬，终吉。"九四踩到了老虎尾巴，情况危急，情形相当于离卦初九的"然"之含义；履卦"愬愬"相当于离卦"敬之"，履者，礼也，敬之也是讲求礼义规范；履卦"终吉"近似离卦"无咎"。

"履"取象于离卦爻位。如果将全卦看成一个人的身体，那么初九即为人体的脚足部位。

"错"、"然"取象于离卦。下卦为离卦，离卦与坤卦联系紧密，坤为腹，为母，为文；离为大腹，离，丽也，丽为依附、附丽，同时也兼有文、花纹、纹路等意思，步履交错即表现为足迹纹路与平常不同。然，通"燃"，与离火有直接关系。

《象》曰："履错之敬，以辟咎也。"

【译文】小象说，步履交错之时采用恭敬的态度，是为了避开灾祸。

辟，通"避"。

"六二, 黄离, 元吉。"

【译文】"六二, 黄色之明, 最为吉祥。"

黄, 黄色, 金黄色, 指阳光的颜色。元吉, 在周易中"吉"分为三个等级, 元吉、大吉、吉, 元吉等级最高。黄色还是土的颜色, 在我国古代象征皇权, 属朝廷御用颜色, 尊黄为贵重之色。在五行方位图中, 土居中, 代表土为五行之基础, 与其他元素最容易协调。在五色中, 黄色是五色之基础, 与其他颜色最容易搭配。六二之"离", 取其卦德"明"的意境, 离为日, 指太阳, 光明之源。离字本身就包含光明美丽之意, 火焰大多呈现黄色, 黄与离结合在一起, 呈现出阳光的和谐之美。

六二是下卦中位, 也是基层领导之位, 居中有德, 意味着六二道德品行优良, 能够坚守中道, 主持公平正义, 不偏不倚, 公允对待每个人, 这是其元吉的主要原因。"黄离"的内涵正是对六二道德品行的高度概括, 如日中天, 阳光普照, 没有偏袒。只要按照"黄离"要求去做, 结果最为吉祥。六二阴爻居阴位, 当位, 表明其行为举止适当。六二与六五没有正应, 说明两者不能相互配合与协调, 可理解为小环境是协调的, 而大环境却不协调。或者说上下、主客、内外各方内部是协调的, 但彼此之间是不协调的。

"黄"取象于六二爻位、坤卦和离卦方位。其一, 六二为下卦中爻, 黄为中和之色。其二, 离卦是乾卦与坤卦交互的产物, 因此离卦具有坤卦的某些特性, 比如, 坤为腹, 为牛, 为子母牛; 离为大腹, 古籍中常将离卦解释为牛。坤为土, 土的颜色为黄色, 黄离之"黄"与土的颜色有关。在后天八卦图中, 离卦位于南方, 是先天八卦中乾卦的位置, 离卦在十二时辰中为午时, 因此离卦为正午之阳, 阳光为金黄色。

《象》曰: "黄离元吉, 得中道也。"

【译文】小象说, 黄色之明最为吉祥, 因为它深得中正之道。

"九三, 日昃 (ze4) 之离, 不鼓缶 (fou3) 而歌, 则大耋 (die2) 之嗟 (jie1), 凶。"

【译文】"九三, 面对斜阳之明, 若不敲击瓦瓮歌吟, 到了耄 (mao4) 耋之年就会徒生叹息，凶险。"

昃（ze4），太阳西斜。鼓，击鼓，此处用作动词。缶（fou3），瓦器，大腹小口，有盖，两边有环，用来盛酒汲水。耋（die2），年老，多指七八十岁。耆（qi2）是六七十岁，耄（mao4）是八九十岁，期颐（qi1 yi2）是百岁。日昃之离，是西斜太阳的光明，夕阳西下，时不我待，夕阳无限好，只是近晚昏。古人吟唱歌咏时多数不具备音乐伴奏条件，于是以敲瓦器作为伴奏。"歌"字在古代的词义是：歌唱；歌咏，歌颂；歌曲，能唱的诗；作歌，作诗等。与现代唱歌有所区别，词义较现代唱歌更加广泛。

此爻用日薄西山来比喻桑榆晚年，余日不多，多少令人伤感。此爻提示老年人不要因为来日无多而闷闷不乐，郁郁寡欢，如果任由这种伤感、自悯、消极情绪蔓延和侵扰，后果就可能是凶险了。因此，老年人要坦然面对现实，平和心态，顺其自然，老有所乐，老有所为，老有所学，该敲击瓦瓮吟歌就吟歌，尽情体验和感受人生的乐趣，这样才能化解凶险。

此处的"凶"，如同高速公路上的一个危险标志碑，告示人们此处危险，谨慎驾驶，从而取得趋利避害、逢凶化吉、遇难呈祥的效果。不妨学一学孔子"发愤忘食"、"乐以忘忧"、"不知老之将至"的豁达心态。老年人该吃则吃，该喝则喝，该玩则玩，该歌则歌，该做则做，该行则行，不给自己留下遗憾。九三阳爻居阳位，当位，表明其行为举止得当。九三与上九没有正应，得不到上九的支持，只能是自力更生，自娱自乐，自得其乐。

《庄子·至乐》写道："庄子妻死，惠子吊之，庄子则方箕踞鼓盆而歌。"意即庄子妻子去世了，施惠去吊唁，而庄子则像方形的簸箕一样坐在地上敲击着瓦盆而歌。有学者认为庄子"鼓盆而歌"与本爻辞"鼓缶而歌"不是一回事，而我认为其实是一回事。争议只是"盆"与"缶"之别。现代的盆大多为金属制品，但古代的盆大多为陶瓦制品，金属盆器只有皇家宫廷或巨富大贾才能拥有，庄子家贫，不大可能有金属器皿，敲击瓦盆符合其生活状态。笔者少时生活在乡下，使用瓦盆相当普遍。尽管缶的典型形象是大腹小口，但从广义上讲缶与瓦盆可视为一个系列，击打的音效功能基本相同，更何况庄子精通《易经》，对鼓缶而歌不会陌生，因此做出这一举动也在情理之中。

"日昃"取象于离卦和爻位。离为日，代表太阳。下离卦三个爻，初九代表早上,六二代表中午,九三代表晚昏,太阳西斜即为日昃。

"鼓缶而歌"取象于震卦和艮卦。若九三发生爻变,则下卦变为震卦,下交互卦变为艮卦。震为仰孟,与缶形状相似。震为动,为鸣,为木,引申为用木棍击缶发出声响。艮为手,即用手击缶。

"歌"、"嗟"取象于兑卦。离卦的上交互卦为兑卦,兑为口,歌、嗟皆自口出,而九三恰好在兑卦的初爻。同时,兑为毁折、损坏,引申为受到伤害、发生伤感,因此嗟叹。

《象》曰:"日昃之离,何可久也?"
【译文】小象说,斜阳之明,怎么能保持长久呢?

"九四,突如其来如,焚如,死如,弃如。"
【译文】"九四,不孝子突发谋逆,该处焚刑、死刑或流放之刑。"

如,什么的样子。成语突如其来出于此。突如其来之"突",《说文》解释:"~,不顺忽出也。从到(通"倒")子。《易》曰:'突如其来如。'不孝子突出不容于内也。"突的古字写法有点像"去"字去掉上面一短横,形状与"子"字倒过来,表示逆子、不孝之子的意思。由于逆子发生政变的行为具有突发性,因此后来突的主要意思变成了突发、突然、忽然等义,原字被"突"替代。"突"为"穴+犬",意即一条狗冷不丁从狗窝中蹿出来,事发突然,把人吓一跳,而它的不孝逆子的原义反倒被人们淡忘了。

九四阳爻居阴位,行为过于刚猛,就像太子迫不及待地企图通过政变实现继位。按周礼,子弑父处以焚刑,杀人处以死刑,若受宽大处理则发配流放。类似的政变行为在古代司空见惯,有成功的,也有失败的,胜则王侯败则贼,结果正如爻辞所述,最终受到了严惩。九四与初九没有正应,表明其行为得不到来自基层的支持。

"突如其来如"取象于震卦。若九四发生爻变,则上交互卦变为震卦,震为长子,引申为太子。同时,震为雷,上卦为离卦,离为火,为日,为电,天空中挂着太阳,突然电闪雷鸣,晴天霹雳,具有很强的突发性。

"焚如"取象于离卦。上下皆为离,离为火。

"死如"取象于兑卦和坎卦。离卦的上交互卦为兑卦,兑为毁折,引申为政变失败被处死;若九四发生爻变,则下交互卦变为坎卦,坎为血卦,引申为遭受血光之灾。

"弃如"取象于离卦。上卦为离卦,离有脱离、离开之意,引申为放弃、丢弃、抛弃、流放等意。

《象》曰:"突如其来如,无所容也。"
【译文】小象说,不孝逆子突然跳出来,这是天理难容的事情。

无所容,就是没有地方可以容纳他那可耻的行为。

"六五,出涕沱(tuo2)若,戚嗟(jie1)若,吉。"
【译文】"六五,呈现痛哭流涕泪水滂沱之状,忧愁嗟叹的样子,吉祥。"

涕,眼泪、鼻涕。沱,泪下流。沱若,泪流如雨的样子。若,同"如",什么的样子。戚,忧,忧伤。嗟,慨叹,忧叹。六五为君王之位,阴爻居阳位,不当位,力量过于柔弱,是位柔弱君王,好在居中位,居中有德,能够坚守正道,内心光明,这是吉祥的根本原因。柔弱君王要治国安邦,就必须吸引并依靠九四大臣和上九大佬的配合支持。

君王能力不足,面对突如其来的政变或来犯之敌,只好示弱,以诚心博得上下的同情和支持,就像刘备遇上难事痛哭流涕、愁眉苦脸一样,自然有诸葛亮、关羽、张飞、赵云等主动替他解围,并愿为其置生死于度外,虽肝脑涂地而在所不惜。此爻给我们的启示是,当一个组织遇到灾难、危险和矛盾陷入困境时,首领要坚守正道,适当示弱,以诚感人,以情动人,也能凝聚人心,形成合力,共度难关,其结果反而是吉祥的。

从上九爻辞看,谈到了出征,作为一个柔弱君王通常不大可能主动侵犯别国,最有可能的情形是出于抵御来犯之敌的考虑,在迫不得已的情况下指派上九大佬出兵征战。不难想象这位君王在敌国大兵压境时,表现出来的那副惊慌恐惧、痛哭流涕和不知所措的窘态。

有种说法认为,此爻是指君王具有忧患意识,取生于忧患、死于安乐之义，所以结果吉祥。有一定道理，但有些牵强，用"戚嗟若"来表示忧患意识是合适的，但用"出涕沱若"来形容忧患意识并不恰当，能够引起"出涕沱若"的必定是大难临头的情境，应该是一种已经发生的现实性灾难，而不仅仅是一种潜在危险。六五与六二没有正应，得不到来自基层干部的支持。因此，这位君王忧愁主要来自四个方面，一是不孝之子谋逆篡位，让他后怕和伤心，这是内忧；二是敌国入侵，这是外患；三是自己能力差、性格懦弱，无能为力；四是与基层缺乏沟通，得不到理解和支持。

"出涕沱若"取象于离卦、坎卦和兑卦。涕为眼泪。上下卦均为离卦，离为目。眼泪为水。二至五爻构成大坎卦，坎为水，大坎为大水；上交互卦为兑卦，兑为泽，泽水也可指泪水。

"戚嗟若"取象于兑卦和坎卦。上交互卦为兑卦，兑，为毁折，为口，引申为受伤害挫折而哀声叹气。二至五爻为大坎卦，坎为加忧，为心病，与"戚"意思吻合。

《象》曰："六五之吉，离（li4）王公也。"
【译文】小象说，六五之所以为吉祥，是因为其依附于王公之位。

离（li4），通"丽"，依附，附丽等意。上九为宗庙之位，九四为诸侯之位，都是六五可依靠的力量。王公，"王"可理解为泛指先王、太上皇或退位君王等，"公"指诸侯群体，分公、侯、伯、子、男五等爵位，《易经》中常以"公"指代诸侯。

"上九，王用出征，有嘉折首，获匪其丑，无咎。"
【译文】"上九，受君王指派出征作战，灭敌首获得奖赏，俘获敌人，没有灾祸。"

王用，为君王所用，君王用他来做某事。匪，通"非"。丑，类，种类；不同类之人，指敌方将帅和士兵。按照《易经》揭示的事物发展规律，上爻往往呈现物极必反之象，但本爻并非如此。这是因为导致出现物极必反的因素，在本卦其他爻提前消化了，因而出现"无咎"结果，预示着离卦最终前景是光明的。《易经》追求的最高境界不是大吉 大利而应当是无咎,任何大吉大利都将会向反面转化,不可能长久,只有无咎才是可以做到持盈保泰的常态。无咎的意思是本来是有咎的,由于某种积极因素的出现,阻止了咎害的发生。

上九阳爻居阴位,不当位,表明其行为举止过于阳刚。本来这是缺点,可能带来咎害,但是在离卦君王柔弱的情况下,上九行为过刚反而是好事,再加上上九与六五呈现阳乘阴、阴承阳的合理组织结构,表明贤能大佬得到了君王的重用,用心辅佐君王治理天下,比如周公与周成王的关系,周公忠心耿耿辅佐成王,成王彬彬有礼敬重周公。上九与九三没有正应,两者不能相互配合和协调。

"王用出征"取象于离卦和震卦。离,为甲胄(zhou4,盔,古代作战时戴的帽子),为戈兵。即将士的盔甲和兵器。若上九发生爻变,则上卦变为震卦。震为足,为动,足动与出征意思吻合。

"折首"取象于离卦、爻位和兑卦。离,为科(枝条,通"棵")上槁(gao3,干枯),引申农作物的头部枯萎。此义与折首意境吻合。上九为离卦最高处,代表人体的头部。上交互卦为兑卦,兑为毁折。头首与毁折的组合也反映了"折首"的意境。

《象》曰:"王用出征,以正邦也。"
【译文】小象说,君王用其出征,是为了安邦定国。

下

经

第三十一卦 咸卦的感应之道

【咸卦】

【白话经文】

咸卦，通达、适宜、正固，迎娶女子，吉祥。

初六，感应到其脚拇指。

六二，感应到其腿肚子，凶险。静处则吉祥。

九三，感应到其大腿，执意对其追随，若前往有小灾难。

九四，坚守正道吉祥，悔恨消失。心潮起伏频繁往来，情侣顺从了你的心思。

九五，感应到其后背，没有悔恨。

上六，感应到其颊骨、面颊和舌头。

【经文原文】

咸，亨，利，贞，取女，吉。

初六，咸其拇。

六二，咸其腓，凶。居吉。

九三，咸其股，执其随，往吝。

九四，贞吉，悔亡。憧憧往来，朋从尔思。

九五，咸其脢，无悔。

上六，咸其辅颊舌。

【解读序言】

咸卦位列周易第三十一卦,上卦为泽,下卦为山,称其为泽山咸。咸卦是周易下经首卦。周易六十四卦分上、下经两部分,上经三十卦,下经三十四卦。首卦乾卦、次卦坤卦,犹如周易的两扇大门,统领周易其他六十二卦。乾卦纯阳,坤卦纯阴,所代表的是阴阳两类基本元素的本质特征。掌握了乾坤两卦卦义,就等于拥有解开其余六十二卦的两把钥匙。世界上真正纯阳、纯阴的事物是不存在的,绝大多数是其他六十二卦所表示的情境,阴中有阳,阳中有阴,阴极变阳,阳极变阴,阴阳互动,推动事物向前发展。虽然乾坤只是两卦,却在周易纯阳、纯阴和阴阳兼具三大类情境中占居两席。有种说法,周易上经主要阐述天地万物自然之道,下经阐述家庭社会人伦之道。有一定道理,但也不尽然。

《序卦传》曰:"有天地,然后有万物;有万物,然后有男女;有男女,然后有夫妻;有夫妻,然后有父子;有父子,然后有君臣;有君臣,然后有上下;有上下,然后礼义有所错。夫妇之道,不可以不久也,故受之以恒,恒者,久也。"由天地、万物,推及到人、家庭和社会。此处"错",通"措",放置的意思,礼义有所错即礼义放得其所,有地方用来放置礼义。换句话说,要用礼义来维护社会秩序和规范人的行为。古代的礼义与现代的礼仪有所区别,古时礼义带有一定强制性,兼具现代法律的一些特征。这里的夫妻、父子、君臣、上下等体现了儒家的等级秩序和人伦关系,是男女关系的衍生品,而男女作为万物之一,是天地的产物。在《序卦传》这段文字中,并没有关于咸卦的表述,而是直接表述夫妇之道的恒卦,恒卦是下经第二卦,这多少给人们留下了些疑问。一种可能是传抄过程中内容发生了丢失;还有种可能是,人作为自然的主体,少男少女的感应是本能,与生俱来,自然而然,无需表述即能理解,就像咸为无心之感一样,没有必要作多余的交代。

咸卦和恒卦开启了下半部周易的大门。咸,常用义是皆、都,此卦中的意思是通"感",即无心之感,是最真实、最纯正的感觉,既指男女之间的心灵感应,也指人与天的天人合一和天人感应。咸卦的下卦(内卦、主卦)是阳卦艮卦,代表少男;上卦(外卦、客卦)是阴卦兑卦,代表少女。表示这是婚前少男追求少女的恋爱求婚情境,与《诗经》的《关雎》所表达的主题是吻合的。这时双方的位置是少男作为主方身居家里,要去家外追求并迎娶少女,所以少男在内,少女在外。而三十二卦恒卦的下卦（内卦、主卦）是阴卦巽卦，代表长女；上卦（外卦、客卦）是阳卦震卦，代表长男。意即成家后是女主内，男主外，这样的分工是合理的。可以理解为，婚前是男追女、婚后是女追男，其道理是相通的。恋爱结婚强调的是真诚的心灵感应、无心之感，婚姻必须建立在真挚感情的基础之上，结婚以后更多的是责任与分工，尽职守份，不能见异思迁、喜新厌旧，其所强调的是恒久长远。从"恒"字的左右结构看，左边是竖心旁，右边中间是日、上下两横是天地，表示要像太阳一样永恒地运行在天地之间，以此表明男女的心理感情持久不变。因此，把婚前婚后的事情解决好了，就为后面家庭人伦、社会关系奠定了坚实基础。

《杂卦传》说："咸，速也；恒，久也。"杂卦解释，"咸"代表少男少女相遇后产生触电般的心灵感应，感情迅速升温，但迅速产生的高潮状态往往维持不了多长时间，感情来得快、去得也快，因此恋爱期要适当，太短双方不了解当然不好，太长感情降温了将导致缺乏激情而分手；而与其相对应的是"恒"，则代表结婚后的长男长女，由男女之情变成亲情，情感处于和谐、理性和稳定的恒常久长状态，成家后女方如果能主动细心入微地照顾好男方，男方往往愿意为家庭幸福而更加勤奋努力。

【卦名含义】

咸，《说文》："从口从戌。"戌，十二地支之一，戌代表属相狗，根据《说卦传》，艮为狗，与咸卦的下卦艮卦吻合；咸卦的上卦为兑，根据《说卦传》，兑为口。因此，咸卦的卦名是卦象结构的集中表达。《古代汉语词典》解释：咸，皆，都；和睦；六十四卦之一，卦形为艮下兑上，《周易·咸》："象曰：山上有泽，咸。"个人认为前面两个意思都是从咸卦中引申出来的，上下皆有感应，就是皆、都、全部的意思，男女心心相印，感情和谐，当然是非常和睦的状态。最基本的意思《古代汉语词典》里没有讲，"咸"通"感"，无心之感为咸，意即自然而然的感应，不需要有意为之，这是最纯正最真诚的感应，无心之感的程度要高于有心之感。

咸卦包含以下几层意思：一是指少男少女的心灵感应，这是人的感应。从卦德上看，上卦兑是喜悦，下卦艮是静止、停止、制止、阻止、适可而止，意思是这种男女恋爱的喜悦是藏在心里的，不能毫无顾忌、不加节制地张扬，这是中国人与西方人的区别，不宜盲目模仿。二是山与泽之间的感应，这是自然事物之间的感应。按照先天八卦南乾北坤，东离西坎，东北震、西南巽、东南兑、西北艮的定位，以及乾坤相对，天地定位；坎离相对，水火不相射；震巽相对，雷风相薄；艮兑相对，山泽通气的相互作用规律。咸卦反映了"山泽通气"的规律，上卦泽水之气属阴性，阴气下降；下卦艮山之气属阳性，阳气升腾，泽山之气实现了交互、融合和感应。三是天人感应，由人与人之间感应、物与物之间感应，进而上升至天人感应，追求天人合一、人与自然和谐共处。

【卦象寓义】

一、山上有泽之象。这是大象所描述的卦象。上卦为兑，兑为泽；下卦为艮，艮为山。通常湖泽在山下平坦地区，但咸卦却不同寻常。湖泽却分布在高山之上，就像吉林的长白山，天池位于群山之上的山谷之间。

二、男求女应之象。俗话说，男追女，隔重山；女追男，隔层纱。这说明男追女是相当不容易的，需要翻越高山才能如愿，如此千辛万苦追到的爱情才会倍加珍惜。女追男相对比较容易成功，但来得容易，失去也容易，对轻而易举得到的东西人们往往不会珍惜，这样的家庭往往好景不长。不是说一定不能这样，而是说凡事有利则有弊，从概率上看这种婚姻解体的可能性相对较大。因此，《易经》的智慧告诉我们，谈恋爱时男方应主动些，女方不宜太主动，应尽量保持矜持和含蓄。

三、上下感应之象。从下卦与上卦各爻对应的情况看，三对爻全部发生正应，说明完全你情我愿，上下配合非常默契，这是一种至诚至真、至淳至深的感应。而九五、六二皆当位，表明君王与基层干部，不仅相互正应，而且道德品行过硬，能够坚守中正之道，行为举止表现适当，反映了咸卦所呈现的善美和谐状态。

四、人言感受之象。咸卦整个卦画酷似一个人体，好像一个人站在那里表白爱情和诉说衷肠。根据卦画和爻辞，整个人体框架栩栩如生：初六、六二构成了人体两条腿的形状；九三、九四、九五分别构成身体的躯干，九三为大腿根部，九四是胸部心脏部位，九五是脊椎后背，上六是头部嘴巴部分。六个爻象征身体的六个部位，从脚到口，均与对方发生了心灵的共鸣和感应。

五、内阻外损之象。下卦艮卦居内部主卦位置，艮有静止、停止、制止、阻止等意,引申为阻碍、障碍等,表明事情进展遇到困难和障碍。上卦兑卦居于外卦客卦位置,兑为毁折,从兑卦的卦形来看,就像一个器物上部发生了缺损,比如夬卦,泽天夬,夬与央相比,缺了一竖,央是完整的,而夬却存在缺陷,缺字右边就是夬,很明显是缺少了点东西。由夬卦(含兑卦)卦名和卦形的缺口,引申出陶瓷器皿的缺口之缺,如同一只碗有了缺口,缺的左边缶代表陶瓷器皿,缶加夬就是缺,表明缺就是陶瓷器皿有了缺口;由夬卦(含兑卦)卦名和卦形的缺口,还可以引申出代表水域有缺口的决,两点水加夬即为决,即水堤坝有了缺口,水经缺口流出,如决堤、决坝、决口等。可见,夬、缺、决等字都与夬卦的卦名和卦形有关,表明《易经》是汉字演化的源头之一。内阻外损与内止外悦都在揭示主体与客观、内部状况与外部环境的关系。内止外悦是告诉人们只有主体内部做到适可而止,才能取得客体外部的愉悦;内阻外损旨在说明,如果主体内部意见分歧,相互设置障碍,那么反映在外部环境或在与客观对象的交往中就可能造成损失。这与和气生财、家和万事兴等机理相通。内心与外界的关系,如同镜子鉴物,内心和谐得到的是和谐的果实;内心冲突,得到的是冲突的结果。按照辩证唯物主义观点,物质决定精神,但精神对物质有反作用力。现代人容易犯的毛病是,过分强调物质的决定作用,却忽视了精神的主观能动反作用。这个问题值得重视和深思。

六、下刚上柔之象。下卦为艮卦,艮为山,为少男,为狗,为手,为小石,为黔喙之属,其于木也为坚多节等等,体现了阳刚属性。阳卦多阴,阴卦多阳,因此艮为阳卦,如同山簏高大巍峨。上卦为兑卦,兑为泽,为少女,为羊,为口舌,体现了阴柔属性,因此兑为阴卦,柔情似水。下刚上柔,反映了阳为主动力,阴为受动力,阳主阴从,刚柔并济,阴阳平衡,上下协调的组织结构。无论从上下卦的属性,还是上下各爻的属性来看都是正应的,因此这种组织结构具有自身优势。

七、男谦于女之象。彖辞:"止而说,男下女。"止而说,就是上面讲到的内止外悦之象。男下女,就是男下于女,意即男方以谦卑、谦让、宽容的态度对待女方,而不是男尊女卑的大男子主义。天道规律要求是抑强扶弱,使阴阳关系趋于平衡。因为从力量上讲,男人比女人强壮,男人居强势地位,先天强势就要通过后天的人文道德加以调整,增加些阴柔成分,从而使过强过刚的势头得以抑制。从女方来看,力量处于下风,先天不足,后天在伦理道义上给予一定的倾斜照顾,相当于社会舆论为弱者撑腰,增强了其阳刚成分,这样双方的力量渐趋和谐,整个关系就显得彼此感应和协调。

八、泽施百姓之象。以下将会讲到,咸卦是由否卦演化而来的。否卦上卦为天,下卦为地,称其为天地否。天为阳,地为阴,阳气往上升,阴气往下降,否卦呈现出阴阳之气不交、上下阻塞的局面,因此否卦反映的是负面的不良的社会状态,百姓的处境异常艰难。为了改变百姓的生活状态,就需要对社会弊端作出改革。上九来到九三,下卦变为艮卦,艮为少男,可理解为君子深入到百姓中间,年轻有为的基层干部带领百姓艰苦创业,从事生产劳动,关心百姓,教化百姓,从而改善百姓的生活。六三换位上六后,上卦变为兑卦,兑为泽,引申为福泽、恩泽、春风化雨,阳光普照,惠及广大百姓。通过一系列改革创新,彻底摆脱了上下阻塞的否卦状态,呈现出上下一心、彼此感应、君民和谐的社会氛围。

九、内止外悦之象。下卦为内卦,内卦为艮卦,艮有静止、停止、制止、阻止之意,表示内部主体的行为举止应当适可而止,防止过于强势和粗鲁。上卦为外卦,外卦为兑,兑为悦,喜悦之意,人在湖泽边上行走心情是愉悦的,人们见到少女心情是愉悦的,少女对未来充分憧憬内心是愉悦的。内止外悦的意思是,主体只有做到适可而止,外部的环境或对象才能呈现出愉悦的氛围;反过来说,主体若做不到适可而止,那么外部的愉悦也将不复存在。

十、少男少女之象。咸卦下卦为艮,艮为少男,代表未婚小伙子;上卦为兑,兑为少女,代表未婚小姑娘。下卦也叫主卦、内卦,上卦也叫客卦、外卦。也就是说在少男少女的双方关系中,少男居于主导地位,代表主动力一方;少女居于从属地位,属于被动力一方。

十一、山土生金之象。提出五行概念最早之一是在《尚书·洪范》中,可见殷商时期已经将五行关系应用于社会生活。而卦爻辞所写通常认为是周朝初期的周文王和周公,要迟于五行理论。也就是说周文王、周公在写《易经》卦爻辞时极有可能融入五行理论。因此用五行理论来解释卦爻辞未尚不可。咸卦下卦为艮,艮为土;上卦为兑,兑为金。按照五行关系土生金,以少男少女为例,少男扶持少女、阳扶阴、刚扶柔等,都是符合社会伦理的。少男是主导方、强势方,是资源、力量的贡献者;少女是从属方、弱势方,是资源、力量的受益者。

【关联卦画】

咸卦由否卦演变而来。彖辞：“柔上而刚下，二气感应以相与。”否卦是上下阻塞不通状态，天地之间相互分离没有感应，将否卦的六三与上九调换位置，即“柔上而刚下”后，阴卦兑卦在上，阳卦艮卦在下，阴气往下降，阳气往上升，于是少男少女有了真情的感应交流，实现了“二气感应以相与”的目的。“柔上而刚下”表达的是演变过程，上、下是动词，往上行，往下走，而不是方位词在上面、在下面的意思。如果把上、下作方位词的话，《易经》的表达方式通常是“下刚上柔”，而不是“柔上而刚下”。因此，这两种表达方式含义是不同的。

咸卦的综卦为恒卦。周易六十四卦主要是相综排序，一对综卦前后紧挨着。如果将咸卦的卦画翻转180度后，得到的卦象便是恒卦的卦画。卦画颠倒后其内部结构并没有发生变化，但所代表的卦画卦象已经发生了变化。卦画颠倒的过程反映了人们观察事物的角度发生了变化，也就是说，当事人观察的角度不同，代表当事人立场不同，利益不同，阶层不同，背景不同，虽然观察的是同一个事物，得到的结果是不一样的。这就要求人们看问题时要善于换位思考，兼顾不同阶层的利益。但同时诸多不同结果之间又是有联系的。咸卦代表事物前期男女婚前的恋爱阶段，恒卦代表事物后期男女婚后家庭生活。婚前要男追女，婚后要女追男，这样的爱情婚姻才会和谐美满。

咸卦的交互卦为姤卦。如果将咸卦的初六和上六去掉，用剩余的中间四爻重新组成一个卦，上三爻为上卦，下三爻为下卦，其中中间两爻为上下卦所共有，这个新组成的卦便是咸卦的交互卦姤卦。这说明咸卦内部蕴藏着姤卦因素。因上卦为天、下卦为风，称其为天风姤，是一女与五男相遇的卦，也就是说女方面临着多个选择对象，这与咸卦描述的少女面临的情形是吻合的。男怕入错行，女怕嫁错郎。因此，如何正确选择恋爱和结婚对象非常重要，千万别被金钱、财富、地位、外表和虚荣迷了双眼，人品、内涵和适合自己才是最重要的，关键是要找对人。

咸卦的错卦为损卦。如果将咸卦的各个爻性质相反，得到的卦是错卦。意思是阴阳相错的一对卦，即将咸卦的初六、六二、上六变成初九、九二、上九，将九三、九四、九五变成六三、六四、六五，这个错卦是损卦。上卦为山，下卦为泽，称其为山泽损。奇妙之处在于，咸卦是泽山咸，损卦是山泽损，这对错卦之间少男少女的位置正好对调。它表明恋爱期间，男追女是心灵感应的正常行为，如果反过来女追男，那么女方很有可能受到伤害。它告诫人们注意角色定位，倘若错位可能会遭受损失。错卦的意义在于提示人们，不但要从事物的正面看问题，而且还要善于从事物的反面看问题，这样才能趋利避害。

咸卦与谦卦有关联。这两个卦既有区别，又有联系。其联系之处表现在，两者的下卦均为艮山。谦卦上卦为坤地，咸卦上卦为兑泽。从种属概念看，兑是乾坤交合的产物；从五行关系看，土生金，艮为土，兑为金，泽是大地生扶对象，可理解为湖泽是大地的女儿。因而咸卦的上卦兑泽，与谦卦的上卦坤地也有种属上的联系。谦卦大山躲到地底下了，表现了谦虚、低调、不张扬的美德。咸卦大山甘居湖泽之下，也有异曲同工之妙。因此，咸卦也具备谦卦的谦虚特性，因而才有上述男谦于女之象。

【卦辞象辞】

〖卦辞〗

"咸，亨、利、贞，取女，吉。"

【译文】"咸卦，通达、适宜、正固，迎娶女子，吉祥。"

取，通"娶"，娶女子为妻。

〖象辞〗

《彖》曰："咸，感也。柔上而刚下，二气感应以相与。止而说，男下女。是以亨利贞，取女吉也。天地感而万物化生，圣人感人心而天下和平。观其所感，而天地万物之情可见矣。"

【译文】象辞说，咸字就是无心之感。柔爻往上去而刚爻往下来，阴阳二气因相互给予而发生感应。因懂得适可而止而喜悦，男方以谦卑姿态善待女方。因此通达、适宜、正固，迎娶女方为妻是吉祥的。天地发生感应而万物得以演化而产生，圣贤因与百姓之心发生感应而使天下和谐太平。观察咸卦所反映的感应状态，天地万物真实的情态状况就充分展现出来了。

【大象之辞】

《象》曰："山上有泽，咸。君子以虚受人。"

【译文】大象说，大山上面有湖泽，这是咸卦反映的自然景象。君子受此卦启示应当以虚怀若谷的态度接纳他人。

　　虚，谦虚，虚怀若谷，敞开心扉，广阔胸怀。受，动词，接受，包容。受人包括包容别人的思想观点、意见建议，甚至批评指责。只要人家说得有道理，不必苛求于对方的方式与态度。山虽然高大巍峨，却不自吟其高，而是以谦卑低调的姿态处在泽水下位，或者说以宽洪大量的包容性在山上辟出一片土地接纳了湖泽，使湖泽在山上有自己的容身之地。予人方便就是予己方便，山予泽以空间，泽报山以福泽。君子是山，百姓是泽；君子是舟，百姓是水；虽然君子道德、能力、智慧高于众人，却从不自居，始终保持虚怀若谷的胸襟和风范，努力为百姓创造幸福和恩泽。

【爻辞小象】

"初六，咸其拇。"

【译文】"初六，感应到其脚拇指。"

　　拇，《古代汉语词典》指"手或脚的大指"，此处一语双关，既指少女的脚大指，又指少男的手指。从上述"人言感受之象"看，全卦六爻象征整个身体，从脚开始到头部的顺序比较清晰，因而此处应当指脚拇指；从艮卦而言，艮为少男，艮为手，此处又指少男的手指。初六与九四有正应，表明青春萌动的少男爱上情窦初开的少女，彼此产生了心灵感应。初六阴爻居阳位，表明小伙子主观上意欲前往主动追求，但能力欠缺、实力不足，又处于艮卦初爻，艮为静止、停止、制止、阻止，有外力阻碍，因此少男的行动能力非常有限。可以理解为此时少男与少女接触时间不长，相互不太熟悉，显得矜持拘束、不知所措。小伙子心有余而力不足，虽有贼心但没贼胆，想表白却难以启齿，想行动又怕遭到拒绝，显得犹豫迟疑，七上八下，忐忑不安。如果就此放弃又心有不甘，于是只能壮着胆子作些试探性的动作，他轻轻地摸了摸小姑娘的脚指头，想知道对方会有什么反应。在古代男女授受不亲的背景下，脚是女人身体的象征，关系到女性的尊严、贞操和名誉，女子轻易不会让陌生男子碰她的脚，除非是她"钟情"的男人。因此，让不让摸脚成了检验女人喜欢不喜欢男人的试金石。爻辞之所以是"咸其拇"是因为少男少女有了某些身体部位的接触,才会形成触电般的感应和感觉,没有身体部位的接触,凭空想象、爱慕或思恋是很难有这种感知的。初六爻辞没有吉凶评价,既不鼓励,又不禁止,可谓不着一字、尽得风流。毕竟感应刚刚开始,或轻或重,不及或过,后果都不是太好或太坏。

"咸其拇"取象于艮卦。咸卦下卦为艮卦,艮为少男,艮为手,可理解为少男用手触摸少女的脚大指。

《象》曰:"咸其拇,志在外也。"
【译文】小象说,感应其脚拇指,因为少男的心意牵挂着外面的少女。

"六二,咸其腓,凶。居吉。"
【译文】"六二,感应到其腿肚子,凶险。静处则吉祥。"

腓,fei2,人的小腿肌,俗称腿肚子。此爻,接触的部位往上提高了一截,感应的程度进了一步,由初六的脚拇指升到六二的腿肚子了。其实,人的感应源自于心,假如心如铁石就没有什么感应了。所谓感应实则就是正常的心理反映和情感变化。腿肚子与脚拇指并不代表真实感觉的差异,易作者只是以身体部位的高低来说明和区分感应强化的程度,六二较之初六往前进了一步。孔子在删定《诗经》之《关雎》篇时教育学生年轻男女要"发乎情,止乎礼",感应(情感)与理性是相对的,情感失去理智就是一匹脱缰的野马,天崩地裂、生死相许、爱恨情仇等词眼都与男女爱情联结在一起感情若不加以约束控制,任由其狂马奔腾,放荡不羁,就会做出许多傻事来,于是爱情故事就可能演变成爱恨事故。所以,此处的"凶",旨在警示人们"此路危险,谨慎驾驶"。居吉,居与行相对,居是停止、静处,可引申为家居、居住家里少外出。居吉,并不是让小伙子宅在家里足不出户,其用意是让他呆在家里,静下心来仔细想清楚,与她是否合适,爱她什么地方,志趣相投吗,性格脾气合得来吗,能容纳对方的缺点吗,自己有能力给她幸福吗,等等。想清楚了或真情表白或急流勇退,其结果都是吉祥的,而不是一味地跟着感觉走,跟着错误的感觉一定会把人带到泥潭之中而难以自拔。六二阴爻居阴位,当位,表明其行为举止是适当的。居中位,表明当事人具有中正之德,道德品质良好,这是吉的主要原因。六二与九五有正应,能够得到九五的关照，上下能够配合协调。

"腓"取象于巽卦。咸卦的下交互卦为巽卦；若六二发生爻变，则下卦也变为巽卦。巽为股，大腿，腓为腿的一部分。

《象》曰："虽凶居吉，顺不害也。"

【译文】小象说，虽然凶险但静处吉祥，这是因为顺势而为不会产生危害结果。

"顺"取象于巽卦，巽卦的卦德为顺，也就是说顺是巽卦的性质特征。

"九三，咸其股，执其随，往吝。"

【译文】"九三，感应到其大腿，执意对其追随，如果前往将有小灾小难。"

股，大腿。执，《古代汉语词典》解释：逮捕，捉拿；握，持；掌握，控制；掌管，主持；执行，施行；执意，坚持。此处主要是执意追随的意思。随，追随，你到哪里我就到哪里，大腿跟着内心走，小伙跟着姑娘走。吝，悔恨，耻辱。《易经》吉凶通常分为九个等级，分别是吉、亨、利、无咎、悔、吝、厉、咎、凶。吝的状况不是很严重，但也有些麻烦，比悔恨稍重一点，比厉稍轻点。

九三阳爻居阳位，当位，表明其行为举止基本适当，与初六、六二相比，具有更强烈的行动愿望，具备更强劲的行动能力。九三与上六有正应，能够得到上六的关照。九三是下卦末爻，少男追求少女的心情更加急迫。身体接触部位由脚脖子提高到了腿部，感应指数也相应地上升为第三等级。人是情感动物，也是理性动物，这是人与其他动物最大的区别。情感与理性，犹如事物之阴阳，过阴过阳都是有缺陷的，阴阳平衡才是最佳选择。此处的"往吝"也极具警示意义。提示人们，少男追求少女是天经地义的，但却不可执迷不悟，失去自我，迷失方向，否则很可能自取其辱。好在吝的风险等级不高，问题还不太严重。

"股"、"随"取象于巽卦。咸卦下交互卦为巽卦，巽为股；巽为风，风吹草偃，表示整齐、顺从，引申为跟随、追随。

"执"、"往吝"取象于艮卦。下卦为艮卦，艮为手，执是手实施的行为。艮为止，阻止、静止、停止、制止等意，阻止前往，即不宜往前走，硬要往前走将导致小灾祸，因此"往吝"。

《象》曰："咸其股，亦不处也。志在随人，所执下也。"
【译文】小象说，感应到了大腿，还没有停止的意思。心意在于追随对方，但却被下面的腿脚控制住了。

执，控制、掌握、限制等意；所执，被控制、被限制的意思。"所执下"取象于艮卦，艮为手。

"九四，贞吉，悔亡。憧憧往来，朋从尔思。"
【译文】"九四，坚守正道吉祥，悔恨消失。心潮起伏频繁往来，情侣顺从了你的心思。"

憧憧，chong1，《古代汉语词典》解释，一是摇曳不定的样子；二是来往不绝的样子，《周易·咸》："憧憧往来，朋从尔思"。从爻意上看，《古代汉语词典》解释有所偏颇，应当将两个意思综合起来理解更为妥当。摇曳不定的样子，引申为少男少女在恋受期间敏感多疑、心神不定的矛盾心理。朋，同师同道之人，此处引申为男女伴侣、情侣。思，心思，内心所想。

咸卦六爻皆以"咸其某"的句式来表述，唯独此爻没有明确感应的部位。其实，从爻辞和爻位中可以判断，九四就是胸部心脏的位置。也就是说，身体接触的部位已经提升到了心胸部位。按其体例应当有"咸其心"的表述，但是易作者没有明写，故意隐去这三个字，体现了匠心独运。为什么这么说？这是因为"咸"通"感"，咸乃无心之感，自然而然的情感流露才是最纯真的，一旦有"心"为之，一味去讨好少女，就不是那么纯真了。此处省去"咸其心"与咸字省去心，具有异曲同功之妙。旨在突出男女相爱要自然而然、水到渠成的寓意，而不需要施展心计，刻意求之。道是无心却有真心。从"朋从尔思"的"思"中可以感觉到"心"的存在，古人多用思来表示少男少女恋爱之心。孔子对《诗经》作了高度概括："一言以蔽之，思无邪。"两者之"思"是相通的。

"贞吉，悔亡"，悔亡是指本来是有悔恨之事要发生的，由于坚守正道带来了吉祥，因此悔恨消失了。就是要树立正确的恋爱观，做人要正直，做事要正当, 走路要正道, 感情要真实。只有把爱情建立在真实感情基础之上, 才能获得真正的幸福。九四阳爻居阴爻, 不当位, 表明其行为举止过于刚强, 好在与初六有正应, 彼此遂了心愿, 从了心思, 顺了心意。

《系辞下传》说, 易曰: "憧憧往来, 朋从尔思。" 子曰: "天下何思何虑? 天下同归而殊途, 一致而百虑。天下何思何虑? 日往则月来, 月往则日来, 日月相推而明生焉。寒往则暑来, 暑往则寒来, 寒暑相推而岁成焉。往者屈也, 来者信也, 屈信相感而利生焉。尺蠖(huo4, 蛾的幼虫)之屈, 以求信也。龙蛇之蛰, 以存身也。精义入神, 以致用也。利用安身, 以崇德也。过此以往, 未之或知也。穷神知化, 德之盛也。"

焉, 那里。信, 通 "伸"。利, 适宜。尺蠖, 蛾之幼虫, 即毛毛虫。毛毛虫很短, 为何称其为尺蠖? 本人认为, 一是毛毛虫屈体时形状如同 "尺" 字; 二是毛毛虫是直的, 形似直尺; 三是毛毛虫有格子花纹, 与尺子的一寸一格的花纹相似。

这段话的意思是,《易经》说: "心潮起伏频繁往来, 情侣顺从了你的心思。" 孔子说: "天下人思念什么、忧虑什么? 天下人虽然各自行走在不同的道路上, 但最终的归宿是相同的; 天下人各自有千奇百怪的想法, 但最终归结于共同的认识。天下人思念什么、忧虑什么? 太阳走了, 月亮到来; 月亮走了, 太阳到来。太阳、月亮相互配合交替推进, 使得天下展现光明。寒冷走了暑热到来, 暑热走了寒冷到来, 寒冷、暑热相互配合交替推进完成了年岁更迭。过去的卷屈, 将来的伸展, 卷屈与伸展相互感应配合好处便从中产生了。毛毛虫卷屈身子, 是为了伸展身体往前爬行。龙蛇冬眠蛰伏是为了保存身体性命。精微道义出神入化, 是为了经世致用。适宜用来安身立命的法宝, 是崇尚道德修养。过了此时再往前发展, 虽然未到那个时间, 但也有可能预知届时的情况。穷尽神妙功能而达到以智慧教化天下, 正是道德的最高境界。"

这段话是孔子针对九四爻辞有感而发, 他并没有将思维局限于男女感应, 而是由男女感应, 升华到日月感应, 继而由感应引申出世上万物阴阳对立统一、相辅相成的自然规律问题。寒暑配合成全了年岁, 屈伸配合完成了行进, 蛰动配合保存了性命, 义德配合成就了天下教化大任。

"憧憧"、"朋从尔思" 取象于九四爻位。九四正好相当于人体心脏的部位, 古人认为人的思维情感出自于心, 从 "思" 字构成可以感知, 思由田加心组合而成。同时，按照《易经》规律，三多凶、四多惧。因此九三出现吝，九四出现心旌摇曳、心潮起伏，含有担心、忧虑、害怕等意。

《象》曰："贞吉悔亡，未感害也。憧憧往来，未光大也。"
【译文】小象说，坚守正道吉祥，悔恨消失，没有因感应发生危害。心潮起伏频繁往来，是因为还没有将正能量在感应中发扬光大。

"九五，咸其脢，无悔。"
【译文】"九五，感应到其后背，没有悔恨。"

脢，mei2，脊骨肉，指后背部位，位置比心脏略高。九五爻辞简单，只描述了感应部位是后背，结果是无悔，没有留下遗憾的事，结局不错。九五是上卦的中爻，是君王之位，是全卦的核心。整个咸卦及六爻进展围绕少男少女的心灵感应展开，并将男女感应延伸至天地感应、人与自然感应、物与物感应，即天下万物相互联系、和谐共存，任何事物都是大自然生物链中的一环，都有其一席之地。

感应是双方的事，你有感我有应。此爻所描述的感应已经进展至背部。少男少女的感应由脚拇指到腿肚子，由腿肚子到大腿，由大腿到心，再由心拓展到后背。通常来说，人体有触摸才会有感应，因此"咸其脢"可视为现代拥抱的古语表达。意味着其感应的程度逐步升级至高峰，少男少女的关系到了这种程度，差不多是谈婚论嫁的时候了。

如果再将男女感应原理运用到治国理政，比如君王与百姓也能"咸其脢"，实现上下的完全正应，君王以博大胸怀包容、感化、感召百姓，并将人心向背来衡量治国理政的得失，那么君王百姓将皆大喜欢而"无悔"。九五阳爻居阳位，当位，表明其行为举止适当。九五居中爻，可谓德配其位，具有中正之德。九五与六二有正应，表明上下彼此感应、心有灵犀，双方能够配合协调、和谐共存。

"脢"取象于其爻位。脊骨肉即后背的位置比心脏稍高，九五爻位相当于人体后背的位置。

《象》曰："咸其脢，志末也。"

【译文】小象说，感应到其后背，心意表达已接近末端。

末，树木的末端，树梢，相当于人体的后背以上部位。身体的末端部位，也是感应的末端部位，进入了高等级感应的区域，也就是男女情感进入了高潮。可以理解为少男少女将心和盘托出，完全交给对方，没有作任何保留。有学者认为应当是"志末也"，心意未能得到表达，与卦意不符。

"志末也"取象于坎卦和爻位。如果九五发生爻变，那么咸卦变成了两阴、两阳、两阴的大坎卦。坎为加忧，为心病，其于木也，为坚多心，引申为心意、心志。九五之爻位，相当于树末部位和人体后背部位。

"上六，咸其辅颊舌。"
【译文】"上六，感应到其颊骨、脸颊和舌头。"

辅，颊骨、面颊。颊，脸的两旁。辅、颊意思相近，前者是指面颊里的骨头，与牙床相连，后者是指面颊的皮肉。成语辅车相依，即是指面颊与牙床骨相连。上六到了咸卦的末尾，少男少女感应的部位已经到了颊骨、脸颊和舌头。如何使这些部位有感应？许多易学者都能想象得到，但没有讲出来，或许是难以启齿，羞于表达。我认为上六讲的就是少男少女的亲吻，这是男女热恋达到高潮阶段自然而然的节目。同时，也指热恋男女甜言蜜语，情话绵绵，滔滔不绝，互诉衷肠。

本来上六多少有些"亢龙有悔"的意味，但是咸卦没有，易作者对上六结果不著一词，该悔时没悔，该凶时无凶，这本身就表明了易作者的态度。同时，上六结果无所谓吉，也无所谓凶，也说明结果有多种可能性。易作者将咸卦说到这个份上，标志着从感应角度而言已经完成了所有阶段，此爻的感应已升至巅峰，接下来就该进入下一卦恒卦的婚姻家庭生活阶段了。少男少女感应发展到了上六爻，两人进入了蜜月期，卿卿我我，耳鬓厮摩，亲热接吻，如胶似漆，感情炽烈像迸裂的岩浆，奔放似咆哮的黄河，感应至此已进入合二为一的境界，为接下来的婚姻生活打下了基础。上六阴爻居阴位，当位，表明其行为举止适当。与九三有正应，两者心灵感应，高度默契，能够协调配合。

"辅颊舌"取象于兑卦。上卦为兑卦，兑为口，辅、颊、舌均为与口相关的器官或部位。

《象》曰："咸其辅、颊、舌,滕口说也。"

【译文】小象说,感应到其颊骨、脸颊和舌头,情话绵绵,滔滔不绝,神情喜悦。

滕,《古代汉语词典》解释,水向上涌起。《说文·水部》:"水超涌也。"滕口,张口放言。《周易·咸》:"象曰:咸其辅颊舌,滕口说也。"说,通"悦",喜悦。

第三十二卦 恒卦的婚姻之道

【恒卦】

【白话经文】

恒卦, 通达, 没有灾祸, 适宜, 坚守正道。适宜有所前往。

初六, 疏通河道保持经常畅通, 坚守正道防止凶险, 无所宜之事。

九二, 悔恨消除。

九三, 若不能持久保持德行, 就可能蒙受羞辱, 坚守正道, 防止产生悔恨。

九四, 田野无禽可猎。

六五, 长期保持德行, 正固。对于主妇吉祥, 对于男人凶险。

上六, 以震动以求恒久, 凶险。

【经文原文】

恒, 亨, 无咎, 利, 贞。利有攸往。

初六, 浚恒, 贞凶, 无攸利。

九二, 悔亡。

九三, 不恒其德, 或承之羞, 贞吝。

九四, 田无禽。

六五, 恒其德, 贞。妇人吉, 夫子凶。

上六, 振恒, 凶。

【解读序言】

恒卦位列周易第三十二卦, 为下经第二卦。上卦为雷, 下卦为风, 称其为雷风恒。与第三十一卦、下经第一卦咸卦一起开启下经的大门。《序卦传》说: "夫妇之道不可以不久也, 故受之以恒。恒者, 久也。"序卦传说, 夫妇之道不可以不久远, 因此周易安排了恒卦。恒就是长久、久远之意。恒卦的下卦为巽卦, 代表长女, 因此下卦三爻侧重讲为妇之道; 上卦为震卦, 代表长男, 因而上卦三爻侧重讲为夫之道。

恒卦的着力点在于如何保持婚姻家庭的和谐稳定, 阐述家和万事兴的道理。第三十一卦咸卦所描述的是少男追少女的婚前恋爱状态, 男在内、女在外, 女人的角色定位比男人高, 内部男人甘居外女之下, 主动追求外部女人。恒卦所描述的是结婚后长男长女的婚姻家庭生活状态, 男人作为一家之主其角色定位比女人高, 应当承担更大的责任和义务, 长男主外劳动挣钱、养家糊口; 长女主内照顾孩子、操持家务, 在夫妻感情维护方面适宜扮演更为主动的角色, 即由恋爱期间的受动角色, 转变为婚姻家庭的主动角色。《易经》的这种家庭分工是相对合理的, 也符合男女主体的现实情况。

需要说明的是, 在现代社会中夫妻双方在家庭的政治地位、法律地位是平等的, 没有谁高谁下的问题, 角色定位只是在通常情况下根据男女生理条件、能力状况等作出的家庭分工, 这与男尊女卑、性别歧视没有关系, 现代女性与古代女性的状况已有诸多不同。如果在一个家庭中, 女方综合能力很强, 男方相对较弱, 女当主角、男作配角也未尝不可。《易经》注重合理包容和灵活变通, 从来都不是一成不变的。一个家庭也是一个太极, 也要讲求阴阳平衡, 两人都要作主, 两人都不想作主, 都是阴阳不协调的表现。家庭矛盾的原因是多方面的, 其中重要一条与某些女性没有及时转变角色定位有很大关系。当然, 大男子主义和女子霸权都是有害的, 均应力求避免。

咸卦、恒卦所表达的另一层意思是, 婚前是男追女, 婚后是女追男。那么, 如果反过来行不行呢? 男追女隔重山, 女追男隔层纱。如果婚前女追男, 那么这种爱情就会来得轻而易举, 轻易得到的东西往往不被人们所珍惜, 因而能将轻易爱情进行到底的并不多。《杂卦传》说: "咸, 速也; 恒, 久也。"这说明恋爱期少男少女的心灵感应来得快、去得也快, 电闪雷鸣、天崩地裂般的爱情是不可能长久持续的，结婚后还指望男人保持婚前紧追不舍的状态不太现实，婚后男人的主要职责是养家糊口、给家庭以安全感，而给辛苦劳作的男人以心灵慰籍却是妻子能够做到的。那么，结婚后仍然主动追求妻子情况会怎样呢？结果也会很好，只不过不能轻易做到而已。为了维持长期稳定的婚姻家庭生活，除了双方共同实行的感情维系外，还要靠双方对家庭的共同责任、由爱情转化而来的亲情，以及彼此的沟通理解和配合协作。

按照周易八个经卦之间的互动关系规律：乾坤相对，天地定位；坎离相对，水火不相射；震巽相对，雷风相薄；艮兑相对，山泽通气。这四句话讲述的是八个经卦之间存在相互联系、相互对立、相辅相成的辩证关系。在先天八卦中，这四对卦处于相对的位置，而且每对卦都是错卦，阴阳完全相反。如果将每对卦合在一起，四对卦都是阴阳平衡的，这就启示我们做任何事情阴阳平衡至关紧要，如何处理好相互之间的内外、左右、上下的阴阳平衡，决定着事情的顺逆和成败。

就乾、坤关系而言，坤在上、乾在下，阳气上升、阴气下降，阴阳两气交互，其结果就是泰卦的良好状态；如果两者倒过来，乾在上、坤在下，就会出现否卦的阻塞状态。就坎、离关系而言，坎在上、离在下，用火烧开上面的水，人们就能喝到热水热汤了，呈现出既济卦的完成状态；反之火在上、水在下，便是未既卦的未完成状态，任重而道远。坎、离还分别代表月亮和太阳，水火不相射，就是指月亮与太阳不同时出现、不相互照射的意思，既反映了水、火不容的对立性，又反映了水、火配合的关联性。就艮、兑关系而言，兑在上、艮在下就是少男少女感应心灵的咸卦状态；而艮在上、兑在下，就是损下益上的损卦了，在泰卦基础上损下益上谓之损，即泰卦的九三与上六位置进行交换，拿去下卦一个阳爻，增援给上卦，于是本来国泰民安的安泰局面被打破了，马上变成了损下益上的损卦状态。

就震、巽关系而言，震在上、巽在下，就是反映婚姻家庭的恒卦，而巽在上、震在下，得到的是第四十二卦损上益下的益卦，益卦是在否卦基础上损上益下后形成的卦象，即否卦的九四与初六进行对调，从而改变了否卦上下阻塞、互不通气的弊端，产生了损上益下的益卦局面。同时，益卦又是恒卦上下卦位置对调后的卦象。也就是说，在婚姻家庭生活中，无论是女追男、还是男追女，情况都是不错的。这与咸卦的状况有本质不同，这说明恋爱期间男追女的角色安排是不能颠倒的，婚前倡导男追女，而不倡导女追男，而进行婚姻生活后，女追男、男追女都是值得提倡的。

　　风、雷是对矛盾,它的对立性和统一性、斗争性和关联性是同时存在的。如,毛泽东诗句"四海翻腾云水怒,五洲震荡风雷激"、成语"雷厉风行"等,风、雷表现为并列关系。"雷风相薄"的"薄",通常有两种解释:一是迫近、接近的意思;二是通"博",搏击的意思。如《淮南子·兵略训》"击之若雷,薄之若风。"此外还有"雷风相与"之说。从物理角度而言,打雷是正负电荷云团相互碰撞而导致能量瞬间释放的结果,能量瞬间释放引起了空气的迅速振动,从而形成了大风。与此同时,大风吹散了云气,对雷电的产生起到了阻碍作用。可见,风与雷的关系是相互对立、相互联系、相互渗透、相辅相成的关系。

【卦名含义】

　　恒,根据《古代汉语词典》解释,与恒卦有关的有以下几个意思:永久,持久;恒心;平常的,普通的;经常等的意思。值得注意的是,人们对前两个意思印象深刻,而对平常的、普通的、经常等容易忽视,而恒卦中侧重指后面两个意思,多指普通、日常的家庭生活。恒的左边是竖心旁,表明与人的心理状态密切相关,首先是精神上的恒心、韧性和毅力;恒的右边是上下两横、中间一个日,象征太阳在天地之间年复一年、日复一日永恒运行或经常性运作,启发人们树立恒心,学习自然天体和日月星辰孜孜不倦、自强不息、持久运行的精神。

【卦象寓义】

　　一、风随雷动之象。《系辞上传》说:"刚柔相摩,八卦相荡,鼓之以雷霆,润之以风雨,日月运行,一寒一暑。"这段话是说,刚强与柔弱相互摩擦,八个经卦相互激荡,雷霆像大鼓般轰鸣,风雨滋润万物,日月交替运行,寒暑相互更迭。《说卦传》说:"天地定位,山泽通气,雷风相薄,水火不相射,八卦相错。"这段话说,苍天大地奠定方位,高山湖泽交互气息,雷霆大风相互搏击(或亲近),代表水火的月亮太阳不相互映照,八卦所代表的八种事物相互交错配合呈现。在这两段表述中,雷、风都是以成双成对的形式出现,反映了雷、风相互作用、既有联系又有排斥的对立统一规律。正负云气的流动相遇是风力推送的结果,雷霆的发生又引发了大风的生成。恒卦上卦为雷,下卦为风。按一般规则,下卦为主卦代表主动力,上卦为客卦代表受动力。但恒卦的情况比较特殊,是个例外。下卦巽为阴卦，卦德为柔顺；上卦震为阳卦，卦德为动。恒卦呈现出天雷地风、风随雷动，风配合雷的景象。

二、下顺上动之象。恒卦的下卦为巽，巽为风，大风吹拂无孔不入，大风吹过，大片的草原和庄稼禾苗齐刷刷地倒向一边，反映出巽卦的顺从特性，由风吹草禾的顺引申到其他领域的顺。上卦为震，震所反映的是打雷时感觉地下震动的场景，因此震卦的特性是动，由雷震的动引申至其他领域的动。所以，恒卦所反映景象是外部动作很大，内部非常顺从。风随雷动符合下顺上动之象，但是反过来下顺上动的不仅仅指风随雷动，它包括一大类相类似的情境，应用范围相当广泛。

三、婚姻家庭之象。周易下经以咸、恒两卦开始，开启了侧重反映人伦社会关系之门。咸卦所反映的是少男少女恋爱状况，而恒卦则是反映咸卦的结果，进入了婚姻家庭的生活模式。咸卦的主角是少男少女，到了恒卦主角变成了长男长女，体现了时间年龄上的进展发展。谈恋爱讲求触电般的心灵感应，而进入婚姻家庭后，激情将慢慢消退，责任义务元素在强化，婚姻不仅需要情感上的关爱和体贴，还需要在事业、经济、生产方面的积极进取、勤奋劳作和配合协作。只有这样才能保持持久、稳定、协调的婚姻生活状态。

四、女内男外之象。下卦也叫内卦，内卦为巽，巽为阴卦，代表长女，可泛指女性，而不管她的排行是什么。上卦也叫外卦，外卦为震，震为阳卦，代表长男，可泛指男性，以淡化其排行因素。这样，恒卦的应用范围得到了极大拓展。女主内、男主外是我国传统的家庭分工，有其科学性和合理性，有利于发挥各自特长。当然，如今时代发展了，妇女能顶半边天，妇女的智慧才能得到了充分发挥，但这并不代表女主内、男主外的分工完全失去价值，其易理精神仍有重要的借鉴作用。

五、夫妇明责之象。恒卦讲的是婚姻家庭生活，男女角色的功能职责各不相同。下卦巽卦代表家庭主妇，下卦三爻的爻辞即是为妇之道的原则指南；上卦代表男主人，上卦三爻的爻辞反映了为夫之道的原则指南。主妇的职责，一是深入追求保持长久，坚守正道防止凶险；二是坚守中正之道；三是保持德行避免自取其辱，防止小灾祸。男主人的职责是，一是行为举止要得当，不要长期不得其位；二是保持品德修养，要有所作为；三是后期婚姻家庭生活不要瞎折腾，不作不死。

六、主客皆应之象。在恒卦的三对爻中，每对上下都是阴阳正应的，初六与

九四、九二与六五、九三与上六都呈现出阴阳相吸的匹配状态。这表明在恒卦的组织结构中，主体与客体、上级与基层之间处于比较和谐协调的状态，对于人生和事业发展都是有利因素。

七、下柔上刚之象。按照阳卦多阴、阴卦多阳的规律，下卦巽属阴卦，具有阴柔特性；上卦震属于阳卦，具有阳刚特征。如果将恒卦看成是一个社会组织结构，那么居于领导层的是有能力、有动力、有实力的人士或团体；处于基层的是力量较弱、行动力不强、比较顺从的人士或团体。呈现出领导层强、部属群众弱的组织态势，是种比较稳定的组织结构。

八、长女长男之象。下卦为巽卦，上卦为震卦，在《易经》大家庭中，巽为长女，震为长男，因此在不少长子的名字中出现震字，如张震、王震、李震等。长男的特点是稳重敦厚、吃苦耐劳，坚韧不拔，有较强的责任感和创业精神，因此古典中常将震卦解为诸侯，因为可将诸侯视为创建基业的成功范例；长女的特点是勤劳贤慧、温和娴淑、顺从听话。如果长男是优秀的领导者，那么长女就是忠实的辅佐者。由长女长男搭配而成的组织结构是适当、合理而稳定的。

九、阴阳草木之象。从八卦与五行关系看，上卦为震卦，震属木，震为阳卦，此木为阳木，侧重于树木、乔木、大树之类；下卦巽卦，巽为木，巽为阴卦，此木为阴木，侧重于灌木、细木、草本之类。如同山林之中在茂密的灌木丛中生长着几棵大树，两者粗细相杂，高下相错，整体协调，相得益彰。如果将其象征人文社会领域，也是一片生机盎然、充满活力的景象。

【关联卦画】

恒卦由泰卦演变而来。正如咸卦是由否卦演变而来一样，恒卦是由泰卦演变而来。在泰卦中，上卦为地，下卦为天，称其为地天泰。如果将泰卦中的六四与初九交换位置，就变成了恒卦，相当于阳爻所代表的君子往上走，阴爻所代表的小人往下走。与咸卦有所区别的是，咸卦是由否卦的不良状态中演变而来，而恒卦却是在泰卦良好状态中演变而来。这说明对不良状态进行适当变革将产生积极效应，而对良好状态进行调整也将产生新的效果。泰卦代表天地良好的交互、父母的良好沟通状态，第一对爻初九、六四交换位置后，产生了风雷、草木、长男长女，这是天地生万物的形象表达。

恒卦的综卦是咸卦。咸卦与恒卦互为综卦，即将咸卦的卦画颠倒180度后得到恒卦,卦画内部结构没有变化,只是观察者角度发生了变化,但得到的卦画却发生了变化。表明观察事物角度不同,得到的结果也不相同。两个综卦既有联系,又有区别。咸卦在前,恒卦在后,反映了事物在时间上的发展逻辑。咸卦是少男少女,到了恒卦变成了长男长女;咸卦代表婚前恋爱时期,恒卦代表婚后家庭生活。咸卦恒卦的演变告诉人们,婚前婚后的男女角色是不一样的,只有及时作出调整才能保持婚姻家庭的和谐。

恒卦的交互卦是夬卦。如果将恒卦的初六、上六去掉,用剩下的四个爻重新组成一个卦,上三爻为上卦,下三爻为下卦,其中中间两个爻为上下卦所共有,呈现出交互的状态。这个交互卦为夬卦,它表明恒卦内部蕴藏着夬卦机制。夬卦上为泽,下卦为天,称其为泽天夬。《象》曰:"泽上于天,夬。君子以施禄及下,居德则忌。"可理解为在婚姻家庭生活中,要学习君子精神,将恩泽、福禄施于家人,并把它看成是应尽的义务,而不自以为有功德。

恒卦的错卦是益卦。与咸卦的错卦是损卦一样,恒卦的错卦是益卦。错卦是指一对卦中,相应的一对爻性质相反,恒卦中阴爻的地方在益卦中是阳爻,恒卦中阳爻的地方在益卦中是阴爻。从哲学角度讲,它是站在事物的对立面看问题,也叫换位思考,可谓知彼知己,看问题更加全面。咸、恒卦为相综关系,其错卦损、益卦也为相综关系。成语错综复杂就来自《易经》的错卦、综卦、复卦和杂卦。这里的复卦,一是同覆卦,即综卦。二是重复叠加,纯卦是相同的经卦叠加,称其为复卦;不同的经卦叠加,称其为杂卦。六十四卦中,有纯卦(复卦)八个,杂卦五十六个。咸卦的错卦是损,说明恋爱期间男女角色不能颠倒,如果婚前少女过于主动地追求少男,将会导致伤害发生;恒卦的错卦是益卦,恒卦长女在下、长男在上,而在益卦是长男在下、长女在上。这说明婚后,男女角色颠倒与否都是有益的,女方要照顾好男方、男方也要体贴女方。

【卦辞象辞】

〖卦辞〗

"恒,亨,无咎,利,贞,利有攸往。"

【译文】"恒卦,通达,没有灾祸,适宜,坚守正道,适宜有所前往。"

卦辞用于说明卦名和概述全卦主旨。利,适宜。贞,通"正",坚守正道。有攸往,有所往。《易经》吉凶次序分九个等级:吉、亨、利、无咎、悔、吝、厉、咎、凶,恒卦的卦辞占据了三个正面评价。乾卦卦辞中出现元、亨、利、贞,但恒卦中没有"元"。这是因为恒卦所强调的是恒久不变,无论是开始还是结束,都要保持一种稳定状态,表现为始终不变,因此"元"不是恒卦的典型特征。如果一定要追溯恒卦之"元",那么其起始的源头应在咸卦。而卦辞在亨、利、贞中插入"无咎",不是不经意所为,而是有其特定意义的。在现实生活中,并不是每对夫妻都能做到婚姻幸福,大多数情况下能达到平淡平常没灾没祸就已经很好了,所以说《易经》追求的最高境界不是大吉大利而恰恰是无咎。因为任何大吉大利、大喜大悲都是生活中的小概率事件,都难以持久,只有平平淡淡才是真,才是生活常态,也容易保持。利有攸往,意思是说要保持亨、无咎、利、贞的状态,就要采取积极行动,艰苦创业,天上不会掉馅饼,幸福生活要靠自己努力创造。

〔彖辞〕

《彖》曰:"恒,久也。刚上而柔下。雷风相与,巽而动,刚柔皆应,恒。恒,亨,无咎,利,贞,久于其道也。天地之道,恒久而不已也。利有攸往,终则有始也。日月得天而能久照,四时变化而能久成,圣人久于其道而天下化成。观其所恒,而天地万物之情可见矣。"

【译文】彖辞说,恒卦所有表达的是长久之意。阳刚之爻往上,而阴柔之爻往下。雷与风相互配合,顺从配合行动,刚柔之爻都有正应,这是恒卦所反映的景象。恒卦是通达的,没有灾祸,适宜坚守正道,能够长久地按照自然规律运行。天地规律,恒常运行永不停息。适宜有所前往,到达终点后又有新的开始。太阳月亮依托天空而能恒久照耀,四季因有变化而能够恒常进行,圣人终身行道而得以胜任教化天下的重任。观察事物之所以恒久的道理或原因,天下万物的情态状况就能充分展现出来了。

【大象之辞】

《象》曰:"雷风,恒。君子以立不易方。"

【译文】大象说,打雷刮风是恒卦所反映的自然景象,君子受此启示,应当自强独立而不轻易改变自己的立场和追求。

易，改变，变化。方，按照《古代汉语词典》，有关解释是指大地；方圆、周围；地域、区域；方向、方位；常规、常法；法度、准则；道义、道理等。引申为立场、原则、目标等。

【爻辞小象】
"初六，浚恒，贞凶，无攸利。"
【译文】"初六，疏通河道保持经常畅通，坚守正道防止凶险，无所宜之事。"

浚，深挖河道，使水疏通；深；开发，开启。无攸利，即无所利。下卦巽卦为主卦，而按照阴卦多阳、阳卦多阴的原则，巽卦为阴卦，即一阴带两阳，因此初六是巽卦的主爻。按照古汉语词典解释，巽由卦名引申出"和顺、恭顺"和通"逊"（谦让）的意思。因此，作为巽卦主爻的初六就是逊下之下，凝聚了谦逊卑下的意思，这是一种良好的品德。"浚"字恰当地表达了逊下之下的寓意，即要处下、开发、深挖，通过疏通河道使这部分水流处于河流的底部。但是，疏浚河道要讲求一个度，挖得不够深达不到疏通水流的目的，挖得过深了就会形成深潭，带来很大风险，凡事以适度为佳，过犹不及，不及与过均不可取。贞，通"正"，正就是止于一，就是将为人做事停留在最恰当的地方。作为新婚家庭来说，疏通河道只是初始阶段的工作，此时要将婚姻家庭生活纳入正常状态已经不容易了，并没有适宜的事情可做。初六阴爻居阳位，不当位，力量过于柔弱。初六与九四有正应，能够得到来自上层九四的关照，两者能够相互配合协调。

此爻婚姻家庭生活刚刚起步，男女双方都在调适磨合阶段。双方要区分恋爱与婚姻的关系，及时调整角色定位，尽快适应新的生活。对于男人而言，要有人生理想和事业追求，婚姻虽不是全部，但不能因事业淡漠了婚姻家庭的意识和责任。对于女人而言，要适时从缠绵悱恻中走出来，必须明白情爱并非人生的全部，要有自己的职业和爱好，主动关心打拼的男人，做好服务保障，并加强自律，谨防出轨风险。

"浚恒"取象于巽卦和坎卦。下卦为巽，巽为入，引申为深入之意，与浚的含义吻合。浚，还有水深之意，它取象于坎卦。如果将九二、九三、九三视为一个大阳爻，那么一至五爻即构成大坎卦，坎，陷也；为水。水、陷均与浚意相合。

"凶"取象于巽卦。下卦为巽,巽为进退,有随风摇摆之意,这与恒常的要求不符。《易经》以类比的方式作出提示,疏通河道不能太深,陷入爱河也不能太深,女方要保持正固,防止在情感问题上像草木一样随风摇摆而发生外遇。因为上面已经说到,下卦巽卦为阴卦,代表女主人,讲的是为妇之道,新婚家庭的最大风险是因感情降温甚至速冻而移情别恋,最终导致家庭破裂。《易经》的提示可谓一语中的、一针见血。

《象》曰:"浚恒之凶,始求深也。"
【译文】小象说,疏通河道保持水流恒常所潜在的凶险,在于刚开始对疏通事务追求过深了。

"九二,悔亡。"
【译文】"九二,悔恨消除。"

九二爻辞非常简单,只是说悔恨没有了。这说明刚开始是有某种导致悔恨因素存在的,后来因某种积极因素出现使悔恨得以避免。其负面因素是九二阳爻居阴位,不当位,爻位要求柔弱,九二的表现反而刚强了,过于刚强容易折断,尤其在恒卦的情境下过于刚强意味着缺少弹性、变化和调整,容易产生令人悔恨的结果。好在这一负面因素被积极因素消化了。一是九二居于中位,表明其道德品行过硬,能够坚守中正之道。这说明道德的力量可以弥补行为的缺陷。二是九二与六五有正应,九二该柔时反刚,六五该刚时反柔,双方的缺陷反而成全了良好的合作,它表明基层干部能够得到老大的关照和支持,可见缺点并非一无是处,在特定条件下缺点可能转化为优点,劣势反而能够变为优势。

《象》曰:"九二,悔亡,能久中也。"
【译文】小象说,九二,悔恨消失,是因为能够长期坚守中正之道。

"九三,不恒其德,或承之羞,贞吝。"
【译文】"九三,若不能持久保持德行,就可能蒙受羞辱,坚守正道,防止产生悔恨。"

或,可能,或许,有的。吝,耻辱,悔恨,后悔程度比"悔"要深一些。按照《易经》一般规律,第三爻容易出现凶险,此爻未见"凶"却有"吝",只是程度稍弱而已。九三阳爻居阳位,当位,表明其行为举止是适当的。九三与上六有正应,其行为能够得到大佬的关照和支持,两者能够相互配合协调。这是凶险程度降低的重要原因。

《论语》子曰:"南人有言曰:'人而无恒,不可以作巫医。'善夫!'不恒其德,或承之羞。'"子曰:"不占而已矣。"

这段话的意思是说,孔子说南方人有句话说,人如果没有恒德之心,就不可以去做巫医。说得多好啊!《易经》上说,若不能持久保持德行,就可能蒙受羞辱。孔子接着说,这是不用占卜就已经明了的事。作,根据《古代汉语词典》,是为、充任之意。有学者将南人有言译成,人如果没有恒德之心,就连巫医都治不好他的病(或者说巫医都拿他没办法;巫医都无能为力),有新意,但似乎与句式结构不合。

"不恒其德"取象于巽卦。下卦为巽卦,巽为进退,不果,其究为躁卦。巽卦与妇女生活作风关联密切。例如,姤卦,天风姤,下卦为巽,风吹物行,物随风移,左右摇摆,随风倒等等。作风之"风"本身与巽卦有关。

《象》曰:"不恒其德,无所容也。"

【译文】小象说,如果不能持久保持德行,那么就没有地方可以容纳。

对于无德之人天地不容,社会不容,家人不容。此爻旨在突出人品德行在两口子关系中的重要性,从反面来阐述正面道理,如果不能持久保持好的品行,那么都有可能遭受羞耻之事。以此提示人们要始终坚持良好品行,走正道,做正事,防止酿成耻辱悔恨的恶果。

"九四,田无禽。"

【译文】"九四,田野无禽可猎。"

九四爻辞简单,只交代了结果,田野上已经没有鸟禽可以猎取了,说明这个区域动物资源枯竭，就如同现代渔业资源枯竭、到了无鱼可捕的境地一样。这是由于违反客观规律，过度捕捞，没有给渔业资源休养生息的机会，大都属于人祸，比如捕捞频度过大，捕捞工具过于先进，渔网网眼过密，结果将鱼类的子孙后代一网打尽，这是一种杀鸡取卵、竭泽而渔、不计后果的做法，导致人们把子孙后代的资源都挥霍殆尽了，违反了科学发展规律就必然会受到大自然的惩罚。古时虽然不像现在这么严重，但道理是相通的，如果要使田猎活动有猎可捕并能长期进行下去，就要对于田猎场所进行养护，应当给小动物们提供休生养息、繁衍后代的间歇和空间，不能总是在一个区域长期不间断地猎取。"田无禽"的另一层意思是，打猎不能在同一个地方守株待兔，飞禽走兽被打怕了就不敢到这片地方来，比喻做事不能机械僵化、一成不变，有时是需要调整思路、变通方法、变换角度和变更方位的。九四阳爻居阴位，不当位，表明其行为举止过于刚强。九四与初六有正应，能够得到来自基层的支持，两者能够配合协调。自九四开始侧重讲为夫之道。此爻旨在强调作为家庭的男主人要注意把握行动的力度，做事要长远谋划，留有余地，防止资源用尽、断己后路。

"田无禽"取象于坤卦和震卦。由于恒卦由泰卦演变而来，在泰卦中上卦为坤，坤为田地，变成恒卦后，田地消失了，飞禽也随之消失。田，另有田猎之意。震为动，为作足的马，古典中震常作马车解，引申为骑马田猎的场景，九四阳爻居阴爻代表行动过度，理解为田猎活动过于频繁，造成无禽可猎的后果。九四与初六有正应，初六为阴，阴为虚，故无禽可猎。

《象》曰："久非其位，安得禽也？"
【译文】小象说，长期不当位，怎么能捕猎到飞禽呢？

非其位，指九四阳爻居阴位，不当位，行为举止过于刚强。

"六五，恒其德，贞。妇人吉，夫子凶。"
【译文】"六五，长期保持德行，正固。对于主妇吉祥，对于男人凶险。"

夫子，男人，可引申为丈夫。贞，通"正"，但这里要侧重解释为"正固"，与现代女性贞操之贞意思接近，含有古代女性从一而终的意思。六五阴爻居阳位,不当位,在行为举止方面显得过于柔弱。但是,六五是君王之位,又是上卦中爻,表明其能够坚守中正之道,道德品行良好,具有柔顺之德、中正之德,并能长期保持。六五与九二有正应,根据《易经》阴从阳的规律,六五所代表的主妇或女性能够顺从、配合九二所代表的君子、男人或丈夫的事业。这些正是古代女性的美德体现。但作为男人,也效仿女性的做法,不敢作为,一味顺从,就不可取了。男人之所以为男人,是因为他具备生理上的力量优势,拥有与女人不同的阳刚之气,理应承担更多的社会、家庭责任与义务,付出更多的艰苦与努力。男女使命不同,职责不同,角色不同,分工不同,男人就该做男人之事,尽到自己的职责和本分,而不应该把自己打扮得不男不女,热衷于娘娘腔,满足于妇人之德。"夫子凶"可理解为,六五爻辞对男人提出警示,要求男人在社会、家庭中扮演主动力角色,承担更多责任。

"夫子凶"取象于震卦和兑卦。上卦为震,震为长男,代表夫子,是创建基业的主体。若六五发生爻变,则上卦变为兑卦,兑为少女。可视为长男随从了少女,这是凶险之兆。男人应当是顶天立地为女人撑起一片天的强者,而不应该成为唯唯诺诺、没有主见,只会对妻子言听计从的盲从者。同时,恒卦上交互卦也为兑卦,兑为毁折,故凶。

《象》曰:"妇人贞吉,从一而终也。夫子制义,从妇凶也。"

【译文】小象说,主妇保持贞固吉祥,自始至终顺从一个男人。男人受道义原则约束,一味顺从主妇就有凶险。

"从一而终"屡被国人诟病,认为这是对妇女的歧视。应当看到,古今的社会背景已经发生很大变化,当时有当时的历史局限性,今人不能苛求古人,不能用现代眼光评判古人的行为规范。

"上六,振恒,凶。"

【译文】"上六,以震动以求恒常,凶险。"

振,挥动、抖动,通"震",震动。上卦是震卦,上六为末爻,指雷电震动所及范围的边缘区域。震动意味着不够稳定,其后果具有不确定性。一方面震动状态不易预见、不好控制，另一方面震动若持续不断地进行，容易招致灾祸。此爻进入婚姻家庭生活的后期，这时的为夫之道就是防止发生婚姻变故和家庭动荡。"凶"在于从反面提示男人，在婚姻后期不要好高骛远，不要有那么多不切实际的想法，要面对现实、踏踏实实地把日子过下去。同时，上六也代表大佬，退位的老大就不要再折腾了，假如上位者再不断改变政策和原则，就会使百姓无所适从，效果适得其反。

"振恒"取象于震卦。上卦为"震"，通"振"，引申为动荡不安。这是婚姻家庭要极力避免的状态。

《象》曰："振恒在上，大无功也。"

【译文】小象说，震动以求恒常的情形发生在恒卦的上顶末端，连一点功效益处都没有。

没有一点益处的事情，当然是要尽力避免的。

第三十三卦 遁卦的隐退之道

【遁卦】

【白话经文】

遁卦,通达,对小的适宜,正固。

初六,位列隐退者末尾,有危险。不要指望受重用,应有所行动。

六二,用黄牛皮革捆绑,没有人能够解脱。

九三,带着牵挂隐退,有疾病危险;在家蓄养男女仆人,吉祥。

九四,上佳隐遁,对君子吉祥,对小人有阻碍。

九五,美善隐遁,正固吉祥。

上九,从容隐退,无不适宜之事。

【经文原文】

遁,亨、小利、贞。

初六,遁尾,厉,勿用,有攸往。

六二,执之用黄牛之革,莫之胜说。

九三,系遁,有疾,厉;畜臣妾,吉。

九四,好遁,君子吉,小人否。

九五,嘉遁,贞吉。

上九,肥遁,无不利。

【解读序言】

遁卦位列周易第三十三卦，上卦是天，下卦是山，称其为天山遁。《序卦传》说："物不可以久居其所，故受之以遁。遁者，退也。"意思是说，事物不可能恒久地停留在一个地方，因此周易安排了遁卦。遁就是隐退的意思。《杂卦传》说："遁则退也。"表达了相似的意思。

遁卦的下卦为艮，代表小伙子、小儿子、年轻人，是新生力量、接班人的象征；上卦为乾，代表君王、父亲、老人，是老旧力量、现行当权者的象征。遁卦共有两个阴爻、四个阳爻，看起来阴弱阳强，但其发展趋势却是阴息阳消、柔进刚退的态势，总的情势对于暂居劣势的阴柔方有利，阴爻代表小人，但小人不见得都是坏人，小人也可以表示目前力量、势力弱小的人群，其中包括新生力量、接班人梯队，有的日后可能变成真正小人，有的日后却能成长为堂堂君子，因为《易经》是讲求变化的。遁卦反映了新、旧两股力量在交替更迭过程中的情景。一方面表现为新生力量急于取代老旧力量，以期尽早登上历史舞台；另一方面，为了使国家、单位和家族、家庭领导权在新旧之间达成平稳更替和顺利过渡，尊长者从公共长远利益考虑，激流勇退，主动让位，给年轻人提供更大更多锻炼成长的舞台和机会。在社会历史上这两种情形都是存在的，只不过前者体现得更加明显、更加充分些。

古人云："小隐隐于野、大隐隐于市。"前者侧重于身体和形式上的隐居，后者侧重于精神和实质上的隐居，所以隐居不仅仅是居所的地理位置问题，更主要是心理上的处世态度问题。避世不是不食人间烟火，也不同于厌世，而是根据社会实际情况采取的自我保护或自我超脱的举措。当时代不利于君子发挥作用的时候，应当视时度势，理性抉择，全身而退，去过一种超凡脱俗、宁静悠闲的生活。在我国古代，隐居已成为名士的生活方式。这些隐士不为世俗所累，不为名利所扰，不为权贵所使，并因此凝聚毕生精力，专注于某项事业，从而在哲学、宗教、文化、艺术、科学等方面苦心孤诣，作出杰出成就。遁卦的情境表明，古代一些仁人志士不满当时政治生态和社会世俗，既不愿同流合污、随波逐流，也不甘浑浑噩噩、碌碌无为，于是把隐居作为远离混乱社会、保持洁身自好的独特生活方式，以此消灾避祸或等待复出时机的到来。如诸葛亮出山前隐居卧龙岗躬耕南阳；还有三国曹魏时期"竹林七贤"嵇康、阮籍、山涛、向秀、刘伶、王戎和阮咸，东晋的陶渊明等是典型的隐居代表。遁卦反映的情境与君子的遁退隐居意境高度契合。

【卦名含义】

遁，《古代汉语词典》与卦义相近的解释，一是逃，引申为回避；二是隐匿；三是遁的本字为"遯"，词典解释为六十四卦之一，卦形为艮下乾上。词语遯世，解释为避世。《周易·乾文言》："不成乎名，遯世无闷。"遯隐，隐匿之意。由上可见，遁相当于今人所说的隐世、避世、隐退、隐居。遁卦反映了某个社会阶段的情境，阴长阳消，小人得志，形成气候；君子受抑，受到排挤，无奈之下，选择隐退，以求自保，离开是非之地。这不是向小人低头屈服，而是不愿同流合污、确保洁身自好的处世智慧，等到乾坤清朗之日再出来做事。这与现代的明哲保身处世哲学有本质区别。现代明哲保身目的是为了个人私利，君子隐遁避世是为了实现经世济用的远大理想。

【卦象寓义】

一、天下有山之象。这是大象所描述的景象，上卦是天，下卦是山，蓝天白云下面是群山连绵，这与平常观察到的自然景象是一致的。景象本身是一种客观存在，群山矗立，沉默无言，并未注入感情色彩，也没有向人昭示什么。但人是有思想的，可以就此引出一连串的联想。

二、山逼天退之象。天下有山之象可以带给人们以下的视觉感受，高耸的山峰直插云霄，让人联想到高山似乎在驱逐苍天，让它离得远一些。山低天也低，山高天也高，山有多高，天就多高，仿佛苍天高低位置取决于山的态度，大有山逼天退的意境。

三、小伙弃老之象。从更宽泛范围讲，艮卦代表年轻小伙子，乾卦代表老人。那么遁卦的结构便是小伙居内主持事务，老人在外从事辅助工作。由遁卦的名称和山逼天退的意境，可引申出小伙子有遗弃或排斥老人的意味，这种组织结构属非正常状态，与我国传统文化所倡导的人伦道德不相匹配。

四、小人得志之象。从数量上讲，代表君子的阳爻有4个，而且身居高位；代表小人的阴爻只有2个，身处低位。表面上是阳强阴弱，但是在遁卦的特殊情境中，情势对君子不利，反而是小人得志。他们有恃无恐，把持朝纲，清除异己，行为猖獗，对君子实施逼宫围猎。在这种背景下，君子处于劣势，不得不隐退山林。古代一些精通易理的名将大臣，虽战功卓著，却清醒地预感到遁卦情境的来临，不等小人下手便主动离开进入隐居生活，如战国时期范蠡、汉朝初期的张良。遁卦正是反映了小人得志、君子受到排挤的情境。

五、农历六月之象。从十二月消息卦角度看，地天泰代表正月，雷天大壮代表二月，泽天夬（guai4）代表三月，乾卦代表四月，天风姤（gou4）代表五月，天山遁代表六月，天地否代表七月，风地观代表八月，山地剥代表九月，坤卦代表十月，地雷复代表十一月，地泽临代表十二月。可见，天山遁代表的是六月，六月是炎热酷暑季节，此时阳气开始下降，阴气逐渐上升，呈现出阳消阴息、暑消寒息的态势，阴爻的力量在积聚和发展，这与小人逼君子的情境比较吻合。从月份上看，遁卦六月结束后进入否卦七月；从社会政治上看，此后国家社会进入天地否的乱世状态，政治黑暗，上下阻塞，离心离德，统治者穷奢极欲，百姓生灵涂炭。

六、尊长让位之象。正如序言所述，下卦艮，为少男、小儿子、小伙子、年轻人，是新生力量、接班人的代表，虽然眼前稍嫌弱小，但成长性极好。1957年11月，毛泽东对莫斯科大学中国留学生说："世界是你们的，也是我们的，但是归根结底是你们的。你们青年人朝气蓬勃，正在兴旺时期，好像早晨八九点钟的太阳。希望寄托在你们身上。"这段话恰如其分地点出了年轻人的优势所在。遁卦的上卦为乾，为君、为父、为老人，是老旧力量、现行当权者的代表。有远见卓识的领导人往往能够高瞻远瞩，着眼于国家长治久安、事业长远发展，主动让位于年轻人，给年轻人提供表现舞台和锻炼机会。尊长让位之象与山逼天退、子图父位、小伙弃老之象等形成相反的景象，它们互相联系，对立统一，相辅相成，共同构成了卦象的有机整体。

七、君子山居之象。下卦为艮，艮为山，山是远古时期先民生活的重要基地，因为山可给人们提供生活的丰富资源，时至今日仍有相当部分百姓居住在山林之地。上卦为乾，乾为君，引申为君子。因此，可将遁卦视为君子被小人排挤后，隐退居住在深山老林的情景。此象可理解为，是小人得志、小伙弃老、子图父位等其他象的结果性景象，或者是尊长者主动让位后的归宿。反映了事态发展的前后逻辑关系。

八、内止外健之象。下卦也叫内卦，内卦为艮，艮为静止、停止、阻止、制止之意，表明内部主体应当适可而止，包括其欲望、行动力量和程度。上卦也叫外卦，外卦为乾，乾有刚健有力的性质，表明内部主体所处的外部环境、交往对象力量刚强、态度强硬。面对强大的外部势力，内部主体只有适可而止，才能做到相安无事。以内止应对外健，这是从主体与环境角度考察遁卦的组织结构。此象与小人得志、小伙弃老、子图父位等象有所不同，说明观察角度不同，得到的象也不同。此象可理解为，一是指警告小人行为要节制，应适可而止，不可逼人太甚；二是指小人极力阻止干扰君子的正义行为，比如近期央视热播电视剧《初心》中公社主任李保山，出于嫉妒，对为百姓谋幸福的甘祖昌将军百般阻挠、暗使绊子，做了不少烂事；三是指小伙子现在懂得节制，正是为了将来发挥刚健的作用，这是将内外卦放在时间轴上来考察的。

九、子图父位之象。下卦为主卦，下卦是艮，艮为少男；上卦为客卦，上卦为乾，乾为父。从家庭范围考察，这是小儿子在内部主持家庭事务，父亲在外面从事劳动生产事务的情境。这样的家庭分工显然与社会伦理不符。联系山逼天退的意境，表现在家庭领域，就可理解为小儿子逼父亲退位，迫不及待欲自己当家作主。若在皇宫里就表现为太子逼父皇退位、由自己登基主政的情形。

十、阳土生金之象。从五行关系来分析，下卦为艮，艮属于土，在《易经》八个经卦中，艮与坤一起代表土，但是艮为阳卦，称其为阳土；坤为阴卦，称其为阴土，这与人们的实际感觉相符，山中之土有石头、沙子，在质地上比土地之土要坚硬。上卦为乾，乾为金，乾与兑同为金，同理乾为阳金，兑为阴金。按照五行生克规律，土生金，上卦乾因下卦艮的生扶而得益，而下卦艮因生扶上卦乾而有所损。因此在五行关系中，乾卦受益，艮卦受损。此象可理解为若君子全身而退，在经济方面可能会得到一些补偿。

【关联卦画】

遁卦的综卦是大壮卦。将遁卦卦画颠倒180度得到大壮卦，将大壮卦卦画颠倒180度得到遁卦。综卦的哲学意义在于，从不同角度观察事物，得到的结果是不同，但两者有联系。用这种思维思考问题将更加全面。遁卦、大壮互为综卦，在周易中前后排列，分别排在第三十三、三十四卦。综卦反映了事物发展过程的前后逻辑关系。《序卦传》说："物不可以终遁，故受之以大壮。"意即事物发展不可能终止于遁卦状态，因此周易在遁卦之后安排了大壮卦。遁卦反映的是君子受小人排挤的情境,到了大壮卦却是天上打雷春回大地的景象,意味着君子力量的回归,表明事物总是在起伏曲折中向前发展的。

遁卦的错卦是临卦。如果将遁卦各爻的性质相反,得到的卦是其错卦临卦。遁卦与临卦相当于矛盾的双方,对立统一,相辅相成。其哲学意义在于,从矛盾的对立面来看问题,即换位思考,有助于矛盾的调和与解决。遁卦是小人进逼、君子离开,临卦是君子前进、小人退却。阴阳双方处于情形相似、位置相反的两种状态。这从两卦所代表的农历月份中可得到验证。遁卦代表农历六月,临卦代表农历十二月。两个月份间隔六个月,情形正好相反,而各自在夏季、冬季中的时间节点又非常相似。六月份虽然天气很热,但阴气已经开始发展;十二月虽然天气寒冷,但阳气已经开始发展。

遁卦的交互卦是姤卦。如果将遁卦的初六、上九去掉,用剩下的四个爻重新组成一个卦,二三四爻为下卦,三四五爻为上卦,三四爻为上下卦所共有,上下呈现出交互状态,故称交互卦。交互卦的哲学意义在于,揭示事物发展中存在的可能性。遁卦的交互卦为姤卦,表明遁卦的情境包含着姤卦的要素,遁卦情境往前发展可能出现姤卦情境,即小人在驱逐君子的过程中,可能会出现一女与五男、一小人与五君子交往相类似的情形。从十二消息卦中可知,六月遁卦由五月姤卦发展而来,两者存在着某种联系,表现为气候变化在短期内前后的可逆性、相似性和反复性。

遁卦与大畜卦有关联。大畜卦位列周易第二十六卦,上卦为山,下卦为天,称其为山天大畜。遁卦是上卦为天,下卦为山,称其为天山遁。这两个卦明显的关联在于都是阐述天与山的关系,区别只不过是上下位置的不同。大畜卦呈现"天在山中"之象,反映了以山蓄天的卦意,即艮为土,乾为金,土生金,表明山上储有金属矿藏。而遁卦呈现"天下有山"之象,反映了天在山上的卦意,可理解为君子隐退后居住在山林的情境。

【卦辞象辞】

〖卦辞〗

"遁,亨,小利,贞。"

【译文】"遁卦,通达,对小的适宜,正固。"

卦辞用来说明全卦主旨，小利之"小"，指阴爻所代表的小人群体，全卦两个阴爻，四个阳爻。虽然从数量上讲阳爻代表的君子占多数，但是遁卦所处的大环境对小人有利，对君子不利，小人的势头强劲，在向君子步步进逼。值得说明的是，小人不等同于坏人，小人中有坏人，也有好人，小人也可指力量、势力暂时弱小的群体，引申为新生力量、少壮派、接班人。

〖彖辞〗

《彖》曰："遁亨，遁而亨也。刚当位而应，与时行也。小利贞，浸而长也。遁之时义大矣哉。"

【译文】彖辞说，遁卦通达，是指君子因隐退而实现通达。九五刚爻居于阳位，行为适当而与六二有正应，体现了与时偕行。情势对小的有利但要保持正固，逐渐发展壮大。遁卦情境下适时的意义重大。

浸而长，浸，通"渐"。意即小的势力在逐渐增长。遁之时义，在于提醒人们在鼎盛时期就要居安思危，统筹考虑功成身退。

【大象之辞】

《象》曰："天下有山，遁。君子以远小人，不恶而严。"

【译文】大象说，天下有山是遁卦反映的自然景象。君子受此启示，应当远离小人，不与小人交恶但必须严肃对待。

恶（e4），《古代汉语词典》："罪过，罪恶。与善相对。"《周易·大有》："君子以遏恶扬善，顺天休命。又坏，不好。"这说明写大象传时，恶已经有罪恶的意思了，而不仅仅是厌恶（wu4）之意。此处解释为恶（e4）的动词比较恰当，即交恶之意。有观点将其解释成恶（wu4），译成不憎恶小人，说得过去。但是君子对于小人通常是深恶痛绝、水火不容，不憎恶小人恐怕不易做到，而不与小人正面冲突、直接交恶，倒是具有可操作性的。

【爻辞小象】

"初六，遁尾，厉，勿用，有攸往。"

【译文】"初六，位列隐退者末尾，有危险。不要指望受重用，应有所行动。"

厉，危险。在悔、吝、厉、咎、凶中属中等级危险。有攸往，有所往。按照《易经》的体例，上爻为首，初爻为尾。如果将六爻比作隐退人群队伍的话，初六为队伍末尾，代指后期的隐退者。尾巴为身体较小部位，用阴爻表示比较适当。同时，阳爻所象征的君子一个个隐遁之后，剩下的就是小人群体和领地了。还有部分有君子特征也夹杂部分小人意识的人处于犹豫之中，可理解为位列隐遁队伍末尾的人。因此，初六既指隐退队伍末尾者，也指得志小人。此时，大气候对小人有利，如果甘为小人，或与小人同流合污，可能会得到些实惠，历史和现实中确也不乏其人，但君子不会这么做，能这么做的也肯定不是君子。《易经》倡导人们做君子不做小人，大环境对君子不利，因而爻辞提示君子既然要隐退就要早作打算，毅然决然、干脆利索，行动迟缓、犹豫不决就可能带来危险。一旦奸佞小人发现一大批仁人志士不配合他，气急败坏之下很有可能拿来不及隐退者开刀。由于初六在下卦艮卦之中，艮有阻止之意，他想动而不能，这也是落在末尾的一个因素。

勿用，是指君子不要抱有幻想，不能指望会受小人重用。有攸往，是建议君子要采取措施，想方设法尽快离开。古人云："末大必折，尾大不掉。""木秀于林，风必吹之。"意思是说，树的树冠末梢太大一定会被风吹折，动物的尾巴太大就不能自如地摇动和转动身体，行动起来很不灵活。初六阴爻居阳位，不当位，力量偏弱，有些心有余而力不足的意味，这是其位列隐退者末尾的原因，也是导致危险的因素。初六与九四有正应，能得到九四的照应和支持。初六该阳却阴，九四该阴却阳，两者行为举止皆不当位，可理解为在大环境不利君子的背景下，上层对小人采取了妥协迁就、甚至放任纵容的态度。九四可理解为无可奈何受制于小人的君子，也可理解为握有实权的小人。值得说明的是，君子、小人不是固定不变的，会相互转化，一般情况下阳爻代表君子，但在特定背景下可以代表有实力的小人。

《象》曰："遁尾之厉，不往何灾也？"

【译文】小象说，位列隐退末尾有危险，不前往能有什么灾祸呢？

显然，我的解读与小象的意思不尽一致。有些学者正是据此将"勿用，有攸往"视作"勿用有攸往"，解为不要有所前往。但本人认为，在遁卦的情境下，位列隐退队伍末尾者不想方设法离开，恐怕与卦意不符。

"六二，执之用黄牛之革，莫之胜说。"
【译文】"六二，用黄牛皮革捆绑，没有人能够解脱。"

胜，胜任，能够。说，通"脱"。黄色是五色中最能协调的颜色，与其他任何一种颜色都能搭配，因此黄色成为我国古人的喜爱之色，也是帝王御用颜色。黄牛的皮最为结实，用牛皮革捆绑物品非常牢固。那么到底用它来捆绑什么呢，此爻并未明确交代，只用一个"之"字来代替。因为遁卦讲的是隐遁之事，因此可以顺理成章地把它理解为它所捆绑的是隐遁之心，意即隐遁之心一定要坚决，就像牛皮绳捆住一样坚定不移。同时，也可理解成六二与九五配合密切，因为六二与九五有正应，说明其行为能得到老大的关照和支持，两者的合作意向就像牛皮绳捆绑一样牢固。用牛皮绳索捆绑只是一种表示决心程度的形象说法，可见古人是相当诙谐的。这种解释与小象"固志"的说法相吻合。六二是下卦中位，表明其具有中正之德，道德品行良好。阴爻居阴位，当位，说明其行为举止适当。

"执"取象于艮卦和巽卦。下卦为艮，艮为手。下交互卦为巽，巽为绳直。执，就是一手拿绳索把另一人的手脚等绑起来。

"黄牛之革"取象于中爻、坤卦和艮卦。六二为中爻，爻位之中引申出五色之中。黄色在五色中居中，与其他四色均可搭配，为中和之色。遁卦代表六月，再发展就是七月否卦，否卦下卦为坤，坤为牛。艮为肥肉、皮肤。艮卦的卦形就是肥肉的形态，外层是坚硬的皮肤，中层肥肉，内层瘦肉。黄牛的皮肤即为革，皮革之意。

《象》曰："执用黄牛，固志也。"
【译文】小象说，用黄牛皮革捆绑，表明精神意志坚定牢固。

"九三，系遁，有疾厉；畜臣妾，吉。"

【译文】"九三，带着牵挂隐退，有疾病危险；在家蓄养男女仆人，吉祥。"

系，牵挂，维系，心系、惦记。疾，疾病，疲惫。畜，通"蓄"。九三是艮卦的末爻，他对隐退表现出犹豫不决和进退维谷，客观上他不退不行，势所必行，主观上却心有不甘，迟疑不决，同时又身处艮卦，艮有静止、停止、阻止、制止之意，有些身不由己，有欲退而不能的意味。在身心俱疲的情况下，罹患疾病的危险性不断增加，或者说这种欲去还留、欲留又去的矛盾心理像病症缠身一样无法摆脱。"畜臣妾，吉"可理解为幽默表述，意思是既然此位不保，就不要再一厢情愿了，倒不如收拾一下行李回家雇俩仆人去过小日子算了。这与小象"不可大事也"意思吻合。艮卦在《易经》家庭里代表少男，九三相当于小伙子，年轻不谙世事，心智不够成熟，对原有的名利地位难以割舍，隐退的态度和行为不够果决，心里还牵挂着六二、初六，其实只是九三小伙子自作多情，因为九三与六二、初六并无正应。九三阳爻居阳位，当位，表明其行为举止是适当的。与上九没有正应，表明得不到大佬的关照和支持。

"系"、"畜"取象于巽卦。遁卦的下交互卦为巽卦，巽为绳直，用绳索的捆绑功能比喻内心牵挂着某事，就像被绳索捆绑一样，放心不下。巽有入的意思，"畜"通"蓄"，积蓄，有东西纳入即为蓄，引申为蓄养、雇佣。

"厉"取象于九三爻位。《易经》的特点是"三多凶"，厉属中等程度的凶险。

"臣妾"取象于艮卦。此爻中臣为男仆，妾为女仆，仆人中以年轻者居多，艮为少男，因此以艮代表臣，由男仆的臣引申出女仆的妾。同时，仆人也是助手，艮为手，意思吻合。此外，艮卦卦形是一阳两阴，相当于一个主人带着两个仆人。初六、六二都是阴爻，从主仆关系讲同属仆人，但从两个仆人相对关系而言，一个在阳爻位、一个在阴爻位，分别代表男仆"臣"与女仆"妾"。

《象》曰："系遁之厉，有疾惫也。畜臣妾吉，不可大事也。"
【译文】小象说，带着牵挂隐退有危险，因为这样容易得病和疲惫。蓄养男女仆人吉祥，是因为这种时候不适宜办大事。因而只能回家过个小日子。

"九四，好遁，君子吉，小人否。"

【译文】"九四,上佳隐遁,对君子吉祥,对小人有阻碍。"

好遁是相对于系遁而言的,系遁是牵挂、心系、维系、念想的因素太多,而好遁却处理得比较妥当,处事干净利落,不拖泥带水,该放则放,该弃则弃,该离则离,该去则去,该往则往,无牵无挂,毅然决然,义无反顾地走上隐遁之路。这种方式只有君子可以做到,因而对于君子是吉祥的;对于小人而言则此路不通,因为小人根本做不到。九四阳爻居阴位,不当位,行为举止过于刚强。九四与初六有正应,其行为能得到初六的支持和配合。

"君子"取象于乾卦。遁卦上卦为乾,乾为君,引申为君子。

"小人否"取象于否卦。遁卦代表六月,再往下发展就是否卦,天地否代表七月。九四正好是天地交界的边缘。在否卦的情境中,乾为阳卦,阳气往上升;坤为阴卦,阴气往下降,因此天地不交,上下阻塞。小人否,即好遁对于小人行不通。

《象》曰:"君子好遁,小人否也。"
【译文】小象说,君子上佳隐遁,但对于小人是行不通的。

"九五,嘉遁,贞吉。"
【译文】"九五,美善隐遁,正固吉祥。"

在好遁的基础上,嘉遁更胜一筹,这种隐退做得更加干脆利索、恰到好处,其结果是吉祥的。九五是君王之位,是全卦的核心之爻。此位既可以理解为隐退者的身份,又可以指隐退的程度。前者指久居王位的君王如果感觉大势已去,倒不如趁早让位更为明知,其结果可得善终。后者指隐世的方式手段极其高明,充满智慧,进退适度,游刃有余,也能做到全身而退、安享晚年。关键在于对局势作出正确判断,快速作出正确抉择,及时采取正确行动。如果将初六比作隐退人群的末尾,那么上九、九五就是隐遁队伍的先行者。既然形势背景、大环境对君子不利,那么越早作出安排越是主动,越早付诸实施越是有利。九五为上卦中爻,表明能够主持公平正义,道德品行良好。九五阳爻居阳爻,当位,表明行为举止适当。九五与六二有正应,能得到来自基层干部的支持和配合。

《象》曰："嘉遁贞吉，以正志也。"

【译文】小象说，美善隐退正固吉祥，因为这是用来端正巩固精神意志的。

"上九，肥遁，无不利。"

【译文】"上九，从容隐退，无不适宜之事。"

肥遁，有人解释为飞遁，将"肥"通假为"飞"，有一定道理，但在古汉语词典里找不到通假依据。肥，与此爻最接近的意思是肥厚、富足，引申为富裕、宽裕的意思，将其译成从容隐退。既可以指物质生活有保障，略有富余，也可以彰显隐遁者准备充分、从容不迫的行为方式。按《易经》的规律，上九通常是极物必反、亢龙有悔之爻，其结果往往不好，而此爻却是"无不利"，结局不错。这是因为遁卦讲的是避世躲祸之道，是主人公在周围环境极为险恶的非常时期保全自身的方式方法，被迫隐遁本不是件好事，也就是说一件坏事物极必反了，自然是苦尽甘来、时来运转的好事了。上九阳爻居阴位，不当位，行为举止过于刚强，这对于逆境之人反而有好处。上九与九三没有正应，两者不能相互配合协调。

"肥遁"取象于上九爻位。从空间上看，上九代表高空，海阔天空，空间宏大，与从容、宽裕意思相符；从隐退队伍来看，这是打头阵的隐退者。小人本来就要排挤君子，而此时君子顺势从容隐退，自然可以做到"无不利"了。

《象》曰："肥遁无不利，无所疑也。"

【译文】小象说，从容隐退没有不适宜之事，因为君子适时隐退就不会遭受小人猜疑了。

第三十四卦 大壮卦的内敛之道

【大壮卦】

【白话经文】

大壮卦,适宜正固。

初九,强壮体现在脚上,主动出击有凶险,应秉持诚信。

九二,正固,吉祥。

九三,小人自恃强壮以强凌弱,君子却不这样。宜正固以防危险,公羊攻击藩篱,羊角反被篱缠。

九四,正固吉祥,悔恨消失,藩篱已决口,羊角不再被缠,强壮体现在大车条辐上。

六五,在边界走失羊只,没有后悔。

上六,公羊抵触藩篱,退不得,进不得,无所适宜,艰苦奋斗则吉祥。

【经文原文】

大壮,利贞。

初九,壮于趾,征凶,有孚。

九二,贞吉。

九三,小人用壮,君子用罔。贞厉,羝羊触藩,羸其角。

九四,贞吉,悔亡,藩决不羸,壮于大舆之輹。

六五，丧羊于易，无悔。

上六，羝羊触藩，不能退，不能遂，无攸利，艰则吉。

【解读序言】

大壮卦列《周易》第三十四卦，因上卦是雷、下卦是天，称其为雷天大壮。《序卦传》说："物不可以终遁，故受之以大壮。"序卦传说，事物不可能在隐退状态中终止，因此周易在遁卦之后安排了大壮卦。俗话说，三十年河东，三十年河西。遁卦所反映的君子隐退是人文社会发展过程中的阶段性状态，大壮卦所反映的君子力量强盛也是阶段性状态，君子、小人两股力量在此消彼长的交替变化中持续进行。遁卦、大壮卦两种状态交替互变，符合唯物辩证法原理，事物在对立统一规律主导下，由量变到质变，呈现出肯定——否定——否定之否定的规律，在曲折中螺旋式或波浪式向前发展。

《杂卦传》说："大壮则止。"意思是提示阳爻力量已经非常强盛，要适可而止。大壮卦阴阳比例为二比四，阳爻代表的君子群体多于阴爻代表的小人群体，处于比较好的结构状态。这时阳爻应当适可而止，不要盲目扩张，以便尽可能长久地维持这种良好状态。否则阴阳将失去平衡，大壮局面也随之消失。如果阳爻继续冒进，那么就进入五阳一阴的泽天夬卦局面。按照物以稀为贵、物极必反规律，仅剩的一个阴爻反而成了卦主，统领五个阳爻，这是非正常政治生态和社会现象。

本来此文拟定的标题是《大壮卦的大壮之道》，后来经过反复斟酌，改为《大壮卦的内敛之道》。基于以下几点考虑：一是大壮卦描述的情境，是四个阳爻所代表的君子、阳性事物占大多数的既成事实。换句话说，已经处在大壮的状态之中，卦、爻辞所讨论的是大壮情境中如何行动作为的问题，而不是如何壮大的问题。

二是受《杂卦传》"大壮则止"的启发。已经是大壮良好状态了，趋利避害的做法就是如何延长这种状态，当止则止、适可而止是比较可行的做法和有效措施。

三是卦、爻辞中分别出现一、三次"贞"字。贞，通"正"，正固之意。除坚守正道外，还有节制、固守之意，可引申为对阳爻力量作适当掌握控制，不可放任扩张。

　　四是九三爻辞"小人用壮，君子用罔"，集中体现了中华民族的品德和智慧。"小人用壮"相当于当今世界霸权政治的"秀肌肉"，无数事实证明，靠武力征服不了任何一个国家或民族；"君子用罔"是指，有雄厚的实力作为后盾，以谦和态度与人开展交往，动之以情，晓之以理，以理服人，和而不同，不盛气凌人，不以强凌弱，达到不战而屈人之兵的境界，这样更能赢得对手的认同和尊重，更有利于和谐共存，更有利于延续大壮的良好局面。

　　五是所谓内敛，是指有能力却不恃强，有内涵却不张扬，有功绩而不自夸的低调、收敛的行事风格。首先，其前提是有能力、有内涵、有功绩等实质性内容；其次，是表现出来好像什么也没有的谦逊风范。如果本身就没有什么，就谈不上内敛之说。大壮卦有四个阳爻并且处于上升势头，表明是有实力的群体，恰到好处。如果自恃强壮，耀武扬威，则很可能陷入公羊那样进退两难的境地。公羊的案例告诫人们，在大壮卦情境中内敛显得何其可贵。

【卦名含义】

　　《古代汉语词典》解释，壮，成年，壮年；强壮，健壮；雄壮，强盛；大，肥硕。在人的一生中壮年是最强壮的，刚健有力，有使不完的力气，身体状况处于人生高峰，通常壮年是指四五十岁这段时间。人们称英雄好汉为壮士，称行侠仗义之事为壮举。如，荆轲在刺秦王行动前，高歌"壮士一去兮不复返"，还有如狼牙山五壮士、壮士断腕等说法，体现出壮士的豪气、豪迈、豪情和豪壮的气概和胸怀。

【卦象寓义】

　　一、雷在天上之象。从卦的结构看，上卦为雷，下卦为天。其意境为天上之雷，打雷时惊天动地，声势浩大，蕴含着巨大能量，威力施及四面八方，给人以威严和震慑的感觉。可理解为君子不怒而威的严肃庄重形象，浑身上下充满正能量，犹如孟子所说的浩然正气。有威严就不惧小人捣乱，使小人有所顾忌；有正气就可经世济民，造福百姓。

　　二、农历二月之象。从十二消息卦角度观察。地天泰代表农历正月，这时三阴爻、三阳爻，阴阳平衡，故有三阳开泰之说。雷天大壮代表农历二月，含有惊蛰、春分两个节气。二月有仲春、仲月之称，表明是春季的中间月份。值得说明的是, 古代另称八月为壮月。两者并不矛盾, 二月与八月相差六个月, 在十二消息卦中属相错关系, 大壮卦代表农历二月, 观卦代表农历八月。大壮与观卦是对错卦, 阴阳爻正好完全相反。也就是说二月阳爻处于强壮态势, 阳为大, 故称其为大壮; 八月阴爻处于强壮态势, 阴为小, 大壮与壮谁大谁小显而易见, 因此略去小壮之"小", 仅用"壮月"即可与大壮二月相区分。因此, 大壮、壮月是有区别、有联系的。

三、禾苗大壮之象。在二月, 惊蛰节气与开春打雷自然气象相对应, 雷电震惊了蛰伏的百虫, 惊醒了沉睡的种子和深埋地下的根须, 吹响了万物生长的号角, 告诉万物春天到了, 漫长的冬眠生活结束了, 该破土而出到地面上来活动活动了。春分节气与阳气快速增长的气象相对应, 此时春暖花开, 草木葱绿, 欣欣向荣, 充满生机和活力, 有利于植物和庄稼茁壮成长。因此, 农历二月是万物生长壮大的季节。整个卦符就是粗壮禾苗生出两片叶子的形象。

四、阳刚壮大之象。大壮卦由四个阳爻、两个阴爻组成。按照十二消息卦的发展趋势, 下一步将进入泽天夬所表示的农历三月, 阳爻力量非常强盛, 呈现出继续发展壮大的强劲势头。在《易经》中, 以阳为大, 以阴为小, 阳爻代表君子、阳性类事物, 因此对于反映阳爻事物茁壮成长的卦, 称之为大壮卦。据此类推, 大壮卦的错卦似乎应该是小壮卦。那么为何不叫小壮卦而称它为观卦呢? 这是因为《易经》具有扶阳抑阴、以阴辅阳的思想, 命名时也体现了这种思想, 也就是说《易经》通常站在阳爻角度命名, 一般不会站在阴爻角度命名。因而叫观卦, 而不是小壮卦。观卦是人们站在门前看门楣中的牌匾、楹联中书画、雕刻类内容, 将关注点集中在阳爻所表示的事物上。

五、兑卦放大之象。如果将大壮卦的一二爻看成一个阳爻、把三四爻看成一个阳爻, 将五六爻看成一个阴爻, 那么全卦就变成了大兑卦。大壮卦相当于放大了的兑卦。兑为羊, 故爻辞中多处以羊作为比喻阐述易理。同时, 兑为毁折, 因此爻辞中有公羊击破藩篱的表述。决开口子即为毁损之意。这是由大兑卦引出的公羊形象和决口含义。

六、卦形如羊之象。单纯从卦符的外部形状来看, 大壮卦就像一只羊头, 上面六五、上六两个阴爻就像一对羊角; 下面四、三、二、一四个阳爻分别代表羊的眼睛、耳朵、鼻子、嘴巴, 这是一头富有斗志和攻击性的公羊形象。表现在: 一是全卦有四个阳爻, 有旺盛的阳刚之气。二是上下卦均为阳卦, 上卦雷充满动能,下卦天象征天体运行刚健有力。三是卦中的羝(di1)羊即公羊,与大壮卦意十分吻合。公羊强壮凶悍,完全颠覆了老绵羊的温驯形象,羊角是它攻击的武器,善于用羊角挑战敌方,四个蹄子坚硬无比,浑身充满力量,有很强的暴发力。笔者少时就有屡次被堂伯家公羊抵在墙上的经历,至今记忆犹新,历历在目。

七、诸侯藩篱之象。下卦为乾,乾为天子,下卦为内卦,表示天子居于宫廷之内。上卦为震,震为长子,古籍常引申为诸侯,上卦为外卦,表示诸侯居于宫廷外部区域。平时,各诸侯国如同一道巨大的藩篱和屏障,守卫保护着朝廷政权的安全;战时,震卦就是统领千军万马的主帅,如同钢铁长城,镇守边疆,保家卫国,抵御来犯之敌。这道藩篱和屏障是君子的依靠,同时也成为小人群体和敌方的攻击对象。

八、栋梁屋宇之象。系辞下传说:"上古穴居而野处,后世圣人易之以宫室,上栋下宇,以待风雨,盖取诸大壮。"意思是说,上古人类居住在洞穴里并在野外活动,后世圣人改变了百姓的居所,代之以宫殿屋宇,居所上面是栋梁,下面是屋宇空间,用来遮风挡雨,大概取象于大壮卦。大壮卦上卦是震卦,震为五行之木,是栋梁的材料,与上栋吻合。下卦是乾卦,乾为天,天代表空间,天宇与屋宇意思关联,与下宇吻合。

九、内健外动之象。大壮卦下卦为乾,乾为天,为父,为马,具有刚健有力的属性;上卦为震,震为雷、为动、为马足活动的马,具有强烈的行动能力和愿望。因此,大壮卦反映了一个刚健有力的主体急欲外出行动的情景。例如,西班牙斗牛,参加决斗的牛性格刚烈,野性十足,健硕无比,力大无穷,这与乾卦的特性非常一致。为了提高牛的野性和战斗精神,在决斗前故意将其关在狭小的笼栏内好几天,以刺激和积聚其往外冲的强烈愿望和倔强劲头,相当于一根弹簧压得越紧弹得越远。再以禾苗为例,农历二月禾苗的根茎集聚了大量阳气和肥力,相当于蓄积了乾卦所表示的阳刚能量,禾苗的枝叶青翠茂盛,生机勃勃,迎风招展,欣欣向荣,并且处于不停地生长之中。正如陶渊明所说:"勤学如春起之苗,不见其增,日有所长;辍学如磨刀之石,不见其损,日有所亏。"决斗之牛和春起之苗都是内健外动之象的生动体现。

十、父亲长男之象。在《易经》大家庭中,乾为父,震为长男,虽然是两代人,却是家庭中最具阳刚实力的人。下卦为主卦,上卦为客卦。这表明在类似于大壮卦的组织结构中,父亲主导家政事务,长男在外劳作生产。这种分工是相当合理的,有利于组织协调,运行比较顺畅。因此,《杂卦传》说"大壮则止",就是阳爻前行要适可而止,尽量持续和延长大壮的良好局面。

十一、以金克木之象。 在五行相生相克关系中,金克木。在大壮卦的情景中,下卦乾为金,上卦震为木,也就是乾克震,父亲克长子,这是符合实际情况的。需要提示的是,《古代汉语词典》解释,克,能够,胜任;战胜,攻破,引申为完成,成功;好胜。父亲克长子,表明父亲能够驾驭长子,对长子行为进行掌控把握。不要把它与民间"克夫、克父"等迷信说法相混淆,"克夫、克父"之克有水火不容、你死我活不可调和的意味,过分强调了对立性,忽视了统一性,因而有失偏颇。

【关联卦画】

大壮卦的综卦是遁卦。 大壮卦卦画颠倒后成遁卦,遁卦颠倒后成大壮卦。卦画颠来倒去,其内部结构并没有变化,但卦象已经不同了。这说明观察问题的角度不同,得到的结果也是不同的,提示人们要多角度观察事物、考虑问题,才能更加全面正确。一对综卦前后挨着排列是周易的排序规律,遁卦位列周易第三十三卦,大壮卦位列第三十四卦。卦序反映了事物发展的顺序或趋势。

大壮卦的错卦是观卦。 如果将大壮卦的每个爻性质相反,那么得到的卦是它的错卦——观卦。前面已经讲到,一对错卦之间既有区别,又有联系。一个代表农历二月,另一个代表农历八月,一个是阳气占居主导地位,另一个是阴气占居主导地位。阴阳事物所处的状态具有相似性。考察分析错卦关系的意义在于,从事物的对立面角度考虑问题,相当于换位思考,这样处理事情将更加合理顺畅。

大壮卦的交互卦是夬卦。 如果将大壮卦的初九、上六去掉,用剩下的四个爻再组成一个卦,用九二、九三、九四组成下卦,用九三、九四、六五组成上卦,这个重新组成的卦就是其交互卦。交互卦反映了事物发展的过程性状态,也就是说大壮卦再往下发展可能进入夬卦状态。事实上确实如此,大壮卦是农历二月,再发展就是夬卦农历三月。这是五阳一阴的结构,阴阳比例有些失衡。从交互卦为夬卦中可以得到启示,若要保持大壮状态,最好是节制阳爻的行动能力。二月发展到三月是自然力所致,不可抗拒,但是大壮卦情境适用社会生活的方方面面，在其他领域里对阳爻力量作出适当调整是可以做到的。

【卦辞象辞】

〖卦辞〗

"大壮，利贞。"

【译文】"大壮卦，适宜正固。"

卦辞用来解释全卦主旨。在大壮卦的情境下做事情是适宜的，但要保持正固，一是坚守正道，做事动机要端正，方式要正当；二是此处正固有静止之意，宜适可而止，与《杂卦传》"大壮则止"意思相关联。

〖象辞〗

"大壮，大者壮也。刚以动，故壮。大壮利贞，大者正也。正大而天地之情可见矣。"

【译文】象辞是对卦辞所作的阐述，体现出典型的儒家思想。象辞说，大壮的意思是，代表大的一方强壮盛大。内有刚强、外有行动，因此强壮盛大。大壮卦卦辞为适宜正固，说的是代表大的一方坚守正道。只要把正义发扬光大了，那么天地的情况状态就得以呈现出来了。

【大象之辞】

《象》曰："雷在天上，大壮。君子以非礼弗履。"

【译文】大象说，雷在天上是大壮卦所反映的自然景象，君子受此启示不应当去履行不符合礼义规范要求的事。

《论语》说："非礼勿视，非视勿听，非礼勿言，非礼勿动。"凡是不符合礼义规范的事物不去看，不去听，不去说，不去做。两者基本内涵一致。

【爻辞小象】

"初九，壮于趾，征凶，有孚。"

【译文】"初九，强壮体现在脚上，主动出击有凶险，应秉持诚信。"

《古代汉语词典》解释：趾，脚；踪迹；通"址"，地基，地址，引申山脚。此处应指脚。征，出征、外出行动。有孚，有为虚词，无义；孚，诚信。初九为人生或事物的初始阶段，可把初九视为毛头小伙，虽然身体发育了，长得五大三粗，有几把蛮力，但毕竟心智发育还不成熟。生理和心理成长不够配套协调，头脑比较简单，考虑问题不周全，脾气大，容易冲动，情绪把握不住。这时如果任其外出做事，极易惹是生非，因此爻辞作出提示，出击、外出要注意防止凶险，并且告诫人们为人处世不要恃强凌弱，一定要诚实守信。初九阳爻居阳位，当位，表明其行为举止得当；初九与九四没有正应，表明其行为得不到上层的支持，两者不能配合协调。这也是其征凶的因素之一。

"趾"取象于初九爻位。如果将大壮卦看成是一只大公羊，那么初九就是公羊的脚蹄，公羊的蹄子健硕有力。青年小伙的性格特点与公羊的习性特征有相似之处，体魄强壮，有力气，眼光高，骄傲自满，过分自信，不把别人放在眼里，喜欢争强好胜、见个高低输赢等等。因此，爻辞有针对性地提出，别主动惹事，以防凶险，与人交往要保持诚信，并且如卦辞所示要坚守正道。

《象》曰："壮于趾，其孚穷也。"
【译文】小象说，强壮体现在脚上，这是诚信的穷尽之处。

因为脚离心很远，而且脚是不会思考的。这是古人的诙谐说法，意思是诚信只能装在内心，脚上是装不下诚信的。换句话说，光凭着脚下功夫为人做事是恃强欺人的不诚信行为，是蛮不讲理的粗野行为，是违反礼义规范的不文明行为。

"九二，贞吉。"
【译文】"九二，正固，吉祥。"

九二爻辞非常简单，此处的"贞"集中体现了卦辞的"利贞"精神，这两处"贞"意思相同。都是坚守正道、适可而止的意思，将自己的行为固化在正道上，正就是止于一，行为止于最恰当的地方，不偏不倚，不左摇右晃；固有静止之意,不轻易向前冒进。九二阳爻居阴位,不当位,表明其行为举止过于刚强,这与大壮卦的情境相吻合。九二为下卦中爻,表明能够坚守中正之道,主持公平正义。再加上九二与六五有正应,其行为能够得到六五老大的支持。这是九二得以"吉祥"的重要原因。大壮卦情境有利于阳性类事物发展壮大,这本身是好事,但是其前提是要坚守正道,否则就不可能取得吉祥结果了。

《象》曰:"九二,贞吉,以中也。"

【译文】小象说,九二,能够正固吉祥,主要得益于能够坚守中正之道。

"九三,小人用壮,君子用罔。贞厉,羝羊触藩,羸其角。"

【译文】"九三,小人自恃强壮以强凌弱,君子却不这样。宜正固以防危险,公羊攻击藩篱,羊角反被篱缠。"

《古代汉语词典》解释:罔(wang3),捕猎的工具,同"网";用网去捕捉;编织;网罗,搜寻;不正直,邪曲;欺骗,诬陷;迷惘无所得;陷害;无,没有;通"勿",不要;通"不"。此爻主要是后面三个意思,此爻的"罔"是无、没有、不要、不等意思。羸(lei2),瘦弱;林木叶尽;缠绕;倾覆,败坏。《周易·井》:"~其瓶,是以凶也。"(瓶,汲水用具)。此爻的"羸"为缠绕之意,而在井卦却是倾覆、败坏之意。羝(di1)羊,公羊。词语羝乳,公羊生子。比喻不可能发生之事。《汉书·苏武传》:"(匈奴)乃徙武北海无人处,使牧羝,~~乃得归。"意即除非公羊生下小羊羔才允许苏武回国,换句话说,苏武你这辈子别想回去了。

小人没有德行,不讲道理,常常凭借自身强壮的身体优势,以强凌弱,好胜逞能。而君子既使力量强壮,也不会做出恃强欺人的事情来。君子始终代表公平正义,该用壮时用壮,不该用壮时决不用壮,他们坚持以理服人、以礼待人、以德施人,时时处处闪现着人性的光芒。此爻提示人们,要坚守正道,防止发生风险。强壮本身是好事,但是使用不当会招惹灾祸。小人的所作所为是极容易自取其咎的,就像彪悍强壮的公羊一样,自以为有能力挑战藩篱的束缚,结果自作自受,身受其累,不但没有挑开藩篱,反而羊角被藩篱缠绕而动弹不得。告诫人们应以此为鉴,切不可自恃有两把蛮力,妄自尊大,做出自取其辱的事情。九三阳爻居阳位,当位,表明行为举止没有大问题。君子能够做到行为举止得当,但小人在自身有优势的情况下就很难做到得当了,因而爻辞特意以公羊做比喻提出告诫。九三与上六有正应,其行为能得到上六大佬的支持,两者能够配合协调,因此在"三多凶"的情况下结果还算不错。

《象》曰:"小人用壮,君子罔也。"
【译文】小象说,小人自恃强壮以强凌弱,君子却不会这样做。

这就是君子与小人的区别,在同样的情境下小人经常闯祸,而君子却能平安无事。

"九四,贞吉,悔亡,藩决不羸,壮于大舆之輹。"
【译文】"九四,正固吉祥,悔恨消失,藩篱已决口,羊角不再被缠,强壮体现在大车条辐上。"

悔亡,"亡"通"无",悔恨消失,悔亡是指本来是有悔恨要发生的,后来由于某种积极因素出现,避免了悔恨的发生。悔恨情形是指继九三羊角被缠动弹不得之后可能出现的消极后果。由于九四阳爻居阴爻,行为力量过于刚猛,本来不是件好事,但是在羊角被缠的情况下,超常用力反而是件好事,经过一番挣扎,终于挣脱了藩篱的羁绊,所以悔恨没有了。舆,是车,马拉的车是普通车,其特点是跑得快;大舆是牛拉的车,牛的力气大,载重量大。輹,通"辐",是车轱辘中连接车轮边缘与中心的多根横木条辐,车辐结实坚固,载重能力强大。九四与初九没有正应,得不到来自基层的支持,两者不能配合协调,好在自身能力强,问题不大。

"藩决不羸"取象于震卦和兑卦。从以上"诸侯藩篱之象"可见,上卦震卦代表诸侯,是保卫天子安全的藩篱和屏障。大壮卦的上交互卦为兑卦,兑为毁折。两者关联起来就表达了"藩决不羸"的意境了。

"大舆之輹"取象于坤卦和震卦。在《易经》大家庭中,乾生三女,坤生三子。上卦震卦由坤卦初六向初九演变而来,坤为大车,震为木,车輹由木头制作。在古籍中常将"震"直接解为车舆之意。同时,震为动,代表大车运动。

《象》曰："藩决不羸，尚往也。"

【译文】小象说，藩篱已决口，羊角不再被缠，因为勇往直前受到赞赏。

"六五，丧羊于易，无悔。"

【译文】"六五，在边界走失羊只，没有后悔。"

《古代汉语词典》相关解释：易，通"埸"，边界。无悔，与"悔亡"意思相近，本来是有悔恨之事要发生的，后来因积极因素的出现，避免了悔恨成为现实。爻辞只说丧羊于易，并没有说丢了多少只羊。一般来说，羊是群居动物，羊群跟着领头羊走，一时找不到羊群是可能的，但不至于全部丢失，最有可能是丢失几只羊，它们可能因三三两两走散而迷路，成为迷途的羊羔。草原英雄小姐妹11岁龙梅和9岁玉荣1964年在放牧过程中遇到了暴风雪，羊群被冲散了。为了保护集体财产免受损失，小姐妹历尽艰险终于找到了走失的小羊。这种情形与此爻描述的情形相似。在大壮卦中，羊是大壮的象征，代表强壮，此爻羊丢失了，表明强壮的势头有所减弱，这与六五的爻位性质比较相符。六五是君王之位，居于上卦中爻，表明能够坚守中正之道，主持公平正义。阴爻居阳位，说明力量柔弱，能力缺乏，但能体现以仁德怀柔天下。六五与九二有正应，表明能够得到基层干部的支持，一定程度上弥补了力量柔弱的缺陷。虽然丧羊是件负面事件，但毕竟不是丧失全部财产，对整体构成影响不是很大。道德的力量和基层的支持可以减轻物质损失和能力不足带来的困难，因此结果没有悔恨。

"丧羊于易"取象于兑卦和六五爻位。大壮卦是个放大的兑卦，而上交互卦也是兑卦。兑为羊，而且为毁折，与"丧羊"意境吻合。六五是两个阴爻与四个阳爻的交界处，可理解为边界。

《象》曰："丧羊于易，位不当也。"

【译文】小象说，在边界丢失羊只，这是因为六五爻位不当。

阴爻居阳位，称其为不当位。

"上六，羝羊触藩，不能退，不能遂，无攸利，艰则吉。"

【译文】"上六，公羊抵触藩篱，退不得，进不得，无所适宜，艰苦奋斗则吉祥。"

《古代汉语词典》解释：遂，田间水沟；水道；通达；成功，顺遂；进，荐。《周易·大壮》："不能退，不能～"。无攸利，即无所适宜，没有适宜做的事情。艰，艰难，此处当动词讲，艰苦奋斗，坚韧不拔，攻坚克难。大壮卦除了六二外，其他五爻爻辞几乎都与羊有关。这表明大壮卦就是围绕公羊挑战藩篱作为案例来阐述易理的。公羊既可视为不自量力的小人，又可视为四个阳爻所表示的君子群体的化身，藩篱可视为小人群体设置的障碍。表面上看藩篱不是十分坚硬，但是要真正冲破藩篱、获得自由却不是件容易的事，需要作长期艰苦卓绝的努力奋斗。

九三、上六两次出现"羝羊触藩"，但两者时位不同，情形也不尽相同。九三位于四个阳爻中间，是大壮的主体和中坚力量。面对藩篱，九三如同公羊一般发起挑战，结果藩篱没有被挑开，羊角反而被藩篱缠绕住了，表明首次挑战失利，遇到了麻烦。等到九四继续挑战，终于有所进展，羊角不再被缠绕，同时也决开了一个缺口。到了六五情况有了变化，突然在边界丢失了羊，表明公羊力量受到削弱。直到上六，公羊羊头伸到了缺口外面，却陷入了进退两难的境地。因为上六到了大壮卦的末尾，注意是卦画的末尾，不是指羊的尾巴，两者不是同一个概念，大壮的优势已基本用尽，大势已去，以至于进也不能，退也不能，使自己陷入进退两难的境地。从羊的部位来说，上六相当于羊头羊角。羊头出去了，羊身没有出去，作为利器的羊角派不上用场，四个羊蹄虽然有力但有劲使不上。

以上表明君子力量与小人力量进入了势均力敌的相持阶段，君子面前阻碍多多，困难重重，这是一种好汉落难的情形，即使有天大的本事也很难有所作为，正可谓虎落平阳受犬欺，龙困沙滩遭虾戏。人处于这样的困境之中，没有什么适宜的事情可做，只有经受艰难卓绝的考验，磨练心志，增强才干，耐心等待机会的出现，才可能最终摆脱困境，带来吉祥。上六阴爻居阴位，当位，表明就上六本爻来说行为举止是适当的。上六与九三有正应，能够得到九三的支持。正由于有这两方面的积极因素，尽管过程艰难困苦，但前景还是吉祥的。

"藩"取象于震卦和离卦。震卦象征的诸侯藩篱上面已经讲过。此外，离卦也有藩篱之意。上六若发生爻变，则上卦变为离卦。离卦两头阳爻、中间阴爻，与罗网结构相似，网体部分是柔软的，网的两端通常用竹木或金属材料作为支撑和抓手。离加上竹字头就是篱笆的篱，表明篱笆与离卦是有意思关联的。九三爻辞中的"藩"，除了用"诸侯藩篱之象"来解释外，也可用离卦引申出篱笆来解释，因为九三若发生爻变，下交互卦同样变成离卦。

《象》曰："不能退，不能遂，不详也。艰则吉，咎不长也。"

【译文】小象说，退不得，进不得，是由于没有全面审视情势的结果。艰苦奋斗可获吉祥，灾祸终究不可能长久持续。

详，详细，周遍，审慎，庄重等意。

周易诠解

(下)

胡玉成 著

目 录

第三十五卦 晋卦的进取之道

【晋卦】

【白话经文】

晋卦，康侯因受赐众多马匹和平民，一天之中被接见数回。

初六，行进的样子，拥挤的样子，坚守正道吉祥。未被信任，要从长计议，没有灾祸。

六二，行进的样子，忧愁的样子，坚守正道吉祥，接受王母赐福。

六三，众人认可，悔恨消失。

九四，像鼫鼠一样行进，坚守正道防止危险。

六五，悔恨消失，不用担心得失，往前行动吉祥，没有不适宜之事。

上九，行进至头角，用于征伐城邑，防范风险可获吉祥，没有灾祸，坚守正道防止小灾。

【经文原文】

晋，康侯用锡马蕃庶，昼日三接。

初六，晋如摧如，贞吉。罔孚，裕，无咎。

六二，晋如愁如，贞吉，受兹介福，于其王母。

六三，众允，悔亡。

九四，晋如鼫鼠，贞厉。

六五，悔亡，失得勿恤，往吉，无不利。

上九，晋其角，维用伐邑，厉吉，无咎，贞吝。

【解读序言】

晋卦位列周易第三十五卦。上卦是火、下卦是地，称其为火地晋。《序卦传》说："物不可以终壮，故受之以晋。晋者，进也。"序卦传说，事物不可能终结于大壮卦的状态，因此周易在大壮卦之后安排了晋卦。晋就是行进、前进、进步、进取的意思。这里有两层意思，一是事物经过大壮阶段，力量、能力得到提升，蓄积了能量，具备进步升级的条件，因此由大壮卦状态演变为晋卦状态；二是"大壮则止"，大壮含有止的意思，止与晋，就是静与动、阴与阳的关系，事物总是在动静、阴阳对立统一转化中螺旋式向前发展的，事物由"止"进入了"进"的模式。《杂卦传》说："晋，昼也。"《杂卦传》说，晋就是白天的意思。这个意思是从晋卦卦象中引申出来的。

【卦名含义】

《说文解字》说，晋，进也。日出万物进。《易》曰："明出地上，晋"清段玉裁注，从日，从臸，臸者至也。晋的早期古体字是"臸"下面一个"日"，日代表太阳，上面两个至，可以理解为太阳由东到西运行的过程，从人的观察角度而言，至东看到日出，至西看到日落，太阳一直处于人眼可观测的行进之中。由运行中的太阳，给万物提供生长的养分，带动万物成长、壮大和发展。俗话说，万物生长靠太阳，有阳光普照，万物欣欣向荣，茁壮成长，逐渐发展，向前行进，太阳给万物提供了不竭的能源和动力。因此，晋，有行进、前进、进步、进取、进展、晋升、晋级等意。

【卦象寓义】

一、明出地上之象。这是大象中描述的自然景象。"明"表示太阳带来光明，阳光普照，大地光明；"出"是日出，太阳出现在地平线以后逐渐上升、移动运行的状态。"地"是土地、大地。"上"是上方、上空，而不是指与地面接触的地上。可见，明出地上就是指太阳从东方升起开始，缓慢向西方移动直至落山的整个过程，实际上就是白天。也可称其为日照大地之象。从卦的结构看，上卦离代表太阳,下卦坤代表大地。人们常用旭日东升来比喻万物生长、人生发展和事业进步。

二、地上篝火之象。下卦为坤,坤为地;上卦为离,离为火。因此,可以将晋卦看成是地上正在燃烧着的一堆篝火。火常能给人带来热烈、兴奋、兴旺、奋发的感觉,生意做得红红火火,表明生意兴隆;日子过得红红火火,表明人丁兴旺、家业兴盛;革命事业如火如荼,表明革命形势、发展进程迅速。此外,坤为众,可让人联想到众人拾柴火焰高,众人团结一心,朝着光明前景和目标,积极配合,努力进取。地上篝火激发并反映了人们的积极进取之心。

三、柔吉刚凶之象。晋卦下卦为坤,上卦为离,上下卦均为阴卦,与母亲中女之象、内柔外明之象都是一致的。晋卦的阴卦性质决定着晋卦情境下进取、进步、行进、发展的方式方法,适宜采取柔性、委婉、缓和的方式,而不宜采取粗暴、强硬、激烈的方式。从爻辞上看,四个阴爻基本为吉,初六是吉,无咎;六二是吉;六三是悔亡;六五是吉,无不利。但两个阳爻的情况不容乐观,九四是厉,上九虽然中间出现吉、无咎,却也出现厉、吝。总体上呈现以阴柔为吉,以阳刚为凶的倾向,阴阳主要是指行为方式、行事方法等。

四、征伐战争之象。上卦为离,离为甲胄,为戈兵。甲胄就是将士身上的铠甲,前后两片都是坚硬而有韧性的,阻挡刀枪侵入。由于身穿铠甲的样子,呈现出硬——软——硬的结构,软是指身体,硬是指前后两片护身的甲衣,这种情形与离卦的卦符阳——阴——阳结构非常相似,因此用离卦来表示甲胄比较妥当。至于"离为戈兵",戈兵是类似矛一类的兵器,一是由火焰的形状引申出来的,火焰向上,上头为尖,戈、矛的形状如同火焰;二是通常形容战争为战火纷飞、战火燃烧,战争场面经常出现火光冲天的景象,这也是"离为戈兵"的因素。下卦为坤,坤代表土地、大地、领地、领土,引申为天下版图、诸侯国。从历史上看,当一个国家、家族、机构的发展进程到了穷途末路的时候,按照物极必反规律,很可能引发资源争夺的战争。战争通常在某个国家、地区进行,在这片土地上,敌我双方短兵相接,相互厮杀。这便是晋卦所反映的社会情境之一。

五、火水未济之象。晋卦中蕴含着未济卦。未济卦上卦为火,下卦为水,称其为火水未济。晋卦上卦为离卦,离为火;上交互卦为坎卦,坎为水,两者构成未济卦。济是渡河,未济就是渡河行为正在进行尚未完成,未济与失败有区别,最终可能成功,也可能失败,吉凶不定。晋卦中包含未济卦,表明事物在晋升、晋级、晋位等向前发展过程中，犹如渡河，困难很多，风险很大，必须小心谨慎，努力奋斗，才能到达幸福的彼岸。

六、漂泊旅寄之象。晋卦中蕴含着旅卦。旅卦上卦为火，下卦为山，称其为火山旅。晋卦上卦为离卦，离为火；下交互卦为艮卦，艮为山，两者构成旅卦。"旅"原义是祭祀的意思，如论语讲到"季氏旅于泰山"，古人在山坡上点香烧纸祭拜主峰，这便是山上有火所表达的意境。由于祭山需要离开住地远行到目的地，于是"旅"便引申出旅行、远行的意思。当然古代之旅与现代旅游有本质不同，大多出于被迫无奈，旅卦主要反映颠沛流离的漂泊生活。晋卦中包含旅卦，表明流落他乡浪迹天涯也是晋升发展中可能出现的情形。

七、山地剥蚀之象。晋卦中蕴含着剥卦。剥卦上卦为山，下卦为地，称其为山地剥。晋卦下交互卦为艮卦，艮为山；下卦为坤卦，坤为地，两者构成剥卦。剥卦卦象之一是大地之上有一座山。由于风吹雨淋、自然风化、寒冻日晒和泥石流灾害等原因，山上泥土石头泄落至平地，呈现出山体剥蚀受损的意境。晋卦中含有剥卦表明，人生事业在晋升、晋级、晋职过程中很可能会出现剥蚀腐败现象。作为君子，不但自己要做到两袖清风一身正气，而且要与剥蚀腐败行为坚决作斗争。

八、水地亲比之象。晋卦中蕴含着比卦。比卦上卦为水，下卦为地，称其为水地比。晋卦的上交互卦为坎卦，坎为水；下卦为坤卦，坤为地，两者构成比卦。比卦反映了地上有水的自然景象。水有亲比特性，水往低处流，日积月累形成大片水域，如池塘、水库、湖泽等。分散的水微不足道，但汇聚的水就有巨大力量。比卦便反映了团结就是力量的意境。晋卦中包含着比卦表明，在人生事业晋升、晋职、晋级等发展进程中加强与他人的团结亲比非常重要，它是助推人生事业向前发展的重要力量。

九、内柔外明之象。内卦为坤，为地，为母，为布，为众等。坤卦的显著特征是柔，引申为柔弱、柔顺、包容、辅助、配合、承受、忍受、忍让、忍耐、坚韧、坚毅等，既反映了大地的物理特性，又反映了母亲的性格特征。外卦为离，离为火，为日，为电，为中女，为雉等。离卦的显著特征是明，引申为光明、明亮、亮丽、漂亮等。因此，晋卦的卦象表现为内部主体是柔顺的，外部客体是光明的。柔顺和光明都是正面的品质，预示着事物发展过程主流是正面、正向和积极的。

十、母亲中女之象。下卦为坤，坤为母；上卦为离，离为中女。上下均为女性代表。下卦也称内卦、主卦，上卦也称外卦、客卦。晋卦反映了这样一个情境：母亲居于家庭内部，主持家政事务；中女处在家庭外部从事生产劳动，处于辅助母亲、接受母亲安排的从属地位。家中没有男性，也许他们长期外出经商、求学、从军、劳役，也许已经故去。总之，这是由纯女性组成的家庭形态，这种组织结构也属基本合理。

十一、火生阴土之象。在八卦与五行关系中，艮卦和坤卦对应土。艮卦为阳卦，为阳土；坤卦为阴卦，为阴土。而离卦与火属一一对应，因而火没有阴阳之分。在晋卦中，上卦为离卦，属火；下卦为坤卦，属阴土。两者构成火生阴土的五行相生关系。相对于火生阳土的情况而言，火生阴土要容易些。如果将晋卦看成一个单位与外部的关系，那么情势对单位有利，单位是受益方；情势对对方不利，对方是施益方，需要支出成本。好在单位要求不高，对方支出的成本不是很大。

【关联卦画】

晋卦由观卦演变而来。有种说法，我是持赞同意见的。那就是六十四卦的大部分卦由十二消息卦演变而来。观卦代表农历八月，上卦为风，下卦为地，称其为风地观。如果将观卦的九五与六四位置交换一下，就变成了晋卦。相当于九五将自己老大的位置让给了六四。因此，象辞说"柔进而上行"，意即观卦的六四柔爻有进取愿望而向上行进。有种说法是，康侯因功勋卓著，老大把位置让给他，双方互换位置。有些道理，却不符史实。传说中尧舜时期实行禅让。中古以来也有禅让之说，但大多是政变后的无奈之举，一种美化的说法，并非心甘情愿的真正禅让。这里我尝试提出一种新观点：老大还是坐在老大的位置，六四仍是留在六四的位置，但是老大让渡部分权力和国家资源给六四，如封侯、封爵、封地。这样相当于九五主动降为六五，权力有所弱化、掌控的财富资源有所减少；而对于六四而言，权力扩大了，可支配财富资源增加了，相当于由六四强化为九四。历史上这样的情形不乏其例，如，周武王与姜子牙（受封于齐国）、周成王与周公（受封于鲁国）、康侯（受封于卫国）。

晋卦的综卦是明夷卦。如果将晋卦颠倒180度，那么就得到明夷卦。晋卦是火地晋，明夷卦是地火明夷。晋是进的意思，表示旭日东升往西运行，代表整个白天；夷是消失的意思，明夷就是光明消失，表示太阳下山进入晚昏黑夜时段。

晋卦、明夷卦合起来代表白天黑夜完整的一天。黑夜是白天的继续，反映了事物发展的轨迹；同时，黑夜与白天又是相反相对立的，两者体现了对立统一关系，既有联系，又有区别，相互转化，相辅相成。综卦的意义在于启示人们，要善于从不同角度看问题，不仅仅是两个角度，而是要立体化、多角度，这样才能把握事物发展的趋势。

晋卦的交互卦是蹇卦。如果将晋卦的初六、上九去掉，用剩余的四个爻重新组成一个卦，二三四爻为下卦，三四五爻为上卦，这个卦便是晋卦的交互卦蹇卦。因为三四爻在上下卦皆有，呈现交互关系，我把三四五爻叫上交互卦，二三四爻叫下交互卦。有的说法分得更细，称三四五爻为交卦，二三四爻为互卦，只是说法不同而已，没有本质区别。蹇卦上卦为水，下卦为山，称其为水山蹇。蹇字由寒+足组成，意思是天气寒冷把脚冻伤了，走起路来一瘸一拐。再加上蹇卦由山水构成，代表山高水险道路难行。交互卦是从本卦中分离出来的，它表明在晋卦行进的卦意中蕴含着路难行的意境，说明行进、晋升、发展、前进的道路不可能是一帆风顺的，随时可能遇到艰难险阻，对此必须有所思想准备。

晋卦的错卦是需卦。如果将晋卦的每个爻性质相反，就得到它的错卦需卦。错卦也叫对卦，阴阳爻是相反的、对立的。相当于我们考虑问题的时候站在对方的角度看问题，也就是换位思考。综卦启示我们多角度思考，错卦教我们站在对立面角度思考，两者有联系，但侧重点有所不同。晋卦是火地晋，需卦是水天需。爻性质的相反决定着卦象的相反，火与水相对、地与天相对。两者的区别是显而易见的，但两者的联系也是明显的，一是都有进取精神，晋是行进、进取、晋升，需是三君子外出探险求索，也是一种积极进取的行为；二是都是为了满足需求，晋卦是满足建功立业、完善自我的精神需求，需卦是侧重满足人们生存的物质需求；三是在一定条件下事物可能向反面转化，精神需求与物质需求往往交织一起，不能割裂。这也符合唯物辩证法肯定——否定——否定之否定的规律；这种转化体现了由量变到质变的规律；但起主导作用的是万事万物的对立统一规律。

【卦辞象辞】

〖卦辞〗

"晋，康侯用锡马蕃庶，昼日三接。"

【译文】"晋卦，康侯因受赐众多马匹和平民，一天之中被接见数回。"

《古代汉语词典》解释：用，使用；任用，举用；介词，作用同"以"，表示凭借，译为"靠"、"由"；介词，作用同"以"、"因"，表示原因、结果，译为"因"、"因为"、"因此"。锡，通"赐"。马，包括马匹和车辆。蕃庶，众多、许多。蕃，茂盛、繁殖、生长、众多。庶，众、多，也指平民、百姓，因为平民百姓数量是众多的。昼，白天；昼日，一日之间。三非实指，泛指多次。接，接触、接见、召见。康侯，常见的有两种解释，一种解释是受封康地的诸侯，康侯是指周文王姬昌和正妻太姒所生第九个儿子，名叫姬封，是周武王姬发、周公旦（周武王之四弟）的弟弟，被周武王授封于康地（今河南禹州西北），所以也叫康叔或康叔封。康叔对于维护周王朝统治功勋卓著，周武王去世后，周成王即位之初，发生了三监之乱，康叔参与平定叛乱，因立下大功被改封为殷商故都朝歌（今河南淇县），建立卫国，成为卫国的首任国君。周成王长大后，提拔康叔为西周司寇，掌管刑狱诉讼之事。我认为这种解释比较可信，符合史实，也可用以说明卦辞并非周文王一人所为，周公应当参与其中，或者周公可能对周文王的卦辞作出适当修改。这种可能性是存在的。易作者借用康叔受赏被封之事，来论述人生事物进取、进步、晋升、发展、拓展的道理。

另一种解释是将"康侯"看作动宾结构，是安定诸侯，使诸侯安定不作乱的意思，这时应将"用"作介词"以"来解，即天子以赐予马匹车辆、平民封地等方式，安抚各个诸侯国。周朝实行分封诸侯制度，有"康明安邦"之说，天子对有重大功勋的大臣予以分封。这样解释也有道理，可作参考。

"昼日三接"取象于离卦和坤卦。上卦为离，离为日，"昼"字与晋卦大象吻合，大地上方出现太阳的时段即为昼日；下卦为坤，坤为众多，由坤卦三个阴爻联想到三，但"三接"应为泛指，而非实指，可理解为多次、数次。

〔彖辞〕
《彖》曰："晋，进也。明出地上，顺而丽乎大明。柔进而上行，是以康侯用锡马蕃庶，昼日三接也。"

【译文】彖辞说：晋，就是行进的意思。来自太阳的光明出现在大地上方，坤卦呈现出柔顺并且依附于太阳的光明。阴柔六四欲进而往上行走，所以康侯受赐众多马匹和平民，一天之中被召见数次。

顺，指坤卦的柔顺之德。丽，取意于离卦。离者，丽也。既是美丽的意思，又是依附的意思。柔进而上行，六四往上走而进。从卦符上看，表现为六四、九五互换位置，好像是六四往上走占居六五的位置。但结合史实，应当理解为：九五主动让渡权力，让自己由九五变为六五；同时奖赏有功大臣，增强六四实力，让六四变成九四。这样解比较合理。

【大象之辞】

《象》曰："明出地上，晋。君子以自昭明德。"

【译文】大象说："光明出现在大地上方，这是晋卦反映的自然景象。君子受此启示应当自己主动昭示光明之德。"

大象集中体现了以孔子为代表的儒家思想。倡导君子要从太阳阳光普照中获得有益启示，学习太阳发光发热无私奉献精神，修养自己品德，像太阳一样熠熠生辉，施泽于天下百姓。自昭明德，就是把自己身上的光明之德主动地付诸实施、清晰明了地展现出来。"自照明德"与《大学》的"明明德"意思一致。《大学》本是《礼记》中的一篇，后来被抽出来单独成篇，作为历代儒生的教科书，成为四书五经中四书之一。《大学》开头写道："大学之道在明明德，在亲民，在止于至善。"明明德成为做大学问者的首要职责。第一个明是动词，是搞懂，弄明白，彰显，发扬光大等意思；第二个明是定语，作光明、明亮解，明德就是光明之德。明明德，就是将光明之德彰显出来并进一步发扬光大。"自昭明德"之"昭"，与"明"意思相近，也是彰显、发扬光大之意。因此，本人认为"自昭明德"与"明明德"表达了相同的意思。

有观点认为，德本身就应该是光明的，认为明德不应解为光明之德。我不认同这种说法，德与明德在修辞效果上是不一样的，德的内涵很丰富，比如光明、坦率、诚信、谦虚、和气、礼让等等，而明德可以理解为，在保留其丰富内涵的同时，进一步突出光明的特质。内心的光明、透亮、淳净是德的重要基础，离开光明，德的其他内涵也将不复存在，皮之不存，毛将焉附。而一个内心阴暗的人，决不可能是一个真正有德之人。

　　孟子说人之初性本善，荀子说人之初性本恶，观点截然相反。有人说孟子说得对，有人说荀子说得对，而我说两人说得都没错，但都不够完整。应该说有些人人之初性本善，有些人人之初性本恶，同样一个人也可能一半是天使，一半是魔鬼。善恶在人类是同时存在的，善恶在一个人身上也是同时存在的。没有善，恶便不存在；没有恶，善也不存在。善是阳，恶是阴，善恶的变化也符合易经阴阳变化规律。一个社会就是一个太极，善中有恶，恶中有善，善恶两股势力始终处于动态变化之中。

　　正如《老子》所言："天下皆知美之为美，斯恶已；皆知善之为善，斯不善已。"那么既然善恶相辅相成，是不是社会不需要惩恶扬善了呢？也不是！在某个社会历史阶段，如果恶势力占据统治地位，那么必定是乱世，百姓生灵涂炭；如果善势力占居统治地位，那么当属治世，百姓就能安居乐业。君子的使命就是让真善美成为社会的价值观和主流意识，推选出大德大能大智慧的良善之人成为百姓的领袖，这样就能做到为百姓谋幸福，为民族谋复兴。

　　毛主席说过："唯物辩证法认为外因是变化的条件，内因是变化的根据，外因通过内因而起作用。"一个人或一群人到底是向善发展，还是向恶发展，取决于内外、先天后天诸多因素的综合作用。有主观内部因素，有客观外部因素；有先天的性格遗传因素；有后天学习教化因素；有生活环境、工作环境、朋友圈等常规确定因素，有自然灾害、突发事故、战争动乱、政治运动、家庭变故等突发不确定因素。这些因素都可能成为促使一个人向善发展，或者向恶发展的导火索和催化剂。正因为人具有向恶发展的可能性或不确定性，因此"明明德"的教化显得更加重要、必要和迫切，有重大的现实意义。

【爻辞小象】

　　"初六，晋如摧如，贞吉。罔孚，裕，无咎。"

　　【译文】"初六，行进的样子，拥挤的样子，坚守正道吉祥。未被信任，要从长计议，没有灾祸。"

　　如，什么似的，什么的样子。晋，是前进、行进、上进、进取、晋升、晋级等意。《古代汉语词典》解释，摧，推挤，推；折断；挫损，挫折；讥讽，打击；忧愁，悲伤；催促。此爻以解释为推挤为主，辅助解释为挫折、忧愁，意思是想晋升的人众多，熙熙攘攘，你推我搡，僧多粥少，找不到晋进通道，内心自然忧愁。罔，通"无"，没有的意思。孚，诚信。罔孚，即诚信尚未建立，或者说尚未得到上级的信任，因为初六地位太低，尚无施展才干的机会。裕，宽裕，宽容，充裕，一是指心胸要宽广；二是指自在、随意、从容；三是指要有充裕时间，不可操之过急。

晋如摧如，好像是有进步晋升的希望，又好像僧多粥少竞争激烈、内心有挫败、忧愁的感觉，当事人处于晋与未晋之间徘徊游移、模棱两可、忐忑不安的那种状态，既不是事实上的晋升，又不是既成事实的挫折，而给人以两可之间。这说明人生事业要晋升和发达并不容易，尤其是在初六这样的初始阶段。但不管结果如何，只有坚守正道才能获得吉祥。换句话说，如果采用邪门歪道就会带来凶险。人生事业处于初六时期，不被信任是正常现象，行动和时间将证明一切，即使是一个德才兼备的人，也需要着眼长远，始于足下，给自己和别人以充裕的时间，以实际行动树立自己良好形象，从而逐渐赢得众人信任，为今后成长进步打下坚实基础。初六阴爻居阳位，不当位，力量过于柔弱。初六与九四有正应，能够得到上层九四的帮扶和提携。

"晋如摧如"取象于震卦和艮卦。若初六发生爻变，则下卦变成震卦，震为动，有向前行进的欲望和动力。同时，下交互卦为艮卦，艮有静止、停止、阻止、制止之意。一动一止就形成了一群人想进又进不得、相互拥挤、你推我搡的局面。

《象》曰："晋如摧如，独行正也。裕无咎，未受命也。"
【译文】小象说，行进的样子，拥挤的样子，这是单独行进在正道上。从长计议没有灾祸，是因为还没有被授予使命和任务。

"六二，晋如愁如，贞吉，受兹介福，于其王母。"
【译文】"六二，行进的样子，忧愁的样子，坚守正道吉祥，接受王母赐福。"

受，接受，领受，接纳；有人解释为授予，给予，这样解释也可以，两者意思差不多，只是主体与受体的区别，如果六二作主语，就是接受的意思，如果把六二当宾语，就是授予的意思。兹，这，此。介，《古代汉语词典》中有"赐予"之意,《诗经》中有"神之听之,介尔景福"的诗句,这里的"景"是大的意思,此爻的"介福"与"介尔景福"意思相近。王母,指六五,六五为君王之位,因为是阴爻,故称其为王母。按理说,六五与六二没有正应,六二不能得到六五的关照和帮助,六五似乎不会赐福给六二,但正如小象所说:"受兹介福,以中正也。"一方面,六五本身居于中正之位,能够坚守中正之道,主持公平正义,虽然从情感上讲可能不想授予六二,但从公平正义角度而言,对处于晋升通道中的基层干部还是给予了精神或物质上的鼓励;另一方面,六二也居中正之位,表明其道德品德良好,表现出色,受到上级的奖赏和鼓励也在情理之中。六二阴爻居阴位,当位,表明其行为举止是恰当的。人或事物处于晋升前期,力量还稍显柔弱,晋如与愁如同时出现,表明晋升发展的道路不是一帆风顺的,会碰到这样那样令人心烦和忧愁的事,这些都是正常现象。只要坚守正道,持之以恒,前景终究是光明的。

"愁如"取象于艮卦和坎卦。下交互卦为艮卦,阻止了他的晋升行进之路,这是他忧愁的主要原因。同时,若六二发生爻变,则下卦变为坎卦,坎为心病、为加忧,与"愁"意思相合。

《象》曰:"受兹介福,以中正也。"
【译文】小象说,接受这种赐福,是因为能够坚守中正之道。

"六三,众允,悔亡。"
【译文】"六三,众人认可,悔恨消失。"

允,诚信,答应,许诺,引申为认可、肯定、赞同,这是周围众人对晋升对象为人做事的认可和肯定,相当于现在提拔干部的民主推荐和群众认可,表明晋升者群众基础好,其思想品德、行为举止和工作业绩,得到大家一致好评。亡,通"无",悔亡就是悔恨消失,表明原本是有悔恨之事要发生的,后来由于某种积极因素的出现,使悔恨之事得以成功避免。原本的不利因素,可理解为:一是六三阴爻居阳位,不当位,其行为能力过于柔弱,有些力不从心的味道;二是按照易经的规律,"三多凶、四多惧",在第三爻容易出现凶险因素。然而,这两个不利因素都没有产生实质性后果,主要原因在于:一是六三的表现得到众人认可和肯定。这可理解为：道德的力量可以弥补能力的不足。晋升的人或事发展至第三阶段，人们对其人其事有一定程度的了解，给予了充分信任，说明信任可以化解不利因素。二是六三与上九有正应，能够得到上九的关心和扶持。

"众允"取象坤卦、巽卦和兑卦。下卦为坤，坤为众人。若六三发生爻变，则下交互卦变为巽，巽为风，为人，为进退，巽德有逊顺之意；上交互卦为兑卦，兑为口，为言。逊顺+言语即为"允"。

《象》曰："众允之志，上行也。"
【译文】小象说，众人认可所表达的心意，就是往上行进。

"九四，晋如鼫鼠，贞厉。"
【译文】"九四，像鼫鼠一样行进，坚守正道防止危险。"

鼫（shi2）鼠，还有石鼠、梧鼠、鼯（wu2）鼠、五技鼠等称呼。《古代汉语词典》认为，鼫鼠与梧鼠所指是同一种鼠，而对鼯鼠却是分开解释的，并没有将两者关联起来，本人认为都是一回事。《荀子·劝学》有言："螣蛇无足而飞，鼫鼠五技而穷。"《说文》解释："鼫，五技鼠也。能飞，不能过屋；能缘，不能穷木；能游，不能渡谷；能穴，不能掩身；能走，不能先人。"大概是我国古代学者对鼫鼠下的能力鉴定书。本人少时看过一则童话故事《鼫鼠学本领》，讲的是鼫鼠想学本领，但没有耐心和毅力，浅尝辄止，学艺不精，最终都派不上用场。鼫鼠五技，一是会飞，但飞不过屋顶；二是会攀，但攀不上树梢；三是会游，但游不过一个山谷间的水域；四是会跑但赶不上人的小跑；五是会打洞，但藏不下自己的身体。由于技艺不精，虽会得多，但仍然摆脱不了处处受到天敌追赶威胁的窘境。

俗话说，一招鲜吃遍天。可见技艺不在于多而在于精。在一个单位或某个领域，一个人如果像鼫鼠一样，那就是平庸之辈了，不用说晋升发展，就连维持饭碗都相当困难。鼫鼠五技的故事提示人们，千万别像鼫鼠那样，什么都会一点，什么都不精，只会扮演个"万金油"的角色；要想有所发展、有所提升、有所进步，就要静下心来，仆下身子，刻苦学习，勤于实践，努力提高，学艺要精，练就自己技术专长，这样才能成为有用之材，才谈得上进步发展。贞，通"正"，坚守正道。厉，危险。贞厉，就是要坚守正道，防止走邪门歪道而带来危险。以鼫鼠的方式达到晋进的目的，也属于邪门歪道之列，容易招致危险，这是人们要注重防范的。九四阳爻居阴位，不当位，表明其行为举止过于刚强，这种方式不利于进步发展，可能导致危险。九四与初六有正应，能够得到初六的支持和配合，两者能够彼此协调。

"鼫鼠"取象于艮卦。晋卦的下交互卦为艮卦，九四处于艮卦上爻；若九四发生爻变，则上卦也变成艮卦。据《说卦传》，艮为小石，为鼠，故有鼫鼠的描述。

《象》曰："鼫鼠贞厉，位不当也。"
【译文】小象说，像鼫鼠一样行进，必须守正防止风险，这是因为九四的定位不当。

位不当，指九四阳爻居阴位，行为与位置不相符合。

"六五，悔亡，失得勿恤，往吉，无不利。"
【译文】"六五，悔恨消失，不用担心得失，往前行动吉祥，没有不适宜之事。"

悔亡，亡，通"无"，消失、消亡。表明本来存在产生悔恨的可能性，但由于某种积极因素的出现，消除了不利因素，避免了悔恨成为现实。从负面因素来说，六五阴爻居阳位，力量过于柔弱，能力与所处的位置不相匹配，有可能导致出现悔恨的情形；从正面因素看，六五是上卦中爻，又是全卦的核心，居于君王之位。由此表明君王能够坚守中正之道，主持公平正义，这是赢得民心的重要原因，也是"悔亡"的重要因素。这也体现了道德的力量可以弥补能力不足的易理。恤，担心，害怕。如果君王有德行，那就用不着患得患失，只要努力前行，其前景还是光明的。六五与六二没有正应，说明得不到基层干部的支持和配合。

另有一说，"失得"应为"矢得"。矢与失形音相近，传抄过程中发生混淆是有可能的。矢是箭头，以金属制作为多。如果六五发生爻变，那么上卦变为乾卦，乾为金，与矢的属性吻合。上卦为离，离为网，用网作为挡箭的屏障，也许是获取箭的好办法，就像三国时期草船借箭一般。

"失得勿恤"取象于巽卦、坎卦、离卦。晋卦由观卦演变而来。晋卦的六五本为观卦的六四，在上卦巽卦之中，巽为近利市三倍，收益丰硕，但变成晋卦后收益消失，这是"失"的由来。与此同时，虽然损失些收益，但他在晋卦中上行到了六五之位，这便是"得"，失了财富却得了高位。晋卦的上交互卦为坎卦，坎为心病，为加忧。上卦为离，离为光明，也有离开之意，还有网罗意思。内心光明，离开加忧、心病，或者网罗忧愁，即为勿恤，不用担心，不要忧虑。

"勿恤"还取象于晋卦的交互卦蹇卦。蹇卦上卦为水，下卦为山，称其为水山蹇，忧愁来自坎水卦，坎为加忧，为心病。但是，蹇卦下卦为艮山卦。晋卦上交互卦坎卦的中间阳爻又是下交互卦艮卦的上爻。艮有静止、停止、阻止、制止之意。阻止+加忧即为"勿恤"。

《象》曰："失得勿恤，往有庆也。"
【译文】小象说，不用担心得失，因为往前行动有值得庆贺之事。

"上九，晋其角，维用伐邑，厉吉，无咎，贞吝。"
【译文】"上九，行进至头角，用于征伐城邑，防范风险可获吉祥，没有灾祸，坚守正道防止小灾祸。"

《古代汉语词典》解释：维，系物的大绳；系，连结；维持，维护；喻法度；只，仅；语气词，用于句首或句中；通"惟"，思考。这里作"只、仅；语气词"解。上九阳爻居阴位，力量过于刚强，刚强易折，此爻有乾卦上九"亢龙有悔"的意味。这种情形的形成与六五"吉、无不利"的顺境有关，久居安泰、诸事顺遂容易产生骄傲自满、麻痹松懈心理，再加上行进晋升已经到了尽头，再无路可走，因此会考虑用战争手段去解决争端。中国人讲究以和为贵，从某种意义上讲战争无赢家，因此征伐不是处理矛盾的最佳办法，战争的后果往往是劳民伤财，耗空国力，将士伤亡，百姓遭殃，两败俱伤。因此，爻辞提示要注意风险防控，征伐行为必须出于正当动机，坚守正道，主持公平正义。

"角"取象于离卦。坤为母，为腹，为牛，为子母牛；离为目，为中女，为大腹，为龟，离与坤卦有类似的特征，古籍中常将离卦解为牛。晋卦上卦为离，六五相当于牛的眼睛，上九相当于牛角部位。通常人们以"钻牛角尖"来比喻不知变通的思维方法，表明牛角尖空间狭小，钻得进、出不来。此爻表明行进已到穷尽处，前面已无路可走。

"伐邑"取象于离卦和坤卦。上卦为离，离为戈兵，是征伐的武器。坤为土地、家邑领域、国家领土。

《象》曰："维用伐邑，道未光也。"
【译文】小象说，用于征伐城邑，因为正道尚未得到发扬光大。

应当理解为，去征伐者有正当的理由，被征伐者存在道义上的缺陷。之所以发生征伐行为，是因为被征伐方没有将正道发扬光大。

第三十六卦 明夷卦的养晦之道

【明夷卦】

【白话经文】

明夷卦，适宜在艰难中保持正固。

初九，光明消失对于飞鸟，只能收起翅膀；君子对于既定行动，即使多日不吃饭，也要有所前往，并能承受主人指责。

六二，光明消失，犹如伤及左大腿，用骑马壮行方式补救，吉祥。

九三，光明消失对于南方开展狩猎，可获魁首。不可操之过急，保持正固。

六四，进入左腹；明白昏庸君主之用心，于是走出门庭。

六五，箕子对待光明消失，适宜保持正固。

上六，没有光明，一片昏暗。起初升登于天，后来坠落于地。

【经文原文】

明夷，利艰贞。

初九，明夷于飞，垂其翼；君子于行，三日不食。有攸往，主人有言。

六二，明夷，夷于左股，用拯马壮，吉。

九三，明夷于南狩，得其大首。不可疾，贞。

六四，入于左腹；获明夷之心，于出门庭。

六五，箕子之明夷，利贞。

上六，不明，晦。初登于天，后入于地。

【解读序言】

明夷卦位列周易第三十六卦。上卦为地，下卦为火，称其为地火明夷。《序卦传》说："进必有所伤，故受之以明夷。夷者，伤也。"序卦传说，向前行进必定会有所伤害，因此周易在晋卦之后安排了明夷卦。夷，就是受伤的意思。《杂卦传》说："明夷，诛也。"杂卦说，明夷，就是诛杀、诛灭的意思。

明夷的"明"，代表光明之源，主要指太阳，太阳给世界带来光明，给万物提供能量。人们在阳光下生活，代表政通人和，安居乐业，社会清明；夷是消灭、消失、没落、负伤等意思。明夷，在自然景象方面，表现为太阳落山进入日暮和黑夜；在人文社会领域，表现为清明政治消亡，进入腐朽昏庸和黑暗政治时期。

通常认为卦爻辞的作者以周文王、周公为主要代表，因此易经必然会对易作者自身所处那个时代的政治斗争有所反映。《论语·微子》说："微子去之，箕子为之奴，比干谏而死。孔子曰：'殷有三仁焉。'"微子，殷纣王的同母兄长，面对纣王的昏庸无道，屡次劝谏不听，毅然决然离开。箕子，殷纣王的叔父，多次规劝纣王无效，见比干被掏心，便披头散发佯装疯癫，被纣王降为奴隶。比干，殷纣王的叔父，屡次强谏，激怒纣王，被商纣王剜心致死。《论语》这段话的意思是：微子离开了纣王，箕子被贬为奴隶，比干因劝谏被杀死。孔子说："殷朝那里有三位仁人！"可见，孔子认为微子、箕子、比干是仁人君子的代表。

《史记》记载："纣愈淫乱不止。微子数谏不听，乃与大师、少师谋，遂去。比干曰：'为人臣者，不得不以死争。'乃强谏纣。纣怒曰：'吾闻圣人心有七窍。'剖比干，观其心。箕子惧，乃佯狂为奴，纣又囚之。"这段话的意思是，纣王更加淫乱不加节制，微子多次劝谏无果，于是与几位老师商议后离开纣王。比干说作为臣下，不能不以死据理力争，于是强硬劝谏纣王。纣王被激怒并说，我听说圣贤之人的心有七个孔。于是剖开了比干胸膛，观看比干的心脏。

可见，明夷卦反映了商周交替时期黑暗政治笼罩天下，光明势力不屈不挠进行顽强抗争的情形。商纣王为黑暗势力的代表。周文王是进步势力的代表，比干、箕子、微子等都站在了光明的行列。

据说，王阳明被发配贵州龙场做驿丞前占到了明夷卦。当时的明王朝正是以太监刘瑾为代表的八虎蛊惑十五岁皇帝明武宗朱厚照乱政的黑暗时期, 奸佞专权, 就是政治处于明夷状态, 君子受到排挤, 王阳明当时位阶不高, 却是君子的典型代表。在内阁成员谢迁、刘健劝谏皇上除掉八虎未果的情况下, 王阳明勇敢地上书建议皇上清掉八虎, 体现了君子的责任使命和追求正义的大无畏精神。当时, 王阳明只是普通公务员, 皇上根本不知道王阳明是谁, 但王阳明是明知山有虎, 偏向虎山行, 结果皇上被刘瑾怂恿, 在廷杖其四十大板并发派到边远地区, 一路还受到刘瑾派的人追杀, 当时王阳明的处境异常艰难并高度危险, 正是这些艰苦卓绝的经历催生了王阳明心学诞生, 龙场悟道就发生在其被发派期间。因此, 在王阳明身上有周文王、箕子、比干、微子等仁人君子的影子。

【卦名含义】

《古代汉语词典》解释: 夷, 平, 平坦; 诛灭, 消灭, 引申平定; 平安, 安定; 同辈, 同等; 喜悦, 愉快; 疮伤, 受伤; 一种除草平地的工具; 陈放; 箕踞; 停留; 关闭; 古代指我国东方的少数民族, 泛指四方少数民族。本人认为, 夷的多个意思之间存在或多或少的联系, 与本卦意思关联较为密切的, 如, "明夷"之夷, 应作关闭、消失解; "夷于左股"之夷, 应作受伤解。明夷的"明", 代表太阳、光明。明夷是主谓结构, 就是太阳落山、光明消失, 引申为正义关闭、政治黑暗、君子受伤、社会没落的情形。

【卦象寓义】

一、明入地中之象。这是大象辞所表达的景象。它说"明入地中", 没有说"日"落地中。从明的构字来看, 明为日月相加, 太阳能带来光明, 月亮也能带来光亮, 两者都能带来光明, 只是程度有所不同。如果太阳、月亮都被大地遮挡, 那么就是黑暗的世界了。明夷卦正是描绘了自然中这种伸手不见五指、四周茫茫黑暗的景象。所谓的"地中", 并非真的在地层之中, 它只是描写了人的感觉, 仿佛太阳、月亮被大地包裹在中间一般。大象借自然的黑暗来象征社会政治的黑暗。

二、日落西山之象。从卦象上看, 下卦是离, 离为日, 即离卦代表太阳。上卦是坤, 坤为地, 连绵的群山也是附着在大地的一部分。虽然在八卦中用艮卦专门来代表山, 但从五行角度讲, 坤卦、艮卦均为土, 土有中和的特质, 因此从更大范围考察，坤卦可以涵盖艮卦，艮卦本来就是在坤卦基础上，加入乾卦的一根阳爻而成，坤为艮母，艮是坤生产演化出来的。白天我们看到的景象应当是日在地上的晋卦状态，而在明夷卦则反映了日在地下的相反情况，它表明太阳已经处于地平线以下的位置。由此，可把明夷理解为黄昏至黑夜的渐进过程：太阳西下，日落西山，在平原则是落日坠入地平线以下。有王维的诗可证："大漠孤烟直，长河落日圆。"这时，天色渐渐暗将下来，慢慢进入黑暗长夜之中。表明政治由光明进入晦暗，由晦暗进入黑暗的下行通道之中。

三、光明受阻之象。 在解读序言中已经提到，《序卦传》说："进必有所伤，故受之以明夷。夷者，伤也。"《杂卦传》说："明夷，诛也。"易传提示了事物成长进步和发展变化的规律，正如《老子》所言："天下皆知美之为美，斯恶已；皆知善之为善，其不善已。"美因令人厌恶的丑的存在而存在，善因不善的存在而存在。同理，进与退、行与止、光明与黑暗也呈现出交替融合、发展变化的动态过程。晋卦中代表光明的正能量得到了发展进步，而在明夷卦代表黑暗的恶势力占了上风，因此代表光明的君子群体遇到阻碍，易经正是用白天与黑夜的自然变化来描述政治清明与黑暗的人为转化。自然规律是不可更改的，但在人文社会发展规律中，人的因素起着重要作用，正可谓"英雄造时势，时势造英雄"。

四、政治人格之象。 如果将明夷卦看成是一个人的话，初六、六二是人的腿脚部位，因此才会有"君子于行"、"夷于左股"的表述，初六行走指向了脚，六二的股即是大腿。九三、六四指身体部分，因此六四中有"入于左腹"的表述。六五、上六为头部的位置，"初登于天，后入于地"，指纣王占据最高首脑的位置，箕子作为重臣处于次高位置。九三代表周文王，九三正处于明夷卦的上交互卦震卦上，震为诸侯，与周文王当时的身份相符。按当时的行政组织序列，比干、微子一行放在六四位置比较适当。因此，可以将明夷卦视为以人体结构为基础，并将当时权力政治序列融入其中的复合意象图，我称之为政治人格之象。

五、文王遭囚之象。 周文王名叫姬昌，当时为西伯侯，文王是后人给他的谥号。该部落生活在今西安岐山一带，由于西伯仁德，治理有方，百姓富庶，实力强盛，引起商纣王的猜忌，于是以莫须有的罪名将其囚禁在河南羑里达七年之久。周文王是新生力量，是光明的象征，代表着前进的方向。古代通常将统治者比喻为太阳，《尚书·汤誓》说："时日曷丧，予及汝偕亡。"时，通"是"，指示代词,这个、那个的意思。曷(he2),通"何"。意思是这个太阳为何不消失,我和你同归于尽算了! 指人们痛恨夏桀到了极点。此处借用指代商纣王和周文王,商纣王代表旧日,周文王代表新日。明夷卦下卦为离,离,丽也,离为日,离为网罗。周文王之"文",姬昌之"昌"均与离卦所表示的丽、日有关联,网罗反映了周文王身陷囚牢的情景。上卦为坤,坤代表大地、天下版图、商纣王黑暗政治。本来商纣王理应担任乾卦角色,因为乾为天,乾为君,但是他却走到了乾卦的反面,从光明走向了黑暗。

六、箕子落难之象。六五爻辞说:"箕子之明夷,利贞。"爻辞中明确提到箕子,这在易经中是不多见的,说明箕子的形象在易作者心中占据相当大的份量。在紧急危险关头,箕子忍辱负重,装疯卖傻才得以保全性命。后来的孙膑、宋江、华子良等也采用了类似的智慧之法。箕子保全性命决不是贪生怕死、贪图荣华富贵,这从后来的表现中可得到印证。周武王将其解救后,他婉拒为官,但传授了治国理政的重要方法《洪范》,其五行的理论传承至今。箕子为追求光明、捍卫正义而屈辱地活着,比慷慨赴死有更大的价值和意义。

七、比干蒙难之象、微子出走之象。本人认为,六四爻辞所描述的事件应当与比干、微子有关联。从《史记》、《论语》所记载的内容进行反推,商末周初,比干、微子、箕子的事迹当为轰动天下的重大政治事件。爻辞中既然明确提到了箕子,那么六四爻辞与比干、微子相关联的可能性是极大的。"六四,入于左腹;获明夷之心,于出门庭。""入于左腹",左腹即是心脏的位置,与商纣王"剖比干,观其心"的行为非常吻合;"获明夷之心,于出门庭",与"微子数谏不听,乃与大师、少师谋,遂去"的行为相当吻合。诸多学者常将"入于左腹,获明夷之心"连在一起解释,导致"入于左腹"的真实含义反受忽略。其实,要获某人之心,即便是入于左腹也是达不到目的的,纣王无非是以此为借口除掉比干,其所作所为倒是让微子看到了他的险恶用心,于是有了明智的出走。

八、纣王无道之象。作易时周文王被商纣王囚禁在河南羑里,危在旦夕,有些事只能暗喻而不便明说。虽然卦爻辞中没有出现商纣王的名字,但实际上明夷所指的黑暗政治,其代表人物就是商纣王,因此本卦上六爻辞所反映的内容暗指商纣王"初登于天,后入于地"的政治轨迹,执政初期曾经也是挂在天上的太阳,但是渐渐地由不明趋向晦暗。易经常用类比手法,用天色"不明晦"来暗喻政治的昏庸和黑暗。

九、韬光养晦之象。与内明外柔之象相关联的是韬光养晦,两者有联系又有区别。其联系在于两者内心都充满光明,表现出来都是柔弱顺从的,没有采用与敌对势力或竞争对手针锋相对、分庭抗礼的激烈方式。但是两者又是有区别的,前者只是为了保全性命的权宜之计;而后者有远大理想和重大使命,奋斗目标更加明确,意志态度更加坚定,行动举措更加主动。韬光养晦是一种策略,适当示弱是一种智慧,为了理想屈辱地活着,比宁死不屈更加艰难。纣王为了试探周文王的易经预测能力,杀了周文王长子伯邑考,并把人肉做成食物送周文王食用。周文王在明知的情况下强忍内心痛苦咽下了儿子的肉食。如果说箕子、微子更像内明外柔的自保之象的话,周文王则更像韬光养晦之象。明夷卦上卦为坤卦,坤为布,我们可以将它理解为一块巨大的幕布;下卦为离,离为光明,光明在幕布的覆盖之下。其象意与韬光养晦吻合,除了食用人肉外,在刚被抓时,周文王嘱咐随从多送些美女和财物给纣王及身边佞臣。虽然行贿手段算不上光彩,但在当时危急情况下不失为韬光养晦的方式之一。如果没有周文王赢得的七年时间,周武王不可能有发展壮大的喘息机会,革命也不可能成功。俗话说,小不忍则乱大谋,刚强易折,宁折不弯并非上策,韬光养晦是策略也是智慧,周文王就是智慧的化身。

十、光明黑暗之象。殷末周初时期,历史政治舞台上真正的双方主角是周文王和商纣王。下卦离卦,离为光明,代表周文王集团,正处于初创期,象征着内心装着光明的理想,一切工作围绕改朝换代、创建周朝的目标向光明进发。上卦坤卦,坤为大地、领土、国土,引申为殷商统治的天下版图,坤卦无阳,代表黑暗,引申为政治黑暗,因此坤卦代表商纣王统治的天下,也代表商纣王的黑暗政治。一个离卦,一个坤卦;一个象征光明,一个象征黑暗;一个新生力量,一个腐朽势力;一个新兴王朝,一个没落王朝,其战略态势昭然若揭。长江后浪推前浪,世上新人赶旧人。尽管在明夷卦的情境之下,周文王集团的革命形势尚处于低潮时期,但是光明终将战胜黑暗,周朝的黎明即将到来。

十一、内明外柔之象。明夷卦的下卦为离,离卦的主要特征是光明;上卦为坤,坤卦的主要特征是柔弱。这表明在明夷卦的情境中,君子的内心充满着光明,但他外在表现出来的是柔弱。这是君子处乱世的自保之道。其正面的例子就是周文王自己、箕子、微子,其反面的例子是比干。周文王被囚、危在旦夕的情况下,采用配合顺从的态度,麻痹了纣王,得以存活释放;箕子以装疯的方式避免了杀身之祸；微子以出走的方式得以保全。而比干采用强谏的方式为之献身，历史上像比干那样的忠臣着实不少，精神可贵，勇气可嘉，但不应当成为君子应对危机的唯一方式。

十二、中女母亲之象。下卦为主卦，也叫内卦，明夷卦的下卦为离，在易经大家庭中，离为中女；上卦为客卦，也叫外卦，上卦为坤，坤为母亲。如果将明夷卦作为一个家庭结构来观察的话，中女居于主卦位置，相当于在家庭内部主持家政事务；母亲处于家庭外部，在外从事劳动生产和辅助性工作。这个家庭比较特殊，均由女性组成，没有男性，原因可能是多方面的。这样的家庭分工不尽合理，身份地位与角色分工是矛盾的，中女虽然当家作主，但其居于下位表明年龄小、阅历浅、见识短，母亲未必都听她的；母亲虽然身处上位，即年龄大、阅历深、见识广，但她处于受支配的从属角色。这种充满矛盾的组织结构，预示着事态的发展决不可能是风平浪静的。

十三、火生阴土之象。在八卦与五行关系中，艮卦和坤卦对应土。艮卦为阳卦，为阳土；坤卦为阴卦，为阴土。而离卦与火属一一对应，因而火没有阴阳之分。在明夷卦中，上卦为坤卦，属阴土；下卦为离卦，属火。两者构成火生阴土的五行相生关系。相对于火生阳土的情况而言，火生阴土要容易些。如果将明夷卦看成一个单位与外部的关系，那么情势对单位不利，单位是施益方，需要支出成本；情势对对方有利，对方是受益方，好在对方要求不高，难度不是很大。

【关联卦画】

明夷卦由小过卦演变而来。小过卦上卦为雷，下卦为山，称其为雷山小过。小过卦的卦形像一只飞翔的小鸟，对于一只小鸟飞过，人们可能不会有什么感觉，由此引申出在小过卦情境中即使出现了状况，问题也不会太大。如果将小过卦的九四与初六进行对调，那么得到的卦画便是明夷卦了。初九有"明夷于飞，垂其翼"的表述，可理解为描述了由小过卦演变为明夷卦的过程。光明消失时期对于飞鸟而言只能垂下翅膀停止飞行。这里的"飞"是名词，指小鸟，而非指飞行。垂其翼与飞行是矛盾的，两者只能取其一，鸟既然垂下了翅膀，就不可能飞行。因此，本人认为有人解释为鸟垂下翅膀低调飞行是欠妥的。"明夷于飞"可谓一语双关，一是光明消失时的飞鸟，二是也可理解为明夷卦是由像飞鸟般的小过卦演变而来。"垂其翼"，是指演变为明夷卦后，小过卦的左右翅膀都消失了，垂下其翼就等于收起了翅膀。

明夷卦的综卦是晋卦。明夷卦与前面第三十五卦的晋卦是一对综卦，也叫覆卦、镜卦。即晋卦卦画翻转180度就成为明夷卦，明夷卦翻转180度就成为晋卦，这是事物的一体两面或一体多面，横看成岭侧成峰，对同一个事物观察角度不同结果就有所不同，提示人们考虑问题要立体化、多角度，这样才能全面、深入、准确。晋卦火在地上，它所反映的是日出东方、冉冉升起、光芒四射的自然景象和欣欣向荣、积极向上的社会景象。而明夷卦正好相反，它所反映的是夕阳西下、日薄西山，收起最后一缕阳光，由光明转昏暗的自然景象和残暴无道、政治没落的乱世景象。

明夷卦的交互卦是解卦。如果将明夷卦的初九、上六去掉，用剩余的四个爻重新组成一个卦，二三四爻为下卦，三四五爻为上卦，其中三四为上下卦所共有，这个卦便是明夷的交互卦解卦，交互的意思来自上下共有的三四爻构成的交互状态。解卦上卦为雷，下卦为水，称其为雷水解。意思是天上打雷，让人感觉恐惧憋闷，变成雨水落下后，打雷时的紧张憋闷缓解了。交互卦反映了事物发展的过程性状况，预示着在黑暗政治的背景下，正在酝酿着一场政治领域的雷暴雨。历史经验证明，黑暗政治走向巅峰之时，必然是改朝换代大革命的发生之时。就像高尔基笔下的海燕，在雷暴雨前夕，展翅翱翔，飞速穿梭在海浪之间，迎接着雷暴雨的来临，象征着革命力量正在迎接大革命的到来，并欢呼让暴风雨来得猛烈些吧！

明夷卦的错卦是讼卦。如果明夷的每个爻性质相反，即阳爻变阴爻，阴爻变阳爻，那么得到的卦就是明夷卦的错卦，或者叫对卦。是相互交错、相对的意思。这个卦是讼卦，上卦为天，下卦为水，称其为天水讼。错卦的意义，相当于站在对立面看问题，类似于换位思考，有助于问题的解决。明夷卦与讼卦有区别也有联系，并且相互转化。区别是明显的，联系在于，一是组织结构都是主弱客强，明夷卦是中女对母亲，讼卦是中男对父亲；二是两者都关涉负面事件，明夷是政治黑暗，讼卦是双方利益不平衡引起的争执。

【卦辞象辞】

〖卦辞〗

"明夷，利艰贞。"

【译文】"明夷卦,适宜在艰难中保持正固。"

这句卦辞很短,但意思明确,阐明了全卦的主题思想。太阳下山了,人们将进入黑夜生活,古时候没有电灯,不像现在进入夜晚仍然灯火通明如同白昼,进入黑夜意味着恐惧、危险和困难的来临。将这一自然现象移植到社会领域,政治的黑暗比自然的黑暗更加恐怖。在黑暗混浊社会里同流合污随波逐流,还是急流勇进力挽狂澜;是明哲保身等待时机,还是宁为玉碎不为瓦全,与黑恶势力同归于尽? 不同的人有不同的选择,不同的选择有不同的结果。卦辞告诉我们,此时君子的责任是"艰贞"。要耐得住寂寞,受得了清苦,忍得住磨难,始终怀抱理想,坚定信念,坚守正道,追求光明。人生规律也同自然规律,风水轮流转,皇帝轮流做,天有风和日丽,也有不测风云,社会政治也是清明、黑暗交替进行,人生得意之时要清醒、低调和谨慎,失意之时要坚毅、坚强和坚韧。人生在世不会总是得意,也不可能老是倒霉,所有的得意失意终将成为过眼烟云,如能做到得之淡然,失之坦然,任何时候都不放弃对理想、正义的追求,人生之路就会坚实而富有意义。

〖象辞〗

《象》曰:"明入地中,明夷。内文明而外柔顺,以蒙大难,文王以之。利艰贞,晦其明也。内难而能正其志,箕子以之。"

【译文】象辞说,光明陷入大地之中,这是明夷卦的自然景象。内心充满文采和光明而外在却表现出柔弱和顺从,以这样的姿态对待蒙受的重大灾难,周文王是这样做的。适宜在艰难中保持正固,因为光明被遮蔽了。内部出现灾难却能端正其心志,箕子是这么做的。

在光明行将消失、黑暗即将到来之时,作为匡济天下、承当社会责任的君子,内心要始终保持对光明的向往和追求,坚守正道,为天下百姓所谋;而其外在形式应尽量表现得柔顺些,做到心存正义,内方外圆,富有弹性,以求达到圆通、圆润、圆满的效果。明夷卦倡导"用晦而明",守正避祸,以智慧的方法达到追求光明的目的,既坚守公平正义,又能以合理的方式趋吉避凶。为实现公益目的保全自己,这与为一己私利的明哲保身有本质区别。

【大象之辞】

《象》曰："明入地中，明夷。君子以莅众用晦而明。"

【译文】大象说："光明陷入大地之中，这是明夷卦的自然景象。君子受此启示，应当采用隐晦的方式，从而实现光明的目标。"

【爻辞小象】

"初九，明夷于飞，垂其翼；君子于行，三日不食，有攸往，主人有言。"

【译文】"初九，光明消失对于飞鸟，只能收起翅膀；君子对于既定行动，即使多日不吃饭，也要有所前往，并能承受主人指责。"

初九爻辞采用飞鸟与君子对比的修辞方法，强化了君子的使命与责任。飞鸟到了夜晚，收起翅膀进入栖息状态。明夷于飞的"飞"是指飞鸟，古代没有飞机、航天器，能在天上飞的多指鸟类。按照鸟类习性通常在夜晚会停止飞行活动，垂下羽翼即是收起翅膀栖息在树上或窠巢内过夜。用自然现象来比喻社会现象、用动物生活习性来比喻人们的社会活动，是易经常用的表现手法。处于明夷黑暗时期的君子时乖运蹇，无论是精神上还是物质上都是艰难困苦的。树挪死，人挪活，穷则变，变则通，通则久，这个时候君子不能在一棵歪脖子树上吊死，而是应当及早谋划，寻找光明的前程，哪怕是艰难险阻，食不果腹，也要风雨兼程，有所行动。"主人有言"可有两种理解，一是君子弃暗投明，另择贤明之主，会引起旧主的不满；二是指在与新主接触初期，由于双方不了解，不免会遭受冷落和责难。为了实现自己的理想，作为君子对于这些遭遇都应当勇敢地面对和承受。初九阳爻居阳位，当位，表明其行为举止是适当的。与六四有正应，表明能得到六四高层的关照和帮助，这个六四也可以理解为君子的新主人。

"明夷于飞，垂其翼"取象于离卦和小过卦。明夷卦下卦为离，离为雉鸡，也叫山鸡，泛指飞鸟。由于明夷卦是由小过卦演变而来的，小过卦有飞鸟之象。因为小过卦三四爻为阳爻，像鸟身；一二爻皆为阴爻，五六爻皆为阴爻，形似鸟的两只翅膀，这是一只正在飞行的鸟的形象。小过卦变成明夷卦后，两只翅膀都不见了，可理解为收起了翅膀，即"垂其翼"。

"三日不食"取象于四爻与初爻的爻位差和兑卦。三日非实数,泛指多日。初九与六四有正应,可理解为君子投奔六四,中间隔着三个爻,这是"三日"的来历。小过卦的上交互卦为兑,九四来到初九之后,兑卦不复存在。兑为口,进食之象,兑卦消失后,进食之象也随之消失,因而称其为"不食"。

"有言"也取象于兑卦。小过卦上交互卦为兑,兑为悦。演变成明夷卦后,兑卦消失了,喜悦消失了就是不悦不满,不悦不满就会通过冷言冷言表达出来,这就是"有言"的来历。

《象》曰:"君子于行,义不食也。"
【译文】小象说,君子对于自己的行为,只因道义所趋才会如此不吃不喝。

"六二,明夷,夷于左股,用拯马壮,吉。"
【译文】"六二,光明消失,犹如伤及左大腿,用骑马壮行的方式补救,吉祥。"

《古代汉语词典》解释,拯,上举。《周易·艮》:"艮其腓,不~其随。"援救溺水的人。泛指拯救,援救。本卦除了上六外,卦辞和每句爻辞均出现了"明夷"之词。以此来表明,处于明夷的不同阶段,应当采取不同的表现形式和措施办法。六二阴爻居阴位,当位,表明其行为举止本身没有问题。但是六二为阴爻,说明力量比较柔弱,以此表明君子在二爻阶段处境更加困难,势单力薄,力量有限,而且左大腿还负了伤。为什么是左股还不是右股?通常右股比左股更有力量,之所以伤及左股而不是右股,是想说明虽然有伤但幸好伤得不是主要部位,这种伤病还不是最严重,可以通过骑马来克服。六二与六五没有正应,说明得不到六五老大的支持。六二之吉,一是因为六二居于下卦中爻,有中正之德,道德的力量可以弥补力量的不足;二是如果按照爻辞行事,用马作为代步工具,就等于增强了此爻力量,于是阴爻就具有了阳爻的特性,此爻变成阳爻后,该卦就由明夷卦变成了泰卦,安泰了就是吉祥。

"夷于左股"取象于巽卦和坎卦。在小过卦中,下交互卦为巽卦,巽为股。小过卦演变成明夷卦后,巽卦消失了,夷既可作伤解,也可以作消失解,可理解为大腿负伤了,失去了行走能力。明夷卦的下交互卦为坎卦,坎,陷也,坎为险,为血卦。

　　"马"取象于坎卦。明夷卦的下交互卦为坎卦，坎，其于马也，为美脊，为亟（ji2）心，为下首，为薄蹄，为曳。

　　《象》曰："六二之吉，顺以则也。"
　　【译文】小象说，六二之所以吉祥，是因为能够遵循自然规律并按法则行事。

　　"九三，明夷于南狩，得其大首，不可疾，贞。"
　　【译文】"九三，光明消失对于南方狩猎，可获魁首，不可操之过急，保持正固。"

　　大首，魁首、首领、头目，暗指残暴无道的纣王。在后天八卦中，离卦居于南方，离为太阳，为光明，象征南方为充满光明之所。南狩，意味着易作者倡导君子到充满光明和希望的红色地区来狩猎闹革命。一般情况下，九五或六五是君王之位，但本卦有些特殊，从爻辞上判断，明夷卦的君王之位是上六，意指纣王是个荒淫无道、不知节制、不到亢龙有悔境地不回头的昏君和暴君，而且本卦的六五很明显指的是箕子，表明在易作者的眼里，箕子的品德才能和表现堪任君王，可惜在明夷的环境里实际情况并非如此。九三阳爻居阳位，当位，表明九三的行为举止是得当的，此爻显示明夷进入了第三阶段，君子所代表的正义力量有所增强。九三与上六有正应，两者能够配合协调，但这只是表面现象，实质上九三代表光明的主要力量，集中体现出"内文明而柔顺"的特征，这里有周文王自身的影子。能够完成清除上六纣王大任者，九三是最有利、最有力、最合适的人选，他有能力，与上六有先天的政治上的协作关系，易经用南方狩猎作为比喻，隐含着通过暴力手段推翻商纣王政权的用意，"得其大首"表现出周文王志在必得的信心和决心。但同时意识到，推翻一个王朝非同小可，决非一朝一夕的事情，必须统筹考虑，从长计议，稳扎稳打，循序渐进，防止盲目冒进而毁于一旦。因此，爻辞提醒"不可疾"，并且要保持正固，贞通"正"，一个意思是坚守中正之道，主持公平正义。另一个意思是固定目标，坚定决心，持之以恒，不可半途而废。

　　关于"南狩"有种说法是，周文王从北边到南边消灭商纣王。大意是对的，但说法不够严密。周文王部落所在的岐山位于今西安附近,商纣王的朝歌位于今河南鹤壁市所属的淇县,从地理位置上看,周文王集团在西南,商纣王在东北,因此用离卦代表的南方象征周文王集团是正确的,"南狩"之"南"应当理解为狩猎的主体,而不是商纣王居住的方位,不应解释为狩猎地区或狩猎对象。

"南"取象于离卦。明夷卦下卦为离卦,在后天八卦图中离代表南方。在实际版图中,周文王部落居于商纣王朝之西南。

"狩"取象于坎卦、震卦、离卦和坤卦。明夷卦的下交互卦为坎卦,坎为弓轮;为血卦,为豕;其于马也,为美脊,为亟心,为下首,为薄蹄,为曳;其于舆也,为多眚。明夷卦的上交互卦为震卦。震,动也,为大涂,其于马也,为善鸣,为馵足,为作足,为的颡。下卦为离卦,离为雉,为戈兵。上卦为坤卦,坤为田野。有马,有车,有弓,有兵器,有野猪,有山鸡,有广阔的田野,这是一幅生动活脱的狩猎场景。

《象》曰:"南狩之志,乃大得也。"
【译文】小象说,南方部落的狩猎之志向,在于大获全胜。

"六四,入于左腹;获明夷之心,于出门庭。"
【译文】"六四,进入左腹;明白无道君主之用心,于是走出门庭。"

在上面"卦象寓义"部分已经讲到,六四爻辞所反映的是比干蒙难和微子出走的政治事件。关于"入于左腹"有多种版本的解释,都有些道理,但都不尽如人意。本人认为之所以入于左腹而不是右腹,当与心脏居于胸腔左侧有关,这与比干遭受纣王剖心的历史事件相吻合。微子作为纣王的兄长,在多次劝谏无果的情况下,明白了纣王的黑恶用心,当机立断离开这个黑暗之地,既然不能劝说纣王悬崖勒马,倒不如走为上计,决不助纣为虐、为虎作伥。换句话说,不能阻止坏人干坏事,但决不帮助坏人干坏事。在黑暗政治环境中,这不失为自我保全、洁身自好的有效之策。六四阴爻居阴位,当位,表明能力较弱,但行为举止表现基本适当。六四与初九有正应,能够得到初九基层百姓的支持。事实的确如此,比干、微子都是百姓高度认同的仁人君子。六四可以理解为内心坚守光明、反对黑暗政治的内部贵族阶层。

"左腹"取象坤卦和六四爻位。明夷卦上卦为坤，坤为腹。古时尚右，以右为上，以左为下，因六四是坤卦的下爻，所以用以指代左侧之腹。另外，明夷卦是由小过卦演变而来的，小过卦的九四相当于明夷卦左腹的位置，九四来到初九后，原本左腹的阳爻变成了阴爻，可理解为心脏被摘，由实体变成空虚。

"明夷之心"取象于坎卦。下交互卦为坎卦，六四在坎卦之中。坎为加忧，为心病，指纣王的黑暗之心。

"于出门庭"取象于艮卦和震卦。上交互卦为震卦，震卦同时又为反艮卦，艮为门阙。反艮即在门庭在外。震为动，出走。可理解为微子离开商纣王朝出走的史实。

《象》曰："入于左腹，获心意也。"
【译文】小象说，入于左腹，可以获得心意。

本人认为小象作者也未能正确理解易作者用意，将"入于左腹"与"获明夷之心"作因果从句解释，因而误导了众多学者。我认为"获明夷之心"与"于出门庭"是因果从句，明白纣王黑暗到底死不悔改之心是因，出走是果。"入于左腹"与"获明夷之心，于出门庭"是并列句，两个有关联但又相对独立的政治事件，分别指比干被剖心和微子出走。

"六五，箕子之明夷，利贞。"
【译文】"六五，箕子对待光明消失，适宜保持正固。"

对待纣王暴虐的行径，四位大臣的做法各具代表性，分别是周文王，纣王叔父比干、箕子和纣王胞兄微子。周文王在狱中装糊涂，强忍悲痛吃下儿子的人肉包子，并以贿赂纣王身边亲信的办法得以脱险。有人对此颇有微辞，认为周文王手段不够光明磊落。本人不认同此说，对待纣王这样的无道暴君用什么方法都不为过，以其治人之道还治其人之身理所应当。微子的做法比较聪明，知道纣王的丑恶本性之后，辞去高官厚禄隐居在山水之中，躲过了灾祸。箕子有君王之德，却受纣王黑暗政治所伤。箕子很有智慧，当他目睹比干被剜心，完全见识了纣王的狠毒之后,当即装疯卖傻,麻痹了纣王,虽然外在表现为柔顺,内心却依然坚守着理想,拥抱着光明,直至周武王革命成功,才得以从监狱里解救出来。从本爻的爻辞看,易经作者周文王、周公等显然对箕子的做法推崇有加。比干是个忠臣,拼死力谏纣王,结果被纣王残暴地剜了心。他视死如归的精神可嘉,但其行为方式并非最为恰当。六五阴爻居阳爻,表明力量偏弱。但六五为上卦中爻,能够坚守中正之道,坚持公平正义。六五与六二没有正应,说明得不到来自基层干部的支持。

《象》曰:"箕子之贞,明不可息也。"
【译文】小象说,箕子保持正固,因为光明是不能熄灭的。

"上六,不明,晦。初登于天,后入于地。"
【译文】"上六,没有光明,一片昏暗。起初升登于天,后来坠落于地。"

"不明,晦"与"用晦而明"意境刚好相反,前者是因为不光明而导致黑暗的结果,后者是以暗的形式追求光明。初登于天,后入于地,反映了太阳白天的运行状况。早上日出东方,渐渐升高,到正午艳阳高照,再到下午逐渐向左偏斜,傍晚日落西山,坠落地下。上六用太阳的运行轨迹来暗讽商纣王的暴政行径。可分两个层面来理解:一是从整个商王朝数百年历史来看,指商汤时期如初升太阳,社会积极向上,历史车轮滚滚向前,但到了纣王时期就如太阳坠落,陷入黑暗,走向深渊;二是从纣王执政期间来看,指其刚继位初期,也曾经为百姓做了些有益的事,而到了中后期,终于原形毕露,飞扬跋扈,极凶极恶,为所欲为,干尽丧尽天良之事,造成天怒人怨,给百姓带来暗无天日的深重灾难。

《象》曰:"初登于天,照四国也。后入于地,失则也。"
【译文】小象说,起初升登于天,阳光普照四面八方。最后坠落地下,这是丧失法则的行为。

则,法则,泛指人伦道德、君王之德。

第三十七卦 家人卦的治家之道

【家人卦】

【白话经文】

家人卦，适宜女子正固。

初九，做好家庭预防，悔恨消失。

六二，没有执意要实现的宏愿，坚守中正之道为家人做饭，正固吉祥。

九三，家长呵斥，可能产生悔恨和风险，但结果吉祥。老婆孩子嘻嘻哈哈，最终有小灾。

六四，使家庭富裕，大吉。

九五，君王来到家里，不用忧虑，吉祥。

上九，坚守诚信，树立威望，最终吉祥。

【经文原文】

家人，利女贞。

初九，闲有家，悔亡。

六二，无攸遂，在中馈，贞吉。

九三，家人嗃嗃，悔，厉，吉；妇子嘻嘻，终吝。

六四，富家，大吉。

九五，王假有家，勿恤，吉。

上九，有孚，威如，终吉。

【解读序言】

　　家人卦位列周易第三十七卦，上卦为风，下卦为火，称其为风火家人。《序卦传》说："伤于外者必反于家，故受之以家人。"序卦传说，在外面受到伤害的人，必定会返回到家里，因此周易在明夷卦之后安排了家人卦。明夷卦讲的是光明消失，政治黑暗，从政的君子受到排挤和迫害，不得不回到家里闲居。家人卦将视角落在家庭领域。《杂卦传》说："家人，内也。"杂卦传认为家人卦讲的是家庭内部关系。家人卦上卦为巽，巽为风，是家风的象征。我国古代长期以来对家风家训非常重视，如南北朝时期颜之推的《颜氏家训》、明末清初朱柏庐的《朱子家训》、晚清重臣曾国藩的《曾氏家训》等。一个家庭或一个家族的家风是其内部治理情况的客观外在反映，家风好人才辈出，文韬武略，为国家、社会和百姓增益；家风不好伤风败俗，为非作歹，给国家、社会和百姓添乱。

【卦名含义】

　　《古代汉语词典》解释：家，房屋，住所；家庭，引申为居住，家族；结婚成家，引申为丈夫或妻子，归依；家财，家产，引申为家众，家奴；认为……是自己的家；谦称自己的亲属；古代卿大夫的统治区域；朝廷，官府。可见，家既指生活的特定场所，又指家庭亲人、家族成员，还指家庭财产。易经将家与人合在一起作为卦名，落脚点在于家庭的人。俗话说："清官难断家务事。"主要是因为家庭事务不仅仅涉及利益关系，更有难以割舍的血缘关系和情感因素，手心手背都是肉，公说公有理，婆说婆有理，因此家庭亲属关系的处理是世界上最难处理的问题之一。

【卦象寓义】

　　一、风自火出之象。这是大象反映的卦象。风自火出，表明火能生风。火生风可有两种解释：一是因为燃烧产生热量，引起气压变化导致空气流通，从而形成风；二是用火烹饪、烧烤、做饭，肉、菜、饭的香气在火的作用下散发出来，柴火燃烧后产生烟气，热烟上升排出屋外，随风飘走，给人的感觉这些混合的炊烟之气和风就是火中产生的。这一自然现象或生活现象应用在治家方面，火代表丰富生动的家庭生活，家庭生活离不开火，火是家庭生活的象征；风代表家风，是家庭成员言行举止自然而然呈现出来的相对稳定的风格和习惯，有什么样的家教就有什么样的家风，每个家庭或多或少地带有这种印记。

　　二、风吹火旺之象。家人卦下卦为离卦，离为火；上卦为巽卦，巽为风。如果说大象说的是风出自火，而风吹火旺之象侧重于描述风对火的助推作用。前者是火生风，后者是风助火，存在着互为条件的交互作用。火招风致，风助火势，风吹大火，越吹越旺。内有火种，外有来风，以此寓意家庭生活理当内外配合，相互协调，内外老少齐心协力，把生产、生意、生活搞得红红火火，从而揭示家和万事兴的道理。

　　三、昌盛光明之象。家人卦的下卦为离卦，上交互卦也为离卦。离为火，两离叠加，火上加火；同时，离为日，日日为昌。因此，可以理解为家庭建设目标追求和实现方式，一是生活要过得红红火火，丰富多彩，幸福和谐，充满光明和希望；二是要实现第一个目标，就必须以一定的物质条件作为基础，因此要保持收入、财富方面的稳定和昌盛；三是实现目标的路径和手段必须光明正大，通过努力奋斗、辛勤劳动、诚信经营的方式来获得。

　　四、既济烹饪之象。家人卦下卦为离卦，下交互卦为坎卦，一至四爻组成一个既济卦，下火上水，用火把水烧开，或者煮汤熬粥，因此家人卦具有烹饪之象。既济卦的六个爻都是当位的，并且上下爻之间全部有正应，表明拥有天时、地利、人和各种有利因素，因此既济也代表事情进展顺利，已达到完成状态，这是幸福和谐之家的象征。同时，家人卦还含有未济之象。上交互卦是离卦，下交互卦是坎卦，火水未济，未济是指事情处于未完成状态。这表明家家有本难念的经，人生不如意事十八九。假如家风不佳，离心离德，互相拆台，那么这个人家将命运多舛，什么事都办不成。

　　五、遵从内心之象。如果将家人卦看成是一个君子人格，那么下卦离，就是君子本人，内心光明是其主要性格特征，比如王阳明，他有颗超级强大的内心，矢志不渝，愈挫弥坚，内心始终怀抱光明，秉持良知，坚守希望，任何艰难险阻都阻挡不了他前进的道路。他被贬谪贵州龙场前占到了明夷卦，反映了他身处黑暗政治的现实，外部越是缺少光明，王阳明的内心越是向往光明，这就是易经阴极变阳的道理。家人卦上卦为巽，可理解为主体的言行举止、外在表现，意即君子的内心坚守光明，主持公平正义，其言行举止和行为表现只需要遵从自己的内心，不必讨好谁，也不必顾忌谁，更不必惧怕谁。

六、家庭居舍之象。 从卦形上看，如果将它看成是家居房屋平面图，上下最外层是两个阳爻，即初九、上九，代表刚健有力，表明家庭居所的四周必须有坚硬的墙体和结实的门窗来挡风避雨，防止外来偷盗或侵扰。屋内是两个房间，可以理解为父母居室和子女居室，以此表明父母、孩子应当有各自的私密空间，也表明家庭内部应当长幼有序。也可以将卦形看成直立的二层楼，初九是一层楼，九三是二层楼，九五是栋梁，上九是屋顶。父母与子女分别居住上下楼。

七、蓄猪为家之象。 家字的结构是宝盖下养着一头猪，其中反映了人类社会早期人们驯化野猪为家猪的生活场景。原始社会时期，人们以狩猎为生，有时猎物较多，一时吃不了，于是便把它圈养起来，慢慢地改变了动物的野性，而猪是改变较快的动物之一，于是人们把猪作为财产的象征，把蓄养猪的地方称作家。如果将初九看作地面，九五、上九视作房顶，那么中间的坎卦就是养着的一头猪，二三四爻构成的下交互卦为坎卦，坎为豕，即为猪。从家人卦卦符和"家"字比较中可以得出以下结论：一是从会意角度看，家就是房屋里圈养着一头猪，而家人卦的阴阳符号恰好反映了这个意思，我怀疑"家"这个字正是受家人卦启发而创造出来的。另有一种说法也有道理，古代非常重视祭祀，用牛、羊、猪三牲祭称太牢，用羊、猪祭称少牢，只用猪祭称为特牢。郭沫若先生认为，家的原义是指古人用猪进行祭祀的场所。二是坎，陷也，为水，为豕。我们知道，水是由坎卦的卦符演变而来的，本人判断，"豕"字的形成也当与坎卦卦符有关，理由是"豕"字下半部分与"水"字非常相似，坎为陷的意思与猪圈的意思也极为吻合，而且"豕"字本身与猪的外形也很像。三是从像形角度看，"家"字形状与家人卦卦符非常像。如果将宝盖头对应上九，"豕"字横划对应九五，竖钩的弯钩部分对应初九，将下交互卦坎卦部分转90度，那么卦形就变成"家"字了。

八、女内男外之象。 从内、外卦的主爻来分析，内卦的中位是六二，阴爻，代表家庭中的女主人母亲，其角色分工是女主内，负责做饭料理家务，母亲具备勤劳细心、承受忍耐、柔顺包容等品格，善于操持家务，给家人营造温馨氛围，把全家人照顾停当妥贴。外卦的中位同时也是全卦的主位是九五，阳爻，代表家庭中的男主人父亲，其角色分工是男主外，负责勤劳创业，努力劳作，挣钱养家，为老婆、孩子生活提供物质保障，勇于承担家庭责任，保护老婆、孩子免受危险与苦难。虽然随着时代发展，这种角色分工已经发生了变化，但这种文化内涵仍有现实意义, 不少婚姻家庭的失败恐与定位不准、角色错位有很大关系。

九、家人齐聚之象。作为家人卦, 理想的家庭成员是八口之家, 因此在卦中应有所反映。六个爻所代表的角色分别是, 九五代表父亲, 六二代表母亲, 上九代表祖父或先祖宗庙, 六四泛指女儿, 九三、初九泛指儿子。所谓泛指或代表只是一种象征和比拟, 卦爻符号承载的内容十分丰富, 唯变所适, 却不可机械僵化。另从爻变的角度考察, 我们从卦中把全家成员都可以找出来, 比如, 将六四进行爻变, 上卦就是乾卦父亲; 将九三进行爻变, 下交互卦就变成坤卦母亲, 同时下卦就变成震卦长男, 上交互卦就变成艮卦少男; 家人卦的下交互卦为坎卦中男, 上卦为巽卦长女, 下卦为离卦中女; 如果将六二进行爻变, 下交互卦就是兑卦少女。

十、内明外顺之象。下卦也叫内卦、主卦, 上卦也叫外卦、客卦。内卦为离卦, 离为日, 为火, 其主要特征是光明, 这表明主体的内心光明坦荡, 或者心怀着追求光明的目标和理想, 光明就意味着没有见不得人、摆不上台面的阴暗心理和险恶用心, 这样的人就是君子类型, 是人人喜欢和敬仰的。外卦、客卦是巽, 巽为风, 其主要特征是逊顺。这表明主体行为所在的客观环境和外部条件非常顺从, 对主体创业工作、劳作生产极为有利。

十一、中女长女之象。从易经大家庭角度看, 下卦离代表中女, 上卦巽代表长女。从爻位上看, 长女居上, 中女居下, 符合家庭实际情况。但从主客关系上看, 中女居于主卦位置, 长女居于客卦位置, 分工不尽合理, 从中可以看出家庭生活的矛盾是比较复杂的。为什么不用长男、二男, 是因为一般来讲男人之间的关系比女人之间的关系容易处理些。为什么不用长女三女, 或者二女三女关系, 那是因为自古以来有长女为母之说, 长女更有慈爱谦让精神, 她与二女的矛盾, 比二女与三女之间的矛盾相对缓和些。可见家庭内部矛盾的难易程度处于一个中等状态, 如果能把女人之间的关系协调好了, 这个家庭氛围也就基本融洽了。

十二、阴木生火之象。在八卦与五行的对应关系中, 震卦、巽卦对应木, 因为震为阳卦, 代表阳木、大树、乔木、粗木、硬木、老木、干木等类树木; 巽为阴卦, 代表草本、灌木、细木、软木、新木、湿木等类树木。家人卦中上卦为巽, 巽为阴木; 下卦为离, 离为火。按照五行关系, 呈现出阴木生火的兴旺景象, 代表众人拾柴火焰高, 家和万事兴。

【关联卦画】

家人卦的综卦是睽卦。家人卦与睽卦是相综关系，互为综卦，或合称为一对综卦。家人卦卦符颠倒180度后成为睽卦，睽卦卦符颠倒180度成为家人卦。综卦也叫镜卦、覆卦。根据周易的排序规律，综卦为前后紧挨着排列。家人卦位列周易第三十七卦，睽卦位列周易第三十八卦。前后排序体现了事物发展的逻辑关系。家人之间的人际关系最难处理，手心手背都是肉，除了利益，还有血缘关系和感情因素。正因为如此，夫妻反目、兄弟阋墙、亲子结仇的事司空见惯，睽卦正是反映了人际之间互不通气、彼此违和的状况。

家人卦的交互卦为未济卦。如果将家人卦的初九、上九去掉，用余下的四个爻重新组成一个卦，二三四爻为下卦，三四五爻为上卦，其中三四爻为上下卦皆有，体现出交互的含义，这个卦便是家人卦的交互卦未济卦。上面已经谈到，家人卦中同时蕴含着水火既济和火水未济。既济是已经完成，未济是尚未完成。可见，既济、未济同时存在于家人卦中，表明事情顺利完成或者事情没有完成，都是家人卦可能产生的后果。交互卦反映事物发展的过程性状态，说明家庭可能因此人际关系阻碍、客观条件制约，使得事情进展受到挫折。

家人卦的错卦为解卦。如果将家人卦的各个爻性质相反，得到的卦便是其错卦解卦。错是指阴阳交错，错卦也叫对卦，阴阳相对之意。错卦的意义在于站在事物的对立面看问题，更有利于把握事物的全局，有利于矛盾的协调解决。解卦上卦为雷，下卦为水，称其为雷水解。其直观意境之一是天上打雷，大雨倾盆而下，低气压及黑云压城导致的烦闷感和紧张感消失，沉闷的压迫感得以缓解。将解卦原理用于解决家庭矛盾也很有意义。上面讲到，有幸福和谐的家庭，也有矛盾重重的家庭，如果能以错卦的易理，站在矛盾对方的角度考虑问题，即进行换位思考，也许棘手的问题将迎刃而解。

家人卦由讼卦演变而来。讼卦的上卦为天，下卦为水，称其为天水讼。天的运行主要指太阳的运行轨迹，由东到西，但水的运行轨迹是由西到东，两者呈现出相反的运行轨迹，象征着矛盾对立不可调和，矛盾不可调和就要引起诉讼。易经用类比方式将天、水矛盾引入人文社会领域，水是主卦，指诉讼主体，水为险，表明问题出在主体自身。乾为客卦，乾为刚健有力，表明诉讼的情势是以柔弱诉讼刚强，通常多以失败告终，因此诉讼不宜作为解决问题的主要方式。如果将诉讼双方进行调解，也许能化干戈为玉帛，现实中打官司打成夫妻的案例也是有的，可作为由讼卦演变为家人卦的案例。如果将讼卦的上九移到初九，其余五爻依次上升一位，得到的卦便是家人卦。其原理是，在弱势方与强势方的诉讼过程中，若强势方能放低姿态，作出适当让步，便可以缓和双方矛盾，营造出家人般的氛围。相反，家人如果不讲感情、不讲道理，则极可能反目成仇，闹到对薄公堂的地步。

【卦辞象辞】

〖卦辞〗

"家人，利女贞。"

【译文】"家人卦，适宜女子正固。"

家人卦主旨在于"利女贞"，也许现代女性看到此类话会有些反感，凭啥是利女贞，而不是利男贞，这不是歧视妇女吗？其实不然，此处的贞不同于现代的贞，现代的贞多指女子贞洁，而古代除了女子贞洁的意思外，更主要的意思是坚守正道，做女子该做的事，做女子能做的事。此处将贞译为正固，还有固守正道的意思，不要左右摇摆发生偏离。家人卦之所以突出强调利女贞而不是利男贞，意在突出女子在治家方面的重要地位和不可替代的作用，女主内是对主妇在治家方面的角色定位和功能描述。从安字的喻意来看，一层意思是家里有个女人当家，这个家就安了；另一层意思是，男人因有妻子在家，心里才会安定。笔者家乡方言称女子为内阁，其在家中的地位相当于国家的内阁大臣或内阁总理，可见女子的地位有多重要了。在这一点上西方人的观念与中华文化大相径庭，西方人认为把女子放在家里不但不能安，反而十分危险。因此，中国人不要盲目学习西方，有些可以学，有些是永远不能学的，按照易经的智慧来治家才是中华家庭的良方。

〖象辞〗

《彖传》曰："家人，女正位于内，男正位于外，男女正，天地之大义也。家人有严君焉，父母之谓也。父父，子子，兄兄，弟弟，夫夫，妇妇，而家道正；正家而天下定矣。"

【译文】象辞说，家人卦，女方坚守中正之位居内，男方坚守中正之位处外，男女双方都坚守正道，这是天地的重大法则。家人团体中要有个庄严的君主，所指的是父母。父亲像父亲的样子，子女像子女的样子，兄长像兄长的样子，弟弟像弟弟的样子，丈夫像丈夫的样子，妻子像妻子的样子，这样家道风气就正了；家道风气正了，天下就能安定太平。

　　家庭是社会构成的基本单位和最小细胞，家庭安定了社会才能安定，两千多年前我国古代先贤已经充分认识到家庭秩序和治理对于社会秩序和治理的重要性了，这是相当智慧的。有人认为，《大学》就是受这段象辞启示而产生的，我认为很有道理。

　　《大学》说："大学之道在明明德，在亲民，在止于至善。知止而后有定，定而后能静，静而后能安，安而后能虑，虑而后能得。物有本末，事有终始，知所先后，则近道矣。"前三句在强调"正"，与象辞对应；后几句强调定及其产生的积极效果，与象辞中家庭成员的明德守正、定天下相吻合。王阳明的心学是受大学之道的启发而引向深入的。

　　象辞表明，男有责，女有份，男女居正位、守正道是天经地义的事。作为父母要承担起严格管教子女的家庭责任，父子、兄弟、夫妇应各尽其责，自守本份，家长要起好表率作用，男人要勤，女人要俭。父父，第一个父是名词表示父亲，第二个父是动词，表示要尽到父亲的责任，其他类推。这表明家庭是个分工协作、人人有责的集体，不能光吃饭不干活、光获取不付出、光享受不担责，家里是不允许养懒人和闲人的。

【大象之辞】

《象》曰："风自火出，家人。君子以言有物而行有恒。"

【译文】大象说："风从火中产生，这是家人卦反映的景象。君子受此启示说话应当言之有物，行动应当持之以恒。"

　　"言有物"取意于火中有烹饪之物、烧烤之物，有滋有味可以享用，表明君子说话要有实质内容，合乎事理，人们才乐于接受。"行有恒"取意于风烟自火中排出，由风行引申出君子的行为行动。有火就有烟，只要火中有物，烟气就会源源不断散发出来。以此引导人们不仅要学习做一个君子，而且还要言行一致，知行合一，并且保持行为持之以恒地做下去。离为心，为明，说明内心光明，言有物自心出；巽为股、为风，一步一个脚印地实践光明之心，形成风气。

王阳明就是知行合一的典范，这个知是良知，来自内心的明德，不仅仅指做人要有颗良心、仁心、善心，更重要的是追求内心的光明，这个光明就是拥抱真理，秉持并勇于实践古今中外人们普遍认同的道德操性、高尚情操、世界观、人生观、价值观等正能量的总和。致良知就是要拂去内心的尘埃污垢使内心重放光明，因此他认为心即理，心外无物，心外无事，他的最后遗言是："此心光明，亦复何言。"这句话可以作为对家人卦卦象的注解，"此心光明"对应下卦离卦，"亦复何言"对应上卦巽卦，巽是逊顺，顺从自己的光明内心，不需要刻意地说什么做什么。"亦复何言"就是不需要再说什么了，巽卦的倒卦是兑卦，兑是言语、说话，倒过来就是不说话，只需其行为来示范他人，从而形成风气。

【爻辞小象】

"初九，闲有家，悔亡。"

【译文】"初九，做好家庭预防，悔恨消失。"

《古代汉语词典》解释：闲，遮挡阻隔之物；限制，约束，防止，引申捍卫，抵御；阻隔；大；熟习，后作"娴"；静，安静；空闲，闲暇；空着的，闲置的；空，空虚。初九的闲有两层意思，一是闲暇、空闲；二是预防、防御。空闲，是指家里每个人都有自己的职责义务，有劳动能力的不能游手好闲，白白在家吃闲饭，普通家庭成员也不能过于空闲，无事容易生非。预防，是指要利用上班、劳作之余的闲暇时间作些家务的预防预备工作。凡事预则立，不预则废，比如，门窗坏了要及时修理，天气冷了要准备棉被寒衣，子女长大了就要考虑读书学习，头痛脑热了就要用药就医，想摆脱家境困难就要勤奋努力，等等，提醒家人闲着的时候内心也要有家庭观念和责任，家长要统筹考虑整个家庭的劳作和生活，承担起照顾好全家人的责任。中国人的忧患意识、责任意识和预防意识都很强，这是易经绽放的智慧光芒。易经告诉我们必须未雨绸缪，防患未然，防止平时不烧香，临时抱佛脚，不能到了大年三十没有肉食才想起要养头大肥猪。初九阳爻居阳位，表明其行为举止是得当的，初九与六四有正应，表明其行为得到了上层六四的关照和支持,两者能够配合协调。悔亡,就是悔无。指原本可能出现令人后悔的事情,由于及早采取了防范措施,制定了应对负面事务的预案,因此避免了悔恨的发生。

"闲"取象于离卦。家人卦下卦为离卦,离有罗网,依附、阻隔之意。罗网有捕猎功能,也有防护功能,一张罗网相当于一道防护墙。依附是指火焰必须依附于物质才能存在,火苗与介质之间存在着空隙,由这个空隙引申出事物之间有一段距离和阻隔的意思。比例,扑救森林大火,就通过设置隔离带的办法,使山火与其他林木不相接触。这样闲的预防灾害的意思就显而易见了。

《象》曰:"闲有家,志未变也。"
【译文】小象说,做好家庭预防,因为对家庭的责任意识没有改变。

"六二,无攸遂,在中馈,贞吉。"
【译文】"六二,没有执意要实现的宏愿,坚守中正之道为家人做饭,正固吉祥。"

无攸遂,即无所遂,遂是成功、顺遂、称心如意的意思。馈,祭享鬼神,送食物给人吃,表示吃饭、食物等义,均与吃饭有关,此处指给家人烧菜做饭。六二阴爻居阴位,当位,又是离卦的中爻位置,在家人卦中六二代表主持家庭内部事务的女主人母亲。阴爻代表力量不大,有柔顺之德,以耐心细致、温柔体贴、包容承受的态度做好服务保障来体现价值,母亲的角色充分体现了坤卦的配合之道。家人卦父母的角色分工是根据当时的生产力水平、社会经济状况和女性生理心理特点安排的,跟男尊女卑歧视女性没有关系。现代社会科技生产力水平发生了重大变化,家庭角色分工再不能生搬硬套,但是用易理来指导父母、夫妇间的配合协调仍然具有现实意义。如果女性有干一番事业的强烈愿望,矢志不移地要做个女强人,易经也是乐观其成的。事有经,亦有权;有例行,就有例外。正所谓一阴一阳之谓道,阴中有阳,阳中有阴,阴可以转阳,阳可以转阴,阴阳相辅相成,这正是易经的精髓。六二与九五有正应,表明在一个家庭里,女主人与男主人能够配合协调,这样的家庭就能和谐幸福。

"无攸遂"取象于坎卦。家人卦的下交互卦为坎卦。坎,陷也,坎坷不平,故无所顺遂。

　　"在中馈"取象于坎卦和离卦。家人卦下卦为离卦,下交互卦为坎卦,呈现出水火既济的烹饪之象。

　　《象》曰:"六二之吉,顺以巽也。"
　　【译文】小象说,六二能够吉祥,是因为能够以逊顺的态度顺从对方。

　　顺,顺从,服从。巽,指上卦巽卦,巽有逊顺之意。以巽,就是按照逊顺的态度。也就是说,母亲以逊顺的态度配合顺从父亲的工作。

　　"九三,家人嗃嗃,悔,厉,吉;妇子嘻嘻,终吝。"
　　【译文】"九三,家长呵斥,可能产生悔恨和风险,但结果吉祥。老婆孩子嘻嘻哈哈,最终有小灾。"

　　嗃嗃,he4,像声词,大声的呵斥,严酷的样子。吝,吝啬,悔恨,耻辱。在易经中吉凶按程度不同通常分为九个等次,分别是:吉、亨、利、无咎、悔、吝、厉、咎、凶。此爻可引申出几个观点:一是作为家长对家人管得过严不好,可能会出现后悔、自责情形,甚至导致孩子叛逆、暴力对抗、出走、轻生等风险,但只要心里有这种防范意识并采取补救措施,其不利后果是可以避免的,总体上可取得吉祥结果;二是父母对家人管得太松更不好,该严肃时不严肃,该认真时不认真,嘻嘻哈哈,没有规矩,导致孩子没有拘束,天不怕地不怕,会削弱孩子的礼仪规范和规矩意识,后果堪忧;三是总的来说,严是爱、松是害,宁可管之过严,不可失之过宽,严厉的结果虽然有悔恨和风险但最终是吉祥的,而过宽最终将导致不良后果;四是最好的状态是既不过于严厉、也不过于宽松,但这个分寸是很难把握的,需要在治家实践中慢慢体悟。九三阳爻居阳爻,当位,表明其行为举止是适当的。九三与上九没有正应,表明其行为得不到上九的关照和支持。这与现实生活是吻合的,家长在管教子女时,祖辈老人时常会出面阻止。
　　"嗃嗃"、"嘻嘻"取象于离卦、震卦、颐卦和坎卦。下卦为离卦,离为火,引申为发火、愤怒,因此发生训斥。若九三发生爻变,则下卦变为震卦,震,为雷,为动,发出打雷声音,大发雷霆即为"嗃嗃"。九三爻变后,下卦与上交互卦组成了颐卦,颐卦卦形为张开的大嘴巴形状,从口中发出雷霆般的呵斥非常形象生动。在家长"嗃嗃"之后,子女往往眼泪汪汪,下卦离卦,离为目,为眼睛,下交互卦为坎卦,坎为水,为泪水。"嘻嘻",引申为嘻嘻哈哈,戏笑打闹,取象的依据与"嗃嗃"相似。

"妇子"取象于坤卦、震卦、坎卦和艮卦。若九三发生爻变,则下交互卦为坤卦,坤为母;下卦为震卦,震为长子;上交互卦为艮卦,艮为少男。家人卦的下交互卦为坎卦,坎为中男。

《象》曰:"家人嗃嗃,未失也。妇子嘻嘻,失家节也。"
【译文】小象说,家人呵斥,没有过失。老婆孩子嘻嘻哈哈,有失家人体统。

"六四,富家,大吉。"
【译文】"六四,使家庭富裕,大吉。"

富,动词,使富有、富裕,富家,使家庭富裕。富有通常指家庭财富,此爻应作广义理解,理解为物质、精神两方面都富有,物质的富有是表象的富有,精神的富有才是真正的富有,物质的富有是需要精神富有去涵养的,否则物质富有不会久长。如果将吉细分,可分为元吉、大吉、吉,可见大吉是中等吉祥状态,实属非常难得。六四阴爻居阴位,当位,表明其行为举止得当,表现没有问题。六四与初九有正应,表明其行为得到基层的理解和支持,两者能够相互配合协调。家和万事兴,财富的积累应当是家教、家风、家道自然而然的产物。正如坤文言所说"积善之家,必有余庆",反映了德善治家的客观规律。

"富家"取象于巽卦。家人卦的上卦为巽卦,巽为近利市三倍。

《象》曰:"富家大吉,顺在位也。"
【译文】小象说,使家庭富裕大吉,是因为以逊顺的态度处在该处的位置。

"顺"取象于上卦巽卦,六四在巽卦初爻的位置。在位,就是当位,因为六四阴爻居阴位,行为与爻位相适应。

"九五,王假有家,勿恤,吉。"

【译文】"九五,君王来到家里,不用忧虑,吉祥。"

《古代汉语词典》解释:假(ge2),通"格",至,到。有家,有无义,家是家庭、家人。九五是君王之位,在本卦有着双重身份,既是一家之主,代表父亲,又是一国之君,代表君王。作为家长有责任把家庭治理好,作为君王有责任把国家治理好。儒家强调家国天下,如果家人卦仅仅讲如何治理好家庭,那么其意义就有限了。如果能把治家拓展到社会治理,升华到治国理政,那样就能充分彰显它的价值和意义。《大学》可视为对易经精神的传承和弘扬,大学八条目包括:格物、致知、诚意、正心、修身、齐家、治国、平天下。齐家是指诸侯国所属大夫管辖其行政区域,家庭治理也是其中的重要内容之一,父子、兄弟、夫妇等家庭成员都要尽到自己的责任。因此,齐家必须从修身开始,治国必须以齐家为基础,平天下必须以治国为前提。九五阳爻居阳位,当位,表明九五刚健有力,行为举止稳健、恰当。九五与六二有正应,表明男女主人之间配合默契,和谐协调,夫妻同心、其利断金,男有责、女有份,内外配合,分工合作,夫妻关系是家庭治理的支柱。君王如果能把治家的原理运用于治国,也能收到良好的效果。

"勿恤"取象于九五爻位和坎卦。家人卦下交互卦为坎卦,坎为加忧。而九五离开了坎卦,摆脱了忧愁,故称"勿恤"。

《象》曰:"王假有家,交相爱也。"

【译文】小象说,君王来到家里,能够上下交流相亲相爱。

"上九,有孚,威如,终吉。"

【译文】"上九,坚守诚信,树立威望,最终吉祥。"

有孚,有,无实义;孚,诚信。威,威望、威信;如,什么的样子。上九代表祖辈,主要指家庙,优良的家风家训通过祭祀的形式,代代相传并发扬光大。祭祀在古代的意识形态和思想道德建设中发挥着重要作用,对今天仍具有重要的现实意义。面对家庙,祭祀先祖,坚守诚信是最为基本的要求。威如,就是要树立维护先祖在精神引领方面的权威性。此爻强调了齐家治国的品德要求，诚信是为人谋事的重要基石，只有以诚信的态度去齐家治国，才能在家人和百姓中建立威信，享有威望。其最终结局自然是吉祥的。

《象》曰："威如之吉，反身之谓也。"

【译文】小象说，有威望获得吉祥，说的是先人能够反躬自省。

先祖把优良的家风传承下来，他们率先垂范、以身作则，为后人提供了学习榜样。

第三十八卦 睽卦的释嫌之道

【睽卦】

【白话经文】

睽卦，办小事吉祥。

初九，悔恨消失。走失马匹不用追寻，会自行回来。遇见恶人，没有灾祸。

九二，在小巷遇见主人，没有灾祸。

六三，看见大车往后溜，牛往前拽，结果车夫磕破额头、摔伤鼻子。没有好的开始却有好的结局。

九四，因睽离而感觉孤独，与初始小伙相遇，彼此以诚相待，有风险，结果没有灾祸。

六五，悔恨消失。在宗庙与家族亲人吃肉，往前能有什么灾祸?

上九，因睽离而感觉孤独。发现浑身涂泥的猪，好像载着一车鬼。先张开弓箭，后松脱弓箭。原来不是贼寇，而是来求婚的。往前如果遇到下雨，那就吉祥。

【经文原文】

睽，小事吉。

初九，悔亡。丧马勿逐，自复。见恶人，无咎。

九二，遇主于巷，无咎。

六三，见舆曳，其牛掣，其人天且劓。无初有终。

九四，睽孤，遇元夫，交孚，厉，无咎。

六五，悔亡。厥宗噬肤，往何咎？

上九，睽孤。见豕负涂，载鬼一车。先张之弧，后说之弧。匪寇，婚媾。往遇雨，则吉。

【解读序言】

睽卦位列周易第三十八卦，上卦为火，下卦为泽，称其为火泽睽。睽，是违背、离散、不合的意思，此卦讲的是家人不和、兄弟阋墙，彼此猜疑、互不信任，离心离德、涣散败落的一种家庭状态，并由家庭延伸至社会组织机构、企事业单位甚至国家层面等更大领域。《序卦传》说："家道穷必乖，故受之以睽。睽者，乖也。"序卦传说，家庭之道走到了穷途末路之时，必须会出现相互违背、严重分歧的情况，因此周易在家人卦后安排了睽卦。睽就是违背、背离的意思。《古代汉语词典》解释：乖，违背，不一致，引申为分离、不顺利；乖巧，机灵。此处为前者之意，相近词语有乖离、乖戾。《杂卦传》说："睽，外也。"杂卦传说，睽卦讲的是姐妹或家人之间视同外人。也就是说亲人间感情疏远，形同路人。

学习此卦的目的不是为了解散一个家庭，而在于挽救一个家庭，教给人们一种修复家庭裂痕的方法，针对处于睽卦状态的家庭，如何找到一种破解这种非正常状态的正确途径。不要以为占到此卦就是坏卦，其实卦本身没有好坏之分，弄通了睽卦的易理，掌握了挽回败局的路径，就能变消极为积极、变被动为主动、变不利为有利，能达到这样的效果那就是最好不过的事了。因此，卦好卦坏完全取决于对卦的态度以及运用得正确与否。从睽卦的卦辞和爻辞上看，两处出现吉、三处出现无咎、一处出现何咎、一处出现有终，结果都是好的，这在六十四卦中是不多见的，能与之媲美的也许只有谦卦了。

【卦名含义】

《古代汉语词典》解释：睽，违背，不合；引申为离，分离。《说文解字》解释：目不相听也。从目睽声。清代段玉裁注：听犹顺也。二女志不同行，犹二目不同视也，故卦曰睽。《说文解字》及注的意思是说，少女、中女两位女人之间情不投、意不合，相互看着不顺眼，就像一个人的两只眼睛不能相互对视一般。表明两人之间思想认识不同，价值观念不同，兴趣爱好不同，没有共同语言，彼此缺乏信任、了解、沟通和配合的一种违和状态。

但是，从睽的"目不相听"中可以悟出另外一层意思，人的两只眼睛虽然不能对视，却能共同观察同一个事物，这意味着在违背、分离状况的背后仍然存在着配合协作的因素。毕竟都是一家人，彼此有着血缘关系和亲情联系，虽然内部存在矛盾时相互不通气，可是当家人受到外来欺负时，往往可能捐弃前嫌、联手抗外，反映了合中有离、离中有合的内在联系。

【卦象寓义】

一、上火下泽之象。这是大象所描述的睽卦卦象。睽卦的上卦为离，离为火；下卦为兑，兑为泽。此卦象呈现出火在泽上、泽在火下的情形。从物理特性而言，火与泽很难相互融合、浑然一体，彼此之间必须保持一定距离方能同时存在，若将燃烧着的火焰直接置于湖泽水面，就将很快熄灭。就像湖泽上舟船的灯火、篝火，必须与泽水相隔离才能透着光亮，一旦接触泽水便将难以燃烧。这说明火泽具有相互排斥的特性。

二、水火不容之象。上卦为离，离为火；下卦为兑，兑为泽。根据"火炎上，水润下"特点，火苗是向上运动的，泽水是向下渗透的，两者发生背离，互不沟通交流。以此来形容人与人之际的关系，就像火与水互不包容，相互对垒，势不两立，处于彼此仇视、互存敌意的僵持状态。泽与水有一定关联性，如果将泽理解为水，那么睽卦就变成了火水未济。未济就是渡河行动没有完成，表明做事处于未完成状态。一个家庭或团队如果处于睽卦状态，那么便将一事无成。

三、内强外弱之象。从爻位上看，内卦九二阳爻居阴位，不当位，过于强势，其行为表现不恰当，这等于说女主人在家庭生活中一手遮天，独揽全局，这是不可取的，也是造成亲人间关系紧张的主要原因。外卦六五阴爻居阳位，不当位，力量显得过于柔弱，表明作为男主人，责任担当有所欠缺，能力不足，难以胜任家庭重任。所以，睽卦状态的出现与家庭成员的分工不当、角色错位有很大关系，违反了男主外、女主内、行为适当的角色分工和行为要求，该柔的不柔，该强的不强，女主人在家庭中过于强势，致使男主人履行职责不顺利，有想法得不到实施，有火气无处发泄，有怨尤无处诉说，于是只好独自生闷气，或者干脆躲到外面消磨时光，既不利于身体健康，也不利于家庭和谐。当然，男主人责任与能力的缺失也难辞其咎。

四、双目视物之象。 睽卦的上卦为离卦，睽卦的下交互卦也为离卦，离为目，相当于人的两只眼睛。虽然两只眼睛之间是分离的，不能相互对视，但是在分离中又体现了合作，两只眼睛同时观察同一事物，在人脑中形成立体整体的物象，体现了合中有离、离中有合的关系。这种离与合共同存在于一个体系之中，相互联系，相辅相成，并互相转化，互为存在的前提和条件，不能完全分开，这与易经的阴阳关系原理是一致的。

五、宗庙宴食之象。 睽卦的六五有"厥宗噬肤"的爻辞，反映了在宗庙内设宴喝酒吃肉的场景。在家人、宗族人发生睽离违和的情况下，酒宴是消除隔阂的有效手段。在本卦中，上九为宗庙之位，六五为老大，在老大的主持下，酒宴在宗庙内进行。"噬肤"取象于噬嗑卦，若九二发生爻变，则睽卦变成噬嗑卦，噬嗑卦六二有"噬肤"的爻辞，与此吻合。

六、日行泽上之象。 睽卦的上卦是离，离为日，太阳；下卦为兑卦，兑为泽，湖泽。这是一种日行泽上阳光明媚、风光秀丽的自然景象，这般美好的景致通常在旅游休闲中可以感受得到。太阳高悬，蓝天白云，湖面宁静，水波潋滟，太阳倒映在湖面上，水天一色，湖光云影，融为一体。人们置身于这样的自然景色之中，哪有一点违和的意韵？因此，人们有理由相信，即使人际关系处于睽违、乖离、紧张的情境中，只要心怀喜悦，向往光明，妥善应对，谨慎处理，完全可以迎来风和日丽、湖光山色的美丽风景。

七、制作弓箭之象。 系辞下传说："弦木为弧，剡(yan3)木为矢，以威天下，盖取诸睽。"意思是说，弦安在木头上制成弓，削木棍做成箭，用来扬威天下，大概取象于睽卦。睽卦上交互卦为坎卦，坎为矫揉，为弓轮，因而制作弓轮取象于坎卦，与弦木为弧相吻合。睽卦上卦为离卦，离为戈兵，引申为刀具；下卦为兑卦，兑卦乾卦对应五行之金，兑卦就是金属棒的一头很小，即尖锐之意，与箭吻合。锐字本身就表明与金属和兑卦有关联。上下离卦与兑卦组合起来就表达了用刀削成尖状物的意思，与剡木为矢相吻合。

八、内悦外明之象。 上面分析的几个象大都属于负面的，难免令人失望。不过按照易经的道理，纯阳纯阴的事是不存在的，阴中有阳、阳中有阴是常态，而且阴阳处于动态变化之中。内悦外明之象就是在失望中给人以希望的象。下卦也叫主卦、内卦，内为兑卦，兑卦的特征为悦，喜悦之意，人们行走在湖泽边上心情是喜悦的，人们见到少女心情是愉悦的。上卦也叫客卦、外卦，外卦为离，离的特征是明，离为火，为日，为中女，为目，火是光明的，太阳是光明的，中女是美丽的，光明是通过眼睛来感受的。如果一个人内心充满喜悦，眼睛里就能看到光明；如果一个家庭内部是和乐的，在外面表现出来的就是光明亮丽的；一个单位、一个集体、一个团队内部充满喜悦，而外部环境又充满阳光，那结果一定不会太差。

九、少女中女之象。上卦离代表中女，下卦兑代表少女。正如在家人卦中已经说到的那样，一般来说，家庭中男人之间的关系容易处理，男人与女人之间的关系次之，女人之间的关系较难处理。而在女人之间，长女与中女三女的关系相对好处理些，唯独二女与三女的关系最难处理。俗话说，三个女人一台戏，这里没有贬低女人的意思，这是由于女人的生理结构和心理特点所决定的，女人细腻、感性、敏感、执着，既是优点又是缺点，用对地方就是优点，用错地方就是缺点。睽卦就是描绘家庭矛盾处于最高等级的状态。按照易理提示，处理得好就能回复到家人卦的合理状态，处理得不好极可能导致感情破裂、家庭解散。因此能把少女与中女的关系处理妥当，再去处理其他人际关系就能得心应手。

十、火克阴金之象。在五行关系中，金、木、水、火、土五种基本物质构成相生相克关系，金生水、水生木、木生火、火生土、土生金，金克木、木克土、土克水、水克火、火克金。在睽卦中，上卦为离，离为火；下卦为兑，兑为金，在八卦中乾、兑两卦同属金，这是由其阳数所决定的，乾卦阳数为7，兑卦阳数为6，这与金属的质地坚硬相吻合。相对而言，在两卦都代表金的情况下，乾为阳卦，兑为阴卦，因此称乾为阳金，兑为阴金。睽卦呈现火克阴金之象，表明相互存在对立统一的矛盾，而且其斗争性表现得比较明显。

【关联卦画】

睽卦的综卦是家人卦。家人卦位列周易第三十七卦，睽卦位列周易第三十八卦，两者为前后排列，互为综卦，即家人卦翻转180度变成睽卦，睽卦翻转180度变成家人卦。这两个卦之间无论在形式上、还是内容上都存在紧密联系。在翻转过程中，卦体内部没有变化，只是方位作了调整。相当于对于同一个卦画，从不同的角度去观察，于是就得到了不同的卦。它表明立场态度不同，思想认识就会不同。如果家庭内部关系处理得不好就可能反目成仇，家人卦就会变成睽卦，睽卦如果处理得好也可以变成家人卦。知道这个易理，就能有意识地预防家庭出现睽离现象。

睽卦的错卦是蹇卦。如果将睽卦的各爻完全相反，即阴爻变阳爻，阳爻变阴爻，那么得到的卦为其错卦蹇卦。因上卦为水，下卦为山，称其为山水蹇。错是阴阳交错的意思，睽卦和蹇卦互为错卦。两者既有区别又有联系。一是两者的卦象呈现出相对性，睽卦是火、泽，蹇卦是水、山，火对水，泽对山；二是两者状态都呈现出负面性，睽卦是相互隔阂、睽离违和，蹇卦是道路坎坷、行路艰难。一对错卦之间也存在相互转化的关系，但此处不像其综卦向好的方向转化，而是从一个不良状态转化到另一个不良状态，并且存在一定的因果关系。俗话说贫贱夫妻百事哀，家不和、事不兴，也许就反映了这种规律。

睽卦的交互卦是既济卦。如果将睽卦的初九、上九去掉，用剩余的中间四爻重新组成一个新卦，二三四爻为下卦，三四五爻为上卦，这个卦便是其交互卦，其中三四爻分别处在上下卦，这是交互概念的由来。既济卦上卦为水，下卦为火，称其为水火既济，用火烧水，有烹饪之象，每个爻都是当位的，上下爻都有正应，表明天时、地理、人和，这是事情完成的卦象，具备这么优越的条件，去做事情想不成都难。这表明睽卦中蕴含着既济的因素，一件坏事中也可以发掘出积极因素。处于睽卦违和状态并不可怕，只要认真对待，摒弃前嫌，上下同心，共同努力，完全可以把事情做成。

睽卦由大壮卦演变而来。通常情况下，六十四卦中的大多数卦是由十二消息卦演变而来的。大壮卦上卦是雷，下卦是天，称其为雷天大壮。是下面四个君子与上位两个小人的对比关系，这种局面是相对平衡、有利于君子的，因此笔者解读大壮卦的标题是《大壮卦的内敛之道》，不要恃强用壮。大壮代表农历二月，是禾苗草木生长大壮季节。大壮卦的九三、上六有正应，如果两者交换下位置，大壮卦就变成了睽卦。这一现象表明，君子与小人不能作私下交易，否则极可能改变某个组织体系的政治生态。大壮卦可以演变为睽卦，中孚卦也可以演变为睽卦，它给人们的启示是，幸福的家庭总是相似的，而不幸的家庭则各有各的不幸。睽违的家庭和组织是常见的，而导致睽违的原因和原先状态却是五花八门的。

睽卦也可由中孚卦演变而来。辩证唯物主义认为，万事万物都是相互联系的，并且在一定条件下相互转化。易经揭示的卦际间的变化，同样反映了客观事物之间的这种联系和转化，两者呈现出高度的一致性。因此，笔者认为优秀文化与先进理论总是相通的。中孚卦上卦为风，下卦为泽，称其为风泽中孚。其结构呈现出阳阳、阴阴、阳阳的排序，中间空两头实，可视为一个大离卦，离表明内心光明，内心光明即为诚信，与王阳明的"此心光明"高度吻合。如果将中孚卦的六四、九五相邻两爻交换位置，得到的卦即为睽卦。这一演变结果表明，中孚卦的诚信状态也不可以高枕无忧，一旦九五君王与六四诸侯没有摆正位置，行为举止不当，便有可能进入上下睽违的不利局面。

睽卦与噬嗑卦联系紧密。两者卦形相似，睽卦是火泽睽，噬嗑卦是火雷噬嗑。区别只在九二与六二的不同。如果将睽卦的九二变成六二，那么就变成了噬嗑卦。睽卦六五爻辞："悔亡。厥宗噬肤，往何咎？"噬嗑卦六二爻辞："噬肤灭鼻，无咎。"二、五爻为对应的爻，爻位的联系、爻辞的联系，与这两个卦之间的内在联系有很大关系。

睽卦与归妹卦联系紧密。这两卦的卦形也非常接近。睽卦是火泽睽，归妹卦是雷泽归妹。所不同的只有上九与上六的区别。如果上九发生爻变，那么睽卦就变成归妹卦了。因此，睽卦上九的爻辞中出现"匪寇，婚媾。往遇雨，则吉"的表述，它所反映的就是这两个卦之间的内在联系。从卦画、卦象到易理、内容都是有联系的。归妹卦主要反映少女远嫁诸侯的情形，在诸侯国之间发生睽离失和的背景下，诸侯国之间的联姻和亲策略是相当有效的。例如，王昭君出塞嫁给匈奴单于，换来了汉朝与匈奴长达半个世纪的和平相处。这说明睽卦与归妹卦是可以互相转化的，联姻是解决睽违困境的有效途径。

【卦辞象辞】

〖卦辞〗

"睽，小事吉。"

【译文】"睽卦，办小事吉祥。"

卦辞用来说明卦名和主题思想。从中可见，在睽卦的状态下，处理一些家庭小事是吉祥的，强势的女主人做了也就做了，但对于大事未必能做得顺利。做大事需要大家商量着办，在家庭离散不合的情形下，很难形成一致意见。虽然卦辞只写了"小事吉"，实质上已经告诉人们，在睽卦状态下做大事是很难成功的,除非努力改变其不和状态。正如前面所述,睽卦的交互卦是既济卦,只要改变违和状态,把大事做成的可能性是存在的。

〖彖辞〗
《彖》曰:"睽,火动而上,泽动而下。二女同居,其志不同行。说而丽乎明,柔进而上行,得中而应乎刚,是以小事吉。天地睽而其事同也,男女睽而其志通也,万物睽而其事类也。睽之时用大矣哉。"

【译文】彖传说:睽卦,火苗向上运动,泽水向下流动。少女中女同居一个屋檐下,其内心想法不能同步合拍。喜悦依附于光明,柔爻往上进发,居于六五中位并与下卦九二刚爻有正应,因此处理小事吉祥。天地分离但有共同的事理,男女有别但有相通的心意,万物异位但有类似的变化。睽卦顺因时势而发挥应用功能太伟大了。

由"柔进而上行"的表述可以看出,彖辞是针对睽卦由中孚卦演变而来说的,中孚的六四上行进入六五,居于上卦中爻之位,而与下卦九二刚爻有正应。可见,上下大环境的违背、不合,并不排除小环境的沟通与协调。比如,朝鲜与韩国的关系,长期处于睽违敌对状态,但是2019年初展露了积极迹象,两国达成共识,付诸实践,相继开展了体育合作、文艺交流、高层互访,并建立了两国元首热线电话,呈现出可喜前景。两国由睽卦状态转化为既济卦状态,从而恢复到家人卦状态是完全有可能的。

【大象之辞】
《象》曰:"上火下泽,睽。君子以同而异。"
【译文】大象说:"上卦为火,下卦为泽,是睽卦的卦象。受此启示君子应当求同存异。"

大象比较集中地体现了儒家的思想,君子是儒家推崇和倡导的理想人格,引领着社会的风尚和潮流,是人们行为规范的衡量标准和努力追求的人生目标。人际关系中的隔阂和睽离现象是普遍存在的,它不利于人文社会的发展和进步。作为君子此时应当挺身而出,从公平正义的立场出发,求大同、存小异,发掘共同点,缩小分歧点,消除偏见和误解,从而促进社会更加和谐协调和文明进步。

【爻辞小象】

"初九，悔亡。丧马勿逐，自复。见恶人，无咎。"

【译文】"初九，悔恨消失。走失马匹不用追寻，会自行回来。遇见恶人，没有灾祸。"

悔亡，意思是说本来是有悔恨之事要发生的，由于采取了正确方法，消除了导致悔恨的因素，因而避免了悔恨的发生。那么这是种什么方法呢？

第一种方法是"丧马勿逐"。这里易作者用一种生活情景来作比喻，马匹丢失后通常不是马上能找得到的，着急也没用，就算三天三夜不吃不喝去找，也未必有结果，而过一段时间也许就自行回来了。这是告诉人们处理问题不要急于求成，注意把握时机，留有适当时间。马是群聚动物，一两匹马从马群中走失，独自游玩了段时间后，如果感到寂寞，就会想念群聚生活，很可能自行回来，因为老马识途嘛。马的走失表明，睽卦所描述的离散现象发生了，用它来比喻家庭矛盾也是贴切的，但这种矛盾不是不可调和的，通常不存在绝对的离散与不合，普遍存在一种合中有离、离中有合、耦断丝连、若即若离的状态，最终马还是会回来的，表明从离散状态回复到了和合状态。认识到这一规律，再来解决睽卦所反映的矛盾就有方向了，那就是以和合的心态去解决睽离的矛盾，求大同存小异，尊重对方，包容不同意见，这样就能化解大多数睽离矛盾了。

第二方法是与"恶人"无害相处。见，可解释为遇见、看见，也可解释为出现。现实生活中，有善人就会有恶人，恶人可以让他减少但决不可能消失。假如恶人没人了，善人也就不复存在。既然恶人不可能消失，倒不如与恶人无害相处。惹不起但躲得起，应与恶人保持一定距离，做到井水不犯河水。只要恶人做得不是太过分，还是要给其一定生存空间的，只要将其负面效应限制在一定范围即可。用不着时时处处与恶人势不两立、赶尽杀绝。否则，如果将恶人逼急了，很可能狗急跳墙，困兽犹斗，来个鱼死网破、疯狂反扑，反而会造成更大的损失。当然，这种宽容不是纵容，更不是狼狈为奸为虎作伥，而是有原则和底线的。

这种思路用来治疗恶性肿瘤也是合适的，不要试图将所有癌细胞除净，这基本上是不可能实现的,但经过积极治疗可以控制癌细胞的增长速度,先是遏制,达到带瘤生存状态;其次是运用综合手段,包括调节心态,加强营养,中西医结合科学治疗,激活免疫系统,增强抵抗力;最后是持之以恒巩固疗效,让癌细胞逐渐边缘化,压缩其为非作歹的空间,甚至引导其弃恶从善、改邪归正。

初九阳爻居阳位,当位,表明其行为举止是适当的。初九与九四没有正应,表明得不到来自高层的关照和支持,两者不能相互配合协调。这一不利因素本来可能产生悔恨之事,但是如能做到"丧马勿逐",并学会与恶人共处,就能避免悔恨之事的发生。

"丧马勿逐、自复"取象于震卦、艮卦和坎卦。前面说过,睽卦是由中孚卦演变而来的。在中孚卦中,下交互卦为震卦,震为作足的马,即为运动中的马。变成睽卦后,震卦消失了,即为"丧马"。"勿逐"取象于艮卦,中孚卦的上交互卦为艮卦,艮为止,阻止震卦运动,即"勿逐"。中孚卦变成睽卦后,睽卦的上交互卦为坎卦,虽然原先的震马消失了,却增加了个坎马,即美脊马。因而表示丢失的马"自复"。既然卦象显示马可以自复,当然就没必要追逐了。

"丧马勿逐、自复"还可取象于乾卦和坎卦。如前所述,睽卦也可由大壮卦演变成来。在大壮卦中,下卦为乾,乾为马。九三与上六交换位置后,乾卦消失,这是"丧马"。变成睽卦后,睽卦的上交互卦为坎,坎也为马,代表马失而复得。既然能失而复得,自然不必多此一举地追寻了。

"见恶人"取象于离卦和坎卦。初九之上有两个离卦,这是"见"的来历。如果初九发生爻变,那么睽卦的下卦变成坎卦。坎为盗;坎为险,险在内部产生,引申为有不可告人的动机,这些要素都与恶人的行为表现相关联。

《象》曰:"见恶人,以辟咎也。"

【译文】小象说,遇见恶人,要注意预防和避开灾祸。

"九二,遇主于巷,无咎。"

【译文】"九二,在小巷遇见主人,没有灾祸。"

九二代表基层干部,与其对应的爻位是六五。六五是君王之位,一个系统中的老大,遇主于巷的主应指六五。这个主或是上级领导,或是老板,或是债权人，也可以指马的主人，总之地位比九二要高，但在睽卦的情境中双方处于大环境睽违和隔阂之中。九二和六五皆不当位，主从双方均存在不恰当的行为表现。本该柔弱的却表现得刚强，本该刚强的却表现得柔弱。俗话说，冤家路窄，怕什么来什么。有时最不想见到的人偏偏在某个概率极低的空间里相遇了。其实这是心里因素在起作用，因为在狭小空间里遇到个关系可以的人不会在你心里引起波浪，因而被大脑忽略了，而相遇了不愿见到的人，心理上就会觉得非常别扭，厌恶心理往往被放大和强化。因此，在狭小巷子里遇到有隔阂的主人，那情景一定是尴尬的。

但事情总是存在着两面性。如果两人永不见面，也许隔阂的记忆将伴随终生，而现在老天安排了这次会面，是尴尬也是机会，如果此时九二带着合的心态表示一下歉意，也许隔阂就此化解。当然如果带着仇恨的心态狭路相逢，也许会打得鼻青脸肿，这样的话绝对不可能无咎，关键要看带着何种心态去处理睽离关系。九二阳爻居阴位，不当位，行为表现过于强势，好在六五的表现正好相反，行为过于柔弱，负负得正，两者都表现失当反而能够配合协调。此外，六五、九二均处于上下卦中位，表明能够坚守中正之道。道德可以弥补行为的缺陷，这是其无咎的主要原因。

"巷"取象于震卦和艮卦。如果九二发生爻变，那么睽卦的下卦变成震卦，震为反艮；同时，下交互卦变成艮卦，如此呈现出艮与反艮相对而立的状况。艮为门阙，两排门窗相对而立，正是小巷呈现的景象。艮又为径路，两排房门，加上狭小通道，小巷的意象已经非常形象生动了。

《象》曰："遇主于巷，未失道也。"
【译文】小象说，在小巷遇见主人，没有丧失通道。

此道既指行走的道路，又引申指道理道义，表明九二小伙子遇到主人时处理方法得当，没有偏离为人处事的基本原则。两者皆中，又有正应，因而在巷道狭窄的情况下，仍能侧身而过，做到无咎。

"六三，见舆曳，其牛掣，其人天且劓。无初有终。"
【译文】"六三，看见大车往后溜，牛往前拽，结果车夫磕破额头、摔伤鼻子。

没有好的开始却有好的结局。"

曳（ye4）拖，拉。掣（che4），牵引，拽，又有抽的意思。从睽卦违背、分离的卦意分析，"曳"与"掣"应当理解为两个不同方向的力，表明两者处于睽离的矛盾状态。舆，是指用牛拉的大车，车上有车夫驾驭。情景再现一，在陡峭的上坡路上，牛车拉着一大车货物，车载重物往后溜，牛浑身使劲往前拽，终因牛力不敌重力，结果导致人仰牛翻的交通事故，车夫磕破了额头，就像脑门被刻字的囚犯一样；并摔伤了鼻子，就像被劓鼻的囚犯一样。情景再现二，在崎岖不平的下坡路上，牛车拉着一大车货物，沉重的车辆快速往下滑，而牛无法在坑坑洼洼的山路上快走，只得用臀部拼命顶住大车，结果牛力不支，来了个人仰车翻。"天"和"劓"都是古代的刑罚，"天"是在额头上刻字，"劓"是削掉鼻子。此处用作比喻，表示车夫在"曳"与"掣"的睽离冲突中摔得鼻青脸肿，像被处了刑罚的囚犯一样，比喻是古人常用的修辞方法。

由"天"刑联想到"刑天舞干戚"的神话故事，故事载自《山海经》，刑天本是炎帝的战将，炎帝被黄帝打败后，刑天到天庭向黄帝发出挑战，结果被黄帝砍了脑袋，但刑天没有死，以两乳为目，以肚脐为口，手拿大斧和盾牌继续战斗，展现出大无畏的英雄气概。干（gan1），是盾牌；戚（qi1），是古代兵器，大斧。刑是杀戮。天，是乾卦所代表的天，乾为天，为首，即脑袋。刑天，就是被砍去脑袋的人，后来把刑天作为神话主人公的名字。另有一种解释，把天解释为天帝，刑天就是杀戮天帝的意思，这也许是因为不懂易经所致。陶渊明《读山海经》写道："精卫衔微木，将以填沧海。刑天舞干戚，猛志固常在。同物既无类，化去不复悔。徒设在昔心，良辰讵可待！"

六三阴爻居阳位，不当位，表明其行为举止过于柔弱，这是产生睽离的原因之一。好在六三与上九有正应，六三能得到上九的关照和支持，而且上九吉祥，因此尽管六三开始进展不顺利，但最终结果尚可。六三与上九有正应，也表明在大环境睽离的情况下，小范围仍有沟通，体现了合中有离、离中有合的易理。

"见舆曳，其牛掣"取象于离卦、坎卦和六三爻位。"见"取象离卦，睽卦的下交互卦为离卦，离为明，为目。"舆"为牛拉的车，牛取意于离卦，离为牛是古籍的常解方法；睽卦的上交互卦为坎卦，六三在坎卦之内。坎，为曳；其于舆也，为多眚（sheng3，灾异）。从六三爻位分析，它居于九二、九四之间，一方面是九二往后拉，另一方面是九四往前拽，使得六三处于进退两难境地，促成了睽离情形的发生。

"其人天且劓"取象于乾卦、兑卦。上面讲到睽卦是由大壮卦演变而来。大壮卦上卦为雷，下卦为天，称其为雷天大壮。九三与上六交换位置后，乾卦消失，乾为首，下卦变成兑卦，兑为毁折，乾卦上爻有了缺口，可理解为额头上被刻了字造成了伤害。睽卦的下卦为兑卦，兑为反巽，巽为臭，代表鼻子的嗅觉功能，也用以指代鼻子；反巽，即鼻子反过来了，原本鼻孔朝下，劓鼻后鼻孔朝上，这正是劓刑后的真实反映。

"无始有终"取象于六三爻位。"无始"是指初九一上来就"丧马"、"见恶人"，开始情况不顺利，没有好的开始。"有终"是指六三是下卦的最后一爻，爻位的规律是"三多凶"，但此爻并未出现"凶"字，应属不幸之幸了。虽然主人公在交通事故中破了相，时运不济，好在没有生命危险，况且还能得到上九大佬的关照和支持，因此结局还算过得去，大难不死必有后福。

《象》曰："见舆曳，位不当也。无初有终，遇刚也。"

【译文】小象说，看见大车往后溜，是因为定位不够恰当。没有好的开始却有好的结局，是因为遇到阳刚之人了。

"位不当"是指六三阴爻居阳爻，行为表现偏弱失当。"遇刚"，是指六三与上九刚爻有正应，得到了上九大佬的关照和支持。

"九四，睽孤，遇元夫，交孚，厉，无咎。"

【译文】"九四，因睽离而感觉孤独，与初始小伙相遇，彼此以诚相待，有风险，结果没有灾祸。"

元，是开元，初始时期。夫，男子。元夫，指初九，元士之位，元士是天子任命的士人，是国家的后备干部。元夫之"元"与元士之"元"意思相同，因初九之爻位而得。初九爻辞有"见恶人"的表述，可理解为此"元夫"即为"恶人"。交，相交，交往。孚，诚信。厉，危险、风险。按照吉凶程度易经将其分为九个等级，分别是：吉、亨、利、无咎、悔、吝、厉、咎、凶。此爻出现了"厉"与"无咎"两个状态。厉是过程性的，无咎是最终结果，此爻经历了有惊无险的过程，但最终结果是不错的。九四阳爻居阴位，不当位，其行为举止过于刚强。由于九四处于两个离卦的交界处，能勇于追求光明，结局尚可。

为何会出现"厉"的状态？这是因为九四与初九没有正应，处于相互信息不通的睽离状态，彼此没有照应和配合，这是睽离的表现，也是感觉孤独、存在潜在风险的原因。既然"元夫"是个恶人，那么与其相遇当然是有风险的。之所以"无咎"，主要是"交孚"产生的积极成果。诚信是立身之本，奉行诚信其结局通常不差。同时，也正因为九四与初九没有正应，表明九四与恶人没有狼狈为奸、沆瀣一气，因此虽经历凶险，而结果却无灾祸。

"睽孤"取象于九四爻位和坎卦。九四居于两个阴爻之间，势单力薄，形孤影只，没有同类，这是孤独原因之一；九四与初九没有正应，这是孤独原因之二。九四为上交互卦坎卦的中爻，坎为心痛，为加忧，因此有孤独的感觉。

"交孚"取象于离卦和九四爻位。上卦为离卦，下交互卦为离卦，九四为联接两个离卦的枢纽，这是"交"字的含义。离为明，内心光明代表诚信。彼此以光明之心相待，即为"交孚"。

《象》曰："交孚无咎，志行也。"
【译文】小象说，以诚信交往没有灾祸，因为其精神意志得到了实行。

"六五，悔亡。厥宗噬肤，往何咎？"
【译文】"六五，悔恨消失。在宗庙与家族亲人吃肉，往前能有什么灾祸？"

厥，代词，其，他的，他们的。噬，吃，咬。肤，人体表面的皮，此处指禽兽的肉、切细的肉，古文中噬肤，通常指吃肉。六五是君王之位，全卦的核心之爻，在睽卦里它是一家之主，但是这个家长力量偏弱，因为六五阴爻居阳位，缺乏阳刚之气。而代表女主内的九二却阳爻居阴位，显得很强势。因此，代表家长的女主内、男主外的角色发生了倒置，该强的不强，该柔的不柔。这是导致睽离的重要原因。

悔亡，表示本来是可能发生后悔之事的，因为六五阴爻居阳位，不当位，力量过于柔弱。但是六五居于上卦中位，能够坚守中正之道，道德品质没有问题，同时六五又是上卦离卦的中爻，表明内心呈现光明和诚信。良好的道德品质足以弥补力量的不足，因此悔恨消失。

国人历来讲求"民以食为天"，六五主人拿出好酒好肉与家族众人分享，这不正是消除隔阂的好办法吗？如果能以光明真诚、包容融合、成果共享的心态来解决家庭矛盾，并长期保持下去会有什么灾祸呢！

"厥宗"取象于六五爻位。上九为宗庙之位；六五为君王之位，也指一家之主。家长在宗庙设宴款待族人，进一步强化血浓于水的血缘亲情，以此达到求同存异、消除隔阂的目的。

"噬肤"取象于噬嗑卦。在睽卦中六五与九二有正应，说明彼此心意相通。如果九二发生爻变，那么睽卦就变成了噬嗑卦。噬嗑卦位列周易第二十一卦，通过张口咬断横亘在口中的骨头作比喻，来阐述加强社会治理的道理。噬嗑卦六二爻辞："噬肤灭鼻，无咎。"噬肤，就是吃肥肉。噬嗑卦的下交互卦为艮卦，艮代表肥肉，皮坚肉嫩的肥肉结构与艮卦结构相似。噬嗑卦的初九、六二、六三、九四构成了小颐卦，酷似张开嘴巴大口吃肉，以致于掩没了鼻子。"灭鼻"取象于反巽卦。若噬嗑卦的九二发生爻变，则下卦变为兑卦，兑为反巽，巽为臭，代指鼻子，反巽即鼻子看不见了。

《象》曰："厥宗噬肤，往有庆也。"
【译文】小象说，在宗庙与家族亲人吃肉，往前行动有值得庆贺之事。

有版本将往何咎的"何"解释为"荷"，即负荷之意，大意是说，这种状况继续下去会承受灾祸。这种解释可作为一家之言，但笔者不认同此说，因为不符合本卦主旨。

"上九，睽孤。见豕负涂，载鬼一车。先张之弧，后说之弧。匪寇，婚媾。往遇雨，则吉。"
【译文】"上九，因睽离而感觉孤独。发现浑身涂泥的猪，好像载着一车鬼。先张开弓箭，后松脱弓箭。原来不是贼寇，而是来求婚的。往前如果遇到下雨，那就吉祥。"

豕,猪。涂,泥浆,稀泥,淤泥。鬼,既指鬼神之鬼,又指鬼方部落,殷时称鬼方,汉时称匈奴。弧,木弓,竹弓,弓箭。说,通"脱"。上九是全卦末爻,高高在上,中间有六五相隔,如同孤家寡人,贵而无位,高而无民,感觉是孤独的。人是群聚动物,无论他力量多强,地位多高,都是害怕孤独的,尤其是在家庭关系或人际关系发生睽离不合的时候,内心的孤独比身体的孤独更加可怕。孤傲的人往往也是自卑的人,心理处于睽离漩涡之中的人常常表现为敏感多疑。先是看见一车涂了泥的猪以为是鬼,差一点抽弓搭箭射出去了;然后又以为求婚的队伍是劫匪。反映了主人公紧张惶恐的心理状态,这些都是睽离不合带来的恶果。只有充分认识到睽离的害处,带着遇合的心态努力改变它,才能产生积极的结果。因此,不能用小人之心度君子之腹,凡事不能把对方想得太坏,许多坏人形象是自己内心臆测出来的,在没有弄清真相之前,最好不要妄下结论,冤枉好人、曲解好意的事实在太多了。

那么,上九该如何摆脱睽离的困境呢? 那就是"往遇雨,则吉"。上九阳爻居阴位,不当位,显得过于强势,这是不利因素。消除不利因素的药方便是"往遇雨,则吉"。雨是降温寒凉的阴性物质,而且雨与"女"谐音,也是阴性,意思是上九如果变得阴柔些,前景就能吉祥。事实上上九变成上六后就成了雷泽归妹,少女嫁给长男,最常见的是诸侯娶妾,这是消除诸侯国之间隔阂的有效方式,其前景当然是吉祥的。上九到了睽卦的末尾,睽离状态也到了尽头,也就是说显示出了由睽离趋向融合的意境。此外,上九与六三有正应,能得到来自基层实力阶层的支持和配合,这也是其结局不错的重要原因。

"见豕负涂"取象于离卦、坎卦。上卦为离,离为明,为目,表示景象呈现出来了,看见了景象。上交互卦为坎卦,坎为豕,即猪;坎为沟渎,猪因在沟渎里打滚而成为泥猪。

"载鬼一车"取象于坎卦。坎,其于舆也,为多眚。多灾异的车,对应"载鬼一车"比较合理,况且涂了泥的猪楞一看确实可联想成鬼。同时,坎为盗,在后天八卦中坎代表北方、黑色。因此,还可将涂泥的猪理解为鬼方部落入侵的强盗。

"先张之弧,后说之弧"取象于坎卦、离卦和兑卦。上九紧挨上交互卦,上交互卦为坎卦,坎为弓轮。上卦为离卦,离为戈兵,箭属兵器类。"说"取象于下卦兑卦,兑为说,通"脱"。

"婚媾"取象于归妹卦,取意上九与六三有正应。睽卦与归妹卦的关系前面已有表述，不再赘述。

"往遇雨"取象于坎卦。往是指上九主动前往与六三沟通，六三正在上交互卦坎卦之中，坎为水，代指雨。雨与"女"谐音，反映了联姻为吉的思想。

《象》曰："遇雨之吉，群疑亡也。"
【译文】小象说，遇到雨水是吉祥的，因为众多疑惑消除了。

这是一个比喻，一是指雨水能洗净一切，涂了泥的猪用雨水冲刷就变得白净了，还原了本来面目，别人也不至于怀疑是鬼了。二是若能用水去洗刷内心的污垢，你不至于误解别人，别人也不至于误解你，如此人际关系自然会改变很多。三是上卦离卦是火，火爆脾气不利于走出睽离困境，需要淋点凉爽的雨水让自己冷静下来，用理性控制情绪，尽量使头脑保持清醒，只要这样去做了，其预后就是吉祥的。

第三十九卦 蹇卦的处艰之道

【蹇卦】

【白话经文】

蹇卦, 适宜西南, 不适宜东北。适宜大人物出现, 贞固, 吉祥。

初六, 往前行动艰难, 回来获得赞誉。

六二, 君王、臣子身陷重险而保持忠贞, 非为自身私利。

九三, 往前行动艰难, 返回原地。

六四, 往前行动艰难, 回来联手。

九五, 大难, 同道之人到来。

上六, 往前行动艰难, 回来收获硕果, 吉祥。适宜大人物出现。

【经文原文】

蹇, 利西南, 不利东北。利见大人, 贞吉。

初六, 往蹇, 来誉。

六二, 王臣蹇蹇, 匪躬之故。

九三, 往蹇, 来反。

六四, 往蹇, 来连。

九五, 大蹇, 朋来。

上六, 往蹇, 来硕, 吉。利见大人。

【解读序言】

蹇卦列周易第三十九卦,因上卦为水、下卦为山,称其为水山蹇。《序卦传》说:"乖必有难,故受之以蹇。蹇者,难也。"序卦传说,人与人之间发生睽违必定有难(nan4,下同),因此周易在睽卦之后安排了蹇卦,蹇就是难的意思。《杂卦传》说:"蹇,难也。"蹇卦的前一卦是睽卦,它之所以紧接在睽卦之后,一是因为睽卦与蹇卦是对错卦,周易的排序规律是以相综排列为主,以相错排列为辅。二是因为一个家庭、单位、团体出现彼此不信任、相互不通气的睽违状况后,其恶果之一是导致蹇难发生。

【卦名含义】

《古代汉语词典》相关解释是:蹇(jian3),跛足;凝固,凝滞;困苦,不顺利。相关联词语有:蹇步,行路艰难;蹇产,山势屈曲不平的样子;蹇蹇,也作"謇謇",忠贞,忠言;蹇连,行路艰难的样子。蹇涩,行路艰难。"蹇"字由上寒、下足拼凑而成,意思是天寒地冻把脚冻坏了,所以有跛脚之意,走起路来一瘸一拐,表明生活、工作、事业遇到了挫折,处境艰难,行进受阻。

【卦象寓义】

一、山上有水之象。 蹇卦上卦为坎,坎为水,下卦为艮,艮为山。周易奉行自然准则,以大自然运行规律作为衡量标准,善于通过形象生动的自然景象作比喻,从而阐释抽象复杂的社会现象或人生事业状况。蹇卦所呈现的直观景象是山上有水,大量的水积聚在群山之上,但它不是像长白山天池那样风光旖旎、长期处于稳定状态的景象,而是指因地震、塌方等自然灾害引发的堰塞湖,水流因大面积受阻,水位逐渐抬高,存在极大危险性。因为塌方的填塞物并不坚固,在短时间内积聚的湖水随时可能溃堤,对下游的生命财产构成很大威胁,处于自然灾害中人们的生活艰难困苦而且异常危险。这是蹇卦卦象直接传递给我们的信息。

二、水下有山之象。 与"山上有水"相对的景象是"水下有山"。由于地壳运动,大陆板块之间发生碰撞,引发了地震、海啸、火山爆发等自然灾害,有些原先的海底变成了高山,有些原先的崇山峻岭,变成了海底世界,置于水面以下,蹇卦就反映了这种自然景象。山在陆上称为山，山在水下就变成了暗礁、大陆架。虽然从水面上看不出山体的存在，其实风险是确实存在的，泰坦尼克号就是触礁沉没的。因此，山上有水风险极大，而水下有山风险也极大，舟船航行在有礁石的水域，不仅危险而且相当艰难。

三、山路坎坷之象。蹇卦下卦为艮，艮为少男，艮为山，艮有静止、停止、阻止、制止之意。可理解为少男行走在崎岖的山路上，行路过程十分艰难。蹇卦上卦为坎，坎，陷也；坎为沟渎；其于人也，为加忧，为心病，为耳痛，为血卦；其于舆也，为多眚（sheng3，灾异）。陷、沟渎是坑坑洼洼、凹凸不平，这种路肯定难走；加忧、心病、耳痛、血卦都是负面的感觉；多灾多难的马车本身就说明了旅途的艰险。坎坷的经历每人都会遇到，只有少数意志力极其坚强的人能够做到锲而不舍、百折不挠、坚韧不拔，等到最终成功的那一刻。这部分人就是孟子所称的天降大任的人，他们不是老天事先安排的，而是自己在磨难中修炼而成的。孟子说："天将降大任于斯人也，必先苦其心志，劳其筋骨，饿其体肤，空乏其身，行拂乱其所为，所以动心忍性，曾（通"增"）益其所不能。"苏轼说："古之成大事者，不唯有超世之才，亦必有坚韧不拔之志。"因此，当人们处于困境之时，最可贵的意志品质是坚持、坚定、坚强、坚毅和坚韧，成功者成于此，失败者败于此。

四、险上加险之象。蹇卦中包含两个坎，一是上卦为坎，二是下交互卦为坎，可理解为坎中之坎、蹇中之蹇、难上加难、险上加险，表明其艰难程度相当严重。俗话说，福无双至，祸不单行，这不是迷信，而是客观存在的生活现象。之所以福无双至，就如同中彩票一样，小概率事件不太可能总在一个人身上发生。但祸不单行的事却屡见不鲜，人在倒霉时喝凉水都会塞牙，困难将一个接着一个，老天并不因为你可怜会对你手下留情。这是因为人在困难挫折面前，心理濒临崩溃，会出现强烈的自我否定意识，认为自己命不好，什么事都干不成，这是一种严重的消极暗示，极大地抑制了人的思维判断、自信心和行为能力，带着这样的心理状态去做事，必然导致事事不顺、处处碰壁，甚至是焦头烂额、一塌糊涂，差错的机率和失败的概率随之加大，形成恶性循环。多数人在接二连三的挫折打击下一蹶不振，这就是许多人死在成功前夜的原因。事实表明，只有自己才能拯救自己。

五、见险能止之象。从蹇卦结构上看，下卦是艮卦，艮为山，代表静止、停止、阻止、制止,高大而稳重,山路崎岖,行走艰难。由此引申出,当人们面对艰难处境时应适可而止、当止即止。不是放弃奋斗,而是适时调整途径和方法。上卦是坎卦,坎为水,代表坎坷、危险。坎就是欠土的意思,水流过后,泥土被冲走了,留下坎坷不平的地面。所以在易经里凡是遇到坎卦就表明充斥着危险,必须谨慎应对。正如象辞所说:"见险而能止,知矣哉。"象辞认为,发现风险能及时停止、调整对策,这样才是明智之举。蹇卦所表达的意境就是主人公面临着进退两难的艰难境地,往前走是坎,充满危险,往后退是艮,举步维艰。人处在这种时候盲目冒进、一味后退或者听天由命、无所作为都是不可取的。正确的方法就是按照蹇卦所提出的原则行事,在易理指导下用智慧摆脱困境。

六、蕴含成功之象。蹇卦的上卦为坎,上交互卦为离,上坎下离组成了既济卦。既济卦是周易的第六十三卦,既是已经、完成、既成事实的意思;济是成功、通达、顺遂的意思,既济卦的大意是事情已经完成,也可理解为取得成功。既济卦上卦为水、下卦为火,寓意是火烧着水,烧开了就能喝到热水热汤了。从爻位的性质上看,既济卦是易经中唯一一个所有爻都是当位的卦,一三五爻均为阳爻,二四六爻均为阴爻,该阳的阳,该阴的阴,说明每个阶段的表现都恰如其分、恰到好处,不想成功都难。从蹇卦与既济卦的关系可见,困难是成功的基石,历尽艰险、战胜磨难是走向成功的必由之路。正如《真心英雄》歌词所说"不经历风雨怎么见彩虹? 没有人能够随随便便成功"。从上卦与上交互卦构成既济卦之象表明,在艰难中努力奋斗,到后来终将得到丰厚回报。

七、内阻外险之象。蹇卦下卦、内卦为艮,艮有静止、停止、阻止、制止之意;上卦、外卦为坎,坎卦的主要特征为险。内卦有阻,表示主体内部存在阻碍因素,人际关系不和谐不顺畅,做起事来步步艰难,处处掣肘,主人公内部处境异常艰难。而他面临的外部环境险象环生,危机重重。在这种情境之中,主人公内外受困,前后夹击,不用说成就事业,就连生存下去也是极其艰难的。这时需要寻找突破口,并且争取外援帮助,卦辞"利西南,不利东北。利见大人,贞吉"正是表达了这个意思。

八、少男中男之象。从易经大家庭角度考察,下卦、内卦为艮,艮为少男,表明少男在家庭中居于当家作主的主导地位,这并非家庭的常态,而是在特殊背景条件下形成的,有点"穷人的孩子早当家"的味道,不是万不得已是不会让涉世未深的孩子来当家的。上卦、外卦为坎,坎为中男,表明中男在外从事劳动生产、打工挣钱，负责解决家庭生活资料、物质保障问题。上卦虽然位置高，但是处于家庭的从属地位。因此，从组织结构角度，这种家庭分工是存在缺陷的，而在困境中也只好如此。这也就决定着要想摆脱蹇难的状态不是件容易的事，需要时间，更需要付出艰苦努力，以及接受必要的外来援助。

九、阳土克水之象。在八卦与五行关系中，艮卦和坤卦对应土。艮卦为阳卦，为阳土；坤卦为阴卦，为阴土。而坎卦与水属一一对应，因而水没有阴阳之分。在蹇卦中，上卦为坎卦，属水；下卦为艮卦，属阳土。两者构成阳土克水的五行相克关系。相对于阴土克水的情况而言，阳土克水要容易些。如果将蹇卦看成一个单位与外部的关系，那么情势对单位有利，主动权掌握在自己手里。

【关联卦画】

蹇卦的综卦为解卦。蹇卦卦画颠倒180度得到解卦，解卦卦画颠倒180度得到蹇卦。解卦上卦为雷、下卦为水，称其为雷水解。它所反映的自然景象是打雷时，乌云密布，狂风大作，电闪雷鸣，气压偏低使人烦闷，雷霆万钧让人惊恐。而当雷阵雨短时间内倾盆而下之后，雨过天晴，豁然开朗，空气清新，心旷神怡。之前的烦闷感、紧张感和恐惧感得以解脱和解除。雷雨前后自然气象的变化，引用到人文社会领域也完全适用。由蹇卦到解卦，正好反映了人生、事业风雨过后见彩虹的变化轨迹。人们有理由相信，只要坚强、坚韧、坚毅、坚守和坚持，任何艰难险阻终将成为过去。

蹇卦的交互卦为未济卦。如果将蹇卦的初六、上六去掉，用剩下的四个爻重新组成一个卦，上卦为三四五爻，下卦为二三四爻，其中三四爻为上下卦皆有，体现了交互的意义。蹇卦的这个交互卦便是未济卦，上卦为火，下卦为水，称其为火水未济。火在水上为非正常现象，难以持久，因此用未济卦来表明事情处于未完成状态，也可能是失败了，也可能遇到障碍很难往下进行。交互卦反映了事物的过程性状态，由此表明要摆脱蹇难不容易，需要有一个过程，必须做好充分的思想准备。

蹇卦与既济卦是近邻。蹇卦说起来不太好听，但是与既济卦极为相似。除了初爻以外，其他五爻均与既济卦一致。从中可以悟出，一是艰难与成功是一对兄弟，形影相随；二是两者是可以转化的，将初六进行爻变，蹇卦就变成了既济卦，表明艰难困苦是成功的阶梯，艰苦奋斗是走向成功的通途；三是万事开头难,一开始就成功的事是很少的,新生事物的开端往往都很弱小,但星星之火可以燎原,克服困难的过程就是事物发展壮大的过程,懂得了这个原理,有助于人们在艰难困苦中坚定信念,持之以恒,坚韧不拔,百折不挠,最终走向成功。

蹇卦的错卦是睽卦。蹇卦与睽卦互为错卦,这两种情境都反映了生活中的负面状态,都不是人们希望遇到的。但它却不以人们意志为转移,经常在生活中出现。两者互为因果,互为条件,并相互转化。一个家庭、单位或团体处于困境时,很难做到心平气和、淡定从容,相互埋怨、相互指责、相互推诿的事是司空见惯的。同时,人际关系出现违和时,很可能导致家庭、单位或团体一盘散沙,陷入泥潭。懂得蹇卦与睽卦的转化关系,就可以提示人们,越是艰难越要团结,防止离心离德;当人们发生违离时,当事人应当意识到如不改变态度就可能把人生、事业引入歧途。意识到后果的可怕,有利于消除导致恶果的因素。

蹇卦由观卦演变而来。在六十四卦中,大部分卦由十二消息卦演变而来,蹇卦也是如此。观卦上卦为风,下卦为地,称其为风地观。上卦是巽卦,巽为风,为绳直,引申为家风传承之意,因此观卦的大象是:"风行地上,观。先王以省方观民设教。"道观之观(guan4)虽然音调不同,但与观卦的意思有关联。如果将观卦的上九与六三交换,那么观卦就变成了蹇卦。在观卦中,上九是圣贤的象征,负责教化民众,上九变上六后,圣贤变成了小人,圣贤的教化功能消失了。六三变九三后,下卦由坤卦变成艮卦,由坤的柔顺变成了艮的阻碍。没有了圣贤的教化,少男的成长之路自然就困难重重、行进艰难的蹇卦状态了。

蹇卦也可由小过卦演变而来。小过卦上卦是雷、下卦是山,称其为雷山小过,其卦形像只展翅飞翔的小鸟。如果将小过卦的九四与六五互换下位置,那么小过卦就变成了蹇卦了。象辞说:"蹇利西南,往得中也。"在小过卦中,上交互卦为兑卦,兑为西方;变成蹇卦后,上交互卦为离卦,离为南方。两者合起来就是"蹇利西南"。小过卦的九四往上,与六五对调位置后,变成蹇卦的九五,成了上卦的中爻,这便是"往得中也"。

蹇卦与坤卦有关联。卦辞中均有"利西南,不利东北"的表述。两者反映的是同一个主题:旨在号召天下仁人志士加入西伯集团,不要为商纣王卖命。本文在后面分析卦辞时将详细阐述。坤,为土,为地,引申为诸侯国土、国家版图。屯卦是乾坤之后首个阴阳交互的卦,卦爻辞中两处出现"利建侯",初九爻辞的"磐桓"体现了屯卦的始生之难和建侯征程的艰辛。蹇卦正好反映了巩固西伯侯业、创建周王朝的艰苦卓绝,周文王被商纣王囚禁七年,长子伯邑考被商纣王所害等等都是具体的例证。

蹇卦有帮难兄难弟。 蹇卦为五大难卦之一,与其相似的卦还有4个,分别是屯卦、遁卦、明夷卦和困卦。他们既有联系又有区别,认识其共性和差异性对于理解易理很有益处。屯卦主要是指人、动植物等生命体也包括其他事物的始生之难,屯卦是水雷屯,因动而生难;而蹇卦是水山蹇,因内部阻碍而出现难,两者含义是有区别的;遁卦主要讲君子受小人逼害,适宜暂且隐遁自保的情形;明夷卦讲在周边环境光明行将消失、黑暗逐渐笼罩的情况下,君子应当何去何从;困卦是指遭受困厄,如果说蹇卦是进退两难,那么困卦便是四面受阻,其困难程度要更大些。了解了这组难卦以后,也就不难理解为什么说"不如意事常八九"了。托尔斯泰说:"幸福的家庭都是相似的,不幸的家庭各有各的不幸",正是五个难卦的情境构成了各种不幸。由此说明,不如意是人生常态,经历各种艰难困苦是人生的必修课,每克服一个困难就等于完成了一次考验、实现了一次精进,人生、事业也就此向前迈出了一大步。只有敢于面对惨淡的人生,在艰难困苦中磨练自己,奋力杀出一条血路,才可能最终收获丰盈的人生。了解了以上这些背景后,我们再来看卦辞、爻辞就容易理解了。

【卦辞象辞】

〖卦辞〗

"蹇,利西南,不利东北。利见大人,贞吉。"

【译文】 "蹇卦,适宜西南,不适宜东北。适宜大人物出现,贞固,吉祥。"

那么,为什么周易在坤卦和蹇卦中反复出现"利西南、不利东北"呢?解释有各种各样版本,但切中要害的不多。本人认为,真正的原因缘自周文王的政治理想。"利西南,不利东北"这句话的功能,相当于当年"到延安去,到红色革命根据地去"。这是周文王号召仁人志士汇聚到他旗帜下推翻商纣王的动员令。当时周文王只是商朝的一方诸侯,他的实力尚不足以与商纣王公开叫板,况且作易时他被商纣王囚禁在羑里,因此只能借助隐晦的文字来表达他的政治意图,这也是易经文字生涩难懂的重要原因。就地理位置而言,当时商朝的首都在朝歌,位于今河南省鹤壁市淇县的朝歌镇;周文王的封地在岐山,位于今陕西省宝鸡市岐山县。从地图上看,岐山在朝歌的西南,朝歌在岐山的东北。因此,周文王向天下发出号召,诚邀天下有志之士来西南岐山这块乐土与他一起建功立业,提醒人们不要到东北商王朝去,因为商纣王违悖天理,气数将尽。

从八卦方位来考察,"利西南,不利东北"蕴含着易理。易经的八卦有先天八卦与后天八卦之分,先天八卦为伏羲所创,后天八卦为周文王所创,两者区别在于八卦位置分布不同。先天八卦是上乾下坤左离右坎,左上兑左下震,右上巽右下艮。后天八卦是上离下坎左震右兑,左上巽左下艮,右上坤右下乾。之所以要分前后两套八卦,这与伏羲和周文王关注的侧重点不同有关。先天八卦侧重揭示自然规律,所以八卦的方位是按自然地理状况分布的,古代有天南地北之说,所以上面为天南,下面为地北;左边为东离,太阳自东边升起后即离开东边渐行渐远;右边为西坎,坎为水,我国的黄河、长江发源地大多来自西部;左上东南濒临海洋所以为兑泽,左下东北多雷电所以为震,右上西南多风所以为巽,右下西北多山所以叫艮。

再看后天八卦,后天八卦侧重研究人伦社会。在人们对自然规律有所了解以后,周文王将周易研究方向转向了社会科学,着重研究人文发展规律和社会治理问题,周文王在八卦的自然属性基础上,又赋予其社会属性,于是八卦又拓展为中华民族典型的大家庭了,突出了人作为社会主体的地位和功能。乾卦为父,坤卦为母,震卦为长男,坎卦为中男,艮卦为少男,巽卦为长女,离卦为中女,兑卦为少女。在仔细观察后天八卦后发现,凡是女性的均在上半部分,凡是男性的都在下半部分,为什么要这样安排?因为在大自然存在阴气下降、阳气上升的运行规律,只有女上男下的安排阴阳之气才能得以交流和融合,人类只有在阴阳交合中才能繁衍生息。否则,男在上阳气上升,女在下阴气下降,阴阳两气相互分离,孤阳不长,独阴不生,人类将无法延续。从中我们可以体会到周文王的用心所在。

在后天八卦中,居于西南的是坤卦,坤在人伦社会里代表母亲,在大自然里代表大地,两者的共同点就是仁慈、宽容、柔顺、平坦,因此周易为人们指出了一条光明大道,这是一条源于周文王内心的理想坦途,带有一种象征意义,并非一定实指。如果不考虑客观情况盲目往西南走,那是迷信和愚昧,不可能带来吉祥后果。后天八卦的东北是艮,艮在人伦社会中是少男,在大自然里是山。

少男就是小孩子，不谙世事，在男人中最不稳重最不牢靠，没有经验，缺乏阅历，不够成熟，不够冷静，容易冲动，经不起挫折。山在易经里有高大、沉重、静止、停止、阻止、制止等意思，所以往东北走就是向崇山峻岭进发，其前途充满坎坷，同理这条路也带有象征意义。由此我们就明白了，是跟着母亲走平坦大道，还是盲从小孩子去山上冒险？何去何从，理性的人自然会作出自己的选择。易经并不一定要你走哪条路，主意还是自己拿，它只是帮你分析，为你的判断决策提供路径、方法和方案。

　　"利见大人"有两层意思，一是处于艰难困苦的环境中，适宜争取有地位、有资源、有能力的大人的支持和帮助；二是表明艰难困苦有利于造就和培养大人物，一些小人物在艰难困苦磨练之后成为了大人物。

　　〔彖辞〕
　　《彖》曰："蹇，难也，险在前也。见险而能止，知矣哉。蹇利西南，往得中也。不利东北，其道穷也。利见大人，往有功也。当位贞吉，以正邦也。蹇之时用大矣哉。"
　　【译文】彖传说：蹇的意思是磨难，危险就在前面。遇见危险能够设法制止，这是多么智慧啊。处于蹇难时适宜西南，因为往前走能够找到中正之道。不适宜东北，因为那是条穷途末路。适宜大人物出现，因为往前行动将收获硕果。行为与职位匹配得当并保持正固能带来吉祥，这是治国理政的正确道路。蹇卦所揭示的适时行动作用重大。

　　彖（tuan4），判断、推断的意思。"蹇利西南，往得中也。"参见本文"关联卦画"之"蹇卦也可由小过卦演变而来"一节分析内容。"利见大人"，一是告诉人们处在进退两难困境时，要多听听德高望重大人的意见，也许可以为你指点迷津，当你不具备独立拉起山头实力时，不妨跟随大人历练一番，积聚足够能量，等羽翼丰满了再作打算。二是蹇卦情境有利于大人物脱颖而出，周文王就是历尽千难万险为周朝大业奠定坚实基础的成功案例。

　　【大象之辞】
　　《象》曰："山上有水，蹇。君子以反身修德。"

【译文】"山上有水，是蹇卦反映的自然景象。君子受此启示应反躬自省加强德行修养。"

面对蹇卦的情境，君子应反躬自省加强德养，锤炼意志品格。这些德行修养就是本卦所揭示的易理，比如"见险能止"、"得中"、"贞"、"王臣蹇蹇，匪躬之故"等等。

【爻辞小象】

"初六，往蹇，来誉。"

【译文】"初六，往前行动艰难，回来获得赞誉。"

初六是阴爻居阳爻，不当位，力量过于柔弱，这是人生陷入困境的主要原因。比如，年轻人刚结婚时，家底薄，收入低，负担重，房子、车子、孩子、票子、位子等压力大，办事捉襟见肘，困难重重；再比如，年轻人创业缺乏经验，缺乏资金，缺乏技术，缺乏人才，使得进退维谷，进展艰难。如果初六变成初九，也就是说条件好、能力强，那么所有问题都将迎刃而解，实际上那就是既济卦的成功之象了。可是，毕竟大多数人的初始状态都不尽如人意，初六爻辞提示我们，当条件不具备时不要勉为其难，不能不计后果盲目冒进，有时退却是为了更好的前进，明知不可为而为是一种担当，明知不可为而不为是一种智慧，没有固定模式，一切视情而定。当然，退却不是畏葸不前，不是无所作为，而应该是"反身修德"，反躬自省，加强德行修养，反思自己言行，发现谬误，及时调整，学会本领，提高能力，这样便能赢得赞誉。初六与六四没有正应，得不到来自六四高层的关照和支持。例如，西伯侯不受商王朝信任，但他却能在艰难困苦中奋发图强，逐步发展壮大，树立了口碑，赢来了声誉。

"往蹇"取象于初六爻位、艮卦和坎卦。初六为卦形中脚的位置，行走是脚的功能，但是这双脚力量不足，不能胜任走山路。下卦为艮，艮为山，艮为止，艮有静止、停止、阻止、制止之意；上卦为坎，坎为险，陷也，道路坎坷。山路崎岖，外有危险，脚力不足，因而行路艰难，反映了"往蹇"之意。

"来誉"取象于既济卦。力量不足，停止前进，返回来积聚力量再行动。积聚力量意味着初六变为初九，这时蹇卦变成既济卦，情况大不相同。既济代表完成,事情完成,也可理解为事业成功,这时获得赞誉和掌声在情理之中。

《象》曰:"往蹇来誉,宜待也。"

【译文】小象说,往前艰难,返回来有赞誉,适宜积蓄力量等待条件成熟和恰当时机到来。

"六二,王臣蹇蹇,匪躬之故。"

【译文】"六二,君王、臣子身陷重险而保持忠贞,并非为自身私利。"

王指九五,这是君王之位,占上卦中爻之位和全卦核心之位,易经中的君王是公正无私、周全照顾全国百姓的理想化身。臣指六二自己,居下卦中位,代表基层干部。六二阴爻居阴位,当位,表明其言行举止适当。六二与九五有正应,表明六二支持九五,主动与九五同心同德,同时九五能够关照六二,两者能够相互配合与协调。上下配合,君臣同心协力,这是克服困难、突出重围的致胜法宝。君王与臣子都处在艰难困苦情境之中,但是他们都能坚守中正之道,为大众公共利益而谋,而不是为了自己的个人利益,这是非常可贵的品质和担当。

"王臣"取象于二、五爻位。有三层意思:其一,九五指商纣王,六二指周文王,当时属于王臣关系,商纣王并不是一开始就很坏,这时王臣能够上下配合,团结一心,共同克服艰难时世,想把天下管理好。其二,商纣王执政后期变得很坏,周文王虽然不与其同流合污,但力量对比悬殊,不宜公开翻脸,这时仍要做出顺从配合的姿态,即使在囚禁期间也须如此,他吩咐下属给商纣王身边的奸佞送美女财物,甚至假装糊涂吃下儿子的肉,周文王所做的一切看起来不尽人情,但他不是为了个人私利,而是为了天下百姓创建周朝大业。其三,九五指周文王,六二指周文王西伯集团的重要骨干,上下一心,共度时艰,不是为了私利,而是为了匡济天下社稷。

"蹇蹇"取象于两个坎卦。蹇卦中接连出现两个坎卦,下交互卦为坎,上卦为坎,坎坎相叠,坎中之坎,表明举步维艰,困难重重。《古代汉语词典》解释,蹇蹇,也作"謇謇",忠贞,忠言。这是引申义。上下面临困境,能保持中道,心灵相通,具备"忠贞"、"忠言"品质。

《象》曰："王臣蹇蹇，终无尤也。"

【译文】小象说，君王、臣子身陷重险而保持忠贞，到最终也没有怨天尤人。

"九三，往蹇，来反。"

【译文】"九三，往前行动艰难，返回原地。"

九三是艮卦的最后一爻，是艮卦中的唯一阳爻，阳爻居阳位，当位，具有阳刚之气，勇于探索，敢于闯荡，其行为表现总体得当。但是，在蹇卦的情境下，阳刚当位也未必能得到积极结果，也就是说自身素质、能力、表现都没有问题，实在是因为外部环境太恶劣了。九三置身崇山峻岭，在崎岖山路中跋涉是相当艰难的，而且九三处在下交互卦坎卦中爻，紧接着上卦还有一个坎卦。这时盲目冒进是不可取的，不可意气用事，不能勉为其难，需要冷静思考，知难而退。与其盲目冒进，倒不如理性地退回来，等待适当时机再行动。在身陷困境之时何去何从，是往是返，是进是退，是攻是守，这是生活中的辩证法，处理好两者关系是需要智慧的。九三与上六有正应，能得到上九大佬的关照和支持。

《象》曰："往蹇来反，内喜之也。"

【译文】小象说，往前行动艰难则返回来，受内人喜欢。

"内喜之"取象于艮卦和坤卦。下卦为艮，艮这门阙，代表门内一家人，如果九三是男主人，那么六二、初六就是妻妾，主人回家，妻妾高兴。若九三发生爻变，则下卦变为坤卦，坤为顺，为文，内人因顺和文采而喜悦。

"六四，往蹇，来连。"

【译文】"六四，往前行动艰难，回来联手。"

六四阴爻居阴位，当位，表明其行为举止是适当的，但也是柔弱的。"往蹇"，是因为六四处于两个坎卦之中，承上启下，前后都是坎，进退两难，往前行动自然困难重重。摆脱困境的办法是"来连"，开展联手行动，攻克眼前难关，从而化被动为主动、化阻力为动力。六四本身力量柔弱，又与初六没有正应，同性相斥,得不到初六百姓的支持配合。六二、上六也都是阴爻,不可能给六四带来帮助。能被六四所"连"的只有九三和九五了,联手两个阳爻正是六四的优势所在。这三个爻组成了上交互卦离卦。离为火,为日,为明,为丽。代表热烈、光明、美丽。离卦与上卦坎组成既济卦,表明众人拾柴火焰高,即使在艰难困苦的环境中,只要大家联合起来,就能把大事办成,从而取得人生、事业的辉煌和成功。"来连"给我们的启示是,干事业单枪匹马步履维艰,不能有效利用自然、社会各种资源难以成功。一个好汉三个帮,三个臭皮匠顶个诸葛亮。要调动一切积极因素,利用一切可利用的资源,这是帮助人们从"山穷水尽疑无路"过渡到"柳暗花明又一村"的重要途径。六四是外卦初爻,至此困境已经走过了大半程,前面该是曙光初现了。

"来连"取象于六四爻位和两个坎卦。《说文解字》解释:连,员连也。清段玉裁注,负车也;连即古文辇也;周礼乡师辇辇,故书辇作连。由此可见,两夫拉一车为辇,人在前,车在后,看起来就是车夫背负车辆之象。由人负车引出"连"的后来意思为相接、连续、连接等。把物体接起来叫连,把人员接起来即为联手。上卦为坎,下交互卦为坎,六四正好连接两个坎卦。坎,其于舆也,为多眚。六四处在两辆多灾异车辆的相接点,与"连"意思吻合。当然,作为上交互卦离卦的中爻,以阴爻连接两个阳爻,也与"来连"意思吻合。

《象》曰:"往蹇来连,当位实也。"

【译文】小象说,往前行动艰难,回来联手,这是因为六四行为得当,而靠着两个坚实的阳爻。

"九五,大蹇,朋来。"

【译文】"九五,大难,同道之人到来。"

九五是君王之位,小难、中难对于君王不算什么事,能被君王视为艰难的应该是大难。从爻位上讲,九五到了蹇卦的核心位置,也是接近走出困境的位置,这时困难与机遇并存,挑战与希望同在。所谓危机,就是在危难中存在良机,丧失机遇则危险变成现实,抓往机遇则可化危为机。处理得好与不好,考验着人的智慧。"朋来"可从两个方面来理解,一是身居君王之位,在此大旗下必有志同道合之人，其中有帮他度过难关、成就大业的人才，只要善于发现，知人善用，可以委以重任；二是天助自助之人，看似老天安排的，实际上是自己的光明德行吸引来的。德不孤，必有邻；得道多助，失道寡助。如果自己从事的是正义的事业，自然会有志同道合者前来援助。这些人可能是大人、贵人、高人和友人，可能提供机会、资金、职位、点子等，也许在他们帮助下得以渡过难关。九五阳爻居阳位，当位，表明具有阳刚之气，具备战胜困难的勇气和能力。

初六"来誉"，讲的是应对困境需要智慧；六二"匪躬之故"，讲的是艰难困苦是为了公共利益；九三"来反"，有反身修德的意味，要锤炼出愈挫弥坚的意志品格；六四"来连"，讲的是善于联合有生力量，形成统一战线；九五"朋来"而不是"来朋"，说明志同道合的人是主动来帮助的，或是受伟大事业所吸引，或是受人格魅力所感召，或是受英雄壮举所感化，主动加入到干事业的队伍中来。精诚所致，金石为开。就像愚公的行为感动上天，派来两个神仙把山给搬走了。易经说"自天佑之"，并非指含有神秘力量的天，而是指正义的事业必将得到人民的积极响应和支持。九五与六二有正应，表明能够得到基层干部的支持和配合。

"大蹇"取象于九五爻位和坎卦。九五为阳爻，君王之位，居全卦核心，与"大"意思相合。上卦为坎，九五为坎卦中爻，坎为险，为沟渎，陷也，与"蹇"意思关联。

"朋来"取象于观卦。在本文前面"关联卦画"中讲过，蹇卦由观卦演变而来。如果蹇卦的九三能够回到上九的位置上来，那么蹇卦就变成观卦了，不仅度过了艰难时光，而且还展现出蔚为大观的良好景象。在我国古代，通常朋以同性居多，当然也不能绝对排斥以异性为朋，因此在蹇卦中，对九五来说，为朋的对象非九三莫属，但是九三与九五既不对应，又无正应，要想成为朋，只能以中正的品德和内心的真诚去感染和吸引。九五居中爻位置，品德没有问题；九五、六四与九三组成上交互卦离卦，离为光明，内心光明则能以诚相待。九五具备主动与九三为"朋"的意愿和条件。一旦九五与九三成为朋，接着有可能尊九三为圣贤，况且九三与上六又有正应，九三完全可能与上六交换位置后来到上九。这样，蹇卦由此变为观卦，不但摆脱了蹇难困境，而且营造了尊贤重德的社会风气。九三来到上九后，一是九五、上九并列适宜称"朋"；二是对九五而言，九三到上九称"来"，也合乎情理。

《象》曰："大蹇朋来，以中节也。"

【译文】小象说，大难之时有同道者到来，这是因为九五能够秉持中正气节。

"中节"有两层意思，一是符合气节，二是中正的气节。

"上六，往蹇，来硕，吉。利见大人。"

【译文】"上六，往前行动艰难，回来收获硕果，吉祥。适宜大人物出现。"

上六爻辞与卦辞均有"利见大人"内容，据此可认为上六应为本卦卦主，因此上六所承载的意境值得格外重视。上六阴爻居阴位，当位，表明其言行举止是适当的，符合其身份地位。为什么已经走到蹇的尽头还是"往蹇"？一方面，这是由蹇卦所处的大环境所决定的。虽然蹇卦已近尾声，离走出困境不远了，但毕竟还没有完全脱离困境，整个蹇卦所描述的是整个蹇难全程，之所以仍以"往蹇"收尾，是为了给下一卦解卦埋下伏笔。解卦讲的是解脱困境的方法，假如在蹇卦上六蹇难已经解决，那么解卦似乎就没有存在的必要了。另一方面，上六为卦的末尾，再往前走已经无路可走了。但是，爻辞的"来硕，吉"让人们看到了希望。常言道，艰难困苦，玉汝于成；老天不负苦心人。当所有错路都走过之后，剩下的那条路就是正确的了，因此蹇卦的上六离苦尽甘来已经不远了。认识和运用这一规律，对于在艰难困苦中坚定信心，坚韧不拔，顽强拼搏，最终取得成功是非常有益的。"来硕"可有两种理解，一是上六往前行走艰难，退回来反而能够收获硕果；二是硕为大，大代表阳爻，如果九三来到上六、使上六变成上九，其结果就能吉祥，即观卦的状态比蹇卦状态要好。"利见大人"，经过一系列艰难困苦的考验和艰苦卓绝的奋斗，昔日名不见经传的小人物终于干成了大事，变成了大人物，蹇卦的九三原本处在基层，变成观卦后来到上九就变成了大佬，受人敬重。

"往"、"来"取象于观卦。从蹇卦上六爻位为基点进行考察，其"往"只能是自上往下走，其"来"只能是自下而来。按照易经扶阳抑阴观点，往往把阳爻作为描述对象。在观卦中，如果上九与六三交换位置，也就是上九往下走，那么就得到蹇卦，这是"往蹇"的含义，阳爻往下走导致了蹇难；在蹇卦中，如果九三与上六交换位置，也就是九三来到上九，那么就得到观卦，这便是"来硕，吉"的含义，阳爻回来是吉祥的。而且与"利见大人"意境吻合，阳爻回来了，大人就出现了，在观卦中上九被九五君王奠为圣贤，用以教化社会民众。

"硕"取象于艮卦。上六与九三有正应，九三是下卦艮卦的主爻，阳爻为硕，艮为瓜蓏（luo3），代表硕果，引申为丰硕成果。

《象》曰："往蹇来硕，志在内也。利见大人，以从贵也。"

【译文】小象说，前往蹇难，回来获得硕果，因为其心意牵挂着内部。适宜于大人物出现，这是因为遵从高贵。

"志在内也"，指上六与内卦的九三有正应，相互牵挂，彼此感应。"以从贵也"，九三前往上九是"从贵"；君王尚贤，尊崇上九，也是"从贵"。

第四十卦 解卦的解难之道

【解卦】

【白话经文】

解卦,适宜西南。若没地方可往,则回到原位吉祥;若有地方可往,则及早前往吉祥。

初六,没有灾祸。

九二,田猎捕获几只狐狸,得黄色箭头,坚守正道,吉祥。

六三,背负重物,乘着马车,自招盗贼到来,坚守正道,防止小灾。

九四,帮你解开被绑的脚拇趾,这是同道者真诚解救的结果。

六五,君子险难被解,吉祥。对于小人也讲诚信。

上六,王公在高大城墙上射击鹞鹰,并将其擒获,没有什么不适宜。

【经文原文】

解,利西南。无所往,其来复吉。有攸往,夙吉。

初六,无咎。

九二,田获三狐,得黄矢,贞吉。

六三,负且乘,致寇至,贞吝。

九四,解而拇,朋至斯孚。

六五,君子维有解,吉,有孚于小人。

上六，公用射隼于高墉之上，获之，无不利。

【解读序言】

解卦位列周易第四十卦，因上卦为雷、下卦为水，称其为雷水解。《序卦传》说："物不可以终难（nan4），故受之以解。解者，缓也。"序卦传说，事物不可能终结在蹇难上，因此周易在蹇卦后面安排了解卦。解的意思就是缓解。《杂卦传》说："解，缓也。"在蹇卦中，相当于人生受困于艰难险阻之中，叙述的焦点落在当事人身上，考验着当事人的坚毅、顽强和韧性。解卦主要讲述受困当事人的自救和外援解救行动。

【卦名含义】

《古代汉语词典》解释：解，剖开，分割肢体；打开；解开；脱下；排泄；排除，消除；免除；说解，解释；理解，懂得；能，会；乐曲或诗歌的章节；裂开；溶化，溶解；消释；和解；六十四卦之一等。在解卦中，兼具上述各种意思，主要引申为解救、解脱、解开、解除、化解、缓解、缓释、释放等意思。

【卦象寓义】

一、雷雨滂沱之象。大象说："雷雨作，解。"作，兴起，动作，引申为正在下雷雨。上卦震为雷，下卦坎为水，水在天上是云，天上之水落地即为雨，分别呈现出气体与液态两种不同状态。可理解为云上之雷和雷下之雨，这是常见气象。雷雨前天空中乌云密布，天色暗淡，电闪雷鸣，声色俱厉，有黑云压城城欲摧之势，犹如天神发怒，张开血盆大口，欲将人间万物悉数吞灭，给人们带来一种恐惧感。加上此时气压偏低，空气凝重，人们会感觉压抑和烦闷，有一种窒息感。雷雨前的气象状况，如同人生陷入蹇难状态。而解卦正是反映如何从蹇难中解脱出来。从气象角度观察，电闪雷鸣，狂风大作，大雨倾盆而下，地上水流成河。这是一种高度紧张得到瞬时释放的畅快感觉。雷雨之后，天色明亮起来，空气湿润清新，人们感到心旷神怡，心情舒畅，精神振奋。从云上之雷到雷下之雨，自然气象变化给人们带来如释重负的感觉。将这一自然现象移植到人类社会，对于启发人们如何化解蹇难具有指导作用。

二、未济既济之象。解卦中既有未济之象，又有既济之象。先未济、后既济,体现出蹇难化解的意境。下交互卦为离,下卦为坎,两者构成火水未济,表明事情之初进展不顺利。同时,解卦的交互卦为既济卦,位于未济卦之后。解卦中含有两个坎卦,一是下卦为坎,二是下交互卦为坎,两个坎叠加在一起,险上加险,难上加难,表明蹇难化解决非易事。同时,天无绝人之路,上帝关闭一扇门,必定会留下一扇窗。解卦中具备破解蹇难的办法和力量。解卦内含离卦,表明蕴含热情,内心坦荡,追求光明,为化解蹇难带来希望。通常水火是不相容的,但在一定条件下水火又是相济的。未济卦火在水上,没有一个爻是当位的,延续了蹇卦的蹇难状态,事情进展不顺利。既济卦水在火上,每个爻都是当位的,表明后来事情进展顺利终获成功。从未济到既济,从不顺到完成,正好反映了由蹇卦到解卦的转变。

三、诸侯脱险之象。解卦上卦为震,震代表诸侯;下卦为坎,坎代表诸侯所处的政治环境和形势背景。这与西伯侯姬昌被商纣王囚禁在羑里的情形相似。蹇卦反映了囚禁的前期,解卦反映了囚禁的后期。这从两个卦的结构中可以看出,蹇卦是水山蹇初六之后接连两个坎(下交互卦和上卦),而解卦正好相反,先有两个坎(下卦和上交互卦),到了上六终于脱离了叠坎,表明艰难困苦得以解脱。上卦诸侯,下卦坎险,表明诸侯在坎险之外,刚刚脱离险难。同时,震代表运动的马和马车,可理解为诸侯驾着马车,象征周文王带领岐山部落前行,坎也可代表马车,但这是多灾异的马车,解卦所呈现的坎(下卦)、坎(上交互卦)、震(上卦)的结构,反映了周文王驾着多灾多难的马车,历尽千难险阻,终于在上卦逃离了叠坎,象征着险难得以化解。这与周文王被商纣王释放的结局相吻合。

四、田野猎狐之象。本卦九二有"田猎三狐"的爻辞;第六十四卦未济卦卦辞有"小狐汔济,濡其尾"的内容。两者是有关联的,因为解卦的下交互卦离与下卦坎,构成火水未济。因此可以认为解卦的狐狸内容来自于未济卦。以下将会讲到,解卦是由临卦演变而来,临卦是地泽临,如果把临卦的初九与六四交换位置,那么就得到了解卦。地泽是狐狸活动的场所,也是田猎的场所,临卦初九来到九四之后,田猎的马车、弓箭都有了,坎、震皆为马、马车,坎为弓轮,离为戈兵。三只狐狸为泛指,代表数只狐狸,取象于坤卦,临卦的上卦为坤,坤为众。

五、小人乘车之象。本卦六三有"负且乘,致寇至"的内容。负是背着东西,乘是乘马车。按照古代习惯,身负重物是体力劳动者,乘马车是有身份的贵族,负与乘属于两类身份差距悬殊人群的行为特征,发生在同一人身上,属于非正常举动,说明这个人的钱财来路不正,容易成为其他坏人瞄准的目标。解卦包含两个坎卦,坎为盗,第一个坎是"负且乘"行为异常者;第二个坎是"寇",代表盯着行为异常者的贼寇,这个贼寇是行为异常者自己招来的。同时,坎,其于舆也,为多眚,小人乘车不可能一路顺风,多灾多难与其行为特征是契合的。

六、树木防溺之象。此象与以下将讲到的关联卦画"解卦由临卦演变而来"内容有关联,可相互参看。解卦下卦为坎,坎为水,为险,意味着水虽然是人们生活所离不开的,但是与水接近却充满着危险性。上卦为震,震为长男,震为木。如果是儿童站在水边危险系数就很高,但是长男站在水边相对来说就安全许多,也就是说长男站在水边可以化解水的风险。长男就像水边的防护林,预防着溺水事故的发生,既是一道水边的风景线,又是一道风险的隔离带。

七、内险外动之象。下卦也称内卦,是坎,坎为水,为险。这表明危险因素来自家庭、单位、团体、机构等内部或者个人自身。上卦也称外卦,是震,震为动,这是主体为解决内部险难问题而采取的对外行动和外在表现形式,也可理解为主体面临动荡的外部环境,存在着化解内部险难的契机。内部之险是因,外部之动是果。例如,个人的险难,恐怕来于自身需求和不能满足需求之间的矛盾,缺乏对自己正确定位和认识;一个家庭的困难和危险,很可能来自家庭内部家底薄弱、罹患重病、感情不和、意见分歧和互不配合等因素;一个单位的困难和风险,也许是定位不准、目标不明、财力有限、人才缺乏、人心涣散、管理混乱等原因。总之,困难和风险的根源来自主体内部,当凭内部自身力量难以化解时,主体往往把目光转向外部,采取相应的化解行动,如,寻找资源,寻医求药、请求援助,学习技能等等。

八、以动解难之象。此象与"内险外动之象"有联系也有区别,内险外动突出因果关系,以动解难则是强调方法和途径。上卦为震,震为动;下卦为坎,坎为险。呈现出以客卦之动化解主卦之难的卦象。按照气象规律,冬天云气活动减弱,几乎不打雷,因此汉乐府《上邪》中以"冬雷阵阵夏雨雪"来表明不可能发生的自然气象。春雷一声震天响,通常一年中首次打雷发生在开春初期的惊蛰时节。冬天是萧瑟、荒芜、枯萎、灰色的景象,用冬天来比喻人生,就好比人生处于塞难阶段。到了春天,大地回春,万象更新,繁花似锦,莺飞草长,一派欣欣向荣、春意盎然的景象，以此代表人生的幸福时光，可谓春风得意马蹄疾。由冬天进入春天，就好比人生由蹇难进入顺境。冬日之难因春雷震动得以解脱，以此提示人们化解蹇难必须采取切实可行的行动，一个实实在在的行为比一沓纲领更有用。比如，朝鲜核试验危机，给朝鲜和周边带来极大风险，而2019年展现出朝韩合作的积极变化，正是以动解难的真实案例。

九、中男长男之象。在易经大家庭中，坎为中男，震为长男。在解卦的情境中，中男作为内卦主体，在家庭主持家政事务。长男在外从事劳动生产，创造物质财富，解决家庭成员的生活生计来源。这种家庭分工不算太好，但也没有太大问题。长男具有忠厚老实、吃苦耐劳、包容大气的品质，对于中男主持家庭政务的行为总体上能予支持和配合。中男是坎，坎是水，智者乐（yao4）水，水代表智慧、机智，表明中男能够审时度势，灵活处理与长男的关系。例如周武王就是周文王的第二个儿子，文韬武略，足智多谋，带领岐山部落成功创建了周王朝。

十、坎水生木之象。从五行关系看，下卦为坎，坎为水；上卦为震，震为木。解卦呈现出水生木的卦象。下卦为主卦、内卦，上卦为客卦、外卦。主体生扶客体，内部生扶外方，对主体和内部而言是不利因素，可能有金钱、财物、资源方面的支出和损失。这也符合常理，毕竟向外寻求解难办法，或依靠外援的帮助化解了险难，都是需要支付成本和代价的。

【关联卦画】

解卦的综卦是蹇卦。综卦也叫覆卦、镜卦。将解卦卦画翻转180度后变成蹇卦，将蹇卦翻转180度后变成解卦。从这头看是雷水解卦，从那头看是水山蹇卦，两者一体两面，存在某种联系，同时又有所区别。这说明观察事物的角度不同，看到的现象就有所不同。从时间上看，蹇卦与解卦存在前后衔接关系，《序卦传》说，物不可以终难，故受之以解，解者缓也。先是发生了蹇难，然后是解救蹇难。蹇卦侧重自我解救，解卦侧重寻求外力解救，一个向内，一个向外，就如同这对综卦两个不同的观察角度。

解卦的交互卦是既济卦。去掉解卦的初六和上六，用剩下的二三四五爻重新组成一个卦，二三四爻为下卦，三四五爻为上卦，上下卦均有三四爻，体现了交互的意思。这个交互卦便是既济卦，上卦为水，下卦为火，称其为水火既济。既济卦的每个爻都是当位的，每对爻都是正应的，代表事情进展顺利完成，也可理解为成功之象。这说明解卦内部蕴含着成功之象，交互卦用来反映事物的过程性状态，代表解卦继续往下发展极有可能取得人生或事业的成功。

解卦的错卦是家人卦。将解卦的每个爻性质相反，得到的卦是其错卦家人卦。错卦也叫对卦，错是交错的意思。其意义在于从事物的对立面来观察问题，即采用换位思考的方法，更有利于问题的解决。与蹇卦的错卦是睽卦相对应，解卦的错卦是家人卦。由蹇卦到解卦代表险难的化解，由睽卦到家人卦代表家庭隔阂的消除，无论是纵向还是横向，正向还是反向，都呈现出相互关联性和整体协调性，这正是易经了不起的地方。因此，错综复杂的卦际关系正如错综复杂的现实世界，看起来杂乱无章，其实背后是有章可循的。

解卦由临卦演变而来。临卦的上卦为地，下卦为泽，称其为地泽临。如果将临卦的初九与六四交换位置，那么就变成了解卦。临卦的直观卦象是，一片大地与湖泽毗邻，人如果站在湖泽边缘的土地上，面对着湖光山色的风景，就有君临天下的感觉。人站在湖边在享受美景的同时也有溺水的风险；君临天下也是有风险的，君是舟，百姓是水，水能载舟也能覆舟。如何防止这种风险，有效办法是在湖边种些杨柳树之类的作为屏障，既安全又美观。临卦初九与六四交换位置便能起到这种功效。变成解卦后，上卦为震，震为木，代表杨柳，溺水风险就此缓解；震为诸侯，诸侯来到临卦这片土地，带领百姓过上幸福生活，覆舟的风险也大为缓解。

解卦也可由小过卦演变而来。小过卦上卦为雷，下卦为山，称其为雷山小过，其卦形犹如一只展翅飞翔的小鸟，小鸟掠过也许不会引起人们的过分关注，象征着小的过失对人们的影响非常有限。如果将小过卦的六二、九三交换下位置，那么就得到了解卦，这说明从小过卦情境中解脱出来相对比较容易些。卦辞说："无所往，其来复吉。"象辞说："无所往，其来复吉，乃得中也。"解卦的中爻有两个：六五、九二，按照抑阳扶阴的易理，"得中"应指九二而言。"来复"说明九二是从其他爻交换过来的。由小过卦演变为解卦，与"来复"的表述相符，虽然不是唯一来源，至少是来源之一。由此可见，卦的演变可以是殊途同归，可由两三个不同的卦，经过不同交换方式演变为同一个卦；反过来，一个卦经过不同方式的演变，也可成为两个以上不同的卦。

【卦辞象辞】

〖卦辞〗

"解，利西南。无所往，其来复吉；有攸往，夙吉。"

【译文】"解卦，适宜西南。若没地方可往，则回到原位吉祥；若有地方可往，则及早前往吉祥。"

卦辞用来说明全卦的主旨。有攸往，则有所往。夙，早，及早。"利西南"在坤卦、蹇卦已经详细介绍过。一是西南是西伯侯的岐山部落；二是西南是后天八卦坤的方位，坤代表平坦、包容、柔顺、顺利。解难通常需要依靠外援解救，解救的主体是施救方，解救的对象是被救方。作为施救方，如果无险难需要施救，或者解救任务已经完成，那么应回到原地做好日常演练和预防工作，以备不时之需；如果有险难需要施救，则宜尽早施救，越早越好，抢险救灾有72小时黄金期之说。作为被救助者，发生险难后，没地方可去，不要盲目四处流落，不如回到原地组织自救，或是有序地等待救援，注意防止次生灾害发生；如果有地方可前往避难，那么还是趁早行动为好。

"利西南"取象于坤卦，或者兑卦离卦。它可用来印证解卦是由临卦演变而来的。临卦上卦为坤，在后天八卦中位于西南。临卦的初九跑到上卦坤卦的初爻后，临卦变成了解卦。体现了"利西南"的卦意。临卦下卦为兑，兑为西方；初九跑到九四后，下交互卦变为离卦，离为南方。

〖象辞〗

《象》曰："解，险以动，动而免乎险，解。解，利西南，往得众也；无所往，其来复吉，乃得中也；有攸往，夙吉，往有功也。天地解而雷雨作，雷雨作而百果草木皆甲坼（che4）。解之时大矣哉。"

【译文】象传说：解卦，因险难而行动，因行动而避险，这是解卦卦象。解卦，适宜西南，前往可得民众支持；若无地方可往，回到原位吉祥，这是由于得到中正之位；若有地方可往，早往吉祥，因为前往将产生功效。天地险难因雷雨滂沱而得以化解，雷雨落下而各种各样的果树草木都裂开甲壳发芽。解难的时机实在重大啊。

得中，中是中爻之位，代表中正之位，可理解为恰当、适当、合适的意思。

往有功也，功是功能效果，发挥很大作用。坼（che4），是裂开、拆开、分开的意思，指种子破壳发芽。雷雨前百果、草木、种子、昆虫等动植物处于蛰伏冬眠状态，春雷打响后，惊醒了沉睡的种子，于是一个个揉揉眼睛，打打哈欠，伸伸懒腰，开始破壳、发芽、出土、生长。因此，打雷、下雨，是自然天地破解冬季凋敝险难的方式和途径。对人文社会有重要借鉴意义。

【大象之辞】
《象》曰："雷雨作，解；君子以赦过宥（you4）罪。"

【译文】大象说，雷雨滂沱，是解卦的卦象；君子受此启发应当赦免过失，宽待罪人。

雷雨大作，解了冬季万象凋敝之难，天地并没有对曾经的冬季险难处境耿耿于怀而实施报复。作为以天下为己任的君子应学习天地精神，以豁达包容的胸怀赦免原谅那些有缺点、有过失、甚至有罪责的人。比如，在抢险救灾过程中，应暂且将日常琐事搁在一边，必须在第一时间全力以赴前往救援，对于方法不当延误时效、自救不力、浑水摸鱼等过失、甚至犯罪行为可从长计议，对其间有立功表现者可免于处理，一切应以抢险救灾为第一要务。

【爻辞小象】
"初六，无咎。"

【译文】"初六，没有灾祸。"

爻辞很简单，给人们留下了很大想象空间。初六阴爻居阳位，不当位，表明力量过于柔弱，这是不利因素。这说明解救工作初始阶段，推进并不是太有力，好在刚刚开始，并无大碍。无咎，本来可能有咎，但是由于某种积极因素的出现，弥补了缺陷，使得灾祸得以避免。这个有利因素是，初六与九四有正应，能够得到上层九四的关照和支持。在解卦中，九二、九四两个阳爻是解卦的卦主，九二居中是主要卦主，九四是辅助卦主，因此他们为主要施救力量。九四与初六有正应，九二又与初六相邻，初六的有利因素远大于不利因素，因而无咎。

《象》曰："刚柔之际，义无咎也。"

【译文】小象说，刚柔交替之际，理当没有灾祸。

有种说法是，因为初六阴爻居阳位，所以两者刚柔相济。我认为这是悖论，是对小象的曲解。本来第一爻是阳爻位，现在阴爻居阳位，显然属于力量过于柔弱，虽然不是很大问题，但决不是优点，说它刚柔相济难以自圆其说。

那么小象的刚柔之际到底指什么呢？我们知道，"际"指的是前后交替、相互承接的一段时间，时间上的先后、一前一后是它的特征，反映在爻位上应当是前爻与后爻的关系。因此，刚柔之际，实际上是指初六向九二过渡的时机，初六为柔，九二为刚，按次序应称柔刚之际，但是语言习惯称刚柔，而不称柔刚。义，一是解释为，按照事物内在逻辑和发展规律，理当如此；二是解释为，义是符合社会道德要求的思想和主张、合乎正义的事情和行为。在我国古代，仁与义是相辅相成的，仁为阴性，义为阳性；仁是柔性，义是刚性；仁是情感，义是原则。小象强调了化解险难中仁与义的结合。例如，抢险救灾是需要能力的，而初六力量偏弱不堪重任，只能配合施救者开展救援工作，做到阴阳协调、刚柔并济，这样就能做到无咎。无咎应当成为化解险难的目标追求。

"九二，田获三狐，得黄矢，贞吉。"

【译文】"九二，田猎捕获几只狐狸，得黄色箭头，坚守正道，吉祥。"

九二阳爻居阴位，不当位，在通常情况下是不利因素。事有经也有权，有例行必有例外，阴阳是变化的，当与不当也是相对的，一切都应具体情况具体分析。抢险救灾是一种非正常状态，此时不应论资排辈、按部就班，不应过于讲究形式和程序，而应该有钱出钱，有力出力，能者上庸者下，聚焦于化解险难目标共同努力。九二为下卦中爻，表明能够坚守中正之道，道德品质良好，在发生险难、初六力量不足的特殊背景下，九二力量过于刚强反而成为最有利的因素，关键时刻九二挺身而出，体现了巾帼不让须眉的风范，成为救灾的主要力量，这种非常时期的非常举动是值得敬佩和推崇的。

田是田猎、狩猎，既是获取猎物方式，又是看家护院、保家卫国提高骑射能力的演练方式。三，泛指，非实指，表示多只。狐狸不是一般猎物，象征狡猾、

奸诈、害人，除掉狐狸就是为民除害。黄矢的矢是箭，通常由金属制成，并且箭
是坚硬笔直的，象征正直正义。黄，黄色，是土地的颜色，也是国人皮肤的颜
色，还是帝王之色，黄在颜色中协调性最强，与其他颜色都能搭配协调，在我国
古代黄色有特殊意义，是高贵、吉祥、皇权的象征。黄矢既可理解为黄铜制的
箭，也可以理解为六五君王以黄矢作为奖品对九二抢险救灾的功绩进行表彰。
我国自夏朝开始就已经生产铜制器具了，铜箭在古代并不鲜见。九二与六五有
正应，能得到来自六五君王的关照和支持，两者能够配合协调。

　　"田获三狐"取象坤卦、坎卦。参见本文前面"卦象寓义"（田野猎狐之
象）、"关联卦画"（解卦是由临卦演变而来、解卦也可由小过卦演变而来）。由
未济卦可推理出，坎为狐狸。三狐来自三个坎卦，一是小过卦为大坎卦，变为
解卦后下卦为坎，上交互卦为坎，共有三个坎卦，代表多只狐狸。若九二发生爻
变，则下卦变为坤卦，坤为数量众多，泛指多只狐狸。

　　"黄矢"取象爻位、坤卦、兑卦、坎和离卦。九二居中爻，对应五色中和之
色黄色。九二爻变得坤卦，土为黄色。作为解卦前身的临卦、小过卦，临卦下卦为
兑，小过卦上交互卦为兑卦，兑为金，代表五金、金属类物质，包括箭头。"矢"还
取意于坎、离所表示的弓轮、戈兵组合，这是弓箭的象征。

　　《象》曰："九二，贞吉，得中道也。"
　　【译文】小象说，九二，坚守正道吉祥，因为其处于中正之道上。

　　"六三，负且乘，致寇至，贞吝。"
　　【译文】"六三，背负重物，乘着马车，自招盗贼到来，坚守正道，防止小灾。"

　　六三阴爻居阳位，不当位，力量过于羸弱。负且乘，负是背负或肩扛重物，
是体力劳动。乘是乘马车或牛车，是有身份有地位者的交通工具。负与乘是指
这个人行为举止不协调不适当，按常理负与乘不应该在一个人身上同时出现，但
却在这个人身上发生了，这是反常行为。爻辞以此来隐喻以不正当手段窃取高位
的小人，看起来像个君子，实际上是个小人，这类人人格是分裂的，行为是自相
矛盾的，这样的人被盗贼盯上不足为奇。就像一些贪官家里被盗不敢报案一样，
因为钱财来路不正，小偷正是摸准了贪官的这个命门，颇有些黑吃黑的味道。

该爻告诉人们，危难时期不要去做小人，不能发不义之财和国难之财，否则被盗贼抢也是自己招来的，完全咎由自取。六三与上六没有正应，得不到来自大佬的关照，两者不能相互配合协调。本爻刻画了一个抢险救灾中的小人形象，品德不中不正，行为怪异，想趁火打劫，结果反而偷鸡不成蚀把米。

《象》曰："负且乘，亦可丑也。自我致戎，又谁咎也？"

【译文】小象说，背负重物，乘着马车，行为让人鄙视。自行招来强盗，又能归咎谁呢？

《系辞上传》写道：子曰："作易者，其知盗乎！"易曰："负且乘，致寇至。"负也者，小人之事也；乘也者，君子之器也。小人而乘君子之器，盗思夺之矣；上慢下暴，盗思伐之矣。慢藏诲盗，冶容诲淫。易曰："负且乘，致寇至。"盗之招也。

这段话大意是：孔子说，写易经的人是多么了解盗寇啊！易经说，背负重物，乘着马车，自招盗寇到来。负重是小人行为，马车是君子的交通工具。小人乘着君子的交通工具，盗寇就想着劫夺小人的钱财。小人对上傲慢、对下残暴，盗寇就想着捞他一票。钱财收藏怠慢保管不当，这等于教诲盗寇来偷；女子将脸蛋打扮得很妖艳，这等于教诲坏人淫乱。易经说，背负重物，乘着马车，自招盗寇到来。这是招盗寇的行为方式。

"九四，解而拇，朋至斯孚。"

【译文】"九四，帮你解开被绑的脚拇趾，这是同道者真诚解救的结果。"

"解而拇"，应是"解尔拇"。解是动词，拇是名词，"而"通常用来连接两个动词，故此处"而"通"尔"。拇，手和脚的大指或大趾。斯，代词，这，这个等。孚，诚信。"解而拇"，是解放受险难人的手脚，使他不再受到束缚，可以放开手脚自由行动。这是一种类比写法，表明当事人被解救脱险。"朋"是指与九四有正应的初六和主要施救者九二。

"解而拇"取象于初六爻位、震卦和坎卦。九四与初六有正应，初六是九四的解救对象，初六在人体中代表脚足部分。初六在坎卦中，坎，陷也，相当于脚镣把脚铐住了。九四在震卦上，震为足，同时九四也在上交互卦坎卦上，这双脚原先也是被脚镣铐住的。九四作为施救主体之一把受困者铐着的脚解开了。

"朋至斯孚"取象于临卦。前一卦蹇卦有"九五，大蹇，朋来"的表述，而解卦有"朋至斯孚"的表述。这说明综卦之间关联紧密，并印证了本人提出的"蹇卦由观卦演变而来"、"解卦由临卦演变而来"的观点。蹇卦的"朋"是"来"，基点是九五，如果九三回到上六，即从蹇卦回复到观卦状态，对九五而言，九三从下面到上面是"来"。解卦的"朋"是"至"，而不是"来"，基点是九二，临卦的初九从九二旁边到上面九四，称"至"最为恰当。朋为同道之人，多指同性，在临卦中，初九、九二为"朋"，临卦代表农历十二月，其趋势是泰卦正月，因此有共同的奋斗目标，可谓志同道合。变成解卦后，九二、六三、九四构成下交互卦离，离为火，为明，为心，内心光明即为诚信。

《象》曰："解而拇，未当位也。"
【译文】小象说，帮你解开被绑的脚拇趾，这是与职位不相匹配的行为。

九四与九二一样，这两个施救主体都不当位。但在非常时期，不当位反而是好事，扶危解难，义不容辞，当仁不让，精神可嘉。

"六五，君子维有解，吉。有孚于小人。"
【译文】"六五，君子险难被解，吉祥。对于小人也讲诚信。"

维，通"唯"，只、仅的意思，或作助词，无实义。六五阴爻居阳位，不当位，力量偏弱，不能认为所有阴爻都是小人，六五居君王之位，是上卦的中爻，也是全卦的核心位置，表明能够坚守中正之道，只是能力偏弱，属于受困于险难的人，是九二的施救对象。爻辞写明"君子维有解"，强调了其君子身份。六五与九二有正应，能够得到施救主体九二的施救和帮助，作为君王的六五也积极配合九二的施救行为，在上下共同努力、协调配合下，终于化解了险难。君王对小人采取怀柔宽容政策，以实际行动取信于小人，使得小人退却，不再与君子为敌，不再为害百姓。

常言道，人生三不斗：不与君子斗，不与天地斗，不与小人斗。君子是理想人格的化身，与君子斗是自取其辱；天地运行是自然规律，与天地斗必然受到大自然的惩罚；而小人呢，不讲道德原则，什么卑劣招数都能使，因此不要轻易招惹小人。"有孚于小人"的意思是，待小人要宽，但防小人要严。宽容决不是纵容，必要时也要狠狠教训小人，让他记忆深刻。孔子说，君子喻于义，小人喻于利。如果给小人一点小利能使他安分下来，也不失为一种好办法。关于对小人是否要讲诚信问题，有人认为应当以牙还牙，对不诚信之人不用讲诚信，这话有些道理，也是对付小人的有效方法。但要谨慎使用，不宜多用，因为这不利于矛盾的彻底解决，而且以小人之法对付小人，很可能让自己也变成了小人。因此，此爻提示我们，对待小人也要讲诚信，当然要采取灵活机动的方式方法。

　　"有解"取象震卦、坎卦。前面讲到解卦有"以动解难之象"，六五位于震卦中爻，处于行动之中。同时，六五位于两个坎卦的最上爻，标志着基本度过蹇难，已尽尾声。

　　《象》曰："君子有解，小人退也。"
　　【译文】小象说，君子险难得到化解，小人退去。

　　由于君子对小人讲诚信，令小人心服口服而退。如能从此弃恶从善、改邪归正、悔过自新，这也是对小人险难的人生大解。

　　"上六，公用射隼于高墉之上，获之，无不利。"
　　【译文】"上六，王公在高大城墙上射击鹞鹰，并将其擒获，没有什么不适宜。"

　　公，古时对有身份、有地位之老者、长者的尊称，此处指诸侯。隼（sun3），猛禽、鹰类，俗称鹞子，一种恶鸟，是邪恶奸佞之徒的象征，与狐狸的寓意有相似之处，在解卦是指与六三品行相似而窃取高位的小人。墉，是城墙。

　　在解卦中只有上六阴爻居阴位，是当位的，表明其行为举止适当。为什么六个爻中五个爻不当位还能完成解难的使命？这是因为非常时期必须采取非常手段，只要有利于解难目标的实现，理应打破常规，义不容辞，当仁不让，力挽狂澜。上六之所以中规中矩，一是因为上六处于末尾，此时解救使命基本完成，应当回复常态；二是物极必反，前五爻反其道而行，到末爻正好返回到了正道。上六是退位的君王，其作用发挥如何取决于君王的态度，君王不信任他，他便成为摆设；君王信任他，他便可发挥重要作用。在解卦中，上六成为辅佐六五君王的重要力量。上六与六三没有正应，说明上六与六三没有勾连，六三是小人的象征，因此这也是王公能够配合君王射隼除害的重要原因。

《系辞下传》说，易曰："公用射隼于高墉之上，获之无不利。"子曰："隼者，禽也；弓矢者，器也；射之者，人也；君子藏器于身，待机而动，何不利之有？动而不括，是以出而有获，语成器而动者也。"

这段话的大意是：易经说，王公在高大城墙上射鹖鹰，并将其擒获，没有什么不适宜。孔子说，隼就是鸟禽，弓箭是器械，射鸟的是人。君子随身携带器械，等待时机而采取行动，哪有什么不适宜的？行动而不拘泥，所以出手就有收获，这说的是成就器械功能而付诸行动的人。

括，结扎、捆束的意思，引申为拘泥、拘束。不括，就是不要受条条框框、陈规陋习束缚。孔子所倡导的是，君子要有效利用器物资源，选准适当时机，见机行事。"用射"，就是待时而射。孔子说，时也，命也，能否抓住时机对一个人至关重要，时间一变什么都变了，所以若要取得成功，就要明白时不再来、机不可失，适时而为，果断而行。

"公"取象于震卦。上卦为震，震为诸侯，诸侯分公、侯、伯、子、男五等爵位，因此习惯上对诸侯统称为公。

"射"取象于坎卦、离卦。下卦、上交互卦皆为坎，坎为弓轮；下交互卦为离，离为戈兵。

"隼"取象于离卦和小过卦。一是若上六发生爻变，则上卦变为离；下交互卦也为离，离为鸟；二是解卦由小过卦演变而来，小过卦卦形为展翅飞翔的小鸟。

"高墉"取象于巽卦和艮卦。因为解卦是由小过卦演变而来，小过卦下卦为艮，艮为山，为门阙，为阍寺（掌握门禁者住所），与"墉"的意思吻合。小过卦的下交互卦为巽卦，巽为绳直，为高。

《象》曰："公用射隼，以解悖也。"

【译文】小象说，王公在高大城墙上射鹯鹰，旨在化解悖逆祸端。

　　悖，是违背、违反、相抵触，悖逆，背叛、叛逆，此处指违反正道、犯上作乱、大逆不道的乱象。这种悖逆乱象是像恶鸟一样的奸佞小人造成的，因而射杀恶鸟，相当于清君侧的行为，可视为君王险难化解后，对奸佞小人进行进一步清理行动。

第四十一卦 损卦的损益之道

【损卦】

【白话经文】

损卦，秉持诚信最为吉祥，没有灾祸。可凭此保持正固，适宜有所前往。要用多少祭品？只需两盆用于祭祀。

初九，寒难缓解之后要迅速往前行动，没有灾祸。酌情减损。

九二，适宜坚守正道，主动前往有凶险。不用减损也能裨益对方。

六三，三人同行，则减损一人；一人独行，则能获得伙伴。

六四，减少自身毛病，使迅速前来施益者感到喜悦，没有灾祸。

六五，有人赠送贵重之龟，不能拒绝，最为吉祥。

上九，不用减损自己也能裨益他人，没有灾祸。坚守正道吉祥，适宜有所前往，得到臣属舍弃小家。

【经文原文】

损，有孚，元吉，无咎。可贞，利有攸往。曷之用？二簋可用享。

初九，已事遄往，无咎。酌损之。

九二，利贞，征凶。弗损，益之。

六三，三人行，则损一人；一人行，则得其友。

六四，损其疾，使遄有喜，无咎。

六五, 或益之十朋之龟, 弗克违, 元吉。

上九, 弗损, 益之, 无咎。贞吉, 利有攸往, 得臣无家。

【解读序言】

损卦列周易第四十一卦, 因上卦为山、下卦为泽, 称其为山泽损。《卦序传》说: "缓必有所失, 故受之以损。"缓, 缓解的意思, 指损卦的前一卦解卦。解卦反映了在别人帮助下解决了蹇难。"缓必有所失", 一是指缓解蹇难是需要付出成本的, 即所谓破财消灾。有得必有失, 有失才有得; 舍得舍得, 以舍求得; 欲得先舍, 先舍后得; 接受别人帮助是需要回馈报答的, 要知恩图报, 受人滴水之恩, 当以涌泉相报。二是指缓解以后容易麻痹松懈, 放松警惕, 极易因此造成损失。所以, 解卦之后安排损卦, 反映了事物发展的客观规律性。

举个反面例子, 周幽王宠信褒姒, 申王后遭冷落带着太子回申国娘家, 申侯对周幽王大为不满上书要求废弃褒姒以防贪色误国。周幽王大怒欲讨伐申国。申国面临灭顶之灾进入"蹇"卦的蹇难模式。为了度过难关, 申侯联合西部犬戎部落开出丰厚条件, 乞求他们出兵相救。结果西戎乘机入侵直接导致西周终结, 申侯的蹇难终于解除, 进入了"解"卦的缓解模式。但是缓解蹇难是需要成本的, 虽然危机缓解了, 但请神容易送神难, 犬戎将士一看大周朝廷如此富丽堂皇, 住下就不想走了, 并将国库洗劫一空, 申侯虽然缓解了危机, 却为此遭受了重大损失, 于是进入了"损"卦模式。由此形成了"蹇——解——损"的事态发展逻辑。儿皇帝后晋的石敬瑭为夺取政权向契丹部落借兵也如出一辙, 当上皇帝后不得不向契丹辽国称臣做干儿子, 卑躬屈膝, 鲜廉寡耻, 丧权辱国, 竟向比自己年轻的辽王称父王, 每年进贡大批金银财宝。

以上是反面的极端例子, 其缓解手段缺乏正义性, 但其事态发展过程逃不出易理规律。正面的例子俯拾即是, 中国是礼仪之邦, 饮水思源、知恩图报的行为为人们普遍接受。易经倡导以正当的方法手段缓解蹇难危机, 但需要付出必要的成本, 因此会给自己利益带来一定减损。

【卦名含义】

损,《古代汉语词典》解释, 一是减少,《老子·四十二章》: "故物或损之而益, 或益之而损。"二是伤, 损害。三是丧失。四是贬损, 谦退。五是六十四卦之一，卦形为兑下艮上。这些意思都与损卦含义相关，有关的词语有损抑、损益。损抑，谦退之意；损益，增减、改动；指利弊。因此，损可以理解为：损失、损耗、损坏、损毁、减少、减损、贬损、伤害等意思。损卦的下卦为兑卦，据《说卦传》，兑为毁折。这是由兑卦的卦画形状表达出来的意思，兑卦上爻为阴爻，代表一个事物或容器上部边缘有缺损，如同一只大碗有了个缺口，虽然可以将就着用，但已经有了损坏，已不是一只完好无损的碗。

【卦象寓义】

一、损山益泽之象。从卦象结构上看，上卦是艮山卦，下卦是兑泽卦，它所反映的就是山在泽上、山下有泽的自然景象。易经中的兑泽，多指湖泽、水库、水塘等大面积静止水域，有被群山包围的湖泽，也有被湖泽包围的山体，呈现出湖光山色的美丽景象。不难发现，凡是山被水域包围的地方，山与水之间都有一段裸露的沙石泥土地带，如果没有泽水浸泡，这一地带原本应当是有植被的，正因为受泽水的冲击侵蚀，这些植被连同浅层土壤被损耗了。这是损卦卦象给我们的直观感受。损卦上卦为艮卦，上交互卦是坤卦，下交互卦是震卦，下卦兑卦，艮、坤、震、兑的分布次序，直观描绘了大自然的地理状况，首先是高大山体（艮），其次是山脚下与泽水毗邻、相对平缓的大地（坤）区域；再次是由雷击、地震等因素导致了山体受损状貌，如塌方沙土、滚落的岩石，山因震动而损；最后是下卦泽水，部分泻落的石头和沙土进入泽水。

二、泽润山林之象。一方面山体是受损害的对象，减损的部分山体、沙石进入了湖泽，丰富了湖泽内容，为湖泽中的水生物提供了部分营养物质，这时湖泽是受益者。但是另一方面，反过来说，湖泽又是施益者，而山反而成为受益者。兑泽有泽水、恩泽、德泽、泽被万物等含义。湖泽为山上林木、花草提供了所需水分养料，水中的水生物为受损的山体岩石穿上了保护衣，比如湖边的植被，岩石中的苔藓、藻类植物等等，湖泽之水还把沙石推向岸边形成山体的护坡。

三、损益互变之象。损卦揭示了互损互益的道理。损与益是对矛盾，既相互对立，又相互联系，互为前提，相辅相成。损是阴，益是阳，按照易经阴阳变化规律，损中有益，益中有损，有损就有益，有益就有损，损益始终处于双向交互之中。例如，高档商品降价促销，一方面价格低了，单件商品利润减少了，这是损失；但另一方面，低价吸引了更多消费者，销量增加了，营利总额随之增加，还培养了消费者消费习惯，推介了商品，扩大了影响，最终商家将因损受益。削峰填谷，动态平衡，是大自然的基本规律，也是人文社会的价值取向，从短期、局部看不一定公平，但从长期、总体上看是基本公平的。所以说，老天是不公平的，但老天又是很公平的；不公平是绝对的，公平是相对的。

四、损刚益柔之象。下面将会讲到，损卦是由泰卦演变而来，泰卦是地天泰，上卦三个全为阴爻，整体上阴柔有余，阳刚不足；下卦三个全为阳爻，整体上显得阳刚有余，阴柔不足。老子说："天之道，损有余而补不足。"正好反映了泰卦演变为损卦的情形。从三个阳爻的团队中减损一个阳爻，将它增益到三个阴爻的团队，于是就形成了损卦的卦形。改变了原来泰卦纯阴、纯阳的组织结构，变成了损卦阴中有阳、阳中有阴、阴阳调和的状态，体现了易经阴阳交流、阴阳平衡的思想。

五、损己利人之象。损人利己是人们深恶痛绝的，而损己利人却颇受人们尊敬。下卦也叫内卦，代表当事人、自己或本团队；上卦为外卦，代表客观环境或工作对象。在地天泰卦中，下卦本来为乾，三个阳爻，到了损卦后，三个阳爻变成了两个阳爻，减损了一个，相当于本团队力量受到损失。在泰卦中，上卦为坤，三个阴爻，没有阳爻，到了损卦，上卦增加了一个阳爻，相当于客方团体得益。因此，损卦是克己益人的修德之卦。当别人帮助我们解决塞难之后，这笔人情债是要还的。如果忘恩负义，过河拆桥，好了伤疤忘了痛，必将陷入不仁不义的境地，由此带来的负面效应难以估量，后续的损失也将很大。

六、损下益上之象。损下益上谓之损，损上益下谓之益，其中蕴含着易作者的价值观和智慧。也许有人会问，既然是互损互益、损中有益、益中有损，为什么要称这个卦为损卦，而不是益卦或损益卦呢？从社会阶层结构来看，下卦代表社会基层百姓，上卦代表治国理政的统治阶层。一方面基层百姓处于弱势地位，上面要损他们，他们虽不情愿却无可奈何；另一方面，水能载舟，也能覆舟，损得严重了可能引起老百姓的抗争。用传统道德观来评判，损下面益上面、损多数人益少数人，总不见得是件好事。益是正面的，损是负面的，站在老百姓的立场上来评判损益，体现了易作者的民本思想。

七、适可而止之象。下卦是兑，兑为说，通"悦"，喜悦之意；五行中兑为金，代表财富。艮为止，代表停止、阻止、制止之意。传达出来的意境是，追求娱悦、财富应当适可而止，防止过分贪婪。在静止的同时，山又是崇高伟岸巨大的，由此给人启示,一是无论是损害、还是剥蚀,通常情况下都只是山体的少部分,不太可能是全部;二是要做到量入为出,量力而为,损益有度,适可而止。比如,政府税收收自百姓,形式上与损下益上的卦意相符,只要税率适当,使用规范,监管到位,来之于民用之于民,是合理的。但必须做到适当,没有税收,国家机构无法运作;收税过高,企业、百姓负担过重,可能导致社会不公平、不和谐、不稳定。损卦旨在警示社会管理者、主导方、强势方要统筹兼顾,减损有度,适可而止。此外,损下益上还必须坚守道德法律底线,要坚守正道,不能以财物利诱讨人欢心,不能为达到目的不择手段,更不能行贿受贿或设下陷阱图谋不轨。

八、少女少男之象。在易经大家庭中,艮为少男,兑为少女。在损卦情境中,下卦为兑卦,说明少女居于内卦、主卦,处于主体、主导地位;上卦为艮卦,说明少男居于外卦、客卦,处于客体、被支配地位。男追女隔重山,女追男隔层纱,轻而易举得到的爱情是不会长久的,因此少女主动追求少男,不是易经所倡导的求婚行为,如果一定要这么做,恐怕有损害之虞。此外,卦辞"二簋可用享"表明,男女恋爱真诚最重要,礼物适可而止,一毛不拔当然不好,但决不是越奢华越好。

九、阳土生金之象。在八卦与五行关系中,艮卦和坤卦对应土。艮卦为阳卦,为阳土;坤卦为阴卦,为阴土。乾卦和兑卦对应金,乾卦为阳卦,为阳金;兑卦为阴卦,为阴金。在损卦中,上卦为艮卦,属阳土;下卦为兑卦,属阴金。两者构成阳土生阴金的五行相生关系。阳土生阳金、阴土生阴金是正常状态,阴土生阳金是困难状态,阳土生阴金是容易状态,损卦即是容易状态。如果将损卦看成一个单位与外部的关系,那么情势对单位非常有利,对方是施益方且有实力,单位是受益方而且容易满足。

【关联卦画】
损卦由泰卦演变而来。泰卦上卦为地,三个阴爻;下卦为天,三个阳爻。只要把泰卦的九三与上六互换位置,泰卦就变成损卦了。这就是"变卦"的含义,一个卦中只要某一爻发生了变化,整个卦就变成另外一个卦了,正可谓牵一发而动全身。此情源于易经作者对客观规律的观察和总结,某项条件因素发生了改变,就有可能导致整个事态发生质的变化,其结果也就大相径庭了。运用这一易理和规律, 就能帮助我们变被动为主动, 变不利为有利, 变劣势为优势, 从而实现转危为安、化险为夷。

有种观点认为, 初九变成上九, 其他五爻依次下沉一级。本人认为, 从初九、六三的爻辞来看, 还是以九三与上六对调更加合理而且简洁。理由是: 九三与上六本身有正应, 两者心灵相通, 对调位置符合情理; 而初九与上六落差甚大, 且无爻位上的对应关系, 由平民一下变成大佬不符常理; 再则, 事物发展是向前发展、向上迈进的, 如果五个爻一并下沉一级, 那就是倒退了, 不符合事物发展逻辑。

泰卦变成损卦后, 泰卦中的下卦乾卦损失了一个阳爻, 而上卦坤卦却增加了一个阳爻。这说明, 泰卦的安泰局面也是不够稳定的, 三个男人相处一起能做到相安无事并不容易, 也不稳定, 只要走掉一个男人就显出损卦之象。它启示我们, 要居安思危, 格外珍惜来之不易的安泰局面, 尽量做到持盈保泰。

损益卦与泰否卦关联密切, 不仅表现在卦画相似, 不难看出其演变过程, 而且损益、泰否两对卦在排序上也呈现出关联性。泰否位列第十一、十二, 而损益卦位列第四十一、四十二, 正好是下经的第十一、十二。也就是说泰否、损益分别位列上下经的第十一、十二, 这不是巧合, 而是易作者的匠心独运。

九三与上六对换具有特殊寓意。泰卦下卦有三个阳爻, 上卦有三个阴爻, 那么为何不是初九与六四交换, 也不是九二与六五交换, 而偏偏是九三与上六交换? 这里蕴含着易作者的深层涵义, 那就是要让损卦形成 "阳包阴" 的结构, 用初九、九二与上卦的阴爻交换均达不到阳包阴的结果。从损卦卦画上看, 初九、上九均为阳爻, 整个卦被阳爻所包围。阳代表理智, 阴代表感情; 阳代表义, 阴代表仁。阳包阴结构就是提示人们, 要用理智控制情感, 要用义规范仁。

损卦的综卦是益卦。周易大多数情况下是相综排序的, 两个综卦前后紧挨着排列。损卦位列第四十一, 益卦位列第四十二。把损卦的卦画颠倒后就得到益卦, 将益卦卦画颠倒后就得损卦。卦画颠倒, 只是相当于人们观卦的角度调了180度, 卦画内部结构并没有动, 但卦已经不是原来的卦了。这说明事物具有多面性, 观察角度不同, 得到结果也不同。启示人们: 其一, 损益是会转化的, 甲看是损, 乙看是益, 或者相反。对于同一主体损益也在不断变化, 失之东隅, 收之桑榆, 现在的损, 很可能成为将来的益。因此, 损益是相互对立、相互依存的一对矛盾, 同时存在, 不可分割。或因损而益, 或因益而损, 损益在一定条件下相互转化。

损卦的交互卦是复卦。如果将损卦的初九、上九去掉，用剩下的中间四爻重新组成一个卦，上三爻为上卦，下三爻为下卦，其中中间两爻为上下卦分别拥有。这个新组成的卦便是损卦的交互卦复卦。复卦讲的是剥蚀干净后的复兴。复卦上卦为地，下卦为雷，称其为地雷复，只有初九一个阳爻，代表君子回归，事物复兴。从十二辟卦角度而言，坤卦为农历十月，阴气到了最盛时期，到农历十一月阳气开始回复。复卦是作为交互卦蕴含在损卦之中，这表明损卦内部是含有自我修复机制的，受到损害后能够自我修复。人体是这样，动植物也是这样，大自然是这样，人文社会也是这样，从中可以看出易经的伟大和智慧，也可见易经的科学性和实践性。

损卦的错卦是咸卦。如果将损卦的各爻阴阳相反，得到卦是其错卦咸卦，错卦反映在哲学上，就是善于换位思考，从对方或反面的立场看问题，这种思维对于把事情做对是非常有用的。咸卦上卦为泽，下卦为山，称其为泽山咸，而损卦是山泽损。咸卦与损卦不仅每爻相反，而且上下主体正好对调。反映在生活中就是两种相反的情形，一个是少男追少女，另一个是少女追少男，情况完全不同，结果当然有天壤之别。咸为无心之感，不是刻意去爱的感情最为自然、最为真诚，这是易经所倡导的恋爱方式。而结婚以后情况就不同了，表现在恒卦上，雷风恒，恒为恒常、经常之意，也就是常态，就是长女要主动关心好长男，因为长男在外面奋斗很辛苦，只有这样家庭才能幸福、稳定、久长。由此表明，在咸卦，由少男追求少女是符合人文社会客观规律的正常行为；而在损卦，若由少女主动追示少男，少女自身恐怕是要遭受损失的。

损卦与习坎卦有关联。损卦卦辞有"曷之用? 二簋可用享"的表述。习坎卦有"樽酒簋贰"的表述。二簋、簋贰意思基本相同。周易的卦爻辞为观象所得，卦爻辞的相同来源于卦画或卦象的相似。其一，簋为圆形的竹木容器，由主体与盖子组成。下交互卦震卦为木，代表簋的主体；上交互卦为艮卦，簋字中间含有艮部，并且艮为反震，震为木，代表盖子，反震代表盖子朝下盖住食物。其二，从卦画上看，习坎卦九二、六三、六四、九四构成容器的形状，损卦九二、六三、六四、六五、上九构成容器的形状，卦画的形状与簋的形状非常吻事。其三，用享，是祭祀，意即用食物供奉鬼神。享用饮食的意境来自小颐卦。损卦的九二至上九构成小颐卦，比第二十七卦颐卦仅仅少一个阴爻，嘴巴张得稍小一点，因此

祭品不是非常丰盛,只用二簋,简单菜肴酒食,此处更看重内心的诚信,内容比
形式更重要。

【卦辞象辞】

〖卦辞〗

"损,有孚,元吉,无咎。可贞,利有攸往。曷之用? 二簋可用享。"

【译文】"损卦,秉持诚信最为吉祥,没有灾祸。可凭此保持正固,适宜有所前
往。要用多少祭品? 只需两盆用于祭祀。"

有孚,诚信,"有"是助词,无实际意义。元,开头、开始、初始。元吉,吉祥
类别中最高等级,卦辞中出现元吉的只有两个卦,另一个是鼎卦。无咎,咎是过
错、过失、罪过、怪罪。无咎,没有过错、没有罪过,引申为没有灾祸。易经中的
吉凶分九个等级,分别是吉、亨、利、无咎、悔、吝、厉、咎、凶。如果再细分,吉可
分为元吉、大吉、吉三个等级。无咎的意思是,本来是存在风险的,可能有咎,由
于谨慎小心、诚实守信、处理得当,有效地避免了差错,最终也就避免了灾祸。
贞,即正,正当动机,正当利益,正当手段,坚守正道。有攸往,即有所往。曷,
(he2),通"何",曷之用,就是用什么。簋,(gui3),古代盛食物的器皿,多为
圆形,有双耳作为抓手,从竹字头看最早应为竹木制品,后以金属居多。享是祭
祀,祭祀按照隆重程度分为八簋、四簋、二簋。用二簋来祭祀是最节俭的规格,
说明古人是倡导节俭、反对铺张浪费的。另外,周礼规定,朝廷任命的知识分子
元士举行祭祀活动时采用二簋规格。

祭祀强调的是心诚,因此卦辞中有"有孚"表述。应当重内容轻形式、重精
神轻物质、重诚意轻祭品。当然必要的仪式是不能省的,不能偷工减料、草率敷
衍。基本祭品也是必不可少的,不然无以表达对祖先鬼神的诚意和情感。乍一
看,"曷之用? 二簋可用享。"与前面内容不太连贯,突然间讲到祭祀问题,思维
有些跳跃。其实前后是有关联的,意思是说祭祀时是损下益上,损了自己,益了
先祖鬼神,但这种损益应当保持必要限度,并不是越多越好、越奢华越好。

卦辞用来说明卦名,阐明全卦的主题思想,一是强调做人要讲求诚信;二
是做人做事要坚守正道,出于正当动机,秉持公平正义;三是要积极进取,主动
采取行动,发挥主观能动作用;四是祭祀重在心意和态度,而不在于祭品的奢

华，由此引出损己要量力而行，切不可倾其所有；受益要适可而止，切不可趁机敛财。

【彖辞】

《彖》曰："损，损下益上，其道上行。损而有孚，元吉，无咎，可贞。利有攸往，曷之用？二簋可用享。二簋应有时，损刚益柔有时。损益盈虚，与时偕行。"

【译文】彖辞说："损卦讲的是损下益上，采用向上行进的道路。实施和应对减损行为时秉持诚信最为吉祥，没有灾祸，可凭此保持正固。宜适有所前往。要用多少祭品？只需二盆用于祭祀。用二盆祭祀应当选择适当时机，减损阳刚增益阴柔时机也要适当。减损或者增益、充盈或者空虚，要与时代同行。"

《彖传》是易传中解释卦辞所作的传，共有上下两册。彖（tuan4），彖字下半部是猪，上半部是两片半包围的猪嘴，它是个会意字，由野猪牙齿锋利能咬断硬物，引申出判断、论断、铁口直断等意思。此外，彖字古音与"断"基本同音，因为古代没有清辅音、浊辅音之分。其道上行，指的是减损的运行路径是自下而上，损下面益上面。如税收，并不是说损就一定是坏事、就一定没有道理，损有损道，有其合理的因素。后面三句用了三个"时"，说明易经是相当重视和讲究时机的，时间变了，一切都变了。因此，孔子会发出"时也，命也"的感叹。两个能力素质相同的人，一个人成功了，一个人没有成功，很可能在时机的不同上，从某种程度上讲，时机决定命运，生不逢时，或者老天没有给人成功的机会，或者碰到机会没有抓住，都是很难成功。比如，孔子想一心从政，但是没有遇上好时代，也许他的天职就是做圣人，而没有当政的命。此处易经强调，把握损卦之道，时机非常重要，该损时雷厉风行，成效就能立竿见影；不该损时，坚决不损，避免不必要的损失。该不该损的标准就是与时偕行，视情势而定，见机行事，具体情况具体分析，没有一成不变的答案。习大大曾在讲话中引用了彖辞"损益盈虚，与时偕行"的内容。

"二簋可用享"取象于震卦、反震卦与小颐卦。参见本文前面"关联卦画——损卦与习坎卦有关联"部分。

【大象之辞】

《象》曰："山下有泽，损，君子以惩忿窒欲。"

【译文】大象说："山下面有湖泽，这是损卦反映的自然景象。君子受此启示，应当克制愤怒情绪，遏止过多欲望。"

惩忿窒欲，《古代汉语词典》解释，克制愤怒，遏止情欲。本人认为，欲不光指情欲，还包括其他过多过强过分的不正当欲望。泽水淘空山脚，如不加节制，会造成山体崩塌，最后泽水也将成为受害者。易经倡导君子应当以自然为借鉴，不能放纵激愤情绪而一意孤行，不能意气用事而不计后果，不能由着性子而我行我素，并且要制节欲望，不能让欲望无限膨胀，以至于贪婪成性，为所欲为，害人害己。正如《四十二章经》所言："欲念之人，犹如执炬，逆风而行，必有烧手之患。"与其不择手段地去追求物质满足欲望，倒不如降低欲望更为明智。《老子》说："为学日益，为道日损。"意思是，人通过学习增益了知识，开阔了眼界，但同时也增加了欲望，这是为学带来的副作用；只有按照道的精神去修行自己的品德，才能慢慢减损自己的欲望，这也是大道至简的主旨。当然易经并不排斥正常的欲望，它所倡导的是适可而止，不走极端。

【爻辞小象】

"初九，已事遄往，无咎。酌损之。"

【译文】"初九，蹇难缓解之后要迅速往前行动，没有灾祸。酌情减损。"

已事，已经完成的事情，已经解决的问题，指通过解卦环节蹇难危机已经得到缓解。有观点认为，已事为祭祀，初九为元士之位，元士祭祀的规格为二簋，有些道理，可作为参考；还有观点认为，已事是停止正在做的事，理解为当别人需要帮助时，马上放下手中的活前往帮忙，可作为一家之言。遄（chuan2），迅速，快速，遄往就是迅速前往，往前继续进行，不要停滞不前，该干什么干什么，该感谢帮忙的人就赶快去感谢，该支付的费用就赶快去支付，已经承诺的条件赶快去兑现。初九阳爻居阳位，当位，表明初九行为举止适当。初九与六四有正应，能够相互配合协调。酌损之，酌是斟酌、统盘考虑，就是减损要适度，不能不顾自身条件勉为其难，不能超越自己的能力。

"遄往"取象于坎卦。若初九发生爻变，那么下卦变为坎卦。据《说卦传》，坎，其于马也，为亟心，为下首，为薄蹄，为曳；其于舆也，为多眚，为通。亟心是心性急躁的马，下首是习惯低头的马。可见，坎卦可视为小型马车，与快速前往意境吻合。初九"遄往"与六四"使遄有喜"相呼应，有关联。

"酌损之"取象于乾卦演变为兑卦。泰卦演变为损卦，泰卦下卦乾卦为三个阳爻，损卦下卦兑卦为两个阳爻，减少一个阳爻，相当于派出一个外援，三分之二仍留在本部，这是斟酌再三的理性行为，而不是一时感情冲动，没有把阳爻都派出去增益别人。本身卦名为损卦。损卦的下卦为兑卦，兑为毁折，就是损毁、损坏、损失之意。好在程度不算严重，就像一只碗有个缺口，虽影响美观，但还能用，缺损不多，这与"酌损之"意境吻合。

《象》曰："已事遄往，尚合志也。"

【译文】小象说，褰难之事缓解后迅速往前行动，这是崇尚合乎上下心意的表现。

由于初九与六四有正应，心灵相通，你情我愿，这个"志"是双方共同的默契和心愿。

"九二，利贞，征凶。弗损，益之。"

【译文】"九二，适宜坚守正道，主动前往有凶险。不用减损也能裨益对方。"

征，出征，引申为主动行动或往前行进。弗，不，弗损，不用损。此爻观点是损下益上或损己益人不要过于主动。初九讲要迅速前往，九二讲不要太主动，这正是易经的奥妙之处，一阴一阳之谓道，阴中有阳，阳中有阴，该阴时阴，该阳时阳，即所谓法无定法，因人而异；理有常理，顺其自然。迅速前往与不要太主动是一体两面，只有视情而定、因地制宜、顺势而为才是正确的选择。九二代表基层干部，居于中正位置，表明能够坚守中道、主持公平正义。九二阳爻居阴位，不当位，表明行为过于刚健主动，容易头脑发热犯错，因此爻辞提醒"征凶"。九二应认清职责定位，做自己适合做的事，而不应该感情用事，越俎代庖，否则有可能好心办坏事、帮忙反添乱。有时当事人不需要减损什么，对方也能得到益处，而当有人刻意牺牲自己时，对方未必能真正受益，这是在处理损益关系时值得注意的。九二与六五相应，两者能够相互配合协调。

"征""弗"取象于震卦和艮卦。其一，损卦的下交互卦为震卦，据《说卦传》，震为大涂；其于马也，为善鸣，为馵（zhu4）足，为作足，为的（di4）颡。涂，通"途"，大涂即大路；馵（zhu4）足即左后蹄为白色的马；作足就是马脚在不停活动的马。马在大道上奔跑，与"征"的意境吻合。其二，损卦的上卦为艮卦，艮有静止、停止、阻止、制止等意思，与"弗"的意境吻合。

《象》曰："九二利贞，中以为志也。"

【译文】小象说，九二适宜坚守正道，以中正、适当作为自己的行动指南。

"六三，三人行，则损一人；一人行，则得其友。"

【译文】"六三，三人同行，则减损一人；一人独行，则能获得伙伴。"

前面已经讲过，损卦是从泰卦演变而来的。三人行，指泰卦下卦三个阳爻。损一人，是指泰卦变成损卦后，下卦由乾卦变成兑卦，三个阳爻变成了两个阳爻。一人行，指九三独自行走到上九位置。得其友，是指上九得到三个异性朋友。在泰卦下卦中，九三受到其他两个阳爻排挤，而来到上九后，不仅消除了干扰，而且还能得到三个阴爻的配合协助，一是上九与六三有正应，相互心心相印，能够配合支持；二是上九与六五阳乘阴承，也能和睦相处。从现实生活实践来看，两人为朋，关系比较简单，比较容易相处；三人为众，关系变得错综复杂。在物理上三角关系比较稳定，而在人际关系上三角关系却相当脆弱。易经主张有例行必有例外，物理规律不一定适用人伦规律，人伦规律不一定适用物理规律。六三阴爻居阳位，不当位，其行为能力偏弱，好在与上九有正应，一定程度上弥补了这一缺陷。

"三人行"取象于乾卦。损卦是由泰卦演变而来的，泰卦下卦为乾卦，三个阳爻相当于三个男人或君子结伴而行。在此卦情境中，同性为朋，异性为友。

《象》曰："一人行，三则疑也。"

【译文】小象说，一人行有益，三人行容易互相猜疑。

如果相互不信任，做任何事情都不会顺利。家不和事不兴，团队不和做事必败。这一原理告诉我们，人际关系最难处理，不是十分必要，就不要把关系搞得过于复杂，否则不是增强合力，反而可能是增加内耗。一旦发觉团体内部关系复杂成为事业发展障碍时，就要按三人行则损一人的原则作出适当调整，把复杂问题简单化，尽可能减少人际关系协调成本。之所以一人行则得其友，一是因为形单影只，心理孤独，有寻找伙伴的心理需要；二是势单力薄，独木难支，个人的力量很难完成一项宏大复杂的事业，需要同伴的支持配合才能成事，这是客观需要，这是简单问题复杂化，个体行为变成两人合作行为，彼此商量着做，既克服了单人的弱点，又没有多人猜疑的弊病，因此双边合作关系通常比较稳定持久。善用这一易理去指导生活工作实践，将会有所裨益。

《系辞下传》说："天地氤氲，万物化醇。男女构精，万物化生。《易》曰'三人行则损一人，一人行则得其友。'言致一也。"

絪缊（yin1 yun1），也写作氤氲、茵蒀、烟煴，烟气弥漫的样子，湿热之气、清浊之气、阴阳之气等处于浓郁交融的状态，天地絪缊就是指天地产生前夕所呈现的混沌状态，也就是太极状态。"易有太极，是生两仪，两仪生四象，四象生八卦，八卦定吉凶，吉凶生大业。""天地絪缊"与这六句话中的"易有太极"意境吻合，与老子"道生一，一生二，二生三，三生万物"中的"道生一"意境吻合。

醇，据《古代汉语词典》，一是酒味浓厚；二是通"淳"，淳朴、质朴；三是通"纯"，纯一不杂、精粹。此处采用后两者的解释，适当结合前者的意韵，应当理解为万物的原始形态、原生态和纯粹质朴的始生形态。

男女，要作广义理解，既指男人女人，又指公母动物，还指雌雄植物，甚至涵盖所有阴阳两性生物。

构，通"媾"。《古代汉语词典》解释，构，繁体字为"構、搆"，一是搭架、构筑，引申为建筑、房屋；二是交结、连结；三是集结、构成；四是构思、写作；五是通"媾"等。媾，一是交互为婚，亲上加亲的婚姻；二是阴阳交合，李白《草创大还赠官迪》诗："造化合元符，交媾腾精魄。"三是讲和。四是厚待、厚爱。此处的"构"主要意思是阴阳交合，与李白诗句意境完全吻合。男女交合之"媾"是由"構"字演变而来的。中国古代有种木结构叫榫（sun3）卯结构，是指两个木构件上采用凹凸连接方式联接成整体组合件，凸出部分叫榫，凹进部分叫卯。由此引申出"媾"的男女交合含义。

精，《古代汉语词典》解释，一是精米，上等米，变精、精选；二是事物的精华；三是精灵、精怪；四是精液，《周易·系辞下》："男女构精，万物化生。"五是古代认为万物藉以繁衍生殖的精气、灵气，《老子·五十五章》："骨弱筋柔而握固，未知牝牡之合而全作，精之至也。"六是精力、精神等等。此处主要指四、五所表示的意思。

这段话翻译成白话文是：天地阴阳二气融合交流，使万物演化呈现出纯粹质朴的始生形态。男女、公母、雌雄等两性阴阳精血、精气交流融合，使万物得以繁衍生息。周易说："三个男人同行，则减少一个同伴；一个男人独行，则能得到女性伴侣。"所说的是阴阳合二为一。

"六四，损其疾，使遄有喜，无咎。"
【译文】"六四，减少自身毛病，使迅速前来施益者感到喜悦，没有灾祸。"

疾，疾病，此处指身上存在的毛病、缺点、弱点、恶习。遄，本来是形容词，此处是名词，指迅速赶来答谢或施予益处的人，因为使后面应接名词。爻辞中出现两个"遄"是有关联的，初九与六四有正应，两者能够相互配合协调，初九刚健有力，是施益者；六四力量柔弱，是受益者。六四阴爻居阴爻，当位，表明行为举止是适当的，自身力量柔弱，没有能力施益别人。这从爻位中可以得到佐证，因为六四是上卦初爻，为山脚部位，植被、土壤、沙石被泽水侵蚀淘空了，需要得到外来的帮助。此爻启示人们，当你成为受益对象时，虽然帮不上大忙，但可以改掉自身的毛病、缺点，要以感恩的心态对待施益者，使其乐意付出，这是喜的含义所在。千万不能认为自己遭灾受损接受帮助理所当然，连自己能做的事也不做了，这样就会伤害施益者的心，这样的例子在现实社会救灾中时有耳闻，应当力求避免。

"疾"取象于震卦和坎卦。损卦下交互卦为震卦，震为决躁，为内心充满焦虑急躁的疾病之象。若六四发生爻变，则上交互卦变为坎卦，坎为加忧，为心病，为耳痛。

"使遄有喜"取象坤卦和兑卦。损卦的上交互卦为坤卦，据《说卦传》，坤为子母牛，为大舆。可见，坤卦可指代牛拉的车，古代将牛拉的车为大车，虽然速度比马慢，但牛的力气比马大，可运载更多的东西，而且坤卦的卦形也像一辆大排车，可装载更多物品。大车与快速前往意境吻合。六四"使遄有喜"与初九"遄往"相呼应，有关联。下卦为兑卦，据《说卦传》，兑为泽，为说（悦），六四与兑卦毗邻，相当于人行走在湖边，喜悦之情是可以理解的。

《象》曰："损其疾，亦可喜也。"

【译文】小象说，改掉自身的毛病陋习，也是值得欣喜的。

"六五，或益之十朋之龟，弗克违，元吉。"

【译文】"六五，有人赠送贵重之龟，不能拒绝，最为吉祥。"

或，有的人。益，是动词，施益，使其受益，引申为赠送的意思。龟，乌龟，亦指龟币，泛指珍贵之物，此处指贵重物品。朋是古代的贝币单位，有一朋相当于两枚、五枚、十枚贝币之说，十朋非实指，意在强调此物的贵重。弗，不。克是能够的意思。弗克违，就是不能够违背。六五是君王之位，在国家他是君王，在单位他是一把手，在家庭他是父母，但是他现在遇到了困难，或身体出现状况，或经济发生困难，或工作开展不顺利，等等。这时其属下有实力的基层干部或子女诚心诚意地自愿帮他解决困难，作为上级或家长不必推辞，应当坦然接受这份心意和援助。此前，下属或子女长期得到你的关照和培养，现在你有难处他们愿意提供帮助，你应当给他们报答的机会，这对双方都是有利的。

在现实社会中，有些家长存在误区，辛辛苦苦把儿女养大，却不愿接受儿女的孝心善行，儿女给的钱舍不得用，生活过得很清苦，却把这些钱攒起来以各种名义还给儿女，致使自己的生活得不到改善，儿女的孝心也无以表达，看起来好像为了儿女勇于牺牲自我，显得非常悲壮崇高。实则上有孝心的子女看到父母这种生存状态，内心未必能心安理得，因此这种行为是不明智的，也是不值当的。如果因此使子女觉得父母清苦、儿女享福是理所当然的，那是助长了子女的自私，就更加不好了。

当然，值得注意的是，这种提供贵重物品的帮助，必须符合公序良俗和公平正义，与以权谋私、行贿受贿、权钱交易是有本质区别的。"弗克违"另有一种解释也是有道理的: 虽然有人送了贵重礼物给你, 但你作为君王应当以百姓利益为重, 要坚守公平正义, 对百姓一视同仁, 不要因为有人给你好处对他特别照顾, 不能放弃原则有所偏袒。此时 "弗克违" 可理解为, 不违反天下为公的原则。

六五阴爻居阳位, 不当位, 表明力量偏弱。但六五居上卦中爻, 表明能够坚守中正之道, 主持公平正义, 道德品质没有问题。六五与九二相应, 能够相互配合协调, 能够得到基层干部的支持。

"十朋之龟" 取象于坤卦、巽卦和离卦。其一, 六三、六四、六五构成坤卦, 坤为众多的意思, 指代十朋, 十朋并非实指, 而是泛指众多, 坤卦卦形相当于两串贝币。其二, 如果将坤卦看成一个大阴爻, 那么九二至上九就构成了大离卦。据《说卦传》, 离, 为鳖, 为蟹, 为龟。这些水陆产品的身体特征与离卦卦画非常相似, 是一种两头坚硬、中间柔软的骨架结构, 背壳是坚硬的, 腹底也是坚硬, 而包在中间的肉身是柔软的, 呈现出阳包阴的形态。其三, 若六五发生爻变, 那么上卦艮卦就变成了巽卦, 据《说卦传》, 巽为近利市三倍, 表明可获得丰厚收益。

《象》曰: "六五元吉, 自上祐也。"
【译文】小象说, 六五之所以元吉, 是因能得到了上天的护佑。

上, 指天, 是天体运行客观规律, 不是有意志的上帝, 不是迷信, 而是因为人们的行为符合天道规律, 因此最为吉祥。

"上九, 弗损, 益之, 无咎。贞吉, 利有攸往, 得臣无家。"
【译文】"上九, 不用减损自己也能裨益他人, 没有灾祸。坚守正道吉祥, 适宜有所前往, 得到臣属舍弃小家。"

泰卦变成损卦后, 上九是最大的得益主体, 不需要减损就能获益。以养老保险为例, 年轻时交养老金是损, 退休时享受养老金是益, 这是工薪阶层的损下益上。以家庭为例, 年轻时努力工作养育子女, 年老体弱时接受子女赡养, 这是家庭中的损下益上。因此, 损益是相辅相成的, 不要认为损就是不好, 没有损就没有益，不懂舍就无从得，没有付出就没有收获，这是自然规律，也是人伦规律。

无咎，意思是本来可能有麻烦，但由于谨慎处置避免了咎害。贞吉，贞通"正"，提示人们要坚守正道，施益、受益都要合乎情理才能吉祥，如果走偏了就不吉祥了。益之，一是接受益处，另一种是施益给他人。比如，老年人接受儿女赡养，有点小积蓄，也要懂得适当返还给孙子孙女，逢年过节给个红包、买点小礼物给孙辈们。部分钱财本来就来自于儿女的孝敬，因此自己不用减损什么，却能裨益儿孙，其结果自然是无咎和贞吉。利有攸往，适宜有所前往。损卦不应成为终极状态，还应当继续往前行进，要变接受利益为贡献利益，从而由损卦变为益卦。即使没有施益能力的老年人，也要老有所乐、老有所学、老有所为，这样才利于身心健康。得臣无家，是指上九得到了一批臣下部属，但不能用来以权谋私，要舍小家顾大家，坚持天下为公，不能用公权力为自己家庭家族小团体谋利益。上九阳爻居阴位，不当位，力量过于刚强，这本是有咎的因素。幸好上九与"六三"有正应，两者能够配合协调，互动关系良好。如果能做到"贞"、"得臣无家"，结果当然就没有灾祸了。

"得臣无家"取象于上九爻位和坤卦。得臣，上九为最高位，下接坤卦。坤卦卦德为柔顺，讲求配合之道，这正是臣下的可贵品质；坤为众人、师众、百姓，此处指上九臣下。上九阳乘众阴，坤卦众阴承阳，是比较顺畅协调的组织结构。无家，上九原本在泰卦的下卦乾卦之中，下卦也称内卦，相当于家庭内部；上卦也称外卦，相当于家庭外部。九三从家庭内部走出前往上九位置，等于离开了家庭，但他离开家庭不是为了私利，而是为了裨益天下百姓，这是儒家倡导的舍家为天下的重要理念，在今天看来仍有重要现实意义。

《象》曰："弗损，益之，大得志也。"

【译文】小象说，不用减损自己也能裨益他人，这是深得传统道义精神的善举。

第四十二卦 益卦的损益之道

【益卦】

【白话经文】

益卦，适宜有所前往，适宜渡涉大河。

初九，适宜做大事，最为吉祥，没有灾祸。

六二，有人施益价值十朋贝币的龟，不要推辞，始终正固吉祥。君王用来祭祀天帝，吉祥。

六三，施益用于救灾，没有灾祸。保持诚信，坚守中正之道，如同手持玉圭向王公报告政事一般。

六四，坚守中正之道，告知诸侯跟从，适宜用于迁徙国都。

九五，坚守诚信，秉持施惠之心，不用占问，最为吉祥。人们以诚信感念我的德行。

上九，没有施益给百姓，遭到有人打击，因为所确立的志向理念不能恒常坚守，凶险。

【经文原文】

益，利有攸往，利涉大川。

初九，利用为大作，元吉，无咎。

六二，或益之十朋之龟，弗克违，永贞吉。王用享于帝，吉。

六三，益之用凶事，无咎。有孚中行，告公用圭。

六四，中行，告公从，利用为依迁国。

九五，有孚惠心，勿问，元吉。有孚惠我德。

上九，莫益之，或击之，立心勿恒，凶。

【解读序言】

益卦位列周易第四十二位，因上卦为风、下卦为雷，称其为风雷益。《序卦传》说："损而不已必益，故受之以益。"序卦传说，如果持续减损不停止则一定要使其有所增益，因此周易在损卦后面安排了益卦。这里的"损而不已必益"有两层意思：一是事物如果处于不停的减损状态，这对事物是不利的，长期持续减损属于非正常状态，必须采取适当措施使其有所增益，才能维持损益的平衡状态，否则可能导致原有事物解体或消亡，比如国有资产管理、人体的健康透支。二是事物处于自然的损益状态，没有人为干预，减损到不能再减损就会自行调节，由减损低谷逐渐向增益转化。这两种情况都是同时存在的，前者主要体现在人文经济社会领域，后者主要体现在大自然生态领域，比如动植物的生态链，人类应予保护而不能人为干预。《杂卦传》说："损，益，盛衰之始也。"杂卦传说，损卦、益卦，反映的是事物兴盛和衰败的初始状态。在大自然和人类社会里，损益是一对矛盾，对立统一，互相转化，损中有益，益中有损，损极变益，益极变损，损卦和益卦反映了这一客观规律。

【卦名含义】

《古代汉语词典》解释：益，水满出来，后来写作"溢"；增多，增加，多；助；富足，富饶；益处，好处；副词，更加，渐渐；六十四卦之一，卦形为震下巽上。这些意思之间都是有关联的，都是益卦的涵盖范围，但益的主要意思是：增多，增加，多；益处，好处；利益，获益，得益，增益，收益等。

【卦象寓义】

一、雷厉风行之象。益卦上卦为巽，巽为风；下卦为震，震为雷。益卦反映了雷雨大风的自然气象，雷电是主因，刮风是结果，风因雷动而流通。通常每年首次打雷出现在开春初期的惊蛰时节，电闪雷鸣和暴风骤雨是同步发生的，春雷给大地带来春天的消息，春风给人们带来春天的气息，春雨给万物带来了春天的生机，大自然以这种方式唤醒了种子，滋润了万物，催生了嫩芽，春雷、春风、春雨带给人们希望和活力，对人们的生产生活大有裨益，因而称其为益卦。将自然气象移植到人文社会领域，用自然规律指导思想和行为，就能给人以有益启迪。大象说"见善则迁"，包括从善如流、雷厉风行两层意思。在益卦中，巽为风，代表好风气、新风尚；震为雷，为动，代表行动、行为，倡导人们见到好人好事就要见贤思齐，积极行动，勇于实践，从而使社会变得更加美好。

二、风雷激荡之象。风雷是常见的自然气象，风雷的出现反映了气象的急剧变化，反映在社会领域，象征政治形势的风云变幻。关于风雷的内容，《系辞上传》说："刚柔相摩，八卦相荡。鼓之以雷霆，润之以风雨。"《说卦传》说："风雷相薄"、"雷以动之，风以散之，雨以润之，日以暄之"。

毛泽东诗词描写了风雷激荡的景象，以此象征当时我国所处的国际形势。写于1963年的《满江红·和郭沫若》说："小小寰球，有几个苍蝇碰壁。嗡嗡叫，几声凄厉，几声抽泣。蚂蚁缘槐夸大国，蚍（pi2）蜉撼树谈何易。正西风落叶下长安，飞鸣镝（di2，箭头，箭）。多少事，从来急；天地转，光阴迫。一万年太久，只争朝夕。四海翻腾云水怒，五洲震荡风雷激。要扫除一切害人虫，全无敌。"

毛泽东是精通易经的，他的名字也与易经有关，泽为兑，东为震，震为龙，而毛泽东属蛇，民间称为土龙或地龙；泽为水，震为木，水生木，因此毛泽东的字为"润之"，取以水润木之意，"润之"即来自上面引用的易经内容。泽东对应兑震，毛泽东为长子，与震吻合，居于主卦位置，泽为震服务，居于客卦，泽东构成泽雷随卦，随卦反映了天上电闪雷鸣，湖泽倒影迅速跟随天象之意。随卦的覆卦为山风蛊，百虫之皿，害人之蛊。体现出毛泽东的使命是颠覆蛊卦，即要扫除一切害人虫。

以上可以看出诗词与益卦、随卦、蛊卦的有机联系：一是"小小寰球"、"天地转"与益卦象辞"天旋地生"一致。二是"苍蝇"、"蚂蚁"、"蚍蜉"与蛊卦百虫意境吻合。三是"槐"、"树"、"正西风落叶下长安"与随卦卦象完全符合，随卦下卦为震，震为木；随卦上卦为兑，兑为正西方，秋季，上交互卦为风，秋风刮下落叶；兑为西，震为诸侯，西面诸侯所在地即长安。四是"飞鸣镝"，随卦初至四爻构成离卦，离为飞鸟，引申出飞意；鸣声来自下卦雷震之鸣；镝来自坎离组合，三至六爻构成坎卦，坎为弓轮，离为戈兵，两者组合引申出箭的意思。五是"四海翻腾云水怒,五洲震荡风雷激",与益卦的风雷激荡卦象非常契合。六是"从来急"、"光阴迫"、"一万年太久,只争朝夕",与益卦象辞"益动而巽,日进无疆"、"与时偕行"意境一致。七是"要扫除一切害人虫,全无敌",与随卦的覆卦蛊卦意境一致,意即颠覆蛊卦。以上关联无论是有意还是无意、人为还是巧合,都反映了毛泽东与易经的非同寻常的联系。

三、益字来源之象。益字上下结构,上部为横水,下部为器皿,代表容器盛水、水满则溢的意境。益为溢的古字,当益从水溢引申为利益、获益等意思之后,才加个三点水来表示其原始意义。这种现象在古汉字中比较常见,有点鸠占鹊巢的意思,比如,它的愿意是蛇,指伊甸园的亚当、夏娃和蛇,后来它被用来指第三种动物,蛇的意义淡化了,再后来用加个虫字旁来表示蛇,它就专门用来指动物的第三人称了;再比如孚,原意指母鸡孵蛋的情景,这种动物的天性是出于心甘情愿、诚心诚意的,于是引申出孚为忠诚、诚信的意思,孵小鸡的意思反而淡化了,于是只好加个卵字旁来表示孚的原始意义。

益字水+皿的结构,与益卦究竟有什么关联呢?先看下部分,益字为皿,益卦下卦为震,震为仰盂,也就是说震卦的形状如同仰着正放的器皿,这两者意思完全吻合。再来看上部分,益字为横放的水,但益卦上卦为风,两者不同但关联紧密,风水是个常用词,"鼓之以雷霆,润之以风雨。"风雨就是风水组合,风雪也属风水组成。

易经倡导"满招损,谦受益",因为水满则溢,月满则亏,人满则骄。后面将会讲到,益卦是由否卦演变而来的,集中体现了"损上益下才是益"的理念。因此,如果把益卦上卦的阳爻再减损一个,对基层百姓不是更有益、不是更能体现益字的内涵吗?循着这个思路,巽卦如果要再减损一个阳爻,上九是最适合的,因为九五是君王之位,国不可一日无君。如此,上卦就变成了坎卦,坎为水。因此,益字上头为水而不是风。从卦际演变来看,益卦上九下行到九三,就变成既济卦了,比益卦更加理想。综上,本人认为益字来源于益卦卦象,而以水取代风,体现了易经的民本思想和睿智。

四、春耕生产之象。下卦为震,震为雷,震代表春季,春季多雷雨;上卦为巽,巽为风,风雷激荡的季节正是春耕生产的大忙季节。震为木,巽也为木,这是古时制作农具的主要材料。下交互卦为坤,坤为地,代表耕作的田野。同时,坤为牛,震为马,震为动,象征马牛畜力在田里耕作。《系辞下传》说:"包牺氏没，神农氏作，斲（zhuo2，砍，削）木为耜（si4，古代一种似锹的农具），揉木为耒（lei3，上古木制翻土农具，叉形，尖头；耒耜的曲柄），耒耨（nou4，除草的农具；除草。）之利以教天下，盖取之于益。"《系辞下传》说，伏羲氏时代消亡之后，神农氏部落兴起，砍木作锄头，揉弯木头作耕具，把耕作除草的好处教给天下百姓，这些大概是受益卦的启发。有人认为耕作方法是从实践中得到的，不应该是从易经卦象中得到的。这种观点有失偏颇，其实，易经本身就是通过实践观察、提炼而成的学问，它符合实践——认识——再实践——再认识的认识论规律，由实践获得感知，把感知上升到理论，再把理论放到实践中去检验其正确性，然后把成熟的理论用来指导人们的生产和生活。因此，由生产实践发明农具和借鉴易经卦象制作农具是同时存在并交替进行的。

五、以阳包阴之象。与损卦阳包阴的结构相同，之所以让否卦中的九四与初九交换位置，而不是让九五与六二交换、也不是让上九与六三交换，这里寄托着易作者的用意，就是要通过交换使益卦形成"阳包阴"的格局。阳代表理性，阴代表情感。用理性控制情感，就容易把握事物进展的节奏和态势；用情感诱导行动，理性就会受到抑制，容易导致感情用事，从而使事情不可收拾。因此，以阳包阴之象反映了易经思想，表示要用理性控制感情，要以理智驾驭感情。

六、行动创益之象。劳动创造财富，奋斗获得幸福。行动创益之象也就是勤劳致富之象。益卦下卦为震，震为动，表明要想获得收益就要付诸行动，比如勤奋学习、努力工作、艰苦创业等等。益卦上卦为巽，巽为近利市三倍，意思是如果到市场上从事交易活动，就有近三倍的利润和收入，这表明利益和财富不是等来的，天上不会掉馅饼，只有春天的耕耘，才能有秋天的收获，勤劳可以致富，能为人生带来丰厚的利息和收益。

七、益中寓剥之象。可参看本文下面"关联卦画"、"益卦的交互卦为剥卦"章节。交互卦与本卦是有密切联系的，反映了本卦所蕴含的内在规律。剥卦所反映的是事物由新变旧、外表剥落、直至破败的景象，如同装饰的门窗、墙皮经过几年后斑驳脱落。正如剥卦卦象所显示的那样，山体剥落了，泄下的泥土沙石变成了地面的沙土，以此说明山体受损、大地受益；有损就有益、有益就有损的丰富内涵。同时，也提示人们益与损是双向交流的，没有损就没有益，没有益就没有损。从中可以悟出，有得必有舍，有舍才有得。要想得益，就要先舍得付出和奉献, 而不能患得患失。那种只进不出, 铁公鸡一毛不拔的人, 格局过于狭小, 虽然看起来没有损, 但是也没有益。

八、损上益下之象。损卦与益卦不像卦名一样纯粹, 不能理解为一个是单纯的损, 另一个是单纯的益, 两个卦中都是损中有益、益中有损, 只不过损卦是损下益上、益卦是损上益下。损下益上谓之损, 损上益下谓之益。损卦好比国家税收, 税收的对象是百姓, 益的是国家, 损的是百姓, 这对百姓来说不是件令人高兴的事。益卦如同国家把国库的税收取出来用之于民, 投入到百姓的公共事业上, 损的是国家, 益的是百姓, 老百姓当然是欢迎的。由上可见, 易作者是以百姓损益为基准来命名的, 它反映了易作者的民本思想和价值观, 这是非常可贵的, 它对中华文化发展产生了重大影响。

九、诸侯祭祀之象。下卦为震, 震代表诸侯; 上卦为巽, 代表庙宇道观。上卦为风, 下交互卦为地, 构成风地观卦。益卦的情景相当于初九长男站在道观前观光, 对着先祖开展祭祀活动。六二有"王用享于帝"的表述, 这是对君王主持祭祀活动的描述。这里的王指周文王, 是以周公为代表的爻辞作者对周文王的尊称, 其实当时周文王为西伯侯, 周文王是西伯侯姬昌去世后对他的谥号尊称。在益卦中, 下卦为震, 震为诸侯, 代表周文王。六二与九五有正应, 六二祭祀对象自然应是九五, 代表天帝。巽为风, 有宗庙先祖家风的意境。如上面所述的观卦卦象, 派生出道观的名称; 风水涣的卦辞"王假有庙"、大象"先王以享于帝, 立庙", 道观、庙、享于帝等内容关联非常紧密, 他们有一个共同的特点, 就是上卦均为巽卦。巽为风, 巽为绳直, 风行天下成为风气, 蔚然成风, 用以表达形成社会风尚、继承良好家风、传承先王宗祖风范等意境。上交互卦为艮, 下卦为震, 构成颐卦, 有口福之享, 这是六二"王享于帝"完全吻合。同时, 艮覆碗, 震仰盂, 构成上下容器, 艮在五行属土, 因此容器盖子为陶碗之类居多; 震为木, 竹属木科, 因此容器主体为竹腾制品, 这种容器就是古时用来盛祭品的簋, 从其字型结构上也看得出它与艮震卦的关系, 竹字头代表材料, "艮"这一部位取自艮卦, 作为盖子, 皿取自震卦, 震仰盂, 与皿相合。

十、舟行水上之象。益卦卦辞有"利涉大川"的表述, 意即适宜渡涉大河。六十四卦中有类似表述的有七处, 这些卦的特点是均有乾或巽卦, 乾为马, 为健, 代表刚健有力, 马是渡河涉水的好工具; 巽为风, 为木, 木可作舟, 舟行水中, 有风相助, 有利于渡水行进。益卦上卦为巽, 巽为风, 为木, 风推小舟已经有了,但是益卦中没有坎象,水从何而来?其一,前面"益字来源"中已经分析,益卦卦名上部为横水,隐含水满则溢、横渡江河的意境。其二,益卦上九若发生爻变,则变为坎卦,坎为水,巽卦与坎卦的结合,呈现出舟行水上的意境。其三,上九爻变是有依据的,它符合易作者损上益下的思想,上九若与六三交换位置,不仅解决了水的问题,而且还演变为让人振奋的既济卦状态,全部当位、全部正应,天时地理人和,此时不去大风大浪中闯荡更待何时?

十一、内动外逊之象。下卦也叫内卦,上卦也叫外卦。益卦内卦为震,为雷。震卦的特征是动,打雷时雷霆万钧,地动山摇。表明居于内部的主体有强烈的行动愿望和能力。外卦为巽,巽为风。巽卦的特征是逊顺,大风吹过,草木齐刷刷地倒向一边,非常顺从。表明当事人的外部环境良好,对他的行动非常顺从和配合,这对主体顺利推进工作事业、取得成效和成功是非常有益的。如果将下卦震视为诸侯,那么还可引申出他人顺从诸侯、或诸侯顺从君王之象,这与六四爻辞"告公从"的内容相吻合。

十二、长男长女之象。益卦下卦为震,震为长男,既代表老大儿子,也代表已婚青壮年男人;益卦上卦为巽,巽为长女,也代表已婚中青妇女。下卦也叫主卦、内卦,上卦也叫客卦、外卦。这是丈夫在内当家作主,妻子在外劳动做工的情形。这种情形与恒卦正好相反,恒卦是雷风恒,长女在内当家作主,长男在外劳动生产。恒卦是典型的中国式传统家庭分工,女主内男主外,男人在外劳动很辛苦,女方应在精神情感上主动关爱男方,有利于家庭稳固。而益卦可视为家庭分工的特例,男主内女主外,也不是绝对不行,在特殊背景条件下也是可行的,益卦表明婚后男人主动关心妻子绝对是有益的。

十三、木木比和之象。从五行关系来考察,益卦下卦为震,震为木;上卦为巽,巽也为木。震巽同为木,但木中还可以分出阴阳。震为阳卦,巽为阴卦,震的阳数为4,巽的阳数为3,因此震为阳木,巽为阴木。上下卦同类比和,而且阴阳配合协调。这是五行关系中比较理想的状态,相当于两者是彼此协调的合作伙伴。这种无缝链接的协作团队对于劳动生产、创业创新都是相当有益的。

【关联卦画】

损卦与益卦是一对综卦。综卦也叫覆卦或镜卦,损卦是排在益卦前面的那个卦,将损卦的卦象翻转180度就成了益卦。这两个卦成为一对,彼此有密切的内在联系，一是从爻辞中可以看出其关联性，比如损卦的六五是"或益之十朋之龟，弗克违，元吉"，而益卦的六二是"或益之十朋之龟，弗克违，永贞吉。王用享于帝，吉"；二是从爻位上看也有关联性，损卦六五翻转180度后就变成了益卦的六二。易经中的综卦反映了事物的一体两面，从不同角度可以观察到不同的结果，从多角度观察事物所得到的结果更加全面、准确和深入，更有利于矛盾和问题的解决。

益卦的交互卦为剥卦。在一个重卦（也叫别卦）中，由三、四、五爻组成的单卦叫交卦，益卦的交卦是艮卦；由二、三、四爻组成的卦叫互卦，益卦的互卦为坤卦。由交卦、互卦上下组合而成的卦称为交互卦。交互的概念有两层意思：一是由交卦+互卦叠加组合而成；二是上卦有来自本卦的三四爻，下卦也有来自本卦的三四爻，也就是说，新卦上下都体现了本卦的要素，新卦的上下呈现交互的关系，因此任何一个交互卦的二三爻与"四五"爻的爻象都是相同的。交互卦反映其母体本卦的过程性状况。益卦的交互卦为剥卦，上卦为山，下卦为地，称其为山地剥。这说明益的过程包括剥卦损的过程，而在剥卦内部，山体剥落是损，大地积土是益。

益卦的错卦为恒卦。如果把益卦的各个爻性质相反，阳爻变阴爻，阴爻变阳爻，那么就得到其错卦恒卦。错是阴阳交错的意思，而不能理解为错误，错的原始意义是事物交错、错落有秩的良好自然状态，错误的意思是后来衍生出来的。一对错卦是互为错卦，益卦的错卦是恒卦，恒卦的错卦是益卦。益卦与恒卦都是给人褒义感觉的卦，而巧合的是，益卦变成错卦后，上下角色正好互换位置。益卦是长男长女，恒卦是长女长男。这表明长男长女之间的关系是最容易相处的，谁在主位结局都是不错的。这主要是由长男长女的性格优势所决定的，都有责任心，都勤劳务实，都能包容谦让，都有吃苦耐劳精神，都顺从配合等等。一个团队、一个集体多些长男长女角色，业绩成效一定错不了。相反，咸卦的错卦是损卦，少男少女的组合角色颠倒后结果却大相径庭。

益卦由否卦演变而来。与损卦由泰卦演变而来同理，益卦是由否卦演变而来的。否卦上卦是乾卦，下卦是坤卦。如果将上卦的九四与下卦的初六对调一下，就变成益卦了。从泰卦到否卦、从损卦到益卦，反映了事物的纵向关系，从中可见，由泰到否只有一步之遥，提示人们居安思危，身处安泰之时必须谨慎小心才能延长持盈保泰的时间；先损后益也是自然规律，欲取之必先予之，要想得到必先付出,如要增益必先减损,从总体上说损益是平衡的。从泰卦变损卦、从否卦到益卦,反映了事物的横向关系,这两对卦像如影随形,相辅相成,泰卦本来是正面状态,变成损卦后成了负面状态;否卦本来是负面状态,变成益卦后成了正面状态,由此说明事物是可以向相反方向转化的。例如,一个单位正处在否卦状态,领导层很强,基层很弱,而且上下不通气,要改变这种状态,只要将管理层中的机关干部进行精减,减少管理层级,排除肠梗阻,增强员工素质,加强上下信息沟通和联动,否卦的情况就有可能得以有效改善,这时否卦就变成了益卦。此外,另有一种变法是,上九来到初九,其余往上提升一层,殊途同归,也可。

【卦辞象辞】

〖卦辞〗

"益,利有攸往,利涉大川。"

【译文】"益卦,适宜有所前往,适宜渡涉大河。"

这是益卦卦辞,用于说明全卦主旨。上下卦风、雷都是动态的,风的卦义是无孔不入、整齐、对谁都是一视同仁;雷的卦义是动、充满力量,因动得益。提示人们要想有所收益就必须付诸行动,天下没有免费的午餐,舒舒服服、不想付出是不可能获得收益的。它鼓励人们要有理想、有追求、有目标、有恒心、有行动,有毅力,有韧性,到广阔天地里去闯荡事业,去大风大浪中历练人生。行动不一定成功,但不行动肯定不能成功。利涉大川是一种比喻,目的是勉励人们走出去闯天下,有所作为,做一番有益于国家社稷和天下百姓的事业。

〖象辞〗

《象》曰:"益,损上益下,民说(yue4)无疆,自上下下,其道大光。利有攸往,中正有庆。利涉大川,木道乃行。益动而巽,日进无疆。天旋地生,其益无方。凡益之道,与时偕行。"

【译文】象辞说,益卦减损上层利益增益基层百姓,民众喜悦无边,从上层下至基层,道德精神得到发扬光大。适宜有所前往,因为坚守中正之道将获得人们欢庆。适宜渡涉大河,因为舟木水道有助于奋力前行。益卦的特征是因行动而逊顺,每天都大幅度进步。天旋转地生长，四面八方受益。凡是受益之道，必定是伴随时间共同行进的。

损上益下，相当于国家将国库里的钱用于民生事业，即来之于民、用之于民，自然受百姓的欢迎。自上下下，指在否卦演变为益卦过程中，九四（或上九）来到坤卦的下面，坤卦代表百姓，也就是来到百姓的下面。中正有庆，是指九五、六二居上下的中爻，而且上下有正应，表明能够坚守中正之道，坚持公平正义，而且上下配合协调。天旋地生，指否卦演变为益卦，对天地位置进行了翻天覆地的调整，对否卦上卦乾进行调整称为"天旋"，乾卦九四（或上九）来到初九，相当于天在旋转。对否卦下卦坤进行调整称为"地生"，坤由下卦上升到下交互卦，相当于往上生长了一个台级。老天施行风雷滋养了大地的生命，受益的不仅仅是一部分人，而是全方位的，体现了公平性和公益性。所有的增益，都要与天时同步，都要顺应自然规律。

【大象之辞】

《象》曰："风雷，益。君子以见善则迁，有过则改。"

【译文】 "刮风打雷，是益卦所反映的自然气象。君子受此启示应该做到，发现真善美就向它靠近，有过错就改正。"

《论语·述而》说，子曰："三人行必有我师焉，择其善者而从之，其不善者而改之。"《论语·学而》说，子曰："君子不重则不威，学则不固；主忠信，无友不如己者；过则勿惮改。"前段话好理解，后段话大意是：君子不庄重则没有威信，善于学习则不会固陋（固执己见、固步自封、孤陋寡闻）；注重忠诚信用，不要跟不同道的人做朋友；有过错则不要怕改正。不如己，不是能力学识比不上自己，孔子境界不会这么低，而是指三观（世界观、人生观、价值观）、志向不像自己，也就是道不同不相为谋的意思。

益卦讲的是损上益下，是启示统治者如何体恤民生，告试人们水能载舟、亦能覆舟的道理，劝谕统治者要做一个君子，多做有益于百姓的好事，少做损害百姓的坏事。"见善则迁"与益卦上卦巽相对应，行善要像刮风一样，相当于见贤思齐、从善如流，看见好人好事要像风一样迅疾、追随、顺从、蔚然成风，行成风尚。"有过则改"与益卦下卦震相对应，改过要像打雷或对待打雷一样，相当于闻过则喜、改过自新，要勇于改正错误。雷的特点，一是威严、震慑，声势浩大，雷霆万钧；二是迅捷快速，电闪雷鸣，迅雷不及掩耳。《中庸》子曰："好学近乎知，力行近乎仁，知耻近乎勇。"直面雷霆是需要有勇气的，承认自己有错误有过失更需要有智慧、有境界、有勇气，有过则改就是要态度严肃，正视问题，行为果决，行动迅速，敢于担当，勇于改正。

【爻辞小象】

"初九，利用为大作，元吉，无咎。"

【译文】"初九，适宜做大事，最为吉祥，没有灾祸。"

　　初九是由否卦演变为益卦的主爻，在本卦具有主角地位。益卦下卦是雷，蕴含着巨大能量，集中体现在初九上，因为其余两爻均为阴爻。初九阳爻居阳位，当位，表明其能力很强，行为表现是适当的。初九与六四有正应，能得到来自上层六四的大力支持，就好比朝中有人好做官。从卦辞上看，益卦鼓励人们积极行动，而初九作为主爻顺理成章地成为卦辞的主要体现者，它鼓励人们采取大作为、大动作、大行动，格局要大，气量有大，手笔要大。值得注意的是，这样做是有条件的，并不适用所有领域，只有处在风雷益卦的特定情形下才适宜使用。元吉，无咎。接连用了两个判断词，元吉，表明在益卦的特定情境中，要有大动作才可能从一开局就很吉祥，如果无所作为那么元吉也就不复存在了。无咎，表明本来是可能有咎的，比如在大作为、大动作、大行动每一个环节都可能出错，产生咎害灾祸的可能性很大，但是因某种积极因素的存在或出现，有效化解了咎害的发生。当位、上下正应就是它的积极因素。再加上在实施中沉着冷静、考虑周全、谨慎小心，就能做到没有灾祸。

　　"大作"取象于震卦。下卦为震，震为动，动即为大作。震为春季，适宜农事稼穑，因此大作应侧重指大力推进春耕春播的农业生产，为全年丰收打下好的基础。古人强调民以食为天，农业生产解决生存问题是最大的政治大事，这是"为大作"的主要涵义。

　　《象》曰："元吉无咎，下不厚事也。"

【译文】小象说，一开局就很吉祥没有灾害，因为身居基层不用化很大精力去从事官府摊派的劳役。

初九处于最基层，一是最下位者不必直接侍奉上位者。二是历朝历代规定，春耕农忙季节，各级官员不得向农民摊派劳役，要保证农民集中精力投入春耕生产。按照益卦主旨，下卦是受益对象，初九本身就是损上益下的结果，初九主要得益于上层的支持，分别体现在政策、法令、减免税、补贴等方面的优惠措施上。因此，惠民政策需要雷厉风行地贯彻实施，百姓才能真正得益，才会有实实在在的获得感。

"六二，或益之十朋之龟，弗克违，永贞吉。王用享于帝，吉。"
【译文】"六二，有人施益价值十朋贝币的龟，不要推辞，始终正固吉祥。君王用来祭祀天帝，吉祥。"

或，有的人。益，是动词，施益、使其受益的意思。龟，在古代是珍贵之物，此处泛指贵重物品。朋是古代的贝币单位，有一朋相当于两枚、五枚、十枚贝币之说，十朋是泛指并非实指，旨在强调此龟的贵重，以龟的贵重来表示财物的贵重。享，祭祀。帝，天帝，或先帝，易经的王通常指周文王，周文王的祭祀对象理解为天更加合适，因此这里的帝解释为天帝更加合理。那么，六二非君王之位，为什么在此爻出现"王用享于帝"的句子？主要有几个因素：一是六二虽非君王之位，但与君王之位九五相对应，而且两者有正应，表明心灵相通，能够相互配合、支持和协调。君王祭祀天帝离不开诸侯参与，六二正好在震卦所代表的诸侯之位。二是在益卦的综卦损卦中该爻就是君王之位，所以这里出现"王用享于帝"并不奇怪，有思维上的逻辑联系。三是六二出现"王用享于帝"的句子，只是用举例来阐述问题，这是易经的常用手法。在易作者看来，君王应成为百姓的楷模，因此经常借君王之事来给基层干部和百姓做示范，要求基层干部效法"王用享于帝"从而获得吉祥的虔诚态度和做法，这样六二也能获得"永贞吉"的结果。四是此爻的"王用享于帝"与损卦卦辞的"曷之用？二簋可用享"是有联系的，"王用享于帝"的祭祀规格也只是二篮子祭品而已，并不需要奢华铺张，祭祀天帝重在诚意。叙述"王用享于帝"的用意在于解释"弗克违"的内涵，不要辜负他人的一片好意。六二阴爻居阴位，当位，说明其行为表现是符合自己角色定位的。

"十朋"取象于坤卦。下交互卦为坤卦，六二处于坤卦初爻，坤为数量众多，坤卦的卦形像两串贝币。

"龟"取象于离卦。若将六二发生爻变，则全卦变为大离卦；若将三个阴爻看成一个大阴爻，则初爻至五爻也构成离卦。离为龟，大离即为大龟，引申为贵重之龟。

"弗克违"取象于反艮卦。下卦为震，震为反艮，艮为阻止、制止，反艮即为不要阻止、勿要推辞。

"享"取象于颐卦。下卦为震，上交互卦为艮，两者构成山雷颐卦。颐为口福之享，用于祭祀天帝。同时，艮震构成装祭品的簋（gui3，古代盛食物的器具，多为圆形，两耳），前面已经讲过，簋字来源于颐卦卦象，震为仰盂，即容器，簋字下部为皿；艮为覆碗，即容器的盖子，簋字中部直接取象艮卦；簋字竹字头代表器具的制作材料是木料，下卦震为木，涵盖竹木制品。

"帝"取象于乾卦。益卦由否卦演变而来，否卦上卦为乾，乾为天，为君，代表天帝。

《象》曰："或益之，自外来也。"

【译文】小象说，有人施益，来自外部。

由于益卦是损上益下的卦，与六二有正应的是九五君王，在损卦中是百姓增益君王，而在益卦中却是君王增益百姓。损益是双向互动的，只有达到平衡状态，上下关系才能稳定、可控、协调。因此，此处所言自外来也，是指来自上面的益处。一般来说，损下益上是收取金钱、财物等物质性利益，收多数人的钱财供养少数统治阶层；损上益下则除救灾应急使用钱财外，通常是政策性措施，开放某些国家管制的领域，或给予某些特定优惠政策，以便众多百姓因此获得普遍利益，这比国库中拿些银两出来分发给大家更具实际意义。

"六三，益之用凶事，无咎。有孚，中行，告公用圭。"

【译文】"六三，施益用于救灾，没有灾祸。保持诚信，坚守中正之道，如同手持玉圭向王公报告政事一般。"

凶事，是凶险之事，灾难，灾祸。圭，是古代早朝、祭祀、葬礼时贵族臣子所持的一种玉器，有等级区别，表示仪式庄重，内心虔诚。益卦的下卦是受益对象，六三阴爻居阳位，不当位，表明力量过于柔弱，遇到了灾难，自身没有度过难关的能力，需要接受来自外来的帮助。无咎，这是说本来是有咎的，后来得到了官府的救助，结果无咎，即没有灾祸。"有孚，中行，告公用圭"，是提示受益者在接受他人救助时必须坚守诚信，保持中正之道，并且要通过适当方式让施益者了解你的诚信。六三与上九有正应，能得到上九的关照和帮助。与此相反的例子是，如今社会上一些乞讨者违反了诚信中行原则，掩盖真相，编造事实，用装可怜来达到不劳而获、骗取钱财的目的，透支了人们的善良和同情，同时也丢掉了自己的诚信和人格，这类人的最终结果是不可能无咎的。

"有孚，中行"取象于离卦、震卦和爻位。若将六二、六三、六四看成一个阴爻，则初爻至五爻构成大离卦，离为明，内心光明则为"有孚"。六三在下卦震卦上，震为动，引申为行动、行走、行进。六三居大离卦正中央，因而称其为"中"。

"告公用圭"取象震卦和乾卦。下卦为震，震为雷，打雷为鸣，借鸣作"告"。下卦为震，震为诸侯，诸侯为"公"。益卦由否卦演变而来，否卦为天地否，上卦乾，乾为玉，圭为玉。

《象》曰："益用凶事，固有之也。"
【译文】小象说，施益用于救灾，本来就有这样的做法。

固，本来。这样做天经地义，理所当然。

"六四，中行，告公从，利用为依迁国。"
【译文】"六四，坚守中正之道，告知诸侯跟从，适宜用于迁徙国都。"

迁国，指迁国都，如殷商时期盘庚迁都。六四是上卦初爻，是施益主体中的大臣，这是一个承上启下的职位，上面受命于君王，下面管理着社会。六四与初九有正应,反映了六四对百姓有同情心,愿意对灾民实施救助,因为益卦是由否卦演变而来的,否卦九四来到初爻才变为益卦,这是损上益下的体现。六四阴爻居阴位,其行为表现是适当的,但毕竟是阴爻,力量有限,想为百姓救灾增加利益,光凭自身的力量是不够的。一方面要争取君王的支持,另一方面要得到诸侯同僚的支持,这样才有可能使愿望变成现实。六四阴承阳,而且九五居中爻之位,因此九五君王支持六四的惠民行动没有问题。"告公从",主要是说服同僚诸侯支持六四的惠民行动。如果有诸侯们的跟从、响应和支持,即使像迁都这样的民生大事也能办成。

"中行"取象于爻位和巽卦。从全卦来看,六三、六四均属于中间位置。上卦为巽,巽为风,风行天下。

"告公从"取象于震卦和巽卦。下卦为震,震为雷,雷为鸣,引申为大声告知,号召;震为诸侯,爵位分为公、侯、伯、子、男五等,因此称诸侯为公。上卦为巽,巽为风,有顺从之德,比如跟风、顺风而行、随风而至等。

"迁国"取象坤卦。下交互卦为坤,坤为土,为地,引申家国版图。在否卦中,坤在下卦;而在益卦中,坤在下交互卦。相当于国都被迁移了位置。

《象》曰:"告公从,以益志也。"
【译文】小象说,告知诸侯跟从,是为了增强做大事的信心和决心。

"九五,有孚惠心,勿问,元吉。有孚惠我德。"
【译文】"九五,坚守诚信,秉持施惠之心,不用占问,最为吉祥。人们以诚信感念我的德行。"

九五是君王之位,泛指系统中的头领、领袖和老大。这里有两个"有孚",前者代表九五君王对百姓讲诚信,后者指百姓感恩君王回报以诚信,这是一种良性互动。国家政通人和,维护百姓利益,就会得到百姓的拥护。一个能为民帮困解难、给百姓带来实惠、能让人民过上好日子的政府,就是有德行的政府。九五阳爻居阳位,当位,表明君王是一个有作为有能力的首领,其治国理政的行为是适当的。九五居于上卦中爻,表明能坚守中正之道,主持公平正义。九五与六二有正应,表明能得到基层干部的支持和配合。

这是一个内圣外王的明君、德君形象。古时经常有学者用魏文侯为例来注解此爻意境，西汉经学家、文学家刘向的《新序》记载了下面这则故事：

魏文侯过段干木之闾而轼，其仆曰："君何为轼？"曰："此非段干木之闾乎？段干木盖贤者也，吾安敢不轼？且吾闻段干木未尝肯以己易寡人也，吾安敢高之？段干木光乎德，寡人光乎地；段干木富乎义，寡人富乎财。"遂致禄百万，而时往问之，国人皆喜，相与诵之曰："吾君好正，段干木之敬；吾君好忠，段干木之隆。"居无几何，秦兴兵欲攻魏，司马唐且谏秦君曰："段干木，贤者也，而魏礼之，天下莫不闻，无乃不可加兵乎？"秦君以为然，乃案兵而辍，不攻魏。文侯可谓善用兵矣。夫君子善用兵也，不见其形，而攻已成，其此之谓也。野人之用兵，鼓声则似雷，号呼则动天，尘气充天，流矢如雨，扶伤舆死，履肠涉血，无罪之民，其死者已量于泽矣，而国之存亡，主之死生，犹未可知也，其离仁义亦远矣！

魏文侯是个有作为的国君，以礼贤下士、尊贤重能著称，因此他身边云集一批高人大家，比如，段干木；孔子弟子子夏；还有田子方，他是孔子弟子子贡的学生；翟璜；李克等。魏文侯以其仁德惠心得到百姓的拥戴，也因惠心仁德消弥了秦国的一次侵略战争。可见，道德的力量是无穷的。

"有孚惠心，勿问，元吉。"取象于离卦和艮卦。九五在大离卦上，离为明，代表诚信惠心。离为龟，可用于占卜；上交互卦为艮，艮为阻止、制止，两者合起来就是不用占卜问事。

"惠我德"取象于九五爻象和离卦。九五为上卦中爻，具有中正之德、光明之德，自然得到百姓嘉惠。

《象》曰："有孚惠心，勿问之矣；惠我德，大得志也。"

【译文】小象说，诚信有惠心，用不着占问了；感念我的德行，这是深得民心。

"大得志也"取象于爻位和坤卦。九五为君王之位，下交互卦为坤卦，坤为百姓。呈现出君临天下，向民施益，大得百姓心中所愿。

"上九，莫益之，或击之，立心勿恒，凶。"

【译文】"上九，没有施益给百姓，遭到有人打击，因为所确立的志向理念不能

恒常坚守，凶险。"

　　莫益之，直译就是没有什么东西增益他人，一种理解是客观上没有东西可给，另一种理解是有东西但不想给别人，这里倾向于后一种情况，上九为阳爻，代表有能力做，但他不做，当百姓需要救济时上层不救济，遭到打击是自然而然的事。或击之，或，有人，有的。对于只顾自己安逸享乐、不顾百姓疾苦的高层，自然会有人收拾他。立心勿恒，本来益卦确立的主旨、方针、原则是损上益下，但上九已到益卦尽头，这种主旨淡化了，方针和原则被搁置了，没有一以贯之地得到实施。过去那种正确的执政理念、处事原则没有很好的贯彻执行，结果为凶险，这是不难理解的。上九阳爻居阴位，不当位，表明行为举止过于刚强。上九似乎是对九五的对比和衬托，一个是正面的，告诉人们老大应当这样做，受到百姓拥戴；另一个是反面的，告诉人们大佬不能这样当，否则后果不堪设想。此爻的功能如同高速公路的警示牌："事故多发路段，请谨慎驾驶！"

　　《系辞下传》说，子曰：君子安其身而后动，易其心而后语，定其交而后求。君子修此三者故全也。危以动，则民不与也；惧以语，则民不应也；无交而求，则民不与也。莫之与，则伤之者至矣。《易》曰："莫益之，或击之，立心勿恒，凶。"

　　这段话大意是：孔子说，君子要先使百姓有安身之所，然后采取施政行动；先使百姓心态平静下来，然后与他们进行沟通交流；先确定与百姓的友好交往，然后对百姓提出治理要求。君子能加强这三方面的修养，所以处事周全。如果百姓处于危难之中，要他配合你的施政行动，百姓是不会参与的；百姓见到你就感到恐惧，你与他说话，他们是不会理你的；你与百姓没有交情却要求他们做这做那，他们是不会配合的。没有利益给予百姓，那么揍扁他的人就将到来。因此，易经说："没有施益给百姓，遭到有人打击，因为所确立的志向理念不能恒常坚守，凶险。"

　　《象》曰："莫益之，偏辞也；或击之，自外来也。"
　　【译文】小象说，没有东西可增益他人，这是有失偏颇的推托之辞；有人打击他，这种打击来自外部。

　　多数版本认为，偏，通"遍"，指普遍情况如此。但我认为此处的"偏"，宜用它的本义。古汉语词典解释，偏：不公正，偏颇；偏辞：片面之言、谄媚之言。此爻作"片面之言"理解是合适的。与其把"偏"解成"遍"，还不如解成"骗"更加合理。

　　益卦的精神本应该损上益下，而上九他却说没有东西可用来增益百姓，他把话说偏了、说歪了，显然是骗人的鬼话。有人打击他，是来自外部的力量。上九的行为遭到老百姓的痛恨，因此就有人出来教训他一顿，这实在是因为他欠揍，自己找打。就像现在大大小小的贪官，他们并不是一开始就坏，过去可能做过一些有益于人民的事，但到了位高权重失去监督的时候，忘记了为人民服务的宗旨，违背了职业道德，不为百姓做事，只管自己捞钱，直至东窗事发、锒铛入狱，其结果当然是凶险的。上九的警示意味很浓，事物发展过了头就会物极必反、亢龙有悔。

第四十三卦 夬卦的对决之道

【夬卦】

【白话经文】

夬卦，在朝廷公开揭露小人行径，真诚为正义而呼号，有危险。告诫辖地民众，不适宜诉诸武力，适宜朝共同目标行动。

初九，强壮体现在前蹄上，向前行进若不能胜任，则为灾祸。

九二，保持警惕，发现险情大声呼叫，即使暮夜出现兵寇，也不用担心。

九三，强壮表现在面颊上，有凶险。君子毅然决然与小人决战，如同独行遇雨，淋湿衣裳，虽有些不快，但没有灾祸。

九四，臀部没有肌肉，踉踉跄跄行走。牵羊归降可使悔恨消失，听到此话不予理睬。

九五，犹如细角山羊毅然决然，沿着中正之道而行，没有灾祸。

上六，没有呼号声，最终凶险。

【经文原文】

夬（guai4），扬于王庭，孚号，有厉。告自邑，不利即戎，利有攸往。

初九，壮于前趾，往不胜为咎。

九二，惕号，莫夜有戎，勿恤。

九三，壮于頄（kui2），有凶。君子夬夬，独行遇雨，若濡，有愠，无咎。

九四，臀无肤，其行次且。牵羊悔亡，闻言不信。

九五，苋陆夬夬，中行，无咎。

上六，无号，终有凶。

【解读序言】

夬（guai4）卦位列周易第四十三卦，上卦为泽，下卦为天，称其为泽天夬。《序卦传》说："益而不已必决，故受之以夬。夬者，决也。"序卦传说，水在容器里不断增加必然导致水决口外流，因此周易在益卦后面安排了夬卦。夬，就是决口的意思。益字的原意是器皿上不断加水，水位逐渐增益提高，以致于器皿盛满，再往上加水就往外溢出了；而决恰恰反映了水外溢的瞬间和后续状态，从水的物理特性中知道，水的表面有张力，当器皿中的水盛到最满时，水面将高出器皿的边缘，而且水面也不完全是水平的，呈现中间高边缘低的弧形状态，这也可从水滴形状中得到印证。在器皿满盈达到极值时，只要再往上加一滴水，便会在器皿边缘最薄弱处出现决水形象，而且流出来的水不仅仅是最后增加的一滴水量，而是它的好几倍。益卦侧重反映水往器皿增益的动态过程，夬卦侧重反映水在器皿由满盈到决口的动态过程。

《杂卦传》说："夬，决也，刚决柔也。君子道长，小人道忧也。"杂卦传说，夬的意思就是决，阳刚对决阴柔，君子之道在增长，小人之道堪忧。把水满则决溢的原理运用于人文社会领域，反映了事物发展变化的普遍规律。受益不止，积累了财富，就会产生蹿上高位的小人，或在高位的君子在诱惑面前也会变成小人，因此代表社会正义的君子群体必须向小人开展决战。夬卦主要讲述君子群体如何驱除占居高位小人的原则和方法。人生三不斗，不与君子斗名，不与小人斗利，不与天地斗巧。君子的名望是其内涵德养的外在表现和自然而然的结果，要与君子斗名说明此人并非君子，必然失败。天地自然运行精巧无比，非人力可及，人可以适应自然利用自然，却不能与天地斗，否则必遭大自然惩罚。在物质利益上，不与小人斗，是因为小人是不讲感情、不讲道德、不讲信用、不讲规则的，什么狠招恶招损招、下三烂的手段都使得出来，一般人都不是小人的对手。但是在国家利益、政治立场、思想文化、伦理道德等大是大非的问题上必须与小人进行对决。但是与小人对决不能循规蹈矩，不能刀对刀、枪对枪硬拼，要靠智慧，要讲究策略和方法，学习本卦也许会有所启迪。

夬卦沿袭了大壮卦以公羊行动作为叙事的明线和辅线,以君子对奸佞小人开展决战作为暗线和主线,描写了君子对决小人这场政治斗争的筹备、实施、推进、受挫、冲刺、获胜等整个过程。初九讲君子群体向前进发,拟对小人宣战,但是如果准备工作不充分,精神意志和实质力量不能胜任这场斗争,那么前景是堪忧的。例如,年轻的王阳明与大奸佞刘瑾的公开对决,结果被下狱并遭发配。九二讲推进过程中要提高警惕防止小人骚扰偷袭,一旦发现危险情况及时报警呼救,这样就不会有不良后果。九三讲对付小人切忌头脑发热,感情冲动,不能暴虎冯(ping2)河,鲁莽行事,而是要沉着冷静,理性智慧,讲求战略战术,注意方式方法,以智取胜,以巧取胜,做到出其不意,攻其不备。九四讲对决小人的斗争遇到了困难,决战进入了对峙相持的艰难阶段,小人给予利诱,内部有人动摇,就像井冈山时期的工农红军,有人怀疑红旗到底能打多久?类似于爻辞"牵羊悔亡";毛泽东同志说"星星之火,可以燎原",类似于爻辞"闻言不信"。九五讲要以稳、准、狠的决心和气概,义无反顾,毅然决然,与奸佞小人开展最后决战。上六讲奸佞小人终被清除,甚至来不及呼号就已束手就擒。

【卦名含义】

夬,《古代汉语词典》的解释比较简单,六十四卦之一;决定。《周易·夬》:"~,决也;刚决柔也。"解释为决定没有错,但个人认为并非最妥。《说文解字》解释,夬,分决也。夬的本义如同其卦象,上面有个小缺口,夬字的本身与央字比,左面就有个小缺口,非常形象。加个两点水或三点水就成了"决",古体为"決",意思是容器或堤坝上有个小缺口,水从这个缺口里流出来。从决堤的水流不止,引申出勇往直前、一去不复返的坚决、果决、决断的决。

《古代汉语词典》解释:决,打开缺口,疏导水流,引申为清除,清理;决口,决堤,引申为涨溢,又引水,放水;开;断,断裂;决断,决定,引申为判断,又知晓;决战;判决;果决,坚决;必定,一定;等等。这些意思相互关联,可统筹兼顾,但在夬卦主要是决断、决斗、对决、解决、清除等含义,此处的决斗不侧重武力,而是侧重于思想政治、人文道德、社会意识形态等领域的斗争。

由夬的本义发展而来的汉字还有不少。如,瓷陶容器碰掉一小口就成了"缺",就是有缺口了;心里面少装些事情,减少些负荷,就成了"快",意思是想得简单些就能更加轻松快乐;玉器中缺个口就成了"玦"(jue2),是指半圆形的玉器,由完整圆形物变成了大半圆形物;衣服中有缺口的地方就是"袂"(mei4),是领口、衣袖口、裤脚口的意思,词语"联袂"就是两人如同共用一件衣服的领口、衣袖和裤子,当然这是一种比喻,形容两人关系之亲密和协作之默契;话语有缺口就是"诀",告别、辞别的意思,诀别意味着在以后一段时间内没机会当面说话了,交流的言语就少了,口诀表示用很少的精炼语言代替很长的解释;在一堆物品里选拣少量几样东西就是"抉"的意思,你选择了少数的这几样,也就代表放弃了许多其他东西;"锐"代表金属物体中体积小的部分,如刀尖、刀刃,兑字与夬意思关联;至于土块的块,古代繁体字是"塊",简化字改成块,也体现了"夬"字的含义,可理解为在土地里起出一块泥土,土地就留下了一个缺口。

【卦象寓义】

一、泽上于天之象。这是大象所反映的卦象。从夬卦的结构上看,上卦是兑泽,下卦是乾天,泽水处于天之上。这种景象在现实生活中是不存在的,只存在于人脑中。但是有一种虚象是存在的,那就是到湖泽边,人们会看到湖泽中有天的倒影,这时就呈现出泽在天上、天在泽下的虚幻景象。这时应将泽理解为恩泽。泽上于天,一是表明恩泽囤积很多了,二是表明恩泽掌握在高位者手中,就像上六阴爻高高在上。高位大佬掌握着那么多恩泽资源,就需要施行给天下百姓。这是大象反映出来的观点,代表典型的儒家思想。

二、小人弄权之象。如果以爻为单元进行考察,那么初爻到五爻都是阳爻,代表五位君子;上六为该卦唯一阴爻,代表小人。物以稀为贵,故上六成为本卦卦主,即充当着本卦的主角。同时上六又是卦中的最高位,有大佬之称。可理解为一个奸佞小人蹿居高位,掌控着整个政局。如,慈禧、和珅、刘瑾、魏忠贤、秦桧、赵高等等,与夬卦中的上六非常吻合。

三、对决小人之象。《杂卦传》说:"夬,决也,刚决柔也,君子道长,小人道忧也。"这里的刚决柔,即五个阳爻代表的五个君子,与上六一个阴爻所代表的奸佞小人开展决战。从数量上看,君子与小人比是五比一,似乎君子占有优势,但是小人占居有利位置,居高临下,压制着众君子。因此,这个小人很难对付,一着不慎,将会引起疯狂反扑和报复。一是因为小人不讲仁、义、礼、智、信,什么缺德事都干得出来;二是因为这个小人占领制高点,控制着国家机器和资源命脉，在它周边存在着错综复杂、盘根错节的利益链，很难连根铲除。因此，这里的刚与柔是君子与小人的对决、是正义与邪恶的较量，是物质力量上的决斗，更是精神智慧上的决斗。得道多助，失道寡助，尽管中间会有曲折与反复，但最终的胜利者必定是君子所代表的正义方。

四、夬字来源之象。夬字与央字很像，央是中心的意思，可理解为某块面积的中心部分，比如，一尊圆形生日蛋糕，若按楔形切下一小块，那么这尊蛋糕便不完整了。完整的蛋糕是央的状态，切下一块后的蛋糕便是夬的状态；如果"央"代表圆圈，那么"夬"就代表有缺口的圆圈；乾卦六爻皆阳，圆满无缺就是央的状态，夬卦上六有个缺口因而用夬字作卦名。把"央"字去掉一竖就成为"夬"字，这一竖代表那块被切掉的蛋糕。夬字来源于夬卦的卦画。上卦为兑卦，与乾卦相比，兑卦由乾卦上爻少个阳爻而成。乾为圆，去掉一个阳爻后，这个圆被毁了，因而兑有毁折之意，一是表示有缺口，二是因为毁折往往是由利器导致的，引申出尖锐锋利之意。因此，夬字生动地反映了卦画的形象，换句话说夬字是根据该卦卦画创造出来的，因为先有卦画后有文字，这与文字发展规律是吻合，汉字是由图画演变发展而来的。

五、君巫卜筮之象。下卦为乾，乾为君；上卦为兑，兑为巫。可理解为，这是巫史为君王通过卜筮方式决断国家大事的情景。夬与决、卦象与情境相吻合。《系辞下传》说："上古结绳而治，后世圣人易之以书契，百官以治，万民以察，盖取诸夬。"系辞下传说，上古时期通过结绳方式发布命令、传递信息而实现对部落的治理，后世圣人换成书籍契约，达到管理百官、体察民情的目的，这些做法大概是受夬卦的启发而产生的。根据《尚书》记载，古时经常采用卜筮办法来辅助对国家大事的决策，巫史官便担任了这个角色。甲骨文中有大量占卜结果的记载，这与"书契"功能比较相似。

六、发生日食之象。夬卦下卦为乾，乾为日、太阳；上卦为兑，兑为毁折、缺损。太阳发生缺损便是自然天文中的"日食"现象。古时科学欠发达，对日食机理不甚明了，便认为是天狗吞日，被认为是不祥之兆。因此，人们敲锣打鼓，通过祭祀祈祷形式，请求天狗把太阳吐出来。太阳复圆之时，就是夬卦五君子将小人驱逐之时，这时夬卦就变成了乾卦，乾为日，为圆。从十二消息卦考察，夬卦到乾卦，就是三月进入四月，这是时序发展中的必然轨迹。从天文科学看，由日食到复圆过程也是必然趋势。指君子与小人对决后，夬卦变成乾卦，日食完成，复圆为和。将日食现象引入政治领域，奸佞小人把持朝纲也属不祥之兆，必须对其展开决战，清除后朝内暂时呈现清一色君子局面，因此象辞说"决而和"，通过决战，换来了君子大团圆和谐局面。乾为圆，由缺变圆即为"和"。

七、农历三月之象。在十二消息卦中，夬卦代表农历三月。泰卦代表农历正月，上卦为地、下卦为天，称其为地天泰，表明正月阴气阳气基本平衡。到了农历二月阳气进一步上升、阴气进一步下降，因此用大壮卦代表农历二月，上卦为雷、下卦为天，称其为雷天大壮。到了农历三月，阳气更足，阴气更少，于是用夬卦来表示是相当合适的，夬卦有五个阳爻表明阳气很盛，只有一个阴爻表明阴气衰弱。再往前发展就到农历四月，用乾卦表示，六爻全阳，表明阳气到了巅峰。从农历五月开始阴气开始回复生成。值得注意的是，阳气阴气盛衰与气温高低有关，但两者不完全同步，气温随阴阳气变化而变化，但存在一定滞后性。因此，阳气农历四月最盛，而气温却在农历六七月份最高。

所谓"十二月消息卦"，也叫"十二辟（bi4）卦"，即以卦象表示农历十二个月份。消，消除、削减、减少；息，孳息，利息，增加，消息就是增减、消长。辟（bi4），是君主的意思，十二个卦犹如十二个轮流执政的君主，也就是说农历三月的轮值主席就是夬卦。十二消息卦的排列很科学也很有规律，呈现递增或递减关系。卦象相互之间还存在着相错或相综关系，一对错卦之间的间隔是六个月，因为每卦是六个爻，一个爻的变化代表一个月的变化；一对综卦的时间间隔不相同但也很有规律，都是以乾卦、坤卦作为主轴，呈左右两边对称关系，比如，四月是乾卦，乾卦前面的三月夬卦与乾卦后面的五月姤卦就是一对综卦；十月是坤卦，坤卦前面的九月剥卦与坤卦后面的十一月复卦是一对综卦。农历月份与对应的卦画如下：

正月，泰卦，地天泰，表明春天阳气自下上升，阴气自上下降，阴阳平衡而且相互交流，三阳开泰的说法就源自这里。泰卦的综卦和错卦都是否卦。

二月，大壮卦，雷天大壮，天上打雷，惊醒蛰伏万物，雨水滋润万物，大壮反映了这个时节万物迅速生长的情形。大壮卦的综卦是遁卦，大壮卦的错卦是观卦。

三月，夬卦，泽天夬，下五阳上一阴，阳气继续上升，只剩下一个阴爻，旺盛的阳气对日渐萎缩的阴气进行最后决战，引用到社会领域，相当于君子群体对一撮小人的最后决战。夬卦的综卦是姤卦，错卦是剥卦。

四月，乾卦，六个全是阳爻，阳气到了鼎盛时期，全卦没有阴爻，表明阴气到了一年中的低谷，但阴阳是个相对的概念，不能理解为四月气象中没有一点阴气，因为纯阳纯阴的事物在客观世界中几乎是不存在的。乾卦的综卦还是乾卦，乾卦的错卦是坤卦。

五月，姤卦，天风姤，下一阴上五阳，表明此时阴气开始回复，气象进入阴气逐渐上升的通道之中。姤卦的综卦是夬卦，姤卦的错卦是复卦。

六月，遁卦，天山遁，下二阴上四阳，艮代表少男、小伙子，乾代表父亲、老人，卦象反映了小伙子急于主政，排挤老人的情形，有点少壮派取代元老派、激进派取代保守派的味道，阴气已有所发展壮大。遁卦的综卦是大壮卦，遁卦的错卦是临卦。

七月，否卦，天地否，下三阴上三阳，否卦的阴阳趋于平衡，但是天向上扩张，地向下收缩，天地之间呈现相互分离、阻塞不通的状态，因此七月有多事之秋的说法。否卦的综卦、错卦都是泰卦。

八月，观卦，风地观，下四阴上二阳，阴气形成大气候，阳气处于弱势，但仍能勉强维持些时日，从门楣上看似乎还有些可观的东西，因此八月份进入中秋了，偶尔还会出现炎热天气。观卦的综卦是临卦，观卦的错卦是大壮卦。

九月，剥卦，山地剥，下五阴上一阳，形成五阴剥独阳的局面，这时小人异常猖獗，君子岌岌可危，反映在气象领域，天地间阴气盛极，阳气所剩无几，深秋之后意味着寒冬即将来临。剥卦的综卦是复卦，剥卦的错卦是夬卦。

十月，坤卦，六爻全为阴，阴气到了低谷极值，与以上已述及的内容同理，阴阳是个相对概念，虽然阴气到了最低值，但并不代表在现实生活中天地间一点阳气都没有了。坤卦的综卦还是坤卦，坤卦的错卦是乾卦。

十一月，复卦，地雷复，下一阳上五阴，代表君子的阳爻重新回归到初爻，表明开启了新一轮伟大复兴的征程，虽然十一月还是严冬寒冷季节，但是冬天到了，春天还会远吗？复卦的综卦是剥卦，复卦的错卦是姤卦。

十二月，临卦，地泽临，下二阳上四阴，临卦的景象是一个人站在陆地上欣赏着美丽的湖景，就像君主统领着百姓大众，即君临天下。此时阳气进一步壮大，虽然还是寒冷，但是春的气息已经初现。临卦的综卦是观卦，临卦的错卦是遁卦。

如上所述，四月份阳气最盛、十月份阴气最盛，但与人们的实际感受并不一致，通常六月天气最炎热，阳光也最毒辣，十二月份应该最寒冷，寒风刺骨，给人感觉十二消息卦所表示的时令，与我们实际感知的时令相差约两个月。本人认为有三方面因素，一是如果将六月定为乾卦，那么正月就不是现在的泰卦，而应为复卦，虽然复卦的寓意不错，但"与"泰卦的阴阳平衡、上下通气、国泰民安的内涵相比，用泰卦表示正月更为合适，三阳开泰寓意极好；二是或许是气候变化因素引起的，现在的气象与古代相比肯定会有所变化，但是到底怎样变化，是变化显著、还是变化不大，是整体变热、还是整体变冷，是有规律性变化，还是无规律性变化？因缺乏历史资料不太容易说得清；三是阳气最盛不等于气温最高，阴气最盛不等于气温最低。阴阳气之盛衰与气温之高低呈现一定滞后性。就如同烧火炒菜，刚开始点火时，尽管火很大但锅是温凉的；关掉火苗后，虽然火苗熄灭了，但锅仍然很烫。从人体感觉上看，六月赤日炎炎、酷暑难挡，但风和日丽、春光明媚还是要数四月天。

李守力先生《从易经里看出端午与夏至的关系》一文，解释了为什么要用乾卦表示农历四月。夏至，太阳运行至北回归线，是直射北半球时间最长的一天，白天时间可达15个小时，自夏至以后，白天的时间慢慢缩短。通常夏至以阳历6月21日或22日居多，与农历五月初五端午节相差天数不是很多。根据这个时令节气规律，端阳和夏至前的农历四月份日照时间处于上升通道并逐步接近巅峰状态，四月份太阳直射地面的时间最长，为阳气最盛的月份，因此用乾卦来表示农历四月是符合客观实际的。当然这是针对我国地理气象而言的，如果是南半球或其他地区情况会有所不同。

我国古代把农历五月初五、初六、初七，十五、十六、十七，二十五、二十六、二十七作为"九毒日"、把农历五月十四日（另说十六日）作为天地交合日，认为在上述十日期间是不宜房事的，因为会过分消耗阳气。另有一种传说，五月十四日，四天王巡行，夜子时为天地交泰，如此时行房纵欲三年内夫妇俱亡。这种说法来自《素女经》："五月十六日，天牝牡日，不可行房，犯之不出三年必死。何以知之？但取新布一尺，此夕悬东墙上，明日视之，必有血色。切忌之。"虽然，九毒日行房有什么不良后果，天地交泰时行房三年内夫妇必死，缺乏案例证据，甚至存在某些迷信因素，但是撇开这些负面因素，去思考探究一下其背后蕴藏着的易经智慧和科学道理还是有其积极意义的。

思考之一，为何隔十天就设三个毒日？本人认为，其真正用意并不在于局限于这几日上, 不能机械地认为初七行房有事、初八就没事了, 其主要目的在于以"九毒日"方式, 提示人们行为要节制, 不要频繁放纵, 要在思想上予以足够重视。

思考之二, 为何要编四天王巡行、三年内俱亡来吓唬人? 本人认为, 原因在于古时科学不够发达, 对有些现象无法作出科学合理的解释, 即便有能力宣讲科学道理, 老百姓也听不懂。因此, 利用百姓敬天、畏神、怕死等心理习惯, 采取这种传播方式简单易行, 效果最好。

思考三, 背后是否蕴藏着科学道理? 易与天地准, 易经是以天地运行规律作为准则的。首先, 春天是阳气逐渐上升的过程, 到夏至达到高峰, 之后阳气逐渐减少。人体的阳气变化也与自然保持同步。因此, 五月份是人体阳气由旺盛进入衰减的转折期, 为了给全年健康储存足够阳气, 就应当均衡分配合理使用阳气, 做到保存实力、量入为出、合理支出, 防止阳气消耗过多过快。

其次, 由于五月份白天时间长, 天亮得早、黑得晚, 正好又是农忙季节, 白天劳作很辛苦, 晚上时间短, 又有蚊虫骚扰, 睡眠质量难以保证, 就可能影响健康, 因此设置这些禁忌, 目的是促使人们做到起居有常、饮食有节、不妄作劳, 从而起到细水长流、潜阳归根、引阳平稳下行的作用。春夏重在养阳, 秋冬重在养阴, 因而在夏至、冬至安排节日, 劳逸结合, 放松心情, 调养身体, 充分体现了中华民族的智慧。

再次, 从农历五月的季节特点看, 霉雨季节通常在五月, 物体容易长毛霉变, 各种病菌、传染病也是易发多发季节, 这是端午节插艾草、挂香囊、喝雄黄酒、炒雄黄豆等习俗的缘由, 目的在于祛邪防病。在这种非常时期, 注重固本培元, 滋养阳元之气, 节制房事有利于生理卫生和养生保健, 对于预防疾病保持健康很有好处。值得注意的是, 雄黄主要成分是硫化砷, 加热后容易产生三氧化二砷, 即砒霜, 因此对雄黄制品要慎食, 须在医生指导下服用。

八、公羊跋涉之象。 大壮卦代表农历二月, 夬卦代表农历三月, 两者无论从卦画卦象还是卦爻辞上都有紧密联系。大壮爻辞中以公羊作为比喻, 分别提到"壮于趾"、"丧羊于易"、两次提到"羝(di1)羊触藩", 羝羊就是公羊。到了夬卦继续拿公羊作比喻, 因此初九就有"壮于前趾"的表述。夬卦中有两条叙事线索, 一条是公羊长途跋涉线索, 一条是君子挑战和对决高位奸佞小人的线索。两者一主一辅、一明一暗、一显一隐, 相辅相成, 相得益彰。卦中兑卦代表羊，乾卦代表阳刚强壮，两者组合成公羊形象。通常羊是温顺的动物，人们把乖小孩比喻为小羊羔，把老实人称作老绵羊，把迷惘的人称为迷途的羔羊，但是唯独公羊桀骜不驯，野性十足，好跟人斗，具有挑战精神。君子对小人开展决战正需要这种大无畏的勇敢挑战精神，比如，年青的王阳明，一个中下级公务员，敢于挑战权倾朝野的国家级高官大奸佞刘瑾。

九、内健外悦之象。 下卦也叫主卦、内卦，内卦为乾，乾卦的卦德为健，刚健有力，充满阳刚之气，这表明居于内卦的主体具有像天体运行一样自强不息的精神气质和实际能力。上卦也叫客卦、外卦，外卦是兑，兑卦的卦德是悦，人们行走在秀水湖畔是愉悦的，青春少女的神情总是喜气欢乐的，人们看到少女是愉悦的。外卦可理解为主体的外在表现和客观环境，表明刚健强大的主体所表现出来的行为举止是令人愉悦的，其所处的外部环境是令人欣喜的。

十、父亲少女之象。 夬卦下卦为乾，乾为父；上卦为兑，兑为少女。下卦又叫内卦、主卦，上卦又叫外卦、客卦。如果把夬卦作为一个家庭、团体和单位的话，其组织结构便是，父亲在内主政，少女在外从事辅助工作。从先天八卦和后天八卦的位置来看，乾与兑都是相邻关系，表明关系比较紧密，也可用来说明父亲与少女的关系更加亲近。因此，这种组织结构应当是比较合理的。

十一、金金比和之象。 在八卦与五行的关系中，乾、兑都属金，这表明这两个卦关系比较紧密。从阳数来看，乾为7，兑为6，在八卦中排第一第二，它与金、木、土、水、火的物质属性是吻合的。阳数是针对八个经卦（单卦）而言的，按照二进制转化为十进制计算公式，"阳数=2的（n-1）次方"，共三个爻，上爻为个位数，中爻为二位数，初爻为三位数，乾卦用二进制表示就是111，转化为十进制就是7，乾卦阳数大为阳金。兑卦用二进制表示就是110，转化成十进制就是6，阳数比乾卦小，称其为阴金。夬卦上下卦都是金，而且阴阳相吸，因此呈现比和关系。这是种很好的合作关系。

【关联卦画】

夬卦的综卦是姤卦。 夬卦颠倒180度成为姤卦，姤卦颠倒180度成为夬卦。夬卦为第四十三卦，姤卦为第四十四卦，两者为前后排列，互为综卦，综卦也叫覆卦、镜卦。考察综卦的意义在于多角度、多途径、全方位对事物进行考察分析，才能得出全面正确可靠的结论，这样有助于把事物办成，有利于把问题处理好。

夬卦的交互卦是乾卦。将夬卦的初九、上六去掉，用剩下的中间四个爻重新组成一个卦，用四个爻中的上三个爻作为上卦，用下三个爻作为下卦，其中中间两个爻为上下卦皆有，体现了交互的意思，这个卦便是夬卦的交互卦乾卦。考察交互卦的意义在于，考察分析事物时，排除极端因素，这样得出的结论更加符合客观实际。交互卦是本卦中派生出来的，表明本卦中包含着交互卦的内容，它反映了事物的过程性状态，也就是说夬卦再往前发展出现乾卦状态的可能性最大。事实的确如此，夬卦是农历三月，进入农历四月是时序规律，乾卦正好就代表农历四月。

夬卦的错卦是剥卦。如果将夬卦的各个爻性质相反，那么得到的这个卦便是它的错卦。两者既有联系又有区别，夬卦是泽天夬，剥卦是山地剥，前者是五君子驱赶一小人，后者是五小人剥蚀一君子，泽与山相对，天与地相对，情况正好相反。易经具有扶阳抑阴、抱阳负阴思想，因而支持五君子驱赶一小人行为，却反对五小人剥蚀一君子行为。考察错卦的意义在于，从事物的对立面来考察分析事物，注意把握做事的分寸，不及与过都属非正常状态，过犹不及，做事要善于趋利避害，防止做事过头过火，否则容易出现弊端。

夬卦是大壮卦的升级版。大壮卦是周易的第三十四卦，上卦为雷，下卦为天，称其为雷天大壮，是刚健、健壮、壮大的意思。从卦象上看，上面两个阴爻，下面四个阳爻。在大壮卦的基础之上，阳爻再往上进一位，下面增加一个阳爻，上面就被挤掉一个阴爻，于是大壮卦就变成了夬卦，表明君子的正义力量在增强，小人的势力在萎缩和后退。大壮卦中多次出现羊的形象，如羝羊触藩，就是公羊凭借蛮力想冲破樊篱，在此公羊就是年轻小伙子的象征，有力量，易冲动，头脑简单，缺乏智慧，不够冷静，不够成熟，不够理性，这是需要努力克服的缺点，这种思想在夬卦中也有所体现。用来证明夬卦是大壮卦升级版的依据还在于爻辞上，大壮卦初九"壮于趾"，夬卦初九"壮于前趾"；大壮卦九三"小人用壮"，夬卦九三"壮于頄"（kui2）；大壮卦多处讲到羊，夬卦也讲到"牵羊悔亡"；大壮卦九四有"藩决不羸"的爻辞，意即公羊用羊角挑击藩篱，终于不再被藩篱缠绕，而是决出了一个缺口，夬就是缺口的意思，公羊挑破了藩篱就等于向前进了一步，大壮卦九四等四个阳爻整体往前就前进至九五，于是就成了夬卦了。而一头公羊从大壮卦进入夬卦，首先踏入的是它的前蹄，因而夬卦初九有"壮于前趾" 的爻辞。

【卦辞象辞】

〖卦辞〗

"夬, 扬于王庭, 孚号, 有厉。告自邑, 不利即戎, 利有攸往。"

【译文】"夬卦, 在朝廷公开揭露小人行径, 真诚为正义而呼号, 有危险。告诫辖地民众, 不适宜诉诸武力, 适宜朝共同目标行动。"

即戎, 帛书版为 "節戎", 節, 符节、兵符, 古时打仗, 视符为君令, 见符才可出兵, 如信陵君窃符救赵。有的将 "即" 解释为靠近、就近也可。即戎, 兵戎相见, 武装交火。卦辞用来概括全卦的主题思想, 主要包括: 一是要出于公平正义, 真诚为正义而呼号, 勇于在大庭广众公开揭露小人的罪恶行径。二是注意防范风险, 因为小人居于高位, 什么手段都能用得出来。因此, 君子与小人斗, 要讲究策略与技巧, 善于保护自己, 谨防奸佞小人疯狂报复。三是管好自己的人, 步调一致, 令行禁止, 切勿鲁莽冲动, 武力交战不是解决小人的最佳方式, 不到万不得已不要出现火拼, 当然也不能放弃武力, 应将其作为威慑手段和坚强后盾。四是要同心协力, 心往一处想, 劲往一块使, 积极行动, 主动出击, 攻坚克难, 正义必胜。

"告自邑" 取象于兑卦和坤卦。该卦上卦为兑, 兑为口, 口言为告。夬卦代表农历三月, 始于地天泰代表的农历正月, 泰卦上卦为坤, 坤为身体, 指自身; 坤为土, 为地, 引申为国家版图、采邑和城邑等。

〖象辞〗

《象》曰: "夬, 决也, 刚决柔也。健而说, 决而和。扬于王庭, 柔乘五刚也。孚号有厉, 其危乃光也。告自邑, 不利即戎, 所尚用穷也。利有攸往, 刚长乃终也。"

【译文】象辞说, 夬就是决的意思, 阳刚君子对决阴险小人。内刚健而外喜悦, 通过解决小人达到君子群体的和合圆满。在朝廷公开揭露小人行径, 这是因为奸佞小人凌驾于五君子之上。真诚为正义而呼号有风险, 这是由于危险性分布很广。告诫辖地民众, 不适宜动用武力, 因为小人所崇尚使用的方法手段已经穷尽。适宜朝共同目标行动，最后以阳刚力量增长而终结。

象辞用来对卦辞作进一步阐释。光，通"广"，提醒君子注意风险防范。不使用武力是因为小人已经穷途末路，杀鸡没有必要用牛刀。对付奸佞小人适宜使用政治手段，而不适宜使用军事手段。

【大象之辞】

《象》曰："泽上于天，夬。君子以施禄及下，居德则忌。"

【译文】大象说，湖泽位于天之上，这是夬卦所反映的虚幻景象。君子受此启发应当施恩泽于天下，自以为有恩泽于百姓这是最忌讳的。

大象代表典型的儒家思想。儒家认为，恩泽上于天，积攒在高层少数统治者手里是不公平的，应当普施给天下百姓。君子为百姓谋幸福是应尽的职责和义务，而不应该理解为是对百姓的恩赐与施舍。居德，就是不要以为为百姓做点好事就很有恩德了，这只是做了应该做的事。

【爻辞小象】

"初九，壮于前趾，往不胜为咎。"

【译文】"初九，强壮体现在前蹄上，向前行进若不能胜任，则为灾祸。"

这里的"趾"是指羊的脚蹄。初九阳爻居阳位，当位，与九四没有正应，其行为得不到九四上层的支持，因此这只公羊长途跋涉困难更大。

"壮于前趾"取象于大壮卦和乾卦。夬卦与大壮卦关联密切。在十二消息卦中，大壮卦代表农历二月，夬卦代表农历三月。夬卦和大壮卦下卦均为乾，乾为力量的象征，与"壮"意思关联。初爻为脚足部位，故为趾。大壮卦："初九，壮于趾，征凶，有孚。"夬卦："初九，壮于前趾，往不胜为咎。"两者内容相似，区别在于前者不分前后趾，后者特指"前趾"。为什么会有这样的区别呢？

本人认为有两种解释，其一，从时间上看，先有大壮卦农历二月，再进入夬卦农历三月。如果用羊行走来比喻的话，从大壮卦进入夬卦必定是前趾先踏进来。其二，这种区别反映了易作者的意图。对于大壮卦，易作者是想尽量保持小人与君子的平衡状态,从而延长大壮的局面,因而初九爻辞主张不要前往,并告诫说硬要前往有凶险;而对于夬卦,易作者改变了态度,因为这是小人独霸朝纲的局面,倾向于尽快与小人开展对决,从而改变这种非正常政治生态,因此初九爻辞是强壮羊的前趾,以便增强前行的力量,如果力量不能胜任的话,情况将是不容乐观的。对于羊来说,通常后腿比较粗壮,力量较强;前腿稍细,力量稍弱,如果要完成长途跋涉的重任,必须补齐短板,加强前腿的力量,因此初九爻辞提示要强壮前趾的力量。

"趾"、"往不胜"取象于爻位和巽卦。若初九发生爻变,则下卦变为巽,巽为股,巽为进退,为不果。此处股引申为羊的脚蹄;进退是有进有退,表明向前行进艰难;不果是指没有结果,这与"往不胜"意境相合。

《象》曰:"不胜而往,咎也。"
【译文】小象说,不能胜任而要前往,有小灾祸。

"九二,惕号,莫夜有戎,勿恤。"
【译文】"九二,保持警惕,发现险情大声呼叫,即使暮夜出现兵寇,也不用担心。"

惕,警惕,谨慎小心。莫,通"暮",日落之时,傍晚,夜,昏暗,昏黑,从太阳下山引申出消失、不见、没有的意思,暮的意思反而淡化了,因此后来加个日写作暮,来代表莫最先的本义。我称汉字中的这种演变现象为"鸠占鹊巢",类似的字还有孚(孵)、它(蛇)、益(溢)、夬(决)等。戎,兵器;军队,士兵;战争,征伐;兵车;我国古代西部少数民族的泛称。恤,忧虑,担忧。卦辞中有"不利即戎"的表述,这说明夬卦主要不是描写军事战争的。九二居下卦中位,是君子力量的主要代表,是本卦的正方主角,占有较重份量。九二的"戎"与卦辞的"戎"是有关联的,九二应着重体现卦辞的主题思想,因此这个"戎"不应解释为战争、战斗、交战,而应解释为兵戎、兵卒、士兵等小股武装、散兵游勇,把它解释为来自西戎少数民族前来偷鸡摸狗的骚乱兵寇更加合理。因为,在周文王父亲季历时期就曾征伐过西戎部落,周文王岐山部落与西部边境少数民族的矛盾一直存在,西戎兵寇的小骚扰事件司空见惯。因此,此爻写"莫夜有戎"的目的在于,提醒与奸佞小人开展决战的君子群体要提高警惕,加强戒备,谨防不法之徒偷袭。

九二阳爻居阴位,不当位,行为举止过于刚强;与九五没有正应,得不到老大的关照支持,这两点都是不利因素。但是,九二居于下卦中位,能够坚守中正之道,主持公平正义,能得到民众的支持,道德品质良好可以弥补不利因素,因此虽然遇有小股兵寇,也不用忧虑。

"惕号"取象于坎卦和巽卦。若九二发生爻变,二至六爻构成大坎卦,下交互卦变为巽卦。坎为加忧、心病;巽为风,风之声为号。

"莫夜"取象于离卦、兑卦和巽卦。若九二发生爻变,则下卦为离,离为日;下交互卦为巽,巽为入;上卦为兑卦,兑为西方,日落西方即为暮。

"有戎"取象离卦、兑卦和坎卦。若九二发生爻变,则下卦为离,离为戈兵、甲胄;上卦兑为毁折,引申为伤亡;大坎卦为弓轮,为血卦,为盗,与盗寇、兵戎意思相近。三者加起来就生动地表达了"戎"的意境。同时,兑为西方,此处指西戎少数民族兵寇更为合理。

《象》曰:"有戎勿恤,得中道也。"
【译文】小象说,有兵寇骚扰不用担心,因为主方奉行的是中正之道。

"九三,壮于頄(kui2),有凶。君子夬夬,独行遇雨,若濡,有愠,无咎。"
【译文】"九三,强壮表现在颧骨上,有凶险。君子毅然决然与小人决战,如同独行遇雨,淋湿衣裳,虽有些不快,但没有灾祸。"

頄,颧骨,两眼以下、脸两侧的面颊骨。对頄字的理解历来有许多争议,有的解释为尻(kao1),认为应该指屁股部位,其理由是初九"壮于前趾"、九四"臀无肤",因此九三应该是臀与脚趾之间的某个部位。这种解释不能说完全没有道理,但未免过于机械。学易经要学会变通,切不可视为典要。多角度观察、多样化表述、多角色扮演等在易经中经常出现,如果直来直去、一条道走到黑就难免会碰壁。当然,变通也是有原则的,不是天马行空、漫无边际,变通要为易理内容服务,如何掌握变通的度是对易学者道行的考验。

中国人讲究内敛,内心强壮才是真正的强壮,如果强壮写在脸上,在颧骨面颊上暴露无遗,表明此人是直肠子、性情中人,说明定力不够,情绪管理不佳, 做事不够冷静和沉稳, 有些外强中干、色厉内荏的意味, 以这样的姿态与奸佞小人决战必定要吃大亏, 因此出现凶险是不难理解的。这类人有点像子路, 刚正不阿, 见义勇为, 视死如归, 最后献身于阻止卫国的政变中, 对于子路的结局孔子是有预见的, 孔子说: "若由也, 不得其死然。" 意即像仲由这样性格的人, 不知道他死的方式。对付奸佞小人不但要有强壮的身体, 更要有强大的内心。人有时走得太快了, 灵魂就跟不上, 身体与内心就会出现不协调, 很可能做出一些令人后悔的事情来。此爻旨在告诫人们凡事不要操之过急, 要放慢匆匆的脚步, 等一等灵魂跟上来, 等身心一体的时候再去做事, 就比较稳妥, 可以避免风险。

"壮于頄" 可理解为与奸佞小人斗争到底的决心和态度在脸上明显地表露了出来, 有些头脑发热, 容易让奸佞小人事先知道意图, 从而设下阴谋诡计, 这是非常危险的。此爻与大壮卦的九三有紧密联系, "九三, 小人用壮, 君子用罔, 贞厉。羝羊触藩羸其角。" 意思是小人自恃强壮以强凌弱, 而君子却不这样, 守正防止危险。因此, 小人就像公羊挑战藩篱反被藩篱缠住了角。可见, "壮于頄" 类似于小人用壮、羝羊触藩的行为, 不是君子应该采取的行为方式。

"独行遇雨, 若濡, 有愠, 无咎。" 这是易经常用的一种比喻手法, 以生动形象的生活情景来阐述抽象的道理。意思是说, 你风风火火去冒险, 还不如淋点雨降降温、冷静冷静, 虽然衣服 "湿漉漉" 的让人有些难受, 但是后果没有灾祸。

九三与上六有正应, 表明九三君子与上六小人曾有过工作上的合作, 后来九三站出来揭发小人, "壮于頄" 表达了九三与上六态度和决心, 但这么直来直去将面临凶险。《系辞下传》曰, 初难知, 上易知; 二多誉, 四多惧; 三多凶, 五多功。该爻中的凶与此吻合, 它反映了事物发展的普遍规律。九三爻辞后一句表明坚定决心, 毅然决然与小人划清界线, 并誓与小人势不两立。九三阳爻居阳位, 当位, 表明其行为举止是基本适当的。

"頄" 取象于乾卦爻位。下卦为乾, 乾为首, 九三相当于颧骨的部位。既然初九为羊的前蹄, 前蹄与羊头挨得近, 照此推理, 把九三视为颧骨也未尚不可。有例行必有例外, 通常用整个六爻卦代表全身, 但在特殊情况下将三爻卦代表全身或某些部位也是可行的。比如, 将下卦乾卦看成是羊的前蹄+羊头, 把上卦兑卦看成独立的一头羊。相当于影视中全景和特写相结合的表现手法。

"君子夬夬" 取象兑卦。夬夬, 是与小人彻底决裂、开展最后决战的决心。

夬卦中出现两处"夬夬",分别在九三和九五,原因是这两个爻与上六有特殊关系,九三与上六有正应,表明曾经有过合作关系;九五与上六是相邻关系,阴阳相吸,各自当位,也有不错的合作关系。当他们看清了上六奸佞小人祸国殃民的危害之后,决定与之决裂并坚决与之决战。夬夬,代表有两个夬卦。一个是上卦为兑卦,另一个是如果九三发生爻变,则下卦也变为夬卦。为什么九三要爻变?这是因为原先九三与上六是有正应的,表明九三君子与上六小人心意相通,有纵容迁就小人之嫌;九三变成六三,两者不再有正应,表明君子与小人决裂的态度和决心。同理,九五与上六也因为原先是相邻关系,对上六有阴阳相吸的互助关系,如果九五变成六五,那么就变成阴阴相斥,也表明了不与小人合作的态度和决心;九五发生爻变后,上交互卦也为兑卦,加上上卦兑卦,也是两个兑卦,与"夬夬"爻辞吻合。

"独行"取象于九三爻位。九三与上六有正应,可有所前往。其他四个阳爻与上六关系不大,因此九三只能独行。

"遇雨,若濡"取象于兑卦和乾卦。上卦为兑,兑为泽,泽与雨、濡意思关联。下卦为乾,乾为上衣。两者合起来就表示淋湿衣服。衣服被雨淋湿是件令人不快的事,但是它能使人降温,使前面发热的头脑冷静下来,因此尽管有点不快,但没有不良后果。

"有愠"取象于离卦。若九三发生爻变,则下交互卦变为离卦,离为火,人有火则愠。

《象》曰:"君子夬夬,终无咎也。"
【译文】小象说,君子毅然决然与小人作坚决斗争,最终结果没有灾祸。

"九四,臀无肤,其行次且(zi1 ju1)。牵羊悔亡,闻言不信。"
【译文】"九四,臀部没有肌肉,跟跟跄跄行走。牵羊投降可使悔恨消失,听到此话不予理睬。"

肤,原指禽兽的肉,主要指类似五花肉的肥肉,也指瘦肉,引申为动物肌肉。比如第二十一卦噬嗑卦六二就有"噬肤灭鼻"的爻辞。有学者将其解释为皮肤,认为是羊的皮肤破损受伤,还有人认为羊把人的屁股顶破了,本人认为都与"无肤"词义不符。无肤，是指公羊因长途跋涉，困顿劳累，全身变瘦，后蹄腿作为主要行动支撑，"臀部"肌肉减少，意味着后蹄腿力量的大幅下降，这是引起行走艰难的原因。此爻主要是以羊跋涉中的艰难，来比喻君子对决小人这场斗争进入了艰难困苦的阶段，相当于革命到了低潮，是逃跑、放弃、退却、妥协、叛变、投敌，还是咬紧牙关，坚韧不拔，矢志不渝，斗争到底? 这对革命队伍是种严峻的考验。次且，即趑趄(zi1　ju1)，脚步不稳，行走困难，想前进又不能前进的样子。

九四为上卦初爻，上卦为兑卦，兑为羊，因此可以将上卦看成一头独立的羊。有人硬要把整个六爻卦看成是一头羊，结果强解易经，以致于把本卦九三的"頄"解释为屁股之类的，本人认为是不妥的。理由很简单，一是九四有"臀无肤"表述，臀就是屁股，易经不可能用九三、九四来指向同一部位;二是以子之矛刺子之盾，如果循着它把六爻卦作为整羊的思路，那么初九是前蹄，九三、九四是屁股，屁股放在前蹄的前面或上方，这是说不通的。因此只有把上下卦分开，分别指代羊的局部或全身，问题就迎刃而解了。

对"牵羊悔亡"的解释也是众说纷纭，本人认为丰铭《周易雅正》的观点有道理，认为"牵羊"是投降的仪式。据《史记·宋微子世家》:"周武王克殷，微子乃持其祭器造于军门，肉袒面缚，左牵羊，右把茅，膝行而前以告。于是武王及释微子，复其位如故。"此段话记载了微子向周武王投降时，以牵羊表明愿意归降称臣，牵羊的意思，一是羊与降谐音，二是羊表示温驯顺服，三是象征把自己当作一头羊交给主人任凭宰割处置。九四爻辞借用牵羊归降的含义，来说明面对艰难困苦处境，君子队伍中有人出现思想动摇，或者是奸佞小人企图瓦解君子队伍斗志，传出话来说你归降于我可以既往不咎。但是，君子队伍不为所动，没有被这些谎言所蒙蔽。

从阳爻居阴位的情形看，九四应该是有力量的，而事实上爻辞又说"臀无肤，其行次且"，是一副羸弱无力的形象，可视为这是发展壮大过程中的低潮，驱逐小人的君子群体此时感到力不从心，处于异常艰难时期。

"臀"取象于兑卦。上卦为兑，兑为羊，九四为兑卦初爻，相当于羊的臀部位置。

《象》曰:"其行次且，位不当也。闻言不信，聪不明也。"

【译文】小象说，走路不稳，因为九四阳爻居阴位不当位。听到那些话不相信，听觉不灵敏。

《古代汉语词典》解释，聪，听觉灵敏；听清楚，听而明审。词语聪明的意思是，听觉、视觉灵敏，聪慧明审。据此，"聪不明"应当解释为听觉不灵敏，即耳朵不好使，是婉转表述听不进别人的意见。由此可见，小象作者未必真正理解"牵羊"的含义。有人将"聪不明"解释为，如果听从了关于归降的意见，那就是不明智的，这样解释虽然小象与爻辞意思一致了，但本人认为有些牵强。

"聪不明也"取象于坎卦。若九四发生爻变，则上卦为坎，上交互卦为离，坎为耳，坎为隐伏，离为目。目在坎下，即遮蔽眼睛，以眼睛的不明引申为耳朵的不聪。

"九五，苋（huan2）陆夬夬，中行，无咎。"
【译文】"九五，犹如细角山羊毅然决然，沿着中正之道而行，没有灾祸。"

"苋陆"有些版本写作"苋（xian4，繁体为莧）陆"，差别只有一个小点。《说文解字》解释，苋（huan2），山羊细角者。《古代汉语词典》解释，苋，苋菜。有版本认为，苋陆，又称商陆，多年生草本植物，野外比较常见，红紫或白色小花，其果扁圆，大小如药品，形似微缩的小蟠桃（盘桃），赤黑色。嫩叶可食，其根有毒。苋陆比喻小人，指本卦的上六阴爻，表明看起来柔弱，实则内心险恶，包藏祸心，各种利益关系盘根错节，很难连根拔起彻底清除。本人倾向于"苋陆"的理解，因为它代表某种山羊，与公羊跋涉明线、辅线比较吻合，而且山羊特别是公山羊勇敢倔强的特性，与君子誓与小人斗争到底的决心与毅力意境高度契合。九五阳爻居阳位，表明其行为举止得当。九五为君王之位，在与奸佞小人决战中起着组织协调的领导作用。九五与九二没有正应，说明上下沟通不畅，这是君子行动中的不利因素。

此爻"苋陆夬夬"与九三"君子夬夬"句式相似，如上所述，"夬夬"代表与小人决裂的决心和毅力。九五原本与上六是相邻关系，阴阳相吸，两者存在辅佐合作关系。如要改变合作关系，就只能发生爻变，九五变成六五，与上六阴阴相斥。这样，也解决了"夬夬"的取象问题，分别指两个兑卦，一个是上卦为兑，另一个是九五发生爻变后,上交互卦为兑。

　　"莧陆"取象于兑卦、乾卦或震卦。一是作为山羊解则取象于兑卦,上卦为兑,兑为羊;下卦为乾,刚健有力,两者组合即为公羊。二是如果作"苋陆"解,理解为蔬菜植物,则取象于震,九五发生爻变,上卦为震,震为木,涵盖草本类蔬菜植物。

　　《象》曰:"中行无咎,中未光也。"
　　【译文】小象说,沿着中正之道而行没有灾祸,因为中正之道尚未得到发扬光大。

　　意即九五能坚持"中行"本来应该有更好结果,而目前只是没有灾祸,主要是因为还有奸佞小人尚未清除,中行之道未能得到完全的发扬光大。

　　"上六,无号,终有凶。"
　　【译文】"上六,没有呼号声,最终凶险。"

　　上六是最后一爻,是君子与小人对决见分晓的时候了,此时叙述的焦点转向小人的结局。也就是说,奸佞小人终究会被正义力量所清除。民间有不与小人斗、君子与小人斗小人胜一说,有些道理,但不能把它绝对化。一是并不是真的不与小人斗,对小人必须斗,而且要坚决地斗,否则就会助长歪风邪气。不与小人斗的说法,只是在提示人们小人比较难缠,什么伎俩都敢用,而君子不可能像小人那样无赖,能用的方法比较有限,因此更要讲究策略,不要直来直去,鲁莽行事。小事讲风格,可不与小人计较,但大事必须讲原则,要理直气壮地站出来与小人进行坚决斗争,为了追求公平正义要不惜牺牲自己的利益,要学习林则徐那种苟利国家生死已、岂因祸福趋避之的精神。二是并不是真的君子与小人斗小人胜,最终的胜利一定属于正义。小人是邪恶的代表,是社会历史发展前进道路上的拦路虎与绊脚石,短期内小人可能会暂时占上风,如果就此心灰意冷、一蹶不振、偃旗息鼓、半途而废,小人就真的胜了,所以要以咬定青山不放松的精神,历尽艰险、初衷不改,坚忍不拔、百折不挠,最终君子必定能战胜小人。从长远来看,小人终究逃不脱"终有凶"的结局。

"无号"取象兑卦和乾卦。一是上卦为兑，兑为反巽，巽风之声为号，反巽即无号。二是上六消失是必然趋势。上六消失后，上卦由兑卦变为乾卦，兑为口，乾为圜（huan2，围绕；同"圆"），缺口消失后无口可号。

《象》曰："无号之凶，终不可长也。"

【译文】小象说，虽没了呼号声但结果是凶的，因为小人终究不可能长期猖獗下去。

第四十四卦 姤卦的遇合之道

【姤卦】

【白话经文】

姤（gou4）卦，女子强悍，不宜娶其为妻。

初六，用绳索把家畜拴在金属车闸上，正固吉祥。任其一意孤行，将出现凶险，被拴之猪来回走动欲挣脱束缚。

九二，厨房里烹饪了鲜美的鱼，没有灾祸。不适宜用来招待宾客。

九三，屁股无肌肉，步履蹒跚，有风险，但无大灾祸。

九四，厨房里无鱼可烹，引发凶险。

九五，以杞树枝叶覆盖瓜果，就像内心怀有美德，好事自会从天而降。

上九，女子遇上居龙角之位的年长男人，有些小麻烦，但最终没有灾祸。

【经文原文】

姤，女壮，勿用取女。

初六，系于金柅，贞吉。有攸往，见凶，羸（lei2）豕孚蹢躅（zhi2 zhu2）。

九二，包（pao2）有鱼，无咎，不利宾。

九三，臀无肤，其行次且（zi1 ju1），厉，无大咎。

九四，包（pao2）无鱼，起凶。

九五，以杞包瓜，含章，有陨（yun3）自天。

上九，姤其角，吝，无咎。

【解读序言】

姤（gou4）卦位列周易第四十四卦，因上卦为天，下卦为风，称其为天风姤。《序卦传》说："决必有所遇，故受之以姤。姤者，遇也。"序卦传说，君子与小人决战之后必然还会相遇，因此周易在夬卦之后安排了姤卦。《杂卦传》说："姤，遇也，柔遇刚也。"杂卦传说，姤就是相遇的意思，阴柔相遇了阳刚。表面上是一女与五男相遇，实质上是一小人与五君子的相遇。

阴中有阳，阳中有阴，阴极生阳，阳极生阴，阴阳处于不断地动态转化过程之中。这是易经揭示的客观规律。姤卦是在乾卦基础上演变而来的，虽然只是一个阴爻，而且在初六，却是该卦卦主，她不是老大，却是主角，姤卦因她而多姿多彩，因为这个阴爻正处于初始萌生和快速成长的通道之中，小人可以暂时清除，如夬卦，却难以根除，如姤卦。易经有扶阳抑阴的思想，既然无法根除，那么就不必枉费气力了，只需加强对小人的控制，不使其猖獗祸害即可。姤卦就体现了控制小人的主题。这对治疗疑难杂症也有启示意义，既然疾病难以根除，就不妨换个思路，聚焦于控制病情，与疾病和谐相处，尽力把疾病的危害降到最低。

【卦名含义】

姤（gou4），古文易作"遘"。《古代汉语词典》解释：姤，好，善；恶，丑；六十四卦之一。显然前面两个意思与姤卦联系不够紧密。《古代汉语词典》解释：遘，逢，遇；通"构"。《说文解字》：姤，偶也。综上，姤卦中的"姤"字，应当理解为邂逅、遭遇、相遇、偶遇、遇合等意思，既指男女的相遇，也指君子与小人的相遇，有些艳遇的味道。但是，千万别以为艳遇都是好事，许多麻烦正是艳遇之后产生的，天上一个馅饼砸向你的同时，地上一个陷阱正在等着你。

【卦象寓义】

一、天下有风之象。姤卦的上卦是天，下卦是风，天的特性是浩瀚广阔、刚健有力、积极进取，风的特性是吹向庄稼草木使其一边倒，由此引申出整齐、顺逊的意思，风是无孔不入的，充满每个空间，由此引申出公允、均匀的意思，风是蕴含力量的,可以吹动许多器物。台风、飓风、龙卷风威力无穷,可以摧毁高大坚固的建筑物,平常的风刮起来了也会影响一片区域,引用至社会领域就是形成风尚或风气,有好的、也有坏的。"天下有风之象"所描绘的意境是,广阔的天空下面刮着大风,吹动了万物,使万物在流通变动中邂逅相遇,有叶片与花瓣的相遇、花粉与花蕊的相遇、浮萍与莲荷的相遇、种子与土壤的相遇、蝴蝶与蜻蜓的相遇、小鸟与燕子的相遇、小羊与小狗的相遇,等等。引申到社会就是人与人的邂逅、女人与男人的遇合,小人与君子相遇。

二、君命施行之象。 大象说:"后以施命诰四方。"这个"后"就是君主、君王。上卦为乾,乾为君,代表君主、君王,向天下百姓发布圣旨命令是君王治国理政的重要形式。下卦为巽,巽为风,风的特点是流动、迅速、均匀、整齐、顺从,覆盖面大。如,风行天下,雷厉风行,蔚然成风,渐成风气等都与风有关。以"天下有风之象"来比喻治国理政,就是君王的命令在全国迅速、快捷、均衡、顺利地得到传达贯彻和落实执行。表明政令畅通,令行禁止,行政权力的行使没有阻碍。

三、农历五月之象。 在十二消息卦中,姤卦代表农历五月,紧接四月乾卦之后,表示春光明媚、阳气鼎盛的四月之后,阴气开始回归,并有逐渐增强的趋势。在民间,五月被称为"毒五月",五月初五、初六、初七;十五、十六、十七;廿五、廿六、廿七,被称为"九毒日"。农历五月是对身体健康不利的月份,霉雨季节,潮湿压抑,容易滋生病菌,阳气下降,阴气上升,容易过快消耗身体中的元气,因此在农历五月要注意养生保健,预防疾病,并要节制房事,贮存阳元之气。卦辞中的"女壮,勿用取女"也蕴含着这层意思。姤卦的主旨是对阴爻的行为要有所牵制,而"女壮"恰恰是难以掌控的,不适合做配偶。

四、日食初始之象。 乾为天,乾为圆,乾为金。乾卦爻辞有"终日乾乾"的表述,乾卦代表白天有太阳光照射的时间,坤卦代表夜间没有太阳光或只有月光的时间,有没有阳光是衡量白天和黑夜的标准,阴天的光亮也当属阳光之列,只是大部分阳光被遮蔽而已。因此,太阳与乾卦关联密切,乾卦的圆形之义可用来表示太阳的完整圆满。同理,坤卦代表黑夜,没有阳光或只有月光,月亮与坤卦关联密切。一旦太阳发生了亏损,那就是发生了日食(也叫日蚀)现象。姤卦正好形象地反映了日食这一天文现象。太阳被遮挡了一小部分,出现了阴影,属初亏阶段。也许古代的科技还不足以认定是月亮挡住了太阳的部分光线射向地球，但人们知道阳光被遮挡意味着黑夜的出现，可以理解为这是黑夜与白天的偶遇、继而引申为月亮与太阳的偶遇。日全食分为五个阶段：初亏、食既、食甚、生光、复圆。跟日食有关的卦共有四个：姤卦、剥卦、复卦和夬卦，分别代表初亏（姤卦）、近食既（剥卦）、生光（复卦）、近复圆（夬卦）。

五、涉嫌不贞之象。姤卦的下卦、主卦、内卦是风，代表长女，此处代表女人。上卦、客卦、外卦是天，代表父亲，此处代表男人，主方是女，客方是男，表示是女方主动追求男方。按照传统观点，在婚恋问题上，女方过于主动追求男方是不妥的。这不是歧视女性，而是基于对婚姻家庭客观规律的认识，因为"男追女隔重山，女追男隔层纱"，轻易得到的爱情往往不被珍惜，因而好景不长。从全卦来看，一阴五阳，即一女与五男有交往，所以姤卦被认为涉嫌不贞之象。"姤"字之所以女字旁，一是代表初六阴爻为女性；二是姤的直观意思是女子排在后面，表明此女位列众男之后；三是代表独女邂逅了众男，突出了遇合的主体是女子。这是姤与逅的区别所在，逅也是相遇，但它并不单指异性的相遇。当然，时代发展了，思想要解放，男女交往很正常，不能仅从异性交往的数量上来定性，但毕竟男女有别，需要把握分寸，交往有度，以消除不贞嫌疑。

六、女追老男之象。下卦为内卦、主卦，下卦为巽，巽为长女，此处引申为成熟女子。上卦为外卦、客卦，上卦为乾，乾为老人，即年长男性。易经认为，婚前应当男追女，比如咸卦，咸是无心之感，至真至诚，心心相印，泽山咸，讲的是年轻男女心灵感应的恋爱关系，主卦少男，客卦少女，应当是少男追少女，男追女隔座山，女追男隔层纱，轻易到手的感情不被珍惜，只有千辛万苦追到的爱情才会倍加呵护。婚后应当女追男，如恒卦，主卦为长女，客卦为长男，婚后男人在外劳动挣钱、养家糊口很辛苦，妻子应主动关爱体贴。这样有利于家庭婚姻关系的稳定。而姤卦讲的是女与男相遇，非婚后生活，女子不宜过于主动。为了防止处于主卦位置的女子过于主动追求事业有成的年长男人，因此必须对其行为有所节制和约束。

七、拴住母猪之象。初六爻辞有"系于金柅"的表述，把什么东西系在金柅呢，是把猪用绳子拴在金柅上。《古代汉语词典》解释：柅，树名；止车的木块。《周易·姤》："系于金柅，贞吉。"止，遏制。此处取止车的木块之意。对于"柅"字易学者有各种各样的解释，都有道理。其实归根结底，就是用来绑绳子的器物，金柅，即金属制品，铜铁之类，表明拴得结实。这是易经常用的比喻手法。在易经中"羊"通常以公羊形象出现，象征阳性、强壮男人；"猪"通常以母猪形象出现，象征阴性、不检点女人，古人认为老母猪好淫。因此，用拴住母猪来比喻，对不检点女人要加以管束，使其行为限制在一定的范围内。上卦乾为金，相当于系绳的金属车闸或铜座之类。下卦巽为绳，用来拴系母猪。这头母猪暗指初六。

八、以阳包阴之象。爻辞中九二有"包（pao2）有鱼"的表述。应当理解为一字两义：一是庖厨，二是包裹。以阳统阴、以阳包阴是易经的一个重要理念。鱼是水中动物，阴凉之性，在易经中用来比喻阴性、女性。而且"鱼"与"女"、"遇"谐音，因此这条鱼指的是初六。九二为阳爻，初六为阴爻，阳乘阴，阴承阳，以阳包阴，与易理相符。比如，剥卦"六五，贯鱼。以宫人宠，无不利。"此鱼代表阴爻、小人、太监、宫女等。

九、杞蔽藤瓜之象。九五有"以杞包瓜，含章"的爻辞。九五代表君王，上卦乾为君，下卦为巽，代表君王领导下的百姓。历来易学者对"以杞包瓜"的解释五花八门，有的认为杞为高大乔木，用其大叶子包裹瓜果，但本人认为与事实不符，杞叶似乎没有大到能够包瓜，因为《古代汉语词典》解释：杞，树名，枸杞；树名，杞柳；周代诸侯国，后为楚所灭，故址在今河南杞县。可见，枸杞是灌木，杞柳是编筐的好材料，它们都不是高大乔木，更无宽大叶子。有的认为上卦乾为圆，代表瓜，下卦巽代表杞，这样得出的结论是以阴包阳了，应该不是易经的本意。本人认为，杞指枸杞，瓜指瓜蔓、藤瓜，藤瓜一体。姤卦所反映的景象是：一大片枸杞灌木丛中，生长着藤蔓瓜果，枸杞丛成为藤瓜的依靠和庇护，看起来如同枸杞将藤瓜包裹在自己的怀抱。姤卦上卦为乾卦，乾为大赤，为木果，与枸杞的颜色、果实相符。姤卦下卦为巽，巽为柔木，属草本类植物，与藤蔓瓜秧相符。更重要的是它体现了"以阳包阴"的易理精神。

十、内顺外刚之象。下卦也叫主卦、内卦，下卦为巽，巽的卦德是顺。大风吹过，草木庄稼齐刷刷顺风向一边倒伏，易作者通过对风的观察，从中抽象出"顺"的性格特征，并将它赋予给巽卦，因此巽卦便可以应用到更大的范围，特别是应用到人文社会领域，用来解释说明与"风吹草顺"相类似的众多情景或现象，于是易作者给风这一自然现象赋予了其文化内涵。上卦也叫客卦、外卦，上卦为乾，其卦德是刚。天体运行，刚健有力是其性格特征，乾卦代表天，但内涵比天更为宽泛，其原理与上面对巽风的分析是一致的。姤卦呈现出来的组织结构是:外部环境刚强,内部主体逊顺。总体尚属协调,不会发生大的冲突。

十一、长女父亲之象。在易经大家庭中,巽为长女,乾为父亲。巽卦是在乾卦的基础上,初爻由阳爻变为阴爻而成,这个阴爻来自坤卦母体。由此说明,女儿多与父亲关联紧密,这可在现实生活中得到验证。换句话说,父女关系比父子关系容易相处。在姤卦中,长女在家主持家务,长女为母,其地位功用与母亲相似;父亲在外劳动挣钱,解决物质生活资料,这与父亲的身体力量状况基本相适,而且父亲对女儿比较宠爱宽容。因此,这种组织结构也没有太大问题。

十二、阳金克木之象。在五行关系中存在相生相克关系,这是远古时期对世界万物之间关系和规律的认识。《尚书·洪范》中记载了箕子向周武王传授治国理政的方略之一便有五行学说。至少说明周文王推演周易时五行学说已经存在并且比较成熟。相传后天八卦为周文王所创,本人认为周文王在创新后天八卦时融入了五行学说。除坎、离与水、火一一对应外,其余六个卦分别对应金、木、土,乾、兑对应金,震、巽对应木,艮、坤对应土。五行中的每个元素均可分阴阳,但相对来说水、火分阴阳的必要性不是很大,而金、木、土区分阴阳,在现实生活中却非常必要。于是就有如下划分:乾为阳金、兑为阴金;震为阳木、巽为阴木;艮为阳土、坤为阴土。不仅与阳卦阴卦的性质相符,也与五行对应的事物性状相符。姤卦反映的"阳金克木之象"体现了以阳统阴、以阳包阴的思想。所谓的"克",不是要消灭对方,而是指有能力或实力掌控和制约对方。

【关联卦画】

姤卦的综卦是夬卦。一对综卦的两个卦画呈现180度的颠倒关系。把姤卦的卦画倒过来便是夬卦,把夬卦倒过来便是姤卦。在十二消息卦中,姤卦代表农历五月,夬卦代表农历三月,如果以乾卦农历四月作为主轴,那么一对综卦的两者位置具有对称性。再比如,遁卦农历六月与大壮卦农历二月是对综卦,两者分别位于乾卦农历四月两边对称的位置。一对综卦之间,内部结构完全相同,只是人们观察的角度发生了变化。这说明立场不同、视角不同、见识不同,对同一事物可以得出不同的结论。它要求人们处理问题时,要多角度、全方位考虑各种阶层的利益,这样才能做到周全、稳妥、公平、合理。姤卦与夬卦有联系又有区别,共同点是都是一阴对五阳,唯一的阴爻成为卦主;不同点是,姤卦中阴爻处于上升势头,而夬卦中阴爻已到了穷途末路。

姤卦的交互卦是乾卦。一方面,姤卦是由乾卦演变而来的,乾卦与坤卦发生交流,坤卦的初六来到乾卦,乾卦就成为姤卦。另一方面,如果将姤卦的初六、初九两个极端爻去掉,用剩下的四个爻重新组成一个新卦,用四个爻的上三个爻组成上卦,用下三个爻组成下卦,其中四个爻中的中间两个爻被使用了两次,为上、下卦皆有,体现了交互的意义。姤卦得到的交互卦是乾卦。交互卦反映了事物发展的过程性状态,也就是说处于姤卦状态的事物再往下发展,很可能出现乾卦状态,两者在一定条件下相互转化。比如,夬卦是农历三月,乾卦是农历四月,姤卦是农历五月,夬卦和姤卦的交互卦都是乾卦,从中可以看出季节气象之间的关联,三者之间以乾卦为基准可以相互转化。夬卦的交互卦是乾卦,说明夬卦三月的下一个月份是乾卦四月;那么,姤卦的交互卦是乾卦,如何理解呢?总不能说姤卦五月的下一个月份是四月吧?当然不是,这就需要转换个角度,随机应变是易经的灵魂,季节气象总体趋势是向前发展的,但不是直线运动,常常是进了退、退了进,呈现反复性。因此,在五月份出现四月份类似的气象是完全可能的,时间是不可逆的,但气象是可以反复的,比如气温,理论上五月应比四月高,但是在五月的个别日子里会出现比四月气温低的情况。交互卦的意义在于,启发人们观察事物和处理问题时,要抓住主干,排除极端因素的影响,这样有利于把握事物的本质。

姤卦的错卦是复卦。所谓的错卦,是指一对卦中,相应的六个爻性质完全相反,即阴阳交错,而不是错误。姤卦是天风姤,复卦是地雷复,两者有联系有区别。姤卦反映的是阳极生阴,复卦反映的是阴极生阳,天与地、风与雷相辅相成。错卦的现实意义在于站在矛盾的对立面看问题,知彼知己,设身处地,有助于化解矛盾,把事情办得稳妥顺利。在十二消息卦中,姤卦五月与复卦十一月,间隔六个月。一对错卦时间间隔是六个月,这是十二消息卦中的另一个规律。因为一个卦为六个爻,由当前卦开展,变动六次,正好到了其错卦的状态。(有关十二消息卦的详情请参见《夬卦的对决之道》)

【卦辞象辞】

〖卦辞〗

"姤,女壮,勿用取女。"

【译文】"姤卦,女子强悍,不宜娶其为妻。"

壮，强壮、壮大、壮硕，引申为强悍、强势、盛气凌人。取，通"娶"。壮，可以是形容词，也可以形容词动词化，用作动词，即"用壮"，此处适宜作动词解，可参阅第三十四卦大壮卦九三"小人用壮"的爻辞，两者意境相似。如果仅仅因为女子身体强壮、体型偏胖，而提示人们不能娶其为妻是没有道理的，就有外貌歧视的嫌疑。因此，这里的"壮"不能理解为身体的壮，而应理解为性格脾气方面的强悍泼野、飞扬跋扈，还有水性扬花、交往泛滥、我行我素、毫无拘束的意思。也不是绝对不能娶，只是一种建议，最好不要娶这类女子为妻。因为这类女子对家庭来说，匹配性、相容性、稳定性都比较差，难以胜任贤妻良母的角色。

如果用日食现象作比喻，黑暗对光明的行为，就是阴爻对阳爻的行为，可理解为"女壮"是对男人阳气的剥蚀行为，或者反映了该女子对婚姻家庭的态度。日蚀过程进展很快，用不了多长时间，黑影遮蔽了太阳，又用不了多长时间，太阳生光、复圆。来也匆匆，去也匆匆。如果婚姻也这样，结婚快、离婚也快，那么婚姻关系就极不稳定，因此不适合娶这样的女人作妻子。

〔彖辞〕

《彖》曰："姤，遇也；柔遇刚也。勿用取女，不可与长也。天地相遇，品物咸章也。刚遇中正，天下大行也。姤之时义大矣哉。"

【译文】彖辞说，姤即是相遇，阴柔相遇了阳刚。不要娶这样的女人为妻，因为不可能与其长期过日子。天与地阴阳交互相遇，万事万物形成品类，各自彰显华美文采。九五、九二阳刚君子在中正之位与人相遇，使得天下大行其道。姤卦所反映的遇合时机和道义原则真是伟大啊。

由彖辞可见，男人在遇合"女壮"类型女子时，一是不娶，二是坚守中正之道，这样就能逢凶化吉、趋利避害。彖辞是对卦辞的进一步阐述，彖（tuan4），与"断"谐音，是判断、论断、决断的意思。彖是个象形加会意的词，下面是头猪，上面是猪的嘴巴，猪嘴牙齿锋利，坚硬有力，特别是野猪的牙齿，如同铁钳钢锯，几分钟可以咬断碗口大的树。由猪的锋利牙齿，引申出铁口直断、决断、判断等意思。

【大象之辞】

《象》曰："天下有风，姤。后以施命诰四方。"

【译文】大象说："天空下面有风吹拂流通，这是姤卦所反映的自然景象。君主受此启示发布命令昭告四面八方。"

《古代汉语词典》解释：后，君主；诸侯；君主的正妻；土神等。此处为君主之意，关联的词语有"后辟"：君主，帝王；"后帝"：天帝，上帝；"后皇"：天地；"后王"：君主，天子。诰，告，专用于上告下。

【爻辞小象】

"初六，系于金柅，贞吉。有攸往，见凶，羸（lei2）豕孚蹢躅（zhi2 zhu2）。"

【译文】"初六，用绳索把家畜拴在金属车闸上，正固吉祥。任其一意孤行，将出现凶险，被拴之猪来回走动欲挣脱束缚。"

金柅，金是金属，通常是铜铁之类，不能理解为黄金。柅，一种树木，木质坚硬，古代通常用此木制作车闸，因此柅成了车闸的代名词，引申出制止、遏制的意思。金柅就是金属的车闸，有学者将其解释为铜座也可。系于金柅是一种比喻，就像把小羊拴在木桩上一样，它的活动范围是以此为中心的一个圆形面积，只不过金柅比木桩结实些。类比手法是易经的叙事特点，此处用"系于金柅"来作比喻，表明应该将女子与男子的交往行为控制在一个安全范围，尤其是一女相遇五男的情况下，这是非常必要的。女子追求男性不宜太过主动，要加以节制，因此需要有个金属车闸给她刹刹车，要像绳索拴住家畜一样将其行为限制在一定区域内。

有攸往，即有所往，此处指超出了合理范围。见，通"现"。羸豕，羸、缠绕，或通"缧"，捆绑犯人的绳索，名词动词化后解为捆绑。如大壮九三"羝（di1）羊触藩（fan1），羸其角"。另有一种解释可参考，羸是羸弱、瘦弱，年老体弱，羸豕指瘦弱的猪，引申为老母猪，母猪好淫，老母猪为淫妇代名词。孚，诚信，此处引申为确实想，意欲、想要等意思；另一种解释通"浮"，意即女子轻浮。蹢躅（zhi2 zhu2），即踯躅（zhi2 zhu2），徘徊不进，徘徊不前的样子。

初六阴爻居阳位，不当位。在此代表女子有不贞迹象，此爻进行了警告性提示，女子与男子交往应当有度，掌握分寸，这样才能吉祥，否则就会有凶险，人与老母猪是应当有所区别的。初六与九四有正应，这是本卦唯一正应的爻，但却没有得到好的结果，本应初六与九四结合，而初六却投入了近邻年轻小伙九二的怀抱。

"系于金柅"取象于巽卦和乾卦。姤卦的下卦是巽，巽为绳直，代表拴系的绳索。姤卦的上卦是乾卦，乾为金，指金属车闸。

"有攸往"、"踯躅"取象于巽卦。下卦为巽，巽为风，风有方向、有行进；巽为进退，有进有退即徘徊不进。

"羸豕"取象于巽卦和爻位。下卦为巽，巽为绳直，表示受捆绑的状态。初六为阴爻，易经中常以猪表示阴性、女人；以羊表示阳性、男人。反过来，也用阴爻来表示豕。

《象》曰："系于金柅，柔道牵也。"
【译文】小象说，用绳索系在金属车闸上，女子的择偶行为受到牵制和约束。

"九二，包（pao2）有鱼，无咎。不利宾。"
【译文】"九二，厨房里烹饪了鲜美的鱼，没有灾祸。不适宜用来招待宾客。"

《古代汉语词典》解释：包，裹，裹扎；包含，包容；包取，据有；通"苞"，茂盛，丛生，花苞；包（pao2），通"庖"，厨房，《周易·姤》："～有鱼。"通"匏"，匏瓜，瓢葫芦，《周易·姤》："以杞～瓜"。古今学者对姤卦的三个"包"字的理解多有争议，各有道理。一种理解是"包裹"，理由是《诗经·召南》中有"野有死麕（jun1，獐子），白茅包之"的诗句，而且有取象依据，取象于下卦巽，巽为草本，颜色为白色，意即巽为白茅，用白茅包鱼送人作为礼物，也是古代的习俗。另一种理解是《古代汉语词典》的倾向性意见：通"庖"，本人赞同这种意见，但不赞同词典对九五爻辞"以杞包瓜"中包为匏瓜的解释。这是因为：一是厨房中有鱼符合生活常理。二是"鱼"与"女"、"遇"谐音，以"包有鱼"指代九二小伙与女子在私密空间遇合，更符合姤卦主旨，如果没有庖厨这种场所，也许不会有这次遇合。三是易经的类比顺理成章。易作者借当事人在厨房中拥有这道美味的鱼，来比喻九二小伙有了与女子的这次艳遇，男女情感是不能与人分享的，因此这道美味是不能用来招待宾客的。"不利宾"，对宾客不适宜，或者对宾客不利。

初六与九四有正应，初六本应与九四结合，但是她抵不住近邻年轻、有德男子的吸引，于是这条"鱼"跑到了九二的厨房，甘愿成为九二的"菜"，也就是说初六与九二提前遇合了，原本属于九四的这条"鱼"被截留了。这不是不经意的遇合，而是初六有意为之。对九二来说，是近水楼台先得月，初六主动接近于他，主动投怀送抱，九二没有太大过错，更何况他有中正之德，因此不会有灾祸。

可是一女不能二嫁，初六既然成了九二厨房的鱼，就不可能再去做九四厨房的鱼，因而九四爻辞说"包无鱼"，这一结果对九四来说，当然非常不利，所以爻辞才会说"不利宾"，九四得不到初六，这位宾客当然也就吃不到美味的鱼了。

九二阳爻居阴位，不当位，表明其行为举止过于刚强。九二与九五没有正应，表明得不到来自九五的支持，两者不能够相互沟通与协调。但是，九二居下卦中爻，能够坚守中正之道，表明道德品质良好。

"包有鱼"取象于艮卦、爻位和巽。若九二发生爻变，则下卦变成艮卦，艮为门阙、阍寺，指道路两旁的门楼、警卫安保人员值班室，引申为厨房间，两者都不是正房，同属偏房或附属建筑。下卦为巽，巽为入，可理解为有鱼进入庖厨。

《象》曰："包有鱼，义不及宾也。"
【译文】小象说，虽然厨房里有美味的鱼，但是从道义规则上讲，这条鱼到不了九四宾客那里。

"九三，臀无肤，其行次且，厉，无大咎。"
【译文】"九三，屁股无肌肉，步履蹒跚，有风险，但无大灾祸。"

臀，臀部，屁股。肤，原指野兽的肉，也指人的肌肉。次且（zi1 ju1），趑趄，坐立不稳、行走艰难、徘徊不定。因为屁股上没肌肉，才会导致颤颤巍巍、行路不稳,随时都有摔跤的危险。姤卦与前面的夬卦是一对综卦,姤卦九三所对应的正是夬卦的九四,因此两者的爻辞有联系,夬卦的九四说:"臀无肤,其行次且;牵羊悔亡,闻言不信。"易经揭示了事物发展规律之一是"三多凶",因此九三遇到困难和风险是正常现象。"厉"的风险程度中等,"无大咎"的意思是本来是有大咎的,但由于某种积极因素的存在化解了大咎的风险。

九三与上九没有正应,得不到上层的关心帮助,两者不能沟通协调,这是不利因素。但是九三阳爻居阳位,当位,表明有能力而且行为举止适当,使得在原本面临极大风险的情况下避免了大咎。无大咎说明中小咎是可能发生的。

"臀"取象于巽卦和爻位。下卦为巽,巽为股,即大腿,九三位于大腿根部,即臀部。

"其行次且"取象于坎卦。若九三发生爻变,则下卦为坎,坎为坎坷,道路崎岖难行。

《象》曰:"其行次且,行未牵也。"
【译文】小象说,之所以行走艰难,因为行走时没有牵羊。

此处的"牵"应与夬卦九四爻辞"牵羊悔亡"中的"牵"同义。夬卦上卦为兑,兑为羊,但到了姤卦,兑卦不见了,因此无羊可牵。

小象的解释在逻辑上有些瑕疵,其行次且的原因是因为臀无肤,而非未牵羊之故。有观点将"牵"解释为阳爻牵制阴爻,九三与初六无对应关系,无法对初六实施牵制,有些道理但不免牵强。

"九四,包无鱼,起凶。"
【译文】"九四,厨房里无鱼可烹,引发凶险。"

包,通"庖",厨房、伙房,与九二意思相同。本来初六对应的是九四,应当与九四结合。但现在这条"鱼"被九二截留了,使得该有鱼的地方没有鱼,不该有鱼的地方却有鱼,阴差阳错,就如同九四的女朋友跟了别人,感情产生了错位,祸根就此埋下,凶险系数也因此增大,现实生活中许多刑事案件就是由青年男女的感情纠葛引发的。九四之所以出现"包无鱼"的表述,说明原本是应该有鱼的，可是后来情况出现了反常，用"包无鱼"来强调该有鱼的地方却没有鱼，不该得的得到了，该得的没得到，违反常理的后果便可能因此发生凶险。原因是多方面的，可能是九四对初六关心不够，未尽到自己的责任，也可能是九二近水楼台先得月，利用相邻的便利捷足先登，也许是初六轻浮滥情主动向周边男人投怀送抱，而后一种可能性更大些，由女人引起的故事发展到后来往往演变成为事故，男人间的凶险之祸相当部分是因女人而起，当然不都是女人的错，有时更多的责任在于男人。九四对初六关心不够及时、不够到位，他自己也有一定责任。九四阳爻居阴位，不当位，行为举止过于刚强。理论上九四与初六有正应，应当彼此结合，而现实却把他的梦想击得粉碎。

"包无鱼"取象于爻位和反巽卦。本来九四与初六有正应，应当有鱼。但是若九四发生爻变，则下交互卦为兑卦，兑为反巽，巽为入，反巽即没有鱼进入厨房。

"起凶"取象于离卦和兑卦。若九四发生爻变，则上交互卦为离，下交互卦为兑，离为戈兵，兑为毁折。九四与情敌大动干戈，结果两败俱伤。

《象》曰："无鱼之凶，远民也。"
【译文】小象说，因厨房无鱼可烹引发凶险，因为九四远离了基层民众。

凡事都有长短利弊。九四是诸侯之位，地位高，有财富，但年纪大，不接地气。

"九五，以杞包瓜，含章，有陨（yun3）自天。"
【译文】"九五，以杞树枝叶覆盖瓜果，就像内心怀有美德，好事自会从天而降。"

关于"以杞包瓜"的含义在以上"杞蔽藤瓜"中已有详细分析。此处的杞是指枸杞，灌木的一种，枝条细长，似藤条状弧形下垂，富有弹性，小红灯笼似的枸杞果实挂满枝头。枸杞的叶片不大，因此要用叶片去包裹瓜果是不现实的，以杞包瓜，不要理解成以杞叶包瓜，而是指挂满艳红枸杞果实的茂密枝条将瓜果覆盖遮蔽起来，枸杞果实鲜艳欲滴，红得醉人，枝枝叶叶蓬松蔓妙，景象十分美好, 而瓜又清香味美可饱口福, 好东西覆盖着好东西, 意味着揭开漂亮的外衣, 内在的东西仍然是美好的, 这就是"含章"的内涵。章, 花纹, 文采。同时, "以杞包瓜", 也含有以阳统阴、以阳包阴、加强对女性关爱的意韵。

九五君王之位, 是本卦的核心, 它以借景说理的方式, 告诉男人们只要内心怀有美好的品德, 富有内涵, 不用苦苦追求, 好女人就会自天而降来到你的身边。陨, 陨落, 降落。修行品德, 丰富内涵, 注重内容, 勿重形式, 这是追求爱情的指导原则, 也是做人的指导原则。

九五阳爻居阳位, 当位, 说明其行为举止是适当的。九五与九二没有正应, 说明得不到基层干部的配合支持。问题出在基层干部, 定位不当, 阳爻居阴位, 表现强势, 又与初六过从甚密, 在爱情上投入过多精力, 从而一定程度上影响工作和事业。

"杞以包瓜"取象于乾卦和巽卦。上卦为乾, 乾为大赤, 为木果, 与枸杞的颜色和果实相吻合。下卦为巽, 巽为草木, 与瓜蔓为草本植物相符。

"含章"取象于离卦。若九五发生爻变, 则上卦变为离卦, 离为火, 为明, 为大腹, 为乾。表明君主内心光明坦荡。

"有陨自天"取象离卦和乾卦。陨是指美好的事物降临, 离为火, 为日, 为明, 为雉鸡, 为中女, 象征美好的事物。上卦为乾, 乾为天。

《象》曰: "九五含章, 中正也; 有陨自天, 志不舍命也。"
【译文】小象说, 九五心怀美德, 是中正的表现; 有好事自天而降, 是因为矢志追求不违天道规律。

"上九, 姤其角, 吝, 无咎。"
【译文】"上九, 女子遇上居龙角之位的年长男人, 有些小麻烦, 但最终没有灾祸。"

有的版本将角作墙角、角落解, 有些道理, 但是如果是这个意思的话, 原文应以"姤于角"更好, 而不应是"姤其角"。大壮卦中有"羸其角"的表述, 结构与"姤其角"酷似, 因此此处将"角"解释为牛角、羊角、龙角的角更为妥当。由于本卦上卦为乾卦, 乾即为龙, 所以此处当龙角解。古人将皇上视为真龙天子,皇上的衣服称为龙袍，皇上的座椅称为龙椅，皇上的车乘称为龙辇。如果说九五为龙头的主体，那么龙角就相当于退位的前任君主，俗称九五为老大，上九就是大佬，上九居于龙头的最上角，表明空间、余地、机会都不是太多了，因为已经到了全卦的末端。上九为宗庙之位、大佬之位，表明这是一个上了年纪的男人，有很高社会地位。女子与这样一位男人遇合，可能会给双方带来麻烦，是真心相爱，还是看中他的金钱财富和社会地位，很难说得清楚，稍不留神就会惹上是非，留下遗憾。

不过，也没有大不了的事，男女相遇是种缘，有缘遇合，无缘独处，缘存相聚，缘尽分手，一切不必强求，顺应自然就好，坦然面对才是明智的遇合之道。尽管过程中可能会碰到些小灾小难，但最终结果"无咎"，没有太大问题。上九阳爻居阴位，不当位，刚强有余阴柔不足。上九与九三没有正应，表明得不到基层实力阶层的支持，两者不能够配合协调。

"姤其角"取象于乾卦和爻位。上卦为乾，乾为君，为首，引申为龙、龙头，角位于龙头最上部，与上九爻位吻合。

《象》曰："姤其角，上穷吝也。"

【译文】小象说，女子与处于龙角位置的男子相遇，已属穷途末路，难免会有些小灾。

第四十五卦 萃卦的聚集之道

【萃卦】

【白话经文】

萃卦,举行祭祀活动,君王前往庙宇,适宜拜见大人。通达、适宜、守正,采用大牲口祭祀吉祥,适宜有所前往。

初六,有诚信但未能保持到底,一边慌乱一边聚集。如果有人号啕大哭,只要握手予以安慰就能破涕为笑。不用担心,往前没有灾祸。

六二,有人引领聚集吉祥,没有灾祸,内心虔诚适宜用来实施春祭。

六三,一边聚集一边叹息,无所适宜。前往没有灾祸,有小困难。

九四,大吉祥,没有灾祸。

九五,在聚集中获领袖之位,没有灾祸。尚未取得大家信任,只要自始至终坚守正道,悔恨消失。

上六,叹息,痛哭流涕,没有灾祸。

【经文原文】

萃,亨,王假(ge2)有庙,利见大人。亨、利、贞,用大牲吉,利有攸往。

初六,有孚不终,乃乱乃萃。若号,一握为笑。勿恤,往无咎。

六二,引吉,无咎,孚乃利用禴(yue4)。

六三,萃如嗟如,无攸利。往无咎,小吝。

九四, 大吉, 无咎。

九五, 萃有位, 无咎。匪孚, 元永贞, 悔亡。

上六, 赍(ji1)咨, 涕洟, 无咎。

【解读序言】

萃卦列周易第四十五卦, 因上卦为泽, 下卦为地, 称其为泽地萃。《序卦传》说: "姤者, 遇也, 物相遇而后聚, 故受之以萃。萃者, 聚也。"序卦传说, 姤是相遇的意思, 事物因相遇而后聚合一起, 因此周易在姤卦之后安排了萃卦。萃就是聚集的意思。萃卦紧随姤卦之后, 物因相遇而聚集, 周易的排序反映了事物发展的客观规律。《杂卦传》说: "萃聚, 而升不来也。"杂卦传说, 萃卦讲的是聚集, 因而升卦的情境将不会到来。因为, 萃卦和升卦是一对综卦, 卦画呈颠倒关系, 属一体两面, 萃卦讲水的聚集, 升卦讲水气随风升腾。这就意味着, 正处萃卦情境之时升卦情境就不会出现, 但萃卦过后升卦终将到来。

【卦名含义】

《古代汉语词典》解释: 萃, 栖止, 停止; 聚集, 又表示聚在一起的人或物,《孟子·公孙丑》: "出于其类, 拔乎其萃"; 六十四卦之一。古词语"萃蔚", 一是草木茂盛的样子, 二是云雾弥漫的样子, 三是繁华美丽的样子。《现代汉语词典》解释: 萃, 聚集, 荟~; 聚在一起的人或物, 出类拔~。词语"萃聚", 聚集, 群英~; "萃取", 在混合物中加入某种溶剂, 利用混合物的各种成分在该溶剂中的溶解度不同而将它们分离。根据《说文解字》, 萃是形声词, 形从草头, 说明与花草有关; 声从卒, 发音与卒近似。本人认为, 萃还是会意词, 草头的意思显而易见, 卒在古代为士卒、兵卒、差役, 按《周礼》五人为伍, 五伍为两, 四两为卒, 因此"卒"表示有一百人的队伍, 形容人员众多。草头下面加个卒, 用萃来表示草木茂盛、聚集就顺理成章了。如上所说, "萃取"是将某种元素从一堆混合材料中提炼出来的过程, 由此可以理解为这种元素由自然分散状态, 通过"萃取"这一行为方式, 达到使它们聚集的目的。这与萃卦的意境也是一致的。

【卦象寓义】

一、泽水悬地之象。大象说"泽上于地", 意即湖泽水面高出地平面。通常情况下，湖泽水面在地平面之下，如临卦，为地泽临，地在上，泽在下，大地相当于湖岸泽畔。而萃卦与临卦的上下卦正好交换了位置。与黄河某些区域段为地上河（即"悬河"）的情形相类似，也与地震之后形成的堰塞湖相类似。湖泽水面高于地平面，一是反映了泽水的聚集之象，二是反映了可能导致泽水泛滥的危险之象。将此象引用到人文社会领域，表明众人的聚集有积极的一面，也有风险的一面，必须谨慎处置。

二、泽丰草木之象。地上草木因泽水滋润而茂盛。萃卦所对应的自然景象是，大地上有一大片沼泽地，它不一定很深，但一定辽阔，有点类似湿地。这是大自然原生态景象，大地承载着湖泽，湖泽依靠大地赖以存在；水为生命之源，花卉草木因水的滋润，才长得茂盛；飞禽走兽又因草木茂盛为其提供了生存环境，湖泊沼泽成为众多野生动物聚集的乐园。比如崇明的东滩湿地，有一望无际的芦苇荡，有成千上万的各种鸟类、野鸭、鱼、虾、泥鳅、贝类等水陆生物。这里有花卉草木的聚集，也有动物的聚集，较好地反映了萃卦的意境。易经思维特征就是用形象思维来揭示抽象的道理，用自然景象来说明社会人文生活。

三、破解否态之象。萃卦与否卦在卦象上非常相似，唯一不同的是上爻，萃卦为上六，否卦为上九。否卦所呈现的状态是上下阻塞，互不通气，阳气上升，阴气下降，彼此分离，被认为是一种糟糕状态。只要将否卦的上卦乾卦三个阳爻中的任何一个阳爻变成阴爻，就演变成另外一个卦，萃卦就是其中之一。否卦上九变成上六后，这个阴爻阴止了九四、九五两个阳爻往上升腾的势头，使否卦所反映的离散阻塞状态变成了萃卦的集中聚合状态，卦象的实质内容发生了根本改变，卦辞、爻辞及整个卦所反映的情景、易理都发生了实质变化，真可谓牵一发而动全身，这为人们打破否卦僵局提供了启迪。

四、大坎有险之象。从萃卦的卦画上看，如果把两个阳爻看成一个整体，即视为一个阳爻，把下卦坤卦的三个阴爻看成一个整体，即视其为一个阴爻，那么六个爻的萃卦就浓缩为三个爻的大坎卦了。坎卦代表水，水即意味着坎坷和危险。爻辞中有"萃如嗟如"、"赍咨，涕洟，"等表述，与此象吻合。这是人群聚集的组织者和参与者需要特别关注的问题，否则潜在的危险就可能成为现实。人群聚集，鱼龙混杂。林子大了什么鸟儿都有，不可能全是好鸟，也不可能全是坏鸟，有好鸟，也有坏鸟，有不好不坏的鸟，好鸟坏鸟之间还呈现出动态变化的情况。因此，众人聚集时一定要多留个心眼，风险防范意识切不可少。

五、民悦而聚之象。下卦为坤，坤为众，引申为百姓。上卦为兑，兑为悦。可理解为百姓大众因追求快乐而聚集，也可理解为百姓民众因聚集而快乐。狂欢是一群人的孤独，孤独是一个人的狂欢。从总体上看，人是群聚动物。一个人只有在内心十分强大和丰盈的情况下，才能在貌似孤独的"洁静"中将心灵的触角自由地深入"精微"之境。但是，对于百姓大众而言，大多数都难以达到这种状态。因此，人们会为了寻找快乐，去参加各种各样的集会，节假日的聚会、狂欢节的设置，大概也是基于这种心理需要吧。

六、大牲祭祀之象。萃卦卦辞中有"亨，王假有庙"、"大牲吉"的表述。亨，通"享"，祭祀之意。反映了君王率众主持盛大祭祀的场景。上卦为兑，兑为口，表明用口享受祭品。下卦为坤，坤为牛，此处以牛作为祭祀祖先的祭品。牛、羊、猪是古代祭祀的常用牺牲品，通常只有在正式、隆重、盛大的高规格大祭时才会用牛来献祭。同时，享用牛肉之象也用来表示人们在祭祀临近结束环节分享牛肉祭品的情景。

七、内柔外悦之象。下卦也叫主卦、内卦，上卦也叫客卦、外卦。古代经常出现"体用"的概念，"体"是指主体、内容或内部状况，"用"是主体的行为、表现形式或外部环境。"内柔"表明主体及其内部组织结构比较柔顺，因为坤有柔顺之德。"外悦"表明主体所表现出来的行为特征、或者主体所面对的外部环境是令人愉悦的。柔顺、愉悦都是人们喜欢的性情状态，有利于干事创业，做出成绩。

八、母亲少女之象。从易经大家庭角度考察，内卦为坤，坤为母亲；外卦为兑，兑为少女。从萃卦的卦象结构看，母亲在家庭内部主持家政事务，少女年轻有活力，在外面从事生产劳动，或者做工挣钱，为家庭提供物质资料。这种家庭分工基本是合理的，比较符合生理、心理、年龄和体力状况，不会产生太大的冲突，有利于家庭的和谐融洽和兴旺发达。

九、阴土生金之象。在八卦与五行关系中。乾、兑同为金，乾为阳金，兑为阴金；艮、坤同为土，艮为阳土，坤为阴土。按照五行相生相克的关系，土生金。相对于"互克"来说，"互生"关系更能为人们所接受，相当于事物之间的良性循环。坤土是贡献者，相当于伟大的母亲为儿女心甘情愿、吃苦耐劳、忍辱负重地默默付出。兑泽是受益者，接受了来自母亲的关爱和照顾，就如同大地承载着湖泽，成就了湖泽的美丽。

【关联卦画】

萃卦由小过卦演变而来。小过卦位列第六十二卦，上卦是雷，下卦为山，称其为雷山小过。如果将小过卦的九三与六五互换位置，就变成了萃卦。九三自下而上到达九五之位，这与卦辞"利有攸往"相吻合。到了九五位之后，由下卦三爻的公卿之位上升至君王之位，这与卦辞"利见大人"相一致。

萃卦的综卦为升卦。将萃卦的卦画颠倒180度后得到升卦，将升卦颠倒后得到萃卦。卦画内部结构没有变动，只是相当于人们观察的角度发生了变化，于是得到的卦就不同了。它启示人们处理问题时要进行全方位、多角度思考，兼顾各阶层各方面的利益，这样有利于问题的妥善解决。萃卦与升卦互为综卦（也叫覆卦、镜卦），两者有联系又有区别。萃卦的下一卦即为升卦，表示人们聚集起来之后，就能整合资源和力量创办事业，呈现出水气随风升腾蒸蒸日上的势头。

萃卦的交互卦为渐卦。如果将萃卦的初六、上六去掉，用剩下的四个爻重新组成一个卦，上三个爻为上卦，下三个爻为下卦，其中中间两个爻为上下卦均有，这个新组成的卦便是萃卦的交互卦渐卦。因上卦为风，下卦为山，称其为风山渐。渐卦主要卦象是山上有木，双木成林，三木成森，山上经过多年养护成长，林木由少变多，逐渐形成茂密森林的过程。萃卦与渐卦既有联系又有区别，渐卦反映了萃卦往下发展可能出现的过程性状态，萃是草木聚集茂盛，与森林特征吻合。引用到人文社会领域，它揭示了由人员聚集，继而整合资源、形成合力、创办事业，然后逐渐扩大规模、形成气候、彰显成效这一发展规律。

萃卦的错卦为大畜卦。如果将萃卦的每个爻性质相反，得到的卦便是它的错卦大畜卦。因上卦为山，下卦为天，称其为山天大畜。大畜卦下卦乾为玉，为金，是宝贝、金钱、财富的象征。上卦艮为止，艮为阳卦，属阳土，按照五行关系土能生金，可理解为金蓄藏于山中，阳为大，故称大畜卦。萃卦与大畜卦既有区别又有联系，萃卦是泽地萃，大畜卦是山天大畜，泽对山，天对地，有相对性又有一致性，萃卦是聚集草木花卉、财物、人员，与大畜涵义有相通之处。

【卦辞象辞】

〖卦辞〗

"萃,亨,王假(ge2)有庙,利见大人。亨、利、贞,用大牲吉,利有攸往。"

【译文】"萃卦,举行祭祀活动,君王前往庙宇,适宜拜见大人。通达、适宜、守正,采用大牲口祭祀吉祥,适宜有所前往。"

亨,第一个亨通"享",祭祀之意。假(ge2),通"格",去,到,往等意思。有庙的"有"无实际意义,作为虚词,用来缓和语气、顺畅音节,古文中这种现象比较常见。"利见大人",一种解释是,君王带着大臣去宗庙祭祀,对于其他参加祭祀的人们来说,是接触进见大人的良好机会;另一种解释是,祭祀形式是君王把自己打造成有作为、有影响力的大人物的好方法好途径。

"亨、利、贞"与乾卦的"元、亨、利、贞"相比少了个"元"字,元,在除乾卦以外的卦中是开始、开头、开元的意思,从本卦的情形看,刚开始并不是事事如意,这从初六的爻辞中可以得到印证,萃卦的"元"体现在姤卦中,正因为有姤卦的遇合,才有萃卦众人的聚集。

"用大牲吉",是指用牛作为祭品,决不是鼓励奢侈浪费,不该用的地方不能用,不该省的地方也不能省,君王祭祀是个正式、庄重、盛大的仪式,用小羊小猪祭祀未免小家子气,不利于治理天下,凝聚百姓人心。皇家应有与之匹配的风范和形式,格局要大,有什么样的格局就有什么样的天下,应当站得高、想得深、看得远,同时要知行合一,积极行动。卦辞中的"利"均为适宜。"有攸往",就是有所往。

卦辞着重强调众人聚集之初,作为领袖人物应当有出色的表现,一是要正名,表明自己出任老大是正宗有依据的,是宗庙的正统继承者;二是气魄格局要大,通过一定仪式营造环境、气场和氛围;三是要积极行动,不能虚张声势、光说不练,必须言必信、行必果,雷厉风行,做出成效。

"王假有庙"取象于观卦。观卦上卦为风,下卦为地,称其为风地观,上卦巽为绳直,为风,代表家风,继承祖辈思想、精神、作风等美好的遗产。观卦有庙宇祭祀之象,如道观。初六到九五构成小观卦,上交互卦为巽,下卦为坤,构成观卦,与卦辞意境吻合。

〖彖辞〗

《彖》曰："萃，聚也。顺以说，刚中而应，故聚也。王假有庙，致孝享也。利见大人亨，聚以正也。用大牲吉，利有攸往，顺天命也。观其所聚，而天地万物之情可见矣。"

【译文】《彖传》说，萃就是聚集。柔顺而且喜悦，阳刚君子居中正之位并且与基层干部有正应，因而能聚集众人。君王前往宗庙，以孝敬之心祭祀先王。适宜见大人物并能通达，人们因坚守中正之道而聚集。采用大牲畜祭祀吉祥，适宜有所前往，这是顺应天道规律的结果。观察事物之所以聚集的原因，天下万事万物的情状就一目了然地呈现出来了。

"顺以说"，下卦坤卦表示柔顺，上卦兑卦表示喜悦。"刚中而应"，九五阳刚之爻位于上卦中爻，并且与六二有正应，上下能够相互配合协调。"王假有庙，致孝享也。"意思是说君王驾临太庙，目的是用孝敬虔诚之心来祭祀先王。

【大象之辞】

《大象》曰："泽上于地，萃。君子以除戎器，戒不虞。"

【译文】大象说："湖泽位于大地上方，是萃卦所反映的景象。君子受此启示，应当修整军事装备，防止意外情况发生。"

大象象辞集中体现了以孔子为代表的儒家思想，它把卦象所反映的自然景象与社会生活发生关联并融会贯通，使易经在指导社会生活实践方面发挥着重大作用。除，修缮、整理、整治、检查维护的意思，不是去除、消除、铲除，目的是使武器装备处于良好状态，随时防备意外情况的发生。戒，戒备，防备。不虞，意料之外，意想不到的情况。老子说，兵器是不祥之物，利器不可以示人。整饬武器不是为了杀戮，而是为了阻止杀戮。据此理念，我国的国防战备不是立足于战，而是立足于防，以战止战，最终达到不战。这是中华文化的精妙之处。需要注意的是，"戒"与"戎"字形相以，有的版本全都误写成戎，有的版本全都误写成戎，如此以讹传讹，造成了理解上的困难和混乱。大象之辞是种警示性提醒，有时聚集的未必都是好人，其中不乏乌合之众，即使是好人聚集，也容易被坏人利用。害人之心不可有，防人之心不可无，聚集之时必须提高警惕，加强戒备，以防不测。

【爻辞小象】

"初六，有孚不终，乃乱乃萃。若号，一握为笑。勿恤，往无咎。"

【译文】"初六，有诚信但未能保持到底，一边慌乱一边聚集。如果有人号啕大哭，只要握手予以安慰就能破涕为笑。不用担心，往前没有灾祸。"

乃，虚词，连接词，于是、然后的意思。乱，既指心理慌乱、思想混乱，又指行动忙乱、步履混乱。号，有的解释为号召，似乎不妥，号与后面的笑是相对的，所以解释为呼号哭喊比较妥当，因慌乱恐惧而哭泣呼嚎，这时需要心理抚慰，握握手拍拍肩，就能使当事人安静下来。有人解释握为屋，一屋三夫，三夫为一屋，三大夫为上大夫、中大夫、下大夫，是三个大夫聚集共议大事的意思，屋作动词解即为握。这样解释有些道理，但依据不足，似有过度解读之嫌。

恤，担心、害怕。此爻提示了聚集初期的情景，人们虽然聚集一起，但没有形成共同的理想纲领，尚未建立规范的组织体系，有诚信但不彻底，有各种各样的担心、害怕、迟疑、矛盾、无助、无着、无望等心理状态。初六阴爻居阳位，不当位，表明事物聚集初期力量比较薄弱。好在初六与九四有正应，能得到上层领导九四的关照，因此结果尚可。

"有孚不终"取象于离卦和艮卦。若初六发生爻变，把六二、六三看成一个阴爻，则一至四爻变成大离卦，离为火，为明，为目，眼睛为心灵的窗户；在五行与身体脏器关系中，心脏与火对应；同时离又为雉鸡，"孚"的直接意思是鸟禽孵蛋的情景，因此易经中常用离卦表示"孚"。而这种诚信主要用来表示九五与六二的关系，九五与六二有正应，因此存在相互信任关系。但是不能坚持到底，原因在于九五与六二之间隔了一座山，下交互卦为艮，艮为山，艮为止，有静止、停止、阻止、制止之意。

"乱"取象于坎卦。正如上面"卦象寓义"中"大坎有险之象"分析的那样，全卦就是个大坎卦，坎为加忧，为心病，心中有忧有病自然是心神不定和恐惧慌乱的。

"号"取象于巽卦。上交互卦为巽卦，巽为风，刮风为号。初六与九四有正应, 而九四在上交互卦中, 故有号之象。

"一握为笑"取象于艮卦和兑卦。下交互卦为艮卦, 艮为手。上卦为兑, 兑为悦, 引申为笑。

"勿恤"取象于艮卦和坎卦。下交互卦为艮卦, 与"勿"字相符。坎卦为忧。两者组合为勿恤。

《象》曰: "乃乱乃萃, 其志乱也。"

【译文】小象说, 一边慌乱一边聚集, 是因为众人的思想混乱导致的。

"六二, 引吉, 无咎, 孚乃利用禴。"

【译文】"六二, 有人引领聚集吉祥, 没有灾祸, 内心虔诚适宜用来实施春祭。"

引, 引导、引领、引荐、指引。孚, 诚信。乃, 才, 于是。禴, yuè, 通"礿", 以时令蔬菜为祭品的薄祭。古代君王的祭祀, 通行说法是: 春曰禴, 夏曰禘, 秋曰尝, 冬曰丞。但每个朝代有所变化, 殷商春祭为"禴", 周朝夏祭为"禴", 周易写于商末周初, 故采用殷之说。

孚乃利用禴, 直译是只有诚心诚意才可以用来主持春祭仪式, 换句话说主持春祭必须态度虔诚。此爻讲的是聚集需要加强组织引导、有序进行, 才不至于出乱子, 同时强调作为聚集核心的君子讲求诚信至关重要。

"引"取象艮卦。引为牵引、指引, 与手有关。下交互卦为艮卦, 艮为手。

"孚"取象于离卦。若六二发生爻变, 则下交互卦为离卦。理由同上。

"禴"取象于震卦和坤卦。禴为春祭。萃卦由小过卦演变而来, 在小过卦中, 上卦为震, 震在后天八卦中代表东方、春天。六二为大夫之位, 相当于基层干部, 六二是响应九五号召, 而举行祭祀仪式。如果九五君王适合大祭的话, 六二适合进行小祭, 春祭与六二的身份地位相匹配。下卦为坤, 坤为吝啬, "坤以简能", 引申为节俭、简便, 重在心意。

《象》曰: "引吉无咎, 中未变也。"

【译文】小象说, 引导下聚集吉祥没有灾祸, 是因为六二居于中位能够坚守中正之道，没有发生改变动摇的缘故。

"六三，萃如嗟如，无攸利。往无咎，小吝。"
【译文】"六三，一边聚集一边叹息，无所适宜。前往没有灾祸，有小困难。"

下卦坤卦三个阴爻中，唯独六三与上六没有正应，得不到上六大佬的关心支持。同时，六三阴爻居阳位，不当位，力量偏向柔弱，因此在聚集过程中忧心忡忡，孤独无助，免不了唉声叹气。自身弱，又得不到上层帮助，自然是处境艰难，因此干什么事都无所适宜。聚集的过程就是行动的过程，所以采取积极行动应该没错，不会有灾祸，最终遇到些困难在所难免，好在问题不大，总体上还算不错。

《象》曰："往无咎，上巽也。"
【译文】小象说，前往没有灾祸，因为上面有巽卦。

上卦明明是兑卦，为什么会是巽卦呢？因为萃卦的上交互卦是巽卦，巽的卦德为逊顺。六三正好在巽卦的初爻。

"九四，大吉，无咎。"
【译文】"九四，大吉祥，没有灾祸。"

九四的爻辞很简单，它明确无误地告诉人们不是一般的吉，而是大吉，这种表述在易经并不多见。之所以"大吉"有三个原因：一是九四为阳爻，在萃卦二阳四阴的特定格局中，阳爻显得非常可贵，其作用不可小觑；二是九四为诸侯之位，居九五之下并与其相邻，共同组成君子群体，成为全卦四个阴爻聚集的核心；三是九四与初六有正应，与基层民众心灵相通，能得到百姓的信任和支持。

但是，奇怪的是"大吉"后面，紧接着又来一个"无咎"，虽然没有太大问题，却把吉祥程度降低了，从大吉变为不好不坏。原因在于九四阳爻居阴位，其行为举止显得过于刚强。有时优势劣势、长处短板是融为一体无法分离的，否则劣势、短板消除之时，也就是优势、长处消亡之时。对于萃卦所反映的众人聚集的团体组织来说，客观上需要有一位强力辅佐老大的人物，就如同君王需要一名足智多谋的军师或宰相一样，有难时需要他来同当；同时，老大又忌讳身边如影随形地跟着一位比他还能干而且碍手碍脚的人，也就是说有福时人们往往不需要别人来同享，如曹操与杨修、朱元璋与刘伯温。

《象》曰："大吉无咎，位不当也。"
【译文】小象说，由大吉变成无咎，是因为位不当的缘故。

"九五，萃有位，无咎。匪孚，元永贞，悔亡。"
【译文】"九五，在聚集中取得领袖之位，没有灾祸。尚未取得大家信任，只要自始至终坚守正道，悔恨消失。"

匪，通"非"。九五是君王之位，是全卦的核心，在该卦代表所聚集的团体组织的主心骨。九五阳爻居阳位，当位，表明行为举止适当。九五与六二有正应，表明其行为得到了基层干部群众的拥护和支持。时势造英雄，英雄造时势。九五是在众人聚集运动中被推上领袖位置的人。大批人群在慌乱聚集过程中，他坐上了老大之位，总体形势对他十分有利，但毕竟刚刚坐上新位，成果是初步的，他的位置并不稳固，众人可以把他推上去，同样可以把他拉下来。他面临着重大考验和诸多不确定因素，还有许多事情要做，既要看到有利因素，也要看到不利因素，因此结果不能过于乐观，能做到不好不坏已经很不容易了。

由于执政之初，他不可能在那么短的时间内赢得民众的充分信任，需要有一定时间来获得百姓的认可、理解和支持，因此易经提示居九五之位的老大，要自始至终坚守公平正义，如此才能避免悔恨之事发生。

"匪孚"取象于艮卦。九五与六二有正应，这是"孚"的体现。但是，下交互卦为艮卦，艮为静止、停止、阻止、制止之意。因此对诚信有阻碍作用，或者说诚信还没有到位。

《象》曰："萃有位，志未光也。"
【译文】小象说，九五有位但结果只是无咎，是因为领导百姓或群众团体的指导思想、方针政策和原则方法等尚未发扬光大。

"上六，赍(ji1)咨，涕洟，无咎。"

【译文】"上六，叹息，痛哭流涕，没有灾祸。"

赍咨，象声词，类似于嗟乎，悲伤叹息，指叹息的声音。涕，眼泪，此处用作动词，流眼泪。洟，鼻涕，此处用作动词，流鼻涕。上六阴爻居阳位，当位，虽然能力有限，但其行为表现是适当的。上六与六三没有正应，说明与基层没有心灵沟通，得不到来自基层实力阶层的支持和配合，因此双方都有遗憾而叹息，六三是嗟如，上六是赍咨，上六地位虽高，却高处不胜寒，她的心灵是孤独的，基层的三个阴爻紧挨着，组成了群众团体，唯独她孤零零地呆在上头，中间隔着两个阳爻，成为孤家寡人，只能影形相吊，自怜唔叹，不免伤心抹泪。

可是，上六毕竟是在人群聚集运动中一步一步走上来的，有过辉煌的过去，底子比较厚实，瘦死的骆驼比马大，其影响力仍在一定程度上存在。同时，正是由于上六为阴爻，才使得整体上没有出现上下阻塞、阴阳分离的否卦局面，客观上她对于维护人群团体的聚集状态是有重要作用的，因此情况再怎么糟糕也坏不到哪里去，其结果是无咎，不好不坏。在日常生活中，大吉大利是少数，大灾大难也是少数，多数情况是不好不坏或又好又坏，因此无咎应当成为人们追求的生活常态。

"赍咨，涕洟"取象于兑卦。上卦为兑，兑为口，叹息声自口发出。兑为泽，泽为水，与痛哭流涕意境吻合。

《象》曰："赍咨涕洟，未安上也。"

【译文】小象说，叹息痛哭流涕，是因为未能安心地处在上位的缘故。

第四十六卦 升卦的上升之道

【升卦】

【白话经文】

升卦,自始通达。适用进见大人,不必担心,往南行动吉祥。

初六,受上司认可而得以提升,大为吉祥。

九二,以虔诚之心实行春祭,没有灾祸。

九三,上升于空旷城邑中。

六四,周文王在岐山举行祭祀仪式,吉祥,没有灾祸。

六五,坚守正道吉祥,登上台阶。

上六,在昏暗中上升,适宜控制欲望保持正固。

【经文原文】

升,元亨。用见大人,勿恤,南征吉。

初六,允升,大吉。

九二,孚乃利用禴(yue4),无咎。

九三,升虚邑。

六四,王用亨于岐山,吉,无咎。

六五,贞吉,升阶。

上六,冥升,利于不息之贞。

【解读序言】

升卦位列周易第四十六卦,因上卦为地、下卦为风,称其为地风升。升的意思不难理解,往上生长,向上运动,向上发展,引申为上升、提升、升格、升级、升迁、升职、升腾、升华等意思。《序卦传》说:"萃者,聚也,聚而上者谓之升,故受之以升。"序卦传说,萃卦讲的是众人聚集,在聚集的众人中有人被推上领导岗位这个过程叫做升,因此周易在萃卦之后安排了升卦。这几句话反映了升卦在六十四卦中的位置及卦际联系,升卦的前面是萃卦,萃是聚集的意思,人才荟萃聚集一起才能办成大事,人生事业才有可能因此而得以升迁和发展。卦序反映了事物发展的客观规律,升卦反映了人和事物处于上升阶段的特征和处事原则。人们只有认识规律,把握规律,善于运用规律,自觉按客观规律办事,才能做到趋吉避凶、逢凶化吉。

《杂卦传》说:"萃聚,而升不来也。"杂卦传说,萃卦讲的是聚集,而升卦讲的是上升情境不久即将到来。"不来"有些令人费解,有学者将其解释为升上去了就不能下来,好象不太符合事实。"来"是指从远处到这里来,以当事人为基点,下来可以叫来,上来也可以叫来。按照事物发展规律,众人聚集起来之后,必然会涉及"升"的问题,每次所谓的自发集会,其实背后都是有人组织的,这些组织者从幕后走向前台、从地下走上高台的过程就是上升的过程。因此,本人将"不来"理解为不久即将到来。

【卦名含义】

《古代汉语词典》解释:升1,容量单位,一斗的十分之一,同时又是量酒单位;古代布八十缕为一升;登上,上升;成熟;进奉,进献;六十四卦之一等。有词语:升沉,登进和沦落,褒贬;升第,晋升或录用;升恒,称颂事业发达的套语;升华,官职晋升;升平,太平;升迁,官职得到提拔;升荣,晋升官位;升遐,升天,上升到高远的地方,帝王之死委婉说法,离世隐居或学道修行;升中(zhong4),古代帝王祭天上告成功,祭天;升堂入室,登上厅堂,进入内室。升2(昇),太阳上升;登上;升官,晋级。升3(陞),登,登上;提升,晋级。

【卦象寓义】

一、**地中生木之象。**这是大象所反映的自然景象。从升卦的结构上看，上卦为坤卦，代表大地，下卦为巽卦，代表木。《说卦传》说，巽，东南也；入也；为鸡；为股；一索而得女，故谓之长女；为木，为风，为长女，为绳直，为工，为白，为长，为高，为进退，为不果，为臭，其于人也为寡发，为广颡（额头），为多白眼，为近利市三倍，其究为躁卦。巽卦有以上多种含义，但在大象中，巽卦主要含义是木、为长、为高。易经中震、巽均为木，但震为阳木，侧重指高大、坚硬的乔木；巽为阴木，侧重指灌木、新木、细木、草本类植物。升卦大象所反映的自然景象就是地中长着一棵树苗。初六两根短横就是树苗的根须，九二九三代表坚实的土地，也代表有旺盛生命力的树苗主干。只有把树根扎深扎实，才能根深叶茂长大长高。上卦坤卦的三个阴爻既代表土地，又代表茂盛的树叶，因为坤为阴，为柔，还代表数量众多。

二、**君临天下之象。**临卦上卦为地，下卦为泽，称其为地泽临。是人们站在湖岸泽畔欣赏湖光山色秀丽风景的景象，也像君王面对数以万计百姓如何率领他们过上幸福生活的君临天下情景。升卦讲的是人群聚集之后当事人被推上领导岗位的情景，虽然尚未达到君临天下的程度，但是率领民众的职责是相似的。升卦中就蕴含着临卦的卦象。升卦上卦为坤，下交互卦为兑，两者构成地泽临。无论是卦符（卦画、卦图），还是卦象，或者内容，彼此都存在紧密联系。

三、**岐山祭祀之象。**爻辞中两处出现祭祀内容，一处是"九二，孚乃利用禴（yue4），无咎"，另一处是"六四，王用享于岐山，吉，无咎"。易经中凡是与祭祀有关的结果大都不会太差，这是因为祭祀时内心是虔诚的，得人心者得天下，以诚待人，以信处事，这样的人、这样的行为必将得到民众的欢迎和支持。升卦下交互卦为兑，在后天八卦中兑为西部，周文王（西伯）的封地在西部岐山，因此兑代指岐山。上卦为坤，坤为牛；下交互卦为兑，兑为羊，这些都是祭祀牺牲用品。同时，下卦为巽，巽为草本植物，引申为时令蔬菜，是每季小祭的祭品。升卦上交互卦为震，震代表春季，在商代，春祭称"禴（yue4）"，周初仍然沿用商代做法，直到后来，周朝才改称夏祭为"禴（yue4）"。升卦下卦为巽，巽为绳直，为风，绳有继承的意思，风有家风、风气的意思，引申为继承先祖家风、优良传统和美德。这层意思在观卦、涣卦均有集中体现。

四、**升字渊源之象。**下卦为巽，巽为草本花卉类植物，与升字下半部分吻合。上卦为坤, 坤为土, 为大地, 本应用长的横划来表示, 如屯卦之"屯", 但是木能克土, 升上面的撇可理解为, 地表面被植物上升突破, 因此原本平铺的长横, 变为翘起的短撇。"升"没有繁体字, 但有两个异体字, 写作"昇"和"陞"。昇, 以太阳作为表述对象, 形容太阳自东方升起, 升卦下卦为巽, 在后天八卦中为东南, 与"昇"字意境吻合。陞, 与升卦的卦象关联更加紧密, 下面的"土"旁直接来自升卦的上卦坤卦, 坤为土, 之所以土在下, 升在上, 表明草木已经长出地面, 渐渐长高。陞字多用来指登上台阶, 拾级而上, 与阶同为耳朵旁, 表明台阶建在宫庭楼台的旁边。可见, 升的原始意义来自卦象所表示的草木生长升高之意, 后来引申出太阳东升、登台阶升高之意。

五、风行西南之象。升卦下卦为巽, 巽为风, 在后天八卦中为东南; 上卦为坤, 坤为土, 在后天八卦中为西南, 风是动态的, 从东南吹往西南。前面讲到, 升卦与临卦有关联, 临卦的上六如果来到初六, 便成了升卦。而临卦在十二消息卦中代表农历十二月, 正好是冬季与春季的临界月份。这时的南风意味着温暖, 与北风寒冷刺骨形成强烈反差。因此, 在冬春交替季节, 南风深受人们欢迎。卦辞有"南征吉"的表述。这里还隐含着离卦的光明之德的意境。无论是东南, 还是西南, 大概念上都是南方, 况且风从东南到西南, 必定经过南方。古人有天南地北之说, 在后天八卦中, 离为正南, 离为日, 为火, 为明, 代表夏季的太阳、正午的太阳(如日中天), 太阳最明最亮, 光明也是人们的精神追求, 比如"明明德"、王阳明。因此, 本人认为"南征吉"不能仅仅理解为往南走, 更重要的是要理解为追求光明之德, 做到以德率众, 以德服众, 以德教化民众。

六、蕴含坎险之象。与萃卦的情况相似, 如果把上卦三个阴爻看成一个整体, 把九二、九三两个阳爻看成一个整体, 那么升卦就变成了大坎卦, 坎为险, 为陷, 为沟渎, 为隐伏, 为多灾异的马车, 引申为路途坎坷, 艰阻难行, 存在着风险。这说明升卦在总体形势良好的情况下, 也存在着各种各样风险, 需要引起重视并采取积极防范措施。比如, 要心存诚信, 追求光明, 要坚守中正之道, 并且做到适可而止, 决不能为了升迁上位而不择手段, 否则大坎之险在所难免。

七、内顺外柔之象。下卦也叫主卦、内卦, 升卦的下卦为巽, 巽卦的卦德为顺逊、顺从, 这是从巽作为风的特征中提炼出来的。大风吹过, 人们见到大片的庄稼或草木顺着风向齐刷刷地倒向一边, 由此领悟出整齐、顺从、配合、协调的意思, 同时风又是无空不入的, 又引申出均匀、平均、平等、平衡等意思。上卦也叫客卦、外卦,升卦的上卦为坤,坤的卦德为柔顺。同样,这一德卦也是从坤作为土地的特征中提炼出来的。土地具备柔顺、承载、包容、忍让、坚韧等性质特征。因此,升卦的组织结构呈现出内部顺从、外部柔顺的状态,这是一种比较理想的结构。

八、长女母亲之象。在易经大家庭中,坤为母亲,巽为长女。民间通常有长女为母的说法,这说明长女与母亲有诸多共同点,比如认真负责、细心体贴、甘当配角、贤慧能干、吃苦耐劳、包容谦让,等等。在升卦的家庭结构中,长女在家庭内部主持家政、烧菜做饭、操持家务,母亲在外劳动生活、挣钱养家,为全家人提供物质食粮。总体上合理和谐,不会发生大的冲突,其短板在于都是女性,缺少阳刚之气和积极主动的进取精神。

九、阴木克土之象。从五行关系来看,八卦中有两个经卦(单卦)对应木,震为阳木,巽为阴木。有两个卦对应土,艮为阳土,坤为阴土。升卦中下巽为阴木,上坤为阴土,呈现出阴木克阴土的状态。主体克制客体,环境和形势对主体有利,对客体不利。所谓的"克"就是能够制约对方,驾驭对方,掌控对方,在矛盾双方中占居主动和主导地位。但并非所有矛盾都是尖锐对立的,许多矛盾双方并非都到你死我活的程度,因此,不能理解为"克"是消灭对方。

【关联卦画】

升卦由小过卦演变而来。小过卦上卦为雷,下卦为山,称其为雷山小过。小过卦主要讲述小过失,卦形像只展翅飞翔的鸟,意思是说小过失所带来的负面影响不会长远,就像小鸟飞过,留下点鸟叫声和掠过的身影,瞬间就消失了。小过对于事物上升发展而言是难免的,但不会构成重大而深远的影响。如果将小过卦的六二与九四交换位置,那么小过卦就变成了升卦。从象辞"柔以时升"、"刚中而应"中可以得到印证。在小过卦中,六二为柔爻,处在下交互卦巽卦中,原在巽卦初爻,交换位置后到达巽卦上爻的位置,因此是六二柔爻上升到了六四的位置。"时"是及时,取象于巽卦,巽为鸡,鸡能报时,引申为及时、适时。这样"柔以时升"就形象地呈现出来了。"刚中而应"是指九四刚爻来到九二,由原先不中不正变成中正之位,并且与六五君王有正应,体现出了顺从配合的意境。

升卦的综卦是萃卦。综卦就是两个卦之间存在相综关系,即甲卦卦符(卦画、卦图）翻转180度成乙卦，乙卦翻转180度成甲卦，符合这种条件的一对卦就是综卦，也叫覆卦、镜卦，意思不难理解，覆就是倒扣过来，镜就是镜中影与物呈反向对称关系。综卦反映了事物内部的关联性和差异性，两者既有联系又有区别。区别在于人们从不同角度看同一个事物将得出不同结论，犹如事物的一体两面，反映出事物性质的多重性，横看成岭侧成峰，观察角度不同得到的结果不尽相同；联系在于，两卦的构成要素相似，都是两个阳爻四个阴爻；两个卦的内部结构没有变化，只是观察角度发生了变化而已；爻辞内容有联系，升卦九二与萃卦六二均有"孚乃利用禴（yue4）"的表述；在事物发展上两者呈现出前后逻辑关系，先有人群聚集，后有上升发展。

升卦与晋卦是兄弟。升与晋在词义上非常接近，两者均有晋级、晋升、升高、升迁、向上发展等意思。不同点在于：一是描述的自然景象不同。晋卦上卦为火，下卦为地，称其为火地晋，它所描述的对象是在天上，反映了日在地上行、太阳从地平线上冉冉升起的情景；升卦上卦为地，下卦为风，称其为地风升，它所描述的对象在地上，反映了木在地中生、树木生根发芽、茁壮成长、根深叶茂的情景。

二是在六十四卦中的序位不同。晋卦位列周易第三十五卦，升卦位列周易第四十六卦，反映了事物发展过程中的不同阶段和不同环节。晋卦处于六十四卦的中间位置，相当于人生或事物发展整个过程中的青壮年阶段；升卦处于周易六十四卦的三分之二位置，相当于人生或事业的中老年阶段。从现实社会生活的实际情况来看，在青壮年时期，人的体力、智力、精力、技能等达到高峰，这个年龄段在各种单位、机构、组织中起着中坚主导力量的作用，往往成为提拔重用、职级晋升的对象，因此晋卦侧重于仕途、官阶、职务、级别、职称、岗位等方面的晋升。在中老年时期，人生、事业进入成熟期，拥有丰富的生活阅历和人生感悟，虽然也不排除职级上的晋升，但毕竟到了尖字塔的塔尖，空间越来越狭小，因此升卦的晋升应指侧重于思想境界、道德修养、学问智慧、艺术造诣、社会影响等方面的层次和地位。职务级别等方面的提升是有上限的，而品德修养、思想界境及社会影响力等方面的提升，却是无止境的。

三是晋卦和升卦都可用来表示道德品行，但侧重点不尽相同。这与上述"二是"部分是两个层面的问题，所谓的"侧重"就是两者不能截然分开，两者有部分内容是重叠的，彼此并不矛盾，要结合历史文化的沿习和社会生活的实际等综合因素，具体情况具体分析。离为日，为火，为明，偏重内心的光明之德，内涵大致类似《大学》的"明明德"，王阳明的"心即理"、"致良知"和"此心光明"，晋卦侧重于内心、心灵、精神、气质的提升。升卦中巽为高、为长，从外观上看，是外部形体升高变大，同时巽为顺逊之意，是通过言行举止表现出来的，因此升卦在道德品行方面侧重体现在符合道德规范的态度、言语、行为等外在表现上，是心灵的外化表现形式。这从两卦的大象中也可得到佐证，晋卦是"君子以自昭明德"，升卦是"君子以顺德"，明德、顺德，分别指向内在心灵和外在表现。

　　晋卦与升卦的区别还表现在：一个在天上，一个在地上，晋卦为天之升，升卦为地之升；一个是宏观的，一个是微观的，晋卦以太阳为标的，升卦以树木为标的；一个在远处，一个在眼前，太阳悬挂天空，看得见摸不着，树木近在咫尺，触手可及；一个阳的，一个阴的；一个动的，一个静的；一个释放能量，一个接受能量。

　　升卦与泰卦是近邻。只要将升卦的初六变成初九，升卦就变成了泰卦，升卦是地风升，泰卦是地天泰，两者卦象相似，内涵比较接近，两卦的异同反映了事物发展中的联系和区别。循此易理，人们可以从中得到启发，处于升卦情景中的人和事，只要将初六增强些力量，就可能转变为安泰和谐的良好局面。同样处于泰卦情景中的人和事，如果调整一下基层人员的力量，比如调走老员工，招录新员工，或者减少员工的人数等，倒是有利于基层人员的培养成长，可以有效延长泰卦局面，延缓泰卦局面向否卦的不利方向转化。

【卦辞象辞】

〖卦辞〗

"升，元亨。用见大人，勿恤，南征吉。"

【译文】"升卦，自始通达。适用进见大人物，不必担心，往南行动吉祥。"

　　"元亨"，乾卦卦辞是"元亨利贞"，此卦取了前两个字。树木长在土壤之中，土地是柔顺、包容的，它为树苗的成长提供了养分，往上生长的基础条件良好，犹如人生事业，根红苗正，成长发展的基础条件得天独厚，因此用"元"来表示这一良好的起始状态。树苗初期茁壮成长，处于快速生长的通道中，就像少年或年轻的事业, 具有很大的成长空间和发展潜力, 这些都表明是通达的, 因此用"亨"来表示。元、亨两个字比较恰当地表现了人生、事物初始阶段的迅速生长上升的特点。

为什么没有利、贞? 这表明上升与利没有必然联系, 利应解为适宜, 可理解为上升可能是适宜的, 也可能是不适宜的, 甚至遭到不测, 仕途的风险是客观存在的, 给穷凶极欲者以绝对的权力, 无异于把他推向万丈深渊, 成千上万贪官前腐后继便是铁证。贞, 是守正、正固、正当。卦辞中没有提及, 可以理解为上升并非都是正当的, 也可能存在非正当上升情况, 其结局具有不确定性。

"用见大人", 帛书版易经为"利见大人", 易经在传抄过程中发生笔误是完全可能的, 两者意思基本相同。当然也可理解为这些细微的区别并非笔误, 而是有意为之, 体现了易作者的特别用意。这里的"见", 可有两种理解, 一是看见的见, 进见, 谒见; 二是通"现", 见大人是出现大人物, 指在现实社会中或历史上出现的有重大影响的人物, 还可以理解为升任领导岗位的人要表现出大人物、大格局、大气魄、大胸襟、大风范。利是适宜, 用是用于、用来。

为什么是"南征吉", 而不是其他方位? 此处方位主要是象征意义而非实指。从先天八卦看, 南方是乾卦, 天行健、君子以自强不息, 乾卦代表天这种积极向上的进取精神, 我国自古以来就有天南地北之称, 天尊地卑, 南方也就成了吉祥的方位, 倡导人们学习追求南方所代表的天道精神。战败叫败北, 也只是一种象征性称谓, 其实失败溃退的军队往往是四处逃散, 并不都是向北逃窜的。从后天八卦的情况看, 以上"风行西南之象"中已经述及, 南方是离卦, 离为火, 为日, 为明, 代表太阳, 代表光明, 向着光明进发正是仁人志士的追求目标。

〖象辞〗

《象》曰:"柔以时升, 巽而顺, 刚中而应, 是以大亨。用见大人, 勿恤, 有庆也。南征吉, 志行也。"

【译文】象传说, 阴柔适时而上升, 逊从而柔顺, 阳刚居中正之位而上下有正应, 因此大为通达。适宜用来进见大人物, 不必忧虑, 因为有值得欢庆的事。往南行动吉祥, 是因为精神愿望得到了实行。

"时"取象于巽卦。下卦为巽,巽为鸡,鸡鸣报时,引申出巽为适时、及时、顺时之意。

【大象之辞】

《象》曰:"地中生木,升。君子以顺德,积小以高大。"

【译文】大象说,树木在大地中生长是升卦的景象,君子受此启示要培养自身的顺逊之德,日积月累,积小胜为大胜,最终成就大业。

【爻辞小象】

"初六,允升,大吉。"

【译文】"初六,受上司认可而得以提升,大为吉祥。"

允,答应,认可,如允许、允诺;公平得当,公允、允当;诚信、诚实等意思。从这三层意思上讲,都是褒义的,易经中多以孚表示诚信,因而此处不取此义。假如说是因为公允而提升,这是理想中的状态,现实中很难实现,而且这种付出得到的平衡常态不能视为大吉。一个刚进机关的公务员或初入职场的员工,只有得到上司的认可才更有机会得到提拔重用,因为上司掌握着部属进退去留的决定权。

初六阴爻居阳位,不当位,表明力量偏弱,这与初入职场的年轻人情况相似,属正常现象。这种弱势并无大碍,初六能得到基层干部九二的认可和提拔,况且九二与六五有正应,如果九二把初六介绍给上层领导做助手,那么提升的机会就会更多。从整个卦的格局来观察,大环境对上升进步相当有利。下卦巽为风,本身就是逊顺、整齐、无空不入,适应性很强;而上卦坤为大地,表明其客观环境是柔顺、包容、宽厚的。因此,对于初入机关或职场的年轻人来说不缺上升的机会,得到上司和同事的认可相当重要。

"升"取象于巽卦。下卦为巽,巽为股,为长,为高。股即大腿,腿足用以登高上升。

《象》曰:"允升,上合志也。"

【译文】小象说,得到上级认可而提升,因为初六与上司心意相合。

　　升卦三对爻，只有初六与六四没有正应，表明上层没有亲情关系，这是多数新入职场员工的常态，没有靠山和大树的依靠，只能靠自己的勤奋努力去争取提升。与上层没有正应，为什么小象还说"上合志"呢? 主要指初六与九二关系融洽，阳乘阴，阴承阳，彼此心意沟通，能够配合协调。

　　"九二，孚乃利用禴(yue4)，无咎。"
　　【译文】"九二，以虔诚之心实行春祭，没有灾祸。"

　　九二爻辞与萃卦六二爻辞相似，萃卦:"六二，引吉，无咎，孚乃利用禴。"孚，诚信。乃，于是。禴，在商末周初代表春季的祭祀仪式，周中后期表示夏祭。人无信不立，萃卦、升卦之所以反复强调诚信，说明古人极其看重诚信，它是人们道德品行的基石。多数情况下，人们主动与你交往，是因为你讲诚信;上司提拔重用你，是因为你诚信可靠;你能接纳一个人，是因为这个人值得信任。所以诚信是衡量一个人品质的试金石，人在任何时候都不应放弃诚信，丢掉了诚信就等于丢掉了人格，也就丢掉了人身上最有价值的东西，不诚信的人将会变得一文不值。无咎，表明本来是有咎的，正因为诚信使得最终结果有惊无险，没有灾祸。九二阳爻居阴位，不当位，行为举止过于刚强，这是可能导致咎害的不利因素，好在上面六五也不当位，九二与六五有正应，能得到老大的支持，上下能够配合协调，这一有利因素弥补了不利因素，因而结果无咎。
　　"禴"取象于震卦和兑卦。九二与上交互卦震卦为羊，在后天八卦中，震为东、为木、为春季，用于表示春祭活动。下交互卦为兑卦，兑为巫，为邻，为口舌等，都与祭祀加关。

　　《象》曰:"九二之孚，有喜也。"
　　【译文】小象说，九二的诚信给他带来了可喜结果。

　　"喜"取象于兑卦。升卦的下交互卦为兑卦，兑为悦。

　　"九三，升虚邑。"

【译文】"九三，上升于空旷城邑中。"

《古代汉语词典》解释：虚，大土山，大丘；废墟；方位，处所等。引申为空旷地区，表明空间很大，上升不受限制。九三阳爻居阳位，当位，表明其行为举止适当，与其身份相符。九三与上六有正应，能得到上层大佬的支持，朝中有人好做官，上下相互呼应，能够配合协调，况且上卦坤卦三爻全为阴爻，坤有柔顺之德，不会成为九三上升的障碍。此爻爻辞简短，易经中简短爻辞和较长爻辞都自有道理，值得用心体悟。爻辞少，空白多，容量大，留给人们想像空间和解释余地更多。按照易经规律，三多凶，但这里一无凶，二无吉，三不说无咎。表明任何结果都可能出现，结果呈现出一种不确定性。升是一种状态或结果，但升的方式却五花八门，如果为了升迁不择手段，其结果不大可能吉祥，出来混总是要还的，侥幸得一时却不能侥幸一世。当你升得太快太顺的时候，正是危险悄悄接近的时候，只有未雨绸缪，注重防范，才能化解风险。

"升"取象于震卦。上交互卦为震卦，震为动，引申为行进上升。

"虚邑"取象于坤卦。上卦为坤，坤为土，为大地，引申为版图、国土、城镇、村落。

《象》曰："升虚邑，无所疑也。"

【译文】小象说，上升于空旷城邑，没有什么可怀疑的。

换句话说，这是意料之中的事，水到渠成，顺理成章。

"六四，王用亨于岐山，吉，无咎。"

【译文】"六四，周文王在岐山举行祭祀仪式，吉祥，没有灾祸。"

王，指周文王，姬昌，时任西伯侯。相传周易的卦辞为周文王所作，爻辞为周公所作。周易中多处写到王的活动，这个王指周文王，其实当时姬昌为西伯侯，文王谥号是周朝后人赋予的尊称。亨，通"享"，祭祀。祭祀是一种仪式，是表明祭祀人继承先辈遗志，尊奉天意行事的宣示形式，有利于让老百姓确信其正统的首领地位，祭祀是古代重要的统治手段。周文王的祭祀行为能够产生积极效果，因而结果是吉祥的。六四阴爻居阴位，当位，表明其行为举止是适当的。但是，在"吉"之后，紧接着又出现一个"无咎"，由吉祥变成了没有灾祸，成为一个不好不坏的中性结果，这是为什么呢? 原因在于，虽然六四是当位的，但六四与初六没有正应，其行为得不到初六民众的响应和支持，两者不能配合协调，而六四与六五君王又是同性相斥，这两方面的不利因素多少冲淡了吉祥的局面。

"王"取象于爻位和震卦。此处的"王"指周文王，生前为商朝西伯侯，六四为诸侯之位，而且正处于上爻互卦震卦之中，震在古典文献中多指诸侯。

"亨于岐山"取象于兑卦。下爻互卦为兑，兑为巫，为羊，为口舌等，与"享"的祭祀之意吻合。在后天八卦中，兑为西方，此处用以指代位于我国西部的岐山部落。

《象》曰:"王用亨于岐山，顺事也。"
【译文】小象说，周文王在岐山举行祭祀活动，这是顺民心的好事。

因为参加祭祀仪式时人们内心虔诚，通过对先祖思想、品德、精神、作风等的追思，形成共识，起到凝聚人心的作用。同时，六四为上卦坤卦的初爻，柔顺、配合、包容、淳厚的环境氛围开始展现。

"六五，贞吉，升阶。"
【译文】"六五，坚守正道吉祥，登上台阶。"

六五是君王之位，升阶，表示登上了一个新的平台，引申指周文王发起的改朝换代革命取得了成功，周武王登上了君王之位。周文王的革命事业在此爻达到了巅峰，这是周文王家族几代人不懈奋斗的结果，周文王奠定了革命大业的坚实基础，周武王继承父辈事业，率领队伍开展武装斗争，最终推翻了商纣王的统治，从此开启了近八百年的周朝历史。六五爻辞比较简单，但此爻的位置是明确的，升阶的意思也是明确的，与周朝革命大业高度吻合。这种"升阶"的结局在人生事业的各个领域都有类似的表现。六五阴爻居阳位，不当位，力量偏弱，这是初登老大之位都可能遇到的问题，好在基层干部力量强，而且上下同心协力，能够得到基层干部的大力支持，有利因素弥补了不利因素的消极后果。

《象》曰："贞吉，升阶，大得志也。"

【译文】小象说，坚守正道吉祥，登上了台阶，其宏大的理想和愿望终于实现了。

"上六，冥升，利于不息之贞。"

【译文】"上六，在昏暗中上升，适宜控制欲望保持正固。"

冥，昏暗，幽深，黑夜，黑暗。冥升，直译就是在黑暗中升迁，实则是以现实生活中的黑暗来比喻心理上的昏庸糊涂和政治上的黑暗。因为当事人一路升迁，升到了人生事业的最高处，容易出现后遗症，或极易被成功冲昏了头脑，或因年事已高变成老糊涂了，或受到奸佞蒙蔽偏听偏信，或被其他势力利用而不自知，等等，这些都可能导致其试图在脑子不清、蒙昧糊涂状态中继续上升，这是异常危险的，此爻的警示意味浓厚。

冥升有两种可能性，一种是善始善终，另一种是不得善终，具体结果视情而定，所以此爻的吉凶不著一字，实则表明吉、凶两种可能性都是存在的。为了避免凶险，后一句爻辞提出了建设性意见。息，利息、增长，不息就是不增长、停止，不息不能理解为不停歇，而是要理解为不要增长欲望，要及时控制欲望，不要让上升的欲望继续膨胀。上六已经处于物极必反的当口，应当适可而止，决不能过分贪恋名誉、地位、金钱、财富、美色等身外之物。所有的行为都要归结到固守在正道上。上六阴爻居阴位，当位，与九三有正应，两者能够配合协调，其行为能得到基层实力阶层的大力支持。

"冥"、"不息"取象于坤。上卦为坤，坤为土，其于地也为黑，坤为全阴，引申为黑夜。坤为吝啬，引申节制、控制，与"不息"意思吻合。

《象》曰："冥升在上，消，不富也。"

【译文】小象说，在黑暗中升迁已至卦象的最高处，要减损欲望，处在这个阶段的人不宜过分追求物质富有。

　　此处的消是减少、损耗的意思，与"不息"相对应，意思相同，消息的原意就是减少与增加，消是减少，息是增加。富，富有，富裕，丰富。由此引申出，上升要适可而止，欲望要适可而止，物质享受要适可而止，不能让欲望信马由缰，无限膨胀，否则就可能带来凶险的后果。

第四十七卦 困卦的解困之道

【困卦】

【白话经文】

困卦，通达，正固，大人物吉祥，没有灾祸。困厄之人说话没人相信。

初六，臀部受困于树桩上，进入幽深峡谷，几年不与外人见面。

九二，困厄于酒食，刚接到红色护裙，适宜穿上它进行祭祀活动，主动出击凶险，没有灾祸。

六三，受困于乱石丛中，被荆棘缠阻，回到家里，不见妻子，凶险。

九四，脱困之日姗姗来迟，受困于金属车辆，有小麻烦，但最终有结果。

九五，用削鼻砍脚刑罚治理社会，受困于官场，但正在缓慢迎来喜悦，适宜开展祭祀活动。

上六，受困于葛藤羁绊，内心惴惴不安，有人提醒若轻举妄动将有悔恨，对此有所悔悟，主动出击吉祥。

【经文原文】

困，亨、贞，大人吉。无咎。有言不信。

初六，臀困于株木，入于幽谷，三岁不觌（di2）。

九二，困于酒食，朱绂（fu2）方来，利用享祀，征凶，无咎。

六三，困于石，据于蒺藜，入于其宫，不见其妻，凶。

九四, 来徐徐, 困于金车, 吝, 有终。

九五, 劓刖, 困于赤绂, 乃徐有说, 利用祭祀。

上六, 困于葛藟(lei3), 于臲卼(nie4wu4), 曰动悔, 有悔, 征吉。

【解读序言】

困卦位列周易第四十七卦, 因上卦为泽, 下卦为水, 称其为泽水困。困, 困难、困厄、困扰、困惑、窘困、穷困等义。《序卦传》说:"升而不已必困, 故受之以困。"序卦传说, 人生事业不停地上升发展到一定阶段必然会陷入困境, 因此周易在升卦之后安排了困卦。受, 通"授", 动词, 即授予, 引申为安排。由此可见, 困卦所描述的主人公是有针对性的, 是指主人公在人生事业上升发展过程中遇到的困顿局面。前面萃卦讲的是众人聚集, 升卦讲的是众人聚集之后, 主人公升迁走上领导岗位, 或者带领大家把事业发展提升推向新的高度。然而事物不是直线运动, 事业不可能一帆风顺, 在人生事业发展过程中出现了拦路虎, 遇到了绊脚石, 使主人公的人生事业陷入困顿情境之中, 这便是困卦所要表达的主题。这里的主人公侧重指积极进取、自强不息、追求理想、建功立业的奋斗者。困卦主要阐述这些奋斗者陷入困境时的脱困之道, 当然也泛指普通大众陷入困境时的脱困之道。

《杂卦传》说:"井通, 而困相遇也。"杂卦传说, 井卦表示事物通畅状态, 而困卦却反映了人生事业遇到了麻烦。井卦位列周易第四十八卦, 排在困卦之后, 两者互为综卦。这说明困卦所处的窘困情境是暂时的, 只要按易理所反映的客观规律行动, 就能过度到井卦的通畅状态。《系辞下传》说:"困, 德之辨也。"系辞下传说, 人只有处于困境之中, 才能辨别出其德行的高低。正所谓"患难见真情, 岁寒知松柏";"疾风知劲草, 板荡识诚臣"。

【卦名含义】

《古代汉语词典》解释:困, 被围困; 艰难, 窘迫; 疲乏, 疲倦; 尽, 极, 如"日~而还, 月盈而匡"; 贫乏, 贫困; 门槛, 后作"梱"; 六十四卦之一。与困卦、蹇卦、蒙卦、习坎卦、否卦、屯卦等卦相关联的词语有:困顿、困厄、困乏、困蹇、困蹶、困坷、困吝、困蒙、困否、困穷、困屯(zhun1), 等等。可见, 六十四卦卦符(卦画、卦图)是汉字词汇产生的重要渊源。

《说文解字》说："困，故庐也。"故庐就是老旧的简易房舍。在过去以农耕为主的历史时期，交通不便，对路途较远的田地，需要带饭劳作。为了有个临时歇息之处，农民们会在农田边搭建一处面积不大、用于短暂休息、喝水吃饭、避风躲雨的简易棚舍，大的可容纳十多人，小的仅能容几人。由于是临时建筑，一年也就农忙时节使用，平时闲置，日子一长各种野草渐渐长密长高，包围了棚舍，这就是困字最初所反映的自然景象。虽然也包括物质上的困顿，但主要是指人生事业遭遇困厄，在精神上、思想上、心理上陷入进退维谷的窘困之境。

【卦象寓义】

一、无水之泽之象。这是大象反映的景象。从困卦的结构上看，上卦是泽，下卦是水，水处于湖泽底下，不能说湖泽中一点水都没有，但是水位已经很低，接近干涸（he2），缺水对湖泽而言显然是困窘之象。还有一层意思大象没有明写，但可以悟出，湖泽之中是有鱼虾鳖螺等水生物的，对它们而言，缺水意味着危险的逼近。国人常用鱼大池小、龙搁浅滩来比喻某个大人物处于困境，泽中缺水导致鱼虾鳖螺等水生物生存环境恶化，这就是困卦要传达给人们的意境。

二、困字来源之象。困是个会意词，树木被围困在当中，不能动荡。困由"大口+木"组成。"木"字取象于离卦和坎卦。困卦下交互卦为离卦，离为科上槁（gao3，枯干，词语有枯木、枯槁），科为枝条，科上槁就是光秃秃没有枝叶的树木，离卦的离字在此表示枝条树叶离树干而去。困卦下卦为坎，坎，其于木也，为坚多心。坚硬的树木可以用来搭建庐屋棚舍，而搭建棚舍之木必然去除了枝杈和叶子的。大口取象兑卦和巽卦。困卦上卦为兑卦，兑为口，与困字的大口形象吻合。上交互卦为巽，巽为草本、藤蔓、灌木、细木、软木之类，巽表示棚舍周边长满的野草。兑与巽的组合就形象地表达了庐舍四周长满野草包围着庐屋棚舍的困卦意境。因此，本人认为困字的造字灵感来自困卦卦符。

三、泽底之水之象。如果我们把水作为观察对象，也就是把水作为主人公或当事人来描述。按照卦象结构，上面是湖泽，下面是水。其实湖泽里容纳的主体也是水，只不过兑卦所要表达的是泽水的规模和数量是有限的。而坎卦之水主要聚焦于水的特性，而不是水的数量。兑与坎两卦之间呈现出既有联系又有区别的关系。现在我们按照卦画结构，将主人公水置于湖泽下面，可理解为这部分水处在湖泽底部，或者湖泽底层再往下的深层地壳里，也就是说湖泽下面还有更深的地下水。这时，就相当于主人公被困在泽底或地下，难有出头之日，短时无法摆脱困境，除非某夫山泉公司去开采深层水系。这说明需要等待时机和借助外力才能走出困境。

四、习坎艰阻之象。《古代汉语词典》解释：习，通"袭"，因，因袭。《尚书·大禹谟》："龟筮协从，卜不～吉。"又重叠，《周易·坎》："习坎，重险也。（坎：卦中象险）"。因此有学者将"习坎"解释为在困境中学习实践，虽有新意但不符合习坎之原义。如果将九四、九五两个阳爻看成一个整体，视为一个阳爻，那么三爻至上爻就变成了坎卦，与下面的坎卦相叠加，就形成了坎上加坎的习坎卦象，它表明君子陷入困境，将遇到一个又一个的险难。

五、劓刖刑罚之象。九五有"劓（yi4）刖（yue4）"爻辞。劓、刖是古代的刑罚，劓是削掉鼻子，属于毁容，不算重刑但属奇耻大辱，精神痛苦大于肉体痛苦。商鞅变法时公子虔作为太子老师因太子犯法受连牵而被施以劓刑。刖是古代砍掉双脚或脚趾的酷刑，导致身体残废，属于重刑。劓刖刑罚取象于由否卦演变为困卦的过程，可参阅本文后面"关联卦画"的有关内容。在否卦中，下爻互卦为艮，艮在古典文献中解为鼻，上爻互卦为巽，巽为股，即腿脚。这时鼻与腿都是完好的。演变为困卦后，上卦为兑，兑为毁折，毁损，毁坏。艮卦消失了，可理解为鼻子被削掉了；巽卦虽然还在，表明大腿还在，但是，巽直接与兑卦重叠在一起，表明脚板或脚趾伤残了。

六、以阴蔽阳之象。象辞说："刚掩也。"意思是说，阳刚君子被小人掩盖蒙蔽着。反映了君子被小人围困之象。从爻象分布情况看，虽然三个阳爻、三个阴爻势均力敌、旗鼓相当，而且阳爻居上下卦的中正之位，表明整个局面仍由君子主导和掌控，但是初六、六三、上六均为阴爻，形成了阴爻包围阳爻的态势，表明君子受到了小人的围困，处于困境之中。从易理上讲，阳乘阴、阴承阳是正常状态，但是六三乘九二、上六乘九五均为反常现象，对君子不利。

七、未济既济之象。既济和未济位列周易最后两卦。既济是渡河成功，象征事情已经完成；未济是小狐在渡河过程中，尚未完成，结果尚难预料，可能成功也可能失败。困境对于坚强者是垫脚石，与之对应的是既济之象；对于懦弱者是拦路虎，与之对应的是未济之象。孟子说"生于忧患，死于安乐"；张载说艰难困苦玉汝于成，与贱名暗合，这是本人致力于弘扬易道精神，实践"为天地立心，为生民立命，为往圣继绝学，为万世开太平"君子理想的使命源泉和精神动力；王阳明说要知行合一，把磨难当成"事上练"的绝佳机会。上述这些圣贤都以自己的言行精准地诠释了困卦的真谛。未济卦，上卦为火，下卦为水，称其为火水未济。困卦下卦为坎，坎为水，下交互卦为离，离为火，因而一至四爻构成未济卦。既济卦上卦为水，下卦为火，称其为水火既济。困卦的二至六爻构成既济卦。若将九五九四视为一个阳爻，则四至六爻构成大坎卦，为水，下交互卦为离，离为火，即为既济卦。既济卦也为烹饪之象，意思是下面的火将上面的汤水烧开后可供人饮用。这就与九二"酒食"的爻辞发生了关联。

《孟子·告子下》写道："舜发于畎（quan3，田地中间的小沟）亩之中，傅说（yue4）举于版筑之间，胶鬲（ge2）举于鱼盐之中，管夷吾举于士，孙叔敖举于海，百里奚举于市。故天将降大任于斯人也，必先苦其心志，劳其筋骨，饿其体肤，空乏其身，行拂乱其所为，所以动心忍性，曾（通"增"）益其所不能。人恒过，然后能改。困于心，衡（通"横"）于虑，而后作；征于色，发于声，而后喻。入则无法家拂（bi4，通"弼"）士，出则无敌国外患者，国恒亡。然后知生于忧患而死于安乐也。"傅说曾因犯事被发派傅地当建筑工人，被商王武丁发现后重用为宰相。胶鬲原是生意人，受姬昌推荐做了商朝大臣，后帮助周武王完成大业。管夷吾是齐桓公迫使鲁国派狱士把他押解回齐国后得到任用的，文中的士是指管理监狱的官吏，相当于警察，管夷吾是由几个士押回的。孙叔敖本隐居在海边，后被楚王发现，请他出山当了令尹（宰相）。百里奚原为虞国官员，晋献公假途伐虢（guo2，古代诸侯国，今陕西、河南一带），百里奚力阻未果虞国被灭，百里奚因此成为俘虏，做了晋国公主的奴仆，后跟随主人陪嫁到秦国，后来出逃到楚国，秦穆公知情后，派人用五张黑色羊皮将其换回并委以重任，史称"五羖（gu3，公羊）大夫"。他是以奴隶身份从市场上被交换回来的，就像现在古玩市场上以仿品价格淘到了真品。如果出高价购买必然会引起楚国官方的警觉，极可能导致买卖失败。

八、祭祀立诚之象。在困卦中，九二有"利用享祀"、九五有"利用祭祀"的表述。一个卦中两处提到祭祀问题并不多见，足见祭祀对于困卦的重要性了。祭祀不是向外寻求解困办法，而是眼睛向内，首先解决心神不宁的问题。正如《大学》所言，静而后能安，安而后能虑，虑而后能得。用现在的话来说，先解决心情问题，再解决事情问题。人在祭祀中内心是虔诚的，能让自己浮躁的心沉静下来，从缅怀祖先传承家风中汲取精神力量，然后结合实际情况，制订出摆脱困境的方案，再付诸实践，便有望走出困境。困卦中隐含着与祭祀有关的涣卦。涣卦上卦为风，下卦为水，称其为风水涣。涣卦的卦辞："亨，王假（ge2，通"格"，到，去）有庙。利涉大川，利贞。"大象说："风行水上，涣。先王以享于帝，立庙。"内容都与宗庙祭祀有关。风水，已成为堪舆术语，说明建设庙宇都选在风水好的地方，同时风把水吹散，表明人心涣散，这时需要建庙祭祀，去寻求人们共同的价值观，重新把人心凝聚起来。在困卦中，上交互卦为风，下卦为水，两者组成风水涣。人心散了要通过祭祀凝聚起来，人处困境心灵受伤了，迫切需要通过祭祀抚慰疗伤。这就是人们遇到重大灾难和挫折时希望求神拜佛的心理基础，如果撇开迷信因素，其心理抚疗的功能还是有效的。

九、穷则思变之象。《系辞下传》说："易穷则变，变则通，通则久。"人处困境之中，不能束手无策无所作为，多数时候远水解不了近渴，许多人也是爱莫能助鞭长莫及，能拯救自己的往往就是自己。世事在不断地变幻之中，困境也决不是铁板一块。天无绝人之路，老天对你关上一道门，必定会为你留下一扇窗。只要内心不放弃，解决困境的办法总是会有的。正如我国现阶段经济社会发展遇到重大瓶颈问题或到了啃硬骨头阶段一样，只有通过改革创新才能走出困境度过难关。困卦的卦象和易理为改革创新提供了理论依据。困卦隐含着革卦，上卦为泽，下卦为火，称其为泽火革。革原意为皮革，泽火反映了皮革制作的工艺流程，火将兑所代表的泽水烧开，然后放入兑所代表的羊皮，经过高温处理的皮革更加坚韧结实，材料性质发生了革命性的本质变化。将此原理引用到人文社会领域就是革命、改革、创新、革新等意思。在困卦中，上卦为兑，兑为泽，下交互卦为离，离为火，两者构成泽火革。它告诉人们，改革创新是摆脱困境的有效途径。

十、内险外悦之象。在困卦中，下卦为坎，坎卦的主要特征为险。上古时期洪水泛滥，鲧因治水不力丢了性命，大禹汲取父亲失败的教训，变堵为疏，三过家门而不入，经过十三年的努力终于大功告成。长年的特大洪水灾害给古人留下了重大心灵创伤，以至于对水爱恨两难，时时提醒人们水是危险的。上卦为兑，兑为湖泽、少女，人们见到湖光山色是愉悦的，看见清纯少女是愉悦的，因此兑就有了愉悦喜悦的意思。下卦也叫主卦、内卦，上卦也叫客卦、外卦。于是，困卦呈现出内部蕴含危险，而外部环境却是令人喜悦的。因此，人们处于困境之时关键在于解决内心问题,消除内心的迷茫困惑和危险因素,如此才能帮助自己走出困境,迎接喜悦的未来。

十一、中男少女之象。在易经大家族中,坎为中男,兑为少女。下卦为主卦,上卦为客卦。在困卦组织结构中,中男居于家庭内部主持家政事务,少女在外面从事劳动生产或打工挣钱,为家庭解决物质食粮。中男领导少女问题不大,不会发生太大矛盾和冲突,但也存在分工不合理问题,导致家庭出现困境。如果将困卦的组织结构放到更大的社会领域中去考察,中男少女就不是家庭中的兄妹关系了,而是大龄青年与年轻少女的关系。女追男隔层纱,男追女隔重山。中男追求少女显然并不容易,其中的难度可想而知,因爱恋不成形成的困境也不大不小,这样就与困卦的意境契合了。

十二、阴金生水之象。在五行关系中,八个经卦中有两个卦对应金,乾为阳金,兑为阴金。困卦上卦为兑,下卦为水,因此呈现出阴金生水的关系。下卦坎为主卦,代表陷入困境的主体当事人;上卦为客卦兑,代表主体所处的客观环境。从阳数情况看,兑的阳数为6,坎的阳数为2,力量对比悬殊,显然客方居强势地位,这是造成主方陷入困境的原因之一。事物往往具有两重性,只要方法得当,不利因素是可以转化为有利因素的。从五行关系阴金生水状况来看,强势的客方有可能提供资源财力,成为帮助主方克服困难摆脱困境的重要力量。

【关联卦画】

困卦由否卦演变而来。否卦上卦为天,下卦为地,称其为天地否。若否卦的上九与六二交换位置,则变成困卦。彖辞:"大人吉,以刚中也。"一是指九五居中,二是指九二由原来上九的不中来到下卦中爻之位。九二有"朱绂(fu2)方来"爻辞,也可印证这种演变关系。否卦上卦为乾,乾为上衣,为大赤。坤为下裳,为布。九二称"来",表明它自外而来、自上而下,来到内卦和下卦。

困卦的综卦为井卦。如果将困卦的卦符颠倒180度,得到的卦是井卦。同理,将井卦颠倒后得到困卦。综卦也叫覆卦、镜卦,它反映了事物的一体两面,观察事物的角度不同得到的结果也不尽相同,可谓仁者见仁,智者见智。井卦上卦为水,下卦为风,称其为水风井。井卦讲到井水是公共资源,需要大家共同维护,共同享用,反映了鲜明的公益性主题。困卦与井卦既有区别又有联系。困卦所反映的"大人吉"、"君子以致命遂志",与公益性主题完全吻合。

困卦的交互卦为家人卦。如果将困卦的初六、上六去掉，用剩余的二至四爻重新组成一个卦，上三爻为上卦，下三爻为下卦，其中二三爻为上下卦均有，体现了交互的性质，你中有我，我中有你。这个新组成的卦便是家人卦，上卦为风，下卦为火，称其为风火家人。交互卦反映事物发展可能出现的过程性状态。也就是困卦往下发展可能出现家人卦的情境，在亲朋好友的关心帮助下，当事人终于摆脱了困境，他与施助者之间便构成了家人般的亲近关系。

困卦的错卦为贲卦。如果将困卦的各个爻性质相反，得到的卦便是贲卦。贲卦上卦为山，下卦为火，称其为山火贲。象辞说："文明以止，人文也。"贲是用花卉装饰的卦，文明是社会发展到一定程度的产物，此文明与今文明有所区别，但两者却有渊源关系。2018年5月18日生态环境保护大会的讲话中我国领导人引用了贲卦的象辞"观乎天文，以察时变；观乎人文，以化成天下"。易经的错卦是阴阳交错，事物因交错彰显其花样和文采。困卦与贲卦的错卦关系，揭示了事物在一定条件下向反面转化的规律，人处困境时无心去文饰，走出困境后条件改善了，作些装饰在情理之中，但物极必反，如果过度注重做表面文章，那么必然重蹈困境泥潭。

【卦辞象辞】

〖卦辞〗

"困，亨、贞，大人吉，无咎。有言不信。"

【译文】"困卦，通达，正固，大人物吉祥，没有灾祸。困厄之人说话没人相信。"

乾卦卦辞是元、亨、利、贞，困卦是亨、贞，少了元、利。这是因为身处困境之人不可能从一开始就通达。利，是适宜的意思。困顿之人做事四处碰壁，无所适宜。大人吉，说明对于小人就不吉，提示人们身处困境更要努力表现出大人物的风范，做到大气包容、自强不息、厚德载物。无咎的意思是本来人处困境是有咎的，但是如果能表现出大气概、大格局、大胸襟，就不会有灾祸。有言不信，可以从两个角度来理解，一是自己身处困境人微言轻，影响力不大，没有人拿你的话当回事；二是身处困境时周边会有人出主意，有出好主意的，也有出馊主意的，要深思熟虑，注意辨别，不要轻易听信别人的话。

〖彖辞〗

《彖传》说:"困,刚掩也。险以说,困而不失其所,亨,其唯君子乎? 贞,大人吉,以刚中也。有言不信,尚口乃穷也。"

【译文】彖辞说,困卦,阳刚君子被小人遮掩。但身处险境仍能保持愉悦心态,面对困厄而不失责任、道德和原则,并得以通达,大概只有君子能做到吧? 坚守正道,大人物吉祥,因为阳刚君子居于中正之位。说话没人相信,因为夸夸其谈将把自己带入死胡同。

《彖传》是对卦辞进行解释。彖是个象形和会意相结合的字,下半部分是猪,上半部分是猪的嘴巴,猪牙特别是野猪的牙非常锋利,能短时内咬断大树,由此引申出推测、判断的意思。刚掩也,是指阳爻被阴爻所包围。险以说,说通"悦",险指下卦坎卦卦德为险,说指上卦兑卦,代表喜悦,人在湖泽边上行走或者见到少女的时候心情是轻松愉悦的。刚中也,是指九二、九五都是阳爻居于上下卦的中正位置,表明他们是君子,处事公道正派,能够主持公平正义。尚口,崇尚言辞。《礼记》说,多私者不义,扬言者寡信。夸夸其谈、口若悬河的人往往不可信。

【大象之辞】

《象》曰:"泽无水,困。君子以致命遂志。"

【译文】大象说,湖泽没有水,是困卦反映的景象。君子受此启示,为了实现理想不惜献出自己的生命。

致,导致、致使。致命,放弃生命,献出生命。遂,顺遂、成功、实现。志,精神、理想、愿望。前句描写困卦反映的自然景象,后句突出君子的使命和责任,告诫在困境中的君子不要气馁,不要丧志,要坚忍不拔,以非凡的勇气和胆略攻坚克难,勇往直前,决不停止对理想的追求,甚至为之牺牲也在所不惜。孟子的舍生取义思想与此高度契合。

人的困境与其志向有很大关系,志向越大陷入困境的几率越大,志向越小陷入困境的几率越小。孔子说君子固穷,此穷并非单指物质贫穷,而是指综合性的困难, 有经济的、物质的、人员的、资源的、制度的、环境的, 还有思想的、精神的、心理的等等。一个人不做正事混混日子可能很舒服, 什么障碍也没有, 但要做点正事便会左右为难, 四处碰壁, 处处受限。"文王拘而演周易, 仲尼厄而作春秋, 屈原放逐乃赋离骚, 左丘失明厥有国语。"不是因为他们倒霉才成就大业, 而是因为他们都是天降大任有使命感的人。他们有远大宏伟的理想和矢志不渝的追求, 正是有这么崇高的追求, 才使他们陷入一个又一个困境, 同时困境又为他们的攀登前行提供了台阶、智慧和动力。半途而废者也许不再陷入困境, 但成就也就此化为乌有。只有具备顽强意志坚韧不拔者才能登上辉煌的巅峰, 从这个意义上讲, 困难是走向成功的阶梯, 困境是通向圣贤的必经之路。

　　大象鼓励君子坚持远大理想, 不畏艰难, 勇闯难关, 为国家为社会为百姓多做有益之事。上述孟子的"天将降大任于斯人也"的名言是对困卦的最好注解。困卦给我们有几点启示: 一是诚信是摆脱困境的重要基石; 二是只有自己才能拯救自己, 走出困境要自强不息, 积极主动, 不等不靠; 三是脱离困境要有个缓慢过程, 人在困境中要坚毅坚强坚韧, 需要足够耐心; 四是走出困境要讲求方法, 有所为有所不为, 该动时果断出击, 不该动时决不盲动, 一切视情而定, 见机行事。

【爻辞小象】

"初六, 臀困于株木, 入于幽谷, 三岁不觌 (di2) 。"
【译文】"初六, 臀部受困于树桩上, 进入幽深峡谷, 几年不与外人见面。"

　　株木, 树桩, 露出地面的树根, 也指树木被人砍伐后留下的低矮树干, 在劳作疲劳时可供人们稍坐歇息。幽, 幽暗、幽深。觌, 见, 相见。这是一个有理想有抱负的年轻人, 因生活窘迫暂时隐居深山的形象, 就像诸葛亮出山前隐居山林躬耕南阳卧龙岗。臀困于株木, 只是一种比喻, 并非真的屁股被捆绑在树桩上, 而是用屁股只能坐在树桩上, 而不是红木太师椅或真皮沙发上, 来反映生活的贫困、艰辛和无奈。一般来说, 如果生活条件优裕的话, 不至于拿树桩当凳子, 当然现代人要用树桩做凳子、追求返朴归真或标新立异, 这是另外一码事了。同时, 用树桩当凳子表明主人公居住在山涧幽谷里。三岁, 表示多年, 是泛指而非实指, 可能是两三年, 也可能是三五年。富在深山有远亲, 穷在闹市无人问,更何况贫困的主人公住在深山峡谷里,多年不与外人见面实属正常,与世隔绝反映了当时生活的困窘状态。

有古儒认为"臀困于株木"是指古时用木杖击打屁股的刑罚,"幽谷"是监狱。受刑杖、强迫劳动改造当然是陷入困境的表现之一,可作为一家之言,但本人认为有些牵强,一是不具代表性,二是困卦初爻即涉入刑案似乎有些突兀,与常理不符。

初六阴爻居阳位,不当位,说明处于困境中的主人公力量过于弱小,否则也不会陷入困境了。初六与九四有正应,能够得到上层九四的关照和提携,这是受困之人的希望所在,可视为来自外部的援助力量。

"臀"取象于巽卦和爻位。因为初六与九四有正应,而九四正好在上交互卦巽卦之中,巽为股,如果巽卦的初六表示两个大腿,那么巽卦的中爻恰好是屁股的位置。

"困"、"幽谷"取象于坎卦。下卦为坎,坎,陷也,引申为脚镣刑具,行动受到限制,是困境的形象表达。坎,为水,为沟渎,为隐伏,引申为幽谷。

"株木"取象于离卦。下交互卦为离卦。离为科上槁,即树木光秃秃的没有枝叶,之所以用离卦来表示,是取意于离卦的离开、分离的意思,株木的枝叶离开树干,剩下的就是光秃秃的树干。

《象》曰:"入于幽谷,幽不明也。"
【译文】小象说,主人公进入幽谷,幽就是阴暗不明亮。

用现实生活环境和场景的不明,来象征主人公人生事业处于困顿幽暗时期,暂时看不到光明和希望。

"幽不明"取象于坎卦和离卦。下交互卦为离,离为目,为火,为明。坎,陷也,为沟渎。坎卦位于离卦之下,因而看不见,即为不明。

"九二,困于酒食,朱绂(fu2)方来,利用享祀,征凶,无咎。"
【译文】"九二,困厄于酒食,刚接到朱红护裙,适宜穿上它进行祭祀活动,主动出击凶险,没有灾祸。"

困于酒食，是指由于主人公人微言轻，有志难展，未受到众人关注或当局者重用，内心处于纠结苦闷之中，为了排遣这种情绪，于是借酒消愁，把自己置于半醒半醉、迷糊浑沌的状态。比如，李白有远大的政治抱负，现实却使他处处碰壁，内心充满矛盾，于是以酒为伴，借此宣泄，许多传世诗作就是在这种状态下诞生的，如《将进酒》、《梦游天姥吟留别》等，所以困于酒食不是没有酒食可饮食，而是人生事业受困、发展不顺时借酒消愁的举动，它所反映的不是物质上的贫困，而是精神上的迷茫和困顿。

朱绂，绂是遮蔽膝盖的服饰，是官服的辅助组件，以绂代表公职身份。朱是红色系列的一种，通常分为绛、朱、赤、丹、红，颜色的深浅代表职位的高低。朱通常是皇权的象征，朱绂代表来自朝廷的授予。朱绂方来，是表示刚刚受到高层的关注但尚未得到重用的阶段。这个时候比较适宜的做法是，把朱绂穿戴整齐，怀着虔诚之心去进行祭祀活动。古人特别重视祭祀仪式，这是显示诚意的重要方式，祭祀天地是崇尚天地之道，祭祀社稷是立志报效国家，祭祀祖先则是传承优良家训家风。因此，人陷困境之中，如何表现内心的忠诚，让上方或外界所知，这对于脱困是非常重要的。

征凶，表明此时不适宜轻举妄动或主动出击。有些人尚未得到别人的信任，并上蹿下跳，攀龙附凤，请客送礼，甚至重金贿赂，不择手段，这样的结果一定是凶险的。无咎，只要不是恣意妄为，最终结果是没有灾祸。

九二阳爻居阴位，不当位，表示九二的行为举止过于刚强，这是不利因素，需要予以关注并加以克服。九二与九五没有正应，他的行为得不到上层的支持。九二之所以无咎，重要原因在于居中正之位，表明道德品行良好，可以弥补行为举止的不足。

"酒食"取象于坎卦和既济卦。下卦为坎，坎为水，指酒水。前面"未济既济之象"一节已经分析过，既济卦上卦为水，下卦为火，称其为水火既济，用火烧水即为烹饪之象，与酒食关联密切。

"朱绂（fu2）方来"取象于否卦演变为困卦。前面已经讲到，否卦上卦为乾，乾为上衣，为大赤，否卦下卦为坤，坤为布，为下裳。乾坤组合起来就是红色裤裙"绂"。九二称"来"，表明自外而来、自上而下，来到内卦和下卦。

"享祭"取象于坤卦和离卦。其一，若九二发生爻变，则下卦变为坤卦，坤为牛。其二，下交互卦为离卦，离为大腹，因而离卦与坤卦有相通之处。坤为牛，因此古典文献中解离为牛的并不少见。牛为大牲畜,用牛作为牺牲的祭祀属大祭。

《象》曰:"困于酒食,中有庆也。"

【译文】小象说,虽困于酒食,但其居中正之道,这是值得庆贺的。

"六三,困于石,据于蒺藜,入于其宫,不见其妻,凶。"

【译文】"六三,受困于乱石丛中,被荆棘缠阻,回到家里,不见妻子,凶险。"

据,拮据,处境窘迫。蒺藜,草名,又名茨,茎杆坚韧,长有坚硬尖锐的棘,像锯齿,类似荆棘,但比普通荆棘更加粗壮、坚硬和锐利,古时用金属仿制其而成的路障叫铁蒺藜,可阻止兵卒车马前进。六三延续了前面的困境,先是困居于山野,再是困于因前途渺茫借酒消愁的迷茫,这里所困的是居处周边群山中的乱石丛和荆棘丛。主人公住在山林,活动在山林,受困于恶劣的自然环境,山中岩石挡住了去路,一是难以行走攀爬,二是陡峭险峻,再加上岩石壁缝间的荆棘困扰,把主人公置于困顿不堪的窘境之中。实则上,易作者是借恶劣客观环境的描写,来反映主人公精神和心理上的窘迫困顿状态。

谁知祸不单行,屋漏偏逢连日雨。外面经历了那么多磨难,回到家里却发现妻子不知去向,或许妻子忍受不了贫困离家出走,或许妻子嫌他窝囊另择新欢,或许妻子被强人掳走,等等。总之贫贱夫妻百事哀,人在倒霉的时候喝凉水都会塞牙,自己困顿不说,连妻子都不见了,无疑是雪上加霜,其结果自然是凶多吉少。按照"初难知,上易知;二多誉,四多惧;三多凶,五多功"的说法,三爻多凶是易经的规律,也是事物发展的规律。

六三不中不正,阴爻居阳位,不当位,其力量偏柔偏弱,因此暂时难以摆脱困境。六三与上六没有正应,得不到来自大佬的关照,两者不能相互协调配合,这些因素导致其继续处于困顿状态。

《系辞下传》针对此爻爻辞写道,子曰:"非所困而困焉,名必辱。非所据而据焉,身必危。既辱且危,死期将至,妻其可得见邪?"孔子的意思是说,不应该困厄时困厄了,名声必定耻辱;不应该拮据时拮据了,人身必定危险。既耻辱又危险,死期就将到来,怎么能见得到妻子呢?孔子此段话指的困危之境属非正常困危，有当事人恣意妄为、自作自受的意思，天作孽犹可违，自作孽不可活，讲得就是这个意思。夫妻本为同林鸟，大祸临头各自飞。对于自作自受陷入困境的人，妻子离他而去也是可以理解的。当然孔子针对只是一部分困厄之人，多数遭遇困厄的人并非如此，妻子离他们而去也并非都符合道义。

"困于石"取象于艮卦和坎卦。由于困卦是由否卦演变而来，否卦的下交互卦为艮卦，艮为山，山中有石。同时，下卦为坎，六三在坎卦上，坎陷也，为沟渎。两者合起来表示受困于嶙峋乱石和深涧沟壑之中。

"据于蒺藜"取象于坎卦。下卦为坎，其于木也，为坚多心，引申为荆棘、蒺藜之类。

"入于其宫，不见其妻"取象于巽卦、艮卦和坤卦。上交互卦为巽，巽为入。在否卦中，下交互卦为艮，艮为门阙、阍寺，引申为宫。否卦下卦为坤，坤为母，引申为妻。变成困卦后，艮卦、坤卦都不见了，可理解为家破人亡、妻离子散的惨境。

《象》曰："据于蒺藜，乘刚也；入于其宫，不见其妻，不祥也。"

【译文】小象说，受蒺藜困扰，是因为六三阴爻凌驾于九二阳爻之上；回家不见妻子，这是不祥之兆啊。

"九四，来徐徐，困于金车，吝，有终。"

【译文】"九四，脱困之日姗姗来迟，受困于金属车辆，有小麻烦，但最终有结果。"

徐徐即缓慢，来徐徐，来得缓慢。来表明是由外到内、由远到近、由彼到此，来的可以是人，也可以是事。如果指人，这人便是初六，九四与初六有正应，遇到困境能够相互伸出援手，但初六自身正处在困境之中，要来也不可能太快，得慢慢来，徐徐图之，表明摆脱困境需要时间，要有足够的耐心和韧性；如果是指事，可以理解为脱困的前景来得缓慢，为何来得缓慢，因为九四不仅自己在困境之中，还要想方设法解救初六。本人更倾向于后一种解释。

困于金车也可有两种理解，一种是这辆金车就是自己的座驾，因为九四是君王身边的大臣，符合这种配置，但是大臣也未必事事顺遂，也有陷入困境的时候, 在执行职务过程中也会遇到左右为难的困局。这样就可以解释, 有人找大领导办事没办成, 并不都是不想给你办, 人家也有人家的难处, 一味责怪其不尽心可能会冤枉人家。还有一种可理解为, 初六来求诸九四, 九四也愿帮衬初六, 但中间有九二阻挡, 就像九四的金车被挡住了去路。这是一种比喻, 初六面临着选择九二、还是九四的难题, 犹豫、彷徨、反复都是正常的心理反应。

吝, 指耻辱、悔恨, 这是个会意字, 文通 "纹", 指花纹、纹路, 引申为文采、修饰、装饰, 文口就是说漂亮话, 言过其辞, 与实际情况不符, 从而引来别人不满甚至怨恨, 这种结果叫吝。易经的吉凶分为九个等级, 分别是吉、亨、利、无咎、悔、吝、厉、咎、凶。吝比一般的悔恨要重一点, 但不是很严重, 有点小灾小祸的味道, 问题不是很大。有终, 就是最终的结局还过得去。九四阳爻居阴位, 不当位, 行为举止过于刚强。

"困于金车" 取象于否卦。否卦上卦为乾, 乾为金, 为马, 下卦坤, 坤为牛, 为大舆, 合起来就是金车。否卦变成困卦后, 乾坤卦不完整了, 困卦上卦为兑, 为毁折, 兑在五行中为阴金; 下卦为坎, 其于舆也, 为多眚。这是一辆陷入困境的金车。

《象》曰: "来徐徐, 志在下也; 虽位不当, 有与也。"
【译文】小象说, 摆脱困境进展缓慢, 这是因为九四牵挂着初六; 虽然阳爻居阴位行为不够适当, 但能给予初六有所帮助。

从困卦结构来看, 下卦是坎卦, 表明充满风险, 所以前三爻出现了两个凶, 情况不妙。从第四爻开始进入了上卦, 上卦是兑卦, 是令人愉悦的卦, 情况开始好转, 开启了逐渐走出困境的行程。

"九五, 劓刖, 困于赤绂, 乃徐有说, 利用祭祀。"
【译文】"九五, 用削鼻砍脚刑罚治理社会, 受困于官场, 但正在缓慢迎来喜悦, 适宜开展祭祀活动。"

赤绂, 与朱绂相似, 均用来表示官场公职人员或干部队伍, 朱绂、赤绂可能出于叙述上避免重复的考虑, 应当没有本质区别。九二是基层干部, 他的朱绂来自九五君王任命。九五是君王之位，赤绂也指君王任命官员授予官服。如何对这套庞大的官僚机构进行有效管理，使他们既不滥用职权，又不贪赃枉法，实在没有更好的办法，这使九五陷入困境。

劓、刖在古代刑罚中不算最重刑，这里只是作为各种刑罚的代表，旨在表达以法治国，用刑罚治理社会。刑罚是治理社会的必要手段，但是如何把握施刑的度非常困难，刑罚过轻或过重都会带来各种后遗症，都不能取得良好的法治效果和社会效果。它会给统治者造成种种困惑。乃是虚词，才、于是的意思。说，通"悦"。慢慢出现喜悦，表明快走出困境了。祭祀是凝聚人心的有效办法，其功能相当于现代的思想政治教育。作为君王要不失时机地运用祭祀仪式，显示诚信，形成共识，取信于民，造福于民，依靠全国百姓和各级官员的信任和支持，才能最终走出困境。

九五阳爻居阳位，当位，表明其行为举止是适当的。九五与九二没有正应，得不到来自基层干部的配合和支持，彼此不能有效协调互动，这既是九二虽然"朱绂方来"受到关注却未被重用的原因，同时又是九五为什么要开展祭祀活动的意义所在，君王只有充分展现诚信品德，才能获得百姓和基层干部的拥护和支持。好在九五居中爻，能够坚守中正之道，这是他的最大优势。

"劓刖"、"朱绂"取象于由否卦演变为困卦的过程。参见前面"劓刖刑罚之象。"和"朱绂"解释。

"乃徐有说"取象于巽卦和兑卦。上交互卦为巽，巽为进退，又进又退，欲进却退，与徐意思吻合。说，通"悦"，上卦为兑，兑为悦。

《象》曰："劓刖，志未得也；乃徐有说，以中直也；利用祭祀，受福也。"

【译文】小象说，运用劓刖刑罚治理国家并受困于官场现状，是因为他的愿望主张未能得到实现；慢慢迎来喜悦，是因为他能坚守中正之道并秉公办事；适宜开展祭祀活动，因为这样做能够带来福祉。

"上六，困于葛藟（lei3），于臲卼（nie4 wu4），曰动悔，有悔，征吉。"

【译文】"上六，受困于葛藤羁绊，内心惴惴不安，有人提醒若轻举妄动将有悔恨，对此有所悔悟，主动出击吉祥。"

　　葛藟，葛，多年生草本植物，茎蔓生，纤维可以织布；藟，藤。葛藟泛指藤条类植物。臲卼，不安的样子。相对于本卦其他被困的情形，困于葛藟真算不得什么。初六臀困于株木，九二困于酒食，六三困于石、据于蒺藜，九四困于金车，九五困于赤绂，上六困于葛藟。初六是物质生活条件方面的，九二是精神心理层面的，六三是周遍环境方面的，九四、九五是职责公务方面的，上九又回复到周遍生活环境上，与早年居所相关联，达到了首尾呼应的效果。

　　毕竟上六是困卦的末爻，即将走出困境，其困顿程度大幅降低。在即将摆脱困境迎接曙光的时候，内心既兴奋期待，又担心不安。曰动悔，是指有人提醒他不能轻举妄动，否则将产生令人悔恨的后果。越是接近成功越需要冷静、谨慎、稳妥。有悔，是指主人公对他人的建议有所思考和省悟。征吉，表明摆脱困境要靠自身积极行动，别人可以帮忙但不可替代。只有主动出击，不等不靠，坚持不懈，努力奋斗，前景才会吉祥。上六阴爻居阴位，当位，表明行为举止是适当的。上六与六三没有正应，两者不能相互配合协调，得不到基层实力阶层的支持配合。

　　"葛藟"取象于巽卦。上交互卦为巽，上六与巽毗邻。巽为木，为绳直，为长，为高。巽侧重于草本植物和藤条之类，绳直、长、高这些特征与藤条吻合。

　　"臲卼"取象于坎卦。四至六爻构成大坎卦。坎为加忧、心病，与内心不安相符。

　　《象》曰："困于葛藟，未当也；动悔有悔，吉行也。"

　　【译文】小象说，困于葛藤羁绊，是因为时机尚未成熟；乱动将发生悔恨，对此有所思考领悟，这是行为获得吉祥的条件和原因。

　　小象所说的"未当"应当理解为时机不当，而非爻位不当。因为上六阴爻居阴位，爻位是适当的，但上六仍在困卦之中，离最终脱离困境还有一步之遥。

第四十八卦 井卦的修德之道

【井卦】

【白话经文】

井卦,可迁移村庄却不能迁移水井,无失无得,人来人往取用洁净井水。一旦井水干涸(he2),未能用绳提上井水,并且打破了盛水瓶罐,凶险。

初六,井中淤泥沉积不能饮用,水井陈旧失修连飞鸟都不光顾。

九二,有人在捕射水井谷底的蛤蟆,并且打水的陶罐已经破漏。

九三,水井淘清可饮用却没人饮用,令我忧心忡忡(chong1)。水井能够取水饮用,希望君王开明并造福于百姓。

六四,修砌井壁,没有灾祸。

九五,井水清澈澄净,就像冰凉的山泉,可供人们饮用。

上六,水井收口,不要覆盖,秉持诚信,最为吉祥。

【经文原文】

井,改邑不改井,无丧无得,往来井井。汔(qi4)至,亦未繘(yu4)井,羸(lei2)其瓶,凶。

初六,井泥不食,旧井无禽。

九二,井谷射鲋(fu4),瓮敝漏。

九三,井渫(xie4)不食,为我心恻。可用汲,王明并受其福。

六四, 井甃 (zhou4), 无咎。

九五, 井冽, 寒泉食。

上六, 井收, 勿幕, 有孚, 元吉。

【解读序言】

井卦位列周易第四十八卦, 因上卦为水、下卦为风, 称其为水风井。《卦序传》说: "困乎上者必反下, 故受之以井。"序卦传说, 困在上面的人必定要返回到下面来, 因此周易在困卦之后安排了井卦。《杂卦传》说: "井通, 而困相遇也。"杂卦传说, 井卦是通达的, 而困卦却遭遇了艰阻。事实上是困卦位列第四十七卦在前, 井卦在后。阴极变阳, 阳极变阴, 事物总是按照客观规律在循环往复不断变化的, 困卦是阻碍艰涩的状态, 困卦的尽头就是走出了困境, 进入井卦就呈现出通达的状态。

井卦的主题是修养品德、泽被万物。全卦分两条线索叙述, 一条明线是修井, 一条暗线是修德。水井从污泥淤积、旧井难食, 经过清洁、维修、养护, 最终变成清冽、寒泉之水, 源源不断地为百姓提供生命水源。人们修德也同修井一样, 一个普通人就像有淤泥的水井, 难以供人饮用, 只有经过修养形成高尚品德, 才能像甘泉一样将德泽奉献给天下百姓。井卦希望君王和居高位者修道明德, 重用君子, 积极为他们搭建施展德能才干的平台, 正如井水作为公共资源无私奉献、敞开供应、服务大众一样, 也让有道德、有智慧、有才能的仁人君子在社会公益事务中尽情发挥其中流砥柱的作用。

【卦名含义】

《古代汉语词典》解释: 井, 水井, 引申为似井形的东西; 井田, 我国古代的一种土地制度,《孟子·滕文公下》: "方里而~, ~九百亩, 其中为公田, 八家皆私百亩, 同养公田。"人口聚集的地方, 市~; 六十四卦之一; 星宿名。与井卦相关的词语有: 井井, 有条理; 洁净,《周易·井》: "井, 改邑不改井, 无丧无得, 往来~~。"井渫, 淘去井中的污泥。井水淘得干净而没人饮用, 比喻有德才却不被重用,《周易·井》: "~~不食, 为我心恻。"

井是个象形字, 从井字形状上看, 可理解为八户人家共用中间的一口井, 当然八并非实指, 指四面八方或四邻八舍, 泛指众多人家。井与百姓的日常生活密切相关, 它为人们源源不断地提供生活用水, 是日常生活的必需资源, 因此水井也是故乡的象征, 人们称出远门为背井离乡。井是固定恒久的, 井字把平面划分为九个区域, 九与久谐音, 因此隐含长久之意。

孟子提到的井田制来源于井字的启发。官家把一片田地划分为九块, 周遍八块分给不同的家庭, 属于私田, 收益归己; 中间那块为公共田, 每户都有义务参与耕种, 这样便赋予了它集体劳动的性质, 收成交给官府以抵作税收, 因此井字古时有种写法是井字中间加个点。

从井字两横两竖的形状, 可以引申出三纵三横规范整齐的队列形状, 由规范整齐的队伍又可引申出井字整齐划一的意思, 如, 井井有条、井然有序、秩序井然等。

【卦象寓义】

一、**木盘井水之象**。这是大象 "木上有水" 所反映的水井实物景象。井卦上卦是坎, 坎为水, 代表井水。下卦是巽, 巽为木, 为绳直, 为长, 为高。巽在这里代表几个意思, 一是代表水井的木结构底盘, 井卦所呈现的直观景象是, 木盘井底上方盛满井水。二是代表拴提水容器的长绳; 三是代表利用杠杆原理汲水的长木杆; 四是随着后来出现用木桶打水, 巽还表示打水的木桶, 此时 "木上有水" 可以理解为 "木桶汲水之象"。因此, 井卦所反映的打水生活场景也是形象生动的。其一, 用绳索拴住容器, 用手直接往上打水, 它适合于普通井。其二, 在井口旁边设置一个支架, 支架上装一个长横木, 利用杠杆原理, 通过机械装置打水, 这种方法比较省力, 而且打水量大, 适合深井。其三, 是用轱辘装置手摇井绳提水。从水井中打水几乎是古代百姓日常生活的必修课, 每天都离不开它。

二、**砖木筑井之象**。水井的历史长达数千年, 水井的形态也几经演变。据传, 水井由伯益所创,《山海经》也是伯益所作。《吕氏春秋·勿躬篇》说: "伯益作井。" 伯益是大禹时期的执政大臣, 总理朝政, 辅佐大禹完成治水大业; 大禹之后由启继位, 伯益又成为启的卿士, 位极人臣, 功高盖世, 卒于夏启六年, 活了一百多岁。又据说, 距今约7000年的河姆渡遗址里发现有用木材作框架的水井, 这比伯益时代还早两三千年。可见, 最早的水井底盘为木质结构, 本人判断木质结构的底盘可能为井字型。后来随着砖瓦技术的出现, 井壁改为由砖块垒砌而成。虽然民间有汉砖秦瓦之说，这是制造工艺成熟时期的标志，但作为砖瓦的最早出现年代应在周朝之前。井卦中，下卦为巽，巽为木，表示水井的木质底盘。上卦为坎，坎为水。因为井卦由泰卦演变而来，泰卦的上卦为坤，坤为土，土加水，代表制作砖瓦的材料。井卦上交互卦为离，离为火，为大腹。一是表明火烧土坯成为砖瓦；二是表明水井的形状是直筒大腹。井卦的下交互卦为兑卦，兑为口，表示井口。同时，巽为工，表明水井是由泥水匠、建筑工人修筑起来的。这样，井卦所表示的水井形象就活脱脱地展现在了人们的面前。

三、水位稳定之象。卦辞"无丧无得"。一是指阳爻得失平衡。井卦由泰卦演变而来，泰卦失去一个初九阳爻，但在井卦中得到了一个九五尊位，因此可理解为得失相当，没有失去，也没有得到。二是指井水水位相对平稳。水井中的水位不因外面下大雨而有明显升高，也不因天旱不雨或打水的人多而在短时间内出现明显下降，水井自身有很好的调节作用，始终保持一个相对稳定的水位。泰卦本身就有安泰稳定的意境，泰卦与井卦的卦际演变，与现实生活中水井的实际情况达到了高度契合。水位稳定现象也可从井卦卦象中得到印证，上卦坎为水，代表水平、水位、水准、一碗水端平，水本身有平均、均匀、平衡等意思。下卦巽为绳直，为长，为高，为进退，代表水位高低尺度，有进有退保持在一定的高度。虽然从大区间时段来考察水位有高低变化，但从小区间时段考察水位基本保持不变，进退表明有进有退，水位始终保持在某个上下区域范围之内。

四、凶吉反常之象。从上下卦象结构看，下卦为顺，上卦为险；但从卦爻辞上看，井卦却呈现出先凶后吉的走势，两者不尽一致，这是比较反常的现象。一是在卦辞中就出现"凶"，其警示意味非常浓，周易在卦辞中有"凶"的卦不多，除井卦外仅第八卦比卦、第十九卦临卦有类似情况。恐怕与这三个卦的公益性有关，井卦探讨的是每人每天离不开的生命之水的资源问题；比卦讲是人、社会组织和国家之间团结亲比的社会关系及国际政治问题；临卦讲的是新旧社会制度交替之时如何治国理政问题。这些都是事关国计民生的大问题，民生无小事，如果处理不好将对百姓生活和国家社会的长治久安产生重大影响，卦辞的"凶"字恰恰反映出易经的忧患意识。二是在上爻出现"元吉"。在六十四卦中，上爻多数结果都不太好，但井卦的上六爻辞却是"元吉"，就是最为吉祥的结果。与之相类似的只有第五十卦鼎卦上爻爻辞"大吉"。事有经也有权，有例行必有例外，井卦反其道而行的特征正是客观世界的真实反映，反映了易经思维的辩证性。易作者在警示"凶"的同时，不忘给人们指出"元吉"的光明大道，并构画出一个充满希望更加美好的明天。

五、修养品德之象。井卦承载着人们的德养理想。井的位置是固定不变的，水位也是相对稳定不变的，默默地奉献自己，服务百姓，不自夸，不居功，不张扬，由此引申出井以不变应万变的道理和珠藏深渊、守静安常的哲理。《系辞下传》说："井，德之地也。"意即水井就是人们修身养性、培育美德的地方。水井无偿为百姓提供干净的生活用水，在百姓日常生活中扮演着重要角色，百姓一天都离不开它。井德主要体现在，一是水位长期稳定相对不变，二是井水源源不断取之不竭，三是公平无私，敞口供应，对谁都一视同仁。易经倡导君子要像水井一样奉献自己，服务百姓，造福社会。其一，水井水少干涸或者淤泥沉积、水质混浊就不能供人饮用，世人德行不够并沾染着毛病恶习也不能对社会带来益处；其二，水井是需要维修养护的，否则淤泥沉积就无法饮用，人的德行也是需要不断修养精进的，否则私欲遮蔽了良知就不能报效国家、服务社会、造福百姓；其三，水井不加盖是为了敞开向人们提供水源，君子不要怜惜自己的德行和才能，面向百姓大众提供服务，就会有更多的人享受德行的益处。因此，从井泥不食到井冽寒泉、井收勿幕的过程，也是普通人向君子看齐的品德修养过程。

六、习坎艰阻之象。与困卦相类似，井卦也蕴含着"习坎艰阻之象"，内容的相似性来自卦象的相似性，主要是因为坎卦颠倒之后还是坎卦，具有上下对称性。井卦的卦辞有"汔至，亦未繘井，羸其瓶，凶"的表述。因此，虽然井卦为德养之地，但是其过程并非一帆风顺，彩虹出现之前，天地必经一番风雨的洗礼。如果将井卦的九二九三视为一个阳爻，那么一至四爻就变成了大坎卦，与上卦坎卦，叠加构成习坎卦。习就是重叠的意思，而不是学习、实践、练习的意思。习坎就是坎上加坎、难上加难、险上加险等意思。预示着水井要发挥它的正常功能是要经历一番艰难曲折磨难的，一个人要成为圣贤之德也是需要经历磨难的，如，周文王、孔子、王阳明等。

七、未济既济之象。与困卦相似，井卦也有未济既济之象。一至四爻为大坎卦，上交互卦为离卦，两者构成火水未济，未济是指小狐狸年少经验缺乏，初渡大河充斥危险，正处于渡涉过程之中，渡河行为尚未完成，未济并不等于失败，可能成功，也可能失败，结果具有不确定性。这也许是井卦"前凶"的原因之一。井上卦为坎，上交互卦为离，两者构成既济卦，因上卦为水，下卦为火，称其为水火既济，既济也是水火烹饪之象，用火烧水做饭做菜，可供人饮食。因此，九三有"可用汲，王明并受其福"的表述，应当与既济卦汲水做饭、享口福有关，因为九三在既济卦的初爻。同时，既济表明行为完成，有获得成功的含义，这是最终"元吉"的因素之一。

八、内顺外险之象。井卦下卦为巽，巽卦卦德为顺；上卦为坎，坎卦卦德为险。下卦也叫主卦、内卦，上卦也叫客卦、外卦，井卦呈现出内顺外险的特点。如果将井卦看成是一个单位或团体组织，内部的整体氛围表现出逊顺，而外部环境表现为存在风险。这种组织结构的工作重点在于外部，应当树立忧患意识、风险意识和预防意识，注重加强井卦所蕴含的品德修养，提升团队的美誉度和亲和力，借此妥善处理好单位或团体组织的外部关系。

九、长女中男之象。在易经大家庭中，巽为长女，坎为中男。井卦的角色分工是，长女在家庭内部主持家政，烧火做饭，扫地洗衣，料理家务；中男在外从事劳动生产，种植庄稼，挣钱养家，提供物质口粮。民间有长女为母的说法，性格逊顺，厚道贤慧，吃苦耐劳；中男身体强壮，精力充沛，有一定生活经验和阅历。总体而言，这种分工是合理的，不会发生大的矛盾和冲突，有利于家庭的团结、协调和稳定。

十、水生阴木之象。井卦上卦为水，下卦为巽，巽为木。在八个经卦（单卦）中，坎对应五行之水，有两个卦对应五行之木，震卦为阳木，巽卦为阴木。井卦呈现出水生阴木之象。木居主卦之位，水居客卦之位，水能生木，也就是说在井卦中客体对于主体有生扶的功能和作用。客卦是施益方，虽然客卦需要付出一定成本费用，但这是暂时的，最后终将得到回报。主卦是受益方，情势对主方有利，反过来得益的主方也将反哺客方。

【关联卦画】

井卦由泰卦演变而来。与困卦是由否卦演变而来相对应，井卦是由泰卦演变而来的。如果将泰卦的初九与六五交换位置，即初九上升为九五，六五下降为初六，得到的卦便是井卦。这与"改邑而不改井，乃以刚中也"的象辞相吻合。泰卦的六五变成九五后，坤卦不见了，相当于村邑进行了迁移。泰卦两爻交换位置后变成了井卦，水井出现了。虽然水井不可能随人迁移，但是到了新的居住地之后，水井仍然是生活中不可缺少的，人们必定会重新打井。于是，引申出"改邑而不改井"的内容，虽然人们可以搬迁村落，但是水井是不能远离生活的，以此突出水井在现实生活中的重要地位。"乃以刚中"是指泰卦的初九阳刚君子自最低位来到上卦的中正之位，也是全卦的核心之位。否卦是上下缺乏沟通的阻塞局面，其不良后果便是导致进入困卦的困顿境地，两者存在因果关系，一个坏局面导致另一个坏局面的出现，这是符合客观规律的。泰卦是上下交流的安泰局面，安泰的局面有利于孕育井卦的德养风气，两者也存在因果关系，一个好局面促成另一个好局面的形成。易经这种卦际演变揭示了事物发展的因果定律，栽什么树苗结什么果，撒什么种子开什么花。

井卦的综卦是困卦。将井卦卦画翻转180度变成困卦，将困卦翻转180度成井卦，说明这对综卦之间既相互区别又相互联系，同中有异，异中有同。这是易经观察事物的高妙之处，看问题的角度不同，得到的结果也不尽相同，从不同角度考察同一个事物就能得出不同的结论。这样人们就会明白，仁者见仁，智者见智，不要认为某个问题只有一个答案是正确的，要允许不同观点不同看法的存在。但是，井卦与困卦是有联系的，两个卦均有习坎艰阻之象，都蕴含未济既济之象，两卦中间都内含离卦，离卦象征着火焰与光明。困难与机遇并存，挑战与希望同在。预示着无论是艰难困苦度过时艰，还是坚韧不拔涵养德行，都可以迎来光明的明天。

井卦的交互卦是睽卦。将井卦的初六、上六去掉，用剩余的中间四爻重新组卦，上三爻为上卦，下三爻为下卦，其中中间两爻为上下卦皆有，体现出交互的意义，这个新组成的卦便是井卦的交互卦睽卦。传统易学将交互卦的上卦称为交卦，下卦称为互卦，这当然是正确的。而我认为交卦、互卦原理相同，没有刻意区分之必要，因此简称其为上交互卦、下交互卦，便于初学者理解记忆。交互卦的意义在于考察事物时去掉极端因素，用最能反映事物本质的中段主体来作为着重考察对象，这样更能深入把握事物的本质特征。睽卦上卦为火，下卦为泽，称其为火泽睽。泽为少女，少女在家主政；离为中女，中女在外劳作，这种结构是很容易发生冲突的，中女不服且不配合少女的组织指挥，由此产生相互睽离、不通气、不说话、不配合、不协调的不良局面。交互卦反映事物发展的过程性状态，也就是说，一个单位或团体组织如果处在井卦的情境中，总体是不错的一个状态，但是如果不加注意的话，很可能会滑向睽卦的不良状态。知道这个潜在的变化趋势后，如果能做到未雨绸缪，预防在先，就可加以有效避免。

井卦的错卦是噬嗑卦。如果将井卦的各个爻性质相反，即将阳爻变成阴爻，阴爻变成阳爻，那么得到的这个卦便是它的错卦噬嗑卦。错卦的错是阳阴交错，而不是错误之意。井卦与噬嗑卦互为错卦。错卦的意义在于站在事物的对立面立场上去看问题，其观察事物的视角在于事物性质的相反性上，而不在于观察方位的不同。错卦与综卦的区别就在于此，综卦是站在不同角度看问题，并不在意一定要站在对立面立场上，即它不注重事物的性质是相同还是相反，而在于强调观察事物的方位，可以是左侧，也可以是右侧；可以是前方，也可以是后方；可以是上方，也可以是下方，综卦着重从不同位置看问题，即四面八方全方位观察事物。错卦旨在强调相互矛盾相对方的主场看问题。从兵法角度讲，只有知彼知己，才能百战不殆。从管理学角度看，要站在员工角度、百姓角度去看问题，才能了解到员工、百姓的需求和期盼，这种管理才更有针对性和有效性。井卦与噬嗑卦也是既有联系又有区别的关系。区别是显而易见的，联系表现为，两个卦具有反向对应性，上卦水与火相对应，下卦风与雷相对应；两个卦的目标具有一致性，井卦是加强德治，涵养品德，噬嗑卦是加强法治，治理社会。坚持德治、法治两手抓，一阴一阳，一柔一刚，阴阳平衡，刚柔并济，配合协调，彰显效果。

【卦辞彖辞】

〖卦辞〗

“井，改邑不改井，无丧无得，往来井井。汔（qi4）至，亦未繘（yu4）井，羸（lei2）其瓶，凶。”

【译文】“井卦，可迁移村庄却不能迁移水井，无失无得，人来人往取用洁净井水。一旦井水干涸（he2），未能用绳提上井水，并且打破了盛水瓶罐，凶险。”

从现实生活来看，不仅是水井无法迁移，村落所在的土地也是无法迁移的，能迁移的只是村民连同自己的家产、住房建材等可移动生产生活资料。因此，所谓的“改邑”主要是指村民迁移而言的，因为村民才是村落的主人，村民选择新的村落或居住地，这才是“改邑”的内涵，而非指将村落土地迁移到别处，土地是不可能改迁的。此处“改邑不改井”也不宜理解为三峡移民式的全村落整体搬迁,而应作两个层面来理解:其一,水井是全村的公共设施,不是哪个或哪几个村民的个人财产,不因为个别村民迁移到别的地方(改邑)而将水井带走(不改井)。其二,对于一个村落而言,有老村民迁移离开,也有新村民迁移进来,虽然有可能相当部分甚至一大半村民迁移走了,即大部分村民"改邑"了,但是水井仍然留在原地,水井没有改迁,继续为没有迁移的老村民和自别处迁移进来的新村民提供水源。以上均体现了"改邑不改井"的内涵。

顺着上述思路,"无丧无得"可有两种理解:一是井水水位相对稳定,不会因为干旱而大幅降低水位,也不会因为下雨而骤然增加水位。二是水井不会因为有人迁移离开村落而消失,也不会因为有人迁移来村里而增多,井还是那口井,无论人事如何沧海桑田,它依旧呆在原地,既不增加,也不减少,一如既往地为村民作贡献。

"往来井井",往来,指打水的人们穿梭往来,川流不息;《古代汉语词典》解释:井井,其一,有条理;其二,洁净,《周易·井》:"井,改邑不改井,无丧无得,往来~~"。按照词典解释,"往来井井"应译成来来往往的人取用着洁净的井水。当然,本人认为译成来来往往的人秩序井然地取用着井水也可。

《古代汉语词典》解释:汔(qi4),干涸(he2),《周易·井》"~至,亦未繘井,羸其瓶,凶。"按此,汔至,应当解释为水井干涸。如果这样解释的话,似乎与"无丧无得"的第一种解释矛盾了,但与第二种解释并不矛盾。那么,如何理解井水干涸与水井水位相对稳定之间的矛盾?其实,这两种情况在现实生活中都是可能存在的,水位相对稳定是指水井的常态例行情形;干涸缺水是指天灾人祸形成的水井例外特殊情形,比如,长期特大干旱,人为往水井里倾倒填埋物,如当年在瑞金苏区中央红军挖水井、敌人反动派填埋水井的故事。

繘(yu4),打井水用的绳索,这里用作动词,指用井绳打水的动作,繘井意即把井水自井内提到井外,羸(lei2),倾覆,败坏。瓶,打水用的容器,指瓦罐之类的陶器。当然用木桶打水也可。一旦出现井水干涸缺水,自然不能够用井绳提上水来,扔下去打水的瓦罐因井底无水直接磕碰在底盘木架或砂石上,导致破损也顺理成章。表明上看是打不上来井水,实际上背后的原因是天灾人祸导致的,在这样的背景下出现凶险是势所必然的。

"改邑不改井"取象于由泰卦演变成井卦。泰卦上卦为坤,坤为土,为地,代表村落城邑。演变后,坤卦不见了,却产生了井卦。可理解为村邑发生了改变,用以指代有人实施了迁移。但是，无论是没有迁移的，还是已经迁移的，水井都是不能缺少的。没有往外迁出或自外迁入的村民继续使用村里原有水井，移民他地的使用当地水井，当地没有水井的，则需要重新建设水井。

"羸其瓶"取象于兑卦和离卦。上交互卦为离，离为大腹，引申为盛水瓶罐。下交互卦为兑，兑为毁折。

〖象辞〗
《象》曰："巽乎水而上水，井。井养而不穷也；改邑而不改井，乃以刚中也；汔至，亦未繘井，未有功也；羸以瓶，是以凶也。"
【译文】象传说，把水注入容器而后把水提上来，这是井卦所反映的生活景象。水井需要养护才能取之不尽用之不竭；村庄改迁了而水井没有改迁，这是因为阳刚君子居于中位；井水干涸，不能用绳子将水提出井外，因为徒劳无功啊；打水时把瓶罐打破了，因此呈现出凶险之兆。

巽乎水的巽原指风，风是无孔不入，能吹入每处空隙，因而这里取"入"的意思。《说卦传》说："巽，入也。"象辞"巽乎水"，解释为把井水装入瓶罐等容器里。

【大象之辞】
《大象》曰："木上有水，井。君子以劳民劝相。"
【译文】大象说，井底木盘上方有水，这是井卦的景象。君子受此启示应为百姓公益事务付出辛劳，并劝告百姓相互帮助。

大象把井卦所反映的生活现象与君子的社会责任联系起来，使得井卦更具修养品德的积极意义，其德育功能得到了充分展现。井中之水是供百姓饮用的，大象提示君子的使命与水井相似，要像井水那样服务于社会、造福于百姓。

【爻辞小象】
"初六，井泥不食，旧井无禽。"
【译文】"初六，井中淤泥沉积不能饮用，水井陈旧失修连飞鸟都不光顾。"

这是一口弃之不用的废井，导致"井泥不食"有几种可能：一是年长月久井底沉积了厚厚的淤泥，致使井水不再清洁；二是因干旱、地质变化等原因，井水水位下降露出井底的淤泥，打水时泛起淤泥使水变混；三是因为人们只使用不养护，垃圾尘土污染了水井，等等。总之，本来源源不断向人们提供水源的井不能用了，失去了使用价值，不用说人不能饮用，就连飞鸟家禽都不再靠近，说明井水污染变质甚至发臭了，从人们离不开的地方变成了人们厌恶的地方。初六阴爻居阳位，不当位，表明人或事物的力量偏于柔弱。初六与六四没有正应，得不到来自上层六四的支持，两者不能上下呼应，彼此缺乏配合。

"泥"取象于坤卦。井卦由泰卦演变而来，初六来自泰卦上卦坤，坤为土，现在来到井底，即为井底淤泥。

"旧井无禽"取象于离卦和兑卦。上交互卦为离，离为雉，即山鸡之类，属禽类。下交互卦为兑，兑为毁折，井被毁折了，引申为旧井；禽被毁折了，引申为无禽。

《象》曰："井泥不食，下也；旧井无禽，时舍也。"

【译文】小象说，井底淤泥沉积不能饮用，是因为初六位于井卦的最下面下；旧井没有飞鸟家禽靠近，表明漫长岁月把旧井无情地抛弃了。

舍，舍弃、放弃、抛弃等。

"九二，井谷射鲋（fu4），瓮敝漏。"

【译文】"九二，有人在捕射水井谷底的蛤蟆，并且打水的陶罐已经破漏。"

鲋，《古代汉语词典》中有两个意思：一是鱼名，鲫鱼；二是虾蟆，《周易·井》："井谷射~"。本人认为这两种解释都是正确的，在我们浙江东阳老家鲫鱼又叫井鱼，有些水井里有鲫鱼，但不限于鲫鱼，还可以有石斑鱼、红鲤鱼、金鱼、虾蟹、泥鳅、贝螺等。联系到井卦"井泥不食，旧井无禽"的情况，解释为虾蟆、蛤蟆之类的更为妥当，在水井环境恶化的情况下鲫鱼难以生存，却适宜蛤蟆栖息。水井谷底都成了蛤蟆领地了，也就丧失了饮用水功能，更况且打水的陶器损坏了,这是延续初六的破败凋敝景象,实质上反映出人们思想道德的凋敝沦丧状态。九二阳爻居阴位,不当位,表明行为举止过于刚猛。九二与九五没有正应,两者不能上下沟通和配合协调。

"井谷"取象于坎卦。若九二发生爻变,则下交互卦变为坎卦。坎,陷也,为沟渎,引申为井谷。

"射鲋"取象于兑卦、坎卦。下交互卦为兑卦,若九二爻变则下交互卦变为坎卦。坎为弓轮,兑为毁折,两者构成捕射、射杀、射箭等情形。鲋为水中生物,直接取象于坎卦。

"瓮敝漏"取象于离卦和兑卦。分析参见卦辞,与"羸其瓶"相同。

《象》曰:"井谷射鲋,无与也。"
【译文】小象说,在水井谷底捕射蛤蟆,是因为没有什么东西可以给人家了。

一是指水井已经污染了,失去了饮用价值,再也不能给百姓提供干净的饮用水了;二是指九二与九五没有正应,九五不能给它带来帮助,它也不能对九五给予支持。

"九三,井渫(xie4)不食,为我心恻。可用汲,王明并受其福。"
【译文】"九三,水井淘清可饮用却没人饮用,令我忧心忡忡(chong1)。水井能够取水饮用,希望君王开明并造福于百姓。"

渫,淘去污泥。恻,忧伤,悲痛。受,授予。此爻分两层意思,前两句写水井之事,经过清理,原先被废弃的水井重新恢复了饮用功能,但是并没有人来饮用,这是令人遗憾的。以此隐喻君子具备水井那样造福社会、服务百姓的德养和才能,但是并未得到君王或当权者的重用,这让人觉得忧心和惋惜。

后两句写呼吁君王或当权者尊重人才,大胆启用君子参与治国理政,给百姓带来更大福祉。对比是易经常用的手法,这一修辞效果简单明了、形象生动,使爻辞的内涵得到升华。物尽其用、人尽其才,这是圣贤的期望,也是百姓的期望。

九三阳爻居阳位,当位,表明行为举止是适当的。九三与上六有正应,能够得到高层大佬的支持，两者能够上下沟通、配合协调，因而原本"三多凶"的情形在此爻并未出现。

"井渫"取象于坎卦、震卦。若九三发生爻变，则下卦变为坎卦，而上卦也为坎卦；下交互卦则变为震卦，震为动。上面的水与下面的水来往流动，就形象地反映出了水井清洗的过程。

"不食"取象于兑卦、艮卦。井卦下交互卦为兑卦，兑为口，饮食由口而入。若九三发生爻变，则上交互卦变为艮，艮为静止、停止、阻止、制止等意。停止入口即为"不食"。

"心恻"取象于坎卦。上卦为坎，坎为加忧，为心痛。

"王明"取象于离卦。上交互卦为离，离为日，为火，为明。九五为君王之位，正好位于离卦上，因而有"王明"之谓。

《象》曰："井渫不食，行恻也；求王明，受福也。"

【译文】小象说，水井干净了却没人饮用，令人惋惜（暗喻品德高尚的人没有得到重用令人惋惜）；希求君王开明，授予百姓福祉。

"六四，井甃（zhou4），无咎。"

【译文】"六四，修砌井壁，没有灾祸。"

甃，井壁；此处为动词，砌井壁，泛指用砖砌物。六四阴爻居阴位，当位，表明其行为举止是适当的，维修井壁不是兴师动众的重大工程，不需要投入很大力量，六四虽然力量不是很强，但是能够胜任这项工作，更重要的是清理维修井壁是项细活，需要耐心细致，讲求技巧，扎实推进，这些都是六四的长处，不是光有蛮力就能完成的。无咎的意思是本来是有咎的，因为六四与初六没有正应，这项工作得不到来自基层群众的理解和支持，就像当今社会自顶层设计开始的深化改革重大举措，客观上非改不可，但并非所有民众都能理解和支持的，这是不利因素。但是，维修井壁本身是项非常有意义的工作，把废井、旧井变成能饮用的水井，即使百姓一时不理解、持观望态度也没有关系，最终得益的是百姓，终究还是会被理解的，因此结果无咎。

《系辞下传》说："井，德之地也。"意即井是修养品德之地。对于人的品德修养而言,修井的过程也是修德的过程。无论是性本善也好,性本恶也好,都反映了人性的特点,人是集天使和魔鬼于一身的综合体,后天的生活工作环境对人的品行有重要影响。近朱者赤,近墨者黑。品德不注重修养就会慢慢滑坡,就跟水井一样,无人使用,无人管理,无人维护,慢慢地就变成了废井,失去了使用价值。因此,人也要经常清扫思想上的污垢和垃圾,树立正确的世界观、人生观和价值观,努力积蓄和有效发挥正能量,不以善小而不为,不以恶小而为之,这样才能像井水一样对社会对百姓有所裨益。正如王阳明提出的"心即理"、"致良知"一样,良知在每个人的心里,但是如果不加省察克治,私欲就会蒙蔽良知,因此需要像猫逮耗子一样,盯着私欲不放,一旦私欲上身马上将其革除,从而使良知始终呈现在光明状态。

　　"井甃"取象于坤卦、坎卦、离卦和巽卦。因为井卦由泰卦演变而来,泰卦上卦为坤,坤为土;井卦上卦为坎,坎为水,水加土可用来制作生砖。井卦上交互卦为离,离为火,用火烧生砖即变成熟砖,可用来修砌井壁。井卦下卦为巽,巽为工,引申为工人、工匠、泥匠。因此,井卦中蕴藏着一幅形象传神的修井现场施工图画。

　　《象》曰:"井甃无咎,修井也。"
　　【译文】小象说,修砌井壁没有灾祸,这是因为对旧井进行了清理维修。

　　维护修砌后的水井重新焕发了青春,恢复了公益的功能。

　　"九五,井冽,寒泉食。"
　　【译文】"九五,井水清澈澄净,就像冰凉的山泉,可供人们饮用。"

　　冽,一是寒冷,二是通"洌",清醇、清澈,此处取后者之义。从废井到好井的转变过程中,九五到了显示成效的阶段。经过一番清理修缮,旧井恢复了往日清澈纯净的状态,重新向人们提供源源不断的井水。如果将修井的具体过程引入人文领域,就表明一个人经过日积月累的修养、修行和修炼,清除了思想上的污垢和不良习惯,将品德提升到了新的高度。于是,便完成了由普通人变成君子的华丽转身,恰似旧井变成新井。君子引领着思想道德和人文精神的社会风尚，是百姓理想中的道德化身和时代楷模。

寒泉比喻君子的品德修养，高风亮节，清新脱俗，表面上是清冷的，但内心却是纯净的；水还象征着公平透明，对人一视同仁，纯净清明，因此寒泉的内涵丰富，底蕴深厚。从爻位上看，九五是君王之位，肩负着为中华民族谋复兴、为全国百姓谋幸福的神圣使命，不仅要有治国安邦、经天纬地之才，更重要的是要有心怀天下、泽被苍生的博大胸怀和高尚品德。只有这样，百姓才能像饮用寒泉一样享受国泰民安、恬静和谐的幸福生活。

九五阳爻居阳位，当位，表明君王的行为举止适当，九五为上卦中爻，也是全卦核心之爻，表明君王能够坚守中正之道，道德品质过硬，这是一位百姓理想中的有道德、有智慧、有胸襟、有能力、有作为的君王形象。但是，九五与九二没有正应，说明他的行为得不到基层干部的理解和支持，在上下沟通，发动民众，教育引导基层干部形成共识方面还有许多工作要做。

"井冽"取象于坎卦、离卦。上卦为坎，坎为水；上爻互卦为离，离为明。水质透明即为干净纯洁。

"寒泉"取象于乾卦、坤卦和坎卦。因井卦由泰卦演变而来，井卦的九五来自泰卦的下卦乾卦，乾为寒，为冰。井卦上卦为坎卦，坎为水，水与泉同。寒泉之寒还可取象于坤卦，坤在十二消息卦中代表农历十月，属天寒地冻的季节，坤卦初六有"履霜坚冰至"的爻辞。坤加水也构成寒泉之意。

《象》曰："寒泉之食，中正也。"

【译文】小象说，寒泉之所以能饮用，是因为能够坚守中正之道。

此处的"中正"分实指、虚指两个方面。从实指意义上讲，九五位于上卦中爻之位，寒泉的产生是坚守中正之道的结果，受高尚品德的指引，人们对水井进行了清理清洗和修砌维护，终于换来了清澈干净的寒泉之水；从虚指意义上讲，品德高尚之人给社会提供了类似寒泉般的福祉，是因为他内心坚守了中正之道，精心维护着社会的公平正义。更重要的是九五为君王之位，君王要想为全国百姓谋幸福就必须坚守中正之道，这是对君王职责的神圣要求，也是老百姓内心的理想和期盼。

"上六，井收，勿幕，有孚，元吉。"

【译文】"上六，水井收口，不要覆盖，秉持诚信，最为吉祥。"

收，是收口、收尾、收工等意，也可以理解为水井维修工程完成取得了良好成效，因而可引申为收获、丰收等意思。幕，是动词，即用粗厚的大布将物体遮盖起来，此处是指给水井加盖。此爻旨在告诫人们，水井是为人们提供饮用之水的公益设施，要敞开供应，让更多人受益，不要加盖遮蔽限制人们使用。实则在于倡导人们特别是君王和君子，不要吝啬自己的品德和才能，要多为天下百姓办好事、干实事、谋福祉，并且始终坚守诚信，这样就能得到百姓的拥护和支持，其结果一定是最为吉祥的。吉凶可细化为十一个等级，分别是：元吉、大吉、吉、亨、利、无咎、悔、吝、厉、咎、凶。元吉为吉祥的最高等级。

上六阴爻居阴位，当位，表明其行为举止是适当的。上六与九三有正应，能够得到基层实力人士的支持，两者能够上下沟通、彼此协调，这也是元吉的重要原因。需要说明的是，从安全角度讲，"勿幕"是存在隐患的，在"勿幕"的同时需要加设安全措施，古人制井时一定会考虑到安全性，只不过这不是本卦探讨的重点而已。

"勿幕"取象于坤卦。因井卦由泰卦演变而来，泰卦上卦为坤，坤为布，可用来覆盖遮蔽。演变为井卦之后，坤卦变成了坎卦，布消失了，水出现了，因此有"勿幕"之谓，不要遮盖，让水敞开供人们饮用。

"有孚"取象于离卦。上爻互卦为离卦，离为大腹，离为明，腹中有光明，即为心明，表示内心怀有诚信。正如王阳明遗言："此心光明，亦复何言。"

《象》曰："元吉在上，大成也。"

【译文】小象说，元吉出现在全卦上爻，预示着大功告成。

因为这是水井维修的最后环节，清理维护工程全部完成，可以打出干净的井水，恢复了往日为百姓提供饮用水的功能。同时，也泛指君子、君王的德行、德政最终取得丰硕成果，呈现出一幅天下太平，民丰物阜，社会安定，百姓幸福的盛世景象，能取得这样的结果当然是"元吉"了。

第四十九卦 革卦的变革之道

【革卦】

【白话经文】

革卦,到己日才能获得信任。初始,通达,适宜,正固,悔恨消失。

初九,用黄牛皮革牢固捆扎。

六二,时至己日于是实行变革,主动出击吉祥,没有灾祸。

九三,主动出击凶险,正固危险。变革方案须经反复修改论证才能确定,秉持诚信。

九四,悔恨消失,以诚信态度实施变革天命,吉祥。

九五,大人物虎虎生威实施变革,不用占卜就可预知深得民心。

上六,君子像凶狠敏捷的猎豹般实行变革,而小人的变革只流于表面,主动出击凶险,静处,正固,吉祥。

【经文原文】

革,己日乃孚。元,亨,利,贞,悔亡。

初九,巩用黄牛之革。

六二,己日乃革之,征吉,无咎。

九三,征凶,贞厉。革言三就,有孚。

九四,悔亡,有孚,改命,吉。

九五, 大人虎变, 未占有孚。

上六, 君子豹变, 小人革面, 征凶, 居贞, 吉。

【解读序言】

革卦位列周易第四十九卦, 因上卦为泽, 下卦为火, 称其为泽火革。革本是皮革材料, 由其加工方式和制作过程引申出变革、改革、革新、变更等意思。《序卦传》说:"井道不可不革, 故受之以革。"序卦传说, 水井的使用、演变、养护规律表明, 事物不可以不加以变革, 因此周易在井卦之后安排了革卦。《杂卦传》说:"革, 去故也。"杂卦传说, 革, 就是去除故旧、落后、鄙陋、陈敝的东西。水井长期使用不加维护, 就会受到损坏污染, 水质变劣, 逐步失去其为人们提供饮用水源的功能, 因此必须对其采取变革性行动, 比如清理、维护、改造等。水井是这样, 其他事物也是这样, 随着时代的发展进步, 人们的思想观念和行为方式必须与时偕行, 必须对旧事物、旧制度、老路子、老办法等进行创新变革。

【卦名含义】

《古代汉语词典》解释: 革, 去毛的兽皮; 革制的甲胄、甲; 改变, 变更; 六十四卦之一; 相关的词语有: 革面,《周易·革》:"君子豹变, 小人革面。"(词典注:"小人乐成, 则变面以顺上也。")后以"革面"指改正过错。革命, 古代认为帝王受命于天, 改朝换代是天命变更的结果, 因而称之为"革命"。革故鼎新, 革除旧的, 建立新的。《周易·杂卦》:"革, 去故也; 鼎, 取新也。"从以上词典解释可见, 革的基本意思是变革、变更、改革、创新、革新等。《说文解字》说:"革, 兽皮去其毛, 革更之。"前一句好理解, 后一句"革更之", 就是改变它、更改它, 是指有毛的皮料半成品加工成无毛的革成品的过程。前后实物形态、性质和功能等都发生了变化, 因而叫革更。《说文解字》中两个"革"字的意思是有区别的, 前一个"革"指解释的对象是"革"字, 后一个"革"是指革的常用义, 即改变、更改之意。

【卦象寓义】

一、火山爆发之象。大象说"泽中有火", 泽内主要物质是水, 水中有火是不正常现象, 通常水火是不相融的。按照五行规律, 水能克火, 火在水里将很快熄灭，只有在火的能量足够大的时候，火才会在水中展开一番激烈搏斗，典型的自然异象便是海底（湖底）火山爆发，炽热的岩浆冒出海底（湖底），此时水火发生激烈较量，局部水域就像被烧沸的开水一样蒸腾翻滚，从而引起海啸等自然灾害。这种异象灾害就是大自然发生变革的表现，各种大陆板块的变动、分离、形成正是地壳变革运动的结果。

二、制作皮革之象。小时候见过屠夫给家畜和动物剥皮的情景，如猪皮、羊皮、牛皮、狗皮、蛇皮、黄鼠狼皮等等。虽然有些残忍，但为了说明问题还是简单描述一下。大致过程是，将家畜或野兽屠宰放血后，立即放入开水中浸泡数分钟，捞起后迅速将毛煺净，然后用刀具使胴体皮肉分离，再用竹棒之类的用具将整张皮撑开，或晾晒风干，或用文火烘干，这是原始简便的制作方法，当然要制成柔软光亮的皮革制品，应当有专业的软化抛光工艺。革卦上卦是兑，兑为羊，为泽水，下卦是离卦，代表火。表明用火把水烧开浸泡羊皮等皮毛并将毛发煺刮干净，也可用文火直接烘干皮革。制成后的皮革坚韧无比、经久耐用，比加工前的毛皮更加结实，用途更加广泛。这说明变革后的新生事物与老事物相比，在功能应用方面得到了升华和拓展。

三、武装革命之象。彖辞有"汤武革命，顺乎天而应乎人"的表述，意思是说商汤推翻夏桀的革命、周武王推翻商纣王的革命，都是顺乎天道规律和深得人心的，易作者对这种武装夺取政权的革命行动持赞赏、鼓励和支持态度。革卦下卦为离，离为甲胄，为戈兵。这是身着戎装的将士形象。上卦为兑，兑为毁折，可理解为战争目的和结果是捣毁敌军，摧毁腐朽的旧王朝、旧社会、旧制度。因此，易经不回避革命行动，不回避暴力手段，不回避武装斗争，对黑恶势力、腐朽没落、不公平、不公正、不合理的东西，就应当义无反顾地奋起坚决的抗击，同仇敌忾，摧枯拉朽，势如破竹，所向披靡，不仅善于烧掉一个旧世界，而且还善于建设一个新世界。

四、变革坎坷之象。变革的道路充满艰辛、阻碍和风险。变革是伤筋动骨，革命是改天换地。人民群众、客观情势、历史使命都对变革提出必然要求，而既得利益者为了保持现实成果必然极力反对变革，他们会狗急跳墙，困兽犹斗，孤注一掷，疯狂反扑。比如，商鞅在秦国实施的改革；王安石在宋朝实施的改革；康有为、梁启超力促光绪帝进行的"百日维新"等变革均具有积极意义，但都遭到了守旧落后势力的百般阻挠和打击。因此，任何改革都不可能一帆风顺,过程必然是艰难曲折的,困难与机遇并存,挑战与希望同在。如果将革卦的九三、九四、九五看成一个整体阳爻,再加上六二、上六两个阴爻,那么二至六爻就变成了一个大坎卦,它警示人们变革潜在巨大风险,必须顶层设计,周密考虑,谨慎推进。

五、变革成功之象。尽管变革过程艰难困苦,反复曲折,多灾多难,但是,事物发展的总趋势必定是长江后浪推前浪,新事物必然替代旧事物,因为新生事物蕴含着强大生命力,在发展中不断成长壮大,代表着时代前进的方向。卦中连续三个阳爻组成乾卦,象征着整个团队组织蕴藏着强大力量,将汇聚起巨大正能量。革卦上卦是兑,兑为大片水域,水量若减少一些,即将兑卦初爻由阳爻变成阴爻,那么兑卦就变成了坎卦。下卦是离,离为火。上卦水,下卦火,两者构成水火既济。既济代表事情完成,象征革命事业成功。同时,既济也是烹饪之象,用火烧水做饭即可享受口福,意味着革命成功,人民大众享受到胜利果实。

六、夏长秋收之象。从后天八卦图上看,一年四季分别由四个卦表示,震为春,夏为离,秋为兑,冬为坎。国人崇尚民以食为天,民间从来有春发、夏长、秋收、冬藏之说,因此四季主要描述庄稼作物的生长过程。夏天是生长、抽穗、结果的主要季节,而到了秋天就是收割、晾晒、加工的主要季节。秋天万物萧瑟肃杀,收获庄稼要动用镰刀,因此兑与秋天、金属、收割、肃杀等联系在一起。《尚书·洪范》说:"水曰润下,火曰炎上,木曰曲直,金曰从革,土爰稼穑。"可见,革与金关联紧密,金曰从革的意思是,金属的特征是顺从变革,一是金属的延展性好,可以锻造成各种武器或工具,形态变化的本身即体现了变革的内涵;二是硬度大,经用耐磨,尖锐锋利,可以有效帮助人们完成变革、改造任务,比如收割作物,对于庄稼作物而言,夏天长在地里,秋天装在仓里,其形态、角色转换也是革命性的,发生了重大变革。古时死囚秋后处斩,也体现了顺应自然的思想。

七、内明外悦之象。下卦为离,离为火,为日,为丽,其卦德为明。上卦为兑,兑为湖泽,为少女,为口,其卦德为悦。下卦也叫内卦、主卦,上卦也叫外卦、客卦。如果用革卦结构来表示一个单位、社会团体或革命组织,就呈现出内部光明、外部愉悦的态势。也就是说变革、革命要取得成功,内部必须具有光明之德,不是为了个人一己私利,而是为了人民大众的利益。外悦是指变革、革命的外部环境和条件, 为人民大众利益的变革和革命, 必然会得到热情支持和广泛拥护, 百姓乐见变革或革命的成功。

八、中女少女之象。在易经大家庭中, 离为中女, 兑为少女。在三男三女六个子女中, 最难处理的是少女与中女的关系, 比如睽卦, 少女中女相互反目成仇, 不沟通, 不说话, 不买账。这是由于二女的地位和性格所决定的。从地位上看, 中女少女虽有差别, 但差别不大, 容易互不相让, 形成对峙。从性格特征上看, 中女漂亮, 众口称赞, 自我感觉良好, 容易形成自信傲娇的个性; 少女年轻可爱, 更能得到父母家人的宠爱, 容易形成任性自私的个性。因此, 中女居内主持家政事务, 作为少女是不服气、不服从、不服管的, 甚至于可能会向主角位置发起挑战, 这样一场家庭变革也许就会拉开序幕, 等待这个家庭的是一场唇枪舌剑的好戏, 结果具有不确定性, 变革后将是一副全新的面貌。

九、火克阴金之象。在五行关系中, 火能克金。在革卦中, 下卦为离, 离属火; 上卦为兑, 在易经中乾兑两卦对应金, 乾为阳金, 兑为阴金。因此革卦呈现出火克阴金的态势。总体情势对主方有利, 表明主方有应对制约客方的智慧和能力, 居于主动有利地位。而客方属于被制约方, 受制于人, 处于被动不利地位。因此, 可以认为在变革创新和武装革命过程中, 内心充满光明和革命理想的队伍总将走向最后胜利。中国共产党领导人民军队战胜敌人, 取得最后胜利, 成立新中国, 便是最有力的证明。

【关联卦画】

革卦由大壮卦演变而来。大壮卦上卦为雷, 下卦为天, 称其为雷天大壮。在十二辟 (bi4) 卦中, 大壮代表农历二月, 是草木庄稼苗壮成长的季节。如果将大壮卦的六五与九二交换下位置, 得到的卦便是革卦。两个卦既有联系又有区别, 区别是显而易见的, 而联系在于: 从季节上看, 由春季演变到秋季是季节的自然更替, 大壮上卦是震, 代表春天; 而革卦上卦是兑, 代表秋天, 生动形象地反映了季节交替更迭的变革过程。从方位上看, 震为东, 兑为西, 太阳运行从东到西的轨迹也反映了朝夕变革的意境。

革卦的综卦为鼎卦。革卦位列周易第四十九位, 而鼎卦位列周易第五十位。两者呈现相综关系, 序位为前后排列。所谓的综卦也叫覆卦、镜卦。将革卦卦符颠倒180度得到鼎卦, 将鼎卦颠倒得到革卦。两者也是既有联系又有区别的关系。其联系表现为一体两面，卦符的内部结构没有发生变化，只不过颠倒了一下位置，相当于观察者变换了下角度而已。区别在于，观察角度不同，得到的卦象已经发生了变化。革卦为泽火革，而到了鼎卦却成了火风鼎，两卦所反映的情境已经发生了很大变化。以周王朝创建为例，革卦反映了周武王武装推翻商纣王的过程，而鼎卦反映了周武王建立周朝登上政权宝鼎的情形。

革卦的交互卦为姤卦。如果将革卦的初九、上六去掉，用剩下的四个爻重新组成一个新卦，四个爻中的上三爻为乾，作为上卦；四个爻中的下三爻为巽，作为下卦。这个新组建的卦便是姤卦，因上卦为天，下卦为风，称其为天风姤。姤卦反映了革卦往下发展可能出现的情景。其逻辑关系不难理解，经过一番变革或一场革命之后，物是人非，人事际遇将发生重大调整。因此，发生事物与事物之间的相遇、女人与男人之间的相遇等都是顺理成章的。许多革命夫妻和伴侣就是因为共同的理想、共同的追求和共同的事业，使他们相遇相识相知而走到一起的。

革卦的错卦为蒙卦。如果将革卦的各爻性质相反，即将阳爻变成阴爻，将阴爻变成阳爻，得到的卦便是它的错卦蒙卦，上卦为山，下卦为水，称其为山水蒙。如果说一对综卦是强调多角度观察事物，那么一对错卦就是重在站在对方立场看问题，只有知己知彼才能百战不殆。一对错卦之间也是既有联系又有区别的关系。区别不必多言，联系在于卦象的反向对应性，兑泽对艮山，少女对少男；离火对坎水，中女对中男。两卦的意境也具有关联性，革卦是变革，而蒙卦的启蒙教育也颇具变革意义，把一个蒙昧儿童教育成知书达理的少年，可谓脱胎换骨的全新变革。

【卦辞象辞】

〖卦辞〗

"革，己日乃孚。元，亨，利，贞，悔亡。"

【译文】"革卦，到己日才能获得信任。初始，通达，适宜，正固，悔恨消失。"

己日，历来众说纷纭，莫衷一是。有的认为是"已日"，有的认为是"巳日"，有的认为是"改日"，各有各的道理，都讲得通。楚简《周易》写作"改日"，有观点认为"已"与"巳"为一个字，有观点认为"巳"通"祀"，有观点认为"改"

通 "巳"。"改日" 之说可作为一家之言。但从九四爻辞 "改命, 吉" 来看, 易作者应该会注意到 "己" 与 "改" 的区别, 如果其认同 "己日" 与 "改日" 同义, 也许就直接写 "改日" 而不会写 "己日" 了。之所以没有这样写, 可以推断易作者并不认同 "己日" 就是 "改日"。

相对合理的说法是 "纳甲说"。在先天八卦基础上, 八个卦分别对应甲、乙、丙、丁、戊、己、庚、辛、壬、癸等十个天干, 将甲等十天干纳入八卦体系内, 故称其为 "纳甲"。八个卦对应十天干, 剩下两个天干分别由乾坤再分配。为了便于记忆以易经大家庭来指代八卦, 其对应关系如下: 父 (乾纳甲)、母 (坤纳乙)、少男 (艮纳丙)、少女 (兑纳丁)、中男 (坎纳戊)、中女 (离纳己)、长男 (震纳庚)、长女 (巽纳辛)、父 (乾纳壬)、母 (坤纳癸)。根据这种说法, "己日" 即是离卦对应的日期, 十天是一个周期。而且革卦的下卦即为离卦, 与纳甲说相吻合。但仍然存在一个疑问, 一般认为纳甲说成熟于汉代, 至于周文王、周公所处的周初时期是否有纳甲之说, 值得进一步探究。

本人认为 "己日" 无非是个时间概念, 易作者似乎只想表达变革是伤筋动骨的事, 不是一下子能被人们所信任的, 必须经过一定时间才能为人们所接受。因此, 只需按照 "己日" 本义理解即可表达这层意思。在甲、乙、丙、丁、戊、己、庚、辛、壬、癸等十天干中, 己位列第六, 正好过了天干的一半, 说明变革是一个漫长过程, 变革效果显现需要时间, 百姓也只有在看到效果后才会相信这种变革是正确、必要和必须的, 它反映了变革的社会心理规律, 作为改革者对此必须作好心理准备。

悔亡的意思是本来是有悔的, 后来因为采取了积极措施, 或者事情本身的正义性, 消弭了先天的不利因素。为什么说本来是有悔的呢? 如前文所述是否更通顺, 卦中包含着坎卦, 中女少女关系很难处理, 存在较大风险和矛盾, 但革故鼎新具有正当性, 代表着事物发展的方向和时代发展的规律, 所以最终是无悔的。

〖彖辞〗

《彖》曰:"革, 水火相息, 二女同居, 其志不相得, 曰革。己日乃孚, 革而信也。文明以说, 大亨以正, 革而当, 其悔乃亡。天地革而四时成, 汤武革命, 顺乎天而应乎人, 革之时义大矣哉。"

【译文】彖辞说，革卦，水火各自滋长欲灭除对方，中女少女同居一室，其精神志趣不相融合，这是革卦卦象。到己日才能得以信任，这是变革获得了信任。文采光明带来喜悦，大为通达是因为坚守了正道，进行变革且行为适当，于是悔恨消失。天地变化而使四季分明，商汤革夏桀的命、周武王革商纣王的命，应顺了天理民心，变革的时机意义十分重大。

《古代汉语词典》解释：息，喘息，呼息，气息；叹息；休息，引申停止，休止，弃，丧失；使安定，平息；慰劳；熄灭，后为"熄"，引申为灭，灭亡；滋长，增长，与"消"相对，又特指人和动物的繁殖；子女；利息等等。此处取滋长、增长，熄灭、灭亡之意。彖辞中可见"文明"、"革命"之词，虽然不完全等同于现代的词义，但可以说它是现代文明、革命一词的渊源。

"水火相息"与"水火相济"既有联系又有区别。联系是两者都讲水火的关系，区别是相济侧重于相互接济，互帮互助，讲的是矛盾的同一性；相息侧重于两者相互排斥，相互对抗，讲的是矛盾的斗争性。前面讲过，中女与少女比较难以相处，自身条件比较相近，志趣却大不一样，同性相斥，针尖对麦芒，谁也不让谁，要改变这种不和谐不协调的状态就必须进行适当的变革，使双方过度到和谐共存的状态。这是一种比喻手法，易经从两个女儿的相处来说明世事万物要达到持久和谐状态就应加以变革的道理，正如我国正在推进的深化改革大业，改革不是一朝一夕、一蹴而就的事，需要长期不断地持续进行。由于客观环境和外部条件无时不刻不在发生变化，因此在此背景下进行的中国特色社会主义事业必须顺应时代发展要求，持之以恒地实行改革创新。改革就是革去不合时宜的东西，淘汰破旧落后的东西，抛弃阻碍发展进步的东西。革故鼎新的成语就来自本卦革卦和下一卦鼎卦，革故是革除旧的，鼎新是建立新的，改革的目就是推动经济社会健康发展。

【大象之辞】

《象》曰："泽中有火，革。君子以治历明时。"

【译文】大象说："湖泽水下有火，是革卦所反映的自然景象。君子受此启示应当修订历法，向百姓提供明确的时令节气。"

　　《系辞上传》说："大衍之数五十，其用四十有九，分而为二以象两，挂一以象三，揲（she2）之以四以象四时，归奇于扐（le4）以象闰，五岁再闰，故再扐而后挂。"这段话阐述了古老经典的"揲蓍布卦法"的操演方法，本人多年实践此法取得了良好效果，它决非迷信，而是一套行之有效的预测方法。五十、四十九是易经的两个特殊数字，由此带来第五十卦鼎卦、第四十九卦革卦的特殊寓义。五十是大衍之数，相对应的卦为鼎卦。鼎是国家主权的象征，鼎新就是建立一个新的天下统治中心或国家政权。大禹铸九鼎是为了宣示天下九州均在其统治范围；楚庄王问鼎中原，是想试探衰败的周王室对其企图称霸天下的态度。因此，大衍之数五十与鼎卦意境的匹配达到了天衣无缝。至于大衍之数五十的来历，也有多种说法，我认同的说法是，河图一至十之和为五十五，洛书一至九之和为四十五，两者平均数为五十。

　　"其用四十有九"是指"体用论"而言的。大衍之数五十，其中一是体，即宇宙主体，相当于天地形成前清气、浊气揉合一团的太极混沌状态；四十九是用，相当于用来描述天地产生的演化过程；"分而为二以象两"，表明清浊气团阴阳分离产生天地；"挂一以象三"，是指天地产生后人类出现，形成天、地、人三才；"揲之以四以象四时"，表明一年四季循环运行；"归奇于扐以象闰，五岁再闰"，指的是把剩余筹策夹在手指间来模拟闰月的历法，五年中有两次闰月；"故再扐而后挂"，是指两次将余下的零散筹策夹在手指之后，到了第三次即完成了一个爻的推演，告一段落。接下去再重复五次这样的操作，一共操演十八次才能产生一个完整的卦画。

　　由此，位列第四十九卦的革卦，与四十九根筹策的"揲蓍布卦法"在功能上具有相似性。四十九根筹策是模拟天地自然的演化过程，第四十九卦革卦的主旨在于反映天地自然的变革演化。周易赋予革卦按照天地自然规律对人文社会进行适时变革的重任，时令节气的设定便是顺应这种变革需要而产生的，因此大象才会提出君子应当制定历法，明确时令节气，为百姓生活提供资讯。当然革卦要求的变革内容决非只有历法，历法时令节气只是其中之一，更重要的变革是社会制度的更迭是通过武装革命完成的，武王灭纣就是革故鼎新的最好案例。

【爻辞小象】

"初九，巩用黄牛之革。"

【译文】"初九，用黄牛皮革牢固捆扎。"

《古代汉语词典》解释：巩，以革束物，《说文·革部》："～，以韦束物也。"《周易·革》："～用黄牛之革"；巩固等。由于语言过于简洁，乍一看不知所云，联系小象才明白，用坚韧的黄牛皮革绳索捆住人的手脚，使他不能行动，不是因为他犯了罪予以惩罚，而是怕他不分青红皂白冒然变革，这是古人一种夸张而幽默的写法。

为什么革卦讲的是变革，而初九却要阻止变革行动呢？这是因为变革是要讲究时机的，不是任何时候变革都能收到好的效果，正所谓一着不慎全盘皆输。从时间上讲，初九相当于变革初始阶段，万事开头难，一个好的开端等于事情成功了一半，而一个坏的开头可能会使变革胎死腹中，所以变革初始必须审时度势，慎之又慎。

从主体上讲，初九相当于初来乍到上任伊始的年轻领导，雄心勃勃，精力充沛，敢作敢为，渴望建功立业，干出一番大事业。但是，年轻人的弱点也是明显的，急于求成，情况不明就下手；沉不住气，听到风声就是雨；眼高手低，事无亲历不知难；固执己见，不撞南墙不回头等等。在没有考虑这些不利因素的情况下就大刀阔斧地进行变革，其结果往往惨不忍睹。因此，对于这样的年轻人必须要像用黄牛皮革捆人手脚一样，有效地控制其鲁莽行为，目的是促使其深入调查研究，全面准确地掌握第一手资料；继而进行周密思考，制订完整系统的变革方案；接着广泛舆论发动，营造有利于变革的思想文化氛围；最后选择恰当时机和方式，以点带面、由表及里、从易到难、由浅入深，有计划有步骤地稳步推进。

初九阳爻居阳位，当位，表明行为举止是适当的，正因为变革事关重大，因此必须慎之又慎。初九与九四没有正应，说明尚未得到上层九四的信任，两者不能有效地上下沟通和配合协调。如何使变革得到上层领导的理解与支持，这是年轻变革者容易忽视却又至关重要的问题。

"巩"取象于艮卦和巽卦。若初九发生爻变，则下卦变为艮，艮为手，为止。下交互卦为巽，巽为股，为长，为绳直。巽引申为腿脚和长绳，这条绳是黄牛皮革制作的，非常坚韧。手拿着牛皮绳索用来捆绑年轻变革者的手脚，如此便很好地反映了"巩"的含义。

"黄牛之革"取象于离卦。坤为腹，离为大腹，因此坤、离关联密切，坤为牛，离在古典文献中也常解为牛。革卦下卦为离，离为牛，指代黄牛之革。

《象》曰："巩用黄牛，不可以有为也。"
【译文】小象说，用黄牛皮革牢固捆扎，因为此时不可以有所作为。

"六二，己日乃革之，征吉，无咎。"
【译文】"六二，时至己日于是实行变革，主动出击吉祥，没有灾祸。"

到了六二，从主体上讲，年轻的变革者经过一段时间实践锻炼，积累了初步经验，鲁莽冒失的缺点有所克服；从时间上讲，该到变革方案的实施阶段了。在这个阶段，变革的各项准备工作基本就绪，到果断付诸实施的时候了。一流的决策配之以一流的执行是最好的，但实践中执行环节往往容易打折扣，通常是导致决策未能见到应有效果的主要原因。一流的决策、三流的执行，倒不如三流的决策、一流的执行。一个好的方案只有完全落地才能显示出良好的效果。时至己日变革时机已经成熟，此时采取行动胜算很大。

征吉，就是要以积极主动的态度，迅速、果敢、坚决地出击，而不能前怕狼后怕虎患得患失，也就是不该动时静若处子按兵不动，该动时动若脱兔雷厉风行，这样才能取得吉祥结果。

无咎，说明本来是有咎的，但后来由于某种积极因素的存在将咎害化解了。那么本来是什么原因可能有咎呢？这与六二爻位有关，六二阴爻居阴位，当位，说明行为举止适当。该爻位要求行为要保守低调，动静小些，可是爻辞却要求主动出击，爻位要求与变革的实际需要出现了矛盾，这种看似不协调的状态可能会带来咎害。但是，革卦是讲变革的，变革本身就是非常规行动，非常时期必须采取非常手段。从变革全局情况看，此时主动出征是最佳时机，当局部利益与整体利益发生矛盾时，局部利益应当服从服务于整体利益。更何况六二居下卦中爻，表明能够坚守中正之道，变革不是为了私利，而是为了人民大众的利益，能否得到人民群众的支持是变革成败的关键。同时，六二与九五有正应，表明其变革行动能得到九五君王的大力支持，这是重大有利因素。这样，正能量就吸收了负能量，积极因素便消化了消极因素，整体效益消弭了局部缺陷，结果是利大于弊，因此无咎。

"己日"取象于离卦。若取"纳甲说"，则离卦与"己"对应。革卦下卦为离，与之相合。

"革之"取象于离卦、兑卦和巽卦。下卦为离，离为火；上卦为兑，兑为泽，为羊，引申为水和羊皮。下交互卦为巽，巽为入。意即，到了六二，将羊皮扔进烧开的水里，象征变革行为付诸实施。

《象》曰："己日乃革之，行有嘉也。"
【译文】小象说，到了己日于是进行变革，是因为此时行动能得到最佳效果。

嘉，是美善之意。

"九三，征凶，贞厉。革言三就，有孚。"
【译文】"九三，主动出击凶险，正固危险。变革方案须经反复修改论证才能确定，秉持诚信。"

在九二是"征吉"，到了九三却变成了"征凶"，为什么？一张一弛，文武之道。事物往往此一时彼一时，时间一变一切都变了。一是主体的能力变了，经过前期变革锻炼了能力，提振了信心；二是变革的时间变了，由初始阶段转向中期阶段；三是变革的领域变了，由简单容易领域进入复杂困难领域。这些变化因素决定了出征的结果将发生变化，行动方式必须视情势变化作出相应调整，否则变革就可能遇到重大挫折。

从主体能力提升方面分析，在六二阶段能量尚小，经验能力不足，这时动作再大效果也有限，而到了九三，阳爻居阳位，当位，尽管行为举止是适当的，可是变革主体的实力明显得到了增强，九三是离卦末爻，火势最大，这时变革取得了初步成效，主体的自信心得到极大提升，这时动作一大，影响也大，必然会触痛利益集团的神经，变革的阻力、难度越来越大。此时如果仍然粗枝大叶、大刀阔斧地往前推进，容易出现各种纰漏，或因多头并进顾此失彼，就很可能被既得利益者抓住把柄而发起反扑和围攻, 商鞅就是这样成为变革的殉道者的。

因此, 当一个人职位高了、能量大了、影响力大了的时候, 必须更加谨慎地控制自己的言行, 否则就可能引火烧身, 而给变革带来重大阻碍。这里的"征凶"极具警示意味, 旨在提示应当对变革烈度进行适当控制, 防止行动过火。易经揭示的规律是初难知、上易知, 二多誉、五多功, 三多凶、四多惧, 本卦爻辞恰好符合这种规律。"革言"是指变革言论, 引申为变革的思路、口径、计划、方案等文字材料。三就, 三是泛指, 反复多次之意; 就, 完成, 确定。九三与上六有正应, 九三的行为能够得到上六大佬的支持, 两者能够上下沟通和配合协调。尽管前面出现"征凶", 那只是一种警示, 九三爻辞结尾没有出现咎凶等词, 表明凶险结果并非一定出现。

"革言三就"取象于兑卦、乾卦和艮卦。革言, 来自兑卦, 上卦为兑, 兑为口, 言自口出。三来自乾卦, 上交互卦为乾, 乾为三个阳爻, 乾为君, 也代表三个君子, 可理解为君王与三个君子一起研究讨论变革方案。若九三发生爻变, 则下交互卦变成艮卦, 艮为止, 表明变革方案确定。

"有孚"取象于离卦。下卦为离, 离为日, 为火, 为明。内心光明即为诚信。

《象》曰: "革言三就, 又何之矣? "
【译文】小象说, 经过反复研究确定了变革方案, 又能坏到哪里去呢?

之, 走, 前往。何之, 到哪里去, 引申为负面事态往哪里发展。

"九四, 悔亡, 有孚, 改命, 吉。"
【译文】"九四, 悔恨消失, 以诚信态度实施变革天命, 吉祥。"

亡, 通"无"。悔亡, 表明本来可能有悔恨发生, 但后来却避免了。可能发生悔恨的因素在于, 九四阳爻居阴位, 不当位, 表明行动过于刚猛, 力度过大。九四是兑卦的初爻, 处于火与水的交界地带, 矛盾趋于尖锐。九四与初九没有正应, 说明得不到来自基层民众的支持。但是, 这些不利因素却没有带来不利后果, 关键在于"有孚", 诚信可以感化对手, 诚信可以赢得民心, 诚信可以化解危机。

　　经过一段时间的改革，成效初步体现，取得了阶段性成果，百姓感受到了改革带来的实惠，在现实生活中有了获得感。于是，百姓对改革的态度也在发生积极变化，从开始的怀疑观望，转为将信将疑，再到后来支持参与，为改革创造了有利的社会环境。水能载舟，也能覆舟。政府是舟，百姓是水，一项改革措施能否成功的决定因素在于人心向背，关键在于是否反映了老百姓的真实愿望，是否保护了老百姓的切身利益，是否得到了老百姓的理解、信任和拥护。这是关乎改革的政治方向、指导思想、改革原则和工作作风等方面的大问题，也是事关改革成败的关键问题。

　　"有孚"取象于离卦。下卦为离，九四与离相邻；若九四发生爻变，上交互卦变为离。离为明，内心光明即为诚信。

　　"改命"取象于既济卦。如果九四发生爻变，那么革卦就变成了既济卦。水火既济，每个爻都当位，每对爻都有正应，这是一种理想和谐的良好状态，这是革命成功的象征。也就是通过变革，顺应天道规律，改变了人民大众的命运。

　　《象》曰："改命之吉，信志也。"
　　【译文】小象说，变革天命吉祥，因为伸张了公平正义。

　　信通"伸"，即伸张。志，精神，原则、理念。信志应理解为伸张公平正义。

　　"九五，大人虎变，未占有孚。"
　　【译文】"九五，大人物虎虎生威实施变革，不用占卜就可预知深得民心。"

　　九五为君王之位，称为九五之尊，居此位者是一个系统的一把手，可以指君王，也可以指书记、省长、局长或董事长、总经理等。在系统中享有最高权力，具有对人、物、信息等重要资源的支配权，九五推进一系列改革，条件比其他人要优越得多，因此这样的改革可能会天翻地覆、惊天动地。

　　用老虎来比喻九五主持的改革是恰当的。虎为百兽之王，云从龙风从虎，老虎行走时草木摇戈，狂风大作；猛虎扑食时，张牙舞爪，凶猛无比；虎啸山谷时震天动地，威振四方。虎在国人心目中占居重要地位。用兽中之王来比喻人中之王,用虎变来形容大人改革的强度是极其形象的。九五老大这种大刀阔斧的改革正是老百姓所期盼的,连占卜都不用占,就知道肯定受到老百姓的欢迎、拥护和支持。

九五阳爻居阳位,当位,表明其行为举止是适当的。九五与六二有正应,说明他的改革得到了基层干部的大力支持,这也是实行虎变的重要条件。

"大人"取象于乾卦。上交互卦为乾,乾为君,为首,为老人,与大人意思吻合。

"虎变"取象于兑卦。上卦为兑,兑为西方,按照后天八卦分布,前朱雀,后玄武,左青龙,右白虎。右为兑,兑为白色,兑与白虎相对应。

"有孚"取象于离卦。下卦为离,离为明,为腹。内心光明即为诚信。九五与六二有正应,六二恰好位于离卦的中爻,虚怀若谷,有足够空间容纳诚信。

《象》曰:"大人虎变,其文炳也。"
【译文】小象说,大人实施虎虎生威的变革,文采熠熠,炫丽夺目。

"上六,君子豹变,小人革面,征凶,居贞,吉。"
【译文】"上六,君子像凶狠敏捷的猎豹般实行变革,而小人的变革只流于表面,主动出击凶险,静处,正固,吉祥。"

上六应与九五相比较来理解,九五的主体是大人,上六的主体是君子与小人。大人在阳爻,表明实力刚强;君子在阴爻,说明力量偏于柔弱;小人在阴爻,表明其行为上不了台面。这是比较符合实际的,大人是在位的领导,握有实权,君子、小人是退位的领导有一定影响力,其作用发挥如何取决于九五的态度。通常大人是直接掌握权力可以左右他人命运的人,而君子是思想道德领域的明星,他以人格魅力和学识修养对社会施加影响,但这种影响力只有在与君王保持一致时才得以发挥。君王尊贤重教,君子的作用就大,否则只能成为摆设,因此上六君子的变革力度应掌控在君王许可的限度之内,否则危险就将逼近,而且变革也将夭折。小人则以见不得人的小聪明小伎俩游走于朝野之间,世上最不缺的是小人。

从变革程度上看,大人是虎变,君子是豹变,小人是革面。在我国动物形象排位中，老虎排行老大，豹子形体比虎小，综合攻击力和危险系数比老虎小，可能连老二也排不上，因为还有狮子。但不管怎样豹子也不可小觑，它与老虎一样凶猛，而且奔跑的速度和敏捷程度在动物界数一数二，因此豹在动物界有自己的一席之地。上六是这一轮变革的末尾，无论从时间节点、身份地位、权力能力等哪个方面来讲，上六变革的烈度和影响力都要比九五逊色，这也是符合社会实际情况和事物发展规律的。至于小人，见风使舵、投机取巧、结党营私等是其特长，当然不会真心实意地为大众利益去变革，只不过是为了混日子作作秀而已。

征凶，表明当阶段性变革接近尾声时，不可兴师动众再做大动作了，防止变革过火过头，过犹不及，不如安静下来全面深入地评估一下变革的效果为好。居，是居住、停止、静止的意思。至此本轮改革告一段落，到了收口的时候了，同时预示着新的一轮改革即将拉开序幕。事物这种螺旋式发展规律，同样适用于变革。上六阴爻居阴位，当位，表明其行为举止是适当的。上六与九三有正应，能够得到基层实力阶层的支持，上下能够配合协调，因而结果还不错。

"豹变"取象于兑卦。上卦为兑，如九五分析，兑为虎，豹与虎系同类，民间常有虎豹连用的说法。本人还有种新解，可能会受到质疑，但还是写出来供大家批评。此解如下：兑的错卦为艮卦，艮为黔喙之属，黔为黑色，喙为嘴，用黑嘴这一特征代指虎豹牛马类野兽和牲畜，当然也可用于代指豹。豹变，表明变革是剧烈的，而兑卦恰恰是艮卦反向剧变的结果，从易理上讲错卦之间相互转化是讲得通的。

"革面"取象于兑卦。上卦为兑，兑为口，兑为悦。小人只会甜言蜜语取悦并顺从君王。

《象》曰："君子豹变，其文蔚也；小人革面，顺以从君也。"

【译文】小象说，君子如猎豹般变革，其文采蔚为大观；小人变革流于表面，只是顺从君王作个样子罢了。

从象辞可见，大人虎变是"其文炳也"，君子豹变是"其文蔚也"，小人革面是"顺以从君也"，炳是光辉灿烂，蔚是草木茂盛，程度上是有所区别的，而小人只是不得已顺从君王而已，与前两者不可相提并论。

第五十卦 鼎卦的治国之道

【鼎卦】

【白话经文】

鼎卦,有始,吉祥,通达。

初六,鼎足颠倒朝上,适宜倒出食物残渣;如同娶妾也可生子,没有灾祸。

九二,鼎内盛有食物,我配偶患有疾病,但不会传染给我,吉祥。

九三,鼎耳被革除,行动阻塞,浓汁鸡汤无法食用。若能下雨则可减少悔恨,最终吉祥。

九四,鼎足折断,王公的菜粥倒洒出来,地上一塌糊涂,凶险。

六五,给鼎配制黄铜耳朵和金属横杠,适宜正固。

上九,为鼎配置镶玉横杠,大为吉祥,没有不适宜之事。

【经文原文】

鼎,元、吉、亨。

初六,鼎颠趾,利出否;得妾以其子,无咎。

九二,鼎有实,我仇(qiu2)有疾,不我能即,吉。

九三,鼎耳革,其行塞,雉膏不食;方雨亏悔,终吉。

九四,鼎折足,覆公餗(su4),其形渥(wo4),凶。

六五,鼎黄耳金铉(xuan4),利贞。

上九，鼎玉铉，大吉，无不利。

【解读序言】

鼎卦位列周易第五十卦，上卦为火，下卦为风，称其为火风鼎。《序卦传》说："革物者莫若鼎，故受之以鼎。"受，通"授"，授予、授给。序卦传说，反映事物变革状况没有什么东西能像鼎一样，因此周易在革卦之后安排了鼎卦。《杂卦传》说："革，去故也；鼎，取新也。"杂卦传说，革卦是除去故旧的东西，鼎卦是取代以新的东西。

《系辞上传》说："大衍之数五十，其用四十有九。"其中一是"体"，即天地万物之主体，指太极；其中四十九是"用"，即太极的功用、运行和变化，指天地万物的表现形式。因此，五十是个特殊的数字，象征完整、圆满之数。以商周更迭为例，如果革卦反映周武王伐商纣王的政治革命和武装斗争，那么鼎卦就反映了建立周朝后对新兴国家的建立和治理。

鼎是烹饪之器，用大鼎烹饪饮食美味，一是用来象征国家用这口大鼎来养民，解决民生问题，民以食为天，饥民即乱民，只有解决好百姓的温饱问题，才能实现社会的和平稳定；二是用来象征国家用这口大鼎来养贤，尊贤重教，开展祭祀活动，重用圣贤对百姓开展仁义礼乐教化工作，类似于现代的以德治国。

鼎是国之重器，用铜铁等金属材料制成，庞大、沉重、冷峻，无论是黄帝制三鼎，还是大禹铸九鼎，鼎都是国家主权的象征，当权者把国家法制律令刻在上面，将其放置在正中显目的地方，从这个意义上讲又有些依法治国的味道。当然统治者本身是不受法律制约的，他们凌驾于法律之上，往往以言代法，法律只是用来管束老百姓的，只是当权者的统治工具。当然今天的依法治国状况与古代已有本质区别。

【卦名含义】

《古代汉语词典》解释：鼎，古代的一种烹饪器，又用为礼器，多以青铜铸成，三足（或四足）两耳。鼎为传国之重器，因用以比喻王位、帝业，又比喻重臣之位。显赫，大。六十四卦之一。方，正要等等。

《说文解字》解释：鼎，三足两耳，和五味之宝器也。昔禹收九牧之金，铸鼎荆山之下，入山林川泽，螭魅蝄蜽，莫能逢之，以协承天休。《易》卦：巽木于下者为鼎，象析木以炊也。籀（zhuo4，籀文，古代的一种字体，即大篆，相传是周宣王时太史籀所造）文以鼎为贞字。

可见，鼎有多层意思，其一，本义是烹饪器具，有三只足，两只耳，有方形，也有圆形，多为青铜材质，在出土文物中较为常见。其二，象征权力，代表君王的权威。自古以来民以食为天，因此烹饪食物的鼎在政治生活和社会生活中扮演重要角色，统治者组织工匠浇铸大鼎，镌刻文字、图案、猛兽、图腾、法度律令等，借助祭祀仪式，彰显君王威仪，既用于镇妖避邪，又用于威慑百姓，这是统治阶段治理社会的手段和工具。其三，鼎还有冷峻、沉重、稳定之意，三足鼎立说明情势稳定，不易撼动；一言九鼎说明此人有身份，讲信用，说话算数，不会变卦。其四，有推陈出新的意思。革故鼎新的成语就来源于第四十九卦革卦和本卦鼎卦，即通过变革淘汰旧的落后的不合时宜的事物，用新事物去取代旧事物。革卦侧重于推倒旧事物，鼎卦侧重于建立新事物。

【卦象寓义】

一、木上有火之象。这是大象反映的景象。象辞说："以木巽火，亨饪也。"意即用木头点火，以木生火，以木顺从、配合火苗燃烧，完成烹饪任务。下卦为巽，巽为木；上卦为离，离为火。因此，该卦所反映的直观景象就是一堆木柴正在熊熊燃烧，这是烧火做饭的烹饪之象。火焰上面架着一口大锅，里面烹饪着供人们享用的饭菜汤汁。这一烹饪功能决定着鼎卦的意义不同凡响，民以食为天，解决百姓温饱的民生问题历来是治国理政的主要内容和最大政治。

二、大鼎形状之象。从鼎卦卦画和爻辞上看，它是大鼎炊具生动形象的整体呈现。初六是鼎足，阴爻中间有空隙，说明下面留有空间，放置柴火，流通空气；阴爻两个短画说明正面只能看见两个鼎足，第三个鼎足被鼎体遮挡；三足的设计便于灵活翻倒清洗，但也有不足之处，鼎足部位容易损毁，这与初六阴爻特征相符。九二、九三、九四连续三个阳爻，这是鼎腹，腹中有物，里面装有饮食实物，同时说明鼎体是坚硬结实的。六五是鼎耳，中间镂空，用来插进抬鼎的横杠。虽然六五是耳孔的位置，其实鼎耳是贯穿鼎体和鼎口的。如果将九二、九三、九四看成一个大阳爻，那么初六至六五就构成一个大坎卦，坎为耳，大坎为大耳，与鼎耳实际状况相符。六五是阴爻，鼎耳也是大鼎的重要构件，这个部位也容易损坏，耳中镂空用于穿插横杠，这与阴爻性质也是吻合的。上九代表鼎铉。《古代汉语词典》解释：铉（xuan4），横贯鼎耳以举鼎的器具，可理解为穿插进鼎耳用来抬鼎的横杠。

三、鼎字渊源之象。 彖辞说："鼎，象也。"意即鼎字是象形字。鼎卦上卦为离，离为目，可见鼎字上半部分的目字来自离卦。下卦为巽，巽为木，与鼎字下半部分木架子形状相符。鼎字下半部分从形状上看，如同木头架子，用来撑托沉重的金属鼎体。木架结构左右对称，左边是丬，右边是片，就如同一段粗大木头，从中间踞成两半，分别做成鼎足，丬、片两字形象生动地反映了木架的结构形状。当然还有一只鼎足在后面，只是人们看不见而已。《说文解字》解释：片，判木也。从半木。清段玉裁注，谓一分为二之木。丬（pan2），反片为丬。也许有人会问，鼎足不是金属的么，木架子作鼎足不怕被火烧毁吗？事实确实如此，这里的木架结构只是用来说明原理，其实鼎足是金属铸造的。就像"构"字，虽然是木字旁，但是也可用来指金属结构。它反映了人类历史制作器具先由木质材料开始，再渐渐向金属材料过度的轨迹。其金属特性取象于下交互卦乾卦，乾为金；巽为股，股为腿脚，指鼎足。下交互卦乾金与下卦巽股交互融合，浑成一体，这是一个活脱脱的鼎足形象。

四、尊养圣贤之象。 鼎可以烹饪美味佳肴，为人们提供汤菜饭食。除了象征君王有责任解决好百姓温饱的民生问题之外，还有一个重要的象征意义就是尊贤重教，要像对待珍宝一样对待圣贤，将他们蓄养起来，用来教化百姓，引领社会风尚。易作者从大鼎烹饪功能中联想到治国理政，提示君王应当养贤聚能，礼贤下士，重用圣贤君子，治国安邦，造福百姓。九二"鼎有实"，表明君王的鼎里不能是空的，要实实在在地蓄养圣贤。同时，也提示君子要勇于担当，具备真才实学，积极作为，发挥才干，服务国家，服务社会，服务百姓，开辟国家和民族的灿烂前程。易经中尚贤之义所对应的爻象通常为"六五、上九"的结构。上九代表圣贤，阳爻象征有德行、有智慧、有能力。六五代表君王，阴爻代表低调谦和，是尊贤尚贤的谦恭态度。"上九鼎玉铉，大吉，无不利。"铉是扛鼎的工具，有圣贤挑大梁的意境，人们常用扛鼎之作来形容重大作品，能扛鼎的人当然是有大能的人，而玉代表美好、嘉善，象征圣贤道德高尚。因此，以"鼎玉铉"指代圣贤是恰当的。

五、风吹火旺之象。 从"木上有火"的卦象结构来看，上卦为火，下卦为木，添木烧火，这是烹饪之象。但是，木柴烧火是有条件的，如果没有空气木柴不能燃烧，柴草过多塞满烧火空间，空气不能流通，燃烧也不能充分，柴禾潮湿也很难燃烧，这些都会影响烹饪效果。因此，民间有种用细小竹子制作的火筒，用来人工吹气助燃。条件好的家庭还会安装一台小型鼓风机。风箱的作用也是用来送风助炭火充分燃烧的。这种空气助燃的原理正是鼎卦卦象所表达的内容之一。鼎卦下卦为巽，巽为木，巽为风，巽为入，巽为进退。人们把风吹进火灶内，就能使柴草充分燃烧，火借风势，风助火燃，两者搭配，越烧越旺。家人卦是风火家人，鼎卦是火风鼎，都从风火结合角度，营造出火红热烈、兴旺发达的氛围。家庭是组成社会的最小细胞，人民是国家的主体，这是从家人卦与鼎卦的关系中可以感悟得到的。

六、大坎未济之象。 常言道，打江山容易，坐江山难。其实难易是相对的，两者都不容易，但相对而言，坐江山更难。这表明治国理政是非常艰难的。从我国数千年历史来看，改朝换代如同走马灯笼似的更迭频繁，帝王将相就像唱戏一般你方唱罢我登场。鼎卦蕴藏的卦象和易理告诉世人，主政者必须树立忧患意识，居安思危，防患未然，正视国家建设和社会治理中的困难、矛盾和问题。从鼎卦卦画上看，如果将二三四三个阳爻看成一个大阳爻，那么一至五爻就形成大坎卦。坎，陷也，为沟渎，其于舆也，为多眚（sheng3，睛睛上长翳子，引申为日蚀，月蚀；疾病，疾苦；灾异；过失，错误等），预示着新政权、新国家、新社会的建设将任重道远，征途坎坷。鼎卦上卦为离，离火；一至五爻为大坎，坎为水，两者构成火水未济，这是周易最后一卦，以小狐渡河来象征国家基业或人生事业正处在创建过程之中，能力不足，经验不足，资源不足，面临着诸多艰辛、危机和困难，结果存在不确定性。未济就是尚未渡过河去，伟大事业尚未完成。只有不忘初心，继续前行，以永远在路上的精神努力奋斗，国家和人民才能共度时艰，共创辉煌。

七、重鼎折足之象。 大鼎三足的设计是充满创意的，因为人是两足，多数动物是四足，三足几乎是没有的。可以勉强视为三足的是老人柱拐杖，或者袋鼠用尾巴代替足的功能。古人在长期生活实践中发现三足是稳定的，可以用来支撑大重器物。从节约成本角度，三足比四足要省材料；从使用功能上看，三足比四足更加灵活，方便移动和清洗。但是，缺陷也是明显存在的。大鼎倾倒时重量集中在一两足上，如果工艺质量不过关，或者使用长久陈旧了，就容易发生折足现象。这种现象在卦象上可以找到充分依据。鼎卦上交互卦为兑，兑为毁折；下卦为巽，巽为股，即腿脚，引申为鼎足。而且初六为阴爻，表明鼎足部位相对薄弱。"九四，鼎折足。"九四正好在兑卦上，同时九四与初六有正应，反映出折足的原因是鼎足力量薄弱所致。

八、内顺外明之象。内卦为巽，巽为风，风的特征是无空不入，表明分布均匀；大风吹过时，庄稼草木齐刷刷倒向一边，从中引申出巽卦卦德即巽卦主要性质特征是顺，意即顺风而倒，表达了巽卦的顺逊、顺从、和顺、温顺、服从、随从、跟从等意思。外卦是离卦，离为日，为火，为目，为明，为丽，为中女，为雉鸡等义，太阳是光明的，火是光明的，眼睛能看到东西是因为有光明，阳光火焰是美丽耀眼的，看到漂亮的中女也能让人眼前一亮，科学家发现人们看见美女时瞳孔将会变大。雉鸡也是色彩亮丽的。离卦的这些意思构成了离卦的卦德是明。鼎卦的组织结构表现为内部顺从、外部光明的情形，这是一种令人向往的理想状态，可理解为治国理政和社会建设的方向与目标。

九、大女中女之象。易经的特点是阴卦阳多，阳卦阴多，由少数爻决定卦的性质。鼎卦上下两卦均属阴卦。在易经大家庭中，巽代表长女，离代表中女。下卦也叫主卦、内卦，上卦也叫客卦、外卦。鼎卦呈现出长女居内主持家政，操持家务；中女在外，从事劳动生产，为家人提供物质食粮的分工结构。长女为母，具有逊顺、包容、奉献精神，中女相对于少女少了几分任性，总体上能够做到通情达理。因此，这种家庭结构或团体组织的人际关系基本是和谐的，与少女、中女构成的火泽睽反目成仇、泽火革变革更迭的情形形成了鲜明对比。

十、阴木生火之象。在金、木、土、水、火五行关系中，存在相生相克的关系。金克木，木克土，土克水，水克火，火克金；金生水，水生木，木生火，火生土，土生金。这是古代朴素唯物论和整体系统方法论并具有现实意义。八卦与五行的融合，反映了古人实践与认识的深化。与木相对应的经卦有两个，分别是震卦、巽卦，震为阳卦属阳木，巽为阴卦属阴木。鼎卦呈现出阴木生火的态势。居于主卦的巽木对客卦离火有生扶促进作用，这是一种良性的相生关系，巽木是施益主体，表明治国理政需要付出成本和努力；离火是受益客体，预示着国家和百姓的前景是光明的。

【关联卦画】

鼎卦由遁卦演变而来。遁卦上卦为天，下卦为山，称其为天山遁，反映出年轻小人排挤君子、小伙排斥老人、少男顶替父亲、新生力量取代现有势力的态势。遁卦在十二消息卦中代表农历六月，阴爻处在上升通道，阳爻处在后退通道，阴气进逼，阳气后退，小人进逼，君子后退，形象地反映了遁卦的内涵。如果将遁卦的九五与六二交换位置，遁卦便变成了鼎卦，由于九五与六二有正应，这种交换的可能性是存在的，比如舜就是由平民继承了尧的王位，尧自己退位，而让子女做臣子辅佐舜来治理国家。象曰："柔进而上行，得中而应乎刚。"象辞反映了遁卦与鼎卦的演变过程：柔进而上行，是指六二柔爻前进上行至第五爻君王之位；得中，是指六五居上卦中爻，表明道德良好，能坚守中正之道；应乎刚，是指六五与九二发生正应，表明君王与基层干部之间能够心意相通、配合协调。

　　鼎卦与大有卦为近邻。周易第十三、十四卦分别是同人卦、大有卦。大有、同人构成了古代圣贤的社会理想，即建立大同世界。而鼎卦讲的就是建设新国家、新社会、新秩序，这样就与大同世界的理想达到了高度契合。鼎卦讲的是立足现实，着眼当前；大同讲的是展望未来，确立宏伟目标。这种社会发展的逻辑也体现在卦画、卦象和内容的关联上。大有卦上卦为火，下卦为天，称其为火天大有。鼎卦是火风鼎。卦中都有火和天，也就是说鼎卦中蕴含着大有卦，鼎卦上卦为火，下交互卦为天，两者构成火天大有。两卦唯一不同的，只是初六与初九的区别，其他五爻完全相同。这种卦画和卦象的相似性决定了卦辞、爻辞和象辞的相似性。比如，在卦辞上，"大有，元，亨"，"鼎，元，吉，亨。"在爻辞上，大有"上九，自天佑之，吉无不利"，鼎卦"上九，鼎玉铉，大吉，无不利。"在象辞上，大有"火在天上，大有。君子以遏恶扬善，顺天休命"；鼎卦"木上有火，鼎，君子以正位凝命。"在庞大的六十四卦体系中，卦画、卦象、内容相得益彰天衣无缝，卦际之间错综复杂的关系有机衔接浑然天成，如此博大精深广大精微，着实令人拍案叫奇叹为观止。

　　鼎卦的综卦是革卦。革卦在前，位列第四十九卦；鼎卦在后，位列第五十卦。革卦卦画翻转180度为鼎卦，鼎卦翻转180度为革卦。在翻转前后卦画内部结构没有变化，只是上下颠倒了一下，相当于人们观察卦画的角度发生了变化。对事物进行多角度考察才能全面把握事物的本质特征，角度不同得到的结果也不尽相同。革卦与鼎卦之间既有区别又有联系。革卦重在变革旧事物，鼎卦重在创建新事物，一个是破，一个是立，反映了变革过程中的两个侧面、两个阶段,破中有立、立中有破,蕴含着事物发展变化的辩证法。

　　鼎卦的交互卦为夬卦。如果将鼎卦的初六、上九去掉,用剩下的中间四个爻重新组成一个卦,四个爻中的上三爻为上卦,四个爻中的下三爻为下卦,其中中间两个爻为上下卦皆有,这个卦便是鼎卦的交互卦夬卦。交互卦反映了事物发展极可能出现的过程性状态,也就是鼎卦的情境再往下发展很可能会出现夬卦的情境。鼎卦是建设新生事物、新体系、新国家、新社会、新秩序,而夬卦是君子驱赶小人,或者是君子与小人展开对决的卦。正如明朝朱厚照时期,正直大臣杨一清领衔的君子群体与大奸佞刘瑾展开对决。因此,在建新过程中对于蹿居高位、危害国家和百姓的小人必须给予足够重视,一是防止小人把持朝政,二是发现小人兴风作浪,应及时坚决予以处置。

　　鼎卦的错卦是屯卦。如果将鼎卦的各爻性质相反,将阴爻变阳爻,将阳爻变阴爻,那么得到的卦为其错卦屯卦。屯卦是四大难卦之一,四大难卦分别是屯、蹇、困、坎,都是指人生事业困顿、磨难、艰辛、阻塞、曲折等状态。屯卦是第三卦,其地位相当于乾坤父母生下的第一个孩子,新生事物既有强大生命力,同时又异常脆弱,夭折的风险很大。鼎卦与屯卦既有区别又有联系。区别是明显的,自不待言。联系在于:其一,都是新生事物。鼎卦是取新、新建,屯卦是新生、始生。其二,都是危难深重。鼎卦,消灭一个旧世界很难,建设一个新世界更难,在战争留下的乱摊子上,满目疮痍,百废待兴,新建之路艰阻难行;而屯卦,新生弱小生命随时面临灭顶之灾。其三,都有光明前景。正义事业和正能量事物必定走向光明,新建国家和社会必将越来越好,弱小生命也必定越长越强壮。

【卦辞象辞】

〖卦辞〗

　　"鼎,元、吉、亨。"

　　【译文】"鼎卦,有始,吉祥,通达。"

　　从大鼎烹饪各种食物,引申出君王养贤聚能,礼贤下士,注重解决民生问题。革故鼎新,推陈出新。君王养贤尚德,尊贤重教,重用仁人君子,关心百姓疾苦,这种做法深得民心,是治国理政的重要法宝。这样的建设事业就能有好的开始, 并且伴随吉祥和通达, 终将开辟一片新天地。

〖彖辞〗

《彖》曰:"鼎, 象也。以木巽火, 亨饪也。圣人亨以享上帝, 而大亨以养圣贤。巽而耳目聪明, 柔进而上行, 得中而应乎刚, 是以元亨。"

【译文】彖辞说, 鼎卦, 反映了大鼎的实物形象。以木柴顺助火苗, 这是烹饪场景。圣人烹饪是为了祭奉天帝, 而君王用大鼎烹饪是供养圣贤。顺风谦逊就能耳聪目明, 柔爻前进而上行, 得到六五中正之位, 并与下卦九二刚爻发生正应, 因此能做到有良好开端和通达。

亨, 通"烹"。享, 祭祀, 奉献祭品。此上帝与西方上帝不同, 指天帝, 是神话中大自然的主宰者, 引申为天地自然。巽, 顺从、顺逊、谦逊。"柔进而上行, 得中而应乎刚"是指鼎卦由遁卦演变而来。六二与九五交换位置, 六二阴爻上行进至六五, 阴爻代表君王施行怀柔仁政, 而非强权暴政。得中而应乎刚, 是指六五君王居中位, 与基层干部九二相呼应, 上下齐心协力, 行动协调。这种协调状态与上述大女中女的关系也相吻合。有这样开明、公正、仁慈的君王, 再辅之以德才兼备、精明能干的仁人君子, 上下一心, 同心协力, 注重民生, 造福于民, 难怪事情一开始就有良好开局, 并能通达顺利。

【大象之辞】

《象》曰:"木上有火, 鼎, 君子以正位凝命。"

【译文】大象说:"木柴上方燃着火焰, 这是鼎卦反映的景象。君子受此启发要正确定位, 凝聚力量去履行使命。"

大象提示君子要参悟鼎卦易理, 弘扬鼎的庄重、正直、正义精神, 发挥鼎的祭祀、养贤、养民功能, 认清目标, 准确定位, 凝心聚力, 聚精会神, 不为名利所动, 不为纷繁所扰, 竭尽全力去履行自己的神圣使命和历史责任。

【爻辞小象】

"初六, 鼎颠趾, 利出否 (pi3); 得妾以其子, 无咎。"

【译文】"初六，鼎足颠倒朝上，适宜倒出食物残渣；如同娶妾也可生子，没有灾祸。"

否（pi3），阻隔不通，闭塞，穷困，不顺，恶等义，此处指食物残渣，只有把大鼎倒过来才可以顺利清倒。方便倾倒清洗，是大鼎设计成三足的重要原因。初六易经用了类比的手法，类比是易经阐述易理的重要特征。乍一看，前后两句爻辞好像没有联系，但仔细思考仍能找出它们的共同点，"得妾，以其子"是以比喻的方式来说明"鼎颠趾，利出否"的。把鼎颠倒过来是反常举动，但是可以得到正面结果，那就是适宜于把残渣清倒出来，然后烹饪出美味佳肴；娶妻是正式、正规、正统的婚娶，而娶妾却属非正式、正规、正统的婚娶，但是妾也能生育儿子，也能得到正妻一样的正面结果。当然纳妾是古时代旧社会的产物，在今天为法律所禁止，今人不能因袭模仿，但也不应苛求古人。

初六，爻辞与养贤、养民有什么关联呢？同样可以通过类比找到联结点，鼎要烹饪食物就要先将残渣倒出，把鼎具清洗干净。君王要养贤也是同理，先把尸位素餐、滥竽充数的小人庸人清理出去，给仁人君子腾出位子。如果正妻生不了孩子，妾却可能生出孩子，古人有母以子贵的观念，妾或因生子有功存在转为正妻的可能。这就意味着出身寒门的人也可能成为圣贤，这与后来王阳明提出的人人可以成为尧舜的思想高度一致。

初六，阴爻居阳位，不当位，力量偏弱。但初六与九四有正应，六四能得到上层九四的关照，上下交流畅通，能够配合协调。虽然自身有缺陷，但外部环境对其有利，因此最终结果是无咎，没有灾祸。

"鼎颠趾"取象于震之错卦巽卦。鼎卦下卦为巽，巽的错卦为震卦，震为仰盂，用来表示鼎之大锅；震为足，用来表示鼎趾。错卦是阴阳交错之卦，也叫对卦，即阴阳两两对应。如果用本卦表示事物的正常状态，那么错卦就是表示事物的反常状态。鼎趾、鼎锅向上是其正常状态，颠趾、鼎锅倾倒是鼎的反常状态。因此，用震卦的错卦巽卦来表示这种反常状态是讲得通的。

"得妾以其子"取象于鼎卦由遁卦演变而来。遁卦上卦为乾，乾为父，下卦为艮，艮为少男，代表小孩子。变成鼎卦后上交互卦为兑，兑为妾，下交互卦为乾，乾为父，两者构成泽天夬，可理解为父亲娶妾是夬卦的卦象之一。鼎卦上卦为离，离为大腹，可理解为妾怀上了孩子。总体意思就是父亲为了要个儿子而娶妾，而娶了妾就可能实现生子的愿望。

也许有人会发出疑问，遁卦演变成鼎卦后，艮卦消失了，不就是没有儿子了么？这样的理解有道理，但不够灵活。易经是富于变化而灵动的哲学，切不可为典要，王阳明心学的灵动就来源于易经思维的灵动。当然，灵活灵动都是有度的，它不是天马行空，漫无边际，须有规律和原则作为支撑。我们说鼎卦是由遁卦演变而来的，当然这种演变不是单向不可逆的，在满足一定条件下，鼎卦也可以演变为遁卦，这在我国的历史长河中不乏其例。因此，不能光看到儿子消失的一面，也要看到儿子出现的一面，卦际交互演变正如事物的交互变化，顺逆互变往往是同时进行的，不能把它们割裂开来，也不宜采取单向和僵化的思维，否则难以理解易经的真谛。

《象》曰："鼎颠趾，未悖也；利出否，以从贵也。"

【译文】小象说，把鼎脚朝天，没有违背常理；适宜倒出残渣，目的是为了使事情顺从好的方向发展。"

贵，价高、显贵、地位尊贵、宝贵、重要等意。在此可读出更深层的意思是，清除不合时宜的旧事物，是为了建立更加合理的新事物，这就是革故鼎新的内涵所在。

"九二，鼎有实，我仇（qiu2）有疾，不我能即，吉。"

【译文】"九二，鼎内盛有食物，我配偶患有疾病，但不会传染给我，吉祥。"

鼎有实，表明锅内有美味佳肴，可以比喻，一是国家有粮食养民，二是君王养贤货真价实，三是仁人君子腹中有物，具有真才实学。

《古代汉语词典》解释：仇（chou2），仇敌；仇（qiu2），同伴，伴侣；配偶；对手等，此处理解为配偶为妥，因为配偶是距离最近、接触最频繁的人，她有病而自己没被传染难度极大，需要强大抵抗力和格外小心才能做到。如果说仇人、敌人、对手有病，没有传染给自己，这是常理，是没有意义的。同伴、伴侣相当于朋友圈，是介于配偶与对手之间的人群，他们有病没传染到自己也不需要特别强调。我国古人把配偶、同伴、伴侣、对手、敌人等皆用"仇"字来表达，既是最不合理的，又是最合理的。它反映了事物发展变化的客观规律，今天的配偶可能是明天的敌人，今天的伴侣可能是明天的对手，反之也成立，或者既是配偶又是伴侣，既是配偶又是对手，总之一切皆有可能。常言道，不是怨家不聚头；今日夫妻，前世怨家；不打不相识等等，说明爱恨是交织在一起的，人际关系也是在不断转换变化的。

即，靠近、接近，此处引申为被病毒感染而得病，可见几千年前的古人已经明白疾病具有传染性。"不我能即"是倒装句，即不能即我。有种说法，将疾解为"嫉"。意即仇敌、对手或同伴嫉妒我的品德和才能，但不能拿我怎么样。也讲得通。

"鼎有实"与"我仇有疾，不我能即"存在何种逻辑关系？"鼎有实"，表明鼎内有各种各样的食物，比如鱼、肉、蛋、蔬菜、粮食，都有营养，都是人体所需，它们并不因为在一起烹饪而失去自身特有的味道，相反除了保持自身的口感外，还克服了种类单一的缺点，口味更加鲜美。如果把家庭视为鼎，则家庭成员就是实，配偶是重要角色，发挥着不可或缺的作用，但也存在不足，"我仇有疾"表明配偶身上存在缺点，若要不被传染，就要采取防范措施，注意提高自身的抵抗力和免疫力。

从处理家庭关系联系到养贤聚能。诸多圣贤荟萃，人才集聚，如同鼎内的食物，丰富鲜美，既可以相互借鉴，取长补短，相得益彰，也可以文人相轻，相互诋毁，形成积弊。"鼎有实"，表明君子有才干有见解，"我仇有疾，不我能即"，表明无论周边有多少不利因素，也不能影响自己修养品德、坚守正道、积极有为。

该爻提示君子在革故鼎新之时，应当潜心学习，不受外界干扰，充实自己，提高自己，完善自己，掌握真才实学，即使一时怀才不遇也要坚守正道、洁身自好，决不随波逐流、迎合流弊，要耐心等待时机出现，坚信自己定有用武之地、出头之日。

九二，阳爻居阴位，不当位，力量过于刚强；但九二与六五有正应，其行为得到六五君王的支持，上下能够沟通和配合协调，特别是九二居下卦中位，表明道德品质良好，因而结果吉祥。

"鼎有实"取象九二爻象。九二是阳爻居阴位，本来阴位代表锅里没有食物，而九二为阳爻表明盛有食物。

"我仇有疾"取象于兑卦、离卦、巽卦。"仇"是指初六，还是六五？历来众说纷纭。从总体而言,指初六更加合理。仇指初六的理由:一是阴爻居阳位,不当位,力小而任重容易得疾;二是初六与九四有正应,而九四在上交互卦兑上,兑为毁折,引申为有疾;三是初六阴承阳符合配偶定位。六五不是仇的理由:一是六五对上九阴承阳,尊贤尚贤,谦逊低调,有利因素,六五与上九结为配偶更加合理;二是虽然六五阴爻居阳位不利,但"得中而应乎刚",居中有德,道德品质良好足以弥补缺陷;三是六五"巽而耳目聪明",不像有病的形象;从爻位上看,六五比初六地位高、距离远,六五配上九、初六配九二更为合适。因此,仇宜作初六解,毁折是初六的致病因素,并且很有可能发生了感染,因为下卦为巽,巽为臭,臭是气味,引申为伤口化脓产生恶臭。也可理解为配偶得了红眼病,这种眼病极易传染,更加符合生活实际,因为上卦为离,离为目,目与毁折组合形成眼疾,顺理成章。

"不我能即"取象于巽卦和艮卦。下卦为巽,巽为进退,意味着初六很可能近距离接触九二,"即"为接近。若九二发生爻变,则下卦变为艮卦,艮为静止、停止、阻止、制止之意,与"不我能即"意境吻合。

《象》曰:"鼎有实,慎所之也;我仇有疾,终无尤也。"
【译文】小象说,鼎有食物,君子应谨慎选择行进方向和路径;即使配偶有病,最终也没有过错。

《古代汉语词典》解释:尤(you2),错误,罪过;抱怨,指责;怪异,认为奇怪;差别,差异;优异,杰出;绝美;尤其,特别等等。提醒君子谨慎行事,避免误入歧途。这样,即使配偶有疾,也不会传染给自己,最终没有罪过。这说明真才实学固然重要,但不能妄自尊大、盲目行动,谨慎行事则可免遭祸殃。

"九三,鼎耳革,其行塞,雉膏不食;方雨亏悔,终吉。"
【译文】"九三,鼎耳被革除,行动阻塞,浓汁鸡汤无法食用。若能下雨则可减少悔恨,最终吉祥。"

革,革除。塞,阻塞。雉,雉鸡、野鸡、山鸡。《古代汉语词典》解释:方,副词,正、正在,将、将要,方才、刚刚。鼎耳是鼎的重要部件,烹饪、食用、清洗等各个环节都要靠鼎耳来移动,我们通常看到的鼎耳在鼎的上部,相当于本卦六五、上九的位置。为何在九三出现鼎耳表述?从初六至六五构成大坎卦来看,坎为耳,九三为大坎卦的中间,因此理论上鼎耳做在中间也是可以的,只是只能用手或绳索来抬移,而不能插进横杠来抬。我查看了各种鼎的图片,发现大部分鼎耳在上方,确有部分鼎耳是在腰间的。

《序卦传》说:"革物者莫若鼎",这种变革可以是食材加工前后的变革,也可以指鼎体结构的变革。可以推想,也许开始时鼎耳设计就在中腰部位,后来发现操作起来多有不便,而且离火苗近容易烧坏脱落,于是通过工艺改进,将鼎耳上移到了鼎的上部。在革新过程中,旧鼎耳革除了,新鼎耳尚未装上之前,鼎的功能基本丧失,即使烹饪了美味佳肴,也很难倒出来食用。当然,鼎耳部位的革新只是一个比喻。由此说明一个道理,君王推崇的养贤之道也有一个逐步变革、逐渐完善的过程,在旧制度被推翻、新制度尚未完全建立期间,肯定会遇到很多困难、矛盾和问题,需要坚韧耐心、持之以恒、砥砺前行。

为什么是雉膏而不是别的食物?一是因为野鸡是古代餐桌上比较常见的山珍美味;二是因为上卦是离卦,离为雉,美丽的山鸡,在此离卦既代表木头燃烧的火焰,又代表鼎中烹饪的美食。

如何破解这些困难、矛盾和问题?爻辞给出的处方就是"方雨亏悔"。方作为副词讲,时间上是刚才、正在还是将来并不重要,此处以理解为将来更妥,告诉人们这时来点雨水可以减少悔恨。一是因为九三与上卦离火卦挨得最近,处于烟熏火燎的部位;二是因为巽为躁卦,此时来点雨水可以降降温,一方面可以平和情绪,另一方面也方便取食。

易经的这种类似表达方式也出现在睽卦上,其上九有"往遇雨则吉"的表述,原理是一致的,都是要求人们遇到困难和危急关头,头脑一定要冷静。之所以这么提醒是因为,此时容易头脑发热,而且都与火有关,睽卦上九在离火卦上,而鼎卦的九三在离火卦边上。

另有一说,"方雨亏悔"的悔通"晦",天色阴暗、阴云之意。意思是说,雨过天晴,天色渐渐明亮起来,表明下雨后状况出现转机,也有道理。

九三,阳爻居阳位,当位,说明其行为表现是适当的。九三与上九没有正应,两者不能配合协调,但九三自身力量刚强,问题不大。

"雨"取象于兑卦、坎卦。其一,上交互卦为兑卦,兑为泽,引申为雨水。其二，若九三发生爻变，则上交互卦、下卦均变成坎卦，坎为水，代指雨水。若将鼎卦中间三个阳爻视为一个阳爻，那么也是大坎卦。

《象》曰："鼎耳革，失其义也。"
【译文】小象说，鼎耳革除了，失去了鼎耳的功能和意义。

"九四，鼎折足，覆公餗（su4），其形渥（wo4），凶。"
【译文】"九四，鼎足折断，王公的菜粥倒洒出来，地上一塌糊涂，凶险。"

餗（su4），八珍菜粥。渥（wo4），润湿，沾润，沾濡之状。因鼎足损坏了，结果菜粥洒了一地，即将到口的美食成了弄脏地面的污秽之物。九四延续了九三的不利趋势，反映了在革故鼎新过程中遇到了重大困难与障碍，事情进展并不顺利，有时眼看快成功了，却功亏一篑，煮熟的鸭子也飞走了。联系到君王养贤聚能，以鼎折足来表明养贤的环境受到了损坏，菜粥泼洒一地，比喻本应在社会治理中发挥正能量作用的圣贤君子被丢弃一边，失去了应有价值，令人惋惜。它说明君王养贤聚能不是一件容易的事，它不以人们的主观意志为转移，会有挫折和反复，不可能是一帆风顺的。九四阳爻居阴位，不当位，用力过大过刚过猛，未能掌握分寸、控制局势，正是因为动作过火才导致出现凶险。九四与初六有正应，能够得到基层民众支持，但因为基层鼎足薄弱，上层鼎体太重，导致了不良后果的发生。

《系辞下传》说，子曰："德薄而位尊，知小而谋大，力小而任重，鲜不及矣。"易曰："鼎折足，覆公餗，其形渥，凶。"言不胜其用也。孔子在系辞下传里针对此爻情形发表了看法，德行低下去居高位，智慧不足去谋大事，力量弱小去扛重物，都像薄弱的鼎足一样撑不住庞大沉重的鼎体，终将发生折足事故。鲜不及矣，直译是很少有不逮及自身的，省略了主语灾祸，换句话说这三种情况的存在，灾祸必定会找上门来，躲都躲不掉。易经提示人们，有多少德行、多少智慧、多少能力，自己要掂量掂量，去干适合自己干的事情，这叫正确定位，而不要好高骛远去做远远超出自己德行、智慧、能力的事情，否则必将大祸临头。当然，事情都有两面性，这与易经鼓励人们积极进取并不矛盾，关键是把握好做事的尺度。

"鼎折足"取象于兑卦和巽卦。上交互卦为兑,兑为毁折,下卦为巽,巽为股,引申为鼎足。

"覆公餗(su4)"取象于爻位、兑卦和艮卦。九四为诸侯之位,诸侯爵位分公、侯、伯、子、男五等,因此以首字"公"指代诸侯。也有称九四为三公之位的,三公是指朝廷中掌控军政大权的重臣,每个时代说法不一,《周礼》指太傅、太师、太保;西汉经学家据《尚书》、《礼记》指司马、司徒、司空;汉武帝时代指丞相、御史大夫、太尉。餗取象于兑卦,因为餗为入口之物,上交互卦为兑,兑为口。若九四发生爻变,则上卦变成艮卦,上交互卦变成震,两者构成山雷小颐卦,是张开嘴巴准备享用菜粥的样子。但是到口的菜粥却洒了,震为仰盂,就像鼎锅原本盛着食物,但是因为鼎足折断了,鼎锅倾覆,食物洒地。倾覆取象于艮卦,艮为覆碗,艮卦卦画的形状相当于把鼎锅倒扣了。

"其形渥(wo4)"取象于兑卦和坎卦。上交互卦为兑,兑为毁折。初六至六五为大坎卦,坎为水,引申为菜粥汤汁满地流洒,其状惨不忍睹。

《象》曰:"覆公餗,信如何也?"
【译文】小象说,王公的菜粥都倒在地上了,哪里还有什么信誉可言呢?

观察鼎足损坏菜粥泼洒地上这一现象,说明对鼎的使用管理存在问题,或者年久失修,或者故意损坏,或者操作不当,致使到口的美食浪费了,象征养贤聚能的大环境被破坏了,圣贤被弃置一边得不到重用,变革成果付诸东流,呈现出凶险之兆,这种现象自然难以让人产生信任感。

"六五,鼎黄耳金铉(xuan4),利贞。"
【译文】"六五,给鼎配制黄铜耳朵和金属横杠,适宜正固。"

《古代汉语词典》解释:铉(xuan4),用来举鼎的器具,《周易·鼎》:"鼎黄耳金~。"鼎为三公之象,因以铉比喻三公。《说文解字》解释:铉,举鼎也。清代段玉裁注:扛,横关(贯)对举也,谓横关(贯)于两耳,露其耑(端的古字)以两手对举之,非是则难扛也。易谓之铉者,周易鼎黄耳金铉,上九鼎玉铉是也。古说皆云铉贯于耳。颜师古独云铉者鼎耳,非鼎扃(jiong1,从外面关门的闩shuan1、钧）也。其说甚误。易言黄耳金铉，则耳与铉非一物明矣。

对铉的理解，古今学者也是众说纷纭。但有一点是基本形成共识的，也就是铉是作为抬举大鼎的器具。但谁也没有直接说，铉就是抬鼎的横杠。也有把铉解释为鼎耳的，段注已经明确这种说法是错误的，我也认同段注说法；还有观点说铉为吊环，我认为不妥，鼎耳中间镂空，已具备吊环的功能，再说鼎耳的结实程度也不在吊环之下，因而在鼎耳上再装吊环属多此一举。

因此，本人认为，应将"铉"解释为抬鼎用的横穿两鼎耳的横杠，由硬木、金属，或者金属硬木混合材料制作。上九提到"玉铉"，不能认为用纯玉制作横杠，玉石制品不能吃重，但玉是高雅贵重的象征，横杠上如镶上玉饰，这根横杠就显得意义非凡了。事实上这根横杠就是上九，横在鼎卦最上面，用以象征圣贤群体，居于崇高地位，用来教化民众，引领时代风尚，甚至连君王都对其敬重有加。

拿今天的话来说，铜耳金属横杠是豪华配置，处于较为理想状态。在革故鼎新的过程中，从革除位于中部的鼎耳使鼎无法移动，到鼎足损折倾覆食物，再到此爻安装了铜耳，配置了金属横杠，鼎内又有丰富美食。这表明历尽艰险磨难之后，终于展现了变革后的新形象、新成效，旧制度被彻底打破，乱摊子得到了有效治理，新制度已经基本建立，新制度完全取代了旧制度，六五君王治理的国家正处于一个和谐安定的良好状态。

六五，是君王之位，是上卦中位，又是全卦的核心，此爻的状态标志着君王的养贤养民之道得到了充分发挥，呈现出君王圣明，礼贤下士，养贤纳士，君子用命，百姓幸福，上下同心，和衷共济的良好局面。鼎足修复了，鼎耳调整到位，并予最佳配置，表明养贤的环境得到优化。鼎内有实，说明圣贤聚集，使得有思想、有道德、有知识、有智慧、有作为的圣贤君子有了用武之地。六五与九二有正应，表明能得到基层干部的支持，两者能够协调配合。

"黄耳"取象于六五爻位和坎卦。六五君王之位，御用颜色为黄色，是土地之色，是中和之色，是皇权的象征。初六至六五构成大坎卦，坎为耳。

"金铉"取象于乾卦和上九。铉指上九，是圣贤的象征。六五君王阴承上九阳爻圣贤，定位准确，说明是真心实意地尊贤尚贤。下交互卦为乾卦，乾为金，为玉。

《象》曰:"鼎黄金,中以为实也。"

【译文】小象说,鼎有铜耳金属杠,居中正之位并且鼎内盛有丰富食物。

"上九,鼎玉铉,大吉,无不利。"

【译文】"上九,为鼎配置镶玉横杠,大为吉祥,没有不适宜之事。"

　　玉以珍贵、温润、雅洁、透明为其特点,把它装饰在横杠上,使得横杠价值倍增,寓义不凡。玉的作用是提升档次,而不在于起扛举作用,真正起扛举作用的还是金属材质。鼎本身就是权力的象征,一旦在鼎杠上镶上玉饰,立马显得华贵庄重起来,这里强调的不是玉铉的使用功能,而意在突显其价值与地位。也旨在通过玉铉的价值和形象,来突出圣贤在治国理政、教化民众方面的崇高地位和重要作用,表明思想道德建设、意识形态建设、以德治国与依法治国相结合的原则等,对于建设新国家、新社会、新秩序是何等之重要。

　　上九,是该卦的最后一爻,按照一般规律,最后一卦的结果都不太好,如乾卦上九是"亢龙有悔",坤卦上六是"龙战于野,其血玄黄",而鼎卦却是反其道而行之,不是一般的好而是大吉。其实,也没有违背物极必反规律。从鼎卦六个爻的情况来看,革故鼎新的事务一路走来跌跌撞撞,磕磕碰碰,进展并不顺利。初六"鼎颠趾",鼎有残渣污物需要清洗;九二"我仇有疾",同伴成员间存在不协调之处;九三"鼎耳革",鼎耳设计不合理,需要变革调整,暂时无法移动;九四"鼎折足",菜粥洒得一败涂地。可见大部分时间是在艰难困苦中度过的,直至六五才出现苦尽甘来的转机。因此,到了上九按惯性延续了六五势头出现大吉局面,可视为物极必反的另一种表现形式。

　　"鼎玉铉"取象于爻象和乾卦。上九为阳爻,在鼎卦是圣贤的象征。铉作为扛鼎用的镶玉金属横杠,与上九阳爻非常契合。下交互卦为乾,乾为玉,为金。铉的金属与镶玉均来自乾卦。虽然上九离乾卦有些距离,但由六五作为鼎铉的联接桥梁,使得两者发生了有机关联。

《象》曰:"玉铉在上,刚柔节也。"

【译文】小象说,镶玉的鼎杠横于上九,起到刚柔相济、阴阳调节的作用。

节,节制,有度,分寸适当。鼎卦两次提到铉,一个是金铉,一个是玉铉;一个是扛抬使用功能,一个是装饰美化功能;一个是实的,一个是虚的;一个是阳的,一个是阴的;一个重内容,一个重形式;一个在君王之位,一个在宗庙之位。以此达到阴阳调和,刚柔相济,体现了一阴一阳之谓道的易经思想。引申至养贤之道上,贯彻刚柔相济的精神也十分重要。上九阳爻居阴位,不当位,力量过强,此处有矫枉过正的意味,但非常时期需要非常举措,只要不是太过,仍具有积极意义。

上九与九三没有正应,得不到来自基层实力阶层的支持,两者不能协调配合,但与六五却呈现出阳乘阴、阴承阳的良好局面,表明阴阳协调,和谐共处,这是重大积极因素。此爻虽不当位、也没有正应,小环境是不利的,但大环境大趋势却十分有利,这些大利因素消化了不利因素,其结果依然大为吉祥。

第五十一卦 震卦的继位之道

【震卦】

【白话经文】

震卦,通达。雷暴地震来袭人们心惊胆战,而后谈笑风生,并未抖落汤勺,洒出酒水。

初九,雷暴地震来袭人们心惊胆战,而后谈笑风生,吉祥。

六二,雷暴地震来袭,危险,丢失许多财物。须速登高地,切勿追寻失物,七日后将失而复得。

六三,雷暴地震让人心有余悸,发生震灾时须避开危险之地,可免次生灾害。

九四,雷暴地震使人坠入泥潭。

六五,雷暴地震来回震动,危险,好在没有更多财物可损,不影响宗庙社稷的延续与传承。

上六,雷震使人瑟瑟发抖,眼神惶恐,盲目行动凶险。地震损害未发生在自身,而是发生在邻居家,没有灾祸。此时操办婚事会招来闲话。

【经文原文】

震,亨。震来虩虩(xi4),笑言哑哑(e4 e4),不丧匕鬯(chang4)。

初九,震来虩虩(xi4),后笑言哑哑,吉。

六二,震来,厉,亿丧贝。跻于九陵,勿逐,七日得。

六三，震苏苏，震行无眚（sheng3）。

九四，震遂泥。

六五，震往来，厉，亿无丧，有事。

上六，震索索，视矍矍（jue2），征凶。震不于其躬，于其邻，无咎。婚媾有言。

【解读序言】

震卦位列周易第五十一卦，其上卦、下卦均为震卦，属于相同的经卦相叠，上面是雷，下面也是雷，称其为洊（jian4，再，重）雷震。易经共有八个经卦。在易经六十四卦中，上下两个相同经卦组成的别卦（重卦）叫纯卦，与八个经卦相对应，这种纯卦也是八个。《序卦传》说："主器者莫若长子，故受之以震。震者，动也。"序卦传说，主持祭器献祭仪式者没有比长子更为合适的人，因而周易在鼎卦之后安排了震卦。震就是动的意思。《杂卦传》说："震，起也；艮，止也。"杂卦传说，震就是起动，艮就是停止。可见，两传中震的主要意思，一是长子，二是动。震卦紧接鼎卦之后，如果说鼎卦讲的是建立新的国家和如何治国理政，那么震卦就是讲如何培养接班人，实现太子顺利继承王位，以继承和继续推进前辈治国理政的事业。

【卦名含义】

《古代汉语词典》解释：震，雷；震动，又指名声远扬；敲响；惊恐，害怕；威严；八卦之一；指东方。

《说文解字》解释：劈历，振物者。从雨辰声。清段玉裁注：劈历，疾雷之名。释天曰，疾雷为霆。仓颉篇曰，霆，霹雳也。然则古谓之霆，许谓之震。诗十月之交，春秋隐九年，僖十五年皆言震。振与震叠韵。春秋正义引作震物为长，以能震物而谓之震也。引申之，凡动谓之震。辰下曰，震也。

《说卦传》说，震，动也；震为龙；震，一索而得男，故谓之长男；震为雷，为龙，为玄黄，为旉（fu1同"敷"，涂，搽；施，分布；铺，开；陈述等），为大涂（通"途"），为长子，为决躁；为苍筤（lang2幼竹）竹，为萑（huan2芦苇类植物）苇；其于马也，为善鸣，为馵（zhu4左后蹄有白毛）足，为作足（足蹄在运动），为的颡（马额头有白斑）；其于庄稼也，为反生（反向生长，如土豆、红薯类长在地下的作物),其究为健,为蕃鲜。

【卦象寓义】

一、天雷地震之象。大象说"洊(jiàn)雷,震",洊(jian4),再,重。上下两个雷叠加在一起。可以理解为天上电闪雷鸣,接连而至,雷声密集。也可理解为,上面的震卦代表天上雷霆万钧,声色俱厉,声震百里,让人听起来胆战心惊。下面的震卦代表打雷引起大地震动,也指由自然灾害引起的地震。大地震动比天上的雷霆更令人恐惧,人们看到的是天上的闪电,听到的是天上雷声,但感觉却是地面在震动,它给人们的安全带来了直接威胁,因此与遥在天边的电闪雷鸣比起来,地震的危险更加恐怖、更加直接、更加现实,因此取名为震卦而不是雷卦,适用范围更宽,更符合人们的真实感受。

二、"震"字来源之象。一般认为,卦画在先,文字在后。八卦在6500年前就发明了,而以仓颉造字为标志的汉字成形大约在4800年前的黄帝时期。本人研究发现,易经中不少别卦的名字直接来自卦画,与卦爻辞为"观象所得"一样,卦名也是"观象所得",至少可以说易经卦画是汉字的重要渊源之一。震字由上下两部分构成,上部为雨,下部为辰,由会意+形声组合而成。震卦二至六爻构成大坎卦,坎为水,引申指雨水,与震字"雨"字头吻合。震卦的下卦为震,震为动,与"辰"部吻合。《说文解字》说,辰,震也。三月,阳气动,雷电振,民农时也。物皆生,从乙、匕,象芒达;厂,声也。房星,天时也。从二,二,古文上字。凡辰之属皆从辰。清段玉裁注,震振古通用。振,奋也。律书曰:辰者,言万物之蜄(shen4,传说之蛟)也。律历志曰:振美于长。释名曰:辰,伸也。物皆伸舒而出也。季春之月,生气方盛,阳气发泄,句(愚注:通"拘",ju1,固守,引申蛰伏)者毕出,萌者尽达。二月雷发声,始电至,三月大振动。幽风曰:四之日举止,故民曰民农时。《古代汉语词典》解释:辰,震,振动;十二地支的第五位;辰时;日子,时光;星、日、月、星的统称;指日月的交会点;通"晨"等。可见震字的下半部分"辰"字直接取象于震卦。辰为生肖为龙,辰龙发威震天动地,与震字、震卦的意境也非常吻合。

三、太子继位之象。序卦传说,主器者莫若长子。革卦是实行变革,打破旧世界;鼎卦是建立新世界,开启新基业。震卦关涉选定接班人问题,反映由太子继位引发的政局动荡。器,指祭祀时用的器皿,以主器表示主持祭祀,以主持祭祀表示主政。长子主政就是太子主政，是指在父皇出巡或失去行动能力之时代君王行使职权。为何以震卦代表长子？因为长子出生，后继有人，家族有望，引起全家上下左右的震动或轰动。在震卦中，初九和九四是主爻，初九当位，九四不当位，因此初九是全卦卦主，代表长子，通常将长子立为太子继承皇位，主政朝纲。卦辞和初九爻辞均有"笑言哑哑"的表述，这种内容上的关联是认定卦主的重要依据，显示出初九与众不同。九四只能作为次卦主。古人强调德位相配，有其位必要有其才，有其才必要有其德，只有德位相配，事业才会亨通。

四、心存忧患之象。孟子说，生于忧患，死于安乐。是否具有强烈的忧患意识、危机意识和问题意识，是作为一国之君接班人的重要条件。象辞"惊远而惧迩"，意即对远处的打雷感到惊恐，对近处的雷电感到恐惧，对自然天象要保持敬畏的态度。大象说："君子以恐惧修省。"俗话说，抬头三尺有神灵；人在做，天在看。并非要人们去相信迷信，而在于要树立天人合一、知行合一的理念，由雷霆联想到老天发怒，老天为何发怒恐怕是人的行为出现问题。作为仁人君子借此时机，以敬重天道、尊崇自然的心态，去反省自己身上存在的私欲缺点，修正自己的身心行为，这是很有意义的事。初九"震来虩虩"；六三"震苏苏"；上六"震索索，视矍矍"，均表明了对雷震的惊恐程度，由此进一步强化人们特别是主政者的忧患意识。如果将初九视为继位之太子，那么二至六爻就构成一个大坎卦，坎为加忧、心痛，与忧患意境吻合。

五、处变不惊之象。一个领袖人物必须具备沉着、冷静、稳重的特质，做到临危不惧，处变不惊，谈笑风声，镇定自若。卦辞说："笑言哑哑（e4 e4笑声），不丧匕鬯（chang4）。"《古代汉语词典》解释：哑（e4）笑声，词语"哑哑（e4 e4）"，笑声，《周易·震》："笑言~~。"这是个像声词，类似有人取笑对方为胆小鬼时发生的呵呵声。另有"哑哑（ya4 ya4）"像声词用来表示乌鸦的叫声，应注意两者区别。《古代汉语词典》解释：匕（bi3），是古代一种形似汤勺的取食器具。匕鬯（chang4），指宗庙祭祀，鬯为祭祀用的香酒。卦辞的意思是说，雷声过后，人们彼此调侃，并没有因为害怕抖落祭祀时取食的木勺，洒出杯中香酒。说明面对雷暴虽然有些恐惧但并未到失控状态。初九"震来虩虩（xi4 xi4），后笑言哑哑（e4 e4）"也表达了相同的意思。处变不惊取象于艮卦，下交互卦为艮，艮为止，艮为山，面对危机需要有强大定力，做到镇定自若，稳如泰山。

"心存忧患之象"与"处变不惊之象"并不矛盾，忧患表现为害怕、恐惧、担心、在意、有所顾忌等，处变不惊不等于不害怕，而是虽然害怕但没有逃避，没有六神无主慌了手脚，依然能够作出正确的应对。《论语》中有段对话可以互参。《论语·述而第七》子谓颜渊曰："用之则行，舍之则藏，惟我与尔有是夫！"子路曰："子行三军，则谁与？"子曰："暴虎冯（ping2）河，死而无悔者，吾不与也。必也临事而惧，好谋而成者也。"孔子对颜渊说："时世用他就前行，时世舍弃他就隐居，只有我与你能这样吧！"子路说："老师如果带领左中右三军打仗，会与谁合作？"孔子说："徒手与猛虎搏斗，不借助舟船去渡涉江河，死也不觉遗憾的人，我是不会与他合作的。如果一定要说与什么样的人合作，那就是面临危险事态感到恐惧，然后积极谋划把事办成的人。"

六、长子祭祀之象。《序卦传》说："主器者莫若长子。"卦辞说"不丧匕鬯"。《象传》说："出可守宗庙社稷，以为祭主也。"震卦两个阳爻，初九阳爻居阳位，当位。九四阳爻居阴位，不当位。因此初九为本卦卦主，而且下卦为主卦。震为长子、为诸侯，因此下卦震卦代表长子，由他主持祭祀仪式。同时，震为仰盂，是盛物的器皿，因此上卦震卦可引申为祭器。震为木，可以制作木勺，即祭祀时盛取祭品的工具。上交互卦为坎卦，坎为水，代指祭祀用酒水；坎为豕，代表祭祀用的牺牲品猪头猪肉。下交互卦为艮，艮为门阙、为阍寺，引申为祭祀场所宗庙。初至四爻构成小颐卦，颐为享口福之卦，表达了享祭的意思。初至四爻还构成大离卦，离代表内心光明、坦荡、虔诚，这种心态对于祭祀至关重要。

七、震落泥潭之象。"九四，震遂泥。"意思是说由于震荡剧烈，人或物被震落在泥坑之中。在中文语境中，泥是不太受欢迎的词，表明当事人做事不受待见或遇到了麻烦。比如说拘泥、拖泥带水、一身雨一身泥、泥泞难行、掉入泥坑、陷入泥潭等等。由于震卦是由临卦演变而来的，临卦上卦为地，下卦为泽，称其地泽临。泥取象于临卦上卦坤，坤为土。变成震卦后，雷暴、地震往往伴随暴风骤雨，震卦的上交互卦为坎，代表雨，土与水构成淤泥洼坑。九四为阳爻，位于坎卦中间，表明阳爻陷入在两个阴爻之中，象征在围绕太子继位问题上，对方阵营陷入泥淖之中，处于不利局面。

八、水雷生屯之象。在震卦中包含着屯卦。屯卦上卦为水，下卦为雷，称其为水雷屯。屯卦与困卦、蹇卦、坎卦构成四大难卦。屯卦讲述长男创建诸侯基业的故事，征途坎坷，困难重重。正如现代创业一样，是条艰难困苦之路，首次创业失败者高达九成之多。太子继位与创建诸侯基业有相似之处，这种内容的相似源于卦画卦象的相似。震卦上交互卦为水，下卦为雷，构成水雷屯。同时，包括震卦在内的八个纯卦都是上下不应之象，表明一个单位或团体组织里上下层之间信息阻塞，心灵不通，缺乏沟通交流。围绕太子继位的两支竞争团队之间当然不可能有交流和配合，这样征途曲折坎坷也就不难理解了。

九、雷水得解之象。 道路是曲折的，前途是光明的。世界万事总是在对立统一的矛盾运动中，一边不断地斗争，一边不断地融合中向前发展的。矛盾不可能永远无解，经过反复较量变化，在时机条件成熟时自然会得到化解。最终两支竞争团队必定有一支胜出，此时便是矛盾解决之时。震卦中就蕴藏着解卦，体现了矛盾运动的规律性。震卦上卦为雷，上交互卦为水，两者构成雷水解，意即雷雨天气，先是乌云密布，如锅底般覆盖在人们头上，紧张、压抑、憋闷，而当雷雨酣畅淋漓、倾盆而下的时候，人们的心情是畅快的，雨过天晴，天色变亮，空气清新，使得紧张压抑的心情得到彻底化解。解卦的易理告诉人们，太子继位虽然困难重重、曲折艰阻，但最终一切都将成为过往。

十、水火既济之象。 既济卦为周易倒数第二卦，原意是指渡河行为完成。既济用以表示行为动作已经完成，可理解为兴办事业取得成功。既济卦上卦为水，下卦为火，称其为水火既济，具有烹饪之象，即用火将水烧开，可以烹饪粥饭汤菜。这样，水火既济之象与"长子祭祀之象"又发生了关联和融合，因为祭祀是需要牛羊猪肉祭品的，而祭品是需要烹饪的。震卦中二至六爻是大坎卦，坎为水；初至四爻是大离卦，离为火，两者构成水火既济，大水大火表明格局大，大格局、大烹饪、大祭祀与太子继位的国家大事性质相协调。

十一、内动外动之象。 根据《说卦传》解释，震卦有诸多意思，比如前面介绍的，震，动也；震为龙，为长男，为雷，为旉（fu1）；其于马也，为善鸣，为作足等。它们的鲜明特点就是动，因此震卦卦德为动，与艮卦卦德为止相对应。震卦与艮卦卦象颠倒，含义相对，正是易经神奇奥妙的体现。下卦也叫内卦，上卦也叫外卦。因此，在震卦的组织体系中，无论是内部，还是外部环境或者竞争对手，都处在不断地紧锣密鼓地活动之中。这是在围绕太子继位问题上，对两支竞争团队真实状况的生动写照。

十二、长子对垒之象。 天地感应、天人合一，这是易经的重要观点。这种感应就是天、地、人的有机联系，表现为有时相互斗争，有时和谐共存。打雷时，天上的闪电、雷声与地面的强烈震感是由阴阳云团激烈碰撞引起的，巨大的能量由天上传递至地面,天地间存在着内在关联性。在发生自然灾害地震时,天气也会出现异常,常常伴有雷暴、台风、海啸等灾害性气象,说明天地之间是一个有机整体,彼此存在着千丝万缕的联系。因此,打雷、地震是天地运行中矛盾激化的表现。受上述自然现象启发,易作者认为在社会政治领域也会发生雷暴和地震。围绕太子继位问题,存在利益冲突的两股势力,如同雷暴时两股阴阳不可调和的云团,展开你死我活的激烈斗争。借自然灾害或自然气象,将天、地、人联系在了一起,达到了天地感应、天人合一、人与万物浑然一体的境界,表明人文社会与大自然规律是相通的。下卦震代表主方,当位,象征正义方;上卦震代表对方,不当位,象征非正义方。

十三、木木比和之象。 在八卦与五行的融合体系中,震卦、巽卦都对应木,震卦是阳卦称其为阳木,巽卦为阴卦,称其为阴木。在五行相生相克关系中,同种属性的物质呈现亲比中和现象,比如,两股小水合成大水,两股小火合成大火,两堆小土合成大土,两块小金合成大金。同理,两根木头整合在一起就能制做一件具有使用功能的家俱。也许有人会疑惑,前面讲两支团队相互斗争,现在又讲相互联合,这不是矛盾吗? 其实,又斗争、又联合,分了合、合了分,正是事物发展变化的常态,与矛盾的斗争性与同一性是一致的。两支团队竞争过程中突出了斗争性,等某个团队胜出之后,原来站在对立面的反对力量也许就会转变成本部的正面力量,比如,齐桓公与管仲,唐太宗与魏征,毛泽东与张治中。

【关联卦画】

震卦由临卦演变而来。 临卦上卦为地,下卦为泽,称其为地泽临。在十二消息卦中,临卦代表农历十二月,反映了冬季与春季交替临界的情形。如果将临卦的九二与六四交换下位置,那么得到的卦便是震卦。卦象的联系反映了气象的联系,临卦与震卦在时令节气上具有前后衔接的逻辑联系。通常冬天是不打雷的,而一旦跨越临界线之后,在气象意义上便进入了春季,春雷一声震天响,春天正是雷声隆隆震天动地的季节。如果震卦代表继承皇位的话,临卦就代表君临天下治国理政,两者在政治领域也是关联密切的。

震卦的综卦是艮卦。 综卦,也叫镜卦、覆卦。即甲卦卦画翻转180度成为乙卦,乙卦翻转180度成为甲卦,称甲乙互为综卦,或称甲乙是一对综卦。综卦反映了易经看问题的辩证性,同一事物存在一体两面,横看成岭侧成峰,不同角度考察同一事物可以得出不同结论,但两个结论之间又有千丝万缕的联系。这一特征体现了易经极强的哲学特性。震卦讲面对突如其来变故时,须审慎判断,战胜恐惧,果断抉择,快速避险,重在有所行动;而艮卦是叠加在一起的两座山,着重表现为适可而止,阻止恐惧,阻止盲动,阻止危险。这对综卦一动一静,一长男一少男,相对性非常明显。

震卦的交互卦是蹇卦。去掉震卦的初九、上六,用中间四爻重新组成一个新卦,三、四、五爻组成上卦坎卦,二、三、四爻组成下卦艮卦,这个卦便是其交互卦蹇卦,称其为水山蹇。这说明震卦内含蹇卦之象,内有山阻,外有水险,进退两难,表明处于艰难困苦的境地。雷暴地震预示着灾难,灾难代表着艰难险阻。前面讲到震卦含有"水雷生屯之象",这样震卦就包含了四个难卦中的两个,足见其艰难程度有多大了。

震卦的错卦为巽卦。如果将震卦的各爻性质相反,阳爻变阴爻,阴爻变阳爻,那么得到的卦为其错卦巽卦。错卦的错不是错误、差错,而是阴阳交错、刚柔相杂的意思。震卦是两个长男组成的系统,其特征是动,一山不容二虎,两强相遇作一番较量是正常不过的。巽卦是两个长女组成的系统,其特征是顺。长女为母,与母亲的性格特征相似,配合、包容、柔弱、承受、忍耐等等,因此相对于震卦系统的雷电交加动荡不定,巽卦系统却能做到波澜不惊安顺如风。

【卦辞象辞】

〖卦辞〗

"震,亨。震来虩虩(xi4 xi4),笑言哑哑(e4 e4),不丧匕鬯(chang4)。"

【译文】"震卦,通达。雷暴地震袭来人们心惊胆战,而后谈笑风生,并未抖落汤勺,洒出酒水。"

"笑言哑哑"在前面"处变不惊之象"章节中已经介绍。匕,古代一种形似汤勺的取食器具;鬯,古时祭祀用的香酒,用郁金草和黑黍酿成,后来用匕鬯指代宗庙祭祀活动。雷震、地震、政坛动荡等天灾人祸事件能使人亨通,这是富有哲理的。树挪死,人挪活。现在科技进步了,树挪活的概率大幅提高,更何况人乎?危机危机,是危也是机,危险与机遇并存,挑战与希望同在。时势造英雄,英雄造时势。只有经得起苦难挫折的历练,才能得以亨通发达。困境灾难往往是许多大人物脱颖而出、成就事业的摇篮。震卦中有周文王的影子，他是西伯侯，与震卦卦象吻合，创建周王朝之路困顿不堪，艰难卓绝。最终他的事业后继有人，周武王伐纣成功，与"亨"的结果也相符合。

【彖辞】

《彖》曰："震，亨。震来虩虩（xi4），恐致福也；笑言哑哑，后有则也。震惊百里，惊远而惧迩也。出可以守宗庙社稷，以为祭主也。"

【译文】彖辞说，震卦，亨通。雷暴地震来袭人们心惊胆战，恐惧谨慎可以带来福气；震后谈笑风生，可作为今后应对灾害的预案和法则了。雷暴震惊百里方圆，使远处的受到惊吓、近处的感到恐惧。有这份谨惧之心，那么在父皇出巡期间，作为太子就可用来守卫宗庙社稷，担任祭祀主持人了。

虩（xi4），蝇虎，蜘蛛的一种，我们浙江老家俗称苍蝇老虎，能捕食苍蝇，还有一种昆虫叫"八脚虩"，全身黑色，体形比蝇虎稍大，敏捷性不及蝇虎，比蜘蛛瘦弱，俗名中保留了虩字，也许是虩的近亲吧。虩虩，恐惧的样子，用蝇虎怕人的习性来形容人们的恐惧状态。则，法则，原则，引申为可供参照借鉴的经验教训、模式方案和方式方法。

1506年至1507年，王阳明因反对大太监刘瑾，被下锦衣卫大狱关了一年。狱中他找到了古代大人物在逆境中生存下来的真谛，那就是善用易经指点人生。与他同时期入狱后来成为广西布政司的林富成了他的易经老师。王阳明在狱中写的名为《读易》的诗就与震卦有关。

"囚居亦何事？省愆（qian1，罪过，过失）惧安饱。暝坐玩羲易，洗心见微奥。乃知先天翁，画画有至教。包蒙戒为寇，童牿（gu4绑在牛角上使牛不得顶人的横木）事宜早。蹇蹇匪为节，虩虩未违道。遁四获我心，蛊上庸自保。俯仰天地间，触目俱浩浩。箪瓢有余乐，此意良匪矫。幽哉阳明麓，可以忘吾老。"

《读易》翻译成白话就是：坐牢又有什么事？省得犯错担心安危温饱。坐在幽暗牢房里玩味伏羲的易经，就像清洗了心灵发现了精细入微和精深奥秘的东西。此时才知道伏羲这位能知先天的老翁，每一个卦画都有至真至善的教诲。蒙卦说的包容启蒙教育是为了戒防儿童成为盗寇，就像给刚长牛角的牛犊绑上横木防止牛角伤人一样，防范儿童惹是生非要抓紧抓早。蹇卦中君王臣下经受磨难曲折不是为了自身而是为了国家和百姓，这是有气节操守的表现，震卦所说雷暴地震发生时心惊胆战的样子也属正常反应，没有违反天道规律。遁卦"九四，好遁，君子吉，小人否"所说喜好隐居，对君子吉祥，对小人不利，正合我意，蛊卦"上九，不事王侯，高尚其事"所说不伺候君王诸侯，做自己崇尚的高雅之事，是用来自我保护的法则。俯仰于天地之间，映入眼眸的全是浩渺之事。像颜回一样箪食瓢饮有诸多乐趣，这种感觉真不是矫情做作。多么幽静啊，余姚老家山脚的阳明洞，在那里我可以像孔子那样"不知老之将至"，用来度过我丰盈的人生。

由《读易》这首诗可以看出，三十四岁的王阳明对易经的理解已经达到了一定深度。凭借对易经思维灵活高超的运用，加上监狱非人生活、遭锦衣卫追杀、龙场艰苦环境等反复历练，王阳明终于破解了困扰他近三十年的朱熹"格物致知"难题，于是催生了独具魅力的阳明心学体系，这是我对王阳明龙场悟道事件的看法。阳明心学始于"龙场悟道"："心即理"，"吾性自足，不假外求"；发展于江西南赣剿匪生涯，我称之为"南赣践道"："致良知"；成熟于余姚老家的"天泉证道"："四句教"。

【大象之辞】
《象》曰："洊（jian4）雷，震，君子以恐惧修省。"
【译文】"上下重叠之雷，是震卦所反映的景象。君子受此启示应当审慎畏惧，加强修养反省。"

洊（jian4），再，重，重复，重叠。大象是对全卦主旨的进一步阐释，并紧密联系现实社会生活实际，突出强调了君子的历史使命和社会责任。古人对于自然灾害的认识有限，他们认为之所以发生雷电暴雨、地震、台风、洪涝、干旱、海啸之类的自然灾害，一定是有人做了大逆不道、伤天害理的事情了，为此老天对人类表示强烈不满并予以惩罚性警告。老天以此警告人类代言人君王，君王以此吓唬百姓，多少带点迷信色彩，统治者以此作为统治百姓的方式和手段。

面对天灾人祸人人都会恐惧，但作为君子应有别于普通百姓的表现，因此大象赋予君子以更大使命，不能仅仅停留在恐惧层面上。常言道，人在做、天在看；抬头三尺有神灵，不能从迷信角度去阐释，而是提示人们对大自然要有敬畏之心，当出现灾害性天气或遇到天灾人祸时，要借机反省自己的良知有没有被私欲蒙蔽，有没有做过亏心事，言行举止有没有过错，应从哪些方面加强德养、把事情做得更好？这种反省和修养是有积极意义的，旨在倡导人们抑恶扬善、改过自新、完善自我。其实，不做亏心事不怕鬼敲门，只要站得直、行得正，就可以坦然面对一切变故，是根本用不着过分恐惧的。

【爻辞小象】

"初九，震来虩虩（xi4），后笑言哑哑（e4 e4），吉。"

【译文】"初九，雷暴地震袭来人们心惊胆战，而后谈笑风生，吉祥。"

从卦辞与初九爻辞基本一致可以看得出来，初九是全卦卦主。卦辞中用"不丧匕鬯（chang4）"来表明主持祭祀者的冷静镇定，说明此人心理素质好，内心强大，堪当重任。爻辞中以"吉"来判断结果，与卦辞"亨"相对应。从总体上看，卦辞与爻辞主体框架相似，互有背景结果的补充，内容性质一致，上下两相呼应。卦辞和初九爻辞表明，作为接班人的长子应当具备胜任重要岗位的素质和能力，面对自然灾害、政坛地震等变故，可以害怕但不能惊慌失措，可以勇武但不能暴虎冯河，因为你负有国家安危、社会安定和百姓幸福的神圣使命和重大职责。只有保持对大自然的敬畏之心，谦虚谨慎，反省修德，用心履职，勤勉工作，积极应对，正确处置，才可以换来亨通和吉祥的结果。初九阳爻居阳位，当位，表明其行为表现是适当的。初九与九四没有正应，得不到上层九四的支持，好在自身能力强，不会产生不良后果。

"震来虩虩"取象于震卦、爻位、坎卦。上下卦均为震卦，震为雷，代表雷震地震。同时震为足，震为动，引申为行进、走来。"来"是指上面、外面、远处的雷震地震波传到这里来，因为初九处于全卦最低位。虩虩是害怕的样子，取象于坎卦，若初九发生爻变，则整个卦变成大坎卦，坎为加忧，心痛，引申为害怕恐惧。

"笑言哑哑"取象于颐卦和震卦。下交互卦为艮卦，艮为山；下卦为震卦，震为雷，因而初九至九四构成山雷颐。颐是张着大嘴的形状，跟笑言口形吻合；哑哑是像声词，取象于下卦震，震为钟鼓、丝竹类声响，引申指笑声。

《象》曰："震来虩虩（xi4），恐致福也；笑言哑哑（e4 e4），后有则也。"

【译文】小象说，雷暴地震来袭人们心惊胆战，恐惧谨慎可以带来福气；震后谈笑风生，可作为今后应对灾害的预案和法则。

对照小象与彖辞可见，小象内容全包含在彖辞之内，正因为爻辞与卦辞的相似，才导致了小象与彖辞的相似，因为彖辞是用来解释卦辞的，小象是用来解释爻辞的。

"六二，震来，厉，亿丧贝。跻（ji1）于九陵，勿逐，七日得。"

【译文】"六二，雷暴地震来袭，危险，丢失许多财物。须速登高地，切勿追寻损失财物，七日后将失而复得。"

厉，危险。易经中吉凶等级分九等，分别是吉、亨、利、无咎、悔、吝、厉、咎、凶，再细分，吉可分为元吉、大吉、吉三等。厉在凶险中属中度危险。亿，《古代汉语词典》解释为语气词，相当于"噫"，本人觉得不妥，一是整部易经使用语气词并不多见，二是此处似乎无语气词的语境，三是亿作数词解更合适，亿在古汉语中另外的意思是数词，十万。因此愚以为，亿在本爻应泛指数量众多，亿丧贝可视为亿丧贝，为了突出数量之多才使数词前置。贝，古代以贝作为流通货币，引申指财富。跻（ji1），登，升。陵，大土山，九陵的九非实指，古代以九为多，跻于九陵，意即当地震等灾害袭来之时，尽可能往山坡高地躲避。

此爻告诫人们，当危险突然降临之时，不能舍命不舍财，哪怕丧失亿万之财也不要贪恋，留得青山在，哪怕没柴烧？及时脱离险境，确保人身安全才是首选。七日以后在突发事件中丧失的财富还会回来，金银财宝乃身外之物，该是你的丢不掉，不该是你的留不住，对待财物应当尽可能保持平和心态，正如王阳明所说，要时刻格自己的心，及时清除遮蔽良知的私欲，做到心如明镜，物来则照，物去不留，不要刻意去追求功名利禄。

"丧亿贝"取象于坤卦。因为震卦由临卦演变而来，临卦上卦为坤，坤为数量众多，坤卦卦画象两串贝币。若六二发生爻变，则下卦变为兑卦，兑为毁折，引申为丧失。一说亿，大也。"贝"取象大离卦，一至四爻构成大离卦，离为鳖，为蟹，为蠃，为蚌，为龟等，引申为贝类、贝币、财富等。

"跻于九陵"取象于临卦演变为震卦、坤卦、艮卦。临卦演变为震卦后,临卦上卦坤卦消失,表明当事人逃离平地。"九"取象于坤卦,坤为数量众多。临卦九二上行至震卦九四,九四位于下交互卦艮卦的上爻,并且为阳爻,用九表示。跻与九二上行相吻合,九陵与艮卦阳爻相吻合。震为足,与跻关联。可见卦象与"跻于九陵"爻辞高度契合。

"勿逐"取象于震卦、艮卦。地震发生时,钱币丢失,不要去找,因为上下都在震,地壳或事物正处在急剧变动之中。这时去寻找失物风险极高,而且也不好找。另,震为行,引申为追逐寻觅丢失财物。下交互卦为艮,艮有静止、停止、阻止、制止等意。阻止行动即为"勿逐"。

"七日得"取象复卦。单卦震卦,如同微缩的复卦,复为地雷复,雷震大地,春天万物复苏之意,与震卦关联密切。七日是古代常用的时间单位,现在的星期即为七日,从复卦看,阴阳周而复始,如将一爻视为一日,初九往上发展,等再次回到原位,一个周期正好七日。

六二阴爻居阴位,当位,说明其行为举止是适当的。在灾难面前,人是非常脆弱的,因而不能逞强。钱财丧失可以再挣,保命是第一位的。六二与六五没有正应,得不到六五君王的关照,因为六五自身也处于天雷震源附近,力量有限,自顾不暇,无力关照六二。可见,天助自助之人,在灾难面前基层干部应立足自身,勇克难关,不等不靠,努力自救,这样才能尽快摆脱困境。

《象》曰:"震来,厉,乘刚也。"
【译文】小象说,雷暴地震袭来,危险,因为六二阴爻凌驾于初九刚爻之上。

初九代表地震源,六二离初九最近,震感更强,比其他爻更加危险。

"六三,震苏苏,震行无眚(sheng3)。"
【译文】"六三,雷暴地震让人心有余悸,发生震灾时须避开危险之地,可免次生灾害。"

苏苏,嗦嗦,打颤,恐惧不安的样子。眚(sheng3),眼睛上长了翳(yi4,遮盖)子,疾病、疾苦,灾异,过失、错误,此爻应理解为因过失、处理失当造成更大灾异。部分古今易学者认为，从"虩虩"到"苏苏"，再到"索索"，三者震感、恐惧程度在递增加剧，有些道理，可作为一家之言。但本人认为，三者不同的表述，一是为了避免用词重复；二是程度肯定会有所不同，但不一定是越来越重或越来越轻，可理解为有重有轻，一般来说初九、九四两个阳爻剧烈度和震感应该更强些。阴爻可理解为震后延续灾情状态，或是发生余震。六三离初九相对远些，震感应当轻些，因此人们惊恐程度也要低些，因此本人认为"苏苏"比"虩虩"恐惧程度应当略低。

　　六三阴爻居阳位，不当位，力量偏弱，与上六也没有正应，不能得到大佬关照。既无多大自身实力，又得不到外援，只能靠自己妥善处置。震灾袭来时，要迅速采取行动，尽快离开危险区域，这样就可避免人为的次生灾害。谨慎不为过，此爻力量偏弱，并无大碍。如果天不怕，地不怕，鲁莽行事，倒不见得是好事。

　　"震苏苏"取象于震卦和颐卦。下卦为震，与爻辞对应。"苏苏"与"哑哑"一样，也取象于初九至九四构成的小颐卦。

　　"震行"取象于震卦。下卦为震，"震"字与震卦一致。震为足，震为动，行也为动，意思一致。震行，即尽快行动离开险地。

　　"无眚"取象于坎卦和艮卦。上交互卦为坎卦，坎者，陷也，为沟渎，坎为血卦；其于舆也，为多眚。之所以无眚，是因为有下交互卦艮，艮为静止、停止、阻止、制止，阻止了灾异即为"无眚"。

《象》曰："震苏苏，位不当也。"
【译文】小象说，雷暴地震让人心有余悸，因为六三阴爻居阳位不当位。

"九四，震遂泥。"
【译文】"九四，雷暴地震使人坠入泥潭。"

　　遂，通"坠"，坠落。爻辞简单，但状况糟糕，通常将陷入泥潭来比喻遇到了大麻烦，结果不着一字，而其不利后果已经十分明确。九四是上卦初爻，天雷就在此爻打响，上面天上雷暴，下面发生地震，又居于艮卦山巅及坎卦之中，上交互卦为坎水，下交互卦为艮山，构成水山蹇，可谓内外交困、进退两难。九四阳爻居阴位,不当位,行为表现过于刚强,可理解为雷震的灾害性程度非常强烈。同时,九四与初九没有正应,位置又不中不正,危难之时得不到来自基层民众的支持,单枪匹马,孤立无援,这是需要反思的地方。同时,过于刚强、刚愎自用的逞强性格可能会使其在泥潭中越陷越深、难以自拔。它给我们的启示是,身遭困境之时陷得越深越要镇静,否则很可能雪上加霜,小洞变成大洞,导致事情一败涂地。

"震遂泥"取象于坤卦和坎卦。由于震卦由临卦演变而来,临卦为地泽临,泥来自临卦的上卦坤卦。演变为震卦后,九二前往九四,二至六爻构成了大坎卦。可以理解为,发生地震后,泽水发生大面积倒灌,原来的大片土地变成了泥潭。

《象》曰:"震遂泥,未光也。"

【译文】小象说,天雷震动,使当事人坠入泥潭,这是因为其德行没有发扬光大。

有两种可能性,一是当事人的修省没有到位,德行不够,不能得到他人的同情和援助,需要进一步积德行善,完善自我;二是德行高尚,但不被人们所了解,需要时间来证明,这说明仅仅做到独善其身是不够的,还要带动周遍的人形成蔚为大观的道德风尚,才能凝聚人心,团结友爱,守望相助,共度时艰。

"六五,震往来,厉,亿无丧,有事。"

【译文】"六五,雷暴地震来回震动,危险,好在没有更多财物可损,不影响宗庙社稷的延续与传承。"

震往来,指上卦雷震、下卦地震。往来,可有两种理解:其一,是时间上的先后。天雷、地震交替出现,天雷刚往,地震便来;地震刚往,天雷又来。其二,是方位上的往来。下卦又叫主卦和内卦,上卦又叫客卦和外卦,由于本卦卦主为初九,因此描述往来时以下卦为基点,对于下卦来说,下卦自身地震叫震来,与震来虩虩的来意思相通,上卦天雷的震动叫震往,从地面震到天上震是由近往远、由下往上运行的,因而称往。

"亿无丧"与六二"亿丧贝"的"亿"意思相同，因为六五与六二是对应的爻位，可理解为数量众多。"有事"，指宗庙社稷祖德祖业长盛不衰，后继有人，代代相传，不是指现代所称的有事、没事。我们不妨设想一下这样的情节，某天突然发生了地震，狂风大作，暴雨如注，人们惊恐万状，连滚带爬地逃到室外奔向空旷高地上，家里的财物都埋压在废墟里，逃生的人们一不小心还坠入泥潭，这时天上电闪雷鸣，像头张牙舞爪的恶魔，欲将大地生灵一口吞下。虽然情景很吓人，也很危险，但到了六五阶段，最危险时刻已经过去，该损失的已经损失了，再也没有什么值钱的东西可以损失了。根据这样的情景模拟，再来理解六五爻辞也许就容易了。

有言道，历尽劫波兄弟在，相逢一笑泯恩仇（鲁迅）；留得青山在，哪怕没柴烧。因此，只要人还在，一切都好说，灾难可以毁掉家园，却能拉近人心的距离，磨炼人的意志，激发人的斗志。人们通过宗庙祭祀凝聚人心，守望相助，患难与共，众志成城，必定能重建美好家园。

六五阴爻居阳位，不当位，力量偏弱，而且与六二没有正应，得不到来自基层干部的支持，因此在地震天灾中必须立足于自力更生，不能完全寄希望于外援，尽管自身势单力薄，也不应丧失信心、放弃努力。

"震往来"取象于震卦和巽卦。上卦为震，六五居震卦中爻。若六五发生多变，则上交互卦变成巽卦，巽为进退，与往来意思相近。

"亿无丧"取象于坤卦。由于震卦由临卦演变而来，临卦上卦为坤，坤为众，演变后六五依然没变，在坤卦的原先爻位，可理解为六五没有损失，即"亿无丧"；而临卦的六四却与九二交换了位置，坤卦初爻变成阳爻后坤卦便不见了，二爻由原来的阳爻变成了阴爻，可理解为从有变为无，即"丧亿贝"。

《象》曰："震往来，厉，危行也；其事在中，大无丧也。"

【译文】小象说，天雷地震交替发生，充满危险，面临危机须有所行动；君临天下能够坚守中正之道，因此不会损失更多的财物。

象辞强调两点：一是身处险境之中必须立即行动，并且要谨慎行事；二是六五作为领导人要坚守中正之道，积极组织救灾活动，这样就不会扩大损失。

"上六，震索索，视矍矍（jue2），征凶。震不于其躬，于其邻，无咎。婚媾有言。"

【译文】"雷震使人瑟瑟发抖，眼神惶恐，盲目行动凶险。地震损害未发生在自身，而是发生在邻居家，没有灾祸。此时操办婚事会招来闲话。"

索索，象声词，打颤的样子，恐惧不安。矍（jue2），惊惶急视的样子，矍矍，目不正的样子。躬，自身。有言，别人有闲言碎语，引申为指责、批评。征凶，是因为上六已到该卦末尾，已经没有前往的地理空间，无所往则只好不往。上六阴爻居阴位，当位，说明其行为举止是适当的。上六与六三没有正应，说明得不到来自基层实力阶层的支持。其实，震卦中所有爻都是没有正应的，这一现象表明灾难中的人们必须立足于自立自强自救，把希望完全寄托在外援身上是靠不住的。

"震索索"取象于颐卦和震卦。下交互卦为艮，艮为山；下卦为震，震为雷，两者构成山雷颐。颐为张口之象，声音由口中发出。震为声响，与"索索"相吻合。

"视矍矍"取象离卦。若上六发生爻变，则上卦变为离，离为目，为雉。山鸡居高临下时左顾右盼，生怕受到外来侵害。以山鸡警觉的眼神来形容人们惶恐的眼神是生动传神的。

"震不于其躬，于其邻"取象于爻位、坎卦和坤卦。上交互卦为坎卦，坎，陷也，九四为坎中，因而九四是"震遂泥"，六五虽非陷坑的正中，也还在坎上，因而六五"往来皆厉"。而上六已经离开坎卦，躲过了一劫。"躬"取象于临卦上卦坤，坤为腹，引申为身体、自身。

"婚媾有言"取象于震、坎、艮卦。震卦中三子俱全，却无女子，故无法婚媾。震为长男，上下皆为震；坎为中男，上交互卦为坎；艮为少男，下交互卦为艮。言取意于震，震为鸣，引申为言。三对爻上下均无正应，没有情感交流和彼此感应，故不适宜婚媾。

《象》曰："震索索，中未得也；虽凶无咎，畏邻戒也。"

【译文】小象说，雷震使人瑟瑟发抖，因为上六未得中位；虽然处于险境却能避免灾祸，这是因为能够对危险保持警惕并能从邻居受灾中引以为戒。

　　善于在他人灾难中汲取教训这是智慧的表现。"中未得"，以爻位不正，来表明当事人不具中正之德，不能公允处事。上六是退位的大佬，贵而无位，高而无民，如果卷入太子继位的政治斗争旋涡，那么他就有可能因不中不正、站错立场而受到连累，因此内心难免忐忑不安。如果能够全身而退，已经实属侥幸了。

第五十二卦　艮卦的知止之道

【艮卦】

【白话经文】

艮卦，控制人的后背，全身便动弹不得；行走在庭院里，不要与他人正面相见，没有灾祸。

初六，控制脚的行动，没有灾祸，适宜始终保持正固。

六二，控制小腿行动，使它不能举腿追随他人，内心不痛快。

九三，控制腰部行动，撕裂了脊背皮肉，危险，忧心如焚。

六四，控制身体行动，没有灾祸。

六五，控制面部行为，使其言语有序适当，悔恨消失。

上九，以敦厚心态实行节制，吉祥。

【经文原文】

艮，艮其背，不获其身；行其庭，不见其人，无咎。

初六，艮其趾，无咎，利永贞。

六二，艮其腓（fei2），不拯其随，其心不快。

九三，艮其限，列其夤（yin2），厉，熏心。

六四，艮其身，无咎。

六五，艮其辅，言有序，悔亡。

上九，敦艮，吉。

【解读序言】

艮卦位列周易第五十二卦，紧接震卦之后。《序卦传》说："物不可终动，止之，故受之以艮。"序卦传说，事物不可能始终处于运动之中，震动之后要让它静止，所以周易在震卦之后安排了艮卦。这段话一是提出了卦序排列的理由，说明为什么震卦之后是艮卦；二是反映了事物发展变化的客观规律，大动之后是相对静止，这是易经科学性的体现。动和静是事物的两种基本状态，动在先、静在后，反映了易作者的动静观，与马克思辩证唯物主义观点是相吻合的，运动是绝对的，静止是相对的，在一定条件下相互转化。

如果说革卦讲的是武装革命推翻旧政权，那么鼎卦讲的就是建立新政权实行治国理政，接着震卦讲培养接班人解决平稳继位问题，而到了艮卦就是讲治国理政遇到了艰难时期。艮卦从国家的艰难时世，继而拓展到社会百态与人生事业所遭遇的艰阻困穷。人生事业的困境主要表现为两个方面：一个是物质经济上的匮乏极度拮据；一个是精神心理上的破产濒临崩溃。如何破解物质、精神的双重困境，易经开出了药方：一是物质享受上适可而止、当止则止，节制过分欲望，保持最低基本配置；二是精神追求上适可而止、当行则行，炼就像山一样坚毅、挺拔、冷峻、稳重、倔强的性格。王阳明倡导的"事上练"、"世上练"模式，知行合一，磨炼意志，强大内心，增益本领的做法，可作为践行这一易理的典型案例。

【卦名含义】

《古代汉语词典》解释：艮（gen4），周易八卦之一，象征山，又为六十四卦之一，卦形为艮下艮上；方位词，指东北，《周易·说卦》："～，东北之卦也。"坚固，《广雅·释诂》："～，坚也。"时间词，早晨两点至四点。

《说文解字》解释：艮，很也。从匕目，犹目相匕，不相下也。《易》曰："～其限"。匕目为眞。清段玉裁注：很者，不听从也。一曰行难也，一曰止也。易传曰，艮，止也。止可兼很三义。许不依孔子训止者，止，下基也，足也。孔子取其引申之义。许说字之书，嫌云止则义不明审，故易之。此字书与说经有不同，实无二义也。方言曰，艮，坚也。释名曰，艮，限也。犹目相匕，目相匕即目相比，谓若怒目相视也。不相下也，很之意也。易曰，艮其限。艮九三爻辞，独引艮其限者，以限与艮音义皆同也。匕目为眞（愚注：通"瞋"，chen1，睁大眼睛，怒，生气），亦言二字同意。

可见，艮有以下诸多意思：一是艮在易经中代表山，山是客观的自然存在，对人们的生产生活产生重大影响。二是泛指具有山之特性的一大类事物，就是将山的特性抽象出来。三是止的意思，但又不完全是止，代表适可而止，当止则止，当行则行，由止引申出静止、停止、阻止、制止、限制、阻挡、阻碍、障碍等意思。四是坚固、不听从、瞋目（发怒时瞪大眼睛）等的意思，由山体坚固、冷峻等特征引申而来。此外，还有高大稳重之意，如父爱如山。

五是方位词，指东北方向，《说卦传》说："艮，东北之卦也。"这是就后天八卦图中艮的位置而言的，艮处于东北方向，其他方位如下：离南，坎北，震东，兑西，巽东南，坤西南，乾西北。

六是根据《说卦传》，艮除了东北、止等意思外，在卦象中分别代表狗、手、手指、少男、径路、小石、门阙（位于道路两侧塔楼状建筑）、果蓏（luo3，音裸，草本植物的果实，瓜果类总称）、阍寺（掌管门禁者办公场所，阍人，寺人，古代掌管门禁的官）、鼠、黔喙（黑嘴，借指牲畜、野兽）、坚硬且多节的树木，等等。

杭州有个艮山门，它反映了地名与易经的渊源关系。东北话说，这个孩子贼艮（gen3），等于说这个孩子倔头倔脑，非常固执，不听话，不听劝，向对方瞪眼示威，一副倔强的神态，这与三子、少男的性格特征相符，也与上述艮义吻合。

【卦象寓义】

一、山山重叠之象。大象说"兼山，艮"，也就是说两座山重叠在一起是艮卦大象所反映的自然景象。一种形态是山上有山，是大山上面再叠加小山，另一种形态是两道连绵的山梁或山脉前后并列呈现，即两重山梁或山脉。古代交通的最大障碍便是崇山峻岭挡住去路，因此将其引用至人生事业领域，就表明道路曲折，行路艰难，遇到了重大障碍。

二、少男登山之象。与山山重叠之象相关联，如果给山重水险的艰难环境中安排一个主人公，那么他就是年轻小伙子。卦画的下卦也叫主卦，代表行为主体。在艮卦中，这个主体就是艮卦所表示的少男，而上卦艮就是少男活动的地理空间、事业对象和环境条件。上面说过，少男的性格与山的特征很相似，优点是年青体壮，有雄心，有蛮力，有冲劲，初生牛犊不怕虎；缺点是有点艮（gen3），不太听劝，缺乏经验，缺乏耐力，缺乏恒心。登山运动是艰难的，象征人生事业的崎岖艰阻。一个不太成熟的小伙子攀登在蜿蜒曲折的崇山峻岭之中，摔跤跌跟斗是免不了的，人生事业不都是这么过来的么？

三、落魄潦倒之象。艮卦全卦六个爻，对应着身体的六个部位。初六"艮其趾"指向脚，六二"艮其腓"指向小腿，九三"艮其限"指向腰，六四"艮其身"指向腹背，六五"艮其辅"指向牙床、面颊、颊骨等面部，上九"敦艮"指向面部表情，包括眼睛部位，眼睛是心灵的窗户，最能反映人的心理状况，否则敦厚真诚的态度和表情也无法呈现出来。这是全身每个部位都受到限制的人。这是一种比拟手法，表明当事人落难，贫穷潦倒，举目无亲，寸步难行。如，秦琼当年身染重病，困于异乡，被迫卖马鬻锏，饱受冷眼凌辱。

四、窘居庭院之象。俗话说，富在深山有远亲，穷在闹市无人问。卦辞有"行于庭，不见其人"的表述。这是一个落魄之人，无论在经济物质上，还是事业精神上，都处于困顿的情境之中，只能孑（jie2）然一身，形影相吊，与世隔绝，在独居中苦度时艰。艮卦上下皆为艮，艮为门阙，主要指位于道路两侧塔楼状建筑物，也可引申为大门，两扇大门之间的区域可理解为庭院。落魄独居之人没有朋友，只能孤独地行走于庭院。此外，艮的经卦相当于观卦的微缩版，观卦也有门庭之意。两个微缩的观卦，也相当于两扇大门。"不见其人"也有卦象支撑，后面将会在分析卦辞时具体解读。

五、忧心如焚之象。九三有"列其夤（yin2），厉熏心"的爻辞。可以推测此时的主人公处于皮开肉绽、烟熏火燎、痛苦难捱的田地。爻辞的这种表达来自易经作者对卦象所产生的联想。艮卦中，九三到上九构成大离卦，离为火，大离即为大火。下交互卦为坎，坎为加忧，为心病。坎卦紧挨着大离卦，反映出忧心如焚的意境，可理解为主人公处于艮卦情境之时倍受煎熬的心境。

六、水山蹇难之象。艮卦中蕴含着蹇卦，这说明艮卦与蹇卦有着相似的性质。蹇卦是四大难卦之一，它们分别是屯、坎、蹇、困。蹇卦上卦为水，下卦为山，称其为水山蹇，意即前有水险，后有山阻，进退两难，路途艰涩。此情形与艮卦主人公的遭遇极其相似。艮卦的下交互卦为坎，坎为水；下卦为艮，艮为山，两者构成水山蹇。如果将艮卦加入难卦系列，本人认为也是恰当的。

七、火水未济之象。未济卦位列周易最后第六十四卦，是指小狐狸的渡河行为正在进行中，尚未完成。狐狸是聪明狡猾的代名词，小狐狸，说明经验不足，体力不足，渡河可能成功，但过程艰难；也可能失败，或遭灭顶之灾。艮卦中的主人公小伙子与小狐狸也有相似之处，甚至可能比小狐狸还要艰难和危险。九四至上九构成大离卦，离为火；下交互卦为坎，坎为水，两者构成火水未济。

八、管束少年之象。艮卦上下卦皆为艮。下卦为主卦，艮为少男，可理解为艮卦的主体是少年儿童；上卦为客卦，艮为手，艮为静止、停止、阻止、制止等意，可理解为约束少年儿童的行为，就像古代私塾老师拿着戒尺管束学生。由于少年儿童少不经事，做事懵懂，不懂得安危深浅，若放任自流必然会惹是生非，因此必须对其行为加以管控和约束。同时，随着孩子长大各种各样的欲望也在增长，这时必须及时正确地引导和管教孩子，告诉他什么可以要，什么不能要，把道理讲清楚，把好合理需求关，使少年儿童的欲望控制在适当的限度内，以免走向歧途。

九、儿童启蒙之象。如上所述，艮卦上下皆为艮卦，艮为少男，泛指少年儿童。没有接受教育的少年儿童是蒙昧无知的，这种状态难以独立生活，还容易惹是生非。因此必须对其进行启蒙教育，蒙卦就是讲启蒙教育的。蒙卦上卦为山，下卦为水，称其为山水蒙。其大象为"山下出泉"，山代表少年儿童，泉代表知识、智慧和良知，意即通过启蒙教育发掘出少年儿童的智慧、良知，并教授其各种知识技能。艮卦上卦为艮，艮为山；下交互卦为坎，坎为水，两者构成山水蒙。

十、内止外止之象。艮卦上下卦皆为艮，艮为静止、停止、阻止、制止等意，引申为限制、控制、节制等意。这理的"止"要理解为适可而止，不是绝对禁止，而是把行为控制在合理的范围内。朱熹理学主张"存天理，去人欲"的出发点是好的，但因被世人误解而遭到批判。"去人欲"实则不是去除人的正常生理心理欲望，而是去除不符合天理、超出合理限度、违反自然规律的过分欲望。因此，"止"应当理解为当止则止，当行则行，适可而止，节制欲望。下卦也叫内卦，上卦也叫外卦。内止，是自律，指对自己内心的欲望要保持适可而止；外止，是他律，是指对外的行为表现要适可而止，要接受他人监督，要止于一，止一为正，即将自己的行为停留在最恰当的正道上。

　　十一、阳土比和之象。在易经八卦与五行关系中，存在相互对应、彼此融合的特性。八个经卦对应五行，坎对水，离对火，震巽对木，乾兑对金，艮坤对土。艮为阳卦，为阳土；坤为阴卦，为阴土。艮卦上下卦皆为艮，属于阳土叠加的比和关系，比，读音为（bi4），是亲比、亲近、接近的意思，比和就是团结一致，形成合力，小土变成大土，这对主客双方都是有利因素。因此，尽管从多数卦象来看，艮卦并不招人待见，但是事物都有两面性，只要用心仔细观察，最糟糕的事情也能发现出积极因素。

　　【关联卦画】

　　艮卦由观卦演变而来。观卦上卦为风，下卦为地，称其为风地观。观卦卦形像两扇开着的大门，人们站在门前观看门楣的书画雕刻，或其他艺术装饰物。同时，观卦又可看作宗庙道观场所的象征，本人判断道观之"观"很可能来源于观卦，只不过读音由平声变成去声。观卦上卦巽为绳直，为风，代表继承先祖的传统家风、良好风范，下卦为地，表明道观建在大地之上。将观卦微缩后便得到艮的经卦，将艮经卦放大后便得观卦。前面《说文解字》解释："艮，很也。从匕目，犹目相匕，不相下也。"犹目相匕，就是"瞋目"，有两个意思，除上面提高怒目而视外，还有一个意思是睁大眼睛看。可见"艮"也包含观看的意思，这说明艮卦与观卦两者存在内在联系。如果将观卦的九五与六三交换位置，那么得到的卦便是艮卦。

　　艮卦的综卦是震卦。综卦也叫覆卦、镜卦，两个卦画翻转180度后互为对方卦画。震卦翻转180度成为艮卦，艮卦翻转180度成为震卦。它反映了事物的一体两面，观察角度不同，得到的结果也不相同，但两者之间是有内在联系的。从事物发展变化的客观规律看，事物在剧烈运动后即进入相对静止状态，静止一定时间后又进入新的运动状态。这对综卦就揭示了事物动而后止、止而又动、动静交替更迭的变化规律，万事万物正是按照这种规律向前发展，动中寓静，静中寓动，循环往复，没有穷尽。

　　艮卦的交互卦是解卦。如果将艮卦的初六、上九去掉，用剩下的中间四个爻组成一个新卦，四个爻中的下三爻作下卦，上三爻作上卦，其中中间两个爻为上下卦皆有，体现出交互的特征，这个卦便是其交互卦解卦。上卦为雷，下卦为水，称其为雷水解。解卦反映雷雨前电闪雷鸣、黑云密布压抑恐怖的景象，等到大雨倾盆而下后，雨过天晴，豁然开朗，压抑恐怖状态得以解除。交互卦反映出事物发展的过程性状态，它说明艮卦这一艰难困苦的情境总将得以化解，让人们在困境中看到希望的曙光。

艮卦的错卦是兑卦。如果将艮卦的每个爻性质相反，阳爻变阴爻，阴爻变阳爻，那么得到的卦便是它的错卦兑卦。错是阴阳交错、相杂的意思，不能理解为错误，事物因交错相杂而呈现出花样纹理，从而使世界变得丰富多彩。错卦的哲学意义在于站在对方立场看问题，与换位思考有相似之处，这样就能知彼知已，有助于矛盾与问题的妥善解决。艮卦与兑卦既有联系又有区别，结构具有相似性，意思具有相对性。山对泽、少男对少女、狗对羊、倔强对喜悦，两者对立统一，相互转化，相互依存，相辅相成。

艮卦与咸卦是近亲。艮卦初六至上九爻辞的叙事特点与咸卦非常相似。初六，艮其趾；六二，艮其腓（fei2），不拯其随；九三，艮其限，列其夤（yin2）；六四，艮其身；六五，艮其辅；上九，敦艮，吉。而咸卦是：初六，咸其拇；六二，咸其腓；九三，咸其股，执其随；九四，憧憧往来；九五，咸其脢（mei2）；上六，咸其辅、颊、舌。两卦均是从脚写到头的思路，区别在于一个是限制，一个是感应。

拇，手或脚的大指。腓（fei2），人的小腿肌，俗称腿肚子。限，界限，指上下卦之间的界限，也指上下身之间的界限，从而引申为身体的腰、胯部。夤（yin2），脊背上的肉。辅，面颊、颊骨、牙床，牙床与颊骨部位挨得很近。脢（mei2），脊骨肉。

从艮卦各爻情况看，所制止或被限制的身体部位分别是：趾（脚）、腓（小腿）、限（腰）、夤（脊背）、全身、辅（面部）；从咸卦各爻情况看，所感应的身体部位分别是：拇（大脚趾）、腓（小腿）、股（大腿）、脢（脊背）、辅颊（面颊、颊骨）舌。两者次序及部位大体一致，都是从脚部开始到面部结束，所不同的只是用词略有区别，但都指向相同或相近部位，如趾与拇、夤与脢；有的是部位接近，稍有差异，如限（腰、胯部）与股（大腿）。两个卦都有"随"，艮卦是"不拯其随"，咸卦是"执其随"，都指脚与腿相互跟随，引申指追随他人。

从总体上说，两者大同小异，叙述对象及次序十分相似。反映了两卦之间的密切关联，咸（无心之感）是主动的、扩张的、放松的、趋于动态性行为；艮是被动的、收缩的、限制性、趋于静止性行为。艮卦每对爻均无正应，而咸卦每对爻均有正应。艮卦与咸卦爻辞的关联性，来源于卦象的关联性。两卦的主卦具有同一性，均为艮卦；两卦的客卦具有相对性，艮兑互为错卦，彼此感应，角色可以转化。

艮卦、咸卦告诉人们当止则止，当行则行，必须处理好动与静、阴与阳的关系。一方面人的体力、能力、精力都是有限的，不能总是在动；人能享受的福泽也是有限的，要控制物质欲望，不能放纵和贪婪，凡事应注意分寸，做到张弛有度，适可而止；另一方面，运动与静止是相对的，生命在于运动，生命本身就处于持续的运动状态之中，一旦完全静止生命也就终止了，人来到世界上是有其使命的，人人需要为此付诸行动和努力。

正如曾国藩所说："嗜欲深者天机浅，嗜欲浅者天机深。"降低物质标准，是为了节约时间和精力，将好钢用在刀刃上，去实行更高的精神追求。那种无所用心、无所事事、懒于行动、虚度光阴的行为，终将使人生失去价值和意义。

【卦辞象辞】

〖卦辞〗

"艮，艮其背，不获其身；行其庭，不见其人，无咎。"

【译文】"艮卦，控制人的后背，全身便动弹不得；行走在庭院里，不要与他人正面相见，没有灾祸。"

获，收获，得到；得以，能够。"艮其背，不获其身"，总括性地反映了主人公的窘困状态，就像人被按住后背难以行动，这是一种比喻手法。对于"艮其背，不获其身"还可理解为：只需把目光停留在对方背部，无需看其正面脸色。也就是说，人在落难时人际关系会变得势利与脆弱，必须强大自己的内心，依靠自己的努力去摆脱困境，而无须乞求他人、看别人的脸色，否则很可能自寻烦恼、自取其辱。

"行其庭，不见其人。"由于艮卦上下卦均为敌应，表现为"富在深山有远亲，穷在闹市无人问"的现实状态。在人际关系不良的情况下，多一事不如少一事，与他人走在同一个庭院里，不必与其正面相见，只需或敬而远之，或视而不见，或背道而行，可避免不必要的麻烦。"不见其人"不是没有人，而是有人但不相见。这将在后面象辞的解读中得到印证。当然，如果有人定要理解为孤身一人在庭院行走，没有见到其他人，也不是不可以。

其实，两个人在一个庭院里行走，彼此看不见是不太可能的，只能是形同陌路、假装看不见而已。艮卦强调适可而止，不要做过头的事和多余的事，过犹不及。当然，这是在特定情境下的行为法则，也就是在周边环境不利的情况下所采取的避祸方式。艮卦三对爻全部没有正应，表明彼此心灵不通，不理不睬。比如，一个人来到人生地不熟的异域他乡，没有亲戚，没有熟人，言语不通，不懂风俗，这时最好离他们远一点。就跟王阳明刚到龙场时离任驿站站长交接时提醒的那样，不要与土著居民说话，不要与其对视等等，免得引起误会而发生危险。

卦辞从人与人的关系入手，说明适可而止的道理，它可以适用于人与事物、人与自然、人与社会等各种领域各种关系。知止之道，关键在于控制人的欲望。欲望太多往往是现代人烦恼的根源。人心不足蛇吞象，这山望着那山高，吃着碗里看着锅里。正是由于有太多的欲望，以及这些欲望不能实现，彼此发生了冲突，产生了矛盾，使人陷于无休无止的苦闷与纠结之中。因此，止欲而修己，便是走向简单快乐人生的通途。人若能进入这一境界并长期付诸实践，就能省却诸多灾祸与痛苦，相反这是获得人生幸福丰盈的捷径。

"艮其背"取象于艮卦。艮卦上下卦均为艮卦。下卦为艮，艮为手，用来控制他人的背部。上卦为艮，艮，其于木也，为坚多节，多节而坚硬之木与脊背结构形态相似。因此，可以将艮卦视为"手控其背之象"，即有人用手控制他人背部，使之不得动弹，也可以理解为将被控对象的手臂反扭至其背部使其就范，这是擒拿缉捕中常用的招数。

"不获其身"取象于坤卦。艮卦由观卦演变而来，观卦下卦为坤，坤为腹，引申为身体。变成艮卦后，坤卦消失；而艮为静止、停止、阻止、制止等意。两者意思组合起来，就表达了"不获其身"的意境。

"行其庭，不见其人"取象于艮卦、震卦和坎卦。上下皆为艮卦，艮为门阙，两扇门之间的地理空间即为庭院。上交互卦为震卦，震为足，震为动，引申为行走。下交互卦为坎卦，坎为隐伏，即不见其人。

【彖辞】

《彖》曰："艮，止也。时止则止，时行则行，动静不失其时，其道光明。艮其止，止其所也。上下敌应，不相与也。是以不获其身，行其庭，不见其人，无咎也。"

【译文】象辞说，艮卦的主旨是适可而止。时势需要停止就停止，时势需要行动就行动，行动与静止不失时机，如此人生道路前景光明。停止在该停止之处，这是停止在了正确的地方。上下卦各爻之间呈现对立不应状态，相互之间没有互助合作。因此，在身体动弹不得的困境中，行走在庭院里，不与人正面相见，方能做到没有灾祸。

【大象之辞】

《象》曰："兼山，艮。君子以思不出其位。"

【译文】"山山重叠，是艮卦所反映的自然景象。君子受此启示，所思所想不应脱离实际超出自己的职责定位。"

艮卦讲的是适可而止，重在适度，当行则行，当止则止，其实这个分寸是很难把握的，以此可以看出一个人的智慧、能力和道行。君子是儒家眼中的理想人格，属于社会的精英阶层，是人生追求的目标，常人必须不断修养、精进和努力才可能达到这个境界。儒家思想在多个历史时期成为社会主流价值观，对于引领社会思想道德建设、促进社会和谐稳定，起着非常重要的作用。

《论语·泰伯》子曰："不在其位，不谋其政。"《论语·宪问》曾子曰："君子思不出其位。"这些观点可理解为孔子、曾子对易经的进一步阐述。易传作者从艮卦得到启示，教育人们思考问题应当符合自己的社会定位，要与自身的现实生活和实际情况结合起来，脱离客观实际的想法犹如空中楼阁、海市蜃楼，是没有意义的。如果每个人都能尽到自己的社会责任，去思考自己该思考的事，去做好自己该做的事情，社会也许将更加和谐更加有序。

【爻辞小象】

"初六，艮其趾，无咎，利永贞。"

【译文】"初六，控制脚的行动，没有灾祸，适宜始终保持正固。"

初六阴爻居阳位，不当位，力量偏弱；与六四没有正应，说明得不到上层六四的支持。在周边人际关系不良的情况下，力量柔弱反而不易与人发生冲突。如要做到适可而止，先从管住自己大脚趾开始。既然惹不起，干脆躲着点，缩小行动范围，减少招惹事端的机会，这样就能做到没有灾祸。但任何时候都要坚守中正之道，秉持公平正义。

"艮其趾"取象于初六爻位。如果将六画别卦（重卦）比作一个人，那么初爻即为人足部位，与趾意思吻合。

《象》曰："艮其趾，未失正也。"
【译文】小象说，控制脚的行动，没有丧失公平正义。

"六二，艮其腓，不拯其随，其心不快。"
【译文】"六二，控制小腿行动，使它不能举腿追随他人，内心不痛快。"

拯，上举。此处的"随"一是小腿随大腿，二是追随他人，即六二追随九三。"艮其腓"，就像战士练习跑步，为了提高越野负重能力，往往会在小腿肚子上绑上两个沙袋，这样就加大了小腿的负荷，限制了它的行动能力。"艮其腓"是个形象的比喻，有点类似于现在的"拖后腿"，以此来反映现实生活中主人公的内心冲突，心有余而力不足，心里想着追随他人，而行动上却不能如愿以偿，人处于这种冲突中，内心肯定是纠结和不愉快的。

六二阴爻居阴位，当位，力量虽然柔弱，但符合其处境，言行举止没有出格。六二与六五没有正应，得不到九五老大的支持。就像现代有些少年想追星，但其父母并不支持。

"艮其腓，不拯其随"取象于艮卦和巽卦。若六二发生爻变，则下卦变为巽卦，巽为股，即大腿；艮为静止、停止、阻止、制止等意，两者组合就很形象地表达了爻辞的意思。

"其心不快"取象于坎卦。下交互卦为坎卦，坎为加忧，为心病，引申为不快乐、不高兴。

《象》曰："不拯其随，未退听也。"
【译文】小象说，不能举腿追随他人，没有人退回来听从其意见。

人的苦闷不快都是由内心的矛盾与压力不能自我排解和释放引起的。如果当事人懂得进退，明白当止则止、当行则行的道理，其内心就能少去许多纠结，心结解开了，心情也就平和了。

"九三，艮其限，列其夤（yin2），厉，熏心。"
【译文】"九三，控制腰部行动，撕裂了脊背皮肉，危险，忧心如焚。"

限，界限，指上下卦之间的界限，也指上下身之间的界限，从而引申为身体腰部。夤（yin2），脊背上的肉。列，分裂，分割。厉，危险，易经有九个等级表示吉凶，分别是吉、亨、利、无咎、悔、吝、厉、咎、凶，厉的危险程度居中。熏，火烟，烟火熏烤。

九三阳爻居阳位，当位，富有力量，行为举止是适当的。九三与上九没有正应，表明其行为得不到上九大佬的支持。尽管是当位的，但在外部环境不利的情况下，力量刚强不见得是件好事。

此爻讲无法阻止行动、偏要强行阻止的情形。一方面九三为上交互卦震卦的初爻，震为动，有往前行动的强烈愿望；另一方面上下卦皆为艮，要阻止他的行动。于是，抑制与反抑制的激烈较量达到了高潮，当事人的内心也处于烟熏火燎的煎熬之中，矛盾与痛苦难以言表，这是违反适可而止法则带来的恶果。

整个下卦讲述了客观环境要求限止某种行为，与主观上认识尚未形成自觉、仍欲一意孤行之间产生的冲突过程，而且程度不断升级，九三是下卦末爻，矛盾加剧到了顶点，九三是艮卦上爻，即为山顶，危险与痛苦也随之到了顶点。体现了易经"三多凶"的特征。

"列其夤"取象于爻位、艮卦、震卦和坎卦。九三处于上下卦分界部位；上交互卦为震，震为足，为动，引申为行进，即震要求往上行进；而下卦为艮，艮为手，艮为静止、停止、阻止、制止等意，即阻止当事人行进，一个要进，一个要拉，以至于将脊背肉都撕裂了。下交互卦为坎，其于马也，为美脊，引申为人的脊背。当然这是一种比拟手法，表明当事人处于矛盾纠结、进退两难的境地。

"熏心"取象于离卦和坎卦。可参见前面"烈火熏心之象"。上面四个爻组成大离卦，离为火。下交互卦为坎，坎为加忧，为心病。两者组合就表达了忧心如焚、烟熏火燎的情境,表明当事人精神上心理上处于极度困惑苦闷的煎熬之中。

《象》曰:"艮其限,危熏心也。"
【译文】小象说,控制其腰部行动,这是引发危险和忧心如焚的主要因素。

冲突之所以在此爻升级,一方面可能是抑制者急于求成,用力过大;另一方面可能是被抑制者极力抗拒,不肯就范。症结在于双方的认识没有达成一致,抑制的时机、方法、手段、力度不当,未能真正做到适可而止。这种矛盾也可能存在于一个人的内心世界,这些弊端在上卦阶段将会得到明显改观。

"六四,艮其身,无咎。"
【译文】"六四,控制身体行动,没有灾祸。"

"艮其身"的"身"是人的躯体,指上半身,因为六四为上卦初爻,上卦代表腰位以上部位。下卦所抑制的对象是下半身某个部位,如大脚趾、小腿肚子、腰部,抑制过程不顺利,而到了上卦情况就好了许多,上半身被抑制了,而且并未出现前几爻那样的不良后果。从节制欲望角度而言,说明经过长期历练,思想境界得到了升华,节制行为完成了从不自觉到自觉、从局部到整体的转变。从艰难困苦身陷窘境角度而言,到了上卦也呈现出逐步摆脱困境的趋势。六四阴爻居阴位,当位,表明行为举止得当。但与初六没有正应,说明得不到来自基层百姓的支持。

"身"取象于离卦。若六四发生爻变,则上卦变为离卦,离为大腹,引申为有身孕、身体。

《象》曰:"艮其身,止诸躬也。"
【译文】小象说,控制身体行动,抑制行为施及自身。

诸,"之于"的合词。躬,身,身体,亲身,引申为自身。也就是说这种抑制来自于自我调节,提示人们要自律,增强自制力,克服自身欲望和情绪,节制自己的言行，这样就能避免灾祸。

"六五，艮其辅，言有序，悔亡。"
【译文】"六五，控制面部行为，使其言语有序适当，悔恨消失。"

"辅"有多个意思，牙床，面颊、颊骨，牙床与颊骨挨得很近，指向了大致相同的部位。亡，通"无"，悔亡，就是本来可能有悔恨之事要发生，后因某种积极因素存在或出现而避免了。六五是君王之位，是全卦的核心。常言道，祸从口出，从"祸"字的结构可以看出，右边是一个口一个内，意即祸出自口内。良言一句三冬暖，恶语伤人六月寒。有些人没有口德，口无遮拦，出口伤人，许多事端都是由出言不逊引起的。

现代人注重情商，情商高的人在哪里都受人欢迎，而情商高的重要标志之一就是会说话，言必由衷，有理有节，有情有义，恰到好处，让对方听了如沐春风，如饮甘泉，很受用，感觉很舒坦。我们不能要求每个人都有高情商，但起码不要恶语伤人，因此在言语出口前，最好先"艮其辅"，三思而言，想好了再说，尤其是处于君王之位的人份量很重，被称为金口玉言、一言九鼎，关乎百姓利益，更应该谨慎说话。因此，每个人都要注重口德，要嘴上把门，不要信口开河、口若悬河，更不要花言巧语、胡言乱语。这样是非灾祸就能减少许多。

六五阴爻居阳位，不当位，力量偏弱，但在外部环境不利的情况下，柔弱反而不是坏事。六五与六二没有正应，得不到来自基层干部的配合和支持，说明人际关系紧张。

"言而有序"取象于小颐卦、震卦和艮卦。上卦为艮，艮为山；上交互卦为震，震为雷，两者构成山雷颐。颐为口福，引申为口德，即用口说话不中伤他人。震为发声，即说话声。艮为静止、停止、阻止、制止等意，即说话要适可而止，做好把门控制。

《象》曰："艮其辅，以中正也。"
【译文】小象说，控制面部行为，旨在坚守中正之道。

讲话时应秉持公平正义，要讲公道话、真心话、实在话，不讲刻薄话、过头话、偏袒话。

"上九，敦艮，吉。"
【译文】"上九，以敦厚心态实行节制，吉祥。"

　　阳卦多阴，阴卦多阳，本卦上下卦均为阳卦，因而卦主应在阳爻上。从爻辞上看，九三爻辞多为负面的，可理解为被迫处于穷困境地，非自觉知止状态；而上九的"敦"出自内心的高度自觉，因此上九比较适合做本卦卦主，爻辞体现了自觉实行适可而止的主旨。爻辞非常简单，却十分重要。
　　按照物极必反原则，上爻一般以负面结果居多，但此爻却一反常态，出现"吉"的结果。一方面阐明了易作者的思想，知止的核心是内心敦厚、淳朴和真诚，内心状态决定着行为状态，内心境界决定着行为境界；另一方面，掌握知止之道并不容易，一路走来磕磕碰碰，吃尽了苦头，历经千辛万苦才得到吉祥的结果，通过从不自觉到自觉、由坏到好的过程，易经展现了物极必反、否极泰来的事物发展规律。
　　上九阳爻居阴位，不当位，说明力量过于刚强，本是缺陷，但是如果致力于内心修养、涵养自己的品德，则用多少力量都不为过。上九与九三没有正应，得不到九三基层实力阶层的配合支持，好在其本身很有力量，因而影响不大。
　　"敦艮"取象于两个艮卦。两座山重叠一起，可谓敦厚无比，由山的敦厚引申出人之品性的敦厚。

　　《象》曰："敦艮之吉，以厚终也。"
　　【译文】小象说，以敦厚态度实行控制，获得吉祥，这是因为最终能以敦厚之心践行知止之道。

　　此处的终既是艮卦的末爻之终，也是指适可而止达到了最高境界。

第五十三卦 渐卦的渐进之道

【渐卦】

【白话经文】

渐卦,女子嫁娶吉祥,适宜正固。

初六,鸿雁飞向岸边。小孩有危险,责其离开,没有灾祸。

六二,鸿雁飞向磐石。享用美食,欢愉和乐,吉祥。

九三,鸿雁飞向陆地。丈夫出征长期不归,妇人怀孕却不能以自己名义养育,凶险,但适宜抵御贼寇。

六四,鸿雁飞向大树。有可能找到平坦树枝,没有灾祸。

九五,鸿雁飞向大土山。妇人虽多年未能怀孕,但最终没有谁能胜过她,吉祥。

上九,鸿雁飞向大道。其羽毛可用作礼仪饰物,吉祥。

【经文原文】

渐,女归吉,利贞。

初六,鸿渐于干(gan1)。小子厉,有言,无咎。

六二,鸿渐于磐。饮食衎(kan4)衎,吉。

九三,鸿渐于陆。夫征不复,妇孕不育,凶,利御寇。

六四,鸿渐于木。或得其桷(jue2),无咎。

九五，鸿渐于陵。妇三岁不孕，终莫之胜，吉。

上九，鸿渐于逵。其羽可用为仪，吉。

【解读序言】

渐卦位列周易第五十三卦，因上卦为风，下卦为山，称其为风山渐。《序卦传》说："震者，动也，物不可以终动，止之，故受之以艮。艮者，止也。物不可以终止，故受之以渐。渐者，进也。"序卦传说，震是动的意思，事物不可以始终运动，需要制止它，因此周易在震卦之后安排了艮卦，艮就是静止的意思。事物不可能总是静止，因此周易在艮卦之后安排了渐卦。渐就是行进的意思。

第五十一卦震卦是运动，第五十二卦艮卦是静止，而静止以后还会再动，渐卦就是反映从静止慢慢过渡到运动状态的过程，严格来讲，渐也是种运动状态，只是运动幅度、频次不太明显而已。事物的变化是有顺序规律的，循序渐进的成语应当源自渐卦，也是渐卦所要表达的主题。

《杂卦传》说："渐，女归，待男行也。"杂卦传说，女子嫁人，等待男方施行聘礼求亲。意思是说女子嫁人时不能过于主动，按婚礼程序，应当由男方发起。诸多事实证明，婚前女方过于主动的婚姻，大多不会很幸福。

渐卦有两条叙事线索，一条主线，一条副线；一条明线，一条暗线。从全文看，鸿雁飞行求偶是条副线、明线，夫妻家庭生活是条主线、暗线，而欲表达的循序渐进主旨却是一条隐含其中将两者关联起来的红线。鸿雁飞行、求偶、栖息地的变化，反映了循序渐进的主题思想。

渐卦爻辞与《诗经》的比兴手法极为相似。如"关关雎鸠，在河之洲；窈窕淑女，君子好逑。"前两句是描写动物求偶，后两句是叙述君子追求淑女，一比一兴，先是将人与鸟进行对比，然后从鸟的求偶起兴，自然过渡到青年男女的爱恋。

初六在水岸边，六二在磐石上，九三在陆地上，六四在大树上，九五在大土山上，上九在大道上。位置由低到高，是个逐步升高的过程，九五到了高峰，最后物极必反，返回到陆地四通八达的大道上，意味着前景广阔无垠。鸿雁四处奔波，频繁更换地点，可理解为求偶行为，而不是为了筑巢，因为鸿雁是亲水动物，不可能在山上、树上筑巢。这样，鸿雁的飞行活动就与主人公夫妇的家庭生活联系在一起了。理解了这一点，再去读卦爻辞就不会有两者游离或突兀的感觉了。

【卦名含义】

渐，进的意思。《序卦传》说："渐者，进也。"《古代汉语词典》相关解释有：逐渐发展；征兆，苗头；逐渐，渐渐；六十四卦之一；进，《周易·渐》："鸿~于陆，夫征不复。"从渐卦卦象表达的意境来看，应当把"进"与逐渐、渐渐等意思结合起来理解。

用"渐"字命名卦画，就是要向人们传递一个哲理，凡事都有发生、发展、高潮、收尾、完成等一个渐进过程，求学、创业、工作、婚姻等都是这样。要尊重事物发展规律，不能急于求成，不能拔苗助长，不能超越时序，不能投机取巧，不能偷工减料，该经历的必定要经历，该承受的必定要承受。

【卦象寓义】

一、山上有木之象。这是大象所描绘的自然景象。下卦为主卦，下卦为艮，艮为山；上卦为客卦，上卦是巽，巽为木。因此，渐卦呈现在人们面前的景象是，一座大山，上面是一片郁郁葱葱的森林。然而森林的长成决非一日之功，这是一个循序渐进的漫长过程。一棵棵小树苗慢慢长成大树，一棵棵树木逐渐相互联接而变成树林，几处树林逐渐拓展而形成一片森林；几处小森林慢慢融合而变成一片大森林，从而成就了自然造化的美丽风景。渐卦所反映的就是由小树苗逐渐发展为大片森林的漫长过程。

二、鸿雁飞翔之象。渐卦的上交互卦为离卦，离为雉，引申为鸿雁。上卦为巽，巽为进退，引申为鸿雁上下、迂回、盘旋的飞行轨迹。鸿雁就是大雁，又称野鹅，天鹅类，大型候鸟，常栖息在水生植物丛生的水边或沼泽地。大雁在高空展翅翱翔，姿态优美，行为优雅，不慌不忙，不急不躁，舒展从容。鸿雁的飞行也是"进"，有从容淡定、平和静气、悠闲行进的特点，因而能生动表达出渐卦的主旨。假事阐理，托物言志，借景抒情，这是易经常用的叙述方式。易作者以鸿雁飞翔、求偶、栖息为例，阐述了依时序规律做事的必然要求。

三、清风拂山之象。上卦为巽，巽为风；下卦艮，艮为山，因此渐卦所反映的另一个自然景象是，清风在山与山之间轻快穿梭拂行。由于山体巨大，起伏连绵，错落分布，因此山上之风不可能像海上的台风那样迅速凶猛、威力无比，也不像平原的狂风铺天盖地、呼啸而来。人们形容风吹松林的情景为"松涛",大风刮过松林,松林便呈现出波涛般的摇曳荡漾,并发出哗哗涛声。总体而言,山风吹拂森林是一个迂回流畅、轻快飘忽、舒缓连绵的渐进过程,它能沁人心脾,怡然自得。如果将这种自然现象应用于社会生活,说不定会有不错的效果。

四、尚德教化之象。渐卦中包含着涣卦。涣卦上卦为风,下卦为水,称其为风水涣。渐卦上卦为巽,巽为风;下交互卦为坎,坎为水,两者构成风水涣。涣卦给人的直观感觉是风将水吹散了,让人联想到人心涣散,这当然是人们不希望看到的。因此,卦辞说"王假(ge2)有庙",大象说"先王以享于帝,立庙",目的是通过到宗庙开展祭祀活动,将涣散的人心重新聚集起来。实际上就是尚德教化行为,这是和风细雨、润物无声、潜移转化的渐进过程,现代注重家庭、家教、家风的传承与建设思路与此高度一致。

五、少年娶妻之象。渐卦卦辞写到"女归吉",九三写到"妇孕不育",九五写到"妇三岁不孕",说明渐卦与婚恋嫁娶、生儿育女密切相关。下卦艮为主体,表明男主人公是少年;上卦巽是客体,表明婚亲的对象是年龄稍长的大姐姐。女方比男方年长的婚姻在古代比较常见,比如"童养媳"现象,有钱人家四五岁少爷,可娶个十多岁的小姑娘作为媳妇,少时作保姆,待男孩长大成人再正式成婚。这是一个漫长的过程,与渐卦循序渐进的意境也相符合。

六、家庭生活之象。渐卦中包含着家人卦。家人卦上卦为风,下卦为火,称其为风火家人。渐卦上卦为巽,巽为风;上交互卦为离,离为火,两者构成风火家人。家庭是社会的细胞,是构成社会的基本单元。无论古今中外婚姻家庭都是社会生活的重要内容。易经中有多个关于婚姻家庭或男女关系的卦。比如,咸卦是讲少男少女恋爱的;渐卦是讲婚姻六礼程序的;恒卦是讲长男长女婚后生活的;家人卦是讲家庭事业发展的;睽卦是讲家庭矛盾调处的;归妹卦是讲少女远嫁诸侯的;姤卦是反映男女邂逅现象的,有些婚外情味道,颇具警示意义,它揭示了男女非正常的情感生活,但并不意味着赞同这种现象,不是所有艳遇都是好事,天上掉下馅饼的同时,地上可能有个陷阱正在等着你。卦的关联性反映了现实生活状态的关联性。渐卦中包含着家人卦,表明卦符、卦象、卦爻辞与现实家庭婚姻生活达到了高度融合。

七、困顿艰阻之象。渐卦中包含着蹇卦。蹇卦上卦为水,下卦为山,称之为水山蹇。渐卦下交互卦为坎，坎为水；下卦为艮，艮为山，两者构成水山蹇。前有水险，后有山阻，步履艰阻，道路曲折。俗话说，贫贱夫妻百事哀；家家有本难念的经；夫妻本是同林鸟，大祸临头各自飞等等，这些都是日常生活中耳熟能详的。渐卦中包含着蹇卦，反映了家庭婚姻生活的艰难与曲折。

八、颠沛流离之象。渐卦中包含着旅卦。旅卦上卦为火，下卦为山，称其为火山旅。渐卦上交互卦为离，离为火；下卦为艮，艮为山，两者构成火山旅。旅不是现代旅游的概念，而是指被艰难困苦的现实生活所迫流落他乡的境地。孔子曾占到过旅卦，这与他长达十四年的周游列国经历是吻合的，当然孔子不是为物质生活所迫，而是为了谋求政治理想的实现。颠沛流离之象，与困顿艰阻之象有相似之处，从程度上似乎更为严重，两者都是婚姻家庭生活需要着重防范的。

九、循序渐进之象。可体现在三个方面：一是由"山上有木之象"表现出来的。从树苗到树木，从独木到树林，从树林到森林，从小森林到大森林，这是一个循序渐进过程。二是由鸿雁求偶、栖息地变换表现出来的。从河岸到磐石，从磐石到陆地，从陆地到大树，从大树到高山，从高山到大道，反映出事物发展的循序渐进过程。三是由婚姻嫁娶礼仪程序表现出来。《周礼》所载婚娶六礼，分别是纳采、问名、纳吉、请期、纳征和亲迎，正好合六爻之数，无论巧合还是有意，都说明了先后程序与步骤。周易写于周初，"六礼"有可能成熟于周中，但是一项社会制度的形成有其漫长的演变过程，可以推想周初应当具备"六礼"的雏形了，渐卦正是这种礼仪程序的客观反映。

十、内止外顺之象。下卦也叫内卦，上卦也叫外卦。艮卦处在内卦，代表行为主体，艮卦卦德是静止、停止、阻止、制止等意，引申为适可而止，就是主人公的言行举止要懂得分寸，该行则行，该止即止。巽卦居于外卦，代表行为所处的外部环境或所涉对象，巽卦卦德是顺从、整齐、均匀。止、顺都是正面良好的品德，因此在这样的组织机构、单位和团体中，内外关系总体是有利于人生事业循序渐进地向前发展的。

十一、少男长女之象。在易经大家庭中，艮为少男，泛指涉世不深、缺乏生活经验的年轻小伙；巽为长女，泛指有一定阅历、年龄稍长的女性。在渐卦中，艮居下卦、主卦、内卦的位置，相当于年轻小伙在家主持家政事务；巽居上卦、客卦、外卦的位置，相当于年长大姐在外从事生产劳动。这种家庭分工不尽合理，但是，随着时间推移，小伙子将逐渐积累生活经验，慢慢走向成熟，不合理、不协调的局面将会渐渐得到改好。

十二、阴木克土之象。在八卦与五行关系中，艮、坤对应土，艮为阳卦，为阳土；坤为阴卦，为阴土。巽、震对应木，震为阳卦，为阳木；巽为阴卦，为阴木。渐卦的五行关系呈现出阴木克阳土的态势。阴木较阳木质地要柔、力量稍弱，阳土比阴土质地要硬、承受力要强。因此，阴木虽能克阳土，但两者力量对比差距不大，没有绝对优势，时间、进度都将受到制约，其克制过程是漫长、柔性和渐进的。

【关联卦象】

渐卦由否卦演变而来。否卦上卦为天，下卦为地，称其为天地否。上卦乾为阳卦，阳气往上升；下卦坤为阴卦，阴气往下降，阴阳两气相互分离，没有交流，因此出现上下梗阻不通的闭塞状态。如果将否卦的九四与六三交换下位置，那么得到的卦便是渐卦。渐卦正好破解了天地不交的否态，阴阳有所交流，于是渐渐展现出生机与活力。尽管少男娶了长女，繁育发展需要时间，但毕竟事情出现了转机。

渐卦的综卦是归妹卦。综卦也叫覆卦、镜卦，双方卦形呈180度颠倒关系，渐卦翻转180度是归妹卦，归妹卦翻转180度是渐卦，两者一体两面，既有联系，又有区别。渐卦之后是归妹卦，位列第五十四卦。归，古代女子出嫁叫归，意思是女子嫁人就像找到了自己的归宿；妹，通常指年轻女子，卦中也指商王帝乙的妹妹，归妹就是帝乙将妹妹嫁给姬昌（周文王）。

渐卦与归妹卦既有联系又有区别。两卦都讲到了婚姻，渐卦讲到了女归和夫妻关系，归妹卦讲了帝乙妹妹出嫁和小女孩陪嫁；渐卦强调了渐进过程，归妹卦也反映了耐心等待、莫要操之过急的意思。但两卦所表达主旨不同、侧重点不同，渐卦讲的是夫与嫡妻（正房、大房）的关系，归妹卦侧重讲夫与媵（ying4）妾（偏房、小房）的关系。

渐卦的交互卦是未济卦。如果将渐卦的初六、上九两个爻去掉，用剩下的中间四个爻重新组成一个卦，上三爻组成上卦，下三爻组成下卦，其中中间两个爻分别为上下卦皆有，体现出交互的意思，这个新卦便是未济卦。交互卦的哲学意义在于，考察事物时应去掉极端因素，对主干、常态、基本要素进行重组重构，它所揭示的是事物发展的过程性状态。未济卦是周易最后一卦，上卦为火，下卦为水, 称其为火水未济。未济卦讲的是小狐狸渡河的故事, 狐狸聪明, 但小狐狸没有经验, 渡河风险极大, 可能成功, 可能失败, 后果具有不确定性。渐卦的交互卦是未济卦, 旨在提示人们注意风险防范, 前途是光明的, 但过程是曲折的。

渐卦的错卦也是归妹卦。渐卦的综卦与错卦为同一个卦, 这也是易经中独特而有趣的现象。这说明渐卦与归妹卦的关联更加密切。错卦是将渐卦的每个爻性质相反, 即阳爻变阴爻, 阴爻变阳爻。错卦的哲学意义在于, 要善于站在事物的对立面来看问题, 正可谓知彼知己、设身处地, 更有利于矛盾的调和与化解; 综卦的哲学意义旨在强调, 要多角度、多路径、全方位来看问题, 有利于全面把握事物本质, 兼顾不同阶层的利益, 最终也有助于问题的解决。错卦与综卦可谓殊途同归。渐卦的错卦、综卦都是归妹卦更是殊途同归的集中体现。在分析判断时, 应将两卦有机结合起来, 以期取得更好效果。

【卦辞象辞】

〖卦辞〗

"渐, 女归吉, 利贞。"

【译文】"渐卦, 女子嫁娶吉祥, 适宜正固。"

卦辞是对全卦主旨的概括。女归, 古代女子出嫁, 有一整套完备的程序, 称其为"六礼", 即六个仪式和步骤, 分别是: 纳采、问名、纳吉、纳征、请期、亲迎。《古代汉语词典》解释: 纳采, 古婚制六礼的第一礼。男方在媒人通辞得允之后, 具送求婚礼物, 称为"纳采", 也叫"行聘"。《仪礼·士昏礼》: "下达~~, 用雁。"下达, 纳采之前, 男方遣媒人往女方通辞。由此可见, 纳采送雁的习俗与渐卦的爻辞是极为吻合的, 可能是周公受传统习俗启示而写下关联爻辞, 也可能是纳采受渐卦爻辞指引而形成送雁的习俗。以致于后来用鸿雁传书来比喻男女互通信息, 应当与此有关联。问名, 是双方互换姓名、生辰八字。

《古代汉语词典》解释: 纳吉, 古婚制六礼之一, "问名"之后, 男方便到宗庙占卜, 获得吉兆, 再备礼品派人往女方家告知, 表明婚事可成,《仪礼·士昏礼》: "~~用雁, 如纳采礼。"纳征 (zheng1), 古婚制六礼之一, "纳吉"之后, 男方择日具书, 遣人送聘礼给女方,《仪礼·士昏》: "~~, 玄纁 (浅红色帛)、束帛、俪（成双成对、对偶）皮，如纳吉礼。"请期，古代婚礼"六礼"之一，男家纳征后，择定婚期，备礼告女家，求其同意，《仪礼·士昏》："~~，用雁。主人辞，宾许告期。如纳征礼。"亲迎，男方张灯结彩，敲锣打鼓、燃放鞭炮，用隆重、欢快、热烈的仪式迎娶新娘，新娘着花衣戴凤冠，新郎着正装戴插雁翎礼帽。婚礼通常在黄昏举行，因此古代"昏"通"婚"。

　　这套程序在古代得到官方和民间广泛认同，正规的婚嫁均照此程序进行，不能多也不能少，具有较强的规范性。渐卦卦辞以嫁娶这一司空见惯的日常生活案例入手，意在强调做事要讲求步骤和程序，一环扣一环，循序渐进，而不能随意跨越或脱节，更不能颠倒顺序，只有这样最终才能得到良好结局。同时，还强调为人处事必须坚守正道，忠贞爱情，忠诚家庭，这样才有利于获得吉祥的结果。卦辞讲的是婚姻六礼，但不仅限于婚姻，对其他事务均具普遍意义。

　　〖彖辞〗
　　《彖》曰："渐之进也，女归吉也。进得位，往有功也。进以正，可以正邦也。其位刚，得中也。止而巽，动不穷也。"
　　【译文】彖辞说："渐卦所说的行进，是嫁娶获得吉祥的步骤。行进得到正位，这是前往所取得的功效。以守正的态度行进，就可用来治国理政了。其位置阳刚，而且中正。适可而止并得到顺从配合，这样采取行动就不会陷入穷困的境地。"

　　彖辞是对卦辞的进一步阐释。由于渐卦由否卦演变而来，"进得位"，是指六三进到六四，由原来阴爻居阳位的不当位，变成阴爻居阴位的当位。"进以正"，是指九四进入九三，同样由原来的阳爻居阴位不正，变为阳爻居阳位得正。"其位刚，得中也"是指核心之爻九五，阳爻代表刚健有力；居于上卦中爻位置，表示能够坚守中正之道。"止而巽"，是指下卦艮为止，引申为适可而止；上卦为巽，巽为顺，引申为顺逊、顺从。

　　【大象之辞】
　　《象》曰："山上有木，渐。君子以居贤德善俗。"
　　【译文】"山上有树木是渐卦反映的自然景象。君子受此启示，应当修养贤良品德，引导大众向善并形成风俗。"

　　俗，世俗，一般人；风俗，习俗。大象是对全卦主题的进一步阐述，它将自然景象与社会生活有机结合起来，使得易经更有现实意义。此处的"居"，应作停留、静止讲，引申为逐渐积累、积聚。易经倡导君子要以天下为己任，引领时代潮流和社会风尚，要从苗木长成森林的渐进过程中，培养坚韧不拔精神，锤炼品德，提升修养，知行合一，持之以恒，从而带领整个社会积德行善，蔚然成风。

【爻辞小象】
　　"初六，鸿渐于干（gan1）。小子厉，有言，无咎。"
　　【译文】"初六，鸿雁飞向岸边。小孩有危险，责其离开，没有灾祸。"

　　干（gan1），岸的意思，水与陆接壤的部位，可以是河岸、湖岸或海岸。《诗经·魏风·伐檀》有"坎坎伐檀兮，置之河之干兮"的诗句，"干"的意思相同。岸边离河水很近，河水意味着危险。大雁将巢筑在岸上，这对刍雁来说是有危险的，刍雁若发生意外，大雁夫妇就会"有言"而相互埋怨。这里，将鸿雁拟人化了，将小子解释为刍雁是有道理的。
　　若将这一情节引入人文社会领域，则更有现实意义。夏季常常发生小孩溺亡事故，玩皮小孩在水边戏耍风险极大，这时大人应予及时制止，呵斥其尽快离开。虽然渐卦讲的是男女婚姻生活，但并不是一开始就讲夫妻之道，初六相当于人生的儿童时期，并未长大成人，只有在保护小孩人身安全的前提下，才会有后来的谈婚论嫁。
　　不妨设想这样一种情景：顽皮儿童看见鸿雁飞抵岸边，或发现鸿雁在岸边做窝，就会试图以石击鸟，或者掏雁窝，这对于大雁或刍雁都是危险行为，对于儿童本身也是危险因素，因为小孩不知深浅，注意力一旦被鸿雁吸引，难免顾此失彼而发生失足落水事件。这时，作为大人就要及时予以训斥阻止，既可保护孩子安全，又可保护鸿雁安全。因此，"有言"也可理解为成人呵斥小孩的行为。
　　初六阴爻居阳位，不当位，力量有些偏弱，这与"小子"状况相匹配。初六与六四没有正应,得不到来自上层六四的关照,两者不能相互配合协调。

"鸿"取象于离卦。初六若发生爻变,则下卦变为离卦,离为雉鸡,引申为雏雁。

"干"取象于坎卦和初六爻位。下交互卦为坎,坎为水,引申为河流,初六位于坎边,因此正好是河岸的位置。

"小子厉"取象于艮卦和坎卦。下卦为艮,艮为少男,引申为鸟雁或小孩子;下交互卦为坎,坎为险,故有厉。

"有言"取象于兑卦。下卦为艮,其错卦为兑卦,兑为口,言自口出。艮、兑这对错卦可以相互演变,形象生动地表达了相互埋怨、彼此责怪的意境。

《象》曰:"小子之厉,义无咎也。"

【译文】小象说,关于小孩子遇到的危险,从道义原则上讲,只要大人尽到管教之责,这种灾祸是可以避免的。

"六二,鸿渐于磐。饮食衎衎(kan4),吉。"

【译文】"六二,鸿雁飞向磐石。享用美食,欢愉和乐,吉祥。"

《古代汉语词典》解释:磐(pan2),大而安稳的山石,《周易·渐》:"鸿渐于~。"盘桓,流连。可见词典将磐解释为磐石。衎(kan4):快乐、和乐;衎衎,和乐的样子。有学者将磐解释为盘桓,引申为磐旋,意即鸿雁在水中盘旋觅食,由此与"饮食衎衎"关联起来。有一定道理,可作为一家之言,但本人认为,渐卦的爻辞句式为"鸿渐于某",这个某应是名词,将其解释为动词似乎不妥。由于古代常见的比兴手法是两条线索并列叙述,文字带有跳跃性,关联性体现在内在意境上。鸿雁捉到食物之后,飞到磐石上慢慢享用也是可能的。由雁之饮食过度到人之饮食也是自然而然的。爻辞中饮食主体并未明写,也许故意一语双关,既指鸿雁饮食,又指人类饮食。从六二爻位上看,此位相当于人生青年时期,因此可理解为青年男女欢快聚餐。

六二阴爻居阴位,当位,说明其行为举止是适当的;它又居下卦中位,表明能够坚守中正之道,主持公平正义;六二与九五有正应,表明其行为能得到九五老大的关照和支持。正可谓天时、地理、人和占尽,因此结果是吉祥的。

"磐"取象于艮卦。渐卦下卦为艮，艮为山，山上有磐石。

"饮食衎衎"取象于坎卦和兑卦。下交互卦为坎，坎为水，引申为酒水；若六二发生爻变，则下交互卦变为兑卦，兑为口，用口饮酒，指代饮食。兑，为悦，与"衎衎"同义。

《象》曰："饮食衎衎（kan4），不素饱也。"
【译文】小象说，享用美食，心满意足，但并非是白白吃饭的。

可理解为这些美食是自己劳动带来的成果，并非不劳而获，没有在家里吃闲饭。"素"取象于兑卦。若六二发生爻变，则下交互卦为兑，兑为秋，兑为金，在五色中为白色，与"素"义吻合。

"九三，鸿渐于陆。夫征不复，妇孕不育，凶，利御寇。"
【译文】"九三，鸿雁飞向陆地。丈夫出征长期不归，妇人怀孕却不能以自己名义养育，凶险，但适宜抵御贼寇。"

《古代汉语词典》解释：征，行，远行；出征，征伐。结合"利御寇"的表述，更适宜解释为保家卫国的出征、征战，这在古代比较常见。丈夫出征不在家，妇人却怀孕了，这可能是个美丽的错误。肚子渐渐大了，压力也就随之而来。有来自传统观念的压力，有来自周边邻里的压力，有来自宗族家长的压力，更有将来如何面对丈夫的压力。她不敢堂而皇之地生下来，生下来也不敢以自己的名义养育；即使敢自己养育，丈夫不在家，生活也没有着落。妇人存在很大的困难与风险，既有物质的，又有精神的，处于进退两难的窘境，因此呈现凶险之兆。

"利御寇"可有两种理解：其一，虽然妇人给出征的丈夫戴上了绿帽子，但是，丈夫出征行为具有正义性和公益性，对于征夫来讲是牺牲个人利益，却有利于国家安全和社会安定的公共利益。

其二，对于独守空房的妇人而言，虽然苟且之事带来莫大风险，但有相好男人陪在身边，多少给她心理上带来安全感，外人不敢明目张胆地欺负她，并有利于防范贼寇打家劫舍。

九三阳爻居阳位，当位，表明其行为举止是适当的。九三与上九没有正应，表明其行为得不到上九大佬的支持。

与上述将过错归咎妇人不同，另有观点则将过错归咎男人。此观点认为，出征男人在异乡另寻新欢，致使对方怀孕，但该妇人不能以自己名义养育小孩。其取象依据是，上交互卦是离卦，离者，丽也，代表美丽女子。九三与六二是夫妇关系，六二顺承九三，符合常规。但出征后九三被六四美貌打动，遂与六四逆比苟合，逆比不符常理，故呈凶兆。

"陆"取象于艮卦和坎卦。下卦为艮，艮为山，地势高；下交互卦为坎，坎为水，引申为水平，地势高而且平，即为平坦高地。

"夫征不复"取象于由否卦演变为渐卦。否卦上卦为天，下卦为地，称其为天地否。否卦九四到了渐卦变成九三，即否卦九四离开了上卦阳爻同类来到下卦，有点类似高级干部下放到基层锻炼，表达了"夫征"之意。"不复"有两种理解：一是理解为只见其出征，未见其回复到原先位置；二是复卦是阴极阳复，由初九开始复兴，而在渐卦中只出征至九三，而不是初九，以此表达出征不复之意。

"妇孕不育"取象于巽卦、离卦和艮卦。上卦为巽，巽为长女，引申为妇；离为大腹，与怀孕意思吻合。"不育"，一是巽为不果，不结果实；二是艮为静止、停止、阻止、制止等意，两者均可引申为不育。

"利御寇"取象于离卦和坎卦。上交互卦为离，离为戈兵、甲胄，泛指武器；坎为盗，为弓轮，为马，既指盗寇，又指作战用马匹、弓箭。将上述内容组合起来，就是"利御寇"，运用武器装备防御盗寇。

《象》曰："夫征不复，离群丑也；妇孕不育，失其道也；利用御寇，顺相保也。"

【译文】小象说，丈夫出征不归，离开了原来的群体；妇人怀孕了却不能以自己名义养育孩子，是因为其行为有失妇道；之所以适宜抵御贼寇，是因为当事人态度顺从，有利于保家卫国。

丑，众、类、种类的意思，不是指丑恶、丑陋；群丑，指人群或兽群。丈夫长期外出，他是离开了乡里乡亲群体，就跟鸿雁脱单远离了雁群一般。

"离群丑也"取象于由否卦演变为渐卦。在否卦中九四在上卦乾卦之中，属于阳爻同类群体。变成渐卦之后，九四来到了下卦，即九四离开了原先的阳爻群体。

"妇孕不育，失其道也。"在否卦中，六三与上九原本是有正应的，也就是说六三本应与上九结为伴侣；而变成渐卦后，六四与初六没有正应，但与九五是比邻关系，因此认为原先的六三喜新厌旧，不守妇道。这种观点带有历史局限性。古代有重男轻女倾向，对于男人出轨相对宽容，而对妇女贞洁妇道要求甚严，因此可以判断此处"失其道也"侧重指妇女不守妇道，而非指男子生活不检点。当然，从现代角度看这是有失公允的。

在渐卦中，如果将下卦艮卦看成出征的青年小伙，上卦巽卦就代表主人公所处的客观环境，巽为整齐、柔顺，有利于主人公行为的实现，因此小象说"顺相保也"。

"六四，鸿渐于木。或得其桷（jue2），无咎。"
【译文】"六四，鸿雁飞向大树。有可能找到平坦树枝，没有灾祸。"

桷（jue2），方形的椽子，引申为像椽子一样比较平坦的树枝。因为鸿雁是亲水动物，脚上有蹼握不住树干，不像老鹰的脚爪锋利有力，因此只能在平坦的树枝上才能勉强栖身。此爻的意思是说，树木不是鸿雁安身的理想之所，但能找到一根平坦的树枝还算是幸运的，因此结果不好不坏。

此爻没有讲夫妇生活场景，也未涉及到人，但所表达的象征意义不难理解。六四是上卦巽卦的初爻，巽代表整齐柔顺，如果说九三阶段夫妇关系出现了波折，那么六四开始走向顺遂了。如同鸿雁一样或许有找到便于栖息的树枝，这对夫妇在总体不太理想的生活状态下，稍稍进入了相对平稳的阶段，预示着双方关系出现了转机。六四阴爻居阴位，当位，表明其行为举止是适当的；六四与初六没有正应，说明得不到基层民众的配合支持。

"木"、"桷"取象于巽卦和艮卦。上卦为巽，巽为木，即鸿雁栖息的大树；下卦为艮，艮为门阙，指道路两旁的建筑物。建筑物上的木即为椽子，与"桷"同义。

《象》曰："或得其桷（jue2），顺以巽也。"

【译文】小象说，可能得到一根平坦的树枝，这是因为上卦巽所代表的环境变得顺畅了。

"九五，鸿渐于陵。妇三岁不孕，终莫之胜，吉。"

【译文】"九五，鸿雁飞向大土山。妇人虽多年未能怀孕，但最终没有谁能胜过她，吉祥。"

陵，大土山。三岁，非实指，泛指多年。终莫之胜，即终莫胜之，系宾语前置。九五为君王之位，是全卦的核心。从爻辞上看，前一句鸿渐于陵，与后两句没有意思的连贯性，前后不是承接关系，而是并列的两条叙述线索，前为副线，后为主线，副线为主线服务，前句可视为后句的铺垫或陪衬。前面已讲到，"鸿渐于陵"并不是鸿雁在寻找筑巢的地方，而应理解为其求偶行为到了高潮阶段，因为陵是丘陵，为大土山，是全卦中地势最高的处所。由于此句的衬托或渲染，再来理解后面主句就会容易些。

渐卦共有三个阳爻，三个阴爻，分别代表男人与女人。九三男子其位不正，说明德行有待提高，长期出征不归，未能对妻子给予关照帮助，发生过错也不能全怪妻子。到了九五，男人居于中位，说明道德品行得到了提升，成为一个有责任感有担当的男人了；阳爻居阳位，说明其行为举止是适当的；与六二有正应，说明夫妇间沟通交流比较顺畅，似乎达到了夫唱妇随、举案齐眉的程度。夫妻婚姻关系几经调适，至九五阶段达到了相对和谐稳定的良好状态。

俗话说，不如意事十八九，生活并不总是如人所愿。丈夫出征时，妇人不想怀孕时却怀上了；夫妻感情融洽了，想要孩子却多年怀不上，这也许就是造化弄人的生活常态。但是没关系，家和万事兴，夫妻的感情融洽是最最重要的。只要人品好，三年没有怀孕，也不会对家庭幸福构成太大影响，最终没有谁比得上她，因而结果吉祥。

"陵"取象于艮卦和巽卦。下卦为艮，艮为山；上卦为巽，巽为高，山与高的组合反映了大土山的景象。

"三岁不孕"取象于巽卦与爻位。上卦为巽，巽为不果，即不结果实，引申为不孕。九五与六二属正常夫妻关系，从六二到九五需经历三个爻位，因而有三岁之说，此处借实数泛指虚数，应理解为多年或几年。

《象》曰："终莫之胜，吉，得所愿也。"

【译文】小象说，最终没有人能胜过她，结果吉祥，因为夫妻心灵相通，如愿以偿。

"上九，鸿渐于逵。其羽可用为仪，吉。"

【译文】"上九，鸿雁飞向大道。其羽毛可用作礼仪饰物，吉祥。"

逵，四通八达的道路。多数版本此字为"陆"，有的版本为"逵"。陆的繁体字"陸"与"逵"字形相近，因此有可能是传抄中发生的笔误。从修辞上讲，如果六个爻辞中有两个爻的表述是重复的，会对文采产生一定影响。从寓意上讲，用"逵"字似乎更加合适，经过不断的调整和完善，婚姻家庭生活展现出四通八达的光明前景。从"其羽可用为仪"的爻辞看，将仪仗队安排在四通八达的大道上似乎合乎情理，因此，本人倾向于"鸿渐于逵"的表述。

用羽毛作为装饰物是古代的习俗，大概可以追溯到以狩猎为主的原始社会时期。虎为百兽之王，打死了老虎，剥下虎皮，于是头领、山大王等穿着虎皮袄，坐上虎皮凳，这是身份、地位、能力的象征。用羽毛作饰品也表达了类似的用意。凤凰、孔雀之类可视为鸟中之王，首领的帽子上插上羽毛就显示了其与众不同的身份，孙悟空在花果山当猴王时就是这副打扮。古代结婚时新郎礼帽上插着雁翎很可能出自同样的考虑，一方面因为中古时期婚姻习俗是以雁作为聘礼的，因而用雁羽作为装饰物顺理成章；另一方面，也象征结婚当天新郎所居的主角地位，含有头领意味，因此民间称新郎为新郎官。

上九只说"其羽可用为仪"，如何"为仪"没有具体讲，这就给人们留下了想象空间。插在礼帽上当然最为常见，将羽毛插在板壁上或细瓶上也能起到装饰作用，把羽毛做成扇子还兼具实用性。当然，还可以用羽毛装饰仪仗队的服饰或礼帽。鸿雁成群结队地飞行时，通常为人字形，队伍整齐，动作一致，颇具威仪。这是鸿雁在长期实践中养成的"科学"方法，因为鸿雁在队列中飞行最省力，众雁步调一致的振翅扇风动作，可以形成合力，成员间能够相互借力，同时在心理上还能起到相互激励的作用，一旦脱离队列，就很难完成远程迁徙任务。飞行中的雁队就像是一支训练有素的仪仗队，让人赏心悦目，由雁队展翅飞翔的整齐化一,可引申出标准、样榜和典范的意思,于是"仪"的社会效果因此产生。

上九的弦外之音是,夫妻关系发展到九五、上九阶段,处于比较顺遂、和谐的良好状态,因为上卦为巽,代表整齐顺遂,应当巩固成果,并进一步将其发扬光大,成为大家学习的标杆。榜样的力量是无穷的,学习先进典型,是走向吉祥的有效途径。

上九阳爻居阴位,不当位,力量过刚。上九与九三没有正应,两者不能配合协调。这些都是不利因素,但在大环境整齐、柔顺的有利情况下,这些不利因素不会带来危害。

"逵"取象于离卦。上交互卦为离,离为明,象征光明大道。因此,"逵"的象征意义大于实际意义。

"仪"取象于巽卦。上卦为巽,巽为绳直,为长,为高,为风,组合起来就是继承优良传统和家风之意,与"仪"意境契合。

《象》曰:"其羽可用为仪,吉,不可乱也。"

【译文】小象说,其羽毛可用来作为礼仪装饰物,吉祥,因为秩序不能乱。

鸿雁展翅飞翔,缓缓行进,如同一支雄壮威武的仪仗队,其结果之所以吉祥,是因为鸿雁群体都遵守了队列秩序,一旦雁队中有捣乱的雁只,其结果就不会是吉祥了,由此说明秩序是取得吉祥的重要保证。雁队秩序不能乱,同样婚姻秩序更不能乱。

渐卦说明,做任何事情,特别是经营婚姻家庭生活,要遵守婚姻六礼步骤,不能扰乱了秩序,不可操之过急。提示人们要从鸿雁整齐化一、循序渐进的飞行中获得智慧,要从山上树苗长期化育、渐成森林中培养耐心,要从山间清风轻柔拂行、迂回行进中淡定心态。

第五十四卦 归妹卦的配角之道

【归妹卦】

【白话经文】

归妹卦，出击征伐，凶险，无利可图。

初九，将妹妹陪嫁为妾，就像跛脚尚能行走，主动嫁娶吉祥。

九二，一眼失明还能视物，适宜保持幽隐之人般正固。

六三，妹妹陪嫁需要等待，长大后返回男方家做妾。

九四，妹妹陪嫁延误了期限，延迟嫁娶需另择佳期。

六五，商王帝乙许嫁妹妹，正妻服饰不如陪嫁小妹服饰考究。如同月亮几乎满月，吉祥。

上六，女子举筐无物，男子宰羊无血，无利可图。

【经文原文】

归妹，征凶，无攸利。

初九，归妹以娣（di4），跛能履，征吉。

九二，眇能视，利幽人之贞。

六三，归妹以须，反归以娣。

九四，归妹愆（qian1）期，迟归有时。

六五，帝乙归妹，其君之袂（mei4）不如其娣之袂良。月几望，吉。

上六,女承筐无实,士刲(kui1)羊无血,无攸利。

【解读序言】

归妹卦位列周易第五十四卦,上卦为雷、下卦为泽,称其为雷泽归妹。《序卦传》说:"渐者,进也,进必有所归,故受之以归妹。"序卦传说,渐就是行进的意思,行进必定有所归宿,因此周易在渐卦之后安排了归妹卦。《杂卦传》说:"归妹,女之终也。"杂卦传说,归妹卦,讲的是女性的终身归宿。

渐卦与归妹卦是一对综卦。如果说渐卦讲的是正统的婚姻制度,那么归妹卦讲的是古代婚姻中的陪嫁制度或媵(ying4)妾制度。渐卦长女在上,归妹卦少女在下,女方地位的差异反映了古时正妻与媵妾地位的不同,正妻相当于主角,媵妾相当于配角。在古代两者互为补充,因而两卦的侧重点有所不同。

媵妾制度是古代政治婚姻、利益婚姻的产物。其主要内容是,女子出嫁时,其妹妹或侄女或其他远亲少女一起陪嫁给同一男子。例如,君王为了加强对诸侯的控制,通常采取联姻方式,将自己的妹妹或者女儿嫁给诸侯做正妻,同时一起陪嫁过去的还有其小妹或侄女或其他女孩。这样的好处在于,万一正妻去世或不能生育,做妾的小妹或侄女便可升格为正妻或为诸侯生子,局面仍为君王所控制,不会对政治、经济等利益关系产生太大影响。否则,一旦正妻去世,正室将被外人取代,其利益格局就会受到重大挑战。

归妹卦将视角聚焦于陪嫁做妾的妹妹,而非做正妻的姐姐。虽然如今媵妾制度已成为历史,但其中所反映出来的哲理却适用于更广泛领域,具有普遍指导意义。妾不是夫妻婚姻中的主角,而是配角,但配角也可以做得很精彩,将来也有扶正的可能。推而广之,在人类社会的大舞台中,主角毕竟是少数,大多数是配角,许多成功者往往都是从配角做起的。归妹卦所揭示的配角之道,正是该卦的要义所在。

【卦名含义】

《古代汉语词典》解释:归,出嫁,嫁,《诗经·周南·桃夭》:"之子于~,宜其室家。"又使出嫁,娶。《说文解字》解释,女嫁也。

古代实行一妻多妾制,正房为嫡妻,偏房为媵(ying4)妾,在宫里就是皇后与妃嫔(pin2)的关系。女子出嫁时其妹或侄女一同随嫁,其中以妹妹陪嫁居多, 称其为娣, 偶尔也有侄女即兄弟的女儿随嫁的现象, 称其为姪, 还有从其他渠道物色来的少女或男佣陪嫁的现象。

在这些媵妾中, 年长的称姒, 年少的称娣。由于有些陪嫁的妹妹或侄女年纪太小, 随嫁三个月之后仍将回到娘家, 长到十五岁才到男方家里生活, 到二十岁正式与男方过婚姻生活。这种陪嫁制度也叫侄娣制度、嫔嫁制度或媵妾制度, 在王公贵族中流行, 在平民社会中也能见到。

为了政治、经济等目的, 国与国之间、诸侯与诸侯之间、皇亲国戚之间、权贵富豪之间等通过联姻组成利益共同体, 唇齿相依, 一荣俱荣, 相互照应。陪嫁制度的意义在于肥水不流外人田, 万一出嫁女子不能生育或病亡, 可由侄娣接续完成使命, 从而不会对利益共同体双方关系带来冲击。相传尧就将自己的两个女儿娥皇、女英嫁给舜, 恐怕也是出于类似的考虑。

当然随女子陪嫁的不仅仅是做妾的妹妹或侄女, 有时还有家奴、佣人等。春秋战国时期秦国著名大夫百里奚就是晋献公把女儿嫁给秦穆公时陪嫁的家奴, 逃跑后被楚国士兵抓住, 秦穆公知情后惜其才华欲将其赎回, 出重金怕楚国人起疑, 便用五张黑公羊皮将其赎回, 终成大业, 史称五羖 (gu3) 大夫。

这种陪嫁制度在近代少数民族中也能见到影子, 比如王洛宾整理的新疆民歌《达坂城的姑娘》里写到: "假如你要嫁人, 不要嫁给别人, 一定要嫁给我, 带着你的妹妹, 带着你的嫁妆, 坐着那马车来。"与陪嫁制度有相似之处。

如前所述, 归妹的"归", 是"出嫁, 嫁; 使出嫁, 娶"的意思, 意即女子找到了丈夫, 如同找到了归宿, 这是她的最好去处。归妹的"妹", 一种解释为通常意义的妹妹, 与现代意义无异;《现代汉语词典》有另一种解释是指年轻女子, 多存在于方言之中。本人倾向于前一种解释, 因为渐卦卦辞中以"女归"来表示女子出嫁, 这个"女"是个宽泛概念, 自然包括年轻女子。如果归妹卦再表示年轻女子出嫁, 两者意思就重复了, 易经不会作这样的安排。因此, 将归妹的"妹"解释为妹妹是合适的。

【卦象寓义】

一、泽上有雷之象。泽上有雷是大象描绘的自然景象。归妹卦下卦为兑, 兑为泽; 上卦为震, 震为雷, 由此可以联想到, 一片开阔、美丽、宁静的湖泽上空, 忽然风云变幻, 天色如磐, 电闪雷鸣, 乌云翻滚, 覆盖了湖泽上空, 仿佛把人压得透不过气来。通常人们行走在湖泽水畔心情是轻松愉悦的，但是遇到雷暴天气，愉悦的心情便变成了压抑和惊恐的心情。由此可以体会到易作者的良苦用心，似乎对陪嫁少女的命运寄托着深切的同情。她到夫家后面临的环境正如同雷电交加的天气，充满着高压和恐惧。因此，泽上有雷是极具象征意义的。相传"华胥履迹雷泽生伏羲"，意即华胥氏在雷泽的地方游玩后怀上了伏羲，以表明伏羲是上天之子。本人判断此处"雷泽"应当取意于归妹卦的婚姻意境。

二、雷火丰收之象。归妹卦中包含着丰卦。丰卦上卦为雷，下卦为火，称其为雷火丰。丰卦的主要意境是雷振万物，雨施大地，阳光普照，天下喜获丰收。归妹卦上卦为震，震为雷；下交互卦为离，离为火，两者构成雷火丰卦。丰卦紧随归妹卦之后，位列第五十五卦，这是一个特别数字，一至十相加为五十五，即天数地数之和，含有圆满之意，丰字本身就有圆满、丰满、丰收的意思。可见，归妹卦与丰卦之间存在着内在的逻辑关系。

三、诸侯娶妾之象。归妹卦上卦为震，震为长男，在古代长男地位崇高，有长男为父之说，因此责任也更加重大。震卦本身寓意长子出生，震惊家族，终于后继有人了，这是一件惊天动地的大喜事。震在古代典籍中常指诸侯。归妹卦下卦为兑，兑为少女，为妾。归妹卦所要表达的社会生活就是少女远嫁给诸侯为妾。当然这位少女不是单独出嫁，而是作为正妻陪嫁的身份出嫁。

四、化解危机之象。归妹卦包含着解卦。解卦上卦为雷，下卦为水，称其为雷水解。主要指雷暴天气，电闪雷鸣，恐怖压抑，下雨后云开日出，恐惧感和紧张感得以化解。归妹上卦为震，震为雷；上交互卦为坎，坎为水，两者构成雷水解卦。其相关意境是，天子与诸侯关系微妙，互不信任，孕育着利益冲突和战争危险，但是通过嫁女归妹的和亲政策，就可以缓和与化解危机。比如西汉时期王昭君出塞与匈奴和亲，唐朝贞观年间文成公主进藏和亲，都为国家的和平事业作出了重大贡献。

五、节制自律之象。归妹卦中包含着节卦。节卦上卦为水，下卦为泽，称其为水泽节。主要反映水流汇入湖泽被蓄积起来，体现了开源节流的意味，引申为节制行为、自我调节等意思。归妹上交互卦为坎，坎为水；下卦为兑，兑为泽，两者构成水泽节。男有份，女有归。在归妹卦的情境中，无论是诸侯，还是妾，虽然双方年龄、能力、地位不对等，但是各有各的定位、职责与界限，都应注意为人处事的尺度与分寸，不可放纵和逾越。

六、**阴阳离散之象**。按照阳卦少阴、阴卦少阳原则,归妹卦上卦震是阳卦,下卦兑是阴卦,阳气往上走,阴气往下走,因此归妹卦上下是离散的,彼此信息阻塞,缺乏交流。虽然归妹卦是天地交流的具体体现,但在特定局部环境中,这种交流不充分、不协调,不融洽。归妹卦中间四个爻均不当位,阳爻居阴位,阴爻居阳位,表明四个爻的行为举止都是不恰当的。从上下相应的爻位关系看,初九与九四、六三与上六都没有正应,仅九二与六五有正应。这样的卦象爻象结构决定着归妹卦的整体状况不容乐观。在大环境不佳的情况下,必须更加小心谨慎,方能确保无虞。

七、**火泽睽离之象**。归妹卦包含着睽卦,与"阴阳离散之象"可谓殊途同归。睽卦上卦为火,下卦为泽,称其为火泽睽。主要反映少女与中女彼此对立、互不服气、互不理睬的状态。归妹卦下交互卦为离,离为火;下卦为兑,兑为泽,两者构成火泽睽。少女居主位,中女居客位;少女年轻可爱但任性,中女聪明漂亮不甘示弱。两者年龄相仿,各具优势,容易形成相互攀比、相互竞争、针锋相对的态势。这是最难相处的人际关系,必须予以谨慎对待。

八、**少女承筐之象**。上六有"女承筐无实"的爻辞。爻辞为观象所得,归妹卦中蕴藏着少女承筐的生活景象。归妹卦下卦为兑,兑为少女;上卦为震,震为仰盂,意即震卦外形像一只容器,但容器里没有实物,容器可引申为筐,这是一只空筐,表明一切都是空的。按照周礼《士昏礼》规定:"妇入三月,然后祭行";"妇入三月,乃奠菜"。"女承筐",本应筐里装着蔬菜实物去祭祀祖先的,现在无物可祭,自然也得不到神灵的保佑。这说明人在归妹卦情境中缺乏安全感。

九、**士人宰羊之象**。上六还有"士刲羊无血"的爻辞,与"女承筐无实"相对应,两者表达了类似意境。此处主人公是士,工具是刀,行为对象是羊。这三个要素均可在归妹卦中找到卦象。上卦为震,震为长男,引申为士人;下交互卦为离,离为戈兵,引申为宰羊的刀具;下卦为兑,兑为羊,兑为巫。宰羊的目的还是为了祭祀祖先和神灵。正常情况下宰羊必见血,之所以不见血,或宰前羊已死,放不出血;或屠宰方法不当放不出血;或虽出血但洒在了地上无法收集利用等。同样预示着归妹卦情境的徒劳无功。

十、**内悦外动之象**。归妹卦下卦为兑,兑为悦,悦是兑卦卦德,也即喜悦是兑卦显著特征。兑为泽,人们行走在湖光山色中心情是愉悦的;兑为少女,人们见到活泼可爱的少女心情是愉悦的。上卦为震，震为雷，雷霆万钧，惊天动地，因此震卦卦德为动。下卦也叫内卦，上卦也叫外卦。归妹卦就是内部呈现喜悦氛围，外部呈现动态变化。从团体组织结构上看，内部没有问题，外部在动，说明结果存在不确定性，一切皆有可能。

十一、少女嫁长之象。 归妹卦下卦为兑，兑为少女；上卦为震，震为长男。下卦为主卦、内卦，上卦为客卦、外卦。这里少女是叙述的主体，讲述少女自内往外远嫁给长男。这是年龄层次不匹配的婚姻，卦象所反映的就是当时社会男主人与妾的婚姻状况。按常理来说，应该少女对少男，中女对中男，大女对大男，反映在卦象上各有男下女上、女下男上两种情况，分析如下：

一是少女对少男。男下女上是艮下兑上的泽山咸卦，女下男上是兑下艮上的山泽损卦。咸是无心之感，这种感情很纯洁很真挚，咸卦所反映的是青年男女恋爱时少男追少女的情形，少男是主动方，少女是被追对象，而不能反过来让少女去追少男。俗话说："男追女隔重山，女追男隔层纱。"这应当成为恋爱常态，只有千辛万苦追到的爱情才会让人倍加珍惜。如果少女主动追少男，会使男子轻而易举地得到爱情，这样的爱情往往不被珍惜，因而也是不牢靠的。损卦由泰卦演变而来，泰卦是损失下卦一阳爻、增益给上卦一个阳爻而形成的卦，损下益上谓之损，反映了易作者的损益观。少女主动追求少男是损卦卦象，可见易作者并不提倡这种恋爱方式，否则对双方爱情、利益都会有所损害。

二是中女对中男。女下男上是离下坎上的水火既济卦，男下女上是坎下离上的火水未济卦，这是周易最后的两个卦。从年龄结构上讲，中女中男是结婚头几年的状态，结婚后男女关系的处理应当有所调整。角色分工是女主内、男主外，在情感的维护上应当是女方更主动些，女方越是关心体贴男方，家庭就越幸福。这从卦象中可以找到依据，既济卦六爻全是当位、正应的，表明家庭男女双方举止行为均适当，婚姻生活相当和谐。未济卦六爻虽然全部有正应，却都是不当位的，此象表明，结婚后男方总在家里呆着是不妥的，他应该到外面挣钱养家；女方高高在上或者老是在外不着家也是不妥的，这样会把家庭生活过成一团乱麻。

三是大女对大男。女下男上是巽下震上的雷风恒卦，男下女上是震下巽上的风雷益卦，这是指结婚中后期的家庭婚姻生活。女主内、男主外，女方主动关心体贴男方有助于婚姻关系恒久稳定，所以叫恒卦。这个阶段儿女都长大了，女主内、男主外自然没有问题, 男主内、女主外也未尝不可; 女方主动关心男方很有必要, 男方主动体贴女方也能相得益彰, 益卦是由否卦损上益下演变而来, 损上益下谓之益, 也体现了易作者的价值观。

四是交叉匹配。也有三大类型: 其一, 少男与中女、长女的关系, 分别构成火山旅、山火贲、风山渐、山风蛊; 其二, 中男与少女、长女的关系, 分别构成泽水困、水泽节、风水涣、水风井; 长男与少女、中女的关系, 分别构成泽雷随、雷泽归妹、火雷噬嗑、雷火丰。不同结构组成不同的卦, 结果有好有坏, 这对婚姻家庭生活也具有借鉴意义。

十二、阴金克木之象。在八卦与五行关系中, 乾卦、兑卦对应金, 乾为阳卦, 为阳金, 兑为阴卦, 为阴金; 震卦、巽卦对应木, 震卦为阳卦, 为阳木, 巽卦为阴卦, 为阴木。归妹卦呈现主克宾、阴金克阳木的态势。虽然情势对主方有利, 但主客双方实力差距不大, 不可能在短期内见分晓, 正如西伯侯与商王的关系。在此情境中, 兑卦代表西伯侯, 兑为西方, 与岐山方位吻合; 震卦代表商王, 震为东方, 与朝歌方位吻合。最终岐山集团胜出, 但过程却是漫长的。

【关联卦象】

归妹卦由泰卦演变而来。两卦均有 "帝乙归妹" 的说法。泰卦: "六五帝乙归妹, 以祉元吉。" 归妹卦: "六五, 帝乙归妹, 其君之袂不如其娣之袂良。月几望, 吉。" 不仅有相同的爻辞, 而且结果也极为相似。内容的联系来自于卦形的联系。泰卦为地天泰, 其交互卦为归妹卦。泰卦的上交互卦为震, 震为雷, 作为上卦; 其下交互卦为兑, 兑为泽, 作为下卦, 两者构成雷泽归妹。同时, 归妹卦由泰卦演变而来。如果将泰卦的九三与六四交换下位置, 那么泰卦就变成归妹卦了, 这是天地发生交流的具体体现。

归妹卦的综卦是渐卦。综卦也叫覆卦、镜卦, 即归妹卦卦形翻转180度是渐卦, 渐卦翻转180度是归妹卦, 属一体两面, 反映了事物的联系与区别, 观察角度不同, 得到的结果有所不同。渐卦中间四爻均当位, 归妹卦中间四爻均不当位, 因此可以理解为, 渐卦反映了主流婚姻状态, 归妹卦反映了非主流婚姻状态。渐卦是女归, 是嫁女, 男性在主卦, 女性在客卦, 说明是男人娶媳妇。归妹卦是归妹, 侧重指女子出嫁时妹妹陪嫁, 少女在内卦, 长男在外卦, 意在表达少女远嫁给长男的情形。

归妹卦的错卦也是渐卦。如果将归妹卦各爻的性质相反,阳爻变成阴爻,阴爻变成阳爻,得到的卦是其错卦渐卦。错卦的哲学意义在于,在观察事物或解决问题时,要善于站在对立面的角度来看问题,这样才能知彼知己,找到问题的症结,有助于问题的妥善解决。归妹卦的综卦、错卦均为渐卦在易经中是有趣而鲜见的个案,从中可见两卦的关联是多么紧密。

归妹卦的交互卦为既济卦。如果将归妹卦的初九、上六去掉,用剩下的中间四爻重新组成一个卦,上三爻为上卦,下三爻为下卦,其中中间两爻为上下卦皆有,体现出交互的意义,这个卦便是其交互卦既济卦。交互卦的哲学意义在于,考察事物时去掉极端因素,用稳定常态的主体结构作为研究重点,这样得出的结论比较符合客观实际。既济卦是周易倒数第二卦,表明渡河行为已经完成,也可理解为成功。六个爻全当位,三对爻全正应,这是一种理想的组织状态。这说明事物的好坏是相对的,没有绝对的好事,也没有绝对的坏事,在总体不利的归妹卦情境中仍然蕴含着积极因素。

归妹卦与履卦是近邻。两卦有三处爻辞相同,一是"跛能履",二是"眇能视",三是"幽人(之)贞"。原因是归妹卦与履卦的下卦均为兑卦,第四爻都是阳爻,两个卦六个爻中前四爻完全相同,这说明爻辞是观卦象所得,卦形的相似性决定着爻辞的相似性。跛能履,与初九爻位和兑卦有关,初九代表脚足的位置,下卦为兑,兑为毁折,脚+毁折就是"跛能履"。归妹卦的下交互卦是离卦,离为目,下卦兑为毁折,目+毁折就是"眇能视"。履卦的九二有"幽人贞吉"的表述,归妹的九二有"利幽人之贞"的表述,也反映了卦象与爻辞的关联性。

【卦辞象辞】

〖卦辞〗

"归妹,征凶,无攸利。"

【译文】"归妹卦,出击征伐,凶险,无利可图。"

征,出征,出击,征讨,征战,征伐。此"征"与初九之"征",虽然字相同,看似矛盾,其实意思有所区别,初九侧重指主动出击,不是征战,而是在联姻和亲事务上采取积极态度,这对双方都有利。无攸利,就是无所利。

相传,周族首领季历被商王文丁所杀,季历儿子姬昌招兵买马,积聚力量,欲为父报仇。文丁死后其子帝乙继位，其时商朝东南有孟方、林方部落叛乱，为避免两面受敌，帝乙决定嫁女和亲，暂时缓和紧张关系。这时，姬昌羽翼未丰，实力不济，与商王开战时机尚未成熟。与其打无把握之仗，倒不如借机顺水推舟接受这桩婚事，为积聚更大力量赢得和平空间和准备时间。

当条件不成熟时盲目出击是种冒险行为，不但无利可图，恐怕还会血本无归。归妹卦辞，就是表明了在这种情形下的处理原则，正确评估自己的实力，清醒看到自身短板，善于发掘并利用一切积极因素，结合实际，因地制宜，因势利导，该和亲时和亲，该备战时备战，时机不成熟时决不盲目出击。

〔彖辞〕
《彖》曰："归妹，天地之大义也。天地不交，而万物不兴。归妹，人之终始也。说以动，所归妹也。征凶，位不当也。无攸利，柔乘刚也。"

【译文】彖传说："归妹卦，所反映的是天地自然法则。天地如不交流，世上万物就不能兴盛，归妹是人类繁衍、自终至始循环发展的需要。喜悦而付诸行动，这是陪嫁之妹的归宿。征伐有凶险，因为定位不当。无利可图，因为阴爻凌驾在阳爻之上。"

这里讲"人之终始"而不讲"人之始终"，为什么? 人是人类、人生的统称，终是终结、终点，始是人之初、开始，两种结构意思是差不多的，但易经强调事物周而复始的发展，"终始"就是将落脚点放在新一轮的开始上，更能彰显其积极意义。"说以动"，说通"悦"，是指下卦兑卦，兑为悦；动是指上卦震，震为动，引申为行动、心动。"无攸利"即无所利。"柔乘刚"是指，六三骑乘在九二之上、六五骑乘在九四之上。按易经的观点，阴承阳是常态，而阴乘阳被认为是反常现象，所以没有利益可获。

【大象之辞】
《象》曰："泽上有雷，归妹。君子以永终知敝。"
【译文】"湖泽上方有雷电，是归妹卦所反映的自然景象，君子受此启示应当明白自身短板直至人生终结。"

大象象辞揭示了卦象对于人文社会的指导作用和实践意义。总体而言，归妹卦意境不太理想，中间四个爻都不当位，三对爻中有两对没有正应，这与当时西伯侯姬昌创业初期的艰难状态相吻合。易经提示君子，应当明白自己的弱点和缺陷，扬长避短，取长补短，这样才能立于不败之地。

【爻辞小象】

"初九，归妹以娣，跛能履，征吉。"

【译文】 "初九，将妹妹陪嫁为妾，就像跛脚尚能行走，主动嫁娶吉祥。"

娣，与姐姐一起嫁给同一男子的妹妹；妾。初九阳爻居阳位，当位，表明行为举止适当，具有阳刚之气和较强行动能力，采取积极主动的行为是吉祥的。这里的"征"与卦辞的"征"有区别，此处指主动实行"归妹以娣"促成这桩婚事的行为，而卦辞的"征"是征战、征伐、征讨。初九与九四没有正应，得不到来自九四上层的关照。

由于随姐姐陪嫁过去的妹妹是妾是偏房，而不是正妻正室，角色地位上低人一等，总归有些缺憾。爻辞以跛脚来比喻这种角色是形象生动的。跛脚意味着行走不便，但总算勉强能走。妾的角色与跛脚的相似性体现在，虽然不是正妻，但也能生儿育女，甚至将来也有扶正的可能。进一步延伸理解，男主人与妾的关系犹如跛脚，两个主体不是平行的两条腿，而是一条腿长，一条腿短；正妻与妾的关系犹如跛脚，两者地位有高有低，不在一个层面上。

妹妹跟着姐姐陪嫁可能出于无奈，但在整体背景条件困难的情况下，也不失为一种选择。"征"作为主动出击的行为，指陪嫁妹妹的行为，两利相权取其重，两害相衡取其轻，既然改变不了现实状况，不如改变一下自己的态度，积极主动有利于摆脱困境。婚姻是这样，做其他事也是这样。当你做不了主角的时候，不妨先从配角做起，总比无所事事要强，只要把配角做到家了，离当主角也就不远了。因此要学习跛而能履的精神，只要不停下脚步，离成功总会越来越近。

"归妹以娣"取象于兑卦。下卦为兑，兑为少女，与妹意思相同；兑为妾，与娣意思相同。

"跛能履"取象于初九爻位、兑卦和履卦。初九为人足的部位，引申为脚；

下卦为兑，兑为毁折。脚+毁折即为跛脚。此外，上面讲到"归妹卦与履卦是近邻"，初至四爻完全相同，多处爻辞关联，因此履还直接取象于履卦。

《象》曰："归妹以娣，以恒也；跛能履，吉相承也。"
【译文】小象说，妹妹跟着姐姐嫁过去做妾，目的是为了保持长期稳定的婚姻利益格局。虽是跛脚但尚能行走，这样吉祥局面就能承袭下去。

小象的"恒"，是指万一正妻不在了或不能生育，妾可以顶上去，整个家庭的利益关系仍能保持相对稳定，有肥水不流外人田的意味。虽然跛脚却还能走路，虽然是妾却也可以生子，因而仍能保持家族后继有人，将吉祥局面传承下去。

"九二，眇能视，利幽人之贞。"
【译文】"九二，一眼失明还能视物，适宜保持幽隐之人般正固。"

眇，偏盲，一眼瞎，从字面理解就是少一目，一只眼睛视力缺失。幽，昏暗、幽深，隐、隐居的意思；幽人，指隐士，引申为做人低调，远离政治中心或社会热点，而非指囚禁之人，囚禁之人的意思应是后来衍生出来的。贞，正，守正，正固。九二承接初九"跛能履"的意思作进一步阐述，妹妹陪嫁做妾，像跛脚、像一眼失明，虽有缺陷，但还能勉强发挥基本功能，跛脚仍能走，一眼失明仍能看东西。

但是，不管怎么说，跛、眇都是有生理缺陷的人，在现实社会中处于不利位置。此爻的意思是，人处于不利的社会环境中要有自知之明，对自己的短板、弱点和缺陷等应有正确认识，既不脱离实际好高骛远，又不妄自菲薄自暴自弃，正如大象所言"君子以永终知敝"，应当正视自己的不足，采取正确适当的行为方式。

九二阳爻居阴位，不当位，说明力量过刚，因此爻辞有针对性的提出"利幽人之贞"，目的是调整行为的力度，使其适当。九二与六五有正应，能够得到六五君王的支持和关照，这是本卦唯一有正应的一对爻，因此没有不良后果。

"眇能视"取象于离卦、兑卦。下交互卦为离，离为目；下卦为兑，兑为毁折。目+毁折即为眇,指眼睛受到损害。

"幽人"取象于兑卦、坎卦。下卦为兑,兑为巫,与幽人相近。若九二发生爻变,则二至上爻构成大坎卦,坎为沟渎,为隐伏,为水;下交互卦变为艮,艮为山,在山水林泉中隐伏的人即为幽人。

《象》曰:"利幽人之贞,未变常也。"

【译文】小象说,适宜保持幽隐之人般正固,因为这样做没有改变事物常态规律。

"六三,归妹以须,反归以娣。"

【译文】"六三,妹妹陪嫁需要等待,长大后返回男方家做妾。"

须,等待。反,通"返",返回。六三是下卦兑卦的末爻,兑卦是阴卦,六三是兑卦的主爻,在此代表陪嫁的妹妹。在很多情况下,妹妹随姐姐出嫁时年龄尚小,缺乏独立生活能力,年龄太小离开母亲也不够人性化,因此在陪嫁三个月后,要重新回到母亲身边生活,待满十五岁后再返回夫家,满二十岁才正式过婚姻生活。六三阴爻居阳位,不当位,表明力量偏弱,这与陪嫁妹妹尚未长大的情形相符。六三与上六没有正应,得不到上六大佬的关照。

有观点将"须"解释为妾,因为有一星座为"须女",《史记》也说:"须女,贱妾之称,妇职之卑者,主布帛裁制嫁娶。"此说可作为一家之言。但本人认为,本卦多处以"娣"表达妾的意思,而独此处以"须"表示,有些牵强;将其解释为等待,更加符合古代婚姻制度状况。

"须"取象于需卦。上交互卦是坎,坎为水;如果九三发生爻变,则下卦变为乾,乾为天,两者构成水天需。清段玉裁《说文解字注》:"需,须也",意即满足需求是需要等待的。

"反"取象于反巽卦。下卦为兑,兑为反巽,巽为腿,为进退,本来腿脚向前行走,反巽就是让它行走的方向相反,即表达了返回的意思。

《象》曰:"归妹以须,未当也。"

【译文】小象说,妹妹陪嫁需要等待,因为该爻不当位。

也就是说妹妹的现实年龄状况还不适合到男方家里生活。

"九四, 归妹愆 (qian1) 期, 迟归有时。"

【译文】"九四, 妹妹陪嫁延误了期限, 延迟嫁娶需另择佳期。"

愆 (qian1), 延误, 失误。九四是上卦震卦初爻, 为上卦主爻, 代表丈夫。原本男方与女方商定了妹妹过门的时间, 但妹妹却延误了日期, 由此也可看出妹妹不太情愿的味道, 于是需要另外选择良辰吉日。九四阳爻居阴位, 不当位, 表明其行为过于刚强。九四与初九没有正应, 表明其行为得不到基层民众的支持。

"归妹"、"迟归"之"归"取象于兑卦、震卦。下卦为兑, 兑为少女, 引申为妹妹; 上卦为震, 震为动, 引申为行走, 可理解为"归"、出嫁。

"愆期"、"迟归"之"迟"、"有时"取象于离卦、坎卦和兑卦。下交互卦为离, 离为日; 上交互卦为坎, 坎为月, 日月代表时期、日期、期限; 下卦为兑, 兑为毁折。两者合起来表达了延误期限、延迟、另行择时等意思。

《象》曰: "愆期之志, 有待而行也。"

【译文】小象说, 妹妹延误婚期的意图, 在于等待一个适当时间嫁到男方家。

"六五, 帝乙归妹, 其君之袂不如其娣之袂良。月几望, 吉。"

【译文】"六五, 商王帝乙许嫁妹妹, 正妻服饰不如陪嫁小妹服饰考究。如同月亮几乎满月, 吉祥。"

君, 此处代表正妻。袂, 衣袖, 代表服饰。历来对"帝乙归妹"有不同解释, 多数认为帝乙将妹妹许嫁给西伯侯姬昌, 有的认为帝乙将女儿嫁给西伯侯。本人认为, 两者都有可能, 但是无论是嫁妹妹, 还是嫁女儿, 一同嫁过去的必定还有一个小妹作为陪嫁, 这样方能体现出陪嫁制度的意义, 也才符合归妹卦的主题。六五"帝乙归妹"与初九、六三"归妹以娣"的意思是有区别的, 单纯"归妹"只是嫁妹妹的意思, 可以做正妻, 也可以做妾, 结果并不确定。只有加上"以娣”，才表达了嫁过去做妾的意思。因此，"帝乙归妹"只是表明帝乙将妹妹嫁出去，按帝乙的身份，其妹嫁给西伯侯，必定是正妻，而不能理解为帝乙把妹妹嫁给西伯侯做妾，一个商王把自己的妹妹嫁给诸侯做妾，这在逻辑上讲不通。

帝乙把亲妹嫁给西伯侯的同时，定有一位陪嫁小妹。这位陪嫁小妹是谁语焉不详，按照当时的陪嫁制度，可能是帝乙更小的妹妹，也可能是帝乙的侄女，还可能是远房亲戚或从民间找来的少女。从卦意上判断，这位陪嫁少女很可能就是后来转为周文王正妻的太姒（si4）。周文王周公既是周易的作者，又是帝乙归妹的当事人或见证人，身处政治漩涡之中。这桩婚姻对他们来说是福是祸、是利是弊非常清楚，因而在常人看来帝乙归妹这种好事，在卦里反映出来的却未必是好事。政治联姻虽有美满的个案，但多数出于无奈，并非真正爱情的结晶。

《诗经·大雅·大明》记载了帝乙归妹这一盛况。"文王初载，天作之合"；"大邦有子，俔（俔，qian4、xian4，譬如，好比）天之妹"；"文定厥祥，亲迎于渭。造舟为梁，不显其光"；"有命自天，命此文王。于周于京，缵女维莘。"

"大邦有子，俔天之妹。""大邦"指殷商王朝，"子"指帝乙的妹妹或女儿，美若天仙。这应该就是指"帝乙归妹"这件事。周文王后来的正妻叫太姒，是夏禹后代有莘氏部落之女，周武王姬发之母，生有十子，长子伯邑考（姬考）、次子周武王（姬发）、三子管叔鲜（姬鲜）、四子周公旦（姬旦）等，长子被商纣王所杀，其余六子无大建树。从诗经"有命自天，命此文王。于周于京，缵（zuan3）女维莘"看，缵是继承、继续的意思，莘指有莘氏太姒。"缵女维莘"意即有莘氏继承了正妻之位。由"太姒"这一名字判断，此前为妾的可能性很大，因为"姒"是对媵妾中年长者的称谓。

太姒继承正妻之位，很可能是因为帝乙之妹过早病故。结合当时政治形势，等到商王朝与西伯侯正式撕破脸皮之后，废除帝乙之妹的嫡妻地位，由知书达理、温柔贤淑的太姒取而代之也是顺理成章的事。太姒可视为从媵妾华丽转身为正妻的典范，她以周朝先祖夫人太姜、太任为榜样，相夫教子，协助姬昌创建大业，史称"三太"，谥号"文母"。

六五是全卦的核心、君王之位，阴爻居阳位，不当位，说明当时帝乙的力量偏弱，遇到两面受敌的困境，归妹是其权宜之计、无奈之举。好在六五与九二有正应，这是其不幸之幸，说明帝乙的归妹想法得到了西伯侯姬昌的响应，使其暂时缓解了困境。

"其君之袂不如其娣之袂良"，诸侯的正妻为女君，陪嫁者为娣。此处以服饰来比喻德行，意思是正妻的德行不如媵妾的德行好，也就是指陪嫁太姒的德行比帝乙之妹要贤淑。

"帝乙归妹"取象于六五爻位和兑卦。六五为君王之位，与帝乙身份相符。下卦为兑，兑为少女，引申为帝乙之妹。六五与九二有正应，表明其妹同意帝乙的安排。

"其君之袂不如其娣之袂良"取象于由泰卦演变为归妹卦。泰卦为地天泰，上卦为坤，坤为布，是做袂的材料，并且坤为吝啬；下卦为乾，乾为金，为玉。变成归妹卦后，上卦为震，震为诸侯，六五既指帝乙，又指帝乙之妹、诸侯正妻，即为女君，虽然名义是诸侯正妻，但因其与天子的血缘关系决定着其地位的尊贵；下卦为兑，兑为妾。如此，女君与原先的坤卦相对应，妾与原先的乾卦相对应，坤为吝啬，乾为金玉，于是出现女君服饰不如娣的状况。

"月几望"取象于兑卦。望，为满月。几望，是差一点点，几乎满月。上交互卦为坎，坎为月；若六五发生爻变，则上卦变为兑，兑为缺，兑表示接近满月的状态。同时，下卦为兑，也表示接近满月，六五与九二有正应，也就将六五与兑卦关联起来了。两者意思相加，就恰当地表达了"月几望"即月亮未圆将圆的状态。

《象》曰："帝乙归妹，不如其娣之袂良也，其位在中，以贵行也。"
【译文】小象说，帝乙嫁妹，正妻服饰不如其娣服饰亮丽，这是因为其位居中，她是以尊贵的身份出嫁的。

这里隐约感觉到，小象含有正妻的德行比娣好的意味，似乎以衣着的朴素来反衬其德行的高洁。这与本人上述解读不尽一致，特作标注。其实，衣着与德行没有必然联系，它只是作者表达观点时采用的象征手法，无论是衣着朴素象征德行好，还是衣着华丽象征德行好，都是可以的。

"上六，女承筐无实，士刲（kui1）羊无血，无攸利。"
【译文】"上六，女子举筐无物，士人宰羊无血，无利可图。"

刲(kui1)，刺杀，割。"女承筐无实"，女，即下卦兑卦，筐，即上卦震卦，形状像个筐，但筐中空空如也。卦象显示，下面的少女托举着上面一只空筐，非常形象。"士刲羊无血"，士代表男士、士人，即上卦震卦；兑为羊，震卦所宰的就是下卦那头羊。为何宰羊无血？可能是刀子太钝，无法完成这项任务；可能是这头羊宰前已死，宰杀后放不出血；也可能是宰杀技术不过关，刀没有下到地方。总之，上九爻辞传递出一种无利可图、白忙一场的主题。可理解为这种政治联姻是不会有结果的，帝乙归妹不会给商王带来太大利益，也不会给西伯侯带来多少好处。事实证明，商朝终究被周朝所取代。因此，此卦整体状况不太理想，最终没给西伯侯带来安宁，帝乙也没有占到便宜。

此爻取象参见前面"少女承筐之象"和"士人宰羊之象"。

《象》曰："上六无实，承筐虚也。"
【译文】小象说，上六没有实物，因为所承之筐是空虚的。

"无实"、"无血"、"无攸利"和"承筐虚也"均取象于归妹卦由泰卦演变而来。泰卦下卦为乾，上卦为坤。乾为全阳，引申有实、有物；坤为全阴，引申无实，无物。

第五十五卦 丰卦的保丰之道

【丰卦】

【白话经文】

丰卦，亨通。君王前往宗庙祭祀，不用忧虑，适宜秉持正午太阳正大光明之德。

初九，遇到与其相匹敌的主人，虽势均力敌却无灾祸，前往有好姻缘。

六二，扩大席棚遮蔽夏日阳光，人在棚里就像日食时正午出现北斗星。往前扩张将会遭人猜忌，以诚信打动人，吉祥。

九三，扩大遮阳幡幔，如同日食时正午天色昏暗。仿佛折断右臂，但没有灾祸。

九四，扩大席棚遮蔽夏日阳光，人在棚里就像日食时正午出现北斗星。遇见东夷部落首领，吉祥。

六五，有人送来漂亮锦旗，因为有值得庆贺和赞誉的大喜事，吉祥。

上六，扩建房屋，搭建席棚覆盖庭院，从窗户往里瞧，看不到一个人，多年不见有人露面，凶险。

【经文原文】

丰，亨，王假（ge2）之，勿忧，宜日中。

初九，遇其配主，虽旬无咎，往有尚。

六二,丰其蔀(pou3,bu4),日中见斗。往得疑疾,有孚发若,吉。

九三,丰其沛,日中见沫(mei4)。折其右肱(gong1),无咎。

九四,丰其蔀,日中见斗。遇其夷主,吉。

六五,来章,有庆誉,吉。

上六,丰其屋,蔀其家,窥其户,阒(qu4)其无人,三岁不觌(di2),凶。

【解读序言】

丰卦位列周易第五十五卦,上卦为雷,下卦为火,称其为雷火丰。天数一三五七九,地数二四六八十,两者之和正好是五十五,安排丰卦在第五十五位颇具深意,因为五十五象征着天地万物的丰盈和圆满。《序卦传》说:"得其所归者必大,故受之以丰,丰者,大也。"序卦传说,事物得其合适的归宿必定能够发展壮大,因此周易在归妹卦之后安排了丰卦,丰就是大的意思。《杂卦传》说:"丰,多故也。"杂卦传说,丰是因为数量众多的原因。也就是说因物质数量众多而形成丰大的局面。丰卦承接归妹卦,归妹是指女子得其所归,所以婚姻、家庭、事业、财富等将逐渐发展壮大,从而趋向丰盈圆满状态。月满则亏,水满则溢。丰盈状态可长可短,丰卦旨在告诉人们如何才能持盈保丰,悟透了易理就能从中受益。

丰卦主要阐述在人生事业特别是治国理政方面,如何尽可能长久地保持丰盈圆满状态。它有三条叙事线索,一是逐步扩大遮蔽范围,如丰其蔀,丰其沛,丰其屋等,都是挡风遮雨,建立容身之所,主要功能是遮蔽夏日的灼人的阳光,当然在遮蔽阳光的同时,也增加了阴暗,因而遮蔽范围不是越大越好,应当适可而止。

二是反映古代日食现象,如日中见斗,日中见沫,中午出现星斗或昏暗,只有在发生日食的情况下,日食在古代被认为是不祥之兆,可视为老天对当政者提出警告,当政者应当及时反省改过,不然很可能人亡政息,改朝换代,因此拿日食说事,具有警示意义,告诫当政者要正大光明,切勿遮蔽光明。

三是文字与政治人物隐喻关联,丰卦多处文字出现一语双关现象,这些字除明确的意思外,还暗中指向特定政治人物。如,"丰"既指丰邑(周文王都城),又指代周文王及宗庙;"沫"既指沫邑(为殷商武丁、武乙时期都城),又指代商纣王;"有孚发若"之"发"既指启发,又指代周武王姬发;"夷"既指同辈、同等，又指代东方少数民族部落，他们是伐纣联盟军之一，帮助周武王完成了伐纣革命大业；上六爻辞隐喻商纣王丰大不止、穷奢极欲的下场，意在警示周朝政权的后继者要从殷商灭亡的前车之鉴中引以为戒，防患未然，确保江山社稷长治久安。

【卦的含义】

《古代汉语词典》解释：丰，草木茂盛。《说文·生部》："～，艸（草的异体字）盛丰丰也。"容貌丰满。豆器（古代器皿）所盛之物丰满，引申为满；大，扩大，增大；厚，丰厚，使丰厚；丰满；多，富，丰富；富饶，茂盛，茂密，使茂盛；昌盛，兴盛；古代放酒器的托盘；古地名，周文王旧都，在今陕西省长安县丰水西；六十四卦之一。

《说文·豆部》说："丰，豆之丰满者。从豆，象形。"丰的繁体字是"豐"，下面是豆，是指用于装粮食的容器。上面是山字中间两个丰，如同两只筐装满五谷，多得像座小山；简化字"丰"是从繁体字中分离出来的，也是个象形字，就像豆荚里面长满了三颗饱满的豆子，也像稻、麦穗的形状。丰卦之丰，本指豆器所盛之物丰满，引出大、丰厚、丰满、丰富、茂盛、昌盛等义。

【卦象寓义】

一、雷电交加之象。丰卦上卦是震，震为雷，代表雷霆、打雷、雷鸣；下卦为离，离为火，为电，为明，为日，为丽，为目等，代表光明、火焰，此处代表闪电。因此，丰卦所反映的自然景象就是电闪雷鸣、雷电交加，它所表现的是雷暴雨前期的气象状况。雷霆万钧，弥满宇内，电光频闪，充满天地，电闪雷鸣充盈在整个天地之间，表现出丰盈、圆满的意境。同时，雷电交加多发生在春天，唤醒蛰伏，振奋万物，滋润大地，预示着春耕农事的开始，为粮食丰收奠定基础。

二、"豐"字来源之象。丰卦卦象酷似丰的繁体字，下半部分"豆"，《说文解字》解释：古食肉器也。一是"豆"字与离卦形状相似；二是离为大腹、罗网之意，与容器功能相似。丰卦上半部分是山字形的箩筐装着粮食。这个箩筐很像震卦卦形，根据八卦歌诀"乾三连，坤六断，震仰盂，艮覆碗，离中虚，坎中满，兑上缺，巽下断"，"震仰盂"是指震卦的形状像仰着放置的盂，盂是像斗之类的容器，与箩筐意思吻合。震为筤（lang2）竹，为萑（huan2）苇，其于稼也，为反生。篔是幼竹，雚苇是芦苇类植物，这些与地里的庄稼非常相似，反生是指往地下生长的作物，如红薯、花生、土豆、萝卜等，也是粮食的一部分。"豐"字上半部分左右对称的两个"丰"，像两棵作物，与震卦的上述含义契合。

三、推行明德之象。下卦为离，离为火，代表光明，引申为光明之德；上卦为震，震为动，引申行走，即为推行。只有光明之德得到大力弘扬和普遍推行的情况下，国家和社会才能出现繁荣富强、物阜民丰的盛世景象。《大学》所说"大学之道在明明德"之"明德"就是离卦精神的结晶。王阳明所说的"此心光明"、"心即理，心外无物，心外无事"，也是离卦精神的闪现与绽放。

四、公正执法之象。古代公堂之上都会挂一块"正大光明"、"耿介无私"之类的牌匾，象征处理诉讼案件要像正午的太阳一样高悬中天，正大光明，阳光普照，公平正义。卦辞有"宜日中"的表述，正大意境取象于"日中"；光明之意取象于离卦，下卦为离，离为明，为日，为火等。易经中有多个卦的大象涉及司法内容，其共同特点是都有离卦，象征阳光司法，明察秋毫。比如，火雷噬嗑卦"先王以明罚敕法"；山火贲卦"君子以明庶政，无敢折狱"；山火旅卦"君子以明慎用刑而不留狱"；风泽中孚卦（大离卦）"君子以议狱缓死"等。丰卦上卦为震，震为雷。打雷被认为是老天发怒，对坏人坏事予以震慑、警告和惩戒。象征威严公正，不偏不倚，这正是老百姓所期盼的。

五、家业恒常之象。丰卦包含着家人卦和恒卦。家人卦，上卦为风，下卦为火，称其为风火家人。丰卦下交互卦为巽，巽为风；下卦为离，离为火，两者构成家人卦。恒卦，上卦为雷，下卦为风，称其为雷风恒。丰卦上卦为震，震为雷；下交互卦为巽，巽为风，两者构成恒卦。家和万事兴，要想保持丰盈圆满状态，和谐的家庭关系是前提和基础。家人卦在前，恒卦在后，表明要让家庭兴旺发达，就要发扬恒卦精神，因为男上女下是恒常稳定的生活状态；同时，女上男下的风雷益卦，也属良好的生活情境，也值得倡导。

六、乌云蔽日之象。丰卦下卦为离，离为日，为火，为明，代表太阳；上卦为震，震为雷，雷暴雨天气，乌云聚集，覆盖上空，天色阴暗。黑云居上、太阳处下的卦象结构表明，太阳被巨大厚重的云层所笼罩，光明遭受遮蔽，天地呈现阴暗、黑暗的景象。在现实生活中，太阳应当在云气之上，而丰卦的太阳却在云气之下。这是因为易经源于生活却要高于生活，易经是对自然万物天地之象的观察、实践和理论总结，上升为理论后，着力于反映规律和揭示哲理，常常运用卦象所营造的意境来表现主题, 因而不受客观表象所束缚。这种手法在易经中是屡见不鲜的, 泰、否卦象便是例证, 天上地下与实际情况相符却称否, 地上天下与实际情况不符反为泰。

七、树林遮阳之象。下卦为离, 离为火, 为日, 为明, 为目等, 引申为阳光、光亮、光线。上卦为震, 震为筤竹; 为萑苇; 其于稼也, 为反生; 为蕃鲜; 震在五行中属阳木, 高大乔木之类。丰卦下交互卦为巽, 巽为木, 巽为入。可理解为太阳落没于树林或被树林草木遮挡, 也可理解为树冠遮蔽了阳光, 不见了太阳, 暗淡了天色。虽然树木丛林无法与太阳抗衡, 但却比人体高大, 遮蔽了人体, 阻挡了视线, 对人而言就等于遮蔽了太阳。这从 "莫" 字的含义中可以得到印证, 莫字中间的 "日" 代表太阳, 上下两部分皆为艸, 意思是太阳在草丛中落没消失, 实际上反映了日落西山的情景, 在人们观察的视角里, 太阳确实是在山上的树丛杂草中渐渐消失的, 所以 "莫" 的本义是太阳落山日暮来临。后来从太阳消失的意思中, 引申出没有、不见、不等意思, 引申义用多了, 其本义反而淡化了。再后来, 为了区分引申义与本义, 人们用 "莫" 下面加个 "日", 即用 "暮" 来表示 "莫" 的本义, 于是 "莫" 的引申义成了常用义。我将文字的这种演变现象称之为 "鸠占鹊巢现象", 类似的字还有好几对, 比如, 孚与孵、益与溢、它与蛇、畜与蓄等。

八、发生日食之象。爻辞中出现两处 "日中见斗"、一处 "日中见沬 (mei4)" 的表述。日食, 又称日蚀, 分初亏、食甚、食既、生光、复圆等几个阶段, 月亮遮挡的面积越大, 投向地球的阴影越大, 太阳的光亮就越弱, 到食既时分, 投向地球的阳光完全被月亮遮蔽, 这时白昼如同夜晚。甲骨文中有不少关于日食、月食的记载。易作者借此阐述易理, 倡导追求光明, 摒弃黑暗。爻辞 "丰其蔀 (bu4, 又pou3)"、"丰其沛" 立意相同, 遮盖物越大, 阴影越大, 光线越暗。黑暗代表邪恶和丑陋, 光明代表正义和良知。描写日食之象旨在警示人们要光明自己的良知, 切勿让私欲蒙蔽心灵。越是丰盈越要内心光明。丰卦下卦为离, 离为日; 下交互卦为巽, 巽为入。两者组合反映了太阳落没的日食现象。若将二至五视为大坎卦, 坎为月; 离卦居大坎卦之下, 也表达了太阳被大月亮遮蔽的日食现象。

九、日中见斗之象。与日食现象相联系, 丰卦含有 "日中见斗" 卦象。上面说到震卦像斗之类的容器。斗有几个意思, 一是盛酒容器, 也叫羹斗, 有柄; 二是量器, 几升几斗的斗; 三是星宿名, 与北斗相对的南斗, 二十八宿之一; 四是北斗星。可见，北斗星座是根据羹斗酒器的形状而命名的。丰卦上卦为震，震仰盂，盂似斗，引申为北斗星。下卦为离，离为日，代表太阳。太阳与北斗星同时出现，这是有悖常理的，只有在发生日食的特定情况下才可能出现"日中见斗"的天文奇观。

十、武装革命之象。丰卦包含着革卦，革卦上卦为泽，下卦为火，称其为泽火革。丰卦上交互为兑，兑为泽；下卦为离，离为火，两者构成泽火革。革卦反映了武王伐纣、改朝换代的武装革命事件。得道多助，失道寡助；得民心者得天下。商纣王穷奢极欲，失掉民心；周文王爱民如子，众望所归。经过两三代人的艰苦奋斗和几十年的苦心经营，以及类似孟津观兵这样的军事演练，周武王终于在牧野之战中获胜。丰卦反映了周王朝建立之后，国泰民安、物阜民丰的盛世景象。警示人们得天下难，守天下更难，要倍加珍惜革命的胜利果实。

十一、内明外动之象。下卦也叫主卦、内卦，上卦也叫客卦、外卦。离卦卦德为明，震卦卦德为动。所谓的德卦通常是指八个经卦而言的，《说卦传》分别介绍了八个经卦的适用范围，一个经卦有几种几十种意思，涵盖一大类性质特征相近的众多事物，但这些事物有一个显著的共同特征，这个共同特征就是这个卦的卦德。比如，离，为火，为日，为明，为电，为丽，为目等，其共同特征表现为光明，因此称离卦卦德为明。同理可推震卦卦德为动。丰卦呈现出内明外动的组织结构，可理解为人们内心或组织内部具有光明之德，丰卦表现为明德的实施和外化，不断向外展现光明之德，这样获得丰盈圆满便顺理成章了。

十二、中女长男之象。在易经大家庭中，震为长男，离为中女。在丰卦中，下卦为离，下卦也叫主卦、内卦，相当于中女在家庭内部主持家政，料理家务，负责柴米油盐、吃喝拉撒，做好后勤保障工作。上卦为震，上卦也叫客卦、外卦，相当于长男在外开疆拓土，创建事业，从事劳动生产，满足家庭成员的物质需求，解决全家生计经济问题。这种家庭分工是基本合理的，能为家庭带来丰收和财富。

十三、阳木生火之象。在八卦与五行关系中，丰卦上卦为震，震为阳木；下卦为离，离为火。两者呈现阳木生火的态势。与阳木相对应的是阴木，巽为阴木。与阴木相比，阳木的生火能力更强。因此，在丰卦情境中，主体的形势非常有利，能够得到客体的生扶和支持。如果是一个家庭、单位、团体、机构等，处于这样一种情境中，就有利于将事业做大做强，这是取得丰盈圆满的重要原因。

【关联卦象】

丰卦由泰卦演变而来。泰卦上卦为坤卦，坤为地；下卦为乾，乾为天，称其为地天泰。上卦三个阴爻，下卦三个阳爻。只要将九二与上卦六四对调一下，泰卦就变成了丰卦。卦辞和象辞中都讲到"宜日中"就反映了这种演变轨迹。六四来到六二之后，就处于"日中"的位置，"宜日中"就是六四来到六二是适宜的。六二是下卦中爻，也是离卦中爻，"中"意味着不偏不倚，表明道德品质良好。

丰卦与旅卦互为综卦。丰卦翻转180度为旅卦，旅卦翻转180度为丰卦。两卦属一体两面，既有联系，又有区别，卦象的联系反映了事物的内在联系，卦画的颠倒实则反映了观察事物的角度发生了变化。丰卦是丰盈圆满状态，月满则亏，水满则溢，这是客观规律。如何保丰，实则是关涉维持丰大状态多长时间的问题。处理得好丰盈圆满时间就长，处理得不好丰盈圆满就只能是昙花一现。一旦丧失丰盈圆满状态，事物就开始向反面转化，就可能出现资源匮乏、缺衣少食、生活拮据等困顿现象，甚至不得不外出谋生、流落他乡，这便是旅卦所反映的内容了。

丰卦的交互卦为大过卦。如果将丰卦初九、上六去掉，用剩余四爻重新组成一个卦，上三爻为上卦，下三爻为下卦，其中间两爻为上下卦皆有，这个重组的卦便是其交互卦大过卦。上交互卦为兑，兑为泽；下交互卦为巽，巽为风，两者构成泽风大过。大过就是大的过错或过失。巽在兑泽之下，巽为木，引申为木舟，大过卦是指木舟沉入湖底，很可能是一起责任事故，故称大过。本卦与交互卦既有联系又有区别，人们在丰卦情境中很容易犯大过，大过卦反映了丰卦下一步可能出现的过程性状态。懂得这一易理，就可以提前采取防范措施，有效加以避免，至少可以减轻过失程度，减少利益损失。

丰卦的错卦是涣卦。如果将丰卦的每个爻性质相反，即阳爻变阴爻，阴爻变阳爻，那么得到的卦便是其错卦涣卦。错是阴阳交错相杂的意思，而不是错误。涣卦上卦为巽，巽为风；下卦为坎，坎为水，称其为风水涣。表现为风吹水面，使水面涟漪涣散的意境。俗话说，财聚人散，财散人聚。丰卦是财聚，生活富裕之后，人心就容易涣散，这是这对错卦揭示出来的规律。人心散了，如何重新凝聚起来？涣卦给出的答案是"王假（ge2）有庙"，通过宗庙祭祀凝聚人心。风水，风水，庙宇大都建在有风有水、风景秀丽的地方，堪舆学中的风水概念很可能源于涣卦。

丰卦与明夷卦是近亲。 如果将丰卦的九四变成六四,那么丰卦就变成了明夷卦,明夷卦上卦为地,下卦为火,称其为地火明夷。明夷卦实则反映了太阳落没于地平线之下,收起最后一缕光线的景象,意味着夜幕降临。明夷即光明消失,这样与丰卦"日中见斗"所表述的日食现象就天衣无缝般地契合了。卦辞、爻辞为观象所得,卦象是卦辞、爻辞的载体;卦辞、爻辞是卦象的反映。卦象关联决定了内容关联,内容关联反映了卦象关联。象、数、理、义的完美融合,正是易经广大精微、神奇奥妙所在。

【卦辞象辞】

〖卦辞〗

"丰,亨,王假(ge2)之,勿忧,宜日中。"

【译文】"丰卦,亨通。君王前往宗庙祭祀,不用忧虑,适宜秉持正午太阳正大光明之德。"

假,通"格",至,到。丰卦卦辞与萃卦、涣卦卦辞有关联。"萃,亨,王假有庙,利见大人,亨利贞,用大牲吉,利有攸往。""涣,亨,王假有庙,利涉大川,贞吉。"三个卦辞中皆有"亨";"王假之"与"王假有庙"意思相近,都有君王前往宗庙举行祭祀活动的意思,因而此处"之",应当理解为宗庙。

"王假之"取象于丰卦由泰卦演变而来。卦爻辞为观象所得。泰卦下卦三个阳爻、上卦三个阴爻。如果将九二与六四交换位置,那么泰卦就变成了丰卦。泰卦的九二是乾卦的中爻,乾卦代表天,乾为君,中爻是乾卦主爻,最有资格代表君王。九二离开原来的位置,前往九四,此时上卦由坤变为震,震为动,引申为行走前往。宗庙通常建在城郊,泰卦上卦为坤,坤为地,正是宗庙的所在地。这样,"王假之"的意境就形象生动地呈现出来了。

"宜日中"也取象于丰卦由泰卦演变而来。是指泰卦九二走了之后,六四来到六二,于是下卦就成了离卦。离为日,代表太阳,日中就是离卦的中爻,即六二。"宜日中"一语双关,既是时间概念,又是道德要求。它不是单纯的时间概念,而应当着重理解为由正午太阳引申出来的对君王道德品行的要求。用正午的太阳象征内心的光明正大。中午艳阳高挂,普照天下,是阳光最明亮最有力的时候, 作为君王应当像日中的太阳一样努力进取, 公正无私, 勤勉施政, 造福百姓。

〖彖辞〗
《彖》曰: "丰, 大也。明以动, 故丰。王假之, 尚大也。勿忧, 宜日中, 宜照天下也。日中则昃 (ze4, 太阳西斜), 月盈则食, 天地盈虚, 与时消息, 而况人于人乎? 况于鬼神乎? "

【译文】彖辞说: "丰, 就是大的意思。内心光明而对外有所行动, 所以丰满。君王举行祭祀, 旨在崇尚丰大。不用忧虑, 适宜学做正午的太阳, 适宜阳光普照天下。太阳行至日中便开始西斜, 月亮满盈即开始被蚕食, 天地丰盈亏虚, 随着时间推移表现出减少或增加的规律, 更何况人与人、人与鬼神呢? "

彖辞用来解释卦辞, 明以动, 明是指下卦离卦, 离为火, 为日, 为目, 为丽, 为电等, 象征光明; 动是指上卦震, 震为雷, 为动, 引申行动、行走。易传作者指出, 太阳、月亮等天地万物都随着时间的推移呈现出盈虚更替的规律。天地都如此, 更何况人与人、人与鬼神之间的关系, 天下万物无一例外地遵循着盈虚变化规律。这里的鬼神应理解为先祖的思想境界、道德精神和良好风范, 不能理解为迷信意义的鬼神。

【大象之辞】
《象》曰: "雷电皆至, 丰。君子以折狱致刑。"
【译文】"雷鸣闪电一并出现, 是丰卦的卦象。受此启示, 君子应当公正断案, 依法律规定施刑。"

大象是对全卦自然景象的描述, 继而将其引入人文社会领域, 从而使主题得到进一步升华。这里易传作者将雷电所象征的严肃、威武、公正、明察秋毫, 引入司法领域, 倡导君子学习雷电精神, 主持公平正义, 无私无畏, 惩恶扬善, 不偏不倚, 雷厉风行, 努力维护好百姓的合法权益。

【爻辞小象】

"初九，遇其配主，虽旬（jun1）无咎，往有尚。"

【译文】"初九，遇到与其相匹敌的主人，虽势均力敌却无灾祸，前往有好姻缘。"

《古代汉语词典》解释：配，匹敌，相当；婚配，结为夫妻，配偶，妻子；配享，祭祀时兼祀他神以配其所祭，《周易·豫》："殷荐之上帝，以～祖考。"分配，分发；流放。旬（xun2），十天；（jun1），通"均"，均平、均等的意思，结合爻辞，此处应理解为均等之意，是指初九与九四皆为阳爻，势均力敌，虽然没有正应，彼此不沟通不交流，但因相互牵制而得以平衡。尚，推崇，尊重，引申为崇尚，喜好；匹配，多指高攀婚姻，《史记·绛侯周勃世家》："公主者，孝文帝女也，勃太子胜之～之。"据此，宜将"尚"解释为婚姻匹配之意。往有尚，是指初九前往，与六二喜结良缘。六二居中，表明品德高尚；六二为离之中爻，离为丽，为明，说明姑娘美丽动人，而且六二与六五没有正应，恰巧是名花无主，这给初九创造了机缘。因而，可理解为初九高攀了六二。

初九、九四是爻位相对应、却没有正应的一对爻，分别是上下卦的初爻，从初九"遇其配主"、九四"遇其夷主"的表述来看，这个"主"都指向震卦，震为东方，指东夷少数民族部落。初九阳爻居阳位，当位，说明其行为举止是适当的。初九与九四没有正应，两者不能配合协调。

"遇其配主"取象于震卦。上卦为震，震为长男，为诸侯，具有主人地位。九四是震卦主爻，因而代表男主人。初九与九四相遇，两者同性相斥，势均力敌，谁也左右不了谁，因而"虽旬无咎"。

"往有尚"取象于离卦、巽卦。六二为离卦中爻，离为中女，为丽，为明，下交互卦为巽，巽为近利市三倍，说明六二漂亮、贤淑，而且富有。初九能高攀到这样的配偶，实属祖坟冒青烟了。

《象》曰："虽旬无咎，过旬灾也。"

【译文】小象说，虽长达十天没灾祸，过了十天就有灾祸了。

显然小象将"旬"解释成了时间概念十天。本人不认同小象的解释，若照此推理，一方面鼓励初九前往，另一方面却说过了十天就有灾祸了，似乎难以自圆其说。本人认为，将"旬"解释为均等更加恰当，应将小象解释为：虽然双方势均力敌却没有咎害，而一旦失去平衡就有灾祸了。如此解释就与爻辞协调了，可视为对小象偏颇的修正。

"六二，丰其蔀（bu4，又pou3），日中见斗。往得疑疾，有孚发若，吉。"

【译文】"六二，扩大席棚遮蔽夏日阳光，人在棚里就像日食时正午出现北斗星。往前扩张将会遭人猜忌，以诚信打动人，吉祥。"

《古代汉语词典》解释：蔀（bu4，又pou3），为蔽夏日所搭之席棚，《周易·丰》："丰其～，日中见斗。"又指以席棚覆盖，《周易·丰》："丰其屋，～其家。"丰其蔀，是扩大席棚，目的是为了避免夏季阳光曝晒。斗，是北斗星。日中见斗，一般情况下，正午是见不到北斗星的，只有在发生日食的情况下才能见到。疑疾，即疑嫉，猜疑嫉妒，猜忌，疾解为病也可。有孚，诚信。发若，受启发的样子，引申为被诚信打动。此处"发"一语双关，既指启发，又指武王姬发。

夏季，太阳炎热灼人，人们搭个凉棚以躲避阳光曝晒。凉棚通常用稻草或茅草编织的席子拼搭而成，人置身于阴暗的棚舍内，可见到棚顶小孔露出的光亮，好像发生日食时正午出现的北斗星。搭棚避暑是合乎情理的，但发生日食却是异常天象，古人认为这是老天对伤天害理的人发出警告。同时，席棚越大，阳光被遮蔽越多，阴暗面越大。棚舍内阴暗还好说，如果人的内心阴暗增多就会带来恶果。作者假借日食异象阐发事理，意思是说，你搭个凉棚可以理解，但不能超出合理范围，不能把规模搞得太大，免得让人生疑。进而提示人们做事要适可而止，不能不考虑周边人的感受，不能一味贪大求全，丰大不止。如果丰大到遮蔽了内心的光明，就必定遭到别人猜疑。

要避免恶果出现，就要坚守诚信，并且能够打动别人，外部光明可以被遮蔽，但内心的光明决不能被蒙蔽。这样，就能消除别人的猜忌，取得吉祥结果。六二阴爻居阴位，当位，表明其行为举止是适当的。六二与六五没有正应，说明其行为得不到六五君王的支持。但是，诚信的力量是无穷的，诚信能给其带来吉祥。

"丰其蔀"取象于离卦、巽卦。下卦为离，离为日；下交互卦为巽，巽为入，为木。太阳入即被遮蔽之意，离居巽下，还可理解为阳光被草木、树冠遮蔽之意。

"日中见斗"取象于离卦、震卦。下卦为离，离为日，日为太阳；离为目，目能见；上卦为震，震为仰盂，引申为斗，由器皿之斗再引申为北斗之斗。

"往得疑疾"取象于震卦、坎卦和兑卦。上卦为震，震为动，即行走、前往。若将九三九四视为一个阳爻，则二三四五爻构成大坎卦，坎为加忧，心病，与疑疾吻合。上交互卦为兑，兑为毁折，与病吻合。

"有孚"取象于离卦。丰卦下卦为离，离为明，内心光明即诚信有孚。

《象》曰："有孚发若，信以发志也。"

【译文】小象说，以诚信打动人，这是实实在在地启发了人们内心的精神意志。

"九三，丰其沛，日中见沫（mei4）。折其右肱（gong1），无咎。"

【译文】"九三，扩大遮阳幡幔，如同日食时正午天色昏暗。仿佛折断右臂，但没有灾祸。"

《古代汉语词典》解释：沛，通"斾"（pei4），即旗帜，《周易·丰》："丰其~，日中见沫"。《辞海》解释：沛，通"斾"，幡幔之属，《易·丰》："丰其沛，日中见沫。"王弼注：沛，幡幔，所以御盛光也。沫，微昧之明也。《古代汉语词典》解释：沫（mei4），地名，在今河南淇县；通"昧"，昏暗，《周易·丰》："丰其沛，日中见~。"淡薄、暗淡。有版本将其写作"沫（mo4）"，将其解为不知名的小星星，也可，两者意思不矛盾。

九三阳爻居阳位，当位，表明其行为举止得当。九三与上六有正应，表明其行为能得到上层大佬的支持，因而尽管折断了右肱，仍能无咎。右臂比左臂有力，表明主要手臂失去了功能，如果一味求大不加节制，就像阳光被乌云遮蔽，人失去了右臂。

"折其右肱"取象于兑卦和艮卦。上交互卦为兑卦，兑为毁折，兑为西方，西方为右，在后天八卦图上，兑分布在右侧，代表右侧手臂。若九三发生爻变，则下交互卦由巽卦变艮卦，巽为股，即大腿；艮为肱，即为手，股肱常连在一起使用，比如股肱大臣，是得力大臣、骨干大臣等意。以上几个意思组合起来就表达了"折其右肱"的意思。

《象》曰："丰其沛，不可大事也；折其右肱，终不可用也。"

【译文】小象说，扩大遮阳幡幔，但不要把事情做得太大太过火；折断右臂，导致最终右臂失去了功用。

"九四，丰其蔀，日中见斗。遇其夷主，吉。"

【译文】"九四，扩大席棚遮蔽夏日阳光，人在棚里就像日食时正午出现北斗星。遇见东夷部落首领，吉祥。"

夷，东夷，指东部少数民族部落。相传，胶鬲是殷商大富商，在西伯侯姬昌举荐下在商朝担任要职，统领军队，实则为姬昌安插的卧底。其时胶鬲带领殷商七十万主力部队征伐东夷部落，周武王乘机向殷商王朝发起进攻，商纣王慌忙应对，无兵可用，便用囚犯、奴隶组建临时队伍迎战，结果前军倒戈，商纣王大败。东夷部落也作为联盟军参加了武王伐纣的牧野之战。

另有解释，夷，平，平坦；诛灭、消灭；平安，安定；同辈、同等，此处解除为同辈、同等之意，指九四与初九旗鼓相当，不分伯仲。

九四阳爻居阴位，不当位，九四为上卦震卦初爻，雷震落在此爻，充满能量，表明其行动能力过于刚强。九四与初九没有正应，处于对峙状态。既不当位，又不相应，却能得到吉祥结果，主要原因在于它是上卦卦主，雷的公正无私和充满正能量的特性可以弥补某些缺陷。下卦离卦是内卦，代表内心光明。雷在火之上，可视为光明承载着公正，虽没有正应，却不会产生咎害。

"夷主"取象于爻位和震卦。上卦为震，震为东方，引申指东夷少数民族部落；六四为诸侯之位。两者结合恰当地表达了"夷主"的含义。

《象》曰："丰其蔀，位不当也。日中见斗，幽不明也。遇其夷主，吉行也。"

【译文】小象说，扩大席棚遮蔽夏日阳光，这是爻位不当；正午出现北斗星，是因为日食使天色幽暗不明；遇见东部少数民族首领，因为这是一次吉祥的行动。

为何吉祥呢? 因为九四紧挨下卦离卦, 与光明偕行即是吉祥之行。行取象于震卦, 震为动, 引申为行走、行进、行动等。

"六五, 来章, 有庆誉, 吉。"

【译文】"六五, 有人送来漂亮锦旗, 因为有值得庆贺和赞誉的大喜事, 吉祥。"

章, 文采, 花纹, 泛指有花纹的纺织品, 或其他精美漂亮的艺术品, 引申为锦旗之类, 可理解为各级官员送来的贺礼。六五是君王之位, 阴爻居阳位, 不当位, 说明其行为偏向柔弱, 这是一个低调仁慈的君王。它居上卦中位, 表明品德公道正派, 能够坚守中道。虽然六五与六二没有正应, 但内卦为离卦, 内心光明火热, 而且得到九四的亲比。来章, "来"表明从远处而来, 六五在上卦, "来"就表示来自下层, 下层各级官员送来精美贺礼。

爻辞只说"有庆誉", 说明有值得庆贺和表彰的大喜事, 但没有说是什么大喜事。从丰卦五十五序位数和丰卦的名称和意境看, 很可能是指武王伐纣取得胜利, 宣告正式建立周朝政权的事, 这是一个具有深远而重大影响的历史事件, 对于周朝来说没有比一统天下更大的喜事了。

西周实行分封、宗法制度, 建立了宗庙、君王、诸侯、公卿、大夫、士与平民的等级秩序。爵位分为公、侯、伯、子、男五等, 反映了贵族的政治地位。公爵地位至尊, 只有宋、虞、虢三国国君被授予公爵, 因为宋国是商朝遗留人群, 周朝对其比较客气, 虞国国君虞仲是周文王的伯父, 虢国国君虢仲是周文王的弟弟; 诸侯国国君多数为侯爵, 所以称为诸侯, 如鲁国、晋国、齐国、卫国、陈国、蔡国等; 封伯爵的主要有秦国、郑国、曹国等; 封子爵的主要是蛮夷地区, 如楚国、吴国、越国等; 封男爵的只有许国。

按照周朝的等级制度, 上爻是宗庙之位, 或者代表退位君王, 贵而无位, 高而无民。五爻是君王之位, 受天命管理天下, 因而称其为天子, 周朝君王也称周天子。四爻是诸侯之位, 代表各诸侯国或国君。三爻是公卿之位, 以"三公六卿"为主体, 三公是太师、太傅、太保, 六卿是太宰、太宗、太史、太祝、太士、太卜。也有观点将三爻、四爻所代表的阶层互换位置。二是大夫之位, 是君王任命的管理采邑的官员, 采邑相当于现在的县, 也叫家, "修身、齐家、治国、平天下"

的"齐家"就是指治理这一叫"家"的行政区域，与现代意义的家有所区别，相当于现代的县或比县稍小。初爻代表士、百姓，士相当于现在的知识分子，属于后备干部队伍。

君王之子叫王子；诸侯之子叫公子，取公、侯、伯、子、男的首字，后泛指出身豪门有文化的人；国君之子叫君子，出身贵族，从小受到良好教育，后泛指有思想、有文化、有道德、有修养的人群。

"来章"取象于离卦和震卦。下卦为离，离为明，为文，为丽，表达了章的意境。上卦为震，震为动，引申行走，对六五而言离卦为"来"。

"有庆誉"取象于兑卦。上爻互卦为兑，兑为口，言自口出，兑为悦，喜悦之言与庆誉吻合。

《象》曰："六五之吉，有庆也。"

【译文】小象说，六五的吉祥，是因为有值得庆贺和赞誉的大喜事。

"上六，丰其屋，蔀其家，窥其户，阒（qu4）其无人，三岁不觌（di2），凶。"

【译文】"上六，扩建房屋，搭建席棚覆盖庭院，从窗户往里瞧，看不到一个人，多年不见有人露面，凶险。"

阒（qu4），寂静、空寂。三岁，非实指，表示多年。觌（di2），见，相见；显示。上六阴爻居阴位，当位，表明其行为举止是适当的；上六与九三有正应，说明能够得到基层实力阶层的支持。但为何还会出现凶险之兆呢？这是由其所处的爻位和环境所决定的。上六是末爻，阳极则阴，阴极则阳，物极必反，乾卦末爻是"亢龙有悔"，高处不胜寒；坤卦末爻是"龙战于野、其血玄黄"，成败在此一举。上六是退位的君王，是大佬，其作用的发挥取决于现任君王的态度，可以继续发挥余威、一言九鼎，也可以人走茶凉、孤家寡人。

从此卦情况看，上六与六五均为阴爻，说明彼此并无良好关系，尽管与九三有正应，但中间隔着君王和九四，并不能带来多少益处。况且上六与下卦离卦最远，也就是离光明最远，容易被阴暗所笼罩，位置不中不正，又积攒了巨大财富，这使得他继续扩张而不能收手。虽然从爻位上看，阴爻居阴位，行为还算适当；但从上卦震卦上看，上六仍处在震卦上，表明行为仍然动荡不止，没有停步收手的意思。

从爻辞上看，这位大佬退位后还继续扩建豪宅大院，修建超大席棚，一味扩张的恶果必定是走向衰败。贪婪是人性的弱点，天作孽犹可违，自作孽不可活。上六的凶险源于不断地扩张，再加上富财来路不正当，不懂得不义之财不可得，不懂得适可而止，物质上的富有掩盖不了精神的贫乏。钱财多了，害怕被揭发被清算，担心贼偷强盗抢，不敢露财，不敢露面，不敢与人说话，如同把自己提前埋葬于坟墓之中，其结局注定不会好。通过考察此爻，提示人们若要保持丰盈就必须适可而止，明白了这个道理方可避免凶险和后悔之事。

"家"、"窥其户"取象于离卦和艮卦。下卦为离，离为目，与窥意合。上六与九三有正应，若九三爻变，则下交互卦变成艮卦，艮为门阙，即门户。家也取象于艮卦。

"三岁不觌"取象于爻位、离卦和兑卦。上六与九三有正应，从九三至上六经过三个爻，引申为三岁，泛指多年。若上六爻变，则上卦变为离卦，离为明，引申为显现；上交互卦为兑卦，兑为毁折。毁折+显现，即为不觌。

《象》曰："丰其屋，天际翔也；窥其户，阒其无人，自藏也。"

【译文】小象说，扩建房屋，就像鸟儿孤零零地在天际飞翔；从窗户往里瞧，看不见一个人，这是把自己深藏起来。

小象隐含着高处不胜寒的意思，自己孤立于社会，自己给自己挖坑往里跳，最终的结局必然是自食其果，咎由自取。

综观丰卦，可以得出几点启示：一是有力量相当的竞争对手有利于致丰保丰；二是坚守诚信是消除障碍与风险的最好办法；三是丰大应当适可而止，日中则昃、月盈则食，最光明的时候意味着黑暗即将来临，贪得无厌必将引火烧身；四是君子爱财取之有道，靠牺牲光明良知换来的丰大终究是守不住的；五是老大的作用不在于个人能力，关键在于能以怀柔仁德凝聚人心。

第五十六卦 旅卦的漂泊之道

【旅卦】

【白话经文】

旅卦，小通达，旅人守正吉祥。

初六，旅寄他乡一副猥琐卑怯的样子，这是招致灾祸的原因。

六二，住进旅舍，怀揣盘缠，雇佣童仆，守正。

九三，旅居期间烧毁了客舍，童仆离去，固陋有风险。

九四，漂泊至某地，得到资费和防身器械，但仍然高兴不起来。

六五，射击山鸡，耗费一箭，最终享有赞誉，得到任命。

上九，鸟巢被烧，旅人先笑后嚎啕，在边界走失了牛，凶险。

【经文原文】

旅，小亨，旅贞吉。

初六，旅琐琐，斯其所取灾。

六二，旅即次，怀其资，得童仆，贞。

九三，旅焚其次，丧其童仆，贞厉。

九四，旅于处，得其资斧，我心不快。

六五，射雉（zhi4），一矢亡，终以誉命。

上九，鸟焚其巢，旅人先笑后号咷，丧牛于易，凶。

【解读序言】

旅卦位列周易第五十六卦，上卦为火、下卦为山，称其为火山旅。《序卦传》说："穷大者必失其居，故受之以旅。"序卦传说，穷尽丰大到极致的时候，必定丧失居住之所，因此周易在丰卦之后安排了旅卦。卦序反映了事物发展的一般规律，丰大必须适可而止，如果毫无节制地一味丰大，超出了个人的控制能力，结果反被财物所控制，即由财物的主人变成财物的奴隶。当财富、官爵、名誉等不能为个人掌控的时候，天道规律就会自动介入进行干预，老天调节的结果就是重新洗牌，当事人不仅可能失去原有丰大的既得利益，甚至连栖身之所都难以保障，以致于不得不颠沛流离，流落他乡。贪官外逃的情境就是例证。

俗话说，在家千日好，出门时时难。旅卦之旅并没有现代人旅游那样轻松惬意，它是不以人们意志为转移的被迫无奈之举。处于旅卦状态的人只有按照旅卦的原则和要求行事，才可能趋利避害，逢凶化吉。《杂卦传》说："丰，多故也；亲寡，旅也。"杂卦传说，丰，数量众多的结果；举目无亲，是旅行者的处境。

据古典文献记载，孔子曾先后占到过两个卦，一个是贲卦，一个是旅卦。贲卦是装点、修饰之意，旅卦是旅行、旅寄之意。孔子在五十岁左右有几年在鲁国担任司寇的经历，本来孔子想实践其政治理想，但并未得到鲁君的响应和支持，最终免不了只是花瓶的角色，鲁君只想拿文化名人装点下门面，并未想真正用他，这与贲卦是吻合的。后来五十多岁，孔子辞官开启长达十四年的周游列国之旅，便应了旅卦的结局。当然孔子困厄于旅途，但也成就于旅途，假如没有十四年的周游列国生涯，孔子的成就和影响力恐怕不会有今天这样的博大气象。

值得注意的是，占卦与命运的应验，有古人文学演绎的成分，凡是历史名人总得有些与众不同之处，以示圣人是老天派到人间的天使。不能把它理解为迷信，否则就会使人陷入宿命论的泥潭，这是有害的，会抹杀人的积极进取精神。就连王阳明这样的圣人也曾发出过疑问，圣贤也许是老天安排的，而自己恰恰没有被老天选中。从孔子、王阳明的一生成就来看，决非老天安排，坐享其成，完全是他们用毕生精力，持之以恒，不屈不挠，矢志不渝地追求光明的结果。

【卦名含义】

《古代汉语词典》解释：旅，军队编制单位，五百人为旅，一说两千人为旅，引申为军队、士兵，又一旅之长，军官；众人，引申为共同；陈列（像军队一样列队之意）；以长幼尊卑次序劝酒；旅行、寄居，引申为旅客、宾客；不种而自生的，野生的；门前道路；祭祀名，祭（山川、天帝）；六十四卦之一。词语旅次，旅途中的寓所；旅食，庶人为官，尚未取得正禄，但可在官府吃饭。寄食，旅居。

在旅卦中主要是旅行、寄居的意思，但或多或少与其他意思有关联。因此了解卦名的意思不但要知其一，还要知其二，如此才能举一反三，触类旁通。旅次、旅食与旅卦之旅意思紧密相关。旅次的"次"是由部队守营扎寨的意思引申而来的。

【卦象寓义】

一、山上有火之象。山上有火也就是火在山上，这是大象所反映的景象。旅卦下卦为艮，艮为山；上卦为离，离为火。从表面意思看，最直观的景象就是发生了山火，就像当年大兴安岭的森林大火，境外森林大火也常见诸媒体。有雷霹树木引起的，有用火不当引发的，也有人为破坏导致的。还有种山上有火的景象，就是火山暴发，山上喷发出火烟，涌流着火红炽热的岩浆。总之，山上有火是天灾人祸的景象。以此寓意人处于旅卦情境也有天灾人祸的成分。

二、焚香祭山之象。"旅"字含义之一是"祭祀名，祭（山川、天帝）"。《论语》："季氏旅于泰山。"即鲁国实际执掌朝纲的大夫季氏在泰山上祭祀，而不是去泰山旅游。祭山并非一定要到主峰山巅，祭祀者通常是选择山脚或山腰一个稍微平坦的山坡，点上香火，摆放供品，面朝主峰进行祭拜。山上有火所描写的就是祭山川、天帝这一情景。旅卦上卦为离，离为火，此处的火为香火、焚香烧纸；下卦为艮，艮为山，指祭祀时所处的山坡，而非指祭祀对象的山头主峰。祭山的时候是离开工作生活之地的，多则十天半月，少则三天五天，也是一场短暂的旅居生活。这样，旅山之旅便与旅卦之旅发生了关联。

祭山源于对山的崇拜，因为在远古太昊伏羲氏时期人们主要以畜牧业为生，至公元前3100年左右，由于小行星撞击地球，许多动物都灭绝了，动物资源匮乏后必须开发新资源，于是到了炎帝神农氏时期，他开始爬山越岭，尝遍百草，开发植物资源，有的变成了粮食作物，有的变成了中草药，开启了农业社会先河, 为黄帝轩辕氏的农耕时代打下了基础。所有的动物资源和植物资源都离不开山, 所以神农时期至夏禹时期逐渐形成的易经版本是连山易, 第一卦是从艮卦开始的, 成书最早, 也最早形成完整体系, 内容非常丰富, 可惜灭失也最早。至夏桀时, 史官弃夏桀投靠商王成汤, 在逃走时, 由于连山易书籍体积大, 份量重, 行动不便, 只带走了主干部分, 而其余大部分内容就此灭失。

易经的另一个版本是归藏易, 始于黄帝时期, 终于殷商王朝, 该易首卦从坤卦开始, 后也灭失。只有周易始于六千五百年前的伏羲, 成于三千年前的周文王、周公, 至两千五百年前经孔子及学生编撰整理成解释易经的易传, 从而形成经传体系一直延续至今, 确立了其群经之首的崇高地位, 孔子评价称 "得易而群毕", 可谓一语中的。

夏禹时期曾发生过全球性特大洪灾, 夺去了众人性命。夏禹运用易经智慧, 实行了科学治水, 因循山脉地势疏导水流, 依托崇山高地挽救了大批民众, 这比西方诺亚方舟只逃生诺亚一家八口人及少量飞禽走兽要伟大许多。山是远古时期先民赖以生存和发展的基地和大本营, 许多先民正是凭借高山才在洪水浩劫中幸存下来, 在战争时期, 崇山峻岭还是保家卫国的天然屏障。正因为山给人们带来了这么多福祉, 因此人们才会对它产生宗教般的虔诚和崇敬。

三、山上有日之象。下卦为艮, 艮为山; 上卦为离, 离为火, 为日, 日即太阳。山上有日, 日上山岗, 分为两种情况, 一是早晨东方欲晓, 日上山岗, 二是傍晚时分日薄西山。太阳始于东山, 落于西山, 是个慢慢离开东山, 逐渐移至西山的过程, 太阳的这一轨迹就是一天的旅程, 以此比喻人生的漂泊之旅, 有颠沛流离之意。

据传, 伏羲、女娲年轻时就过着漂泊不定的生活, 西方圣经所记载的亚当和夏娃的故事, 就是伏羲和女娲的故事。圣经里的伊甸园大致就是现在的伊拉克, 伊甸园里有两棵树, 一棵是生命树, 一棵是智慧树, 树上结着许多果子, 上帝耶和华告诫他们, 别的果子都可以吃, 唯独智慧树上的果子不能吃, 否则必死无疑。夏娃禁不住蛇的诱惑, 偷吃了禁果, 并让亚当也吃了一个, 上帝知道后无比震怒, 立即将他们从东门赶出了伊甸园, 惩罚他们让其受尽人间的各种苦难, 于是亚当、夏娃便成了人类的祖先。

亚当、夏娃被上帝逐出东门后, 便一直朝东走, 开始了漫长的漂泊之旅, 终于在某一天走到了华夏西部的甘肃, 事实上伏羲就出生于甘肃天水, 伏羲和女娲是同母兄妹，在甘肃亚当、夏娃的传说与伏羲、女娲的传说重叠了，东西方文化在此发生了交融，这样圣经便与易经发生了关联。能证明这不完全是信口开河的，在于有关汉字的起源和演变。比如，伊甸园里的那条蛇最早的汉字是"它"。当时伊甸园里只有三个人，亚当、夏娃、蛇（魔鬼撒旦），也分别代表你、我、它（他），因此最早的"它"是蛇的意思，后来慢慢演变为指代第三人称的人或物，而其本义反而被淡化了。为了区分本义与引申义，人们在它的边上加个虫来表示蛇，这对蛇来说似乎是不公平的，颇有些鸠占鹊巢的意味。还有女娲、夏娃读音比较接近，伊甸园的东部正是我国西部，这些不应当仅仅是巧合。

四、山上雉鸡之象。旅卦上卦为离，离为雉，即美丽的山鸡，也叫野鸡，我们浙江东阳老家称其为地鸡。下卦为艮，艮为山。旅卦反映了野鸡在山上生活、栖息、活动的情景。野鸡到处觅食，从这山飞到那山，可理解为旅行过程；野鸡在树杈或巢穴栖息，为了安全避免危险，会经常更换地方。野鸡的这些生活习性与旅人漂泊不定，旅寄他乡的情形非常相似。易经中的这种叙事方式就是类比手法，属于推理演绎的范畴，某名人认为易经没有推理演绎的思维方法是荒谬的。

五、火泽睽违之象。睽卦上卦为火，下卦为泽，称其为火泽睽。旅卦中便包含着一个睽卦。旅卦上卦为离，离为火；上交互卦为兑，兑为泽，两者构成睽卦。兑代表少女，离代表中女，少女居主位，中女居客位，由此引发矛盾，谁也不服谁，谁也不让谁，谁也不理谁，双方缺乏沟通交流和配合协调，于是出现睽违的局面。这是被迫走上旅程流落他乡的重要原因之一。

六、火焚馆舍之象。旅卦九三出现"旅焚其次"的爻辞。《古代汉语词典》相关解释：次，止，停留。又特指行军途中，在一地停留超过二宿。《左传·庄公三年》："凡师一宿为舍，再宿为信，过信为～。"又途中止宿的处所。又更衣、歇息的处所。居丧时丧主的临时居所。词语"次舍"，官吏值宿退息的处所及其所居官署；行军中的止息营地。旅焚其次，是指旅居他乡期间其临时居住的客舍发生了火灾。爻辞为观象所得，它源于相应的卦象。旅卦上卦为离，离为火；上交互卦为兑，兑为毁折；下交互卦为巽，巽为木；下卦为艮，艮为门阙，为阍寺，引申为房舍。四者组合，便是大火烧毁了木质房舍。

七、弓箭射鸟之象。六五有"射雉"的爻辞。爻辞为观象所得，有这样的爻辞就有这样的卦象作为支撑。旅卦上卦为离,离为雉,又叫山鸡、野鸡,引申为鸟类。箭是由金属头和木体组成的,上交互卦为兑,兑在五行属金,兑为毁折,"射雉"表明雉被箭所毁。下交互卦为巽,巽为木。同时,上卦离为戈兵,与弓箭类属相同。若将九三、九四视为一个大阳爻,那么二至五爻就构成了大坎卦,坎为弓轮,由巽木制作。如此,一幅人在山上射鸟的图画就生动地呈现出来了。

八、火焚鸟巢之象。旅卦上九有"鸟焚其巢"的爻辞,也来自观象所得。上卦为离,离为雉,引申为鸟;离通"篱",为网,网状竹篱笆,可理解为鸟巢;下交互卦为巽,巽为木,这是构筑鸟巢的材料;离为火,火巢重叠,说明鸟巢正在被焚烧;上交互卦为兑,兑为毁折,表明鸟巢被烧毁;下卦为艮,艮为山,用来表示这些故事都发生在山上。鸟巢被毁,鸟儿不得不流离失所,成为旅鸟。这与"火焚馆舍之象"相对应,馆舍被烧,旅人无处安身,就像野鸡鸟巢被烧,更是雪上加霜。

九、丧牛于易之象。旅卦由否卦演变而来,否卦上卦为天,下卦为地,称其为天地否。否卦下卦为坤,坤为牛,也就是说否卦原先有头牛,但六三与九五交换位置变成旅卦后,这头牛不见了。在否卦中六三相当于区域边界,正是因为六三的变动,才导致坤卦不复存在,可理解为牛是在边界走丢的。这个比喻非常形象,既表达了旅卦的主题思想,又反映了旅卦与否卦之间的内在联系,达到了内容、卦画、卦象的有机融合。同时,否卦的天地阻塞分离,与上述"火泽睽违之象"也能相互印证,共同揭示了旅人的缘由和结局。《古代汉语词典》相关解释:易,通"埸",边界。《汉书·礼乐志》:"吾~久远,烛明四极。"

十、旅人中吉之象。旅卦一共六爻,上下卦各三爻,可视为三对爻,其爻位特征表现为,初爻为灾、不快;上爻为焚其次、焚其巢;只有中爻是贞,誉命。从中体现了易作者的理念,出门在外低三下四遭人欺侮,高傲自大遭火焚毁。只有不卑不亢,有理有节,言行举止守中,才是正确适当的旅人之道。卦辞"旅贞吉"就表达了这一主题。贞,通"正",坚守正道才能吉祥。

十一、少年飘泊之象。也可叫"少年逐日之象"。下卦为艮,艮为少男,泛指少年、小伙子,年轻有为,有理想有追求,充满青春活力,但缺乏生活阅历和社会经验,缺少稳定足够的谋生手段。上卦为离,离为火,为日,为明,为丽,代表光明、理想、美好,这是年轻小伙追求的目标和梦想。为了追求理想、追求光明、追求真理,许多仁人志士从小便背井离乡,旅居他乡。不少革命先驱都有旅法、旅日等经历。王阳明一生都行走在追求光明良知的旅途之中。旅途是困顿的，但追求光明却有重大意义。孔子十有五而有志于学，王阳明少年矢志做圣贤，正好符合少年追求光明和真理的意境。

十二、内止外明之象。下卦也叫主卦、内卦，上卦也叫客卦、外卦。艮为山，艮的主要特征是止，古时交通不便，道路艰阻，遇山而止，从而引申出欲望、需求、享乐等应适可而止，不可贪婪，适可而止是中华文化特别是儒家思想中一个非常重要的理念，出处源于易经对艮卦精神的揭示。离为火，为日、为丽，为目等，都与光明有关，因此离的卦德是明。旅卦呈现内止外明结构，就是告诫旅人内心要适可而止，不要有过多欲望，行为表现要光明磊落，不要偷鸡摸狗，去干见不得人的事。这样才能趋吉避凶。

十三、少男中女之象。在易经大家庭中，艮为少男，离为中女。少男的性格特征是年轻健壮，富有朝气活力，短板是缺乏生活经验并且任性固执。中女的特征是年龄适中，美丽端庄，不足是力量柔弱。下卦也叫主卦、内卦，上卦也叫客卦、外卦。旅卦的家庭分工呈现出少男在家主持家政，中女在外做工养家的结构，这种分工结构显然是不合理的，难以维持全家生计，流落他乡似乎是在所难免的。

十四、火生阳土之象。在八卦与五行的关系中，离对应火。艮坤对应土，艮为阳卦，为阳土；坤为阴卦，为阴土。通常认为，木燃烧变成火，火烧尽后成为土，灰烬与泥土是比较接近的，但是与山却有些距离，因为山除了泥土之外，还有岩石，岩石风化成为土，但岩石中含有金属元素。因此，火生阴土是容易的，火生阳土却稍有难度。意味着，客体或客观环境对主体的生扶帮助是有限的，这是对旅人客观情况的真实反映。

【关联卦象】

旅卦由否卦演变而来。否卦的上卦为乾卦三个阳爻，下卦为坤卦三个阴爻，如果将三爻与五爻对调一下，就成了旅卦。从上九爻辞中也可以看出两卦的联系，后面分析爻辞时将会讲到。否卦的状态是上下阻塞，相互分离，互不交流，因为上卦为乾，阳气往上升，下卦为坤，阴气往下走，是种不良的事物状态。旅卦的上卦离卦是阴卦，阴气往下走，下卦艮卦是阳卦，阳气朝上走，改变了上下不交流不通气的状态，从这一点上讲旅卦要比否卦好一些，不失为摆脱否卦状态的方法之一。

旅卦的综卦是丰卦。综卦也叫镜卦、覆卦,反映了事物的一体两面,内部结构相同,但观察角度不同,横看成岭侧成峰,视角不同观察到的结果也不相同。周易第五十五卦为丰卦,第五十六卦为旅卦,两者互为综卦,即一个卦画翻转一百八十度即为对方卦画。从卦序上看,丰卦过后是旅卦,丰大到极致后走向旅卦状态,这是对客观规律的总结,但处理得好可以延缓转换的速度,减轻变化的剧烈程度。同时,也不排除由旅卦状态向丰卦状态逆转的可能,这就是这对综卦所反映的易理。

以人类社会发展历史为例,社会鼎盛之时便是走向衰败之时,但不是直线下行,而是呈现起伏反复的变化状态,相继显现"泰卦—丰卦—否卦—旅卦"循环往复的规律。比如,夏禹建国初期是泰卦状态,鼎盛时期是丰卦状态;夏启夺位是否卦状态;太康奢靡失国、仲康傀儡一路下行,走向衰落;仲康之子相受到追杀,不得不走上逃亡之旅,流落他乡;相被杀时,其妻已怀孕逃回娘家生下少康,少康砺精图治,实现夏朝中兴,开启了新一轮"泰卦—丰卦—否卦—旅卦"历史进程,直至夏桀灭亡。商、周两朝发展轨迹也如出一辙,商朝成汤建国、武丁中兴、纣王灭亡;周朝文王立国、武王建国、宣王中兴、幽王败亡西周等,也没能跳出易经揭示的循环周期律。

夏朝约公元前2146年至1675年,历时471年。相传,夏禹是黄帝的玄孙,因治水有功接替了舜的王位,建都阳翟(今河南禹县),他成功举行了"涂山之会"(一说安徽怀远县,另一说河南嵩县三涂山,也称会稽山),召集了夏、夷部落众多诸侯。《左传·哀公七年》记载:"禹合诸侯于涂山,执玉帛者万国。"确立了天下共主的地位,铸九鼎为镇国之宝,象征统领九州,即冀州、兖州、青州、徐州、扬州、荆州、豫州、梁州、雍州,征伐三苗加强王权,今湖南、广东、广西、云南、贵州、四川等地的苗族就是三苗的后裔,从此夏朝进入了太平盛世,禹选定皋陶为接班人,皋陶死得早,又选定伯益为接班人,禹在位45年,死后葬会稽山。

禹死后,其子启征伐伯益,成为史上由禅让制变为世袭制的第一人,被认为中国第一个帝王,就此公天下变成了家天下,建都安邑(山西夏县西),通过甘之战征伐有扈氏部落,消除了夏族内部反对势力,通过"钧台之享"大规模召集部落首领进行祭神活动,确立了天下共主地位,晚期发生武观之乱,政局开始动荡。启有五个儿子,分别是太康、元康、伯康、仲康、武观,武观是启的第五个儿子,为争夺王位效仿其父发生叛乱,后被放逐西河。启晚年生活腐化,沉溺于酒色歌舞打猎,在位29年,自启始开启了奢侈享乐模式。

启死后太康继位,子如其父,热衷于酒色歌舞、田猎游玩,有时外出数月不归,后被东夷族部落首领后羿射死夺了政权,其弟仲康继位后变成了傀儡政权,仲康死后其子相继位,后羿把相赶走自己称王,这便是太康失国、后羿代夏的故事。后羿掌权后也过上了荒淫无道的生活,被自己的亲信寒浞害死篡位。后羿射日的神话故事就是根据这段历史创作的,传说后羿执政后将日历由原来一年十个月变成十二个月,后误传为后羿射十日,射下九个,只剩一个。而当时后羿娶了一个崇拜月亮的部落首领之女嫦娥为妻,便为嫦娥奔月的神话故事奠定了基础。

寒浞为绝后患,对仲康之子相实施追杀,相被寒浞杀害时其妻已经怀孕,逃到娘家有仍氏,今山东济宁金乡,生下少康。少康聪明过人,立志复国雪恨,从小习武,担任武装力量头领,宣传夏禹功德,建立精锐部队,以图夏朝复兴。那时寒浞已死,其子浇即位,最终少康一举歼灭浇及其残余势力,重新登上了夏王朝的宝座,通过采取一系列休养生息的政策措施,社会经济得到迅速发展,史称"少康中兴"。

自少康以后,经历了杼、槐、芒、泄、不降、扃(jiong1)、廑(yin3)等八代统治,政治稳定,经济繁荣。自孔甲开始走向没落,司马迁说:"帝孔甲立,好方鬼神,事淫乱",到皋、发时,诸侯已不来朝贡了,到桀时残暴成性,荒淫无度,就这样起起落落,夏朝经历了17个帝王,最终为商汤所灭。

夏王朝约500年历史、商王朝约600年历史、周王朝约800年历史,三个王朝发展轨迹惊人的相似。比如,三朝始祖都是其母神秘怀孕后出生,表明是上天的儿子,与众不同。夏禹的父亲鲧治水不力被处死后,尸体三年不烂,剖腹生下禹;商祖先契的母亲简狄是帝喾的次妃,一次外出沐浴吞玄鸟(燕子)蛋而怀孕生下契;周人祖先后稷的母亲姜嫄是帝喾正妃,在野外祭祀时踩了巨人脚印怀孕,几番丢弃均有动物保护,抱回后取名为弃。

更早时期伏羲的母亲也是踩巨人脚印而孕,这种传说是伏羲女娲旧石器时代晚期母系社会的客观反映。此时期女性是统治社会的主角,伏羲死后女娲就长期担任氏族首领,在母系社会里父亲是谁人们往往搞不太清楚,于是在传说过程中,这些帝王便被赋予了神性。在有幅伏羲女娲图中,女娲执规,伏羲执矩，规是画天的，矩是画地的，即所谓天圆地方，按照易经思维天是管着地的，由此可见女娲曾是最高统治者。母在上，父在下，正是泰卦卦象的反映。

最终，夏、商、周三个王朝灭亡时均有作天作地绝色美女的身影，把君王搞得神魂颠倒，责任不在美女而在君王自身。富不过三代的故事，自远古时期就开始了，祖辈创下的基业，传到末代子孙，均因穷奢极欲、荒淫奢靡、残暴无道而人亡政息。夏朝有妹（mo4）喜，喜撕绸缎取乐，人称"撕妹喜"；商朝有妲己，心狠手辣，专门残害忠良，人称"狠妲己"；周有褒姒，虽笑起来很美但难见笑容，只有烽火戏诸侯时才能博得一笑，人称"笑褒姒"，类似的别称还有"病西施"、"醉贵妃"等，差不多都是有悖常理的病态美，不是美女有病，就是社会有病，或者两者皆有之。以铜为镜，可以正衣冠；以古为镜，可以知兴替；以人为镜，可以明得失。人们特别是为政者如能懂得并把握好丰旅、泰否的卦际变化规律，也许能避免许多人间悲剧。

旅卦的交互卦为大过卦。交互卦就是去掉卦的初爻和上爻，在所剩四爻中，下三爻为下卦，上三爻为上卦而重新组成的卦，其中中间两爻是上下重叠的。其意义在于去掉事物两端不具代表性的小概率成分，相当于专家评分中，去掉一个最高分，去掉一个最低分，而保留中间分作为有效计分的主体。交互卦的上下卦中有两个爻是重叠的，表明两个事物之间内部存在某种相似性和关联性。旅卦的交互卦是大过卦，说明旅卦与大过卦所反映的情境存在着关联。在占卜预测中交互卦与本卦一起，成为基本的预测之卦，另外还有一个参与预测的卦是变卦（也叫之卦）。本卦反映事物的目前状态，交互卦反映事物的过程性状态，之卦反映事物的最终状态。大过卦是个风险与机遇、挑战与希望并存的情境，意味着在旅卦状态下，处理得当将获得机遇带来希望，处理不当将冒受风险铸成大错。

旅卦与同人卦卦辞关联。同人卦："九五同人，先号咷，而后笑，大师克，相遇。"旅卦："上九鸟焚其巢，旅人先笑后号咷，丧牛于易，凶。"一个是先哭后笑，一个是先笑后哭，反映了这两个卦象所表达的事物发展轨迹正好相反。同人卦是日悬天空，旅卦是山上之日，虽然都有太阳，但太阳的状态是不同的，同人卦更能体现阳光普照、光明正大的意境。同人卦内明外健，发展前景广阔，而且九五居中当位，因而能"先号咷，而后笑"；旅卦内止外明，不宜行动过度，但上九阳爻居阴位过于刚强，因而"先笑后号咷"。

【卦辞象辞】

〖卦辞〗

"旅,小亨,旅贞吉。"

【译文】"旅卦,小通达,旅人守正吉祥。"

人处于旅卦情境,只能有小范围小规模通达。出门在外,旅居他乡,最能自我保护的方式是坚守中正之道,老老实实做人,规规矩矩做事。

〖象辞〗

《彖》曰:"旅,小亨。柔得中乎外,而顺乎刚,止而丽乎明,是以小亨,旅贞吉也。旅之时义大矣哉!"

【译文】彖辞说,旅卦,小通达。六五柔爻在外卦居于中爻之位,而顺承上九刚爻,内卦艮卦代表适可而止,而依附于外卦离卦的光明,因此能够小通达,旅人守正吉祥。旅卦把握时机、顺时而为的意义实在重大。

【大象之辞】

《象》曰:"山上有火,旅;君子以明慎用刑,而不留狱。"

【译文】大象说:"山坡上有火,是旅卦的卦象;君子受此启示,实施法律处理刑案时要明察秋毫,谨慎处置,并且不积压案件。"

大象是对卦辞的进一步阐发,它将卦象所揭示的易理应用于人文政治和社会管理,带有鲜明的儒家色彩。

【爻辞小象】

"初六,旅琐琐,斯其所取灾。"

【译文】"初六,旅寄他乡一副猥琐卑怯的样子,这是招致灾祸的原因。"

《古代汉语词典》解释:琐,细碎的玉声;细小、细碎。琐琐,声音细碎;卑微、细小的样子,本爻取此意,引申为胆怯、畏缩、猥琐、卑怯的样子。斯,代词,这，这是。初六阴爻居阳位，不当位。本来初爻要求刚健有力，可是旅寄他乡的当事人举目无亲，势单力薄，也正因为如此才不得不背井离乡，流离失所，出门在外时情况更是雪上加霜。

在家千日好，出门时时难。一个人来到人生地不熟的环境，难免孤独无助，站人屋檐下怎敢不低头，漂泊生活难免有寄人篱下之感。旅琐琐不是有意为之，而是多数旅人呈现出来的真实心理状态。世态炎凉，狗眼看人低，势利、欺生也是市井百态之一，处于弱势地位之人遭受欺凌是常有的事，相信许多人都有过类似的体验。

二哥家曾有只狼狗，相当凶狠，有一天看见一位陌生老太太，衣衫褴褛，在家门口左顾右盼，一副怯生生的样子，狼狗蹿上去就是一口，最后只得由主人说好话赔偿医药费了事。畜牲如此，某些人与畜牲心理类同。

我住在部队大院，大门口有门卫值班，我每次经过时都会跟门卫打个招呼以示尊重。有一次新来一位楞头楞脑的士兵，我进入大门口，照例边打招呼边往里走，当我走进大门五六米远的时候，突然听到一阵严厉的呵斥声，原来是他把我当成"外人"了，这大概就是典型的对待旅人的态度了。事后，我分析士兵的思维逻辑很可能是这样的，如果我是院子里的人是不会对他那么客气的，如果对他那么客气一定是求他行个方便的外来人员，而对外人自然要厉声呵斥了。在自家家门口犹如此，如果在异域他乡更不用说了。

可见，礼多人不怪也不尽然，有时礼多也会自取其辱。因地制宜，因人而异，对不同人施以与其身份相适的行言举止，才是适当的。如何避免自取其灾？一是要强大内心，举止落落大方，不卑不亢，不说狠话，也不说软话，以气质气场告诉对方自己不是个随便可以拿捏的软柿子。二是保持镇静，不可露怯，不可猥琐畏缩，使对方不知底细而不敢轻慢。三是惹不起但躲得起，尽量避开是非之地。初六与九四有正应，表明其出门在外，将有可能得到贵人相助。

"旅琐琐"、"灾"取象于坎卦。二至五爻组成大坎卦，坎为加忧，为心病，引申为胆怯、害怕、畏缩、猥琐等意。坎，为沟渎，为血卦，其于舆也，为多眚，即多灾异的车，引申为坎坷、多灾多难。

《象》曰："旅琐琐，志穷灾也。"

【译文】小象说，旅人表现出猥琐卑怯的样子，是因为他的精神内心处于穷困境地，这是招致灾祸的根源。

因此要避免旅人之灾，先要从增强自信做起，人穷志不能短，努力做到自重、自信、自省、自立，先要自己看得起自己，然后才能不至于被别人小瞧。

"六二，旅即次，怀其资，得童仆，贞。"

【译文】"六二，住进旅舍，怀揣盘缠，雇佣童仆，守正。"

次，就是旅馆旅舍。即，是走近、接近。六二阴爻居阴位，当位，表明其行为举止是适当的。通常人们出门总会带点路费，付了钱，住上了旅馆，就能享受童仆提供的服务，这些都是正常的旅行状况。也可以理解为在外做了点生意，赚了些小钱，于是雇佣一位童仆为他打理生活起居。六二与六五没有正应，表明得不到老大的支持，这老大可能是其父亲，也可能是其老板，或可能是其上级领导。六二是下卦中爻，居中正之位，表明其道德品行良好，这是六二状况不错的根本原因。

"怀其资"取象于巽卦。下交互卦为巽，巽为入，引申为藏在怀里；巽为近利市三倍，可以理解在外做生意赚了点钱，因而有些钱财。

"得童仆"取象于巽卦和艮卦。下卦为艮，艮为少男，引申为童仆；下交互卦为巽，巽为入，引申为接纳、收入、雇佣等意。

《象》曰："得童仆贞，终无尤也。"

【译文】小象说，雇佣童仆，守正，最终无后顾之忧了。

六二是当事人逐步适应旅居生活，属于还算平安顺利的一段时光。

"九三，旅焚其次，丧其童仆，贞厉。"

【译文】"九三，旅居期间烧毁了客舍，童仆离去，固陋有风险。"

九三阳爻居阳位，当位，表明其行为举止是适当的，同时也表明其能力刚强。经过一番拼搏历练，旅人的境况际遇有所起色，但是九三与上九没有正应，表明不能得到上九大佬的支持。在力量壮大、境遇改善的同时，内心在逐渐膨胀，与外界发生冲突的风险也在积聚。倒霉的事终究到来了，旅舍被烧，财物被毁，损失惨重，没有伤及性命尚属万幸。

是他运气不好吗？不全是，这是客观规律所致。每个正面或负面事件背后，都蕴藏着一个看不见的规律，有什么原因必有什么结果，这不是佛教讲的因果关系，而是客观规律导致的因果关系。只有充要条件满足，一定会产生相应的结果，这是事物的必然性。只不过什么时候发生、发生在谁身上，有一定偶然性，必然性寓于偶然性之中，偶然性是必然性的表现形式，这是易道，也是马克思主义哲学，凡是真理都是殊途同归。因此，一个人的成功在于天时、地利、人和的总和，有必然性，也有偶然性。

九三遇到的麻烦在于天不时、地不利、人不和，人在旅途时乖命舛，身处异地于其不利，上头无人独木难支。因而碰到些小灾小难是情理之中的事。姜子牙在学道不成、七十多岁下山创业初期，摆过看相算命摊，挑着担卖过笊篱，走街窜巷卖过面粉，可谓吃尽了苦头。这么伟大的人物都历尽了磨难，更何况平头百姓？倒霉的事让人很惨，但倒霉的形式有多种多样，为何该卦多处以火灾说事？这是因为卦爻辞为观象所得，即卦爻辞的内容与卦象密不可分。旅卦下交互卦是巽，巽为木，上卦为离，离为火，而且九三与离卦挨得最近，木头遇上火，发生"旅焚其次"并不奇怪。具体取象可参见本文前面的"火焚馆舍之象"。

童仆为何离他而去？可能有两个原因，一是旅人吃了几天饱饭，对待童仆的态度开始傲慢，童仆受不了窝囊气不伺候了；另一个原因是火灾损失了财物，旅人又成了穷光蛋，付不起报酬，童仆自然离他而去。

"丧其童仆"取象于艮卦和坎卦。下卦为艮，艮为少年，引申为童仆。二至五为大坎卦，坎为隐伏。两者组合就表达了童仆不见了的意思。

《象》曰："旅焚其次，亦以伤矣。以旅与下，其义丧也。"

【译文】小象说，旅居期间烧毁馆舍，的确让人哀伤。但以对待旅人的态度对待童仆，童仆因此舍其而去也在情理之中。

旅人遭灾是不幸的，心情烦闷沮丧可以理解，但不应迁怒于童仆。己所不欲，勿施于人。自己作为旅人遭人歧视，这种滋味不好受，但如果把它转嫁到童仆身上，这就丧失了待人接物的基本原则和道义了。小象告诉人们，在物质财富遭受损失的同时，千万不能把精神财富也一起搭进去，否则这跟斗就栽大了。

"九四，旅于处，得其资斧，我心不快。"
【译文】"九四，漂泊至某地，得到资费和防身器械，但仍然高兴不起来。"

处，处所，但不是舒适的旅舍。斧，一说刀斧，一说斧形钱币，本人倾向前者，出门在外，备点防身器具是必要的，如果理解为钱币，就与资的意思重复了。九四与初六有正应，表明能够得到基层百姓的支持。这是有利因素，也可能因这些人脉获得些许资费和工具。为何有钱、有防身工具，心里还是不痛快？其一，尽管得到些许钱财，但其处境仍然艰难，九四处于蹇卦情境之中，二至五为大坎卦，坎为水；下卦为艮卦，艮为山，两者构成水山蹇。其二，刚刚经历火灾，从"旅即次"到"旅于处"，居住、生活环境条件变得更为艰难。其三，九四阳爻居阴位，不当位，行为过刚，并且不中不正，说明自身人品、言行举止均存在问题，做事不会太顺，心情自然好不到哪里。

"得其资斧"取象于巽卦、离卦和兑卦。下交互卦为巽，九四在巽卦之中，巽为近利市三倍，可理解为旅人做生意赚了些钱。上卦为离卦，九四在离卦上，离为戈兵，所以准备了刀斧利器用于防身。上交互卦为兑，兑为金属，巽为木，金属+木正是斧子的形状。

《象》曰："旅于处，未得位也。得其资斧，心未快也。"
【译文】小象说，漂泊至某地，没有摆正自己的位置。尽管得到了资费和防身工具，但内心仍然是不快乐的。

主要是旅人自我认识出了偏差，阳爻居阴位，客观环境要求其应该示弱时他却逞强好胜，有点找不到北的感觉。他的不快不是物质因素，而是精神因素。

"六五，射雉，一矢亡，终以誉命。"
【译文】"六五，射击山鸡，耗费一箭，最终享有赞誉，得到任命。"

雉，雉鸡，山鸡。矢，箭。命，王命、爵命。六五阴爻居阳位，不当位，力量偏弱，并且六五与六二没有正应，说明其行为得不到基层干部的支持。但六五居于中位，表明能够坚守中道，主持公平正义。旅卦中，六二、六五境况最好，其余四爻分别是灾、厉、不快、凶。主要原因是六五、六二处于上下卦的中位，而六五又是全卦核心，居中表明道德品质良好。此情表明，出门在外坚守中道才是避祸的基石，道德良善足以弥补诸多不足，适当示弱可以减少风险因素。此爻以射到雉鸡为例，表明旅人终于有所收获，多年的努力总算有了结果。就像王阳明以卓著的军功得到了朝廷的封赏。

"射雉" 取象于离卦、坎卦、兑卦和巽卦。上卦为离，离为雉；二至五爻为大坎卦，坎为弓轮；上交互卦为兑，兑为金，为毁折，用金属箭头射击；下交互卦为巽，巽为木，可视为箭体由木制作。射获山鸡，可烹饪美味佳肴，表明收获了猎物。可参见本文前面 "弓箭射鸟之象"。

"一矢亡" 取象于旅卦由否卦演变而来。否卦上卦为乾，乾为金，上交互卦为巽，巽为木，金木组合为箭，可理解为有三支箭。否卦变成旅卦后，九五与六三交换了位置，九五离开乾卦，相当于射出一支箭，也就损失了一支箭。但是，获得了一只山鸡，六三来到五爻后，上卦变为离卦，离为雉。

"誉命" 取象于兑卦和巽卦。上交互卦为兑，兑为口，赞誉自口出。下交互卦为巽，巽为风，传来君命如巽风拂行，同时巽为近利市三倍，当事人因任命而获福禄，与射雉意境吻合。

《象》曰："终以誉命，上逮也。"
【译文】小象说，之所以最终能得到荣誉和爵位俸禄，是因为其行为得到了大佬相助。

逮，及的意思，上逮引申为获得上面的支持。有良好的人脉资源和靠山是人生走向成功的重要条件之一，可归属于天时、地利、人和中的人和因素。

"上九，鸟焚其巢，旅人先笑后号咷，丧牛于易，凶。"
【译文】"上九，鸟巢被烧，旅人先笑后嚎啕，在边界走失了牛，凶险。"

咷，同异体字"嗁"，号哭；号咷，嚎咷，大声哭。易，通"場"，边界。总的来说，旅行漂泊不是件轻松的事，而是被迫无奈之举，尽管中间有些小享受，得个好名声，发点小财，但总归是艰难困苦多于幸福时光，所以上九以凶收尾，结局是凄惨的。惨到什么程度? 用了两个比喻，好比鸟巢被烧，无家可归，好象牛在边界走失，造成重大财产损失。一个人混到没房没钱，其凄惨之状可想而知，这大概就是旅人"先笑后号咷"的原因了。

导致凶象的因素主要有三，一是上九阳爻居阴位，过于刚强，说明流落他乡之人过于强硬是要吃亏的；二是上九与九四没有正应，得不到当地基层实力阶层的支持，势单力薄，独木难支；三是其位不中不正，本身人品存在问题，人生事业的成功在德不在鼎，得道多助，失道寡助，这也是规律。

顾颉刚先生认为，旅卦"丧牛于易"及大壮卦"丧羊于易"的说法，是指商人祖先王亥的故事。商朝祖先为契，成汤创建商朝，到商纣王灭亡，共经历14代。王亥是商丘人，是商族第7代祖先，谥号高祖，当时正是夏朝的泄时期。王亥驯服牛马，发明用牛拉车、用马骑行，开创了商业贸易，人们因此把商族人从事的职业叫商业，把做生意的人叫商人，王亥被尊称为华商始祖。有一次，王亥将牛羊贩到了有易氏部落 (今河北易县)，部落首领绵臣见财起意，杀害了王亥，后来王亥之子上甲微为父报仇，灭了有易氏部落并杀死了绵臣。这个故事说明，出门在外旅途充满凶险，而在上九末爻叙述此事，更在于奉劝人们叶落归根，不要忘却自己的故乡，正如苏辙所写"归来归来兮，西山不可以久留"。

"鸟焚其巢"取象于离卦和巽卦。参见本文前面"火焚鸟巢之象"。

"先笑后号咷"取象于兑卦和巽卦。上交互卦为兑，兑，说也，说通"悦"，喜悦之意。同时，兑为口，嚎咷之声由口发出。下交互卦为巽，巽为风，狂风呼啸的声音与嚎咷类似。

"丧牛于易"取象于旅卦由否卦演变而来。参见本文前面"丧牛于易之象"。

《象》曰："以旅在上，其义焚也。丧牛于易，终莫之闻也。"

【译文】小象说，以旅人身份占居高位，像"鸟焚其巢"一样被焚是情理之中的事。牛在边界丢失了，最终也没听说牛找到了。

第五十七卦 巽卦的顺从之道

【巽卦】

【白话经文】

巽卦，小通达，适宜前往行动，适宜出现大人物。

初六，在进退犹豫时，适宜学习军人雷厉风行作风并保持正固。

九二，恭敬地处于床榻下方，采用史巫官那样殷勤频繁报告的样子，吉祥，没有灾祸。

九三，皱着眉头顺从领导，有小灾。

六四，悔恨消失，在田猎中收获三个等级诸多猎物。

九五，坚守正道吉祥，悔恨消失，没有不适宜之事，无好开头但有好结局。庚前三日（细叮嘱），庚后三日（重评估），吉祥。

上九，恭敬地处于床榻下方，丧失资金和防身利器，固陋有凶险。

【经文原文】

巽，小亨，利有攸往，利见大人。

初六，进退，利武人之贞。

九二，巽在床下，用史巫纷若，吉，无咎。

九三，频巽，吝。

六四，悔亡，田获三品。

九五, 贞吉, 悔亡, 无不利, 无初有终。先庚三日, 后庚三日, 吉。

上九, 巽在床下, 丧其资斧, 贞凶。

【解读序言】

巽卦位列周易第五十七卦, 上卦下卦皆为巽卦, 这种上下卦相同的卦叫纯卦, 有八个经卦, 自然就有八个纯卦。《序卦传》说: "旅而无所容, 故受之以巽。巽者, 入也。"序卦传说, 旅寄他乡无所容身, 因此周易在旅卦之后安排了巽卦。巽卦反映返家入户的情境。一个人长期漂泊在外, 旅居他乡, 无法长期安身, 正如海外游子, 思念祖国, 想念故乡, 叶落归根一样, 人只有回到生于斯长于斯的故乡, 才算有了安身立命之所, 最主要的是让心找到了归宿, 心有所归方有所安。《杂卦传》说: "兑见而巽伏也。"杂卦传说, 兑卦是喜悦之色向外显现, 巽卦为和顺之心向内隐伏。

【卦名含义】

《古代汉语词典》解释: 巽, 《周易》八卦之一, 又为六十四卦之一; 和顺, 恭顺, 又怯懦; 通"逊"。词语巽言, 指谦逊委婉的言词。在易经中巽代表风, 风的特点是柔顺, 快速, 均匀, 无孔不入。清风送爽, 春风拂面, 给人感觉是温柔的; 阵风吹过, 草木竹林、庄稼禾苗齐刷刷倒向一边, 象征整齐化一; 针大的孔, 斗大的风, 有缝就钻, 有隙就入, 迅速弥漫整个空间, 象征着均匀分布, 无孔不入; 风行天下, 蔚然成气, 象征社会风气, 有良好风气, 称之为风尚, 也有歪风邪气, 需要坚决抵制; 人们常说哪阵风把你吹来了, 代表快速, 突然出现; 雷厉风行, 风驰电掣, 代表说干就干, 行动迅速, 干净利落; 家风家训, 象征先祖留下的传统美德和良好家风, 巽为绳直, 绳有继承之意, 两者组合表达了传承家风的意境。由风的自然特性, 将其抽象出来, 引入人文社会, 于是就有和顺、恭敬、恭顺、顺从、柔顺、谦逊、谦让、风尚、家风等意思。

《系辞下传》说, "巽, 德之制也", "巽称而隐", "巽以行权"。"德之制"就是用巽卦蕴含的易理指导、培养、建立道德机制、制度和规范。称是对称、相称之意, "巽称而隐"意思是行为举止要与道德要求相一致, 相称平衡, 并且低调隐身, 不事张扬。"巽以行权"就是要象风一样, 恭敬谦逊, 果敢决断, 雷厉风行, 认真按照命令要求行使好职权。

【卦象寓义】

一、风风相随之象。这是大象所描述的景象。大象说，随风，巽。意即后一阵风跟随着前一阵风，这是巽卦大象所反映的自然景象。风本身来无形、去无踪，人们看不见、摸不着，但通过身体或被风吹拂的景物可以感觉得到风的存在。和煦春风、夏日清风是人们所喜爱遇见的，萧瑟秋风、冬日寒风是人们所不乐见到的。由此说明，同样都是空气流通形成的风，在不同季节，不同时机，不同情境，人们对待它的感情是不相同的。

二、传达命令之象。大到一个国家，小到一个单位，内部都有套权力运行系统，或叫行政管理系统。指令由最高长官发出，然后逐级下达实施。巽卦便包含着这种传达命令、奉命行事的意境。风来自天上，意味着带来了天上的信息，撒开迷信因素，可将其理解为风中蕴含着天道自然规律。人们敬畏天，崇尚天，是因为违反天道自然规律必定受到惩罚。风风相随之象，应用到行政权力系统，就是臣属依君王或长官之命行事。《大学》对于上下级关系的要求是，为人君止于仁，为人臣止于敬。这与巽卦原则是一致的，巽卦倡导在一个组织体系里，应当一切行动听指挥，态度端正，令行禁止，雷厉风行，准确、全面、及时地将命令要求不折不扣地贯彻落实。

三、开明政治之象。与传达命令之象相关联的，巽卦包含着政权组织或权力机构的卦象，它取象于鼎卦。鼎卦上卦为火，下卦为风，称其为火风鼎。上层光明，基层恭敬顺从，这是鼎卦承载的社会理想。大禹建立夏朝后会万国于涂山，铸九鼎象征统管天下九州。春秋战国时期楚庄王问鼎中原，包藏着欲挑战周天子权威的企图。可见，鼎既是烹饪做饭的器具，又是国家权力的象征。巽卦便蕴藏着一个鼎卦，巽卦的上交互卦为离，离为火，下卦为巽，巽为风，两者构成火风鼎，圣贤期盼构建一个君王光明正大，百姓恭敬顺从的理想社会。

四、阴柔顺刚之象。在巽卦中，共有四个阳爻、两个阴爻。按照物以稀为贵原则，主爻应在两个阴爻上，初六阴爻居阳位，不当位；六四阴爻居阴位，当位。因此，六四应为主主爻，初六为次主爻。主爻是主角，不一定是老大，但主爻对于事物性质起着主导作用。巽卦中两个阴爻的作用不可小觑。九五、九二分别是上下卦中爻，可理解为君王和基层骨干，他们的号令只有传达贯彻下去才能发挥其实际效用，而六四和初六恰好起到了这样的角色功能。九五与六四、九二与初六之间呈现出阳乘阴、阴承阳的结构，这是易经所倡导的，两个阴爻恭敬顺从地配合了两个阳爻的治国理政行为，使得上级命令像风行天下一般，得到迅速的传达、贯彻和落实。

五、床榻问政之象。 上卦为巽、下卦为巽，巽为木，木可制成床榻用具。巽卦卦画的形状就像并列放置的两个床头，四个阳爻组成床头床板，两个阴爻极像两个床头下面四只床脚。床脚在下，体积狭小，光线阴暗，而且易被剥蚀，这与阴爻特征较为相符。床的古今功能略有区别，当今主卧兼坐，古时主坐兼卧。君王问政于群臣，君王坐床榻之上，居高临下，显示权威；群臣或立于床下，或跪于床前，德高望重者或赐坐床旁。君王在床榻上发号施命，臣属在床榻下方听命行事。剥卦也以"床"说事，也是因为卦象很像一张床，只是这两张床的结构不一样。巽卦是两个床头，剥卦是一个床头，可理解为另一个床头已被剥蚀。

六、君子隐伏之象。 把长女柔顺听话的性格特征引用到其他人身上，就是指具有中和谦逊之德的君子。老子说："水善利万物而不争，处众人之所恶，故几于道。居善地，心善渊，与善仁，言善信，政善治，事善能，动善时。夫唯不争，故无尤。"孔子曰："君子无所争，必也射乎？揖让而升，下而饮，其争也君子。"老子和孔子都是精通易经的，是易学之集大成者，上述之言深得巽卦精髓。上卦之巽，巽为风，为长，为高，为绳直等，可视为高风亮节的圣贤、君子的象征。下卦巽，巽为木，为入等，可理解为君子内心的处世态度和面貌表现。根据《尚书·洪范》，五事之"貌"，与五行之"木"相对应，"貌曰恭"，意即下卦巽卦代表对人彬彬有礼，恭敬有加。初六至六四构成大坎卦，坎为隐伏。以上各象组合起来，就表达了谦谦君子，隐入林泉，与世无争，不图虚名的意境。

七、风尚流行之象。 上卦为巽，巽为风，为长，为高，为绳直等。因此可以把它理解为社会推崇的良好风尚，如孝悌忠信、礼义廉耻、与人为善、助人为乐等；或者是家族辈辈相传的家风家训、传统美德等。下卦巽，巽为风，风行天下，流行民间，渐成风尚，蔚为大观。巽卦所蕴含的风尚流行之象，其实就是治国理政中的教化作用，就是现在所称的思想道德、意识形态和精神文明建设。近朱者赤，近墨者黑。戾气横行就会流氓遍地；德尚风行就能君子频现。可见，社会风尚越好，越有利于君子群体的成长。

八、危机并存之象。 风险与机遇并存，困难与希望同在。这是人们耳熟能详的，此话深得易理。风险与困难是人们不想要的，机遇与希望是人们梦寐以求的。但是易理告诉我们阴中有阳,阳中有阴,孤阴不生,独阳不长。没有风险,机遇行将消失;没有困难,希望也不复存在。因此危机危机,是危也是机,机中有危,危中有机。巽卦中所蕴藏的大过卦便揭示了这一易理。大过卦,上卦为泽,下卦为风,称其为泽风大过。巽卦下交互卦为兑,兑为泽;下卦为巽,巽为风,两者构成泽风大过。该卦主要反映舟沉湖底的意境,这是大过导致的。简而言之,犯下大过,舟翻湖泽是危险;如果能够预见危险而成功避免,那么舟行泽上就是发展良机。

九、田猎有获之象。巽卦六四有"悔亡,田获三品"的爻辞。根据爻辞为观象所得规则,有这样的爻辞,必定存在这样的卦象。三品,可理解为三种动物,也可理解为三个等级品质的猎物。猎物的卦象包括,上下卦为巽,巽为鸡;上交互卦为离,离为雉,即野鸡;下交互卦为兑,兑为羊,引申为野山羊之类的动物;初六至六四构成大坎卦,坎为豕,即为野猪。田猎就得有田猎工具,坎为弓轮;离为戈兵,为罗网;兑为金属;巽为木头,巽为绳直。这些卦象组合起来就是弓箭、罗网、绳索、长矛等狩猎工具。巽卦中还有鼎卦,鼎为大锅,猎物烹饪即成美味佳肴,可用于祭祀、招待宾客或自己享用。

十、自大见凶之象。从巽卦六个爻的吉凶状况可以看出,九五、九二居中有德,坚守中道,刚强有力,虽然彼此没有正应,但结果均为吉。这说明道德良好可以弥补某些缺陷。六四、初六阴承阳恭敬和顺地配合两个中爻,结果也不错,初六虽阴爻居阳位,不当位,却没有负面结果,因为谦恭和顺的态度可以弥补能力不足。但是,九三、上九分别出现了吝和凶,九三阳爻居阳位当位,凶险程度稍低;上九阳爻居阴位,风险程度最高。究其原因应当与其处于巽卦上爻高位有关,原本巽德要求是谦逊、低调、和顺,但这两个爻居于巽卦上爻,相当于树冠的最高处,最为显眼,引申为自高自大的态度,这与巽卦卦德是相违背的,木秀于林风必摧之,因而出现凶吝并不奇怪。

十一、内顺外顺之象。巽卦的上下卦皆为巽。巽卦卦德为顺,即恭敬谦逊,配合顺从。如果将一个别卦看成是一个单位的话,那么下卦代表这个单位的内部组织体系和管理状况,上卦便是这个单位的工作条件、客观环境或合作对象等外部状况。内部顺,表明上下层级关系融通顺畅,上情下达的指令系统运行正常,没有阻碍,行政管理有效到位,没有发生顶撞对抗等情形。外部顺,表明双方关系融洽,平等互利,行动协调,配合有力。这种组织结构总体良好。

十二、长女顺从之象。《说卦传》说，巽，一索而得女，故谓之长女。也就是说，长女巽卦是由父亲乾卦第一爻变成阴爻而得到的。而母亲坤卦第一爻变成阳爻后得到的是长子震卦。可见，父亲与长女联系更加紧密，母亲与长子联系更加紧密。在遗传学角度，儿子更像母亲，女儿更像父亲，这与易经所反映的规律是相符的。从同一性别上看，长女如母，其性格特征是柔顺听话，是父母的得力助手，是家庭的忠实管家。巽卦为两个长女相叠，主卦客卦、内卦外卦均为长女，都有谦逊柔顺之德，一方面两人均具有逊上加逊、顺而又顺的性质特征，另一方面双方是谦恭顺从的长女角色，这样的组织结构是可以办成事的。

十三、木木比和之象。在八卦与五行关系中，震、巽对应木，震为阳卦，为阳木；巽为阴卦，为阴木。五行呈相生相克关系，而对于同类则是比和关系，合二为一，性质、体积、力量等都得到强化。在大自然客观规律中，有一种是同性相斥、异性相吸；另有一种是同声相应、同气相求，有些人以群分、物以类聚的味道。在巽卦情境中，下木上木、主木客木、内木外木，双方性质、内容、大小等情形相同，比和对于双方都具有强化促进作用，体现出互利互惠、合作共赢的态势。

【关联卦象】

巽卦由遁卦演变而来。遁卦上卦为天，下卦为山，称其为天山遁。反映了阴爻进阳爻退、少年逼老人退位、君子不得不隐遁的社会现象。如果将遁卦的九四与六二位置对调一下，那么遁卦就变成了巽卦。这就是所谓的变卦，某一两个爻一变就成了其他卦，变卦反映了客观事物的发展变化规律，即某些因素发生了变化，事物的性质就发生了变化。在小人逼君子退位的情境中，如果君子采取了容忍妥协的态度，那么就可能转变为巽卦的情境。

巽卦的综卦是兑卦。综卦也叫覆卦、镜卦，两者卦画呈一百八十度颠倒关系，反映了事物的一体两面，以及观察事物的角度不同，两者既有联系，又有区别。兑卦代表喜悦，巽卦恭敬和顺必然带来喜悦的结果，下一卦第五十八卦就是兑卦。有时一对覆卦的关系是正反关系，如乾坤、师比、泰否、丰旅、既济未济；有时一对覆卦是承接关系，如屯蒙、需讼、同人大有、谦豫、以及巽兑等。一般情况下，一对综卦前后挨着排列，卦序反映了事物发展变化的轨迹，但在特定条件下，还会发生逆转变化现象。

巽卦的交互卦为睽卦。交互卦是一个重卦去掉初爻、上爻后，由中间四个爻重新组合起来的卦，下面三爻是下卦，上面三爻是上卦，中间两个爻是重复的，分居上下卦。巽卦的上交互卦是离卦，离是火；下交互卦是兑卦，兑为泽，两者构成火泽睽。睽，违背，不合；睽孤，乖离而独处；睽睽，张目注视的样子；睽离，离乱、离散；睽违，差失，分离；睽索，离散；睽携，分离。睽，通"暌"，隔开，分离。暌绝，断绝，隔绝；暌阔，久别。离为中女，兑为少女。少女主内，中女主外，两者同性相斥，互不配合，也不通气，所以关系紧张，出现了大眼瞪小眼、谁也不服谁的睽离之象。交互卦在解卦时非常有用，因为爻辞是观象所得，有些爻辞就是根据交互卦所代表的事物而形成的。巽卦的特点是上下三对爻之间均无正应，恰好反映了上下睽离、睽违的状态。

巽卦的错卦为震卦。如果将巽卦的每个爻性质相反，即阳爻变成阴爻，阴爻变成阳爻，那么得到的卦即为巽卦的错卦，这个错卦是震卦。错是阴阳交错之意，并非错误，两者互为错卦。考察错卦的意义在于，站在事物对立面上观察问题，有利于知彼知己，设身处地考虑问题，平衡双方利益关系，从而使矛盾问题得以妥善解决。错卦既有联系，又有区别，巽卦与震卦，一个长女，一个长男，一个顺，一个动，其对应关系与特征都是明显的。如果说震卦反映了围绕长子继位问题双方阵营展开角逐的故事，那么巽卦则是反映继承先祖留下的传统美德和良好家风。前者是权力的继承，后者精神的继承。

【卦辞象辞】
〖卦辞〗
"巽，小亨，利有攸往，利见大人。"
【译文】"巽卦，小通达，适宜前往行动，适宜出现大人物。"

小亨，亨是通达，小有两层意思，一是与大相对的小，表明程度上小范围、小规模的通达；二是代表阴性类事物，阳性事物称大，阴性事物称小，表明巽卦情境中适宜于阴性类事物通达。理解时两种皆可，如能兼收并蓄两者兼顾更好。利见大人，也有两种理解，第一，适宜拜见大人物，这是通行解法；第二，适宜大人物出现，有时势造英雄的意味，本人更倾向后种解法，它取象于巽卦由遁卦演变而来，九四与六二交换位置后，把九二打造成了大人，与象辞"刚巽乎中正而志行"意境吻合。

〖彖辞〗

《彖传》曰："重巽以申命，刚巽乎中正而志行。柔皆顺乎刚，是以小亨，利有攸往，利见大人。"

【译文】彖传说，巽卦重叠表示反复重申命令，刚爻恭敬谦逊地居于中正之位而内心愿望意志得以推行。两个柔爻均顺从于中间两个刚爻，因此能够达到小通达，适宜有所前往行动，适宜出现大人物。

重巽以申命，指两个巽的经卦，上下重叠组成巽的别卦；申命表示反复叮咛所发布的命令，申是重复、重申的意思。刚巽乎中正而志行，指九五、九二两个刚爻居中位，表明都能坚守中道，但是九五阳爻居阳位，当位；九二阳爻居阴位，不当位。当位称正，不当位称不正，真正称得上中正的只有九五，泛指时应当包括九二。柔皆顺乎刚，是以小亨，初六、六四两个阴爻均以阴承阳结构顺承于刚中阳爻之下，这是获得小亨通的原因。利有攸往，利见大人，处于巽卦的情境下，适宜往前行动，适宜出现大人物。

【大象之辞】

《象》曰："随风，巽。君子以申命行事。"

【译文】大象说："风随着风，这是巽卦所反映的自然景象。君子受此启发，应当反复叮嘱下属理解命令内容，严格按要求办事。"

君子可以是命令发布者，作为发布人要考虑周全，深入思考内容的合理性、合情性和合法性，并反复叮嘱下属执行时需要注意的事项，以避免下属不理解内容而出现偏差，或因管理对象不理解带来阻力。君子也可以是执行者，作为执行者要自觉服从发布者的指令和要求，认真理解文件内容和意义，然后结合百姓的实际情况制订实施意见或贯彻落实的行动方案，避免野蛮执法损害百姓利益。类似的表述如，姤卦的大象："天下有风，姤，后以施命诰四方。"两者都以风象征发布命令，相比较而言，申命比施命更加谨慎、庄重和稳妥。群众利益无小事，百姓的事就是天大的事，为政者出台新政策、新措施、新规定，必须慎之又慎，防止损害百姓的合法权益，这样才能得到百姓的拥护和支持。

【爻辞小象】

"初六，进退，利武人之贞。"

【译文】"初六，在进退犹豫时，适宜学习军人雷厉风行作风并保持正固。"

巽本身就有进退含义，因为风向是多变的，有顺风，也有逆风，可以推着人行进，也可以阻挡人行进。初六阴爻居阳位，爻位要求刚强有力，但初六显得力不从心，力量偏弱，进退犹豫在情理之中，况且初六与六四没有正应，得不到高层六四的支持和帮助。好在九二是阳爻，又居中位，有力量且坚守中道，得到了初六的信任，成了初六的靠山，初六愿意顺承、跟随和配合九二。

利武人之贞，一般来说，武人被认为有勇无谋，做事鲁莽，其实智勇双全的武人不乏其人，初六的武人应作正面理解，此武人相当于军人，武装力量，军队的特点是有铁的纪律，令行禁止，行动迅速，具有超强执行力。利武人之贞的主旨在于，在巽卦情境下，如果柔爻群体出现迟疑不前、犹豫不决、游移不定的时候，要向军人学习，毅然决然，果断利索，顺从刚中阳爻群体，而不要婆婆妈妈、拖泥带水。

命令相当于决策决定，传达贯彻落实就是执行决策决定。前者考验决策力，后者考验执行力。在决策力与执行力关系中，决策力自然重要，但执行力更加重要。一流决策力三流执行力，不如二流决策力二流执行力，甚至不如三流决策力一流执行力，通常事情的失败大多在于执行力不好，使得良好的决策力大打折扣甚至前功尽弃。

"进退"取象于巽卦。下卦为巽，巽为风，为进退。引申为有进有退，行动迟疑不决、徘徊不前。

"武人"取象于乾卦。若初六发生爻变，则下卦变为乾，乾卦刚健有力，引申为武人，执行命令坚决，办事干净利落，而无优柔寡断的弊病。这种雷厉风行的作风对于执行命令十分重要。

《象》曰："进退，志疑也；利武人之贞，志治也。"

【译文】小象说，进退不前，是因为其内心疑惑；适宜效仿军人果敢作风，这样其内心的疑惑得以化解了。

"九二，巽在床下，用史巫纷若，吉，无咎。"

【译文】"九二，恭敬地处于床榻下方，采用史巫官那样殷勤频繁报告的样子，吉祥，没有灾祸。"

史，祝史，执掌占卜、祈福的官员，而非现代意义的史官，当时还没有记载历史的史官，真正的史官是自此开始逐渐沿革至近古时期才产生的，如司马迁家族的职业。巫，巫婆、巫觋（xi2），巫指女巫，觋指男巫。史巫是实行人与鬼神沟通的中介，他们负责将占卜得到的有关信息报告给君王，此处指君王通过史巫官吏发布命令。纷若，一是殷勤、勤快的样子；二是纷纷发言，因为下互卦为兑，兑为口，兑为说（悦），说（悦）说（sou1）同字，引申为发言，有些唯唯喏喏、勤于表现的意思。

九二阳爻居阴位，不当位，表明行为举止过于刚强。九二与九五没有正应，两者不能配合协调。这些都是缺陷，但九二居下卦中爻，表明道德品质良好，能够坚守中道，主持公平正义，强大的道德力量足以弥补其他缺点与不足。

"床下"取象于巽卦。巽为木，木头可用来做床，而且巽卦卦画就像两个床头组成一张床的形状，初六、六四两个阴爻像床的四只脚，因而有床下之说。床下并不是床底下，床底下是小偷呆的地方，正常的上下长幼关系，是尊长坐床榻之上，卑幼处床榻下方，或立或坐或跪，视身份位阶而定。床下可理解为古时对君王的尊称，功能相当于陛下、足下、阁下等。

"用史巫纷若"取象于兑卦。下交互卦为兑，兑为巫，为口，为说（悦），为少女，为羊。兑代表史巫官吏，汇报情况言自口出，对待君王还要恭敬殷勤，和颜悦色。在境外的影视作品中，偶尔可以见到吉卜赛少女牵着一头羊从事巫神占卜事务，少女、巫、羊三要素皆与兑卦相符，推断当与兑卦有关，也许可以成为古代易经文化传到国外的例证。即使属于巧合，那也是天作之合。

《象》曰："纷若之吉，得中也。"

【译文】小象说，殷勤频繁汇报的样子获得吉祥，是因为能够坚守中道。

"九三，频巽，吝。"

【译文】"九三，皱着眉头顺从领导，有小灾。"

频，通"颦"，皱着眉头；吝，小灾难、遇到麻烦。易经中吉凶分九个等级：吉、亨、利、无咎、悔、吝、厉、咎、凶，吝的情况问题不大，不太严重。此爻与复卦六三爻辞相似，"频复，厉，无咎。"表述结构相同，频的意思也相同。有些版本将其解释为频繁不够妥当。"频"是内心的不情愿在面部表情上体现出来，吝是由"频"带来的负面结果。

那么是什么原因使他皱着眉头呢？一是易经的规律是"三多凶"，初难知，上易知；三多凶，四多惧；二多誉，五多功；二是九三与上九没有正应，得不到大佬的支持；三是有陷入大坎之虞，若九三发生爻变，即将它由阳爻变成阴爻，那么下卦就变成了坎卦，同时初六至六四构成大坎卦，坎，陷也，表明九三稍有不慎就可能陷入泥坑；四是下卦巽为木，下交互卦为兑，兑为毁折，上交互卦为离，离为戈兵，以刀削木，毁折是必然结果。也有有利因素，九三阳爻居阳位，当位，表明有能力，行为举止得当。

"频"取象于坎卦。坎为心病，为加忧，为血卦。

《象》曰："频巽之吝，志穷也。"
【译文】小象说，皱着眉头顺从领导将带来小灾，因为其内心已处于穷途末路了。

"志穷"取象于爻位。九三为下卦末爻，末尾意味着穷途末路。

"六四，悔亡，田获三品。"
【译文】"六四，悔恨消失，在田猎中收获三个等级诸多猎物。"

悔亡，即悔无，也就是说本来是有令人悔恨之事的，后来由于某种积极因素的存在消除了悔恨的发生。为何可能有悔？因为"四多惧"，从爻位上讲，处于九五之尊君王的身边，容易让人战战兢兢、倍感恐惧；六四与初六没有正应，说明得不到基层的支持。为什么悔恨又消失了？一是因为它处于上交互卦离卦的中爻，离代表光明，内心光明可以避免灾祸；二是六四阴爻居阴位，当位，表明行为举止适当；三是处于上卦巽卦初爻，阴承阳的结构，表明恭敬顺从，努力配合支持九五君王工作。

田获，即田猎得到收获。三品，有两种解释，一是有三种或泛指多种动物，如鸡、雉、羊、猪，上下卦为巽，巽为鸡；上交互卦是离，离为雉，即野鸡；下交互卦为兑，兑为羊；初六至六四为大坎，坎为猪。二是指在全部猎物中按品质或某个猎物中按部位分为上、中、下三等，上等品用于祭祀，中等品用来招待宾客，下等品留下自己食用。本人认为这两种解释都成立，两者并行不悖。

"田获三品"取象于巽卦、坎卦、离卦和兑卦。上卦为巽，六四在巽卦初爻。巽，为近利市三倍，为入，表明有收获、收入。初六至六四为大坎，坎为弓轮；上交互卦为离，离为戈兵，为罗网，为雉；下交互卦为兑，兑为毁折，为口。这些意思组合起来，就生动地反映了田猎的场景。

《象》曰："田获三品，有功也。"
【译文】小象说，田猎收获三个等级诸多猎物，这是田猎成效的体现。

"九五，贞吉，悔亡，无不利，无初有终。先庚三日，后庚三日，吉。"
【译文】"九五，坚守正道吉祥，悔恨消失，没有不适宜之事，无好开头但有好结局。庚前三日（细叮嘱），庚后三日（重评估），吉祥。"

庚，一是天干庚日，二是通"更"，有变更之意。十天干为：甲乙丙丁戊己庚辛壬癸，先庚三日是丁日、戊日、己日；后庚三日是辛日、壬日、癸日。丁谐音为叮，癸谐音为揆。表示叮咛在先，把命令要求交代清楚；揆度在后，揆是考察、度量的意思，即做好命令执行落实情况的评估督察。十天干两个为一组，共五组，正好对应五行，甲乙为木，丙丁为火，戊己为土，庚辛为金，壬癸为水。戊己处在中央，与土的属性相吻合。庚处于靠后位置，日子过了一半就是"更"，反映出时间段的改变。《尚书·洪范》说："金曰从革"，即金属的性能是顺从变革，因为金属的延展性好，可以打造成各种器具，这是顺从变革的积极成果。后庚三日的第三日为癸日，正好是十天干的终点，而庚前三日的首日丁日，不是天干的初始，故有"无初有终"的爻辞。

"先庚三日，后庚三日"与蛊卦"先甲三日，后甲三日"思维方式、语言结构类似, 只是时间段不同, 甲在前, 庚在后, 但两者有联系, 先甲三日就是庚后三日。如果九五发生爻变, 那么所得的卦就是山风蛊, 可见爻辞的联系源于卦画卦象的联系。蛊卦是前面巽卦顺利, 后面艮卦静止, 顺遂停止, 所以前期好于后期。而在巽卦, 上面已经讲到, 初期状况虽过得去, 但不甚理想, 到了后期情况就好了许多。

九五阳爻居阳爻, 当位, 表明行为举止适当; 九五居中位, 表明道德品行良好, 能坚守中正之道; 处于上交互卦离卦上爻, 表明前景光明; 居于下交互卦兑卦之上, 表明心情愉悦。因此, 天干后期状况上佳, 与蛊卦比就是无初有终。

《象》曰: "九五之吉, 位中也。"
【译文】小象说, 九五的吉祥, 主要是居于中位, 能够坚守中正之道。

"上九, 巽在床下, 丧其资斧, 贞凶。"
【译文】"上九, 恭敬地处于床榻下方, 丧失资金和防身利器, 固陋有凶险。"

"巽在床下"的爻辞在九二出现过, 理由相同, 因为巽为木, 床是木头做的, 故有床下之说, 同时巽卦卦象有点像床榻的两个床头。上九、九二同样都是"巽在床下", 但结局是不同的, 主要原因是爻位不同, 说明同样一件事情, 由于社会地位不同, 或者自我定位不同, 所得到的结果大相径庭。

为什么同样的"巽在床下"在九二是吉, 到了上九就变成凶了呢? 有几个因素, 一是九二不正但中, 居中有德, 良好的思想道德可以趋吉避凶; 上九居于全卦最高位, 不中不正, 虽然也表现出顺从的样子, 但掩盖不了内心的自高自大。二是九二是基层干部, 年轻有为, 有上升空间; 上九到了巽卦尽头, 物极必反, 顺从到了极点就是不顺从的开始, 正如同乾卦"亢龙有悔"、坤卦"龙战于野, 其血玄黄"。三是巽为近利市三倍, 九二在巽卦之中, 表明资金充足, 上九到了末爻钱财差不多用尽了, 这是资金耗费和丧失。四是上卦巽卦为木, 以木为床, 上交互卦为离, 离为戈兵即斧子, 以斧子砍木, 呈现危险迹象; 五是离为戈兵, 是兵刃利器, 上九已在离卦之外, 因此又失去了防身用的斧子。这些都是对上九极为不利的因素, 如果仍然固陋固执, 不知变通, 离凶险就越来越近了。

旅卦九四有"旅于处, 得其资斧, 我心不快"的表述, 两者同出一理, 都取象于相同的离卦和巽卦，这充分说明卦辞爻辞为观象所得，两者相辅相成，有机融合。贞凶，有的解释为要坚守正道防止凶险，这样也有道理，但不是最妥当。贞在一般情况下通"正"，即坚守正道，现代贞洁之义就由此发展而来，贞有正固之义，此处侧重于固陋、固化、固执，缺乏灵活变通。在诸多不利因素的背景下，内外交困，到处碰壁，如果还墨守陈规，不作及时调整，凶险在所难免。

《象》曰："巽在床下，上穷也；丧其资斧，正乎？凶也。"

【译文】小象说，恭敬地处于床榻下方，其顺从已到尽头；丧失资金和防身利器，固守将有什么后果？必将产生凶险。

此处将"正"解为正固，引申固守、固化、固陋、固执等。固守不变将导致凶险。

第五十八卦　兑卦的愉悦之道

【兑卦】

【白话经文】

兑卦，亨通、适宜、正固。

初九，应和对方获得喜悦，吉祥。

九二，诚信待人获得喜悦，吉祥，悔恨消失。

六三，由上来下取悦他人，凶险。

九四，协商获得喜悦但内心不安宁，隔离疾病值得庆喜。

九五，信任剥蚀者，危险。

上六，引荐获得愉悦。

【经文原文】

兑，亨、利、贞。

初九，和（he4）兑，吉。

九二，孚兑，吉，悔亡。

六三，来兑，凶。

九四，商兑未宁，介疾有喜。

九五，孚于剥，有厉。

上六，引兑。

【解读序言】

兑卦位列周易第五十八卦，上卦下卦皆为兑卦，这样的卦叫纯卦，名称与经卦相同，有八个经卦就有八个纯卦。《序卦传》曰："巽者，入也。入而后说之，故受之以兑，兑者，说也。"序卦传说，巽卦代表旅居在外者回家入户，回家之后心情就愉悦了，因此周易在巽卦之后安排了兑卦，兑卦就是喜悦的意思。说，通"悦"。

《杂卦传》曰："兑见而巽伏也。"杂卦传说，兑卦的喜悦之情表现在外，而巽卦的恭敬顺从则内敛于心。见，通"现"，表现出来，即喜形于色；伏，隐伏，恭敬之心适宜怀藏心里，自然而然体现在行为上。假如有人采用高调、张扬的方式来表现恭敬顺从的态度，倒是应当值得注意了，要分辨是哗众取宠，还是真心顺从。

【卦名含义】

《古代汉语词典》解释：兑，直；通达；孔穴；周易八卦之一，象征沼泽；兑换；通"锐"；通"悦"。喜悦是兑卦的基本意思。兑在易经中代表秋天，按照后天八卦图，四季分别为震、离、兑、坎。乾卦卦辞"元、亨、利、贞"，含义之一就分别代表春、夏、秋、冬，反映了春发、夏长、秋收、冬藏的事物发展变化规律。

根据《说卦传》：兑，说也；兑为羊；兑为口；兑，三索而得女，故谓之少女；兑，为泽，为少女，为巫，为口舌，为毁折，为附决，其于地也，为刚卤，为妾，为羊。这是《说卦传》中多处出现的对兑卦的解释，有些表述是重复的，如羊、少女，说明是常用义；有些意思相互关联，如泽、说（通悦），通常人们走在湖边泽畔欣赏五湖山色秀丽风景时心情是喜悦的；有些意思是引申出来的，如口、口舌、巫，巫是以口为生的职业，妾是少女引申出来的意思；有的意思相近，如毁折、附决，毁折是事物的损坏，附决是某个附着物随主体一起脱落，本人判断"脱"字右边为"兑"，应当与兑卦毁折、附决等含义有关联。《古代汉语词典》解释：脱，将肉去掉皮骨；去掉，解下；脱离，离开；逃脱，散落等，与兑卦含义存在明显联系。

《说卦传》所载明的众多意思是用来分析卦象的，但在具体的卦象中只用其中一两个意思，并不是所有意思都要用到。正如《古代汉语词典》一样，一个词有好多种意思,但就某篇古文而言,只用到其中的一两条解释而已。

由兑卦上述含义,自然而然地让人联想到吉卜赛少女的形象。她们漂亮机敏,牵着一头白山羊,替人占卜算卦,以此作为谋生手段,据说吉卜赛人的祖先是印度人,古印度与古代中国是有文化交流的,本人怀疑吉卜赛少女形象与兑卦的象意之间也许存在着某些渊源。

【卦象寓义】

一、二泽相连之象。大象说"丽泽兑"。《古代汉语词典》解释:丽,两相并连,成对,《周易·兑》:"~泽兑,君子以朋友讲习";数目;附着,依附;施加;美丽,华美;通"历",跨越;通"枥"等。兑为泽,泽为湖泽、湖泊、沼泽,从广义上讲还应包括海洋,与江、河、溪等水流相比,湖泽有安逸平静的特点,人行走在湖畔泽边,心情是轻松愉悦的。江、河、溪等流动水系适宜归入坎的范畴,它们与坎的特征更加接近,湖泊、海洋中的水虽然也在动荡,但非定向运动,而江、河、溪等流动水系只能由上游流向下游。可以理解为坎水是兑泽的上游或下游状态,兑泽是坎水的归宿或新的起点。兑卦是两个湖泽相连,兑卦的兑字、卦画都是上面有个缺口,也就是说两个湖泽中间有一个缺口作为两个水域的连接通道,由于水的平面性、处低性和流动性,使得两个湖泽水域融会贯通,相互平衡,始终保持同一水平面的水位。

二、双喜临门之象。兑,说也,喜悦之意。两个兑卦相叠,呈现出喜上加喜的情形。有句话叫"福无双至、祸不单行",这话大致是对的,福无双至旨在降低人们欲望,不要奢望过多,不能总想着天上掉馅饼;祸不单行意在提醒人们遇上灾祸时,切忌六神无主,惊慌失措,要特别注重防范次生灾害。从另一个角度讲,这话又有失偏颇,祸不单行的事司空见惯,双喜临门的事也屡见不鲜。生活中左右逢源、好事成双、双喜临门的事不乏其例。比如考上好大学、找到意中人、升职加薪、娶亲生娃、股票涨停,摸彩中奖等等,有时好事接二连三到来,甚至两三个以上好事同时出现。兑纯卦就反映了现实生活中这种双喜临门、锦上添花的现象。

三、诚信中孚之象。九二爻辞"孚兑,吉,悔亡",九五爻辞"孚于剥,有厉"。其共同点是都有个"孚"字,孚为诚信之意,取象于中孚卦。兑卦中蕴含着一个中孚卦。中孚卦上卦为风,下卦为泽,称其为风泽中孚,把它缩小就是大离卦,离卦放大就是中孚卦。《中庸》说："诚则明矣，明则诚矣。"离代表光明，内心光明即为孚。兑卦上交互卦为巽，巽为风；下卦为兑，兑为泽，两者构成中孚卦。中孚卦中间两个阴爻，两边两个阳爻，代表内心空旷无物，虚怀若谷，虚心谦卑，同时离为火，为日，为目，为明，为罗网，为大腹，象征大腹内装满光明和诚信。

四、你唱我和之象。初九爻辞是"和兑，吉"。"和"字可有多音多义，但本人认为解释为应和（he4）之"和"更加贴切。这从卦象上可以找到根据。在兑纯卦中，上下、内外、主客皆为兑，兑为口；兑，说也，说通"悦"，由此引申出言从口出、说话声、吟唱声悦耳动听等意思。"和兑"可理解为，客方在上面吟唱，主方在下面应和。虽然从上下三对爻的关系上考察，皆无正应，可理解为各自观点不尽相同，但个体不同不影响整体和谐。两个原本不尽相同的主体，通过下列几个因素可以达到和而不同、不同而和的情境。一是双方均持喜悦态度，有利于交往沟通；二是下交互卦为离，离为明，内心光明诚信，有利于双方互信，并且离有依附之意，诚信将拉近双方心理距离；三是兑纯卦中蕴含音声相和之象。上交互卦为巽，巽为风，风声为号，下卦为兑，兑为悦耳之音，一个开口朝下，一个开口朝上，并且组成了下交互卦离卦，由离卦将双方联接起来，形象生动地体现出了一唱一和的呼应关系。同时，离为雉，引申为鸟禽类，它们用一呼一和的鸣叫声来沟通彼此信息。《道德经》说"音声相和"，乾文言说"同声相应，同气相求"，本卦象辞说"顺乎天，而应乎人"等，都表达了你有呼我有应、相互感应、相向而行、同频共振、同步协调的和谐关系。

中孚卦九二爻辞是"鸣鹤在阴，其子和之。我有好爵，吾与尔靡之。"这是典型的呼应关系。山南水北谓之阳，山北水南谓之阴。阳光照射时间长的地方为阳，山南水北正是日照时间长的地方；山北水南日照时间短为阴，河流南侧之水因被河岸遮挡而少见阳光因而为阴。按照后天八卦图，离为日居南方，坎为水居北方，更为形象地说明了河流北侧正是阳光直射区域，而河流南侧却被河岸所蔽。我国一些地方就是按照这一规律来取名的，如衡阳（衡山之南）、华阴（华山之北）、洛阳（洛水之北）、江阴（长江以南）等。"鸣鹤在阴，其子和之"，是指鹤父母在山北鸣叫呼唤着小鹤，小鹤随声呼应附和着鹤父母。这种你呼我应的场景非常温馨非常感人。兑纯卦的"和兑"意境与中孚卦完全吻合。

中孚卦的卦象非常丰富，上卦是巽，巽为鸡，二至五爻为大离，离为雉，两者引申为鸟禽类；上交互卦为艮，艮为山，上卦为巽，巽为木，山上林木是鸟禽的栖息地;"孚"字是母禽用爪子和身体扒在禽蛋上孵小禽的情形,后而还将详细解释。上卦为巽,巽为股,引申为鸡爪;上交互卦为艮,艮为少男,下卦为兑,兑为少女,引申为禽蛋或小鸡仔,受到鸡妈妈爪子和身体的呵护;中孚卦整个卦形还是个鸡窝的形状。内容的关联来自卦象的关联,因为兑纯卦初至五爻构成了中孚卦。因此,将"和兑"之"和"解为"应和"之"和"更为确切。

五、悦中寓睽之象。喜悦总是受人欢迎的,但也不要忘记喜悦背后总是存在生忧的因素。福兮祸所伏,祸兮福所倚。悲喜好像一对孪生姐妹,往往形影不离,交替出现。因此,欣喜之余应当有所警惕,切莫得意忘形,乐极生悲。兑卦中蕴含着一个睽卦。睽卦上卦为火,下卦为泽,称其为火泽睽。睽卦反映二女不和、反目成仇的情形。巽卦下交互卦为离,离为火;下卦为兑,兑为泽,两者构成火泽睽。这表明月有阴晴圆缺,人有悲欢离合。人们不可能总是处于喜悦情境之中,喜悦之后要考虑是否存在不和谐隐患,如果意识到了就要采取防范措施,防止反目成仇成为现实。

六、取悦招过之象。六三爻辞是"来兑,凶"。俗话说,伸手不打笑脸人。表明人们喜欢满面春风、笑脸相迎的人,但是喜悦也是有限度的,适度则吉,过度则凶。与巽卦相对应,兑纯卦中也蕴藏着一个大过卦。大过卦上卦为泽,下卦为风,称其为泽风大过。兑纯卦上卦为兑,兑为泽;上交互卦为巽,巽为风,两者构成大过卦。大过卦是危险与机遇、困难与希望并存的卦。处理得当转危为机,处理不当酿成大祸。六三之所以"凶",一方面是"三多凶"时机不当,另一方面是阴居阳位行为不当,主要表现为自降身份,曲意过分地取悦他人,极易自取其辱。因此喜悦要有度,谨防乐极生悲。巽纯卦的大过卦位置靠前,兑纯卦的大过卦位置靠后,说明两者容易发生大过的时间段不同,人处于兑纯卦情境时,后期要特别防范重大过失。

七、内刚外悦之象。彖辞中有"刚中而柔外"的内容,它是针对兑纯卦的卦画来表述的。内刚外悦的内外,是指人的内心心理状态和外在行为表现,而非指组织内部和外部的概念。在兑纯卦中,九五、九二两个刚爻分居上下卦中爻,象征君王、基层干部的内心装着阳刚精神,阳刚是有能力的表现,居中位是有道德的表现。因此无论是君王,还是基层干部,都是有道德、有能力的君子。两者没有正应,说明配合协调有所欠缺,但不妨害他们为百姓做事。对于九五、九二而言,其余四个爻皆为外爻,它们与九五、九二共同组成兑纯卦,表明创设了和悦喜庆的环境氛围,也可理解为君王、基层干部的施政行为受到百姓欢迎。

八、内外喜悦之象。如果说"内刚外悦之象"讲的是人的内心心理状态和外在行为表现的话,那么这里所称的内外喜悦之象的内外是指组织内部结构和外部环境的关系。兑为喜悦,在兑纯卦的情境中,内部呈现出令人喜悦的氛围,表明一个单位、机构、团体等发生了值得庆贺的喜事;而它们的合作伙伴、工作对象、销售市场等外部环境也呈现出同样的喜庆气象。在内外均充满喜悦氛围的情境中,有利于推进人生事业并取得成效。

九、少女当家之象。兑为少女;兑,说也,即喜悦之意。通常少女是惹人喜爱的,她们青春美丽、聪明伶俐、清纯活泼,并且脸上常常挂着略带青涩的微笑。人们乐意遇见她们,是因为能在她们身上感受到青春和清纯的气息,能给人们带来愉悦和美感。假如将兑纯卦视作一个家庭的话,这是一个特殊的家庭,仅由两个少女构成,其他家族成员因多种因素没有在家。少女虽然讨人喜悦,但也有缺点,一是有些任性,二是生活经验缺乏,三是生活能力较弱。如果让她们承担主持家庭的重任恐怕多半难以胜任。两个任性的少女一个主持家政,一个在外从事劳动生产,可以想象其情形比少女、中女构成的火泽睽好不到哪里去。兑纯卦上下三对爻均无正应,就足以说明上下阻塞、沟通不畅的问题了。因此,少女当家的家庭也许注定是举步维艰的。当然,有例行必有例外,凡事都不是绝对的,两个少女在家庭内部和谐相处的例子偶尔也是能够找到的,这里侧重分析常态例行情况。

十、阴金比和之象。在八卦与五行关系中,乾、兑两卦与金对应,乾为阳卦,为阳金,指材料质地偏向坚硬的一类金属;兑为阴卦,属于阴金,指材料质地相对柔软的一类金属。把兑看成少女时,两个少女同性相斥,有可能表现为不配合、不协作;但是将兑看成金属时,俩俩叠加,其功能与作用将得到倍增和强化。这种有时排斥、有时比和的现象取决于兑卦所代表事物的性质。此处两个少女相斥主要表现在人的精神层面,同质材料比和主要反映在物质层面。

【关联卦象】

兑卦由大壮卦演变而来。与巽卦由遁卦演变而来同理,兑卦由大壮卦演变而来。大壮卦上卦为震卦,震为雷,下卦为乾卦,乾为天,称其为雷天大壮,象征春天里,天上打雷下雨,万物茁壮成长。大壮卦上面两个阴爻,下面四个阳爻,如果将六五与九三位置对调一下, 就变成了兑纯卦, 爻位一变整个卦的性质就变了, 这种变化在六三爻辞中可以看出来。六三爻辞为 "来兑, 凶", 意即六五从第五爻来到第三爻, 为的是刻意取悦九二, 有些自降人格、有失尊严的意味。这种刻意取悦他人并非出于本心, 不是自然而然的, 而是装出来的, 或者是另有企图, 其效果往往适得其反。

兑卦的综卦是巽卦。所谓综卦, 就是两个卦画之间呈180度颠倒关系, 兑卦卦画倒过来是巽卦, 巽卦卦画倒过来是兑卦。综卦反映了事物一体两面, 内部结构没有变化, 但上下位置进行了反转。可理解为, 对同一事物, 观察角度不同, 或立场不同, 所得到的结论是不一样的。综卦也叫覆卦、镜卦, 两卦之间既有区别, 又有联系。从时间顺序上讲, 巽卦与兑卦之间是种承接关系, 巽卦位列周易第五十七卦, 兑卦位列周易第五十八卦, 巽是回家入户, 兑是心情愉悦, 久旅他乡之人返回到自己的家里, 心情自然是愉悦的。

兑卦的交互卦为家人卦。如果将兑卦两端初九、上六去掉, 用剩下中间四个爻重新组成一个卦, 以四爻中的上面三爻组成上卦, 即为上交互卦, 为巽卦, 巽为风; 以四爻中的下面三个爻组成下卦, 即下交互卦, 为离卦, 离为火。这个交互卦称其为风火家人。由此可见兑卦与家人卦存在内在联系, 兑为少女, 为悦, 为口舌, 为毁折等, 都与家人生活有关。由于交互卦中间两个爻是重叠的, 上卦有它, 下卦也有它, 呈现出交互关系, 这也是交互卦名称的来历。这种分析事物的方法, 酷似比赛评分中去掉一个最高分, 去掉一个最低分, 然后用中间段数据来计算分值。

将交互卦易理运用于考察事物有其合理性和科学性, 事物的两端是小概率事件, 两头不太稳定, 也不能代表整体事物的性质, 用两端来评价事物往往会导致错误结论。比如, 我们来考察一根木头能否作为栋梁或大柱, 不能以两头为标准, 如果以树梢为考察对象, 也许会以为不堪重任; 如果以树根为考察对象, 也许会认为绰绰有余。显然这两者都是有问题的, 只有以木头的主杆部分作为主要考察对象才是合理可靠的。因此, 交互卦的功用在于帮助人们正确判断事物的性质, 有效把握事物的本质。

本人由交互卦易理联想到了中庸之道, 两者似有融通之处。《中庸》是孔子之孙子思所著, 哲学价值极高, 充满睿智, 颇得孔子真传并予以进一步创新发展。"中" 既有空间、地理、方位上的中间、中央、中部等意思, 又有时间、方式、程度上的适中、适当、恰到好处等意思,而不能机械地把"中"理解为正中间、中心点或二分之一处。"庸"是用、平常的意思。中庸就是用中,并将此作为常道,执其两端用其中,不偏不倚,无过无不及,这是理想化的状态,要找到真正的适中点非常困难。虽然做到中庸不容易,但作为努力追求的目标很有意义。那种认为中庸之道是和稀泥、无原则、无是非、和事佬、老好人等的观点是极其错误的,这是对中庸之道的严重曲解。

《中庸》说,子曰:"舜其大知也与! 舜好问而好察迩言,隐恶而扬善,执其两端,用其中于民。其斯以为舜乎?"孔子说,舜的智慧是何其之大啊! 舜善于提问并且善于从浅近言语中观察问题,尽力消除坏人坏事,努力弘扬好人好事,抓住事物两头,运用其中间稳定状态的适当方式治理百姓。这大概正是舜之所以为舜的原因吧?

《古代汉语词典》解释:隐,隐匿,隐蔽;隐瞒;隐讳,掩盖;潜藏,隐居;埋没;暗中,私下;等等,此处应从"潜藏,隐居;埋没"等意思中引申为消除、消弭、铲除、抑制、抵制、扼制、遏制等意思,也就是要扫除歪风邪气,抵制坏人坏事,而决不是隐匿包庇坏人坏事的意思。《中庸》这段话体现了舜治国理政的思路是:抓两头,带中间。上端是善,树立先进典型,用于教化引领百姓,形成良好社会风尚;下端是恶,开展警示教育,采取惩戒措施,尽力遏制歪风邪气。"执其两端"是方式方法,这是确定治国理政的边界与范围,采用两条腿走路,抑扬兼用,疏堵结合,刚柔并济。"用其中"是治国理政的重点对象和最终目标,治国理政的成效体现于此。毕竟,先进典型或者罪大恶极的人都是少数,绝大多数百姓介于两者之间,百姓是治国理政的服务主体和依靠力量,同时也是治理对象。舜正是对处于中间段的绝大多数百姓群体采取了适当的治理方式,从而使得百姓安居乐业,才换来了国泰民安的和谐局面。舜施政的适当方式就是"中",他既不以先进典型的标准要求百姓,也不以对待恶人罪犯的态度对待百姓,而是采取因地制宜、因材施教的恰当方式治理社会,因而实现了清明政治。

一个重卦(别卦)中,初爻、上爻,代表事物的两端,"执其两端",就是要把握事物的上限和下限,两端或上下限之间是考察事物的范围。去掉两端后留下了二、三、四、五爻,这是首次"用其中",可理解为确定事物考察的边界与范围之后,选取最典型最有代表性的中间段作为研究重点;接着,对中间四个爻进行重组，形成了完整的交互卦，其中中间的三、四爻组合被重复使用了两次，这是再次"用其中"。最后，三、四爻组合分别居于上卦和下卦，仍然居于整个交互卦的中间部位，这是第三次"用其中"。

兑卦的错卦为艮卦。如果将兑纯卦的每个爻性质相反，即阳爻变阴爻，阴爻变阳爻，那么得到的卦便是其错卦艮纯卦。错是阴阳交错的意思，而不是错误之错。错卦的意义在于站在事物的对立面上观察问题，正如同知彼知己百战不殆，它有利于矛盾与问题的调处和化解。兑纯卦与艮纯卦既有联系又有区别，区别是显而易见的，而联系在于性质的反向对应性，兑与艮，是湖泽对山峦；兑纯卦是两湖泽相连，艮纯卦是两山峦并立；一方是两少女组合，另一方是两少男组合。少女活泼可爱，少男英气机敏，他们共同的特征是都有些任性，这多半是由他们在家中的地位和环境等多种客观因素形成的。

【大象之辞】

《象》曰："丽泽，兑。君子以朋友讲习。"

【译文】大象说："两个湖泽相连互通是兑卦反映的自然景象。君子受此启示，应当倡导志同道合之人经常聚在一起相互交流学习心得和畅谈实践体会。"

丽泽，指两个兑卦相连互通，相互依附。丽泽之"丽"取象于离卦。兑纯卦的下交互卦是离卦，离，丽也，丽是离卦引申出来的美丽、依附之意，下交互卦离卦居于兑卦的上下卦之间，起到承上启下的联接融合作用，上下两卦相互依附。

此处的"朋友"与现代意义的朋友有所区别。古代的"友"相当于现代的朋友；古代的"朋"是指师出同门、志同道合的人，有现代同学、学友等意思。如孔子"有朋自远方来，不亦乐乎？"就是指有老学友远道来看我了，同学会面交流当然是件很开心的事。

为何是"讲习"？这是因为兑为口，交谈须用口来进行，既然是志趣相投，必然有诸多体会感悟需要分享。这里的"习"不是学习，而是实践。孔子强调知行合一，习的原义是小鸟练习飞行，是一次又一次地跟着父母实践练习。所以孔子讲"学而时习之，不亦说乎？"可见，古代的学与习是有区别的，学是指学习知识，习是指将所学知识应用于社会实践。

曾子曰:"君子以文会友,以友辅仁。"这与大象的表述是一致的,现代各种读书会就是以文会友的平台和载体,目的是通过读书修身养性,提高境界,促进人文进步。《中庸》说:"言顾行,行顾言,君子胡不慥(zao4,忠厚诚实的样子)慥尔。"说的就是学习要与实践相结合,做到言行一致,知行合一。

【卦辞象辞】

〖卦辞〗

"兑,亨、利、贞。"

【译文】"兑卦,通达、适宜、正固。"

乾卦卦辞是"元、亨、利、贞",为何兑卦没有"元"?这是因为在后天八卦图中,震代表春天,离代表夏天,兑代表秋天,坎代表冬天。兑卦既然已经进入秋收季节,就已经不是开始之"元"了。通常卦辞元、亨、利、贞也代表春、夏、秋、冬四季,所对应的季节特征是春发、夏长、秋收、冬藏,这是农作物四季生长规律,也是人生事业的发展规律。

〖象辞〗

《象》曰:"兑,说也。刚中而柔外,说以利贞,是以顺乎天,而应乎人。说以先民,民忘其劳;说以犯难,民忘其死;说之大,民劝矣哉!"

【译文】象辞说,兑,就是喜悦的意思。九五、九二两个阳刚之爻占居上下卦中位,而上六、六三两个阴柔之爻处于其外,愉悦并且适宜、正固,因此能顺乎天道,而感应人心。君子、官员悦颜悦色,率先垂范作好表率,百姓就会忘记劳苦;以乐观心态处置危难险重,百姓就能不怕牺牲。乐观主义精神意义重大,百姓因此受到极大振奋。

劝,勉励、奖励、坚决有力的意思,引申为振作、振奋。

"顺乎天"取象于离卦和巽卦。下交互卦为离,离为日,代表天。上交互卦为巽,巽卦卦德为逊顺。

"应乎人"取象于离卦和家人卦。离为明,为大腹,腹内明,即内心诚明。诚明之人就能做到人与万物感应,当然更应包括人与人的感应。兑纯卦的交互卦是家人卦，风火家人，由家人再延伸拓展至所有人。

【爻辞小象】

"初九，和（he4）兑，吉。"

【译文】"初九，应和对方获得喜悦，吉祥。"

初九阳爻居阳位，当位，表明其刚健有力，行为举止适当。初九与九四没有正应，不能得到上层的支持，这是不利因素，但对结果影响不大，这是为什么？上面说过，兑卦是由大壮卦演变而来的，在大壮卦中，三对爻里只有初九与九四没有正应，这对初九非常不利。而变成兑卦后，三对爻都没有正应，也就是说大家都处于相同的环境条件下，就不会只对初九产生不利了，反而减轻了负面影响。同时，兑纯卦下交互卦为离，离为火、为日，为丽，象征前途光明，初九紧挨离卦，与光明之德为邻，弥补了不利因素影响，这也是促使结果吉祥的因素之一。

本爻之所以吉祥，关键还是在"和"字上。《古代汉语词典》解释：和（he2），音乐和谐，引调和；又和顺，和谐；又和睦，融洽；温和，喜悦；天气暖和；舒适；适中，恰到好处，《论语·学而》："礼之用，～为贵"；和平，又和解，讲和；古哲学术语，与"同"相对，有相反相成之意，即在矛盾对立诸因素的作用下实现真正的和谐统一，《论语·子路》："君子～而不同，小人同而不～。"交易；古乐器；等等。和（he4），和谐地跟着唱或伴奏；随声附和，响应；答应，允许；依照别人诗词的格律或内容作诗词。此外，和（huo4），掺合，混杂等；和（huo2），拌和。

结合本卦意境和初九具体情况，这里的"和"可有两种理解：一种是和悦之和（he2），另一种是应和之和（he4），两种解释都有道理，本人更倾向于后一种解释。和（he2）是中华传统文化中的一个重要概念。中国人讲究以和为贵，君子和而不同，带着和的心态去为人处世，基本上不会遇到太大障碍。《中庸》说："喜怒哀乐之未发，谓之中；发而皆中节，谓之和。中也者，天下之大本也；和也者，天下之达道也。"可见，和是天下通行的通达大道，以和处事，必能畅通无阻。

"应和"之"和"的意思，前面已经做过解释。"和"取象于中孚卦及其爻辞。详情请参见本文"你唱我和之象"。

《象》曰："和兑之吉，行未疑也。"

【译文】小象说，应和对方而喜悦，因为其行为没有疑惑。

能够及时呼应对方，表明态度友好，以及对对方的尊重，自然可以消除对方的疑虑。

"九二，孚兑，吉，悔亡。"

【译文】"九二，诚信待人获得喜悦，吉祥，悔恨消失。"

孚，诚信。从字形结构看，这是个会意字，直观感受是用手抓住孩子，父母用手抓住孩子体现出来的是对孩子的爱，父母允许别人抓住自己的孩子，这个人必定是值得信任之人。其实，"孚"的本义是孵小鸡，母鸡不吃不喝用爪子和身体护住鸡蛋，二十一天一动不动，用自身体温孵出小鸡，这是动物的本能习性，是完全自愿的奉献和付出。引用到人文领域，母鸡的这种至诚至爱的天性足以让人感动不已。因此，人们把孵小鸡的"孚"，赋予其诚信的涵意，而作为孵小鸡的本义反而被淡化了。为了区分诚信与孵的含义，于是后来在左边加个"卵"字来表达其孵小鸡的本义，直接将孚用作诚信。我将这种文字演变的有趣现象称之为鸠占鹊巢。类似的字，除了孚与孵，还有它与蛇、益与溢、畜与蓄、莫与暮、需与儒、然与燃等。

诚信是护身之宝，是趋吉避凶的最佳良方。有孚之人，以诚待人，运气通常不会太差。悔亡，即悔无，悔恨消失了。悔亡表明本来是有悔恨之事要发生的，后来由于某种积极因素把它化解了。那么可能导致其悔恨的因素有哪些呢？一是阳爻居阴位，不当位，行为举止过于刚强，过犹不及，容易产生弊病；二是九二与九五没有正应，它身处基层，其行为得不到君王或老大的支持，做起事来困难不小。

那么，又是什么原因使悔恨消除了呢？一是处于下卦中爻，身居中位，表明能够坚守公道，主持公平正义，道德品质过硬；二是兑为喜悦，处在兑卦中爻，带着公正而喜悦的心态待人接物，事情容易顺遂；三是九二为下交互卦离卦的下爻，离代表光明，内心光明真诚，前景看好；四是九二处于上交互卦巽卦的下方, 巽代表逊顺, 处于逊顺情境之下, 自然近水楼台先得月; 五是能得到六三的大力支持, 上面已经说过, 兑卦由大壮卦演变而来, 在大壮卦中, 九二与六五是有正应的, 九二能得到君王的支持, 做事自然顺风顺水, 演变成兑卦后, 原先的六五君王直接来到了六三, 跑到了九二身边, 虽然地位不如原先高、权力不如原先大, 但距离更近了, 成了九二的直接领导, 毕竟大壮卦期间的交情还在, 对九二是有利因素。六是上面述及的中孚卦带来的诚信, 诚信蕴含着无穷力量。

"孚"取象于离卦和中孚卦。下交互卦为离, 离为明, 此心光明最为诚信; 初爻到九五构成中孚卦, 中孚卦缩小为离卦, 离卦放大为中孚卦, 中孚是最大的诚信。

《象》曰:"孚兑之吉, 信志也。"
【译文】小象说, 诚信待人获得喜悦带来吉祥, 主要是因为其诚信的精神意志得到了伸张。

信, 通"伸", 有人把"信志"解释为相信精神意志, 也讲得通, 但没有前面的解释妥贴。诚信的力量是无穷的, 这是取得吉祥的重要原因。

"六三, 来兑, 凶。"
【译文】"六三, 由上来下取悦他人, 凶险。"

来, 从上面到下面, 从外面到里面, 从远处到近处。兑纯卦由大壮卦演变而来。六三在大壮卦时原本在六五君王之位, 为了与九二亲近, 在兑卦他来到了六三。他放弃王位, 原因是多方面的, 概括起来, 不外乎为了爱情主动放弃, 或被迫无奈前来投靠。但是, 无论是放弃高位来取悦下属, 还是无可奈何投靠下属, 结果都不会好。

易经的规律, 也就是事物发展的规律, 初难知、上易知; 二多誉、五多功; 三多凶、四多惧, 六三之凶符合这一规律。此爻告诉我们, 有意取悦他人, 无论是屈尊、还是高攀都是不可取的。一味讨好他人意味着迷失自我, 失去自我就失去了人格和尊严, 自己都瞧不起自己, 当然不可能赢得别人的尊重。六三与上六没有正应, 表明得不到来自大佬的支持。

《象》曰："来兑之凶, 位不当也。"
【译文】小象说, 自上来下取悦他人带来了凶险, 主要是因为所处位置不当。

六三阴爻居阳位, 不当位, 力量偏弱, 又不中不正, 靠取悦他人度日, 结果自然凶多吉少。

"九四, 商兑未宁, 介疾有喜。"
【译文】"九四, 协商获得喜悦但内心不安宁, 隔离疾病值得庆喜。"

九四处于承上启下的中间位置, 兑为口, 口有言, 协商就是两人言语交流, 做事时商量着办, 协商一致能给人带来愉悦。紧接着是"未宁", 为何商量着办事还会带来不安宁? 一是由九四爻位所决定的, "三多凶、四多惧", 内心恐惧当然就不安宁了; 二是兑为毁折, 做事容易受到损毁或遭受挫折, 内心忐忑不安。
　　"介疾有喜", 与豫卦六二"介于石, 不终日, 贞吉"有关联。介, 划分田地边界; 边际、侧旁; 处于中间, 即处于两个事物之间; 隔开、间隔; 接近, 等等。豫卦中六二是下交互卦艮卦的初爻, 艮是山, 山上有石, 故有"介于石"的说法, 而且艮是山, 也有阻止的意思。蒋介石的名字及命运, 似乎与豫卦有关。豫卦卦辞是"利建侯, 行师。"讲的是行军打仗、建立诸侯霸业, 蒋介石的字是"中正", 来自豫卦六二小象:"不终日, 贞吉, 以中正也。"蒋的一生正是对豫卦的形象诠释。就兑纯卦而言, 如果将九四发生爻变, 即变成阴爻, 那么上交互卦就成为艮卦, 也有山石、阻止等意, 这一点与豫卦的情况相同。"介疾", 就是将疾病隔开, 使之分离, 不使染病, 阻止疾病的发生, 如此就有喜悦的结果。
　　那么, "疾"来自哪里呢? 一是九四处于上交互卦巽卦中爻, 巽为股, 而又处于上卦兑卦的下爻, 兑为毁折, 折股就是大腿骨折了, 即是一种伤病; 二是如果将九四、九五看成一个爻, 那么四至六爻就构成坎卦, 坎者, 陷也, 为加忧, 为心病, 为血卦。表明遇到了麻烦, 骨折便是处于坎中的表现。为了破解这道坎, 九四可以有所作为。一是通过九四爻变, 上交互卦变成艮卦, 阻止险难发生; 二是九四与下面两爻联手组成离卦, 将危险、疾病隔离, 从而化险为夷。
　　九四阳爻居阴位, 不当位, 行为举止过于刚强。九四与初九没有正应, 其行为得不到来自基层民众的支持。这些都是不利因素。好在九四处于上交互卦巽卦和下交互卦离卦之中, 既逊顺, 又光明, 还有上卦兑卦的愉悦, 因此没有带来不良后果。

《象》曰: "九四之喜, 有庆也。"
【译文】小象说, 九四得到欣喜结果, 是因为有值得庆贺的事情。

隔离了疾病发生, 身体安然无恙, 这是令人庆幸的。

"九五, 孚于剥, 有厉。"
【译文】"九五, 信任剥蚀者, 危险。"

兑纯卦由大壮演变而来, 九五本来是大壮卦九三, 与上六有正应, 可理解为在大壮卦九三与上六交情很深。现在九三跑到上面九五的位置, 做了上六的邻居, 关系更加亲近了。

在大壮卦情境中, 四个阳爻上进, 两个阴爻后退, 上六是首当其冲将被赶下历史舞台的小人, "剥"是指上六, 代表过去靠剥蚀君子或侵吞民脂民膏或国家财富攫取高位的人, 可以理解为高层巨贪代表。剥蚀是一种天下百姓深恶痛绝的犯罪行为, 放任这种行为就等于纵容犯罪。如果九五考虑到过去与上六的旧交情而对其剥蚀行为睁只眼闭只眼, 网开一面, 不闻不问, 甚至相互勾结, 沆瀣一气, 君王信任大贪官, 大贪官信任君王, 那么对于天下百姓而言就是一场灾难, 对于国家政权而言, 等于在玩火自焚。一旦这种设想成为事实, 其危险是不言而喻的。"有厉"在于警示当政者注意, 千万不要忽视消极腐败的严重危害, 千万不要对巨贪大贪心慈手软。

九五与九二没有正应, 表明其行为得不到来自基层干部的支持。九五阳爻居阳位, 当位, 表明其行为举止是适当的。居中有德, 表明君王的道德品质良好, 或者职位对君王的道德素质要求很高。这似乎与"有厉"的表述有矛盾, 其实这种危险主要来自上六, 九五若能对这种危险保持足够警惕, 便可得以有效避免。

这里, 可借由一段历史故事来阐明此爻爻义。周幽王得褒姒后, 荒废朝政,为博美人一笑,烽火戏诸侯,囚申王后,立褒姒为正宫,废太子伯服,改立褒姒刚出生的儿子为太子。伯服逃到申国的外公申侯那里。申侯闻讯到西戎借兵伐周,周幽王叔叔郑国友(郑桓公)在与西戎作战中阵亡,周幽王被西戎大将所杀,褒姒儿子被摔死,褒姒被戎主所掳,后上吊而亡。战斗结束后,不料戎主赖在王宫不走,申侯请郑国友之子掘突(郑武公,即郑庄公寤生之父)为父报仇,驱逐西戎兵卒。申侯立伯服为周平王,周都东迁洛邑。在这场纷纷扰扰的乱局中,周幽王是个无道昏君,用阴爻表示,相当于大壮卦中的六五,为了褒姒不理朝政,等于自己放弃王位,甘愿到兑卦扮演六三角色;申侯是这场战争的主导者,但力量有限,名不正言不顺,相当于兑卦中上六;伯服原为太子,后来被废跑到申国避难,其处境相当于大壮卦中的九三,直至赶走戎主之后,才被接回继承王位,坐上兑纯卦的九五之位。因为周平王的王位是外公申侯帮他取得的,因此如果申侯有什么要求,周平王必定有求必应,而且心甘情愿。这或许就是对"孚于剥"的形象解释了。

《象》曰:"孚于剥,位正当也。"
【译文】小象说,信任剥蚀者,但九五阳爻居阳位,当位。

换句话说,虽然君王信任高层贪官,但其行为举止总体是适当的,尚未导致严重后果。

"上六,引兑。"
【译文】"上六,引荐获得愉悦。"

引,引导、引荐、引诱、诱导等。上六贵而无位,高而无民。可以理解为退了位的君王,如果说九五是老大,那么他就是大佬,大佬的作用如何取决于老大的态度,可以继续发挥余热,也可以孤家寡人无所作为。在本卦似乎不像是退位君王,更像是辅政大臣或者位高权重的奸佞。比如明朝的刘瑾与朱厚照、杨廷和与朱厚熜。朱厚照是跟着刘瑾声色犬马玩大的,刘瑾成为巨贪与朱厚照的纵容有很大关系。杨廷和是政客权臣,把本不被看好的朱厚熜安排继位,是为了加强对皇帝的控制。继承皇位前,杨廷和与朱厚熜的关系相当于大壮卦情境中,上六与九三的关系;继承皇位后,就变成了上六与九五的关系,只不过朱厚熜的性格有些任性倔强没有听杨廷和摆布而已。

兑纯卦的上下卦相同,都为兑卦。阴卦多阳,阳卦多阴,兑卦只有一个阴爻,正是这个阴爻决定着卦的性质,正如同人体23对染色体,真正决定性别的只是最后一对染色体是xx还是xy,因此兑卦是个阴卦,这与兑卦代表少女的属性吻合。既然上下卦都属阴卦,换句话说,卦主在阴爻上,那么两个阴爻究竟哪个是主要卦主呢?上面说过,兑卦是由大壮卦演变而来,六三原先在大壮卦六五君王之位,但到兑纯卦后,她放弃王位来到基层干部的身边,而且六三阴爻居阳位不当位,其行为表现已不具备卦主地位。剩下的只有上六来担任卦主角色了。一是因为阴爻居阴位,当位,看起来其行为举止大体正常。二是因为他与九五有旧交情,能得到君王的支持配合。

大壮卦九三,正是通过上六的引荐,才坐上了九五的位置,这种引荐对于上六和九五都是令人喜悦的事情,因而有"引兑"之说。当然上六不会做亏本的买卖,他把九三拉到君王之位,是为了谋取更大的利益。就像当年大商人吕不韦把嬴政扶上皇位,不是为了江山社稷黎民百姓,而是为了攫取更大的个人利益。

九五因上六引荐坐上君位,因而九五对上六信任并放任其剥蚀行为也就不难理解了。虽然上六居于全卦末尾,但毕竟是卦主,而且还没有完全脱离兑纯卦的愉悦情境,因而上六吉凶结果不著一字,不置可否,既不说好,也不说不好。表明情况暂时还过得去。上六与六三没有正应,说明得不到来自基层实力阶层的支持。

《象》曰:"上六引兑,未光也。"
【译文】小象说,上六因引荐获得喜悦,但终究未能发扬光大。

也就意味着上六离倒霉为时不远了,如吕不韦的结局、刘瑾的结局就是前车之鉴。

"未光"取象于离卦和兑卦。下交互卦为离,离为火,为日,为目,为明,引申为光明之德、道德光芒。上卦为兑,兑为毁折,为附决,附决就是所附之物随主体一起脱落,引申为消失。上六与离卦很远,光明毁折或消失,即为"未光"。

第五十九卦 涣卦的凝聚之道

【涣卦】

【白话经文】

涣卦，通达。君王到宗庙祭祀，适宜渡涉大河，适宜，守正。

初六，用于拯救的马匹强壮健硕，吉祥。

九二，离开旧地奔赴几案之地，悔恨消失。

六三，涣散自身，没有悔恨。

六四，涣散团伙，最为吉祥；涣散后建立丘山般大团体，这不是常人所能想象的。

九五，君王像蒸发汗水一样向全国发布重大号令，把国库财物分发给百姓，没有灾祸。

上九，驱散忧虑，离开伤心之地，走出忧伤，没有灾祸。

【经文原文】

涣，亨，王假（ge2）有庙，利涉大川，利贞。

初六，用拯马壮，吉。

九二，涣奔其机，悔亡。

六三，涣其躬，无悔。

六四，涣其群，元吉；涣有丘，匪夷所思。

九五，涣汗其大号，涣王居，无咎。

上九，涣其血，去逖（ti4）出，无咎。

【解读序言】

涣卦列周易第五十九卦，上卦为风，下卦为水，称其为风水涣。《序卦传》说："兑者，说（yue4）也，说而后散之，故受之以涣。涣者，离也。"序卦传说，兑是喜悦，喜悦之后人们离散，因此周易在兑卦之后安排了涣卦。涣就是离散、离开、离去等意思。《杂卦传》："涣，离也。"杂卦传说，涣就是离散等意思。与序卦传意思一致。

《系辞下传》说："刳（ku1）木为舟，剡（yan3）木为楫，舟楫之利，以济不通，致远以利天下，盖取之涣。"刳（ku1），剖、剖开，挖空，开凿等意思。剡（yan3），削，锐利，锋芒等意思。系辞下传说，把长木剖成两爿制成舟船，把木头削成船桨，发挥舟船、船桨的便利功能，以解决河流阻隔的困难，使人们到达更远地区，从而有利于天下百姓。这种做法大概是受涣卦的启示所致。

【卦名含义】

《古代汉语词典》解释：涣，流散，离散，《老子·十五章》："俨兮其若客，～兮若冰之释。"水流盛大的样子，吕同老《丹泉》诗："清音应空谷，潜波～寒塘。"又指盛大或盛多的样子。通"焕"，鲜明的样子。六十四卦之一，卦形为坎下巽上。《周易·涣》："象曰：风行水上，～。"相关词语有涣汗、涣号。涣汗，比喻帝王的号令，如汗出于身，不能收回。《周易·涣》："九五，～～其大号。"后指帝王的号令。另有意思，犹流布。涣号，指帝王的旨令，恩旨。《说文解字》解释：涣，流散也。从水，奂声。约注：谓水流分散四去也。

把"涣"字意境引用到人文政治和社会生活领域，主要是指离心离德、人心涣散的现象。同时，涣还有主动地、有意识地使其涣散、离散的意思，可引申为解散、分散、消散、疏散、驱散等，这种主动消散的对象往往是负面事物或不良状态，比如消散风险、解散朋党或小团体；也有中性状态的，如疏散钱财，钱财本身无所谓好坏，只有来路与用途的正当与非正当之分。涣分别有离散和水流盛大的样子两大类意思，两者既有区别又有关联。水流盛大是由于分散之水聚集的结果，水流聚集之后便会出现离散现象，可见水流盛大的状态也是容易离散的状态。合久必分，分久必合，这是水流的规律，也是人类社会的规律。

【卦象寓义】

一、**风行水上之象**。这是涣卦大象所描绘的自然景象,也可称其为"风拂水面之象"。上卦为巽,巽为风,下卦为坎,坎为水。风行水上可理解为风吹拂水面的景象。风有大有小,小风可吹皱水面,引起涟漪,层层向外向远处散去,体现出离散的意韵;大风、狂风可激起巨浪,惊涛拍岸,卷起千堆雪,使原先聚在一起的水浪瞬时分崩离析,由此表达了流散、离散的意境;如果风吹池塘湖泽,水面的浮萍、菱角、莲花等水生植物会被吹得七零八落,也表现出风行水面,水生之物发生离散的主旨。易经就是这样,善于运用卦象所象征的自然景象来阐述事物的自然属性和人文的社会属性。

二、**舟行水上之象**。序言中讲到《系辞传》说"刳木为舟,剡木为楫",意即木头可以制作舟楫,舟楫由木头制作而成,因此古人常用木指代舟楫。涣卦上卦为巽,巽为木,作木成舟,因此可将巽理解为舟船。据此,涣卦反映了帆船点点、泛舟水上的景象。通常认为,聚集是好的,涣散是不好的,其实凡事都有两面性,聚集有好的,也有不好的,比如坏人聚集就会干坏事;涣散有不好的,也有好的,比如风险涣散就是好事,这就是易经阴中有阳、阳中有阴的道理。因此,舟行水上虽然有些风险,但总体上是一种悠闲、惬意、安逸的景致。这说明在不看好的情境中,也可以蕴藏着好事。

三、**人心离散之象**。将风拂水面的自然景象,引用到人文政治和社会生活领域,可以理解为歪风邪气吹散了人心,人们失去了主心骨,相互猜疑,互不信任,相互拆台,人与人之间的心理隔阂在加深,感情裂痕在逐步增大,导致社会风气恶化,正气受到抑制,匪气戾气肆意横行。这时的社会如同乌合之众,一盘散沙,没有凝聚力,没有向心力,没有战斗力,一旦受到外敌入侵,或遭遇自然灾害,将束手无策,一筹莫展,毫无应对能力和抵御能力。这是社会生活中人们不愿见到,但很有可能出现的极其糟糕的局面。认识到了它的危害性,就当及早预防。

四、**吹散风险之象**。涣卦上卦为巽,巽为风,下卦为坎,坎为险,表现出罡风将风险吹散的寓意。《说卦传》说,坎,陷也;为沟渎,为隐伏。渎,沟渠、大河、大川。因此,坎也代表坎坷、河流、暗藏风险等意思。歪风邪气吹散人心是坏事,而大风驱散风险却是好事,危险因素的减少或消除,意味着安全系数的增加。可见,任何事情都有其两面性,有其有利的一面,也有其不利的一面,若能做到趋利避害,抑制消极因素,发掘积极因素,就有助于人生事业走向成功。

五、缓解险难之象。此象与"吹散风险之象"意思相近,但易理不同,可视为殊途同归。涣卦中蕴含着一个解卦。解卦上卦为雷,下卦为水,称其为雷水解。在涣卦中,下交互卦为震,震为雷;下卦为坎,坎为水,两者构成解卦。打雷时,乌云密布,电闪雷鸣,人们感到紧张恐惧,但是雷雨倾盆而下之后,雨过天晴,气压恢复了正常,天空明朗起来,紧张恐惧的氛围得到了彻底化解。解卦反映了危险、困难、恐惧等负面因素得以缓解或化解的情形。这与涣卦的情境是相互吻合的,它表明涣卦的险难通过努力是可以化解的。

六、潜移默化之象。一种风气不是一朝一夕突然出现的,它是在潜移默化不知不觉中逐渐形成的。坏风气的形成是流弊陋习长期累积的恶果,好风尚的形成也是和风细雨、润物无声的长期教化成果。涣卦中蕴含着一个渐卦,渐卦反映了上述风气形成和风尚养成的发展规律。渐卦上卦为风,下卦为山,称其为风山渐。涣卦的上卦为巽,巽为风;上交互卦为艮,艮为山,两者构成风山渐。渐卦反映了山上之木,由苗木到树木、由树木到树林、由树林到森林的漫长渐进过程。这与涣卦所反映的人心离散与人心凝聚的变化规律是一致的,人们从渐卦中可以得到启示,要及时纠正流弊陋习,不要等到它演化成痼疾;要耐心细致、持之以恒地倡导作风养成,应防止急于求成而试图毕其功于一役。

七、宗庙祭祀之象。卦辞、彖辞、大象中均叙述了君王到宗庙祭祀的内容,而且易经多个卦中出现有关祭祀的描述,说明古人非常看重祭祀,在政治、思想、文化和社会生活中占居重要地位,这是中华宗教文化的内容和表现形式。人们在祭祀时内心特别虔诚,可以激发本真善心,起到净化心灵的功用。曾子曰:"慎终追远,民德归厚矣。"宗庙就像面精神旗帜,祭祀就是在这杆大旗下凝聚人心、凝聚力量的具体仪式和行动,这是人们寻求认同共同生命之源、血脉之根的行为,人们以此认祖归宗,叶落归根,找到了自己的精神家园和心灵归宿。可见,宗庙祭祀的凝聚人心作用是非常强大的。要举行祭祀就要有宗庙,涣卦就呈现了宗庙祭祀之象。

《尔雅·释名》载:"庙,貌也,先祖形貌在也。"郑玄注曰:"庙之言貌也。死者精神不可得而见,但以生时之居立宫室象貌为之耳。"可以理解为庙为"貌"的谐音,是指先祖在宗庙以生前的形象展现给大家,但它的着力点在于精神和品德的传承。《诗经·大雅·下武》："昭兹来许，绳其祖武。"绳，继承的意思。"绳其祖武"就是继承先祖周武王的美德，后来用绳祖、绳武来表示继承先祖之志。《诗经·抑》还有"子孙绳绳，万民靡不承"的诗句，第一个绳是继承，第二个绳是先祖良好品德和家训家风；靡，无，莫。这两句诗的意思是，子孙们如果能够继承祖先风范美德，百姓大众就没有不继承先祖传统美德的。但是，《古代汉语词典》对"绳绳"有不同解释，首先是读音变成了"min2, min2"，其次是将其解释为"谨慎戒惧的样子；众多的样子；长长的样子"，把它作为引申义是没错的，但似乎恰恰忽视了它的本义。

涣卦上卦为巽，巽为木。按照《尚书·洪范》，五行金、木、土、水、火，分别对应五事的言、貌、思、听、视，木与貌相对应，古人以树冠来比喻人的外表面貌。同时，巽为绳直，为继承之意，代表通过先祖或神灵的外貌形象，来继承其精神财富。涣卦下卦为坎，坎为隐伏。坎代表先祖那些看不见、摸不着的品德、作风和精神。二至四爻构成小观卦，可理解为人们站在先祖或神灵面前瞻仰朝觐。二至五爻构成院落形状，引申为宗庙的大院。上交互卦为山，下卦为水，庙宇通常建造在有山有水、风景秀丽的地方。由于涣卦是风水涣，堪舆学俗称的"风水"一词，也许来自涣卦的启示。再加上巽有竖直、用绳拉直测量的属性；坎有水平、横平、测量水准的属性，横着、竖着测来量去，自然可以联想到建造庙宇的场景了。

八、启蒙教化之象。涣卦中蕴含着一个蒙卦。蒙卦上卦为山，下卦为水，称其为山水蒙。涣卦的上交互卦为艮，艮为山；下卦为坎，坎为水，两者构成蒙卦。蒙卦之艮为少男，代表启蒙对象是少年儿童，未经启蒙教育的儿童是蒙昧无知的。如果用山下之泉来比喻儿童的智慧，启蒙教育的作用就是将儿童的智慧之泉发掘出来。涣卦中蕴含蒙卦，表明将离散的心重新凝聚起来，需要一个启蒙教化的渐进过程。对儿童的启蒙教育也适用于对成人群体的思想文化和伦理道德的教化。

九、凝聚增益之象。涣卦中蕴含着一个益卦。益卦上卦为风，下卦为雷，称其为风雷益。涣卦上卦为巽，巽为风；下交互卦为震，震为雷，两者构成益卦。益卦反映风云雷电，刮风下雨，振奋生灵，滋润大地，有助于万物生长的情形。益卦由否卦演变而来，在否卦基础上，九四阳爻来到初九，损上益下谓之益，反之损卦是由泰卦演变而来，在泰卦基础上，九三阳爻前往上九，损下益上谓之损。

易经的损益观彰显了民本思想，以百姓利益为评判标准，增益百姓的是益，减损百姓的是损。此易理在于告诫我们，当人们处在涣卦情境时，如果想把离散的人心重新凝聚起来，就必须为百姓争取更多的利益，这样才能把思想凝聚起来，把感情凝聚起来，把力量凝聚起来。

十、内险外顺之象。下卦为内卦，上卦为外卦。坎卦卦德为险，巽卦卦德为顺。于是，涣卦呈现出内部凶险外部顺从的情境。如果将它视为一个单位的话，单位内部暗藏着凶险，单位外部环境却是配合顺从的。堡垒往往自内部攻破，因此在处于类似涣卦情境的单位中，主要风险存在于内部，应该将工作着力点放在内部风险的防范和化解上。其中关键问题恐怕在于人心的离散上，因此加强单位内部的思想文化建设和干部队伍建设，把思想认识统一起来，将力量凝聚起来，也许是消除内部风险的良方。

十一、中男长女之象。在易经大家庭中，坎为中男，巽为长女。下卦为主卦、内卦，上卦为客观、外卦。在涣卦中，表明中男居于家庭主位，扮演着主持家政事务的主角角色；长女处于客位，担任着物质资料生产和配合辅助的角色。这种家庭结构存在不协调之处，从个体特征和体力上讲，长女在内持家，中男在外从事劳动生产似乎更加合适，角色互换后其实就是井卦情境。但是，同时这种角色分工又是基本合理的，坎为阳卦阳气往上走，巽为阴卦阴气朝下走，两者阴阳交流，有利于家庭和谐稳定。

十二、水生阴木之象。在八卦与五行关系中，坎对应水，震、巽对应木，震为阳卦为阳木，巽为阴卦为阴木。水生木，相比较而言，水生阳木稍困难些，而水生阴木则更加容易些。因此，在涣卦的主客双方关系中，客方比较有利，是直接受益方；而主方不太有利，是施益主体，施益是需要支付成本的，也就是说主方需要耗费一定的资金、财物用于生扶对方。

【关联卦象】

涣卦由否卦演变而来。否卦的上卦是乾卦，下卦是坤卦，乾为阳卦阳气往上走，坤为阴卦阴气向下走，否卦就是上下分离、互不通气的阻塞状态，这是不良的组织结构。如果将否卦的九四与六二互换下位置，情况就有所改变，由原来互不沟通的阻塞状态，变成了阴阳有所交流的状态，一个阳爻来到下面，使下卦变成阳卦；一个阴爻前往上面，使上卦变成阴卦，阳卦自下而上，阴卦自上而下,使得上下卦主客体之间实现了充分交流,彻底改变了否卦的局面。从这个意思上讲,涣卦的情形相对于否卦有所进步,虽然仍然存在不尽如人意之处,但不失为改变否卦情境的方法与途径之一。由否卦演变为涣卦的过程,体现在象辞中就是"刚来而不穷,柔得位乎外而上同。"下面分析象辞时将会讲到。

涣卦的综卦是节卦。涣卦的下一卦是节卦,两者成相综关系,综卦也叫覆卦或镜卦,即涣卦颠倒一百八十度就成节卦,节卦颠倒一百八十度就成涣卦。反映了事物一体两面,既有联系,又有区别,观察事物的角度不同,得到的结果也不相同。涣卦反映的是风把水面吹散,表明人心涣散需要修复;节卦反映的是积细流而成湖泽,象征开源节流。两者从不同角度启示人们,要凝聚人心,开源节流,才能开创幸福生活。两者目的是一致的,都是修养人们的思想境界、道德情操和行为规范,使百姓的生活更加美好。

涣卦的交互卦是颐卦。如果将涣卦的初六和上九去掉,用剩下的中间四个爻重新组成一个卦,上三个爻为上卦,下三个爻为下卦,其中中间两个爻分居上下卦,呈现交互重叠现象,体现了交互的性质,这个卦便是交互卦。颐卦卦形如同一张张开的大嘴巴,艮是上唇牙,震是下唇牙,艮是止,震是动,一静一动,形象生动地描绘了吃饭时咀嚼的情形,上牙保持基本不动,而下牙却在不停地上下运动,可见颐卦是个与饮食口福有关的卦。交互卦是由本卦变化而来的,虽然性质发生了变化,但仍然有迹可循,可以看出其变化轨迹,或多或少地保留着原先事物的部分性质,因为其变化是在原有基础上发生发展的。交互卦反映事物的过程性状态。涣卦的交互卦为颐卦表明,在涣卦的情境中,如果人们能够把离散的人心重新凝聚起来,就能够享受到人生的颐养之福;反过来,如果能够妥善地解决人们的口福之享,也能起到凝聚人心的作用。到宗庙举行祭祀活动,可以将两者交互活动有机地融合起来。

涣卦与中孚卦是兄弟。与涣卦相类似的有个卦是中孚卦。涣是风水涣,中孚是风泽中孚,上卦都一样,下卦虽然不同,但也非常相近,一个是水,一个是泽,犹如堂兄弟关系。巽木是舟船,水上交通工具,所以涣卦、中孚卦的卦辞中均有"利涉大川"的表述,这充分说明易经是个系统庞大的逻辑严密的有机整体,卦爻辞系观象所得,内容的关联来自卦象的关联,各卦之间卦象寓意是稳定统一的,卦画、卦象、卦爻辞之间构成了错综复杂关系,并且三者之间达到了水乳交融、天衣无缝、叹为观止的契合程度。涣卦卦辞中有"王假有庙"的表述，"假"在此处音义与"格"相同，是至、到的意思，表示君王到太庙祭祀，祭祀时是最诚信的，而中孚卦的卦名就是守中和诚信的意思，因此两卦在倡导诚信上达到了高度一致。

涣卦与观卦、萃卦是近邻。涣卦的卦辞是"涣，亨，王假有庙，利涉大川，利贞。"观卦的卦辞是"观，盥（guan4）而不荐，有孚，颙（yong2）若。"萃卦的卦辞是"萃，亨，王假有庙，利见大人；亨利贞，用大牲吉，利有攸往。"从三个卦的卦辞看，都涉及了宗庙祭祀的内容。涣是涣散，卦意中蕴含涣而重聚的意境；萃是聚集、萃取，这两个卦名的意思是对立统一的，有区别，也有联系。观是观看，意即站在庙宇里虔诚地观瞻追思先祖神像。

为何三个卦都涉及了祭祀的内容？只是因为卦爻辞为观象所得，我们可以从卦象中去探究它们之间的内在联系。

先来看涣卦卦象。上卦是巽，下卦是坎，可以理解为先祖坐在上面，下面是看不见的品德与精神，供人们怀念追思。涣卦反映了祭祀的场所和内容。

再来看观卦卦象。上卦是巽，下卦是坤，坤是三个阴爻，代表百姓或大众，众人观瞻先祖，这是对祭礼场景的描述。人们把道教场所叫作道观（guan4），应与观卦有关。

最后来看萃卦卦象。上卦为泽，下卦为地，称其为泽地萃。萃卦中蕴含着一个观卦，观卦上卦为风，下卦为地，称其为风地观。萃卦上交互卦为巽，巽为风；下卦为坤，坤为地，两者构成风地观。可见萃卦因内藏观卦而与祭祀发生关联。还有种说法也有道理，萃卦上卦为兑，兑为巫，巫是实现人神沟通的媒介，民众见巫，实则与祭祀有相通之处。

【大象之辞】

《象》曰："风行水上，涣。先王以享于帝立庙。"

【译文】大象说："风拂行于水面之上，是涣卦反映的自然景象。受此启示，应当学习祖先君王建造太庙祭祀天帝。"

通常情况下，涣散是不良现象，特别是对于人心的涣散，一个集体如果四分五裂像一盘散沙一样是没有战斗力的，几乎干不成任何事情。这时候用什么办法来凝聚人心，古时最有效的办法就是对天帝、神灵和先祖开展祭祀活动，在具有宗教色彩的旗帜下，把大家聚集起来，团结起来，产生强大的精神力量，从而避免人心涣散带来的消极后果。有了宗庙，子子孙孙无论怎样分散，也能通过血脉传承将他们联结起来，通过祭祀找到他们共同的根。这实际上就是回答哲学重大命题之一"我从哪里来"的问题。比如古时犹太人，其生活方式类似游牧民族，没有固定的国土，没有固定的住处，但他们有一本凝聚人心的《圣经》，通过它将分散在世界各地的犹太人联结起来，因而《圣经》成了他们共同的神圣王国和精神家园。今天，我们不可能原封不动地照搬古人建造庙宇、开展祭祀的做法，但是其中蕴含的易理却有重要的现实借鉴意义，例如，对炎、黄二帝的公祭、对伟人的纪念、对革命先烈的祭奠、对革命圣地的瞻仰等活动，与古时祭祀有异曲同功之妙。

【卦辞象辞】

〖卦辞〗

"涣，亨，王假（ge2）有庙，利涉大川，利，贞。"

【译文】"涣卦，通达；君王到宗庙祭祀，适宜渡涉大河，适宜，守正。"

亨，通达之意；同时又通"享"，亨、享可以互通，都有祭祀的意思。《古代汉语词典》解释：假（ge2），通"格"，至、到，《庄子·大宗师》："浸~而化予之左臂以为鸡，予因以求时夜。"（浸假：渐至。）格，来，至，引申感通，《论衡·感类》："周公曰：伊尹~于皇天"。卦辞是对全卦主题思想的阐述。

与乾卦卦辞"元、亨、利、贞"相比，一是此卦没有"元"，可以理解为涣散不是事物的原始、源头状态，它是事物发展过程中出现的不良状态，因而此卦没有"元"。二是在"亨"与"利、贞"中间，增加了"王假有庙，利涉大川"的内容，可以理解为这是"利、贞"的修饰定语和限定前提条件，同时也旨在强调该卦主旨，君王要重视宗庙祭祀，主动关心民生，有所作为，从而使百姓涣散的人心重新凝聚起来。

〖象辞〗

"涣，亨。刚来而不穷，柔得位乎外而上同。王假有庙，王乃在中也。利涉大川，乘木有功也。"

【译文】彖辞说，涣卦，通达。阳刚者自上位来到下位而改变了穷困境遇，阴柔者自内而外得到正位而与君王保持同心、同向、同步。君王到宗庙祭祀，因为君王居于中正之位。适宜渡越大河，这是因为乘船的功能得到了发挥。

"刚来而不穷"，是指涣卦由否卦演变而来，九四阳刚之爻来到下卦六二的位置，使六二变成九二，这叫"刚来"，即上卦（外卦）的阳爻来到了下卦（内卦）；原来否卦处于上下阻塞不通的穷困状态，变成涣卦之后，下卦由坤卦变成坎卦，相当于给百姓配备了坚强有力的基层干部，使穷困状况得到了缓解，因而叫"不穷"，这个穷不是贫穷，而是指处境窘迫，无周旋余地。

"柔得位乎外而上同"，是指否卦的六二是阴柔之爻，由内卦跑到了外卦，九四变成了六四，六四阴爻居阴位，当位，所以叫"得位乎外"。"上同"是指六四顺承九五君王。

"王假有庙，王乃在中也"，即君王到宗庙去祭祀，因为君王居于上卦中正之位，也是全卦的核心之位，表明能够坚守中正之道，主持公平正义。

"利涉大川，乘木有功也"，即适宜于渡涉大河，这是乘舟船所起到的功效。因为巽为木，水上之木即为舟船，乘木即乘舟船。这就是荀子《劝学篇》中所描写的境界："假舆马者，非利足也，而致千里；假舟楫者，非能水也，而绝江河。君子生（音义通"性"）非异也，善假于物也。"

【爻辞小象】
"初六，用拯马壮，吉。"
【译文】"初六，用于拯救的马匹强壮健硕，吉祥。"

在六个爻中，其他五个爻开头均有"涣"字，唯独初六没有"涣"字，这不是作者的粗心，而是匠心独运的结果。因为初六涣散迹象刚刚露出苗头，并未既成事实，如果这个时候采取有效措施，是可以阻止涣散局面出现的。但是，初六阴爻居阳爻，不当位，表明主体力量偏弱，如果没有强有力的外援，那么这种涣散的趋势仍会继续。因此，爻辞提示要用壮马来拯救，具有警示告诫意义，如果加大了力量，将初六变成初九，那么涣卦就变成中孚卦，从而有效避免了涣散局面的出现。

"马壮"取象于坎卦和震卦。《说卦传》说：坎，"其于马也，为美脊，为亟心，为下首，为薄蹄，为曳（ye4）。"意思是说，其一，美脊代表脊背漂亮之马，脊背位于马身中间部位，漂亮用阳爻表示，与坎卦中爻为阳爻，两者象意吻合；其二，亟心为心急之马，表明马处于情绪焦躁激动之中，就像即将奔赴前线的战马，此时的马是极富力量的，马心也位于马身体的中央部位，心急用阳爻表示；其三，下首为低头之马，因为水润下，象征低垂马头，马低头时，马头马尾都是下垂的，马身是突出的，两头低中间高的特征与坎卦两阴一阳的结构相吻合，同时，也可视为马低头饮水，饮水之后的马如同加了油的汽车；其四，薄蹄之马，表明此马奔波勤勉，磨薄了马蹄，如果是匹懒马、圈养的马，则不至于薄蹄；其五，为曳物之马，即是拖、拉货物的马。以上所描述的各种状态的马，称其为壮马，应当是名符其实的。

此外，"马壮"还可取象于震卦。下交互卦为震，初六虽不在震卦上，但与震卦相邻，假借震卦阐述易理也在情理之中。《说卦传》说，震，"其于马也，为善鸣，为馵（zhu4）足，为作足，为的颡（sang3）。"震为雷，雷声震天，因此震代表善于嘶鸣的马；馵足，指左后足白色的马；的颡，的是标的、靶心，颡是额头，是指马额头上有一撮白色毛发的马。初六居于下交互卦震卦之下，在其力量偏弱的情况下，让他学习一下龙马精神，增强信心和力量，也是顺理成章的事。初六与六四没有正应，两者没有配合交流，得不到来自上层六四的关照，因此只能独立自主，自力更生，自我拯救，强壮自己。

在易经中，与初六爻辞相同的是明夷卦的六二："明夷于左股，用拯马壮，吉。"之所以爻辞内容相同，实质来源于卦象的相同，两者均处于坎卦上、或者均为一阴爻处于震卦之下。

《象》曰："初六之吉，顺也。"
【译文】小象说，初六之所以吉祥，是因为它有顺从之德。

"顺也"取象于涣卦由否卦演变而来。在否卦时，初六与九四有正应，初六对九四态度顺从，也就是说初六与九四是有老交情的。而变成涣卦后，否卦九四来到了涣卦九二，九四由初六的上层领导变成了直接领导，来到了初六身边，初六的态度自然就更加顺从了。

"九二，涣奔其机，悔亡。"

【译文】"九二，离开旧地奔赴几案之地，悔恨消失。"

"涣"取象于涣卦由否卦演变而来。否卦是上下阻塞、互不沟通的不良状态。因此，有能力、有责任感、使命感和正义感的九四果断抛弃了原先的高官厚禄，自降身段来到九二，做了一名基层干部。一方面是自行离开原先的权力组织，另一方面是使原先的权力结构出现了离散和分化。

"奔"取象于震卦。下交互卦为震。震为雷，能量巨大，卦德为动。震，其于马也，为善鸣，为作足等，表明这是一匹嘶鸣着、奔腾中的马。奔是个大动作，可理解为否卦九四是骑马奔腾来到涣卦九二的，一是表明心情急迫、速度很快，二是表明动静很大，颇具声势。因为九二处于震卦初爻，动静不小，引起了方方面面的关注。

机，通"几"，茶几之几，相当于小桌子。桌子四平八稳，上面可以放置餐具、茶具等家什用品，桌身还可以供人倚靠。庄子隐几而坐，就是指庄子靠着桌子而坐。借用倚靠之几，将其引申为平安之地。

"机"取象于震卦和坎卦。下交互卦为震，震为木，可用木制作桌几。下卦为坎，坎为水，水有水平特性，与桌面平整有意思关联。

九二阳爻居阴位，不当位，表明力量过于刚强。九二与九五没有正应，说明得不到来自九五君王的支持，这是两个不利因素。但是，九二居下卦中位，表明道德品质良好，能够坚守公平正义，道德良好可以弥补许多缺陷，这是"悔亡"的重要原因，也就是说本来是可能发生令人悔恨之事的，但由于他处事公道而抵消幸免了。

《象》曰："涣奔其机，得愿也。"

【译文】小象说，离开原先群体奔向安全之地，是因为他终于如愿以偿了。

他离开了上层封闭阻塞的是非之地，来到了基层并担任了基层干部，实现了自己的心愿。有点宁为鸡口、不为牛后的味道。

"六三,涣其躬,无悔。"
【译文】"涣散自身,没有悔恨。"

《古代汉语词典》解释:躬,身,身体,引申自身,又自身具备;亲身,亲自实行;弯身;箭靶的上下幅等。涣散自身如何解释?当然不能把自身好的精、气、神涣散掉,所涣散的对象应当是消极的、负面的东西,比如不良嗜好、老毛病、坏习惯等等。尽管六三阴爻居阳位,不当位,力量偏向柔弱,并且它处在坎卦末爻,说明仍存在一定风险,这是其不利因素。本来是可能产生悔恨的,但最终悔恨消失,理由与九二类似,是积极因素抵消了消极因素。这些积极因素表现为,一是六三处于坎卦末爻,风险已到尽头;二是六三处于巽卦之下,巽卦象征顺利;三是六三与上九有正应,能得到高层大佬的关照。

"躬"取象于坤卦、坎卦。其一,涣卦由否卦演变而来,否卦下卦为坤卦,坤为母,母亲怀孕生子,于是有了新生命新身体;同时,坤为腹,引申为身体。否卦变成涣卦之后,原来的坤卦变成了坎卦,坤卦消失了,与"涣其躬"意境吻合。其二,易经中有多个卦谈到"躬",并且与坎卦有关,因为坎为弓轮,与身体脊柱为弓形相似,因此易经多用坎卦指代身体。比如,蒙卦六三:"勿用取女,见金夫,不有躬。无攸利。"六三处于坎卦上爻。蹇卦六二:"王臣蹇蹇,匪躬之故。"六二处于坎卦初爻。震卦上六:"震索索,视矍(jue2)矍,征凶,震不于其躬,于其邻,无咎。婚媾有言。"上六紧挨坎卦处在其上。艮卦六四:"艮其身,无咎。"六四处于坎卦上爻。

《象》曰:"涣其躬,志在外也。"
【译文】小象说,涣散自身,其心意维系于外部。

意即克服自身缺点,心里挂念着上九大佬,具有向外行动的愿望。内卦为坎,表明内部存在风险;外卦为巽,表明外部环境比较顺从。趋利避害是人们的正常心理,因此六三"志在外"应当是正确的选择,更何况外部还有上九大佬对其关照呢。

"六四,涣其群,元吉;涣有丘,匪夷所思。"

【译文】"六四，涣散团伙，最为吉祥；涣散后建立起丘山般大团体，这不是常人所能想象的。"

人是群居动物，不太可能完全脱离社会而存在，无论什么人不管愿意不愿意都处于某个单位或社会组织之中。团团伙伙、拉帮结派是团结的大敌，必须要像铲除毒瘤一样把它彻底铲除，才能弘扬正气，凝聚人心。有时人们无意之中被卷入这样那样的小圈子，有些小圈子存在诸多问题或风险，任其发展下去必然害人害己自食恶果。对于误入歧途的人而言，脱离这样的小圈子最为吉祥；对于整个单位或团体组织来说，解散这样的小圈子，有利于维护整体的团结和利益，结果最为吉祥。解散了小帮派、小圈子、小团体，整治了不良风气，让集体主义、公益精神绽放光芒，就能产生大山般的力量，成效匪夷所思，超乎人们想象。

"涣其群"取象于涣卦由否卦演变而来。否卦是不良状态，一群领导集中在上层，一群民众集中在基层，上下阻塞，互不沟通，人在这样的群里是死气沉沉，度日如年，只有离开这种群体才能恢复生机和活力。于是九四奔到九二，六二前往六四，上下进行了人事调整，终于开始了沟通和交流，成效得以逐步显现出来。九四离开三个阳爻组成的群体、六二离开三个阴爻组成的群体，都是"涣其群"的具体体现，正是他们的行为改变了否卦的阻塞状态，换来了涣卦凝聚人心的效果。

"涣有丘"取象于艮卦。从爻辞句式可以看出，"涣其群"是涣散特指的那个群体；之所以是"涣有丘"而不是"涣其丘"，表明不是要涣散像丘山那样的团体组织，而是指通过"涣其群"方式，建立起新的丘山般强大稳定的团体组织。涣卦上交互卦为艮，艮为山，丘为丘陵、大土山，丘与艮卦意思吻合。组织调整后出现了新气象、新风貌、新成效。山，高大巍峨，刚毅冷峻，沉稳庄重，蕴含财富和能量；同时山为止，代表涣散小团体后人们在这里聚集，形成了声势浩大、力量强大的队伍，这种效果是意想不到的，让人匪夷所思。就像水泊梁山的绿林好汉，各路英雄在原有单位或群体中，因主持公道伸张正义得罪了权贵，或受排挤，或被诬陷，或遭打击，最终走投无路被逼上了梁山，没想到聚集一起形成了一支强大的义军队伍，干出了一番惊天动地的事业。

六四阴爻居阴位，当位，表明行为举止适当。六四与初六没有正应，说明其行为得不到来自基层百姓的支持。

《象》曰："涣其群元吉，光大也。"

【译文】小象说，涣散原来的群体最为吉祥，因为正义得到了发扬光大。

"九五，涣汗其大号，涣王居，无咎。"

【译文】"九五，君王像蒸发汗水一样向全国发布重大号令，把国库财物分发给百姓，没有灾祸。"

汗，身体之汗、汗水。涣汗，蒸发汗水，比喻帝王的号令。汗水蒸发出来后是难以回收的，借此比喻君王的号令一旦发布，一言九鼎，说话算数，不能随意更改。大号，大王号令。居，停止、止息，储存，蓄养，屯积等意思，如奇货可居。

"涣汗"取象于巽卦和坎卦。上卦为巽，巽是大风吹拂；下卦为坎，坎为水，与汗意思相符。蒸发汗水给人以热气腾腾、酣畅淋漓之感，蕴含着热情和力量，用它来比喻发布重大命令也是独特而有新意的。

"大号"取象爻位和巽卦。九五为君王之位，君王发布命令称为"大号"。涣卦上卦为巽，巽纯卦的大象说："随风，巽。君子以申命行事。"意即巽风象征发号施令、依命行事。

"涣王居"取象于巽卦和艮卦。上卦为巽，巽有大风吹散之意，"涣"取于此意；同时，巽为近利市三倍，象征拥有财富；上交互卦为艮，艮为止，财富滞留即为积蓄。古人云："财聚则人散，财散则人聚。"揭示了财富与人心的聚散规律。九五是君王之位，阳爻居阳位，居中正之位，表明这是一个有道德、有能力、有作为、能够主持公平正义的君王，君王的职责就是"君子周而不比"，他要周全而公平公正地照顾好全国百姓，也就是说要让老百姓安居乐业。那么，在举国人心涣散的情况下，如何凝聚民心，最有效的办法就是要给百姓以实惠，让人民群众有获得感，意味着要从国库里拿出部分财富分发给百姓，这样就能把涣散的人心重新凝聚起来，君王的事业就能得到全国人民的支持。尽管九五与九二没有正应，暂时得不到基层干部的理解和支持，但结果仍然没有灾祸，因为他得到了亿万百姓大众的拥护和支持。

《象》曰："王居无咎,正位也。"

【译文】小象说,君王像蒸发汗水一样向全国发出重大号令,把国库财物分发给百姓,结果没有灾祸,主要原因在于君王能够居中正之位。

应当将"王居无咎"理解为对九五整个爻辞的省略句。

"上九,涣其血,去逖(ti4)出,无咎。"

【译文】"上九,驱散忧虑,离开伤心之地,走出忧伤,没有灾祸。"

血,通"恤",忧虑、担心。逖,通"惕",忧伤。按照易经一般规律,最后一爻往往物极必反,多有凶险之象,比如乾卦上九"亢龙有悔"、坤卦上六"龙战于野,其血玄黄"。但涣卦却是无咎,不好不坏,没有出现凶兆,原因在于涣散将尽之时即是凝聚开始之时。人心的重新凝聚,忧虑忧伤的消除,给人们的生活带来了光明和希望。

《象》曰："涣其血,远害也。"

【译文】小象说,驱散忧虑,离开伤心之地,走出忧伤,没有灾祸,这是因为远离了咎害之源。

"涣其血"同样是对上九整个爻辞的省略句。

第六十卦 节卦的节制之道

【节卦】

【白话经文】

节卦，通达。痛苦节制，不可固陋。

初九，不出小门，没有灾祸。

九二，不出大门，凶险。

六三，不能节制的样子，如能嗟叹反省，没有灾祸。

六四，安泰节制，通达。

九五，甘甜节制，吉祥，往前行动获得赞赏。

上六，痛苦节制，固陋有凶险，但最终悔恨消失。

【经文原文】

节，亨。苦节，不可贞。

初九，不出户庭，无咎。

九二，不出门庭，凶。

六三，不节若，则嗟若，无咎。

六四，安节，亨。

九五，甘节，吉，往有尚。

上六，苦节，贞凶，悔亡。

【解读序言】

节卦位列周易第六十卦。上卦为水,下卦为泽,称其为水泽节。《序卦传》说:"涣者,离也。物不可以终离,故受之以节。"序卦传说,涣卦是涣散分离的状态,然而事物不可能终结于离散状态不再发展,因此周易在涣卦之后安排了节卦。《杂卦传》说:"涣,离也;节,止也。"杂卦传说,涣是离散状态,节是适可而止的状态。适可而止可理解为节制、调节、自律等意思。

将节卦安排在周易第六十卦大有讲究,六十在古代是个有特殊含义的数字。一是从六十甲子上看,由十天干、十二地支两两搭配,循环进行,用于纪年,完成一轮循环历时六十年,然后回到原点重新开启新一轮周而复始的纪年,因此民间对六十大寿也格外重视。六十甲子是用于纪年的周期单位。

二是从爻的数量上看,一卦为六爻,六十卦为三百六十爻。如果一爻代表一天,三百六十天正好是传统意义的一年,代表着一年结束和新一年开始,三百六十日是一个自然年的周期。如果一爻为一度,那么三百六十度正好是一个圆圈,从时间上讲是完成一个循环,从事物发展变化上看完成了一个轮回。

三是从音律上看,古代分十二律,每律五音,分别为宫、商、角、徵(zhi4)、羽,总共六十个音,正好与第六十卦数字吻合。此外,音乐是有节拍和节奏的,由音乐节律可引申出治国理政需要建立法律法令和制度规范。例如,春秋战国时期的邹忌原是个琴师,向齐威王抚琴喻政,以音乐节律之理,阐述治国理政之道,被委任为齐之相国。

四是孔子说:"吾十有五而志于学,三十而立,四十而不惑,五十而知天命,六十而耳顺,七十从心所欲而不逾矩。"有观点认为"六十而耳顺"的"耳"是衍生字,原文应当"六十而顺",在传抄过程中因"而"与"耳"音同而误加的,本人认为这种说法有道理。"六十而顺",是指孔子到了六十岁,已经具备高度的自律精神和自制力,能够自觉顺应自然规律,依自然规律为人处事。这与周易第六十卦节卦不谋而合。

因此,将节卦安排在第六十卦是蕴含深意的。从天干地支六十甲子循环纪年、三百六十天年轮更替、圆周以及六十音、六十而顺等与六十关联密切的现象,可以引申出天下万物的发展变化都是有自己的运行节律和生命周期的。

节卦六个爻实则反映了人们关于节制全过程所经历的六个阶段。初九不出小门，这是节制的初始，它不是自觉的节制，而更多的是胆怯，不能走时不走，倒也无害；九二，大门不出，该走时因畏惧艰难、犹豫不决而失去机会，也是胆怯的表现，并非真正的节制，说明节制仍处于不自觉阶段；到了六三想节制但不能做到，而能有所悔悟，说明认识上有所提高，这是进步的表现；到了六四总算能够安泰节制了，自律初见成效；九五层次更高了，做到了甘节，这种节制是甜蜜的，心甘情愿的，达到了高度的自觉自律；最终到了上六，处于节卦末尾，物极必反，不能始终保持正确节制，节制过了头，难免出现负面效果。

　　从六个爻吉凶状况，可以看出易经知止为节、知止为吉的思想。初九事情刚刚开始，不知节制问题不大；九二正处于下交互卦震卦初爻，动感十足，表明欲望强烈，做不到节制，故凶；六三虽不够做到节制，但已有悔意，因而在"三多凶"的情况下能获得"无咎"已属不易；六四处于艮卦中爻，能够"安节"，结果通达，表明节制状态良好；九五"甘节"到了节制的最高境界，正处艮卦上爻，节制能力最强，结果为吉，为节制的理想状态；上六节制过头变成了"苦节"，若固陋不化就有风险，若能及时调整则也能使悔恨之事消失。

【卦名含义】

　　《古代汉语词典》解释：节（節），竹节，引申草木枝干交接处；人或动物的关节，引申关键，又节骨眼，凑巧；事的一端为一节，引申事，战事；等次，引申叙述问题的层次；符节，缀有牦牛尾的竹杆，古代使者出使时用作凭证，《后汉书·徐璆传》："昔苏武困于凶匈，不队（坠）七尺之~"；信，证验；气节，节操，又封建社会指妇女的贞节；礼节；法度，分寸；季节，时节；节日；时期；节制，引申节省，节约；调和，适合；古代的一种乐器，用竹编成，形如箕，演奏时起打拍子作用；节拍，节奏，引申泛指一般动作的节奏；等等。

　　《说文解字》解释："节，竹约也。从竹，即声。"汤可敬注：竹约，竹节。段玉裁注："约，缠束也。竹节如缠束之状。"节代表竹节，竹节犹如一个铁箍套在竹干上，取其约束、限制、制约、钳制、控制等义。节的繁体字为"節"，其甲古文像人跪坐之形，又像躬身行礼之状，表示节制约束自己的行为与仪表，从而成为古老而隆重的礼仪和礼节。

　　以上可见，由节可引申出诸多意思，如，竹节、骨节、关节、环节、节点，时节、季节、节气、节令、礼节、气节、节奏、节拍，节省、节约、节俭、节能、节制、调节等等。

竹节之所以有制约、约束的意思,是与竹的特性分不开的。竹与树不同,树随着时间推移会长高长粗,而竹子只会长高长结实,却基本不长粗。竹与树的这种差异性实质上源于两者内部组织结构和生长机理的不同。人们根据竹子这一自然属性,却赋予了其思想、道德、情感、审美、文化等社会属性。就好像竹子自行套了一串铁环一般加以自我约束,而且竹节把整根竹子分成长度适当的若干节,再加上竹子清新翠绿、潇洒俊逸的形状外貌,因而竹子成了能自律、有气节、有分寸、清廉高洁的象征,在梅、兰、竹、菊植物四君子中占有一席之地。

【卦象寓义】

一、泽上有水之象。这是大象所反映的自然景象。节卦下卦为兑,兑为泽,指湖泊、水泽、水库、池塘、湿地等区域性水系。上卦为坎,坎为水,侧重指江、河、溪、流等流动水系。坎卦中间阳爻,两边阴爻,流速快为阳,流速慢为阴,河流中央流速很快,河流两侧流速相对较慢,这与坎卦的阴阳结构吻合。坎水与兑泽有联系也有区别,兑泽所蓄的是坎水,但坎水并非局限于湖泽。通常情况下,湖泽是天然形成的,一是地势低,可以蓄水;二是上游有水流入,使其不至于干涸。节卦的直观印象是,上游有数条水流从四面八方汇入湖泽,这是对湖泽自然景象的描绘,是大自然的杰作,其背后蕴藏着大自然客观规律,湖泽的形成是自然规律自行调节的结果。

二、水位调节之象。湖泽的水域有小有大,深度有深有浅,水域的大小深浅决定着蓄水的数量,通常某个湖泊、水泽、水库、水塘的库容是有限的。根据季节特点和气候状况,即使是同一个湖泽,水的数量也在不断地变化。水位低的时候,湖泽需要将上游汇入的水流积蓄起来;水位高的时候,超出库容,多余的水量就会通过湖泽周遍低洼的缺口泄流。兑卦上爻为阴爻,阴爻为柔弱、薄弱,并且兑为毁折,因此兑本身有缺口的意思。多余的水流随着湖泽的自然缺口或人工控制分流,从而使湖泽维持在一个安全、稳定、合理的水位上,其中体现了自然或人为的调节功能。

三、开源节流之象。将湖泊、水泽、水库、池塘等开源节流、水位调节机理引入人文政治和社会生活各个领域,用来指导人生事业将有重要的现实意义。比如,用在处理储蓄理财和消费支出的关系上,就是要有一定积蓄,不能做月光族, 盲目学习欧美超前消费的观念是有害的; 同时, 也不能只进不出, 不能为了储蓄而储蓄, 做铁公鸡、当守财奴也是不明智的。小源大流, 寅吃卯粮, 入不敷出, 生活将陷入困顿和窘迫; 大源惜流, 斤斤计较, 一毛不拔, 储蓄也就失去了应有之义; 只有开源节流, 量入为出, 细水长流, 生活才能安排得淡定从容。将开源节流用于修身养性也一样。过于自律, 自我苛求, 不能为自己所容; 放荡不羁, 毫无节制, 不能为社会所容。瞻前顾后, 繁文缛节, 束缚了自己的手脚; 无拘无束, 粗鲁无礼, 玷污了他人的感受。因此, 为人做事对 "水位" 的控制及分寸的把握非常重要。

四、节制口德之象。《说卦传》说, 坎为矫輮, 为弓轮。矫輮, 矫是把弯曲的东西弄直, 纠正, 矫正, 改变; 輮, 车轮外周, 通 "煣", 用火烤、水浸等方式使竹木弯曲变成所需形状。弓轮就是将竹木制成弓的形状和轮的形状。竹木有柔韧性和可塑性, 曲木可以矫正为直木, 直木可以制成弓形或圆轮, 这都是人们对竹木加以调节的结果。节卦上卦为坎, 坎有调节、节制之意; 节卦下卦为兑, 兑为口舌, 口舌包含两层意思, 一是说话; 二是饮食。两者组合起来, 就表达了说话把握分寸、节制饮食的节卦意境。

五、艰难创业之象。节卦中蕴含着一个屯卦。屯卦上卦为水, 下卦为雷, 称其为水雷屯。节卦上卦为坎, 坎为水; 下交互卦为震, 震为雷, 两者构成屯卦。屯卦位列周易第三卦, 是乾坤父母的第一个孩子, 是天地阴阳交流的产物, 用来表达人生事业的始生之难, 创业之艰。养育孩子千辛万苦, 创办事业步履维艰, 筚路蓝缕, 含辛茹苦, 这一时期需要自力更生, 艰苦奋斗, 节约资源, 勤俭办事。弘扬节卦精神对于人生事业的初创期尤为重要。

六、困顿艰难之象。节卦中蕴含着一个蹇卦。蹇卦上卦为水, 下卦为山, 称其为水山蹇。节卦上卦为坎, 坎为水; 上交互卦为艮, 艮为山, 两者构成蹇卦。蹇字由寒+足构成, 可理解为脚被严寒冻伤, 疼痛难忍, 行走不便。蹇卦表明人生事业遇到大难, 前有险生, 后有山阻, 处于艰难困苦之中。人在困厄环境条件下, 更要自律节制、自我调控并保持节操, 做到人穷志不短, 愈挫弥坚, 克勤克俭, 坚韧不拔。

七、积蓄防损之象。节卦中蕴含着一个损卦。损卦上卦为山, 下卦为泽, 称其为山泽损。节卦上交互卦为艮, 艮为山; 下卦为兑, 兑为泽, 两者构成损卦。损卦由泰卦演变而来, 损下益上谓之损, 体现了易经的民本思想和损益观。节卦中蕴含损卦，表明两者关联紧密，可作两方面理解，一是节制要适可而止，以不损害他人或自己利益为限度；二是在人生事业中，损失损害事件是经常发生的，对此要有预防、预备和预案，节制开支，适当储蓄，以防不虞之需。

八、节制欲望之象。节卦中蕴含着一个归妹卦。归妹卦上卦为雷，下卦为泽，称其为雷泽归妹。节卦下交互卦为震，震为雷；下卦为兑，兑为泽，两者构成归妹卦。归妹卦与渐卦是对综卦，渐卦讲的是正常的婚姻嫁娶程序，而归妹卦讲的是妹妹随姐姐一起陪嫁的特殊婚姻制度。从归妹卦卦象上看，是少女远嫁给外面的长男。当然如今陪嫁制度已经消亡，但作为丑恶现象在当今社会仍有市场。节卦易理提示人们，要节制欲望，防止发生婚外情。如不加节制，后果将不堪收拾。

九、内悦外险之象。下卦也叫主卦、内卦，上卦也叫客卦、外卦。兑卦卦德为悦，兑为泽，为少女，可理解为少女无忧无虑，对未来充满憧憬，神情是喜悦的；人们见到青春活泼、清新可爱的少女，内心是喜悦的；人们走在景色秀丽的湖边泽畔心情是愉悦的。坎卦卦德是险，古代特大洪水灾害夺去了无数人的生命，水是充满危险的。坎，陷也；其于舆也，为多眚。节卦内卦为兑卦，外卦为坎卦。如果将其视为一个家庭或单位的话，其内部充满喜悦，表明状态和氛围良好；但外部环境充满风险，表明其生活工作环境、行为对象、合作伙伴等存在着风险，应当着重防范。

十、少女中男之象。上卦、外卦、客卦为坎卦，坎为中男；下卦、内卦、主卦为兑卦，兑为少女。从婚姻家庭关系角度来看，少女居于主动地位，中男处于被动地位。俗话说："男追女隔重山，女追男隔层纱。"男人对千辛万苦才追到手的女人才会倍加珍惜，而轻而易举到手的爱情并不牢靠，少女太过主动追求中男的方式不可取。因此，节卦作出风险提示，少女不是不能主动追求中男，但要节制行为，适可而止，过分主动将自食苦果。

十一、阴金生水之象。在八卦与五行关系中，乾卦、兑卦对应金，乾为阳卦，为阳金；兑为阴卦，为阴金。按照相生相克规律，金生水。阳金生水相对容易，阴金生水相对困难。节卦上卦为坎，坎为水；下卦是兑，兑为阴金。节卦卦象就是阴金生水的状态，其过程并非轻而易举。下卦为主卦，上卦为客卦。也就是说在五行关系中，情势对客方有利，它是受益方，能够得到主方的帮助，但应有所节制，期望值不能太高；情势对主方稍有不利，它是施益方，帮助客方是需要支付成本的。

【关联卦象】

节卦由泰卦演变而来。与涣卦由否卦演变而来同理,节卦由泰卦演变而来。泰卦上卦为地,下卦为天,称其为地天泰。只要将泰卦的九三与六五交换下位置,泰卦就变成了节卦。节卦九五爻辞说"往有尚",由三爻走到五爻,或由内卦走到外卦称"往",这与涣卦九二"涣奔其机"中的"奔"是相对应的,一个往外跑,一个向内奔。从否卦到涣卦,其不良状况有所改善;从泰卦到节卦,其良好状态有所弱化,体现了损有余而补不足的自然调节和损下益上的人为调节的两重性,这与节卦所表达的调节主题是吻合的。《道德经·七十七章》说:"天之道,损有余而补不足;人之道则不然,损不足以奉有余。"可理解为这是老子针对泰卦否卦、损卦益卦以及涣卦节卦之间的演变规律和社会不公平现象而有感而发的。

节卦的综卦是涣卦。涣卦位列周易第五十九卦,节卦位列第六十卦,两者互为综卦,综卦也叫覆卦、镜卦。将节卦翻转一百八十度为涣卦,将涣卦翻转一百八十度为节卦。两者内部结构没有变,但相当于观察事物的角度发生了变化,正如同横看成岭侧成峰。考察事物的立场、角度不同得到的结果也就不同,因此要完整了解事物的全貌就必须多角度、多纬度、全方位考察。获取各方面信息。上一卦水流是涣散的,这一卦水流却聚集在湖泽中,水还是那些水,但所处的方位、环境和状态已发生了变化。两卦既有联系,又有区别。

节卦的交互卦为颐卦。交互卦反映了事物在本卦基础上进一步发展变化的过程性状态,对于预测有重要意义。如果将节卦的初九、上六去掉,用剩下的中间四爻重新组卦,上三爻为上卦,下三爻为下卦,其中中间两爻为上下卦皆有,体现了交互的含义,这个重新组合的卦,便是节卦的交互卦颐卦。颐卦上卦为山,下卦为雷,称其为山雷颐。颐卦卦形像一张张开的大口,表明有口福,因此颐卦是一个关于精神颐养和物质颐养的卦。颐卦下卦震卦,卦德为动,有强烈的行动愿望,上卦艮卦,卦德为止,意即控制、阻止下卦行动。一阴一阳,一静一动,与嘴巴咀嚼动作相仿。言从口出,食自口入,颐卦告诉人们说话要谨慎,防止祸从口出;饮食要节制,防止病从口入。颐卦与节卦在易理上有诸多相通之处。

节卦的错卦是旅卦。如果将节卦的每个爻性质相反，阴爻变阳爻，阳爻变阴爻，那么得到的卦便是其错卦旅卦。旅卦上卦为火，下卦为山，称其为火山旅。旅卦反映主人公背井离乡，漂泊异乡，流落他乡，旅居外乡的情形，艰难困苦，路途劳顿，命途多舛。一对错卦之间有区别有联系，节卦是上水下泽，旅卦是上火下山，两者具有反向对应性，并在一定条件下相互转换。当人们处于节卦情境时，如果处理得好就向好的方向转化，处理得不好就向坏的方向转化，旅卦情境便是后者可能出现的情形之一。知道了凄惨结果，在内心事先建立起防火墙，就能够有效避免，从而实现趋吉避凶。

【大象之辞】

《象》曰："泽上有水，节；君子以制数度，议德行。"

【译文】大象说："湖泽上游有水流入，这是节卦所反映的自然景象；君子受此启示应当拟制礼法制度，评议品德行为。"

此处"泽上有水"，不是指湖泽本身有水，湖泽有水是常态，无需特意强调，而应当理解为湖泽上游有若干水流流入，正因为湖泽有水，上游有水进入，下游有水流出，进出大致平衡，才能使湖泽维持在相对稳定的水位上，从而体现出湖泽对水位的调节功能。

郑玄注："数度，广长也。"数度指今天所称的宽度和长度，引申为礼法制度和行为规范。大象反映了典型的儒家思想。前半句描述了节卦所反映的自然景象，后半句将其引入人文政治和社会生活领域，蕴含着道法自然的意韵。道法自然不仅仅是道家的专利，儒家也善于从自然规律中得到启发，并将其用于治国理政。"制数度"是制定礼法制度和行为规范；"议德行"就是用礼法制度和行为规范来衡量人的行为是否与此相符，从而作出褒扬或惩戒。

大象前半句与后半句的类比关系和逻辑联系可作如下理解：湖泽汇集上游各支水流，将分散的、细小的、动态的水系积蓄成集中的、浩瀚的、相对静态的湖泽大水系，纳入统一调配管理。湖泽有长度，有宽度，有深度，有巨大容量。当水量不足时，它会将水储存起来，当水量超出库容时，它会将水分流到下游，从而使水位保持在安全、合理、可控的区间里。分散的水流处于流动状态，人们对它是不易掌控的，需要时水在流，不需要时水照样在流，并非都对百姓有益，有时放任自流往往会泛滥成灾。由于湖泽具有巨大的蓄水功能和调节作用，大大提高了对水的控制力，消除了水的危害性，提高了水的利用率，达到了变害为益，变废为宝，造福百姓的目的。

如果将百姓比作分散水流的话，礼法制度和行为规范就是湖泽。没有礼法制度和行为规范的百姓就像放任自流的各支水流，我行我素，各行其是，四分五裂，一盘散沙，虽然不乏好人好事，但必定有坏人坏事，却无法对其有效制约。因此，需要用礼法制度和行为规范来节制、约束人们的行为，就像分散水流纳入湖泽统一调配管理，这样就能对坏人为所欲为、为害百姓的行径有所制约和惩戒，从而促进和谐社会的构建。

【卦辞象辞】

〖卦辞〗

"节，亨。苦节，不可贞。"

【译文】"节卦，通达。痛苦节制，不可固陋。"

贞，通"正"，正固、固守，引申为固陋、不知变通。卦辞是对全卦主旨的揭示。卦辞认为，节制是必要的，尽管卦辞中没有明说，但从节卦的名称和各爻含义来说，对于节制的理念持赞成态度，但凡事都有度，过犹不及，带着痛苦去节制就值得商榷了，一是节制的目的是为了更好的生活，而不是追求痛苦；二是痛苦节制，也许能做到一时，但无法坚持一世，不利于长期坚持。因此，易经并不倡导人们去过苦行僧般的生活，节制必须适可而止。

〖象辞〗

"节，亨，刚柔分，而刚得中。苦节，不可贞，其道穷也。说以行险，当位以节，中正以通。天地节而四时成，节以制度，不伤财，不害民。"

【译文】象辞说，节卦，通达，刚爻柔爻从原来群体中分离出来，从而使刚爻获得中正之位。痛苦节制，不可固陋，因为痛苦节制将走向穷途末路。带着愉悦心情从事风险事务，应当使行为与职位相适应并能节制有度，坚守中正之道以求通达。天地有节制而形成四季，启示人们要通过建立制度、设置标准等方式实行节制，不损伤财富，不危害生民。

象辞是对卦辞的进一步阐述，具有鲜明的儒家思想特色。"刚柔分"，是指节卦由泰卦演变而来，泰卦三个阳刚之爻聚在一起，三个阴柔之爻聚在一起，而变成节卦后，九三刚爻、六五柔爻从原来的群体中分离出来了。

"而刚得中"，指九三到了九五，到了上卦中位，也是全卦的核心之位，君王之位，阳爻居阳位，当位，居中正之位即为"得中"。"苦节，不可贞，其道穷也"，这是针对上六爻辞"苦节，贞凶，悔亡"而言的，因为上六处于节卦的末尾，到了穷途末路的境地，因此不可过分节制以至于到了痛苦的地步。

"说以行险，当位以节，中正以通"，说，通"悦"。指下卦兑卦代表喜悦，上卦坎卦代表风险，上卦坎卦三个爻都是当位的，坎为矫輮，为弓轮。坎本身就有节制的意思。九五阳爻居于中正之位，水流入湖泽是通畅的。从卦形看，上下卦连接处均为阴爻，如同两个缺口，彼此是贯通的。

"天地节而四时成，节以制度，不伤财，不害民"，天地自然调节形成了四季；将节卦的原理引入治国理政，就是要将节用爱民的理念转化成礼法制度和行为规范，不要浪费财力，不要伤害百姓，劳民伤财的成语来自此，它体现了孔子的民本思想。

《孔子家语》："孔子北游于农山，子路子贡颜渊侍侧。孔子四望，喟然而叹曰：'于斯致思，无所不至矣。二三子各言尔志，吾将择焉。'……孔子曰：'不伤财，不害民，不繁词，则颜氏之子有矣。'"此处"不伤财，不害民"与象辞完全相同。

《中庸》系孔子之孙子思所作，《中庸》说："喜怒哀乐未发谓之中，发而皆中节谓之和。"中节之"节"，与节卦之"节"，意思相通，从中可见中庸思想与节卦易理的传承关系。

【爻辞小象】

"初九，不出户庭，无咎。"

【译文】"初九，不出小门，没有灾祸。"

《系辞上传》说，"不出户庭，无咎。"子曰："乱之所生也，则言语为阶。君不密则失臣，臣不密则失身，几事不密则害成，是以君子慎密而不出也。"这是孔子对初九爻辞所作的阐释。阶，台阶、阶梯，引申为桥梁、纽带；也通"介"，媒介、介质、载体。几事，机密要事；另说细微小事。孔子说，混乱产生的原因，是因为有言语作为媒介，君王行事不严密则会丧失臣下性命，臣子行事不严密则会丢掉自己的性命，机密要事不严密则会危害其完成，因此初九君子做事谨慎周密而不盲目出击。这段话反映了君子做事谨慎小心，节制有度，从而可以避免灾祸。

初九阳爻居阳位，当位，表明其有能力，而且行为举止是适当的。初九与六四有正应，本来初九可能走出户庭与六四会合，但是六四处于上卦坎卦之中，坎卦卦德为险，表明六四处境危险，这时如果初九前往很可能被卷入危险情境之中，儒家认为君子不入危邦、君子不倚立于危墙之下，因此初九不出小门出于谨慎考虑。再加上上交互卦为艮卦，艮有静止、停止、阻止、制止、节制等意思，表明客观情势阻止初九前往行动。此外，初九在兑卦之中，兑虽有愉悦之意，但也为毁折、为口舌，可理解为明知不可为而强为，容易招惹是非和伤害。识时务者为俊杰，初九在这种情况下还是在家里呆着为好。

"不出户庭"取象于艮卦和震卦。上交互卦为艮卦，下交互卦为震卦。震为动，引申为行走；艮为止，阻止行动。两者组合便表达了"不出"的意思。同时，艮为门阙，引申为户庭。节卦二至四爻构成四方庭院之象，几方面意思组合起来，便是"不出户庭"。由于初九与六四有正应，因而使其与户庭、庭院等意境形成了关联。

《象》曰："不出户庭，知通塞也。"

【译文】小象说，不出小门，这是因为当事人知晓什么是通达状态、什么是阻塞状态。

知通塞，即知进退，通则行，不通则止。与孔子"用之则行，舍之则藏"的理念是相通的。

此爻内容与《道德经》有关内容可以互参。《道德经·第五十二章》说："塞其兑，闭其门，终身不勤（忧愁，担心）；开其兑，济其事，终身不救。"意思是说，堵塞你的五官，关闭你的欲念之门，终身不必忧愁；敞开你的五官，去满足你的感官欲望，那么将终身不可救药。老子的这一理念与孟子"养心莫善于寡欲"的理念是一致的。这里的"兑"指兑卦，兑为口舌，引申为眼、耳、鼻、口、舌五官。"门"一语双关，既指户庭之门，又指欲念之门。本人判断老子这段话就是针对节卦初九爻辞而阐述的。理由有三：一是节卦下卦为兑，与"塞其兑"之兑意思吻合；二是初九爻辞"不出户庭"与"闭其门"意境吻合；三是老子的节制欲望主题与节卦的主旨精神吻合。

"九二，不出门庭，凶。"
【译文】"九二，不出大门，凶险。"

九二阳爻居阴位，不当位，表明力量过于刚强。九二与九五没有正应，表明得不到九五君王的支持，两者不能配合协调。节卦的交互卦是颐卦，即二至五爻构成山雷颐，下卦震代表欲望强烈，上卦艮代表遏制欲望。九二正处于下交互卦震卦的初爻，震为雷，为动，代表蕴含强大能量，有强烈的行动能力和愿望。但是，节卦的上交互卦为艮卦，艮卦卦德为止，像一座大山阻止了九二的行动。欲动却止，止而欲动，九二处在犹豫不决、进退两难之中。同时，二至上爻构成水雷屯，表明当事人陷入艰难境地；初至四爻构成雷泽归妹，是个关于小妹随姐陪嫁的卦，九二在震卦初爻，代表娶妻妾的长男，表明其欲望过盛。强烈的欲望与欲望不能实现之间形成了激烈冲突，为此呈现凶险之象。

在易经中，二爻为凶的卦不多，二爻居中，居中有德，表明其思想道德没有问题。而在节卦却是凶，主要原因在于节卦的重要主题是节制欲望，而九二是欲望过于强烈，与主题相违背，这是节卦所要着力解决的问题。解决的途径有二：一是降低欲望，可以缓和矛盾冲突；二是走出大门，用实际行动去努力实现愿望，但需要有吃苦耐劳、攻坚克难的决心和毅力。

初九是"不出户庭"，九二是"不出门庭"，户庭与门庭意思既有联系又有区别。户庭是指一扇门的房屋，门户和院落，侧重指家宅内院；门庭是指两扇大门的房屋，门庭之外侧重指家宅以外的公共区域。门庭就是这户人家的门面，是身份和财富的象征。比如吕不韦在赵国见到子楚（秦始皇父亲）时说，我可以光大你的门庭，表明可以为其带来荣耀；成语门庭若市，表明主人公家势显赫，宾客众多。

"不出门庭"取象于震卦和艮卦。下交互卦为震，震为动，引申行走、出走。

上交互卦为艮，艮为门阙，引申为门庭。同时，艮卦卦德为止，上述内容组成起来即表达了"不出门庭"之意。

《象》曰："不出门庭，凶，失时极也。"

【译文】小象说，不出大门，凶险，因为丧失时机到了极端的程度。

意思是说，由于九二惧怕艰难，畏首畏尾，该出走时没有出走，从而失去了大好时机。

"六三，不节若，则嗟若，无咎。"

【译文】"六三，不能节制的样子，如能嗟叹反省，没有灾祸。"

若，如，相当于"什么的样子"。嗟，是发出的叹气声。六三阴爻居阳位，不当位，力量过于柔弱，节制自控能力比较弱，不能有效地管控自己、约束自己；六三与上六没有正应，表明得不到上六大佬的关照，两者不能协调配合。这些都是不利因素。好在当事人能够在叹息中有所悔悟。内心的变化必然带来行为的变化，认识到了过失，便有利于改进不足。易经所揭示的天道就像一位仁慈善良、宽宏大量的圣者，从不会把人逼上绝路，只要犯错者诚心悔改，总会给他留一条出路。

"不节"取象于震卦和艮卦。下交互卦为震，震为动，表示欲望在时刻蠢蠢欲动。上交互卦为艮卦，艮为止，两者组成山雷颐。颐卦是口福养生之卦，食欲代表各种欲望，人们对于美食的诱惑是很难抵挡的。艮卦既有节制的意思，又有难以抵御欲望的意思。这就是易经的道理，欲与不欲、止与不止、节与不节并存于一个事物之中，它是一体两面，并非两个事物，无法绝然分离。

"嗟"取象于兑卦。节卦下卦为兑卦，兑为口，六三处于兑上爻张开的缺口，口中发出叹息声，顺理成章。

《象》曰："不节之嗟，又谁咎也。"

【译文】小象说，不能自我节制而引发叹息，又能归咎于谁呢？

换句话说，是你自己的原因造成的，怪不得别人。也可解释为，谁会去责怪一个已经认识到过错并有悔意的人呢？但从古文的表达结构和语言习惯来看，"谁咎"应当是"咎谁"的倒装，即宾语倒置。谁在古语中通常不作主语用，这与今天的习惯不大相同。

"六四，安节，亨。"
【译文】"六四，安泰节制，通达。"

六四阴爻居阴位，当位，表明其行为举止是适当的。六四与初九有正应，如果初九主动去感应六四，则有上交互卦艮卦这座高山阻挡会比较困难，但是如果六四主动下山与初九发生正应，那么事情就容易许多。六四与初九有正应表明六四能得到初九的支持和配合。六四正处在艮卦之中，艮为山，有安泰、稳重、静止之意，因而称之为"安节"。有上述三方面的有利因素，因此六四的结果是通达的。

"安节"取象于艮卦和泰卦。上交互卦为艮卦，艮为山，安如泰山。同时，节卦由泰卦演变而来，泰卦上卦为地，下卦为天，称其为地天泰，表明上下交流、沟通顺畅的安泰局面。

《象》曰："安节之亨，承上道也。"
【译文】小象说，安泰节制带来通达，是因为其奉行了上承君王的君子之道。

以下承上、以阴承阳，这是易经倡导的为人处事之道。

"九五，甘节，吉，往有尚。"
【译文】"九五，甘甜节制，吉祥，往前行动将获赞赏。"

尚，推崇，尊重，引申为褒奖和赞赏。九五因德才兼备，被推举到九五之尊成为一国之君。甘，甘甜，甜蜜，引申为心甘情愿，自我约束，高度自律。一般来说，九五君王，别人是很难对其监督和制约的，他如果自我放纵，为所欲为，如夏桀、商纣王、周幽王等，那将是国家的灾难、百姓的地狱，无论对君王自己、还是对百姓，结果一定是凶险的。因此，自我节制、严以律己对君王而言就显得难能可贵了。君王自己不想节制，则没有人能让他节制；君王自己想节制，则没有人可以让他不节制。因此，只有心甘情愿、高度自律的节制才是吉祥的。只有当君王自觉地意识到自我节制、自我约束对于治国理政、千秋大业有着事关成败的重大意义时候，才会有这样的境界和自律行为，才能够带着甜蜜的心态心甘情愿地实行自我节制，比如尧、舜、禹、周文王、周武王、汉文帝、唐太宗等等，这些仁德、爱民、节用、自律的君王，其结局大都是吉祥的。

九五阳爻居阳位当位，表明其行为举止适当。九五居上卦中位，居中有德，表明其道德品质良好。一方面九五岗位对君王的思想道德、能力智慧提出了极高要求，只有大德、大能、大智慧的人才堪当重任，因此国家应当把符合这种条件的人推上君王之位；另一方面，要求在位的君王，必须坚守中正之道，主持公平正义，尽心竭力地为百姓谋幸福、为民族谋复兴。九五与九二没有正应，表明其行为得不到基层干部的理解和支持，上下不能配合协调。

"甘节"取象于坤卦和艮卦。节卦由泰卦演变而来，在演变之前，上卦为坤，坤在五行中属阴土；同时，九五正处于上交互卦艮卦之上爻，艮在五行中属阳土，而土对应的五味为甘。《尚书·洪范》说："一曰水，二曰火，三曰木，四曰金，五曰土。水曰润下，火曰炎上，木曰曲直，金曰从革，土爰稼穑。润下作咸，炎上作苦，曲直作酸，从革作辛，稼穑作甘。"其中"稼穑作甘"便是爻辞"甘节"的渊源。因为稼穑是在土地上进行的，土位于五行中央，土是黄色的。从五行上看，土与水、火、木、金都是最能协调的；从五色上看，黄色与其他颜色是最能调和的；从五味上看，甘味与其他味道也是最能混搭的。从爻位上看，五爻是上卦中位，是君王之位，也是全卦核心之位，肩负着治国理政的职责与重任，用"甘节"方式最为适合。

"往"取象于节卦是由泰卦演变而来。泰卦中的九三与六五互换位置，就变成了节卦。泰卦九三由内往外行进到九五，因而称其为"往"。

《象》曰："甘节之吉，居位中也。"

【译文】小象说，甘甜节制带来吉祥，是因为君王能够居于中正之位。

表明君王能够坚守中正之道，主持公平正义，这样的结果自然吉祥。

"上六，苦节，贞凶，悔亡。"

【译文】"上六，痛苦节制，固陋有凶险，但最终悔恨消失。"

贞，通"正"，正固，多数情况下是褒义的，但也可引申为固陋、固执、固守、不知变通，就有些贬义了，此爻取后者之意。上六阴爻居阴位，当位，表明其行为举止并无不当。上六与六三没有正应，说明得不到基层实力阶层的支持，上六处于一种贵而无位，高而无民的孤独境地。上六处于节卦的末尾，有些亢龙有悔，物极必反的意味，节制过了头就是苦节，易经提示应当注意避免。

节制是种美德，能做到自我节制自我约束实属难能可贵。但节制也须适可而止，否则过犹不及，超过了限度也不见得是好事。因此，过分的节制，以至于到了痛苦的地步，仍然固执己见，不知变通，那么这种节制就蕴藏着凶险。比如，节俭是美德，但过分节俭就变成了吝啬，为攒钱而攒钱，该花的钱不花，铁公鸡一毛不拔，这样的人不受待见，通常处境和结局都不会太好。

正如"水位调节之象"所述，库容过满，就得泄洪分流，一旦水位超过警戒线，就有溃堤的危险。苦节，可理解为到了该泄洪分流的时候还在不断地节水，不但无益，反而会导致危险。人是群居性动物，人不能离开社会而存在，在人际交往中，适当地节制和自律，表现为对他人的尊重，不给他人构成压力，不损害他人利益，就会给人一种有素质、讲文明、具涵养的印象。但是，如果过分地在意别人的看法和评价，时时处处小心翼翼，前怕狼后怕虎，患得患失，左右为难，试图把自己打造成人见人爱的角色，结果连自己都容不下自己，这似乎过于脱离实际了。

"苦节"取象于离卦。按照《尚书·洪范》五味之说，"离曰炎上"，"炎上作苦"。一是从二至五爻上看，若将六三、六四视为一个大阴爻，它就构成了离卦，上六在离卦之上，因被火烤而出现痛苦。若上六发生爻变，那么节卦就变成了中孚卦，中孚卦缩小就是离卦，离卦放大就是中孚卦。上六爻变后也在离卦的上爻，因此也与苦味相关联。

因此，上六具有警示意义，提示人们防止节制过头，应当及时纠正苦节的行为。悔亡，就是悔无，意思是本来是有悔恨之事发生的，后来由于采取了有效措施，避免了悔恨之事的发生。那么，是什么因素导致了"悔亡"？其一，阴爻居阴位,当位,行为举止适当;其二,上六原先在泰卦上卦坤卦上,坤为柔顺、配合、包容;其三,节卦上卦为坎,坎为险,上六为坎之末爻,风险基本消除;其四,节制毕竟是自我节制,苦节主要是难为自己,一般对他人不具攻击性、危害性或破坏性。

《象》曰:"苦节贞凶,其道穷也。"

【译文】小象说,痛苦节制,固陋有凶险,因为这是穷途末路的做法。

此处的"道穷"一语双关,既是卦尾之穷,又是苦节的前途之穷。

第六十一卦 中孚卦的诚信之道

【中孚卦】

【白话经文】

中孚卦, 像豚鱼一样守信吉祥, 适宜渡涉大河, 适宜坚守正道。

初九, 驺虞吉祥, 毒蛇令人不安。

九二, 鹤在树荫下啼鸣, 小鹤随声应和; 我有美酒, 我与你一起把它干了。

六三, 遭遇敌方, 可能击鼓进攻, 可能撤退; 可能哭泣, 可能高歌。

六四, 月亮接近满月, 与其匹配的马走失了, 没有灾祸。

九五, 怀有诚信如五指握紧一样, 没有灾祸。

上九, 鸡叫声响彻天空, 固陋有凶险。

【经文原文】

中孚, 豚鱼吉, 利涉大川, 利贞。

初九, 虞吉, 有它不燕。

九二, 鸣鹤在阴, 其子和之; 我有好爵, 吾与尔靡之。

六三, 得敌, 或鼓或罢, 或泣或歌。

六四, 月几望, 马匹亡, 无咎。

九五, 有孚挛如, 无咎。

上九, 翰音登于天, 贞凶。

【解读序言】

中孚卦位列周易第六十一卦，上卦为风，下卦为泽，称其为风泽中孚。中孚就是内心充满诚信之义。《序卦传》曰："节而信之，故受之以中孚。"序卦传说，人如果懂得节制，就容易赢得他人信任，因此周易在节卦之后安排了中孚卦。卦序反映了节卦与中孚卦之间的逻辑关系，懂得节制，受人信任；反过来，有了诚信，就能更好地节制。《杂卦传》曰："中孚，信也。"杂卦传说，中孚就是诚信。

【卦名含义】

《古代汉语词典》解释：孚，孵化，孵卵；通"稃"，小麦及谷物种子的外壳（愚注：中孚卦缩小为离卦，离卦结构与谷壳吻合，因此谷壳的意思是从中孚卦中派生出来的），与此相关的词语有"孚甲"；信用，诚实；信服，信任；玉的光彩，与此相关词语有"孚尹"（音yun2，通"筠"），指玉色透明，不隐翳(yi4，遮盖)（愚注：透明即光明，此意来自离卦，表明孚尹之义也是从中孚卦中派生出来的），《礼记·聘义》："～～旁达，信也。"郑玄注："孚读为浮，尹读如竹箭之筠（yun2，竹子青皮，竹子），浮筠谓玉采色也。采色旁达，不有隐翳，似信也。"

《说文解字》解释：孚，卵孚也。从爪从子。一曰信也。[注]徐锴曰："鸟之孚卵皆如其期，不失信也。鸟褱（通"抱"）恒以爪反覆其卵也。"

"孵"也从"孚"演绎而来。孚加卵为孵，鸟禽通过孵化繁育后代，孵化时呈现出鸟禽双爪护蛋之象。鸡蛋在我们浙江老家叫鸡子，方言也是反映历史文化的渊源之一，说明将"蛋"解释为"子"是有来历的。为此，将"孚"理解为鸟禽孵蛋，比较符合中孚卦的原义。由于鸟禽孵蛋是出于动物的本能，因而这种行为是自觉自愿、真心实意、心甘情愿的，没有丝毫勉强、胁迫的意思。母鸡孵蛋时，持续趴在鸡窝里长达二十一天左右，这是一种令人感动的天性，是一种天然的诚信。诚信之义还体现在时间届满，小鸡即出壳，遵守时间就是守信。如果把鸟禽的诚信之性，引用到人文社会领域，就是为人们推崇的高尚品德，因而中孚应当成为人文追求的价值取向。

孚的本义就是鸟禽孵蛋，诚信之义是由此引申而来，由于引申义用得多了，本义反而淡化了，于是干脆把"孚"主要用作诚信解，而在"孚"右边加个"卵"

即"孵"来表示孚的本义。汉字这种鸠占鹊巢的现象为数不少,比如,孚孵、它蛇、益溢、莫暮、畜蓄、夬决、需儒、然燃等等。

南宋诗人杨万里说:"中有玉者外必辉,中有诚者外必孚,孚之为言,此咸于彼,彼信于此,之谓也。是故中孚所发,上行之则顺,下信之则说。"咸,感,即无心之感,更加真诚。说,通"悦"。杨万里及其父亲均精通易经,杨万里写诗两万多首,并著有《诚斋易传》二十卷,以史证《易》,研究独到。诚斋是杨万里的号,他对中孚的解释是恰当的。意思是说,内心怀有宝玉则必然会在身体表面上绽放出光辉,内心装着诚信则必然会在其言行举止中表现出真诚,带着诚信说话,以此感动他人,他人必定对其信任,说的就是中孚之意。所以中孚卦能给人以启发,上卦巽卦表示人们的行为因诚信而顺利,下卦兑卦表示因诚信受人信服而喜悦。

【卦象寓义】

一、泽上有风之象。中孚卦上卦为巽,代表风;下卦是兑,兑为泽。两个自然现象合在一起,就是风行湖泽之上的景象。风是无孔不入的,表明没有诚信所不能企及的地方;风又是逊顺的,表明诚信所至,诸事将变得格外顺遂。风行泽上的画面是轻松、悠闲、优美的,这样的景色无不让人愉悦。诚信也是一道美丽的风景,人们会因诚信而变得美好可爱。

二、舟移湖泽之象。上卦巽为木,水上之木也是舟船的象征;下卦为兑,兑为湖泽。中孚卦整个卦象的形状如同一叶扁舟,两头是船板构建的船体,中间空虚,用以载人。移舟湖泽的画面是唯美的,能同船游览的人关系非同一般,彼此之间充满信任,心情自然是轻松愉悦的。很难想象,彼此互不信任的人会一起泛舟湖上。

三、"中孚"来源之象。中孚之"中"可作两方面理解,一是位置居中,中孚卦形呈现大离卦形态,两个阴爻位于四个阳爻中央;二是离为光明,身体之中专指人心,与离卦精神结合起来理解,即内心光明诚信。"孚"为鸟禽孵蛋之义,中孚卦上卦为巽,巽为鸡,泛指鸟禽,况且离为雉,雉兼属鸡与鸟类。孚之"爪"取象于巽卦和艮卦,上卦为巽,巽为腿,上交互卦为艮,艮为手。孚之"子"取象于艮卦和兑卦。上交互卦为艮,艮为少男,下卦为兑,兑为少女,两者引申指鸟禽的幼仔。

四、鸟禽孵蛋之象。从中孚的外形来看，上下两头各是两个阳爻，中间是两个阴爻，两个阴爻代表中央是空虚的，整个卦画外形就像个鸟窝、鸡窝的形状。同时，还可以把两个阴爻，看成是鸟禽的一双爪子，如同鸟禽趴在禽窝里，两个爪子抓住禽蛋的情景，按照《说文解字》徐锴的注解，鸟禽要不断用爪子翻滚禽蛋，以便使它们能够均匀地得到母禽的体温，从而顺利出壳。

五、豚鱼体色之象。中孚卦卦辞有"豚鱼，吉"的表述，其一，豚鱼取象于坎卦。中孚卦由讼卦演变而来，讼卦下卦为坎卦，坎为豕，即猪；坎为水，鱼生活在水中，因此在易经中有时将坎卦解为鱼，猪与鱼的结合即为豚鱼。豚鱼是形状像猪一样的鱼，而非指猪和鱼。其二，豚鱼取象于离卦、巽卦和兑卦。中孚卦缩小后是离卦。据《说卦传》，离为鳖，为蟹，为蠃（音义同"螺"），为蚌，为龟等，均为水生动物，豚鱼与其同类，取引申之义。豚鱼身体的上半部分及背部是青色的，身体下半部分及鱼肚是白色的，正好与中孚卦上青下白的颜色结构相吻合。中孚卦上卦为巽，巽为木，颜色为青色；中孚卦下卦为兑，兑为金，颜色为白色，与风水学中"左青龙、右白虎"原理一致。

六、内心光明之象。中孚卦缩小是离卦，将离卦放大是中孚卦。卦形的相似性决定着卦意的相似性。离为火，为日，为目，为丽等，其卦德为明。中孚卦是诚信。光明与诚信是同义词，内心光明即为诚信，诚信即为内心光明。《中庸》说："自诚明，谓之性；自明诚，谓之教。诚则明矣，明则诚矣。"这段话与中孚卦、离卦的意境完全吻合。王阳明心学可视为对离卦的深度阐释。心即理，心外无事，心外无物。所有的诚信、光明都寓于内心。因此，离卦、中孚卦精神与王阳明心学高度契合。

七、虚实致诚之象。从中孚卦的六爻卦画看，一实一虚的特点非常明显。"实"是指九二、九五。均为阳爻，阳爻代表君子，代表刚健有力的君子居于上下卦的中位，表明能够坚守中道，主持公平正义，这是诚信的基本前提，一个人失去了中道，也就谈不上诚信。"虚"是指中孚卦的三、四爻是阴爻，卦画的中部空虚，代表君子谦虚低调，虚怀若谷。唯其如此，其诚信才会被世人所了解和接受。

八、符节信用之象。从中孚卦的结构看，上下卦之间如同一面镜子映照，成反向对称之象，这与古代符节的形状相似。比如，战国时期信陵君窃符救赵，所用的是虎形兵符，符节一分为二，分别由两人持有，带兵将帅持有一半，国君持有一半，只有两半对验吻合才可以采取军事行动。符节是信用的凭证，中孚卦从形状和寓意两方面生动形象地反映了符节的信用属性和功能。

九、涵养诚信之象。中孚卦蕴藏着一个渐卦。渐卦上卦为风，下卦为山，称其为风山渐。在中孚卦中，上卦为巽，巽为风；上交互卦为艮，艮为山，两者构成渐卦。渐卦反映事物发展是个循序渐进的过程，山上树木，由苗木长成树木，由树木长成树林，由树林变成森林，由小森林变成大森林，是个循序渐进的过程；古代婚礼由纳采，到问名、纳吉、纳征、请期、亲迎，是个不能颠倒的过程。由此引申出，诚信的建立是个需要长期教化、养成和实践的过程，并非通过临时突击能够完成的。

十、诚信致损之象。中孚卦蕴藏着一个损卦。损卦上卦为山，下卦为泽，称其为山泽损。损卦在泰卦基础上演变而来，泰卦九三与上六交换位置即为损卦，意即损下卦一阳爻，补给上卦一阳爻，损下益上谓之损，体现了易经的民本思想。诚信可以使人获益，诚信也可以使人受损，既有物质上的，也有精神上的。真正的诚信是不以利益为转移的，对你有好处时要诚信，对你没有好处时仍要做到诚信，做到前者不难，做到后者不易，但更加可贵。比如，拾金不昧。退回不当得利时，表面上表现为既得物质利益的丧失，但实质上是精神利益的获得，丧失与得到是同步进行的，这便是得与失的辩证关系。

十一、诚信获益之象。中孚卦蕴藏着一个益卦。益卦上卦为风，下卦为雷，称其为风雷益。中孚卦上卦为巽，巽为风；下交互卦为震，震为雷，两者构成益卦。益卦在否卦基础上演变而来，否卦的九四与初六交换位置便为益卦，损失上卦一阳爻，补给下卦一阳爻，损上益下谓之益，只有百姓受益方能称益。中孚卦既含损卦，又含益卦，表明诚信的结果使人有损有益，假如诚信的结果全是益处，恐怕没人会不诚信，正因为其结果有损有益，因此有人为了保住既得利益或追求不当利益，而采取不诚信手法。中孚卦的初至五爻构成损卦，二至上爻构成益卦，呈现出"先损后益"的态势，可作两个层面的理解：一是先因秉持诚信丧失物质利益，后因保持诚信品德在精神上获得提升；二是保持诚信品质在人生事业前期可能会受到些损失，但是最终定能有所裨益，收获诚信的果实。

十二、诚信婚姻之象。中孚卦蕴藏着一个归妹卦。归妹卦上卦为雷，下卦为泽，称其为雷泽归妹。中孚下交互卦为震，震为雷；下卦为兑，兑为泽，两者构成归妹卦。中孚卦既蕴藏渐卦，又蕴藏归妹，两者均与婚姻有关，渐卦侧重指普通婚姻，归妹卦侧重指小妹随姐同嫁一夫的陪嫁制度，属于婚姻的特殊形态。

由此中孚卦揭示了的主题之一便是，婚姻是建立在诚信基础之上的，在婚姻家庭生活中必须讲求诚信，做到以诚相待，彼此信任，心心相印，这样才能过上美满幸福生活。

十三、内悦外顺之象。下卦也叫主卦、内卦，上卦也叫客卦、外卦。下卦为兑卦，兑为泽，为少女，为说（悦）等，人走在湖边泽畔心情是愉悦的；天真无邪的少女脸上总是挂着喜悦，人们见到纯正可爱的少女内心是喜悦的，因而兑卦卦德是悦；巽为风，大风吹过，草木齐刷刷一边倒，体现出顺从的寓意，因而巽卦卦德为顺。中孚卦内悦外顺的结构，如果反映在一个单位里，则表现为单位内部充满喜悦氛围，而其外部环境、合作伙伴或服务对象呈现出顺从配合的态度。这样的情境有利于人生事业的发展进步。

十四、少女长女之象。上卦巽卦，代表长女，巽有逊顺的意思，它代表长女的性格，长女比较懂事明理、顺从包容，上卦是外卦、客卦，在卦的结构中处于从属受支配地位；下卦兑卦，代表少女，湖泽是美丽可爱的，少女也具有相似特征，少女比较受宠，娇生惯养，性格相对任性，而本卦中，少女是内卦、主卦，处于支配他人的主体地位。与少女相处是不容易的，比如，睽卦就是不成功例子，上卦为中女，下卦为少女，中女对少女不妥协不理睬，相互关系呈现出睽离违和状态，互不说话，谁也不让谁，谁也不理谁。而本卦将中女换成了长女，长女为母，对少女有包容精神，更重要的是长女对少女富有母亲般的爱心和诚信，所以两者相处比较和谐。带着诚信对待他人，就连任性的人也能被感化和感动。

十五、阴金克木之象。在八卦与五行关系中，乾、兑对应木，乾为阳卦，为阳金，兑为阴卦，为阴金；震、巽对应木，震为阳卦，为阳木，巽为阴卦，为阴木。在五行关系中，金克木。通常阳金克阴木最容易；阳金克阳木，阴金克阴木次之；阴金克阳木最难。在中孚卦中是阴金克阴木，属于正常的中间状态。这种结构反映在一个单位中，表明主方掌握着主导权，客方处于受制约地位，情势对主方有利。

【关联卦画】

中孚卦由讼卦演变而来。讼卦上卦为天，下卦为水，称其为天水讼。如果将讼卦初六与九四对调一下，就成了中孚卦。讼卦的主卦为坎，表明内部存在风险，诉讼通常以弱诉强，讼卦的客卦是乾，表明外部环境很强势，因而诉求者要求有人为其主持公道。如果被诉者能够讲求诚信，那么争讼问题就容易解决了。讼卦初六与九四有正应，说明被诉九四对主诉初六给予了同情和理解，假如能够以诚信态度换位思考，那么诉讼事务便会迎刃而解。讼卦与中孚卦的演变正是反映了诚信在处理争讼矛盾中的重要作用，它表明人一旦具备了诚信，就可以把相互争执的讼卦状态变成相互理解的中孚状态。

中孚卦的交互卦为颐卦。中孚卦为下经倒数第三卦，颐卦为上经倒数第三卦，两者卦形和序位具备相应性。交互卦是将中孚卦两端的初九和上九去掉，用中间的四个爻重新组合的卦，上三爻为上卦，下三爻为下卦，其中中间两爻重复使用了两次，分居上下卦，体现了交互的含义。颐卦是关于颐养生民、享受口福的卦。从卦象上看，上卦为艮卦，下卦为震卦，六个爻组成的直观形象就是一张张开的大嘴巴。中孚卦的交互卦颐卦与错卦小过卦存在关联。小过卦是舂米，颐卦是吃饭。

小过卦呈臼杵利民之象。《系辞下传》曰："断木为杵，掘地为臼，臼杵之利，万民以济，盖取诸小过。"意思是说，将木头截断制作成舂米用的木杵，在地上挖掘一个土坑，利用臼杵加工粮食，以利民众生活，这大概取自小过卦的卦象。后来，用石臼或木臼代替土坑。"断木为杵"取象于震卦和兑卦。上卦为震，震为木，上交互卦为兑，兑为毁折。小过卦缩小后是坎卦，坎，陷也，引申为土坑或石臼。卦象反映了木杵舂米的情景。

事物之间的这种有机联系，通过中孚卦的错卦、交互卦等形式得以生动地展现出来。进而推之，颐卦的错卦是大过卦，大过卦位列颐卦之后，可以理解为人们在吃饱穿暖以后就可能要犯大错了，用俗语讲就是吃饱撑的。同时，大过、小过都是过，小过不加注意，也可能演变为大过；犯大过时认真处理，也可能化解为小过。以上错综复杂的关系，说明事物之间存在着普遍联系，这与辩证唯物主义关于万事万物存在着普遍联系，便在一定条件下相互转换变化的原理是一致的。

中孚卦的错卦为小过卦。所谓错卦，即在一对卦中，所对应之爻的阴阳属性完全相反，比如乾卦与坤卦、既济卦与未济卦、颐卦与大过卦，以及本卦中孚卦与小过卦。由于中孚卦的综卦还是中孚卦，小过卦的综卦还是小过卦，因此，这两个卦再按综卦排列就失去意义。于是就按相错关系进行排列。中孚卦的错卦是小过卦，于是中孚之后安排了小过卦。同样的道理，颐卦之后安排了大过卦。

这是周易中的特例，与周易大多数情况下两个综卦一前一后的排列规律有所不同。一般来说，错卦之间的属性呈反向关系，比如乾卦全是阳爻，积极进取，坤卦全是阴爻，努力配合；既济卦全部当位，取得成功，未既卦全不当位，尚未成功；中孚卦外实内虚充满诚信，小过卦外虚内实存在过失。可以理解为，只要内心充满诚信，即使出现过失也是小过，不会导致严重后果。

【大象之辞】

《象》曰："泽上有风，中孚。君子以议狱缓死。"

【译文】"湖泽水面上有风吹拂，这是中孚卦所反映的自然景象。君子受此启示，务必慎重处理司法案件，对死刑判决不可操之过急。"

大象是对整个卦卦象的描述和阐发，前半句描写自然景象，后半句引入人文政治和社会生活。之所以将中孚卦与司法相关联，是因为中孚卦是由讼卦演变而来的。中孚就是要以诚信精神对待司法，坚持公平正义，做到不纵不枉，不滥用职权，不假公济私，不挟私报复。这是很有积极意义的。议狱就是讨论研究官司，讨论是要发言的，取象于下卦兑卦，兑为口。

【卦辞象辞】

〖卦辞〗

"中孚，豚鱼吉，利涉大川，利贞。"

【译文】"中孚卦，像豚鱼一样守信吉祥，适宜渡涉大河，适宜坚守正道。"

豚鱼，指的是一种动物，而非两种动物，意思是形状像小猪的鱼，即河豚或江豚。豚鱼俗称"气泡鱼、吹肚鱼、气鼓鱼"等，为温热带近海鱼类，栖于海洋的中、下层，遇到外敌时，迅速充气膨胀，浮上水面，身上针刺直竖，以抵御天敌的侵害。由于此时的形象酷似猪崽（即豚），故有豚鱼的称谓。中孚卦卦辞之所以用豚鱼说事，在于豚鱼的习性。豚鱼是守信的象征，平时生活在海洋，但到春末夏初的繁殖季节，便会洄游至江河，如长江中、下游排卵产子。由于每年差不多同一时期洄游，所以被人们视为守信的动物，中孚卦正是看重豚鱼的这一习性，把它作为诚信的象征来描述。再比如，我们将海洋中因季节性气压变化形成的每年反覆稳定出现的风,叫信风,也是守信之风的意思。有版本将豚鱼解释为小猪和鱼也可,但非最恰当。

〖象辞〗

"中孚,柔在内而刚得中。说而巽,孚,乃化邦也。豚鱼吉,信及豚鱼也。利涉大川,乘木舟虚也。中孚以利贞,乃应乎天也。"

【译文】《象辞》说,中孚卦,柔爻被包裹在内而刚爻获得上下卦中位。喜悦而顺从,这是诚信的表现,可用于教化邦国百姓。像豚鱼一样守信吉祥,同时人们应把诚信施及豚鱼。适宜渡涉大河,因为木舟中央的空间可用于载人。中孚适宜用来坚守正道,因为它顺应了天道规律。

"柔在内而刚得中",是指中孚卦的结构两个阴爻居于四个阳爻的中间,阴柔安居于内,阳刚包裹于外,而且九二、九五两个阳刚之爻分居下上卦中位,因而称之为得中。"说而巽,孚,乃化邦也",是指下卦兑为说,说通"悦",表示喜悦;上卦巽为顺,表示顺从,这种心悦诚服的状态就是孚的内涵,是用来教化邦国民众的。"豚鱼吉,信及豚鱼也",意即像江豚、河豚等豚鱼一样守信是吉祥的,反过来做人应当把诚信施及豚鱼这样的动物。"利涉大川,乘木舟虚也",是指鼓励人们走出家门,渡涉大江大河,到广阔天地中去建功立业,虚是指木舟中央的空间。"中孚以利贞,乃应乎天也",是指中孚卦适宜人们坚守正道、主持公平正义,这是与天呼应、顺应天道的行为。

【爻辞小象】

"初九,虞吉,有它不燕。"

【译文】"初九,驺虞吉祥,毒蛇令人不安。"

《古代汉语词典》解释:虞,神话传说中的兽名,即驺(zou1)虞,《国风·召南·驺虞》:"彼茁者葭,壹发五豝(ba1母猪,雌野猪),于嗟乎驺~。"猜度,料想;戒备,准备;古时掌管山泽鸟兽之官,等等。有的将"虞"译为狩猎向导(虞人),有的将其译为料想、准备,均可。而本人则将其解释为驺虞。古时把它视为神兽、仁兽、义兽等,人们把诚信光明的德行赋予驺虞,从而使驺虞成为诚信光明的象征，因而视其为吉祥之物。将虞解释为驺虞符合中孚卦意境。

　　"它"的本义是"蛇"，篆书之"它"形象酷似蛇，后来引申出第三人称"它"的意思。《圣经》伊甸园里有三个人，亚当、夏娃和魔鬼化身的蛇，相当于你、我、它三个角色。刚开始"它"代表蛇，因为蛇是除亚当、夏娃的第三者，后来多用"它"来表示第三人称，相当于现在的它、他、她、其它、其他等人称代词。而蛇的本义反而淡化了，再后来将"它"加个"虫"来表示蛇。

　　《圣经》与《易经》是有联系的，叙述的内容、事件有诸多关联之处。比如，夏娃与女娲名字相似，亚当夏娃被赶出伊甸园时是从东方出走的，古时伊甸园相当于现在的伊朗、伊拉克一带，其向东走，便是我国西部甘肃地区，而伏羲女娲早期就生活在甘肃地区，这不应当仅仅是巧合。

　　蛇在我国古代含义复杂，有时代表龙，有时代表风水中的蛇龟组合玄武，这是吉祥之物；有时蛇代表狠毒、歹毒、恶毒，比如蛇蝎之心，这与诚信有天壤之别。此爻取后者之义，将蛇的歹毒与驺虞的信义对比描述，孰好孰歹，泾渭分明，何去何从，一目了然，修辞效果非常明显。

　　燕，通"晏"，安乐、安宁之义。初九阳爻居阳位，当位，说明其行为举止是适当的。初九与六四有正应，说明其行为得到了上层六四的支持。

　　"虞"取象于中孚卦。中孚卦为诚信光明之象，代表善良、公平、正义。驺虞为义兽，与卦意高度契合。

　　"它"取象于巽卦和坎卦。初九与六四有正应，而六四在上卦巽卦之中，巽为绳直，绳子形状与蛇相似。若初九爻变，则下卦变成坎卦，坎卦卦德为险，坎为盗，引申为邪恶、歹毒，与蛇的属性相符。

　　"不燕"取象于艮卦和兑卦。下卦为兑，兑为悦，引申为安逸、安宁、安乐；上爻互卦为艮，艮为静止、停止、阻止、制止等意，阻止安乐即为"不燕"。

　　《象》曰："初九虞吉，志未变也。"
　　【译文】小象说，初九有驺虞之吉，因为其精神意志没有改变。

　　中孚卦是讲求诚信之卦，倡导义兽精神，与秉持诚信志向完全一致。

　　"九二，鸣鹤在阴，其子和之；我有好爵，吾与尔靡之。"

【译文】"九二，鹤在树荫下啼鸣，小鹤随声应和；我有美酒，我与你一起把它干了。"

"鸣鹤在阴"之"阴"，一是通"荫"，树荫；二是山之北面，本人倾向取"荫"之说。靡，《古代汉语词典》解释为"无"，意思是我有好酒，我与你一起干了它。爵，古代一种酒器，此处指酒。九二阳爻居阴位，不当位，力量过刚。九二与九五没有正应，表明得不到九五老大的支持。好在居于中位，能够坚守正道，因此问题不大。

这是典型的易经叙事方式。前半句写自然景象，后半句写社会现象，并且两者具有共同点和相似性，作为联结的桥梁和纽带。此爻前半句托物言志、借景抒情或假物说理，鹤是珍贵、高洁、典雅的吉祥之鸟，仙鹤母子的呼唤应和情景，为倡导人际交往的诚信光明作了铺垫和衬托。后半句，将仙鹤母子的温馨呼应引入人际交往。酒是我国古代人际交往的重要媒介，美酒好酒是用来招待高朋胜友的，能坐在一起把盏同饮的人，通常是值得信任的人，以此倡导人们要带着诚信光明与人交往。

《系辞上传》说，子曰："君子居其室，出其言善，则千里之外应之，况其迩者乎？居其室，出其言不善，则千里之外违之，况其迩者乎？言出乎身，加乎民；行发乎迩，见乎远。言行，君子之枢机。枢机之发，荣辱之主也。"言行，君子之所以动乎天地也，可不慎乎？

孔子说，君子身居方室，如果讲话有道理，那么千里之遥的人都会赞同，更何况附近的人了；如果讲话没有道理，千里之外的人都反对，更何况附近的人了。话是从君子口中说出来的，其影响力施及百姓；君子的行为发生在眼前，但它的影响力却持续久远。言行是君子之关键所在。这一关键机关运作起来，主导着君子的荣辱与否。言行是君子感天动地的途径方式，能不谨慎吗？

"鸣"取象于巽卦、震卦和兑卦。上卦为巽，巽为风，风声为号，与鸣相似，而且风能将声音传至远方。下交互卦为震卦，震为雷，由雷鸣引申为鹤鸣。下卦为兑卦，兑为口，鹤鸣出于口，故有鹤鸣之说。

"鹤"取象于中孚卦和离卦。鹤有仙鹤之称，系吉祥之鸟，诚信光明之德总是与美好事物联系在一起的。正如前面所述，中孚卦有"鸟禽孵蛋之象"，鹤与鸟禽同属，符合卦意；中孚缩小后是个离卦，离为雉，为美丽的山鸡，属鸟类，鹤与雉鸡同属。

"阴"取象于震卦、艮卦及爻位。下交互卦为震，震为木，九二在震初爻，相当于树下靠近根部的位置，即在树荫之下。如将阴理解为山北，那么上交互卦为艮，艮为山，九二在艮卦下面，相当于山下方的位置，古代地图方位是左东右西、上南下北，因而九二正处于山北地带。

"其子"取象于艮卦。上交互卦为艮卦，艮为少男，鹤之子即为小鹤。

"和"取象于巽卦和兑卦。上卦为巽，巽为风，风声为号，可理解为大鹤在上面呼号；下卦为兑，兑为口，声自口出，可理解为小鹤在下面随声应和。也可将上卦巽视作反兑，并且两张口呈对称关系，形象生动地反映了大鹤与小鹤，口对着口，一呼一应的呼应情景。

"爵"取象于震卦和坎卦。震为仰盂，容器之类，引申为酒器；酒，也叫酒水，中孚卦由讼卦演变而来，演变之前讼卦下卦为坎卦，坎为水，代指酒水。

"靡之"取象于兑卦。靡之实则是饮酒，饮酒自口进入。下卦为兑，兑为口。

《象》曰："其子和之，中心愿也。"

【译文】小象说，小鹤应和大鹤，这是符合母子内心意愿的。

"六三，得敌，或鼓或罢，或泣或歌。"

【译文】"六三，遭遇敌方，可能击鼓进攻，可能撤退；可能哭泣，可能高歌。"

得敌，遭遇对手、敌人、敌军。或，可能，也许，或者等意。罢有两种解释：一是通"疲"，将士因疲惫而退兵；二为罢兵、休兵、停止进攻，两者解释同为撤兵之义。六三阴爻居阳位，不当位，力量偏弱，这对于两军对垒是不利因素。好在六三与上九有正应，能得到上九大佬的支持，一定程度上弥补了力量偏弱的缺陷。

全卦六爻仅六三涉及了军事问题，敌、鼓、罢、泣、歌等都与军事关联密切，反映出古代部落之间的军事冲突是比较频繁的，成为了古人生活常态之一。因此，中孚卦中出现军事内容并不奇怪。之所以引出军事话题，原因是卦爻辞为观象所得。一是前面讲到了"符节信用之象"，通常用于军事方面，比如信陵君窃符救赵的故事。二是中孚卦为大离卦，离为戈兵、甲胄，与军事有关。三是军事斗争也关乎诚信问题。军事行动有正义和非正义之分，通常正义与诚信联系在一起，非正义与不诚信联系在一起。诚信是种美德，只要有人的地方就涉及诚信与否的问题，它适用于任何领域或情境，当然也包括军事。

在遭遇敌军的情况下，当事人应审时度势作出正确判断，妥善处置。能进攻则立即进攻，不能取胜则迅速撤退，结果可能出现两种情况，或遭受失败、重挫而哭泣，或获得胜利而引吭高歌。因此，三爻的特点是"三多凶"，但此处爻辞没有写吉凶结果，表明两种可能性都是存在的。

"得敌"取象兑卦、反兑卦和离卦。六三为上下卦交界位置，下卦为兑卦，上卦巽卦可视为反兑卦。如果站在三四爻的中间看，两者呈现反向对称性结构，引申为势均力敌。同时，中孚卦就是大离卦，离为戈兵、甲胄，与军事有关，戈兵是打仗用的长矛刀枪、滚木雷石等兵器，甲胄为盔甲、戎装之类；兑为毁折，也与战争有关。

"或鼓"取象于震卦。下交互卦震卦，震为雷，雷鸣震天动地，雷鸣与鼓声相仿。

"或罢"取象于艮卦。上交互卦艮卦，艮为静止、停止、阻止、制止等意。停止用兵，即休兵、罢兵、退兵。

"或泣或歌"取象于兑卦。下卦为兑，兑为口舌。"泣"、"歌"，都与声音有关，发自口内，六三为阴爻，正如缺口。

《象》曰："或鼓或罢，位不当也。"
【译文】小象说，可能击鼓进攻，可能撤退，因为六三所处的位置不当。

六三阴爻居阳爻，不当位，表明行为举止失当，力量偏弱。

"六四，月几望，马匹亡，无咎。"
【译文】"六四，月亮接近满月，与其匹配的马走失了，没有灾祸。"

几（ji1）接近。匹，匹配，配偶。马匹，不是现代意义的马匹，不是指一匹马，而是指相互搭挡、匹配的马，由几匹马组成不同等级的马车。亡，逃跑，逃亡; 出外, 不在; 失去, 丢失; 死亡; 消灭, 灭亡; 另说通 "无", 意思相近。

"月几望" 取象于巽卦。中孚卦上卦为巽, 根据纳甲法, 巽卦代表十六的月亮, 几乎满月或接近满月状态。周易第九卦小畜卦上九也有 "月几望" 的表述, 因为小畜为风天小畜, 上卦也为巽卦。有关纳甲说可参见小畜卦解读。

"马匹亡" 取象于讼卦和震卦。中孚卦由讼卦演变而来, 演变前讼卦上卦为乾卦, 乾为马, 变成中孚卦后, 乾卦初爻跑到中孚卦初爻。这样可理解为, 原本乾卦三匹马的车辆, 就少了一匹马, 其中一匹马消失了。中孚卦下交互卦为震卦, 六四处于震卦末爻, 震为龙, 也指马, 龙马不分家, 龙在地上就是马, 马在天上就是龙, 因而有龙马精神之说。《说卦传》说: "震, 其于马也, 为善鸣, 为馵足, 为作足, 为的颡。" 震是雷, 雷声大作, 用以指代善于嘶鸣的马。馵, zhu4, 后左足白色的马, 由于震卦阳爻在下、两阴爻在上, 处于阴阳或黑白倒置的状态, 用以指代马足白色的马, 而且专指后左足为白色。作足, 是指马足处于运动之中的马, 也取象于震卦, 震为动, 阳爻在初爻, 初爻动相当于马足在运动。同时震为雷, 有雷厉风行之意, 引申指迅速奔跑的快马。的颡, 也叫 "的卢", 即额头上有白斑的马。正是由于震卦代表上述四种状态的马, 因此爻辞中出现马就不足为奇了。

六四阴爻居阴位, 当位, 表明其行为举止是适当的。六四与初九有正应, 表明其行为得到基层民众的支持, 两者能够配合协调。因此, 六四结果是无咎, 没有灾祸。中孚卦的上卦是巽卦, 六四爻是巽卦初爻, 表明它顺从、均衡、无孔不入。六四为诸侯之位, 它以诚信顺从的态度对待君王, 自然能够圆满, 如同接近满月一般, 比喻君臣关系接近和谐圆满状态。

《象》曰: "马匹亡, 绝类上也。"

【译文】小象说, 匹配的马消失, 因为它自行断绝了与同类交往, 从初六基层来到上层六四, 诚信诚意配合君王。

"九五, 有孚挛如, 无咎。"

【译文】"九五, 怀有诚信如五指握紧一样, 没有灾祸。"

挛如, 手之五指并拢、紧捏在一起的样子。手捏紧的时候就形成了拳头,五指形成了合力，是充满力量的，并且手心是空虚的，正如中孚卦的卦画一样，外实内虚，象征内心诚信、虚心。九五是君王之位，称其为九五之尊，阳爻居阳位，当位，且居于上卦中位和全卦核心，表明这是一位公道正派、坚强有力的君王，其行为举止是适当的。用"挛如"来表明君王内心诚信，心里装着百姓社稷，心中挂念着天下安危。九五与九二没有正应，说明其行为未能得到基层干部的支持。但他能够保持诚信，坚守正道，主持公平正义，因此结果没有灾祸。

"挛如"取象于艮卦。上交互卦为艮，艮为手，为指，手指握紧就是"挛如"。

《象》曰："有孚挛如，位正当也。"
【译文】小象说，诚信像五指捏拳一般，因为九五位正而且适当。

"上九，翰音登于天，贞凶。"
【译文】"上九，鸡叫声响彻天空，固陋有凶险。"

翰，通"鶾"，赤羽的山鸡，又叫锦鸡；长而硬的羽毛；高飞；毛笔等义。翰林、翰林学士等就与毛笔的意思关联密切，表示文翰之林，以翰林代表文化艺术领域，翰林学士就是管理文化艺术领域的官员。翰音，既是公鸡啼鸣的声音，又是鸡的代称。古代祭祀宗庙，祭品中有鸡，称其为翰；翰音，可从鸡叫声引申为飞向高空的声音，比喻徒有虚声。

家鸡或山鸡，本应生活在平地，至多栖息在山里，而上九这只鸡不仅爬得高，而且叫得响，有些自我炫耀、高处不胜寒的意味。诚信不能自我标榜，也不是空喊出来的，而是蕴藏在内心的美好品德。诚信不能用来炫耀，以炫耀为目的的诚信决不是真正的诚信。如果自我标榜，高调炫耀，就是本末倒置，走到了诚信的反面。

上九爻辞表明物极必反，事情做过了头，因而结果凶险。上九是中孚卦末爻，是事物发展的最后阶段，处于贵而无位、高而无民的境地。上九阳爻居阴位，不当位，表明力量过于刚强，行动过火，过于高调。上九与六三有正应，表明上九得到了来自基层实力阶层的支持，高调的翰音也与六三的奉承有关。

"翰音"取象于巽卦、离卦和兑卦。中孚卦上卦为巽，巽为鸡。翰音指鸡或鸡叫声。有版本认为指九二所述的鹤鸣声也可。中孚卦缩小是离卦，离为雉，即山鸡。翰音也可取象于兑卦之口，因为六三是下卦兑卦的缺口，而六三与上九有正应。

　　《象》曰："翰音登于天，何可长也？"
　　【译文】小象说，鸡叫声响彻云霄，这种现象怎么能长久呢？

第六十二卦 小过卦的防过之道

【小过卦】

【白话经文】

小过,通达,适宜坚守正道。可办小事,不可办大事。小鸟飞过留声,不宜往上飞适宜往下飞,大吉。

初六,飞鸟有凶险。

六二,越过其祖父,与其祖母相遇;未到达君王处,遇到了臣子。没有灾祸。

九三,不要越过,注意防范;跟随上六,可能遭致戕害,凶险。

九四,没有灾祸。不要越过,应与初六相遇,往前行动有危险必须戒备,不要期望得到重用,始终坚守正道。

六五,乌云密布却不下雨,云气飘自西郊。公卿用带丝线的箭射猎巢穴之鸟。

上六,未与长男遇合,而是越过长男与少男遇合,犹如飞鸟进入罗网,凶险,这就叫天灾人祸。

【经文原文】

小过,亨,利贞。可小事,不可大事。飞鸟遗音,不宜上宜下,大吉。

初六,飞鸟以凶。

六二,过其祖,遇其妣(bi3);不及其君,遇其臣。无咎。

九三,弗过,防之;从,或戕(qiang4)之,凶。

九四，无咎。弗过，遇之，往厉必戒，勿用永贞。

六五，密云不雨，自我西郊，公弋（yi4）取彼在穴。

上六，弗遇过之，飞鸟离之，凶，是谓灾眚（sheng3）。

【解读序言】

小过卦列周易第六十二卦，上卦为雷，下卦为山，称其为雷山小过。《序卦传》说："有其信者必行之，故受之以小过。"序卦传说，有诚信的人必然会有所行动，因此周易在中孚卦之后安排了小过卦。第六十一卦为中孚卦，中孚即诚信。诚信之人必然有所行动，有所行动就有可能把事做得过头过火的情况，这就是过失、过错的表现。小事上稍微过点头影响不大，但在大是大非问题上，即使稍微过点头也可能给自己带来很大麻烦，甚至产生严重后果。这是小过卦带给我们的启示。《杂卦传》说："小过，过也。"杂卦传说，小过卦，讲的是过失问题。

【卦名含义】

《古代汉语词典》解释：过，经过；超过，胜过，又过分；过错，犯错误，错误地；罪，加罪；失，拜访，探望；过去；次，遍等等。小过，包含着多重意思：一是小过失、小错误；二是言行举止存在小幅度地超过、越过、逾越、过头、过火；三是路过、飞过、经过、渡过、跨过等；四是表示在数量上小事物超过大事物，该卦阴爻四个，阳爻两个，阴代表小，阳代表大，阴爻数超过阳爻数，这是小过卦名称的来源和依据之一；五是以恒卦作为参照物，雷风恒，恒代表经常、常态。如果将恒卦的九二变成六二，恒卦就变成了小过卦。也就是说，在恒卦的基础上，阴爻增加了一个，阳爻减少了一个，表明阴爻（代表小事物）在数量上相对于恒卦超过了一些，因而称其为小过，这是小过卦名称的来源和依据之二。

【卦象寓义】

一、山上有雷之象。小过卦下卦为震，震为雷；上卦为艮，艮为山，给人的直观印象就是山岭之上发生了打雷现象。雷霆本来应该发生在天上，而现在却出现在山岭之上，说明这个雷霆过低了，超越了正常的高度。这时就蕴藏着风险，如果仅仅劈断高大树木损失还不算大，如果因此引发山火，或者殃及山上的人畜、建筑物等,后果就会有些严重。雷霆过低这是一种潜在的危险,不是必然会酿成灾祸,谨慎可以避祸,大意极易致祸。

二、小鸟展翅之象。从卦图的形状上看,中间两个阳爻如同鸟身,两边各有两个阴爻,如同小鸟的一对翅膀,这是正在展翅飞行的小鸟形象。因此,卦中以鸟说理自然贴切,形象生动,便于人们理解。小鸟的特点:一是小事物。小鸟属小动物,个体小,微不足道,它不是现实生活中的主角,只是可有可无的点缀。这就意味着小过卦所代表的情境对人们的影响并不大,即使有过失也无关大局,其影响是局部的,具有可控性。二是有鸟声。正如燕过留声,听到鸟音,说明小鸟正在或刚刚飞过。如果用来表示人为过失,则表明这种过错正在发生或刚刚发生,具有现实性。三是时间短。飞行的小鸟在人们视野里一闪而过,稍纵即逝,只闻其声不见其形,当听到鸟叫声而抬头观看时,小鸟早已飞远,说明其影响是短暂的,具有即时性。但是,任何事物都是发展变化的,在特定条件下,小事物也可以有大作用;小过失也会酿成大灾祸。比如,战争年代,可从惊飞的小鸟中发现伏兵,其军事意义十分重大。

三、坎卦放大之象。单卦坎卦是阴、阳、阴的结构,如果将其放大两倍,便呈现阴阴、阳阳、阴阴结构,这便是小过卦。同理,如果将小过卦合二为一地缩小,小过卦就变成了坎卦。从中可见小过卦与坎卦的内在联系十分紧密。坎,陷也,坎为水,卦德为险。坎卦代表路途坎坷,充满风险。也就是说小过卦也路途坎坷,充满风险,因此全卦中出现三个"凶"字,一个"厉",一个"灾眚",这在易经中是不多见的。

四、归妹小过之象。小过卦中蕴含着一个归妹卦。归妹上卦为雷,下卦为泽,称其为雷泽归妹。小过卦上卦为震,震为雷;上交互卦为兑,兑为泽,两者构成归妹卦。如果说渐卦讲的是常态婚姻嫁娶,那么归妹就是指非常态的婚姻嫁娶,侧重表达小妹随姐同嫁一夫的陪嫁制度,这是古代婚姻中的特例。从年龄上看,夫与妾之间的差距超出常规,有些过了,但影响程度不是很大,勉强可以维持婚姻生活。这种年龄差异会使婚姻匹配方面出现不协调,或发生过失,将在婚姻家庭生活诸方面体现出来,但程度都是可控的。

五、恒常小过之象。小过卦中蕴含着一个恒卦。恒卦上卦为雷,下卦为风,称其为雷风恒。小过卦的上卦为震,震为雷;下交互卦为巽,巽为风,两者构成恒卦。恒卦代表婚姻家庭的正常状态,结婚后长女主内,长男主外,长男地位高但居客位, 女方地位低但居主位, 高低、主客相互搭配, 保持了基本平衡, 表明家庭生活总体上是稳定的。但是, 生活在一个屋檐下, 锅碗瓢盆难免磕磕碰碰, 因家庭琐事夫妻之间发生争执是正常不过的, 不过大多数家庭都是小打小闹, 家庭矛盾的规模都是小而可控的。表明发生些小过失是家庭生活的常态, 家庭矛盾通常影响不大。

六、恋爱小过之象。小过卦中蕴含着一个咸卦。咸卦上卦为泽, 下卦为山, 称其为泽山咸。小过卦的上交互卦为兑, 兑为泽; 下卦为艮, 艮为山, 两者构成咸卦。咸卦反映少男少女恋爱生活。咸是无心之感, 表明这种爱是纯真的, 不需要用心刻意装出来的。恋爱男女非常敏感, 彼此发生误会是家常便饭, 这是小过失高发阶段。恋爱期间, 少女地位高, 少男地位低; 少女居客位, 少男居主位, 表明恋爱应该是少男追求少女, 而不应该倒过来。少女主动追求少男是违反易理的, 不是绝对不可以, 但容易铸成大错, 必须谨慎处之。与咸卦相反, 在恒卦中, 长女居于主位, 在家庭生活中主动关爱体贴长男有利于家庭生活的幸福和稳定。这是恋爱与婚姻的不同之处。

七、婚嫁小过之象。小过卦中蕴含着一个渐卦。渐卦上卦为风, 下卦为山, 称其为风山渐。在小过卦中, 下交互卦为巽, 巽为风; 下卦为艮, 艮为山, 两者构成渐卦。渐卦是讲婚姻嫁娶程序的卦, 即古代婚礼须按"六礼"(纳采、问名、纳吉、请期, 纳征、亲迎)规定的程序进行, 渐卦旨在突出其步骤、流程, 必须循序渐进。小过卦中蕴藏渐卦表明, 嫁娶的过程也是容易发生小过失的过程。小过卦几乎涵盖了家庭婚姻的整个过程, 从咸卦少男少女恋爱, 到渐卦按"六礼"嫁娶, 再到长男长女过上家庭生活。这充分说明家庭婚姻是小过失的高发频发之地, 有些小麻烦, 但通常没有太大问题。

八、内止外动之象。此卦上动下静、外动内静。震卦富有能量, 动静很大; 艮卦代表停止、阻止、静止、制止。艮卦为主卦、内卦, 起主导作用; 震卦为客卦、外卦, 居受支配地位。这样的卦象结构是不稳定不协调的, 变数很大, 风险很高, 这也是卦中无吉, 却多处出现凶、灾警示的原因。相当于一个单位, 内部安静, 没有行动意愿, 无所作为, 但外部环境却在不断发展变化, 这样的单位是无法适应发展变化需要的。

九、少男长男之象。在易经大家庭中, 儿子往往与母亲联系紧密, 所以在代表母亲的坤卦基础之上, 初爻变阳为震卦, 代表长男; 中爻变阳为坎卦, 代表中男；末爻变阳为艮卦，代表少男。通常，在一个家庭里，长子的出生就像雷震一样引起轰动，令全家欣喜和振奋，因此以震卦代表长男。艮为山，代表少男，表明山的特点与少男有相似之处，比如东北话说这个小孩有点艮，表明性格比较任性倔强，这便是少男与山的关联点。山有阻止、停止、静止、制止等意思，表明有三个儿子差不多了，可以适可而止了。在小过卦里，少男居内卦、主卦位置，长男居外卦、客卦位置，少男反而支配着长男，这种组织结构是违反伦理秩序的，一方面可以说少男做得有些过分了，另一方面可以说长男主外，少男主内，这对少男而言是勉为其难了。因此，这种组织结构存在过失和缺陷。

十、阳木克土之象。在八卦与五行关系中，与木对应的卦是震卦和巽卦，震为阳卦，为阳木，巽为阴卦，为阴木；与土对应的卦为艮卦和坤卦，艮为阳卦，为阳土，坤为阴卦，为阴土。在小过卦中，呈现出阳木克阳土之象。如果把小过卦比作一个单位，主方为土，客方为木，客方克主方，主方受克于客方，情势对主方不利。主方应当谨慎小心，认真按小过卦揭示的易理行事，才能缓解劣势。

【关联卦画】

小过卦的错卦是中孚卦。小过卦的前一卦是中孚卦，中孚卦与小过卦是相错排列。通常情况下，周易是相综排列，但由于中孚卦与小过卦上下卦之间具有反向对称性，中孚卦的综卦还是中孚卦，小过卦的覆卦还是小过卦，这是周易中的特例，因此周易对这类特别的卦改为相错排列。相错排列的卦在周易划界中具有特殊意义，详情可参见本人对颐卦颐养之道的解读。所谓错卦，是指在一对卦中，所对应之爻的阴阳属性完全相反。错卦之间既有区别又有联系。中孚卦外实内虚充满诚信，小过卦外虚内实存在过失，诚信与过失虽不是完全对立的，但分属两个不同范畴，诚信是美好品德，是人们所倡导的；过失属于行为存在瑕疵，是人们应当努力避免的。

小过卦的交互卦为大过卦。如果将小过卦初六、上六去掉，用剩下的四个爻重新组成一个卦，三四五爻为上卦，二三四爻为下卦，其中三四爻分别出现在上下卦，体现出上下交互的意义。上卦是兑卦，兑为泽，下卦是巽卦，巽为风，两者构成泽风大过。大过卦下卦为巽，巽为木，木可制作舟船，因此木引申为舟船；上卦为泽，大过卦呈现出舟船沉于湖底之象，这通常是由于重大失误、操作不当导致的。小过卦中蕴含着一个大过卦，表明小过与大过之间存在着相互转化的内在因素，对于小过若不注意防范极有可能演变成大过，正所谓小洞不补大洞吃苦。

　　大过卦、小过卦均以恒卦作为参照物。恒卦为周易第三十二卦，居周易六十四卦的中部，大过卦居上经倒数第三卦，小过卦居下经倒数第三卦。恒卦上卦是雷，下卦是风，称其为雷风恒，初六、六五、上六为阴爻，二、三、四爻为阳爻，恒就是恒常、经常、常态，三阴三阳，阴阳平衡，这是婚姻家庭生活的常态。大过、小过卦是以恒卦作为基准的，其卦名与恒卦有关。在恒卦基础上，若将六五由阴爻变成阳爻，意味着阳爻数量超过了恒卦，阳爻代表大，大在数量上有些过了，因而称其为大过卦。若将恒卦九二变成阴爻，意味着阴爻数量超过了恒卦，阴爻代表小，小在数量上有些过了，因而称其为小过卦。在一个平衡、稳定、恒常的组织结构中，改变矛盾双方的任何一方，都将打破平衡。所以，阳元素过多、阴元素过多，都将构成缺陷和过失。

【大象之辞】

　　《象》曰："山上有雷，小过；君子以行过乎恭，丧过乎哀，用过乎俭。"

　　【译文】大象说："山上有雷是小过卦反映的自然景象；君子受此启发，行为举止上要比常人更恭敬，办理亲人丧事应当比常人更哀伤，在物质消费上比常人更节俭。"

　　大象反映了典型的儒家思想，儒家认为君子是社会精英和先进道德文化的代表，在引领社会风尚和思想道德建设方面，要比普通百姓有更高的要求、更大的责任、更多的义务和更严的自律，特别是在日常行为、治理丧事、物质用度方面，比常人要做得更好更加到位。《道德经》说："道可道，非常道；名可名，非常名。"这里的"常"原文是"恒"，因为我国汉代窦太后崇尚道家，因此《道德经》在当时奉为政治教科书，由于汉文帝叫刘恒，为了避讳，才将恒改为常。可见，恒除了现代永恒的意思外，在古代与"常"的意思更加相近，理解为经常、日常、常态。小过卦是比恒卦阴爻稍微多了一爻，在小事方面稍稍过了一点。大象由此联想到，作为君子在日常行为、治理丧事、物质用度等这些细节小事上，在程度上要比常人做得稍稍过一点，此处的"过"不是过失和过错，而是程度上更深、更细、更高、更诚、更谦、更实、更好等意思，具有积极意义。只有类似以上情况过一点是好的,而在不该过的其他方面稍微过一点就不是好事了。

【卦辞象辞】

〖卦辞〗

"小过。亨,利贞。可小事,不可大事。飞鸟遗音,不宜上宜下,大吉。"

【译文】"小过。通达,适宜坚守正道。可办小事,不可办大事。小鸟飞过留声,不宜往上飞适宜往下飞,大吉。"

卦辞是对全卦主题的揭示。只要按照易理行事,人即使处于小过卦情境之中,也可以做到通达,前提是必须出于正当动机,坚守正道。小过用在小事上问题不大,还可能有好处,但用在大事上必须慎重,正可谓一着不慎全盘皆输,风险极大。这是由小过卦所处的情境所决定的,外卦欲大动,内卦竭力阻止,处于一个内外矛盾的状态之中,这时做点小事,平衡状态不至于被打破,如果有大动作,势必引起矛盾激化,后果很难控制。后面三句,进一步用飞鸟来作比喻,用来说明小过卦的易理,小鸟从头顶上飞过,当人们听到鸟叫声时,由于声音传播滞后,此时鸟已经飞远,甚至已不见身影。鸟是低空飞翔的动物,地面是其生存的重要基地,因此一味往上飞翔是有风险的,飞回地面才是安全的,其结果将大为吉祥。

〖象辞〗

《象》曰:"小过,小者过而亨也。过以利贞,与时行也。柔得中,是以小事吉也。刚失位而不中,是以不可大事也。有飞鸟之象焉,有飞鸟遗之音,不宜上宜下,大吉;上逆而下顺也。"

【译文】象传说,小过卦,在小事情上做得过一点能够亨通。但这种过分行为适宜坚守正道,应当与时偕行。柔爻居于上下卦中位,因此只是在小事情上是吉祥的。刚爻失去应有位置而且不在中爻,因此不可以处理大事。该卦中有飞鸟之象寓于卦画之中,飞鸟掠过头顶遗留下鸟叫声,对于小鸟来说不宜往上飞行适宜往下飞行,其结果大为吉祥。往上飞是逆行,往下飞是顺行。

【爻辞小象】

"初六,飞鸟以凶。"

【译文】"初六,飞鸟有凶险。"

《古代汉语词典》解释:以,用,使用;认为;率领,又带;连及;有;原因;介词:因为;从,在;在……时候;拿,用;按照,依照;依靠;凭借……身份;跟,同;连词:表示后一行动是前一行动的目的;用在状语与动词之间,表示修饰;表示并列;表示转折,有"但是"的意思;表示结果,有"因而"的意思;助词;句末句中语气词;通"已",停止;已经;太甚。本人认为此爻取"有"或"因而"的意思为宜。

小过卦是小鸟展翅飞行的形状,卦辞"不宜上宜下",表明在小过卦情境中,小鸟不适宜往上飞,而适宜往下飞,初六已经处于最低位置,几乎没有飞行的空间,环境不利于小鸟飞行。初六阴爻居阳位,位置要求积极进取,而初六能力偏弱,力所不及,如果不顾自身能力勉为其难,结果就存在凶险。《系辞下传》子曰:"德薄而位尊,知小而谋大,力小而任重,鲜不及矣。"孔子说,道德低而职位高,智慧小而野心大,能力小而担子重,没几个不招致灾祸的。道理简单明了,类似例子比比皆是。初六与九四有正应,初六得到九四的召唤想往上走,但下卦为艮卦,艮为静止、停止、阻止、制止等意思,初六陷入进退两难之中,处理不当或致凶险。

"小鸟"取象于小过卦卦形。参见本卦前面的"小鸟展翅之象"

"以凶"取象于坎卦。坎卦卦德为险,小鸟因险而凶。小过卦缩小即是坎卦,坎卦放大便是小过卦。参见本卦前面的"坎卦放大之象"。

《象》曰:"飞鸟以凶,不可如何也。"

【译文】小象说,飞鸟有凶险,这是无可奈何的事。

"六二,过其祖,遇其妣(bi3);不及其君,遇其臣。无咎。"

【译文】"六二,越过其祖父,与其祖母相遇;未到达君王处,遇到了臣子。没有灾祸。"

妣（bi3），母亲；祖母或祖母辈以上的女性。成语如丧考妣的妣是指母亲，妣也可以指祖母、曾祖母等，此处应指祖母，按古人行文习惯，前句有祖父，后句应为祖母。爻辞中前四句是两两对应，用祖父母关系对应君臣关系，这与三纲伦理是吻合的，君为臣纲、父为子纲、夫为妻纲，以前被当作封建主义遭到批判，其实作为伦理秩序有其合理性，当然也不能绝对化。只有将传统伦理道德与现代实际情况结合起来，才能焕发新的生机。

九四代表祖父，六五代表祖母。从祖父、祖母的关系看，通常是祖父在上、祖母在下，但卦中却呈现阴乘阳、阳承阴的反常现象，这是有缺陷的，属于小过。从君臣关系而言，君指六五君王，臣指辅佐君王九四、九三，此爻呈现出君柔臣刚的结构，该强的不强，该弱的不弱，这也是有缺陷的，也属于小过。

祖父母关系与君臣关系虽然有相似之处，却有本质区别。一个是家庭领域，一个是政治领域；一个靠血缘关系联结起来，一个靠利益关系联结起来；一个靠伦理体系维持秩序，一个靠权力体系维持秩序。在祖父母关系处理上稍有些小过，问题不大；但在君臣关系上，即使出现小过，也是非同小可，有时事情很小，但后果却很严重。在家庭领域犯点小过没关系，从小过卦分别蕴含着咸卦、恒卦、渐卦、归妹卦可见，小过常常与婚姻家庭生活联系在一起。小过卦的交互卦是大过卦，表明小过与大过是可以转化的，在政治领域哪怕是犯一点小过，也极可能演变成为大过。这是从政者必须保持清醒并注重预防的问题。

六二阴爻居阴位，当位，表明其行为举止适当。六二居下卦中位，居中有德，表明能够坚守中道，主持公平正义，这是没有灾祸的重要原因。六二与六五没有正应，表明上下缺乏沟通交流，不能配合协调。

"祖"、"妣"取象于巽卦。下交互卦为巽卦，六二为巽卦初爻。巽卦有祖先的意思（参见《涣卦的聚散之道》），《诗经·大雅·下武》："昭兹来许，绳其祖武。"绳，继承的意思。"绳其祖武"就是继承先祖周武王的美德，后来用绳祖、绳武来表示继承先祖之志。《说卦传》说，巽为绳直。既有表示绳子的意思，又有把绳子拉直用以测量的意思，测量就是以绳子为尺度，意味着以一定长度的绳子作为标准，因此有准绳的说法。同时，巽为风，代表先祖家风家训，家风家训与准绳意思关联。因此，此处巽卦便是先祖的象征，代表祖父母。

"过其祖，遇其妣"取象于九四、六五爻象。如果要将祖父母用爻象对应起来，九四应当为祖父，因为它是两个阳爻中的高位，况且巽为高，九四居巽卦的上爻位；六五与祖母的角色最为接近。这样，对"过其祖，遇其妣"就容易理解了，六二试图越过九四祖父去与六五祖母相遇，因为六二与六五是位置对应的一对爻。由于阴阴相斥，她们虽然相遇了，但没有正应，没有配合与协调。

"不及其君，遇其臣"取象于九三、九四、六五爻象。六二想高攀君王，但君王为六五，与其同性不应，表明上下没有沟通交流，得不到君王的青睐，这是"不及其君"。六二在往上走的过程中，遇到了九三、九四，阴阳相吸，这是六五君王的臣子，虽然六五君王没有感应六二，但九三、九四与六二有感应，这便是"遇其臣"。

《象》曰："不及其君，臣不可过也。"
【译文】小象说，未到达君王处，是因为臣子是不可以超越职责权限的。

也就是说，臣子应听命于君王，不可僭越，否则就是过分之举了，很可能给自己招来灾祸。

"九三，弗过，防之；从，或戕之，凶。"
【译文】"九三，不要越过，注意防范；跟随上六，可能遭致戕害，凶险。"

按照易经一般规律，第三爻出现凶兆的概率较高，九三阳爻居阳位，当位，表明其行为举止刚健有力，是适当的，这是九三的优势，但有时优势也会变成劣势。正因为九三自恃力量刚强，容易放松警惕，缺乏必要的防范意识，极有可能发生大意失荆州的事。常言说，害人之心不可有，防人之心不可无。谨慎可以避祸。在某些特殊情境中，宁可谨慎过度，也比轻信他人要好。因此，千万不能麻痹大意，处在危险情境中要更加谨慎，更加重视防范。

"从，或戕之。"在小过卦情境下，卦辞提示"不宜上宜下"，因此，此处警告九三不要趋炎附势去追随上六了，防止出现过失，否则就有被他人戕害的危险，或者可能因上六的倒台受到牵连。九三与上六有正应，表明其行为得到上六大佬的支持，这是九三的有利因素，但是如果觉得因上面有人为其撑腰，无所顾忌，为所欲为，那么这种有利因素反而可能变成危险因素。

"弗过"取象于艮卦。下卦为艮卦，艮为山，有静止、停止、阻止、制止等意思。提示行事当止则止,适可而止,不可做过头、做过火。

"从"取象于巽卦和震卦。下交互卦为巽卦,巽为腿;上卦为震,震为动,腿动,即往上行走,引申为跟从上六。

"戕"取象于兑卦。戕(qiang4),残杀、残害的意思。上交互卦为兑卦,在五行中兑为金;兑卦是乾卦基础上演变而来,乾为金,乾卦上爻变为阴爻成为兑卦,相当于金属上部出现一个缺口,引申为金属锐器。同时,兑为毁折,锐器+毁折,戕的含义不说自明。

《象》曰:"从或戕之,凶如何也。"
【译文】小象说,跟随上六大佬,可能遭到戕害,这种凶险是无可奈何的。

"九四,无咎。弗过,遇之,往厉必戒,勿用永贞。"
【译文】"九四,没有灾祸。不要越过,应与初六相遇,往前行动有危险必须戒备,不要期望得到重用,始终坚守正道。"

九四阳爻居阴位,不当位,行为举止过于刚强,这是不利因素。九四与初六有正应,其行为得到了基层百姓的支持,这是有利因素。由于九四是君王身边的大臣,他有能力,有实权,有威望,并且有强烈的建功立业的愿望和行动,因为他处于上卦震卦初爻,震卦象征能量大,动静大,雷厉风行,有迫切行动的强烈愿望。九四的行为表现与臣子之位不甚匹配,这些恰恰是柔弱君王所顾忌的事,因此危险系数很高。

此爻旨在提示臣子,要做到没有灾祸,就必须注意四点,一是"弗过",不要过于逞强显能,必须收敛锋芒,忠实配合君王,更不可超越职权;二是"遇之",九四群众基础好,与平民女子相遇比较适宜,而不能眼睛向上企图与六五老大遇合;三是"往厉必戒",往前行动有危险,切忌盲目冒进,必须时刻保持戒备,防止危险发生;四是"勿用永贞",不要试图得到重用,不要急于表现自己,不要急于发挥作用,要耐得住寂寞,并始终坚守正道,等待时机到来。

"遇之"取象于九四、初六爻象。九四与初六有正应,初六代表基层平民女子。意即九四不要指望六五,小过卦卦辞提示"不宜上宜下"。

"往厉必戒"取象于震卦和兑卦。上卦为震卦,震为动,引申为行走、前往。

上交互卦为兑卦,兑为毁折,引申为危险,与"厉"意思相合。兑为口,言自口出,告诫、戒备,通过语言来提醒。

"勿用"取象于巽卦。下交互卦为巽卦,九四在巽卦上爻。巽为入,与乾卦初九"潜龙勿用"取象相同,乾卦初九若发生爻变,则乾卦也变为巽卦。

"永贞"取象于九四爻象。九四阳爻承阴位,不当位,这是"不正";同时,位置又"不中"。不中不正,表明思想道德有欠缺,而思想道德的缺乏是不可能做到没有灾祸的。因此,针对其短板,爻辞特别提示要始终保持坚守正道,这样才能做到没有灾祸。

《象》曰:"弗过,遇之,位不当也;往厉必戒,终不可长也。"

【译文】小象说,不要越过,宜与初六相遇,因为九四阳爻处阴位位置不当;往前行动有危险,必须引起警惕,这种状况终究不可能长久存在。

也就是说,待危险因素消除后再行动比较稳妥。

"六五,密云不雨,自我西郊。公弋(yi4)取彼在穴。"

【译文】"六五,乌云密布却不下雨,云气飘自西郊。公卿用带丝线的箭射猎巢穴之鸟。"

小畜卦卦辞也有"密云不雨,自我西郊"的句子,两者解读可以互参。"弋(yi4)",是带丝线的箭。有人以为箭像风筝一样,拖着一条长长的丝线,将鸟射杀后将其拽回,这是不对的。箭的后面要是真有这么长的线拉着,不仅操作困难,而且射出的箭长时间受丝线的拽拉,杀伤力将大受影响。因此,弋所带的丝线很细也不长,其功能不是为了拽拉猎物,而是一种捕猎技巧。通常情况下,如果不是射中要害,鸟禽中箭后不会马上坠落,如果带伤飞得很远,基本上就找不到了。为了使鸟禽中箭后尽快坠落,古人发明了带丝线的箭,鸟禽中箭后,丝线会马上缠绕翅膀或禽爪,最终因无法动弹而坠落。这是古人智慧的体现。

子曰:"钓而不纲,弋不射宿。"孔子说,人们可以用鱼竿钓鱼,却不可用鱼网捕鱼;人们可以用带丝线的箭射猎飞鸟,却不能用它去猎杀在巢穴中栖息的鸟。这两句话涉及几个生态建设的理念:一是保持生态可持续发展理念。钓鱼属向大自然小规模索取行为，可以细水长流，而用网捕鱼，不论大鱼小鱼一网打尽，属于规模性捕捞行为，对生态资源破坏力很大，属杀鸡取卵行为。二是优生劣汰理念。鸟在飞行过程中遭遇射猎，反应迟钝者中箭而亡，反应敏捷者则可避险而存，体现出物竞天择、适者生存、自然淘汰的规律。三是人道主义理念。如果放任人们的射宿行为，那么可能导致鸟禽逐渐灭绝，首先，鸟禽在栖息时，中箭的概率比飞行时要高得多；其次，栖息时，优质鸟、劣质鸟被捕猎的概率相同，体现不出优生劣汰的原则；第三，栖息中的鸟禽，也许在照顾幼鸟，猎杀幼鸟的父母，也等于猎杀了鸟禽的全家，既不仁慈，也不可持续。

"公弋取彼在穴"的行为，与孔子倡导的"弋不射宿"大相径庭。爻辞在前，子曰在后，也许孔子是针对小过卦爻辞有感而发。周朝与孔子时代只差500多年，虽然不能肯定周朝有没有"弋不射宿"的表述，但包含此意的理念也许早已存在。因此，"公弋取彼在穴"的行为，在周朝也被认为是不当行为。

"密云不雨，自我西郊。"风吹得过多过大，导致不能下雨，这是自然气象中存在的小过现象；"公弋取彼在穴"，是人们过度的捕猎行为，是一种人为的过失行为。两相对比彰显了小过的中心思想，做事要把握尺度，不要过分，特别要防止主观人为的过失。

六五阴爻居阳位，力量偏弱，而且六五与六二没有正应，得不到来自基层干部的支持。结果是凶、是吉或是无咎不置可否，具有不确定性。

"密云"取象于兑卦和艮卦。小畜卦和小过卦的共同点是卦中均蕴含了兑卦，兑为泽，泽为水，水在天上就是云气；同时小过卦缩小即为坎卦，坎与雨相通，也可视为"密云"的来历。

"不雨"取象于巽卦和艮卦。小畜卦和小过卦中均有巽卦，巽即风，小畜卦是风天小畜，上卦为巽卦；小过卦的下交互卦为巽卦，云气集聚到一定程度才会下雨，如果聚集过程中被风吹散了，这雨就没法下来。小过卦下卦是艮卦，艮有静止、停止、阻止、制止等意思，阻止了雨的来临。

"自我西郊"取象于兑卦。在后天八卦中，兑卦处在西方位置，因而说这云气来自西郊。云气由西往东飘，说明风是往东吹的。谚语说，云往东，一场空；云往西，马溅泥。从气象意义上讲西风下雨概率较低。

"公"取象于乾卦。若六五发生爻变，则上交互卦变成乾卦，乾为老人，引申为公。

　　"弋"取象于兑卦和巽卦。上交互卦为兑，兑为金，为毁折，与"弋"意思吻合。下交互卦为巽，巽为绳直，引申为丝线。

　　"彼"取象于小鸟展翅之象。该爻之所以用射鸟作比喻，还是因为小过卦卦形就是小鸟飞翔的卦象。参见本卦前面解读的"小鸟展翅之象"内容。

　　"穴"取象于巽卦。下交互卦为巽，巽为木，为高，为入，引申为筑在树上的鸟禽巢穴。

　　《象》曰："密云不雨，已上也。"
　　【译文】小象说，乌云密布却没有下雨，因为阻止了上卦雷雨的发生。

　　已，停止、阻止的意思。上卦为震卦，客卦，打雷欲雨；下卦为艮卦，主卦，艮为静止、停止、阻止、制止等意思，以静制动，阻止了雷震行为，因而雨被阻止了，处于密云不雨状态。

　　"上六，弗遇，过之，飞鸟离之，凶，是谓灾眚。"
　　【译文】"上六，未与长男遇合，而是越过长男与少男遇合，犹如飞鸟进入罗网，凶险，这就叫天灾人祸。"

　　上六是阴爻，代表女性。根据同性相斥、异性相吸原理，她要是相遇，则应当是两个阳爻中的一个，两个阳爻分别代表两个男人，九三处于艮卦上爻，代表少男；九四是震卦初爻，代表长男。上六是上了年纪的女性，理论上她要是相遇，选择长男更加适合，可上六与九四既不相邻，又不正应，没有相遇的机会，最终却越过了长男与下卦少男相遇，因为上六与九三有正应。这种情况有悖常理，存在着过失，而上六将这种过失发展到了极致，呈现出由小过演变成大过的趋势。最终落得个自投罗网的结局。结果又是凶，又是灾眚，有些天灾人祸的意味，这些灾祸是因其行为不当自行招来的。

　　上六阴爻居阴位，当位，表明其自身能力柔弱，行为举止还算适当。上六与九三有正应，表明其行为得到来自基层实力阶层的支持，正是这种支持，使她在小过上越滑越远，风险系数陡增。

　　"离"取象于离卦。若上六发生爻变，则上卦变为离卦。离，离为雉，通"

篱"，引申为网罗鸟禽之意。离卦两边是阳爻，中间是阴爻，与罗网结构相似，阳爻表示罗网两边是竹木、金属等质地坚硬的材料，中间是丝线织成的网眼，质地比较柔软。小鸟逾越了合理的限度，相当于自投罗网，咎由自取。

《象》曰："弗遇，过之，已亢也。"
【译文】小象说，没有与长男相遇，越过长男与少男相遇，其行为已过于高亢了。

上六位于君王之上，高而无位，贵而无民，这正是凶灾的根源。人们常说小错不断，大错不犯，好象不会有太大问题。其实不然，千里之堤溃于蚁穴，任何大错都是小错不断积累的结果。即使是小过也不能放任自流，如果不加约束和控制，总有一天要酿成大祸。小过到了尽头也许意味着大过即将来临。海恩法则就可以形象地说明这个问题。

"海恩法则"显示，每一起严重飞行事故的背后，必然有29次轻微碰擦、300起未遂先兆，以及1000个事故隐患。法则强调两点：一是事故的发生是数量不断积累的结果；二是再好的技术，再完善的制度，在实际操作层面，也无法取代人的素质和责任心。我们从中可以得到一些启示，做任何事情都是这样，事后弥补不如事中控制，事中控制不如事前预防，事前预防成本最省。

第六十三卦 既济卦的守成之道

【既济卦】

【白话经文】

既济卦, 小事通达, 适宜坚守正道。开始吉祥, 最终混乱。

初九, 拽拉车轮, 如同小狐狸过河沾湿尾巴, 没有灾祸。

六二, 妇好丢失车顶盖布, 不必追寻, 七日后失而复得。

九三, 殷高宗征伐西北鬼方部落, 历经三年获胜。不可重用小人。

六四, 新衣裳也会破旧, 应整日保持戒备。

九五, 东邻杀牛大祭, 不如西邻蔬菜小祭, 实在纳福。

上六, 河水沾湿狐狸脑袋, 危险。

【经文原文】

既济, 亨小, 利贞。初吉乱终。

初九, 曳（ye4）其轮, 濡其尾, 无咎。

六二, 妇丧其茀（fu2）, 勿逐, 七日得。

九三, 高宗伐鬼方, 三年克之。小人勿用。

六四, 繻（ru2）有衣袽（ru2）, 终日戒。

九五, 东邻杀牛, 不如西邻之禴（yue4）祭, 实受其福。

上六, 濡其首, 厉。

【解读序言】

既济卦位列周易第六十三卦，因上卦为水，下卦为火，称其为水火既济。《序卦传》说："有过物者必济，故受之以既济。"意即把事情做得稍过的人，必然能够把事情做成，因此周易在小过卦后安排了既济卦。既济卦是周易倒数第二卦，最后一卦是未济卦。这是一对特殊的卦，既是综卦（覆卦、镜卦），又是错卦、交互卦。既济卦每个爻都当位，每对爻都有正应，处于最为圆满的极致状态。如果将其放在最后一卦，那么意味着事物不用再向前发展了，显然不符合事物发展的客观规律。所以，周易将其放在倒数第二卦，这是易经智慧的体现。按照易经揭示的规律，月盈则亏，水满则溢，最圆满的时候其实也是最不稳定的时候，稍一疏忽圆满就变得不圆满了，这就是既济卦以后出现未济卦的道理。

周易将未济卦安排在最后一卦，说明作者对自然规律和社会规律的把握极其精到。未济是小狐狸渡河行为尚未完成，说明事情发展尚未完成或者暂时失败，那么就得继续把事情做下去，或者一切归零，从头再来，开启新一轮发展推进、艰苦奋斗的征程。人类社会的一切进步和文明成果正是在这样的螺旋式循环发展中取得的。因此，既济卦象征着事物首轮发展完成，未济卦标志着新一轮发展的起步，既是旧的结束，又是新的开始。

既济卦如同一首叙事诗，反映了殷商"武丁中兴"的那段历史，描绘了武丁、妇好夫妇率兵征伐鬼方部落的故事。初爻写率师出征进军；二爻写战争遇到困难；三爻写战争取得胜利；四爻写保卫胜利成果；五爻写虔诚祭祀纳福；上爻警惕懈怠危险。逻辑脉络是清晰的。初九渡涉"濡其尾"，上六"濡其首"，紧扣既济主题，且首尾呼应。

【卦名含义】

既济，"既"是已经完成，"济"是渡涉大河，既济的原义是渡河成功，以此进一步引申，象征事业成功、学业有成、功成名就等人生状态。《杂卦传》说："既济，定也。"杂卦传说，既济表明成功的状态已经确定。已经既成事实，从时态上讲是现在完成时。在古代"即"与"既"是一对具有对应关系的词，从甲古文来看，"即"是人接近食物，表现的是人吃饭的状态，后来吃饭的意思淡化了，而着重表示人接近、靠近某物的意思；"既"是人吃完饭欲转身离开的样子，着重强调吃饭的动作已经完成，后来吃饭的意思也淡化了，而完成的意思却被强化了，从吃饭完成，引申到渡河完成，以及拓展至用来描述所有行为的完成。

【卦象寓义】

一、水在火上之象。这是大象所反映的景象。一方面水深火热，水火无情，存在重大风险，必须注重预防，防止伤害人类。另一方面水火交融，阴阳相济，可以造福人类。既济卦上卦为水，下卦为火，水盛在锅里，火在下面燃烧，反映了人们用柴火烧煮汤水、烹饪食物、烧制菜肴的生活场景，饭菜做好了，汤水烧好了，可供人享用，饱人口腹。

二、和谐圆满之象。一是在既济卦中六个爻位都是当位的，一三五该阳的阳，二四六该阴的阴，表明每个人每个阶段的行为举止都是适当的。二是上卦三爻与下卦三爻都是阴阳正应，表明上下之间心灵感应，沟通交流，配合协调。这在六十四卦里是最和谐最圆满的状态。

三、日月交辉之象。下卦、主卦为离，离为火，为日，代表太阳；上卦、客卦为坎，坎为水，为月，代表月亮。太阳与月亮阴阳调和，交相辉映。同时，太阳在下，月亮在上，太阳甘居月亮之下，体现了太阳的低调与谦虚，与地山谦的卦德意境非常吻合。

四、坎险重叠之象。既济卦中蕴藏着一个习坎卦。习坎卦位列周易第二十九卦，是上经倒数第二卦，这与既济卦为下经倒数第二卦有对应性和关联性。习坎即两个单坎卦重叠之意。习坎之"习"，通"袭"，因，因袭，《尚书·大禹谟》："龟筮协从，卜不~吉。"又重叠，《周易·坎》："~坎，重险也。"坎水重叠，也就是双重风险、危险重叠的意思。此处可作两层理解：一是说明成功之路都是坎坷的，不经历风雨怎么能见彩虹？只有经得起艰难险阻考验的人，人生事业才能取得成功；二是表明世界上没有一劳永逸的事，眼前的成功是暂时的，只是万里长征走完了第一步，今后的任务更艰巨，人生事业要取得最终的成功与辉煌，必须具有坚忍不拔的精神和毅力，坚持艰苦奋斗，勇于攻坚克难。

五、离火重叠之象。既济卦中蕴藏着一个离卦。重离卦（别卦）由两个单离卦（经卦）组成，上下卦均为离卦。在既济卦中，上交互卦为离卦，下卦为离卦，两者构成重离卦（别卦）。在重离卦中，有太阳重升（日复一日）之象、君主继位之象、内外光明之象、日月映照之象、两火叠加之象、两阳附阴之象、天罗地网之象、如日中天之象、家国治世之象、乾坤交合之象、主客不应之象等，大部分都是正面的，都与既济卦的完成、成功意思吻合；也有少数是负面的，如两火叠加之象正面负面糅合在一起，主客不应之象是相互没有沟通交流，它提示人们既济卦全部正应状态也不是一成不变的，必须珍惜良好局面，注意做好防范工作。

六、火红狐狸之象。既济卦没有直接出现"狐"的概念，但已经描述了小狐渡河的行为。因为既济卦与未济卦是对相综又相错的卦，两者内在联系十分密切，两卦中均有"曳其轮"、"濡其尾"、"濡其首"、"伐鬼方"、"三年"等相同内容。未济卦卦辞中有"小狐汔济，濡其尾"的表述。由此推断，既济卦虽未见狐字，实则描写的就是小狐渡河的故事。这对卦的基本构成是坎离组合，狐狸之象来自坎离卦象。狐狸是多疑动物，坎为加忧，为心病，与狐狸特征契合。同时，狐狸毛色偏红，文艺作品中常出现火狐狸、红狐狸形象。离为火，在五色中属红色。将坎离的这两个特征组合起来就把狐狸形象刻画出来了。

七、小狐既济之象。如果将初九、九五视为河岸，那么初九至九五构成大河的景象，两岸中央是个坎卦，代表正在流动的河水。上六是阴爻，用来表示小狐狸是比较合适的，上六在九五之外，表明小狐狸身处河流的彼岸，其渡河行为已经完成。与此同理，在未济卦中，初六在河流此岸，表明小狐狸尚未完成渡河行为，可以理解为正处于渡涉之中。

八、小人得渡之象。"小狐既济之象"引用到人文政治和社会生活领域，便是"小人得渡之象"。在既济卦中，三个阳爻如同三叶小舟，三个阴爻如同三个乘客，卦象所描绘的是三叶小舟载着三个小人渡河的情景。此处的小人指与君子相对的小人，也可指普通人。阴爻代表小，小人得渡，代表小事情可以成功。

九、内明外险之象。下卦为离，上交互卦也为离，离上加离，离为火，为日，卦德为明，象征光明，表明内心充满热情，具有追求光明、追求理想的愿望和动力；上卦为坎，下交互卦也为坎，坎为水，为沟渎，为隐伏，卦德为险，象征道路坎坷，充满风险。如果将既济卦视作一个人或单位，其状况是当事人内心光明，或单位内部有热情、有诚信、有追求，但外部环境充满风险，暗藏危机。王阳明坎坷曲折、光明辉煌的一生是对既济卦的最好例证和诠释。

十、中女中男之象。易经是个大家庭，乾为父，坤为母，在乾卦基础上派生出巽、离、兑，分别代表长女、中女、少女；在坤卦基础上派生出震、坎、艮，分别代表长男、中男、少男。既济卦下卦为离卦，离为中女，上卦为坎卦，坎为中男。下卦是主卦、内卦，上卦是客卦、外卦。从分工上讲，中女主内，料理家务，中男主外，挣钱养家，这种角色分工比较合理；从年龄上讲，中男中女不大不小，成熟稳重，年富力强，处于年龄黄金期；从地位上看，中男在上有些强势，但居客位，抑制了强势，中女居下，处于弱势，但居主位，弥补了弱势，双方基本平衡；从情感上讲，中女主动关爱中男，中男客随主便，有利于家庭结构的稳定。

十一、坎水克火之象。在八卦与五行关系中，坎对应水，离对应火。在五行相生相克关系中，水克火。在既济卦中，上卦为水，下卦为火。如果将既济卦看成一个单位组织，按照水克火关系，上卦坎卦客方居于有利地位，下卦离卦主方处于受制于人的不利地位。既济虽然代表行为已经完成或功勋已经建立，但是主方在整个态势中并不占据主动。可以理解为，这种成功的行为，只有在综合考虑客观环境、外部条件、市场要素和合作对象的因素后审时度势、作出适时调整才能够完成。

【关联卦象】

既济卦由泰卦演变而来。泰卦上卦是坤，下卦为乾，称其为地天泰。如果将泰卦六五与九二对调下位置，得到的卦便是既济卦。由泰卦演变为既济的过程，反映了事物发展变化的内在逻辑。也就是说，在一个相对稳定的事物系统中，只要其中某些因素发生变化，这个事物系统就会演变成一个新的事物系统，新旧事物系统之间既有区别，又有联系。泰卦在十二消息卦（十二辟卦）中代表正月，三个阴爻，三个阳爻，阴阳平衡，上下爻之间全部有正应；阴气下降，阳气上升，呈现阴阳交泰、三阳开泰的良好局面。泰卦美中不足的是，九二该阴却阳，六五该阳却阴。如将两者对调一下，这一缺点就得以克服了。因此，既济卦可视为泰卦的升级版或进化体。从泰卦到既济卦的演变说明，在安泰的条件下做事容易取得成功。

既济卦的综卦、错卦都是未济卦。综卦，又叫覆卦、镜卦。既济卦翻转一百八十度成为未济卦，未济卦翻转一百八十度成为既济卦。它反映了事物的一体两面，对同一事物观察角度不同，所得到的结果也不相同，可谓横看成岭侧成峰，它启示人们看问题必须全方位、多角度、广路径。所谓错卦，是指两个卦象之间，相对应的两个爻阴阳性质完全相反。一般情况下，某卦的综卦、错卦是两个不同的卦,但既济卦与未济卦却是一对特殊的卦,既济卦的综卦和错卦均是未济卦,未济卦的综卦和错卦均是既济卦。泰卦与否卦也存在类似情况。

既济卦的交互卦是未济卦。所谓交互卦,是指一个六爻卦,去掉初爻和末爻后用剩下的四个爻重新组成一个卦,上三爻为上卦,下三爻为下卦,其中中间两爻重复使用两次,上下卦都有,体现了上下交互的特点。按照上述规则,既济卦的交互卦是未济卦;未济卦的交互卦是既济卦。也就是说,既济卦的综卦、错卦、交互卦都是未济卦,未济卦的综卦、错卦、交互卦都是既济卦。这在易经中是绝无仅有的。既济是完成渡河,未济是未完成渡河,表明两种状态处于极不稳定的动态转化之中。既济卦表示战争已经取胜,未济卦表示战争正在进行。它告诉人们胜利不是一劳永逸的,战火仍可能再次燃起,只有保持警惕,居安思危,才能保持胜利果实。同理,成功与失败也是相对的,成功中蕴含着失败风险,失败中蕴含着成功因素,盲目自信、高傲自大,只会让成功昙花一现;咬定青山、坚忍不拔,丑小鸭终将变成大天鹅。

既济卦与睽卦存在内在联系。睽卦上卦为火,下卦为泽,称为火泽睽。所反映的是少女主内、中女主外的不协调状态,上下、内外、主客之间违和,互不沟通。但睽卦的交互卦却为既济卦,表明违和不沟通状态中也蕴含着成功的因素,只要方式适当,用心发掘积极因素,一个烂摊子也能变成一个好局面。既济卦由泰卦演变而来,表明安泰局面容易取得成功;未济卦由否卦演变而来,表明否塞环境事情不易成功。而既济与未济又相互转化,机率甚高。由此可见,所谓的成功与失败、泰与否、好与坏、安全与危险、畅通与阻塞、适当与不适当,等等,都是相对的,而且都是可以相互转化的。认识和掌握这一变化规律,就能趋利避害、逢凶化吉、遇难呈祥,变消极为积极、变被动为主动、变危机为转机、变失望为希望、变压力为动力,从而实现化腐朽为神奇的嬗变。

【大象之辞】

《象》曰:"水在火上,既济;君子以思患而豫防之。"

【译文】大象说:"水在火上,这是既济卦反映的景象;君子受此启示应强化忧患意识并注重预防。"

水火无情,人们每天离不开水火,但也经常为水火所害,甚至夺去生命,这就是事物的两重性。打江山容易守江山难，创业容易守业难；生于忧患，死于安乐。既济卦象征着事业已经完成，告一段落，但要守住胜利果实，不是件容易的事，必须强化忧患意识，防患未然。

【卦辞象辞】

〖卦辞〗

"既济，亨小，利贞。初吉乱终。"

【译文】"既济卦，小事通达，适宜坚守正道。开始吉祥，最终混乱。"

利，适宜、有利于等意思。卦辞概括全卦内容并揭示主题。卦辞说小事情上通达，即表明在大事情上不能通达。因为既济卦反映了"小人得渡之象"（参见前面"卦象寓义"有关内容）。

"初吉乱终"反映了既济卦情境下事物发展的轨迹。易经所揭示的是事物发展变化的普遍规律及其运行轨迹、外在表现。规律是不以人们意志为转移的，人们不能改变它，这是物质决定精神，是"时势造英雄"的体现；但是，人们可以发挥主观能动作用，主动认知并积极利用规律，为人类社会发展进步服务，这是精神对物质的反作用，是"英雄造时势"的体现。因此，规律是不可以改变的，人们必须尊重客观规律并按客观规律办事，但是事物运动轨迹是可以改变的，人们完全有智慧、有能力、也有责任积极进取，有所作为，从而影响和改变事物运动变化的进程，使其产生积极效应。人们处在既济卦情境中，如果事先认识到了前进道路上可能遇到的坎坷和风险，就能想方设法采取针对性措施加以有效预防。

"初吉乱终"取象于离卦和坎卦。既济卦下卦为离卦，离为火，为日，为明，象征光明，下卦为内卦、主卦，表明主体内心光明，有光明的内心当然就有光明的行为，因此初九爻辞是"无咎"。既济卦上卦为坎卦，坎，陷也，为水，为沟渎，为隐伏，为血卦，为加忧，为心病，其于舆也，为多眚（sheng3，灾祸），为盗等，坎卦卦德为险。表明既济卦后期存在诸多坎坷风险因素，因此上六爻辞为"厉"。厉即危险，在悔、吝、厉、咎、凶五个凶险等级中属于中等程度。

〖象辞〗

《象》曰："既济，亨，小者亨也。利贞，刚柔正而位当也。初吉，柔得中也。终止则乱，其道穷也。"

【译文】象辞是对卦辞的进一步阐述。象传说：既济卦情境是通达的，但是只是在小事上通达。适宜坚守正道，刚爻居阳位、柔爻居阴位，阴阳爻均居于适当位置。初期吉祥，因为下卦阴柔之爻获得了中正之位。最终发生了混乱，是因为走到了穷途末路。

【爻辞小象】

"初九，曳（ye4）其轮，濡其尾，无咎。"

【译文】"初九，拽拉车轮，如同小狐狸过河沾湿尾巴，没有灾祸。"

曳，ye4，拖，拉。拽（zhuai4）拉车轮。濡（ru2），沾湿，浸湿。"曳其轮"，反映在征战途中，装备沉重，路途艰难，行车缓慢。"濡其尾"，指小狐狸没有经验，渡水时沾湿了尾巴，增加了困难。有人将其解释为车尾，虽然与车轮有关联，但从文义上看没有实际意义。尽管从本卦上不能直接看出是沾湿小狐狸尾巴，但联系第六十四卦"小狐汔水，濡其尾"的卦辞，将其解释为小狐狸之尾是恰当的。"曳其轮"是写实，"濡其尾"是比拟手法。以小狐狸渡水沾湿尾巴增加渡河困难，来比喻行军作战之艰难困苦。狐狸尾巴很大，成年狐狸渡水时翘起尾巴，可以减少阻力，但小狐狸力气小缺乏经验，或忘了抬起尾巴，或力气小抬不起尾巴，大尾巴一旦沾水浸透，就会加大负荷，从而增加渡水的难度和风险。

初九阳爻居阳爻，当位，表明其行为刚健有力，而且适当。初九与六四有正应，表明上下有心灵感应，其行为能够得到六四的支持，相互能够配合协调。此爻虽然行车艰难，犹如狐狸沾湿大尾巴渡水，好在初九刚健有力，问题不大，因而没有灾祸。

既济卦下卦为离，初九是阳爻，但征战部队行车艰难，力量消耗大，因此阳爻力量有所减弱，初九有向初六转化迹象。如果初九发生爻变，就变成了初六，下卦变为艮卦，艮卦有静止、停止、阻止、制止等意，表明行军障碍重重，与"曳其轮、濡其尾"意思吻合。

"曳其轮"取象于习坎卦和艮卦。参阅"卦象寓义"部分"坎水重险之象"。

初九之上连续出现两个坎卦,一个是下交互卦,一个是上卦。一是坎为弓轮,初九前面有两个轮,表明车轮行进在坎坷道路上,需用力拽拉;二是表明征途坎坷危险。同时,若初九发生爻变,则下卦变为艮卦,艮为手,拽拉用手,故有"曳其轮"之说。

"濡其尾"取象于习坎卦和爻位。如前所述,尽管没有出现小狐狸的名称,但可以推断出此尾为小狐狸之尾。坎为加忧,为心病,与狐狸狡猾特征相符,因此古代典籍中常以坎卦指代狐狸。将尾巴沾湿通常是小狐狸犯的毛病,因此该卦以坎卦指代小狐狸。同时,坎为水,为沟渎,两坎相连代表河宽且深,也代表小狐渡河行为坎坷危险。从全卦看,上六代表头部,那么初九就代表尾部,因而称其为"濡其尾"。

《象》曰:"曳其轮,义无咎也。"
【译文】小象说,拽拉车轮前行,理当没有灾祸。

"六二,妇丧其茀(fu2),勿逐,七日得。"
【译文】"六二,妇好丢失车顶盖布,不必追寻,七日后失而复得。"

茀(fu2),古代妇女的首饰,类似于盖在妇女头上的花布,此处指披在武丁夫人妇好坐驾车顶上的装饰花布。"七日得",七日是古人通例。蛊卦有"先甲三日、后甲三日"的表述,巽卦有"先庚三日、后庚三日"的表述,前后三日,加上本日,正好七日。现在的星期虽来自西方,但追根溯源,也许可以找到共同的源头。还有一种解释也有道理,因为一卦有六爻,六个爻走完一轮后,新的循环又开始了,七日正是新循环的开始。在此爻,七日是概数,只是比喻,表示一个不太长的时间周期。

"妇丧其茀"的"妇",指武丁夫人,名字叫妇好,虽为女辈,却足智多谋,骁勇善战,率军征讨骚扰中原的少数民族部落,屡建奇功,是位深受百姓拥戴的巾帼英雄。九三描写的是殷商高宗武丁的征战之事,因此二三爻所反映的是同时期的战争历史,武丁和妇好是当时的主角,六二阴爻代表妇好,九三阳爻代表武丁。对于妇好这样叱咤风云的女将来说,掉块车顶盖布不足挂齿,重新得到轻而易举。此爻,以丢失盖布作比喻,表明征战受挫,受到小规模损失,但不会影响全局，今天所损失的日后必将加倍补偿。

"妇丧其茀"取象于既济卦由泰卦演变而来。泰卦上卦为地，下卦为天，称其为地天泰。泰卦上卦为坤卦，坤为妇人，坤为布；下卦为乾卦，乾为首，因此原先泰卦就是妇人头上盖着一块布的卦象。变成既济卦后，妇人头上盖布之象消失，这块布不见了。又由于六二处于下交互卦坎卦的初爻，坎为盗，引申为妇好头顶的这块布被盗或丢失。

《象》曰："七日得，以中道也。"
【译文】小象说，七日后重获车顶盖布，因为六二处于中位，能够坚守中道。

常言说得道多助，失道寡助，失之东隅，收之桑榆。六二居中，居中有德，表明妇好是位有道德、尚正义的女英雄。

"九三，高宗伐鬼方，三年克之。小人勿用。"
【译文】"九三，殷高宗征伐西北鬼方部落，历经三年获胜。不可重用小人。"

鬼方，是商代西北方一个少数民族部落，经常骚扰中原。三年是个概数，非实指，表示征战多年，艰难困苦，英勇奋战，胜利果实来之不易。在平定鬼方之乱的征战过程中，谁是英雄，谁是狗熊；谁是有功之臣，谁是平庸之辈；谁是正人君子，谁是奸佞小人，泾渭分明，一目了然。打江山难，守江山更难。为了维护来之不易的胜利果实，爻辞警示主政者不可重用小人。

"高宗伐鬼方"取象于既济卦由泰卦演变而来。泰卦下卦是乾卦，代表君王，即高宗；泰卦上卦是坤卦，坤为土，大地，引申部落；坤是臣，代表商朝西北少数民族；坤属阴，与鬼意思相合；坤卦在先天八卦图中位居北方。以上几个意思组合起来，形象生动地表达了"高宗伐鬼方"的意境。

征战场景取象于坎卦和离卦。卦爻辞为观象所得。既济卦下交互卦为坎卦，九三处于坎卦中爻；上交互卦为离卦，九三又处于离卦初爻，坎为弓轮（弓箭、车轮），其于马也，为美脊（马脊背漂亮的马），为亟心（性情急躁迫切的马），为下首（低头的马），为曳（拉拽车辆的马），为薄蹄，其于舆也，为多眚；离为戈兵，为甲胄。有马，有车，有弓箭，有戈兵，有甲胄，构成了典型的两军交战的战争场面。

"三年克之"取象于泰卦。既济卦由泰卦演变而来，泰卦九二到达九五，经历了三个爻，征服了鬼方，坐稳了君王之位。三年是概数，非实指，泛指多年，表明成功之艰难。变成既济卦后，坤卦不复存在，表示被攻克了，与"克之"意思吻合。

《象》曰："三年克之，惫也。"
【译文】小象说，历经多年平息西北少数民族骚扰，消耗国力，将士疲惫。

"六四，繻（ru2）有衣袽（ru2），终日戒。"
【译文】"六四，新衣裳也会破旧，应整日保持戒备。"

繻（ru2），华丽的衣服。袽（ru2），败絮。这是一种比喻，意即一件华丽的新衣，年长月久，会逐渐变得破旧，从而失去它的使用价值，因此穿着新衣要注意爱惜，防止磨损刮破。成功后的人生事业也是如此，也会从成功的顶峰逐渐退落至平地，从而褪去成功的光环，为了尽可能延续成功的状态，必须时刻保持警惕戒备。此爻也是对卦辞"初吉乱终"主题的表达。另一说法也有道理，由于既济卦讲的是乘舟船渡涉大河，为了防止漏水，要事先在船上预备些破衣败絮，以备不虞之需，并且随时保持警戒，仔细观察检查，及时发现漏洞并堵塞漏洞。

"繻（ru2）有衣袽（ru2）"取象于泰卦。泰卦下卦为乾卦，乾为上衣；上卦为坤卦，坤为下裳（布）。由泰卦变为既济卦后，乾坤卦都没有了，衣裳皆失。提示人们再漂亮的衣服也有穿坏的时候，只有爱惜使用，才能延长其使用寿命。此处借用爱惜衣裳来阐述注重守成的道理。

"终日戒"取象于重离卦、习坎卦和兑卦。因为下卦和下交互卦皆为离卦，构成重离卦，可参阅前面"卦象寓义"有关内容。离为日，代表太阳和光明，上下两个离卦就代表上下午全天，即终日。六四处于坎上加坎的连接处，坎其于人也，为加忧，为心病，为耳痛，为血卦，为盗，这些都是令人担忧的问题，必须予以警惕。若六四发生爻变，则上卦变成兑卦，兑为口，戒除了警戒、戒备之意，也通"诫"，告诫，提醒人们保持警惕。告诫自口说出。

《象》曰："终日戒，有所疑也。"
【译文】小象说，整日戒备，是因为有令人担心的诸多疑惑。

"九五，东邻杀牛，不如西邻之禴（yue4）祭，实受其福。"
【译文】"九五，东邻杀牛大祭，不如西邻蔬菜小祭，实在纳福。"

　　此处东邻指商纣王政权，商代都城朝歌位于西伯侯岐山部落的东面；西邻代表西伯侯政权，岐山部落位于朝歌西面。禴（yue4），古代祭名，指春祭和夏祭，用时令蔬菜、水菜祭祀，比较简单，因而禴祭代表简单的祭祀。牛在古代是大牲口，是耕田的主力，也是财富的象征，因此重大正式的祭祀，以杀牛献祭以示隆重。此爻以大祭、小祭的关系，来比喻商王朝、周部落的关系，一个占据主导地位，一个处于从属地位；一个气数将尽，一个正在兴起；一个失去人心，一个深得民心。

　　祭祀的关键在于讲求诚信，并不取决于投入成本的大小。孔子认为祭祀时诚信是最为重要的，他提出"祭如在"、"祭神如神在"。也就是说，祭典先祖的时候，就要像先祖就在跟前一样，祭祀神灵时就要像神灵就在跟前一样，只有如此虔诚的祭祀才是有意义的。通过祭祀，人们与先祖达到真正的心灵沟通，有利于传承弘扬先祖的美好品德和优良家风。此爻之所以说大祭不如小祭的原因，就在于以西伯侯为代表的周家部落比以商纣王为代表的殷商王朝更加诚信，更得民心。

　　由杀牛大祭联想到《孟子》中谈到的齐宣王"以羊易牛"的故事，大概可以悟出与此爻相似的意味。有一次，齐宣王问孟子："齐桓公、晋文公的春秋霸业能给我讲讲吗？"孟子说："孔子的弟子没人讲齐桓公、晋文公春秋霸业的，所以后世没有流传下来，我也没有听说过这些事。没有它作为借鉴，那么陛下将如何治理国家呢？"齐宣王问："要具备怎样的德行，才可以治理国家呢？"孟子说："保障民生而治理国家，没有谁能阻挡得了。"齐宣王问："像我这样的人，有能力承担保民重任吗？"孟子说："可以的。"齐宣王说："您从哪里知道我可以呢？"孟子说："我听您的近臣胡龁（he2）说，您坐在堂上，看见有人牵一头牛经过堂前，您看见了问'牛牵往哪里？'对方回答说：'将去祭祀大铜钟。'

您说:'放了它,我不忍心看见牛恐惧发抖的样子,就像没有罪的人要杀他的头。'对方问:'那么祭钟仪式就不搞了吗?'您说:'怎么能不搞呢?把牛换成羊。'不知有没有这事?"齐宣王说:"有这事。"孟子说:"有这份心就足以治理国家了。百姓都以为您是舍不得财物,而我原本就知道您是不忍心啊。"齐宣王说:"是这样的。如果真的像百姓认为的那样,齐国虽然疆土狭小,我如何能舍不得一头牛呢?我是不忍心看见牛恐惧发抖的样子,就像无罪的人被处死,所以用羊将牛换下来。"孟子说:"大王不要怪百姓以为您是吝啬才以小换大,他们哪里知道您的用意?但是,大王如果是恻隐一个无罪的人去受死,那么对于牛羊有什么区别呢?"齐宣王笑着说:"那么,真正原因是出于什么心理呢?我真的不是因为吝啬才以羊换牛的,但百姓说我怜惜财物也是有些道理的。"孟子说:"没关系,这便是仁人之心啊!这是因为您只是见到牛发抖而没有见到羊发抖啊(意即您见到羊发抖也会不忍心的)。君子对于禽兽,愿意看见它活蹦乱跳,却不忍心看见它被杀;喜欢听它的欢叫声,而不忍心吃它的肉。所以,君子是远离庖厨的(只是不愿意看到杀生,孟子可没说君子不要洗碗做饭)。"

　　从孟子讲述的齐宣王以羊易牛故事与九五爻描述的商纣王、西伯侯祭祀的故事相似之处在于:一是都讲祭祀的事情;二是分别讲到了大祭与小祭的事情,九五大祭是杀牛祭、小祭是蔬菜祭,齐宣王故事原本是杀牛大祭、后改为以羊小祭;三是大祭小祭有节省财力因素,但不是主要因素;四是祭祀的要义在于内心的虔诚,西伯侯的成功在于得民心而得天下,孟子赞赏齐宣王正是从以羊易牛行为中闪现出来的仁心光芒,所以祭祀的虔诚比形式更重要,正如孔子倡导的厚养薄葬,而不在于祭祀形式和葬礼有多么奢华,否则就是本末倒置,舍本逐末,没有多少意义,还浪费大量人力、财力和物力。

　　古今诸多学者对孟子及齐宣王的行为有颇多异议,说孟子善于狡辩,偷换概念之类的,而在下认为这是过于苛求了,有时狡辩与雄辩仅一步之遥,只是立场各异、视角不同而已。有人说齐宣王不忍之心有些虚情假意,责问他虽然保住了牛的命,却为何让无辜的羊去送死。也许"替罪羊"就来源于此,由此自古至今人们都为替罪羊鸣不平。当然这些责问不无道理,但封建君王也是人,是人就有缺点,我们不能指望齐宣王成为道德的化身。常言道,两利相权取其重,两害相衡取其轻。就齐国当时环境看,取消祭钟仪式似乎过于超前了,思想不可能解放到这种程度。如果一定要用动物的血去祭祀,从杀牛与宰羊中选择的话，以羊易牛就是很大的进步；从成本价值上衡量，用较低成本的羊取代较高成本的牛，就是一种进步；从现杀和后杀的处理上，救下眼前濒临死亡线上的牛，缓以寻找替代的羊，也是一种进步。

也许有人会说，所有的生命都应得到尊重，从理论上讲是对的，但现实与理论总是存在着差距。如果把它限定在人的范畴，从政治、文化、社会、法律及宗教的领域里去考察，无疑所有人的生命都应得到尊重，但事实上做不到平等公正地对待每个人。公平是相对的，不公平是绝对的。因经济物质、社会地位、生活条件、地理环境、民族宗族、科学医疗等因素的差异性，导致人的生命状态出现了差异性。连人的生命都有差异性，那么人与动物的生命更是存在差异性，高等动物与低等动物的生命存在差异性，珍稀动物与普通动物的生命存在差异性，动物与植物的生命存在差异性，珍稀植物与普通植物的生命存在差异性，等等。人活着就要吃饭，农作物也是有生命的，但是如果不吃饭就得饿死。既然不能免除吃饭，那么只能倡导尽量素食，多吃植物、粮食作物，少吃动物，禁吃珍稀动物。按照这一逻辑思维，齐宣王以羊易牛的行为，以小生命换取大生命，体现了两害相衡取其轻的理念，并不是所有君主都能做到这一点的。其中的关键，在于齐宣王具有恻隐之心，不忍心看到眼前的牛因恐惧而瑟瑟发抖，比起草芥人命、杀人如麻的暴君，齐宣王已经是难能可贵，甚至可以说是非常可爱了。当然，讲求节俭，降低祭祀成本，也是影响齐宣王抉择的客观因素。这不是吝啬，而是一种值得赞赏的节俭品行。

"东邻"取象于爻位、离卦或震卦。从既济卦六个爻象上看，九五代表东邻商纣王，六二代表西邻西伯侯，是符合当时政治历史状况的。从先天八卦图上看，离为东方，九五正好在上交互卦离卦上爻；从后天八卦图上看，震为东方，若九五发生爻变，则上交互卦变成震卦。

"杀牛"取象于既济卦由泰卦演变而来。泰卦上卦为坤卦，下卦为乾卦。坤为牛，也就是说既济卦的前身原本是有牛的，变成既济卦后，泰卦的六五与九二对调了位置，这样坤卦不复存在，这头牛也就不见了。泰卦下卦为乾卦，在五行中为金，可解释为刀具；同时，上交互卦为离卦，九五为离卦上爻，说卦传说，离为戈兵，即刀矛兵器，也是杀牛的工具。

"西邻"取象于爻位、坎卦或兑卦。六二与九五相对应，西伯侯作为殷商王朝的诸侯，其角色定位与六二相似。从先天八卦图上看，坎卦为西方，下交互卦为坎，六二正好在坎卦初爻；从后天八卦图上看，兑卦为西方，若六二发生爻变，则下交互卦变成兑卦。

"禴（yue4）祭"取象于坤卦、震卦和离卦。若九五发生爻变，则上卦变成坤，坤为土，为众，是诸多五谷杂粮、蔬菜瓜果的生产之地。九五爻变后，上交互卦变为震卦，震为木，与粮食果蔬属性相符。祭祀的关键在于内心真诚，九五在上交互卦离卦上，离为内心光明，至真至诚。

"福"取象于丰卦。丰卦为雷火丰，位列周易第五十五卦，一至十天地之数的和为五十五，象征圆满，丰即丰大、丰收、丰盈、丰满、丰富、丰衣足食等意，与"福"意关联密切。既济卦若九五发生爻变，则上交互卦变为震卦，震为雷；下卦为离，离为火，两者构成丰卦。

《象》曰："东邻杀牛，不如西邻之时也；实受其福，吉大来也。"
【译文】小象说，东邻杀牛大祭，不如西邻用蔬菜薄祭时机得当。实实在在领受福祉，吉祥随之大量到来。

"上六，濡其首，厉。"
【译文】"上六，河水沾湿狐狸脑袋，危险。"

上六为既济卦末爻，按照物极必反规律，至此原本持续的成功状态接近尾声，成功状态的终结意味着新事物运动的开始，因而接下去进入周易最后一卦未济卦。上六"濡之首"，与初九"濡之尾"首尾呼应。既济卦通过描述小狐狸渡河、征战鬼方部落等过程，来阐发成功的艰难和如何守成的道理，卦辞、爻辞揭示了行事原则和注意事项。初九，小狐狸尾巴湿了，增加了渡涉的困难，初始阶段体力尚好，问题不大；到了上六，狐狸脑袋湿了，说明经过长途渡涉，体力不支，身体下沉，最接近彼岸的时候，也是最危险的时候，这时必须咬紧牙关，全力以赴，时刻警惕危险发生，只有这样才可能化险为夷，涉险过关。渡河如此，创业、守业也是如此。创业难，守业更难，任何骄傲自满、粗心大意都可能将丰功伟业毁于一旦，付诸东流。打天下与守天下的关系也是同理。

"濡其首"取象于坎卦。一是坎为水，指代河水，将狐狸脑袋沾湿。二是如前所述，坎为加忧，为心病，与狐狸多疑特征高度契合；三是坎为耳，为耳痛，与狐狸耳朵大、进水后耳朵难受的特征相符。

"厉"取象于习坎。如前所述，上卦、下交互卦均为坎，坎上加坎构成习坎。坎为险。厉为危险之意，在悔、吝、厉、咎、凶的凶险等级中属中等程度。

《象》曰："濡其首，厉，何可久也？"

【译文】小象说，河水沾湿了狐狸脑袋，危险，这样的状况怎么能持续很久呢？

意思是说，小狐狸在如此危险情境中支撑不了多久，危险随时可能发生。这与"初吉乱终"的卦辞主旨首尾呼应。

第六十四卦 未济卦的奋斗之道

【未济卦】

【白话经文】

未济卦，通达。小狐狸渡河即将完成，沾湿了尾巴，无所适宜。

初六，河水沾湿小狐狸尾巴，有小灾。

九二，拽拉车轮前行，坚守正道，吉祥。

六三，渡河尚未完成，继续前行有凶险，适宜渡涉大河。

九四，坚守正道，悔恨消失。声势浩大征伐鬼方部落，历经三年获大国封赏。

六五，坚守正道，吉祥，没有悔恨。君子光明，诚信，吉祥。

上九，真诚饮酒，没有灾祸。沾湿小狐狸脑袋，过于轻信他人，过失也是如此。

【经文原文】

未济，亨。小狐汔（qi4）济，濡其尾，无攸利。

初六，濡其尾，吝。

九二，曳其轮，贞吉。

六三，未济，征凶，利涉大川。

九四，贞吉，悔亡。震用伐鬼方，三年有赏于大国。

六五，贞吉，无悔。君子之光，有孚，吉。

上九, 有孚于饮酒, 无咎。濡其首, 有孚失是。

【解读序言】

未济卦位列周易最后第六十四卦, 因上卦为火, 下卦为水, 称其为火水未济。《序卦传》说:"物不可穷也, 故受之以未济终焉。"序卦传说, 事物发展是循环往返不可穷尽的, 因此周易在既济卦之后安排未济卦放在终末位置。未济卦虽然位列周易末尾, 实则起着承前启后作用, 既是首轮事物发展的终结, 又是新一轮事物发展的开端。"易与天地准", 易经反映了天地万物运行的客观自然规律和人类社会发展的客观历史规律, 事物呈现螺旋式上升并向前发展的趋势。因此, 将未济卦放在周易最后一卦, 是符合事物发展的客观规律的, 充分展现了易作者的智慧和易经的科学性。

《杂卦传》说:"未济, 男之穷也。"杂卦传说, 未济卦是讲男人阶段性人生和某项事业的终结。非指整个人生事业进入穷途末路, 如果这样理解未免太悲观了, 新一轮人生事业即将开启序幕。易经将开创事业的使命赋予男人, 是因为男人先天阳刚有力, 理应承担更大责任, 这与性别歧视无关。随着社会人文科技迅猛发展, 女性拥有了与男人一样参与社会劳动创造的智慧和能力, 从这个意义上讲将其改成 "女之穷也" 也未尝不可, 但今人不能因此苛求古人。

与既济卦同理, 未济卦也是围绕 "伐鬼方" 战争展开的, 同时借助小狐狸渡河阐述事理。征伐鬼方战争是主线, 小狐狸渡河是副线。初六, 写边境百姓深受西北鬼方部落侵扰, 如同小狐狸渡河沾湿尾巴, 苦不堪言, 前景堪忧; 九二, 揭开征伐鬼方战争序幕, 部队出征, 行路艰难, 但正义之师士气高昂, 有必胜信念, 前景光明; 六三, 战争正在推进中, 遇到强敌抵抗, 敌我相持, 胜负难料, 对征伐方提出了严峻考验, 面临极大困难和危险, 这时必须不畏艰险, 勇往直前, 坚韧不拔, 浴血奋战; 九四, 部队终于在征伐鬼方战争中获胜, 受到国家封赏; 六五, 战后重建家园, 休养生息, 君王要彰显君子人性光芒, 取信于民, 施惠百姓, 确保社会稳定, 百姓安居乐业; 上九, 倡导诚信, 饮酒同乐, 享受太平生活, 告诫人们一旦失去诚信, 就像小狐狸渡河沾湿脑袋那样, 把自己置于危险境地。

【卦名含义】

《古代汉语词典》解释：济（ji4），渡，过河，引申渡口；通，贯通；继承，延续；成，成功；帮助，救济；增加；得益，《周易·系辞下》："断木为杵，掘地为臼，臼杵之利，万民以~"；利用；停止；姓；水名，读ji3，济水，由河南流入山东与黄河并流入海。

未济的意思与既济相对应，济是渡河，既济是渡河完成，未济就是渡河尚未完成，处于由此岸向彼岸行进的渡涉之中。值得注意的是，未济与失败有些联系，含有失败意味，但并不等同于失败。因为有些事失败了再无成功的机会或可能，但未济仍然包含成功或失败两种可能性，只是目前正处于过程中，结果尚未明朗，不努力失败机率很大，努力奋斗成功机率很大。由渡河尚未完成，引申为人生的学业、事业、创业、爱情、学问、修养、技艺等尚在推进过程之中，正如孙中山先生所言："革命尚未成功，同志仍须努力。"

【卦象寓义】

一、火在水上之象。《尚书·洪范》说："水曰润下，火曰炎上。"未济卦的上卦为离卦，离为火；下卦为坎卦，坎为水。上卦火往上，下卦水往下，上下火水出现分离现象，颇有些水火不融的意味。一个事物割裂成两半，互不相容，多半不是好事。为此可以侧重理解为在既济卦是水火相济，而在未济卦便是水火不容了。火在水上不是日常生活中所见的正常现象，比如油脂在水面上燃烧、舟船在水面上燃烧，都跟意外灾难联系在一起，这是未济卦透露出来的直观景象。

二、六爻皆失之象。既济卦是六爻皆当位、上下皆正应的完美之象；而未济卦虽然上下皆有正应，但是六爻皆不当位，该阳时阴，该阴时阳，每个爻位表现都失常，要么过于柔弱，要么过于刚强。犹如在一个单位里，每个人行为举止都是不适当的，要取得成功非常困难。但是，任何事物都有其两面性，六爻全失是负面状态，可负面状态中也包含正面因素，这就是未济卦三对爻都有正应，表明上下能够沟通交流。可以理解为在大环境不良情况下，小环境交流还是畅通的，事情还不至于一团糟。就好比在电影院一人坐错了位置，后来者将错就错，相继错位，以至于每个人都坐错了位置，但看起来仍然秩序井然，没有出现不良后果。这说明彼此默契配合，可以弥补失位过错。

三、火红狐狸之象。未济卦卦辞有"小狐汔（qi4）济"的内容，表明此卦讲的是小狐渡河的故事。此象来源与既济卦相同,只不过上下卦位置作了互换。未济卦下卦为坎卦,坎为加忧,为心病,这与狐狸狡猾多疑的特征非常吻合,因此古代典籍中常把坎卦解为狐狸。狐狸毛色发红,因此文艺作品中常出现火狐狸、红狐狸形象。未济卦上卦为离卦,离为火,为日,为丽,为目等,卦德为明,离卦在五色中代表红色。将未济卦上述卦象组合起来,便形成了火狐狸、红狐狸形象。

四、小狐渡河之象。在既济卦中,写了"小狐既济之象",与之相对应,在未济卦应有"小狐未济之象",或称小狐渡河之象,即小狐狸渡河行为正在进行,尚未完成。如果将未济卦九二、上九看成是大河两岸,那么二至六爻构成大河形象,两岸中间是坎卦,既是河水,又是小狐狸,可以看出小狐狸正在河中泅渡,渡河行为尚未完成。从另一个角度观察,因为初六为阴爻,阴为小,初六又是坎卦初爻,坎为狐,因而可将初六视作小狐狸。如果将二至六爻看成单纯的大河,那么可以理解为这只小狐狸刚刚开始渡河,渡河行为正在进行中。而反观既济卦,同理将上六视作小狐狸,但小狐狸已经处在大河彼岸。这样,既济、未济的意境就形象生动地区分开来了。

五、坎险重叠之象。与既济卦相似,未济卦中也蕴藏着一个习坎卦,其下卦为坎卦,上交互卦也为坎卦,两者构成习坎卦。只不过未济卦与既济卦所包含习坎卦的位置稍有区别,在既济卦中习坎卦靠后,在未济卦中习坎卦靠前,因此既济卦卦辞是"初吉终乱",可理解为因习坎卦延续至终点而导致混乱,而未济卦卦辞是"无攸利",只是没有适宜之事,还不至于到混乱程度,因为到未济卦末爻时已经走出习坎卦。

六、离火重叠之象。与既济卦相似,未济卦中也蕴藏着一个重离卦,未济卦上卦为离卦,下交互卦也为离卦,两者构成重离卦。离为火,为日,为丽,为目等,卦德为明,因此重离卦所表示的景象大多数是正面积极的,集中表现为日以继日,日复一日,明上加明,光明通透。带着光明心态,朝着光明目标,实施光明行为,开创光明事业,就容易把事情做成,这是未济卦中蕴藏着的成功基因。既济卦重离卦在前,因而卦辞是"初吉";未济卦重离卦在后,因而没有"终乱"的卦辞,只是"无攸利"而已,因为刚刚结束习坎艰难旅程,暂无适宜之事。

七、水深火热之象。未济卦中有两水两火,水火组合相继出现,既有正面积极的,如水火相济、水火交融;又有负面消极的,如水深火热、水火不容,此象侧重表达其负面意境。万物有利也有弊,有弊也有利,世事大抵如此。盲目乐观者只看到利看不到弊,正如《吕氏春秋》那位窃贼只见金子不见人,或只看到贼吃肉没看到贼挨打,或只看到别人功成名就没看到别人艰苦奋斗;过度悲观者只看到弊而看不到利,正如坐在金山银山前面哭泣的人,因为他担心金山银山用完后没钱用了。其实盲目自信和过度悲观都是不可取的。正确做法是,既要自信但也要看到困难;既要有忧患意识,但不能因过度悲观丧失信心。水深火热的生活是人人都不想要的,但是不经过水深火热的磨炼,是到达不了幸福彼岸的。

八、日月辉映之象。未济卦上卦为离卦,离为日,代表太阳;下卦为坎卦,坎为月,代表月亮。未济卦呈现出日月交相辉映的自然景象,在特殊季节特定气象条件下这种天文现象是存在的。总体而言,三阴三阳,阴阳是调和的。日月交辉,阳光普照与月光如银并存,既有太阳之光,又有月亮之明,光亮的阴阳之间也是相互交替、动态平衡的。

九、内险外明之象。下卦也叫内卦、主卦,上卦也叫外卦、客卦。在六爻卦(也叫重卦、别卦)中起主导作用的是主卦,通常将其作为考察主体,而客卦是主体的合作伙伴、行为对象,或所处的客观环境、外部条件,以及主体行为的表现形式或最终结果。下卦为坎卦,坎为沟渎、为隐伏,卦德为险,充满风险、危险。上卦为离卦,离为火,为日,为丽,为目等,卦德为明,是光明的象征。如果将这种结构看成一个单位,则单位内部存在风险,但外部环境充满阳光,只要思想重视,处事谨慎,注重风险化解,前景仍然是光明的。

十、中男中女之象。在易经大家庭中,坎卦代表中男,离卦代表中女。少男少女是谈情说爱时期,有关的卦是咸卦和损卦,泽山咸是谈恋爱模式,少男在下卦,少女在上卦,意即少男要放低姿态主动追求少女,如果反过来就是山泽损了,意即如果少女主动追求少男,对于双方都将是一种损害。长男长女是婚姻家庭常态,有关的卦是恒卦和益卦。结婚后长女主内、长男主外是家庭常态,长男地位高但居客位,长女居主位但放低身段,这样有利于婚姻家庭的稳定。反之,长男在下卦,长女在上卦,这是益卦,状态也是良好的。而中男中女可理解为新婚阶段。中男在上卦,中女在下卦,这是既济卦,与恒卦模式相似,这说明中女主内、中男主外,容易把事做成;反之,中女在上卦,中男在下卦,这是未济卦,表明中男主内、中女主外,这种分工有悖常理,不容易把事做成。因此,未济卦这种中男中女的家庭分工存在缺陷,需要作出及时调整。

十一、坎水克火之象。在易经八卦与五行关系中,坎卦对应水,离卦对应火,在五行相生相克关系中,水克火。在未济卦中,下卦为水,上卦为火。如果将未济卦看成一个单位组织,那么下卦为主卦代表主方,上卦为客方代表工作对象、合作伙伴、销售市场、环境条件等因素。水克火,意味着主方占据有利地势,掌握双方关系的主动权,而对方居于不利地势,只能配合主方,被动接受安排。

【关联卦象】

未济卦由否卦演变而来。否卦上卦为乾卦,乾为天;下卦为坤卦,坤为地。看起来,天在上、地在下,是最正常不过的自然景象,与我们每天看到的天地一样。否卦与泰卦相反,是种上下不沟通、信息阻塞的状态。为何看起来貌似正常的卦象,实则却是危否的状态呢? 这要从卦象的结构中去考察,乾卦为纯阳卦,其特性是向上扩张,坤卦为纯阴卦,其特性是向下收缩,所以否卦形成上下分离、互不沟通、信息阻塞的情况,危否因素蕴含其中。否卦是种不好状态,那就要想办法改变它。未济卦就是使否卦不良状态得以改善的一个卦。若将否卦六二与九五对调一下,就得到了未济卦。值得注意的是,如前所述,未济卦并不等同于失败,主要是指人生事业正处于奋斗过程之中。如果说失败,也只是奋斗过程中暂时失利或初始失败。比起否卦状态来,未济卦所代表的人生事业状态已有明显改善。

未济卦的综卦、错卦、交互卦均为既济卦。综卦,也叫覆卦、镜卦。通常情况下,一个六爻卦A,上下颠倒,即翻转一百八十度后,得到另一个卦B,我们将这对卦叫做综卦,即AB呈相综关系,互为综卦,A的综卦是B,B的综卦是A。综卦反映了事物的一体两面,对同一个事物观察角度不同,得到的结果也不相同。两者既有联系,又有区别。说它有联系,是因为这是同一个事物,内部结构没变;说它有区别,是因为颠倒后卦象发生了变化。错卦是指一对卦中每个对应爻位阳阴性质相反。交互卦是指一个六爻卦A,去掉其两端的爻,用剩下的中间四个爻,重新组成一个B卦,四爻中上三爻为上卦,下三爻为下卦,中间两个爻是重叠的。其原理相当于比赛评分中去掉一个最高分,去掉一个最低分,然后将中间分值作为统计对象,目的是排除极端因素使考察结果更加接近事物本质。

通常A的综卦是B，A的交互卦是C，A的错卦是D，但在未济卦中综卦是B，交互卦也是B，错卦还是B。由此可见，未济卦与既济卦的内在联系非同寻常。

未济卦与家人卦有内在联系。家人卦上卦为风，下卦为火，称其为风火家人，其交互卦为未济卦。这说明即使看起来和谐的家庭，也可能出现水火难容的情形。在家人卦中，上卦巽卦为长女，下卦离卦为中女，中女主内、长女主外的家庭分工还算协调，中女不像少女那样任性，能够坚守中道，长女善于吃苦耐劳，懂得宽容谦让，这样的组合基本是和谐的。家人卦的交互卦是未济卦，表明和谐中也存在着不和谐因素，家庭生活正在持续进行过程之中，家庭情况各不相同，一切皆有可能，可能出现好的结果，也可能出现不好结果。同时，未济与既济状态也经常相互转化，这就决定了家庭生活的酸甜苦辣和错综复杂。

【大象之辞】

《象》曰："火在水上，未济；君子以慎辨物居方。"

【译文】大象说："火在水上，这是未济卦反映的自然景象；君子受此启示应当以谨慎态度辨别事物，找到自己定位。"

大象反映了典型的儒家思想。火在水上，大都是现实生活中的反常状态，这是水火位置不当导致的。换句话说，位置适当是既济卦状态，位置不当便是未济卦状态。同样的元素，搭配方式不同，后果完全不同。为此，大象提示君子，应当以谨慎态度，辨别事物，要把自己放在一个适当位置，准确定位，校准方向，正确用力，这样才能把事做成。

【卦辞象辞】

〖卦辞〗

"未济，亨。小狐汔（qi4）济，濡其尾，无攸利。"

【译文】"未济卦，通达。小狐狸渡河即将完成，沾湿了尾巴，无所适宜。"

狐狸是狡猾的代名词，但小狐狸与老狐狸比，经验尚显不足，难免考虑不周，顾此失彼。汔济，汔（qi4），尽，竭尽；差不多；至，等等。汔济，即渡河到了末端、尽头，引申渡河行为接近完成。狐狸渡河时通常翘起尾巴，为的是减少渡河阻力，因为狐狸尾巴很长很大，一旦沾湿了尾巴，拖在后面就会变成沉重的负担。老狐狸不太会犯"濡其尾"的差错，但小狐狸一是没有经验，考虑得没那么周全，二是没有体力，体力消耗过多就可能不得不垂下尾巴。因此，对于小狐狸来说，"濡其尾"意味着精疲力竭，不排除死于成功前那个晚上的可能性，能够存活下来已属幸运。"无攸利"就是无所利，利为适宜的意思，说明人生事业处于未济状态是比较艰难的，没有什么事是适宜的。

〖象辞〗

"未济，亨，柔得中也；小狐汔济，未出中也；濡其尾，无攸利，不续终也；虽不当位，刚柔应也。"

【译文】象辞说，未济卦情境是通达的，因为六五柔爻获得上卦中爻位置；小狐狸接近完成渡河行为，因为它没有偏离中道；沾湿小狐狸尾巴，无所适宜，是因为小狐狸有可能不能持续坚持到终点；虽然每个爻与爻位要求都不相符，但三对爻之间刚爻柔爻均有正应。

"柔得中也"，指六五，这是阴爻，居于上卦中爻，也是全卦的核心之爻，君王之位。上卦为离，离为火，为日，为丽，为目，卦德为明，表明君王内心光明，居中有德，能够坚守中道，坚持公平正义，因而能够通达。

【爻辞小象】

"初六，濡其尾，吝。"

【译文】"初六，河水沾湿小狐狸尾巴，有小灾。"

易经的吉凶分为九个等级：吉、亨、利、无咎、悔、吝、厉、咎、凶。吝不是很糟糕的状态，有些小灾小难，程度不太严重，问题不大。初六阴爻居阳位，不当位，说明其力量稍显柔弱，这与小狐狸渡河的情景是相似的，有些力不从心，没有足够把握的渡河能力，前景堪忧，可能会出现状况。但初六与九四有正应，能得到高层支持，风险与机遇并存，困难与希望同在。

此爻用小狐狸渡河作比喻，来阐述人生事业过程艰难、前景光明的道理。之所以用小狐狸而不用大狐狸、老狐狸作比喻，是因为小狐狸状况与年轻人开创人生事业状况更加贴近，血气方刚，富有激情，头脑简单，粗枝大叶，缺乏经验，胆大妄为等等，年轻人正是这样在跌跌撞撞中走向成熟的。

"濡其尾"取象于坎卦和爻位。下卦为坎卦，坎为水，河水濡尾。同时，坎为加忧，为心病，与狐狸狡猾多疑的生性吻合，因此坎也代表狐狸。从全卦来看，与既济卦一样，初爻为小狐狸尾巴，上爻为小狐狸脑袋。

《象》曰："濡其尾，亦不知极也。"
【译文】小象说，小狐狸尾巴浸湿了，真不知道最终结果会如何。

这里的"极"，指终点、终极状态或结果，也就是说小狐狸到底能不能完成渡河任务还不得而知。

"九二，曳其轮，贞吉。"
【译文】"九二，拽拉车轮前行，坚守正道，吉祥。"

曳（ye4），拖，拉，拽（zhuai4）拉车轮的意思。九二好比一辆承载重物的马车，在坑坑洼洼的道路上艰难地拽拉前行。此爻以征途之艰辛反映人生事业的艰辛与磨难。坎卦本身就有坎坷困顿之意，要成就一番事业绝非易事。九二阴爻居阳位，不当位。九二很有力量，但客观上他所处的位置并不利于他的发挥，正如马本应在达道上奔跑，但它却不得不在崎岖小道上负重前行。幸好九二与六五有正应，其行为能够得到六五老大的支持，再加上本身有力量，因此只要保持正当动机，坚守中道，结果仍然是吉祥的。

"曳其轮"取象于坎卦和艮卦。下卦为坎卦，九二为坎卦中爻，坎为弓轮；其于马也，为美脊，为亟心，为下首，为薄蹄，为曳；其于舆也，为多眚（sheng3，灾异）。因而坎卦代表拉着货物的马车。若九二发生爻变，则下交互卦变为艮卦，艮为手，用手拽拉马车。

《象》曰："九二，贞吉，中以行正也。"
【译文】小象说，九二坚守正道吉祥，是因为他居于下卦中爻，确保了行为的正当性。

"六三, 未济, 征凶, 利涉大川。"

【译文】"六三, 渡河尚未完成, 继续前行有凶险, 适宜渡涉大河。"

乍一看, "征凶"与"利涉大川"似乎是矛盾的, 既然再往前走会出现凶险, 为何还适宜于渡涉大河? 其实并不违悖常理。有时明知山有虎、偏向虎山行, 不是盲目冒进, 而是必然选择, 既是胆略, 更是智慧。可以设想一下, 小狐狸渡到河中央, 体力有些不支, 继续往前游风险将有所增加, 此时它将作何选择? 停下不游, 将葬身河底; 游回去, 不但前功尽弃, 而且风险并不因此减少; 继续往前游, 虽然也有风险, 但离目标却越来越近, 即成功渡河的可能性与风险性是同步增加的。分析之后, 不难选择, 继续往前游是唯一正确的选择, 这就是明知"征凶"却还要"利涉大川"的原因。

六三阴爻居阳位, 不当位, 客观环境要求小狐狸有力量, 但小狐狸却力不从心, 力量偏弱。好在六三与上九有正应, 能得到上九大佬的照应, 一定程度上弥补了力量的不足。

"未济, 征凶"取象于习坎卦。下卦、上交互卦均为坎卦, 两者构成习坎卦, 六三正处于习坎卦的中间, 因此渡河行为正在进行中, 并未完成。征凶, 是因为六三往前走仍然在坎卦上, 坎卦卦德为险, 因而为凶。

"利涉大川"取象于坎卦、巽卦和乾卦。大川即大河, 未济卦的大河卦象是不言而喻的, 有两个坎, 表明河深且宽。在易经中凡有"利涉大川"内容的都与巽卦或乾卦有关。若六三发生爻变, 则下卦变为巽卦, 巽为木, 可制作舟船, 巽为风, 风推舟行, 有利于渡涉大河。同时, 六三爻变后, 下交互卦变为乾卦, 乾卦刚健有力, 适宜渡河。

《象》曰: "未济征凶, 位不当也。"

【译文】小象说, 尚未完成渡河, 继续往前行动将遇风险, 这是因为所处位置不当的缘故。

"九四, 贞吉, 悔亡。震用伐鬼方, 三年有赏于大国。"

【译文】"九四, 坚守正道, 悔恨消失。声势浩大征伐鬼方部落, 历经三年获大国封赏。"

　　既济卦九三爻辞是："高宗伐鬼方，三年克之，小人勿用。"既济卦翻转一百八十度就变成未济卦，原先既济卦的九三变成了未济卦的九四，可以理解为这个位置没有动，只是我们观察事物的角度发生了变化，于是它的相对位置发生了变化。地点没变，爻辞中"伐鬼方"、"三年"的表述没有变，那么既济卦九三和未济卦九四所描述的是同一场战争吗？由此引出两种解释：一说两者所说的是同一场战争，高宗伐鬼方的主将为沚震，"震用伐鬼方"的"震"是指主将沚震，"三年有赏于大国"应当指沚震受到殷高宗的封赏。

　　另一说是指季历征伐西北鬼方部落，季历是周族始祖古公亶父的第三子，周文王姬昌的父亲，当时只是商王朝的一个诸侯部落首领，我国古代长期受到西北少数民族部落的侵扰，因此商王指派季历征伐西北鬼方部落是可信的，征伐成功后受到大国殷商王朝的封地奖赏，比较符合爻辞描述的情形。本人倾向于后一说法。震，雷震，惊天动地，可理解为兴师动众，全面动员，场面宏大，声势浩大。

　　"震"取象于震卦。若九四发生爻变，则下交互卦变为震卦。震为雷，电闪雷鸣，震天动地。

　　"伐鬼方"取象于未济卦由否卦演变而来。否卦上卦为乾卦，下卦为坤卦，乾与坤的关系，就如同殷商与鬼方的关系，原本两者互不隶属，互不通气，互不来往，突然某一天双方产生了利益纷争，于是双方展开了交战。九五跑到了六二，教训了鬼方部落，从九五到六二经过三个爻，因而有"三年"之说，三年泛指多年。从否卦状态过渡到未济卦状态，不是以潜移默化的渐进方式完成的，而是通过暴风骤雨的激进方式完成的。换句话说，它不是和平演变，而是通过武装革命、战争方式完成变更的。原本否卦中没有离、也没有坎，但是变成未济卦后，出现了两个离两个坎，上卦为离、下交互卦为离，下卦为坎、上交互卦为坎。离为戈兵、为甲胄，坎为弓轮，为车马，为血卦，这些都与战争场面紧密相连。

　　"有赏于大国"取象于爻位、坤卦和颐卦。九四为诸侯之位，与季历西部岐山部落首领的身份相符。六五为大国君王，九四与六五为相邻关系，阴阳相吸。若九四发生爻变，则上交互卦变为坤卦，坤为土地，诸侯立下战功受封土地是常用的奖赏形式。同时，九四爻变后，上卦变为艮卦，下交互卦变成震卦，两者构成山雷颐卦,这是享口福养生的卦,与封赏、奖赏的意境吻合。

《象》曰:"贞吉,悔亡,志行也。"

【译文】小象说,坚守正道吉祥,悔恨消失,因为精神意愿得到了实行。

经过三年艰苦征战,征伐鬼方部落的战争取得胜利,受到了大国的封赏,这时国家意志得到充分展现,摆脱了侵扰的百姓扬眉吐气,群情振奋,大快人心。

悔亡,意即原本是有悔恨之事要发生的,由于采取了补救措施,有效避免了此事的发生。可能发生悔恨的因素,一是阳爻居阴位,不当位;二是处于坎卦之中,前行艰难。但也有有利因素,一是九四与初六有正应,其行为能得到基层民众的支持;二是处于两离卦之交,离上加离,代表内心光明;三是在各爻均不当位的大环境不利条件下,在阴位中崛起,表现出坚强有力,反而彰显了舍我其谁的担当和中流砥柱的英雄本色。

"六五,贞吉,无悔。君子之光,有孚,吉。"

【译文】"六五,坚守正道,吉祥,没有悔恨。君子光明,诚信,吉祥。"

六五是君王之位,是全卦的核心,此爻要求君王必须是位君子,因此对君王的品德能力提出了很高要求,德才兼备最为理想,道德比能力更加重要。此爻阴爻居阳位,不当位,说明这位君王在能力方面有所欠缺,这是不利因素,但是品德可以弥补能力的不足。此爻可贵之处在于"君子之光,有孚",这位君王没有被胜利冲昏头脑,秉持了君子的思想品格,积极为百姓福祉发光发热,并对百姓保持诚信。水能载舟,亦能覆舟。领袖的品行就是最大的凝聚力和向心力。百姓就像执政者的一面镜子,他怎么对待百姓,百姓就怎么对待他。他为百姓分忧,百姓就为他分忧;他为百姓担当,百姓就为他担当;他为百姓造福,百姓就为他造福。

未济卦有"日月辉映之象",天地之明来自日月照耀,君子之光源于内心的热情与光明。由自然光明引申至人性光芒,寄托着易作者的理想。日月刚健柔美,是光明的,也是诚信的,周而复始,孜孜不倦,每天如期而至,从不偷懒。君子应当学习日月精神,始终坚守内心的光明和诚信。尽管这位君王能力偏弱,有道德,讲诚信,并且六五与九二有正应,其行为得到了基层干部的有力支持,因而结果是吉祥的。

"君子"取象于爻位。六五居上卦中爻,居中有德,能够坚守中道,表明道德品质良好。六五为君王之位,君王首先必须是君子,然后才堪当重任。

"光"、"孚"取象于离卦。上卦为离卦,离为火,为日,为丽,为目等,离卦卦德为明,内心光明,即是诚信,诚信的外在表现即是君子的人性光芒。

《象》曰:"君子之光,其晖吉也。"
【译文】小象说,君子的人性光芒,因其照亮他人而致吉祥。

晖,通"辉"。

"上九,有孚于饮酒,无咎。濡其首,有孚失是。"
【译文】"上九,真诚饮酒,没有灾祸。沾湿小狐狸脑袋,过分轻信他人,过失也在这里。"

上九是未济卦的最后一爻,相当于人生、事业的最后阶段。未济,不是失败,只是人生事业尚处于奋斗进程之中,会遇到各种各样的困难和问题,无论成功还是失败,都要经历这个过程。有些人有些事,没有取得预期结果,就是失败了;有些人有些事取得预期结果,便是成功了。所以未济是成功前的必经阶段,到了上九,是成功、是失败该见分晓了。此爻提到饮酒,如果失败了,那么喝的是消愁的酒;如果成功了,那么喝的就是庆贺的酒。酒在我国历史长河中扮演着重要角色,酒能成事,也能误事,适则有益,过则有害。多数情况下,喝酒总是几个人一起喝的,氛围好,轻松愉快;但如果赴的是鸿门宴,那么神情紧张,危机四伏,就毫无快乐可言了。因此,如果诚心诚意,请亲朋好友喝酒,那怕是喝得过一点,问题也不大,结果无咎;如果不讲诚信,只讲利益和利用,尔虞我诈,各怀鬼胎,这样坐在一起喝酒是异常危险的。人无信不立,古人对诚信的品格是看得极重的,正如孔子所言:"人而无信,不知其可也。大车无輗,小车无軏(yue4),其何以行之哉?"常带看诚信与人喝到没有灾祸,但是过分轻信他人,以至于"是",指出"出孚",指轻信他人这种行为喝到的酒浇头,这么过失也就在这里。

"有孚"取象于离卦。上卦为离卦,离为火,为日,为丽,为目等,卦德为明,内心光明即为诚信。

"饮酒"取象于震卦和坎卦。若上九发生爻变,则上卦变为震卦,震为仰盂,即震卦卦形如同口朝上的容器,引申为酒杯。上交互卦为坎,坎为水,引申为酒水。坎卦与震卦有两爻为重叠,表明酒杯里盛着酒水。

"濡其首"取象于爻位和坎卦。如前所述,从全卦看,初爻为狐尾,则上爻为狐首,因此上九代表小狐狸脑袋。上九紧挨着上交互卦坎卦,坎为水,小狐狸头部紧贴水面,由于长时间泅渡,体力不支,被河水浸湿在情理之中。

《象》曰:"饮酒濡首,亦不知节也。"

【译文】小象说,饮酒过度就像小狐狸渡河淹没了头顶,都是不知节制的缘故。

易经是最讲节制的,凡事都须适可而止。

系辞上传

　　天尊地卑，乾坤定矣。卑高以陈，贵贱位矣。动静有常，刚柔断矣。方以类聚，物以群分，吉凶生矣。在天成象，在地成形，变化见矣。是故刚柔相摩，八卦相荡，鼓之以雷霆，润之以风雨，日月运行，一寒一暑。

　　乾道成男，坤道成女。乾知大始，坤作成物。乾以易知，坤以简能。易则易知，简则易从。易知则有亲，易从则有功。有亲则可久，有功则可大。可久则贤人之德，可大则贤人之业。易简而天下之理得矣。天下之理得，而成位乎其中矣。

　　圣人设卦观象，系辞焉而明吉凶，刚柔相推而生变化。是故吉凶者，失得之象也；悔吝者，忧虞之象也；变化者，进退之象也；刚柔者，昼夜之象也；六爻之动，三极之道也。是故君子所居而安者，易之序也；所乐而玩者，爻之辞也。是故君子居则观其象而玩其辞，动则观其变而玩其占，是以"自天佑之，吉无不利"。

　　彖者，言乎象者也；爻者，言乎变者也。吉凶者，言乎其失得也；悔吝者，言乎其小疵也；无咎者，善补过也。是故列贵贱者存乎位，齐小大者存乎卦，辨吉凶者存乎辞，忧悔吝者存乎介，震无咎者存乎悔。是故卦有小大，辞有险易。辞也者，各指其所之。

　　易与天地准，故能弥纶天地之道。仰以观于天文，俯以察于地理，是故知幽明之故；原始反终，故知死生之说；精气为物，游魂为变，是故知鬼神之情状；与天地相似，故不违；知周乎万物而道济天下，故不过；旁行而不流，乐天知命，故不忧；安土敦乎仁，故能爱。范围天地之化而不过，曲成万物而不遗，通乎昼夜之道而知，故神无方而易无体。

　　一阴一阳之谓道，继之者善也，成之者性也。仁者见之谓之仁，知者见之谓之知，百姓日用而不知，故君子之道鲜矣。显诸仁，藏诸用，鼓万物而不与圣人同忧，盛德大业至矣哉。富有之谓大业，日新之谓盛德，生生之谓易，成象之为乾，效法之谓坤，极数知来之谓占，通变之谓事，阴阳不测之谓神。

夫易广矣大矣。以言乎远则不御，以言乎迩则静而正，以言乎天地之间则备矣。夫乾，其静也专，其动也直，是以大生焉。夫坤，其静也翕（xi1），其动也辟（bi4），是以广生焉。广大配天地，变通配四时，阴阳之义配日月，易简之善配至德。

子曰："易其至矣乎？"夫易，圣人所以崇德而广业也。知崇礼卑。崇，效天；卑，法地。天地设位而易行乎其中矣。成性存存，道义之门。

圣人有以见天下之赜（ze2），而拟诸其形容，象其物宜，是故谓之象。圣人有以见天下之动，而观其会通，以行其典礼。系辞焉，以断其吉凶，是故谓之爻。言天下之至赜而不可恶也，言天下之至动而不可乱也。拟之而后言，议之而后动，拟议以成其变化。

"鸣鹤在阴，其子和之。我有好爵，吾与尔靡之。"子曰："君子居其室，出其言善，则千里之外应之，况其迩者乎？居其室，出其言不善，则千里之外违之，况其迩者乎？言出乎身，加乎民；行发乎迩，见乎远。言行，君子之枢机。枢机之发，荣辱之主也。"言行，君子之所以动乎天地也。可不慎乎？

"同人，先号咷而后笑。"子曰："君子之道，或出或处，或默或语，二人同心，其利断金；同心之言，其臭如兰。""初六，藉用白茅，无咎。"子曰："苟错诸地而可矣，藉之用茅，何咎之有？慎之至也。"夫茅之为物薄而用可重也，慎斯术也以往，其无所失矣。"劳谦，君子有终，吉。"子曰："劳而不伐，有功而不德，厚之至也。语以其功下人者也。德言盛，礼言恭。谦也者，致恭以存其位者也。""亢龙有悔。"子曰："贵而无位，高而无民，贤人在下位而无辅，是以动而有悔也。"

"不出户庭，无咎。"子曰："乱之所生也，则言语以为阶。君不密则失臣，臣不密则失身，几事不密则害成。是以君子慎密而不出也。"子曰："作易者，其知盗乎？"易曰："负且乘，致寇至。"负也者，小人之事也；乘（sheng4）也者，君子之器也。小人而乘（cheng2）君子之器，盗思夺之矣。上慢下暴，盗思伐之矣。慢藏诲盗，冶容诲淫。易曰："负且乘，致寇至。"盗之招也。

天一地二，天三地四，天五地六，天七地八，天九地十，天数五，地数五，五位相得而各有合。天数二十五，地数三十，凡天地之数五十有五，此所以成变化而行鬼神也。大衍之数五十，其用四十有九，分而为二以象两，挂一以象三，揲之以四以象四时，归奇于扐以象闰，五岁再闰，故再扐而后挂。乾之策，二百一十有六；坤之策，百四十有四，凡三百有六十，当期（ji1）之日。二篇之策，万有一千五百二十，当万物之数也。是故四营而成易，十有八变而成卦。八卦而小成，引而伸之，触类而长之，天下之能事毕矣。显道神德行，是故可与酬酢，可与佑神矣。子曰："知变化之道者，其知神之所为乎？"

易有圣人之道四焉：以言者尚其辞，以动者尚其变，以制器者尚其象，以卜筮者尚其占。是以君子将有为也，将有行也，问焉而以言，其受命也如响，无有远近幽深，遂知来物。非天下之至精，其孰能与于此？叁伍以变，错综其数，通其变，遂成天下之文；极其数，遂定天下之象。非天下之至变，其孰能与于此？易，无思也，无为也，寂然不动，感而遂通天下之故。非天下之至神，其孰能与于此？

夫易，圣人之所以极深而研几也。唯深也，故能通天下之志；唯几也，故能成天下之务；唯神也，故不疾而速，不行而至。子曰："易有圣人之道四焉，此之谓也。"

子曰："夫易，何为者也？夫易，开物成务，冒天下之道，如斯而已者也。"是故圣人以通天下之志，以定天下之业，以断天下之疑。是故蓍之德圆而神，卦之德方以知，六爻之义易以贡。圣人以此洗心，退藏于密，吉凶于民同患。神以知来，知以藏往，其孰能与于此哉？古之聪明睿智，神武而不杀者夫。

是以明于天之道而察于民之故，是兴神物以前民用。圣人以此斋戒，以神明其德夫！是故阖户谓之坤，辟户谓之乾，一阖一辟谓之变，往来不穷谓之通，见乃谓之象，形乃谓之器，制而用之谓之法，利用出入民咸用之谓之神。是故易有太极，是生两仪，两仪生四象，四象生八卦，八卦定吉凶，吉凶生大业。

是故法象莫大乎天地，变通莫大乎四时，悬象著明莫大乎日月，崇高莫大乎富贵。备物致用，立功成器，以为天下利，莫大乎圣人；探赜（ze2）索隐，钩深致远，以定天下之吉凶，成天下之亹亹（wei3）者，莫大乎蓍龟。是故天生神物，圣人则之；天地变化，圣人效之；天垂象见吉凶，圣人象之；河出图，洛出书，圣人则之。易有四象，所以示也；系辞焉，所以告也；定之以吉凶，所以断也。

易曰："自天佑之，吉无不利。"子曰："佑者，助也。天之所助者，顺也；人之所助者，信也。履信思乎顺，又以尚贤也。是以自天佑之，吉无不利也。"子曰："书不尽言，言不尽意。"然则圣人之意，其不可见乎? 子曰："圣人立象以尽意，设卦以尽情伪，系辞焉以尽其言，变而通之以尽利，鼓之舞之以尽神。"

乾坤其易之蕴邪? 乾坤成列，而易立乎其中矣。乾坤毁，则无以见易。易不可见，则乾坤或几乎息矣。是故形而上者谓之道，形而下者谓之器，化而裁之谓之变，推而行之谓之通，举而错之天下之民谓之事业。

是故，夫象，圣人有以见天下之赜，而拟诸其形容，象其物宜，是故谓之象。圣人有以见天下之动，而观其会通，以行其典礼，系辞焉以断其吉凶，是故谓之爻。极天下之赜者存乎卦; 鼓天下之动者存乎辞; 化而裁之存乎变; 推而行之存乎通; 神而明之存乎其人; 默而成之，不言而信，存乎德行。

系辞下传

八卦成列，象在其中矣。因而重之，爻在其中矣。刚柔相推，变在其中矣。系辞焉而命之，动在其中矣。吉凶悔吝者，生乎动者也。刚柔者立本者也。变通者，趋时者也。吉凶者，贞胜者也。天地之道，贞观者也。日月之道，贞明者也。天下之动，贞夫一者也。

夫乾确然示人易矣。夫坤隤（tui2）然示人简矣。爻也者，效此者也。象也者，像此者也。爻象动乎内，吉凶见乎外，功业见乎变，圣人之情见乎辞。天地之大德曰生，圣人之大宝曰位。何以守位，曰仁。何以聚人，曰财。理财正辞，禁民为非曰义。

古者包牺氏之王天下也，仰则观象于天，俯则观法于地，观鸟兽之文与地之宜，近取诸身，远取诸物，于是始作八卦，以通神明之德，以类万物之情。作结绳而为网罟（gu3），以佃（tian2）以渔，盖取诸离。包牺氏没，神农氏作，斲（zhuo2，斫）木为耜（si4），揉木为耒（lei3），耒耨（nou4）之利，以教天下，盖取诸益。日中为市，致天下之民，具天下之货，交易而退，各得其所，盖取诸噬嗑（shi4he2）。神农氏没，黄帝、尧、舜氏作，通其变，使民不倦，神而化之，使民宜之。易穷则变，变则通，通则久。是以自天佑之，吉无不利，黄帝、尧、舜，垂衣裳而天下治，盖取诸乾坤。

刳（ku1）木为舟，剡（yan3）木为楫（ji2），舟楫之利，以济不通，致远以利天下，盖取诸涣。服牛乘马，引重致远，以利天下，盖取诸随。重（chong2）门击柝（tuo4），以待暴客，盖取诸豫。断木为杵（chu3），掘地为臼（jiu4），臼杵之利，万民以济，盖取诸小过。弦木为弧，剡（yan3）木为矢，弧矢之利，以威天下，盖取诸睽。

上古穴居而野处，后世圣人易之以宫室，上栋下宇，以待风雨，盖取诸大壮。古之葬者，厚衣之以薪，葬之中野，不封不树，丧期无数，后世圣人易之以棺椁（guo3），盖取诸大过。上古结绳而治，后世圣人易之以书契，百官以治，万民以察，盖取诸夬。

是故易者，象也。象也者，像也。彖者，材也。爻也者，效天下之动者也。是故，吉凶生而悔吝著也。阳卦多阴，阴卦多阳，其故何也？阳卦奇，阴卦耦。其德行何也？阳一君而二民，君子之道也。阴二君而一民，小人之道也。

《易》曰："憧憧往来，朋从尔思。"子曰："天下何思何虑？天下同归而殊途，一致而百虑，天下何思何虑？""日往则月来，月往则日来，日月相推而明生焉。寒往则暑来，暑往则寒来，寒暑相推而岁成焉。往者屈也，来者信（shen1）也，屈信相感而利生焉。""尺蠖（huo4）之屈，以求信（shen1）也。龙蛇之蛰，以存身也。精义入神，以致用也。利用安身，以崇德也。过此以往，未之或知也。穷神知化，德之盛也。"

《易》曰："困于石，据于蒺藜，入于其宫，不见其妻，凶。"子曰："非所困而困焉，名必辱。非所据而据焉，身必危。既辱且危，死期将至，其妻可得见邪？"《易》曰："公用射隼于高墉之上，获之，无不利。"子曰："隼者，禽也；弓矢者器也，射之者人也。君子藏器于身，待时而动，何不利之有？动而不括，是以出而有获。语成器而动者也。"

子曰："小人不耻不仁，不畏不义，不见利不劝，不威不惩；小惩而大诫，此小人之福也。《易》曰：'屦校灭趾，无咎。'此之谓也。""善不积，不足以成名；恶不积，不足以灭身。小人以小善为无益而弗为也。以小恶为无伤而弗去也。故恶积而不可掩，罪大而不可解。《易》曰：'何校灭耳，凶。'"

子曰："危者，安其位者也；亡者，保其存者也；乱者，有其治者也。是故君子安而不忘危，存而不忘亡，治而不忘乱；是以身安而国家可保也。《易》曰：'其亡其亡，系于苞桑。'"子曰："德薄而位尊，知小而谋大，力小而任重，鲜不及矣。《易》曰：'鼎折足，覆公餗（su4），其形渥，凶。'言不胜其任也。"子曰："知几其神乎？君子上交不谄，下交不渎，其知几乎？几者，动之微，吉之先见者也。君子见几而作，不俟终日。《易》曰：'介于石，不终日，贞吉。'介如石焉，宁用终日，断可识矣。君子知微知彰，知柔知刚，万夫之望。"

子曰："颜氏之子，其殆庶几乎？有不善，未尝不知，知之，未尝复行也。《易》曰：'不远复，无祇（qi2）悔，元吉。'""天地氤氲（yin1　yun4），万物化醇。男女构精，万物化生。《易》曰：'三人行则损一人，一人行则得其友。'言致一也。"子曰："君子安其身而后动，易其心而后语，定其交而后求。君子修此三者，故全也。危以动，则民不与也。惧以语，则民不应也。无交而求，则民不与也。莫之与，则伤之者至矣。《易》曰：'莫益之，或击之。立心勿恒，凶。'"

子曰："乾坤其易之门邪？乾，阳物也，坤，阴物也。阴阳合德，而刚柔有体，以体天地之撰，以通神明之德。其称名也，杂而不越。于稽其类，其衰世之意邪？""夫易，彰往而察来，而微显阐幽。开而当名辨物，正言断辞则备矣。其称名也小，其取类也大，其旨远，其辞文，其言曲而中，其事肆而隐，因贰以济民行，以明失得之报。"

《易》之兴也，其于中古乎？作《易》者，其有忧患乎？是故履，德之基也；谦，德之柄也；复，德之本也；恒，德之固也；损，德之修也；益，德之裕也；困，德之辨也；井，德之地也；巽，德之制也。履和而至，谦尊而光，复小而辨于物，恒杂而不厌，损先难而后易，益长裕而不设，困穷而通，井居其所而迁，巽称而隐。履以和行，谦以制礼，复以自知，恒以一德，损以远害，益以兴利，困以寡怨，井以辨义，巽以行权。

易之为书也不可远，为道也屡迁。变动不居，周流六虚，上下无常，刚柔相易，不可为典要，唯变所适。其出入以度，外内使知惧，又明于忧患与故，无有师保，如临父母。初率其辞而揆其方，既有典常。苟非其人，道不虚行。

《易》之为书也，原始要终，以为质也。六爻相杂，唯其时物也。其初难知，其上易知，本末也。初辞拟之，卒成之终。若夫杂物撰德，辨是与非，则非其中爻不备。噫！亦要存亡吉凶，则居可知矣。知者观其彖辞，则思过半矣。二与四，同功而异位，其善不同，二多誉，四多惧，近也。柔之为道，不利远者，其要无咎，其用柔中也。三与五，同功而异位，三多凶，五多功，贵贱之等也。其柔危，其刚胜邪？

《易》之为书也，广大悉备，有天道焉，有人道焉，有地道焉。兼三才而两之，故六；六者非它也，三才之道也。道有变动，故曰爻；爻有等，故曰物；物相杂，故曰文；文不当，故吉凶生焉。易之兴也，其当殷之末世、周之盛德邪？当文王与纣之事邪？是故其辞危。危者使平，易者使倾，其道甚大，百物不废。惧以终始，其要无咎，此之谓易之道也。

夫乾，天下之至健也，德行恒易以知险。夫坤，天下之至顺也，德行恒简以知阻。能说诸心，能研诸侯之虑，定天下之吉凶，成天下之亹亹（wei3）者。是故变化云为, 吉事有祥, 象事知器, 占事知来。天地设位, 圣人成能, 人谋鬼谋, 百姓与能。

八卦以象告, 爻彖以情言, 刚柔杂居, 而吉凶可见矣! 变动以利言, 吉凶以情迁。是故爱恶相攻而吉凶生; 远近相取而悔吝生, 情伪相感而利害生。凡易之情, 近而不相得则凶, 或害之, 悔且吝。将叛者其辞惭, 中心疑者其辞枝, 吉人之辞寡, 躁人之辞多, 诬善之人其辞游, 失其守者其辞屈。

系辞上传译注

天尊地卑, 乾坤定矣。卑高以陈, 贵贱位矣。动静有常, 刚柔断矣。方以类聚, 物以群分, 吉凶生矣。在天成象, 在地成形, 变化见矣。是故刚柔相摩, 八卦相荡, 鼓之以雷霆, 润之以风雨, 日月运行, 一寒一暑。

【译文】天居于尊上, 地处于卑下, 乾卦与坤卦的含义就确定了。低的事物和高的事物分别陈列出来, 尊贵和卑贱便各自定位了。事物运动和静止是有常态规律的, 于是刚强事物和柔弱事物便由此判断了出来。同类事物聚集在相同方位, 事物以种群归属进行分类, 由此吉祥和凶险便产生了。事物在天呈现出天文景象, 事物在地呈现出形态状貌, 于是事物的变化就表现出来了。所以, 刚柔相互作用, 八卦相互激荡, 雷霆带来鼓舞, 风雨带来润泽, 太阳月亮持续运行, 寒冷暑热交替进行。

【注释】吉凶生矣, 与 "方以类聚, 物以群分" 是有因果关系的。"方以类聚, 物以群分", 这是人们观察到的自然现象和社会现象, 但其背后蕴藏着科学的客观的自然规律。人们为人处世创办事业, 遵循规律按规律办事就能吉祥, 漠视规律违反规律就会受到惩罚, 因而便是凶的。摩, 用手搓蹭; 碰撞, 摩擦; 接近, 贴近; 切磋, 体会等, 引申为刚柔事物之间相互发生作用。

乾道成男, 坤道成女。乾知大始, 坤作成物。乾以易知, 坤以简能。易则易知, 简则易从。易知则有亲, 易从则有功。有亲则可久, 有功则可大。可久则贤人之德, 可大则贤人之业。易简而天下之理得矣。天下之理得, 而成位乎其中矣。

【译文】乾阳之道成就男人, 坤阴之道成就女人。乾阳掌管万物创始, 坤阴协作成就事物。乾阳以平易特点掌管事物, 坤阴以简便特点能够配合。平易则容易掌管, 简便则容易跟从。容易掌管则便于亲近, 容易随从则利于见效。便于亲近则可以持久, 利于见效则可以做大。可以持久才能养成贤人的品德, 可以做大才能算作贤人的事业。平易简便才能使人懂得天下道理。人们懂得天下道理, 才能在天下万物中找到自己的正确定位。

【注释】"乾知大始"的"知", 主持、掌管之意, 如, 知府、知州、知县等, 指掌管某地区的行政事务。"易简而天下之理得", 与大道至简观点高度契合。

圣人设卦观象, 系辞焉而明吉凶, 刚柔相推而生变化。是故吉凶者, 失得之象也; 悔吝者, 忧虞之象也; 变化者, 进退之象也; 刚柔者, 昼夜之象也; 六爻之动, 三极之道也。是故君子所居而安者, 易之序也; 所乐而玩者, 爻之辞也。是故君子居则观其象而玩其辞, 动则观其变而玩其占, 是以"自天佑之, 吉无不利"。

【译文】圣人设置卦画用来观察卦象所反映的自然景象和人文景象, 在卦画下面系挂着卦爻辞用来判断吉凶, 刚强柔弱相互作用而产生变化。所以, 吉凶反映了人们丧失与获得的状况; 悔吝反映了人们忧愁与担心的状况; 变化反映了人们前进与后退的状况; 刚柔反映了白天与黑夜的状况; 六爻动态变化反映了天、地、人的运行法则或行为法则。因此, 君子能静处而安心的原因, 在于能自觉遵循序卦传所揭示的事物发展的顺序; 他所乐于玩赏的对象是爻辞。所以, 君子在无事静处时通过观察卦象而玩赏卦爻辞, 当事情发生变动时便观察其变化趋势而把玩占卦, 因而有来自老天的保佑、吉祥无不适宜的说法。

【注释】"自天佑之, 吉无不利。"这是大有卦上九的爻辞。古代行文没有标点符号, 其实按照易经的行文习惯, 其断句应当是: 自天佑之, 吉, 无不利。但是几千年来, 这句寓意美好的爻辞反复被人们所引用, 于是念顺口了便成了"吉无不利"。两者意思没有本质区别, 均可。这段系辞反映了君子善于认识规律, 运用规律, 并自觉按规律办事, 因此做事情容易成功, 犹如神助或老天帮忙一般, 这只是一种诙谐说法。其实是自己积极进取、努力奋斗的结果, 加上方法正确, 朋友相助, 才取得了事半功倍的效果。天助自助之人, 就像今天人们常说的谢天谢地总算做成了事情一样, 其前提是人努力, 然后才是老天帮忙, 而决不可能是自己不努力，光做白日梦，老天就帮你做成了。因此，"自天佑之，吉无不利"与迷信没有丝毫关系。

　　彖者，言乎象者也；爻者，言乎变者也。吉凶者，言乎其失得也；悔吝者，言乎其小疵也；无咎者，善补过也。是故列贵贱者存乎位，齐小大者存乎卦，辨吉凶者存乎辞，忧悔吝者存乎介，震无咎者存乎悔。是故卦有小大，辞有险易。辞也者，各指其所之。

　　【译文】彖辞是用来说明卦象的，爻辞是用来说明事物变化的。吉凶是用来说明丧失与获得情况的，悔吝表明其存在小瑕疵，无咎表明善于弥补过失。所以，贵贱排列在于爻位，平衡大小阴阳在于卦画，分辨吉凶在于爻辞，忧虞悔吝在于细微处，震动但没有灾祸在于悔悟。因此，卦有阴阳大小，爻辞有危险平易。爻辞反映了事物在各爻的发展变化趋势。

　　【注释】介，细微、微小。大小，阳为大，阴为小，引申为事物的阴阳程度。

　　易与天地准，是故能弥纶天地之道。仰以观于天文，俯以察于地理，是故知幽明之故；原始反终，故知死生之说；精气为物，游魂为变，是故知鬼神之情状；与天地相似，故不违；知周乎万物而道济天下，故不过；旁行而不流，乐天知命，故不忧；安土敦乎仁，故能爱。范围天地之化而不过，曲成万物而不遗，通乎昼夜之道而知，故神无方而易无体。

　　【译文】易经以天地自然为基准，因此能够涵盖天地自然的运行规律。仰望用来观察天文，俯视用来考察地理，因此明白幽暗与光明的机理；探究事物的源头再返至事物的终结状态，因此明白了死与生的学说；精气衍化为物，游离魂魄呈现变化，所以知道鬼神的形态状貌。易道与天地自然相似，因此不会相互违背；易道智慧周备地施及万物而能以自然规律匡济天下，因此不会犯过错；易道普遍流行而不产生流弊，教诲人们乐于按天地法则掌管自己的命运，因此不会忧虑；安于居住土地，培养敦厚仁心，因此能够爱人。规范天地自然变化而不犯过错，周密详尽地成全万物而不遗漏，通达于白天黑夜而彰显智慧。所以易道神妙没有固定方式，变易没有固定体式。

【注释】旁,广大,普遍。流,动荡,放荡,引申流弊,过失。范围,规范。曲(qu1),弯曲;曲折,婉转,引申为周遍,多方面,详尽。此节涉及"游魂"、"鬼神"等概念,一些对易经一知半解的人便据此认为易经在宣扬封建迷信,其实这是对易经的极大误解。因受古时历史文化、科技水平等因素限制,即使形成一些今天看来不够科学的概念也情有可原,今人不应用现代眼光去苛求两千多年前的古人。只要去其糟粕,存其精华,对中华优秀传统文化进行创造性转化,创新性发展,丝毫不影响易经的博大精深和光彩夺目。

在我看来,灵魂、魂魄等可理解为一个正常人思维活动、心理情感和精神状态等的总和。比如,某人突然遭受重大变故、重大挫折或精神打击,就会表现出六神无主、魂飞魄散、失魂落魄、情绪低落、萎靡不振、应激性精神障碍等状况,这种状况与"游魂为变"状况高度吻合,它是客观存在的精神心理现象,与迷信没有任何关系。灵魂究竟能否离开人的身体而存在,人死后到底有没有不死的灵魂?这些众说纷纭的灵异学说有待科学家们深入研究来验证真伪。

本人认为,从易经阴阳关系来看,物质是阳,精神是阴;身体是阳,魂魄是阴,阴阳共同存在于一个有机整体之中,相互联系,相互制约,相互促进,相辅相成,不可分离。一旦阴阳分离,两者皆失,在身体消亡的同时魂魄必然同归于尽,因此并没有能够独立于身体之外的灵魂存在。但是,从另一个角度来看,其生前的音容笑貌、生平事迹、思想品德和精神风范等将以精神文化遗产的形式或以人们记忆信息的形式被后人所继承和缅怀。古人称过世的先祖为鬼,称已故的为人类社会作出重大贡献或因高尚品德深受百姓爱戴的人为神。因此,对过世的人可以理解为鬼神,鬼神是对先人的称谓,与迷信没有必然联系,鬼神只是活在人们心里的先祖和历史英雄。以迷信心态去看待鬼神就是迷信,以科学理性心态去看待鬼神就不是迷信。

一阴一阳之谓道,继之者善也,成之者性也。仁者见之谓之仁,知者见之谓之知,百姓日用而不知,故君子之道鲜矣。显诸仁,藏诸用,鼓万物而不与圣人同忧,盛德大业至矣哉。富有之谓大业,日新之谓盛德,生生之谓易,成象之为乾,效法之谓坤,极数知来之谓占,通变之谓事,阴阳不测之谓神。

　　【译文】一部分阴元素和一部分阳元素相互作用、相互配合、相互转化的法则称其为道，能继承道的自然法则并使其持续存在发展的是善，能成就和完善道的自然法则的是万事万物的天性。仁慈的人见到它就说这是仁，智慧的人见到它就说这是智慧，百姓每天都在应用道的功能却不知道道的存在，因此懂得君子之道的人是很少的。道在仁德中显示出来，它蕴藏在日常生活应用之中，鼓舞万事万物而不必与圣人一同忧虑，宏盛德养成就伟大事业至高无上啊。让天下共享富有称之为伟大事业，每日更新称之为宏盛德养，生生不息就是易道精神，创始形成具体形象的是乾元功能，效法配合的是坤元功能，穷尽以往命运气数知道未来变化趋势的称其为占卦，能做到通达变化的称其为做事，阴阳变化高深莫测的情形称其为神妙。

　　【注释】一阴一阳，只是用来说明事物都是有阴阳两部分元素组成的，不能理解为一个阴一个阳，也不能理解为阴阳一样多，事实上阴阳此消彼长始终处于动态变化之中，有时阴阳平衡，有时阳占主导，有时阴占主导。显诸仁，藏诸用，诸，"之于"的合词；用，日常生活应用。鼓，鼓舞，鼓励，鼓动等意思。至矣哉之"至"，可有两种理解，一是到、到来等；二是到了至高无上的颠峰极致状态。效法，学习，模仿，与道法自然的"法"意思相近，坤卦作为辅助性配角，其效法对象自然是乾卦主角，因此引申出追随配合等意思。极数知来之"数"，规律，道理；命运，气数，《汉书·诸侯王表》："历载八百馀年，~极德尽。"

　　夫易广矣大矣。以言乎远则不御，以言乎迩则静而正，以言乎天地之间则备矣。夫乾，其静也专，其动也直，是以大生焉。夫坤，其静也翕（xi1），其动也辟（bi4），是以广生焉。广大配天地，变通配四时，阴阳之义配日月，易简之善配至德。

　　【译文】易经是多么广多么大啊，用来表述远的事物不会遇到阻止抵抗，用来表述近的事物则平静而公正，用来表述天地之间的万事万物则是完备无缺。乾元，静止时专注，行动时正直，因此伟大诞生于此。坤元，静止时收敛闭合，行动时光明开放，因此宽广产生其间。宽广伟大与天地匹配，变化通达与四季匹配，阴阳变化法则与日月运行规律匹配，容易简便的优点与最好美德匹配。

【注释】御,抵挡,阻止;抗拒;防止等意思。翕(xi1),缩敛,收敛,引申为闭合;合,聚合。辟(bi4),明,彰明之意;辟(pi4),开,打开的意思。

子曰:"易其至矣乎?"夫易,圣人所以崇德而广业也。知崇礼卑。崇,效天;卑,法地。天地设位而易行乎其中矣。成性存存,道义之门。

【译文】孔子说:"易经大概是最高深的道理了吧?"易经,是圣人用来推崇道德和拓展事业的。在智慧上要追求崇高,在礼仪上要崇尚谦卑。追求崇高,向天学习;崇尚谦卑,向地学习。天地设置了自己的位置,而易道在天地之间运行。成全万物的天性使它们合理存在,这是通向道义的大门。

【注释】其,语气词,表示疑问或猜测,相当于大概、可能、也许等。存存,存在之意。

圣人有以见天下之赜(ze2),而拟诸其形容,象其物宜,是故谓之象。圣人有以见天下之动,而观其会通,以行其典礼。系辞焉,以断其吉凶,是故谓之爻。言天下之至赜而不可恶也,言天下之至动而不可乱也。拟之而后言,议之而后动,拟议以成其变化。

【译文】有的圣人因天下事理深奥,而模拟出事物的形态外貌,画出的图象与事物一致,因此称其为象。有的圣人因发现天下事物运动变化,而通过观察实践达到融会贯通,用它来制订推行典制礼仪。将爻辞系挂在上面,用来判断事情的吉凶,因此称其为爻。指的是对天下最深奥的事理不能厌烦,指的是对天下最大的变动不能乱动。模拟对比之后再发表言论,交流商议之后再付诸行动,通过模拟和商议促成事物的发展变化。

【注释】赜(ze2),幽深,深奥。系辞焉,焉,代词,相当于"之";指示代词,相当于"是";指示代词兼句末语气词,相当于"于是"、"于此",此处指代卦画。典礼,典制礼仪。恶(wu4),憎恨,讨厌。有的学者将其解为,恶(e4),害,引申为破坏，也可。

　　"鸣鹤在阴，其子和之。我有好爵，吾与尔靡之。"子曰："君子居其室，出其言善，则千里之外应之，况其迩者乎？居其室，出其言不善，则千里之外违之，况其迩者乎？言出乎身，加乎民；行发乎迩，见乎远。言行，君子之枢机。枢机之发，荣辱之主也。"言行，君子之所以动乎天地也。可不慎乎？

　　【译文】"母鹤在树荫下鸣叫，小鹤循声应和着。我有好酒，我与你一同分享。"孔子说："君子身处室内，如果说出来的话很有道理，那么千里之外的人都会来响应它，更何况附近的人呢？身处室内，如果说出来的话没有道理，那么千里之外的人都会来反对它，更何况附近的人呢？言论出自君子之身，却施加在百姓中；行为发生在跟前，其影响力却体现得很远。言行是君子的关键所在。关键部位发生作用，便主导了荣辱的发生。"言行是君子能够感天动地的原因，可以不谨慎吗？

　　【注释】"鸣鹤在阴，其子和之。我有好爵，吾与尔靡之。"这是中孚卦九二的爻辞，可谓是易经中最温馨的爻辞了。爵，古代的一种酒器，引申为酒、使饮酒等。靡，分散，无，引申为分享或把它喝干、喝尽、喝完等。行发乎迩，见乎远。这里的"迩"、"远"，既指空间上的近与远，也指时间上的近与远。见，通"现"，体现之意。枢机，枢与机，比喻事物的关键部位。

　　"同人，先号咷而后笑。"子曰："君子之道，或出或处，或默或语，二人同心，其利断金；同心之言，其臭如兰。""初六，藉用白茅，无咎。"子曰："苟错诸地而可矣，藉之用茅，何咎之有？慎之至也。"夫茅之为物薄而用可重也，慎斯术也以往，其无所失矣。"劳谦，君子有终，吉。"子曰："劳而不伐，有功而不德，厚之至也。语以其功下人者也。德言盛，礼言恭。谦也者，致恭以存其位者也。""亢龙有悔。"子曰："贵而无位，高而无民，贤人在下位而无辅，是以动而有悔也。"

　　【译文】"和合众人，先号啕大哭而后欢笑。"孔子说："君子之道，或出来做官，或隐居不仕，或沉默不语，或发表言论，只要两人同心，就能锋利到切断金属；

同心的话语，就像兰花散发出清幽的芳香。""初六，用白茅草垫垫在祭器下面，没有灾祸。"孔子说："如果将祭器直接放在地上也是可以的，现在用茅草垫垫着，能有什么灾祸呢？这是谨慎到极点了。"茅草这种物件虽然普通却可以发挥重要作用，用这么谨慎的方式长此以往，那就不会有闪失了。""劳而有功却能谦逊，如此君子将得善终，吉祥。"孔子说："劳作却不自夸，有功却不自以为有德，厚道到极点了，指的是有功之人甘居他人之下。德要讲求盛大，礼要讲求恭敬。谦逊是人们以恭敬态度保持自己社会地位的重要因素""高亢之龙存在悔恨。"孔子说："尊贵但无权位，居高但无百姓，贤人在下位因而未能对其有所辅助，因此一旦行动就会产生悔恨。"

【注释】"同人，先号咷而后笑。"这是同人卦九五的爻辞。咷，为"啕"的异体字。该爻辞反映在推进同人事业过程中发生了战争，在攻克敌军后主力部队与友军相遇，人们喜极而泣，先号咷大哭而后欢笑庆贺的情景。"初六，藉用白茅，无咎。"这是大过卦的爻辞。夫茅之为物薄而可重也，"薄"（bo2），少，小；轻，轻微；弱小，浅薄等，表明茅草是非常普通的物件，不稀罕，不值钱。重，一是重要作用、重大功能；二是承载重物。"劳谦，君子有终，吉。"这是谦卦九三的爻辞。"亢龙有悔"是乾卦上九的爻辞。

"不出户庭，无咎。"子曰："乱之所生也，则言语以为阶。君不密则失臣，臣不密则失身，几事不密则害成。是以君子慎密而不出也。"子曰："作易者，其知盗乎？"易曰："负且乘，致寇至。"负也者，小人之事也；乘（sheng4）也者，君子之器也。小人而乘（cheng2）君子之器，盗思夺之矣。上慢下暴，盗思伐之矣。慢藏诲盗，冶容诲淫。易曰："负且乘，致寇至。"盗之招也。

【译文】"不出小门，没有灾祸。"孔子说："混乱产生的原因，它是以言语作为台阶的。君主做事不严密就会失去臣属，臣属做事不严密就会失去身家性命，细微之处不严密就会危害整个事项的成功。因此君子做事谨慎严密而不随便发表言论。"孔子说："写易经的人，大概很了解小偷吧？"易经说："扛着物品乘坐马车，招致贼寇到来。"扛重物这是平民百姓做的事，车乘（sheng4）这是君子所用的交通工具。平民百姓乘坐君子的交通工具，盗贼就想把他的财物夺过来。对上傲慢，对下残暴，盗贼就想攻击他。贵重物品懒怠于收藏等于教盗贼来偷，将面容打扮得妖冶妩媚等于教坏人来猥亵。易经说："扛着物品乘坐马车，招致贼寇到来。"这是招盗贼的做法。

【注释】"不出户庭，无咎。"这是节卦初九的爻辞。不出户庭之"出"，是走出庭院小门；君子慎密而不出之"出"，是指把话说出口。虽然两者都是"出"，但其意思既有联系又有区别，这里用的是类比，这是古人常用的修辞方法。节卦是水泽节，下卦为兑卦，兑为泽，同时兑为口，言自口出。一言兴邦，一言丧邦。这里重在强调君子之言具有重大影响力，因此君子必须多思考，少表态，勤勉行动，谨慎言语。"负且乘，致寇至。"这是解卦六三的爻辞。乘（cheng2），动词，驾御；登，升；趁，顺应；碾压，践踏；继承，秉承等。乘（sheng4），名词，车，兵车，包括一车四马，又指驾车的马；量词；四的代称等。

天一地二，天三地四，天五地六，天七地八，天九地十，天数五，地数五，五位相得而各有合。天数二十五，地数三十，凡天地之数五十有五，此所以成变化而行鬼神也。大衍之数五十，其用四十有九，分而为二以象两，挂一以象三，揲之以四以象四时，归奇于扐以象闰，五岁再闰，故再扐而后挂。乾之策，二百一十有六；坤之策，百四十有四，凡三百六十，当期（ji1）之日。二篇之策，万有一千五百二十，当万物之数也。是故四营而成易，十有八变而成卦。八卦而小成，引而伸之，触类而长之，天下之能事毕矣。显道神德行，是故可与酬酢，可与佑神矣。子曰："知变化之道者，知神之所为乎？"

【译文】天数一地数二，天数三地数四，天数五地数六，天数七地数八，天数九地数十，代表天的数字有五个，代表地的数字有五个，五个方位各有相应的数字并且各有与其配合的数字。天数相加之和为二十五，地数相加之和为三十，天地之数总和为五十五，这些数字是形成事物千变万化、其行为轨迹如同鬼神般变幻莫测的原因所在。丰大满盈的数字是五十，实际应用的数字是四十九，将筹策一分为二用来模拟天地两仪，从其中一堆筹策中抽出一根，与前面一起分别用来模拟天、地、人三才，然后每次抽出四根筹策，代表四季，最后将剩余的零散筹策归在一起，用来模拟闰月。由于五年中有两个闰月，因此在筹策操演时将余下的筹策夹在手指之间，一共夹了两次，然后搁置一边。乾卦代表二百一十六根筹策，坤卦代表一百四十四根筹策，总共三百六十根筹策，相当于一年的天数。易经上下两篇所代表的筹策总数为一万一千五百二十，相当于万物的数量。所以，用四根筹策运营而形成爻，总共需要运作十八次才能得出完整卦象。用八卦来预测事物只是初步成果，若将其引导延伸到其他事物，达到触类旁通并发扬光大，天下万事万物的道理便全部包含在里面了。道的神妙和德的施行彰显成效后，于是便可用来应对各种事情，也可用来求助神灵的护佑。孔子说："懂得事物变易演化规律的人，大概知道神的作为吧？"

【注释】五位相得而各有合，五位，指东、西、南、北、中五个方位。这句话描述的就是九宫格的数字分布状况。东面是三，西面为七，南面为九，北面为一，中央为五。也就是说五个天数分别代表东西南北中，然后有四个地数与天数相配合，东南是四，西南为二，东北为八，西北为六。由于四个角只需四个数，因此地数十没有使用。九宫格的口诀是：戴九履一，左三右七，八六肩齐，四二足立，五居中地。九宫格的特点是纵、横、斜线三个数字相加均为十五。体现出天地万物平衡、和谐、协调的意境。九宫格中除中央五之外的八个数字，就是后天八卦图的卦画序号，即坎一坤二震三巽四乾六兑七八艮九离。

自"大衍之数五十"开始的这段话，实际上所指的是揲蓍布卦法，也叫揲蓍成卦法、大衍法等，它建立在宇宙起源，特别是人类所在的地球形成、万物产生、日月运行、四季变化和历法实践等模型基础之上的占筮方法，成为了传统经典的占卦之法。衍（yan3），丰饶，盛多之意。揲（she2，又读die2），用蓍草占卦；取；积等。归奇（ji1）于扐（le4），奇，馀数，零数；扐，手指之间，古代筮法，把四十九根蓍草分作两堆，每次取四根，剩余的挂在手指之间。当期（ji1）之日的"期"，同"碁"、"稘"，一周年。酬酢（zuo4），宾主相互敬酒，客还敬主人叫做"酢"，主人再次敬客叫做"酬"；应酬；应对；唱和。四营而成易，"四营"是指每次抽出四根筹策进行运营操作，或者说以四根筹策为一组进行运营操作，而非指运营四次；此处的"易"是变易的意思，引申为爻，系辞上传前面说到"爻者，言乎变者也"，也就是说爻用来反映事物的变化状态，占卦时要运营操作三次才产生一个爻，一个卦六个爻，因此需要运营操作十八次，也就是后句"十有八变而成卦"的意思。由此也验证了将"四营"解释成运营操作四次不妥。可与

（yu4）佑神矣，与，参加，参与。佑神，应当为"佑于神"的省略，人求助神佑，而非人去佑神。

大衍之数五十，汉代《易纬·乾凿度》记载为"大衍之数五十有五"，通行说法认为这是传抄中遗漏"有五"所致，因为五十五是有依据的，正好与天地之数总和五十五相符。还有一种观点认为没有遗漏，但因理由不够充分不被多数易学者认同。我学习了何祁湘先生的博客载文《〈周易〉乾坤之策数考》并结合自己的思考，认为后面这种观点从历法实践角度来描述大衍之数自有其道理。经过人们长期实践观察，太阳一回归年为365.25天，月亮每月有四个象，分别是朔、上弦、旺、下弦，每象平均七天多一点，这也是一周七天的来历，每月月亮运行周期约29.5天多一点。由此可推算出太阳运行一年正好经历了五十象（49.55象），这个数字与文中提到的大衍之数五十相同，应当不仅仅是巧合。如果按照阴历年计算，那么全年月亮经历了四十八象。按太阳运行轨迹为基准的历法称为阳历，按月亮运行轨迹为基准的历法称为阴历，而古人实际应用的历法综合了阴阳两种历法的特征。太阳年五十象，太阴年四十八象，两者平均为四十九象。这个数字与文中"其用四十有九"相吻合，不应当认为仅仅是巧合。可以理解为，古人以四十九象作为一年的历法基准，然后采用每五年设两个闰月的办法，来调节月份与时令节气的实际差异，如此便可有效地指导农业生产了，古人的智慧可见一斑。

"乾之策，二百一十有六；坤之策，百四十有四"，文中对数字的来历并未交代。何祁湘先生《〈周易〉乾坤之策数考》的观点可作为参考依据，或者可把它视作验证乾坤之策的实例。夏至这天白天最长，黑夜最短。古人通过对夏至日观察发现，夏至白天时长为二百一十六策，黑夜时长为一百四十四策。两者之比是三比二，与阳爻九与阴爻六之比结果相同。当时古人是否已经掌握地球自转一天为三百六十度不得而知，但客观上系辞上传涉及的数据与现代科学观察的结果完全一致，只是数量单位"策"与"度"的区别。但是，系辞上传并没有用三百六十筹策来说明地球一天的运行情况，而是用它来描述一年的天数，并且这个天数并不精准。是系辞传作者牵强附会，还是另有原因，有待研究确认。乾卦有六个爻，平均每个阳爻为三十六策；坤卦有六个爻，平均每个阴爻为二十四策。易经共有六十四卦，总共有一百九十二个阳爻、一百九十二个阴爻，于是筹策总数为192（36+24）=11520。爻就是变化的意思，爻的总筹策数为一万一千五百二十, 可以理解为易经中的爻可以变化出一万一千五百二十种现象或状态, 从而引申出了万事万物的概念。

易有圣人之道四焉: 以言者尚其辞, 以动者尚其变, 以制器者尚其象, 以卜筮者尚其占。是以君子将有为也, 将有行也, 问焉而以言, 其受命也如响, 无有远近幽深, 遂知来物。非天下之至精, 其孰能与于此? 叁伍以变, 错综其数, 通其变, 遂成天下之文; 极其数, 遂定天下之象。非天下之至变, 其孰能与于此? 易, 无思也, 无为也, 寂然不动, 感而遂通天下之故。非天下之至神, 其孰能与于此?

【译文】 易经反映的圣人之道包括四个方面: 关注语言的人崇尚它的卦爻辞, 关注行动的人崇尚它的变化, 关注制作器具的人崇尚它的卦象, 关注卜筮的人崇尚它的占验。因此君子如果即将有所作为, 即将付诸行动的话, 就会用言语求问于易经, 易经就会像接受命令一般给予响应, 无论是远的事, 近的事, 隐幽的事, 还是深奥的事, 都能告知即将到来的事物。如果不是天下最精微的事物, 谁能做到如此? 三五相乘的数理变化, 横斜纵向的数字相加, 呈现出通达变化, 最终形成天下绚烂多彩; 穷极数理, 于是确定了天下的物象。如果不是天下最完美的变易, 谁能做到如此? 易经本身没有思虑, 没有作为, 沉寂安静一动不动, 人们只要与其有感应就能通达天下的事理。如果不是天下最神妙的东西, 谁能做到如此?

【注释】 遂, 副词, 终于, 竟; 就, 于是。天下之故的 "故", 事, 引申为事理。古今学者历来对 "叁伍以变" 众说纷纭, 莫衷一是。本人认为叁伍是指叁伍相乘其积为十五, 这种表达方式比较符合古人习惯, 例如二八女多娇, 是指十六岁的女子。这个十五有特殊意义, 它与九宫格的数理有关。九宫格的横向、斜向、纵向三个数相加结果都是十五, 这与 "错综其数" 吻合, 错是交错, 指横向、纵向、斜向相互交错; 综, 聚总, 集合, 也就是三个数相加的意思。九宫格与后天八卦画关系密切, 后天八卦的序号, 与九宫格的数字、方位完全对应。后天八卦侧重于易经在人文政治和现实生活中的实践与应用。从表面上看, 是易经四方面圣人之道在起作用, 实质上其背后蕴藏着九宫格的数理规律。在古代圣贤的长期研究实践中, 易经所包含的圣人之道四方面内容与九宫格数理规律的匹配达到了天衣无缝炉火纯青的地步。因此 "叁伍以变" 虽然只提到三、五两个数字,实际上反映了九宫格全部数字的相互关系和复杂变化。这些数字的错综关系和复杂变化,间接地反映了天下万物的错综关系和复杂变化。如果仅仅把"叁伍以变"理解为围绕三与五的变化来看待,显然是过于简单了,与客观事实不符。

夫易,圣人之所以极深而研几也。唯深也,故能通天下之志;唯几也,故能成天下之务;唯神也,故不疾而速,不行而至。子曰:"易有圣人之道四焉,此之谓也。"

【译文】易经是圣人能够穷尽艰深而钻研微奥的载体和手段。只有艰深,所以才能够通达天下的思想精神;只有微奥,所以才能够成就天下的各种事务;只有神妙,所以才能够做到不用快速动作却能做到神速,不用行走却能到达地方。孔子说:"易经具备四方面的圣人之道,说的就是这些特征。"

【注释】也许有人疑惑,这段文章只说了易经具有深、几、神等三个方面的内容,孔子为什么说易经讲述了圣人之道四个方面的内容呢?其实,孔子所言四方面内容是就前一段文章"易有圣人之道四焉"而言的,而本段文章的深、几、神是易作者针对圣人之道四方面内容所作的概括性描述,也就是说圣人之道四方面内容的共同特征是艰深、微奥和神妙。孔子对此说高度肯定,因此才会发表这样的认同意见。

子曰:"夫易,何为者也?夫易,开物成务,冒天下之道,如斯而已者也。"是故圣人以通天下之志,以定天下之业,以断天下之疑。是故蓍之德圆而神,卦之德方以知,六爻之义易以贡。圣人以此洗心,退藏于密,吉凶与民同患。神以知来,知以藏往,其孰能与于此哉?古之聪明睿智,神武而不杀者夫。

【译文】孔子说:"易经是干什么用的?易经可用来开发事物用途,成就天下事务,统括天下运行规律,如此而已。"因此圣人用它来通达天下的精神思想,用来确定天下各行各业,用来判断解释天下的疑问疑惑。因此蓍草的特征是圆通而且神妙,八卦的特征是方正并且智慧,六爻的含义是变易并且告知人们变化情况。圣人用易经的这种功能来洗涤心灵,退身藏居于隐秘之所,无论吉凶如何与百姓患难与共。神妙用来预知未来,智慧用来容纳过往,谁能够做到这样呢? 这正是古代圣明睿智、神妙英武者经久不衰的原因啊。

【注释】冒,"帽" 的古字,帽子; 覆盖,蒙蔽; 统括,总领等。贡,告。聪明,聪是听觉好,明是视觉好,"聪明" 在古代是词组,在现代是一个词语,两者意思相近,但有所区别。杀,可作两种解释: 一是读音(shai4),凋落,凋零; 减少,减省; 衰败,衰微。不杀,引申为经久不衰,可理解为古代圣贤的影响力持续至今没有衰落,也可理解为古之圣贤历代皆有层出不穷。二是读音(sha1),与 "伐" 意思相近,伐有夸耀之意,不杀即不自我夸耀。两者皆可,本人倾向于前者。

是以明于天之道而察于民之故,是兴神物以前民用。圣人以此斋戒,以神明其德夫! 是故阖户谓之坤,辟户谓之乾,一阖一辟谓之变,往来不穷谓之通,见乃谓之象,形乃谓之器,制而用之谓之法,利用出入民咸用之谓之神。是故易有太极,是生两仪,两仪生四象,四象生八卦,八卦定吉凶,吉凶生大业。

【译文】因此,明白了天地运行规律,又考察了社会民生状况,于是发明出神妙事物,用来引导百姓去使用。圣人用它进行斋戒修身养性,是为了使德行神圣而光明啊。所以,关门在家静处称其为坤,开门外出行动称其为乾,一关一开称之为变,有往有来不困穷称之为通,能显示出来的称之为象,有形态状貌的称之为器,制订后应用它称之为法则,适宜用来指导进出百姓都在使用它称之为神妙。因此,易经中有太极,太极衍生出天地两仪,两仪衍生出四种景象,四象衍生出八个经卦,八卦可用来判定吉凶,吉凶指导人生催生出重大事业。

【注释】前,引导。户,单扇门,一扇为户,两扇为门。

是故法象莫大乎天地,变通莫大乎四时,悬象著明莫大乎日月,崇高莫大乎富贵。备物致用,立功成器,以为天下利,莫大乎圣人; 探赜(ze2)索隐,钩深致远,以定天下之吉凶,成天下之亹亹(wei3)者,莫大乎著龟。是故天生神物,圣人则之; 天地变化,圣人效之; 天垂象见吉凶,圣人象之; 河出图,洛出书，圣人则之。易有四象，所以示也；系辞焉，所以告也；定之以吉凶，所以断也。

【译文】所以，法则景象没有比天地更大的，变化通达没有比四季更大的，悬挂的景象显著明亮没有比太阳月亮更大的，崇尚攀高没有比富有尊贵更大的。备齐物品供人使用，设立事业制成器具，为天下人谋利益，没有比圣人更大的；探究深奥求索隐秘，钩连深处到达远方，用来判定天下的吉凶状况，使天下生生不息源源不断，没有比蓍草龟壳更大的。因此，天生神妙之物，圣人以它为法则；天地呈现变化，圣人向它效仿；天悬挂景象彰显吉凶，圣人从中获取卦象；黄河出现河图，洛水出现洛书，圣人把它作为法则。易经有蓍龟、天地变化、天垂象和河图洛书等四个获取卦象的来源，用它来显示事物奥秘；将卦爻辞系挂在卦上，用它来告知人们有关内容；卦爻辞能确定吉凶状况，用它来对事情进行裁断。

【注释】立功之"功"，事情，工作；事业，功业等。立功是设立工匠事业的意思，与现代立功为建立功勋的意思有所不同。赜（ze2），幽深，深奥。亹亹（wei3），勤勉不倦的样子；运行不息的样子；深远的样子，《古代汉语词典》取此意。易有四象，特指前面提到的四种情况，分别指用蓍草龟壳占卜、天地呈现变化、天垂象和河图洛书等。这四种情形或现象成为获取卦象的来源或载体。可见，取象的方法很多，并非只有占卜一种方式。

《传习录》第二四七章写到，问："《易》，朱子主卜筮，程传主理，何如？"先生曰："卜筮是理，理亦是卜筮。天下之理，孰有大于卜筮者乎？只为后世将卜筮专主在占卦上看了，所以看得卜筮似小艺。不知今之师友问答、博学、审问、慎思、明辩、笃行之类，皆是卜筮。卜筮者，不过求决狐疑，神明吾心而已。《易》是问诸天，人有疑，自信不及，故以《易》问天。谓人心尚有所涉，惟天不容伪耳。"朱子，朱熹；程传，指程颐著《周易程氏传》。王阳明从圣贤的高度和境界来看待卜筮，他认为卜筮只不过是人们用来寻求解决疑难问题的手段、方式和途径而已，可以涵盖应用于诸多领域，主要目的是致良知，明白事理，解决问题，指导人们正确行动。如果仅仅将卜筮视为占卦获得吉凶结果，而不把修身养德作为目的，那么卜筮就沦为小技艺了。

易曰："自天佑之，吉无不利。"子曰："佑者，助也。天之所助者，顺也；人之所助者，信也。履信思乎顺，又以尚贤也。是以自天佑之，吉无不利也。"子曰："书不尽言，言不尽意。"然则圣人之意，其不可见乎？子曰："圣人立象以尽意，设卦以尽情伪，系辞焉以尽其言，变而通之以尽利，鼓之舞之以尽神。"

【译文】易经说："来自老天护佑，吉祥无不适宜。"孔子说："佑就是帮助的意思，老天所帮助的对象是顺应自然规律的人，人愿意帮助的对象是讲诚信的人。履行诚信并想着按自然规律做事，又能用来崇尚贤良。这才是自天佑之、吉无不利的原因。"孔子说："文字不能完全表达语言，语言不能完全表达意思。"那么难道圣人的思想就不能表现出来了吗？孔子说："圣人建立物象以求完全表达思想，设立卦画以求完全辨别真伪，系挂文辞在卦画上以求把语言完全表达出来，通过变化使事物通达以求把有利因素完全发挥出来，通过鼓舞人心振奋精神将易经的神妙功能完全发挥出来。"

【注释】"自天佑之，吉无不利。"这是大有卦上九的爻辞，也是历来为人们所喜爱的爻辞。但是老天的护佑是有条件的，并非什么人什么事都给予护佑，孔子这段话便是就这个问题进行具体说明。圣人立象以尽意，这句话反映了古时圣人对形象思维方法的自觉主动的运用，目的在于寓理于象，以象说理。形象思维本来就是未产生语言文字之前上古人类的思维方式，只不过是有了语言文字之后，人们逐渐用抽象思维取代了形象思维，以至于将原本的形象思维淡忘了。因此，圣人以建立具体物象的形象思维方式表达思想，达到形象思维与抽象思维的有机统一，可以有效地弥补仅仅以语言文字作为介质的抽象思维的不足。这也是我的《周易诠解》"卦象寓义"部分设置的初衷和特色所在。

乾坤其易之蕴邪？乾坤成列，而易立乎其中矣。乾坤毁，则无以见易。易不可见，则乾坤或几乎息矣。是故形而上者谓之道，形而下者谓之器，化而裁之谓之变，推而行之谓之通，举而错之天下之民谓之事业。

【译文】乾卦坤卦大概蕴藏着易经主要思想吧？乾卦坤卦排成序列，而易经的主要思想就确立在其中了。乾坤毁灭了，易经的主要思想也就无从体现了。易经主要思想体现不出来,那么乾坤的功用也就可能接近停息了。因此,超越事物形态之上的称之为道,体现在事物形态之下的称之为器,根据道的演化状况作出裁定判断称之为变,推动道使之实行称之为通,高举道的精神并将其用在天下百姓身上称之为事业。

【注释】邪(ye2),古同"耶"。错,通"措",放,放置,引申为用在。"形而上者谓之道,形而下者谓之器。"这句话非常有名,它提出了道的概念。因此,易经被视为道家文化的源头,一些人便误以为易经是道家的东西。其实儒家、释家也是讲道的,道不是道家的专利。通俗地讲,道就是不移人们意志为转移的客观存在的天体日月星辰和自然万事万物的运行规律。因此,道的内涵外延涵盖了整个宇宙,而易经是揭示宇宙周期性变化的大规律,因而易经与道在某种意义上讲是相同的概念,道便是易,易便是道。易道与儒、道、释三家之道,既有联系又有区别。在范围上,易道大于儒、道、释三家之道;在时间上,易道先于儒、道、释三家之道,同时在内涵上,易道在发展传承过程中并非独立存在,而是融入于儒、道、释三家的道之中,它们相互融合,相互促进,相辅相成,有机统一。

是故,夫象,圣人有以见天下之赜,而拟诸其形容,象其物宜,是故谓之象。圣人有以见天下之动,而观其会通,以行其典礼,系辞焉以断其吉凶,是故谓之爻。极天下之赜者存乎卦;鼓天下之动者存乎辞;化而裁之存乎变;推而行之存乎通;神而明之存乎其人;默而成之,不言而信,存乎德行。

【译文】因此,关于卦象,是有的圣人因为发现了天下事物的深奥道理,从而模拟出它的形状容貌,像原物一样适宜,所以称之为卦象。有的圣人因为发现了天下事物的运动规律,从而通过观察实践使其融会贯通,由此形成并推行典籍礼法制度,将文辞系挂在卦上用来判断吉凶,所以称之为爻。穷极天下深奥道理在于卦;鼓励天下积极行动在于卦爻辞;为化解困厄而裁断吉凶在于变化;推崇易经使其风行传播在于通达;使易经发挥神妙而光明的功用在于特定的人;默默地成人之美,不说话便能体现诚信,在于合乎道德的行为。

【注释】诸，"之于"的合词。形容，形状和容貌。象其物宜，象，模拟，描摹；相像，相似等。此句可有两种理解，一种是模拟事物的样貌；另一种是指模拟出来的状貌与原物几乎一模一样。本人倾向于后者，因为前者与"拟诸其形容"意思重复，实际意义不大；反过来说，假如前者是作者的原意，那么句式应当类似于前句，写成"象诸其物宜"更加合理，而事实上并无"诸"字。如果作后者理解则问题迎刃而解，而且更加合乎情理。神而明之存乎其人，其人不是一般人，而是指特定的人，有人将其译成圣人，没有错但不是最佳，将易经神妙光明功能发扬光大的人应当包括圣人、贤达在内的一大批易学者。默而成之，成什么没有说，有人解释为成卦象，也可以但不是最好。从后句信、德行来看，省略的主体应当指类似君子的群体，如果解释为成卦象，从前后内容逻辑关系上看似乎不相协调，因此本人将其译作成人之美、成全他人或成就事物，意韵更加连贯。

系辞下传译注

八卦成列，象在其中矣。因而重之，爻在其中矣。刚柔相推，变在其中矣。系辞焉而命之，动在其中矣。吉凶悔吝者，生乎动者也。刚柔者，立本者也。变通者，趋时者也。吉凶者，贞胜者也。天地之道，贞观者也。日月之道，贞明者也。天下之动，贞夫一者也。

【译文】八卦排成序列，卦象就在其中了。两个经卦顺着一定次序而重叠，爻就在其中了。阳刚阴柔相互作用，变化就在其中了。系挂文辞而赋予概念表达内容，行动指向就在其中了。吉、凶、悔、吝是在人们行动中产生的。阳刚阴柔是确立事物的根本。通过调整变化能实现通达的人，是顺应时势而行动的人。吉凶，是指从正义视角考察事物，在阴阳两大因素的较量中取胜方所代表的状况。天地自然运行规律，是坚守正道观察实践所获得的结果。日月运行之道，是正大光明的体现和要求。天下万物的运动，是正常状态下最终归一的大道规律发生作用的结果。

【注释】因，根据，按照，顺着。趋，跑，疾走，特指礼貌性的小步快走，表示恭敬；奔向，奔赴；追逐等。趋时，言顺应时势，随时势变通。吉凶者，贞胜者也。这是对吉凶概念所下的定义，也就是说什么叫吉，什么叫凶？任何事物内部都是阴阳两方面因素相互作用的对立统一体，也可理解为正负两大阵营或正反两股势力处于交战对垒之中，获胜方为吉，战败方为凶；如正方获胜，则正方吉反方凶；如反方获胜，则反方吉正方凶。可见，吉凶是相对的，不同的主体有不同的吉凶，同时吉凶是有道德性的。比如，对小偷来说，偷到东西是吉，行窃时被抓是凶；作为物主来看，东西被偷为凶，抓住小偷为吉。所以，评价吉凶时就有站在谁的立场的问题，因而前面加了限定语"贞"，贞即"正"，坚守正道，主持正义，出于正当动机等。提示人们要站在正义立场看待吉凶，而不能站在类似小偷的非正义立场来看待吉凶。吉凶并非做事的唯一标准，道义要求该做的事，即是凶也必须做；道义要求不能做的事，即是吉也不能做。贞夫一者也的"一"，是指支配天下万物运动的客观规律总和，归结为一，与太极、道等概念相仿。

夫乾，确然示人易矣；夫坤，隤（tui2）然示人简矣。爻也者，效此者也。象也者，像此者也。爻象动乎内，吉凶见乎外，功业见乎变，圣人之情见乎辞。天地之大德曰生，圣人之大宝曰位。何以守位? 曰仁。何以聚人? 曰财。理财正辞，禁民为非，曰义。

【译文】乾阳明确地显示给人以平易，坤阴安顺地显示给人以简便。爻就是效仿这些，象就是模拟这些。爻象在卦内变动，吉凶在卦外表现出来，成效业绩在事物变化中表现出来，圣人的思想情态在卦爻辞中表现出来。天地的明显特征是创生，圣人的重大法宝是地位。用什么守住地位? 它叫仁德；用什么凝聚人? 它叫财富。获取财富要名正言顺，禁止百姓胡作非为，这叫道义原则。

【注释】隤（tui2），坠下，崩塌；使倒塌，落；降，降下；倒，跌倒；安顺；水地下流动等。隤然，安顺的样子。理财，理，治理，管理，理财，治理财富，引申为获取财富或积累财富。

古者包牺氏之王天下也，仰则观象于天，俯则观法于地，观鸟兽之文与地之宜，近取诸身，远取诸物，于是始作八卦，以通神明之德，以类万物之情。作结绳而为网罟（gu3），以佃（tian2）以渔，盖取诸离。

【译文】古代伏羲氏统治天下，抬头观察天文景象，低头观察大地法则，观察鸟兽羽毛皮毛的花纹与大地相协调的情况，就近取材于自身，往远取材于各种事物，在这样的基础上开始创作八卦，用来通达神圣光明的品德，用来类推万物的形态。创作出结绳为网的方法，用来狩猎捕鱼，大概取象于离卦。

【注释】包牺氏，即伏羲氏。王（wang4），动词，称王，统治天下。诸，"之于"的合词。作，创作，制造。类，类推，类比。罟（gu3），网。佃（tian2），打猎。

包牺氏没，神农氏作。斲（zhuo2）木为耜（si4），揉木为耒（lei3），耒耨（nou4）之利，以教天下，盖取诸益。日中为市，致天下之民，聚天下之货，交易而退，各得其所，盖取诸噬嗑。神农氏没，黄帝、尧、舜氏作，通其变，使民不倦，神而化之，使民宜之。易穷则变，变则通，通则久。是以"自天佑之，吉无不利"。黄帝、尧、舜垂衣裳而天下治，盖取诸乾坤。

【译文】伏羲氏终了之后，神农氏兴起。削木做成像锹的农具，使木变形做成叉形尖头的农具，把用农具除草的好处教给天下百姓，大概取象于益卦。在太阳当头的正午开设市场，召集天下百姓，聚集天下货物，相互交换之后离开市场，各自得到想得到的东西，大概取象于噬嗑卦。神农氏终了之后，黄帝、尧、舜兴起，他们融通各种变化，使百姓不厌倦，以神妙的效果教化民众，使百姓的行为保持适宜。易经倡导困穷就要设法改变，改变就能通达，通达就能持久。因此"来自老天的护佑，吉祥无所不宜"。黄帝、尧、舜只需将宽松的衣裳自然下垂，便能使天下得到治理，大概取象于乾坤两卦。

【注释】没（mo4），完了，终了；极尽，尽头；消灭，消亡；死亡，寿终等。神农氏，即炎帝。斲（zhuo2），砍，削。耜（si4），古代一种农具，安在耒的下端，形状如锹，用于翻土。揉，通"煣"，使木变形，使弯曲，或使直。耒（lei3），上古木制翻土农具，叉形，尖头；耒耜的曲柄。耨（nou4），除草的农具；除草。倦，疲劳；厌倦。垂衣裳，这是一种比喻，指黄帝、尧、舜等首领只需穿着宽松服饰，自然下垂，轻松地就把天下治理好了，而用不着卷衣挽袖亲自劳作，关键得益于乾坤、君臣、上下的密切配合与协作。乾坤，乾代表衣（上衣），坤代表裳（下衣），下衣匹配上衣，坤阴配合乾阳。此段揭示了乾坤两卦所包含的君臣分工、上下配合、密切协作从而使天下得到治理的道理。

刳（ku1）木为舟，剡（yan3）木为楫（ji2），舟楫之利，以济不通，致远以利天下，盖取诸涣。服牛乘马，引重致远，以利天下，盖取诸随。重（chong2）门击柝（tuo4），以待暴客，盖取诸豫。断木为杵（chu3），掘地为臼（jiu4），杵臼之利, 万民以济, 盖取诸小过。弦木为弧, 剡木为矢, 以威天下, 盖取诸睽。

【译文】挖空树木制作舟船, 削木做成船桨, 用舟船船桨的便利功能, 渡过陆路不通的水域, 到达远方为天下百姓带来便利, 大概取象于涣卦。驯服牛骑乘马, 拉拽重物到远方, 给天下百姓带来便利, 大概取象于随卦。走过一道道门击打柝子, 用来预防偷抢盗贼, 大概取象于豫卦。截断树木做成木锤, 挖掘地面做成臼穴, 百姓用它春粮, 大概取象于小过卦。将弦安在木上做成弓, 削尖木棍做成箭, 用来扬威天下, 大概取象于睽卦。

【注释】刳(ku1), 剖, 剖开; 挖空; 开凿。剡(yan3), 削。楫(ji2), 船桨。柝(tuo4), 梆子, 古代巡夜时用以报更的木梆。杵(chu3), 春米、捶衣、筑木等捣物用的棒槌或木棒; 用杵春捣。臼(jiu4), 古人为春米在地上掘成的坑, 后多用木石为之。弦, 弓弦。弧(hu2), 木弓。

上古穴居而野处, 后世圣人易之以宫室, 上栋下宇, 以待风雨, 盖取诸大壮。古之葬者, 厚衣之以薪, 葬之中野, 不封不树, 丧期无数。后世圣人易之以棺椁, 盖取诸大过。上古结绳而治, 后世圣人易之以书契, 百官以治, 万民以察, 盖取诸夬。

【译文】上古时人们居住在洞穴并在野外活动, 后世圣人改变了这种生活方式代之以宫殿屋宇, 上面是栋梁下面是屋宇空间, 用来遮风挡雨, 大概取象于大壮卦。古时葬人时, 用柴草厚厚地将其包裹, 葬在不近不远的野地, 不埋土不树碑, 守丧期限不固定。后世圣人改变做法代之以棺材椁木, 大概取象于大过卦。上古时用结绳记事来治理天下, 后世圣人改变做法代之以书写和刀刻, 各级文武官员得以治理, 百姓大众的民生状况得以体察, 大概取象于夬卦。

【注释】书契, 书, 书写; 契, 古代龟卜时用以钻凿龟甲的工具。

是故易者, 象也。象也者, 像也。彖者, 材也。爻也者, 效天下之动者也。是故吉凶生而悔吝著也。阳卦多阴, 阴卦多阳, 其何故也? 阳卦奇, 阴卦耦。其德行何也? 阳一君而二民, 君子之道也。阴二君一民, 小人之道也。

【译文】所以易经显示出来的是卦象，卦象便是模拟并反映自然万物景象和人文社会现象的，象就是对卦的含义意境作出裁定判断，爻就是效仿天下万事万物的运动情况。因此吉凶产生了，并且悔恨、遗憾的结果非常明显。阳卦阴爻多，阴卦阳爻多，这是为什么呢？因为阳卦用奇数表示，阴卦用偶数表示。其道德品行如何？阳卦类事物是一位君主率领两位平民，这是君子的行为方式；阴卦类事物是两位君主管理一位平民，这是小人的行为方式。

【注释】材，通"裁"。耦，通"偶"。

易曰："憧憧往来，朋从尔思。"子曰："天下何思何虑？天下同归而殊途，一致而百虑。天下何思何虑？日往则月来，月往则日来，日月相推而明生焉。寒往则暑来，暑往则寒来，寒暑相推而岁成焉。往者屈也，来者信也，屈信相感而利生焉。尺蠖（huo4）之屈，以求信也；龙蛇之蛰，以存身也。精义入神，以致用也；利用安身，以崇德也。过此以往，未之或知也；穷神知化，德之盛也。"

【译文】易经说："心潮起伏频繁往来，情侣顺从了你的心思。"孔子说："天下人思念什么、忧虑什么？天下人虽然各自行走在不同的道路上，但最终的归宿是相同的；天下人各自有千奇百怪的想法，但最终归结于共同的认识。天下人思念什么、忧虑什么？太阳走了，月亮到来；月亮走了，太阳到来。太阳、月亮相互配合交替推进，使得天下展现光明。寒冷走了暑热到来，暑热走了寒冷到来，寒冷、暑热相互配合交替推进完成了年岁更迭。过去的卷屈，将来的伸展，卷屈与伸展相互感应配合好处便从中产生了。毛毛虫卷屈身子，是为了伸展身体往前爬行。龙蛇冬眠蛰伏是为了保存身体性命。精微道义出神入化，是为了经世致用。适宜用来安身立命的法宝，是崇尚道德修养。过了此时再往前发展，虽然未到那个时间，但也有可能预知届时的情况。穷尽神妙功能而达到以智慧教化天下，正是道德的最高境界。"

【注释】"憧憧往来，朋从尔思。"这是咸卦九四的爻辞。憧憧（chong1），摇曳不定的样子；来往不绝的样子。焉，那里。信，通"伸"。尺蠖，蠖（huo4），蛾的幼虫，即毛毛虫。毛毛虫很短，为何称其为尺蠖？一是毛毛虫屈体时形状如同"尺"字;二是毛毛虫是直的,形似直尺;三是毛毛虫有格子花纹,与尺子的一寸一格的花纹相似。未之或知,不少版本译成不知、不清楚,值得商榷。未,是尚未、没有;之,是动词,去、往、到达等,未之,是指尚未到达那个时间节点或地方。或是也许,可能。

易曰:"困于石,据于蒺藜,入于其宫,不见其妻,凶。"子曰:"非所困而困焉,名必辱。非所据而据焉,身必危。既辱且危,死期将至,其妻可得见邪?"易曰:"公用射隼(sun3)于高墉之上,获之,无不利。"子曰:"隼者,禽也;弓矢者,器也;射之者,人也。君子藏器于身,待时而动,何不利之有?动而不括,是以出而有获,语成器而动者也。"

【译文】易经说:"受困于乱石丛中,被荆棘缠阻,回到家里,不见妻子,凶险"孔子说:"不该困厄的地方却困厄在那儿了,名声必定受辱;不该拮据的地方却拮据在那儿了,人身必定危险。既耻辱又危险,死期就将到来,怎么能见得到妻子呢?"易经说:"王公在高大城墙上射击鹞鹰,并将其擒获,没有什么不适宜的。"孔子说:"隼就是鸟禽,弓箭是器械,射鸟的是人。君子随身携带器械,等待时机而采取行动,哪有什么不适宜的?行动而不拘泥,所以出手就有收获,说的便是成就器具功能而付诸行动的人。"

【注释】"困于石,据于蒺藜,入于其宫,不见其妻,凶。"这是困卦六三的爻辞。据,拮据,处境窘迫。蒺藜,草名,又名茨,茎杆坚韧,长有坚硬尖锐的棘,像锯齿,类似荆棘,但比普通荆棘更加粗壮、坚硬和锐利。焉,代词,那里,那儿等。"公用射隼于高墉之上,获之,无不利。"这是解卦上六的爻辞。括,结扎、捆束的意思,引申为拘泥、拘束。不括,就是不受条条框框、陈规陋习束缚。隼(sun3),猛禽、鹰类,俗称鹞子,一种恶鸟,是邪恶奸佞之徒的象征,与狐狸的寓意有相似之处。墉,是城墙。

子曰:"小人不耻不仁,不畏不义,不见利不劝,不威不惩;小惩而大诫,此小人之福也。《易》曰:'屦(ju4)校灭趾,无咎。'此之谓也。""善不积,不足以成名;恶不积,不足以灭身。小人以小善为无益而弗为也,以小恶为无伤而弗去也。故恶积而不可掩，罪大而不可解。《易》曰：'何校灭耳，凶。'"

【译文】孔子说："小人没有羞耻没有仁德，无所敬畏不讲道义，若没有发现好处就不会受到教化，不施以威严就起不到惩戒效果，施以小惩罚而给以大训诫，这是小人的福气。易经说戴着脚镣遮没了脚，没有灾祸，说的就是这个意思。""不积累善行不足以形成贤善名声，不积累恶行不足以自取灭亡，小人以为小善没有益处而不去做，以为小恶没有害处而不去掉，因此累积恶行大到难以掩盖，罪责大到没有办法化解，这便是易经所说肩扛枷锁遮蔽耳朵、凶险的含义。"

【注释】屦（ju4），用麻葛等物制成的鞋，类似草鞋；践踏。屦校，给脚戴上刑具。趾（zhi3），脚。注意不是指脚趾或脚指头。何，通"荷"，负重，扛、戴、背等意思。校（jiao4），古代枷械一类的刑具。

子曰："危者，安其位者也；亡者，保其存者也；乱者，有其治者也。是故君子安而不忘危，存而不忘亡，治而不忘乱，是以身安而国家可保也。《易》曰：'其亡其亡，系于包桑。'"子曰："德薄而位尊，知小而谋大，力小而任重，鲜不及矣。《易》曰：'鼎折足，覆公餗（su4），其形渥（wo4），凶。'言不胜其任也。"

【译文】孔子说："面临危险的事物，是目前处于安固位置的事物；即将消亡的事物，是目前受到保护而存在的事物；即将混乱的秩序，是目前治理良好的秩序。因此，君子安全时不能忘记危险，存在时不能忘记消亡，治理时不能忘记混乱，因而才能安己之身而保诸侯之国保大夫之家。易经说，小心灭亡，小心灭亡，犹如命悬席草根茎或桑树枝条。"孔子说："德行低下而居高位，智慧不足而谋大事，力量弱小而扛重物，灾祸很少有不上身的。易经说鼎足折断，王公的菜粥倒洒一地，凶险。说的就是不能胜任重任的情形。"

【注释】"其亡其亡，系于包桑。"这是否卦九五的爻辞。安危、存亡、治乱都是相对的概念，孔子这段话体现了我国古代朴素的辩证法。安危、存亡、治乱是阴阳关系，是对立统一的矛盾，两者相互作用，相互依存，相互转化，相辅相成。认识到这个规律，才能顺应规律，运用规律，知行合一，产生实效。"鼎折足，覆公䰰（su4），其形渥，凶。"这是鼎卦九四的爻辞。孔子倡导德与位要相配、智与谋要相适、力与任要协调，否则就会自招祸殃。这一理念影响深远，在今天看来仍具有重要的现实意义。

子曰："知几其神乎？君子上交不谄，下交不渎，其知几乎？几者，动之微，吉之先见者也。君子见几而作，不俟终日。《易》曰：'介于石，不终日，贞吉。'介如石焉，宁用终日，断可识矣。君子知微知彰，知柔知刚，万夫之望。"子曰："颜氏之子，其殆庶几乎？有不善，未尝不知，知之，未尝复行也。《易》曰：'不远复，无祗（qi2）悔，元吉。'"

【译文】孔子说："知悉事物之微奥是多么神奇啊！君子与上层交往不谄媚讨好，与下层交往不傲慢懈怠，算得上知悉事物之微奥了吧？所谓微奥，是指事物发生细微变化，吉祥乍现的征兆。君子发现细微变化随即采取相应行动，而不需要再观望等待一整天。易经说：'以石碑确定边界，用不了一整天，守正吉祥。'界碑就像石头那样立在那里，哪里用得了一天时间？一定可以识别边界线就在那里。君子善知细微之物和明显之物，善知柔弱之物和刚强之物，这是万民所期望的。"孔子说："颜家的孩子，他恐怕称得上贤者吧！自己有不好的地方没有不知道的，知道了就没有重复发生的。易经说：'行走不远便回复正道，没有大悔，最为吉祥。'"

【注释】"介于石，不终日，贞吉。"这是豫卦六二的爻辞。"不远复，无祗（qi2）悔，元吉。"这是复卦初九的爻辞。祗（qi2），大的意思。

天地氤氲（yin1 yun1），万物化醇。男女构精，万物化生。《易》曰："三人行则损一人，一人行则得其友。"言致一也。子曰："君子安其身而后动，易其心而后语，定其交而后求。君子修此三者，故全也。危以动，则民不与也。惧以语，则民不应也。无交而求，则民不与也。莫之与，则伤之者至矣。《易》曰：'莫益之，或击之。立心勿恒，凶。'"

【译文】天地阴阳二气融合交流，使万物演化呈现出纯粹质朴的始生形态。男女、公母、雌雄等两性阴阳精血、精气交流融合，使万物得以繁衍生息。易经说："三个男人同行, 则减少一个同伴; 一个男人独行, 则能得到女性伴侣。"所说的是阴阳合二为一。孔子说: "君子要先使百姓有安身之所, 然后采取施政行动; 先使百姓心态平静下来, 然后与他们进行沟通交流; 先确定与百姓的友好交往, 然后对百姓提出治理要求。君子能加强这三方面的修养, 所以处事周全。如果百姓处于危难之中, 要他配合你的施政行动, 百姓是不会参与的; 百姓见到你就感到恐惧, 你与他说话, 他们是不会理你的; 你与百姓没有交情却要求他们做这做那, 他们是不会配合的。没有利益给予百姓, 那么揍他的人就将到来。因此, 易经说: '没有施益给百姓, 遭到有人打击, 因为所确立的志向理念不能恒常坚守, 凶险。'"

　　【注释】 "三人行则损一人, 一人行则得其友。"这是损卦六三的爻辞。氤氲 (yin1 yun1), 也写作絪缊、茵蒕、烟煴, 烟气弥漫的样子, 湿热之气、清浊之气、阴阳之气等处于浓郁交融的状态, 天地絪缊就是指天地产生前夕所呈现的混沌状态, 也就是太极状态。醇, 据《古代汉语词典》, 一是酒味浓厚; 二是通"淳", 淳朴、质朴; 三是通"纯", 纯一不杂、精粹。此处采用后两者的解释, 适当结合前者的意韵, 应当理解为万物的原始形态、原生态和纯粹质朴的始生形态。构, 通"媾"。《古代汉语词典》解释, 构, 繁体字为"構、搆", 一是搭架, 构筑, 引申为建筑、房屋; 二是交结、连结; 三是集结、构成; 四是构思、写作; 五是通"媾"等。媾, 一是交互为婚, 亲上加亲的婚姻。二是阴阳交合, 李白《草创大还赠柳官迪》诗: "造化合元符, 交媾腾精魄。"三是讲和。四是厚待、厚爱。此处的"构"主要意思是阴阳交合, 与李白诗句意境完全吻合。男女交合之"媾"是由"構"字演变而来的。中国古代有种木结构叫榫 (sun3) 卯结构, 是指两个木构件上采用凹凸连接方式联接成整体组合件, 凸出部分叫榫, 凹进部分叫卯。由此引申出"媾"的男女交合含义。《古代汉语词典》列有"构精"词语, 解为"指两性交合。《周易·系辞下》: '男女~~, 万物化生'"精,《古代汉语词典》解释, 一是精米, 上等米, 变精、精选; 二是事物的精华; 三是精灵、精怪; 四是精液,《周易·系辞下》: "男女构~, 万物化生。"五是古代认为万物藉以繁衍生殖的精气、灵气,《老子·五十五章》: "骨弱筋柔而握固, 未知牝牡之合而全作, 精之至也。"六是精力、精神等等。此处主要指四、五所表示的意思。"莫益之, 或击之。立心勿恒, 凶。"这是益卦上九的爻辞。孔子这段话阐述了君子与民众互动交流的原则要求, 对于今天党政干部如何贯彻以人民为中心的思想,如何执政为民，如何处理与人民群众的关系有重要的指导借鉴意义。

子曰："乾坤其易之门邪？乾，阳物也；坤，阴物也。阴阳合德，而刚柔有体，以体天地之撰，以通神明之德。其称名也，杂而不越。于稽其类，其衰世之意邪？""夫易，彰往而察来，而微显阐幽。开而当名辨物，正言断辞则备矣。其称名也小，其取类也大，其旨远，其辞文，其言曲而中，其事肆而隐，因贰以济民行，以明失得之报。"

【译文】孔子说："乾坤两卦大概是走进易经的大门吧？乾卦代表阳刚事物，坤卦代表阴柔事物。阴阳融合各自特性，刚健柔弱各有形体，用来体现天地自然的变化规律，用来通达神妙光明的品德行为。易经命名的卦名，繁杂但互不越界。从考察它的各类情况看，易经大概反映出衰世的意思吧？""易经，彰显过往而察知未来，进而从显象中发掘微奥，从隐幽中阐发哲理，在开导人们时，用恰当的名称分辨事物，用正当言论形成判断卦爻辞，达到了完备程度。给卦命名虽是小事，但它所涵盖的事物种类却很庞大，其主旨深远，其言辞华美，其语言委婉而中肯，其叙事显明而深奥，凭借这些协助功能来扶助百姓行动，以使百姓明白丧失与获得的回报。"

【注释】撰（zhuan4），天地阴阳等自然现象的变化规律。开，开导，启发。肆，显明。贰，协助。

《易》之兴也，其于中古乎？作《易》者，其有忧患乎？是故履，德之基也；谦，德之柄也；复，德之本也；恒，德之固也；损，德之修也；益，德之裕也；困，德之辨也；井，德之地也；巽，德之制也。履和而至，谦尊而光，复小而辨于物，恒杂而不厌，损先难而后易，益长裕而不设，困穷而通，井居其所而迁，巽称而隐。履以和行，谦以制礼，复以自知，恒以一德，损以远害，益以兴利，困以寡怨，井以辨义，巽以行权。

【译文】易经的兴起大概在中古吧？创作易经的人大概有忧虑和担心吧？所以，履卦讲的是德的基础，谦卦讲的是德的关键，复卦讲的是德的根本，恒卦讲的是德的稳固，损卦讲的是德的修养，益卦讲的是德的充裕，困卦讲的是德的辨别，井卦讲的是德的处所，巽卦讲的是德的制度。履卦反映了中和而适当状态，谦卦反映了尊崇与光明，复卦反映了从细微处分辨事物的发展趋势，恒常反映了事物虽然繁杂却不使人厌烦，损卦反映了先困难然后容易，益卦反映了长期充裕而不做作，困卦反映了由穷困走向通达的过程，井卦反映了水井只能建在有水源的特定场所而后人们迁至这里生活，巽卦反映了向公众宣告事项但该保密的应当保密。履卦用来包容协调不同行为，谦卦用来制定礼仪规范，复卦用来自我反省提升良知，恒卦用来涵养专一德行，损卦用来远离弊害，益卦用来兴办福利，困卦用来减少怨恨，井卦用来辨别道义，巽卦用来行使权力。

【注释】设，模拟，假装。称，称述，称道；称呼，称为等，引申为宣称、宣布、公布等。巽称而隐，巽卦是风，象征君王发布命令，如同风行天下，但是位分上下，事分内外，有些事要昭告天下，有些事必须控制在一定范围内，不是什么事都适宜公开的，该公开的必须公开，不该公开的必须保密。比如，发生了大规模瘟疫，必须发布消息通告百姓加强预防，提醒勤洗手，少出门，注意休息，做好防范，但不宜将灾害的严重程度及病死情况毫无保留地和盘托出，免得引起社会的恐慌和混乱。巽以行权之"权"，既可解释为权力、权势，又可解释为权宜、变通。由于巽卦的卦意主要与传达君命有关，因此权力特征非常明显，因而本人倾向于前一种解释。

易之为书也不可远，为道也屡迁，变动不居，周流六虚，上下无常，刚柔相易，不可为典要，唯变所适。其出入以度，外内使知惧，又明于忧患与故，无有师保，如临父母。初率其辞而揆其方，既有典常。苟非其人，道不虚行。

【译文】易经作为一本书是人们生活中不可远离的，用它来指导顺应自然规律的方式经常发生变迁，变化运动不会停止，周遍流通到六爻所代表的上下、左右、前后六个方向的空间，上上下下没有经常不变的模式，阳刚与阴柔相互变易转化，不可把它看成是典籍机要文书不能更改，只有变化才是适当的。人们出入时用易经预测考量，无论身在外还是在内都使人知道有所戒惧，并使他们明白忧虑担心及其缘由，虽然没有老师和看护人在身边，就像父母在身边一样。起初，运用卦爻辞来琢磨解疑释惑的方式方法, 逐渐形成习惯常态。对于不是这样去做的人, 易经所揭示的自然规律是不会凭空自己运行的。

【注释】六虚, 一是指卦画有六个爻, 二是指空间有上下、前后、左右六个方面。要 (yao4), 关键, 要领; 主要、简要; 重要等, 引申为重要文件、机要文书等。率, 率领, 带领; 做, 从事等。揆, 度量, 考察, 引申为测量, 估量。词语揆度, 揣度, 估量的意思。

《易》之为书也, 原始要终, 以为质也。六爻相杂, 唯其时物也。其初难知, 其上易知, 本末也。初辞拟之, 卒成之终。若夫杂物撰德, 辨是与非, 则非其中爻不备。噫! 亦要存亡吉凶, 则居可知矣。知者观其彖辞, 则思过半矣。二与四, 同功而异位, 其善不同, 二多誉, 四多惧, 近也。柔之为道, 不利远者, 其要无咎, 其用柔中也。三与五, 同功而异位, 三多凶, 五多功, 贵贱之等也。其柔危, 其刚胜邪?

【译文】易经作为一部书, 探究事物初始状态, 概括事物发展终局, 这是它的本质。六个爻相互交杂, 只能是反映顺应时势的事物。事物在初爻时难以知晓, 在上爻时就容易知晓了, 它代表事物的开始和结尾。从初爻开始按照卦爻辞模拟研判它, 结束时就会在上爻体现成效。如果要使繁杂的事物保持各自功能特征, 辨别是非, 那么不是中间四个爻是不能做到完备的。啊, 要知道存在、消亡、吉祥、凶险, 那么看看处在哪个爻位就知道了。有智慧的人看看象辞, 就能想到一大半情况了。二爻与四爻, 功能相同位置不同, 其好坏程度不同, 二爻可获得很多荣誉, 四爻却有许多的恐惧, 因为他离九五君王太近了。柔爻事物要认识并运用自然规律, 不适宜远离刚爻, 关键在于做到没有过失, 他的功用是发挥阴柔特长和保持守中品德。三爻与五爻, 有同样的功能却有不同的位置, 三爻存在许多凶险, 五爻却能获得许多功劳, 这是因为尊贵和卑贱的等级差别造成的。大概是在三五爻位上柔爻危险、刚爻能胜任吧?

【注释】原, 推究, 考察。要 (yao4), 总括, 概括。质, 本质, 本体; 质地, 底子。撰 (zhuan4), 持; 具备, 才具等。其要无咎之 "要" (yao4), 关键, 要领; 主要，简要；重要等。其柔危，其刚胜邪？其，表示疑问语气，是种委婉的说法，相当于大概、也许、可能等。由于三五为阳爻位，阳爻居阳位是当位，阴爻居阳位则不当位，因此如果是阴爻处于三五的爻位上则存在风险因素，故有"柔危"之说；而阳爻居于三五爻位上却是能够胜任的体现，故有"刚胜"之说。

《易》之为书也，广大悉备，有天道焉，有人道焉，有地道焉。兼三才而两之，故六；六者非它也，三才之道也。道有变动，故曰爻；爻有等，故曰物；物相杂，故曰文；文不当，故吉凶生焉。易之兴也，其当殷之末世、周之盛德邪？当文王与纣之事邪？是故其辞危。危者使平，易者使倾，其道甚大，百物不废。惧以终始，其要无咎，此之谓易之道也。

【译文】易经作为一部书，宽广博大齐全完备，有天体运行规律，有人文运行规律，有大地运行规律。兼顾了天、人、地三类事物，每类事物用两个爻表示，因此一个别卦有六个爻。六个爻不是别的，它反映了天、人、地三类事物的运行规律。规律的表现是变化动态的，因此称其为爻。爻是有等级差别的，因此称其为物。事物相互交杂，因此称其为文；如果事物处于交杂不当的状态，吉凶就在那里产生了。易经的兴起，大概是殷商末期、周朝兴盛德治的时期吧？应当是周文王与商纣王有交集的时候吧？因此，易经的卦爻辞蕴含着危机意识。危险能使事物变成平易，平易却能使事物变成倾覆，其中的规律适用范围广大，百物都不会被它废弃。始终保持警惕，关键在于做到没有灾祸，这就是所称的易经之道的内涵所在。

【注释】焉，代词，那里。倾，倒塌，倾覆。惧，戒惧，警惕；担心；害怕，恐惧等。危者使平，易者使倾，其道甚大，百物不废。危与平、易与倾是两对反义词，反映了古人的朴素辩证法思维，这也是易经的鲜明特色。强化危机意识可以促进人们积极预防，采取措施，努力行动，从而化解危难，实现转危为安；过惯太平日子，容易使人麻痹大意，疏于防范，丧失斗志，当危险来临时不堪一击，人生事业、江山社稷等就会如同歪斜的大厦倾刻倒塌。类似这样的辩证法道理博大精深，涵盖范围相当广泛，数以百计的事物概莫能外，都包括在它的适用范围之内。其要无咎，学习易经的关键在于做到没有灾祸。这是易经的真谛。学习易经的目的不是为了追求大吉大利，因为大吉大利概率极低而且不能持久，只有无咎是可以做到并且能够持久的, 因此无咎应当成为人们追求的最高境界。

夫乾, 天下之至健也, 德行恒易以知险; 夫坤, 天下之至顺也, 德行恒简以知阻。能说诸心, 能研诸侯之虑, 定天下之吉凶, 成天下之亹亹 (wei3) 者。是故变化云为, 吉事有祥, 象事知器, 占事知来。天地设位, 圣人成能, 人谋鬼谋, 百姓与能。

【译文】乾卦代表天下最刚健的事物, 其卦德和运行是恒常与平易的, 可让人知道危险所在; 坤卦代表天下最为柔顺的事物, 其卦德和运行是恒常与简洁的, 可让人知道艰阻所在。这些易经的道理能够使人内心喜悦, 能够探讨诸侯所担心的问题, 分析判定天下的吉凶, 成就天下生生不息源源不断的良好局面。因此, 易经能够改变教化人们的所言所为, 吉祥的事情事先有祥兆, 研究卦象可用来知道如何制造器具, 占卜可用来预知未来。天地设定位置, 圣明君王成就天地功能, 人的智谋与鬼的智谋相结合, 百姓也参与天地功能的开发应用。

【注释】德行恒易以知险, 德行恒简以知阻。恒易与知险、恒简与知阻存在逻辑关系。乾卦的卦德和运行是恒常平易的, 坤卦的卦德和运行是恒常简洁的, 也就是说人们学习乾卦积极进取的创始精神和坤卦柔顺承载的配合精神, 本来都是恒常稳定、平易、简洁的, 能够帮助人们顺利推进人生事业。但是, 如果有人反其道而行, 偏要违反乾坤法则, 那么恒易就将变成危险, 恒简就将变成艰阻。这些结果是人们学了易经之后可以预知的, 从而也是可以尽可能避免的。研, 研究, 探讨。亹亹 (wei3), 勤勉不倦的样子; 运行不息的样子; 深远的样子, 《古代汉语词典》取此意; 水流进的样子等。变化云为, 变, 改变、变更、调整等; 化, 感化、教化、潜移默化等; 云, 说、讲、言等; 为, 行为、作为、有为等。祥, 祥兆、祥瑞、预兆等。象事, 指研究卦象, 模拟卦象, 从而制作成器具的工作。圣人, 指君王、领袖、三皇五帝等, 如伏羲、炎帝、黄帝、尧、舜、夏禹、商汤、周文王、周武王等等。

八卦以象告, 爻彖以情言, 刚柔杂居, 而吉凶可见矣! 变动以利言, 吉凶以情迁。是故爱恶相攻而吉凶生; 远近相取而悔吝生, 情伪相感而利害生。凡易之情，近而不相得则凶，或害之，悔且吝。将叛者其辞惭，中心疑者其辞枝，吉人之辞寡，躁人之辞多，诬善之人其辞游，失其守者其辞屈。

【译文】八卦以卦象来告知，爻辞和象辞用事物情形说话，刚爻柔爻交错排列，吉凶就可以发现了。变化行动用是否适宜来说，吉凶根据具体情况发生变迁。因此，喜爱与厌恶相互冲突就产生了吉凶，远的近的如何选择便产生了悔恨遗憾，真实与虚伪相互交感而产生利害。大凡易经所反映的情形是，两爻相近而不能相互协调就凶，可能损害对方，就产生悔恨与遗憾。将要背叛者言辞羞惭，内心有狐疑的人说话枝枝蔓蔓，吉祥的人言语少，浮躁的人话多，诬陷好人者说话游移，丧失节操者说话理屈。

【注释】取，提取，引申为采取，择取。情伪，情，真情，实情，引申为情况，情态；伪，人为的；不诚实，诡诈；虚假，假装；非正统的，非法的。《古代汉语词典》解释：情伪，真伪；弊病。

说卦传

　　昔者圣人之作易也, 幽赞于神明而生蓍(shi1)。参(san1)天两地而倚数, 观变于阴阳而立卦, 发挥于刚柔而生爻, 和顺于道德而理于义, 穷理尽性, 以至于命。

　　昔者圣人之作易也, 将以顺性命之理。是以立天之道, 曰阴与阳; 立地之道, 曰柔与刚; 立人之道, 曰仁与义。兼三才而两之, 故易六画而成卦。分阴分阳, 迭用柔刚, 故易六位而成章。

　　天地定位, 山泽通气, 雷风相薄, 水火不相射, 八卦相错。数往者顺, 知来者逆, 是故易逆数也。

　　雷以动之, 风以散之, 雨以润之, 日以晅(xuan1)之, 艮以止之, 兑以说之, 乾以君之, 坤以藏之。

　　帝出乎震, 齐乎巽, 相见乎离, 致役乎坤, 说言乎兑, 战乎乾, 劳乎坎, 成言乎艮。万物出乎震, 震, 东方也。齐乎巽, 巽, 东南也, 齐也者, 言万物之絜(jie2)齐也。离也者, 明也, 万物皆相见, 南方之卦也, 圣人南面而听天下, 向明而治, 盖取诸此也。坤也者, 地也, 万物皆致养焉, 故曰致役乎坤。兑, 正秋也, 万物之所说也, 故曰说言乎兑。战乎乾, 乾, 西北之卦也, 言阴阳相薄也。坎者, 水也, 正北方之卦也, 劳卦也, 万物之所归也, 故曰, 劳乎坎。艮, 东北之卦也, 万物之所成终而所成始也, 故曰成言乎艮。

　　神也者, 妙万物而为言者也。动万物者莫疾乎雷; 桡(nao2)万物者莫疾乎风; 燥万物者莫熯(han4)乎火; 说万物者莫说乎泽; 润万物者莫润乎水; 终万物始万物者莫盛乎艮。故水火不相逮, 雷风不相悖, 山泽通气, 然后能变化, 既成万物也。

　　乾, 健也; 坤, 顺也; 震, 动也; 巽, 入也; 坎, 陷也; 离, 丽也; 艮, 止也; 兑, 说也。

乾为马，坤为牛，震为龙，巽为鸡，坎为豕（shi3），离为雉（zhi4），艮为狗，兑为羊。

乾为首，坤为腹，震为足，巽为股，坎为耳，离为目，艮为手，兑为口。

乾天也，故称乎父，坤地也，故称乎母；震一索而得男，故谓之长男；巽一索而得女，故谓之长女；坎再索而得男，故谓之中男；离再索而得女，故谓之中女；艮三索而得男，故谓之少男；兑三索而得女，故谓之少女。

乾为天，为圜（yuan2），为君，为父，为玉，为金，为寒，为冰，为大赤，为良马，为老马，为瘠（ji2）马，为驳（bo2）马，为木果。

坤为地，为母，为布，为釜（fu3），为吝啬，为均，为子母牛，为大舆（yu2），为文，为众，为柄，其于地也为黑。

震为雷，为龙，为玄黄，为旉（fu1），为大涂，为长子，为决（xue4）躁，为苍筤（lang2）竹，为萑（huan2）苇。其于马也，为善鸣，为馵（zhu4）足、为作足、为的颡（sang3）。其于稼也，为反生。其究为健，为蕃鲜。

巽为木，为风，为长女，为绳直，为工，为白，为长，为高，为进退，为不果，为臭。其于人也，为寡发、为广颡（sang3），为多白眼，为近利市三倍。其究为躁卦。

坎为水，为沟渎（du2），为隐伏，为矫輮（jiao3rou2），为弓轮。其于人也，为加忧，为心病，为耳痛，为血卦，为赤。其于马也，为美脊，为亟（ji2）心，为下首，为薄蹄，为曳（ye4）。其于舆也，为多眚（sheng3），为通，为月，为盗。其于木也，为坚多心。

离为火，为日，为电，为中女，为甲胄，为戈兵。其于人也，为大腹，为乾卦。为鳖，为蟹，为蠃（luo2），为蚌，为龟。其于木也，为科上槁（gao3）。

艮为山，为径路，为小石，为门阙（que4），为果蓏（luo3），为阍（hun1）寺，为指，为狗，为鼠，为黔喙（qian2hui4）之属。其于木也，为坚多节。

兑为泽，为少女，为巫，为口舌，为毁折，为附决。其于地也，为刚卤（lu3）。为妾，为羊。

说卦传译注

　　昔者圣人之作易也, 幽赞于神明而生蓍 (shi1)。参 (san1) 天两地而倚数, 观变于阴阳而立卦, 发挥于刚柔而生爻, 和顺于道德而理于义, 穷理尽性, 以至于命。

　　【译文】从前圣人创作易经, 暗自乞求神明护佑而发明用蓍草占筮方法。三个天数和两个地数作为匹配之数, 观察到阴阳事物转换变化后创立了卦画, 受刚柔事物的启发借鉴而发明了爻, 在自然规律和人德配合下实现和谐顺利, 从而从卦义中悟到了道理, 穷尽事理把事物天性完全发掘出来, 用来达到揭示事物命运的目的。

　　【注释】赞, 辅佐, 辅助; 有词语 "参赞", 是参谋、协助的意思。参天两地而以数, 参 (san1), 通 "三", 是配合成三的、三分的等意思。另外, 三的大写为 "叁", 参与叁是两个字, 读音相同, 字形相似, 意思相近, 都能表示数字 "三", 但 "参" 字另有其他更多意思。基本数字一二三四五, 一三五为奇数, 代表天数, 奇数相加为九, 代表阳爻; 二四为偶数, 代表地数, 偶数相加为六, 代表阴爻。参天两数, 指的是三个天数和两个地数。倚, 靠着, 依托; 配, 合; 形容词偏等, 此处取配与合之意, 引申为搭配、配置、匹配等意思。发挥, 现代是一个词, 古时是两个词, 分别是发与挥, 连在一起相当于现代的词组, 发是启发、阐明、启示等, 挥是散发、发挥、挥发等, 引申为借鉴。

　　昔者圣人之作易也, 将以顺性命之理。是以立天之道, 曰阴与阳; 立地之道, 曰柔与刚; 立人之道, 曰仁与义。兼三才而两之, 故易六画而成卦。分阴分阳, 迭用柔刚, 故易六位而成章。

【译文】从前圣人创作易经，用来顺应天性命运的道理。所以，创立天体运行规律理论，称作阴与阳；创立大地自然规律理论，称作柔与刚；创立人文发展规律理论，称作仁与义。兼顾天、地、人三类事物而分别用两个爻与其对应，因此易经由六个横画组成一个卦。分为阴爻与阳爻，交替安排柔位与刚位，所以易经由六个爻位形成花纹图案。

【注释】将，取，拿；用；为，进行，指从事某项活动；将要等。道，是大自然客观的运行规律，不以人们意志为转移，天、地、人都是大自然的组成部分，天之道，地之道，人之道，分别是天、地、人的客观运行规律。人们可以发现规律，认识规律，顺应规律，运用规律，却不能创造规律和消灭规律。立，创立、建立、确立等意思，创立的对象是理论和概念等，而非规律本身，比如译成创立天道、地道、人道之类的表述都是不妥的。这一点是在理解这段内容时要特别注意的，免得让人误以为道或规律是可以创造的。六画，即六横，书法横笔称画，又汉字一笔叫一画。分阴分阳，是指每一个爻位中分为阴爻和阳爻两种情况。迭用刚柔，迭，交替，轮换。是指一三五为刚爻位，二四六为柔爻位，刚柔爻位是交替排列的。章，花纹。

天地定位，山泽通气，雷风相薄，水火不相射，八卦相错。数往者顺，知来者逆，是故易逆数也。

雷以动之，风以散之，雨以润之，日以晅（xuan1）之，艮以止之，兑以说之，乾以君之，坤以藏之。

【译文】上天与大地各自定位，山峦与湖泽相互通气，雷电与狂风相互迫近并展开搏击，坎水所代表的月亮与离火所代表的太阳不在同一时间相互照射，八个经卦相互正对并交错排列。考察过往情况是顺着时间顺序进行的，探求预知未来情况是逆着时间顺序进行的，所以易经主要功能是逆着时间顺序而考察未来情况。

雷电震动事物，大风吹散事物，雨水滋润事物，太阳晾晒事物，艮山阻止事物，兑泽愉悦事物，乾天统领事物，坤地蕴藏事物。

【注释】这段话是针对先天八卦图的方位分布情况来说的。在先天八卦图中，乾天在南方位，坤地在北方位，两者处于垂直直线上，于是天上地下、天南地北定了位，天南地北的说法来自这里。山泽通气，是指艮山位于西北方，兑泽位于东南方，两者正好在一条对角线上，表明能够相互通气交流。风雷相薄，薄（bo2），迫近，接近；通"博"，搏击，这两种理解均可，但从实际情况看，打雷时狂风大作，其搏击意韵更浓，正如毛主席诗词所描绘的"四海翻腾云水怒，五洲震荡风雷激"的景象。巽风在西南方，震雷在东北方，两者也在对角线上，反映了双方相互对应、相互迫近并相互搏击的情形。

水火不相射，射是光照、照射、直射等意思，火有光亮可以照射，但水是不能照射的，因而此处水火代表坎卦离卦，继而分别指代月亮和太阳，太阳与月亮不会在同一时间内相互照射。坎卦在西方，离卦在东方，两者处在横直线上，呈现相对关系。那么为什么不直接写日月不相射呢？因为坎卦离卦的最常用最主要的意思是水火，作为先天八卦图中卦的代名词只能是水火而不是日月，日月是坎卦离卦的衍生含义。错，交错，指乾坤、艮兑、震巽、坎离两两相对又彼此间隔错位排列。数（shu3），计算，查点，引申为考察、研究、探求等。知，知道，懂得；认识；了解；主持，掌管等意思，这里的"知"主要有两层意思，一是主持，掌管，引申为探求探索，目的是为了掌控把握未来；二是预知。探求是手段，预知是目的；探求是原因，预知是结果。晅（xuan1），晒干。

　　帝出乎震，齐乎巽，相见乎离，致役乎坤，说言乎兑，战乎乾，劳乎坎，成言乎艮。万物出乎震，震，东方也。齐乎巽，巽，东南也，齐也者，言万物之絜（jie2）齐也。离也者，明也，万物皆相见，南方之卦也，圣人南面而听天下，向明而治，盖取诸此也。坤也者，地也，万物皆致养焉，故曰致役乎坤。兑正秋也，万物之所说也，故曰说言乎兑。战乎乾，乾，西北之卦也，言阴阳相薄也。坎者，水也，正北方之卦也，劳卦也，万物之所归也，故曰，劳乎坎。艮东北之卦也，万物之所成终而所成始也，故曰成言乎艮。

　　【译文】天帝从震卦位出发，到了巽卦位使万物整齐生长，到了离卦位使万物竞相展现，到了坤卦位使万物付诸劳役，到了兑卦位使万物喜获丰收，到了乾卦位使万物相互交战，到了坎卦位使万物劳累疲倦，到了艮卦位使事物完成本轮发展。万物生发于震卦位，震卦位于东方；生长整齐于巽卦位，巽卦位于东南，所谓齐是指万物就像用尺量过一样的整齐。离卦卦德为明，万物都竞相展现，这是位于南方的卦，圣明君王面向南方而听政天下事务，早晨天不亮就开始处理政务，大概取象于这个卦。坤卦代表大地，万物都靠大地来滋养，所以说在坤卦位使万物付诸劳役。兑卦正是秋季，是万物喜悦的季节，因此说，到了兑卦位使万物喜获丰收。交战于乾卦位，乾卦是位于西北的卦，说的是阴阳相互迫近并展开搏击。坎卦代表水，正是位于北方的卦，是表示劳累疲倦的卦，是万物要归藏的季节，所以说，到了坎卦位使万物劳累疲倦。艮卦是位于东北的卦，是万物本轮发展完成的终点又是新一轮发展的起点，所以说，到了艮卦位使事物完成本轮发展。

【注释】帝，人们心目中万物的主宰。絜（jie2），用绳子量度围长，引申度量，比较。向明而治，向明，《古代汉语词典》解释，天将亮时，萧子云《梁三朝雅乐歌·俊雅》："于赫有梁，～～而治。"向明而治表示天不亮就起来处理朝政，表明夙兴夜寐勤勉政务。有的解释为面向光明而治也可，只是与南面而听天下意思有些重复，而且体现不出勤政的意境。

本段八卦位置是后天八卦图的位置。后天八卦图为周文王所创，如果说先天八卦图是地形图的话，那么后天八卦图就是功能图。基本功能至少包括以下几个方面，一是表示一年春、夏、秋、冬四季；二是表示一天早晨、中午、下午、午夜等四个时段；三是表示东、西、南、北、东南、东北、西南、西北等四面八方，震卦东方，巽卦东南，离卦正南，坤卦西南，兑卦西方，乾卦西北，坎卦北方，艮卦东北。此外，八个经卦还分别对应天干、地支以及五行、五色、五味等。可见，一个经卦代表的内容非常宽泛，因此叙事时虽然只用卦位表示，实则其内涵是相当丰富的，究竟侧重于哪个意思理解，应视具体语境灵活确定。

震卦位，分别表示春季、早晨、东方、甲乙、卯、阳木、青色、酸味等；巽卦，分别表示春夏之交、上午、东南、辰巳、阴木、青色、酸味；离卦，分别表示夏季、正午、南方、丙丁、午、火、红色、苦味；坤卦，分别表示夏秋之交、午后、西南、未申、阴土、黄色、甜味；兑卦，分别表示秋季、下午、西方、庚辛、酉、阴金、白色、辣味；乾卦，分别表示秋冬之交、傍晚、西北、戌亥、阳金、白色、辣味；坎卦，分别表示冬季、子夜、北方、壬癸、子、水、黑色、咸味；艮卦，分别表示冬春之交、凌晨、东北、丑寅、阳土、黄色、甜味。

本段的主角是天帝，这是人们心中想象的形象，其功能角色大致相当于道。本段叙述脉络,一是按一年春、夏、秋、冬的时序进行,这是由地球绕太阳公转的位置所决定的;二是按一天早晨、上午、中午、下午、午后、傍晚、子夜、凌晨等时序进行的,它取决了地球自转的位置;三是按东、南、西、北顺序进行的,它取决于事物所处的地理方位。虽然天帝和道看不见摸不着,但把它作为主宰万事万物运行的客观规律来理解,与现实世界的实际情况完全符合,由此可以验证易经的科学性。

神也者,妙万物而为言者也。动万物者莫疾乎雷;桡(nao2)万物者莫疾乎风;燥万物者莫熯(han4)乎火;说万物者莫说乎泽;润万物者莫润乎水;终万物始万物者莫盛乎艮。故水火不相逮,雷风不相悖,山泽通气,然后能变化,既成万物也。

【译文】所谓的神,就是对知道万物奥妙者所下的定义。震动万物没有比雷更厉害的;使万物弯曲没有比风更厉害的;烤干万物没有比火更厉害的;使万物喜悦没有比泽更厉害的;滋润万物没有比水更厉害的;终结万物开始万物没有比艮山更厉害的;所以水火不相及,雷风不相抵触,山泽之气相互流通,如此而后就能通过变易演化,最终形成万事万物。

【注释】疾,迅速,敏捷;奋力,用力;大等。桡(nao2),曲木;弯曲等。熯(han4),干燥,热;烧;曝晒等。逮,及,达到等。悖,违背,违反,相抵触等。然后,与现在的然后有些区别,现在是一个词,古时是一个词组,然是如此、这样等,后是而后,但现在的然后却是由其发展而来的。既,尽,完了;副词已经;尽,完全;不久等。完成的意思。

乾,健也;坤,顺也;震,动也;巽,入也;坎,陷也;离,丽也(两相并连,成对;附着,依附;美丽,华美等);艮,止也;兑,说也(通"悦",喜悦、愉悦等)。

乾为马,坤为牛,震为龙,巽为鸡,坎为豕(shi3猪),离为雉(zhi4,鸟名,野鸡),艮为狗,兑为羊。

乾为首,坤为腹,震为足,巽为股(大腿),坎为耳,离为目,艮为手,兑为口。

乾天也，故称乎父，坤地也，故称乎母；震一索而得男（震卦是坤卦第一爻变成阳爻后得到的男孩，坎卦、艮卦同理类推），故谓之长男；巽一索而得女（巽卦是乾卦第一爻变成阴爻后得到的女儿，离卦、兑卦同理类推），故谓之长女；坎再索而得男，故谓之中男；离再索而得女，故谓之中女；艮三索而得男，故谓之少男；兑三索而得女，故谓之少女。

乾为天，为圜（yuan2，天体，通"圆"），为君，为父，为玉，为金，为寒，为冰，为大赤，为良马，为老马，为瘠马（瘠，ji2，瘦，瘦弱），为驳马（驳，bo2，马的毛色不纯，指毛色青白相间的马，又指杂色的马），为木果（树木上结的果实，多指水果）。

坤为地，为母，为布，为釜（fu3，古代的炊具，类似锅），为吝啬，为均，为子母牛，为大舆（yu2，车箱，泛指车，大舆多指牛拉的车），为文（彩色交错，引申花纹），为众，为柄，其于地也为黑。

震为雷，为龙，为玄黄，为旉（fu1，敷的古体字，铺展，铺开；传布，施行；宣布，公布；铺叙，陈述；遍，遍布；分别，分布；开放；涂，搽等），为大涂（通"途"，道路），为长子，为决躁（决，xue4，通"赽"，疾，迅速。决躁，即急躁），为苍筤竹（筤，lang2，苍筤，多指幼竹或幼竹的青色），为萑苇（萑，huan2，芦苇的一种）。其于马也，为善鸣（善嘶鸣、爱叫唤的马），为馵足（馵，zhu4，后左脚白色的马）、为作足（马蹄在动作的马），为的颡（sang3，额头上有白斑的马）。其于稼也，为反生（指往地下生长结果的作物，如萝卜、花生、土豆、红薯等）。其究为健（究是穷、极、尽等意思，引申为结束、完毕，又使穷尽。健，通"乾"。其究为健，即最终变成乾卦。因为震卦为长男，等到结婚生子做了父亲便转化为乾卦角色了），为蕃鲜（蕃，fan2，茂盛；繁殖，生长；众多。鲜，新而华美，引申鲜明、鲜艳，又明澈、洁净）。

巽为木，为风，为长女，为绳直（绳索，绳子；木匠用以取直的墨线，《荀子·劝学篇》："木直中绳，𫐓以为轮，其曲中规。"引申为直、正），为工，为白，为长，为高，为进退，为不果（不结果实，引申为没有成效与成果），为臭（xiu4，气味）。其于人也，为寡发（头发稀少），为广颡（广，宽阔，广大。颡，sang3，额。广颡，即额头宽广），为多白眼（眼睛呈现多眼白状态，用来指对人表示不满，或瞧不起人），为近利市三倍（市，交易，做买卖；市场，集市；购买，卖等。此句解为在市场交易中将近获利三倍）。其究为躁卦（最终变成震卦，因为震卦的意思之一为决躁，巽震为相互对应的一对卦,从五行关系看均为木,震为阳木,巽为阴木,两者存在相互联系、相互作用、相互转化的关系)。

坎为水,为沟渎(du2,沟渠),为隐伏,为矫輮(矫,jiao3,把弯曲的东西弄直。輮,rou2,车轮的外框;通"煣",使木弯曲,《荀子·劝学篇》:"木直中绳,輮以为轮,其曲中规。"引申使木弯曲变形,《古代汉语词典》取此意),为弓轮(弓,射箭的弓。轮,车轮)。其于人也,为加忧,为心病,为耳痛,为血卦,为赤。其于马也,为美脊(马脊背漂亮的马),为亟心(亟,ji2,急速,赶快;危急。词语亟疾,性急,火急。此处指性子急或心急的马),为下首(低头的马),为薄蹄(马蹄薄的马),为曳(ye4,拖,拉。指拉着货物的马)。其于舆也,为多眚(sheng3灾异,指多灾多难的马车),为通,为月,为盗。其于木也,为坚多心(坚,质地坚硬坚韧。心,植物的苗尖,又指花蕊;树木的尖刺)。

离为火,为日,为电,为中女,为甲胄(甲,盔甲。胄,古代士兵作战时戴的头盔),为戈兵(戈,古代兵器,长柄横刀,可横击钩杀,引申指战争。兵,兵器,《荀子·议兵》:"古之兵,戈、矛、弓、矢而已矣。")。其于人也,为大腹,为乾卦(乾可作两种理解,一是读qian2,乾卦,因为离为日,日为太阳,以太阳指代乾卦,离卦与乾卦有相通之处;二是读gan1,"干"的繁体字,乾卦即干燥的卦)。为鳖,为蟹,为蠃(luo2,蚌类),为蚌,为龟。其于木也,为科上槁(科,条,枝条。槁,gao3,干枯,引申枯木。科上槁,就是枝条干枯的光秃树木)。

艮为山,为径路(径,小路,泛指道路),为小石,为门阙(que4,古代王宫、祠庙门前两边的高建筑物。左右各一,中间为通道,又名"观",读音为guan4),为果蓏(luo3,草本植物的果实,瓜类),为阍寺(阍,hun1。阍寺,即阍人和寺人。均是宫门的守门人),为指,为狗,为鼠,为黔喙之属(黔,qian2,黑色,黑;喙,hui4,鸟兽的嘴;器物的尖端。此句的意思是指黑嘴鸟禽、黑嘴往前伸突的兽类,如鹰、狐狸、狼等)。其于木也,为坚多节。

兑为泽,为少女,为巫,为口舌(既指口舌器官,又指由言语不当惹出的是非),为毁折,为附决(是指原先依附在其他物体上的物体脱落)。其于地也,为刚卤(lu3,盐碱地。刚卤,即坚硬的盐碱地)。为妾,为羊。

序卦传

　　有天地，然后万物生焉。盈天地之间者，唯万物，故受之以屯；屯者，盈也，屯者，物之始生也。物生必蒙，故受之以蒙；蒙者，蒙也，物之稚也。物稚不可不养也，故受之以需；需者，饮食之道也。饮食必有讼，故受之以讼。讼必有众起，故受之以师；师者众也。众必有所比，故受之以比；比者，比也。比必有所畜，故受之以小畜。物畜然后有礼，故受之以履。履而泰，然后安，故受之以泰；泰者，通也。物不可以终通，故受之以否。物不可以终否，故受之以同人。与人同者，物必归焉，故受之以大有。有大者不可以盈，故受之以谦。有大而能谦，必豫，故受之以豫。豫必有随，故受之以随。以喜随人者，必有事，故受之以蛊；蛊者，事也。有事而后可大，故受之以临；临者，大也。物大然后可观，故受之以观。可观而后有所合，故受之以噬嗑；嗑者，合也。物不可以苟合而已，故受之以贲（bi4）；贲者，饰也。致饰然后亨，则尽矣，故受之以剥；剥者，剥也。物不可以终尽，剥穷上反下，故受之以复。复，则不妄矣，故受之以无妄。有无妄然后可畜，故受之以大畜。物畜然后可养，故受之以颐；颐者，养也。不养则不可动，故受之以大过。物不可以终过，故受之以坎；坎者，陷也。陷必有所丽，故受之以离；离者，丽也。

　　有天地，然后有万物；有万物，然后有男女；有男女，然后有夫妇；有夫妇，然后有父子；有父子，然后有君臣；有君臣，然后有上下；有上下，然后礼仪有所错。夫妇之道，不可以不久也，故受之以恒；恒者，久也。物不可以久居其所，故受之以遁；遁者，退也。物不可终遁，故受之以大壮。物不可以终壮，故受之以晋；晋者，进也。进必有所伤，故受之以明夷；夷者，伤也。伤于外者，必反于家，故受之以家人。家道穷必乖，故受之以睽（kui2，分离，背离）；睽者，乖也。乖必有难，故受之以蹇（jian3）；蹇者，难也。物不可以终难，故受之以解；解者缓也。缓必有所失，故受之以损；损而不已必益，故受之以益。益而不已必决，故受之以夬；夬者，决也。决必有所遇，故受之以姤；姤者，遇也。物相遇而后聚，故受之以萃；萃者，聚也。聚而上者，谓之升，故受之以升。升而不已必困，故受之以困。困乎上者必反下，故受之以井。井道不可不革，故受之以革。革物者莫若鼎，故受之以鼎。主器者莫若长子，故受之以震；震者，动也。物不可以终动，止之，故受之以艮；艮者，止也。物不可以终止，故受之以渐；渐者，进也。进必有所归，故受之以归妹。得其所归者必大，故受之以丰；丰者，大也。穷大者必失其居，故受之以旅。旅而无所容，故受之以巽；巽者，入也。入而后说之，故受之以兑；兑者，悦也。说而后散之，故受之以涣；涣者，离也。物不可以终离，故受之以节。节而信之，故受之以中孚。有其信者必行之，故受之以小过。有过物者必济，故受之以既济。物不可穷也，故受之以未济，终焉。

杂卦传

乾刚，坤柔，比乐，师忧。临、观之义，或与或求。屯见（xian4）而不失其居。蒙杂而著。震，起也，艮，止也；损、益，盛衰之始也。大畜，时也。无妄，灾也。萃聚，而升不来也。谦轻，而豫怠也。噬嗑，食也，贲，无色也。兑见（xian4），而巽伏也。随，无故也，蛊则饬也。剥，烂也，复，反也。晋，昼也，明夷，诛也。井通，而困相遇也。咸，速也，恒，久也。涣，离也，节，止也；解，缓也，蹇，难也；睽，外也，家人，内也；否、泰，反其类也。大壮则止，遁则退也。大有，众也，同人，亲也；革，去故也，鼎，取新也；小过，过也，中孚，信也；丰，多故也，亲寡，旅也。离上，而坎下也。小畜，寡也，履，不处也。需，不进也，讼，不亲也。大过，颠也。姤，遇也，柔遇刚也。渐，女归待男行也。颐，养正也，既济，定也。归妹，女之终也。未济，男之穷也。夬，决也，刚决柔也，君子道长，小人道忧也。

后 记

秦砺锋

　　作为胡玉成老师的学生，我跟随胡老师学习《易经》已历三个年头。由于与老师同住一个小区，且上班地点也同为区机关，近水楼台先得月吧，我有了更多与老师接触、学习的机会，也对老师有了更深一层的了解。

　　胡老师的新书马上就要出版了，跟随老师学习经年，未尝奉过"束修"，略成此文，算是对老师新书出版的祝贺吧！

学而时习之，不亦说乎！

　　胡老师对中华优秀传统文化，尤其是《易经》的学习始于2010年前后，当时老师已届不惑之年，利用业余时间，对儒家、道家主要经典进行了广泛的浏览与学习，尤对《易经》着力最深，写下八十余万言的解易文字。胡老师的学习能够取得如此明显的成效，绝非偶然，而是源于他前期丰富的人生经历以及多年来养成的坚持学习的好习惯。

　　胡老师六十年代生于浙江东阳胡村，胡村居民的祖先始于北宋一位儒学教授"实久公"，老先生年老返乡以后，在家乡创办静栖书院，自此，胡村文风一脉相传。胡老师自小受家乡文风影响，聪慧好学。后进入部队，在紧张的工作之余，也从未放弃过学习，业余时间系统自学了法律、古汉语等专业，并通过了这些专业的自学考试。转业离开部队到地方工作后，胡老师又先后在市、区多个部门、多个岗位工作，积累了丰富的社会实践经验。正是这样丰富的人生经历与其长期坚持学习的好习惯，为他研学中华优秀传统文化，尤其是在《易经》的研学解读方面取得丰硕成果打下了坚实的基础。

　　胡老师对中华优秀传统文化的研学秉承了一贯的实事求是、严谨治学的作风，对于学习的内容，在广泛了解、深入研究先贤及当代易学大家研学成果的基础上，对其中的疑点、难点往往有自己独立的看法，看法一经形成往往不吐不快，上下班的路上，我便成了胡老师的第一听众，车厢成了我随师学习的移动课堂。虽然老师已过天命之年，但谈及他在学习中的新收获、新发现时，依然像一个发现了宝藏的探矿者一样，充满了兴奋与激动。作为听众，也会被他发自内心的喜悦感染和感动。每每下车之时，我总是意犹未尽，沉浸在学习交流的喜悦之中。

有朋自远方来，不亦乐乎!

在胡老师的不懈努力和持续推动下，区机关与社会上一些易学爱好者对《易经》多了一些了解，逐渐改变了对《易经》的偏见，他们希望能够更深一步、系统地学习《易经》。2017年底，十余位易学爱好者共同发起组建了首届"易道行"《易经》研学公益班，并延请胡老师为研学班学员进行学习辅导。于是，胡老师在繁忙的业余学习之外又多了一项任务——为研学班学员义务辅导《易经》学习。自此，不论烈日炎炎，还是冷风扑面，两周一次，每次一个下午，胡老师从未因为自己的任何事情缺过课。工作疲劳，连续上班十四天，也没有放下我们的课；家有急事，来不及处理，暂时搁置，也没有放下我们的课；嗓子发炎，几乎说不出话来，也没有放下我们的课。就这样，寒来暑往，秋去春来，研学班已走过三个年头，组织了20余次研学活动，共有数十人参与听课，十余人坚持长期研学，系统学习了《易经》基础知识，深入探讨研学了十几个卦的卦象与义理。参与研学的学员不仅来自上海各区，另有雄安、山东、福建等地的易学爱好者在学习了胡老师的研学辅导视频后，也通过网络参与到我们的研学活动中。

更为难得的是，中国人民大学哲学学院教授、博导，国际易学联合会秘书长兼学术部部长温海明先生来沪授课期间与胡老师偶然相识后，对胡老师的研学成果高度认可，邀请胡老师担任"经典明解—周易学习群"（该群前身是"周易明解—易学与哲学"微信学习群，吸纳了国内外多位易学大家与易学爱好者，每周五晚由两位老师逐卦导读《易经》）的辅导老师，并欣然为胡老师新书作序。

德不孤，必有邻。在学习、传承、弘扬中华优秀传统文化的道路上，感谢胡老师让我们走到一起，砥砺前行，享受学《易》带给我们的智慧与快乐。

人不知而不愠，不亦君子乎！

　　胡老师学习弘扬《易经》的过程并非一帆风顺，其间也遭到身边一些人的不解与误会。但胡老师认为，《易经》是中华优秀传统文化的源头，在长期的传承过程中，《易经》的本体、义理部分被人们忽视，而《易经》的应用部分，如占卜、风水等却大行其道，致使大众误以为后者就是《易经》的全部。现在经过深入学习，我们明晓了《易经》的义理，就有义务为《易经》正本清源，让更多人了解《易经》。这与十九大提倡的要推动中华优秀传统文化的创造性转化、创新性发展是一脉相承的。

　　正是在这样的思想引领下，胡老师面对不解与误会，反而愈显淡定与从容，他认为这也恰恰反映了易理揭示的事物发展规律，事物的发展不可能一帆风顺，前途光明与道路曲折并存，众人的不解，也正说明了我们推广宣导的必需。胡老师常对我们说，身处逆境，正是我们历事炼心的好机会。而他也常以王阳明的人生经历自励，如果王阳明没有早年经历的那些挫折与苦难，也许就没有后来的龙场悟道，更不可能形成自成一家、光耀千古的心学体系。同理，学《易》传《易》，既然这条路是对的，我们就要坚定不移地走下去。

　　为了让大家更方便地读懂、学会《易经》，胡老师利用其作为一位机关党务工作者的理论优势，以党的十九大思想指导引领《易经》的研学，同时又从《易经》等中华优秀传统文化中找寻滋养加强党的建设，深入挖掘《易经》中自强不息、厚德载物、谦虚戒惧等正能量价值，创新党课形式，探索将《易经》等中华优秀传统文化与党建工作、与我们的日常生活相结合；另外，胡老师还利用日常生活、工作中各种可能的机会与场合对身边的人宣讲、解读《易经》。润物无声，从我做起，点点滴滴，春风化雨。

　　所幸，已经有一些原本对《易经》有误解的人士渐渐转变对《易经》的看法，开始学习《易经》了。可这还只是第一步，一花独放不是春，百花齐放春满园，我们愿意跟随胡老师同心勠力，让《易经》这一传统文化的璀璨明珠再放光芒！

　　（本文作者为首届易道行《易经》研学公益班班长，工作单位：上海市长宁区规划和自然资源局）

感悟易经奥秘，终成人生智者

张小林

　　连绵中华上下五千年来的文化血脉，相信每个国人心中都会对易经抱有一种特殊的情愫，好奇于其无所不包的大智慧、大法则、大规律，但往往又止步于其晦涩难懂的文字符号，成为很多人心中未被开启的文化密码。有幸的是，在胡老师八年的潜心研习下，您手上的这本著作或许能成为这把打开易经大门的钥匙，探究易经的奥秘，领略易经的智慧，体验易经的光芒。对我而言，更为幸运的是能与胡老师共事的同时还能聆听胡老师的谆谆教导，感受胡老师的"传道、授业、解惑"。

　　这个幸运源于本人的一次偶然工作调动，这样胡老师既是我的领导，又是易经研习路上的导师。我在工作之余，还能学到易经所蕴含的智慧哲理，特别是经过近两年的研学，使我对易经有了一个更为全面的认识和把握。

　　很多人一说到易经就联想到迷信，这是错误的，换句话说，它是中国古代几乎所有学科的理论基石。例如：中医、天文，历法等诸多学科都是其演化下来的分支。例如从不迷信的儒家孔子还为其注写十翼，后世儒家还把易经尊为四书五经之首，或群经之首，可见其影响力。近代，科学家钱学森把《易经》称为"科学的经典"。日本明治维新时组阁的原则是："不知《易》者，不得入阁。"德国数学家和哲学家莱布尼茨发明的二进制与六十四卦的编排规律完全吻合……从本质上看，《易经》是一部探索宇宙人生规律的典籍，它以别具哲学思维的方式，揭示了万物变化、未来事态发展的规律，中国乃至世界各门学科都可以从中找到源头。"百姓日用而不知"，《易经》的智慧遍及我们生活的方方面面，小到指导人的行为举止，大到治理国家。

　　可以说，《易经》中的六十四卦，就是解决人生的64种问题的六十四组密码。在生活中，其实许多错误可以提前规避，许多弯路可以提前避免。乾卦告诉我们人生的每一阶段该如何定位，坤卦指导我们学会承载，屯卦告诉我们创业的智慧，蒙卦告知我们如何开展启蒙教育，家人卦告诉我们如何治理家庭……《易经》就是这样一本指导人生、规避风险的人生指南。

得益于胡老师丰富的人生经历，其解读内容自成一体，既有学院派的严谨，又无寺庙派的玄幻，更侧重于易理的讲解，内容涵盖了白话经文、经文原文、解读序言、卦名含义、卦象寓义、关联卦画、卦辞彖辞、大象之辞、爻辞小象等九个部分，体例明晰、内容全面、通俗易懂，既有理论深度，又能结合实际，给人以启发。特别是为了便于研习班学员的学习理解和激发兴趣，胡老师对卦象寓义进行了重点解读，每个卦均有十几个卦象，这些卦象寓义能结合自然景象、人文历史等具体实例进行解读，让易经更鲜活起来，也更能领会到胡老师研习易经的思维体系。

研学之路还在继续，最应感谢的还是胡老师的无私奉献，辛勤付出，同时也感动于其对易经传播强烈的使命感。正是在这种使命感的召唤下，胡老师实践着王阳明先生的"心即理""致良知"，坚持"知行合一"，"事上练"，以异乎常人的毅力致力于易学文化的传播，不管在机关还是在民间，都热情倾注、殚精竭力，克服各种困难，放弃个人休息时间，开设各类讲座、研学班，免费为易友传道授业解惑，并将易经解读与党建理论结合起来，研习授课与乐器演绎结合起来，对易经进一步创新发展。

胡老师经常提到北宋思想家张载所说的四句名言，即"为天地立心，为生民立命，为往圣继绝学，为万世开太平"，这也许也是胡老师正孜孜不倦的价值追求。易经传播和发扬光大任重而道远，希望我们大家都能成为其中的一员，砥砺前行。

（本文作者为首届易道行《易经》研学公益班副班长）

学易有益

程纬光

《易经》被誉为"群经之首，大道之源""中华文化的总源头"，《易经》所蕴含的丰富哲学思想深刻影响了孔子、朱熹、王阳明等伟大先哲。北宋改革家范仲淹"泛通六经，尤长于易"，在《易经》中忧患意识的启迪下，提出"先天下之忧而忧，后天下之乐而乐"的名言。南宋杰出的爱国诗人文天祥精于《易》理，以《易》理为人处世从政，当国家危难时他挺身而出，视死如归，"人生自古谁无死，留取丹心照汗青"可谓脍炙人口，浩气长存。有人评价《易经》"仰观天文，俯察地理，中通万物之情；究天人之际，探索宇宙、人生必变、所变、不变的大原理；通古今之变，阐明人生知变、应变、适变的大法则。"我们日用的汉字、词与《易经》有着千丝万缕的联系，比如：谦谦君子、虎视眈眈、革故鼎新等等词语或是直接出自《易经》原文，或是从《易经》文字中变化而来。

《易经》这样一部经典著作一直以它无所不在的影响力吸引着我们。在我求学的时候，就已经知道古今中外的学者都对《易经》有着莫高的赞誉。但是，正如很多人一样，每次想研习《易经》的智慧，打开《易经》原文，简古玄奥的文辞，错综复杂的符号让人无从下手，而市面上的《易经》解读类书籍则是五花八门又参差不齐。所以，多次想走进《易经》，却总是因各种各样的原因搁置了。幸运的是，工作后参加了胡玉成老师的易道行《易经》公益研学班，这次，终于有机会让我系统地、科学地而又有趣地学习《易经》。

首先，得益于胡老师对《易经》多年的刻苦钻研，胡老师对《易经》的解读有一套完整的、系统的框架，每一卦从白话经文、经文原文、解读序言、卦名含义、卦象寓义、关联卦画、卦辞象辞、大象之辞、爻辞小象9个部分依次讲解，每卦课件基本可达到万言，可谓系统而详尽。

其次，胡老师青年从戎，后在机关工作，思政水平很高。胡老师的《易经》

解读是科学的哲学研究，和江湖术士摆弄的旁门左道可谓泾渭分明，他对《易经》的哲学探索完全符合国家对中华传统文化取其精华，去其糟粕，推陈出新，革故鼎新的要求，更是一种推动中华优秀传统文化创造性转化和创新性发展的努力。

再次，胡老师授课深入浅出，循循善诱，鼓励我们思考发问，并把答疑解惑的过程作为一种教学相长的方式，研学班课程当中还穿插着音乐才艺展示，使得紧张的学习变得有趣，这些都极大的激发和保持了我们学易的热情和恒心。

令人高兴的是，胡老师的《周易诠解》付梓在即，使得广大读者和我一样，都有机会系统地、科学地而又有趣地学习《易经》中"宇宙周期变化的大规律，人类知变应变的大法则，人生为人谋事的大智慧。"学易有益，相信读者翻开本书，必然对人生成长有所裨益。

（本文作者为首届易道行《易经》研学公益班学习委员）

用《周易》的智慧去理解生活

陈伟军

　　80年代人文热，我买过一本《周易》的书，但这么厚厚的一本书，只看了最初的几页，云里雾里的就再也看不下去了，而《周易》却像是一颗神秘的种子，种在了心中。

　　2017年10月，我从微信上看到《易经》公益班的信息。上课的地点离我比较远，但这还不是主要的问题，关键要坚持三年的学习，不能缺课，这个有点小纠结。

　　《周易》很难，很枯燥吗？自己在三年里面能坚持学下去吗？

　　后来我想，如果第一堂课我就听不懂，那就不参加第二堂课了。如果第一堂课就能听懂、有兴趣，这三年就一定要坚持学完。

　　从我家到达上课的地点（长宁区通协路的尚品都汇）路上单程近两个小时。第一堂课，怕我自己听不懂，还特地带了照相机，想把课程录下来。胡老师开朗豁达，经过他的同意后，我开始记录。

　　2017年11月19日，首届研学班的第一堂课，秦班长对开班的缘由做了简短的介绍，如东科技的金总为首届研学班师生提供了公司的会议室作为大家的学习场所。接着是自我介绍，彼此初步了解。大部分同学是胡老师的同事，唯有我是通过网络信息闯进来的学生，想想也是蛮幸运的一件事情。

　　第一堂课完全吸引了我。课堂上胡老师引经据典，内容丰富，语言表达不重复、不啰嗦、有条理。他说话很有营养，《易经》好像也并不难，至少我是可以听明白的。

　　接下来的日子，每个月，一周隔一周，周日的下午我按时来上课，专心听讲，并用相机记录下课程的内容，回去整理成视频，分享到优酷上。这样一是为了方便自己复习，同时也可以分享给研学班共同学习的同学们。

　　《易经》的入门确实很难，古人用形象思维表达他们的智慧，和我们在教育体制中学习的逻辑概念是不一样的。很多人都会觉得《周易》很难,很神秘,因为不得其门。

胡老师把《周易》讲得浅显易懂,也分享了自己在学习过程当中遇到的困惑和解决的方法。最初的概念,花了好几堂课的时间,逐一地把它们弄清楚。乾卦的创始之道,因为涉及概念多,也讲了好几堂课。

万事开头难。乾坤是《易经》的两扇大门,很多人被关在《易经》的大门之外,就是因为这个头太难开了。如果没有胡老师这样的引路人,研学之路困难重重,就会打消掉学习的兴趣,也很难摸索到正确的入门道路。

每次上课,除了固定的几个学员以外,有些人来了又走,但同时又有新的成员进来。

第三次上课,程同学也开始用录像记录课程。后来,每次一起上课,大家利用中间休息的时候合个影,记录在一起共同学习的日子。

临近春节,胡老师为每位同学书写了春联,赠送给大家。班里的同学喜得贵子,把喜饼拿到课堂上分享。于是立春这天的课堂上,除了拥有分享知识的快乐,更平添了喜庆融合的气氛。

随着对《易经》学习的深入,我觉得《易经》是古人认识大千世界、预测未知的一种方法。今天的人们对《易经》的理解,被历史的尘埃蒙蔽了,被千古岁月折了光。很少有人能够精通《易经》,若不懂得《易经》的道理,单纯看表面算卦的那些方法,是迷信。但如果只懂易理,不知道运用,那对《易经》的理解也是欠缺的。

高科技虽然提供了很多的信息和方法,但是事情最终都是人做的,而人性的复杂,人心的难以预测,是高科技也无法琢磨透的。学习《易经》,了解大千世界的变化,认识事物的发展规律,认识人性;更是正确地认识自己,感知生活的变化,并做出适度反应,从容应对。

从小到大,我们学了很多的知识,但智慧却只能在生活中去体悟和了解。面对大千世界,认知程度和立场角度发生改变,很多事情自然迎刃而解,也就没有什么问题困惑你了。

（本文作者为首届易道行《易经》研学班学员,网名"真水无香",此文作于2018年6月14日）

易经研学班学习分享

王团

　　非常荣幸能够跟着胡老师、秦班长及各位同学一起参加易经研学班，也非常欣慰凝聚着胡老师多年心血和研究成果的《周易诠解》马上就要出版了，同时也非常期待能早日拿到胡老师的精华版大作并仔细完整地拜读。

　　随着学习的深入，慢慢的发现，周易不单单是一部占卜之书，更重要的它是一部指导人生的哲学巨著。易学是哲学中的哲学，智慧中的智慧，它给人生以指引，指明道路和方向。它蕴含着天人合一、格物致知等中国传统哲学思想观念，论述的是一分为二、对立统一的宇宙观；揭示的是事物发展变化的自然规律；指明的是人生处事的真谛、智慧人生的法则。

　　胡老师为了让我们都能够更好地理解和学习易经的智慧，先从易经易的多种意思解释开始，从太阳、月亮的运行规律和特征等等让我们学习到了易的三个基本意思：一是变易，太阳月亮星转斗移，在不断地变化之中；二是简易，日月轮替，周而复始，简单明了；三是不易，日月在变幻在流逝，但其运行规律是永远不变的。让我充分地认识到了世间万物无时无刻不在变，唯一不变的就是"变化"。我们要适应这个永远在变的世界，有时我们预想着事情发展的种种可能，而事实却在所料之外发生。要以平静的心态来应对各种变化。"突如其来如，焚如，死如，弃如"，突然而来的事情把一切都烧毁了，一切计划都死掉了，不如放弃它另择道路吧。人生是不会有绝路的，老天为你关上一扇门时也为你打开一扇窗。要以平和的心态来应对所谓的人生成败与得失，事情尽自己最大努力去做，然后顺其自然。

　　接着又学习到了易经有八卦和六十四卦之说，通常我们所称的八卦是指八个基本卦，也叫经卦、单卦，每卦三个爻，它代表八种自然现象或客观存在。将八种自然现象或客观存在的特性抽象出来，分别用最能反映其特性的另一个词来命名,即分别用乾、兑、离、震、巽、坎、艮、坤来解释、说明、象征、反映、表示与天、泽、火、雷、风、水、山、地性质相类似的一系列一大类事物,包括天地自然的事物和人文社会的事物,这样用八卦来解释世界的适用性就大大增强了,达到了内涵与外延、实与虚的完美结合。六十四卦是由八个经卦发展推演而来的,称其为别卦、重卦(chong2)。横坐标八个经卦、纵坐标八个经卦,由纵横八个经卦两两叠加而得,八八六十四,因此共有六十四个卦。

又通过对阴爻和阳爻学习中了解到阴阳是相对的,阴中有阳,阳中有阴,相互渗透,相互融合,相互转化,阴极转阳,阳极变阴,两者相辅相成。现象千变万化,但万变不离其宗,隐藏其背后的规律是永远不变的。并非越阳越好、越阴越差,凡事适可而止,只有阴阳平衡才是最适当的,这在现实生活中对于妥善处理矛盾和问题非常有用。纵观历史,成就大业的人,必是一个把握、驾驭时势的人,"知至至之,可与言几也,知终终之,可与存义也"。历史上的几次变法,商鞅变法,王安石变法,戊戌变法,都是顺应历史大潮流的变法,但为什么都失败了呢?因为那个时代的时势还未到。

通过乾卦的学习让我明白了一定要耐得住寂寞,"初九,潜龙勿用"。如果时机不到,最好静以待时,修养学问,以便将来才能充足,举而用之。接着通过反复深入的学习,我们深刻地了解到乾卦和坤卦被视为探究易经奥秘的两扇大门,掌握了此两卦的易理,就如同掌握了易经入门的钥匙,对于了解其他各卦的内涵将有很大帮助。

通过易经的学习,我对个人与社会的关系有了更深刻的认识,也为我的将来指明了方向。人安身立命,就要与人为善,努力地帮助别人,营造一个适合个人发展的社会环境。要厚德载物,要用宽广的胸怀对待别人的失误与不足。要认识到人生当中每一段积累都不会白费,有时候冥冥之中需要你充实完善学习提高,这些东西都是做一些人生的储备,机会永远属于有准备的人。

学习才刚刚开始,希望能紧紧跟随胡老师的脚步深入的学习易经的智慧和人生的道理,让我们无论在人生的何种境遇下,都保持一颗永远向上的心。

(本文作者为首届易道行《易经》研学公益班学员)

自天佑之，吉无不利
——胡老师易经研学班学习手记

刘宇飞

　　两年前，偶有机会初识易经，我的第一印象认为易经是一种迷信，是封建文化的思想糟粕，是算命卜卦，要敬而远之，避而远之。通过两年的学习，慢慢发现，易经其实是一本哲学书，讲了很多做人做事的道理，讲了在正确的时间要做正确的事情（知至至之，可与言几也；知终终之，可以存义也），讲了天行健君子以自强不息，讲了地势坤君子以厚德载物。易经的博大精深，其所代表的中国古代哲学智慧，需要我们慢慢去研究。易经用于占卜也为人们阐释了很多要正确做事的道理。易经每一个卦都是一吉三凶（悔、吝、凶），时刻提醒我们任何事情都要多维度的看待，找到最合理的方法。

　　2018年底很荣幸加入胡老师的易经研习班，通过胡老师深入浅出的讲解，让我们受益匪浅。胡老师不会把晦涩难懂的经义生搬硬套，而是帮我们打开了易经学习的一扇门，他从很多个维度去思考，让我们自己去发现其中的宝藏，让我们顺着他的思路去思考，自己去完成对每一卦的认知。他每天坚持学习，看大量的文章，然后自己消化吸收，把自己对易经的理解，潜移默化到课堂中，引导我们去学习。他希望我们自己去学习，而不是死记硬背他的理解。每两周一个卦象，课程紧凑适中，也给大家充分的时间消化理解。课堂上也鼓励大家发言，让各位同学多谈谈自己的理解和认知。更加难得的是，胡老师在易经课堂上融入音乐和书法，让同学们从不同的维度去理解每一卦。艺者，理之所宜者也。如诵诗、读书、弹琴、习射之类，皆所以调习此心，使之熟于道也。如此丰富的课堂内容，这是其他老师难以做到的，胡老师都在一一认真实践。易经讲了很多道理，但是核心的问题还是需要人去一点一滴的做出来，去实践，去事上练，胡老师不讲空话大话，而是一步一个脚印，认真践行着。讷于言而敏于行，是为君子也。这君子的风骨值得我们学习，也为我们树立了榜样。

胡老师带给我对易经最深刻的理解是，我们一定要坚持在正确的道路上做事，人生中我们遇到的每一件事情不可能都做得十分完美、十分正确，但是只要我们走在正确的道路上，哪怕细节有点偏差，我们也会走得稳健和稳妥，不会犯大的错误，要走正道，要坚持正念。易经中讲所有的元亨利贞是卦象好的一面，但都是在走正道的前提下，如果这个正道前提不存在，那做什么都不会有元亨利贞的结果。这就要求我们君子终日乾乾，夕惕若，厉无咎，时刻保持谨慎谦虚的态度。

易经也告诉我们中国古代知识分子的终极目标火天大有，天下大同。但是要达到这一终极目标，只有天火同人，大家思想统一，经过艰苦奋斗，才能实现火天大有。这和我们创业做公司一样，先要建立共同的使命，然后统一思想，培养共同价值观和企业文化，最后制定合理激励措施，团队一起努力去实现共同的目标和愿景，公司才能发展，企业才能进步。成功的企业都是相似的，失败的企业却各有各的不同。

易经唯一一个六爻皆吉的卦，谦卦，正是要告诫我们做人、做事、待人、接物都要谦虚谨慎，谦济万物。做事情谦虚，看似没有带给我们直接的益处和利好，但是他会在一个大的环境中影响我们做事的方式方法，带给我们做人正确的习惯和角度。

诚然易经不能直接解决我们生活中的很多具体问题，但他可以给我们一个正确做事的参考坐标系，指引我们更好的去解决公司问题、家庭问题、子女教育问题、工作问题、邻里关系、社会矛盾等等，这些都需要我们不断地学习和研究，在正念的前提下，找到适合自己的方式和方法。来，让我们一起和胡老师学习易经吧！

（本文作者为首届易道行《易经》研学公益班学员）

元亨利贞，易道同行
——首届"易道行"公益研学班风采

秦止一

2017年11月19日，首届"易道行"《易经》研学公益班正式开课。"易道行"来源于授课老师胡玉成先生的网名"易道行者"。胡老师潜心研究《易经》七年有余，撰写解易文字数十万，对《易经》有深刻而独到的见解，并且注重实践应用，在多个场合为大众解读《易经》，创造性地将书法艺术与《易经》讲学完美结合，深入浅出，通俗易懂，广受好评。

"人能弘道，非道弘人。"此次研学班为纯公益性质，所有学员既是学员又是志愿者。无论是在职的企事业爱好者、私企个体小老板，还是预备班的学生、已退休多年、头发花白的老奶奶，大家都为着共同的兴趣走到了一起，并且在这个集体里各尽所能。如东科技的金总为大家提供了场地支持，班委秦砺锋、张小林、程纬光为大家安排课程、组织教学，摄影师陈伟军为大家录制视频兼摄影，有了同学们的共同努力，两个多月来，研学之路越走越顺。

每次上课，老师会对某一卦进行讲解，据胡老师说，乾卦和坤卦由于是第一次学，而且是基础的基础，所以每卦要花好几个课时，到了后期，一课就能讲完一个卦。八卦的发明是古代的首领伏羲为了帮助子民预测天气而产生的，而六十四卦则是由周文王在监狱里研究得出，所谓"文王拘而演周易"。后来孔子又为《易经》写了十翼，至此，《易经》才算真正完成。这就是"人更三圣，世历三古"的来历。《易经》有《连山易》、《归藏易》和《周易》三个版本。不过《连山易》和《归藏易》都已经失传了，幸而《周易》是它们的结合，才让我们能够学习古人的智慧。

2018年2月4日，又是一个周日，恰逢立春，这一天也是寒假前的最后一节课。巧的是课程也刚好进行到乾卦结束坤卦开始，冬去春来，阴阳交替，同学们不禁感慨《易经》真的是"百姓日用而不知"的群经之首啊。两个多月以来,大家不仅学习了《易经》的知识,而且还知道了很多成语的出处,"九五之尊"、"自强不息"、"群龙无首"、"虎视眈眈"、"云行雨施"、"否极泰来"、"乐天知命"等我们耳熟能详的成语全部来源于此。

新春将至,有学员喜添双胞胎千金,为大家带来了喜饼和喜蛋。胡老师也特意为各位学员准备了戊戌春联恭贺新禧。教室里其乐融融亲如一家,"易道行"全家福记录下了这个难忘的日子。

（本文作者为首届易道行《易经》研学公益班最小学员,时年12岁,目前在上海市长宁区华东政法大学附属中学初一（2）班学习。此文为研学班2018年春节前最后一次研学活动后的报道文章）

群贤毕至，少长咸集
——写在研学班一周年之际

秦止一

　　2017年底，我随爸爸妈妈一起参加公益研学班的课程，第一节课，我就觉得很幸运遇到了胡老师这样功底深厚、学识渊博、多才多艺又和蔼可亲的好老师。一年多的学习，我收获了很多，也明白了许多。

　　首先，一年多的全勤学习让我明白了许多易理知识，知道了占卜并不是迷信，明白了《易经》为何是群经之首，懂得了乾坤八卦，探究了万物的规则，《易经》给我带来了无限的知识，无限的快乐。

　　其次，《易经》的学习丰富了我的体验，让我在多方面有得，最明显的就是在我作文的过程中，引用《易经》里的话，文章一下子就充满了文化底蕴，上升了一个台阶，同时也使我对其它传统文化产生了兴趣。《易经》研学课堂上的发言为我提供了锻炼演讲与口才的机会，让我全面发展，日益精进。

　　再次，与易友们的学习互动也是一件快乐的事，在此要庆祝我们研学班陆续有新人加入，像一条清澈的小溪始终有活水潺潺流淌，一年来参与我们研学班听课学习的人数超过50人，固定学员稳定在20人左右，正是这20人的携手互助，风雨同行，让我更加感受到学习的快乐、坚持的快乐和进步的快乐！

　　最后，再次真诚感谢胡老师的无私分享，全情奉献。乾，元亨利贞。坤，元亨，利牝马之贞。一句句经文从耳边飘过，转眼已到2019，在这个盛大的活动上，在这个美好的日子里，我代表全家祝大家身体健康，诸事如意！也祝福研学班一周岁生日快乐，发展更上一层楼。

　　（本文作者为首届易道行《易经》研学公益班最小学员，现年13岁，目前在上海市长宁区华东政法大学附属中学初一（2）班学习。该文原为纪念研学班开班一周年而作，后用作研学班2018学年年会开场辞）

读者、学员精彩评论

上海市某老领导：

您坚持学习的精神，为人服务的热情令人敬佩。

温海明：

您解读的? 很棒啊!

胡老师, 6月15日之后, 我们群开启新一轮64卦导读, 估计还是一周一次一卦, 可能麻烦您两周或三周讲一次, 让大家一起认真学习您写的内容, 不知道您觉得怎么样?

这样解很有特色, 卦变是很有道理的。

以阳养阴, 玉汝于成!

卦序见天心。要安于卦序, 是提醒那些怀疑卦序的朋友吧。

颐卦说明饮食说话学问太大了啊。

您发的文章都很棒, 想起您为了讲损卦, 好用心, 真棒真棒!

张国明：

您讲得很好, 功底深厚。

我仔细看了一遍, 非常棒, 您对周易各卦的研究十分精深, 又是书法大家, 了不起!

言浅义深, 是您解卦的突出特色。

书法练了很多年了吧! 三四年就这么好, 佩服, 有机会向您学习。

看得出胡老师下过苦工, 功夫不负有心人。

胡老师研易经年, 在易学方面造诣颇深, 其易学博大与精深兼具, 请胡老师多开示多指导。

唐梦华:

很不错哦!阐述得很全面,具有海派风格。自学到这种程度很了不起啊!佩服!

执象乾坤:

语言平实,说理深刻,取象精准。

李细成:

胡老师的书好出版,我觉得您的解读很适合大众化,很专业很全面,路子很正,目前周易方面这类书并不多。

寓意青年男女甜蜜爱情不分不离。

胡老师确实讲得很好,这本书出版了嘛?我很想买一本。

胡老师讲的很全面、很专业。

衷告吾兄,书籍尽早出版为宜,网络轻浅,使人昏沉迷乱。吾兄学问精纯,可一力向前,再造新峰。

萧祥剑:

这是一部份量很大的书。

吴敏宇:

举一反三,触类旁通啊。

感谢胡老师对讼卦的细致解读,无论是看您的文章还是听您解读,都条理明晰,严谨而细致耐心。

您强调的结合实践,包括您的引证和思考,对我来说很触动。因为,我可能确实没有把易与实践结合起来,只是停留在思辨层次,感谢老师。

胡老师旁征博引,娓娓道来,并且不吝奉献自己的深刻思考和体会。其强调易道与实践结合的观点发人深省。

使我产生新的体会,让我觉得这东西确实"不可须臾离也"。

胡老师系统深入,举一反三。足现老师用心之切,功底之深厚!实在是后学者的榜样贤师。

韩盟:

胡老师很厉害啊,学生们真的应该好好向您学习,转载了,您满肚经纶,才华横溢,真心仰慕。

是故君子所居而安者,易之序也,所乐而玩者,爻之辞也。

很佩服老师的解读,使学生学到了很多,老师的字写得这么厉害啊。

胡老师把六十四卦讲活了,卦卦相联,环环相扣。

卢学林:

胡老师是目前我听过的解读周易最透彻的。

元融:

跟着老师,进步很快。

综合百家之长,形成自己独特风格。

王昌乐:

感恩胡老师的精彩讲解!

感恩老师,您的付出,让我们获得了难得的学易机会,感恩!

为胡老师点赞,公益弘扬易学,配合经典注释,切中核心要义,通俗易懂演绎,不失易之真诚!

陈群:

非常感谢您给我提供这样的机会,我一定会珍惜并努力着,与大家起共同努力,不辜负您的辛勤付出和心血,为社会和亲友们奉献自己的正能量。您很行! 我深深为您感到高兴和自豪。

今天胡老师的课讲得非常好! 这也体现了他超人的学习、理解和运用能力! 我很佩服!

金亚东:

今天下午的开篇通俗易懂! 良好的开始是成功的一半! 学习上互帮互助, 大家有幸在胡老师的带领下携手同行。

陈伟军:

公益课得天时地利人和而成, 在这个时间, 做这样的一件事情, 难得。录下来不但方便分享和传播, 以后看看还是很有意义的, 你上课的节奏挺好的, 不重复, 不拖沓, 有才有料。

包建明:

聆听了胡书记对易经通俗易懂, 由浅入深, 重点突出的讲解, 我被深深的吸引, 使我对中华文化又有了进一步的认识和理解。在当今追求金钱, 名利, 浮澡的现实环境中, 胡书记为弘扬中华文化使命与责任的担当, 将所学所知的认识与感悟不计得失地传授分享, 特别是创造性的将易经与党建工作灵活性的结合, 实践于工作生活之中, 实在是难能可贵, 由衷地敬佩。我们要端正学习态度, 不但要认真用心的学习好, 更要承担起弘扬中华文化的使命, 以不辜负胡书记对弘扬中华文化的愿景, 不辜负金总无私给我们提供优美安静的学习场所, 不负班委默默幸勤的付出。

清水:

今天开班, 仪式简单又不失庄重时间把控都很好, 气氛非常融洽, 学员可以说男女老少, 结构比例皆宜。秦师兄组织得很好, 也介绍了国学近20年来的发展以及研学班的开班之源和缘, 言简意赅, 精炼总结, 信息量很大。胡老师, 开授第一讲, 创始之卦。言语贴切, 重点突出, 通俗易懂, 让我这个 "大白" 也能理解并掌握, 信心倍增。各位师兄师姐各个都是高手, 今后我得多向各位学习。在此也再次谢谢如东科技金总提供的场地平台。

郑予光:

感谢胡老师, 感谢班级小伙伴, 天时地利人和, 未来三年, 让我们坚定走下去。

袁鲁宁：

八卦再也不用死记硬背了，晚上睡前温习温习，全记下了。感谢胡书记亲切有力的教导。感谢金总提供安静整洁的学习环境，感谢秦老师及各位组员经验分享，轻松学习，快乐多多。

昨天跟胡书记学的内容非常丰富，一直在脑子里不断记着，怕错过细节。抛开理学不讲，其中蕴含的道理足以终身受用获益，谢谢胡老师，辛苦啦。一直站着讲课，于心不忍，您身上传达的不仅仅是易理，更多的是传道解惑，无私奉献的时代精神。

琚云：

今天非常有幸聆听胡先生精彩的易经讲解，开篇就获益匪浅，太感动了。在这个光明盛世的时代，太需要胡老师这样的高人了！

许超哲：

胡老师好！今天收获很大，对您解易体例有了更近距离，深入的了解，非常好！我蛮喜欢易经指导生活的，和工作生活贴近，不仅仅是学知识。谢谢您啊！

蔡齐伟：

从易学大流来说无法挑剔了，期盼你成功的到来，由衷地祝愿，你这样的好文章不多！

看你的文章是一种享受，居然把周易这种枯燥的内容表达的如此平易，如此生动。

书出版了就是对易学的一大贡献，也是你人生的一大成就。你把易经解读当作事业来做，这让我很佩服！

有些教授的周易全解，我觉得还是您说得透彻。

你将来是不是要出版这本书。我看非常严谨的。可以出。而且销量乐观。那么长的一篇文章，竟没有打错一个字，甚止一个标点符号。真是花了大力气的。

你一定会成功的，到时候一定帮你推销书。

李志华:

前年网上看过阁下许多易经专文。甚好! 棒棒的! 洁静精微。

于力强:

每次看卦, 您的易经我是必看的, 无论是每一个爻, 还是变卦、错卦、互卦、综卦, 都有很深的见解! 你绝对是大师级的!

朱喜磊:

胡先生为易学问深厚!

董自航:

我们有胡书记这样的领头人, 工作有方向, 党员有力量。

严国生:

胡书记既是学习型专家, 又是创新性领头羊, 还是探索党建的典范。

焉生:

正在学, 通俗易懂、旁征博引, 形象生动, 贴合实际, 道理深入浅出有吸引力, 是我最直观感受, 绝对好文, 佩服佩服, 我能看懂, 只是我基础差太多, 谢谢。

赵松:

感谢胡老师生动精彩的演讲, 收益匪浅。

杨轶深:

收益匪浅的下午, 感谢胡老师, 感谢读书会。答疑部分精彩啊, 多向胡老师学习, 神无方而易无体, 无论问什么都循理而答, 既是在解易理, 更是解说世间百态, 确实是真功夫真水平。

许建斌:

胡老师讲得通俗易懂,深入浅出,功底深厚,感谢组织读书会活动。

朱岩友:

答疑解惑很好,胡书记不遗余力宣传易学,可敬可佩。

苏学士论道:

易道-行者、李守力、张武忠、赵安军……你们都比较扎实,讲解得比较好。我个人觉得我们大陆的民间易学爱好者,比台湾那些整天讲座的大师扎实。

李从新:

前阵子和易学界前辈交流,他们对胡老师的研究著作非常肯定!哲学系正教授水准,大学教授的课我听过,确实您讲得更好,实话实说。

让我听吃喝方面,大饱口福,痛快淋漓地大吃一顿啊,一口气把这顿易饺子下肚。

王林尚:

其实公务员队伍有迷茫的,有迷失内心的,有纠结的,学习一下肯定心里会光明,道路有方向。这个要一步步地努力,从星星之火,到燎原之火,更多的人去学习实践,一个单位的风气自然会转好。道之所在,生命力必然旺盛。

文王演易的目的,也是让后人各得其位,风调雨顺,国泰民安,向着美好大同社会而努力。

我是学了一点皮毛。也是纠结过来的人,知易行难,您是脚踏实地的引路人、实践者!

我觉得您的写这些真的很好,公务员系统搞政工的和一把手都培训一遍,肯定有效果。骨干培训班,还有一般的员工培训,分类有针对性地去讲,肯定好。

冯迪尧:

通过胡书记解读,有个感受,易经并非卦卦为吉,甚至都不是卦卦能转凶为吉，但是哪怕处于意外和凶处，也教导我们行君子之道，求内心安乐。受教受教。

泰卦真的是一个特别好的卦，胡书记说显示君子通达之道，感觉很精确。地天泰，阴阳之气相互交融，一片祥和。也启示我们抓大放小，看准目标牢记本心，不计较一时得失，特别有人生意义。

看了胡书记的解释感受很透彻。感觉贲卦也很像人生的逐步成长和成熟，年轻时绚丽多彩展示自我，成熟后稳重内秀恪守本心，自外而内，由精彩到平淡，有一种本我到超我的演变。

胡书记将剥卦与反腐相结合感觉特别到位。一到四爻分明就讲述了一个人腐化的过程，五、六爻又阐述了对策与选择，特别有画面感和趣味。

感觉从大过至习坎一路都是难卦，尤其是坎卦，重水之卦，艰难险阻，一波未平，一波又起，既是警示又是启示，如何在低谷修身修心，也值得我们每个人思考。

感觉离卦很有意思，意味附着但是偏偏取了一个离字，有若近若离的感觉。主卦客卦就像两团燃烧火焰，相互独立又时而相互交错，相互竞争又相互释放光芒。对比坎卦，离卦积极很多，看到这个卦就能感受到光和热，突然有奋发的动力。